孟子文獻集成

孟子文獻集成編纂委員會　編纂

山東人民出版社

圖書在版編目（CIP）數據

孟子文獻集成. 第十五卷 /《孟子文獻集成》編纂委員會編. — 濟南 : 山東人民出版社, 2017.3
ISBN 978-7-209-08932-6

Ⅰ. ①孟… Ⅱ. ①孟… Ⅲ. ①儒家 ②《孟子》– 研究資料 – 匯編 Ⅳ. ①B222.55

中國版本圖書館CIP數據核字(2015)第074138號

項目統籌: 胡長青
責任編輯: 王　路　李　濤
裝幀設計: 武　斌
項目完成: 文化藝術編輯室

孟子文獻集成（第十五卷）
《孟子文獻集成》編纂委員會 編

主管部門　山東出版傳媒股份有限公司
出版發行　山東人民出版社
社　　址　濟南市勝利大街39號
郵　　編　250001
電　　話　總編室（0531）82098914
　　　　　市場部（0531）82098027
網　　址　http://www.sd-book.com.cn
印　　裝　山東新華印務有限責任公司
經　　銷　新華書店

規　　格　16開（210mm×285mm）
印　　張　51.5
字　　數　410千字
版　　次　2017年3月第1版
印　　次　2017年3月第1次
印　　數　1–200
ISBN 978-7-209-08932-6
定　　價　810.00圓

《孟子文獻集成》編纂委員會

學術顧問　杜維明　張豈之　李學勤　牟鍾鑒

學術委員會

主　　任　陳　來

副 主 任　郭齊勇　李存山

委　　員　王中江　王志民　王其俊　王　傑　王鈞林　杜澤遜
　　　　　李存山　李景林　徐洪興　陳　來　郭齊勇　梁　樞
　　　　　梁　濤　董洪利　曾振宇　楊朝明　鄭傑文　劉瑾輝
　　　　　顔世安　顔炳罡　龔鵬程

（按姓氏筆劃排序）

組織工作委員會

名譽主任　孫守剛　馬平昌　王藝华　傅明先

主　　任　張勝明　柳景武　趙永和　謝成海　杜慶節

委　　員　姜永偉　袁汝旭　高兆波　朱瑞顯　趙　勇　吴　婧
　　　　　趙　龍　殷延禄

編纂工作委員會

主　　編　王志民

副 主 編　杜澤遜　梁　濤　胡長青　李梅訓

委　　員　張志清　黄顯功　李西寧　李國慶　張　勇　趙紅彦

　　　　　王　路　劉　晨　金曉東　李振聚

出版工作委員會

主　　任　張志華

副 主 任　遲　雲　劉　鋒　胡　鵬　陳　剛　胡長青

委　　員　王　路　武　斌　王海濤　劉　晨　楊雲雲　孫　姣

　　　　　王媛媛　李　濤　劉嬌嬌　張艷艷　趙　菲

組織實施

孟子研究院

山東師範大學山東省齊魯文化研究院

山東人民出版社

序

《孟子文獻集成》是在孟子故里鄒城市委市政府鼎力支持下，由孟子研究院、山東師範大學山東省齊魯文化研究院、山東人民出版社協同合作，共同致力完成的一項大型儒家文獻的搜集、整理、出版學術工程。

一

孟子是中國歷史上偉大的思想家、教育家，是僅次於孔子的儒家學派重要代表人物。戰國時期，戰爭頻仍，『角戰英雄，六經泥蟠，百家飆駭』（《文心雕龍·時序》），孔學既黜，儒道中衰。孟子遵夫子之道，批邪説，正人心，發揚光大孔子學説，復興儒學，成爲孔子之後最重要的儒家傳人和先秦原始儒學理論體系的主要奠基人。韓愈論儒家道統由堯、舜、禹、湯、文、武、周公代代相傳，言及『文、武、周公傳之孔子，孔子傳之孟軻。軻之死，不得其傳焉』（《原道》），又説『自孔子没，群弟子莫不有書，獨孟軻氏之傳得其宗』（《送王塤秀才序》）。可見，後世尊孟子爲『亞聖』，稱儒學爲『孔孟之道』，實爲孟子歷史地位使然！

《孟子》一書，是孟子及其弟子編著的全面反映孟子思想的儒家經典著作。漢文帝時，即曾設立《孟子》學博士，全國推闡。六朝時期，玄學、佛學興盛，儒學式微，《孟子》亦受冷落，但唐宋以後，隨着孟子地位的大幅提昇，《孟子》一書越來越受到統治者和學者文人的廣泛重視。唐代大儒韓愈倡論中國文化道統，其《原道》之説，影響甚大，已掀『孟子熱』；北宋時期，《孟子》與《論語》俱列入『十三經』之數；南宋朱熹作《四書章句集注》，將《孟子》列『四書』

之中。南宋統治者更將其正式列入官方之學，設爲科舉考試科目，欽定爲必讀經典，學孟子、讀《孟子》，蔚然而成社會風氣。此後，孟子地位進一步提昇：元文宗封孟子爲『亞聖公』，尊其爲『百世之師』；明清兩朝更大推『四書』，地位儼然超越『五經』。《孟子》與《論語》並行，上自帝王，下至百姓，家有之，户誦之，『所研究者惟「四書」，所辨訂者亦惟「四書」』（《四庫提要》語）。孟子思想，深入人心；《孟子》之學，遍佈各地；《孟子》文獻，汗牛充棟。

根據我們的初步調查，歷代《孟子》文獻有兩千種之多。這些文獻，依孟子學史的發展，大致形成了以下幾点較鮮明的時代特徵：宋元文獻多義理闡發，以朱熹《孟子章句集注》爲代表；明代以王夫之《讀四書大全説》爲代表，多從心性之學挖掘孟子豐富的思想内涵；清代孟子學最盛，不僅産生了以乾嘉學者戴震《孟子字義疏證》、崔述《孟子事實録》爲代表的大量考據、辨僞著作，還出現了集前人研究成果之大成的焦循《孟子正義》。大致可以説，以東漢趙岐《孟子章句》爲發端，歷代學者多所闡釋研究。尤其宋元以來，孟學實爲千年『顯學』。《孟子》文獻内容所涉注釋訓詁、義理闡發、思想挖掘、考證辨僞等所有方面，其對孟子及《孟子》文本的研究廣度、深度可謂前無古人，後難爲繼。尤爲重要的是，歷代學者秉持儒家人生理念，一生所繫，立德立言，以『爲往聖繼絶學』爲生命追求之本，往往傾一生之力終注一經。孟子文獻不僅真實地展示了孟學及儒學發展的歷史，也留下了代代學者治學的心路，實在是應該认真进行挖掘整理的傳統文化瑰寶。

然而，毋庸諱言，孟子文獻的收集整理向未受到應有的重視。這固然與二十世紀以來，儒學命運多舛有關：批孔之時，孟子亦受其累；近數十年來，『孔子熱』不斷昇温，孟子受冷落的現象却未有大的改觀，歷代孟子文獻迄未收集整理即是一例。據我們不完全統計，包括臺灣在内的中國圖書館，現存宋元至清代的刻本與抄本計有一千二百餘種之多。由于各种原因，百分之九十餘未曾整理出版，而百分之七十以上仍處於人所罕见的塵封狀態。歷史的責任，現實的需要，未來的期盼，都在呼喚能有一套《孟子文獻集成》的編纂出版。

二〇一三年四月底，孟子研究院在孟子故里山東省鄒城市正式成立。時值一年一度的『孟母文化節』，同時進行的還

二

有由鄒城市、《光明日報》國學版、山東師範大學齊魯文化研究院共同策劃主辦的『孟子公開課』開講儀式。來自國內各著名高校的部分主講學者和與會專家對孟子研究院成立後的學術規劃提出了許多建設性意見，多位專家提出了編纂《孟子文獻集成》的建議。

同年十月二十九日至三十日，孟子研究院學術委員會第二次會議在主任陳來先生主持下於鄒城召開。會議就《集成》的立項和編纂事宜進行了認真深入地討論，參閱審查了初選孟子文獻書目，形成了以下四點共識：一是孟子文獻的搜集、整理向稱薄弱，絶大多數迄未面世，影響了孟學研究的深度和廣度。編纂《集成》，填補空白，意義重大。二是要在廣泛搜集、精心選編的基礎上，力求將《集成》做成收羅全、質量高、權威性强的精品學術工程。三是应制定具体工作規劃，選編文献时代可由遠及近；文獻收集範圍，宜先國內後國外，分段完成，穩步推進，確保質量。四是在孟子研究院學術委員會基礎上，应增加部分孟子研究專家，充實到《集成》學術委員會；選聘孟學研究、版本目録、館藏出版等方面專家，組建高層次、有效率的編纂部和工作班子，扎實有效開展工作。

在經過編纂部四次召開籌備會議和系列籌備工作基礎上，二〇一四年五月，在濟南召開了特邀專家選目審查論證會。來自北京大學、中國人民大學、山東大學等全國各地的十餘位孟子和孟學史專家就編纂部提供的《集成》選編總目（國內）進行了認真研析、讨论審查。這次會議的召開更堅定了大家对編纂《集成》的信心和認識，許多專家從長期孟學研究的切身感受中充分肯定編纂《集成》的重大意義，一致認爲：這是一項立足當前又澤被後世的重大學術工程；目前国内編成的經典文獻集成中唯獨没有孟子文獻集成，这不僅是文化建設的一种缺憾，也从多个方面影響了孟子研究的深入和拓展，从这个意義上説，該項目的实施确是一項填補空白、意義深遠的學術工程。專家們特別指出，這項重大學術工程，由山東，特別是孟子故里鄒城市支持，由孟子研究院、山東省齊魯文化研究院牽頭承擔，正是歷史責任與當前文化建設的最佳選擇。相信《集成》的出版，對於提昇孟學研究、促進孟子研究院發展、推动山東文化强省建設，贡献巨大，意義深遠。會議還就選目原則形成以下共識：一是《集成》應當是一套研究孟子文獻的集大成之作，所收以獨立成書的研究《孟子》專書爲主，兼顧其他，儘量收全。對孟子文獻的含義可以放得寬一些，對書名没有『孟子』的，例如以『四書』『諸子』爲書名的，也要注意在考察辨析基礎上做好，要高標準、高質量。二是《集成》應兼顧古籍的重要性與稀見性，做到常見書精選善本，重要文獻不遺漏。三是海外孟子文獻應作爲一個工作目標，與海外學者合作，广匯博收，規劃編纂。四是時代大致截止到清末，現代部分可作爲『附編』或單獨列編收集出版，部分難以收入文獻應附列存目。這次專家會議的意見，得到二〇一四年六月五日召開的孟子研究院第二次學術委員會的重視和確認。

在籌備、啟動《集成》的整個過程中，得到鄒城市主要領導及社會各界鼎力支持。山東人民出版社主動、積極地參與了各項工作。二〇一四年八月二十八日，在山東省第五届文博會上，省有關領導和衆多媒體記者見證了孟子研究院與山東人民出版社共同簽訂《〈孟子文獻集成〉編纂出版協議書》的过程。

經過編纂委員會及有關方面的共同努力和各相關圖書館的大力支持，宋元時期傳世文獻已基本全部收録，共四十八種，分裝十四册，已於二〇一六年初首批出版發行。其中，收録宋元刻本十四種，海外善本四種，第一次影印的即有十六種，屬於披沙揀金的珍本，將爲孟子文獻及思想研究提供寶貴資料。

明代孟子文獻計劃精選二百三十餘種。第一批收録八十一種，分裝爲三十二册影印出版。其中六十一種來自日本，且多爲第一次影印出版；其他部分也多爲稀見的珍本和善本。相信出版以後會受到學界和社會的關注與歡迎。

編纂出版《孟子文獻集成》，既有利於深入挖掘孟子思想精髓，洞見《孟子》世代傳承的歷史場景，又有利於珍貴文獻的保護、傳承和共享、共用，是惠及當代、澤被後世的文化善舉。在此，我們對各有關圖書館和學界同仁的鼎力支持與真誠合作表達崇高的敬意和誠摯的感謝！

我們衷心祝願這一重大學術工程圓滿實現。

王志民

二〇一五年四月十二日一稿

二〇一七年二月二十八日二稿

於鄒城中國孟子研究院

凡例

一、《孟子文獻集成》匯聚歷代關於《孟子》之著述，要其旨歸，不外經學之考證、義理之推闡、文章之批點，故舉凡注釋、析義、批點等書皆酌加收録，大致以著者時代先後爲次，俾經學之大，義理之善與夫文章之美，庶幾由此而知。

二、《孟子文獻集成》選用底本多未經整理，或孤傳海外，或秘庋深閣，學者既不能偏歷中外而窺其概貌，又不能盡探二酉而知其大略，不能無憾焉。今集爲一編，則學者循覽而知孟子一經之本末，歷代著述之昇沉。

三、各書或得自日本、美國，或攝自國家圖書館、天津圖書館、上海圖書館、浙江圖書館、山東大學圖書館等。底本皆經選擇，其存世孤秘，列爲首選，而後出佳槧，流佈稀少，亦資採摭。

四、諸書著録書名、卷數、著者時代、姓名、撰著方式及版本，覽者便焉。

五、著者真僞，學者所重，凡有歧異，均於著者前加『題』字，略示區别。

六、諸家解《孟》之作，或爲獨立成書者，或爲總集内别裁而出者，或以『四書』著述總題者，今所匯集，以能獨立析出者爲斷。其單篇零什，概所不收。

七、裁出之書，凡原有題名者，概依原題，而於版本項注其從來；凡無獨立題名者，則仍用大題，而括注『孟子』二字；其不能析離者，則全書收録。

八、是編博訪廣蒐，固難周徧，續有所得，拟輯《補編》，庶免遺珠之憾。伏望博雅君子，匡其不逮，補其未備，是所幸焉。

目録

四書大全辯（孟子）十四卷

明 張自烈批註

明崇禎十三年石嘯居刻本

四書大全自

國初頒行版刻訛誤滋甚各坊射利或繁或略悉非

善本　張爾公先生大全辯據

永樂舊本訂正兼采蒙引存疑淺說諸名家語錄於

中與同頗益承學蒙

國子監咨

禮部刊行與坊本迥別　先生尤以舊本去取未

精後備發明有待擬請

考覈加增刪用垂不朽增定四書大全辯嗣出倘各

坊私行翻刻雖遠必究毋貽後悔謹告

公請刊行四書大全辯第一揭[illegible]
具揭應天府十[illegible]廷
樞陳名夏魏學濂湯開先錢禧吳應箕
劉城沈壽民等謹揭爲恪遵
祖制闡述聖經懇
賜鑒定表章以弼右文以式崇正事伏
念道在六經四子源流遠而洄瀾爲難
支分七略九流異議倡而舛訛滋甚故
廣順間毋昭裔請鏤經籍獲刊布于遐

方而國子監胡安定特拔名儒遂召處
以學職況
本朝方隆儒重道屢思嘉惠于黌宮豈通
儒能修鈌補殘𢌞令沉淪于蠹簡我
成祖文皇帝特命儒臣纂修四書大全頒行
天下學較蕃以聖經賢傳大義宜炳[illegible]
星師說家言一得咸歸海岳意取集厥
成裒豈曰續貂借尾但一時儒臣雜采
衆說微開弗論弗議之端而後世曲學

汎覽舊文益深何去何從之嘆承襲徒
增亥豕删纂更甚支離長此無歸弊且
奚極竊見江西袁州府宜春縣太學生
張自烈忠孝性成賢良夙著厲行潔身
雅崇守先之訓危言抗論恥讀非聖之
書急友難羊左具有同心道崇古處排
異端佛老不容入室力砥狂瀾長處約
而一介不苟高風競爽于滅明雖臨變
而九死勿移勁節齊驅于汲黯人倫欽

爲師表承學樂附宗工富經術而經世
見擯棘闈者廿年于茲先正身以正家
不就薦舉者一人而已久僑寓于白門
惟覃思于素業朝披夕翫閱是書不啻
三編日較月讐見贋本應須一炬曾編
成大全辯一書彖以彖引存疑淺說暨
諸儒語錄博考程朱之同異遠遡鄒魯
之淵源間抒已見附後議黜浮夸要令
羣言折中理歸簡易爲今日儕輩所[illegible]

能補
國初儒臣之未逮幸編摩既已告竣惜版
刻尚未流傳在本生隱身有待不妨藏
諸名山在生等樂善非私豈能終爲枕
秘共謀剞劂期廣津梁顧是訓是行緊
文皇帝之明命有赫而曰模曰範統
太宗師之教思無窮匪藉裁成曷資尊信
伏乞
俯垂鑒定

特賜表章或進之
經筵或頒之鼓篋先移咨
南北禮部行文江西提學道檄示袁州府
宜春縣督本生重訂速梓行世俾諸說
不至殽雜使學者知所嚮方倘藉手于
雲漢扶
天將拭目于江河行地名教幸甚士林幸甚
它如本生手訂理學精義要編理學辯
疑大學衍義辯疑史學辯疑歷代名臣
奏議定古詩文辯前冢宰余公懋衡古
方略諸書悉宜次第刊行庶幾後先攸
賴行見一道同風之治躋三五而比隆
作聖述明之謨歷萬億而爲烈矣事關
學較敢不以
聞爲此除具公呈公書國子監禮部施行
外理合具揭須至揭帖者
崇禎十二年九月　日

宮詹王崑華先生復諸生手書

此發明
聖學第一事會當持呈面與
周巢老詳商之衮白

王崑華先生再與諸生手書

非既與
巢老商確先行江西地方官後轉南北部
以副
諸君子崇真儒明正學至意其行本地方
者立梓流傳可也衮白

何玄子先生復吳次尾手書

前聞坊間云

爾公有大全辯之刻甚艷慕之而獨以未

得亟見其書爲恨讀

來教舉要發凡備見開繼盛心足以表章

爾公矣當即看詳達之

周巢老計欣然闡揚不待辭之畢也冗復

不一一楷頓首

抄刻西廳何玄子先生看詳

看得監生張自烈潛心味道杜門著書

履仁蹈義卓然醇儒之品四方學者咸

宗事之所著四書大全辯折衷同異剖

析毫芒當茲正學荒蕪之時本生一段

諄諄衛道苦心匪獨有補先儒實亦恪

遵

朝典據呈各生公行捐貲授梓事屬可從合

無咨部移文江西提學道督令重加訂

正亟爲流布下以慰諸士嚮學之心上

以廣

聖朝右文之治爲此詳請伏候

裁奪

崇禎十二年九月初八日

抄刻周巢軒先生咨禮部文

南京國子監爲恪遵
祖制闡述聖經懇
賜鑒定表章以弼右文以式崇正事據應
天府十三省舉人楊廷樞陳名夏貢監
魏學濂錢禧生員吳應箕沈壽民等呈
稱前事事關學較敢不以
聞等情呈監據此隨該本監看得大全一
書我

成祖文皇帝彙集諸儒折衷衆論頒之庠序
炳若日星年來新說競行子衿束之高
閣以致源湮流失理學不明異端乘闖
入之機彝倫多攸斁之歎監生張自烈
獨能微顯闡幽尋繹不怠手成大全辯
一書辯疑所以存信存信所以尊
王況又叅合明儒網羅散佚黜排非聖蕩滌
喙鳴萶本生以躬行心得之言持距淫
闢邪之論俾衿帶之士稟

成祖之明訓而探鄒魯程朱之心傳有功于
學術最大爲此合行移會
貴部煩爲轉文江西提學道發學梓行表
章正學恪奉
王謨諒主持風教者有同心也須至咨者

崇禎十二年九月廿一日

上　撫臺方仁植先生公書

己卯九月朔日後學陳名夏吳應箕錢禧沈壽民余垣等頓首上書

大中丞方老先生閣下

竊聞之天下之治亂繫乎經術之明晦而已古之君子身反經之任者出而建功則以之經世務處而衛道則以之正人心然草野著述所以尊信不廢者莫不有鉅公偉人爲之表章然後可行於

一時傳於後世斯文之興起恒有所待非偶然也嘗攷前世大臣得布衣之書即獻諸朝廌其才爲可用如宋之歐陽公

本朝之楊文貞其人也此其心事光昭日月至今如或見之况闡繹聖學折衷羣言爲功于人心世道不小而在位大臣獨無懷援引之心如古人者哉謹按四書大全

本朝特命儒臣纂修頒布學較明道辯惑功在萬世伏讀

文皇帝　諭楊文敏公曰五經四書皆聖賢精義要道諸儒論議有與傳注相發明者采其切當之言增附於下大哉

王言炳若星日其足爲後學準式明甚今詳觀儒臣所定著自程朱而外横渠上蔡龜山諸家尙矣乃存軼者半至雜取天台淵陵仁山玉溪一切洸洋靡曼之說

竟塞其閒匪複則迂質諸

文皇帝發明傳注初心不無抵牾者邇來坊肆所刻大全襲舛承訛率戾于初而又或纂或删徃徃惑亂承學害道匪細乃者友人張爾公砥節礪行明道著書連不得志于有司年來偕四方及門講業金陵曾編定四書大全辯一書詳其義例皆發前人所未發爾公之言曰明王務學惟正已知人是急不沾沾章句

訓詁儒臣纂修則不然昔呂祖謙手輯
宋文鑑朱紫陽詔其不能發明人主之
學無補于治賈似道在經筵人主每問
經史疑義輒從旁代對識者譏之
本朝諸儒臣既已受命纂修謂宜慎較讐嚴
覈正興起道術爲後儒倡雖當綜綸翻
閱日不暇給不得不假借多人視疑義
不能對似未可同日語極其弊不能不
與俯恭應議夫人才進退繫制科理學

顯晦繫經傳大全者理學人才胥是焉
出擇之不精論之不詳必無以明理理
不明必無以守道而適於用大全辯取
大全彙引存疑諸書爲辯其醇駁而且
深致責備于諸儒臣蓋以明人臣不可
不親職如此任人不可不慎如此學者
讀大全不可不明去從舍其粗而求其
精如此豈苟求先哲哉繇爾公斯言推
之參互考訂要歸至當其不合於聖人

之道者盡斥矣向令爾公遭時覲際親
承
文皇帝纂修之命與楊文敏諸人上下議論
必卓然足觀又令爾公幸見用當世讀
書中秘芟繁舉要必能開迪來學羽翼
經傳于以弼
謨匡治豈曰小補今爾公屢瀕困殆肆力論
述皆不得志于時者之所爲觀其手訂
理學要編理學辯疑史學辯疑大學衍

義辯疑歷代名臣奏議古詩文辯冢宰
余少原先生古方略諸書備極精嚴頗
益時用而四書大全辯一書尤足補宋
明諸儒所未逮名夏等方捐資授梓流布
四方已具呈　南京國子監請賜頒行
而爾公擬進
御覽恐坊肆翻刻益滋舛訛不欲輕出笥本
示人私惟
老先生斯道已任無善不揚又稔知爾公

生平獨取之好倘倍倍等懇
老先生雖致江西直指
徐老先生據十三省諸生公呈
概賜
題請隨移檄袁州府宜春縣趣爾公速梓
行世併禁翻刻用垂久遠則此書不至
湮沒不傳皆
老先生賜也在爾公窮不忘道實有裨于
承學在名夏等出則揚美愧不逮于古
人在
老先生仰體
文皇帝隆儒重道盛心濟溺起衰在此一舉
而求歐陽文忠楊文貞于今之世舍
老先生其誰歸哉伏惟
老先生念世道人心之攸繫察立言尊經
之旨考古大臣樂善好德孜孜無已之
懷以彰守先待後之功使天下萬世之
學者知所宗尚寔關名教仰賴

尊嚴
俯垂鑒擇幸甚按 南京國子監禮部公
揭併附臨書可任翹企

袁州府行宜春縣原牌

袁州府爲恪遵
祖制闡遡聖經懇賜鑒定表章以彌右文以
式崇正事蒙
欽差提督學政江西布政司右叅議兼按察
司僉事候　憲牌前事崇禎十二年十
二月初六日蒙
廵按江西監察御史徐　批據應天府十
三省舉貢監生員楊廷樞陳名夏魏學
濂等呈請刊刻大全辯等書情繇蒙批

闡明理學羽翼聖經固盛舉也提學道
查行蒙此擬合就行爲此備牌行府炤
牌并抄詞內事理即行該縣查取大學
生張自烈大全辯一書請其再加訂正
即便抄錄正副二部送道仍酌定刊寫
各工價銀數并該府縣有無堪動官銀
一并先行呈報以便詳院發刻其理學
大學史學奏議方畧等書亦俱借錄各
一部送道查閱以憑酌奪刊行毋得遲
違等因蒙此擬合就行爲此仰縣官吏
炤牌并抄詞內事理即便查取該縣大
學生張自烈大全辯一書請其再加訂
正即便抄錄正副二部送道仍酌定刊
寫各工價銀數并該縣有無堪動官銀
一并先行呈報以便詳院發刻其理學
大學史學奏議方畧等書亦俱借錄各
一部差人徑送學道查閱以憑酌奪刊

行毋得遲違仍將報過日期及差役姓
名報府查考俱毋違錯須至牌者

右牌仰宜春縣准此

崇禎十二年十二月二十八日

府行

定限本月三十日繳

公請具題刊行四書大全辯第二揭
其揭應天府十三省舉監生員陳名夏
錢禧吳應箕沈壽民余垣等謹揭爲恪
遵
祖制闡遮聖經懇
賜
題請表章以弼右文以式崇正事崇禎十
二年九月生等竊照江西袁州府宜春
縣大學生張自烈編定四書大全辯一

書爲學者所共宗鋟流未廣抄錄寔難
連名具呈南京國子監請賜咨部刊行
本年九月二十一日蒙國子監周移咨
禮部十二月初六日蒙
巡按江西監察御史徐　據應天府十三
省舉貢監生員楊廷樞等呈請刊刻四
書大全辯等書情繇蒙批闡明理學羽
翼聖經固盛舉也提學道查行蒙
欽差提督學政江西布政司右叅議蔡按察

司僉事侯　牌行袁州府炤牌并抄詞
內事理即行該縣查取大學生張自烈
大全辯一書請其再加訂正即便抄錄
正副二部送道仍酌定刊寫各工價銀
數并該府縣有無堪動官銀一并先行
呈報以便詳院發刊其理學大學史學
奏議方略等書亦俱借錄各一部送道
查閱以憑酌奪毋得遲違蒙袁州府備
牌轉行宜春縣名夏等伏念大全辯一

書宜先理學辯疑等書鏤版行世蒙
諸老先生斯道已任慨賜表章督令本生
梓行士林幸甚名教幸甚所惜者本生
以大全屬
文皇帝頒行未敢遽自删改雖辨正業有灼
見而剞劂愧非全書嘗竊嘆
國初大全原本援證不無舛訛文辭尚多
繁複令坊本删蠹不確在後學取正未
繇名夏等又念漢孔安國獻古本大學

乃璧經原文自宋河南二程後先改正
紫陽復爲定自補格致一傳皆與古本
異至今學者不以爲非紫陽作通鑑綱
目手成凡例其後復有汪克寬考異徐
昭文考證王幼學集覽陳濟正誤劉友
益書法尹起莘發明至今學者又不以
爲僭雖本生駁正諸家或不恕先哲或
不阿時論然考宋朱陸頗多異同後世
未嘗宗宋廢陸旣並祀學宮

本朝王守仁持論多牴牾朱子時儒皆極詆
守仁獨我
世宗稱爲有明道學追定議從祀
神廟又謂守仁學術與朱熹互相發明又未
嘗黜王尊朱繇此推之本生雖偶與諸
說異同但求發明義理初非妄騁意見
況四書大全舊本其中實有可增刪者
大全辯之視考異考證傳習錄諸書實
有補儒臣所不逮廣後學所未備者又
況
皇上隆儒重道匹休
二祖往往嘉惠來學博詢芻蕘崇禎二年監
生江旭奇進孝經疏義三年詹事府少
詹事陳懿典進
聖學聖政紀要九年武弁張抱赤進屯田書
皆荷
俞旨留覽刊行至如大全一書尤聖經賢傳
之奧蘊繫理學政事之源流本生旣畢
力編摩四方咸悉心膺服倘蒙

頒行學較必能昭示來茲懇乞
轉致江西
按臺　學臺諸老先生據十三省公呈南
京國子監咨文特疏具
題許自烈重加增刪先汰除蕪說繁文益以
永樂以後諸名儒論說折中諸家一底
于正書成繕寫全書呈
進恭請

皇上御製序文刊布天下俾知尊信庶無負
文皇帝特命纂修初意行見濂洛關閩之學
迄今日而愈明孔孟曾思之傳歷萬世
而無弊矣爲此除具公呈公書國子監
禮部施行外謹錄大全辯序文一冊重
刻大全辯凡例一卷辯略一卷示白下
及門諸生語一帙併呈
台覽伏候
施行須至揭帖者

崇禎十三年正月　日

袁州府解華育先生詳學道原詳
袁州府爲恪遵
祖制闡述聖經懇賜鑒定表章以弼右文以
式崇正事蒙
欽差提督學政江西布政司右參議兼按察
司僉事侯　崇禎十二年十二月初六
日蒙
巡按江西監察御史徐　批據應天府
十三省舉貢監生員楊廷樞陳名夏魏

學濂等呈請刊刻大全辯等書情繇蒙
批闡明理學羽翼聖經固盛舉也提學
道查行蒙此擬合就行爲此仰府官吏
炤牌并抄詞內事理即行該縣查取大
學生張自烈大全辯一書請其再加訂
正即便抄錄正副二部送道仍酌定刊
寫各工價銀數并該府縣有無堪動官
銀一并先行呈報以便詳　院發刻其
理學大學史學奏議方略等書亦俱借

錄各一部送道查閱以憑酌奪刊行始
得遵等因到府蒙此看得四書大全
本朝儒臣受
命纂修刊行天下閱三百餘年如一日者也
邇來坊本承訛羣言淆亂浸失
文皇帝崇儒明道初意宜春縣監生張自烈
腹飽縑緗才驚風雨心企曾閔勵非公
不至之操學本程朱屢弗慮胡獲之懼
雖折衷諸家而辯惑爰講求有用以須

時所著大全辯一書說主于研傳明經
志存乎尊
王翼聖考信析疑源流較若發凡舉要次第
爛然豈惟定末學之從違兼足補諸儒
之闕漏南京國子監據應天十三省諸
生公呈久已咨部督令刊行本生尤竊
以舊本每多重複之文必節繁乃能就
簡後人間有精微之論非蒐佚末繇補
遺居恒辯詰粗識權衡此日刪釐敢忘

讐較欲望
聖明特詔有司許重加增刪稍汰初本之冗
訛遂覩是書之明備于
國家無少勞費在經傳賴有發明候書成
本生繕寫呈
進恭請
今上御製序文頒布學較此殆本生編摩所
不敢辭而亦卑府表章惟恐或後者也
合無據公揭咨文慨

賜
題請遄爲刊行庶俾經學重熈于
聖治士躋忠君親上之隆大義不蠹于繁文
世衍一道同風之盛爲此詳請伏候
裁奪
提學道　候批　仰候轉詳行繳
崇禎十三年閏正月二十一日

侯廣成先生復解郡侯書

爾公大全辯學者翕然宗之昨以未得

仰見其副本爲悵頃

示及序略發凡諸稿則已嘗鼎一臠窺班

半豹真可謂有功後學羽翼聖經即當

藉手轉詳從吏

按臺入

告倘遂得

旨頒行有光前典詎非

熙朝盛事邪謹此奉

聞

提學道侯廣成先生轉詳按臺看語

該本道看得大全一書頒自

聖祖博采諸家既鉅細之畢陳或異同之雜

見浴爲近刻訛謬滋多幸袁州府監生

張自烈砥行著書洽聞味道輙爲刪繁

就簡汰駁還純勒成一書厥功甚鉅本

道前奉

憲檄亟行該府咨諏訂梓公之海內今

據該府覆詳則此書已有四方同好醵

金板行且經南京國子監咨部督刊可

以功成不日公呈之請乃不爲此特以

大全爲

昭代之成書辯疑出張生之確見明知不悖

聖謨有功前哲然非經

宗匠之特題奉

一王之裁定則折衷義例未敢遽行恭遇

台臺以崇儒闡學之心値重道右文之

主是敢特祈

大疏表章正學倘荷
鑒觀于乙夜遂頒
重巽以申行然後筆則筆削則削斷之不疑
益其寡裒其多燦然有理庶經術炳煥
可佐
聖明廣厲之盛心且理學醇全并無負
皇祖纂修之初意矣昔大學古本出于孔氏
而改補于二程朱子綱目出于朱子而
考異正誤等書雜出于後賢往例具存

匪為僭妄惟事關
題請恩出
憲裁非本道所敢擅决也
崇禎十三年二月　日

按刻應天府告示
應天府為恪遵
祖制闡述聖經以禁翻刻以廣風教事據書
坊人何慎王茂等連名呈前事開稱四
書大全
國朝頒行日久邇來坊刻或纂或刪舛訛
滋甚幸各省直名公精加訂正音釋為
四書大全辯益以蒙引存疑淺說等書
本坊自備資本刊刻與後先坊刻不同

崇禎十二年蒙
南京國子監周　咨部十三年正月蒙
提督江西學政侯　江西按院徐　批准
刊布又蒙　提學道轉詳候
題重訂頒行尤恐奸頑射利藐法借名翻
板用偽亂真貽誤初學除江西出示嚴
禁外所有南京書坊理合呈乞俯准出
示嚴諭以免攙奪翻刻等情具呈到府
據此合就出示曉諭為此示仰本京各

書坊知悉敢有曉自刊刻前書混亂射
利傳布及無籍棍徒生事嚇詐者許原
呈人何慎等指名呈
府以憑重究枷號示衆決不輕貸須至示
者
右仰知悉
崇禎十三年六月　日給
告示
實貼東觀閣書房

石嘯居書目
國朝今文辯　行世
歷科程式　行世
甲戌文辯　行世
歷科小題文辯　行世
丙子程墨文辯　行世
丁丑文辯　行世
國朝四書程墨文辯　行世
詩經歷科程墨文辯　行世
己卯程墨文辯　行世
古今論表策判合辯　行世
批評陶淵明集　行世
詩辯
合先輩大家詩經行義稿及同社名
稿刪定約七百餘篇已梓嗣出
四書大全辯　出　國子監奉禮部刊行頒
增刪今文辯定本
前集先生刪定洪永先輩文至崇禎

房藏名稿後集先生合選各省直同社新篇截今文辯尤嚴確已授梓未竣嗣出

批評余冢宰古方略

冢宰少原余公合諸史兵家言編次征謀機備守律奇間凡八部先生復精加評注與坊刻武備兵衡闞外春秋等書異即出

四書三家合辯

先生合蔡虛齋蒙引林次崖存疑陳紫峰淺說編成全書各有駁正即出

程朱遺書語類合辯

語類遺書元本篇帙頗富諸門人雜記多不合經傳先生錄要刪煩詳加釐正二程爲前集紫陽爲後集卷次如舊一一似是而非者先生各有辯論附載各條之末與坊本別嗣出

古今理學精義要編

先生博采宋明諸儒語錄存其羽翼經傳至是無非者便學者覽誦嗣出

古今理學辯疑

先生辯正諸家節錄舊說附駁義于後令讀者知所去取嗣出

史學辯疑

胡尹諸家不無異同先生本春秋大義詳爲駁正嗣出

歷代名臣奏議定

坊本舛訛甚先生據名臣奏議原本訂正分吏禮戶兵刑工六區其中議論異同條奏淵略者皆有乙注嗣出

古詩文辯

先生合文章辯體文體明辯詩家全體諸書刪定共二百六十卷古今詩文之體盡于此嗣出

大學衍義辯疑

丘瓊山補真西山衍義後先尚多駁

雜先生擇其精要裨益時政者凡六
十卷嗣出

國朝古文辨

近刻文衡文歸奇賞不足志一代之
盛先生合諸名家全集分類選評如
古詩文辨例約三百六十卷四方同
志藏有先輩笥本或已刻未刻懇郵
寄本坊東觀閣續選傳世嗣出

批評性理大全　嗣出

批評陸宣公全集　嗣出

刪評王陽明全集　即出

刪評郝京山山草堂集　嗣出

忠書　嗣出

合歷代經國平亂直諫死節諸名臣
本末編次共一百二十卷末附相鑒
一卷專輯漢唐宋奸庸事跡足資炯
戒者先生各有論斷嗣出

石嘯居主人謹識

書目畢

御註

子曰攻乎異端斯
害也已

太祖高皇帝曰攻如

攻城之攻已止也
孔子之意蓋謂攻
去異端則邪說之
害自止而道可行

宋儒乃以攻爲治
而欲精之爲害也
甚豈不謬哉
子曰夷狄之有君
不如諸夏之亡
也
太祖高皇帝曰夷狄
禽獸也故孔子賤

之以爲彼國雖有
君長然不知君臣
之禮上下之分爭
鬭紛然中國縱無
君長必不如此是
其有君曾不如諸
夏之亡也宋儒乃
謂中國之人不如

夷狄豈不謬哉

御註畢

御製四書大全序

朕惟昔者聖王繼

天立極以道治天下

自伏羲神農黄帝

堯舜禹湯文武相

傳授受上以是命

之下以是承之率

能致雍熙悠久之

盛者不越乎道以爲治也下及秦漢以來或治或否或久或近率不能如

古昔之盛者或忽之而不行或行之而不純所以天下卒無善治人不得

以蒙至治之澤可勝歎哉夫道之在天下無古今之殊人之禀受於天者

亦無古今之異何後世治亂得失與古昔相距之遼絕歟此無他道之不

明不行故也道之
不明不行夫豈道
之病哉其爲世道
之責孰得而辭焉
夫知世道之責在
已則必能任斯道
之重而不敢忽如
此則道豈有不明

不行而世豈有不
治也哉朕纘承
皇考太祖高皇帝鴻
基即位以來孳孳
圖治恒慮任君師
治教之重惟恐弗
逮切思帝王之治
一本於道所謂道

者人倫日用之理
初非有待於外也
厥初聖人未生道
在天地聖人旣生

道在聖人聖人已
往道在六經六經
者聖人爲治之迹
也六經之道明則

天地聖人之心可
見而至治之功可
成六經之道不明
則人之心術不正

而邪說暴行侵尋
蠹害欲求善治烏
可得乎朕爲此懼
乃者命儒臣編修

五經四書集諸家
傳註而爲大全凡
有發明經義者取
之悖於經旨者去
之又輯先儒成書
及其論議格言輔
翼五經四書有裨
於斯道者類編爲

帙名曰性理大全
書編成來進總二
百二十九卷朕閒
閲之廣大悉備如
江河之有源委山
川之有條理於是
聖賢之道粲然而
復明所謂考諸三

王而不繆建諸天
地而不悖質諸鬼
神而無疑百世以
俟聖人而不惑大
哉聖人之道乎豈
得而私之遂命工
悉以鋟梓頒布天
下使天下之人獲

覩經書之全探見
聖賢之蘊繇是窮
理以明道立誠以
達本修之於身行
之於家用之於國
而達之天下使家
不異政國不殊俗
大回淳古之風以

紹先王之統以成
熙皡之治將必有
賴於斯焉遂書以
爲序

御製序十二

永樂十三年十月初
一日

序畢

題性理四書大全書後
欽惟
太宗文皇帝臨御之日宵
旰孜孜誕典文教以
斯道爲己任

四書大全原序一

萬幾之暇嘗與儒臣議
論以爲四書雖有宋
儒朱熹爲之集註以
便學者然而羣儒之
說頗有異同純駁不

一至今幾三百餘年
紛紜揉雜莫知適從
茲欲會而通之去其
駁而錄其純庶幾聖
賢之道昭然大明臣

等忝居侍從恭奉
德音敢不敬承謹率四
方學者彙以成編
上親商確以定去取書成
特賜名曰性理四書

大全書即以刊布天
下學較凡從事於聖
賢之學者莫不欣焉
若披雲霧而仰青天
若翦荊棘而循大路

坦然無疑釋然有悟
誠萬世之寶也予鄉
郡建陽葉添德氏家
素崇文而好學博雅
間於庠序得覩此書

遂求抄錄鋟諸梓以
廣其傳乃以書來
京師請予言識之夫
奉揚
上之盛德美意以昭示於
四書大全原序四
無窮者人臣之事也
昔
太宗文皇帝惓惓纂輯是
書以嘉惠天下後世
有功於聖門大矣然

而添德以民間之有
然者乃能廣播而盛
傳之此其所以超乎
衆人者豈不遠哉是
可嘉尚也已因拜手
四書大全原序五
以識於後
宣德二年歲丁未秋七
月甲辰資善大夫
太子少傅工部尚書
兼

謹身殿大學士知
制誥
國史總裁臣楊榮謹
識

進書表
翰林院學士兼左春坊大學士奉政大
夫臣胡廣奉政大夫右春坊右庶子兼
翰林院侍講臣楊榮奉直大夫右春坊
右諭德兼翰林院侍講臣金幼孜等茲
者伏蒙
皇帝陛下命臣等文學之臣編輯五經四書
大全及性理大全書今編輯已成謹謄
寫總二百二十九卷裝潢成帙進

呈臣廣等誠惶誠恐稽首頓首
上言伏以
六經之道昭如日星經緯乎天地貫徹
乎古今放之則彌六合卷之則退藏於
密用之於身而身修行之於家而家齊
推之於國而國治施之於天下而天下
平蓋世必窮經而後道明未有舍經而
能治理者也是以聖王垂憲必資道以
開人賢哲肇基必稽古以作範故伏羲

則河圖而演畫大禹因洛書而錫疇孔子刪詩書修春秋寓一王之法周公陳王業制禮樂弘百世之規況乎精一執中之傳尤重丁寧告戒之旨如斯顯跡昭然可觀自王道既衰異說蠭起燔烈秦火之餘穿鑿漢儒之弊其間存者不絕如縷莫能究其指歸一切惑於苟且貪緣故習鮮克正之於乎聖人之道不行而百世無善治聖人之學不傳而千

載無眞儒遂令往轍之難尋益發前修之永歎夫否必有泰晦必有明繇夫濂洛關閩之學興而後堯舜禹湯之道著悉掃蓁蕪之蔽大開正學之宗不幸屢阨狂言既揚復抑又因循數百年之間卒莫能會其說于一蓋必有待於

今日者矣

天啓

聖明誕膺景運

大祖高皇帝天縱之聖以武功定天下以文教興太平首建學敎頒賜書籍作養人材茂隆政治四海內外翕然同風欽惟

皇帝陛下

文武聖神

聰明睿知纘承

大統紹述

鴻勳成功盛德雖三皇而無以加事業文章與二儀而同其大治已至而猶以爲

未至功已成而猶以爲未成體道謙冲

遊心高遠乃者渙起

宸斷修輯六經恢拓道統之源流大振斯文之委靡發舒幽賾鉤纂精玄博采先儒之格言以爲前聖之輔翼合衆途於一軌會萬理於一原地負海涵天晴日皦以是而興敎化以是而正人心使夫已斷不續之墜緒復屬而復聯已晦不明之蘊微復彰而復著肇建自古所無之

制作纘述自古所無之事功非惟備覽
於經筵實欲頒布於天下俾人皆繇於
正路而學不惑於他岐家孔孟而戶程
朱必獲眞儒之用佩道德而服仁義咸
趍聖域之歸頓回太古之淳風一洗相
沿之陋習煥然極備猗歟盛哉竊嘗觀
之周衰道廢汲汲皇皇以斯道維持世
教者惟師儒君子而已未有大有爲之
君能倡明六經之道紹承先聖之統如

今日者此
皇帝陛下所以卓冠百王趍越千古者也臣
廣等一介書生麤知章句大學賢關渾
未造其閫奥員冠句屨固慚列於章縫
幸逢
熙洽之時謬忝較讎之任每受成於
指教亦何假於施爲樂觀就編豈勝歡慶
與天下而同惠於萬古而有光尊所聞
行所知求不負於

教育正其誼明其道期補報於
昇平無任瞻
天仰
聖激切屏營之至謹奉
表隨
進以
聞
永樂十三年九月十五日
翰林院學士兼左春坊大學士奉政大

夫臣胡廣等謹上表

奉
勅纂修

翰林院學士兼左春坊大學士奉政大夫 臣胡廣
奉政大夫右春坊右庶子兼翰林院侍講 臣楊榮
奉直大夫右春坊右諭德兼翰林院侍講 臣金幼孜
翰林院修撰承務郎 臣蕭時中
翰林院修撰承務郎 臣陳循
翰林院編修文林郎 臣周述
翰林院編修文林郎 臣陳全
翰林院編修文林郎 臣林誌
翰林院編修文林郎 臣李貞
翰林院編修文林郎 臣陳景著
翰林院簡討從仕郎 臣余學夔
翰林院簡討從仕郎 臣劉永清
翰林院簡討從仕郎 臣黃壽生
翰林院簡討從仕郎 臣陳用
翰林院簡討從仕郎 臣陳璲
翰林院五經博士廸功郎 臣王進

翰林院典籍修職佐郎 臣黃約仲
翰林院庶吉士 臣涂順
奉議大夫禮部郎中 臣王羽
奉議大夫兵部郎中 臣童謨
奉訓大夫禮部員外郎 臣吳福
奉直大夫北京刑部員外郎 臣吳嘉靜
承直郎禮部主事 臣黃裳
承德郎刑部主事 臣段民
承直郎刑部主事 臣洪順
承直郎刑部主事 臣沈升
承德郎刑部主事 臣章敞
承德郎刑部主事 臣楊勉
承德郎刑部主事 臣周忱
承德郎刑部主事 臣吳紳
文林郎廣東道監察御史 臣陳道潛
承事郎大理寺評事 臣王遐
文林郎太常寺博士 臣黃福
修職郎太醫院御醫 臣趙友同

効功佐郎北京國子監博士　　復原

泉州府儒學教授臣伍振

常州府儒學教授臣廖思敬

靳州儒學學正臣傅舟

濟陽縣儒學教諭臣杜觀

善化縣儒學教諭臣顏敬守

常州府儒學訓導臣彭子斐

鎮江府儒學訓導臣留季安

四書大全引用先儒姓氏

朱子 熹 晦菴 新安

鄭氏 玄 康成 高密

張子 載 子厚 鳳翔

程子 顥 伯淳 明道 頤 正叔 伊川

邵子 雍 堯夫 河南

藍田呂氏 大臨 與叔

和靖尹氏 焞 彥明

上蔡謝氏 良佐 顯道

廣平游氏 酢 定夫

河東侯氏 師聖 仲良

龜山楊氏 時 中立 將樂

安定胡氏 瑗 翼之 泰州

華陽范氏 祖禹 淳夫

眉山蘇氏 軾 子瞻

林氏 之奇 少穎 三山

致堂胡氏 寅 明仲

豫章羅氏 從彥 仲素 南劍

沙隨程氏 迥 可久

延平李氏 侗 愿中 南劍

象山陸氏 九淵 子靜 金谿

東萊呂氏 祖謙 伯恭 金華

南軒張氏 栻 敬夫 廣漢

止齋陳氏 傅良 君舉

樂菴李氏 衡 彥平 江都

山陰陸氏 佃 農師

北溪陳氏 淳 安卿

勉齋黃氏 榦 直卿

慶源輔氏 廣 潛菴

三山潘氏 柄 謙之

節齋蔡氏 淵 伯靜

九峰蔡氏 沈 仲默

覺軒蔡氏 模 仲覺

三山陳氏 孔碩 膚仲

趙氏
潛室陳氏埴器之永嘉
胡氏泳伯量　南康
鄭氏南升
莆田黄氏士毅子洪
竹谿葉氏賀孫味道
格庵趙氏順孫
丹陽洪氏興祖慶善
張氏九成子韶　范陽
鄧氏亞元亞
葉氏夢得少蘊
西山真氏德秀景元　建安
邵氏甲仁仲　新定
兼山郭氏忠厚立之
張氏庭堅才叔
蒙齋袁氏甫廣微
徽菴程氏
江陵項氏安世平庵

四書大全辯　引用先儒姓氏一

倪氏
顧氏元常平甫　新定
仁壽李氏道傳仲貫
東窓李氏
陵陽李氏
溫陵陳氏知柔體仁
陳氏用之
譚氏惟寅
何氏夢貴新之　嚴陵
晏氏
天臺潘氏時舉子善
鄭氏汝諧舜舉
新安王氏炎晦叔
永嘉薛氏
歐陽氏謙之希遜　廬陵
諸葛氏泰
栾氏祖義子繇　廬陵
朱氏伸

張氏彭老
梅巖胡氏次焱濟鼎　新安
黄氏淵
宣氏
汪氏廷直
張氏好古
張氏玉淵
王氏向
玉溪盧氏孝孫
雙峰饒氏魯仲元　鄱陽
劉氏彭壽
勿齋程氏若庸達原　新安
魯齋黄氏侗
鄱陽沈氏貴珤毅齋
鄱陽齊氏夢龍
疊山謝氏枋得君直　廣信
邢氏昺
蛟峰方氏逢辰節初　青陽

四書大全辯

新安吳氏浩義夫
仁山金氏履祥吉甫　金華
番陽李氏靖翁思正
厚齋馮氏椅奇之　南康
番陽鄒氏季友晉昭
四如黄氏仲元　莆田
汪氏炎昶古逸　新安
勿軒熊氏禾去非　建安
吳氏仲迂可堂
魯齋許氏衡平仲
臨川吳氏澄幼清
歐陽氏玄圭齋
雲峰胡氏炳文仲虎
新安陳氏櫟定宇
張氏存中德庸
新安倪氏士毅仲弘　休寧
番陽朱氏公遷克升
東陽許氏謙白雲

舊按引用先儒宜詳列世代郡邑爵慮

使後學有所考今皆闕焉且有併其名

氏而失之者當日纂修諸臣簡略類如

此

四書大全舊本凡例

一四書大書朱子集註諸家之說分行小

書凡集成輯釋所取諸儒之說有相發

明者采附其下其背戾者不取凡諸家

語錄文集內有發明經註而集成輯釋

遺漏者今悉增入

一註文下凡訓釋一二字或二三句者多

取新安陳氏之說

四書大全辯序

逌予釋菜南雍爾公
張子問業予子察其
人蓋秉道不詘者居
恒論著類折中于聖

人漢以下儒者醇疵
雜出張子皆竊有去
取所定新安余冢宰
古方略予既序而行
之今年春復出四書

大全辯質予曰古今
未有不明理而能興
教匡治者也則未有
不辯羣言之是非而
能明理者也自經術

不明漢新莽變制宋
安石新法皆援經據
古究也禍延百姓可
不慎哉歷覽四書大
全諸家之說備矣它

舛錯疑似者頗衆不
有以辯之則滋惑惑
則亂天下有餘惡在
諸儒臣克副
文皇帝講學明道意邪此

大全辯之所不能已
也予時卒觀其書喟
然曰若是者豈徒工
于辯哉以予聞張子
少好關閩濂洛遺籍

攘排二氏貫洽百家
謂文不足盡道思洽
其身以推及于人見
世儒竊聲聞苟祿利
恥之咸告張子曰我

能明于死生之故幸
而與聞乎道也張子
曰不然士焉有皇皇
趨利避害而明生死
者哉聞者愧屈張子

同邑友人袁臨侯爲予言張子辛未入都門有友橐金屬張子還南道遇劇盜方瀕死張子拊膺曰子豈

以盜而負友託哉力與盜持得脫抵白下廼歸友人金甲戌張子泛舟谿吳會旋里舍舟將覆從者皆溺

泣張子神色自若夫幾風濤靜無恙丙子張子就試南闈不得志四方同人醵金以遺張子張子峻卻之

然則張子見利而無變志臨難而有愚色閲三十年如一日其能明義理審是非確乎其不可拔也可謂

有其本矣其爲辯
推其說足以興教匡
治去後儒訓詁章句
不亦遠乎
今天子孳孳隆儒重道寸

善罔棄明道辯惑補
諸儒所未逮如張子
兼講求有用以忠孝
自砥厲若之何其徒
以辯論見也惜予鄉

者不能以安定之遇
程子者遇張子也雖
然張子豈以出處爲
顯晦也哉
崇禎十三年仲春既望

賜進士出身嘉議大夫
吏部右侍郎前詹事
府詹事掌翰林院事
經筵
日講官國子監祭酒左

春坊左庶子掌坊事
起居注知
制誥奉
旨首起右春坊右中允
兼翰林院編修充

經筵展書官纂修
兩朝實錄編纂六曹章
奏出
使朝鮮兼閱視海外兵
馬屯田錢糧等務

欽賜麒麟服色新建姜
曰廣撰

姜序畢

四書大全辯序

古茅州周鑣譔

予始與爾公張子交蓋自袁臨侯南遊之壬申夏也張子孝友恭儉稱

於鄉閭性剛潔廉靜推於人以不欺爲本人與接若怡怡無所忤比發施於事則義有可畏而其能有不可及故其動止纖悉謹而有法至考其大節偉如也甲戌春輦上觀官奉新檄將謁閹人之司部事者臨侯兩疏爭之旣而就晉中

學使會貪汚御史屬所私弗得志矯劾臨侯得逮張子間道入長安周旋圜狴中人爲張子難之乃更安留如素也旣

五年臨侯移節淮南其時視鹺貴人欲相屈弗可得遂以臨侯能冷笑入糾嗟乎是烏足以入臣子罪哉臨侯爲賦冷

笑詩去位而張子拏小舟風雨飄颻沂江千里相攜歸袁山省其兩尊人始更來南嗚呼如張子者豈易及哉人當患

難鮮不避而弗前而張子獨好與親如其身受之及旣平入恒嬉煦相近張子乃獨引而去若落落未嘗合者此張子

之所以難能也聞之先君子西江理學節義之鄉也

今上行堯舜之政難以盡舉然其大者有三如袁

臨侯陳士業湯谷美之
事則十三年以來所首
稱又三百年以來所僅
稱也士業谷美各以忠
亮忤時旣逮而

四書大全辯　周序五

上各知其誣還職如故視
吾臨侯一轍云三君子
者宜春新建臨川皆西
江產斯異矣而皆與張
子敦平生之志稱友善

則又異而予於三君子
佐佑有年或一日如終
其身或與終身交又如
一日則三君子又皆不
棄遺子也則又異嗚呼

四書大全辯　周序六

子不孝得藉諸君子之
賢下見先君子也孰非
吾張子之賜者哉張子
嘗慨然曰世道否亨根
乎人心人心邪正根乎

學術學術不正生心發
政其害難窮子輿氏之
好辯豈誠得已哉於是
爲四書大全辯行世其
指次尾序之詳矣予又

推本其人如此且知張
子之爲人始乎張子之
學而天下愈知三君子
之人則亦愈知三君子
之學也哉

序終

序

明興以禮樂文章治天
下而所以造士者非
聖人之道無取夫聖
人之道六經其燦然
者矣其最精微者莫

如四子之書于是表
章四書專取朱註行
之謂漢唐以來能折
衷聖人之道使其微

言大義不爲異端邪
說所亂者莫朱子若
也乃當時秉國者受
成祖文皇帝命尤有四
書大全之輯豈非以

聖人之道大即朱子
固有未盡者則羣儒
之說奈之何其盡廢
也意甚深遠哉予不
肖嘗取其書究之其

中有所發明者固多
即醇疵未嘗不相半
至其與聖道相戾者
復不少此抑何歟亦
豈非當時承

旨者未能深窺
祖意但取成書不暇精
擇又時日不給所委
而分彙者多小生豎
儒識有未逮歟今習

者第謂此
成祖皇帝頒行之書有
敢議論其間者是毀
聖而倍
上也殊知其不然哉且

夫
國家之制行之後而
當否見則夫論說之
是非亦未有不久而
愈明者也既已是非

較然矣徒以創于更
制之難而併我
聖祖闡揚聖道造進學
士之意寖以微失此
又誰之過歟于是袁

州張子獨憂之因于
數百年之後爲
歷朝諸人所不敢異議
者取其說之疑而辯
之或曰是毋乃不足

間執讒慝之口乎子
曰不然夫
二祖之考古定制廣厲
教化不可不謂詳且
盡矣乃祀聖之典至

世廟時始定即以歷代
所從祀者方不難有
所予奪況依傍聖人
而爲說者哉使張子
得時行道必將以此

爲黼黻
聖治之大端令窮而著
書獨先從事于此此
固
文皇帝在天之靈而聖

人之道未墜地之驗
也其以爲朱子功臣
爲楊文貞諸公之諍
友又何疑哉張子聞
之曰然于是以其書

授之梓其辯爲世所共見予不必論夫以今日科舉之弊益有異端邪說剽竊前人之議而恣其猖狂無忌者矣張子獨起而辯之則張子之爲人亦吾之所不必論者也

昔

崇禎己卯歲孟冬朔日

貫滙同學友弟吴應箕序

序

吾友張爾公令之醇儒也植節砥行言動不苟生平與朋儕骨肉書未嘗作一草字

他可推矣其譚說名理重躬修黜虛悟惟程朱是宗排佛老是力卽舉子蓺一言有乎辯序不稍假他又

可知矣斯其學問大致也要所從來得之濂洛關閩之傳而究其微言大義其最著明者有大全辯一書

導揚程朱之言折衷諸家之說務求至當以合經指甚盛事也

或曰大全者

文皇帝合諸名臣纂輯

之矣亦有辯歟爾公
曰是乃所以辯疑也
聖人之教人也甚無
取乎守其一說而不
知有更端也是故學

者所見出乎向所懷
來之外則亟喜之知
來啓予喟然之與槩
可覩也夫程朱之言
是矣蔑以加矣

文皇帝又令採之諸儒
使相助發意可知也
且夫胡光大黃宗漢
金文靖夏忠靖輩功
名事業則彪炳矣其

不登兩廡之祀當有
別論焉者而
文皇帝使之網羅先儒
之文去取衆家之論
機務之佐得與見知

薈萃紬繹流不名一
善意又可知也夫西
河之教尚訛本末鶩
湖之聚爰有異同予
後生小子讀書而有

疑焉則質之質之不
得則思之思之不得
則又反覆讀焉著爲
說以解之研慮問答
若有辯焉者其實以

存吾疑爾矣此諸儒
之樂聞
文皇帝所必許者也予
小子又奚辭薈爾公
之意如此余聞而是

之會同舍生欲傳其
書苦鳩工無資已爲
請之
國子先生國子先生
樂其事務書

大宗伯及御史臺俾共督成焉以爲此儒者之絕業而

文皇帝之功臣宜相與左右之使其殺青得竟承學有賚也余不敏知爾公生平悉因是書成敬言于簡首如此

昔

崇禎己卯歲十月望日

貴池同學友弟劉城序

序

國家欲使士子深於義理之文若者士子競進徒以義疏章句爲逢時資勦說焉耳何暇問義理果當與否邪此吾友爾公所以有大全辯也夫深於義理者必博學君子廣見洽聞然後能覽

聖人之大指士托儒林志在身通唯通斯得其全耳誦

世祖之諭楊文敏亦曰諸儒論議有與傳注相發明者采其切當之言增附於下發明正欲其博也切當指大指也今之業此童習章句祇知爲制舉

義博學故難亦安知所謂博學邪何尤乎不得大指也卽自號不屑辭章于義理獨深者亦苦少不博學

長爲名稱以其耳見執一省覽釋此不能通彼自相轇轕卽曰先民是程吾豈許之哉吾觀聖人之言非

可以一端論也情見乎辭書不盡言或反復得之學者當以聖人之言解聖人之言思其意之所指勿以

辭病義諸子百家可合觀焉故得大指者恒不專章句小儒然章句間不得大指亦不能讀也爾雅有釋

詁釋言合而釋義今但執訓詁遂謂全得聖人之指不亦过乎先儒亦惟恐其指不得故思而釋之晚年

每有所得不自以爲是乃一切拘守之襲其辭以爲制舉義若此者不惟不得聖人之指抑且不得諸儒

求得大指之指自謂深於義理不屑辭章誣矣況有口程朱攘臂爲狗彘又欲行其說於天下徼天下從

之他日者望其以聖賢之學上進

君出政事不更誣乎爾公躬行不苟博學著書亦既久被服天下

矣嘗曰明王務學惟正已知人是急不沾沾章句訓詁蓋謂讀聖人之書内以淑身出則期不負

國家徒以爲文章讀之已非矣至於藉此爲逢時資豈所以對

祖宗訓士至意哉是安可不辯也定其囘宂

正其靡曼攬其要難略其附會其不合聖人之大指者蓋鮮矣參考者數年而始成書成方子讀之曰可謂發明切當矣道德文章政事出於一矣士君子讀而學之理學大明人材一歸于正所學即所用矣爾

公之對
祖宗不負
國家志何深也其爲世
用豈不大哉又豈第
望其立朝之後上以

此諷諭下以此廣厲
乎
崇禎十二年仲冬月
旣望
皖桐方以智序

四書大全辯序

子夏之學後有田子
方子方之學後有莊
周師相沿流相遠也
廼上蔡龜山定夫諸

公親及伊川之門號
高弟其弊也浸入於
釋氏豈遁傳而爽厥
指歟何遽豎也明仲
仁仲咸胡文定之子

又咸稱賢仁仲每欲焚其兄所著論語解讀史管見同體而不相謀以視師承焉尤奇至朱子則一人之

身經緯萬端裁壹衆說集註成自謂銖兩稱勻無可損益晚思改正而未及復云自誑誑人之罪不勝贖

胡信於嫡傳於訖也哉嗚呼聖人之道博矣大矣博難一大難精弗審弗一弗擇弗精夫以大聖大賢爲

之師或得諸面提或得諸私述承風未遠本原淆如甚者一戶之指歸岐趨又甚者一身之後先殊見彼

其人皆巍然至德爲
世楷模者也而遠近
同異之間牴牾錯出
剏推而他儒之論說
合以諸家之罔羅意

見互持寧詎無失善
乎張子之爲四書大
全辯也慮及此矣或
曰是文敏文穆諸公
所廣裒而共正者可

無辯或曰是
文皇帝所諭而定鑿而
裁者可無辯嗚呼同
學孔子之學皆孔子
之徒也濂洛以下率

得揖讓而質其是非
者也同庑
祖宗之宇皆
祖宗之臣也楊胡諸公
率得確稽而決其可

否者也精令張子嘗
其時齊其任出入參
伍斷厥醇疵必有以
闡道微稱
上吉匡諸臣所未逮掖

來學以所趨者今其
言粹然疇復持異議
於其後哉夫
明興治天下亦多術矣
而會典大全二書斌

斌稱綱要焉會典者
法之經大全者道之
源也法者一王之所
定雖天子不得而更
道者萬世之所公雖

匹夫可得而議且夫
會典成於
敬皇帝之世而歷數代
輒一釐正修明大全
寖三百年無有問者

縱
天語未餙亦非
成祖之所望於後儒也
張子秉德在躬綜富
而義約以尊

王可以較先臣之訛以
翊聖可以摘前賢之
舋且夫三代以後諸
儒不能不疵繆失實
前之為說蓋彰彰矣

張子庸得已乎哉張
子袁州人學術行誼
余所宗斆天下稱為
芑山先生云
崇禎十三年仲秋既望

宣城沈壽民謹序

序畢

四書大全辯序

今世皆稱芑山張先生云匪徒艷譽其文采炳赫奔逸智勇斥居軫笈相望所至屨

剌相錯而已也蓋謂微言絶于僣僞大義乖於訓詁先生出而近搜遠紹擢瀾討源上自鄒魯下自河汾昌黎關閩濂雒洎我國家白沙餘姚諸儒莫不折衷捃摭以成一家之書使學者是正而不敢違悖於義理

太祖高皇帝曰往古聖哲不儒名而德行實儒今求德行于文藝之中先生所以度越諸子宜夫天下翕然稱

道不以爲濫也先生爲人廉以潔知以斷少好著述凡先儒註疏語錄貫涉旣久涵養旣熟乃始編摩大

全詳爲之辯夫辯者豈疑先儒哉讀先儒者不得其要則充汗而周張不發其凡則拘蹇而影附學者之

疑往往而是也而必以宋儒章句之義如爝火之明滅于兩間涓滴之注跗于百谷也不亦謬哉

永樂中鄱陽儒士朱季友詣
闕獻所著書毀宋儒以自是
上覽之大怒曰此儒之賊

也悉焚所著書其彰
示好惡端嚴士習如
此其重也乃者
功令釐正文體溢于格
則罰併坐選主一時

英傑蔚起尊傳註明
體要靡然如草之從
風矣間有雄奇自命
之士賤道德而喜權
術儕中正而升雄奸

且謂此傳註之學譬
三家之市拳曲揖跪
長老子弟盤旋爲禮
文耳至于陳帝王之
略備將相之器廷則

激直國則扞衛非跖
跅不羈多知自將恐
未免談虎色變技且
窮而莫之試也爾公
先生竊憂之以爲學

者不善讀傳註耳夫
傳註者求聖人之道
未有舍此而可以弋
獲者也昔之儒者既
得其大義矣而猶未

敢即安也一篇之中
一字之義反覆沉潛
必無毫髮紕繆而後
已挹其氣雍容夷易
高談仁義佩其教老

成典則坐鎮雅俗國
家危疑禦侮戡亂則
儒者又以恂恂然陳
風吟雅而任之李克
論魏成子曰居視其

所親富視其所與達
視其所舉窮視其所
不爲貧視其所不取
不然不可以仕趙衰
議擇帥曰郤縠可嘗

聞其言矣悦禮樂而
敦詩書禮樂德之則
也詩書義之府也德
義利之本也不然不
可以戰爾公先生布
四書大全辯　陳序九
衣困諸生試屢蹶四
方學者師宗之名夏
竊嘆先生于先儒有
提綱挈領之功于文
章有摧陷廓淸之力

律以治身以孝友風
厲同人能使一時翔
集京都者不敢稱先
生爲名士領袖名夏
爲之歷推先生之教
四書大全辯　陳序十
古聖人之徒也先儒
之羽翼也我
國家章明禮樂之功臣
也亦今日人才用世
之兼資文武者也有

其言兼有其言儒其
實乃儒其名此大全
辯之大有造于後學
也嗚呼孰謂立德立
言立功非一人事哉

崇禎十二年仲冬朔日
溧陽陳名夏序

陳序畢

四書大全辯自序

令天下學術不適用
諸畔棄聖經蕩越古
訓者何其紛紛歟揆
厥所自士讀書不審

去從錮往說溺文詞
去道滋遠耳四書大
全
本朝
文皇帝詔諭諄悉務極精

備切當冀學者明理
爾治意甚盛哉亡何
儒臣纂修値
國家多故鮮克覃思竭
智折衷大道以故去
四書大全辯自序二
取頗謬于聖人學者
弗察輙無敢是正曰
以奉
王制以宗程朱墨守大全
足矣予究觀其書程

朱而外橫渠安定西
山龜山諸家有足采
者他天臺溫陵仁山
玉溪東陽繁複者衆
甚則牴牾經傳安得
四書大全辯自序三
槩取而傅會之况大
全闡繹傳註屬輯自
諸儒臣非四子之書
之莫可易也其間義
理無盡俟後人賡續

發明非
祖訓大誥律令之無可議
也又況聖賢立言以
救時爲急以不悖道
爲正既不無異同而

又未嘗自以爲至孟
子願學孔子其論斷
子產管仲與孔子異
朱子師事李延平追
權衡格物致知有時

輕延平而軒程氏至
於程氏之説疑而不
足信者朱子尤有所
不取夫程朱一代大
儒程子生平論著間

嘗自以爲未當而朱
子集註初本改本更
定至易簀不能無憾
它書屬程朱門人問
答雜記類皆失眞而

滋訛誤繇此推之非
斷之以不易之理未
有不爲往說文詞所
惑者然則學者以程
朱未定之論與

國初諸儒臣未精未備
之書率從風以靡罕
所讐正則是名爲尊
王舍其匡救將順之大者
而併曲阿儒臣一隅

之見口宗程朱不能
得其微言大義而卒
以乖亂孔孟立言之
指如是而欲其明道
以適用不亦難乎予

生也晚竊有志于道
不幸不與程朱同時
獲質疑請益又不幸
不親見文貞文敏諸
人與論定得失是非

助大全所未及今也不得已私有折衷每與諸家異同雖宋諸儒爲世所共宗者亦罔敢傅會不知者且

恠以爲妄可歎也已然予猶幸遭

今上聖明講學求治匹休

二祖中外雖孔棘孳孳論

誠正

頒孝經以風厲學官惜夫諸大臣未有以釐正大全之說進者夫大全理學忠孝所自出昧此則亂明此則

治今士習其讀遺其義或庸鄙而登膴仕或佛老而竄聖經生心害政匪一朝夕而其失皆始於不明是

非不深求乎學庸語孟之道當是時而靡然不爲之辯可乎哉予不揣固陋僭家仲季定著四書大全辯

行世蓋將使天下知孔孟程朱雖嘗異同而同歸于道如此大全諸家之說之雜見諸儒臣編纂之疵漏

如此讀大全不可不審去從如此非敢謂論辯證據有功經傳學者苟推予辯以求其當庶知所取正不

爲往說文詞所惑雖以適用匡治無難則道在是矣故予惟懼辯之有未詳辯之雖詳而尤懼言有餘而

行彌遠不能漸幾于
聖賢之道是則可憂
也彼異已者之議惡
足恤哉
崇禎十三年仲春月既望

後學張自烈序

自序畢

四書大全辯凡例

大全舊本各章用小註分疏集註每集註或十數句或五六句或四五字以下皆細書小註附之每小註或數十句或六七句或二三字以下復大書集註承之集註斷絕不屬小註紛冗雜見大全辯先白文次集註又次小註各章集註連書置小註前各段小註次第置集註後凡小註如朱子曰一說既畢復自起

一說皆連行細書用一圈中隔不另擡頭南軒張氏雲峯胡氏等各爲一說者各擡一頭冠以姓氏不並行連書又小註中各有音釋舊本連小註寫刊俗學誤讀音釋爲小註大全辯摘出置各段小註後又小註有同一條而中誤用圈截使文辭不貫者有各一條而中不用圈截使分界相混者凡若此類皆詳加改定不宜圈截而誤用圈者删之宜圈

截而誤失刪者補之與大全舊本别
坊刻四書大全白文集註皆大書字畫
殊無分别大全辯白文字畫大于集註
以明先經後傳之意又四書注疏大全
合纂行世已久其弊謂大全諸說繁複
甚而又合注疏並存是愈繁也注疏宜
另爲一書单行不當刪附大全或注疏
與經傳合其說確不可易者間采一二
入大全辯去取與合纂異讀者詳之

金陵吳閶武林所刊大全字句錯誤頗
害文理有二字併訛者如政教作改效
致治作放治元聖作无本交互作文王
之類是也有一字兩脱者如丕作不一
置作四直堂作尚士鼛作鼓咎之類是
也有點畫轉相訛者如能作長長又作
出尊作專專又作馬之類是也它如簡
筒審甯莫英衮衰兆非志忘而面乘秉
效郊攻攷求來里至巫坐任在之類枚

舉不盡大全辯悉
國初原本較正魯魚亥豕庶幾或免合坊
本參觀自見
大全小註凡精切者增損爲難其可刪
而尚存者細注各章上方云某氏說宜
刪或諸說足補小註闕略者錄附舊本
小註後姓氏失考不敢勦爲已說仍别
以或曰二字或小註諸說已明某不敢
復贅他悖理叛經者間亦竊附管見僣

肆駁義俟學者論定特書芭山張氏曰
别之
蔡虛齋蒙引林次崖存疑陳紫峰淺說
諸坊皆有專刻惜辭多義寡質諸聖經
離合者半然其間駁正集註小註者頗
益承學大全成于永樂中蒙引存疑諸
家皆未及附入某舊有三家合辯合蒙
引存疑淺說而辯之是非備見其采入
大全辯者仍著蔡虛齋林次崖姓氏特

仕之三四耳紫峰詁訓本文半循集註
蒙引存疑故不多錄嗣梓三家合辯全
書附大全辯行世
大全辯辭太簡是正與原本稍別然未
經具
題不敢槩刪擬伏
闕上書深明
國初儒臣編纂缺略之失諸家議論繁蕪
之陋與夫援引左傳史記家語莊周荀

楊淮南劉向之說之紕謬請
旨重訂盡汰去舊本冗複謹輯
本朝
二祖
列宗羣經類要正定書傳春秋本末
御注洪範世臣總錄名臣奏議等書凡羽
翼經傳與各章互發者錄置各章小註
前備經筵講肄貽臣子尊
王一道同風之義又旁摭漢唐宋史事暨

永樂以後諸名儒語錄有裨理學經濟
者附載各章小註未明四子之書皆治
天下要道所繫未可訓詁同日語舉要
刪繁編成全書然後繕寫呈
進候
今上親賜裁定冠以
御序刊布學官庶無負
文皇帝崇儒明道初意茲所刻大全辯少正
坊本之誤俾學者知初本闕漏如此尚

未釐其夙志況各章點乙評注爲寫人
剞氏脫誤者不少傳久實難願二三同
志悉心發明匡某弗及明道辯惑非某
一人任也增刪四書大全嗣出
後學張自烈書
四書大全辯凡例畢

芭山大全辯

大全辯言成，或曰：先生曰不得已耳。或曰辯可得聞與。先生條舉書所去取者告之。聞者冁然曰：今而知辯之不可已也。一時與先生異同者，皆退求其說，皆不以辯爲非。蓋不待今觀全書，而其間是得非失，較然可見。嗟乎，先生豈好辯哉。予小子欣承師說，草次按劍用公同學。其說或不載大

全辯，或詳見大全辯各章。凡若干條。顏曰芭山辯畧，附先生凡例後，覽者宜有取焉。崇禎己卯冬月望門人餘姚陸志浩拜手書。

凡說書有磔裂牽綴穿鑿者，雖其說出于漢唐宋諸儒，皆某所不取。如論語射不主皮節，邢昺疏云：古者射有五善，不但主皮爲善，亦兼取禮樂容節也。周衰禮廢，射者無復禮容，但以主皮爲善。故孔子抑之云：古之射不主皮也。古者爲力役之事，亦有上中下。設三科焉。周衰政失，力役之事，貧富兼併，强弱無別，而同爲一科，故孔子非之云：古之爲力役，不如今同科也。古之道也，結上二事，皆前古所行之道也。諸家凡磔裂者類如此。禮云禮云節，韓愈云此連上文訓伯魚之辭，李翱云慮伯魚但習二南，多知蟲魚鳥獸而已，不達雅頌形容之美也。有

以知詩者，禮樂之文，玉帛鐘鼓者，禮樂之器，兼通即得禮樂之道也，可與共學棠棣之華二節，陸象山云上面是說階級不同，夫子因舉詩中室是遠而之語掃上面階級，蓋雖有階級，未有遠而不可進者也。吾猶及史節，韓愈曰上句言己所不知必闕之，不可假他人之言筆削也。譬如有馬不能自乘，而借他人乘之，非己所學也。諸家凡牽綴者類如此。

孔子時其亡也句。韓愈曰時當爲待古
者亦音時。前人音作遲。其實待爲得。文
王視民如傷節。趙岐注云。視民如傷者
雍容不動擾也。望道而未至。殷祿未盡。
尚有賢臣。道未得至。故望而不致誅于
紂也。程氏外書云。望道而未之見。謂望
天下有道太平而未得見也。大人者不
失其赤子一節。趙註云大人謂君。國君
視民。當如赤子。不失其民心之謂也。諸

家凡穿鑿者類如此。雖邢趙李韓程陸
諸說大全所不載。然小註諸家之說。間
有與此類者。其背詳爲辯正。其他出入
二氏。依傍百家。憑臆破道之言。雜見經
言枝指諸書。或皆出于時儒好異傳訛
之陋。不斷之以理質之于經。是非必不
能無惑。讀者繇其所辯正熟思之。當不
爲往說所錮耳。
小註中有辭意重複者。有大同小異者。如

學而時習一章集註云。說喜意也。慍含
怒意。其說已明。而雲峰胡氏又云說是
喜意。慍是含怒意。朱子云。未知未能而
求知求能之謂學。已知已能而行之不
已之謂習。其說已明。而勿齋程氏又云
未知未能必效諸人之謂學。已知已能
必熟諸已之謂習。此胡氏程氏說之可
刪者也。子禽問于子貢一章。新安陳氏
云身所經歷處。則人皆化。心所存主處。

皆神妙無不通。其說已明。而吳氏程又
云過謂身所經歷。化謂人無不從。存謂
心所存主。神謂意無不達。哀公問弟子
一節。集註云。顏子克己之功。至于如此。
其說已明。而上蔡謝氏又云顏子不遷
怒不貳過則其所好。乃克己之學。此吳
氏謝氏說之可刪者也。有小註本釋彼
章而誤入此一章者。如孟子不成章不
達小註採朱子所謂如孝眞個做得孝

成己真個復得忠成。子貢之辯。子路之勇。都是做得成。此乃解釋論語斐然成章之旨。脩書者誤採之于此。殊是惑人。考語類此章並無此語。說見蔡虛齋蒙引。此不成章不達一節朱子小註之可刪者也。又有一章之中。一人之說。前後重出者。如養氣章首節小註黃氏洵饒云無所疑是道明。無所懼是德立。至敢問夫子惡乎長一節小註。又錄黃氏洵

饒云無所疑即道明無所懼即德立。二條並列于一章。而其言初無分別。特即與是二字稍別耳。又有一人之說。或見于此章。或復見于他章者。如大學所謂脩身一節。小註西山真氏云。中庸只是未形之時。常常持敬。令心不昏昧而已。大學之恐懼。却是俗語恐怖之類。自與中庸有異。至中庸道也者一節小註。又錄西山真氏云大學之恐懼。與中庸之

恐懼不同。中庸只是事物未形之時。常常持敬。令心不昏昧而已。大學之恐懼。只是俗語所謂怖畏之意。自與中庸有異。二說並列于大學中庸小註。而其義初無淺深。特字句繁簡稍別耳。此黃氏真氏說之不可不分別刪之者也。其循覽各章小註。如此類者頗衆。凡皆當日諸儒臣去取所未詳。而就中逐節刪汰。令歸簡要。勿塡贅亂學者聽聞。其不能

無俟于後人可知也。

小註有腐迂不合理。後學不可不辯者。如殷因于夏禮一節。東陽許氏云。堯舜禹皆用人統。堯舜皆禪讓。故舜禹不改正。殷周征伐得天下。所以改正朔易服色。以新觀聽。某竊謂改正朔易服色。此中自有通變宜民道理。非徒新觀聽而已。若僅新一時觀聽。得已不已。樂于變更。則聖人紛更多事。其去後世無故而更

制立法者一聞耳豈因時損益之道哉
此許氏說之不可不辯者也凡與許氏
此說類者可推也有深看集註淺看白
文失當日語意者如夫子溫良恭儉讓
以得之一節仁山金氏云此章就接人
處言之反其求之之意而其言遂欠內
一層故集註曰盛德曰過化存神曰德
盛皆補其內而本註亦字及謝氏三亦
字蓋但指其外也其竊謂五者雖就接

人處言而內一層自寓觀大學心廣體
胖孟子根心生色便知接人處雖屬外
所以接人處仍屬內非子貢僅從外邊
氣象形容尚欠內一層必待集註補之
也此金氏說之不可不辯者也凡與金
氏此說類者可推也有拘泥集註一句
一字不能領畧大義者如信近于義一
節雲峰胡氏云義者心之制事之宜此
獨言事之宜禮者天理之節文此獨言

節文蓋所謂信恭者非信恭之本體故
所謂禮義者亦非指本體而言集註未
嘗輕下一字如此其竊謂約信致敬雖
就人之行此而言未有離本體而可謂
之信恭者集註雖說事之宜而心之制
在其中雖說禮節文也而天理在其中
遺却心之制何處得事之宜遺却天理
何處得節文集註獨言事之宜獨言節
文者省文耳此處因集註不言天理妄

謂禮非指本體言如生事之以禮三句
集註但云禮即理之節文獨畧去天字
又將如何立說謂集註不輕去一字乎
此胡氏說之不可不辯者也凡與胡氏
此說類者可推也有呆看白文不切事
情失言外之意者如孟子爲卿于齊一
節南軒張氏曰孟子特統其大綱于上
而驩則共其事于下若驩于事上之禮
有失邦交之儀有曠則孟子固不免有

言以正其失彼既或治之未見有可正之事亦烏得有言哉某竊謂使驩而果可與言事雖既治孟子不必不與言惟驩不可與言故婉絕之耳夫既或治之二句託辭耳若云驩于禮無失于儀無曠孟子無從而正其失便呆看了治字便似孟子果無可言失却孟子不與右師言之意併失却待小人不惡而嚴之意此張氏說之不可不辯者也凡與張氏

此說類者可推也有道理本自貫通過爲分析自生窒礙者如德之不修一節小註朱子云講學自是講學修德自是修德致知格物是講學正心修身是修德博學審問慎思明辯是講學篤行是修德某竊謂四項自應依白文分說不必牽連說不必將上一句包下三句說但細看修德必須講學講學正以修德道理亦自相貫通若云講學自是講學

與修德不相涉致知格物是講學正心修身是修德未免分析支離之病觀大學欲正其心者先誠其意欲誠其意者先致其知皆一氣聯貫說來便見得致知格物皆所以爲修身地原非截然兩段安得謂格致專是講學正修專是修德邪至于學問思辯行中庸總言擇執之目闕一不可必行之既篤然後學問思辯有實際工夫可據豈判然劃定界

限各不相通博學等偏屬講學篤行偏屬修德邪此雖朱子之說亦自有不可不辯者也凡與朱子此說類者可推也有一章諸說相矛盾不合本文大旨者如夫子加齊卿相一章朱子云知言養氣爲不動心之本又云孟子之不動心知言以開其前故無所疑養氣以培其後故無所懼又云孟子說養氣先說知言先知得許多說話是非邪正都無疑

後方能養此氣又云孟子論浩然之氣
一段緊要全在知言又云此一章專以
知言爲主某竊謂孟子蓋從曾子自反
中勘出慊心學問只在心上用功能集
義則知言養氣自包括在裏面先正云
浩然之氣孔子有兩句說盡了曰內省
不疚夫何憂何懼又云孟子許多論氣
只在集義所生一句上或問集義曰只
是無事不求個是而已蘇潁濱云達于

義所以不動心不動心所以致浩然之
氣潁濱此說雖與朱子異然與白文通
章大義相貼新安陳氏采朱子與郭沖
晦帖云孟子之學以窮理集義爲始不
動心爲效惟窮理爲能知言惟集義爲
能養氣據此帖所云則朱子所謂知言
養氣爲不動心之本不自相矛盾邪至
于小註中陵陽李氏則云知言養氣雖
二事並進而其序必以知言爲先仁山

金氏則[illegible]養氣是其助雲
峰胡氏則云孟子所以[illegible]不動心者
先知言而後養氣又云孟子養氣先之
以知言李胡諸家雖假傅會朱說而据
通章大義求之自當以朱子與郭帖蘇
潁濱陳新安之論爲正此紛紛諸說之
必不可不辯而凡與諸說類者皆當求
其大義者也某按各章小註如此類者
不少凡皆當日諸儒臣擇之未精論之

不定者大全辯雖不徑刪其說卒亦未
嘗槩相傅會也詳見各章辯正
集註小註有事無明據語屬承訛攙入各
章滋後學疑端者如未見好德一節集
註云史記孔子居衛靈公與夫人同車
使孔子爲次乘招搖市過之孔子醜之
故有是言小註新安陳氏云夫人不翟
茀自蔽公與同車翱翔過市無恥甚
爲孔子此言因衞靈公好色而發也某竊

謂說字者□□□□拘泥論用事爲靈公
而言與衛□□□衛靈公篇中加巳
矣乎三字□□□□雖指靈公也。白雲
許氏曰此與大學比喻一般意。只是勉
人須實好德此說自正。新安附會圖外
註以史記事爲可據非也。齊景公待孔
子節集註云事見世家。小註載孔子世
家云齊景公復問政于孔子。曰政在節
財景公說將欲以尼谿田封孔子。晏嬰

進曰夫儒者滑稽而不可軌法。倨傲自
順不可以爲下。崇喪遂哀破產厚葬不
可以爲俗。游說乞貸不可以爲國。自大
賢之息周室旣衰禮樂缺有間。今孔子
盛容飾繁登降之禮。趨詳之節。累世不
能殫其學當年不能究其理。君欲用以
移齊俗非所以先細民也。後景公敬見
孔子不問其禮。異日景公止孔子曰奉
子以季氏吾不能以季孟之間待之。吾

老矣不能用矣。孔子遂行。反魯。其爲謂
孔子在齊。與平仲處者八年稱其善與
人交。必有取爾也。度晏子之言。不宜鄙
倍至此。不宜詆斥孔子至此。豈史記世
家果傳信之書乎。集註小註。各章引證
之未可據者多此類。至他章所引荀子
淮南說苑其中舛悖而無補于經傳者
尤甚。惜當日諸儒臣不嚴加擇別耳。
集註小註有制度官職姓氏。皆無可考。不

能不闕如者。如陳亢孔子弟子。或曰亢
子貢弟子。集註云未知孰是。申棖鄭康
成云孔子弟子申續。史記云申棖字周。
家語又云申續字周。左丘明或問丘明
非傳春秋者邪。朱子云未可知。老彭集
註據大戴禮虞德篇。有商老彭之語。包
氏注云商賢大夫。故謂之商賢大夫。指
一人而言。王弼又云老是老聃。彭是彭
祖。指兩人而言。朱張不見經傳。八士或

曰成王時人或曰宣王時人大師摯孔安國以爲魯哀公時人鄭康成以爲周平王時人班固禮樂志謂紂作淫聲樂官師瞽抱其器而犇散或適諸侯或入河海古今人表列大師摯以下八人于紂時吳斗南云按商本紀紂時抱樂器而犇者大師疵少師彊也古今人表亦列此二人于師摯八人之後誤合兩事爲一葉石林云司馬遷論周厲事曰師

摯見之矣則師摯又似厲王時人太宰官名或吳或宋未可知此官職姓氏之無可考者也千乘之數朱子云此等處只要識得古制大意細微處亦不必費力考究周室班爵祿朱子云愚按此章之說與周禮王制不同蓋不可考闕之可也明堂制朱子云論明堂制者非一竊意當有九室如井田之類又云古人制事多用井田遺意此恐然也貢助徹

朱子曰先王疆理天下之初做許多畎澮溝洫之類大段是費人力了若是自五十而增爲七十自七十而增爲百畝則田間許多疆理都該更改恐無是理孟子當時未必親見只是傳聞如此恐亦難盡信此制度之無可考者也學者于此自當以春秋夏五郭公例推之必欲求詳則鑿矣

蒙引析衷小註存疑辯正蒙引此二書宜

合觀其三家合辯中存其簡明確當者而已或存疑淺說載蒙引諸條無復異同駁正者則仍蒙引原文而刪存疑淺說所節錄之文蓋合三家爲一書嫌其重出耳至于蒙引不傅會昔人處如君子而不仁一節則云不必依謝氏註人無有不善一節則云不必依朱子註皆確有所見然其中舛悖呆滯亦有與存疑同病者如君子博學于文一節蒙引

云博者在外。約者約在身上來。某竊謂
文雖屬外。至博學則讀書窮理。工夫亦
在裏面。豈可唐看學字。某謂博者在外
乎。此說之舛悖不足觀者也。賢哉回也
一節。蒙引云賢哉回也下文云云。是其
所以爲賢。故終之曰賢哉回也。某竊謂
白文簞食瓢飲數句。只虛虛就中想像
顏子活潑地。首尾兩賢字。咏嘆淫泆。尚
有語言形容不盡處。口氣最渾淪涵蓄。

若云實指所以爲賢。便似以下文詁上
文矣。此說之呆滯不足觀者也。存疑中
尤悖理者。如能以禮讓爲國一節存疑
云爲當時上陵下僭而發。詞雖若指人
君。其實臣意居多。當時季氏據國政。魯
已出。此是不讓。故聖人言此以寓箴規
之意。魯君失政。公室四分。讓已過矣。若
更規之以讓。非以水濟水乎。某竊謂聖
人只槩論致治之道。不專規切季氏。況
讓雖主退遜其奢靡怯懦自別。以魯君
公室四分言讓之意。不惟看禮讓道理
不明。併失却當日聖人立言大指。蒙引
存疑中若此類者。某皆不敢苟同。讀者
宜知所去取。

集註小註有正義。有餘意。如道千乘之國
一節。紫峰陳氏云。集註反復相因是餘
意。虛齋蔡氏云。味朱子在此五者句。可
見反復相因之說是餘意。如百工居肆

一節。集註云工不居肆。則遷于異物而
業不精。君子不學。則奪于外誘而志不
篤。尹氏云學所以致其道也。百工居肆
必務成其事。君子之於學。可不知所務
哉。愚按二說相須。其義始備。小註新安
陳氏云。前說是子夏本意。觀二以字可
見。後說是發子夏餘意。人不知而不慍
一節。小註新安陳氏云。集註凡并說本
章正意外之餘意。必加一圈以間隔之。

其學餘説以推各章。如其爲人也孝
弟一章集註引性以仁爲孝弟之本一
句。非本章正意。特發明道理如此。吾日
三省吾身一節。集註三者之序以忠信
爲本。亦是本節餘意。非正意。須知傳習
中亦自有忠信在。故凡讀集註小註。而
不分別其爲正意爲餘意者。未免扣槃
捫籥之見。恐卒與聖經大義判隔。其害
道正不淺耳。學者詳之。

大全舊本有援引左傳周禮等書。每條音
釋與本文連書。段落皆不明者。如論語
君子之於天下一節。集註適專主也。春
秋傳曰吾誰適從是也。舊本小註左傳
僖公五年晉侯使士蔿爲二公子築蒲
與屈。士蔿退而賦曰狐裘尨音蒙茸。以
興狐爲裘貴者之服也。尨茸亂貌。言貴
者之多也。一國三公。蒲屈大都耦國。故
獻公與二公子鼎立爲三國。吾誰適從。

言城不堅則寇[illegible]二公子所怨。堅之則爲
國[illegible]忠[illegible]以事上。其按晉侯使士蔿
至吾誰適從五句。凡三十一字。屬左傳
本文。音蒙二字至不知所適從。共六十
九字。則皆左傳本文註也。孟子市廛不
征一節。舊本小註周禮地官司徒市官
掌市之治教政刑量度禁令。以次敘分
地而經市。以陳肆辯物而平市。以政令
禁物靡而均市。以商賈音古阜貨而行

布。以量度成賈價同而徵儥音育。以質
劑節隨反結信而止訟。爾雅劑齊也。質
劑謂兩書一札而別之也。以賈民音古
禁僞而除詐。以刑罰禁虣皮告反而去
盜。以泉府同貨而斂賖。大市日昃晏同
而市。百族爲主。朝市朝時而市。商賈爲
主。夕市夕時而市。販夫販婦爲主。其按
司徒司市至販婦爲主十七句。凡一百
二十字。屬周禮地官本文。市官至晏同

三十四字。則皆周禮本文音釋也。諸如此類。後先坊本皆連書。皆不用圈截。或微加圈截。仍用連書。久之圈截漫滅。本文與音釋。字畫無大小別識。往往合本文音釋而一之。此皆後人沿襲初本之陋。而不知所更定者。今大全辯特拈出各段注釋。或字句簡約。如麗音棠麗茸亂貌賈音古賈價同之類。皆提起小字細書列本註上方。其稍繁者。如茸以狐腋為裘爾雅貭劑也之類。皆照傳記次第置本文尾。各用一勾劃斷。不令音釋與本文纏繞連互。又舊本所引傳記諸書。裁割字句。語義或有未暢者。間查傳記原本。稍益一二語。又舊本註釋脫遺。後學往往失考者。間采傳記諸家注釋補之。俾讀者曉然于心目間。或亦微有裨助云爾。

自下示及門諸生語

四書大全予私有所辯正。凡大全簡要精切者。甲之。複重支離者。乙之。使諸家是非異同。條分區別。爲四書大全辯。已又念　今天下書院既毀。士君子以講學爲戒。儒先理學不絕如綫。以故滅裂倫叛。

君父。往往而有。予歷觀古今大儒。未有不讀書窮理而能講學者。亦未有不端心術務躬行而謂之能窮理能讀書者。昔譙定語胡憲曰。心爲物漬。故不能有見。惟學乃可明耳。憲嘆曰。所謂學非克己工夫耶。自是不求人知。一意下學。解縉嘗曰王汝玉文翰不易得。惜有市心。繇此觀之。凡侈談理學。剽畧先聖遺言。不孜孜正心淑身是務。特內暨傳令。瞽史誦詩耳。以予觀唐宋諸儒。其心術邪正。躬行醇疵。勿具論。考其立言。間有與聖賢

經傳相悖者倘如孟軻之與荀卿其
術源流甚明遡其度與李翶書則云荀
孟之文左右周孔之文也歐陽脩唐書
藝文志論則云自孔子在時方脩明聖
經以紬繆異而老子著書論道德接乎
周衰戰國游談放蕩之士田駢慎到列
莊之徒各極其辯而孟軻荀卿始專脩
孔氏以折異端愚謂荀卿嘗言亂天下
者子思孟軻則是荀卿尚未明孔子之

道尚欲與孟子爲讐惡在能專修孔氏
乎惡在能左右周孔與孟軻同日語乎
至如曾鞏王安石復妄推莽大夫揚雄
鞏作劉向新序目錄序其言曰自漢以
來天下學者知折衷于聖人而能純於
道德之美者揚雄氏而止耳如向之徒
皆不免爲衆說之所蔽而不知有所折
衷者也按鞏之爲是言亦既軒輊失倫
前識者姍笑及答王深甫論雄書則又

云雄處王莽之際有所不得去又不必
死合于箕子之明夷又云美新之文雄
非可已而不已者也箕子者至辱于囚
奴而就之則于美新安知其不爲而爲
之亦豈有累哉〻鞏自度學爲有所
進于雄書每有所得介甫亦以爲然鞏
之言不合于道蓋如此安石嘗力排荀
卿不能知禮而獨于楊雄仕莽則謂其
合孔子無不可之義且云世傳其投閣

者妄也安石侮聖叛經附會楊雄又如
此鄙人簡紹芳又言雄無仕莽事引桓
譚新語曰雄作甘泉賦一首明日遂卒
祠甘泉在永始四年雄卒永始四年去
莽簒尚遠而劇秦美新或出于谷子雲
或又云考之法言漢興二百一十載爰
自高帝至平帝末蓋其數矣謂雄卒永
始亦未必然詳雄之終或在平帝末則
其年正七十餘矣因雄歷成哀平故稱

三世不徙官若復仕莽豈止三世哉然予不責鞏輩考雄仕莽失其實責其妄謂雄仕莽合道耳又韓愈司馬光率盛稱荀楊欲傳其書于後世愈之言曰其存而醇者孟軻氏而止耳楊雄而止耳及得荀氏書于是又知有荀氏者也考其辭時若不粹要其歸與孔子異者鮮矣抑猶在軻雄之間乎孔子刪詩書筆削春秋合于道者著之離于道者黜之

故詩書春秋無疵予欲刪荀氏之不合者附于聖人之籍亦孔子之志歟光之言曰戰國以降百家蠭起先王之道荒塞不通獨荀卿楊雄排攘衆流張大正術使後世學者知所去從愚謂荀楊之書其是非純駁皆灼然易辨者而韓愈司馬光亦阿所好至此令後儒無所折衷至此又況它書之毫釐千里似是而非者乎凡此皆講求未精理學不明之過也

本朝理學名臣雖未嘗乏人而其言之不合于道亦往往見于什之三四如殷時訓邁固世所稱究心中庸者其自言曰于幽寂中恍忽見其良心始知此心虛融周遍而身內有形之心非吾心也楊復所起元持論以明德新民止至善為宗而要歸于孝弟慈其自言曰耳目手足之生生即心愚謂一心耳一以為有

形之心非心一以為耳目手足之生生即心果有二心乎昔程氏以心使心之論者亭竊以為非豈即心非心之說果確有所見與先聖殊途而同歸者乎又陳白沙獻章嘗語人曰載籍多而耳目亂從誦言而忘味六經一糟粕耳苟不求之書而求之心察于動靜有無之幾勿以聞見亂之去耳目支離之用全虛圓不測之神一開卷盡得之矣非得之

書得之自我也。愚謂聞見未可槩廢，但宜反求諸心耳。楊中立云：六經之義，驗之于心而能施之于事而順，然後爲得。中立此論自確，如白沙所云，豈非本陸子不必讀書之說，使後儒皆墮入空寂乎。何椒丘謂白沙有數語與濂洛關閩不合，豈白沙果皆醇無疵，而椒丘爲苛論乎。蓋白沙復所時訓諸人之言推之。

我

明理學，未必粹然一出于正，而所刻理學諸書，又皆雜出無統，甚非昔賢明道辯惑之意。予雖謭陋，私欲合性理大全、程朱諸大儒遺籍，纂次評定爲理學精義正編，又合羅允升、羅近溪、陳白沙、王陽明、王龍谿諸人語錄及邇來賢士大夫雜著，與聖學相發明者，爲理學精義續編。又摘諸家背謬穿鑿腐迂者，爲古今理學辯疑，繼四書大全辯行世，而尤冀四

方學者無徒求諸語言。人人以讀書窮理正心術務躬行爲急，徐而措諸政事節義之間，皆卓然足觀，則書院雖不能驟復，無講學之名，而有講學之實，理學卒未嘗不明于天下後世也。願同志共商之。

西蜀門人孫士登　錄

廣陵門人朱茂升　較

與友人論大全書

一

辱示後人妄著書引朱季友爲戒若善至謂大全確不可易學者但守成說不宜更有發明則非也某嘗謂時儒不深觀大全或明知諸說有未當不少加是正無它懲于季友而莫敢發耳夫季友以布衣獻書槩詆先賢宜其爲
上所棄然在季友竊有可痛而在文貞諸公

不能無過季友年已七十肆力論著豈無一言之幾于道就令言不合道當合季友生平所著書分別邪正
頒示天下使皆知季友毀聖叛經皆因以爲戒又使知季友一二可采者
聖朝容納廣大未嘗槩廢質諸仲尼不以人廢言與古聖王寸長必錄之意不至相剌謬之甚爲文貞諸公計方
上怒時宜進曰先民有言詢于芻蕘關閩濂洛徒此不無異同俟臣等卒覩季友全書得失量治季友罪勿沮將來獻書者意果爾則
聖怒可回季友之書之是非可並見文貞諸公所以處季友之道可無憾若之何其悉燬之也況史昭勸懲善惡備載陸九淵有言孟軻曰仁曰義録楊墨而其說益明則是楊墨之言至今存楊墨不能害道即季友之書至今存季友亦不能

亂經可知也又況它雜家百氏焚不勝焚在學者知所去取信如文貞之說齊桓晉文不當見于春秋樊遲宰予陳亢叔孫武叔告子楊墨諸人之言不當見于論孟有是理乎然則季友以妄言獲罪固無足惜文貞諸公獨不思深明
國體以成
聖德之廣大折衷羣言一歸于正此其所以終不能無遺議也時儒懲季友前事相

率隱默皆趨利避禍之見其深不取文
貞諸公有知當不謂其爲妄足下幸教
之
二
來教云先儒成書不可妄有去取其竊
謂不然少時見儒臣進書表盛稱
文皇帝功德三皇無以加其惟歎曰將置
太祖高皇帝何等邪鄙見儒臣但當云功德
比隆

太祖不當謂
成祖追蹤三皇如儒臣所言頗失古大臣因
事納諷意不可爲後世法然則諸儒臣
凡似是而非若此類者其不可强相傳
會甚明也足下推此以觀大全當知其
非好辯耳
三
伏承警誨感發良深來諭云四書大全
皆聖賢經傳先儒詁釋甚詳復有辯何

也其意足下尚未悉大全辯始末耳蓋
其非辯經傳辯諸家解經傳有未當者
其言雖未必盡合道其間心同理同一
二可自信者[illegible]聖人復起不易吾言
非妄也[illegible]著四書辯疑非辯四
書辯[illegible]四書者耳楊中立著周禮書義
辯疑非辯尚書周禮辯王安石父子耳
信如足下謂其不當辯大全則是仲虎
中立不當辯四書周禮尚書也或又言

大全
成祖頒行爲下不倍辯不能無罪其謂此論
尤非歷攷古經傳臣子之于君父經[illegible]
雖不一皆以從所可從爲不倍非從所
不必從爲不倍也嚮使大全果至是無
非嘵嘵喜辯好異其罪誠大今是非雜
出尚須定正獨以諸儒臣編纂進
呈卒强相傳會則是不敢于悖先儒而敢
于叛孔孟豈得爲知道者哉成化中禮

臣周洪謨進辯疑錄三卷言五經四書雖宋儒註釋間亦有仍漢唐諸儒之誤者乞特　勑儒臣考訂仰取
聖裁其謂辯疑錄必非無據雖不允所請併辯疑書亦不傳然亦足見大全未必皆合經傳後儒不可無所發明辯非自某一人始也宋張栻曰仗節死義之臣當于犯顏敢諫中求之呂文穆對大宗曰臣非執不欲用媚道妄隨人主意以害

國事繇是推之
國家舉措有不合道者諫官廷諍不爲過不奉詔不爲倍
上況是正遺書罔敢少阿庶幾古補闕拾遺之義
聖明勿棄芻非可幸無罪彼不深究義理者槩以靡然亡所是非爲尊
王爲翼聖何其弗思甚也藉當
國大利害宜犯顏直諍者亦皆拱默觀望退曰我臣子耳分當唯唯耳此子思所以致慨于儒者也天下事誰任之又況辯疑[illegible]言之者爲過惡得與倍
上者同科邪令足下必欲謂某辯爲不可某極知僭踰存鄙說俟後世而已倘足下更有以益某某不敢不敬聽惟炤察幸甚

四

某頓首白比來詳訂大全其中實有可

刪補者擬罄力一二載卒業是書繕寫
進
呈或有所發明足下必以爲版刻不容更易諸說不可增損私竊疑之其覩大學舊本有某章誤在某章下者朱子更定篇次爲大學章句子思悉夫子之說作中庸而于哀公問政章或刪其繁或補其闕後世未嘗非之然此皆往事也我
太祖嘗集經傳格言爲書名儲君昭鑑錄至

文皇帝復充廣之爲文華寶鑑視昭鑑錄尤
詳又萬曆間大學士申時行奉
旨膳寫
太祖及累朝訓錄置法宮以便覽觀言訓錄
舊本式樣寬濶今宜稍歛改從書冊舊
本簡冊繁多今宜併省不拘卷數
上從之凡書籍宜更易而不必不改定與
宜充廣而不必不增補如四書大全者
皆可例推如謂更定增補大全爲僭則

朱子大學章句子思中庸刪補
文皇帝充廣昭鑑錄申學士請改訓錄舊本
皆謂之僭皆非臣子所當爲又況其明
知大全有可刪而尤不敢遽刪擬請
旨重定則其于尊
王大義蓋未嘗不凜凜也足下幸愼思之

五

承示大全辯不朽之書奬譽過情某何
敢當儒者著書立言以理爲準得失皆
自知傳與否有幸不幸時輩未必皆定
論也即如雄著大玄自謂後世必有子
雲然稱雄書者侯芭韓愈數人而已蘇
洵則力詆雄書淺陋雄固不足道孔子
作春秋大義微言游夏莫贊王安石則
謬指爲斷爛朝報而況它書乎至流俗
好惡尤有不足據者朱子修輯遺經曉
學師宗之韓侂胄則斥朱子爲僞學子
思孟軻大賢也荀卿則曰亂天下者必

子思孟軻夫古之聖賢且不免詆訾而
其書復有傳有不傳安在其足不朽邪
雖然孔孟程朱之道未墜乎地則其雖
固陋其說或少有可存則亦庶幾賴以
寡過矣時儒極詆其與足下過譽其其
皆不敢當知罪俟後世可也

六

頃者聞足下語友人云大全
欽定之書不得妄行刊布某竊嘆此論迂甚

先是坊刻大全有或纂或刪者非獨其創爲之也此無足深辯私嘗以諸儒臣進大全宜詳言是書蒐四方學徒編纂未能盡聖道精微不無俟後儒補輯雖旣頒行仍請旨許本朝博學洽聞後起之士如纂修實錄會典倣庚續釐正極醇無疵而後已文皇帝隆儒重道未有不樂從者諸儒臣迺徒取一時苟率急就之書驅天下萬世靡然從之如六經學庸語孟之必不可易必不容有所增定蓋亦甚誤矣

國初士大夫旣不發明此義正告文敏文靖諸公三百年來讀大全又不析別是非補所未逮深可嘆也共此言雖爲流俗所怪久當論定耳足下以爲何如

論大全書畢

四書大全辯

師友參定姓氏

王錫袞　崑華　陜西
方逢年　書田　浙江
周鳳翔　巢軒　浙江
徐養心　松濤　湖廣
侯峒曾　廣成　嘉定
徐石麒　虞求　嘉善
方孔炤　仁植　桐城
蔡懋德　雲怡　蘇州
解經達　華育　韓城
姜曰廣　燕及　新建
謝德溥　培元　東鄉
趙維寰　無聲　浙江
解胤樾　用拙　韓城
王相[illegible]　弼[illegible]　泰州
何楷　黃如　莆田
宋[illegible]　寶慈　萊陽

丁聖肸　翼聖　湖廣
陳璸　亶洲　福建
藍絅　岵瞻　湖廣
廖履亨　覲菴　雲南
金九陛　樊桐　全椒
周鑣　仲馭　金壇
金光辰　天樞　全椒
湯開遠　谷美　臨川
侯岐曾　雍瞻　嘉定

解經鉉　鼎侯　韓城
解居易　含素　韓城
解胤樑　仲準　韓城
解胤槐　幼植　韓城
解胤樞　玉衡　韓城
趙春芳　明河　陝西
李化麟　伯繩　陝西
沈鴻儒　石芝　四川
劉明遇　浣松　四川

侯玄汸　彥舟　嘉定
侯玄演　幾道　嘉定
侯玄泓　硯德　嘉定
侯玄潔　雲俱　蘇州
侯玄瀞　智含　蘇州
丁吉芳　敬伯　巴陵
丁晉芳　濳伯　岳州
丁聞芳　闇仲　岳州
丁全芳　巽仲　巴陵

劉芳節　聞甫　永州
徐茂渥　爾霂　吳縣
蕭應騶　虞生　徽州
吳聞禮　去非　徽州
吳文英　子含　徽州
徐中台　伯朗　福建
何光斗　元杓　四川
劉之澄　叔清　饒州
余國藩　价侯　南安

李　楷　叔則　陝西
張樞獻　公允　山東
楊廷樞　維斗　吳縣
吳應箕　次尾　貴池
劉　城　伯宗　貴池
周　銓　簡臣　金壇
周　鍾　介生　金壇
顧　杲　子方　無錫
鄭三謨　都甫　建德

陳貞慧　定生　宜興
錢　禧　吉士　吳縣
梅之熉　惠連　麻城
李　蕊　源嘗　貴池
衛　徵　神清　吳縣
徐　枋　昭法　長洲
馮　第　濟仲　慈谿
陸　符　文虎　寧波
嚴　渡　子岸　杭州

嚴　津　子問　杭州
葛成龍　雲農　慈谿
朱茂暉　子若　秀水
朱茂暘　子葯　秀水
朱茂昉　子葆　秀水
褚遇時　青還　浙江
曹元禪　介繁　海鹽
屠令儀　羽可　秀水
吳統持　巨手　秀水

姜　埰　卿野　萊陽
姜　垓　如須　萊陽
羅其鼎　耳臣　桃源
梁以樟　公狄　順天
梁以桂　析木　順天
范邦瞻　若侯　順天
黃　鼎　卜周　順天
黃　璽　惟梅　順天
張　鑑　季超　順天

王崇簡 敬哉 順天
蕭亮 伯闇 順天
米壽都 吉士 順天
盧聲 賡九 順天
何平 又侯 順天
牛裕范 式之 順天
孫弘喆 吉甫 山東
孫弘甡 伯生 山東
徐鳴時 君和 吳縣

徐孚遠 闇公 華亭
徐致遠 武靜 華亭
周立勳 勒卣 華亭
周季勳 成子 華亭
王元玄 默公 華亭
王育乎 共玉 華亭
黃宗羲 大冲 餘姚
蔣守源 子一 嘉善
李標 子建 嘉善

張鴻逵 吉符 慈谿
張鴻遜 孝望 慈谿
張鴻蓬 來之 浙江
馮愷愈 道濟 慈谿
馮愷章 帯皇 慈谿
郝洪範 箕言 湖廣
鄒枚 馬卿 湖廣
易道暹 曦侯 黃岡
王都俞 在明 麻城

易爲瑚 伯賜 麻城
謝淳培 應侯 漢陽
劉肇國 阮仙 潛江
謝璠 璠玉 湖廣
謝璵 魯玉 湖廣
姚彥 緜聖 湖廣
袁伯獻 稚圭 郴州
袁從諤 昌言 郴州
袁從謚 玄晏 郴州

劉自煒 杜三 攸縣
杜詔先 于巽 黃岡
鄒山 禹封 湖廣
鄒華 雲擎 湖廣
劉伯愚 千之 商丘
吳伯裔 讓伯 商丘
吳伯胤 延仲 商丘
侯方夏 赤社 商丘
侯方域 朝宗 商丘

四書大全辯 參定姓氏七

程康莊 崑崙 山西
曹艮直 古遺 山西
薛宗周 文伯 山西
官撫辰 凝之 黃岡
蔡希孔 孔瞻 湖廣
蔡希孟 仁日 湖廣
周鎔 我容 金壇
周錫成 我成 金壇
周鉉 遠侯 金壇

周鎬 [illegible] 金壇
劉廷[illegible] [illegible] 貴池
劉廷鏊 幼濟 貴池
錢佑 國寧 吳縣
徐時霖 澤蒼 金壇
龔九疇 禹錫 武進
顧宸 修遠 無錫
惲日初 仲升 武進
阮士鵬 上扶 宣城

四書大全辯 參定姓氏八

湯啓燧 聚五 宜興
黃廷才 無技 泗州
柳存賦 玄初 泗州
王龍文 鼎子 泗州
王之翰 開赤 滁州
李東燦 蔡仲 含山
王濆 元偉 應天
許嘉開 瞻兮 應天
黃日乾 聖因 應天

盧[illegible] 子素 應天
蔣元彥 士粲 應天
姚 誂 夢士 應天
王彭年 幼公 桐城
翟 獬 去文 應天
羅世繡 繡銘 應天
何 黃 德坤 應天
錢 滙 季水 應天
陳 彝 伯倫 應天

方 畿 奕于 桐城
王亦臨 穆如 應天
周揆濂 仍叔 應天
施化遠 元引 應天
謝廷相 願小 應天
韓 范 孟小 應天
王 開 升如 應天
周士章 吳昉 應天
朱應昇 允升 應天

沈日星 明河 浙江
朱萬錡 潔湘 桐鄉
朱之繩 其武 溧陽
吳 頫 見末 溧陽
陳名夏 百史 溧陽
彭 旭 旦兮 溧陽
荀 城 巖尹 溧陽
陸 燾 文垓 浙江
吳德鎰 于民 徽州

汪知默 闇增 徽州
吳 霖 東三 歙縣
洪德生 生甫 徽州
洪德吉 吉甫 徽州
洪德眘 眘伯 徽州
黃象乾 視聖 和州
白 瑜 瑕仲 桐城
吳道凝 子遠 桐城
方 文 爾止 桐城

左國柱　[illegible]正　桐城
周岐　[illegible]　桐城
方以智　密之　桐城
左國棟　子直　桐城
左國林　子忠　桐城
左國材　子厚　桐城
戴重　敬夫　和州
金光房　天駟　全椒
魯可藻　孺發　和州

吳濤　鷺公　建平
齊維嶽　方壺　桐城
黃艮　屺孺　應天
徐濯　道潔　江浦
白夢鼎　孟新　應天
白夢鼐　仲調　應天
金光軫　含章　全椒
金光昊　冲玄　全椒
金光婁　文[illegible]　全椒

鄭纂　頡書　應天
何如玄　中歆　應天
陳憲　君昱　應天
江詮　聖功　應天
余懷　澹心　應天
吳瑋　子奇　應天
葉苐棠　憩公　應天
金光啓　開曦　全椒
金新鼎　仍之　全椒

金輝鼎　闇之　全椒
王檜　藩室　金壇
沈士柱　崑銅　蕪湖
張明象　玄湛　蕪湖
蕭雲從　尺木　蕪湖
蕭雲倩　小曼　蕪湖
朱有章　西雝　蕪湖
潘延年　右枚　蕪湖
朱長澤　祖潤　蕪湖

朱嘉禾	穎玄	蕪湖
杜時舉	貞卿	蕪湖
孫　顒	宣之	桐城
孫　臨	克咸	桐城
趙又漢	相如	桐城
周曰赤	子紹	桐城
方以元	坤承	桐城
劉　漢	臣向	桐城
方其義	直之	桐城

倪天龢	右臣	桐城
左國寵	子衡	桐城
何亮功	天德	桐城
錢秉鐙	幼光	桐城
吳德操	鑑在	桐城
姚文烈	觀侯	桐城
姚文燕	集侯	桐城
姚文然	若侯	桐城
孫中麟	振公	桐城

冒　襄	辟疆	如皋
宮偉鏐	紫玄	泰州
王奎光	聚此	通州
蕭松齡	木公	靖江
羅若彥	未若	四川
楊愈盛	縱公	四川
蔡方炳	穎韜	蘇州
顧　鈇	彥威	蘇州
蔡方熺	涵之	吳縣

吳履嘉	元禮	貴池
吳應纂	緒倩	貴池
吳蒼竹	子春	貴池
吳　鐘	空之	青陽
胡士邵	美稱	貴池
趙　珣	尹孚	四川
莊持志	尚之	徽州
沈壽寧	子靜	宣城
沈壽民	眉生	宣城

陳士驄　龍媒　宣城
徐日表　天偉　宣城
梅朗中　朗三　宣城
顏紹庭　庭生　宣城
梅趍中　季升　宣城
沈壽國　治先　宣城
孫支煌　其星　宣城
萬應隆　道吉　涇縣
秦永昌　燕及　宣城

徐貞乙　似子　宣城
趙司直　維生　涇縣
趙初浣　雪度　涇縣
王　徽　慎五　涇縣
蔡　說　傳公　宣城
吳　鐄　若金　宣城
後日大　太如　宣城
徐日康　康錫　宣城
吳　炯　季野　宣城

徐律時　乾若　宣城
後　震　起龍　宣城
陳　穩　山立　宣城
朱　苞　以九　宣城
湯纘禹　君謨　宣城
詹　振　子先　歙縣
鄭汝敏　魯若　涇縣
昝　質　無疑　宣城
麻三衡　孟璿　宣城

沈壽岐　姬山　宣城
後　雯　雲章　宣城
葛明會　元士　宣城
王雲龍　雲從　涇縣
陳　策　仲獻　歙縣
許　貞　思嘗　建平
趙芳華　藏若　涇縣
吳士俊　元賡　宣城
崔　輿　洲生　宣城

陸之珍　函海　宣城
杜宿齊　朋李　旌德
徐銓　玠如　宣城
劉堯枝　根生　宣城
貢大受　海若　宣城
胡泉　白水　太平
葛蛟　道瑞　涇縣
陳硎　劍穎　溧陽
鮑奇才　炳如　溧陽

殷以弨　齊生　宣城
黃雲鶴　鳴僊　宣城
馮毓禎　天貞　宣城
項如臯　孟凱　太平
後霑　子洽　宣城
楊雲鶚　薦臣　宣城
馮開虞　鍾玄　宣城
孫翰　伯衡　建平
萬鱗　道祥　涇縣

後絜　爾清　宣城
徐襄時　曰贊　宣城
秦仁管　穉如　南陵
張鶴　鶴齡　宣城
張習孔　念難　歙縣
郭玉城　瑞屏　宣城
施閏章　尚白　宣城
劉士瓚　在中　宣城
周廷英　光升　溧陽

文啓元　佑人　涇縣
文敦元　艮吉　涇縣
秦明獻　翼可　宣城
羅尚允　允矣　青陽
周斯　盛際　溧陽
吳震化　伯璋　高淳
梅枝鳳　子翔　宣城
梅枝遇　雨吉　宣城
徐振文　文起　宣城

胡大冲　軼左　建平
陳鴻聲　廷佐　建平
陳名喆　簡尤　溧陽
鄭佺　期生　涇縣
詹希弼　拂士　宣城
梅枝起　起聖　宣城
王親賢　承周　太平
胡之瑗　羹玉　太平
徐顯勲　掌六　宣城

徐顯烈　碩公　宣城
沈潛　亦眙　涇縣
陳名傑　簡最　溧陽
詹孚道　鳴九　宣城
貢師臣　幼儒　宣城
馮肇虞　鐮玄　宣城
張新周　錫哉　宣城
吳之晉　自明　徽州
徐新時　聖銘　宣城

沈渙　[illegible]　涇縣
丁聖和　進野　蕪湖
朱嘉祜　綏玄　蕪湖
史權　夢與　溧陽
葉耆　伊氏　涇縣
史文長　君碩　溧陽
芮震亨　孔修　高淳
芮朝鼎　均載　溧陽
章人鳳　藹吉　繁昌

李其杜　欲僊　繁昌
沈壽嵬　景山　宣城
王爾揚　抑之　宣城
史繼筆　康侯　溧陽
駱夢龍　宗亮　建平
徐日來　復生　宣城
倪廷佩　振玉　溧陽
陳崑茹　君玉　高淳
李昌祚　爾玉　高淳

劉元樞　子辰　溧水
黃詢　抱淸　溧陽
李灝　澄最　溧陽
李源　長公　溧陽
沈師陛　公酉　宣城
荊行穀　爾戩　丹陽
吳古懷　弗如　高淳
孫爾宜　幼巖　當塗
蔡芝春　玉立　宣城

蔡蓁春　大美　宣城
范植　汝培　應天
朱尚雲　槐里　應天
朱家胤　長錫　揚州
鮑元華　曼殊　徽州
孫象壯　子韓　青陽
李渭　公望　句容
李澶　萊馭　句容
沈衍　巨源　合肥

龔允蘭　諧玉　合肥
曾錫胤　介明　河南
汪沐日　扶光　徽州
朱秉慶　源修　揚州
吳元來　起之　瑞州
錢謙亨　尊生　臨江
吳家儀　桂子　瑞州
萬發祥　養正　臨江
羅應秋　君實　瑞州

羅日崇　玄目　瑞州
湯開先　季雲　臨川
晏揚勳　鼎鐫　瑞州
劉日杲　出子　廣信
許喬馨　石疏　合肥
陳維崧　其年　宜興
張允修　恂孺　於潛
劉徵孝　孝若　泰和
揭重熙　潛銘　臨川

萬時華　茂先　南昌
鄧履右　左之　新建
趙爾圻　千里　廬陵
陳弘緒　士業　新建
余正垣　小星　新進
程元極　隆之　南昌
熊啓堂　伯陽　南昌
熊啓堎　仲平　南昌
甘鳴鳳　伯申　臨川

余世名　仲嘉　建昌
羅　仲　繡仲　宜黃
楊文彩　治文　贛州
余斯馨　宜明　建昌
曾應秋　正萬　贛州
龔典學　當府　南昌
唐之儞　翀之　贛州
孫　轂　子雙　湖廣
孫元凱　若士　崑山

戴宏烈　伯承　桐城
閔遵古　無作　歙縣
方天眷　我謀　杭州
汪啓齡　大年　桐城
左國鼎　子玉　桐城
馮祖快　歉然　宣城
劉自珍　來聘　湖廣
余紹祉　子疇　婺源
余重曾　慕先　婺源

余燕翼　謀長　婺源
戴簡孺　臣在　休寧
戴思孝　永言　婺源
查秉光　我涵　婺源
查　潛　个臣　婺源
曹鳴遠　文季　婺源
汪東易　開明　徽州
項翼聖　魯文　徽州
潘大京　南二　徽州

江世育　曰生　徽州
汪志稷　醌卿　徽州
余　垣　大微　婺源
余維樞　中台　婺源
張　韜　歡生　應天
汪　峻　展[illegible]　儀眞
顧藴語　念之　應天
麻三言　無易　宣城
麻三高　夢日　宣城

吳閬胤　汝訥　應天
吳閶胤　汝爲　應天
麻九齡　度如　宣城
麻乾齡　天爲　宣城
闓　玉　小宋　應天
李際時　士瞧　應天
李　開　奔貫　應天
李天淡　生一　應天
朱[illegible]璽　[illegible]玉　應天

項[illegible]文　玄龍　應天
潘光國　君晉　應天
管　溥　博侯　應天
陳孔文　子文　應天
夏啓聖　爾化　應天
倪于光　允家　應天

姓氏不序地不序齒四方好友暨[illegible]
中同社非後先共參訂者不敢妄[illegible]
重也

門人較閲姓氏

吳　遇　子相　貴池

徐日旭　公旦　湖廣

成其懋　敏公　山東

成其謙　吉甫　山東

蔡　沐　大浠　湖廣

王尚傳　守先　涇縣

孫應喬　喬年　四川

吳　朗　明臣　歙縣

金　潞　西原　休寧

余艮辰　際期　婺源

余起龍　用霖　婺源

余聘卿　晉臣　婺源

余藩卿　翰臣　婺源

余延勳　勒永　婺源

余振鴻　羽儀　婺源

程基濬　希哲　徽州

金鍾英　德聚　婺源

葉友栢　銅柯　饒州

余　楷　上木　饒州

許邦諫　五從　應天

鈕大縉　克生　應天

張介德　淑士　應天

徐鵬舉　有儆　臨川

朱茂升　五遂　揚州

顧吉士　輿復　應天

歐社姓氏

周　顯　勁止　萬載
袁一雎　嗣脅　宜春
錢經濟　駿伯　袁州
黄士縉　晉之　宜春
袁繼升　以時　袁州
何　江　仲子　宜春
黄士紳　申之　袁州
何　山　叔子　宜春

施光寵　覆龍　臨江
易嗣重　又尹　袁州
黄士綬　受之　袁州
張兆桂　月粟　分宜
張啓偉　梧生　袁州
劉　巖　奇敢　宜春
張兆蘭　以綺　分宜
彭　崍　義兕　袁州
袁　端　以人　萬載

簡元嘉　申公　萍鄉
樂泳中　季子　宜春
梁巨植　嶽生　宜春

四書大全引用諸家姓氏

蘇氏 轍 子繇
王氏 應麟 伯厚 著論孟考異
晉江蔡氏 清 虛齋 著四書蒙引
同安林氏 希元 次崖 著四書存疑
晉江陳氏 琛 紫峯 著四書淺說
泰和羅氏 欽順 整菴 著困知記
盱江羅氏 汝芳 近溪
瓊山丘氏 濬 仲深 著大學衍義補
吉水羅氏 洪先 念菴
新會陳氏 獻章 白沙
姚江王氏 守仁 陽明
東里高氏 拱 中玄 著四書問辯錄
湛氏 若水 甘泉 增城
郭氏 子章 青螺 吉安
呂氏 柟 涇野 陝西西安
吉水鄒氏 元標 南皋

楊氏 慎 升菴 四川成都
盱江鄧氏 元錫 潛谷 著經譯函史
焦氏 竑 澹園
京山郝氏 敬 仲輿 著四書九經解
江陵顧氏 起元 隣初 著中庸外傳
豐城李氏 頴 弘明 著論語翻疑
袁氏 黄 了凡 著四書疏意
吳氏 默 因之
萊州張氏 鳳行 月恒 著四書近解
海虞陳氏 禹謨 錫玄 著談經菀
吳氏 麟瑞 秋圃 著古本大學通
方氏 文 爾止 桐城

引用諸家姓氏終

四書大全辯

張氏家學

叔 張日新 文本
弟 張自熙 惟澗
張自勳 靖節
張自燕 以燕
張自熊 非熊
侄 張肇瑾 與石
張肇瑜 去瑕

趙氏名岐字邠卿東漢京兆人

四書孟子集註序說

史記列傳曰孟軻
車一說字子輿騶人也騶亦作鄒本邾國也受業子思之門
人子思孔子之孫名伋索隱云王劭以人爲衍字而趙氏註及孔叢子等書亦皆云孟子親受業於子思未知是否道既通趙氏曰孟子通五經尤長於詩
書程子曰孟子曰可以仕則仕可以止則止可以久則久可以速則速孔子聖之時者也故知易者莫如孟子又曰王者之迹熄而詩亡詩亡然後春秋作又曰春秋無義戰又曰春秋天子之事故知春秋者莫如孟子尹氏曰以此而言則趙氏謂孟子長於詩書而已豈知孟子者哉游齊事宣王宣王不能用

適梁梁惠王不果所言則見以爲迂遠而
濶於事情按史記梁惠王之三十五年乙酉孟子始至梁其後二十三年當齊湣王之十年丁未齊人伐燕而孟子在齊故古史謂孟子先事齊宣王後乃見梁惠王襄王齊湣王獨孟子以伐燕爲宣王時事與史記荀子等書皆不合而通鑑以伐燕之歲爲宣王十九年則是孟子先游梁而後至齊見宣王矣然考異亦無他據又未知孰是也當是之時秦用商鞅楚魏用吳
起齊用孫子田忌天下方務於合從連衡
以攻伐爲賢而孟軻乃述
是以所如者不合退而

孫子容友齋與積剮

韓愈字退之諡文公昌鄧州人

書述仲尼之意作孟子七
三萬四千六百八十五字
書非軻自著軻既沒其徒
與記軻所言焉耳愚按二說不同史記近
是
慶源輔氏曰子思之門人無顯名於後者而孟子真得子思之傳則疑親受業於子思者爲是而集註兩存其說蓋自古聖賢固有聞而知之者不必待耳傳而命而後得也又以中庸一書觀之所以傳授心法開示蘊奧如此其至則當時門弟子豈無見而知之者孟子從而受之愈益光明亦宜有之也西山真氏曰七篇之書其出乎中庸者非一其曰四端云者則未發之中中節之和也蓋仁義禮智性也所謂大本也惻隱羞惡辭讓是非情也所謂達道也其曰禹稷

顔回同道孔子仕止久速者則君子而時中也其曰鄉原亂德者則小人而無忌憚也其曰子莫執中者時中之反也其曰曾子北宮黝之勇者南北方之强也其曰仁之實事親義之實從兄禮之實節文斯二者則仁者人也親親爲大義者宜也尊賢爲大親親之殺尊賢之等禮所生也其曰堯舜性之湯武反之則自誠明之謂性自明誠之謂教也其曰天下國家之本在身則爲天下國家有九經也至於誠者天之道思誠者人之道一章之義悉本於中庸尤足以見淵源之所自
通考吳氏程曰按孟子自魏惠王三十五年游梁至哀王七年而燕人畔齊距孔子
蓋一百六十七年是爲周
孟子著書之成固猶在其
莫時伯魚之沒已六載子
非幼矣子思享年六十有

閔即湣字

十年而卒而孟子始生其見故孟子但曰私淑諸人思之徒於論語序說止稱

新安陳氏曰謹按通鑑綱目周顯王三十三年乙酉孟軻至魏愼靚王二年壬寅魏君罃卒孟軻去魏適齊五年乙巳燕君噲以國讓其相子之赧王元年丁未齊伐燕取之分注但云齊王其下即書孟軻去齊赧王二年戊申即齊閔王地元年伐燕一事史記以為齊湣王十年丁未蓋以顯王四十六年戊戌為齊閔王元年通鑑以為宣王十九年丁未蓋以顯王三十七年己丑為宣王元年史記通鑑之不同蓋如此證以通鑑綱目丁未宣王卒閔王立戊申方改元則丁未乃宣王末年閔王繼位之年蓋未能的知伐燕之為先君事與嗣君事也以渾齒事證之問王為是孟子謂為宣王恐傳寫之訛耳無所折衷姑以綱目為據云

通考仁山金氏曰齊宣王伐燕孟子所見也謂為湣王者荀卿所聞也史記又所傳聞者也安得以後世所傳聞之辭而反疑孟子所見之辭乎文公尊孟子者序說及集註反取荀子之說而疑孟子為差辭曰疑以傳疑而後人將以為實又曰伐燕事孟子最詳其次戰國策蘇秦在燕與其相子之婚而蘇代與子之交秦死齊宣王復用代代為齊使燕燕王問宣王何如對曰必不霸不信其臣以激燕王而厚子之也於是燕王以國讓子之三年大亂儲子謂齊宣王因而伐之王令章子伐燕士卒不戰城門不閉燕王噲死齊大勝子之亡此通鑑所據以繫之宣王也王立三十六年宣王立十十年通鑑則下減湣王之之十年移下宣王十年以

錄疑者他據故嚴辭以為策亦當一以孟子為是況可據乎

新安陳氏曰蘇秦主合從之說則合六國為一以抗秦張儀主連衡之說則離六國之交以事秦六國謂楚燕齊韓趙魏也

問序說謂史記近是而集註於滕文公篇首章云門人不能盡記其辭又第四章云記者之誤如何朱子曰前說是後兩處失之熟讀七篇觀其筆勢如鎔鑄而成非綴緝可就也論語便是記錄綴緝所為非一筆文字矣

新安陳氏曰愚聞或疑易繫辭有子曰字以為非孔子作朱子曰安知非後人所加如周子自著通書五峰刊之每章加周子曰字今讀孟子亦當會此意

荀況戰國時趙人揚雄漢蜀郡人

韓子曰堯以是傳之舜舜以是傳之禹禹以是傳之湯湯以是傳之文武周公文武周公傳之孔子孔子傳之孟軻軻之死不得其傳焉荀與揚也擇焉而不精語焉而不詳　程子曰韓子此語非是蹈襲前人又非鑿空撰得出必有所見若無所見不知言所傳者何事

又曰孟氏醇乎醇者也荀與揚大醇而小疵　程子曰韓子論孟子甚善非見得孟子意亦道不到其論荀揚則非也荀子極偏駁只一句性惡大本已失揚子雖少過然亦不識性更說甚道

又曰孔子之道大而能博

觀而盡識也故學焉而皆得
其後離散分處諸侯之國
授弟子源遠而末益分惟孟軻師子思而
子思之學出於曾子自孔子沒獨孟軻氏
之傳得其宗故求觀聖人之道者必自孟
子始程子曰孔子言參也魯然顔子沒後終得聖人之道者曾子也觀其啓手
足時之言可以見矣所傳者子思孟子皆其學也
又曰揚子雲曰古者楊墨塞路孟子辭而
闢之廓如也夫楊墨行正道廢孟子雖賢

四書大全辯 孟子序說 五

聖不得位空言無施雖切何補然賴其言
而今之學者尚知宗孔氏崇仁義貴王賤
霸而已其大經大法皆亡滅而不救壞爛
而不收所謂存十一於千百安在其能廓
如也然向無孟氏則皆服左衽而言侏離
矣故愈嘗推尊孟氏以爲功不在禹下者
爲此也
朱子曰此非深知所傳者也堯舜之所以爲堯舜以
而已禹湯文武周公孔子子其間相望有或數百年

惡去聲 道音導

授受相付屬也特此心之體
用之間賢者識其大不賢者
其全且盡者則爲得其傳
荀子性惡篇人之性惡其善者僞也今人
之性生而有好利焉有疾惡焉有耳目之
欲好聲色焉然則從人之性順人之情必
出於爭奪合於犯分亂理而歸於暴故必
將有師法之化禮義之道然後出於辭讓
合於文理而歸於治然則人之性惡明矣
其善者僞也
楊子脩身篇人之性也善惡混脩其善則
爲善人脩其惡則爲惡人氣也者所適善
惡之馬也歟
朱子曰韓子謂荀楊大醇小疵非是由田
駢愼到申不害韓非之徒觀之則荀楊爲
大醇耳
程子說荀楊等語是就分金秤上說下來
問大是就渾淪處說惇是就該貫處說否

四書大全辯 孟子序說 六

朱子曰韓子亦未必有此意但如此看亦
自好問學焉而皆得其性之所近曰政事
者就政事上學得文學者就文學上學得
德行言語者就德行言語上學得
慶源輔氏曰韓子但言孔門諸子惟曾子
之學獨傳而有子思孟軻然不言其所以
獨傳之故程子又從而發明之以爲曾
子只緣資質魯鈍故用功於内者深篤確
實觀其啓手足之言所謂一息尚存此志
不容少懈者此聖道之所以終傳而存子
思孟子之學也
張存中曰後漢南蠻傳云衣裳斑襴語言
侏離侏離蠻夷語言不分朗之聲也
新安陳氏曰自夫楊墨行至安在其能廓
如也皆是難辭楊中之抑
三句幹轉而斷之以孟氏
之矣孟子闢楊墨功不在
洪水溺人之身異端陷溺人

甚於身溺故也

或問於程子曰孟子還可

曰未敢便道他是聖人然學已到至處愚按

至字恐當作聖字

程子又曰孟子有功於聖門不可勝言仲尼只說一箇仁字孟子開口便說仁義仲尼只說一箇志孟子便說許多養氣出來只此二字其功甚多

又曰孟子有大功於世以其言性善也

又曰孟子性善養氣之論皆前聖所未發

又曰學者全要識時若不識時不足以言學顏子陋巷自樂以有孔子在焉若孟子之時世既無人安可不以道自任

又曰孟子有些英氣才有英氣便有圭角英氣甚害事如顏子便渾厚不同顏子去聖人只毫髮間孟子大賢亞聖之次也或曰英氣見於甚處曰但以

便可見且如冰與水精非不

是有溫潤含蓄氣象無許多

朱子曰若以孟子比孔子

子道性善言必稱堯舜又

慶源輔氏曰未敢便道他是聖人以其行處言學已到聖處以其知處言也孟子論大而化之之謂聖聖而不可知之之謂神與夫聖智巧力之譬精審切當非想像臆度之所能及是其學已到聖處也然其英氣未化有露圭角處故未敢便道他是聖人此其權度審矣

慶源輔氏曰言性善使資質美者聞之必求復其本然而克其善資質不美者聞之亦知所自警而不流於惡言養氣使氣質剛柔不齊者勇猛奮發於道義而無巽懦怯弱之弊皆發夫子所未發其功多蓋在此此所以有大功於世也

新安陳氏曰英氣甚害事蓋責備賢者之

辭

覺軒蔡氏曰聞之程子又曰仲尼元氣也顏子春生也孟子并秋殺盡見仲尼無所不包顏子示不違如愚之學於後世有自然之和氣不言而化者也孟子則露其材蓋亦時然而已仲尼天地也顏子和風慶雲孟子泰山巖巖之氣象也觀其言皆可見之矣仲尼無迹顏子微有迹孟子其迹著孔子儘是明快人顏子儘豈弟孟子儘雄辯

慶源輔氏曰英氣是剛明秀發之氣此自是好底氣質若消化未盡極有圭角則有時而發學要變化氣質須渾然純是義理如張子所謂德勝於氣性命於德方始是成就處又曰言心聲也德

必有言若就言上看得分

蘊矣玉有溫潤含蓄氣象所

溫潤含蓄氣象所以爲聖也

永叔名脩廬陵人

揚氏曰孟子一書只是要正心養性收其放心至論仁義禮智則以惻隱羞惡辭讓是非之心爲之端論邪說之害則曰生於其心害於其政論事君則曰格君心之非一正君而國定千變萬化只說從心上來人能正心則事無足爲者矣大學之脩身齊家治國平天下其本只是正心誠意而已心得其正然後知性之善故孟子遇人便道性善歐陽永叔却言聖人之教人性非所先可謂誤矣人性上不可添一物堯舜所以爲萬世法亦是率性而已所謂率性循天理是也外邊用計用數假饒立得功業只是人欲之私與聖賢作處天地懸隔

朱子曰心得其正然後知性之善語若有病蓋知性之善然後能正其心心得其正然後有以真知性之爲善而不疑耳慶源輔氏曰人能正心則事無足爲者共語亦失之大快觀大學正心之後[illegible]齊家國治平天下更有工慶源輔氏曰此數句判斷一唐以後爲治之道所以不同

四書大全辯孟子序說終

書於射文

四書大全辯孟子卷之一

明　張自烈
張自勳　定

梁惠王章句上

通考勿軒熊氏曰一章義利之辨兼言孟子之學二章言與民同樂三四五六章皆言仁政七章兼言王霸之辨凡七章

孟子見梁惠王

梁惠王魏侯罃也都大梁僭稱王謚曰惠史記惠王三十五年卑禮厚幣以招賢者而孟軻至梁

趙氏曰按魏初都安邑在漢河東郡安邑縣至惠王徙大梁在漢陳留郡浚儀縣
通考趙氏德曰魏之先畢公高之後晉獻公以魏封畢萬爲大夫後從其國名爲魏氏至罃立爲王謚法愛人好與曰惠汲冢紀年梁惠成王九年四月甲寅徙都大梁
東陽許氏曰孟子至梁時魏尚爲侯此章稱之爲王乃著書之時追書爾蓋始各王於其國至徐州之會則王之號通於天下矣
新安倪氏曰按綱目周顯王三十三年乙酉爲惠王三十五年
問孟子不見諸侯其見惠王……不見諸侯不先往見也見惠……先王之禮未仕不得見諸侯而孟子猶守此禮故所居之

先就見然後往見異國君不禮先焉然後往答其禮耳史實矣

吳程叟稱當下氏曰非何運文

王曰叟不遠千里而來亦將有以利吾國乎

叟長老之稱王所謂利蓋富國彊兵之類
西山眞氏曰當時王道不明人心陷溺惟知有利而已故惠王利國之問發於見賢之初

孟子對曰王何必曰利亦有仁義而已矣

仁者心之德愛之理義者心之制事之宜也此二句乃一章之大指下文乃詳言之後多放此

故與獻同

朱子曰仁者心之德見得可包四者義者心之制只是說義心之德是渾淪說愛之理方說到親切處心之制是說義之體程子所謂處物爲義是也事之宜是就千條萬緒各有所宜處說楊雄言義以宜之韓愈言行而宜之之謂義若只以義爲宜則義有在外意思須如程子所言則處物者在心而非外也事之宜雖若在外然所以制其宜則在心也〇心之制如利斧事來劈將去可則從這一邊去不可則從那一邊去〇仁兼義言者是言體專言者是兼體用而言〇仁對義爲體用仁又自有仁之體用義又自有義之體用……之宜方是指那事物當然之……置合宜處也〇問人所以……仁義何也曰天地所以生物

行而五行實一陰陽也人性
仁義則大端已舉矣以陰陽
火皆陽金水皆陰而土無不
禮者仁之餘智者義之歸而信亦無不在
也又曰禮者仁之著智者義之藏又曰仁
存諸心性之所以爲體也義制夫事性之
所以爲用也然以言性之則皆體也以情
言之則皆用也以陰陽言之則義體而仁
用也以有心制事言之則仁體而義用也
錯綜交羅惟其所當而各有條理焉
疊山謝氏曰夫子罕言仁不過於隨事發
見處言孟子○仁○人心○一語○直說○仁○之○本體
此朱子於論註先言愛而孟註先言心具
得孔孟之要旨
諸葛氏曰語之爲仁循曰行仁以仁之用
言故集註先言愛之理孟子此章以仁之
體言故集註先言心之德
雲峯胡氏曰心之德是體事之宜是用心

之制是體事之宜是用孟子所言仁義是
包體用而言論語所謂爲仁是以仁之用
言
通考吳氏務曰有子爲仁是因用明體就
偏言處說仁孟子仁義是先體後用就專
言處說仁故集註釋之互異
東陽許氏曰心有專言偏言心之德是專
言之仁固全說體愛之理是偏言之仁其
中又含體用愛爲用其理則體也或問又
推以陰陽言則義體而仁用蓋天地間物
靜體而動用陰靜陽動而仁陽也義陰也
故其體用如此

王曰何以利吾國大夫曰何以利吾家士庶
人曰何以利吾身上下交征利
乘之國弑其君者必千乘之家

乘去聲饜於豔反

其君者必百乘之家萬取千焉千
爲不多矣苟爲後義而先利不奪

此言求利之害以明上文何必曰利之意
也征取也上取乎下下取乎上故曰交征
國危謂將有弑奪之禍乘車數也萬乘之
國者天子畿內地方千里出車萬乘千乘
之家者天子之公卿采地方百里出車千
乘也千乘之國諸侯之國百乘之家諸侯
之大夫也弑下殺上也饜足也言臣之於

分扶問反下同

君每十分而取其一分亦已多矣若又以
義爲後而以利爲先則不弑其君而盡奪
之其心未肯以爲足也
前漢刑法志殷周以兵定天下矣天下既
定戢藏干戈教以文德而猶立司馬之官
設六軍之衆因井田而制軍賦地方一里
爲井井十爲通通十爲成成方十里成十
爲終終十爲同同方百里同十爲封封十
爲畿畿方千里有稅有賦稅以足食賦以
足兵四井爲邑四邑爲丘丘十六井也有
戎馬一疋牛千頭四丘爲甸甸六十四井
也有戎馬四疋兵車一乘牛十二頭甲士
三人卒七十二人干戈備具
法一同百里提封萬井除山
邑居園囿術路三千六百井定

四百井戎馬四百疋兵車百乘
采地之大者也是謂百乘之家
一十六里提封十萬井定出
井戎馬四千疋兵車千乘此諸侯之大者
也是謂千乘之國天子畿方千里提封百
萬井定出賦六十四萬井戎馬四萬疋兵
車萬乘故稱萬乘之主戎馬車徒干戈素
具司馬掌邦政軍旅之屬焉萬二千五百人
爲軍王則六軍也甲士在車上者一井八
家一甸六十四井計田五百七十六頃五
百一十二家出士卒七十五人則殷周之
制不及七家給一兵也又兵車一乘自牛
馬共十六計三十二家又出一馬或牛也
提封萬井提舉也舉四封之內也沈斥水
田瀉鹵也沈謂淵深水之下也斥鹹鹵之
地術大道也采地采官也因官食地故曰采也
通考程氏復心曰按王制天子畿內地方

千里爲方百里者百則千乘之家國當地
方三百一十四里有奇爲方百里者十百
乘之家地方百里爲方十里者百故刑法
志云云與集註不同要之孟子特就當時
假設言之非謂古法然也
東陽許氏曰萬乘之國則千乘之家千乘
之國則百乘之家此以君十卿祿大槩言
之也王畿方千里固可出車萬乘天子之
卿受地視侯則方百里方百里不能出車
千乘也千乘之國當三百十六里有畸百
乘之家則當方百里矣諸侯卿之采地未
必如是之大也讀者不可以辭害意
詹氏道傳曰書孔疏凡出車一乘則有兩
車一正一副一曰輕車甲馬四疋甲士三
人在車上左主射右主刺中主[illegible]
十二人隨之前距二十四人
人右角二十四人共七十五
牛十二頭炊家子十人固守衣

養五人樵汲五人共二十五人
兵車者兵車以戰大車以載也
百人
項氏安世曰按舊說一乘步卒七十二人
甲士三人凡七十五人除五長外大率皆
三人共治恐於督率兵事不便按兵車一
乘雖止用七十五人而將重車者又二十
五人則百人也若以百人當車一乘則於
旅卒師軍之長自然無所齟齬不至於前
之參差雜亂矣
新安陳氏曰以制地定法言天子萬乘諸
侯取十之一得千乘諸侯千乘大夫取十
之一得百乘
慶源輔氏曰集註發明不奪不饜最說得
人心求利之意出蓋尚義則循理而有制
徇利則橫流而無節故不弒逆而盡奪之
其心猶有所不足也
新安陳氏曰此章末始兼言仁義中單言

義者蓋仁有溫然慈愛之意義有截然斷
制之意取其斷制以勝私去利則義之用
爲尤切兼言仁義皆體用之全也單言義
取功用之切也下文仁施於親義施於君
此對君言之故單言義亦通

未有仁而遺其親者也未有義而後其君者也

此言仁義未嘗不利以明上文亦有仁義
而已之意也遺猶棄也後不急也言仁者
必愛其親義者必急其君故人
義而無求利之心則其下化之

已也。
朱子曰仁者人也其發則專主
莫切於愛親故人仁則必不遺其親矣義
者宜也其發則事皆得其宜而所宜者莫
大於尊君故人義則必不後其君矣
慶源輔氏曰仁義人心之固有人君躬行
仁義以感之而無求利之心以誘之則人
心之固有者亦皆與起而自然尊君親上
有不待外求而勉强爲之也
雲峯胡氏曰人性有五仁義爲先人倫有
五君親爲先所以孟子揭此於七篇之首
然此二句本文仁義二字指下之人而言
集註必自人君躬行上說來者蓋上文先
言王而後言大夫士庶惟上之人求利而
後下皆求利故集註於此揭人君躬行仁
義而無求利之心故其下化之而自有仁
義之利也

新安倪氏曰孟子謂何必曰利亦有仁義
而已矣是以利對仁義而分言之集註於
此節云仁義未嘗不利是以仁義合利而
貫言之若與孟子上文有不同者何哉蓋
有仁義中之利有仁義外之利外仁義以
求利孟子之所戒此章之大旨也行仁義
而得利集註之所發明亦孟子此節之本
意也不遺其親卽是親親之仁不後其君
卽是尊君之義豈非仁義中自然之利乎

王亦曰仁義而已矣何必曰利

重言之以結上文兩節之意○此章言仁
義根於人心之固有。天理之公
於物我之相形。人欲之私也。

求利而自無不利徇人欲則求
害已隨之所謂毫釐之差千里
子之書所以造端託始之深意學者所宜
精察而明辨也○太史公曰余讀孟子書
至梁惠王問何以利吾國未嘗不廢書而
歎也曰嗟乎利誠亂之始也夫子罕言利
常防其源也故曰放於利而行多怨自天
子以至於庶人好利之弊何以異哉程子
曰君子未嘗不欲利但專以利爲心則有

害惟仁義則不求利而未嘗不利也當是
之時天下之人惟利是求而不復知有仁
義故孟子言仁義而不言利所以拔本塞
源而救其弊此聖賢之心也
慶輔氏曰利心人本無之只緣有己有
彼此相形便生出較短量長爭多競少
之意遂欲己長人短人少己多偏誠反側
惟己是循故曰人欲之私也
慶源輔氏曰循天理者無所爲而爲故不
求利然成己成物各得其宜故曰無不利
徇人欲者有所爲而爲故雖求利而未必
得然妨人害物招尤取禍故害
覺軒蔡氏曰學者細玩而已矣
辭見孟子語意嚴厲斬釘截鐵

說仁義更不向利上去若董子
謀其利明其道不計其功意亦
歟
雲峯胡氏曰子朱子漢有取於三山黃氏
之言曰天下一切人都把害對利事事上
只見得利害不問義理須知利字乃對意
字明得義利便自無乖爭之事集註所謂
循天理則不求利而自無不利是以利字
與義字對而利不出乎義之外狗人欲則
求利未得而害已隨之是以利字與害字
對而害已藏於利之中也
新安陳氏曰司馬談爲太史令子遷尊其
父故謂之公遷繼其職仍稱太史公西漢
龍門人也
問太史公之歎其果知孟子之學耶朱子
曰未必知也以其言之偶得其要是以謹
而著之耳
慶源輔氏曰利者民生所不可無者也故
乾之四德曰利書之三事曰利此所謂君
子未嘗不欲利但專欲其利則不顧義理
專欲利已而必害於人惟能循仁義而行
則禮順有嘗而自無不利
龜山楊氏曰君子以義爲利不以利爲利
使其民不後其君親則國治矣利孰大焉
故曰亦有仁義而已何必曰利○朱子曰
凡事不可先有箇利心才說着利必害於
義聖人做處只向義邊做然義未嘗不利
但不可先說道利不可先有求利之心蓋
緣本來道理只有一箇仁義更無別物事
義是事事要合宜以利心爲仁義卽非仁
義之正不待有不利然後仁義阻也
雲峯胡氏曰孟子之得於子思者曰仁義
所以利之也及告梁王則言仁義而不言
利蓋子思所言者利物之利[illegible]
利已之利也程子以爲拔本塞
救當時流弊之極朱子以爲造

所以謹夫學者心術之初
新安陳氏曰孟子一書以遏人
爲主何必曰利遏人欲也亦有
理也自此以後鮮有不可以此六字該貫
章旨者
東陽許氏曰君子利已之心不可有利物
之心不可無孟子不言利是專攻人利已
之心絕利已之心然後可行利物之事然
利物乃所以利已也至於不遺親後君則
已亦無不利矣但不可假仁義以求利耳
按臣取于君之乘皆賦其人千乘爲人三
萬百乘爲人三千計丁出役以供輿夫出
入賓客將迎之用者也十而取一但可言
于當國大臣之一人耳以其官盛務繁用
度宜廣必以什一庶不困匱其餘諸卿則
事務漸少數宜有差天子之卿不必皆千
乘也大國之卿不必皆百乘也否則天子
有三公九卿如皆千乘爲則萬乘之中去
九千乘矣大國有三卿如皆百乘焉則千
乘之中去三百乘矣公室之事餘幾哉觀
孔子稱陳文子之富止於有馬十乘亦可
爲不皆百乘之證
芑山張氏曰集註躬行二字深得孟氏告
梁王語意宜玩友人方爾止云遺後二字
較弒奪二字尚淺大夫士庶見利則思
見無利則思散其始不過遺親後君一念
萌而致之其後便可以弒親弒君好利則
至于弒奪好仁義則不至于遺後所以爲
拔本塞源之論也愚按此說足補集註所
未及凡說之有合于聖賢者雖與集註不
合未嘗不可從或集註一定之說而于聖
賢語意相扞格雖不從可也從違之間衷
之以理而已豈容心于其間哉卽此可以
類推○王亦曰三字內有勸于
意思重言結上集註自明或云
言求利之害仁義之利遂然其士

看山蔡氏策論答用此法

仁義而已。何必曰利。乃一時開
必能行之也。愚謂如此看王亦
穿鑿矣。不可從。○集註仁義未
是孟子亦以利言矣。與王何必曰利[illegible]
看乎。程子云孟子言仁義而不言利所以
拔本塞源而救其弊。其論自正。未有仁而
遺其親二句。不必出一利字。二者也字正
應大夫士庶人句。見得盡國之人。夫利懷
仁義以相接。皆係于上先仁義。所以人君
必愼所以導之者。決不可一念向于利也。

○孟子見梁惠王。王立於沼上。顧鴻鴈麋鹿。曰。賢者亦樂此乎。樂音洛篇內同

鴻鴈之大者。麋鹿之大者。

孟子對曰。賢者而後樂此。不賢者雖有此不

四書大全辯〈上孟卷一　十一

樂也。

此一章之大指

新安陳氏曰。揭大指於前而分開招應於
後。此孟子諸章例也。首章及此章皆如此
此後當以此法觀之。不一一提掇
南軒張氏曰。孟子答云賢者何樂乎此
則非惟告人之道不當爾。而於理亦有未
完也。今云然則辭氣不迫而理完矣。又曰
王所謂樂。人欲之私以自適爲樂也。孟子
所謂賢者樂此。天理之公與民同樂者也
雙峰饒氏曰。王意謂賢者未必樂此。自家
有慚。孟子說惟是賢者樂此。出王之意外

詩云。經始靈臺。經之營之。庶民攻之。經始勿亟。庶民子來。王在靈囿。

麀音憂鶴戶角反於音烏鶴音方　度待洛反　囿所以域養禽獸　牝毗忍反

麀鹿濯濯。白鳥鶴鶴。王在靈沼。於
王以民力爲臺爲沼。而民歡樂之。謂其臺曰靈臺。謂其沼曰靈沼。樂其有麋鹿魚鼈。古之人與民偕樂。故能樂也。

此引詩而釋之。以明賢者而後樂此之意

詩大雅靈臺之篇。經量度也。靈臺文王臺名也。營謀爲也。攻治也。不日不終日也。亟速也。言文王戒以勿亟也。子來如子來趨父事也。靈囿靈沼臺下有囿。囿中有沼也。

四書大全辯〈上孟卷一　十二

麀牝鹿也。伏安其所不驚動也。濯濯肥澤貌。鶴鶴潔白貌。於歎美辭。牣滿也。孟子言文王雖用民力。而民反歡樂之。旣加以美名。而又樂其所有。蓋由文王能愛其民。故民樂其樂。而文王亦得以享其樂也。

詩傳。國之有臺。所以望氛祲。察災祥。時觀
游。節勞佚也。謂其靈者。言其倏然而成。如
神靈所爲也。
通考東陽許氏曰。靈臺之作。所以候日景
占星象。望雲物也。其下有囿。囿中有沼。所
以游觀爾。七十里之囿。所以供
講武事於其中。且與民之芻蕘
之。不容不廣。此在郊之外者也。

趙氏曰所引桀語出尚書大傳

必近城郭地不可容且無所用纔體卽並本都岐在位四十六三年遷豐作靈臺其時九十有臺田獵之囿非作靈臺之意也七十里之囿在岐山舊都故有與民同芻蕘雉兔之嘗剏

雙峯饒氏曰。自樂便不是仁。同樂便是仁。如文王未嘗無靈臺靈沼然與民同樂便是天理文王畢竟自朝至于日中昃不遑暇食用咸和萬民人必得所然後有此樂此所謂後天下之樂而樂

通考東陽許氏曰。麀鹿魚鳥。各得其所。成遂其性可見文王之德被鳥物觀兩在字而下文魚鹿云云。尤見文王仁及物而物感動處。物且如是。於人可知

湯誓曰時日害喪予及女偕亡民欲與之偕

亡雖有臺池鳥獸豈能獨樂哉害音曷喪去聲女音汝

此引書而釋之以明不賢者雖有此不樂之意也湯誓商書篇名時是也日指夏桀害何也桀嘗自言吾有天下如天之有日日亡吾乃亡耳民怨其虐故因其自言而目之曰此日何時亡乎若亡則我寧與之俱亡葢欲其亡之甚也孟子引此以明君獨樂而不恤其民則民怨之而不樂也。

虛觀欲之于大宗徒排其欲耳格心則未也

鄱山楊氏曰齊王顧鴻鴈麋鹿孟子因以謂賢者而後樂此至夏桀之所以與則獨樂不可也其賢者乎則必語王以憂民而勿爲臺沼苑囿之觀是拂其欲也其彼者乎則必語王以自樂而廣其侈心是縱其欲也二者皆非能引君以當道唯孟子之言嘗於毫髮之間剖析利善之所在使人君化焉而不自知夫如是其在朝則可以格君心之非而其君易行矣

南軒張氏曰民一也得其心則子來而樂君之樂失其心則害喪而亡君之亡究其本則繇夫順理與循欲之分而已人君嘗懷不敢自樂之心則足以遏人欲矣嘗懷與民偕樂之心則足以擴天理矣

雙峯饒氏曰孟子之書句句是事實說仁義便說未有仁而遺其親未有義而後其君爲仁義事實說賢者樂此不賢者雖有

此不樂便說文王靈臺靈沼湯誓時日害喪爲同樂獨樂事實

新安陳氏曰南軒遏人欲擴天理六字可斷盡孟子七篇謹提出以示學者夫同一臺池苑囿鳥獸魚鼈耳賢者循天理之公愛民而與之同樂則民樂君之樂而君得享其樂不賢者徇人欲之私不恤民而自樂則民欲君之亡君安得有此樂天理人欲同行異情詳見後章

通考東陽許氏曰。此章關鍵。全在偕樂獨樂。上文王與民同樂。夏桀結怨本已。與亡乃其效也。

芑山張氏曰。自文一文王以民力爲臺至樂其有麋鹿魚鼈。宜一層看。不宜分兩層看。謂其臺曰靈臺三句總是形民加示形容樂意非上二句加之以美名。下所有也。集註既又二字作兩層箇謂字。兩箇靈字。特一時飛躍耳

移粟民自移其粟耳

直如詩作直人之直

耳。非以美名加文王。若果說加
却王民皡皡氣象矣。不日成
爲不設期日也。不設期日文王
也。宜其子來也。若曰不終日而成一
無是理。

○梁惠王曰寡人之於國也盡心焉耳矣河內凶則移其民於河東移其粟於河內河東凶亦然察鄰國之政無如寡人之用心者鄰國之民不加少寡人之民不加多何也

寡人諸侯自稱言寡德之人也河內河東皆魏地凶歲不熟也移民以就食移粟以給其老稚之不能移者

孟子對曰王好戰請以戰喻塡然鼓之兵刃既接棄甲曳兵而走或百步而後止或五十步而後止以五十步笑百步則何如曰不可直不百步耳是亦走也曰王如知此則無望民之多於鄰國也好去聲塡音田

塡鼓音也兵以鼓進以金退直猶但也言此以譬鄰國不恤其民惠王能行皆不能行王道以養其民不可

窊烏瓜反　粥余六反

彼也。楊氏曰移民移粟荒政之
然不能行先王之道而徒以是爲
則末矣

通考東陽許氏曰集註兵以鼓進以金退亦大約言之周禮大司馬辨鼓鐸鐲鐃之用大抵鐲進鐃退鐸兼進退也後世戰陳益專以金聲退鐸大鈴也鐲鉦也形如小鐘以爲鼓節鐃如鈴無舌而鳴之

慶源輔氏曰周禮司徒以荒政十有二聚萬民雖無所謂移民移粟之事然大荒大札則令邦國移民以辟災就賤

不違農時穀不可勝食也數罟不入洿池魚鼈不可勝食也斧斤以時入山林材木不可

勝用也穀與魚鼈不可勝食材木不可勝用是使民養生喪死無憾也養生喪死無憾王道之始也勝音升數音促罟音古洿音烏

農時謂春耕夏耘秋收之時凡有興作不違此時至冬乃役之也不可勝食言多也數密也罟網也洿窊下之地水所聚也古者網罟必用四寸之目魚不滿尺市不得粥人不得食山林川澤與民共之禁草木零落然後斧斤入焉此

初。法制未備。且因天地自然之
愛養之事也。然飲食宮室所以養
棺槨所以送死皆民所急而不可無者今
皆有以資之則人無所恨矣王道以得民
心爲本故以此爲王道之始
周禮地官司徒山虞掌山林之政令物爲之厲而爲之守禁仲冬斬陽木仲夏斬陰木凡服耜斬季材以時入之陽木生山南者斬以仲冬日欲其濡也陰木生山北者斬以仲夏日欲其堅也服車材耜農器季穉也服與耜用季材取其柔也斬木以時必限以日數恐過取而童其山也○澤虞掌國澤之政令爲之厲禁使其地之人守

其材物以時入之于王府頒其餘于萬民澤虞主度澤藪者國澤如揚之具區荆之雲夢豫之圃田青之望諸兗之大野雍之弦蒲之類皆國之大澤財用所出有厲禁而不以封者也以時取之入于王府如珠角齒貝以當邦賦也頒賜其餘于民不私其利也
雲峰胡氏曰文王治岐澤梁無禁此所謂山林川澤與民共之即是澤梁無禁無禁者王者愛民之仁也雖無禁而有厲禁又王者愛物之仁也周禮山虞掌山林之政令物爲之厲而爲之守禁註物爲之厲每物有藩界也爲之守禁爲守者設禁令也守者謂其地之民占伐材木者也鄭司農云厲遮列守之也繇是觀之澤梁無禁者不禁民之取而有譏禁者禁民之取也
禮記王制獺祭魚然後漁人入

凡有天下者人歸之曰王則平發聲其身臨天下而言曰王則去讀後多做此

獸然後田獵鳩化爲鷹然後設罻零落然後入山林獺祭魚孟春獸季秋月也鳩化鷹仲秋月也也羅鳥罟也季秋草木零落然後入山林以取木也
慶源輔氏曰養生送死乃人世之始終於是二者皆有以濟之則人世之始終一無所憾而民心得矣此其所以爲王道之始也
新安陳氏曰法制未備謂聖人未行井田法以前天地自然之利謂穀魚材木之類博節愛養謂不違農時不用數罟斧斤時入之類王道之始謂王制未備王道未成不過初爲事下一節集註云是王道之成也正與此王道之始相對

五畝之宅樹之以桑五十者可以衣帛矣雞

豚狗彘之畜無失其時七十者可以食肉矣
百畝之田勿奪其時數口之家可以無饑矣
謹庠序之教申之以孝悌之義頒白者不負
戴於道路矣七十者衣帛食肉黎民不饑不
寒然而不王者未之有也衣去聲畜許六反數去聲
五畝之宅一夫所受二畝半在田二畝半
在邑田中不得有木恐妨五穀故於牆下
植桑以供蠶事五十始衰非帛不
十者不得衣也畜養也時謂孕字

身直
用不

孟春犧牲毋用牝之類也七十非
未七十者不得食也百畝之田亦一夫所
受至此則經界正井田均無不受田之家
矣庠序皆學名也申重也丁寧反覆之意
善事父母爲孝善事兄長爲悌頒與斑同
老人頭半白黑者也負任在背戴任在首
夫民衣食不足則不暇治禮義而飽暖無
教則又近於禽獸故旣富而教以孝悌則
人知愛親敬長而代其勞不使之負戴於

道路矣衣帛食肉但言七十舉重以見輕
也黎黑也黎民黑髮之人猶秦言黔首也
少壯之人雖不得衣帛食肉然亦不至於
饑寒也此言盡法制品節之詳極財成輔
相之道以左右民是王道之成也
趙氏曰古者一夫一婦受私田百畝公田
十畝八家是爲八百八十畝餘公田二十
畝八家分之得二畝半以爲廬舍城邑之
居亦各得二畝半春令民畢出在野冬則
畢入於邑在野曰廬在邑曰里廬各在其
田中而里聚居也
禮記月令孟春之月命樂正入學
修祭典命祀山林川澤犧牲毋用牝

伐木毋覆巢毋殺孩蟲胎夭飛鳥
以習舞之事以將釋菜於祀山
祀百物之所自生也毋用牝不欲
育也孩蟲之稚者胎懷孕者夭始生者飛
鳥初學飛之鳥也
問旣曰魚鱉不可勝食矣又言老者始可
食肉何也朱子曰魚鱉自生之物養其小
而食其大老幼之所同也至於芻豢之畜
人力所爲則非七十之老不得以食之矣
南軒張氏曰衣帛食肉必以五十七十者
民之欲無窮而蠶桑畜養之利有限不爲
之制則爭逐其欲而老者或不得衣之食
之矣又使知老者之當養其老幼之有別
教亦行乎其中矣日用飲食無非教也不
待庠序而後教也
通考東陽許氏曰王制五十始衰六十非
肉不飽七十非帛不煖與此不同或殷或
周之制異大抵年高者衣帛食肉也

趙氏曰古者百步爲畝今以二百四十步
爲畝古百畝當今之四十一畝也經界謂
治地分田經畫其溝塗封植之界也
通考仁山張氏曰古者六尺爲步步百爲
畝一夫一婦受田百畝又受田廬之地二
畝半邑居二畝半田以九百畝爲一井八
面皆百畝爲私田八家受之內一百畝爲
公田又有公田之內除二十畝爲廬舍八
家則每家得二畝半邑屋所受亦如之古
所謂畝卽今田畔其廣六尺其長六百尺
是爲一畝若以今大步計之則古百畝實
今田十一畝古者一畝半當今畝十步
通考東陽許氏曰庠序之教教以人倫於
其常教之中又以孝悌二者重明之而篤
之尤力也
史記秦紀始皇三十四年丞相李
有曰惑亂黔首黔首黑頭也
雙峰饒氏曰五畝宅百畝田是法

衣帛七十食肉是品節有法制無品
泛而不足用有品節無法制則於
用
易泰卦象曰天地交泰后以裁成天地之
道輔相天地之宜以左右民○左右並去
聲如左右手之右本音有
慶源輔氏曰甚云盡法制品節之詳極財
成輔相之道則民情之綜故已備見聖人
之制作已大成以左右民則不惟制民之
產使之有以養其生而又為之學校之教
使之得以全其性如帝堯所謂正之直之
輔之翼之使自得之是為王道之大成也
新安陳氏曰皆所以極夫經綸財成養
之事以左右民說富教斯民說乃王道之
終與應上文王道之始也一句

狗彘食人食而不知檢塗有餓莩而不知發

四書大全辯 上孟卷一 圭

人死則曰非我也歲也是何異於刺人而殺之曰非我也兵也王無罪歲斯天下之民至焉

莩平表反 刺七亦反

檢制也莩餓死人也發發倉廩以賑貸也歲謂歲之豐凶也惠王不能制民之產又使狗彘得以食人之食則與先王制度品節之意異矣至於民饑而死猶不知發則其所移特民間之粟而已乃以民不[illegible]歸罪於歲凶是知刃之殺人而不

檢七[illegible]反

王去聲

政上[illegible]王道

者之殺人也不罪歲則必能自反其政天下之民至焉則不但多於[illegible]已○程子曰孟子之論王道不過如此可謂實矣又曰孔子之時周室雖微天下猶知尊周之為義故春秋以尊周為本至孟子時七國爭雄天下不復知有周而生民之塗炭已極當是時諸侯能行王道則可以王矣此孟子所以勸齊梁之君也蓋王者天下之義主也聖賢亦何心哉視天命

四書大全辯 上孟卷一 圭

之改與未改耳

新安陳氏曰王道不出農桑教養等實事豈求之高遠難行者哉

朱子曰孔子尊周孟子不尊周如冬裘夏葛饑食渴飲時措之宜異爾此齊桓不得不尊周亦迫於大義不得不然夫子筆之於經明君臣之義於萬世非專為美桓公也孔孟易地則皆然得時措之宜則並行而不相悖矣

雲峰胡氏曰不有孔子之論則在下者不知有尊王之意而民可以無君矣不有孟子之論則在上者不知天命之改不改在民心之向背而君可以無民矣

新安陳氏曰天命之改未改驗之人心而已人心猶知尊周可驗天命未改

天下之經文王孔子之事是也人
有周可驗天命已改不得不違天下

梃徒頂反

武王孟子之事是也司馬温公李々不達此而非孟子固哉讀者不可此義

○梁惠王曰寡人願安承教

承上章言願安意以受教

孟子對曰殺人以梃與刃有以異乎曰無以異也

梃杖也

以刃與政有以異乎曰無以異也

孟子又問而王答也

新安陳氏曰政謂虐政梃刃政殺人承上章歲兵之意而敷演之

斂力驗反

曰庖有肥肉廄有肥馬民有饑色野有餓莩此率獸而食人也

厚斂於民以養禽獸而使民饑以死則無異於驅獸以食人矣

惡去聲　惡烏路反

獸相食且人惡之爲民父母行政不免於率獸而食人惡在其爲民父母也

新安陳氏曰此因前章狗彘食人食塗有餓莩之意而究言之即以虐政殺人也

君者民之父母也惡在猶言何在也

從去聲下同

仲尼曰始作俑者其無後乎爲其象之也如之何其使斯民饑而死也俑爲夫聲

俑從葬木偶人也古之葬者束草爲人以爲從衛謂之芻靈略似人形而已中古易之以俑則有面目機發而太似人矣故孔子惡其不仁而言其必無後也孟子言此作俑者但用象人以葬孔子猶惡之況實使民饑而死乎○李氏曰爲人君者固未嘗有率獸食人之心然狥一己之欲而不

恤其民則其流必至於此故以爲民父母告之夫父母之於子爲之就利避害未嘗頃刻而忘於懷何至視之不如犬馬乎

新安陳氏曰作俑者殺人殉葬之漸孔子惡之者以此○禮記檀弓下孔子謂爲明器者知喪道矣備物而不可用也哀哉死者而用生者之器也不殆於用殉乎哉其曰明器神明之也塗車芻靈自古有之明器之道也孔子謂爲芻靈者善謂爲俑者不仁不殆於用人乎哉通考東陽許氏曰孔子據已見之禍而泝惡其始謂爲不仁者事始雖小末流必[illegible]不可以不謹孟子因此以戒惠王一覩其民

疊山謝氏曰此章以人對獸極言人[illegible]

行仁政視民猶獸也天地間難得
人而用之猶不免於無後豈可率
不行仁政一至於此乎
新安陳氏曰爲人君者有作民父母之責
固未嘗有率獸食人之心惟徇欲而不恤
民則其流至此而不自覺故以率獸食人
譏其昏迷之錮習而以爲民父母觸其惻
隱之本心孟子之言深切著明如此而王
不悟亦未知之何也已右二章戒梁王勵
民自養率獸食人過人欲也勉其行王道
以爲民父母爲心擴天理也
芑山張氏曰作俑韓愈云俑當作踊言刑
繁則踊貴踊象人足而用之愚謂俑依註
爲順韓說穿鑿不必從○象人而用之只
說象人而置之死地不說到殺人殉葬之
漸處、

○梁惠王曰晉國天下莫強焉叟之所知也

及寡人之身東敗於齊長子死焉西喪地於
秦七百里南辱於楚寡人恥之願比死者一
洒之如之何則可 長上聲喪去聲比必二反洒與洗同

魏本晉大夫魏斯與韓氏趙氏共分晉地
號曰三晉故惠王猶自謂晉國惠王三十
年齊擊魏破其軍虜太子申十七年晉取
魏少梁後魏又數獻地於秦又與楚將昭
陽戰敗亡其七邑比猶爲也言欲爲死者
雪其恥也

史記魏世家惠王三十年魏伐趙趙告
齊齊宣王用孫子計救趙擊魏魏
師使龐涓將而令太子申爲上將
人戰敗於馬陵齊虜魏太子申殺將軍涓
軍遂大破
史記魏世家惠王十七年魏與齊戰元里
秦取我少梁元里少梁皆魏地邑名
史記商君傳秦孝公使衛鞅將兵伐魏魏
使公子卬將而擊之軍旣相距衛鞅遺魏
將公子卬書曰吾始與公子驩今俱爲兩
國將不忍相攻可與公子面相見盟樂飲
而罷兵以安秦魏魏公子卬以爲然會盟
已飲而衛鞅伏甲士襲虜公子卬因攻其
軍盡破之以歸秦魏惠王恐使使割河西
之地獻於秦以和而魏遂去安邑徙都大
梁
史記楚世家懷王六年楚使柱國昭陽將
兵而攻魏破之於襄陽得邑八○張存中

曰按史記魏襄王十三年楚敗我襄陵不
言邑數楚懷王六年得邑八與集註七邑
不合未知孰是
慶源輔氏曰惠王之志疑若剛勇而有爲
者然細考之史則其敗于三國皆非義舉
也徒以爭城爭地不失之貪則失之繆妄
旣如此猶不知所以自反乃於見買之際
歷敘其喪敗而欲爲死者一洗之此正如
匹夫賤人勢出無聊不勝其忿而求一快
者所爲耳豈有君人之度而知所謂大勇
之理哉

孟子對曰地方百里而可以王

百里小國也然能行仁政則天下之民歸
之矣

王如施仁政於民，省刑罰，薄稅斂，深……壯者以暇日脩其孝悌忠信，入以事其父兄，出以事其長上，可使制梃以撻秦楚之堅甲利兵矣。省所梗反，斂易皆去聲，耨奴豆反，長上聲。

省刑罰，薄稅斂，此二者仁政之大目也。治也。耨，耘也。盡己之謂忠，以實之謂信。君行仁政，則民得盡力於農畝，而又有暇日以脩禮義，是以尊君親上而樂於效死也。

新安陳氏曰：省刑則不戕民生，薄賦則民得養生，所以為仁政之大目。

四書大全辯　上孟卷一　二七

朱子曰：魏地迫近於秦，無時不受兵，割地求成，無虛日。孟子之言，似若容易，蓋當時之人，焦熬已甚，率歡欣鼓舞之民，而征之，自是見效速。後來公子無忌率五國師，直擣至函谷關，可見。

慶源輔氏曰：仁政在於養民而已。省刑罰，則民不至無所措其手足，而得以安其生；薄稅斂，則民不至有所闕於衣食，而得以保其生。故孟子言仁政首及此二者。下面數句則又其效驗也。深耕易耨，則薄稅斂之所致也。重稅厚斂，則民不聊生，民不聊生，則其於農事亦苟且鹵莽而已。壯者以暇日脩其孝悌忠信，入以事父兄，出以事長上，則省刑罰之所致也。嚴刑峻罰，則民不樂生，民不樂生，則其於人道亦何暇脩為之哉。

芑山張氏曰：朱子引公子無忌事，政及民，人情響應，道理合如此。猶孟……

謂民之悅之，猶解倒懸耳，非謂公子縞素擣函谷關足法也。

彼奪其民時，使不得耕耨以養其父母，父母凍餓，兄弟妻子離散。養，去聲。

彼謂敵國也。

彼陷溺其民，王往而征之，夫誰與王敵？夫音扶。

陷，陷於阱。溺，溺於水。暴虐之意。征，正也。以彼暴虐其民，而率吾尊君親上之民，往正其罪。彼民方怨其上，而樂歸於我，則誰與我為敵哉？

四書大全辯　上孟卷一　二八

故曰：仁者無敵。王請勿疑。

仁者無敵，蓋古語也。百里可王，以此而已。恐王疑其迂闊，故勉使勿疑也。○孔氏曰：惠王之志在於報怨，孟子之論在於救民。所謂唯天吏則可以伐之，蓋孟子之本意。

南軒張氏曰：惠王憤其軍師之敗，欲一洒之，是乃不勝其忿懥之私耳。孟子所以告之者，乃為國之常道，其所施為，皆有實事。夫王政之所以不行者，以時君謀利計功之念深，每每致疑而莫肯力行故也。使其以先王之治為必可法，以聖賢之言可信而力行之，則孰禦焉。

慶源輔氏曰：註引孔氏之言，蓋怨有……

者有不當報者若惠王之事則所謂報者也不當報而報則是忿懥者耳忿懥者之所為則其心熏灼焚燎愈熾不至於大敗極壞而不已若所謂志於救民則至誠惻怛成己以成物一日有一日之功其曰惟天吏則可以伐之其所以自治者嚴矣勿軒熊氏曰當時七雄皆大國也孟子獨惓惓於齊梁者欲得志行乎中國也若秦楚則蠻夷戎狄之裔七篇之書深鄙外之蓋其得志必并天下生民之福自周之衰天下大勢不入於楚必入於秦聖賢已逆知其所凝矣當時孟子止言深耕易耨孝悌忠信則可以制梃而撻秦楚自一等富強而言豈不大迂闊而不切於事情然後來秦亡不過起於揭竿斬木之匹夫堅甲利兵果可恃乎孟子之言不我誣也新安陳氏曰逞忿報怨私欲也行仁救民公理也行仁則自無敵不得已而用兵亦正之征也不行仁而惟報私怨忿爭而亡矣豈惟怨不可報敗亡當必繇之此章亦所以遏人欲擴天理也芑山張氏曰深耕易耨王出以事長上宜承上省刑罰薄稅斂二句渾說不宜將深耕耨專承薄斂壯者數句專承省刑蓋合省刑薄斂幾得深耕易耨幾有暇日修孝悌忠信輔氏云深耕易耨薄稅斂之所致修孝悌忠信省刑罰之所致非孟子當日語意宜删。○商鞅富強之術誘三晉之民力耕于內而使秦民應斷于外使梁上用孟子之言施仁政于民秦烏得誘之仁勝不仁如春融冰泮故曰仁者無敵。

○孟子見梁襄王

襄王惠王子名赫

語譽七又巫去辛改遯麗

新安倪氏曰按通鑑慎靚王二年壬王卒孟子去魏適齊是一見襄王也

出語人曰望之不似人君就之而不見所畏焉卒然問曰天下惡乎定吾對曰定于一

語告也不似人君不見所畏言其無威儀也卒然急遽之貌蓋容貌辭氣乃德之符其外如此則其中之所存者可知王問列國分爭天下當何所定孟子對以必合于一然後定也

新安倪氏曰左傳云有威而可畏謂之威有儀而可象謂之儀不似人君無可象之儀也不見所畏無可畏之威也新安陳氏曰德存於中容貌辭氣乃德之符驗可見於外者問孟子以梁襄王不似人君不見所畏而譏之然則必以勢位自高而厲威嚴以待物邪朱子曰不然也夫有諸中者必形諸外有人君之德則必有人君之容有人君之容則不必作威而自有可畏之威矣曰言之急遽亦何譏邪曰艮之六五以中正而言有序而呂氏亦曰志定者其言重以舒不定者其言輕以疾然則言貌固皆內德之符不惟可以觀人學者雖以自省可也曰孔子居是邦不非其大夫而孟子譏言其君之失如此何邪曰聖賢之不同矣且孔子仕於諸侯而孟子為其地有不同也抑七篇之中無復與

言者豈孟子自是而不復久於梁邪

嗜時利反

孰能一之

王問也

對曰不嗜殺人者能一之

嗜甘也

覺軒蔡氏曰好生不嗜殺天地生物之心也必得天地此心然後可爲天之子爲民之父母此言萬世人牧之龜鑑也

孰能與之

王復問也與猶歸也

夫音扶浡音勃由當作猶古字借用後多倣此

對曰天下莫不與也王知夫苗乎七八月之間旱則苗槁矣天油然作雲沛然下雨則苗浡然興之矣其如是孰能禦之今夫天下之人牧未有不嗜殺人者也如有不嗜殺人者則天下之民皆引領而望之矣誠如是也民歸之由水之就下沛然誰能禦之

[illegible]

周七八月夏五六月也油然雲盛貌沛然雨盛貌沛然興起貌禦禁止也人牧謂牧民之君也領頸也蓋好生惡死人心

故人君不嗜殺人則天下悅而歸之

氏曰孟子之言非苟爲大而已然不深原其意而詳究其實未有不以爲迂者矣予觀孟子以來自漢高祖及光武及唐太宗及我太祖皇帝能一天下者四君皆以不嗜殺人致之其餘殺人愈多而天下愈亂秦晉及隋力能合之而好殺不已故或合而復分或遂以亡國孟子之言豈偶然而已哉

晉武合之劉石亂而分王江東

慶源輔氏曰不嗜殺之對以見理勢之當然非有爲而爲之者也蓋人君之心誠能不嗜殺人則舉天下皆在吾仁愛之中又孰有渙散乖戾而不一歸於我哉固非以不嗜殺人爲一天下之具也新安陳氏曰嗜殺人欲之殘虐也不嗜殺天理之惻隱也此亦遏人欲存天理也

〇齊宣王問曰齊桓晉文之事可得聞乎

辟音壁闢渠與天

齊宣王姓田氏名辟疆諸侯僭稱王也齊桓公晉文公皆霸諸侯者

趙氏曰田氏本陳公子完之後初以陳爲氏後改姓田氏至田和始篡齊而有之和之曾孫是爲宣王

通考趙氏德曰周顯王二十七年齊

伯同霸
王去聲

子辟疆立是爲宣王在位十九年辛
善問周達曰宣
東陽許氏曰集註辟疆作開辟封疆
上音闢下音疆作辟除疆暴說則上必益
反下臣良反

孟子對曰仲尼之徒無道桓文之事者是以後世無傳焉臣未之聞也無以則王乎

道言也董子曰仲尼之門五尺童子羞稱五伯爲其先詐力而後仁義也亦此意也

以已通用無已必欲言之而不止也王謂王天下之道

四書大全辯　上孟卷一　三十三

新安倪氏曰董子名仲舒西漢廣川人此語見漢書本傳對江都易王問殷有三仁而曰仁人者正其誼不謀其利明其道不計其功是以仲尼之門五尺童子羞稱五伯爲其先詐力而後仁義也

西山眞氏曰孟子後能闢五伯者惟仲舒爲然

程子曰得天下之正極人倫之至者堯舜之道也用其私心依仁義之偏者霸者之事也王道如砥本乎人情出乎禮義若履大路而行無復回曲霸者崎嶇反側於曲徑之中而卒不可與入堯舜之道故誠心而王則王矣假之而霸則霸矣二者其道不同在審其初而已

龜山楊氏曰齊宣王見孟子於雪宮曰賢者亦有此樂乎而孟子答以晏子之言霸者之事非無傳也孟子務引其君道則桓文之事特詭遇而已大匠不

慶源輔氏曰保如保赤子之保

上收斂繩墨故曰無已則王乎

范氏曰按論語孔子曰桓公九合諸以兵車管仲之力也微管仲吾其被髮左衽矣孔子美齊桓管仲之功如此孟子言仲尼之門無道桓文之事者聖人於人苟有一善無所不取齊桓管仲有功於天下故孔子稱之若其道則聖人之所不取也

朱子曰無道桓文之事事者營霸之事儒者未嘗講求如桓公霸諸侯匡天下則誰不知至於經營霸業之事儒者未嘗言也

通考王氏若虛曰春秋之時五伯迭興而桓文爲盛有功者莫大於桓文有罪者亦莫大於桓文周之東遷政教號令不行於天下諸侯不知有周矣有人於此勃然而興更爲明主支一木於大廈將顛之際屹然柱於頹波潰決之餘內合諸侯外攘夷狄使前日之不知有周者咸知尊周而君臣之義至於今不墜謂非桓文之功不可

四書大全辯　上孟卷一　三十四

也故聖人略其罪而筆之於春秋然其詐力是先仁義爲後如救邢封衛養亂爲功如伐衛致楚陰謀取勝挾天子而令諸侯摟諸侯以伐諸侯如此等類非其罪賊故聖人之徒卑其功而無道之者然聖人春秋之作爲萬世扶綱常有如尊周之舉而不記之則無以勸來者其指微矣乃若其徒所以不道之者是又不欲率天下之人而稱仁義亦春秋誅意之法也故桓文者功之首罪之魁而聖賢待之仁之至義之盡也

曰德何如則可以王矣曰保民而王莫之能禦也

保愛護也

觳下 殺反 集注 晉校 校字 有二 音宜 衍 郅之 迹反

新安陳氏曰王道甚大其效只在保民而王一句爲此章之綱領

曰若寡人者可以保民乎哉曰可曰何由知吾可也曰臣聞之胡齕曰王坐於堂上有牽牛而過堂下者王見之曰牛何之對曰將以釁鐘王曰舍之吾不忍其觳觫若無罪而就死地對曰然則廢釁鐘與曰何可廢也以羊易之不識有諸齕音核釁許刃反舍上聲觳音斛觫音速與平聲

胡齕齊臣也釁鐘新鑄鐘成而殺牲取血以塗其釁郄也觳觫恐懼貌孟子述所聞胡齕之語而問王不知果有此事否

曰有之曰是心足以王矣百姓皆以王爲愛也臣固知王之不忍也

王見牛之觳觫而不忍殺即所謂惻隱之心仁之端也擴而充之則可以保四海矣故孟子指而言之欲王察識於此而擴充之也愛猶吝也

雲峯胡氏曰孟子一書言心學甚詳此是第一箇心字是心何心也人之本心此本心而推之所謂先王有不忍人斯有不忍人之政者也須看集註察識擴充數字察識屬知擴充屬行

新安陳氏曰是心足以王矣一句是觀王有此愛物之心即可知王有仁民之心而可以即民矣所以指言王之此心即是足以王天下之本眞氏云王道不外乎保民而保民又不外乎此心是也

王曰然誠有百姓者齊國雖褊小吾何愛一牛即不忍其觳觫若無罪而就死地故以羊易之也

言以羊易牛其迹似吝實有如百姓所譏者然我之心不如是也

雙峯饒氏曰論語小不忍朱子兼婦人之仁匹夫之勇說婦人不能忍其愛匹夫不能忍其忿這箇又是要忍得了

雲峯胡氏曰饒氏發明兩不忍字甚好孟子所謂不忍者如齊宣王見牛之觳觫將死一念之不忍非有所勉強自然而然者也君子謂之仁論語所謂小不忍者如婦人匹夫一念之發不能有所禁止而一聽其自然者也君子不謂之義

新安倪氏曰論語之小不忍云者自忍之念發於私小常人之所不能禁止者也孟子之不忍云者不忍之念出乎正大君子之所當擴充者也

曰王無異於百姓之以王爲愛也以小易大彼惡知之王若隱其無罪而就死地則牛羊何擇焉王笑曰是誠何心哉我非愛其財

別彼列反

直說無傷不忍之心

易之以羊也宜乎百姓之謂我愛也惡去聲

異怪也隱痛也擇猶分也言牛羊皆無罪而死何所分別而以羊易牛乎孟子故設此難欲王反求而得其本心王不能然故卒無以自解於百姓之言也

慶源輔氏曰宣王既無講學之功不知反求之理而徒自辯解於百姓之言故孟子反又設此以問難之蓋欲王反求而得其本心不忍之實而王猶不能然也

東陽許氏曰上言臣固知王之不忍下言彼惡知之蓋宣王見牛不忍之心雖發而不自知其為仁之端故以知與惡知相對說以為常人雖為利欲所昏而本然之善終未嘗泯但時或發每不自覺而不能充之爾故孟子以為惟君子為能知之衆人不能知也是啓王之心使凡遇善心發時便須識得即就此擴充自小以及大自近以及遠即其二端推之至其極則仁不可勝用矣

曰無傷也是乃仁術也見牛未見羊也君子之於禽獸也見其生不忍見其死聞其聲不忍食其肉是以君子遠庖廚也遠去聲

無傷言雖有百姓之言不為害也術謂法之巧者蓋殺牛既所不忍釁鐘又不可廢於此無以處之則此心雖發而終不

矣然見牛則此心已發而不可遏未則其理未形而無所妨故以羊易牛則二者得以兩全而無害此所以為仁之術也聲謂將死而哀鳴也蓋人之於禽獸同生而異類故用之以禮而不忍之心施於見聞之所及其所以必遠庖廚者亦以預養是心而廣為仁之術也

朱子曰見牛未見羊也未字有意味蓋言其體則無限量言其用則無終窮充擴得去有甚盡時

朱子曰齊王見牛觳觫而不忍之心萌故

以羊易之孟子所謂無傷蓋乃護得齊王仁心發見處術猶方便也○術字本非不好底字只緣後來把做變詐看了便道是不好却不知天下事有難處須著有箇巧底道理始得當齊王見牛之時惻隱之心已發乎中又見釁鐘事大似住不得只得以所不見者而易之既周旋得那事又不抑遏了這不忍之心此心乃得流行若當時無箇措置便抑遏了這不忍之心遂不得而流行矣此乃所謂術也

朱子曰君子於物愛之而已食以時用以禮不身翦不暴殄既足以盡吾心矣其愛之者仁也其殺之者義也齊王之不忍施於見聞之所及正合愛物淺深之宜若仁民之心則豈為其不見之故而忍以無罪殺之哉

慶源輔氏曰唯其不忍之心止施於之所及故古之君子知學問者必遠

廚乃所以預養是不忍之心不使之
生聞其聲以推廣其爲仁之術不必
然以其所不見而易其所見也孟子言此
以見宣王之初心本無不善以羊易牛然
後仁義之心得以兩全而無害也
雲峰胡氏曰一本心也已發在於擴充未
發在於預養
通考東陽許氏曰既見牛而不忍此心欲
行則便不可殺此牛而釁鐘又不可廢或
殺牛或釁禮皆是人心行不徹故用未見
其形未聞其聲之羊以代之此正用術之
圓機此即是權行仁者當放此意而行故
謂之術

王說曰詩云他人有心予忖度之夫子之謂也夫我乃行之反而求之不得吾心夫子言之於我心有戚戚焉此心之所以合於王者何也

說音悅 忖七本反 度待洛反 夫我之夫音扶

詩小雅巧言之篇戚戚心動貌王因孟子之言而前日之心復萌乃知此心不從外得然猶未知所以反其本而推之也

南軒張氏曰宣王聞孟子之言有得於心
而說謂已雖行之及反而求之則有不能
以自得者及孟子抽其端緒以告則戚然
有動於中當時不忍之意宛然而形
慶源輔氏曰戚戚心動而有所惕傷也孟
子所言曲盡其理故宣王前日之心復
于中而委蛇曲折之意莫不盡見而
非吾心本然之善非從外而得也向非

易去惡下間

子據理之極知言之要決得夫開道之
之術則亦何能使宣王前日不忍之
萌也哉宣王此心雖復動而其端尚微其
體未充而又未知所以用力推擴之方故
孟子此下復以用力用明用恩之說以曉
切之
雲峰胡氏曰齊王於其本心略能察識自
此以下孟子皆教之以擴充
新安陳氏曰此心之所以合於王者何也
王此句亦問得緊切與孟子是心足以王
矣一句相照應

曰有復於王者曰吾力足以舉百鈞而不足以舉一羽明足以察秋毫之末而不見輿薪則王許之乎曰否今恩足以及禽獸而功不至於百姓者獨何與然則一羽之不舉爲不用力焉輿薪之不見爲不用明焉百姓之不見保爲不用恩焉故王之不王不爲也非不能也

與平聲 爲不之爲去聲

復白也鈞三十斤百鈞至重難舉也羽鳥羽一羽至輕易舉也秋毫之末毛至秋而末銳小而難見也輿薪以車載薪大而易見也許猶可也今恩以下又孟子之言也

蓋天地之性人爲貴故人之與人又

類而相親是以惻隱之發則於民切下
物緩推廣仁術則仁民易而愛物難今王
此心能及物矣則其保民而王非不能也
但自不肯爲耳

雙峯饒氏曰集註惻隱之發是就心上說
推廣仁術則仁民易而愛物難是就術上
說人性靈所以仁民易物無知如何感得
他動所以愛物難
南軒張氏曰親親而仁民仁民而愛物此
天地之大同縣一本而其施有序也豈有
於一牛則能不忍而不能保民者蓋方見
牛而不忍者無以蔽之而其愛物之端發
見也其不能加恩於民者有以蔽之而仁
民之理不著也然卽夫愛物之端可以知

夫仁民之理素具能及而術其不忍之實
則其所謂仁民者固可得也
慶源輔氏曰天地之性人爲貴而人之與
人又爲同類而相親故惻隱之發於民切
於物緩皆自然而然雖至愚之人亦莫不
然學者須是臨事體察看教分曉不可模
糊率略聽其自然事過便休若夫推廣仁
術則仁民易而愛物難所以難所以易者
且以凡人言之推廣此心愛及同類者其
勢便其事易至於物則有不得已而資以
爲用者使之皆被吾之愛而無傷則其勢
遠其事難自君人者言之發政施仁使民
得以遂其生者其勢便其事易極輔相財
成之道使庶類繁殖鳥獸魚鼈咸若者其
勢遠其事難今王此心既發於見牛之際
而又有以處之而使是心得以流行矣則
是於其勢遠而事難者既能有以及之
以是心而施於勢近而事易與之同無

循觀所謂保民而王者則豈有不能者
但自不肯爲耳
新安陳氏曰今恩足以及禽獸而功不至
於百姓者獨何與此二句難得最緊切乃
是一大章文意警策處下文又以此二句
再難以結之王能其緩且難者而失之於
切且易者何也使王能自具不忍之形於
愛物者充廣之以仁民特舉而措之耳

曰不爲者與不能者之形何以異曰挾太山
以超北海語人曰我不能是誠不能也爲長
者折枝語人曰我不能是不爲也非不能也
故王之不王非挾太山以超北海之類也王
之不王是折枝之類也語去聲爲長之爲去
聲長上聲折之舌反

形狀也挾以腋持物也超躍而過也爲長
者折枝以長者之命折草木之枝言不難
也是心固有不待外求擴而充之在我而
已何難之有

老吾老以及人之老幼吾幼以及人之幼天
下可運於掌詩云刑于寡妻至于兄弟以御
于家邦言舉斯心加諸彼而已故推恩足以
保四海不推恩無以保妻子古之人所以大
過人者無他焉善推其所爲而已矣今

畜許六反　易去聲下同　齊側皆反

以及禽獸而功不至於百姓者獨何與平
老以老事之也吾老謂我之父兄人之老謂人之父兄幼以幼畜之也吾幼謂我之子弟人之幼謂人之子弟運於掌言易也詩大雅思齊之篇刑法也寡妻寡德之妻謙辭也御治也不能推恩則衆叛親離故無以保妻子蓋骨肉之親本同一氣又非但若人之同類而已故古人必由親親推之然後及於人民又推其餘然後及於愛

復扶又反

物皆由近以及遠自易以及難今王反之則必有故矣故復推本而再問之
新安陳氏曰末二句再問難以結之十分精神文法亦有照應收拾
和靖尹氏曰善推其所爲學者最要推也因一事則推之大有所益言擧斯心加諸彼是也
南軒張氏曰孟子非使之以其愛物者及人蓋推之因愛物以循其不忍之實而反其所謂一本者以親親而仁民仁民而愛物此所謂王道也
慶源輔氏曰人之骨肉本同一氣而生又非但若人之同類而已故於心爲至親至切而行仁必自孝弟始然後可以推而及民與物也勢有近遠當繇近以及遠亦難易當自易以及難老吾老幼吾幼以

人之老幼刑寡妻至兄弟以御于家邦皆自然之序而人所不自已者若或則必有其故矣是不可不致其克復之使之循序而進不然則倒行而逆施之如無源之水無根之木不旋踵而乾涸枯瘁矣
雙峯饒氏曰因愛牛之心說到此欲其因愛物之心反而見得仁民因愛人之心反而見得親親又因親親推而至於仁民繇仁民推而至於愛物遞於掌言其近而易天下雖大只繇一家老老幼幼推去又何難且遠之有運於掌與覩諸掌不同運屬行覩屬知那箇是易知這箇是易行
西山眞氏曰繇親親以及民繇民以及物此古人之善推也能及物而不能及民此宣王之不善推也
魯齋王氏曰善推其所爲一句是孟子平生功夫受用只在此

雲峯胡氏曰須要看集註三節議論貫穿處始言愛物則曰人之於禽獸同生而異類繼言仁民則曰天地之性人爲貴故人之與人又爲同類而相親此言老老幼幼則曰骨肉之親本同一氣又非但若人之同類而已曰同生曰同類曰同氣是爲理一而分殊雖推之有序然皆不過自吾本心而推之是爲分殊而理一也大抵此章凡千餘言大要只二句欲其察識此心於方發之初故曰是心足以王矣欲其擴充此心於已發之後故曰善推其所爲而已矣

稱去聲下同

權然後知輕重度然後知長短物皆然心爲甚王請度之度之度待洛反
權稱錘也度丈尺也度之謂稱量之也

物之輕重長短人所難齊必以權度夫而後可見若心之應物則其輕重長短之難齊而不可不度以本然之權度又有甚於物者今王恩及禽獸而功不至於百姓是其愛物之心重且長而仁民之心輕且短失其當然之序而不自知也故上文既發其端而於此請王度之也

朱子曰物易見心無形度物之輕重長短易度心之輕重長短難度物差了只是一事心差了時萬事差所以心爲甚又曰愛物宜輕仁民宜重此是權度以此去度○

本然之權度亦只是此心此心本然萬理皆具應物之時須是仔細看合如何便是本然之權度也如齊王見牛而不忍之心見此是合權度處及至興甲兵危士臣結怨於諸侯又却忍爲之便是不合權度失其本心

慶源輔氏曰此指宣王之心偏蔽處言之也必先見得其輕重長短如此分明了然後究其所以然之故則吾心之蔽始可去而本然之理始可復此孟子所以引物資權度之說而使王自稱量其心也

抑王興甲兵危士臣構怨於諸侯然後快於心與

抑發語辭士戰士也構結也孟子以下

民之心所以輕且短者必其以是三者快也然三事實非人心之所快有甚於殺觳觫之牛者故指以問王欲其以此而度之也

慶源輔氏曰孟子恐王不知所以稱量之要故舉興甲兵危士臣構怨於諸侯三事使王度之蓋宣王愛民之心所以輕且短者實以是三者之爲快蔽之也夫此三事乃人心之所不忍有甚於殺觳觫之牛者王若以是爲快則宜乎愛民之心輕且短也

雲峰胡氏曰上一節一心字亦指本心而言蓋謂本心之中有自然之權度非自外來也此節一心字與後數箇欲字便非本心矣本心難擴充而欲心易於蔽錮此王道所以不行也

王曰否吾何快於是將以求吾所大欲也

不快於此者心之正也而必爲此者欲誘之也欲之所誘者獨在於是是以其心尚明於他而獨暗於此此其愛民之心所以輕短而功不至於百姓也

慶源輔氏曰辟土地朝秦楚蒞中國撫四夷是其本志也興甲兵危士臣構怨於諸侯則末流之禍耳有是志則有是禍矣指其末流之禍則以爲不決於此者心之明也而卒溺於初志之失而[illegible]知反者然之也其心尚明於他者謂[illegible]一牛之

鰥也而獨暗於此者謂功不至於百姓
新安陳氏曰所大欲者人欲之橫流所
不能仁民而擴天理之公也

曰王之所大欲可得聞與王笑而不言曰爲肥甘不足於口與輕煖不足於體與抑爲采色不足視於目與聲音不足聽於耳與便嬖不足使令於前與王之諸臣皆足以供之而王豈爲是哉曰否吾不爲是也曰然則王之所大欲可知已欲辟土地朝秦楚莅中國而撫四夷也以若所爲求若所欲猶緣木而求

魚也與平聲爲肥抑爲豈爲不爲之爲皆去聲便令皆平聲辟與闢同朝音潮

便嬖近習嬖幸之人也已語助辭辟開廣也朝致其來朝也秦楚皆大國莅臨也若如此也所爲指興兵結怨之事緣木求魚言必不可得

新安陳氏曰所大欲在此所以初發問便欲聞桓文霸圖事

王曰若是其甚與曰殆有甚焉緣木求魚雖不得魚無後災以若所爲求若所欲盡心力而爲之後必有災曰可得聞與曰鄒人與

王去聲　朝音潮賈音古與平聲愬音訴　見形甸反　分扶問反

楚人戰則王以爲孰勝曰楚人勝曰然則小固不可以敵大寡固不可以敵衆弱固不可以敵彊海內之地方千里者九齊集有其一以一服八何以異於鄒敵楚哉蓋亦反其本矣

殆蓋皆發語辭鄒小國楚大國齊集有其一言集合齊地其方千里是有天下九分之一也以一服八必不能勝所謂後災也

反本說見下文

新安陳氏曰千里者九齊楚燕秦趙魏韓宋中山也

通考吳氏程曰王制四海之內方三千里爲九州州方千里蓋以田計之山川城池不在數內

今王發政施仁使天下仕者皆欲立於王之朝耕者皆欲耕於王之野商賈皆欲藏於王之市行旅皆欲出於王之塗天下之欲疾其君者皆欲赴愬於王其如是孰能禦之

行貨曰商居貨曰賈發政施仁所以王天下之本也近者悅遠者來則大小彊弱非所論矣蓋力求所欲則所欲者反不可

能反其本則所欲者不求而至與首章同

南軒張氏曰行王政者心非欲傾他國以自利也惟以民困爲已任爲吾所當爲而天下自歸心焉夫欲朝秦楚莅中國自世俗言則以爲有志自聖賢觀之苟不本乎公理特出於忮求矜伐之私耳齊王惟汲汲於濟其私非惟不克濟而禍患隨之陷私欲固危道也由孟子所言以發政施仁則公理之所存可大之業自可馴致此天理人欲之分也

慶源輔氏曰力求所欲則猶欲也有爲而爲之也計獲求得用力雖勞而所欲者反不如所期能反其本則循理者也無所爲而爲之也先難後獲先事後得而可大之業自爾循至此天理人欲之分也

四書大全辯　上孟卷一　四十

惛與昏同

王曰吾惛不能進於是矣願夫子輔吾志明以教我我雖不敏請嘗試之曰無恒產而有恒心者惟士爲能若民則無恒產因無恒心苟無恒心放辟邪侈無不爲已及陷於罪然後從而刑之是罔民也焉有仁人在位罔民而可爲也恒胡登反辟與僻同焉於虔反

恒常也產生業也恒產可常生之業也恒心人所常有之善心也士常學問知義理故雖無恒產而有恒心民則不能然矣猶羅網欺其不見而取之也

慶源輔氏曰恒產常生之業則下文所言五畝之宅百畝之田是也恒心常有之善心則下文所言善於禮義是也善又禮義之總名緣民無常產所以無常心故不知禮義而陷於放辟邪多也若遂從而刑之是誠無異於以羅網罔民欺其不見而取之也

雲峰胡氏曰此心字亦指本心而言但指其在士民者言之

四書大全辯　上孟卷一　四十一

易去聲

是故明君制民之產必使仰足以事父母俯足以畜妻子樂歲終身飽凶年免於死亡然後驅而之善故民之從之也輕畜許六反下同

輕猶易也此言民有常產而有常心也

今也制民之產仰不足以事父母俯不足以畜妻子樂歲終身苦凶年不免於死亡此惟救死而恐不贍奚暇治禮義哉治平聲贍時念反

贍足也此所謂無常產而無常心者也

見形甸反

王欲行之則盍反其本矣

盍何不也使民有常產者又發政施仁之本也說見下文

新安陳氏曰則盍反其本矣與前蓋亦其本矣當對觀發政施仁是所以王天

趙氏名岐詳見序說中註　爲去聲　聞去聲

之本使民有常產又是發政施仁之本也

五畝之宅樹之以桑五十者可以衣帛矣雞豚狗彘之畜無失其時七十者可以食肉矣百畝之田勿奪其時八口之家可以無饑矣謹庠序之教申之以孝悌之義頒白者不負戴於道路矣老者衣帛食肉黎民不饑不寒然而不王者未之有也音見前篇

此言制民之產之法也趙氏曰八口之家次上農夫也此王政之本常生之道故孟子爲齊梁之君各陳之也楊氏曰爲天下者舉斯心加諸彼而已然雖有仁心仁聞而民不被其澤者不行先王之道故也故以制民之產告之○此章言人君當黜霸功行王道而王道之要不過推其不忍之心以行不忍之政而已齊王非無此心而奪於功利之私不能擴充以行仁政雖以孟子反覆曉告精切如此而蔽錮已深終不能悟是可歎也

南軒張氏曰孟子如對鴻鴈之問及對樂好色好貨皆徐引之當道何其辭氣不迫也至於利國之問則應以何必曰利但文之問則對以無道無傳論管晏則曰管仲曾西之所不爲言交兵之不利則曰號則不可又何其嚴也自後世觀之後數說比之前數者宜若未至甚害而攻之反甚切何歟蓋前數者一病爲一事耳故紬繹其性之端以示之使之曉然知反躬之要則天理可明而人欲可遏矣至於霸者功利之說易以惑人人或趨之則大體雖有嘉言善道亦何由入戰國諸侯其一差正在乎此故闢之不可不嚴也

雲峰胡氏曰此章甚詳集註斷之甚約蓋欲黜霸功則心之所向者正能行王道則心之所充者大先王有不忍人之心斯有不忍人之政今雖有不忍之心而不能推之以行不忍之政無他奪於功利之私也

功利二字舊是向霸功上十八於彼必出於此世安有不能黜霸功而能行王道者哉此孟子所以斷然以爲仲尼之徒所不道也

或曰五畝一節是制民恒產之法度重在養上教是因養來的不宜平看田里既制而後庠序之可謹所謂有恒產者有恒心俯仰豐凶皆裕而從善之甚輕者此也○衣帛是能及人之老不饑寒是能及人之幼使老幼各得其所此制產處即是保民處

四書大全辯孟子卷之二　正書合叅[illegible]

梁惠王章句下　如有污損[illegible]補

通考勿軒熊氏曰告齊君十一章鄒一章滕三章啓一章一二章皆言當與民同樂三章言交鄰之道四五章言仁政七章論親賢之道八章言湯武征伐九章事君當行我之道不可徇君之欲十章告齊王皆湯武弔民伐罪之意十二章交鄰之道十六章言孟子出處凡十六章

莊暴見孟子曰暴見於王王語暴以好樂暴未有以對也曰好樂何如孟子曰王之好樂甚則齊國其庶幾乎暴見於之見音現下見於同語字去聲下同好去聲篇內並同

莊暴齊臣也庶幾近辭也言近於治

他日見於王曰王嘗語莊子以好樂有諸王變乎色曰寡人非能好先王之樂也直好世俗之樂耳

變色者慚其好之不正也

東陽許氏曰王語暴以好樂益論及所好之俗樂暴未有以對蓋莊暴亦知俗樂之不足好欲諫而未得其辭故以告孟子○王變色是愧前與暴論者不可聞於孟子故其下直言之

曰王之好樂甚則齊其庶幾乎今之樂由古之樂也

今樂世俗之樂古樂先王之樂

曰可得聞與曰獨樂樂與人樂樂孰樂曰不若與人曰與少樂樂與衆樂樂孰樂曰不若與衆聞與之與平聲樂樂下字音洛孰樂亦音洛通考仁山金氏曰下樂音洛朱子從古註然以文義推之則下樂如字上樂字音洛爲是

獨樂不若與人與少樂不若與衆亦人之常情也

臣請爲王言樂爲去聲

此以下皆孟子之言也

今王鼓樂於此百姓聞王鐘鼓之聲管籥之音舉疾首蹙頞而相告曰吾王之好鼓樂夫何使我至於此極也父子不相見兄弟妻子離散今王田獵於此百姓聞王車馬之音見羽旄之美舉疾首蹙頞而相告曰吾王之好田獵夫何使我至於此極也父子不相見兄弟妻子離散此無他不與民同樂也籥音藥蹙子六反頞音遏夫音扶[illegible]樂之樂音洛

原缺第四頁

病與之與平好聞樂之樂書洛

鐘鼓管籥皆樂器也舉皆也疾首頭痛也蹙聚也頞額也人憂戚則蹙其頞極窮也羽旄旌屬不與民同樂謂獨樂其身而不恤其民使之窮困也

新安陳氏曰管笙也籥如笛而六孔或曰籥也

通考趙氏德曰樂以鼓爲節周禮鼓人掌教六鼓以節聲樂

趙氏曰春秋傳范宣子假羽旄於齊晉人假羽旄於鄭註析羽爲旌王者游車所建也樂周禮司常九旗之數有全羽析羽釋云全羽析羽直有羽而無帛

新安陳氏曰因好樂而及田獵以王亦好田獵故也

今王鼓樂於此百姓聞王鐘鼓之聲管籥之音舉欣欣然有喜色而相告曰吾王庶幾無疾病與何以能鼓樂也今王田獵於此百姓聞王車馬之音見羽旄之美舉欣欣然有喜色而相告曰吾王庶幾無疾病與何以能田獵也此無他與民同樂也

與民同樂者推好樂之心以行仁政使民各得其所也

雙峰饒氏曰庶幾無疾病民唯恐君不樂有愛之欲其生之意若時日害喪則惡

韶讀作韶勺籥作酌

孟子不遠詆其所好而獨譏之以公理可謂善啓君者

前漢禮樂志昔黃帝作咸池顓頊作六莖帝嚳作五英堯作大章舜作招禹作夏湯作濩武王作武周公作勺以上並樂名勺言能勺先祖之道也武言以功定天下也濩言救民也夏大承二帝也招繼堯也大章章之也五英英華茂也六莖及根莖也咸池備矣

通考趙氏德曰周禮大司樂註云大咸堯樂大韶舜樂大濩湯樂咸池言德無不施也英華茂也招紹也繼堯也濩言救民也

朱子曰孟子開導時君故曰今之樂猶古之樂至於言百姓聞樂音欣欣然有喜色處則疏闊得甚密如好色好貨亦此類也

慶源輔氏曰范氏辨孔子孟子之說可謂平正明白無餘蘊矣而楊氏論樂以和爲主及與民同樂爲樂之本又可以足范氏之說

新安陳氏曰不鄙民而自好世俗之樂以縱其荒樂人欲之縱肆也因賢者之問而自慙所好之不正天理之萌動也齊王慙之孟子不誡而開導之戒其縱獨樂之私而勉其充同樂之公遏人欲而擴天理也王道在遏人欲擴天理而已

且恒近解曰樂有情有文有本甚字是極蔡之義情文本一件不盡便不是甚與人與少與衆一件不盡便不是甚但就同字看則了然矣王字不是成王業謂君民一體宇宙大和王道蕩蕩王民皡皡獨樂便是世俗同樂便是先王將前先王之樂王字看

芑山張氏曰說個齊國庶幾便有深心王此獨好孟子都說好樂與全齊關通此處已念與民同意到得大和洋溢便是萬物一體氣象王之好樂甚二句齊國二字了

騖音務 度待洛反

可[illegible]

○齊宣王問曰文王之囿方七十里有諸孟子對曰於傳有之

囿者蕃育鳥獸之所古者四時之田皆於農隙以講武事然不欲馳騖於稼穡場圃之中故度閒曠之地以爲囿然文王七十里之囿其亦三分天下有其二之後也與傳謂古書

左傳隱公五年春公將如棠觀魚者臧僖伯諫曰凡物不足以講大事其材不足以備器用則君不舉焉君將納民於軌物者也故講事以度軌量謂之軌取材以章物采謂之物不軌不物謂之亂政亂政亟行所以敗也故春蒐夏苗秋獮冬狩皆於農隙以講事也大事謂祀與戎戎兵也蒐苗獮狩皆田獵之名蒐索擇取不孕者苗爲除害也獮殺也以殺爲名順秋氣也狩圍守也冬物畢成獲則取之無所擇也

新安張氏曰、意齊王欲廣其囿、諛佞之徒、必有假文王事以逢之者、文王豈崇囿如此、蓋其蒐田所及、民以爲王之囿耳、以芻蕘得往知其然也、

慶源輔氏曰孟子時有之今不復存孟子所謂於傳有之亦言據古書有此說耳然未必其然否也

曰若是其大乎曰民猶以爲小也曰寡人之

芻初 蕘音饒

囿方四十里民猶以爲大何也曰文王之囿方七十里芻蕘者往焉雉兔者往焉與民同之民以爲小不亦宜乎

芻草也蕘薪也

阱才性反

臣始至於境問國之大禁然後敢入臣聞郊關之內有囿方四十里殺其麋鹿者如殺人之罪則是方四十里爲阱於國中民以爲大不亦宜乎

禮入國而問禁國外百里爲郊郊外有關阱坎地以陷獸者言陷民於死也

禮記曲禮入境而問禁入國而問俗入門而問諱

新安陳氏曰前篇罔民與此爲阱皆是借網取禽阱取獸以諷切時君之禽獸其民者苑囿一也設禁阱民者人欲之私與民同利者天理之公無非欲遏人欲擴天理而已

朱子語類曰孟子言文王由百里興亦未必然問孟子謂文王之囿方七十里先生以爲三分天下有其二以後事若只百里如何有七十里之囿然孟子謂傳有之如何曰想他須有據但孟子此說其意亦只主在風齊宣耳若文王之囿果然縱一切人往則雖七十里之大不過幾時亦爲赤地矣又焉得有林木鳥獸之長茂乎周之盛時雖天下山林猶有厲禁豈有君之苑

反縱芻獵恣往而不禁乎亦無是理漢武
帝規上林苑只有二三十里當時諸臣皆
以爲言豈有文王之囿反如是之大
藹潁濱孟子解曰周雖大國未有以七十
里爲囿而不害于民者也意者山林藪澤
與民共之而以囿名焉是以芻蕘雉兔無
不獲往不然七十里之囿文王之所不爲
也
芭山張氏曰齊王就地形上較小大孟子
就民情上說小大說到與民同之直欲進
齊民于熙皡之世將一個咞字換他囿字
寓規箴意思在○民以爲小非當時之民
果以爲小也就與民同上看出來雖謂之
小亦宜是孟子口中忖度語味不亦宜乎
自見○與民共之亦須有禁非縱芻獵恣
往也朱子說是嘗攷實録
大祖高皇帝指宮中隙地謂太子諸王曰
此非不可起亭館臺榭爲游觀之所今但

四書大全辯〈上孟卷二　八

令內使種蔬誠不忍傷民之財勞民之力
也爲意此雖恤民節費之一端即可得
本朝制御內臣之法夫內使有暇隙輙令種
蔬蓄隱寓杜漸防微意思在洪武元年
大祖謂侍臣曰吾觀史傳所書漢唐末世皆
爲宦官敗蠹不可拯救未嘗不爲之惋歎
此輩在人主之側日見親信小心勤勞如
呂強張承業之徒豈得無之但開國承家
小人勿用聖人之深戒其在宮禁止可使
之供酒掃給使令傳命而已豈宜預政典
兵漢唐之禍雖曰宦官之罪亦人主寵愛
之使然向使宦官者不得典兵雖欲爲亂
豈可得乎大哉
王言眞可爲萬世法自近代不遵
祖制內臣得預政事汪劉之變識者寒心士
大夫諂媚成風至有如成化中李泰以永
昌爲父不爲所生毋終喪者士論皆鄙之
竊嘗謂求治之道莫如法

獯音熏鬻音育句音鉤　怛當割反

祖法
祖莫如勿令宦官預政典章具在諸大臣
不講求舍本而末是圖惡在其能治天下
哉

○齊宣王問曰交鄰國有道乎孟子對曰有
惟仁者爲能以大事小是故湯事葛文王事
昆夷惟智者爲能以小事大故大王事獯鬻
句踐事吳

仁人之心寬洪惻怛而無較計大小彊弱
之私故小國雖或不恭而吾所以字之之
心自不能已智者明義理識時勢故大國

四書大全辯〈上孟卷二　九

見形甸反下同

雖見侵陵而吾所以事之之禮尤不敢廢
湯事見後篇文王事見詩大雅大王事見
後章所謂狄人即獯鬻也句踐越王名事
見國語史記
慶源輔氏曰寬洪仁者之量惻怛仁者之
意
程子曰凡人有所計較者皆私意也仁者
欲人之善而矜人之惡不計較小大彊弱
而事之故能保天下犯而不較亦樂天順
理者也
新安陳氏曰惟仁者能忘己之大而事鄰
國之小實只字之若事之耳
新安陳氏曰惟智者爲能安己之小而事
鄰國之大朱子云智者不特是見得利害

明道理自合恁地小之事大、弱之事強皆
足道理合恁地
詩緜八章肆不殄厥慍亦不隕厥問柞棫
拔矣行道兌矣混夷駾矣維其喙矣言大
王雖不能殄絕混夷之慍怒亦不隕墜已
之聲問蓋雖聖賢不能必人之不怒已但
不廢其自脩之實耳然大王始至此岐下
之時林木深阻人物鮮少至於其後生齒
漸繁歸附日衆則木拔道通昆夷畏之而
奔突竄伏惟其喙息而已言德盛而昆夷
自服也蓋已爲文王之時矣
通考趙氏德曰緜詩二章言古公亶父來
朝走馬之事八章言肆不殄厥慍亦不隕
厥問朱子傳云言大王雖不殄絕昆夷之
慍怒亦不隕墜已之聲聞是皆指大王而
言集註引詩似不合九章曰虞芮質厥成
文王蹶厥生則言昆夷既服而虞芮來質
其訟之成又非事昆夷之謂也故註疏以
八章爲文王事蓋孟子亦云肆不殄厥慍
亦不隕厥問文王也如此則集註所引方
合文王事見昆夷之言又曰唐虞以上有
獫狁薰戎居于北邊夏道衰公劉變于西
戎邑于西戎邑于豳其後三百餘戎狄攻
大王大王走于岐山後至六國遂爲匈奴
國語吳語史記越王句踐世家同云越王
興兵伐吳吳王聞之悉發精兵擊越敗之
夫椒越王乃以餘兵五千人保棲於會稽
吳王退而圍之越王乃令大夫種行成於
吳求平於吳也膝行頓首曰君王亡臣句
踐使臣種敢告于執事句踐請爲臣妻爲
妾吳王將許之子胥言於吳王曰天以越
賜吳勿許也種還以報句踐欲殺妻子燔
寶器觸戰而死種止句踐曰夫吳太宰嚭
貪可誘以利請間行言之於是句踐乃以
美女寶器令種間以獻吳太宰嚭嚭受乃
見大夫種於吳王種頓首言曰願大王赦

句踐之罪盡入其寶器不幸不赦句踐將
盡殺其妻子燔其寶器五千人觸戰必有
當也嚭因說吳王曰越以服爲臣若將赦
之此國之利也卒赦越罷兵歸句踐芊姓
吳王夫差姬姓夫音扶椒山今大湖中椒
山是也會古外反稽山名在山陰南七里
成平也間行猶微行也
朱子曰仁者自然合理智者知理之當然
而敬以循之其大槩是如此若細分之則
大王句踐意思自不同也
潛室陳氏曰仁者無計較之私忘其孰大
而孰小智者有度量之明自知小不能敵
大
雲峰胡氏曰本文大事小小事大集註則
曰大字小小事大一字字尤見仁人之心
然大之字小猶未足以見其仁必小國雖
或不恭而字之心自不能已乃見大者
之仁小之事大猶未足以見其智必大國
雖見侵陵而事之之禮尤不敢廢乃足以
見小者之智
通考趙氏德曰國語國語吳自泰伯至壽
夢十六世始見春秋越之先夏少康之庶
子封會稽以奉禹祀至句踐始見春秋魯
哀公元年大夫種行成於吳哀公五年越
王歸國與范蠡謀吳魯哀公二十年冬十
一月伐吳於軍三年吳使大夫王孫雒行
成王弗忍將許之范蠡諫不可遂滅吳

樂音洛

以大事小者樂天者也以小事大者畏天者也樂天者保天下畏天者保其國

天者理而已矣大之字小小之事大皆理
之當然也自然合理故曰樂天不敢違理

故曰畏天包含徧覆無不周徧保天下之
氣象也制節謹度不敢縱逸保一國之規
模也
問樂天畏天不同以仁者而居小國固不
免爲智者之事使智者而居大國則未必
能爲仁者之事何者智者分別曲直未必
能容忍而不與之較如仁者之爲也朱子
曰得之○仁者與天爲一智者聽天所命
與天爲一者嘉人之善矜人之惡無所擇
於利害故能以大事小聽天所命者循理
而行順時而動不敢用其私心故能以小
事大
何叔京曰仁者以天下爲度一視而同仁
惟欲人各得其所不復計彼此强弱之勢
故以大事小而不以爲難如葛與昆夷之

四書大全辯〈上孟卷二〉 十二

無道湯文懇懃而厚恤之及終不可化而
禍及於人然後不得已而征伐之仁之至
也智者達於事變而知理之當然故以小
事大而不敢忽然而必自强於政治期於
有以自立如獯鬻與吳之方强大王句踐
卑弱而事之內則治其國家和其民人
終爲興王業或刷其恥此智之明也使
湯文作養夷葛惡極而不能去是不仁而
縱虐也大王句踐惟敵之畏而終不能自
强是無恥而苟安也又何取於仁智哉
慶源輔氏曰天者理而已矣即程子所謂
天大尊言之即道也以道理言則大者自
當字小此天之所以覆地也小者自當事
大此坤之所以承乾也又曰保天下保其
國言仁智者之氣象規模有此效也非謂
仁者智者之心欲其如此也
雲峰胡氏曰字之之心自不能已即是自
然合理事之之禮尤不敢廢即是不敢違

理包含徧覆無不周徧即其字之之心而
其氣象愈充拓愈恢宏制節謹度不敢縱
逸即其事之之禮而其規模愈收飲愈嚴
謹集註借辭之精微如此
或曰保天下非氣象是實事以大事小則
庇覆所及皆親之爲父母尊之爲元后到
此則凡小國猶夫我之國王者高拱穆淸
而萬歲焉氣象豈足以盡之○畏天者保其
國謹守天理自不至啓釁速禍

詩云畏天之威于時保之

周頌我將之篇時是也
新安陳氏曰引詩不及樂天一邊亦偶然
耳
朱子曰此智者畏天而保其國之事
雙峰饒氏曰天理當然違之則有禍此便
是天威了

四書大全辯〈上孟卷二〉 十三

王曰大哉言矣寡人有疾寡人好勇

言以好勇故不能事大而恤小也
新安陳氏曰大之事小善待之而已非奉
事之也集註於大事小必曰字小又曰恤
小而於事大不易事字蓋欲發明孟子意
不可不畧易此字也

對曰王請無好小勇夫撫劍疾視曰彼惡敢
當我哉此匹夫之勇敵一人者也王請大之

疾視怒目而視也小勇血氣所爲大勇義
理所發

趙氏 饒曰 言當 讀作 敘 兵 恭

趙氏曰血氣所爲之勇如溝澮之水暴集
隨涸故謂之小義理所發之勇天開地闢
自不能已故謂之大

詩云王赫斯怒爰整其旅以遏徂莒以篤周祜以對于天下此文王之勇也文王一怒而安天下之民

詩大雅皇矣篇赫赫然怒貌爰於也旅衆也遏詩作按止也徂往也莒詩作旅徂旅謂密人侵阮徂共之衆也篤厚也祜福也對答也以答天下仰望之心也此文王之大勇也

詩皇矣帝謂文王無然畔援無然歆羨誕先登于岸密人不恭敢距大邦侵阮徂共王赫斯怒爰整其旅以按徂旅以篤周祜以對于天下密密須氏姞姓之國在今寧州阮國名在今涇州共阮國之地名今涇州共地是也此言文王征伐之始也無所畔援歆羨大能先造道之極因密人不恭是以如此

一新安陳氏曰怒者勇之發也因王赫斯怒一怒字發出一怒安民之說蓋自赫怒擧兵以對于天下而生出此意

書曰天降下民作之君作之師惟曰其助上帝寵之四方有罪無罪惟我在天下曷敢有越厥志一人衡行於天下武王耻之此武王之勇也而武王亦一怒而安天下之民

書周書泰誓之篇也然所引與今書文小異今且依此解之寵之四方寵異之於四方也有罪者我得而誅之無罪者我得而安之我既在此則天下何敢有過越其心志而作亂者乎衡行謂作亂也孟子釋書意如此而言武王亦大勇也

雙峰饒氏曰書言寵綏四方指君而言孟子言寵之四方指天而言書之有罪無罪指紂而言孟子之有罪無罪指諸侯而言書之越厥志指君而言孟子之越厥志指民而言二者大段不同想古人之書與今多不同多是人記得人家不常有此本

通考趙氏德曰孟子言書凡一十九援詩凡三十五

慶源輔氏曰寵異謂天寵異武王於天下也亶聰明是以天德寵異之也作元后是以天位寵異之也心志謂天下之心志也人之作亂皆過越其心志之故耳若守其心志無所過越則何至有作亂之事乎此武王以天下之重自任也

今王亦一怒而安天下之民民惟恐王之不好勇也

王若能如文武之爲則天下之民望其一

怒以除暴亂而拯已於水火之中惟恐王之不好勇耳。○此章言人君能懲小忿則能恤小事大以交鄰國能養大勇則能除暴救民以安天下張敬夫曰小勇者血氣之怒也大勇者理義之怒也血氣之怒不可有理義之怒不可無知此則可以見性情之正而識天理人欲之分矣

慶源輔氏曰君人者必能懲小忿然後能養大勇所謂人能有所不為然後可以有為也。

新安陳氏曰章旨能懲小忿四字實自寡人好勇一句發出齊王所好之勇小忿也孟子所言之勇大勇也

龜山楊氏曰人君固不可無勇而齊王以是為疾故孟子告以文武之事使廓而大之則安天下無足為者矣

雙峰饒氏曰怒得是便是天理怒得不是便是人欲孟子之論大樂要分別天理人欲於毫釐之間如同樂獨樂之類

雲峰胡氏曰夫子嘗以智仁勇三者並言此勇字亦當連前仁智字並言仁智中之勇是謂大勇小勇者不仁不智者也不仁者徒逞血氣而於義理之勇必無之不智者不明義理而於血氣之勇必有之

月恒張氏曰一怒一字不是數目字最要體認即一戎衣而有天下之一乃是仁智鬱勃文之赫武之恥樂天畏天事大卹小激昂奮發而然不可草草看過故曰王請大之。○今王一怒只體文武皇皇安民意思毅然奮發出來保國保天下俱在此。

[illegible]

樂音洛下同

○齊宣王見孟子於雪宮王曰賢者亦有此樂乎孟子對曰有人不得則非其上矣

雪宮離宮名言人君能與民同樂則人皆有此樂不然則下之不得此樂者必有非其君上之心明人君當與民同樂不可使人有不得者非但當與賢者共之而已也

慶源輔氏曰離猶別也別在其所居宮室之外故曰離宮君能與民同樂則人皆有此樂此釋有之一字下不得此樂者必有非君上之心此釋人不得則非其上矣一

句

雲峰胡氏曰觀集註非但當與賢者共之一句便見得梁惠王問賢者亦樂此與齊宣王問賢者亦有此樂兩賢者字似同而實有不同孟子答以賢者而後樂此不賢者雖有此不樂所謂賢者皆指君而言此則答以有之一字者謂賢者有此樂也然非特賢者有此樂凡人皆欲有此樂人有不得其樂則必有非其上之心矣是知此樂當與凡人共之不但當與賢者共之也如此則兩處賢字不同又按饒氏謂朱子云賢者亦樂此其辭遜賢者亦有此樂其辭驕以此觀之語錄謂沼上之對其辭遜雪宮之對其辭夸傳錄之誤明矣蓋謂之驕者當以問字言不當以對字言也

不得而非其上者非也為民上而不與民同

分扶問反

樂者亦非也

下不安分上不恤民皆非理也

慶源輔氏曰下不得而非其上者不知命也故謂之不安分爲民上而不與民同樂者不知義也故謂之不恤民

樂民之樂者民亦樂其樂憂民之憂者民亦憂其憂樂以天下憂以天下然而不王者未之有也

樂民之樂而民樂其樂則樂以天下矣憂民之憂而民憂其憂則憂以天下矣

南軒張氏曰憂樂不以己而以天下天理之公也於是舉景公事蓋道其國故典以告之

慶源輔氏曰君以民之樂爲樂則民亦以君之樂爲樂如是則君以民爲體民以君爲心天下雖大兆民雖多其休戚愉怡痒痾疾痛舉切於吾之身矣君能體仁如此則天下之民其將何往雖欲無王不可得也

遠氏得曰轉所作轉餅爲蔡州 吳氏瑩曰轉當都字上聲

昔者齊景公問於晏子曰吾欲觀於轉附朝儛遵海而南放于琅邪吾何修而可以比於先王觀也 朝音潮放上聲邪余遮反

晏子齊臣名嬰轉附朝儛皆山名也遵循也放至也琅邪齊東南境上邑名觀遊也

徒公陳下陳文上轉清聲並同 狩舒救反省悉井反

晏子對曰善哉問也天子適諸侯曰巡狩巡狩者巡所守也諸侯朝於天子曰述職述職者述所職也無非事者春省耕而補不足秋省斂而助不給夏諺曰吾王不遊吾何以休吾王不豫吾何以助一遊一豫爲諸侯度

樂音洛

述陳也省視也斂收穫也給亦足也夏諺夏時之俗語也豫樂也巡所守巡行諸侯所守之土也述所職陳其所受之職也皆

行去聲

無有無事而空行者而又春秋循行郊野察民之所不足而補助之故夏諺以爲王者一遊一豫皆有恩惠以及民而諸侯皆取法焉不敢無事慢遊以病其民也

趙氏曰巡所守者自上察下也述所職者自下達上也王十二年一巡狩諸侯六年一朝

新安陳氏曰以上晏子言先王之法此下言當時之弊

今也不然師行而糧食飢者弗食勞者弗息睊睊胥讒民乃作慝方命虐民飲食若流流

從荒亡爲諸侯憂

今謂晏子時也師衆也二千五百人爲師春秋傳曰君行師從糧謂糗糒之屬睊睊側目貌胥相也讒謗也慝怨惡也言民不勝其勞而起怨謗也方逆也命王命也若流如水之流無窮極也流連荒亡解見下文諸侯謂附庸之國縣邑之長

左傳定公四年劉文公合諸侯于召陵謀伐楚衛侯令祝佗從辭曰君以軍行祓社釁鼓祝奉以從於是乎出竟若嘉好之事君行師從卿行旅從臣無事焉師出先有事祓禱于社謂之宜社于是殺牲以血塗鼓鼙謂之釁鼓祝奉奉社主也嘉好之事謂朝會也五百人爲旅

慶源輔氏曰晏子主言齊事而云爲諸侯憂故知爲附庸之國縣邑之長也王者之命諸侯。豈固欲其如此哉。不過使之愛養斯民而已。逆王命。則虐必及其民矣。

雙峰饒氏曰師行而糧食君之行也以師其食也以糧一而字在中間見得是兩事方命之命是好底命天子之命必是教他撫一國之民今也如此則是逆王命了又曰爲諸侯度指先王言爲諸侯憂指時君言

從流下而忘反謂之流從流上而忘反謂之連從獸無厭謂之荒樂酒無厭謂之亡

此釋上文之意也從流下謂放舟隨水而下從流上謂挽舟逆水而上從獸田獵也荒廢也樂酒以飲酒爲樂也亡猶失也言廢時失事也

先王無流連之樂荒亡之行惟君所行也

言先王之法今時之弊二者惟在君所行耳

景公說大戒於國出舍於郊於是始興發補不足召大師曰爲我作君臣相說之樂蓋徵招角招是也其詩曰畜君何尤畜君者好君也

戒告命也出舍自責以省民也興發發倉廩也太師樂官也君臣己與晏子也樂有五聲三曰角爲民四曰徵爲事招舜樂也其詩徵招角招之詩也尤過也言晏子能畜止其君之欲宜爲君之所尤然其心則何過哉孟子釋之以爲臣能畜止其君之欲乃是愛其君者也○尹氏曰。君之與民。

貴賤雖不同。然其心未始有異也。孟子之
言，可謂深切矣。齊王不能推而用之。惜哉。
禮記樂記宮爲君商爲臣角爲民徵爲事
羽爲物。注宮絃最大用八十一絲聲重而
尊故爲君商屬金金爲決斷臣事也絃用
七十二絲次宮如臣次君者也角觸也物
觸地而出戴芒角也絃用六十四絲聲居
宮羽之中屬木以其清濁中民之象也徵
屬夏夏時正長萬物皆成形體事亦有體
故配事絃用五十四絲羽屬水聚清物之
象故爲物絃用四十八絲
通考趙氏德曰宮土音絃用八十一絲商
金音三分徵益一以生絃用七十二絲角
木音三分羽益一以生絃用六十四絲徵
火音三分宮去一以生絃用五十四絲羽
水音三分商去一以生絃用四十八絲

四書大全辯〈上孟卷二　圭

公所作角徵樂以其爲民爲事也
新安陳氏曰上文引援景公晏子事實只
末一句是孟子說
西山眞氏曰易之大小畜皆以止爲義凡
止君之欲者乃所以爲愛君也縱君之欲
者其得爲愛君乎忠臣之心惟恐其君之
有欲奸臣之心惟恐其君之無欲
南軒張氏曰孟子羞稱管晏今乃引晏子
之言何也蓋羞稱者其大法也言與事有
可取亦不可沒也亦見與人爲善至公至
平之心也
雲峰胡氏曰齊景能聽晏子之言而齊宣
不能受孟子之說是可惜也
新安陳氏曰此章與沼上之對語相似大
意主於不自樂而與民同樂耳樂民之樂
憂民之憂雖平說然憂樂相反而實相關
憂民之憂者必不服樂已之樂樂已之樂
者必不如憂民之憂惟先憂以天下而後

能樂以天下也前一截已盡之後不遂引
一段故實耳不與民同樂人欲也憂樂以
天下天理也游豫爲諸侯度天理也流連
爲諸侯憂人欲也無非過人欲擴天理也
又舜之韶遺音必有在齊者孔子在齊聞
韶景公樂亦名招可見
月恒近解曰樂以二句兩以字最有力着
君身上說樂不以已而以天下憂不以已
而以天下此便是中國一家萬物一體氣
象那得不王昔者以下晏子先王好君四
字引他法先王不是法景公晏子尚知好
君況不爲晏子的其悅又當何如此意須
于言外見之
芑山張氏曰推君所行緊承先王無流連
之樂來上文平說個先王之樂今時之弊
至此直說明先王無今時之弊惟君所行
是丁寧他法先王非謂二者惟君所行也
此節語意與君請擇于斯二者不同集註

四書大全辯〈上孟卷二　圭

不可從。○從流下。言順已之欲以趨于下。
從流上。言欲有難逆而必逆以求遂。俱是
借來形容流連二字。非直指舟行之樂也
或引景公游海上瞬時不反好弋林典禽
之吏飲酒終久等事以寔之語氣呆甚○
按舜作歌以勑天命其要在康庶事制琴
以歌南風其要在阜民而樂皆以韶名之
故徵角皆謂之招莫非招也或作韶自播
之八音言之或作磬自文之五聲言之言
徵招角招則宮商羽之招可知特言徵角
者豈樂中見上下之意邪○詩是樂章所
謂歌以永言者也徵招角招蓋依徵聲歌
出便謂之徵招依角聲歌出便謂之角招
總是這一章詩

○齊宣王問曰：人皆謂我毀明堂。毀諸？已乎？

趙氏曰明堂泰山明堂周天子東巡守朝

址音止 復扶又反 正與子貢去餼羊意不同

諸侯之處漢時遺址尚在人欲毀之者蓋以天子不復巡守諸侯又不當居之也王問當毀之乎且止乎

慶源輔氏曰漢書郊祀志武帝元封元年封泰山泰山東北址古有明堂處云欲毀明堂正與子貢欲去告朔餼羊之意同以其無用故欲去之也

孟子對曰夫明堂者王者之堂也王欲行王政則勿毀之矣夫音扶

明堂王者所居以出政令之所也能行王政則亦可以王矣何必毀哉

新安陳氏曰此朱子據禮記月令爲說

朱子明堂說曰論明堂制者非一竊意當有九室如井田之制東之中爲青陽太廟東之南爲青陽右个東之北爲青陽左个南之中爲明堂太廟南之東即東之南爲明堂左个南之西即西之南爲明堂右个西之中爲總章太廟西之南即南之西爲總章左个西之北即北之西爲總章右个北之中爲明堂太廟北之東即東之北爲玄堂右个北之西即西之北爲玄堂左个中爲太廟太室凡四方之太廟異方所基左个右个則青陽之左个乃玄堂之右个明堂之右个乃總章之左个也總章之右个乃玄堂之左个明堂之左个乃青陽之右个也但隨其時之方位開門耳太廟太室則每季十八日天子居焉古人制事多用井田遺意此恐然也

通義仁山金氏曰周世明堂見于冬官大小戴禮記蓋天子朝諸侯布政之宮如一大殿而爲九宮四方各三門門旁夾窗其內九室戶牖相通天子巡狩四岳朝諸侯于方岳之下故大山之下有明堂明堂本周天子朝諸侯處齊侵地而得之

與平聲孥音奴鰥姑頑反哿工可反惸音瓊

王曰王政可得聞與對曰昔者文王之治岐也耕者九一仕者世祿關市譏而不征澤梁無禁罪人不孥老而無妻曰鰥老而無夫曰寡老而無子曰獨幼而無父曰孤此四者天下之窮民而無告者文王發政施仁必先斯四者詩云哿矣富人哀此煢獨

岐周之舊國也九一者井田之制也方一

今任子之法不教而從子之以官宦賢書之解也

里爲一井其田九百畝中畫井字界爲九區一區之中爲田百畝中百畝爲公田外八百畝爲私田八家各受私田百畝而同養公田是九分而稅其一也世祿者先王之世仕者之子孫皆教之教之而成材則官之如不足用亦使之不失其祿蓋其世嘗有功德於民故報之如此忠厚之至也關謂道路之關市謂都邑之市譏察也征稅也關市之吏察異服異言之人而不征

商賈之稅也澤謂瀦水梁謂魚梁與民同
利不設禁也孥妻子也惡惡止其身不及
妻子也先王養民之政導其妻子使之養
其老而恤其幼不幸而有鰥寡孤獨之人
無父母妻子之養則尤宜憐恤故必以爲
先也詩小雅正月之篇哿可也煢困悴貌
趙氏曰按岐州在漢右扶風美陽縣西北
唐屬岐州岐山縣山之南有周原蓋周之
舊國
通考東陽許氏曰文王未嘗稱王而所行
却是王政
問文王治岐關市不征澤梁無禁成周門

關市壓皆有限守山林川澤悉有厲禁何
也舊室陳氏曰文王因民所利而利之乃
王道之始成周經制大備乃王道之成
新安陳氏曰世祿善善長也不孥惡惡短
也
新安陳氏曰正月末章之意云亂王於此
富人猶或可勝煢獨甚矣其可哀哉
雙峰饒氏曰都鄙用助法鄉遂用貢法此
周所以兼二代之法井田之法坦平處可
行江南想從古行貢法關是道路樽節處
市是市井澤是水所都處梁是水所通處
耕者九一仕者世祿是士農工商皆有所
養惟鰥寡孤獨無所告故發政施仁必先
斯四者
通考趙氏德曰孟子以鰥寡孤獨爲序者
輕重之序也王制以孤獨矜寡爲序禮運
以矜寡孤獨爲序豈非所養之常餼有寡
多有二等故先言孤獨以重者先之禮運

先矜寡以輕者先之就二等之中則矜於
寡爲重獨於孤爲輕蓋孟子言幼而無文
則孤爲重鰥愁悒不能寐目常鰥鰥然其
字從魚魚目恒不閉寡寡果也果然單獨
也孤顧也顧望無所瞻見也獨獨鹿也鹿
鹿無所依也
芭山張氏曰厲禁禁民不以時取仍是與
民同利意陳氏說欠分曉
王曰善哉言乎曰王如善之則何爲不行王
曰寡人有疾寡人好貨對曰昔者公劉好貨
詩云乃積乃倉乃裹餱糧于橐于囊思戢用
光弓矢斯張干戈戚揚爰方啓行故居者有
積倉行者有裹糧也然後可以爰方啓行王

如好貨與百姓同之於王何有
王自以爲好貨故取民無制而不能行此
王政公劉后稷之曾孫也詩大雅公劉之
篇積露積也餱乾糧也無底曰橐有底曰
囊皆所以盛餱糧也戢安集也言思安集
其民人以光大其國家也戚斧也揚鉞也
爰於也啓行言往遷于豳也何有言不難
也孟子言公劉之民富足如此是公劉好
貨而能推己之心以及民也今王好貨亦

好去 稱去 也大音泰　　父音甫 緜去聲

能如此則其於王天下也何難之有。

西山眞氏曰人君豈不事儲峙之富惟能推此心使斯民亦有餱糧之積可也

王曰寡人有疾寡人好色對曰昔者大王好色愛厥妃詩云古公亶父來朝走馬率西水滸至于岐下爰及姜女聿來胥宇當是時也內無怨女外無曠夫王如好色與百姓同之於王何有

王又言此者好色則心志蠱惑用度奢侈而不能行王政也太王公劉九世孫詩大

雅緜之篇也古公大王之本號後乃追尊爲大王也亶父大王名也來朝走馬避狄人之難也率循也滸水厓也岐下岐山之下也姜女大王之妃也胥相也宇居也曠空也無怨曠者是大王好色而能推己之心以及民也○楊氏曰孟子與人君言皆所以擴充其善心而格其非心不止就事論事若使爲人臣者論事每如此豈不能堯舜其君乎愚謂此篇自首章至此大意

朝直遙反

皆同蓋鍾鼓苑囿游觀之樂與夫好勇好貨好色之心皆天理之所有而人情之所不能無者然天理人欲同行異情循理而公於天下者聖賢之所以盡其性也縱欲而私於一己者衆人之所以滅其天也二者之間不能以髮而其是非得失之歸相去遠矣故孟子因時君之問而剖析於幾微之際皆所以遏人欲而存天理其法似疏而實密其事似易而實難學者以身體

之則有以識其非曲學阿世之言而知所以克己復禮之端矣

新安陳氏曰來朝其來以朝也古人紀事蓋有此例如書曰王朝步自周周公朝至于洛、南軒張氏曰齊王好貨好色孟子以公劉大王對但謂公劉好貨大王好色而不知貨未嘗好也二君處心平和無一毫物我之私如曰居者有積倉行者有裹糧豈惟欲其國富而亦欲其民富也如曰內無怨女外無曠夫不惟君有室家而民亦欲其有室家也好字雖同而所以爲好則異故孟子曰王如好貨好色與百姓同之於王何者二君之好天理也齊王之好人欲也新安陳氏曰孟子之言有因其近似而發揮之以足己意者如公劉好貨本無事實

傳孟氏引呂大說

補氏此綜集說明

只乃積乃爲一句。大王好色亦無事實。只
爰及姜女一句而已。然欲開導時君意正
辭辯
慶源輔氏曰。法似疏而實密。事似易而實
難。蓋不直禁其好貨好色。則似若疏且易
矣。然必使爲公劉大王之事。推己之心以
及民。循理而不縱欲。公天下而不私一己
則其實又甚密而且難矣。法指孟子之說
事指公劉大王之事。非孟子據理之極。知
言之要。何能辯析其精微如此哉。
新安陳氏曰。克己復禮之端。即謂天理人
欲二者之間幾微之際也。○問孟子答梁
惠王問利。直掃除之。此處却如此引導之
何也。朱子曰。此處亦自分義利。特人自不
察耳。慶源輔氏曰。鐘鼓苑囿遊觀之樂。與
夫好勇好貨好色之心。固天理人情之所
不能無者。但有理與欲公與私之異耳。故
集註舉胡氏天理人欲同行異情之說而

四書大全辯 上孟卷二 丰

辯析之。夫聖賢之與衆人。其於好色好貨
其行雖同。而其情則異。循理而公天下者
聖賢之所以盡其性。此即公劉大王與民
共欲之事也。縱欲而私於一己者。衆人之
所以滅其天理也。即齊王自以爲疾之事
也。二者同異不過毫髮之間。而其終之是
非得失。則其相去遂有盡性滅天與王絶
世之相反。集註言此不但貫其理之審正
欲使學者因其言以反諸身。至誠體察於
所謂毫髮之際。然後力求所以循天理而
克其欲耳。
雲峯胡氏曰。天理人欲。同行異情。出五峯
胡氏之言。朱子平日深取之。今引以釋此
章者。如齊王好色。大王亦好色。是同行也。
齊王是行從人欲上去。太王是行歸天理
上來。是異情也。同行則天理人欲之幾甚
不能以髮。異情則天理人欲之判。不啻霄
壤矣。凡曲學阿世者。非逢君之惡。則長君

之惡。孟子之言。無非止君之惡。而誘君於
善。無非遏人欲而存天理也。
龜山集云。好貨好色。孟子不以爲不可者。
蓋譬之水逆行。中流而遏之。其患必至於
決溢。因其勢而利導之。則庶乎其通諸海
也。故以公劉大王之事告之。易之睽曰。遇
主于巷。睽之謂也。
月恒近辯曰。全章重在行王政以救民。不
重致齊于王。善哉言乎。說到窮民無告。如
乍見孺子入井。不覺怵惕惻隱耳。二于王
何有。政與上王欲行王政相應。謂但與百
姓同之。其于行王政。何難之有。不必指與
王說。
芑山張氏曰。王如好貨等。雖順他口氣說。
却逆挽他私心向同民一邊來。此孟氏納
約自牖之術。與滑稽有分別。

○孟子謂齊宣王曰。王之臣有託其妻子於

四書大全辯 上孟卷二 丰

其友而之楚遊者。比其反也。則凍餒其妻子
則如之何。王曰。棄之
託寄也。比及也。棄絶也。
曰。士師不能治士。則如之何。王曰。已之
士師獄官也。其屬有鄉士遂士之官。士師
皆當治之。已罷去也。

鄭玄云士察也主察獄之事

周禮秋官司寇刑官之屬士師鄉士遂士
縣士注鄉士掌六鄉之獄遂士掌六遂之
獄縣士掌縣獄五州爲鄉鄉士八人分主
六鄉每四人共主三鄉之民數糾察而戒
飭之五縣爲遂六遂在四郊遂士十有二
二人每遂三人共主一遂之刑獄五鄙爲

治去聲

縣爲三百里至四百里大夫所食也縣計三十有二人各主其縣之民盡四分公邑每八人而主一分也

曰四境之內不治則如之何王顧左右而言他

孟子將問此而先設上二事以發之及此而王不能答也其憚於自責恥於下問如此不足與有爲可知矣○趙氏曰言君臣上下各勤其任無墮其職乃安其身

并王與上斷音

慶源輔氏曰顧左右以釋其愧言他事以亂其辭有護疾忌醫之心無責己求言之意

雙峯饒氏曰自責下問集註自爲他開兩條路當言此則察人之罪也這便是自責又當言如不可以治人這便是下問齊王亦無服善之心故顧左右而言他後來因孔距心之辭則不憚於自責矣然亦恥於下問

或曰四境之內不治則如之何只大槩冷冷諷他不着宣王身上若云王之四境不治便無味顧左右而言他若不解其問意一般蓋難爲答耳乃是自慙此處儘見朴實與拒諫飾非不同輔氏說不必從

○孟子見齊宣王曰所謂故國者非謂有喬木之謂也有世臣之謂也王無親臣矣昔者所進今日不知其亡也

累力水反　比謂世臣彼謂喬木

世臣累世勳舊之臣與國同休戚者也親臣君所親信之臣與君同休戚者也此言喬木世臣皆故國所宜有然所以爲故國者則在此而不在彼也昨日所進用之人今日有亡去而不知者則無親臣矣況世臣乎

舍上聲

王曰吾何以識其不才而舍之

王意以爲此亡去者皆不才之人我初不知而誤用之故今不以其去爲意耳因問何以先識其不才而舍之邪

與平聲

曰國君進賢如不得已將使卑踰尊疏踰戚可不愼與

如不得已言謹之至也蓋尊尊親親禮之常也然或尊者親者未必賢則必進疏遠之賢而用之是使卑者踰尊疏者踰戚非禮之常故不可不謹也

朱子曰孟子言昔者所進今日不知其亡故王問何以識其不才而舍之而孟子告以進賢如不得已蓋於進退之間無所不審非但使之致審於去人殺人也

賢字下可忘

今上碎

慶源輔氏曰先儒皆以如不得已一句連下文說言不得已則將使卑踰尊疏踰戚故不可不謹雖若可通然如此則是國君用人惟不得已之際方致其謹非孟子意也故集註直以如不得已一句連上文說言如不能得已是至謹之意人君於進賢之際皆不可不謹故於下段結之云所謂進賢如不得已者如此至於尊者親者未必賢而又將進其疏遠之賢者而用之至使卑者踰尊疏者踰戚則又非禮之常尤不可不謹也

左右皆曰賢未可也諸大夫皆曰賢未可也國人皆曰賢然後察之見賢焉然後用之左右皆曰不可勿聽諸大夫皆曰不可勿聽國

人皆曰不可然後察之見不可焉然後去之

左右近臣其言固未可信諸大夫之言宜可信矣然猶恐其蔽於私也至於國人則其論公矣然猶必察之者蓋人有同俗而為衆所悅者亦有特立而為俗所憎者故必自察之而親見其賢否之實然後從而用舍之則於賢者知之深任之重而不才者不得以幸進矣所謂進賢如不得已者如此

誅者舍不務昭人說舜四之
討用所能當用上如諸東類

慶源輔氏曰所謂察之則必因言以察其心考迹以察其用如孔子之視所以觀所由察所安然後能親見其賢否之實從而用舍之則於賢者非徒知之知之必深而無所疑非徒任之任之必重而不可易至於不才亦不容於幸進矣

新安陳氏曰如此方見進賢謹之之至如必不得已而然者要之用舍之道參之於衆而察之於獨不賢者固去之勿疑矣賢者必任之勿二是即君所親信之臣也此非親信之以已之私而實親信之以國人之公所謂民之所好好之也今日為王之親臣他日託孤寄命即為國家之世臣矣

左右皆曰可殺勿聽諸大夫皆曰可殺勿聽國人皆曰可殺然後察之見可殺焉然後殺

之故曰國人殺之也

此言非獨以此進退人才至於用刑亦以此道蓋所謂天命天討皆非人君之所得私也

南軒張氏曰既言進退人才之道復及於可殺者蓋如舜之於四凶孔之於少正卯天討之施有不可已者也曰國人殺之言非已殺之因國人之公心耳然則其用是人去是人亦非吾用之去之國人用之去之也蓋天聰明自我民聰明國人之公心即天理之所存一毫私意加於其間則非天之理矣

新安陳氏曰因用舍而及刑殺亦是孟子敷演以明其意不才者舍之有罪而甚焉

[illegible][illegible]之也
通考朱氏公遷曰此明折獄政刑之道曾
子之言恤刑也孟子之言慎刑也哀矜勿
喜者好生之德洽於民心之意也國人殺
之者刑人於市與衆棄之之謂也若子路
無宿諾而片言可以折獄者即所謂上好
信則民莫敢不用情者乎君子之於獄於
刑也忠信以孚之審慎以刑之惻隱以施
之有子路之德而用曾子孟子之言則於
天討之義庶幾無愧乎

如此然後可以爲民父母

傳曰民之所好好之民之所惡惡之此之
謂民之父母

新安陳氏曰總結上文用之去之殺之三
節意

或曰累世勳舊之臣是世官非世臣也必
如伊陟象賢召虎是似之類益能盡臣道
而聞望可稱于世者親臣亦不是人君親
信之臣若唐虞之股肱周室之丞弼能布
腹心而與聞謀議決大疑定大難者卑踰
尊二句舊說謂用不得人將使後來更代
案了體統此未必然只宜就所用之賢說
言此人本是卑的疏的而一用之後便欲
倚之爲元老託之爲心膂則欲進未進之
際正是早疏一旦踰尊戚的去處乃親臣
世臣所關繫之始故不可不慎踰如無得
而踰之踰即升上之義

芑山張氏曰左右皆曰可殺一節新安云
不才者舍之有罪而甚焉者殺之見殺人
亦是用人裏面事益尊戚亦有在寘之
條者非推進退人才之道以用刑也不必
作兩截看焦[illegible]非獨至于云云便似就用
人推到殺人[illegible]派

傳直總攻

○**齊宣王問曰湯放桀武王伐紂有諸孟子**

如此節與首節故國二字相應爲民父母
正明其爲故國見用人關係國家重大處
不如此則衆邪盈朝民心離散國勢傾危
如何謂之故國須知此一句總結通章語
氣纔完足新安但以爲結上文用之去之
殺之三節意非也

對曰於傳有之

放置也書曰成湯放桀于南巢

曰臣弑其君可乎

桀紂天子湯武諸侯

曰賊仁者謂之賊賊義者謂之殘殘賊之人

謂之一夫聞誅一夫紂矣未聞弑君也

滅絶天理及傷敗彝倫分爲害仁害殘非也

賊害也殘傷也害仁者凶暴淫虐滅絶天
理故謂之賊害義者顛倒錯亂傷敗彝倫
故謂之殘一夫言衆叛親離不復以爲君
也書曰獨夫紂蓋四海歸之則爲天子天
下叛之則爲獨夫所以深警齊王垂戒後
世也○王勉曰斯言也惟在下者有湯武
之仁而在上者有桀紂之暴則可不然是
未免於篡弑之罪也

新安陳氏曰紂罪浮於桀故下文單說紂
朱子曰傷敗彝倫只是小小傷敗常理如
不以禮食不親迎之類若是紾兄臂踰東
家摟便是絕滅天理周書怠勝敬者滅即
賊仁謂賊之意欲勝義者凶即賊義謂殘
之意賊義是就一事上說賊仁是就心上
說其實賊義便是賊那仁底但分而言之
則如此○賊仁是將三綱五常天秩之禮
一齊壞了義隨事制宜賊義只是於此一
事不是更有他事在○賊仁者無愛心而
殘忍之謂也賊義者無羞惡之心之謂也
○問賊仁是害心之理賊義是見於所行
處傷其理曰以義為見於所行便是告子
義外矣義在內不在外義所以度事亦是
心度之然此果何以別蓋賊之罪重殘之
罪輕仁義皆是心仁是天理根本處賊仁
則大倫大法虧滅了便是殺人底人一般
義是就一節一事上言一事上不合宜便

四書大全辯 上孟卷二

是傷義似手足上損傷一般所傷者小尚
可以補
慶源輔氏曰賊之為害深殘之為害淺凶
暴淫虐指發於中者言顛倒錯謬指見於
事者言然發於中者必見於外見於事者
實生於心絕滅天理則是殄鬩其本根傷
敗彝倫則是損害其枝葉眾叛親離不復
君之此賊仁賊義眾惡皆備之證驗也此
事自君言之則理所當然自臣下言之則
不得已之大變故集註下文舉王勉之語
所以著萬世為臣者之大戒
新安陳氏曰賊仁賊義細分之有絕本根
傷枝葉之殊然仁義皆根於心未有賊仁
而不賊義者所以下文只以殘賊之人總
言其惡耳孟子此言雖意在警齊王然亦
見英氣太露處
雲峰胡氏曰無孟子之說無以警後世之
為人君者無王氏之說無以警後世之為

害不合

人臣者然孟子曰有伊尹之志則可無伊
尹之志則篡王氏之說未嘗不自孟子中
來
芑山張氏曰合殘賊謂之一夫總是滅理
敗倫不必分罪輕罪重若云賊義只是小
小傷害恒理故謂之殘殘字較賊字稍輕
然則泰誓使予之遏則取于殘殘字孟子
所謂取其殘而已矣殘字何以桀指紂之
賊仁賊義而言何以桀謂之殘不聞其謂
殘之罪輕賊之罪重也況殘賊二字果分
淺深輕重自文便當低昂分別言之便不
當桀謂之賊仁賊義此等枝葉分析處皆
不必贅而輔慶源復傅會朱子何也林次
崖存疑仁屬心義屬事于理未甚舛但桀
謂朱子小註最明不為辨正罪輕罪重之
說則亦弗思甚矣小註新安陳氏仁義皆
根于心數語宜玩

四書大全辯 上孟卷二

○孟子見齊宣王曰為巨室則必使工師求
大木工師得大木則王喜以為能勝其任也
匠人斲而小之則王怒以為不勝其任矣夫
人幼而學之壯而欲行之王曰姑舍女所學
而從我則何如
巨室大宮也工師匠人之長匠人眾工人
也姑且也言賢人所學者大而王欲小之
也
白虎通曰黃帝始作宮室是知巨室即大
宮也周禮考工記云審曲面埶以飭五材

以辨民器謂之工凡攻木之工七攻金之工六攻皮之工五設色之工五刮摩之工五搏埴之工二輪輿弓廬匠車梓凡此者是攻木之工也所謂工師者師範也教也即掌教百工者如漢書云將作少府秦官掌理宮室者是也匠人即斲削之人也

今有璞玉於此雖萬鎰必使玉人彫琢之至於治國家則曰姑舍女所學而從我則何以異於教玉人彫琢玉哉

璞玉之在石中者鎰二十兩也玉人玉工也不敢自治而付之能者愛之甚也治國家則徇私欲而不任賢是愛國家不如愛

玉也○范氏曰古之賢者常患人君不能行其所學而世之庸君亦常患賢者不能從其所好是以君臣相遇自古以為難孔孟終身而不遇蓋以此耳

趙氏曰國語云二十四兩為鎰趙岐誤註集註因之禮云朝一鎰朱注亦謂二十四兩今注誤為二十兩

東陽許氏曰萬鎰謂璞玉之價值萬鎰之金也

雙峯饒氏曰兩箇譬喻是兩意前譬是說任賢不如任匠後譬是說愛國不如愛玉

新安陳氏曰前譬王欲小用賢者後譬王不事用賢者所以不能用賢皆已之私欲害之庸君必不能行賢者之所學賢者必不肯從庸君之所好此遇合所以難也

芒由張氏曰總是諷王不任賢新安陳氏說得之饒雙峯前後分任賢治國非本章語意宜刪○林次崖存疑云兩條之意前是治國不如作室下是愛國不如愛玉意思甚明白新安小用不專用之說固非饒氏任賢不如任匠之說亦未甚貼愚意存疑毀正饒氏自確至如新安之說亦有可采者不必斷以為非也

○齊人伐燕勝之

按史記燕王噲讓國於其相子之而國大亂齊因伐之燕士卒不戰城門不閉遂大勝燕

史記燕世家燕王噲用其相子之蘇代為齊使於燕以事激燕王以尊子之於是燕王大信子之鹿毛壽謂燕王不如以國讓相子之人之謂堯賢者以其讓天下於許由許由不受有讓天下之名而實不失天下今王以國讓於子之子之必不敢受是王與堯同行也燕王因屬國於子之子之南面行王事而噲老不聽政顧為臣國事皆決於子之三年國大亂百姓恫恐將軍市被與太子平謀將攻子之諸將謂齊湣王曰因而赴之破燕必矣齊王令人告燕太子太子因與市被圍公宮攻子之不克將軍市被及百姓反攻太子平市被死以徇因搆難數月死者數萬衆人恫恐百姓離怨孟軻謂齊王曰今伐燕此文武之時不可失也王因令章子將五都之兵因北地之衆以伐燕士卒不戰城門不閉燕王噲死齊大勝燕子之亡二年而燕人共立

乘去堅下同

太子平是爲燕昭王

宣王問曰或謂寡人勿取或謂寡人取之以萬乘之國伐萬乘之國五旬而舉之人力不至於此不取必有天殃取之何如

以伐燕爲宣王事與史記諸書不同已見序說

何氏曰萬乘之國非諸侯之制也今燕齊互相侵奪而皆有之故以萬乘之齊伐萬乘之燕勢均力敵但以五旬而卽舉之若以人力論之不能至於如此之易意者其天乎不取必有天殃齊王本有利燕之心特託天而遂其私耳孟子之對則不歸之

天而歸之人

孟子對曰取之而燕民悅則取之古之人有行之者武王是也取之而燕民不悅則勿取古之人有行之者文王是也

商紂之世文王三分天下有其二以服事商至武王十三年乃伐紂而有天下張子曰此事間不容髮一日之間天命未絕則是君臣當日命絕則爲獨夫然命之絕否何以知之人情而已諸侯不期而會者八百武王安得而止之哉。

朱子曰此亦是齊王欲取燕故引之於文武之道非謂文王欲取商以商人不悅而止武王見商人悅已遂取之也直是論其理如此耳

慶源輔氏曰文王武王豈有一毫利天下之心哉亦順天命而不敢違焉耳而張子之說爲尤嚴所謂間不容髮之際非理明義精德至聖人者孰能處之而無愧哉纔有一毫利心則失之矣然其命之絕否則亦不過察於人情又與孟子之言實相表裏也

以萬乘之國伐萬乘之國簞食壺漿以迎王師豈有他哉避水火也如水益深如火益熱

亦運而已矣

簞竹器食飯也運轉也言齊若更爲暴虐則民將轉而望救於他人矣○趙氏曰征伐之道當順民心民心悅則天意得矣。

通考趙氏德曰腹方口圓曰壺簞以竹爲之長二尺廣一尺深六寸足高二寸上有蓋

新安陳氏曰齊王言天命孟子欲其以人心覘天命欲知天命當觀人心欲得人心當施仁政燕之可取不可取決之以此足矣惟仁可以易暴燕人避燕之虐望齊之仁而歸之苟不施仁而益暴得非以暴易暴而益甚之乎蓋警之也

邑山張氏曰引史記証齊伐燕可也司馬

遷燕世家孟軻謂齊王曰數語。妄說耳。小
註采入。而不爲辯正。便似孟子勸齊伐燕
便齊得孟子是儀秦一流人。有是理乎。凡
大全小註引証之誤多此類。又如鹿毛壽
徐廣曰一作厝毛。又曰甘陵縣本名厝。索
隱曰春秋後語亦作厝毛壽。又韓子作潘
壽。市被人姓名。小註皆畧而不詳。何也。

○齊人伐燕取之諸侯將謀救燕宣王曰諸侯多謀伐寡人者何以待之孟子對曰臣聞七十里爲政於天下者湯是也未聞以千里畏人者也

新安陳氏曰七十里爲政千里畏人立兩句爲柱下文分兩節應之

書曰湯一征自葛始天下信之東面而征西夷怨南面而征北狄怨曰奚爲後我民望之若大旱之望雲霓也歸市者不止耕者不變誅其君而弔其民若時雨降民大悅書曰徯我后后來其蘇

霓五稽反 徯胡禮反 虺許偉反

兩引書皆商書仲虺之誥文也與今書文亦小異一征初征也天下信之信其志在救民不爲暴也奚爲後我言湯何爲不先來征我之國也霓虹也雲合則雨虹見則止變動也徯待也后君也蘇復生也他國之民皆以湯爲我君而待其來使已得蘇息也此言湯之所以七十里而爲政於天下也

遡考趙氏德曰爾雅雲出天之正氣霓出地之正氣雄謂之虹雌謂之霓則雲陽物也陰陽和而既雨則雲散而霓見矣

或曰天下信之。不在臨時謂。只是平日發政施仁。此心昭昭。百姓都信得過。天下畏齊之彊。與動天下之兵。只是素信齊不過耳。集註志在救民。被臨時征伐言。此說就平日言。足以補註所未及。

蔡虛齋曰。仰其來而又恐其不來。只如願其雨而又恐其不雨。故只管望。看是雲是霓耳。

今燕虐其民王往而征之民以爲將拯已於水火之中也簞食壺漿以迎王師若殺其父兄係累其子弟毀其宗廟遷其重器如之何其可也天下固畏齊之彊也今又倍地而不行仁政是動天下之兵也

累力追反 縶陟立反

拯救也係累縶縛也重器寶器也畏忌也倍地幷燕而增一倍之地也齊之取燕若能如湯之征葛則燕人悅之而齊可爲政

旄與耄同倪五稽反

於天下矣今乃不行仁政而肆為殘虐則
無以慰燕民之望而服諸侯之心是以不
免乎以千里而畏人也

王速出令反其旄倪止其重器謀於燕衆置
君而後去之則猶可及止也

反還也旄老人也倪小兒也謂所虜畧之
老小也猶尚也及止及其未發而止之也
○范氏曰孟子事齊梁之君論道德則必
稱堯舜論征伐則必稱湯武蓋治民不法

湯武行師正是治民虐所謂奉天下而民從也

堯舜則是為暴行師不法湯武則是為亂
豈可謂吾君不能而舍所學以徇之哉

雙峯饒氏曰當時只是子噲子之為亂燕
民自無罪齊王只當誅子噲子之別立君
而去不當取他國這時只當定亂定亂者
取其亂者而誅之如湯十一征不是全滅
其國取之則是蹊田而奪之牛齊王殺其
父兄係累其子弟毀其宗廟遷其重器是
虐其國了
新安陳氏曰此是為齊謀一策如此區處
器無所利於燕殘燕幾湯誅君弔民非富天
下之為則可逆止諸侯之兵矣
慶源輔氏曰范氏發明孟子此意甚好蓋
要其道也而堯舜之道則正道也莫非師
也而湯武之師則天討也集註又益以豈
可謂吾君不能而舍所學以徇之哉一句

尤為有功於學者此萬世臣子事君之大
法也
林次崖曰燕之致亂只是燕噲子之齊人
伐燕只當定其亂取其亂者誅之別立君
而去之使未致諸侯之兵這理亦不過如
此孟子上章取之而燕民悅兩節分明是
知燕人不與教他取決于此雖不明言其
不可而不可之意亮在言外蒙引勸以行
王政亦或可取之言恐未必然小註饒氏
說是
芑山張氏曰存疑駁正蒙引甚確

鬨胡弄反　勝平聲　長上聲下同

○鄒與魯鬨穆公問曰吾有司死者三十三
人而民莫之死也誅之則不可勝誅不誅則
疾視其長上之死而不救如之何則可也

鬨鬭聲也穆公鄒君也不可勝誅言人衆
不可盡誅也長上謂有司也民怨其上故
疾視其死而不救也

孟子對曰凶年饑歲君之民老弱轉乎溝壑
壯者散而之四方者幾千人矣而君之倉廩
實府庫充有司莫以告是上慢而殘下也曾
子曰戒之戒之出乎爾者反乎爾者也夫民
今而後得反之也君無尤焉

轉饑餓輾轉而死也充滿也上謂君及有

司也尤過也

夏書五子之歌　捍音汗

君行仁政斯民親其上死其長矣

君不仁而求富是以有司知重斂而不知恤民故君行仁政則有司皆愛其民而民亦愛之矣○范氏曰書曰民惟邦本本固邦寧有倉廩府庫所以爲民也豐年則斂之凶年則散之恤其饑寒救其疾苦是以民親愛其上有危難則赴救之如子弟之衛父兄手足之捍頭目也穆公不能反己猶欲歸罪於民豈不誤哉

新安陳氏曰有司所以然者皆君不行仁政之故孟子對鄒君言故畧有司而專勉君正本之論也南軒張氏曰有司視民之死而不救故民視有司之死而亦莫之救所以爲得反之之也君行仁政而以民爲心民亦將以君爲心而親其上死其長矣此感應之理也曾子戒之之語非特爲人上者不可須臾忘捨身者亦當深體之新安陳氏曰上之愛民如父母之於子則民之衛上如子弟之衛父兄鄒君如罪民而不知反己孟子惟以行仁政勉之而誅不誅亦言焉得反之之意凜然可畏眞切之論死其長如回何敢死之死謂忘身救上死且不避也平時親其上當危難則死其長

閒去聲

○滕文公問曰滕小國也間於齊楚事齊乎事楚乎

滕國名

孟子對曰是謀非吾所能及也無已則有一焉鑿斯池也築斯城也與民守之效死而民弗去則是可爲也

參虛齋曰上字仍上註謂君及有司但長字專指有司死其長言不疾視其死而不救也一說此條長上二字皆指有司纔合大註愚謂如此則民無事之時只親戴有司都不親戴其君邪又或以長字亦兼人君此又非也不如死其長是接上文疾視長上之死而不救說來

見形甸反

無已見前篇一謂一說也效猶致也國君死社稷故致死以守國至於民亦爲之死守而不去則非有以深得其心者不能也○此章言有國者當守義而愛民不可僥倖而苟免

禮記曲禮國君死社稷大夫死衆士死制衆謂師衆大夫率師敗則死之制謂命令士受命或迫以死寧死而不可棄君命也南軒張氏曰與其望二國矜己以求安不若思所以自强而立國鑿池築城與民效死以守之是在我所當爲之事爲吾所當

偪音逼 力反

爲而已然固國以得民爲本民心不附雖有金城湯池誰與守之使民效死而不忍去非得之有素不能然也

慶源輔氏曰築城鑿池致死以守者守義也使民亦爲之死守而不去則非愛民者不能也若夫間於二大而徒欲擇強者而事之以覬一日之安則是僥倖苟免而已

雲峯胡氏曰不守義不能效死而不去不愛民不能使民亦效死而不去

新安陳氏曰守義守死社稷之義以倡其民也愛民當在平時○城池地利也民弗去人和也復致死而守義以倡之此守國之正法也

蔡虛齋曰愚嘗疑智者爲能以小事大今文公欲事齊楚而孟子乃曰是謀非吾所及何也蓋以小事大文公自能之不待教也但文公全欲憑大國之援以僥倖旦夕之無事而不知有自固之義故孟子獨以所缺者箴之甯軒曰與其望二國矜包以求安不若思所以自強而立國雖曰自強立國然論到道理十全處齊楚還當事他當以鄭子產爲法○效死而民弗去此處還未說到破國處正是要立國也孟子正恐二國之不足恃而反以致亡故教以自固之策然國君死社稷必不得已亦須死了故曰世守也非身之所能爲也效死弗去

○滕文公問曰齊人將築薛吾甚恐如之何則可

薛國名近滕齊取其地而城之故文公以其偪已而恐也

邠與豳同

通考仁山金氏曰薛任姓之國奚仲仲虺之後

孟子對曰昔者大王居邠狄人侵之去之岐山之下居焉非擇而取之不得已也

邠地名言大王非以岐下爲善擇取而居之也詳見下章

通考趙氏德曰周自后稷生於邰邰姜嫄之國后稷母家夏后氏衰失其官[illegible]戎狄公劉后稷曾孫也復遷豳詩篤公劉即遷豳之事又九世而大王去邠遷岐綿詩所言是也沮漆在豳地二水東流亦過周岐山東入渭邠在岐山之北則自邠踰梁山至岐下當率岐水之滸耶蓋公劉皇澗及芮言都邑之水也綿之自土沮漆舉豳內之水也以此類之則不得以率西水滸爲漆沮也明矣皇矣詩云度其鮮原居岐之陽太王已遷在岐山而文王又遷在岐山之南後又遷豐邑在豐水之西武王又遷鎬在豐水南故周自后稷居邰不窋奔戎狄公劉居豳大王邑岐文王邑郢又遷豐武王居鎬故羣書百考有自稷至武七遷之圖

夫音扶 彊上聲

苟爲善後世子孫必有王者矣君子創業垂統爲可繼也若夫成功則天也君如彼何哉彊爲善而已矣

創造也統緒也言能爲善則如大王雖失其地而其後世遂有天下乃天理也然君

予造基業於前而垂統緒於後但能不失其正令後世可繼續而行耳若夫成功則豈可必乎彼齊也君之力既無如之何則但彊於為善使其可繼而俟命於天耳○此蓋言人君當竭力於其所當為不可徼幸於其所難必

朱子曰孟子言若夫成功則天也君如彼何哉彊為善而已矣初無望報之心也苟為善後世子孫必有王者矣乃為太王避狄而言易大傳曰積善之家必有餘慶書曰作善降之百祥亦豈望報乎

南軒張氏曰所謂為善循天理而不為己

私也為善者初不期後世之王而必有王者理則然也開久大之基創其可繼者而已而不必其成功也若有期於成功之意則欲速而見利私意一生無復可繼之實矣

雲峯胡氏曰集註兩章皆言不可僥倖大凡僥倖者不為天理之所當為而徒覬夫意外之得者也前章是守義愛民當盡其在我者而不可僥倖其在人者此章是勉強為善當盡其在我者而不可僥倖其在天者

蔡虛齋曰當時齊人將築薛文公已甚恐矣孟子乃始教以為善不知是教他怎生樣為善且不能紓其目前之憂但教他為善以為子孫興起之地而又言其不可必但當強為善夫人令其強為善亦是矣但不知其怎麼解得他吾甚恐之問愚意太王之為善避狄遷都以存其宗社保其人又不忍殘民以與敵爭而積功累仁以有待於後此是太王之為善處孟子令文公強為善者意蓋亦欲其如此方續得上文太王遷岐云云斷是如此○君子創業垂統為可繼意但是亦就遷國圖存上說況君如彼何哉一句尤明言彼令方築薛勢已迫矣吾力既莫如之何只得效太王之為善自為可繼以俟命於天爾所以下章之答亦一邊是遷國圖存一邊是守正俟死○或謂引太王去邠事只是言其不得已也言古人亦有處此變者非必令其遷國也且文公當時如何得去又將遷之何地曰不是下章分明告以太王之遷邠又曰君請擇於斯二者況此下苟為善後世子孫必有王集註分明入太王在內但令其無期必耳

一說苟為善至為可繼也泛說君如彼何哉乃是指滕文公說

○滕文公問曰滕小國也竭力以事大國則不得免焉如之何則可孟子對曰昔者大王居邠狄人侵之事之以皮幣不得免焉事之以犬馬不得免焉事之以珠玉不得免焉乃屬其耆老而告之曰狄人之所欲者吾土地也吾聞之也君子不以其所以養人者害人二三子何患乎無君我將去之去邠踰梁山邑于岐山之下居焉邠人曰仁人也不可失也從之者如歸市

屬音燭

皮謂虎豹麋鹿之皮也幣帛也屬會集也
土地本生物以養人今爭地而殺人是以
其所以養人者害人也邑作邑也歸市人
衆而爭先也
南軒張氏曰太王之言忠厚不迫其遷本
以全民不敢必民之歸而強之徙也曰二
三子何患乎無君此天地之心真保民之
主也民心自不容釋乎太王蓋其仁有素
矣然太王之事非德盛而達權不足以與
此
東陽許氏曰太王自邠遷岐民從之如歸
市史所謂居三月成城郭一年成邑三年
成都而民五倍其初蓋非獨邠民近於岐
周之民皆歸之也當時四方地近戎狄皆

間隙之地非封國之强界故大王得優游
遷徙若滕在中國久介大國之間無可遷
之地民雖或從之亦無所往孟子特舉大
王之得民以警文公爾故下文言效死乃
其正也
或曰世守也非身之所能爲也效死勿去
又言或謂土地乃先人所受而世守之者
非己所能專但當致死守之不可舍去此
國君死社稷之常法傳所謂國滅君死之
正也正謂此也
公羊傳襄公六年十有二月齊侯滅萊曷
爲不言萊君出奔國滅君死之正也不言

殺萊君者舉滅國爲重
○考趙氏德曰襄二十五年崔子弒齊君
晏子曰君民者社稷是主臣君者社稷是
養故君爲社稷死則死之爲社稷亡則亡
之
君請擇於斯二者
能如大王則避之不能則謹守常法蓋遷
國以圖存者權也守正而俟死者義也審
己量力擇而處之可也○楊氏曰孟子之
於文公始告之以效死而已禮之正也至
其甚恐則以大王之事告之非得已也然

無大王之德而去則民或不從而遂至於
亡則又不若效死之爲愈故又謂擇於斯
二者又曰孟子所論自世俗觀之則可謂
無謀矣然理之可爲者不過如此舍此則
必爲儀秦之爲矣凡事求可功求成取必
於智謀之末而不循天理之正者非聖賢
之道也
記禮運故國有患君死社稷謂之義大夫
死宗廟謂之變
問集註義字當改作經字朱子曰恐之誠
是蓋義便近權或可如此或可如彼皆義

也經則一定而不易旣對權字須者用經
字。
通考吳氏程曰君死社稷謂之義與權似
無別故語錄欲改作經
慶源輔氏曰遷國以圖存者大王是也守
正而俟死者國君死社稷是也在文公唯
有此二法故併舉以告之然權非大賢以
上不能爲經則人皆當勉也故使文公審
已量力擇而取其一焉夫大王之立非文
公所能爲然則孟子之意匹欲文公勉守
其當然也
問孟子對滕文公二段皆是無可奈何只
得勉之爲善之辭想見滕國至弱都主張
不起故如此朱子曰滕是必亡無可疑者
况王政不是一日行得底事他又界在齊
楚之間二國視之如太山之壓雞卵耳若
教他粗成次第此二國亦必不見容也若
湯文之與皆在空間之地無人來覷他故

曰漸成大若滕則實是難保也
蔡虛齋曰依韓文公岐山操曰伊岐有阻
我往獨處爾莫予追母思我悲云云觀之
則是以二三子何患乎無君爲自有人來
君之不是命以從已之詞也而南軒註亦
云其遷本以全民不敢必民之歸而强之
從也曰二三子何患乎無君此天地之心
眞保民之主也民心自不容釋乎太王耳
此其詞雖善然其章亦與韓文公同愚以
爲非也民非后何戴后非衆罔與守邦而
曰我往獨處爾莫予追何哉故曰無太王
之德而去則民或不從而遂至於亡可見
矣其又恐以其積世之赤子而委之狄人
哉如此乃屬其父老而告之何爲與之訣
別乎夫邠人之不能釋乎太王太王亦自
知之矣而乃僞爲是辭以動之乎古者君
民一心况太王之於邠人直似父子親戚
然明告以去邠圖存之意何嫌乎但亦非

强之也此須以太王公正之心看之况前
此公劉之遷則曰乃裹餱糧于槖于囊思
戢用光弓矢斯張干戈戚揚爰方啓行都
是帥民而去太王乃欲棄其民而獨往耶
情理俱碍然則所謂二三子何患乎無君
此言何謂邪曰下句不云乎我將去之便
是有君也蓋當是時若不遷去則勢力不
敵反成無君矣故曰云云
當時若不避之則無國無君無民矣去之
則民存國存君存宗祀存

乘去聲

○魯平公將出嬖人臧倉者請曰他日君出
則必命有司所之今乘輿已駕矣有司未知
所之敢請公曰將見孟子曰何哉君所爲輕
身以先於匹夫者以爲賢乎禮義由賢者出

而孟子之後喪踰前喪君無見焉公曰諾
乘輿君車也駕駕馬也孟子前喪父後喪
母踰過也言其厚母薄父也諾應辭也
新安陳氏曰平公將見孟子必得之於樂
克所以沮於臧倉後克入見審問不見之
故

入見之見音現

樂正子入見曰君奚爲不見孟軻也曰或告
寡人曰孟子之後喪踰前喪是以不往見也
曰何哉君所謂踰者前以士後以大夫前以
三鼎而後以五鼎與曰否謂棺槨衣衾之美

爲去　嬖　沮慈呂反　尼女乙反

也曰非所謂踰也貧富不同也

樂正子孟子弟子也仕於魯三鼎士祭禮

五鼎大夫祭禮

雙峯饒氏曰樂正是樂官之長恐其先世嘗作樂官來子孫遂以爲姓樂正裘亦是一人以此見樂正是姓如司馬亦是因官以爲姓

雙峯饒氏曰五鼎是大夫之禮羊豕魚腊膚三鼎是士之禮特豕魚腊

通考東陽許氏曰儀禮特牲饋食禮士祭禮特用豕陳鼎三豕右肩臂臑肫胳正脊横脊長脅短脅九體膚三離肺一刌肺三爲一鼎魚十有五爲一鼎腊獸之乾者用兎爲一鼎少牢饋食禮大夫祭禮牲用少牢陳鼎五羊右肩臂臑膊胳正脊脡脊横

四書大全辯　上孟卷二　廿八

脊短脅代脅十一體腸三胃三舉肺一祭肺三實于一鼎豕十一體如羊舉肺一祭肺三實于一鼎膚九實于一鼎魚用鮒十有五而鼎腊用麋一純而鼎肩臂臑者股骨也膊胳股骨也正脊脊之前也脡脊次正脊横脊在後者膚革肉也離肺者搓離之不絕中央少許刌肺者切肺也舉肺尸食所先舉也祭肺者尸主人主婦用以祭也舉肺則離肺祭肺即刌肺也凡牲用古胖腊合升左右胖故曰腊一純純猶全也然此諸侯之大夫上若天子之大夫用索牛士用少牢

樂正子見孟子曰克告於君君爲來見也嬖人有臧倉者沮君君是以不果來也曰行或使之止或尼之行止非人所能也吾之不遇

焉於虔反

魯侯天也臧氏之子焉能使予不遇哉

克樂正子名沮尼皆止之之意也言人之行必有人使之者其止必有人尼之者然其所以行所以止則固有天命而非此人所能使亦非此人所能尼也然則我之不遇豈臧倉之所能爲哉○此章言聖賢之出處。關時運之盛衰。乃天命之所爲。非人力之可及。

龜山楊氏曰孟子之遇不遇治亂興衰之所繫天實爲之非人所能也夫何怨尤之

四書大全辯　上孟卷二　廿九

有

范氏曰在孟子可以言天。在魯侯不可以言天。賢者在己者有義。在天者有命。修其在己。而聽其在天。至於人君。則當尊用賢德。奉行天命。不當諉之天也。

慶源輔氏曰章旨之說淺得聖賢出處之道樂正子亦未免以世俗之心窺孟子故孟子以此發之

雙峯饒氏曰孔子有兩說道之將行也與命也道之將廢也與命也與孟子此章一同皆取必於天天之將喪斯文也後死者不得與於斯文也天之未喪斯文也匡人其如予何這是取必於己言天既欲喪斯文必不使我得與於斯文天既使我得與於斯文則是天必不喪斯文一說是我之命係乎天是以天爲主一說是天命係乎我是以我爲主二者相爲賓主那箇是聖人之言這箇是賢人之言孔子告子服景

伯是與常人說話又低得一等
通考朱氏公遷曰此章論出處而以天命決之聖賢蓋以天命曉人封人則以天意觀聖人者也此一類專以窮達言眞氏以伯寮之愬臧倉之沮夫子莫我知之歎孟子何爲不豫之語皆爲安義命之事天以分定言此亦在天之天雖以理言而實兼乎氣者也故與命以氣言者相貫餘凡所謂不怨天與此類同
芑山張氏曰行或使之二或字與論語道之將行道之將廢二將字參看或字中便隱隱含蓄個天字不宜將使尼着在人上說大註必有人云云語氣反呆滯細思自見○臧倉雖嫉賢能直沮孟氏耳後世如弘恭石顯之于蕭望之竟傾詆令自裁死天子痛悼而終莫之罪尤甚者唐玄宗時四方奏請委大閹高力士先省閱乃後進小事專決將相皆厚結力士以得進如此則士大夫出入變人門下進退之權奄人操之又不必如臧倉之設巧詞以沮孟氏也至穆宗而後八世爲宦者所擁立七君上脅天子下賊宰相奴戮朝士與方鎮始好相倚既惡相讐而唐亡嗟乎若是者豈獨漢唐哉然則宦豎嬖倖之人始于惑主終于喪邦士之賢且才者不見用則已耳義命自安耳安能不爲天下國家痛哉

四書大全辯孟子卷之三

書舍藏書不准外借

公孫丑章句上

如有污損缺失令賠補

通考勿軒熊氏曰一章言養氣集義六章言仁政二章言古聖賢三章言答問之辭餘皆孟子自言凡九章

公孫丑問曰夫子當路於齊管仲晏子之功可復許乎

復扶又反

公孫丑孟子弟子齊人也當路居要地也管仲齊大夫名夷吾相桓公霸諸侯許猶期也孟子未嘗得政丑蓋設辭以問也

慶源輔氏曰此必丑初見孟子時事觀其語意恐孟子不敢以管晏自許是全未知孟子也

西山眞氏曰齊宣既慕桓文丑復慕管晏蓋霸者功利之說浹入人心已久故不惟時君慕之而學者亦慕之也

孟子曰子誠齊人也知管仲晏子而已矣

齊人但知其國有二子而已不復知有聖賢之事

慶源輔氏曰世衰道微聖學不明人不知有學問則亦不復知有聖賢之事業雖有英才美質不覺溺於時俗之見聞而已此齊人之所以但知其國之有二子也

或問乎曾西曰吾子與子路孰賢曾西蹵然

曰吾先子之所畏也曰然則吾子與管仲孰賢曾西艴然不悅曰爾何曾比予於管仲管仲得君如彼其專也行乎國政如彼其久也功烈如彼其卑也爾何曾比予於是 蹵子六反艴音拂又音勃曾並音增○通考吳氏程曰唐韻雖有二音而於勃音註怒色拂音註淺色故孫氏單音勃

孟子引曾西與或人問答如此曾西曾子之孫蹵不安貌先子曾子也艴怒色也曾之言則也烈猶光也桓公獨任管仲四十

餘年是專且久也管仲不知王道而行霸術故言功烈之卑也楊氏曰孔子言子路之才曰千乘之國可使治其賦也使其見於施爲。如是而已。其於九合諸侯。一匡天下。固有所不逮也。然則曾西推尊子路如此而羞比管仲者何哉。譬之御者。子路則範我馳驅而不獲者也。管仲之功。詭遇而獲禽耳。曾西仲尼之徒也。故不道管仲之事。

問聖人分明是大管仲之功而孟子硬以爲卑如何朱子曰孟子是不肯做他底是見他做得那規模來低

慶源輔氏曰楊氏斷置得極分明子路之才視管仲誠爲不及然子路之所學則聖人之道其於管仲之事蓋有所不屑爲者或曰楊氏本說但云子路譬之御者則範我馳驅者若管仲蓋詭遇耳此則是以御而譬其所爲未說到功效上今集註增益之曰子路則範我馳驅而不獲者也管仲之功詭遇而獲禽耳則是才與功都說了然按孟子範我馳驅是一人不獲又是一人詭遇是一人獲禽又是一人今若作一人看則似以子路爲御之善而射未善然射御又非一人所能兼者恐不若只從其本說之爲得也曰非是之謂也集註之意蓋謂子路是範我馳驅而不遇王者故不獲管仲則詭遇以逢桓公之爲故得禽多

耳

雙峯饒氏曰使王良得善射者而御之則範我馳驅正所以獲禽即詩所謂不失其馳舍矢如破儻以孔孟之道而遇明王則治國平天下皆餘事耳，

子爲之爲去聲

曰管仲曾西之所不爲也而子爲我願之乎

曰孟子言也願望也

通考董氏彝曰公孫丑問管晏孟子以曾西之言推尊聖門高弟淳于髡問子柳子思孟子以百里奚之功答之蓋尊王賤霸者聖賢之本心賢才進退者興亡之大事一則貴霸者之臣不能致君於王道一則美霸國之君能用賢者以興邦

曰管仲以其君霸晏子以其君顯管仲晏子

王去聲由猶通

朝音潮

鬲音隔又音歷

猶不足爲與

顯顯名也

曰以齊王由反手也

反手言易也

曰若是則弟子之惑滋甚且以文王之德百年而後崩猶未洽於天下武王周公繼之然後大行今言王若易然則文王不足法與

滋益也文王九十七而崩言百年舉成數也文王三分天下才有其二武王克商乃有天下周公相成王制禮作樂然後教化大行

東陽許氏曰武王周公繼之然後大行此言周公制禮作樂之後雖殷之頑民莫不率化趨善之時也

曰文王何可當也由湯至於武丁賢聖之君六七作天下歸殷久矣久則難變也武丁朝諸侯有天下猶運之掌也紂之去武丁未久也其故家遺俗流風善政猶有存者又有微子微仲王子比干箕子膠鬲皆賢人也相與

知音智鎡音茲

辟與闢同

王去聲

輔相之故久而後失之也尺地莫非其有也一民莫非其臣也然而文王猶方百里起是以難也

當猶敵也商自成湯至於武丁中間太甲太戊祖乙盤庚皆賢聖之君作起也自武丁至紂凡七世故家舊臣之家也

雙峯饒氏曰故家舊臣遺俗舊民是說在下底流風之化善政之事是說在上底

白雲許氏曰湯之孫太甲繼湯立太甲五世至中宗太戊太戊三世至河亶甲河亶甲子祖乙祖乙六世至盤庚盤庚三世至高宗武丁二世至祖甲皆賢君也祖甲殁後六世七十餘年至紂

齊人有言曰雖有知慧不如乘勢雖有鎡基不如待時今時則易然也

鎡基田器也時謂耕種之時

夏后殷周之盛地未有過千里者也而齊有其地矣雞鳴狗吠相聞而達乎四境而齊有其民矣地不改辟矣民不改聚矣行仁政而王莫之能禦也

此言其勢之易也三代盛時王畿不過千

里今齊已有之興於文王之百里又難犬之聲相聞自國都以至於四境言居民稠密也

通考詹氏道傳曰王制四海之內爲九州州方千里而王畿居其一是亦井田之制

雙峯饒氏曰勢是指事力而言有地則有財有民則有兵地廣則財富民聚則兵强旣富且强所以舉事易文王百里地狹民少所以難

且王者之不作未有疏於此時者也民之憔悴於虐政未有甚於此時者也飢者易爲食渴者易爲飲

此言其時之易也自文武至此七百餘年異於商之賢聖繼作民苦虐政之甚異於紂之猶有善政易爲飲食言饑渴之甚不待甘美也

孔子曰德之流行速於置郵而傳命

置驛也郵馹也所以傳命也孟子引孔子之言如此

新安陳氏曰如漢五里一置左傳楚子乘馹會師

東陽許氏曰字書馬遞曰置步遞曰郵漢西域傳因騎置以聞師古曰即今驛馬也黃霸傳郵亭師古曰書舍謂傳送文書所止處如今驛館

雙峯饒氏曰德之流行即是應前面文王之德底德字蓋德是本全靠時勢不得有智慧而後可以乘勢有鎡基而後可以待時若無德雖有時勢何以行之

當今之時萬乘之國行仁政民之悅之猶解倒懸也故事半古之人功必倍之惟此時爲然

倒懸喻困苦也所施之事半於古人而功倍於古人由時勢易而德行速也

問孟子旣卑管仲使孟子當管仲之時則如之何雙峯饒氏曰亦只是合諸侯以尊

周室但孟子則眞能使王室尊安而諸侯各循王度管仲不過假尊周之名以蓋其摟諸侯之實其所爲實文武之罪人也王霸之分只在誠僞孔子作春秋亦不過欲諸侯尊周室循周制而已

新安陳氏曰丑竝論管晏孟子只及管仲而不及晏蓋晏之事功又在管之下不必言也晏事景公政在陳氏晏未嘗當齊政也晏才不及管而其人稍正於管其人無可譏其事無可言此孟子所以置晏不言而專及管歟

月恒近解曰由湯節不必分析時勢只說商家一說之大是以難也句應久而後失一句惟其世澤久遠是以難失耳說文王難得者謬甚文王以服事殷何暇計較得失耶

○公孫丑問曰夫子加齊之卿相得行道焉

雖由此霸王不異矣如此則動心否乎孟子曰否我四十不動心相去聲通考吳氏程曰雖由至異矣作一句只王字斷讀

此承上章又設問孟子若得位而行道則雖由此而成霸王之業亦不足怪任大責重如此亦有所恐懼疑惑而動其心乎四十彊仕君子道明德立之時孔子四十而不惑亦不動心之謂

雙峯饒氏曰集註恐懼疑惑四字雖是說心之所以動然恐懼字是爲下文養氣張本疑惑字是爲下文知言張本要之不疑惑然後能不恐懼故集註論心之動則以恐懼居先論心之所以不動則又以無所疑惑居先

朱子曰盡心知性無所疑惑動皆合義無所畏怯雖當盛位行大道亦沛然行其所無事而已何心動之有易所謂不疑其所行者蓋如此而孔子之不惑亦其事也公孫丑非謂孟子以卿相富貴動其心謂霸王事大恐孟子擔當不過有所疑懼而動其心耳不知霸王甚閑事

雙峯饒氏曰道明屬知言德立屬養氣

陵陽李氏曰明則不疑立則不懼然未有不明而能立者故知言養氣雖二事並進而其序必以知言爲先孔子不惑則自不動矣

雲峯胡氏曰孔子四十而不惑在三十而立之後德立而道明誠而明者也孟子所

四書大全辯〈上孟卷三〉 八

以四十不動心者先知言而後養氣道明而後德立明而仕者也

東陽許氏曰疑懼即是動心處集註却言有所恐懼疑惑而動其心似疑懼又在動心之外者蓋心之虛靈靜一能明天下之理者此也足以應天下之事亦此也今理有所不能明而於事有所不能應而懼然則疑懼乃動心之目心因疑懼而動而疑懼非心之所動也

附纂黃氏洵饒曰孔子道明自然德立孟子道明然後德立無所疑是道明無所懼是德立

通考東陽許氏曰此章當作五節看疑懼二字包一章大意而直字貫乎其中不動心乃大行不加之意以恐懼疑惑說以相動否字正言不動心我四十是指其時也。

四書大全辯〈上孟卷三〉 九

曰若是則夫子過孟賁遠矣曰是不難告子先我不動心

孟賁勇士告子名不害孟賁血氣之勇丑蓋借之以贊孟子不動心之難孟子言告子未爲知道乃能先我不動心則此未足爲難也

朱子曰孟子是義精理明天下之物不足以動其心告子之不動心是硬把定是粗法強制而能不動非若孟子酬酢萬變而不動也

南軒張氏曰孟子以集義爲本告子則以義爲外故在孟子則心體周流人欲不蔽

而物各止其所者也。在告子則心制其欲
專固凝滯。而能不動者也。
慶源輔氏曰告子外義未爲知道然未四
十時已能不動心其不動心又先於孟子
以此觀之則不動心未足爲難可知也
新安陳氏曰告子强制其心而能不動孟
子未定見有定力而自然心不動此處孟
子亦姑借告子以淺說耳

曰不動心有道乎曰有

程子曰心有主則能不動矣。

新安陳氏曰有主二字包得闊下文黝舍
曾孟皆是有主但有精麤之分

北宮黝之養勇也不膚撓不目逃思以一毫挫於人若撻之於市朝不受於褐寬博亦不

受於萬乘之君視刺萬乘之君若刺褐夫無嚴諸侯惡聲至必反之黝伊糾反撓奴效反朝音潮乘去聲

北宮姓黝名膚撓肌膚被刺而撓屈也目逃目被刺而轉睛逃避也挫猶辱也褐毛布寬博寬大之衣賤者之服也不受者不受其挫也刺殺也嚴畏憚也言無可畏憚之諸侯也黝蓋刺客之流以必勝爲主而不動心者也

慶源輔氏曰集註二黝蓋刺客之流以其
言所謂視刺萬乘之君若刺褐夫而知之
也以必勝爲主亦以其言而知之惟其
以必勝人爲主故無有尊貴視之一如匹
夫不受其挫必反報之
雙峯饒氏曰惡聲必反不專謂諸侯於褐
寬博萬乘皆然
東陽許氏曰一毫挫於人謂所辱者至小
也不受者必報之也不惟必報於賤者雖
貴者亦必報之惡聲至必反之謂不惟辱
來必報雖言小不善亦必報也

孟施舍之所養勇也曰視不勝猶勝也量敵而後進慮勝而後會是畏三軍者也舍豈能爲必勝哉能無懼而已矣

孟姓施發語聲舍名也會合戰也舍自言其戰雖不勝亦無所懼若量敵慮勝而後

進戰則是無勇而畏三軍矣舍蓋力戰之士以無懼爲主而不動心者也

朱子曰量力慮勝是畏三軍者此舍識別
人舍自云我則能無懼而已問施發語聲
曰此古註說後面只稱舍可見問有何例
可按曰如孟之反舟之僑尹公之他之類
慶源輔氏曰註云舍蓋力戰之士亦以其
言而知之也惟其心以無懼爲主故不問
其徒之衆寡我之勝否遇敵則戰也
新安陳氏曰黝舍皆以心有主而能不動
一則主於必勝一則主於無懼蓋是麤伍
之不動心孟子此處且數演麤說
東陽許氏曰黝舍不動心本又在告子之
下公孫丑又以孟賁比告子故孟子亦以

聖人亦有說未見吾篤信果將未是亦要信否

勇士之類言之

或曰二節不是實敘當時行事。總是形容話頭。思字覷字。正摹寫他必勝光景。即孟施舍之言。亦是想像他無懼爲主。而代爲之語耳。

孟施舍似曾子北宮黝似子夏夫二子之勇未知其孰賢然而孟施舍守約也

黝務敵人舍專守己子夏篤信聖人曾子反求諸己故二子之與曾子子夏雖非等倫然論其氣象則各有所似賢猶勝也約要也言論二子之勇則未知誰勝論其所

守則舍比於黝爲得其要也

慶源輔氏曰黝務敵人謂專以必勝於人爲主也舍專守己謂專以我無所懼爲主也

問子夏篤信聖人朱子曰這箇雖無事實但看他言語如日知其所亡月無忘其所能博學而篤志切問而近思看他此處孟子又把北宮黝來比便見他篤信聖人處

雙峯饒氏曰曾子反求諸己便是聖人與他說話他也未敢便以爲然必要求諸己以審其理而後信子夏篤信聖人則以聖人之言爲必可信不問說得是與未是便信了

問如何是孟施舍守約處朱子曰北宮黝便勝人孟施舍却只是能無懼而已矣如曰視不勝猶勝也此是孟施舍自言其勇如此孟子言此二子之勇未知其孰勝但

孟施舍所守得其要也蓋不論其勇之孰勝但論其守之孰約且二子之似曾子子夏直以其守氣養勇之分量淺深爲有所似耳豈以其德哉

雙峯饒氏曰孟施舍取必於已其氣象似曾子之反求諸己北宮黝取必於人其氣象似子夏之篤信聖人此是論二子之勇有所似非論其是非等級也然將二子所守來比量則孟施舍守其在我者爲得其所守之要耳○凡言守約不是守這約約要也言所守者得其要也守得其約則守字活言守定這約則守字死了

惴之瑞反

昔者曾子謂子襄曰子好勇乎吾嘗聞大勇於夫子矣自反而不縮雖褐寬博吾不惴焉自反而縮雖千萬人吾往矣

衡與橫同引二說縊縮爲直

此言曾子之勇也子襄曾子弟子也夫子孔子也縮直也檀弓曰古者冠縮縫今也衡縫又曰棺束縮二衡三惴恐懼之也往往而敵之也

附纂黄氏洵饒曰恐懼之之字指人

朱子曰儀禮禮記多有縮字每與衡字作對下文直養之說蓋本於此乃一章大指所繫不可失也○自反縮與不縮所以不動只在方寸之間若仰不愧俯不怍看如何大利害皆不足以易之若有一毫不直則此心便索然黝舍是不畏死而不動心告子是不認義理而不動心曾子是自反而不動心

雙峯饒氏曰縮不縮指理言不惴吾往指

氣言理者氣之主理直則氣壯理曲則氣餒吾之理不直雖一失之賤亦爲之屈吾之理直雖千萬人之衆在所必往孟子因丑有過孟賁之語所以先說黝舍然後說歸曾子來。

魯齋王氏曰朱子云孟子養氣之論孔子已道了曰內省不疚夫何憂何懼是謂與直正相表裏自反則內省也直則不疚矣雖千萬人吾往不憂不懼也

新安陳氏曰此曾子之大勇以義理之直爲主而不動心者也孟子之論至此始精細下文至大至剛以直養而無害之說蓋自此自反而縮發之也

或曰惴往都是勇斷斷不往處正是千萬人不敢挑的精神蘊蓄處內省時微覺不縮即還他惴的一念惴是一點良心浮氣盡斂大勇的真種子正在此此節所謂的工夫自反二字不可忽只一味形容愧

赧便非。曾子孟子養氣大關頭常恐有不縮處不得于心處不慊處行不義殺不辜處若云知言養氣更無不得于心不得于言之時是欲據高聖賢失却聖賢側身改過大旨。

蘇穎濱云縮入也入受也自反而心受之以爲可爲者無慊于吾心也則吾心囂然爲之而吾氣勃然應之矣。

孟施舍之守氣又不如曾子之守約也

言孟施舍雖似曾子然其所守乃一身之氣又不如曾子之反身循理所守尤得其要也孟子之不動心其原蓋出於此下文詳之

朱子曰孟子說曾子謂子襄一段已自盡了只爲公孫丑問得無了期故後面有許多說話此一段爲被他轉換問所以答得亦周匝然就前段看語脉氣象雖無後截亦自可見前一截已自具得後面許多意思足。守約只是所守之約言北宮黝之守氣不似孟施舍守氣之約孟施舍之守氣又不如曾子所守之約也孟施舍就氣上做工夫曾子就理上做工夫

慶源輔氏曰論舍之氣象雖大略有似於曾子然舍之所守不過是一身之血氣固未嘗反之於心以自顧其直與不直也其視曾子之自反以縮不縮爲勇怯則其所守之要非舍之所能知所可比也反身謂自反循理謂直

雙峯饒氏曰或問孟子之不動心如何原於曾子曰浩然之氣便是大勇以直養便是自反而縮行有不慊於心則餒便是自

反而不縮

通攷東陽許氏曰章首至守約爲第一節

與平聲　夫音扶　斷丁亂反下同　舍上聲

曰敢問夫子之不動心與告子之不動心可得聞與告子曰不得於言勿求於心不得於心勿求於氣不得於心勿求於氣可不得於言勿求於心不可夫志氣之帥也氣體之充也夫志至焉氣次焉故曰持其志無暴其氣

此一節公孫丑之問孟子誦告子之言又斷以已意而告之也告子謂於言有所不達則當舍置其言而不必反求其理於心

速浙字末四十
將去聲
至補二字欠分曉
能先孟子不動心一句欠分曉

於心有所不安則當力制其心而不必更求其助於氣此所以固守其心而不動之速也孟子既誦其言而斷之曰彼謂不得於心而勿求諸氣者急於本而緩其末猶之可也謂不得於言而不求諸心則既失於外而遂遺其內其不可也必矣然凡曰可者亦僅可而有所未盡之辭耳若論其極則志固心之所之而爲氣之將帥然氣亦人之所以充滿於身而爲志之卒徒者

也故志固爲至極而氣即次之人固當敬守其志然亦不可不致養其氣葢其內外本末交相培養此則孟子之心所以未嘗必其不動而自然不動之大略也

朱子曰告子之意以爲言語之失當直求之於言而不足以動吾之心念慮之失當直求之於心而不必更求之於氣葢其天資剛勁有過人者力能堅忍固執以守其一偏之見所以學雖不正而能先孟子不動心也觀其論性數章理屈詞窮則屢變其說以取勝終不能從容反覆審思明辨因其所言之失而反之於心以求至當之歸此其不得於言而不求諸心之驗也○告子只去守箇心得定都不管外面是亦

得不是亦得孟子之意謂是心有所失則見於言知肝病見於目相似

慶源輔氏曰不得於心勿求於氣可氣固有時而能動其心然心之不正則未必皆氣使之大抵心是本氣是末故程子亦曰人必有仁義之心然後有仁義之氣辨然達于外此不得於心勿求諸氣所以爲急於本而緩其末猶之可也猶言尚爲可也

朱子曰以下文觀之氣亦能反動其心則勿求於氣之說亦未爲盡善但心動氣之時多氣動心之時少故孟子取其彼善於此而已至于言則雖發於口而實出於心內有蔽陷離窮之病則外有詖淫邪遁之失。不得於言而每求諸心。則其察理日益精矣。孟子所以知言養氣以爲不動心之本者用此道也而告子反之是徒見言之發於外而不知其出於中不知言便不知義所以外義也其害理湥矣故斷然以爲

不可於此可見告子之不動心所以異於孟子而亦豈能終不動哉

慶源輔氏曰心有知而氣無知雖云氣一則能動志然大抵是氣隨心動故以志爲氣之將帥氣從志所使猶卒徒之聽命於將帥也不言心而言志者志者心之動而有所之處也但志則就其動處言故尤切耳下文又言是氣也而反動其心亦可見矣心無形而氣有質雖云心爲本氣爲末然人之所以充滿其身而不至餒乏者實賴氣爲志之卒徒也志而無氣則志無所使亦由將帥而無卒徒則亦虛名而已

新安陳氏曰呂與叔克己銘云志以爲帥氣爲卒徒此葢就帥字上生出卒徒字

潛室陳氏曰集註謂致養其氣即無暴氣發得暴失養故也必言致者見養氣之難須以集義爲本又無正忘助長之弊方爲能致養也。

雲峯胡氏曰、集註於持志謂守其志所也、必曰敬守其志、添入一敬字、最有意。蓋孟子養氣之功在集義、而所以集義者在敬。敬義夾持方爲成德之事。或疑兩言字不同、告子不得於言、已之言也。孟子知言天下之言也。愚嘗應之曰理一而已。告子於已之言且不能反求其理、如何能於天下之言而求其理。孟子於天下之言能究極其理、則於已之言可知也。新安陳氏曰下文知言養氣其根已安於此。告子不得於言即不求其理於心、是不知言也。不得於心即不求其助於氣、是不養氣也。孟子告子其不動心之名雖同而其所以不動心之本則相反、而全不同者在此。

通考仁山金氏曰孟子不動心本是心上用工、知言是其要、養氣是其助。

附纂黃氏洵饒曰告子勿求於心與孟子持其志相反。告子勿求於氣與孟子無暴其氣相反。此告子不動心之速與孟子自然不動者相反。故曰持其志、持志養氣不可分先後、持志便要養氣。

芑山張氏曰蘇潁濱云人必先有是心也而後有是氣。故君子養吾義心以致其氣、使氣與心相御而不相離。然後臨事而其氣不屈。故曰志至焉、氣次焉。志之所至而氣從之之謂也。傳習錄或問志至氣次、陽明曰志之所至、氣亦至焉之謂、非極至次貳之謂。持其志、則養氣在其中、無暴其氣則亦持其志矣。孟子救告子之偏、故如此夾持說、又楊升菴丹鉛續錄云、至者至到之至、非極至之至。次者次舍之次、非次第之次。思冰而寒、思火而熱、此志自內至而氣次焉之驗也。驚則汗出、哀則淚下、此志自外至而氣次焉之驗也。以文觀之、則曰至曰次、似志甲而氣乙。忠以氣驗之、豈志

甲而氣乙云乎。公孫丑不察、寔以爲甲乙之差、故復有問。而孟子有志壹氣壹之辯亦既曉然矣。愚按此三說淺得至次之義可以補註所未及。但驚則汗、哀則淚四句不合理。蓋汗與淚雖屬外、而驚與哀仍屬內、如何云志自外至乎。此處毫釐千里。升菴說未確。〇夫志一既全是破他勿求于氣一句、然曰持志則勿求于心之失益可照見。須知無暴其氣、亦只是持志以養之非判然兩樣工夫也。

夫音扶。

既曰志至焉氣次焉又曰持其志無暴其氣者何也曰志壹則動氣氣壹則動志也今夫蹶者趨者是氣也而反動其心

公孫丑見孟子言志至而氣次故問如此

[illegible]

則專持其志可矣又言無暴其氣何也壹專一也蹶顛躓也趨走也孟子言志之所向專一則氣固從之然氣之所在專一則志亦反爲之動如人顛躓趨走則氣專在是而反動其心焉所以既持其志而又必無暴其氣也程子曰志動氣者什九氣動志者什一

慶源輔氏曰志者心之所之故可言向氣則做出來底便是不可以向言只得下在字下文云氣專在是兩在字相照應察理精矣

程子曰告子不得於言勿求於心蓋不知義在內也志帥氣也持定其志無暴亂其氣兩事也志專一則動氣氣專一則動志然志動氣爲多且若志專在淫辟豈不動氣氣專在喜怒豈不動志故蹶者趨者反動其心

朱子曰爲告子將氣說得大低了故說志最緊要氣亦不可緩故曰志至氣次持其志無暴其氣是兩邊做工夫志卽是心之所向而今欲做一件事這便是志持其志便是養心不是持志外別有箇養心如喜怒若當喜也須喜當怒也須怒這便是持志若喜得過分一向喜怒得過分一向怒則氣便暴了志卽反爲所動蹶趨是氣也他心本不曾動只忽然喫一跌氣打一暴則其心便動了○問蹶趨反動其心若是志養得堅定莫須蹶趨亦不能動得否曰人之奔走如何心不動曰蹶趨多過於卒然不虞之際所以易得動心曰是○問在車聞鸞和行鳴佩玉皆所以無暴其氣今旣無此不知如何而爲無暴曰凡人多動作多語笑做力所不及底事且如只行得五十里卻硬要行百里皆是暴其氣學者須事事節約莫教過當此便是養氣之道志動氣是源頭濁者故下流亦濁也氣動志者卻是下流壅而不泄反濁了上面也○問程氏遺書云志一動則動氣氣一動則動志外書云志專一則動氣氣專一則動志二說孰是曰此必一日之語學者同聽之而所記各有淺深類多如此志一動則動氣氣一動則動志此言未說動氣動志而先言志動氣動反涉了動字了固不若後一說所記得其本旨蓋曰志專一固可動氣而氣專一亦可以動其志也○問持志養氣之爲交養何也曰持志所以直其內無暴所以防於外兩者各致其功而無所偏廢則志正而氣自完氣完而志益正其於存養之功且將無一息之不存矣○問養氣次第功夫內外是交盡不可棄自己自守其志便謂無事氣縱不得其平志亦不得其安故孟子以蹶趨形容之告子所謂不得於心勿求於氣是未爲全論程子所以言氣動志者什一正謂是爾曰然兩者相夾著方始德不孤

雙峰饒氏曰志帥也氣卒徒也如周亞夫軍中夜驚亞夫堅臥不起不起便是帥之定處然設或被他驚不已自家如何睡得安於此見持其志又不可不養其氣○武子所以足容重手容恭聲容靜氣容肅行中鸞和步中采齊皆是要無暴其氣

新安陳氏曰前言心與氣忽又變心言志者蓋心以全體言志以心之動而有所向處言欲致持之之功則就其動而有所向處用力若心則不可言持矣故志字尤切

後云氣壹卽動志卽以是氣也而反動其心證之可見動其心卽是動志矣程子什九什一之說蓋言志動氣之時多十中常有九所以志爲至氣動志之時少十中亦有一所以氣亦次焉也

通考東陽許氏曰敢問夫子之不動心至反動其心爲第二節孟子但曰我善養吾浩然之氣是專言養氣而不言志所以養之之方與養之之節度一一詳備專是氣上工夫孟子之自得至於大而將進於化正在於此

貢氏紹曰持志工夫簡而易知養氣工夫密而難明故孟子因公孫丑之問獨詳於養氣而不復更言持志道者事之理義者理之宜合乎道者容有不適其宜合乎宜者未有不中夫道此孟子所以言氣配義與道而其下文詳言集義而不及道也

此以知言養氣爲不動心之本恐朱子與郭沖晦中語不合

說養氣深要全在知言文挑拘擇義精心是合本頒而非發業見求增

敢問夫子惡乎長曰我知言我善養吾浩然之氣

公孫丑復問孟子之不動心所以異於告子如此者有何所長而能然而孟子又詳告之以其故也知言者盡心知性於凡天下之言。無不有以究極其理。而識其是非得失之所以然也。浩然。盛大流行之貌。氣即所謂體之充者。本自浩然。失養故餒。惟孟子爲善養之以復其初也蓋惟知言則有以明夫道義而於天下之事無所疑養氣則有以配夫道義而於天下之事無所懼此其所以當大任而不動心也告子之學與此正相反其不動心殆亦冥然無覺悍然不顧而已爾

朱子曰知言便是窮理不先窮理見得是非如何養得氣須是道義一一審處得是其氣方充大○孟子論浩然之氣一段緊要全在知言上所以大學許多工夫全在格物致知格物則能知言誠意則能養氣○知言養氣雖是兩事其實相關正如致知格物正心誠意之類若知言便見得是非邪正義理昭然此浩然之氣自生◯知

……不心之本知言義養氣之本旨非也

知得此理告予便不理會故以義爲外

雲峯胡氏曰論語亦曰不知言無以知人但論語爲初學而言故集註但曰言之得失可以知人之邪正孟子則自言也故集註釋之比論語尤詳且重論語之知言爲知人之端入德之事孟子之知言爲養氣之本成德之事

朱子曰浩然之氣乃指其本來體段而言○酧酢應接舉皆合義。則俯仰無愧怍故其氣自然盛大流行。

慶源輔氏曰盛大言其體流行言其用才怯小則便非氣之本體才鬱塞則便非氣之本用氣即天地之氣而人之所以充滿其身者其本然之體用自是浩然由失其養故餒之而不充乎體

雙峯饒氏曰孟子之言善養氣是以成德言非是說做工夫下文必有事焉而勿正以下却是說養氣做工夫處

雲峯胡氏曰集註章句言復其初者凡三論語謂人之性其初本善學者當明善以復其初大學謂人之心其初本自光明學者當大明之以復其初此言人之氣其本自盛大流行惟孟子能善養之以復其初然非學以復此心此性之初者未必能復此氣之初也故孟子養氣先之以知言

附纂黃氏洵饒曰盡心知性是知至物格盛大是體流行是用體之充者泛言之復其初行之事

慶源輔氏曰集註疑懼二字以應此章第一節詳文疑惑恐懼四字也道體也義用也言道義以該體用也知言則於道義究極無餘一事來則以一理應之夫復何疑之有養氣則於道義襯貼得起勇猛果決而不屑行夫復何懼之有

雙峯饒氏曰浩然之氣即達德中之勇不動心即是勇者不懼添一箇知言即是智

不惑

雲峰胡氏曰章首公孫丑問動心集註以爲有所恐懼疑惑先懼而後疑者懼者心之動疑者心之所由以動也恐懼二字於動字最切而疑惑二字已蘊知言之意此則釋知言養氣二句故先疑而後懼

東陽許氏曰知言則盡心知性萬理洞然何所疑惑養氣則動皆合義遇事即行何有畏怯二者既全何能動心

附纂黄氏洵饒曰無所疑即道明無所懼即德立

問知言養氣之說朱子曰孟子之不動心知言以開其前故無所疑養氣以培其後故無所懼如智勇之將勝敗之形得失之策判然於胸中而能虎貔貅百萬之衆又皆望其旌旗聽其金鼓爲之赴湯蹈火有死無二是以千里轉戰所向無前其視告子之不動心正猶勇夫得卒初無制勝科

敵之謀又無蚍蜉蟻子之援徒恃其勇而挺身以赴敵也其不爲人所擒者特幸而已告子之學他雖無所考證然以孟子此章之言反覆求之亦曉然可見矣先引告子之言以張本於前後言已之所長以著明於後今以其同者而比之則告子所不得之言即孟子所知之言告子所勿求之氣即孟子所養之氣也以其異者而反之則告子之所以失即孟子之所以得孟子之所以得即告子之所以失也是其彼此之相形前後之相應固有不待安排而不可移易者

慶源輔氏曰孟子能知人言之是非告子乃自以其言爲外而不復考孟子善養其氣而告子乃以氣爲末而不知求此所謂正相反也其不動心者不過是硬把定其心冥冥然都無知之於一切事皆漠然與之扞格而不顧耳亦豈能終不動哉然其

所以能不動者亦幸而已

新安陳氏曰冥然無覺則不能無疑悍然不顧非真能無懼也

附纂黄氏洵饒曰冥然無覺不能知言悍然不顧不能養氣○冥然無覺不得於言勿求於心不能知言是也悍然不顧不得於心勿求於氣不能養氣是也

敢問何謂浩然之氣曰難言也

孟子先言知言而丑先問養氣者承上文方論志氣而言也難言者蓋其心所獨得而無形聲之驗有未易以言語形容者故程子曰觀此一言則孟子之實有是氣可

知矣

問浩然之氣與血氣如何朱子曰只是一氣義理附于其中則爲浩然之氣不由義理而發則只爲血氣然人所稟氣亦自不同有稟得盛者則爲人强壯隨分亦有立作使之做事亦隨分做得出若稟得衰者則委靡巽懦都不解有所立作唯是養成浩然之氣則却與天地爲一更無限量○孟子先說知言後說養氣而公孫丑先問氣者向來只爲他承上文先論志氣而言也今看來不然乃是公孫丑會問處留得知言在後面問者蓋知言是末後合尖上事如大學說正心誠意只合殺在致知在格物一句蓋是用功夫起頭處

其爲氣也至大至剛以直養而無害則塞乎

別，必列反

之間

至大初無限量，至剛不可屈撓，蓋天地之正氣，而人得以生者，其體段本如是也。惟其自反而縮，則得其所養；而又無所作爲以害之，則其本體不虧而充塞無間矣。程子曰：天人一也，更不分別。浩然之氣，乃吾氣也。養而無害，則塞乎天地；一爲私意所蔽，則欿然而餒，知其小也。謝氏曰：浩然之氣，須於心得其正時識取。又曰：浩然是無虧欠時。

慶源輔氏曰：初無限量，便是盛大不可屈撓，便是流行，即所謂浩然之氣也。不言用者，舉體則足以該之矣。

新安陳氏曰：照應本章上文釋之，以直之直字，即是上文縮字意。

新安陳氏曰：充塞彌滿乎天地之間而無有間斷之意矣。

程子曰：浩然之氣，難識，須要識得，當行不歉於心之時，自然有此氣象。

問：伊川於至大至剛以直點句，先生却於剛字點句。朱子曰：若於直字點句，則養字全無骨力。○至大至剛，氣之本體；以直養而無害，是用功處；塞於天地之間，乃是效也。○問：他書不說養氣，只孟子言之，何故？曰：這源流便在那箇心廣體胖、內省不疚、夫何憂何懼處來。大抵只是一氣，又不是

別將箇甚底去養他？但集義便是養氣，知言便是知得這義。人能仰不愧，俯不怍，時看這氣自是浩然，塞乎天地之間。○纔說浩然，便有剛果意思，如長江大河浩浩然而來也。富貴貧賤威武不能淫移屈之類，皆低不可以語此。丑本意只是設問孟子能擔當得此樣大事否，故孟子所答只說許多剛勇，故說出浩然之氣。只就問答本文看之，便見子細。

魯齋王氏曰：此所謂其爲氣也，氣之體；下文所謂其爲氣也，氣之用。

附纂黃氏洵饒曰：天理無有不善，而正氣中正浩然，但其流行參差不齊，故人所稟有清濁之異，能去其昏濁，則本然者自浩然矣。

朱子曰：天地之氣無處不到，無處不透，是他氣剛，雖金石也透過去。人便是稟得這箇氣無欠缺，所以程子曰：天人一也，更不分別。浩然之氣，乃吾氣也。○問：浩然之氣是稟得底否？曰：只是這箇氣。若不曾養得，剛底便麤暴，弱底便衰怯。○問：孟子說浩然之氣，却不分稟賦清濁說？曰：此章孟子之意，不是說氣稟，只因說不動心，奕說到這處，似今人說氣魄相似，有這氣魄便做得這事，無氣魄便做不得。

慶源輔氏曰：浩然之氣，本是天地之正氣，然天人一理，故孟子更不分別，直以爲己之氣也。養而無害，則全其本體而塞乎天地；若不務集義，而所爲一有私意蔽隔了，則便不流行，而欿然餒乏，不足以充乎躰，而失其正大之體也。

雙峯饒氏曰：人得天地之氣以生，天地之氣如此剛大，人之氣亦合如此剛大，其所以不能如此者，不善養之故也。

程子曰：人與天地一氣也，人特自小耳。且如文武一怒而安天下之民，也只是這氣

從出來。他底却與天地一般，條至大至剛。只是善養故耳。

雲峯胡氏曰：此氣是天地之正氣，心得其正，便是不失其所得於天地之正者。

東陽許氏曰：此氣本得於天，故至大至剛。剛大，天之體段也。聖人生知安行，無非直道，不假乎養。衆人知不明，自害其剛大，故須直以養之。直即義也。塞天地言其效也。

通考東陽許氏曰：塞天地只是應物皆合道義，而物莫不從，至於郊則格，廟則享，鳥獸魚鱉咸若，而人倫日用不言可知。

餒，奴罪反。

其爲氣也，配義與道；無是，餒也。

配者，合而有助之意。義者，人心之裁制；道者，天理之自然。餒，饑乏而氣不充體也。言

人能養成此氣，則其氣合乎道義而爲之助，使其行之勇決，無所疑憚；若無此氣，則其一時所爲雖未必不出於道義，然其體有所不充，則亦不免於疑懼，而不足以有爲矣。

李先生侗，延平。

慶源輔氏曰：此意本於李先生。曰配是襯貼起來。朱子謂襯貼二字說配字極親切。蓋道義是虛底物，本自孤單，得這氣襯貼起來，便張大無所不達。今人做事亦有合於道義者，若無此氣，則只是一箇衰颯底人。李先生又曰：氣與道義一滚出來。朱子謂一滚出來說得道理好，孟子分明說配義與道，不是兩物相補貼，只是一滚發出來，故朱子用此意而並就配字說出此句，蓋已極於精切矣。

雙峯饒氏曰：合而有助，譬如妻之配夫。以此合彼而有助於彼者也。蓋理氣不相離，氣以理爲主，理以氣爲輔。大凡人不能爲善，爲是無那氣來襯貼；有那氣來襯貼起做得，定是有力。

雲峯胡氏曰：所謂合即延平所謂一滚出來之意，所謂助即延平所謂襯貼起來之意也。

新安陳氏曰：疑憚、疑懼四字仍應前註文疑惑恐懼字。憚懼即恐懼也。

程子曰：浩然之氣，天地之正氣。大則無所不在，剛則無所屈，以直道順理養而無害，則塞乎天地之間。有少私意，即是氣虧，無不義便是集義，有私意便是餒。○率氣在志，養氣在直內。有私意則餒，無不義則浩然。

朱子曰：道義別而言，則道是物我公共自然之理，義即吾心之能斷制者，所用以處此理者也。○道是舉體統而言，義是就此一事所處而言。如父當慈，子當孝，君當仁，臣當敬，此義也。所以孝慈，所以仁敬，則道也。故後面只說集義。○道義是公共無形影底物事，氣是自家身上底。自家若無這氣，則道義自道義，氣自氣，如何助得他？○前篇其爲氣也，至大至剛，是說此氣之體段；配義與道，是說此氣可將如此用，是說氣之功用。○或問：何以言氣之配義與道也？曰：道，體也；義，用也。二者皆理也，形而上者也。氣也者，器也，形而下者也。以本體言之，則有是理而後有是氣，而理之所以行又因氣以爲質也。以人言之，則必明道集義，然後能生浩然之氣；而義與道又因是氣而後得以行焉。蓋三者雖有上下體用之殊，然其渾合而無間也乃如此。苟不知

慊口[illegible]反 入口

所以養而有以害之則理自理氣自氣耳
浩然而充者且將爲慊然之餒矣或略知
道義之爲貴而欲恃之而有爲亦且散漫
蕭索而不能以自振矣
雙峯饒氏曰浩然之氣全靠道義在裏面
做骨子無這道義氣便歉弱蓋緣有是理
而後有是氣理是氣之主如天地二五之
精氣以有太極在裏面做主所以他底常
恁地浩然
通考涂氏潛生曰仁包四者故一言而有
餘義非一端故累言而不足以仁配義以
義配理所重在仁與理體用之謂也以義
配道以義配德以義配命以義配理所重
在義義制之謂也
或曰楊升菴云朱註配者合而有助之謂
高泉謝氏云合字是也而有助字却非謂
其有彼此之分也文公此解緣信師說大
過李延平云配是襯貼起來又云氣與道

四書大全辯 六 上孟卷三 丰

義一滚出來一滚出來之說極精而襯貼
之說欠妥解配字只消一合字足矣不應
并取襯貼之說而添有助字也曰有助則
又似兩物相補貼而與一滚出來之意異
矣予謂高泉之說善矣程子曰天人合一
已是贅一合字其言深得孟子配字之旨
洪覺山曰其爲氣也配義與道于天地細
縕時觀之無理氣分合處
季彭山曰氣如何能助道義必道義養成
與氣合一左右逢源耳苟求助于氣則私
意牽纏便是不直
袁了凡曰謂此浩然者非徒氣也乃與道
義合一者若無道義雖欲行之而氣自餒
矣下文行有不慊于心則餒分明說無義
則氣餒集註似誤

是集義所生者非義襲而取之也行有不慊
於心則餒矣我故曰告子未嘗知義以其外
之也

集義猶言積善蓋欲事事皆合於義也襲
掩取也如齊侯襲莒之襲言氣雖可以配
乎道義而其養之之始乃由事皆合義自
反常直是以無所愧怍而此氣自然發生
於中非由只行一事偶合於義便可掩襲
於外而得之也慊快也足也言所行一有
不合於義而自反不直則不足於心而其
體有所不充矣然則義豈在外哉告子不

四書大全辯 六 上孟卷三 圭

知此理乃曰仁內義外而不復以義爲事
則必不能集義以生浩然之氣矣上文不
得於言勿求於心即外義之意詳見告子
上篇
春秋襄公二十三年秋齊侯伐晉冬齊侯
襲莒註輕行掩其不備曰襲因伐晉還襲
莒
通考趙氏德曰凡師有鐘鼓曰伐無鐘鼓
曰襲齊襄公二十三年齊莊公伐晉遂襲
莒即華周杞梁死命之時
朱子曰直只是無私曲集義只是事事上
皆直仰不愧于天俯不怍于人便是浩然

之氣而今只將自巳心體驗到那無私曲處自然有此氣象○以直養是自反而縮集義是以直養然此工夫須積漸集義自然生出浩然之氣不是行一二件合義底事能掩取浩然之氣也集義是歲月積久之功襲取是一朝一夕之事從而掩取終非巳有也○此上三句本是說氣下兩句是字與非字應襲字與生字對說其意蓋曰此氣乃集義而自生於中非行義而襲取之於外云爾○生字正與取字對生是自裏面生出取是自外面取來○義襲是於一事之義勇而爲之以壯吾氣然無生底道理只是些客氣耳不久則消矣朱子曰孟子許多論氣只在集義所生一句上只是件件合宜無一事不求箇是自然積得多則胸中仰不愧俯不作纔有些子不合道理心下便不足新安陳氏曰集義則浩然之氣生行有不合義而心不慊則此氣餒可見義在內非由外矣

問配義與道是氣助道義而行又曰集義所生是氣又自集義而生朱子曰初下工夫將集義然後生浩然之氣氣已養成又却助他道義而行○告子之病蓋不知心之慊處即是義之所安其不慊處即是不合於義故直以義爲外而不求○告子直是將義屏除去只就心上理會因舉陸子靜云讀書講求義理正是告子義外工夫某曰不然如子靜不讀書不求義理只靜坐澄心却是告子外義

雙峯饒氏曰先說氣配義與道後說集義而不及道者蓋道是體義是用浩然之氣有體有用其體配道其用配義故曰配義與道其體用一也言用則體在其中體七義然做工夫處故只說集義○二餒字之分無是餒也是無氣則道義餒行有不慊則餒是無道義則氣餒所指不同蓋二者相資論其用則道義非氣無以行論其體則氣非道義無以生

新安陳氏曰二是字亦不同無是餒也此是字指浩然之氣言是集義所生此是字正與下句非字相呼喚猶言是如此非如彼耳

雲峯胡氏曰集義即是以直養義襲而取之即是有所作爲以害之集註訓慊字與大學音義同自慊則心廣體胖不慊則餒餒字正與廣字胖字相反集註訓以直養則曰自反而縮此則言自反常直自反不直見得孟子養氣之論正自曾子所謂自反而縮來也

附纂黃氏洵饒曰知言一集義二養氣三配道義四浩然之氣五

或曰愚按說文鳥止木上曰集心之所宜曰義集義云者謂集在義上猶言即乎人心之安也集不訓積義不在事集義是時時求慊于心從自反上做工夫心安即是義義襲是事事求合于義不求自反未免有違心之行所以謂之襲行有不慊于心是申明集義所生義外是申明義襲而取正所謂毫釐之辨也

長上聲　揠烏八反　舍上聲

必有事焉而勿正心勿忘勿助長也無若宋人然宋人有閔其苗之不長而揠之者芒芒然歸謂其人曰今日病矣予助苗長矣其子趨而往視之苗則槁矣天下之不助苗長者寡矣以爲無益而舍之者不耘苗者也助之長者揠苗者也非徒無益而又害之

必有事焉而勿正趙氏程子以七字爲句
近世或并下文心字讀之者亦通必有事
焉有所事也如有事於顓臾之有事正預
期也春秋傳曰戰不正勝是也如作正心
義亦同此與大學之所謂正心者語意自
不同也此言養氣者必以集義爲事而勿
預期其效其或未充則但當勿忘其所有
事而不可作爲以助其長乃集義養氣之
節度也閔憂也揠拔也芒芒無知之貌其

人家人也病疲倦也舍之而不耘者忘其
所有事揠而助之長者正之不得而妄有
作爲者也然不耘則失養而已揠則反以
害之無是二者則氣得其養而無所害矣
如告子不能集義而欲彊制其心則必不
能免於正助之病其於所謂浩然者蓋不
惟不善養而又反害之矣

問必有事焉當用敬否程子曰敬只是涵養一事必有事焉須當集義只知用敬不知集義却是都無事也又問義莫是中理否曰中理在事義在心內苟不主義浩然

之氣從何而生
朱子曰集義是養氣之丹頭必有事是集
義之火法必有事焉言養氣者必以集義
爲事須要把做事去做如主敬也須把做
事去主如求放心也須把做事去求
公羊傳僖公三十六年夏齊人伐我北鄙
公子遂如楚乞師乞者何卑辭也曷爲以
外內同若辭重師也曷爲重師師出不正
反戰不正勝也不正者不期也反復也勝
捷也
朱子曰勿正勿待也勿忘勿忘以集義爲
事也助長待之不至而拔之使長也正者
等待期望之意如一邊集義一邊在此等
待那氣生等來等去却便去助長氣未至
於浩然便作起令張主謂巳剛毅無所屈
撓便要發揮去做事便是助長必有事焉
勿忘是論集義工夫勿正勿助長是論氣
之本體上添一件物事不得不要等待不

要催促○論集義所生則義爲主論配義
與道則氣爲主一向都欲以義爲主故失
之○人能集義以養其浩然之氣故事物
之來自有以應之不可萌一期待之心少
間待之不得則必出於私意有所作爲而
逆其天理矣是則助之長也今人之於物苟
施種植之功至於日至之時則自然成熟
若方種植而待其必長不長則從而拔之其
逆天害物也甚矣○養氣一章在不動心
不動心在勇勇在氣氣在集義勿忘勿助
長○又是那集義底節度若告子則更不理
會言之得失事之是非氣之有平有不平
只是硬制壓那心使不動恰如說打硬修
行一般○問此氣是稟得天地底來是集
義方生曰本自浩然被人自少時壞了今
當集義方能生曰有人不知集義合下便
恁地剛勇是如何曰此只是麤氣便是點
舍之勇亦終有餒時此章須從頭節節看

來看去首尾貫通見得活方是不可只略
涉獵說得去便了
南軒張氏曰勿助長者待其自充不可强
使之充也此爲循天理之當然而不以人
爲加之然欲不忘則近於助長欲不助長
則或忘之二者之間守之爲難學者多知
忘之爲害不知助長之爲害尤甚故引揠
苗爲喻閔苗之不長猶憂氣之未充也揠
以助長猶作其氣而使之充也或曰二程
多以必有事焉爲有事乎敬而孟子則主
於集義有異乎曰無以異也孟子所謂持
志即敬之道也非持其志其能以集義乎
敬義蓋相須而成者也
雙峯饒氏曰有事勿忘是說以直養勿正
勿助是說養而無害必有事焉而勿忘勿
助長是集義工夫正而助長是要義襲而
取集義義襲兩句乃是一段骨子以集義
爲無益而忘之者不耘苗者也以義襲爲

四書大全辯〈上孟卷三〉　三十五

心預期其效而助長者揠苗者也惟其是
集義所生者故當必有事焉心勿忘惟其
非義襲而取之故當勿正勿助長以直養
而無害是養之之正道集義所生是養之
之成功有事勿忘是做工夫處○前說持
志無暴氣是兩事後說養氣不及持志言
集義則持志在其中今日集義明日又集
義則此志全在義上有事勿忘念念在集
義上忘便是不能持其志助長便是暴其
氣○問天下之不助苗長者寡矣其意何
謂曰此是說天下之人平時不能養其氣
者皆是臨時助長以暴其氣也似湛然却
不是自家集義所生底故乍長乍消易盈
易縮適足以戕賊其氣而已不特養氣不
可助長凡事皆不可助長如看書未通不
能潛心玩索而强搜力索之類皆是助長
雲峯胡氏曰必有事焉是念念必合乎義
而無一念之不義也事事必合乎義而無
一事之不義也謂之有事是集義之外無
他事謂之必有事是此事之外無他念也
但必於此者每有所期於彼必而勿正則
先事後得集義之心始無間斷期之不得
者又易忘其所有事勿正而不忘則集義
之心愈無間斷正忘助三字相因皆是爲
害助之害愈甚大抵必有事是集義是以
直養正忘助是義襲是害所以孟子始曰
無害終曰害之孟子論養氣工夫是一正
一反集註亦是一正一反論以直養正說
曰自反常直反說曰自反不直論害之正
說曰不可作爲以助其長又反說曰正之
不得而妄有作爲前後相應學者當字字
體認
慶源輔氏曰集義而不忘其所事則氣得
其養勿正而不妄作爲則氣無所害如此
則日引月長而充塞天地之體沛然流行
之用將不期然而然矣又曰所謂揠而反

四書大全辯〈上孟卷三〉　三十六

害之者正指告子而言
通考東陽許氏曰揠苗一段八十五字專
言私意害氣之大
黄氏四如曰孟子工夫全在養氣上以集
義爲主勿忘是工夫不可緩勿助長是又
不可急如煉丹有文武火火冷則死火
猛則丹走惟慢火常在爐中可使二三十
年伏火然後養得成丹孟子下工夫有節
度如此

何謂知言曰詖（詖彼寄反）辭知其所蔽淫辭知其所陷邪辭知其所離遁辭知其所窮生於其心害於其政發於其政害於其事聖人復（復扶又反）起必從吾言矣

……反……畢……反　沈俗作沉……

此公孫丑復問而孟子荅之也詖偏陂也淫放蕩也邪邪僻也遁逃避也四者相因言之病也蔽遮隔也陷沈溺也離叛去也窮困屈也四者亦相因則心之失也人之有言皆出於心其心明乎正理而無蔽然後其言平正通達而無病苟爲不然則必有是四者之病矣即其言之病而知其心之失又知其害於政事之決然而不可易者如此非心通於道而無疑於天下之理

其孰能之彼告子者不得於言而不肯求之於心至爲義外之說則自不免於四者之病其何以知天下之言而無所疑哉程子曰心通乎道然後能辨是非如持權衡以較輕重孟子所謂知言是也又曰孟子知言正如人在堂上方能辨堂下人曲直若猶未免雜於堂下衆人之中則不能辨決矣

朱子曰詖淫邪遁蔽陷離窮四者相因心有所蔽只見一邊不見一邊如楊氏爲我

墨氏兼愛各只見一邊故其辭詖詖是偏陂此理本平正他只說得一邊字凡從皮皆是一邊意如跛是脚一長一短坡是山一邊斜蔽則陷陷深入之義也是身陷在那裏如陷溺於水只見水不見岸了故其辭放蕩而過說得過遠浩瀚穢恁地陷人深了於是一向背却正路闊去愈遠遂與正路相離了故其辭邪既離去了正路他邪物事不成物事畢竟用不得遂至于窮窮是說不去了故其辭遁遁是既離後走脚底話如楊子本是不拔一毛以利天下却說天下非一毛所能利夷子本說愛無差等却說施由親始佛氏本無父母却說父母經皆是遁辭◎問楊墨似詖莊列似淫儀秦似邪佛似遁曰不必如此分別有則四者俱有其序自如此○此一章專以知言爲主若不知言則自以爲義而未必是義自以爲直而未必是直是非且莫辨

矣然說知言又只說知詖淫邪遁四者蓋天下事只有一箇是與不是而已若辨得那不是底則便識得那是底了然非見得道理十分分明則不能辨得親切且如集義皆是見得道理分明則動靜去處皆循道理無非集義也

蔡氏曰知言則善惡邪正皆當知之此之所知獨詖淫邪遁之辭何也蓋孟子之時楊墨之言盈天下正人心息邪說莫此爲急故曰楊墨之道不息孔子之道不著此其意也

慶源輔氏曰言形於外故以病言心存於中故以失言

雙峯饒氏曰詖淫邪遁雖是四件却只是兩件詖淫屬陽邪遁屬陰蓋詖尚有一邊是道理邪則并這一邊亦離了淫是詖之深遁是邪之極如楊墨初以爲我兼愛爲仁義雖非仁義之全體猶自見得仁義之

一偏其終也至于無父無君則其離仁義也遠矣天下道理好底四件不好底亦四件元亨利貞仁義禮智是好底詖淫邪遁意必固我是不好底好底相因不好底亦相因元亨利貞起於元仁義禮智起於仁意必固我起於意詖淫邪遁起於詖當看四箇所字如看病相似詖淫邪遁是病證蔽陷離窮是病源所蔽所陷所離所窮是病源之所在墨氏之蔽在於見仁而不見義楊氏之蔽在於見義而不見仁其蔽雖同而所以蔽則異孟子知言如明醫然幾見病證便說病源在何處欲治蔽陷離窮之病在先去其蔽無所蔽便無下面三件蔽之源不一有爲氣稟所蔽有爲物欲所蔽有爲學術所蔽有爲習俗所蔽問去蔽之道當如何曰孔子嘗謂六言六蔽皆基於不好學欲去蔽者當自好聖賢之學始

雲峯胡氏曰集註釋我知言曰識其是非

得失之所以然此所謂言之病者其然也所謂心之失者即所以然也特上文汎指天下之言故兼是非得失而知之此則似指告子之言故專於其失者而知之也

新安倪氏曰集註既釋蔽陷離窮四者而下文則曰其心明乎正理而無蔽然後其言平正通達而無病又提出蔽之一字者蓋四者之失必起於蔽饒氏謂無所蔽便無下面三件亦其淺得集註之意者歟

問孟子知言處說生於其心害於其政先政而後事闢楊墨處說作於其心害於其事先事而後政朱子曰先事而後政是自微而至著先政而後事是自大綱而至節

□

慶源輔氏曰孟子之所以能知言也因其言之病而知其心之失是即其用而知其體也又知其害於政事之決然而不可易者如此是據其始而知其終也非心與理

一其於天下之事如燭照數計略無所疑者何能如是哉不然則知其用者或不知其體見其始者或不見其終者有矣

雙峯饒氏曰政者事之大體事者政之條目心纔不正到處有害政事皆心之所發於大體既有害則小者可知故曰發於其政害於其事後篇說作於其事害於其政是條目上既有害則大者亦可知

雲峯胡氏曰所謂害者皆指異端之害而言詖淫邪遁之言即異端之言也其害或先政而後事或先事而後政但言無大無小無不有害不必拘先後也

新安陳氏曰集註於養氣知言兩節皆解上告子身上以終前不得於言至勿求於心不可之說

新安陳氏曰此言必有超於衆人之見然後能知衆人之言也

問程子之說莫直是驗心通于道者否朱

子曰此只是言見識高似他方能辨他是非得失若見識與他一般如何解辨得他

雙峯饒氏曰知言當如何用功程子心通乎道之說便是發明知言之要亦須格物上做來道便是箇權衡以道觀人如持權衡以較輕重無有能逃之者知言便是知道孟子不欲以知道自謂所以只說知言告子以義爲外所以只取必於口全不反求諸心如杞柳之說孟子闢之則又移爲湍水之說第一說用不得又換第二說是之謂遁辭

新安陳氏曰此章甚長頭緒頗多其要旨未易究也知言養氣下集註標出綱領而未及所以能知言養氣之本朱子與郭沖晦帖云孟子之學蓋以窮理集義爲始不動心爲效蓋惟窮理爲能知言惟集義爲能養氣理明而無所疑氣充而無所懼故能當大任而不動心考於本章次第可見

說如字或讀稅音非　林氏爲之許字　少頎三山人

矣。此章要指惟此帖盡之。而無餘蘊。集義故能養氣。孟子所已言，窮理故能知言。孟子所未言。心通乎道而無疑於天下之理程子固言之而提綱挈領以示後學未有如朱子此帖之明白周備者也。明理以知言知之之事集義以養氣行之之事不出乎知行二者而已此章雖未終於此而正意止於此

通考東陽許氏曰敢問夫子惡乎長至必從吾言爲三節

宰我子貢善爲說辭冉牛閔子顏淵善言德行孔子兼之曰我於辭命則不能也然則夫子既聖矣乎

此一節林氏以爲皆公孫丑之問是也說

辭言語也德行得於心而見於行事者也三子善言德行者身有之故言之親切而有味也公孫丑言數子各有所長而孔子兼之然猶自謂不能於辭命今孟子乃自謂我能知言又善養氣則是兼言語德行而有之然則豈不既聖矣乎此夫子指孟子也○程子曰。孔子自謂不能於辭命者。欲使學者務本而已。

問善爲說辭則於德行或有所未至善言德行則所言皆其自己分上事也朱子曰得之

慶源輔氏曰知言則在我，在人一也知其如此則於言語辭命何患不能養氣自集義生豈非德行乎

雲峯胡氏曰此以後因公孫丑提出一聖字爲問故專發明一聖字

附纂黃氏洵饒曰欲使學者務本務本就德行上做工夫

惡平聲　夫聖之夫音扶

曰惡是何言也昔者子貢問於孔子曰夫子聖矣乎孔子曰聖則吾不能我學不厭而教不倦也子貢曰學不厭智也教不倦仁也仁且智夫子既聖矣夫聖孔子不居是何言也

惡驚歎辭也昔者以下孟子不敢當丑之

言而引孔子子貢問答之辭以告之也此夫子指孔子也學不厭者智之所以自明教不倦者仁之所以及物再言是何言也以深拒之

朱子曰中庸成己仁也是體成物智也是用此學不厭智也是體教不倦仁也是用

潛室陳氏曰仁智互爲體用義精仁熟之後道理縱看橫看皆可智爲體則仁爲用仁爲體則智爲用

雙峯饒氏曰不厭不倦須帖上聖字說，言學聖人之道而不厭、又以聖人之道教人而不倦○子貢此言與中庸不同詳見中庸第二十五章或問輯釋論之

附纂黃氏洵饒曰子思之言主於行子貢

之言主於知此乃入德之事以進學而言德乃成德之事以行道而言

昔者竊聞之子夏子游子張皆有聖人之一體冉牛閔子顏淵則具體而微敢問所安

此一節林氏亦以皆爲公孫丑之問是也

一體猶一肢也具體而微謂有其全體但未廣大耳安處也公孫丑復問孟子既不敢比孔子則於此數子欲何所處也

朱子曰聖人道大而能博如游夏得其文學子張得其威儀皆一體也惟顏淵冉閔氣質不偏理義完具獨能具有聖人之全體但未若聖人之大而化之無限量之可言故以爲具體而微耳

舍上聲

曰姑舍是

孟子言且置是者不欲以數子所至者自處也

陵陽李氏曰問如集註之說則孟子猶有不足於顏子歟天台潘氏曰孟子之志願學孔子是誠有不足於顏子者蓋非不足於顏子以顏子不幸短命而未至於聖人之域前輩云纔遜第一等事與別人做便是自棄古人之志大率如此然立志之後須要力行以酧其志不可徒有此志也

曰伯夷伊尹何如曰不同道非其君不事非民不使治則進亂則退伯夷也何事非君何使非民治亦進亂亦進伊尹也可以仕則仕可以止則止可以久則久可以速則速孔子也皆古聖人也吾未能有行焉乃所願則學孔子也

伯夷孤竹君之長子兄弟遜國避紂隱居聞文王之德而歸之及武王伐紂去而餓死伊尹有莘之處士湯聘而用之使之就桀桀不能用復歸於湯如是者五乃相湯而伐桀也三聖人事詳見此篇之末及萬

章下篇

勉齋黃氏曰乃所願則學孔子後四段盡在此句

雲峯胡氏曰孟子以顏子具聖人之體而未極其大故欲學其大者以伯夷伊尹有聖人之德而未極其全故欲學其全者故此以下則專言夫子之聖

通考東陽許氏曰宰我子貢至所願學孔子爲四節願學孔子是答知言以後之意

伯夷伊尹於孔子若是班乎曰否自有生民以來未有孔子也

班齊等之貌公孫丑問而孟子答之以不

王去聲 朝音潮

同也

曰然則有同與曰有得百里之地而君之皆能以朝諸侯有天下行一不義殺一不辜而得天下皆不爲也是則同

有言有同也以百里而王天下德之盛也行一不義殺一不辜而得天下有所不爲心之正也聖人之所以爲聖人其根本節目之大者惟在於此於此不同則亦不足以爲聖人矣

問伯夷伊尹之行一不義殺一不辜而得天下爲所不爲何以言之也朱子曰以其遜國而逃諫伐而餓非道義一介不取與觀之則可見矣

雙峯饒氏曰此亦是自反而不縮所以不爲也

新安陳氏曰上文德之盛根本之大也心之正節目之大也大根本節目同而小處不同皆可以言聖人若大處不同則大本已非吾何以觀之哉

汙音洼 好去聲

曰敢問其所以異曰宰我子貢有若智足以知聖人汙不至阿其所好

汙下也三子智足以知夫子之道假使汙下必不阿私所好而空譽之明其言之可信也

朱子曰汙是汙下不平處或是當時方言當屬下句讀

慶源輔氏曰智足以知聖人則其智識高明矣阿私所好而空譽之則其識趣汙下矣高明與汙下正相反高明則必不至汙下矣反覆極言之以明三子之言必可信耳

宰我曰以予觀於夫子賢於堯舜遠矣

程子曰語聖則不異事功則有異夫子賢於堯舜語事功也蓋堯舜治天下夫子又推其道以垂教萬世堯舜之道非得孔子則後世亦何所據哉

問夫子賢於堯舜有論宰我此言之失者南軒張氏曰味不思孟子引宰我此言爲甚曰遺書謂語聖則不異事功則有異曰便是這箇意思五峯云不成一時之勳業有限開萬世之道學無窮亦是此意

慶源輔氏曰語聖則不異以其德言也事功則有異就其所爲事與成功而言也堯舜治天下夫子又推其道以垂教萬世此堯舜言事功久遠之不同也堯舜之道非得孔子則後世亦何所據哉此言事功始終成就之不同也

新安陳氏曰後世聖賢之君不作異端蠭起苟非得孔子祖述堯舜以示後世則無所據依以入堯舜之道矣輔氏有此言當時若無孔子今人連堯舜也不識由此言之則孔子爲天地立心爲生民立命爲往聖

繼絕學，爲萬世開太平，其功業豈不賢於堯舜遠哉。宰予此言，可謂深知孔子，其得在言語之科，宜矣。此孟子所以表而出之於子貢有若之言之先也歟。

子貢曰：見其禮而知其政，聞其樂而知其德，由百世之後，等百世之王，莫之能違也。自生民以來，未有夫子也。

言大凡見人之禮，則可以知其政；聞人之樂，則可以知其德。是以我從百世之後，差等百世之王，無有能遁其情者，而見其皆莫若夫子之盛也。

新安陳氏曰：差等猶言品等，情，實也。以見禮知政、聞樂知德二句鑒之，皆不能遁於洞察之下。

問：見其禮而知其政，聞其樂而知其德，是謂夫子，是謂他人？朱子曰：只是大槩如此說。子貢之意，蓋言見人之禮便可知其政，聞人之樂便可知其德，所謂由百世之後，等百世之王，莫有能違我之見者，所以斷然謂自生民以來未有孔子也。子貢以其所見而知夫子之聖如此也。一說夫子見人之禮而知其政，聞人之樂而知其德，由百世之後，等百世之王，莫有能逃夫子之見者。此子貢所以知其爲生民以來未有也。然不如前說之順。

有若曰：豈惟民哉！麒麟之於走獸，鳳凰之於飛鳥，泰山之於丘垤，河海之於行潦，類也。聖人之於民，亦類也。出於其類，拔乎其萃，自生民以來，未有盛於孔子也。

麒麟，毛蟲之長。鳳凰，羽蟲之長。垤，蟻封也。行潦，道上無源之水也。出，高出也。拔，特起也。萃，聚也。言自古聖人固皆異於衆人，然未有如孔子之尤盛者也。○程子曰：孟子此章擴前聖所未發，學者所宜潛心而玩索也。

新安陳氏曰：此聖人字，是泛說從古以來之聖人。

雙峯饒氏曰：孟子要學聖人，故於子游、子夏、子張、冉牛、閔子、顏淵，皆曰姑舍是；伯夷、伊尹雖是古聖人，然伯夷偏於清，伊尹偏於任，不若孔子之時中，故曰乃所願則學孔子。解孟子與解論語不同，論語章句短，孟子章句長，須要識他全章大指所在，又須看教前後血脈貫通而後可。

雲峯胡氏曰：公孫丑疑孟子動心，孟子遂極言養氣知言之功；公孫丑疑其知言養氣之既聖，孟子遂極言夫子之聖之盛，要之夫子之聖不假乎養氣知言，孟子之養氣知言乃學而至聖者也。前則深斥告子闢異端也，後則推尊孔子承聖道也。前後之言若不相貫，而實相貫，學者味之。

通考東陽許氏曰：伯夷伊尹於孔子至章終爲第五節。

涂氏滑生曰：孟子養氣之論，雖曰擴前聖所未發，然溯而求之，子思之致中和，天地位萬物育是即所謂塞乎天地之間者也芭山張氏曰朱子以知言養氣爲不動心之本又云孟子之不動心知言以開其前故無所疑養氣以培其後故無所懼又云孟子說養氣先說知言先知得許多說話是非邪正都無疑後方能養此氣　本朝李見羅亦云孟子以知言爲不動心根本甚矣理惑未易解也愚按此說皆支離不可從孟子蓋從曾子自反中勘出慊心的源頭只在心上用功能集義則知言養氣皆在裏面知言養氣正是不動心得力處蘇穎濱曰達于義所以不動心不動心所以致浩然之氣穎濱此說與朱子異蓋自合理新安陳氏承朱子與郭冲卿帖云孟子之學以窮理集義爲始不動心爲效惟窮理爲能知言惟集義爲能養氣據此帖所云則朱子亦未嘗以知言養氣爲不動之本其所謂知言養氣爲不動之本者自

相矛盾或一時之誤耳當以此帖爲正○王陽明曰告子在不動心上着力孟子直從此心原不動處分曉心之本體原是不動的只爲所行有不合義便動了孟子不論心之動與不動只是集義所行無不是義此心自然無可動處若告子只要此心不動便是把捉此心將他生生不息之根反阻撓了此非徒無益而又害之孟子集義工夫自是養得充滿並無餒歉自覺縱橫自在活潑潑地此便是浩然之氣按陽明此論甚確○小註雜出往往眩後學耳目即如此一章有云知言養氣爲不動心之本者有云此一章專以知言爲主者有云孟子論浩然之氣一段緊要全在知言上者有云知言爲養氣之本者有云孟子工夫全在養氣上以集義爲主者諸說紛紛諸儒臣不爲辨正兼取而存之學者安所適從乎愚謂惟朱集義爲主之說得之也

說皆可刪以此知小註有與白文道理必
不相合者讀者不知所去從則惑矣

○孟子曰以力假仁者霸霸必有大國以德行仁者王王不待大湯以七十里文王以百里

力謂土地甲兵之力假仁者本無是心而借其事以爲功者也霸若齊桓晉文是也以德行仁則自吾之得於心者推之無適而非仁也●

朱子曰以德行仁德非止謂有救民於水火之誠心這德字說得來濶是自己身上

事都做得來是無一不備了所以行出來便是仁且如湯不邇聲色不殖貨利至彰信兆民是先有前面底方能彰信兆民救民水火之中若無前面底雖欲救民不可得也武王亶聰明作元后是亶聰明方能作元后救民水火之中若無這亶聰明雖欲救民其道何由○行仁便自仁中行出皆仁之德若假仁便是恃其甲兵之强財賦之多須有如是資力方可服人是假仁之名以欺其衆非有仁之實也○以力假仁仁與力是兩箇以德行仁仁便是德德便是仁

雙峯饒氏曰或引包茅不入昭王不復是假仁曰此是假義不是假仁請問假仁曰救民仁也尊君義也湯放桀武伐紂以救民爲主其事屬仁齊問罪於楚以尊周爲主其事屬義孟子不說假義却說假仁蓋仁包五常言仁則義在其中如伐原示信

大蒐示禮，皆是假仁處。通考楊氏與曰：三代之前，功爲德之輔；三代之後，功爲德之賊。求速效者必入於霸，霸者始强而終弱也。

以力服人者，非心服也，力不贍也；以德服人者，中心悅而誠服也，如七十子之服孔子也。詩云：「自西自東，自南自北，無思不服。」此之謂也。

鄒氏名浩，字志完，晉陵人。

贍，足也。詩大雅文王有聲之篇。王霸之心，誠僞不同，故人所以應之者，其不同亦如此。○鄒氏曰：以力服人者，有意於服人，而人不敢不服；以德服人者，無意於服人，而人不能不服。從古以來，論王霸者多矣，未有若此章之深切而著明者也。

慶源輔氏曰：以力假仁者，僞也，假而行之，終非己有，非僞而何？以德行仁者，誠也，所謂誠者，成己成物者也。己以僞感，人以僞應；己以誠感，人以誠應，如形聲影響之相隨，蓋不容於有異也。

問王霸之別，朱子曰：以力假仁者，不知仁之在己而假之也；以德行仁，則其仁在我而惟所行矣。以執轅濤塗、侵曹伐衛之事，而視夫東征西怨、虞芮質成者，則人心之服與不服可見。若七十子之從孔子，至于流離饑餓而不去，此又非有名位勢力以牽之也。孟子眞可謂長於譬喻也。

慶源輔氏曰：鄒氏以有意無意釋力與德字，最爲簡要。然其所謂無意者，非如木石之無意者，無期必之私意耳。若夫正心修身之道，則自有不可已者。至論自古論王霸，未有如是之深切著明者，亦爲得之。其視董子美玉珷玞之喻、荀子隆禮尊賢重法愛民與夫曰粹曰駁諸說，皆爲優矣。新安陳氏曰：王道純乎天理，霸之假雖以人欲。崇王道、黜霸功，亦擴天理、遏人欲也。附蔡黃氏洵饒曰：以善服人、以善養人，重在服養二字；此章重在力德二字。月恒近解曰：以力假仁，即以力服人。服其力不贍者，即是必有大國意；以德行仁，即以德服人，人既心悅誠服，又奚待大。下節即足上節，無兩層。

惡去聲，下同。

○孟子曰：「仁則榮，不仁則辱。今惡辱而居不仁，是猶惡溼而居下也。

好榮惡辱，人之常情。然徒惡之而不去其得之之道，不能免也。

朱子曰：此亦只是爲下等人言。若是上等人，他豈以榮辱之故而後行仁哉？蔡氏曰：程子易比卦象傳曰：且得他畏危亡之禍而求所以比輔其民，猶勝于全不䘏者。此章近之。

如惡之，莫如貴德而尊士，賢者在位，能者在職；國家閒暇，及是時明其政刑，雖大國必畏之矣。

此因其惡辱之情而進之以彊仁之事也貴德猶尚德也士則指其人而言之賢有德者使之在位則足以正君而善俗能有才者使之在職則足以脩政而立事國家閒暇可以有爲之時也詳味及字則惟日不足之意可見矣

新安倪氏曰禮記表記云畏罪者彊仁謂勉彊行仁也貴德以下皆彊仁之事目

或謂賢者在位能者在職謂賢者有德但使之在位而不任事能者有才所以使之在職而任事雙峯饒氏曰如此說則賢者是箇無能底人蓋凡是賢者皆當使之在

位然賢者所能非不同就其閒使能敷教者在敷教之位能治獄者在治獄之位既有其位便有其職天下豈有無職之位豈有無能之賢

新安陳氏曰春秋傳云及猶汲汲也及是時而明政刑即書所謂吉人爲善惟日不足之意此一節應仁則榮也

詩云迨天之未陰雨徹彼桑土綢繆牖戶今此下民或敢侮予孔子曰爲此詩者其知道乎能治其國家誰敢侮之　徹直列反土音杜綢音稠繆武彪反

詩豳風鴟鴞之篇周公之所作也迨及也徹取也桑土桑根之皮也綢繆纏綿補葺也牖戶巢之通氣出入處也予鳥自謂也言我之備患詳密如此今此在下之人或敢有侮予者乎周公以鳥之爲巢如此比君之爲國亦當思患而預防之孔子讀而贊之以爲知道也

雲峯胡氏曰爲此詩者其知道乎孟子凡兩引之彼則爲詩者知率性之道此則爲詩者知治國平天下之道也

今國家閒暇及是時般樂怠敖是自求禍也

言其縱欲偷安亦惟日不足也

雙峯饒氏曰般樂則不暇明其政刑怠敖則不暇貴德尊士

新安陳氏曰及是時而縱欲偷安亦書所謂凶人爲不善惟日不足之意此二節應不仁則辱也

禍福無不自己求之者

結上文之意

新安陳氏曰仁榮福也不仁之辱禍也皆自己求之

詩云永言配命自求多福太甲曰天作孼猶可違自作孼不可活此之謂也

詩大雅文王之篇永長也言猶念也配合

也命天命也此言福之自己求者太甲商
書篇名孽禍也違避也活生也書作逭逭
猶緩也此言禍之自己求者
蔡氏曰及時明政刑自求福也仁榮者如
此及時而樂放自作孽也不仁之辱如此
新安陳氏曰記云仁者安仁智者利仁畏
罪者彊仁此因戰國諸侯惡辱而勉以行
仁正畏罪彊仁之事勉之存天理而享仁
之榮戒之狥人欲以遠不仁之辱亦遏人
欲擴天理也
芭山張氏曰註謂閒暇可以有爲之時也
語稍覺泛國家之事一日二日萬幾如何
得閒暇謂之閒暇者蓋指無敵國外患而
言特揄揚暫息之時耳須切戰國時勢說
不當以持盈保泰之說當之

○孟子曰尊賢使能俊傑在位則天下之士
皆悅而願立於其朝矣
俊傑才德之異於衆者
雙峯饒氏曰俊傑謂人中之俊傑者即指
賢能而言尊賢使能便是俊傑在位尊非
禮貌之虛文與之共天位治天職以至去
讒遠色賤貨貴德皆尊賢之道
市廛而不征法而不廛則天下之商皆悅而
願藏於其市矣
廛市宅也張子曰或賦其市地之廛而不
征其貨或治以市官之法而不賦其廛蓋
逐末者多則廛以抑之少則不必廛也
禮記王制古者公田藉而不稅市廛而不
稅關譏而不征
通考趙氏德曰廛市者貨財諸物邸舍之
稅所謂列肆之稅王制疏市內空地曰
廛城內空地曰肆
周禮地官司徒司市掌市之治教政刑量
度禁令以次敘分地而經市以陳肆辨物
而平市以政令禁物靡而均市以商賈阜
貨而行布以量度教賈而徵價以質劑結
信而止訟以賈民禁僞而除詐以刑罰禁
虣而去盜以泉府同貨而斂賒大市日昃
而市百族爲主朝市朝時而市商賈爲主
夕市夕時而市販夫販婦爲主司市市官
之長主交易之事者治以理之教以化之
政以平之刑以制之量以量多寡度以度
長短止使勿爲則有禁令使爲之則有令

次序分地市官各以所居之次爲序分其
地而掌之以立一市之大經也陳物于市
肆而辨其物使各以類相從則皆平而有
辨也禁物貨之侈靡則民不貴異物賤用
徵而市物均也以商通物以賈賣物則貨
阜盛而泉布得行也徵召也價賣也物之
多寡長短以度量平定其價則賣者來也
質劑券書也民有違約失信而興訟者則
以券書結信而止其訟也賈民儈販之民
能知物之僞民之詐故使之禁僞而除詐
也以刑罰禁暴亂之民又去其相竊盜者
以泉府所藏與民同之市不售者官爲斂
之民無貨者貸而予之交易衆多謂之大
市日昃日過中也族姓也大市人多故百
姓爲主朝市朝時之市朝時日出時也商
賈家于市朝時在焉故商賈爲主夕市夕
特之市夕時日入時也細民之販以[illegible]之
餘力故販夫販婦爲主

朱子曰、市廛而不征、謂使居市之廛者、各出廛賦若干、如今人賃舖面相似、更不征稅其所貨之物、法而不廛、則但治之以市官之法而已、雖廛賦亦不取之也、問古之爲市者、以其所有易其所無者、有司者治之耳、此是周禮市官之法否、曰然、如漢之獄市之類、皆是古之遺制、○問市廛此市在何處、曰此都邑之市、國都如井田樣畫爲九區、面朝背市、左祖右社、中一區君之宮室、宮室前一區爲外朝、朝會藏庫之屬皆在焉、後一區爲市、市四面有門、每日市門開、則商賈百物皆入、惟民得入、公卿大夫士皆不得入、入則有罰、市官之法、如周禮司市平物價、治爭訟、譏察異服異言之類、左右各三區、皆民所居、外朝一區、左則宗廟、右則社稷、此國君都邑規模之大槩也、

或曰、法而不廛、正解廛而不征之意、廛是

治以廛法、非謂賦廛也、蓋先王時市地錢亦所不取、以逐末之多寡而異其制、此亦以後世之情億其如此、先王之時、教民務本、民亦嫌于逐末、其爲來百工之政、所以濟其養之不足、豈遂加賦乎、

楊升菴曰、周禮註廛市中空地無肆、城中空地無宅者、說文市物邸舍曰廛、即今人浮舖也、日月所經之道曰辰、又曰躔、亦從廛、蓋辰爲天壤、如地上城市之空地、

關譏而不征、則天下之旅皆悅而願出於其路矣、

解見前篇

雙峯饒氏曰、關譏之制、凡衆途所會之地則立關以限之、行旅有節傳方可度關、以

此指商賈資所以流通百姓也

此指考其來歷、以防姦宄、節是使者所持之節、傳如今腳引、及州縣移文、或用節、或用傳、周禮所謂以節傳出納之者是也、

王荆公曰、文王之時、關譏而不征、及周公制禮、則凶荒札喪、然後無征、蓋所以譏之也、

耕者助而不稅、則天下之農皆悅而願耕於其野矣、

但使出力以助耕公田、而不稅其私田也

廛無夫里之布、則天下之民皆悅而願爲之氓矣、

周禮宅不毛者有里布、民無職事者出夫

家之征、鄭氏謂宅不種桑麻者罰之使出一里二十五家之布、民無常業者罰之使出一夫百畝之稅、一家力役之征也、今戰國時一切取之、市宅之民已賦其廛、又令出此夫里之布、非先王之法也、氓民也、

周禮地官司徒載師職、凡宅不毛者有里布、田不耕者出屋粟、民無職事者出夫家之征、鄭司農云、宅不毛者、謂不樹桑麻也、里布者、布參印書、廣二寸、長二尺、以爲幣、貿易物、詩云、抱布貿絲、抱此布也、或曰布泉、鄭玄曰、宅不毛者罰以一里二十五家之布、空田者罰以三家之稅粟、以共吉凶二服及喪器也、民雖有閒無職事者、猶出

[illegible]

夫稅家稅也夫稅者百畮之稅家稅者出
士徒車輦給繇役
通考趙氏德曰廛者一夫所受之宅里者
一廛所居之地
問一里二十五家之布朱子曰亦不可考
又問民無常產者罰之如何患地重曰後
世之法與此正相反農民賦稅丁錢却重
而游手浮浪之民泰然都不管他
慶源輔氏曰先王之政宅不種桑麻與閒
民無職事者上之人皆有法以抑之此所
以當其盛時民皆著業而無游手與貧困
者所謂窮民不過鰥寡孤獨者而已戰國
時如夫里之布一切取之皆末流之害縱
人欲滅天理者也
雙峯饒氏曰家征是力役之征如今庶役
夫征是粟米之征即百畝之稅如今輸租
里布是布縷之征即五畝之稅如今絲絹
王辯洲曰廛者何如今之門攤錢是也征

者何如今之稅課局是也關征何如今之
鈔關等類是也里布夫家之征後世却無
非反略也意不重禁游惰而以夫里槩派
之民耳廛而不征二句須極意抑揚說盖
言王政只要人不逐末專務農如市上逐
末者多則量取其門攤錢少加摧挫然終
不征其貨也至于市上逐末人少則但立
市官以治其爭奪耳豈惟不稅併門攤錢
亦不取也關津隘口設立官司止于譏察
奸暴以安吾民耳若抑勒而征商迥安民
者擾民禁暴者爲暴矣廛無夫里之布者
廛無夫家之征廛無夫里之布也盖先王
之時各鄉村百姓農耕之外便作府吏胥
徒若無職事便是游手之民故令出夫家
之征以困之使彼不敢游惰也五畝之宅
樹牆下以桑而鄉村間宅內有不毛者便
是惰民故令出一里之布以困之使彼不
敢不種植也若市廛之民則豈可以鄉村

例之爲他逐末已是有門攤錢了而戰國
時仍用鄉村例重復科征民豈堪命先王
之政決無此事盖先王節用愛人助法公
田儘足以供國用其餘分毫不擾于民也
若得天下百姓務本力穡市廛夫里之法
可以盡廢今不得已些須取而摧抑之也
只念念在百姓身上何曾攙入一分封殖
自家意思
或曰載師職宅不毛者有里布宅不種桑
麻者罰之使出一里二十五家之泉布也
閭師職民無職者出夫布凡無事無職者
罰之使出一夫之泉布也據此則是明有
二布也不宜以夫家之征當之

信能行此五者則鄰國之民仰之若父母矣率其子弟攻其父母自生民以來未有能濟

者也如此則無敵於天下無敵於天下者天吏也然而不王者未之有也

呂氏曰奉行天命謂之天吏廢興存亡惟
天所命不敢不從若湯武是也○此章言
能行王政則寇戎爲父子不行王政則赤
子爲仇讐
雙峯饒氏曰吏君所命天吏天所命君所
命者可以刑人殺人凡有罪者得而刑殺
之天所命者可以征人伐人凡暴亂之國
皆得而征伐之
雙峯饒氏曰無敵於天下一句乃是此章
之大旨盖能行王者之政則可以與王者

之治當時諸侯不得民心惟務役人土地故孟子教之但行王政以恤其民使鄰國之民仰之若父母則天下之民亦仰之若父母矣如此則東征西伐何向不服不然吾國之民亦仇敵也况鄰國乎

新安陳氏曰欲除後世過取以奉其私之弊而一行之以先王之法皆所以遏人欲擴天理也

○孟子曰人皆有不忍人之心

天地以生物爲心而所生之物因各得夫天地生物之心以爲心所以人皆有不忍人之心也

朱子曰無天地生物之心則沒這身纔有這血氣之身便具天地生物之心矣○天

地以生物爲心天包著地則無所作爲只是生物而已譬如甑蒸飯從裏面蒸上到上面又下來只管在裏面滾便蒸得熟天地即是包得許多氣在這裏無出處滾一番便生一番物所謂爲心者豈切切然做似磨子相似只會磨出這物事

雙峯饒氏曰人心慈愛惻怛纔見人便發將出來更忍不住所以謂之不忍人仁之爲德在天地則爲生物之心在人則爲不忍人之心天地能生物人不能生物但是愛人之心即是生物之心程子云惻隱之心人之生道也正此之謂

西山眞氏曰天地造化無他作爲惟以生物爲事觀夫春夏秋冬往古來今生意周流何嘗一息間斷天地之心於此可見萬物從天地生意中出故物物皆具此理何况人爲最靈宜乎皆有不忍人之心也

新安陳氏曰不忍即是仁忍則非仁性中有此仁發出來便是不忍人之心所以後面提起所以謂人皆有不忍人之心者便掊出惻隱之心以當之見孺子將入井而惻隱者何也蓋不忍見此子之如此流若見此而不動心則頑忍非人矣天地之大德曰生人得天地之德曰好生好生之德即所謂得天地生物之心以爲心也

先王有不忍人之心斯有不忍人之政矣以不忍人之心行不忍人之政治天下可運之掌上

言衆人雖有不忍人之心然物欲害之存焉者寡故不能察識而推之政事之間惟

聖人全體此心隨感而應故其所行無非不忍人之政也

雙峯饒氏曰斯爲即也聖人之心無物欲之蔽纔有不忍人之心即有不忍人之政不待充廣而後能也若衆人則須待充廣

西山眞氏曰人有是心而私欲間斷之故不能達之於用推聖人全體此心私欲不雜故有此仁心便有此仁政自然流出更無壅遏天下雖大運以此心而有餘矣

所以謂人皆有不忍人之心者今人乍見孺子將入於井皆有怵惕惻隱之心非所以內交於孺子之父母也非所以要譽於鄉黨朋

腔苦江反

也非惡其聲而然也

乍猶忽也怵惕驚動貌惻傷之切也隱痛之深也此即所謂不忍人之心也內結要求聲名也言乍見之時便有此心隨見而發非由此三者而然也程子曰滿腔子是惻隱之心謝氏曰人須是識其眞心方乍見孺子入井之時其心怵惕乃眞心也非思而得非勉而中天理之自然也內交要譽惡其聲而然即人欲之私矣

慶源輔氏曰怵惕心驚懼而起念之意緣卒作而見故心驚懼而動也惻隱由傷切而痛淺自淺而深皆所以名狀不忍人之心可謂善形容矣

朱子曰腔子猶言軀殼耳滿腔子只是言充塞周徧本來如此是就人身上指出一理充塞處最爲親切若於此見得則萬物一體更無內外之別若見不得卻去腔子外尋則莽莽蕩蕩無交涉矣又曰腔子身裏也言滿身裏皆惻隱之心在腔子裏亦只云心在身裏滿這箇軀殼都是惻隱之心纔觸著便是這箇物事出來大感則大應小感則小應

勉齋黃氏曰陵陽李氏謂腔子指人身言天地間充塞上下渾然生物之意無有空處人得此以爲心則亦四體百骸充塞徧滿無非此惻隱之心觸物即是無有欠缺也此說極是

惡去聲下同

通考朱子曰滿腔子是惻隱之心不特是惻隱之心滿腔子是羞惡之心滿腔子是辭遜之心滿腔子是是非之心彌滿充塞都無空缺處

朱子曰方乍見孺子時也著手腳不得縱有許多私意也未暇思量到問心所發處不一便說惻隱如何曰惻隱之心渾身皆是無處不發如見赤子有惻隱之心見一蟻亦豈無此心○如孺子入井如何不推得其他底出來只推得惻隱之心出來蓋理各有路如做得穿窬底事如何令人不羞惡偶遇一人衣冠而揖我我便亦揖他如何不恭敬事有是非必辨別其是非試看是甚麽去感得他何處一般出來

西山眞氏曰孺子未有所知而將入於井乍見之者無問賢愚皆有傷痛之心方此心驟發之時非欲以此內交非欲以此干譽非欲以避不仁之名也倉卒之閒無安排矯飾而天機自動此所謂眞心也

雲峯胡氏曰集註與謝氏皆看得乍見二字緊蓋惟倉卒忽然而見之若此心便隨所見而發正是本心發見處時既見之後稍涉安排商量便非本心矣

羅念菴曰乍見孺子乃指點眞心示人其後擴充正欲時時此心方可與堯舜相對

羅近溪曰我與孺子原如手之捫足唇之護舌原與一體不見有二

由是觀之無惻隱之心非人也無羞惡之心非人也無辭讓之心非人也無是非之心非人也

羞恥己之不善也惡憎人之不善也辭解

使去已也讓推以與人也是知其善而以爲是也非知其惡而以爲非也人之所以爲心不外乎是四者故因論惻隱而悉數之言人若無此則不得謂之人所以明其必有也

問上蔡見明道先生舉史文成誦明道謂其玩物喪志上蔡汗流浹背面發赤色明道云此便是惻隱之心公且道上蔡聞得過失恁地慚惶自是羞惡之心如何却說道見得惻隱之心久之朱子曰確是有惻隱之心方會動若無惻隱之心却不會動惟是先動方始有羞惡方始有恭敬有是非動處便是惻隱若不會動却不成人若

不從動處發出所謂羞惡者非羞惡所謂恭敬者非恭敬是非者非是非天地生生之心流行動意未嘗止息看如何梏亡亦未嘗盡消滅自是有時而動學者只怕間斷了○羞惡辭讓是非雖與惻隱並說但此三者皆是自惻隱中發出來因有惻隱後方有此三者惻隱比三者又較大○或問孟子專論不忍人之心而後乃及乎四端何也曰不忍之心即惻隱之謂也性之德爲仁義禮知而一以包三者仁也情之發爲四端而一以貫三者惻隱也然則其言之安得無先後之別耶

慶源輔氏曰人之所以爲心雖不外是四者然仁則又貫乎三者之中故此因論惻隱而悉數之也至于言人若無此心則非人也者所以明其必有而使人知反求之於已也

西山眞氏曰孟子始言惻隱之心至此則兼羞惡辭讓是非而言者蓋仁爲衆善之長有惻隱則三者從之矣惻隱不存三者亦何有哉然賦形爲人孰無此心苟無此心則非人矣所謂無者豈其固然哉私欲閉塞而失其本真耳

莆田黃氏曰由是觀之是字指孺子入井一事說論惻隱便引箇羞惡辭讓是非之心出來

惻隱之心仁之端也羞惡之心義之端也辭讓之心禮之端也是非之心知之端也

惻隱羞惡辭讓是非情也仁義禮知性也心統性情者也端緒也因其情之發而性之本然可得而見猶有物在中而緒見於外也

朱子曰性者心之理情者心之用心者性情之主○性是靜情是動心兼動靜而言統如統兵之統心有以主宰之也動靜皆主宰非是靜時無所主及至動時方有主宰也

新安陳氏曰性情字皆從心心涵養此性心統性也心節制此情心統情也性如在營之軍情如臨陣之軍皆將實統之心統性情當以是觀焉又曰此六字橫渠語甚寔

陳氏曰端者端倪也物之緒也譬之繭絲外有一條緒便知得內有一團絲若其無絲在內則緒何由而見於外

莆田黃氏曰註謂端者也雖謂端本也集註以爲緒也如繰絲然先尋其緒則千絲萬絲續續而上

問四端之端集註以爲端緒向見蔡季通

說端乃是尾，如何？朱子曰：以體用言之，有體而後有用，故端亦可謂之尾。若以始終言之，則四端是始發處，故亦可以端緒言之。二者各有所指，自不相礙也。○問：孟子說仁義禮智，義在第二；太極圖以義配利，則在第三。曰：仁義禮智，猶言東西南北；元亨利貞，猶言東南西北。一箇是對說，一箇是從一邊說起。○問：元亨利貞自有次第，仁義禮智因感而發，則無次第。曰：發時無次第，生時自有次第。○四端八箇字，每字是一意。惻是方惻然有此念起，隱是惻然後隱痛，比惻爲深。羞者羞己之惡，惡者惡人之惡，辭者辭己之物，讓者推與他人，是非自是兩樣分明。但仁是總名，若說仁義，便如陰陽；若說四端，便如四時；若分四端八字，便如八節。○惻隱自是情，仁自是性，性即是這道理。仁本難說，中間却是愛之理發出來方有惻隱；義却是羞惡之理發出來方有羞惡；禮却是辭遜之理發出來方有辭遜；智却是是非之理發出來方有是非。仁義禮智是未發底道理，惻隱羞惡辭遜是非是已發底端倪。如桃仁杏仁是仁，到得萌芽却是惻隱。又曰：仁義禮智本體自無形影，要捉摸不著，只得將他發動處看，却自見得。程子云：以其惻隱知其有仁。此八字說得最親切分明。也不道惻隱便是仁，又不道掉了惻隱別取一箇物事說仁。○惻隱羞惡多是因逆其理而見，惟有所可傷，這裏惻隱之端便動；惟有所可惡，這裏羞惡之端便動。若是事親從兄，又是自然順處見之。○一心之中，仁義禮智各有界限，而其性情體用又各自有分別。須是見得分明，然後就此四者之中又自見得仁義兩字是箇大界限，如天地造化四序流行，而其實不過於一陰一陽而已。仁字是箇生底意思，通貫周流於四者之

中。仁固仁之本體，義則仁之斷制，禮則仁之節文，智則仁之分別也。正如春之生氣貫徹四時，春則生之生也，夏則生之長也，秋則生之收也，冬則生之藏也。

北溪陳氏曰：四端之說，是說外面可見底，以驗其中之所有。惟是有四者之體，故四者端緒自然發見於外。

潛室陳氏曰：性是太極渾然之全體，本不可以各自言。孟子時異端蠭起，往往以性爲不善。孟子苟但曰渾然本體，則恐爲無星之秤，無寸之尺，而終不足以曉天下。于是別而言之，界爲四破，而四端之說於是乎立。蓋四端之未發也，性雖寂然不動，而其中自有條理，自有間架，不是籠統都是一物。所以外邊纔動，其中便應。如赤子之事感，則仁之理便應，而惻隱之心形；如蹴爾嘑爾之事感，則義之理便應，而羞惡之心形；如過朝廷過宗廟之事感，則禮之理便應，而恭敬之心形；如妍醜美惡之事感，則智之理便應，而是非之心形。蓋曰其中間衆理渾然，各各分明，故外邊所遇，隨感隨應，析而四之，以示學者，使知渾然全體之中粲然有條如此，則性之善可知矣。然四端之未發也，渾然全體之理，無聲臭之可言，無形象之可見，何以知其粲然有條如此？蓋是理之可驗，乃依然就他處發驗得。凡物必有本根而後有枝葉，見其枝葉則知其本根。性之理雖無形，而端緒之發則可驗。

雙峯饒氏曰：孟子論性，唯是這一章說得最分曉。

通考朱子曰：性是靜，情是動，心則兼動靜而言。統猶兼也。性情皆出於心，故心能統之。統如統兵之統，言有以主之也。仁義禮智是心能性，惻隱羞惡辭讓是非是心統情。

陳氏懼齋曰情者性之動也實有此性不能不發動其發者性之實也是爲情即孟子四端惻隱羞惡辭讓是非之心是也故情字當訓實字

人之有是四端也猶其有四體也有是四端而自謂不能者自賊者也謂其君不能者賊其君者也

四體四肢人之所必有者也自謂不能者物欲蔽之耳

或曰有是四端二句非申明必有之意須將下文不能字照看言有此仁之端便自能惻能隱便能無所不惻隱如有手便持有足能行一般

四書大全辯 上孟卷三 十七

凡有四端於我者知皆擴而充之矣若火之始然泉之始達苟能充之足以保四海苟不充之不足以事父母

擴推廣之意充滿也四端在我隨處發見知皆即此推廣而充滿其本然之量則其日新又新將有不能自已者矣能由此而遂充之則四海雖遠亦吾度內無難保者不能充之則雖事之至近而不能矣○此章所論人之性情心之體用本然全具而各有條理如此學者於此反求默識而擴充之則天之所以與我者可以無不盡矣

○程子曰人皆有是心惟君子爲能擴而充之不能然者皆自棄也然其充與不充亦在我而已矣又曰四端不言信者既有誠心爲四端則信在其中矣愚按四端之信猶五行之土無定位無成名無專氣而水火金木無不待是以生者故土於四行無不在於四時則寄王焉其理亦猶是也

四書大全辯 上孟卷三 十八

朱子曰人之一心在外者要收入來如求放心章是也在內者又要推出去此章是也孟子一部書皆是此意大抵一收一放一闔一闢道理森然○問推與充字曰推是從這裏推將去如老吾老以及人之老幼吾幼以及人之幼到得充則填得來滿了如注水相似推是注水下去充則注得添滿了蓄仁義之性本自可以充塞天地若自不能充廣則無緣得這殼子滿只是空殼子○問知字是重字還是輕字曰不能擴充者正爲不知都只是令過了若能知而擴充其勢甚順如乘快馬放下水船相似○問所說充字未曉曰上只說知皆擴而充之只說知得了要推廣以充滿此心之量下云皆能充之足以保四海是能充滿此心之量上帶知皆擴字說下就能充滿說從擴而後能充能充則不必說擴矣○此心之量本足以包括大地兼相薄

物只是人自不能充滿其量所以推不去或能推之一家而不能推之於一國或能推之於一國而不足以及天下此皆是未足以盡其本然之量須是充滿其量自然足以保四海

饒氏曰集註即此推廣是釋擴字滿其本然之量是釋充字自親親而仁民仁民而愛物推至於無一民一物之不愛是充仁之量日一事之得宜推至於無一事之不得宜是充義之量禮智皆然人能充廣則四端之流行發達常如火始然泉始達其勢方張而不可遏便由此而可以燎原赴海若不能充廣則如火始然而即滅泉始達而即壅便只恁地休了所以集註云日新又新字正是發明二始字之意問四端眾人皆有若擴充似非眾人所能曰知皆擴而充之其緊要在知字皆字眾人之中若有能知所以擴而充之又於四者皆能擴而充之則便是人中之君子但患人不知不為耳

張氏彥老曰朱子云若以始終言之則四端是始發處端訓始字尤切如發端履端開端之類皆始也孟子既言凡有四端若火始然泉始達始然便是火之端始達便是泉之端惻隱羞惡便是仁義之端此心始動乃是情可為善處是心也人皆有之然不能無智愚之異由充與不能充而已如乍見孺子將入井看是何等人皆有惻隱之心此所謂仁之端苟能因此擴而充之其仁將不可勝用不能充廣天理纔動人欲便蔽於是納交等心生衡是而人欲日長天理日消而仁之端斬然矣此自謂不能者也始於充與不能充之分終乃天壤隔焉

雲峯胡氏曰集註於盡心曰盡其心之量此則曰充滿其本然之量須看朱子如何下一量字蓋體無所不具用無所不周此心之量本如是其大也知性則有以盡此心本然之量知此性之發而擴充之則有以滿此心本然之量

慶源輔氏曰集註反求默識者格物致知窮理之事也擴充之者誠意正心力行之事也既能窮理又能力行則天之所以予我仁義禮智之性可以各各充滿其量而無遺憾矣前言日新又新將有不能自已者所以言其推廣之意發其始也此言天之所以與我者可以無不盡矣所以言充滿於其後之意也

雲峯胡氏曰性者心之體其未發也渾然全具情者心之用其初發也各有條理坂求默識知之事擴充行之事至于天之與我者無不盡即是盡心而知之無不盡盡性而行之無不盡也

朱子曰四端不言信者如實是惻隱實是羞惡信便在其中○土於四時各寄王十八日或謂王於戊己然季夏乃土之本宮故尤王於夏末月令載中央土者以此

潛室陳氏曰五行無土位位在四行之中五常無信位信在四端之中

雲峯胡氏曰按饒氏云以四方論之土無定位無成名無專氣以五方論之亦未嘗無定位成名專氣不可執一看恐見朱子之說是就五方看方見得試以河圖看之五土居中假有定位然三八木位乎東不可以西一六水位乎北不可以南知中間五點則自具五方而於東西南北無版不該似有定位而實無定位與一二三四各合五而後成七八九六故於四季各寄王十八日木火金水各專生長收藏之一氣而各成生長收藏之一名然無土皆不可是則土無專氣而氣無所不貫土無成名而名無所不成就四方看如此就四方看

亦如此，似不必分也。分看則論土於四行之外，是猶論信於四端之外；合看則土實在四行之中，而信在四端之中也。

新安陳氏曰：此章始專以不忍人之仁言，繼因體驗惻隱之心而悉及羞惡辭讓是非之心，貫四者一仁也。惟聖人能以是心行是政，安而行之者也；惟君子能知其本有是心而擴而充之，勉而行之者也。若衆人則不能識察，不能擴充，此心雖發，隨發隨其自棄也。又於人皆有不忍人之心同此天理也，物欲害之，則天理之存焉者寡。乍見孺子而惻隱，天理也；而交之類，即人欲矣。四端能充不能充之分，判於擴天理與人欲而已。此章亦在於遏人欲、擴天理也。

東陽許氏曰：此章七節，第一節言人心皆有之，二節言先王全此仁以實人之皆有是心，三節就人易曉處指出，使人體認此心，四節併言義禮智，各有所發，皆是本然之性，六節言四者人所共得，不可自棄，七節言因發處察識而推充之工夫，全在此後一節。

○孟子曰：矢人豈不仁於函人哉？矢人惟恐不傷人，函人惟恐傷人。巫匠亦然，故術不可不慎也。

函，甲也。惻隱之心，人皆有之，是矢人之心本非不如函人之仁也。巫者爲人祈祝，利人之生；匠者作爲棺槨，利人之死。

新安陳氏曰：此只借以術之當擇說起，引上人當擇仁而處之。

孔子曰：里仁爲美。擇不處仁，焉得智？夫仁，天之尊爵也，人之安宅也。莫之禦而不仁，是不智也。

里有仁厚之俗者，猶以爲美。人擇所以自處而不於仁，安得爲智乎？此孔子之言也。仁義禮智，皆天所與之良貴。而仁者天地生物之心，得之最先，而兼統四者，所謂元者善之長也，故曰尊爵。在人則爲本心全體之德，有天理自然之安，無人欲陷溺之

危，人當常在其中，而不可須臾離者也，故曰安宅。此又孟子釋孔子之意，以爲仁道之大如此，而自不爲之，豈非不智之甚乎？

新安陳氏曰：孔子之意本言擇里，孟子引之以證擇術，後有不同。集註於此只以孟子之意釋孔子之言，故與語註小異。

問：仁天之尊爵，先生解曰仁者天地生物之心，得之最先，如何是得之最先？朱子曰：人得那生底道理，所謂心生道也，有是心斯有是形以生也。

新安陳氏曰：元者善之長也，此句出易乾卦文言，引以爲證。元者生意之始，爲亨利貞之長。

慶源輔氏曰：五性皆人心之德，而仁則周貫乎四者之中，故爲本心全體之德、天理

有則而不流故有自然之安人欲横流而無止故有陷溺之危克盡人欲純是天理方始是仁此所以有安而無危也人當常處其中而不可須臾離即所謂依於仁造次必於是顛沛必於是之意此聖門學者必以求仁爲先務也

西山真氏曰仁乃我所自有苟欲爲之誰能止者乃甘心於不仁豈非不智乎故仁智二者常相須焉不仁斯不智矣下文言之不智斯不仁矣此是也

通考東陽許氏曰集註本心全體之德以仁之體言人當常在其中而不可須臾離兼其用言

由與猶同

不仁不智無禮無義人役也人役而恥爲役由弓人而恥爲弓矢人而恥爲矢也

以不仁故不智不智故不知禮義之所在

慶源輔氏曰不仁則頑然不覺故不智不智則懵然無知故不知禮義所在

如恥之莫如爲仁

此亦因人愧恥之心。而引之使志於仁也。

不言智禮義者仁該全體能爲仁則三者在其中矣

仁者如射射者正己而後發發而不中不怨勝己者反求諸己而已矣

爲仁由己而由人乎哉

雙峯饒氏曰此上三四章皆是爲當時君大夫言之此章與仁則榮一章之意同皆是教時君因恥辱而勉於仁言不能行仁則既無尊爵之可貴又無安宅之可居安富尊榮皆無之而爲人役不免焉則不當歸怨於人但當反求諸己已能爲仁大國安能役之此役字即小國役大國楚六千里爲縶人役之役

新安陳氏曰此章以尊爵安宅論仁其理甚精微勉人爲仁其意甚切至能言莫之禦而不仁又言反求諸己皆言爲仁由己其機在我不在人也仁固包義禮智然人所以不爲仁者由於是非之心不明與羞惡之心不正耳故孟子先言是不智也欲人以是非之智而擇爲仁之術終言知恥之人欲人以羞惡之義而決爲仁之機也

或曰此章與愛人不親反其仁意同中庸射有似乎君子節亦此意集註引爲仁由已二句解此節不切

○孟子曰子路人告之以有過則喜

喜其得聞而改之其勇於自修如此周子曰仲由喜聞過令名無窮焉今人有過不喜人規如護疾而忌醫寧滅其身而無悟也噫

程子曰子路人告之以有過則喜亦可謂百世之師矣

南軒張氏曰聞過則喜非能克其驕吝者不能驕則自以爲善而惡人讓己吝則文其故常而不能從人子路用力於克己其功深矣

慶源輔氏曰人受天地之中以生本自無過所以有過者非出於氣稟之偏則由乎物欲之誘人能知而改之則可以復於本然之善不知則其過愈深將陷溺焉而失夫其所以爲人矣是豈可不懼哉人有告我以過我因得而改之以復於善則又豈可不以爲喜乎然非子路之勇於自修則亦不能然也

新安陳氏曰程子褒贊子路欲學者師之以修身補過也

禹聞善言則拜

書曰禹拜昌言蓋不待有過而能屈己以受天下之善也

慶源輔氏曰子路賢者也故不能無過但勇於自修是以喜於得聞而改之禹則聖

人也其心純是天理本然之善故不待其有過但一聞善言則至誠屈己拜而受之

大舜有大焉善與人同舍己從人樂取於人以爲善

言舜之所爲又有大於禹與子路者善與人同公天下之善而不爲私也己未善則無所係吝而舍以從人人有善則不待勉強而取之於己此善與人同之目也

程子曰樂取於人爲善便是與人爲善與人爲善乃公也

問善與人同朱子曰善者天下之公理本無在己在人之別但人有身不能無私於己者故有物我之分焉惟舜之心無一毫有我之私是以能公天下之善以爲善而不知其孰爲在己孰爲在人所謂善與人同也舍己從人言其不先立己而虛心以聽乎天下之公蓋不知善之在己也樂取於人以爲善言其見人之善則至誠樂取而行之於身蓋不知善之在人也此二者善與人同之目也然此二章本一事特交互言之以見聖人之心表裏無間如此耳

○大舜樂取諸人以爲善是成己之善是與人爲善也是著人之善

慶源輔氏曰禹聞善言則拜聞之者禹也言之者人也以我之聞聞彼之善拜以受之猶有人己之分也至於舜則善與人同耳善與人同者蓋善乃天下之公非人己所得而私者故曰公天下之善而不爲私也

雙峯饒氏曰舜之稱堯方以舍己從人爲

惟帝時克聖人雖生知而不自以爲生知常虛心以受人之善己之所爲偶有未盡而人之所見有善於己即舍而從之無一毫執吝之意乃所以見聖人之無我而非一人所及也

鄒南皋曰善與人同人人本有個個渾成魚游于水鳥翔于空無一物能間之

高中玄問辨錄曰舍己從人謂無我也蓋聖人之心至虛而取善最廣無分彼此但見一善便樂取之不知孰爲己孰爲人也明目達聰好問好察執其兩端用其中于民皆是舍己從人樂取于人以爲善夫豈可分而言之曰己未善則舍以從人人有善則取之于己以爲善與人同之條件乎若然則從人是箇甚取人又是箇甚

自耕稼陶漁以至爲帝無非取於人者

此說未確

□之側微耕于歷山陶于河濱漁于雷澤

史記五帝紀舜耕歷山歷山之人皆讓畔漁雷澤雷澤之人皆讓居陶河濱河濱器皆不苦窳一年所居成聚二年成邑三年成都歷山在河東雷澤夏兗州今濮濟陰河濱濟陰定陶西南

取諸人以爲善是與人爲善者也故君子莫大乎與人爲善

與猶許也助也取彼之善而爲之於我則彼益勸於爲善矣是我助其爲善也能使天下之人皆勸於爲善君子之善孰大於

此○此章言聖賢樂善之誠初無彼此之間故其在人者有以裕於己在己者有以及於人

慶源輔氏曰舜之取人以爲善初未嘗有助人爲善之意也孟子推說其事故以爲取諸人以爲善是乃助人之爲善也因吾取人之善以爲善而使天下之人皆勸於爲善則是聖人成己成物之事故曰君子之善孰大於此

朱子曰禹聞善言則拜猶著意做舜與人同是自然氣象聖人之拜固出於誠意然拜是容貌間未見得行不行若舜則眞見於行事處已未善則舍己之未善而從人之善人有善則取人之善而爲己之善人樂於見取便是許助他爲善也

慶源輔氏曰集註所謂聖賢兼子路禹舜言之三人雖淺深大小不同其樂善之誠皆無彼此之間末二句却單說舜

新安陳氏曰舜事優於禹禹事優於子路然學者之希賢希聖未有無其序者常人欲背理諱過飾非視子路之心已相背馳何敢言舜禹事必先忘私克己然後能至公而自然無私故必如子路之克己私如漸能如聖人之與人爲公耳

新安倪氏曰語錄云三者本意只是取人但有淺深而與人爲善乃是孟子再疊一意以發明之耶此條以證集註之說則是三人皆有樂善之誠子路樂於聞人告之以有過禹樂於聞人之善言而拜舜樂取人以爲善雖有淺深是皆在人者有以裕於己也末一句所謂在己者有以及於人乃是申明孟子再疊之意耳輔氏謂末二句皆單說舜竊恐未然

芭山張氏曰拜字雖在外面看然禹行善的精神即該括在這裏面朱子云拜是容貌間未見得行不行若舜則眞見于行事處未免膚看了拜字若說禹尚未見諸行則禹拜昌言去今人悅不繹從不改者特尋丈耳豈足以見禹之好善哉朱子此說不可從又高中玄辨駁已未善舍以從人數句雖與註異然其論自正

[illegible]

○孟子曰伯夷非其君不事非其友不友不立於惡人之朝不與惡人言立於惡人之朝與惡人言如以朝衣朝冠坐於塗炭推惡惡之心思與鄉人立其冠不正望望然去之若將浼焉是故諸侯雖有善其辭命而至者不

合趙氏說文二說以解屑一字

佚音浼袒音但裼音錫裸果裎程反焉能之焉於處反

受也不受也者是亦不屑就已

塗泥也鄉人鄉里之常人也望望去而不顧之貌浼汙也屑趙氏曰潔也說文曰動作切切也不屑就言不以就之爲潔而切切於是也已語助辭

朱子曰世之所謂清者不就惡人耳若善辭令而來者固有時而就之惟伯夷不然此其所以爲聖之清也柳下惠不屑之意亦然

新安陳氏曰此言伯夷之清嚴於惡惡而不輕與人舉也

柳下惠不羞汙君不卑小官進不隱賢必以其道遺佚而不怨阨窮而不憫故曰爾爲爾我爲我雖袒裼裸裎於我側爾焉能浼我哉故由由然與之偕而不自失焉援而止之而止援而止之而止者是亦不屑去已

四書大全辯 上孟卷三 全

柳下惠魯大夫展禽居柳下而謚惠也不隱賢不枉道也遺佚放棄也阨困也憫憂也爾爲爾至焉能浼我哉惠之言也袒裼露臂也裸裎露身也由由自得之貌偕竝處也不自失不失其正也援而止之而止者言欲去而可留也

通考趙氏德曰春秋傳註柳下惠氏展名獲字禽柳下是所食之邑名謚曰惠展無駭之後

朱子曰進不隱賢便是必以其道人有所見不肯發出尚有所藏便是枉道〇人問集註謂不隱賢不枉道也疑與下文必以其道意相重曰兩句相承只作一句讀文勢然也所以不解作不蔽賢謂其下文云必以其道若作蔽賢說則下文不同矣〇不隱賢謂不隱避其賢如已當廉却以利自汙已當勇却以怯自處之類乃是隱賢是枉道也

雙峯饒氏曰他人不羞汙君不卑小官必至于苟進而柳下惠則不隱賢他人見袒裼裸裎而與之偕則必至于流而柳下惠則不自失此其所以爲聖人之和而異乎

四書大全辯 上孟卷三 全

常人之和也

新安陳氏曰此言惠之和寬以處衆而不輕與人絶也

芑山張氏曰不隱賢言進居其位見賢必薦而不隱也必以其道言行事必以其道非其道不行也分二項說自確必如朱子所云進不隱賢便是必以其道反紆鬱矣

孟子曰伯夷隘柳下惠不恭隘與不恭君子不由也

隘狹窄也不恭簡慢也夷惠之行固皆造乎至極之地然既有所偏則不能無弊故不可由也

朱子曰伯夷既清必有隘處柳下惠既和
必有不恭處道理自是如此孟子恐後人
以隘爲清以不恭爲和故曰隘與不恭君
子不由也○問如伯夷之清而不念舊惡
柳下惠之和而不以三公易其介此其所
以爲聖之清聖之和也但其流弊則有隘
與不恭之失曰這也是諸先生恐傷觸二
子所以說流弊今以聖人觀二子則二子
多有欠闕處纔有欠闕處便有弊所以孟
子直說他隘與不恭不曾說末流如此如
不念舊惡不以三公易其介便是清和好
處然計分只救得一分救不得那九分清
和之偏處了○問不恭是處已是待人曰
是待人如此其心玩世視人如無也○清
和皆是一偏學之便有隘不恭處使懦夫
學和能不恭鄙夫學清愈隘矣可爲百世
師謂愈使薄者寬鄙者敦頑者兼懦者立
君子不由不由其隘與不恭也○夷隘惠

四書大全辯 上孟卷三

不恭不必言效之而不至者其弊如此只
二子所爲已有弊矣
雲峯胡氏曰道惟中則無弊夷惠不合乎
中庸之道故君子所不由夫子之道大中
至正之準故孟子所願學
新安陳氏曰孟子一書言夷惠者不一以
百世之師稱之以聖之清和許之此章則
謂其隘不恭似若相反蓋孟子實欲人法
夷惠之得又恐人不知戒夷惠之失其憂
學者至矣
呂伯恭曰學伯夷者未必得其清而先得
其隘學惠者未必得其和而先得其不恭
大抵清之極易至于隘和之極易至於不
恭學之者當法其清和之得而戒其隘不
恭之失可也
通考程氏復心曰動作切切只是不汲汲
於就不汲汲於去屑字却是責如此解屑
字方盡其義以聖人觀二子多有欠處便

有弊所以孟子直說隘與不恭耳

四書大全辯孟子卷之三終

二兩句爲皆下又分兩邊日辨之

四書大全辯孟子卷之四

公孫丑章句下

凡十四章自第二章以下記孟子出處行實爲詳

通考勿軒熊氏曰首章爲國之本不在富強以得民心爲本即首篇告齊梁之意二章至篇終皆孟子居齊之事

孟子曰天時不如地利地利不如人和

天時謂時日支干孤虛王相之屬也地利險阻城池之固也人和得民心之和也

蔡氏曰時四時也日日辰也史記註六甲孤虛法甲子旬戌亥爲孤辰巳爲虛後五甲放此如今人以甲子旬無戌亥爲空亡是以空亡爲孤也辰巳與戌亥對辰巳爲虛王相如東方木旺相於卯之類

變源輔氏曰時十二時日十日支十二支干十干也

雙峯饒氏曰此大槩以五行衰旺言之五行有孤虛時有旺相時春屬木甲乙木生丙丁火便是木旺而火相旺字即是王字相王之次也金到這裏衰所以孤孤者無輔助之意如今說四廢然水爲母木爲子子實則母虛水到此所以虛或問此說時日或是方所曰二者一般一箇是橫一箇是直所以天德月德曰亦有天德月德方大意如此其間又自有細密處

通考仁山金氏曰此兵家用日時方位法也支即十二枝干即十幹十甲如木之有幹十二辰如木之有枝唐李靖用兵精風角孤虛空亡也虛空亡對宮歲孤虛太歲後二辰爲孤前則爲虛月孤虛正月以子丑爲孤午未爲虛旬孤虛如甲子旬則戌亥爲孤午未爲虛餘做此王相占筭家所謂吉凶臧否平王旺休囚死又五行十二宮生旺八卦冬至坎王震相立春震王巽相之類皆是總言以之屬二字其用非一兵家八門遁甲逐時分開休生傷開景死驚方立太乙局逐日分主客勝負又出城佈陣逐時占斗柄天角所指之方又如六壬遁甲以支加支范蠡以占歲占兵此告其屬也

趙氏德曰孫爽疏干支所以配時日而用之金壬在巳午未申酉木旺在亥子丑寅卯水王在申酉戌亥子火王在寅卯辰巳午土王在申酉戌亥孤虛者其法以一晝爲孤無晝爲虛二實爲實以六十甲子日

定東西南北方向然後占其孤虛實而向背之即知吉凶如周武王犯歲星以伐商魏太祖以甲子日破慕容之類是也又曰戰陳之法背孤擊虛則吉史記律書以十干十二支配五音十二律而序云六律爲萬事根本其於兵械尤所重故云望敵知吉凶聞聲效勝負此雖以律言而不外乎十干十二支是皆兵書所尚也集註謂孤虛王相之屬又當觸類而推之

朱子語類云孤虛以方位言如俗言向某方利某方不利之類王相指日時

按藝文志有風后孤虛二十卷劉歆七畧其說尤詳陰陽家率謂春則金孤水虛木王火相夏秋冬倣此溫公潛虛易有王相休囚死吉凶臧否平所謂休囚即孤與虛也

三里之城七里之郭環而攻之而不勝夫環

而攻之必有得天時者矣然而不勝者是天時不如地利也夫音扶

三里七里城郭之小者郭外城環圍也言四面攻圍曠日持久必有値天時之善者

城非不高也池非不深也兵革非不堅利也米粟非不多也委而去之是地利不如人和也

革甲也粟穀也委棄也言不得民心民不爲守也

趙氏曰古甲以革爲之故函人爲攻皮之工後世始用金曰鎧

雙峯饒氏曰非謂可以全無天時地利但不如人和爾利兵也要天時地利却不可取爲本人心不和雖有天時地利不可守况時不時屬天利不利屬地人心和不和則在我而已在人地者難必在我者可恃

通考仁山金氏曰黃牛皮者爲犀甲青牛皮者爲兕甲即今水牛也有穀曰粟無穀曰米粟即穀也古人米與穀粢糲米切用而易腐穀藏久而可久緩急兼儲後世專儲獨以米故久即不可食

或曰按東都賦云守位以人不恃險害苟民志之不諒何云嚴險與襟帶秦與巴于一關卒開項面受敵亦足爲地利不如人和之證

微子紂之諸父抱祭器歸周此即親戚畔之也

故曰域民不以封疆之界固國不以山谿之險威天下不以兵革之利得道者多助失道者寡助寡助之至親戚畔之多助之至天下順之

域界限也

南軒張氏曰得道者順乎理而已舉措順理則人心悅服矣先王之所以致人和者在此而極夫多助之效至於天下順之其下也孰禦一失道則違拂人心心之所畔雖親亦疎矣不亦孤且殆哉雖有高城深池誰與爲守

雙峯饒氏曰緊要在得道二字上

新安陳氏曰封疆山谿兵革皆末也不以

不全以此也其本在得道而已

或曰極言人和之當得非推原人和之本在于得道蓋章首說要人和處已含得道意人豈有無道而能和者親故曰二字可知故曰者承接之詞非推原之詞也

以天下之所順攻親戚之所畔故君子有不戰戰必勝矣

言不戰則已戰則必勝○尹氏曰言得天下者凡以得民心而已

新安陳氏曰此章言用兵在得人心得人心在得道得道以得人心則地利之險人爲之守天時之善人爲之乘先王之守國家用天下本末具舉如此固以得道得人心爲本而亦不廢天時地利之末孟子是

當時用兵者惟以天時地利爲務而不知以得道得人心爲本故發此論邑山張氏曰得道二字註無明訓其要只在欲與聚惡勿施制恒產設學校南軒所謂舉措順理如是而已古今治天下之道盡于此非專就用兵言也○荀卿等論兵于趙孝成王前王問兵要對曰要在附民仁人之兵上下一心三軍同力故兵要于附民而已又房玄齡奏閱武庫兵遂勝隋世大宗曰甲兵武備誠不可缺然煬帝兵非不足卒亾天下公等若盡力使百姓乂安此乃朕之甲兵也愚按荀卿大宗此言深合孟氏人和之旨惜後世人主皆不悟耳○尉繚子曰天官時日不若人事按天官曰背水陳爲絕紀向阪陳爲廢軍武王伐紂背濟水向山阪而陳以二萬二千五伯人擊紂之億萬而滅商豈紂不得天官之陳哉又張衡曰天文曆數陰陽占候今

所宜急其弊好巫君子不以專心焉歐陽脩云修吾人事而已人事者天意也或又曰甲子時卯殷滅周興成陽之地秦亾漢隆錄此推之天時地利之不如人和孟氏之論蓋萬世而不可易者也

○孟子將朝王王使人來曰寡人如就見者也有寒疾不可以風朝將視朝不識可使寡人得見乎對曰不幸而有疾不能造朝

王齊王也孟子本將朝王王不知而託疾以召孟子故孟子亦以疾辭也

問莫是齊王不合託疾否朱子曰未論託疾孟子之意只是說他不合來召爲其實

師有事則王自來見或自往見若王召之則有自尊之意故不往見在他國時諸侯無越境之理只得以幣來聘故賢者受其幣而往見之答陳代如不待其招而往何哉此以在他國而言答萬章天子不召師而況諸侯乎此以在其國而言○孟子於此處賓師之位未嘗受祿非齊王所得臣也王不能見而乃召之旣失禮矣其託疾又不誠若何而可往哉

新安陳氏曰王託疾以召孟子亦託疾以辭欲其稱也與孔子亦瞰陽貨之亾同意

明日出弔於東郭氏公孫丑曰昔者辭以病今日弔或者不可乎曰昔者疾今日愈如之何不弔

東郭氏齊大夫家也昔者昨日也或者疑辭辭疾而出弔與孔子不見孺悲取瑟而歌同意

慶源輔氏曰孔子以疾辭孺悲而不見然又取瑟而歌使之知其非疾所以警教孺悲也孟子以疾辭齊王而不往朝然又出弔東郭而使之知其非疾者所以警教齊王也此皆聖賢至誠應物而得乎時中之義也

王使人問疾醫來孟仲子對曰昔者有王命有采薪之憂不能造朝今病小愈趨造於朝我不識能至否乎使數人要於路曰請必無

歸而造於朝 要平聲

孟仲子趙氏以爲孟子之從昆弟學於孟子者也采薪之憂言病不能采薪謙辭也仲子權辭以對又使人要孟子令勿歸而造朝以實己言

新安陳氏曰王先託疾以召意本不誠今問疾醫來虛文美意意亦非誠也仲子遂權對促朝

不得已而之景丑氏宿焉景子曰內則父子外則君臣人之大倫也父子主恩君臣主敬

丑見王之敬子也未見所以敬王也曰惡是何言也齊人無以仁義與王言者豈以仁義爲不美也其心曰是何足與言仁義也云爾則不敬莫大乎是我非堯舜之道不敢以陳於王前故齊人莫如我敬王也 惡去聲下同

景丑氏齊大夫家也景子景丑也惡歎辭也景丑所言敬之小者也孟子所言敬之大者也

慶源輔氏曰丑之說擎跽曲拳奔走承順之敬敬君以貌世俗之所知故曰敬之小

孟子所言陳善閉邪致君堯舜之敬敬君以心聖賢之所行故曰敬之大

西山眞氏曰景子但知聞命奔走爲敬其君不知以堯舜之道告其君僕隸之臣唯唯承命外若敬其君然心實薄之曰是何足與言仁義此不敬之大者也

景子曰否非此之謂也禮曰父召無諾君命召不俟駕固將朝也聞王命而遂不果宜與夫禮若不相似然 夫音扶下同

禮曰父命呼唯而不諾又曰君命召在官不俟屨在外不俟車言孟子本欲朝王而聞命中止似與此禮之意不同也

曰豈謂是與曾子曰晉楚之富不可及也彼以其富我以吾仁彼以其爵我以吾義吾何慊乎哉夫豈不義而曾子言之是或一道也天下有達尊三爵一齒一德一朝廷莫如爵鄉黨莫如齒輔世長民莫如德惡得有其一以慢其二哉 與平聲慊口簟反長上聲

慊恨也少也或作嗛字書以爲口銜物也然則慊亦但爲心有所銜之義其爲快爲足爲恨爲少則因其事而所銜有不同耳

孟子言我之意非如景子之所言者因引
曾子之言而云夫此豈是不義而曾子肯
以爲言是或別有一種道理也達通也葢
通天下之所尊有此三者曾子之說葢以
德言之也今齊王但有爵耳安得以此慢
於齒德乎

朱子曰達尊之説達通也三者不相值則各伸其尊而無所屈一或相值則通視其重之所在而致隆焉故朝廷之上以伊周之忠聖者老而祗奉嗣王左右孺子不敢以其齒德加焉至論輔世長民之任則太甲成王固拜手稽首於伊周之前矣其迭爲屈伸以[illegible]權之義不異於孟子之言也故曰通視其重之所在而致隆焉惟可與權者知之爵也齒也葢有偶然而得之者是以其尊施於朝廷者則不及於鄉黨施於鄉黨者則不及於朝廷而人之敬之也亦或以貌而不以心惟德得於心充於身刑於家推於鄉黨而達於朝廷者也曾子曰彼以其富其爵我以吾義吾仁子思曰事之云乎豈曰友之云乎孟子曰惡得有其一以慢其二哉師弟子間意見之相合固如此

雙峯饒氏曰景子之言是人臣事君之常孟子之言是人君尊賢之道

東陽許氏曰仁者循理樂天安貧守分故不挾彼之富義者審度事宜進退有制故不羨彼之爵富只在彼爵可加我故用仁義字不同

或曰荀云志意脩則驕富貴矣道義重則輕王公矣內省則外物輕矣王荆公又云志意脩則不驕富貴道義重則不輕王公此說較進一步

朱子語類云夫豈不義而曾子言之文勢似從管子而愚人也則可若義理不是則曾子豈肯恁地說

雙峯曰不如是指爲則就之

故將大有爲之君必有所不召之臣欲有謀焉則就之其尊德樂道不如是不足與有爲也樂音洛

大有爲之君大有作爲非常之君也程子曰古之人所以必待人君致敬盡禮而後往者非欲自爲尊大也爲是故耳

爲去聲

故湯之於伊尹學焉而後臣之故不勞而王桓公之於管仲學焉而後臣之故不勞而霸

先從後學師之也後以爲臣任之也

雙峯饒氏曰何處見得學而後臣葢學師之臣相之也觀尹之辭無所遜於湯桓之於管一則曰仲父二則曰仲父亦可見師之之意

或曰後臣者雖爲臣之時却以學爲先重在學也學是師其道德從尊德樂道中來後字與論語先行其言而後從之後字參看就臣他處使自有汲汲師他處非先從受學次任以爲臣也

不勞二字宜玩蓋得其本而末自舉甚不費力措之裕如也君盡其道則臣自盡其才言之即行行之即效非必拘拘算計見

處上聲　新安陳氏曰若當仕有官職乃可以其官召之

致緩能成就小補的事業觀王褒聖主得賢臣頌可見

今天下地醜德齊莫能相尚無他好臣其所教而不好臣其所受教好去聲

醜類也尚過也所教謂聽從於巳可役使者也所受教謂巳之所從學者也

湯之於伊尹桓公之於管仲則不敢召管仲且猶不可召而況不爲管仲者乎

不爲管仲孟子自謂也范氏曰孟子之於齊處賓師之位非當仕有官職者故其言

如此此章見賓師不以趨走承順爲恭而以責難陳善爲敬人君不以崇高富貴爲重而以貴德尊士爲賢則上下交而德業成矣

慶源輔氏曰不爲管仲孟子到此不得已而直言之不如是則公孫丑之徒終不足以知此義也

問賓師如何朱子曰當時有所謂客卿是也大槩尊禮之而不居職任事但召之則不往

新安陳氏曰恭見於外貌者故於趨走承順言之敬存於中心者故於責難陳善言之

南軒張氏曰孔子膰肉不至而去齊不知者以爲爲肉知者以爲爲無禮皆非知孔子者孟子不朝而出弔不知者或以爲要君知者則以爲太甚矣公孫丑以同人近觀猶不克知何怪於景丑乎將朝禮也問王託疾之言而不往義也明日出弔欲王深惟其故取瑟意也使仲子知孟子之心則告之曰昔者疾今日愈而出弔矣豈不正大而何必爲是紛紛哉王託疾要賢邪志也孟子方引以當道可徇其邪志乎孟子知人皆可爲堯舜故以堯舜事望王若以僕僕共命爲敬則僕妾服役之事耳孟子於公孫仲子告之不詳二子學者也欲其深省而自識於景子陳義著明如此景子大夫也庶幾其有以啟悟王心焉初不可召而後爲卿於齊何也王始不能如湯之於伊尹猶望其感悟於終也賢者伸縮變化皆有深意存焉

慶源輔氏曰天地交而後萬物遂上下交

而後德業成此自然之理也世衰道微君不知下賢惟知恃勢以驕賢者下不知自重惟知自屈以諂時君上日驕而下日諂上下之情扞格而不接德之與業渙散而無成天下日趨於亂而世俗猶以孟子爲迂闊亦可悲矣

新安陳氏曰上下之交惟不苟合然後可合

或曰臣猶不可召句直說出王覇之佐不同乃孟氏以道德自重的本意不可作賓師不與臣同

○陳臻問曰前日於齊王餽兼金一百而不受於宋餽七十鎰而受於薛餽五十鎰而受前日之不受是則今日之受非也今日之受

是則前日之不受非也夫子必居一於此矣

陳臻孟子弟子兼金好金也其價兼倍於常者一百百鎰也鎰音逸

孟子曰皆是也

皆適於義也

慶源輔氏曰陳臻則就事迹校量孟子則以義禮斷制

當在宋也予將有遠行行者必以贐辭曰餽贐予何為不受贐徐刃反

贐送行者之禮也

四書大全辯　上孟卷四　十三

當在薛也予有戒心辭曰聞戒故為兵餽之予何為不受為兵之為去聲

時人有欲害孟子者孟子設兵以戒備之薛君以金餽孟子為兵備辭曰聞子之有戒心也

若於齊則未有處也無處而餽之是貨之也焉有君子而可以貨取乎焉於虔反

無遠行戒心之事是未有所處也取猶致也尹氏曰言君子之辭受取予唯當於理

予通作與

而已

朱子曰取是羅致之意輕受之便是被他以貨賄籠絡了問處事是處物為義之處否曰是

南軒張氏曰人於不當受而受其動於物固也當受不受亦是為物所動仰則以其蔽於物而見物之大也聖賢從容不迫惟義之安外物何有焉物有大小義之所在一耳

新安陳氏曰孟子辭受從容惟義之安陳臻欲辭則皆辭受則皆受而不知隨事以酌其義固哉

慶源輔氏曰孟子於此無予尹氏併予言之者學者觀此非特可知辭與取之義亦可知所予矣

或曰按舊說受與不受皆是此說稍泛須知是對非看言受固是辭者亦是也宜歸重辭齊為是

或問未有處舊說連他人來有處言然否曰有處全重自家說不重他人蓋小人儘有貨利來交假托名義者若只靠他有詞便落小人之計此不可不知

四書大全辯　上孟卷四　十四

○孟子之平陸謂其大夫曰子之持

一日而三失伍則去之否乎曰不待三去上聲

平陸齊下邑也大夫邑宰也戟有枝兵也士戰士也伍行列也去之殺之也

通考趙氏德曰雙枝曰戟單枝曰戈

然則子之失伍也亦多矣凶年饑歲子之民

老羸轉於溝壑壯者散而之四方者幾千人矣曰此非距心之所得爲也幾上聲

子之失伍言其失職猶士之失伍也距心大夫名對言此乃王之大政使然非我所得專爲也

雙峯饒氏曰凶年說得潤如水旱疾疫之類饑歲只是五穀不熟

曰今有受人之牛羊而爲之牧之者則必爲之求牧與芻矣求牧與芻而不得則反諸其人乎抑亦立而視其死與曰此則距心之罪

也爲去聲死與之與平聲

牧之養之也牧牧地也芻草也孟子言若不得自專何不致其事而去

他日見於王曰王之爲都者臣知五人焉知其罪者惟孔距心爲王誦之王曰此則寡人之罪也見音現爲王之爲去聲

爲都治邑也邑有先君之廟曰都孔大夫姓也爲王誦其語所以風曉王也○陳氏曰孟子一言而齊之君臣舉知其罪固足以興邦矣然而齊卒不得爲善國者豈非說而不繹從而不改故邪

左傳莊公二十八年築郿非都也凡邑有宗廟先君之主曰都無曰邑邑曰築都曰城周禮四縣爲都四井爲邑然宗廟所在雖邑曰都尊之也

慶源輔氏曰孟子一言而齊之君臣舉知其罪者理明辭達長於譬喻而能感發於人故也然齊之君臣雖知其罪而終不能改繹者志小氣輕志小則易足蓋原不曾有大底規模氣輕則多率多率則凡事就過便休都無那自訟自責之意如此則何緣會改

雲峯胡氏曰齊之君臣一時聞孟子之言皆知其罪天理之乍明也終於不改人欲錮之也

芑山張氏曰反諸其人二句就受牛羊者商榷可否不是要他謝事既受如何反諸其人縱使不得芻牧尚須百計以求芻牧垂責距心不求語氣纔合○宋神宗行新法何等嚴切雖于此上不害法中不廉親下不傷民人以爲難邵雍亦謂賢者所當盡力之時寬一分則民受一分之賜以此觀之爲政不可拘于法而一諉之于不可爲也若一切諉之于不可爲則君民亦何賴哉

本朝

高皇帝嘗曰民饑而候奏請道途往返動經數月饑死者多矣自今天下有司饑年先發粟以貸民然後奏聞大哉

王言真可爲萬世法果爾則是芻牧不待人求人人皆可汲黯矣饑民何至上立死哉雖然法良意美要在有司實實奉行耳

○孟子謂蚳鼃曰子之辭靈丘而請士師似也爲其可以言也今既數月矣未可以言與

蚳鼃齊大夫也靈丘齊下邑似也言所爲近似有理可以言謂士師近王得以諫刑罰之不中者

通考趙氏德曰周禮士以五戒先後刑罰毋使罪麗於民一曰誓用之軍旅二曰誥用之會同三曰禁用諸田役四曰糾用諸國中五曰憲用諸都鄙先後猶左右也

蚳鼃諫於王而不用致爲臣而去

致猶還也

齊人曰所以爲蚳鼃則善矣所以自爲則吾不知也爲去聲

譏孟子道不行而不能去也

公都子以告

公都子孟子弟子也

曰吾聞之也有官守者不得其職則去有言責者不得其言則去我無官守我無言責也則吾進退豈不綽綽然有餘裕哉

官守以官爲守者言責以言爲責者綽綽寬貌裕寬意也孟子居賓師之位未嘗受祿故其進退之際寬裕如此尹氏曰進退久速當於理而已

南軒張氏曰孟子與乎蚳鼃故得從容不迫陳善閉邪以俟王之改可徐處乎進退之宜也然卒致爲臣而歸誠意備至啟告曲盡而王終莫悟則有去之而已然三宿出晝猶庶幾王之改終從容不迫也豈悻悻者能識之

慶源輔氏曰距心有官守蚳鼃有言責鼃雖未自以爲罪然諫不行能去距心雖知其罪然如是而止不聞其能去也鼃賢於距心矣

雙峯饒氏曰餘裕是寬緩不迫之意賓師從容規諷以漸而入如今朋友相似少焉

不入亦當去但覺得些子不如那有官守言責者恁地逼迫不得其職不得其言則目下便著休或疑孔子不脫冕而行與孟子之說不同曰正是一般蓋孔子有去志久矣但去得不恁地逼迫後來膰肉不至方不脫冕而行又如衛靈公可謂無道然亦以賓禮待孔子故孔子在衛極多時後來却因問陳明日遂行亦是久有去志因此遂行耳

雲峯胡氏曰集註前引尹氏言君子之辭受取予惟當於理而已此又引其言曰進退久速當於理而已蓋天理人欲之幾最不可不辨當辭而辭是天理受即非矣可久而久是天理速即非矣如此則當於理不如此則流於欲故惟聖人能審其幾焉

○孟子爲卿於齊出弔於滕王使蓋大夫王

驩爲輔行王驩朝暮見反齊滕之路未嘗與
之言行事也蓋古盍反見音現
蓋齊下邑也王驩王嬖臣也輔行副使也
反往而還也行事使事也
慶源輔氏曰使事謂弔祭之禮邦交之儀凡禮文制數皆是、
公孫丑曰齊卿之位不爲小矣齊滕之路不
爲近矣反之而未嘗與言行事何也曰夫既
或治之予何言哉
王驩蓋攝卿以行故曰齊卿夫既或治之

言有司已治之矣孟子之待小人不惡而
嚴如此
南軒張氏曰孟子雖爲卿而實賓師也則
夫禮文制數固可付之於有司是王驩雖
曰輔行然亦王之意待欲精孟子以爲重
有司之事不敢以煩而驩則行之也孟子
特總其大制於上而驩則共其事於下若
驩於事上之禮有失邦交之儀有曠則孟
子固不免有言以正其事之失也彼既或
治之未見有可正之事則亦烏用有言哉
慶源輔氏曰夫既或治之正答公孫丑未
嘗與之言行事一句孟子言使事有司既
已治之而得其宜矣自不須更與王驩言
也只此句便見孟子之待小人不惡而嚴
之意使有司不能治其事於禮儀制數有
曠闕不齊整處而孟子固不與驩言而正

古今待小人之道盡于此

之則非所謂不惡矣今有司既已能治其
其事而猶與之言則便有狎之之意而不
可謂之嚴矣然自常情觀之孟子之不與
驩言不以爲惡之而不欲與之言則以爲
易之而不足與之言矣夫惡之而不欲與
之言則鄙易之而不足與之言則忽鄙與
忽孟子無是心也但言有司既已能治辦
其事而不與之言則亦是順理之事而其
中自有不惡而嚴之意耳故愚嘗謂君子
之待小人存正己而無惡意有容德而無
過禮惡惡之心雖不能無然亦不爲已甚
之疾也
新安陳氏曰君子以遠小人不惡而嚴易
遯卦大象傳文孟子於王驩不欲與言於
弔公行子亦可見今答丑不過平平說所
以不與言之意未始及也蓋欲使丑自悟
耳○治之朱子以爲有司南軒以爲驩正
是治之者

附纂黃氏洵饒曰孟子爲卿於齊待小人
不惡而嚴如此○易曰天下有山遯君子
以遠小人不惡而嚴程注曰遠小人之道
若以惡聲厲色適足以致其怨怒惟在乎
矜莊威嚴使知敬畏則自然遠矣
芑山張氏曰弔禮事雖有有司治之亦不
繼問孟子夫既或治之云云託辭也若云
王驩于禮無失于儀無曠孟子不必以言
正之便似孟子果無可言失卻待小人不
惡而嚴之意南軒說迂甚○孟子說個予
何言哉髣髴孔子待陽貨正願學孔子最
得力處但觀他未嘗與言畢竟圭角未化
此處須識出孔孟氣象同與異處或有謂孔
孟子舉小渾然不露圭角者便說得孔孟
是一個人便無甚分別按此說未確○程
明道待王安石亦是此法無論事心平氣
和嘗云新法之行亦是吾黨爭之大過遂
成今日之事塗炭天下亦須兩分其罪若

使其勢久自後委曲乎諸尚有聽從之理
爲害亦不至如此甚也按明道此言眞可
爲徐小人之法。○孔子待陽貨。何等婉。却
未嘗不嚴。程注云矜莊嚴厲。尚有圭角在
○孟子自齊葬於魯反於齊止於嬴充虞請
曰前日不知虞之不肖使虞敦匠事嚴虞不
敢請今願竊有請也木若以美然
孟子仕於齊喪母歸葬於魯嬴齊南邑充
虞孟子弟子嘗董治作棺之事者也嚴急
也木棺木也以已通以美太美也
曰古者棺椁無度中古棺七寸椁稱之自天

子達於庶人非直爲觀美也然後盡於人心
度厚薄尺寸也中古周公制禮時也椁稱
之與棺相稱也欲其堅厚久遠非特爲人
觀視之美而已
慶源輔氏曰人子之喪親所以爲之棺椁
者蓋欲其堅厚以歷久遠而已非是欲爲
人觀視之美也蓋必如此然後於人心爲
盡耳盡於人心此一句須當自體之若後
世之厚葬却只是欲爲人觀美之故也
古者棺椁無度想只是過於厚觀易喪葬
取之大過可見至周公制禮時始爲七寸
之制也棺七寸則椁亦七寸也
雙峯饒氏曰周七寸只如今四寸許

不得不可以爲悅無財不可以爲悅得之爲
有財古之人皆用之吾何爲獨不然
不得謂法制所不當得得之爲有財言得
之而又爲有財也或曰爲當作而
慶源輔氏曰不得得之泥説葬禮加重累
之數牆翣之飾旣有定制則不可得以爲
悅非獨指棺椁而言也
且比化者無使土親膚於人心獨無恔乎
比猶爲也化者死者也恔快也言爲死者
不使土親近其肌膚於人子之心豈不快
然無所恨乎

吾聞之也君子不以天下儉其親
送終之禮所當得爲而不自盡是爲天下
愛惜此物而薄於吾親也
問不以天下儉其親朱子曰以猶爲也不
爲天下惜棺椁之費而儉於其親也王氏
中説記太原府君之言一布被二十年不
易曰無爲費天下也文意畧與此同
呂氏曰註云所當得爲而不自盡則便是
倒行逆施不順理底於所厚者薄則無所
不薄矣墨子之葬以薄爲道者卽是此與
新安陳氏曰此章當味盡於人心及恔意
按字人子事親至葬而終凡附於身與棺
必誠必信勿之有悔焉蓋不如是無以盡

於吾心不爲悅不爲伎也必悅且快然後於心爲盡不得爲而借爲與可爲而不爲皆非盡於人心曰不得不可以爲悅則制不得爲者決不敢過曰得之有則何獨不然則力所能爲者亦何恐於不及厚所當厚而不儉於親無非天理也盡於人心盡天理而已矣

○沈同以其私問曰燕可伐與孟子曰可子噲不得與人燕子之不得受燕於子噲有仕於此而子悅之不告於王而私與之吾子之祿爵夫士也亦無王命而私受之於子則可乎何以異於是伐與之與平聲下伐與殺與同夫音扶

沈同齊臣、以私問、非王命也、子噲子之事見前篇、諸侯土地人民、受之天子、傳之先君、私以與人、則與者受者、皆有罪也、仕爲官也、士卽從仕之人也、

慶源輔氏曰沈同問燕可伐否耳固不問以齊伐燕爲如何也若是以王命來問孟子必當詳告之不但曰可而已也○註云與者受者皆有罪謂不由其道妄取妄予如子噲子之之徒者由其道則三聖之授受乃先天而天弗違之事不可以罪言也

按燕世家孟軻謂齊王曰今伐燕此文武時不可失也朱文公曰或問勸齊伐燕有諸史記蓋傳聞此說之誤

黃氏日抄云按史記載梁惠王三十五年孟子始至梁後二十三年當齊湣王十年齊伐燕孟子在齊古史乃謂孟子先事齊宣王後見梁惠梁襄及齊湣王蘇黃謂孟子以伐燕爲宣王時事與史記荀卿等書皆不合通鑑以伐燕爲宣王十九年則是孟子先游梁而後見齊宣王又按史記齊伐燕有二事燕文公卒易王初立齊宣王因燕喪伐之取十城是卽梁惠王篇所載問答稱齊宣王者也稱宣王者孟子作于宣王已沒之後故以諡稱而趙岐註亦稱齊宣王也齊湣王後又伐燕燕王噲以燕與子之齊伐燕下燕七十城是卽公孫丑篇所載沈同問燕可伐者也此又一事也止稱齊王者作孟子時湣王尚在未有諡可稱趙註亦止稱王也燕噲遜國齊宣王卒後九年湣王伐燕在齊宣王卒後十年以此見伐燕噲非齊宣甚明孟子以周顯王三十三年見梁惠王齊宣王以周顯王四

十五年卒其子湣王立在位四十年孟子初年梁惠王已稱爲叟姑以五十歲約之又後之二十三年齊湣方伐燕孟子當年七十四五歲距湣王之卒孟子約一百餘歲孟子當不及見湣王卒故孟子書自公孫丑篇凡涉齊事皆止稱王陳賈章終篇止說齊王蓋嘗考古史通鑑少誤近世師儒援爲王留行事有謂區區齊宣不足爲聖世道說者遂亦誤指伐噲爲齊宣王事故私紀之俟考古者質焉

齊人伐燕或問曰勸齊伐燕有諸曰未也沈同問燕可伐與吾應之曰可彼然而伐之也彼如曰孰可以伐之則將應之曰爲天吏則可以伐之今有殺人者或問之曰人可殺與

則將應之曰可彼如曰孰可以殺之則將應之曰爲士師則可以殺之今以燕伐燕何爲勸之哉

天吏解見上篇言齊無道與燕無異如以燕伐燕也史記亦謂孟子勸齊伐燕蓋傳聞此說之誤○楊氏曰燕固可伐矣故孟子曰可使齊王能誅其君弔其民何不可之有乃殺其父兄虜其子弟而後燕人畔之乃以是歸咎孟子之言則誤矣

朱子曰孟子言伐燕處有四燕父子君臣如此固有可伐之理然孟子不曾教齊不伐亦不曾教齊必伐但曰惟天吏則可以伐之○或謂孟子於沈同之問曷爲不盡其辭以告之曰沈同固非能伐燕者且其以私來問又不言齊之將伐燕也則直以可伐之理告之足矣若遂探其情而預設辭以待之則是猜防險詖之私爾豈所謂聖賢之心哉且齊雖無道若能拯燕之遺民於水火之中而無殺戮繫累之暴則其伐之也亦何爲而不可哉

雙峯饒氏曰惟士師則可以殺有罪之人泛泛如何可以擅殺惟天吏可以伐無道之國諸侯如何可以擅相征伐天吏天所命者士師君所命者天吏以其有道故天命之征伐如湯武是也沈同安曉此理但知人之可伐而不知己之不可伐人

○燕人畔王曰吾甚慙於孟子

齊破燕後二年燕人共立太子平爲王

陳賈曰王無患焉王自以爲與周公孰仁且智王曰惡是何言也曰周公使管叔監殷管叔以殷畔知而使之是不仁也不知而使之是不智也仁智周公未之盡也而況於王乎賈請見而解之

陳賈齊大夫也管叔名鮮武王弟周公兄也武王勝商殺紂立紂子武庚而使管叔與弟蔡叔霍叔監其國武王崩成王幼周

公攝政管叔與武庚畔周公討而誅之

見孟子問曰周公何人也曰古聖人也曰使管叔監殷管叔以殷畔也有諸曰然曰周公知其將畔而使之與曰不知也然則聖人且有過與曰周公弟也管叔兄也周公之過不亦宜乎

言周公乃管叔之弟管叔乃周公之兄然則周公不知管叔之將畔而使之其過有

操平聲逆先也

所不免矣或曰周公之處管叔不如舜之處象何也游氏曰象之惡已著而其志不過富貴而已故舜得以是而全之若管叔之惡則未著而其志其才皆非象比也周公詎忍逆探其兄之惡而棄之邪周公愛兄宜無不盡者管叔之事聖人之不幸也舜誠信而喜象周公誠信而任管叔此天理人倫之至其用心一也

四書大全辯　上孟卷四　三十七

程子曰象憂亦憂象喜亦喜蓋天理人情於是爲至舜之於象周公之於管叔其用心一也夫管叔未嘗有惡也使周公逆知其將叛果何心哉惟管叔之叛非周公所能知則其過有所不免矣故孟子曰周公之過不亦宜乎○問周公誅管叔自公義言之其心固正大直截自私恩言之其情終有不自滿處所以孟子謂周公之過不亦宜乎者以此朱子曰周公豈得已爲此哉莫到恁地較好胡氏云象得罪於舜故封之管蔡流言將危周公以間王室得罪於天下故誅之非周公誅之天下之所當誅周公豈得而私之哉舜處其常周公處其變此聖人所以同歸於道也慶源輔氏曰周公不忍料兄之惡而使之故不免有過是以孟子亦言周公之過不亦宜乎不說周公無過也雲峯胡氏曰詎忍逆探其兄之惡而棄之此一句最見得周公之用心舜之心誠信而喜象不忍逆以其弟爲詐舜爲兄之道

文去聲　沮在呂反　上章據齊人伐燕勝之十一章

盡矣周公之心誠信而任管叔不忍逆以其兄爲畔周公爲弟之道盡矣故曰此天理人倫之至人倫之至人倫卽是天理特分而言之天理其自然者人倫其當然者爾

且古之君子過則改之今之君子過則順之古之君子其過也如日月之食民皆見之及其更也民皆仰之今之君子豈徒順之又從爲之辭更平聲

順猶遂也更改也辭辯也更之則無損於明故民仰之順而爲之辭則其過愈深矣

四書大全辯　上孟卷四　三十八

責賈不能勉其君以遷善改過而教之以遂非文過也○林氏曰齊王慙於孟子蓋羞惡之心有不能自已者使其臣有能因是心而將順之則義不可勝用矣而陳賈鄙夫方且爲之曲爲辯說而沮其遷善改過之心長其飾非拒諫之惡故孟子深責之然此書記事散出而無先後之次故其說必參考而後通若以第二篇十章十一章置之前章之後此章之前則孟子之意

不待論說而自明矣

新安陳氏曰孟子窺賈爲君文過之心於不言之表而責之

南軒張氏曰周公於管叔親愛之而不知其將畔其過也宜矣賈爲君文過過之中又生過焉

汪氏曰已富貴而兄弟無位仁者弗爲也兄弟惡未萌而以惡逆之智者弗爲也自陳賈觀之以周公爲仁智之未盡由君子觀之周公實仁且智者也不期以畔而卒至于畔不免於過乃所遭之不幸也及其畔也不以私恩害公義誅之以安宗社天下於過爲能改矣其不得已而行權也

漢審配曰周公垂涕以蔽管蔡之獄季友歔欷而行叔牙之誅事不獲已故也

○孟子致爲臣而歸

孟子久於齊而道不行故去也

王就見孟子曰前日願見而不可得得侍同朝甚喜今又棄寡人而歸不識可以繼此而得見乎對曰不敢請耳固所願也　朝音潮

新安陳氏曰謙言得侍賢者同朝者皆甚喜

他日王謂時子曰我欲中國而授孟子室養弟子以萬鍾使諸大夫國人皆有所矜式子盍爲我言之　爲去聲

時子齊臣也中國當國之中也萬鍾穀祿之數也鍾量名受六斛四斗矜敬也式法也盍何不也

趙氏曰四豆爲區區受斗六升四區爲釜釜受六斗四升十釜爲鍾鍾受六斛四斗

時子因陳子而以告孟子陳子以時子之言告孟子

陳子即陳臻也

孟子曰然夫時子惡知其不可也如使予欲富辭十萬而受萬是爲欲富乎　夫音扶惡平聲

孟子既以道不行而去則其義不可以復留而時子不知則又有難顯言者故但言設使我欲富則我前日爲卿嘗辭十萬之祿乃今受此萬鍾之餽是我雖欲富亦不爲此也

復扶又反

慶源輔氏曰齊王告時子是就人欲中計較孟子之意道合則從不合則去惡用是多端爲哉○註云孟子有難顯言者顯言之則訐揚齊王之失而有戾於我固所願之意

季孫曰異哉子叔疑使己爲政不用則亦已矣又使其子弟爲卿人亦孰不欲富貴而獨

於富貴之中有私龍斷焉 龍音壟

此孟子引季孫之語也季孫子叔疑不知何時人龍斷岡壟之斷而高也義見下文

蓋子叔疑者嘗不用而使其弟子爲卿季孫譏其旣不得於此而又欲求得於彼如下文賤丈夫登龍斷者之所爲也孟子引此以明道旣不行復受其祿則無以異此矣

慶源輔氏曰舉季孫所譏子叔疑之事以見我不敢效此之意辭祿而受饋雖多寡

之不同畢竟是既不得於此而又求得於彼也

古之爲市者以其所有易其所無者有司者治之耳有賤丈夫焉必求龍斷而登之以左右望而罔市利人皆以爲賤故從而征之征商自此賤丈夫始矣

孟子釋龍斷之說如此治之謂治其爭訟左右望者欲得此而又取彼也罔謂罔羅取之也從而征之謂人惡其專利故就征其稅後世緣此遂征商人也○程子曰齊

王所以處孟子者未爲不可孟子亦非不肯爲國人矜式者但齊王實非欲尊孟子乃欲以利誘之故孟子拒而不受

雙峰饒氏曰左右望是欲全得之萬一不得於此亦可得於彼不得於此是譬喻辭十萬得於彼是譬喻受萬

慶源輔氏曰文王關譏不征是三代之初皆如此

新安陳氏曰孟子有引以終之而不復說上正意者此章之類也

新安陳氏曰齊王固不得待孟子之道尤爲不知孟子之心

月恒近解曰按丘文莊云。郎孟子此言。可見古人立關市之本意。

○孟子去齊宿於晝 晝如字或曰當作畫音獲下同

晝齊西南近邑也

有欲爲王留行者坐而言不應隱几而臥

隱憑也客坐而言孟子不應而臥也

客不悅曰弟子齊宿而後敢言夫子臥而不聽請勿復敢見矣曰坐我明語子昔者魯繆公無人乎子思之側則不能安子思泄柳申詳無人乎繆公之側則不能安其身

齊宿齊戒越宿也繆公尊禮子思常使人

候伺道達誠意於其側乃能安而留之也泄柳魯人申詳子張之子也繆公尊之不如子思然二子義不苟容。非有賢者在其君之左右。維持調護之。則亦不能安其身矣。

問泄柳申詳無人乎繆公之側則不能安其身二子之賢其心固如是乎朱子曰非謂二子之心徇君側之人也語其勢則然耳若二子之心如此則與世之垢面汗行而事君側便嬖之人者何以異乎慶源輔氏曰繆公好賢之切惟恐有不當其意者常使人道達誠意乃能安而留之泄柳嘗閉門以避繆公不苟合可見申詳

見禮記與泄柳並稱其賢可知繆公待子思恐子思不察己之誠也二子非有賢者調護之則又恐君不察己之誠也德若子思則自有此應若只及得二子則自處又當如此下此則苟容以徇君者也

子爲長者慮而不及子思子絶長者乎長者絶子乎長上聲

長者孟子自稱也言齊王不使子來而子自欲爲王留我是所以爲我謀有不及繆公留子思之事而先絶我也我之卧而不應豈爲先絶子乎

慶源輔氏曰孟子之自處不在子思之下故意或人之爲我謀不及繆公留子思之事也蓋有欲爲王留行者雖有愛賢之意而不知待賢者之體故孟子告之如此新安倪氏曰孟子之於齊齊王既不能如繆公之待子思固無以安孟子矣次焉而齊之羣臣又無賢者爲之維持調護孟子亦豈能安其身哉孟子之德無愧於子思齊王如繆公之待子思宜也故末又以不及子思爲言泄柳申詳之事姑引以言齊之無賢臣耳

或曰以子思自比。乃曰爲長者慮而不及子思是責其平日也。非指留行一節而言孟子此時已不可留矣若孟子有王命便可留。前日時子之言。非王命耶。須知子思見留於繆公。亦非臨去時事。

○孟子去齊尹士語人曰不識王之不可以

爲湯武則是不明也識其不可然且至則是干澤也千里而見王不遇故去三宿而後出晝是何濡滯也士則茲不悅

尹士齊人也干求也澤恩澤也濡滯遲留也

高子以告

高子亦齊人孟子弟子也

曰夫尹士惡知予哉千里而見王是予所欲也不遇故去豈予所欲哉予不得已也夫音扶下同惡去聲

見王欲以行道也今道不行故不得已而去非本欲如此也

予三宿而出晝於予心猶以為速王庶幾改之王如改諸則必反予

所改必指一事而言然今不可考矣

夫出晝而王不予追也予然後浩然有歸志予雖然豈舍王哉王由足用為善王如用予則豈徒齊民安天下之民舉安王庶幾改之予日望之

浩然如水之流不可止也楊氏曰。齊王天資朴實如好勇好貨好色好世俗之樂皆以直告而不隱於孟子故足以為善若乃其心不然而謬為大言以欺人。是人終不可與入堯舜之道矣。

予豈若是小丈夫然哉諫於其君而不受則怒悻悻然見於其面去則窮日之力而後宿哉

悻形頂反　見音現

悻悻怒意也窮盡也

雲峰此條可刪

尹士聞之曰士誠小人也

此章見聖賢行道濟時汲汲之本心。愛君澤民惓惓之餘意。李氏曰於此見君子憂則違之之情。而荷蕢者所以為果也。

慶源輔氏曰集註本心謂其初本欲如此也餘意則後來不得已之意耳詳玩此兩句便可見聖賢之心千里見王王如用予豈特齊民安天下之民舉安此其行道濟時汲汲之本心三宿出晝王庶幾改之予日望之此其愛君澤民惓惓之餘意

朱子曰孟子與荷蕢皆是憂則違之但荷蕢者果於去不若孟子之遲遲吾行蓋得行道者聖人之本心不遇而去者聖人之不得已此與孔子去魯之心同蓋聖賢

愛世濟時之誠心非若荷蕢之果於去也

南軒張氏曰齊王資雖鈍而不敏然異夫飾情矯非以自欺欺人者故孟子有望焉以為王如用予天下舉安蓋其安天下之道已素定於胸中而其本則在於格君心故拳拳望王之改之也若夫諫而不用去則窮日而後宿者是私意所發其諫也固無誠意之感其去也又無忠厚之氣真小丈夫哉

雙峰饒氏曰方其來也只望齊王能行其道及其去也又望王能改過此聖賢仁厚之意蓋決然去者義也欲去不去者仁也李氏所以說憂則違之之情憂只是不樂違去也當看情字

雲峰胡氏曰孟子憂則違之若與荷蕢同而其憂則違之之情與荷蕢之恝然忘情者大不同也

新安陳氏曰孟子所歷如滕文雖慕道然

國微弱道必難行其次如魯沮於臧倉又必不行大國齊梁也梁惠不足與有行與尤劣矣宋幾焉者其齊宣乎齊有易以王天下之勢孟子又為安天下之道王天資誠朴若可與有行者所以賓拳望之有不能自已焉於此終不遇合則孟子之道知其不行矣

○孟子去齊充虞路問曰夫子若有不豫色然前日虞聞諸夫子曰君子不怨天不尤人

路問於路中問也豫悅也尤過也此二句實孔子之言蓋孟子嘗稱之以教人耳

曰彼一時也此一時也

彼前日此今日

新安陳氏曰前日言不怨尤之時與今日所遇之時不同

五百年必有王者興其間必有名世者

自堯舜至湯自湯至文武皆五百餘年而聖人出名世謂其人德業聞望可名於一世者為之輔佐若皐陶稷契伊尹萊朱太公望散宜生之屬

過考趙氏德曰堯在位九十八年舜在位五十年禹至桀十七王四百三十二年為商是堯舜至湯共五百八十年湯至紂三十王六百二十八年而周興

由周而來七百有餘歲矣以其數則過矣以其時考之則可矣

周謂文武之間數謂五百年之期時謂亂極思治可以有為之日於是而不得一有所為此孟子所以不能無不豫也

夫天未欲平治天下也如欲平治天下當今之世舍我其誰也吾何為不豫哉

夫音扶舍上聲

言當此之時而使我不遇於齊是天未欲平治天下也然天意未可知而其具又在

我我何為不豫哉然則孟子雖若有不豫然者而實未嘗不豫也蓋聖賢憂世之志樂天之誠有竝行而不悖者於此見矣

新安陳氏曰天意或欲平治天下亦未可知其具謂能平治天下之道也朱子曰或問文中子曰聖人有憂乎曰天下皆憂吾獨得不憂又曰樂天知命吾何憂若孟子不忘天下之憂而亦不害其樂天知命之樂其庶幾乎慶源輔氏曰不能無不豫憂世之志也實未嘗不豫樂天之誠也憂樂自常情觀之則相反自聖賢言之則竝行而不悖也○自五百年至則可矣觀之則孟子不能無不豫然也自夫天未欲平治以下觀之則孟子實未嘗不豫也

雙峰饒氏曰孟子到此亦未如之何所以只得歸之于天

月恒近解曰樂天憂世對說不得未篤正是解今日不豫之意其意謂若是見用則當今之世舍我其誰何不豫之有惟其不然故不免於有憂也

舊說彼一時此一時者孟子云我前日之言乃安常處順而未有所感固一時也可以不怨尤也今日去齊之時吾道將廢而不得有為又一時也不能不怨尤也此說謬甚須知聖賢心事始終一不怨不尤而已彼一時也雖不怨尤而憂世之志未嘗忘也此一時也世不我用則道終不行雖亦不怨不尤而憂世之志却無以自解也如之何不憂哉此則始終不怨天不尤人而言行亦相顧矣

○孟子去齊居休公孫丑問曰仕而不受祿

古之道乎

休地名

曰非也於崇吾得見王退而有去志不欲變故不受也

崇亦地名孟子始見齊王必有所不合故有去志變謂變其去志

新安陳氏曰道不行於齊已先見乎此

繼而有師命不可以請久於齊非我志也

師命師旅之命也國既被兵難請去也○

孔氏曰仕而受祿禮也不受齊祿義也義之所在禮有時而變公孫丑欲以一端裁之不亦誤乎

南軒張氏曰孟子之去齊三宿出晝猶以為速而謂初見已有去志又於齊非我志何也蓋孟子雖度齊王之可與有為而可去之義未嘗不先覺也初見齊王之時必有不能受者又以其質亦有可取故不受其祿姑從以觀其感悟與否也濔志雖欲去而猶有望焉豈徒為苟留也哉此篇載孟子於齊始終去就久速之義甚備學者所宜深究也

慶源輔氏曰禮則有常義則有權如君命召不俟駕禮也有不召之臣便是義孔氏謂仕而受祿禮也不受齊祿義也說得自

好

雙峰饒氏曰有見行可之仕有際可之仕有公養之仕孟子當時見王於崇便有不合處歸於委質為臣所以止為際可之仕見行可者見這道理漸可行也孟子自崇既退之後未見其道之可行所以終於不受祿

新安陳氏曰不受卿祿此孟子最高處其超然不屈進退餘裕本全在此一受其祿則為祿所縻是為祿而仕耳十萬之祿脫屣而去齊王猶欲以萬鍾縻之豈知孟子者哉意戰國之世高節如許惟孟子一人而已厥後幾焉者其魯仲連乎

四書大全辯孟子卷之四終

四書大全辯孟子卷之五

滕文公章句上

通考勿軒熊氏曰四章皆言滕事末章辯墨道因許行之學別記凡五章

滕文公為世子將之楚過宋而見孟子

世子太子也

孟子道性善言必稱堯舜

道言也性者人所稟於天以生之理也渾然至善未嘗有惡人與堯舜初無少異但衆人汨於私欲而失之堯舜則無私欲之

蔽而能充其性爾故孟子與世子言每道性善而必稱堯舜以實之欲其知仁義不假外求聖人可學而至而不懈於用力也門人不能悉記其辭而撮其大旨如此程子曰性即理也天下之理原其所自未有不善喜怒哀樂未發何嘗不善發而中節即無往而不善發不中節然後為不善故凡言善惡皆先善而後惡言吉凶皆先吉而後凶言是非皆先是而後非

新安陳氏曰四端章雖言性情之理而性字未說出性字始見於此而詳見告子盡心篇充其性即擴而充之之充

問孔子言性與天道不可得而聞孟子乃開口便說性善是如何朱子曰孟子也只是大槩說性善至於性之所以善處也少說須是如說一陰一陽之謂道繼之者善也成之者性也方是說性與天道耳○易言繼善是指未生之前孟子言性善是指已生之後雖曰已生然其本體初不相離也○孟子見滕文公便道性善他欲人先知得一箇本原則為善必力去惡必勇○伊川謂性即理也一句直自孔子後惟伊川說得盡這一句便是千萬世說性之根基理是箇公共底物事不解會不善人做不是自是失了性却不是壞了著終又曰未發之前氣不用事所以有善而無惡○性善者以理言之稱堯舜者質其事以實

之所以互相發也其意蓋曰知性善則知堯舜之必可為矣知堯舜之可為則其於性善也信之蓋篤而守之蓋固矣○問性善之性與堯舜性之之性如何曰性善之性實性之之性處性之只是合下稟得自下便將來受用○性善故人皆可為堯舜必稱堯舜所以驗皆善之實○問人未能便至於堯舜而孟子言必稱之何也曰道性善與稱堯舜二句正相表裏善人之不至於堯舜者是他力量不至固無可奈何然人須當只堯舜為法人到得堯舜地位方做得一箇人無所欠闕然也只是本分事這便是止於至善○問孟子道性善看來孟子言亦于將入井有怵惕惻隱之心此只說情上見如言孩提之童無不愛其親亦只是就情上說曰未發時怵惕惻隱與孩提愛親之心皆在裏面了少間發出來即是未發底物事靜也只是這物事動

也只是這物事如孟子所說正要人於發動處見得是這物事即是靜時所養底物事靜時若存守得這物事則日用流行即是這物事而今學者且要識得動靜只是一箇物事○問孟子道性善又謂性無有不善也明道乃以為善固性也然惡亦不可不謂之性其義如何潛室陳氏曰纔識氣質之性即善惡方各有著落不然則惡從何處生以孟子說未備故程門發此義孟子尊說義理之性則惡無所歸是論性不論氣孟子之說為未備專說氣稟則善為無別是論氣不論性諸子之論所以不明夫本也程子兼氣質論性雲峯胡氏曰孔子亦嘗說性善曰繼之者善成之者性但善字從造化發育處說不從人生稟受處說子思曰天命之謂性率性之謂道亦是從源頭說性之本善但不露出一善字性善之論自孟子始發之集

四書大全辯　上孟卷五　三

註釋性者人稟於天以生之理也此一句便闢倒告子所謂生之謂性蓋生不是性生之理是性天地間豈有不好底理故曰渾然至善未嘗有惡古今只是一箇道理故曰人與堯舜初無少異孟子道性善言其理也人稱堯舜以實之言其事也天下無理外之事能為堯舜所為之事便是不失吾所得以生之理然而人不能皆堯舜者氣質之拘物欲之蔽也集註言物欲不言氣質蓋以孟子不曾說到氣拘之性故但據孟子之意言之程子曰性善二字孟子擴前聖之所未發而有功於聖門愚亦故曰性即理也一句程子擴前聖所未發而有功於孟子

新安陳氏曰性善是虛說其理稱堯舜是指能盡性之人以實其說如朱子著小學書列立敎明倫於前盡是說其理列實立敎實明倫於後並是實有是人實有是事以實前面之說此之謂實之何以驗人性之善哉觀堯舜能盡其性而為大聖人則可以知同有是性者之皆可以為聖人而不懈於學聖人矣所以言性善而必稱堯舜以實之賦

通考張氏須曰孟子言性善所謂天地之性也斯言也實傳子思天命謂性之言子思指天所賦而人受之者為言合理氣而言也孟子指民受天地之中者為言專指理而言也孔子言性相近以形體之已具者言孟子之言性善以有形體之初者言也皆一理也然則氣質之性孟子所不言乎曰形色天性曰動心忍性曰君子不謂性者指氣質之性也

吳氏微曰孟子道性善是就氣質中挑出其本然之理而言

世子自楚反復見孟子孟子曰世子疑吾言

四書大全辯　上孟卷五　四

乎夫道一而已矣

時人不知性之本善而以聖賢為不可企及故世子於孟子之言不能無疑而復來求見蓋恐別有卑近易行之說也孟子知之故但告之如此以明古今聖愚本同一性前言已盡無復有他說也

朱子曰當戰國之時聖學不明天下之人但知功利之可求而不知己性之本善聖賢之可學聞是說者非惟不信往往亦不復致疑於其間若文公則雖未能盡信而已能有所疑矣是其可與進善之萌芽也故孟子於其去而復來迎而謂之曰世子

疑吾言乎而又告之曰夫道一而已矣蓋古今聖愚同此一性則天下固不容有二道但在篤信力行則天下之理雖有至難猶必可至況善乃人之所本有而爲之不難乎雲峯胡氏曰按饒氏謂道一而已矣與性一而已矣不同性以所稟言之道以所由言之集註此處說得性字稍重愚謂集註不曰同一道而曰同一性者蓋推本而言根自上文性善說來性之外他無所謂道同此性即同此道又何疑焉

覸古莧反

成覸謂齊景公曰彼丈夫也我丈夫也吾何畏彼哉顏淵曰舜何人也予何人也有爲者亦若是公明儀曰文王我師也周公豈欺我哉

成覸人姓名彼謂聖賢也有爲者亦若是言人能有爲則皆如舜也公明姓儀名魯賢人也文王我師也蓋周公之言公明儀亦以文王爲必可師故誦周公之言而歎其不我欺也孟子既告世子以道無二致而復引此三言以明之欲世子篤信力行以師聖賢不當復求他說也

朱子曰孟子引三段說話教人如此發憤勇猛向前日用之間不得存留一毫人欲之私在這裏此外更無別法若如此有箇奮迅興起處方有田地可下工夫不然則是畫脂鏤冰無眞實力處雲峯胡氏曰性之本善堯舜無異於人行之不力人自異於堯舜

瞑莫甸反眩音縣瘳敕留反

今滕絕長補短將五十里也猶可以爲善國書曰若藥不瞑眩厥疾不瘳

絕猶截也書商書說命篇瞑眩憒亂言滕國雖小猶足爲治但恐安於卑近不能自克則不足以去惡而爲善也○愚按孟子之言性善始見於此而詳具於告子之篇然默識而旁通之則七篇之中無非此理其所以擴前聖之未發而有功於聖人之門程子之言信矣

朱子曰滕小不過如今一鄉孟子只說可爲善國終不成以告齊梁之君者告之○人要爲聖賢須是猛起如服瞑眩之藥以除深痼之疾直是不可悠悠秦氏曰方言云飲藥而毒海岱之間謂之瞑眩新安黃氏曰歷引三人之言所以釋滕文之疑終以藥瞑眩所以厲其志雙峯饒氏曰前面文公再見孟子時是疑其資禀凡下不可以爲堯舜故孟子以成覸以下三說答之末後孟子恐文公又自疑其土地狹小故以瞑眩之說告之文

公後來也能問喪禮問經界亦足見其有
爲處
西山真氏曰七篇之中無非此理者如言
仁義言四端蓋其大者至於因齊王之愛
牛而勸之以行王政亦因其性善而引之
當道也以此推之他可識矣
新安陳氏曰林氏於下章言喪禮處謂可
驗人性之善亦當以此意類推之
芑山張氏曰成覸節全要想他激昂希聖
的口氣與下顏淵意槩相炤應非僅證道
一也集註欲世子篤信力行二句宜玩○
昔之言性者不一孟子曰性善荀子曰性
惡楊子曰性善惡混韓愈曰性有三品學
者當以孟子之說爲正至若張子天地氣
質互舉程子性氣對言似又以氣質爲性
畢竟見性有未透處程子曰性即理也此
言最直捷何以又說論性不論氣不備論
氣不論性不明何以又說善固性惡亦不

四書大全辯　上孟卷五　七

可不謂之性愚按孟子言性善蹇本子思
天命謂性之言胡雲峯所謂從源頭說性
之本善其說甚分明而小註錄張氏須一
條又云子思指天所賦而人受之者爲言
合理氣而言何也須知具于心者謂之性
成于形者謂之質則性固性也氣質固氣
質也性則至善氣質則有昏明强弱之不
同性上添不得一物惡乃氣禀物慾所爲
與吾性無與雖蔽錮之極本性依然發見
但到底被氣禀物慾汩沒了所以喪失其
善卒歸于惡耳孟子說箇性善乃是直指
本體凡爲惡者皆是自欺自畫棄不是性
裏帶來此聖賢可學而至也朱子晚年定
論曰孟子道性善此是第一義若于此看
得透信得及直下便是聖賢按此論甚確

○滕定公薨世子謂然友曰昔者孟子嘗與我
言於宋於心終不忘今也不幸至於大故
吾欲使子問於孟子然後行事
定公文公父也然友世子之傅也大故大
喪也事謂喪禮
然友之鄒問於孟子孟子曰不亦善乎親喪
固所自盡也曾子曰生事之以禮死葬之以
禮祭之以禮可謂孝矣諸侯之禮吾未之學
也雖然吾嘗聞之矣三年之喪齊疏之服飦
粥之食自天子達於庶人三代共之

四書大全辯　上孟卷五　八

當時諸侯莫能行古喪禮而文公獨能以
此爲問故孟子善之又言父母之喪固人
子之心所自盡者蓋悲哀之情痛疾之意
非自外至宜乎文公於此有所不能自已
也但所引曾子之言本孔子告樊遲者豈
曾子嘗誦之以告其門人歟三年之喪者
子生三年然後免於父母之懷故父母之
喪必以三年也齊衣下縫也不緝曰斬衰
緝之曰齊衰疏麤也麤布也飦糜也喪禮

三日始食粥既葬乃疏食此古今貴賤通行之禮也

記喪大記君之喪子大夫公子衆士皆三日不食子大夫公子食粥士疏食水飲夫人世婦諸妻皆疏食水飲大夫之喪主人室老子姓皆食粥衆士疏食水飲妻妾疏食水飲士亦如之既葬主人疏食水飲不食菜果婦人亦如之君大夫士一也練而食菜果祥而食肉室老其貴臣也衆士謂衆臣

朱子曰孟子說制度皆舉其綱而已如田之什一喪之自天子達之類○孟子答滕文公喪禮不說到細碎上只說齊疏之服飦粥之食自天子達於庶人這兩項便是大原大本自盡其心喪禮之大本也三年齊疏飦粥喪禮之大經也孟子生戰國不

得見先王全經矣然其學得孔氏之正傳而於文武之道識其大者故其考論制度雖若疏濶而於大本大經之際則有不可得而亂者以是為主而酌乎人情世變以文之則禮雖先王未之有亦可以義起矣後世議禮者不明乎此故常以其度數節文之小不備而不敢為卒以就乎大不備而後已此劉向所以深歎之也然無孟子之學而強為之如叔孫通曹褒之流是又不免乎私意之鑿而已矣

趙氏曰自天子達於庶人是無貴賤之別三代共之是無古今之異

然友反命定為三年之喪父兄百官皆不欲曰吾宗國魯先君莫之行吾先君亦莫之行也至於子之身而反之不可且志曰喪祭從

志記通[illegible]禮小史書[illegible]陽之志

先祖曰吾有所受之也

父兄同姓老臣也滕與魯俱文王之後而魯祖周公為長兄弟宗之故滕謂魯為宗國也然謂二國不行三年之喪者乃其後世之失非先王之法本然也志記也引志之言而釋其意以為所以如此者蓋為上世以來有所傳受雖或不同不可改也然志所言本謂先王之世舊俗所傳禮文小異而可以通行者耳不謂後世失禮之甚者也

通考趙氏德曰文王之子周公旦子伯禽封於魯文王子錯叔繡武王庶弟封於滕侯爵

朱子曰古宗國如周公兄弟之為諸侯者則皆以魯國為宗至戰國時滕猶稱魯為宗國也

南軒張氏曰考滕世子問孟子之辭則三年之喪其廢也久矣其在周之末世乎故曰吾宗國魯先君莫之行吾先君亦莫之行也又曰喪祭從先祖吾有所受之也然則其廢也久矣世之治亂此豈非其根抵耶

仁山金氏曰宗法諸侯之公子蓋先君之子今君之昆弟不敢以君為宗而君為公子之庶者使宗其公子適者蓋使諸庶弟以一適弟為宗天子亦然武王為天子矣

諸弟不敢以武王爲宗而以周公爲宗故
凡文王之子有國者管蔡郕霍邢衛毛聃
郜雍曹滕畢原酆郇皆謂魯爲宗國也
按魯文公禫制未終而思娶宣公喪未期
年而逆女魯至文宣蓋凡幾世矣故知不
行三年之喪者非周公法也志曰從先祖
者立法之祖也世數益遠則以壞法爲祖
矣曰有所受其受之誰乎從壞法者非所
受而受也壞法者無所受矣

謂然友曰吾他日未嘗學問好馳馬試劒今也父兄百官不我足也恐其不能盡於大事子爲我問孟子然友復之鄒問孟子孟子曰然不可以他求者也孔子曰君薨聽於冢宰

歠粥面深墨即位而哭百官有司莫敢不哀先之也上有好者下必有甚焉者矣君子之德風也小人之德草也草尚之風必偃是在世子

不我足謂不以我滿足其意也然者然其不我足之言不可他求者言當責之於己冢宰六卿之長也歠歠飲也深墨甚黑色也即就也尚加也論語作上古字通也偃伏也孟子言但在世子自盡其哀而已

慶源輔氏曰當責之於己是應[illegible][illegible]所自盡之說在世子自盡其哀是應上一句不可他求之意
雙峯饒氏曰君薨君字該天子諸侯而言總於冢宰是國家政事皆聽命於冢宰非聽政聽訟之謂

然友反命世子曰然是誠在我五月居廬未有命戒百官族人可謂曰知及至葬四方來觀之顏色之戚哭泣之哀弔者大悅

諸侯五月而葬未葬居倚廬於中門之外居喪不言故未有命令教戒也可謂曰知疑有闕誤或曰皆謂世子之知禮也○林

氏曰孟子之時喪禮既壞然三年之喪惻隱之心痛疾之意出於人心之所固有者所未嘗亡也惟其溺於流俗之弊是以喪其良心而不自知耳文公見孟子而聞性善堯舜之說則固有以啓發其良心矣是以至此而哀痛之誠心發焉及其父兄百官皆不欲行則亦反躬自[illegible][illegible]其前行之不足以取信而不敢有非[illegible][illegible]兄百官之心雖其資質有過人者而[illegible]問之力亦不

可誣也。及其斷然行之。而遠近見聞無不悅服。則以人心之所同然者。自我發之。而彼之心悅誠服。亦有所不期然而然者。人性之善。豈不信哉

左傳隱公元年。天子七月而葬。同軌畢至。諸侯五月。同盟至。大夫三月。同位至。士踰月。外姻至。言同軌以別四夷之國。同盟同在方嶽之盟。此言赴弔各以遠近爲差。因爲葬節也。

禮記喪大記。父母之喪。居倚廬。不塗。寢苫枕凷。非喪事不言。

西山真氏曰。三年之喪。自唐虞三代未有改者。春秋之世。此禮廢壞。於是宰予欲短喪。而孔子責其不仁。子思亦謂自期以下

貴賤有殊。父母之喪則一而已。方滕文用孟子言。欲行此禮。父兄百官譁然爭之。及遂衆而行。又以爲知禮。何耶。蓋以爲不可行者。蹈常襲故之陋見。而以爲知禮者。秉彝好德之良心。雖世降敎失。雖以東魯文獻之邦。猶不能行。何怪於滕之父兄乎。然文公一以身先之。國播然而悟。天理之在人心者。固不可泯也。自漢文率意變古。始爲易月之制。然詳其遺詔。蓋爲吏民設。景帝嗣君也。乃亦用其文。自短三年之喪。豈非萬世之罪人乎。其後晉武欲復古制。而見于羣臣之邪說。猶後魏孝文斷以不疑。孝文夷狄之上也。猶能行此。可以中國而弗若乎。

雲峯胡氏曰。前章論性善。此章自是論三年之喪。集註引林氏說。有見必舉性善而言者。蓋喪制人子之心所自盡者。最可見人性之本善。甚文公自悔其前日未嘗學問。而一旦力行其所聞於孟子者。是孟子一開發之際。而文公之性善一見矣。及其行之。而遠近莫不悅服。是文公一感發之頃。而遠近之人性善皆見矣。於是益信人性之無有不善。而堯舜之真可爲也

古者天子七月而葬。諸侯五月而葬。雖通喪必以三年。然亦以葬後爲即吉之漸。宋桓公卒。未葬。而襄公會諸侯于葵丘。故書曰宋子。貶之也。晉悼公既葬。未終喪。而平公會諸侯于溴梁。則書以晉侯。又晉獻公卒。奚齊未葬而遇弑。則稱君之子。卓既葬而遇弑。則稱君。明未葬則不可名其爲君也。自春秋以來。諸侯多不能守五月之制。蓋欲急于從吉也。秦始皇以七月崩于沙丘。九月葬。漢高帝崩凡二十三日而葬。葬之一日。而惠帝即位。文帝崩凡七日而葬。葬之三日。而景帝即位。蓋葬期愈促矣。必葬而即位者。可知其以吉禮即位也。必促

葬期者。可知其必不能諒陰三年也。景惠之所遵者。皆春秋以來至亡秦之法耳。翟方進後母死。葬後三十六日起視事。以身備漢相。不敢踰國家之制。以爲明證。然詳孝文易月之制。既不爲嗣君而設。亦未嘗以所謂三十六日者。爲臣下私以喪之限制也。俗吏淺學。敢擅茶謀。果因並緣此詔之語。立短喪之法。以傾其私。至方進踐迹。指爲漢家之法。豈不謬哉。

○滕文公問爲國

文公以禮聘孟子。故孟子至滕。而文公問之

慶源輔氏曰。前云使然友問。後云使畢戰問。但此云滕文公問。則知是文公親問孟

于也蓋文公旣卽位困不得越國往見孟子此必是以禮聘孟子至滕而文公問之也

綯音陶亟紀力反　穀[illegible]反

孟子曰民事不可緩也詩云晝爾于茅宵爾索綯亟其乘屋其始播百穀

民事謂農事詩豳風七月之篇于往取也綯絞也亟急也乘升也播布也言農事至重人君不可以爲緩而忽之故引詩言治屋之急如此者蓋以來春將復始播百穀而不暇爲此也

慶源輔氏曰詩言民之趨於農功自然如此其亟孟子引之以證民事不可緩之說然熟玩之便見得民事眞不可緩之意人君者若能眞知民事之不可緩則於爲國也思過半矣

十月定星將中急當治野廬之屋其始播百穀謂明年百穀于公社也此詩蓋陳王業之艱難

民之爲道也有恒產者有恒心無恒產者無恒心苟無恒心放辟邪侈無不爲已及陷乎罪然後從而刑之是罔民也焉有仁人在位罔民而可爲也是故賢君必恭儉禮下取於民有制

恭則能以禮接下儉則能取民以制

趙氏曰禮下所以開世祿及學校之事也取民以制所以開制民常產及貢助徹之法也

陽虎曰爲富不仁矣爲仁不富矣

陽虎陽貨魯季氏家臣也天理人欲不容並立虎之言此恐爲仁之害於富也孟子引之恐爲富之害於仁也君子小人每相反而已矣

慶源輔氏曰先儒多以爲孟子不以人廢言集註則以爲言雖同而所取各異其說尤的當

徹敕列反　藉[illegible]反

夏后氏五十而貢殷人七十而助周人百畝而徹其實皆什一也徹者徹也助者藉也

此以下乃言制民常產與其取之之制也。

夏時一夫受田五十畝而每夫計其五畝之入以爲貢商人始爲井田之制以六百三十畝之地畫爲九區但借其力以助耕公田而不復稅其私田周時一夫受田百畝鄉遂用貢法十八有溝都鄙用助法八

補遺此文治耕九反文字一助具也
發口以王畝者一下請九而知然

家同井耕則通力而作收則計畝而分故
謂之徹其實皆什一者貢法皆以十分之
一爲常數惟助法乃是九一而商制不可
考周制則公田百畝中以二十畝爲廬舍
一夫所耕公田實計十畝通私田百畝爲
十一分而取其一蓋又輕於十一矣竊料
商制亦當似此而以十四畝爲廬舍一夫
實耕公田七畝是亦不過十一也徹通也
均也藉借也

四書大全辯 上孟卷五 七

周禮夏官司徒遂人先治野夫間有遂遂
上有徑十夫有溝溝上有畛百夫有洫洫
上有涂千夫有澮澮上有道萬夫有川川
上有路以達於畿
周禮冬官考工記匠人爲溝洫九夫爲井
井間廣四尺深四尺謂之溝方十里爲成
成間廣八尺深八尺謂之洫方百里爲同
同間廣二尋深二仞謂之澮
道考趙氏德曰鄉遂之地在國中遂人所
職是也都鄙之地在野外甸禮匠人所職
是也大司徒之職令五家爲比使之相保
五比爲閭使之相受四閭爲族使之相葬
五族爲黨使之相救五黨爲州使之相賙
五州爲鄉使之相賓是一鄉萬二千五百家
爲鄉也遂人掌六遂猶司徒之六鄉遂人
以土地之圖經田野造縣鄙形體之法五
家爲鄰五鄰爲里四里爲酇五酇爲鄙五
縣爲遂朱子所謂以五起數者亦是一萬

二千五百家爲遂也昔有地域溝樹之所
謂鄉遂也遂人治野夫間有遂遂廣深各
二尺凡一夫所受之田間必有遂故曰夫
間有遂遂上有徑徑之廣可容牛馬行亦
所以通行於國都也十夫有溝十夫千畝
之田也溝之深廣倍於遂溝上有畛畛之
廣可容大車百夫有洫百夫萬畝之田也
洫之廣倍於溝洫上有涂涂之廣可容乘
車一轍千夫有澮千夫十萬畝之田也川
所以受溝洫澮之水川上有路路之廣可
容車三軌以達於畿畿亦遂之境也每百
夫之田爲一經界十夫之田同一遂百夫
之遂凡十而皆有溝溝有九而皆橫百夫
之田萬畝外其洫直千夫之田十萬畝外
其澮橫此鄉遂之大略也小司徒乃經土
田而井牧其田野九夫爲井四井爲邑四
邑爲丘四丘爲甸四甸爲縣四縣爲都朱
子所謂以四起數者此乃造都鄙采地制

四書大全辯 上孟卷五 八

井田異於鄉遂重立國小司徒爲經之每
丘之地縱橫各三溝四丘之田爲一甸十
宇中爲四洫冬官考工記匠人爲溝洫此
畿內采地制井田異於鄉遂故匠人以一
井至一同言之則以開方之法而言遂人
以一夫至萬夫言之則以車連屬而言也
司徒主六鄉故令六鄉之內使五家爲一
比則有下士爲比長主之使五家相保保
猶任也居相親近則易相胥察也二十五
家爲一閭立中士爲閭胥閭胥使二十五
家有宅舍破損者受寄託百家立一上士
爲族師使百家之內有葬者足以相助益
也五百家立一下大夫爲黨正民有凶禍
災殘足以相救助也二千五百家爲州立
一中大夫爲州長民有禮物不備使賙給
之二千五百家爲鄉立一六命卿爲鄉大
夫鄉內之民有賢行者則行鄉飲酒之禮
賓客之使貢舉也

地著謂安土　畮古畝字

更良於物之得浮治肉角田生殺
互發也北此也書諸之不方

率新蔡氏翊曰鄉遂在近郊遠郊之間乎原隰野可耕為萬夫之井故有溝洫途路都鄙謂甸稍縣都包山林陵麓在內難用溝洫齊整分畫但逐處畫為井田

朱子曰此亦不可詳知但因洛陽議論中通徹而耕之說推之耳或但耕則通力而初收則各得其畝亦未可知也

新安陳氏曰二十畝分為八家家各二畝半以為治田時所居所謂二畝半在田是也

前漢食貨志理民之道地著為本故必建步立畮正其經界六尺為步步百為畮畮百為夫夫三為屋屋三為井井方一里是為九夫八家共之各受私田百畝公田十畮是為八百八十畮餘二十畮以為廬舍出入相友守望相助疾病相救民是以和睦而教化齊同力役生產可得而平也民受田上田夫百畮中田夫二百畮下田夫三百畮歲耕種者為不易上田休一歲者為一易中田休二歲者為再易下田三歲更耕之自爰其處農民戶人已受田其家衆男為餘夫亦以口受田如比士工商家受田五口乃當農夫一人此謂平土可以為法者也若山林藪澤原陵淳鹵之地各以肥磽多少為差民年二十受田六十歸田在野曰廬在邑曰里

朱子曰嘗疑孟子所謂夏后氏五十而貢殷人七十而助周人百畝而徹恐不解如此先王疆理天下之初做許多畎澮溝洫之類大段是費人力了若是自五十而增為七十自七十而增為百畝則田間許多疆理都合更改恐無是理孟子當時未必親見只是傳聞如此恐亦難盡信也○問所言井地之法以周禮諸說考之亦未有悉合者何也曰吾於前章固已論之矣大抵孟子之言雖曰推本三代之遺制然常

舉其大而不必盡於其細也既一其意而不泥於文也蓋其疏通簡易自成一代之經編之活法耳豈拘儒士牽制文義者之所能知哉曰三代受田多少之制不同何也曰張子嘗言之矣陳氏徐氏亦有說焉然皆若有可疑者蓋田制既定則其溝涂畛域亦有一定而不可易者今乃易代更制毋有增加則其勞民動衆發壞已成之決使民不得服先疇之田畝其煩擾亦已甚矣不知孟子之言其所以若此者果何耶陳氏云夏時洪水方平可耕之地少至商而寢廣周而大備也徐氏云古昔民約故田少而用足後世彌文而用廣故授田之際隨時而加焉

南軒張氏曰楊氏云徹者徹也兼貢助而通力也故孟子曰請野九一而助國中什一使自賦八家皆私百畝其中為公田所謂九一而助也國中什一使自賦則用貢法矣此周人所以為徹也鄭氏謂周制畿內用貢法邦國用助法有得於此歟

通考仁山金氏曰集註之說雖明而語錄亦自疑之古者田制遂徑溝畛洫澮道凡水陸封樹自禹濬畎澮距川以來積世累代而後成若商久變為六百三十畝之區周又變為九百畝之井則一時陘遂改易固不其難而溝畛洫涂列須改作大費民力久而不定按古者以平地為用其同溝共井者無甚疆界但各以畝數為記而所謂畝又與今尖斜折方不同古者六尺為步步百為畝所謂畝者潤一步長百步古人重黍稷梁菽其所謂畝所今種豆麥者作田疇也詩所謂南東其畝謂田闢作疇向南向東視水土之列由古者中土陀是平田但止以田疇為計易有民之時田未盡闢又去古未遠雖士大夫無不躬稼穡受田者多故每夫受田五十畮此闕一井

則十八家受之而自貢其什一至殷人則
田已開闢一夫受田七十畝比周一井則
十二家受之而助耕公田六十畝至周則
土田盡闢而君子小人又分在官者食公
田之祿工商不盡受田惟農受田故得以
百畝為限鄉遂用貢法十夫有溝鄉鄙用
助法八家同井而一夫各受田百畝其廬
舍則撥田之外又共撥若干畝三代可以
例推也

傅氏寅曰孟子夏后氏五十而貢詩信彼
南山維禹甸之春秋傳夏少康有田一成
有衆一旅甸五百七十六家家一人則五
百七十六人一旅者軍也除七十六人為
軍外之用以詩與春秋觀之丘甸之法其
來尚矣但夏貢無公田一夫受田止五十
畝一成之地百井甸六十井五百七十六
夫家受五十畝為半夫五百七十六家受
田不二百八十八夫耳所餘亦如之以九

等通率家受萊之夫則田萊俱取足於一
甸之內甸外三十六井其三分去一之法
乎成一旅旅五百人二十五成計萬二千
五百人為一軍七十五成則三軍矣猶餘
二十五成以為宅田士田賈田官田牛田
賞田牧田開田及餘夫之田出是方百里併
可為公侯之國見夏之制未設都鄙明矣
甸五百七十六人周悉井其田夏則田萊
各半蓋夏之時未盡闢故也殷人七十而
助惟助為有公田一成百井甸六十四井
除公田為五百一十二夫計五萬一千二
百畝五家十二家各受七十畝計三萬五
千八百四十畝家受萊者三十畝計一萬
五千三百六十畝其甸外三十六井亦三
分去一之法也一同百成為三軍二十五
成為宅田士田賈田官田牛田賞田牧田
閒田及餘夫之田殺每一國之地為都鄙
則有遂矣鄙三軍鄙亦三軍三郊三遂也

閒既增地制域宅田等亦有餘地故國中
為四軍五鄙則三軍耳推國中四軍故曰
千乘之國

吳無障曰夏后節只重取之之制不得以
五十七十百畝為制產而以貢助徹為公
田賦法將君民判作兩開看其實皆什一
是就下之獻上而駁上之所取為什一全
重君未嘗多取意

季彭山曰貢助徹本無二田于民所受田
中而納其稅則謂之貢就其中留出公田
一分藉民之力以耕而官收其租則謂之
助助亦通力而作者也公劉詩曰徹田為
糧則當時已謂助為徹矣但末世人皆自
利不相通融故周特以徹名欲人知有通
義耳貢者官無常田而歲有常額猶今之
計畝收租也助則官有常田而租無常額
猶今之就田分稻也由上奪民時不得耕
耨而貢法必欲取盈此貢之所以不善而

殷改為助又以上奪民時不得耕耨則救
死不贍民不相通而公田之入薄矣此又
不得不變助為貢以取盈也孟子專意欲
行助法故以夏后氏之貢起殷之助以見
周亦助之意註以貢助分說而徹法兼之
失其意矣

樂音洛盻五[illegible]

龍子曰治地莫善於助莫不善於貢貢者校
數歲之中以為常樂歲粒米狼戾多取之而
不為虐則寡取之凶年糞其田而不足則必
取盈焉為民父母使民盻盻然將終歲勤動
不得以養其父母又稱貸而益之使老稚轉
乎溝壑惡在其為民父母也

龍子古賢人狼戾猶狼藉言多也糞壅也盈滿也盻恨視也勤動勞苦也稱舉也貸借也取物於人而出息以償之也益之以足取盈之數也稚幼子也

則貢法大禹之遺制而其不善若此何也朱子曰蘇氏林氏嘗言之矣蘇氏曰作法必始於粗終於精古之不爲此非不智也勢未及也方其未有貢也以貢爲善矣及其既貢而後知其有不善也林氏曰禹貢之法九州之賦有錯出於他等者不以爲歲之常數又因遊豫則視其豐凶而補助之周制鄉遂用貢法亦有司稼之官巡野觀稼視年之上下以出斂法則其弊未至如龍子之言乃當時諸侯用貢法之弊耳

雙峯饒氏曰稱貸而益之如常年五石納官凶年折了只納四石而公家必取盈五石之數則又貸他人一石來湊納以足其數此所以見貢法之害

通考董氏彝曰夏后氏五十而貢孟子與殷助周徹並言又引龍子之說謂莫不善於貢禹貢之法在當時則爲善在後世則爲弊非法之過也人爲之弊耳後世欲賦於民者必先之以廉命官之意而後貢之法所行得人而用則爲良不得人而用則爲弊

夫世祿滕固行之矣

孟子嘗言文王治岐耕者九一仕者世祿二者王政之本也今世祿滕已行之惟助法未行故取於民者無制耳蓋世祿者授之土田使之食其公田之入實與助法相爲表裏所以使君子野人各有定業而上下相安者也故下文遂言助法

詩云雨我公田遂及我私惟助爲有公田由此觀之雖周亦助也

詩小雅大田之篇雨降雨也言願天雨於公田而遂及私田先公而後私也當時助法盡廢典籍不存惟有此詩可見周亦用

助故引之也

朱子曰考之周禮行助法處有公田行貢法處無公田孟子也不曾見周禮只據詩裏說用詩意帶將去後面說鄉田同井出入相友守望相助疾病相扶持井九百畝其中爲公田八家皆私百畝同養公田說井田只說得這幾句是多少好這也是大原大本處卻不理會細碎

設爲庠序學校以教之庠者養也校者教也序者射也夏曰校殷曰序周曰庠學則三代共之皆所以明人倫也人倫明於上小民親於下

庠以養老爲義，校以教民爲義，序以習射爲義，皆鄉學也。學，國學也。共之，無異名也。倫，序也。父子有親，君臣有義，夫婦有別，長幼有序，朋友有信，此人之大倫也。庠序學校，皆以明此而已。

問鄉學如何。朱子曰：皆是鄉學，而學曰孰與教之？曰：鄉大夫有德行而致其仕者教之。

慶源輔氏曰：鄉學有異名，國學無異名，然其明人倫以教之之事則同也。

雙峯饒氏曰：孟子教時君行仁政，只是教與養兩事。井田以養之，學校以教之。告齊王、滕文皆如此。小民親於下者，蓋百姓不

四書大全辯　上孟卷五　五十五

親，五品不遜，所以教以人倫，使之君與臣自相親，父與子自相親，長與幼自相親，非尊君親上之親。○問夫婦有別如何相親。曰：夫婦無別則相瀆，瀆便相離了。

通考趙氏德曰：王制有虞氏養國老於上庠，養庶老於下庠；夏后氏養國老於東序，養庶老於西序。又黨正以禮屬民而飲於序，是庠序皆可言養也。文王世子云書在上庠，是庠序亦可言教也。孟子特因立名之義，舉其重者爾。

京山郝氏曰：朱子解庠序校爲鄉學，學爲國學。果爾，養老、習射、較士皆于鄉，而國學安所用之？鄭玄解禮，謂周兼三代之學，謂也庠序校便是學，養老、習射、較士總之皆學以明倫而已。三代學宮雖異名，教學無異道，故曰學則三代共之，非分鄉國之謂也。明人倫卽是三代所共之學，學校二字恆稱庠序學校，在國中爲國學，在鄉遂爲鄉學，在王畿爲國學，在侯國爲鄉學，如必分而言之，是夏但教而不射，殷但射而不養，周但養而不教不射，鄉學教養得兼，而國學獨洸然無所爭乎？養以養育賢才爲義，三老五更之說不見于詩書，雖戴記有之，難據也。學記云家有塾，黨有庠，術有序，國有學，亦謂隨處設學耳，豈黨獨設庠學，而術獨設序學乎？未可通矣。

郝京山曰：人倫明于上，重上之人設教以明之。

褊，俾淺反。

有王者起，必來取法，是爲王者師也。

滕國褊小，雖行仁政，未必能興王業；然爲王者師，則雖不有天下，而其澤亦足以及天下矣。聖賢至公無我之心，於此可見。

四書大全辯　上孟卷五　五十六

朱子曰：孟子語滕文只說有王者起必來取法，不曾說便可以王，是亦要大國方做得。

或曰：前言貢助徹，是三代養民之法；庠序學校，是三代教民之法。此言有王者起，必來取法，是爲王者師也，蓋言後之有王者起，必來取三代教養之法以爲法，是三代教養之法爲後來王者之師也。下文子力行之云云，則是孟子教滕文公法古行仁政。以此言之，註云未必與王業者誤矣。○亦必能興王業，與孟子所謂百里可王，王不待大之相矛盾矣。解孟子者，當合孟子前後問答觀之。

詩云：「周雖舊邦，其命維新。」文王之謂也。子力行之，亦以新子之國。

詩大雅文王之篇言周雖后稷以來舊爲諸侯其受天命而有天下則自文王始也

子指文公諸侯未踰年之稱也

左傳僖公九年春宋桓公卒未葬而襄公會諸侯故曰子凡在喪王曰小童公侯曰子子者繼父之辭春秋例凡公侯卒未越一年而有王事皆稱子也

雙峯饒氏曰新新其國小大皆不同可以爲善便是新其國

東陽許氏曰文公問爲國孟子告以教養其民有養然後可教故先言分田制祿而後及學校也自民事不可緩至雖周亦助也養之事設爲庠序至小民親於下教之事下至新子之國總言之答文公者止此下答畢戰却只是言分田蓋畢戰推掌井田之事也

使畢戰問井地孟子曰子之君將行仁政選擇而使子子必勉之夫仁政必自經界始經界不正井地不均穀祿不平是故暴君汙吏必慢其經界經界既正分田制祿可坐而定也

畢戰滕臣文公因孟子之言而使畢戰主爲井地之事故又使之來問其詳也井地即井田也經界謂治地分田經畫其溝塗封植之界也此法不脩則田無定分而豪強得以兼并故井地有不均賦無定法而貪暴得以多取故穀祿有不平此欲行仁政者之所以必從此始而暴君汙吏則必欲慢而廢之也有以正之則分田制祿可不勞而定矣

雙峯饒氏曰溝塗封植之界經緯錯綜直者爲經橫者爲緯只舉經字有緯在其中溝溝洫之類塗道塗封土堠植種木爲界

慶源輔氏曰度孟子來滕不久便去做使畢戰往問○若有仁君欲行仁政使彼此均平田無多少之差則必從經界之事做起而暴君汙吏貪得務多只知有我不知有民只知爲已不知爲人者則必欲慢而廢之也凡事須是敬則能立纔有毀心便日趨於弊壞也

夫音扶 養去聲

夫滕壤地褊小將爲君子焉將爲野人焉無君子莫治野人無野人莫養君子

言滕地雖小然其間亦必有爲君子而仕者亦必有爲野人而耕者是以分田制祿之法不可偏廢也

雙峯饒氏曰分田制祿雖平說然却相因穀祿即井地中公田藉其穀以爲祿分田始可制祿

新安陳氏曰分田以給野人制祿以待君

請野九一而助國中什一使自賦

此分田制祿之常法所以治野人使養君子也。野郊外都鄙之地也九一而助爲公田而行助法也國中郊門之內鄉遂之地也田不井授但爲溝洫使什而自賦其一蓋用貢法也周所謂徹法者蓋如此以此推之當時非惟助法不行其貢亦不止什一矣

周禮司徒鄉老遂人百里內爲六鄉外爲六遂萬二千五百家爲鄉六鄉七萬五千家遂亦如之遂人主六遂六遂之地自遠郊以達於畿中有公邑家邑小都大都焉遂謂王國百里外也通考趙氏德曰公侯田方百里爲地一百成三郊一遂國中什一使自賦無公田井九夫國中十六成成六十四井以九乘之爲五百七十六夫以十六乘上數爲九千二百六夫野九一而助有公田井八夫野八十四成成六十四井以八乘之爲五百十二夫八十四成以八十四乘上數爲四萬三千單八夫併國中共二百萬三千二百二十四夫凡起徒役毋過家一人則五萬二千二百二十四人除三萬七千五百人爲三軍是爲三郊之賦餘一萬四千七百二十四人更以萬二千五百人爲一軍共爲一遂之賦除三千二百二十四人爲郊外之用

袁氏明善曰野九一輕於國中什一者國中近城市田地膏腴故其賦重於郊外

朱子曰國中行鄉遂之法如五家爲比五比爲閭四閭爲族五族爲黨五黨爲州又如五人爲伍五伍爲兩四兩爲卒五卒爲旅五旅爲師五師爲軍皆五五相連屬所以行不得那九一之法故只得什一使自賦如都鄙都行井牧之法鄉遂之法次第是一家出一人兵且如五家爲比比有一箇長了井牧之法次第是三十家方出得士十人徒十人○此等亦難卒曉須以周禮爲本而參取孟子班固何休諸說訂之庶幾可見髣髴然恐終不能有定論但不可不盡其異同耳

慶源輔氏曰都鄙用助法則收公田所入以爲君子之祿鄉遂用貢法則使什自賦一以充國家所用此周所謂徹法也前云

徹通也均也所以釋徹字之義此則正言其法如此○集註以其請野九一而助則知助法之不行又云國中什一使自賦則當時之貢法亦有強取其賦於什一之外者矣

通考仁山金氏曰孟子雖不見載籍之詳而此二句與周制鄉遂用貢都鄙用助之法合國中自賦民無遠輸之勞野九一而助則卿大夫食邑無過取之失

卿以下必有圭田圭田五十畝

此世祿常制之外又有圭田所以厚君子也圭潔也所以奉祭祀也不言世祿者滕已行之但此未備耳

通考趙氏德曰圭潔白也德行潔白始與之田此殷法也趙岐註圭潔也士田故謂之圭田所以奉祭祀集註本此又曰治圭田者不稅所以厚賢此則周禮之士田以在近郊之地者也

餘夫二十五畝

程子曰一夫上父母下妻子以五口八口爲率受田百畝如有弟是餘夫也年十六别受田二十五畝俟其壯而有室然後更受百畝之田愚按此百畝常制之外又有餘夫之田以厚野人也

問鄉大夫之圭田必有耕之者豈亦有耕屬可耕乎朱子曰恐圭田只是給公田之在民者大抵古者田祿皆是助法之公田充而八家因爲之屬如有田一成有衆一旅是也圭田恐亦如此故王制云夫圭田無征

雙峯饒氏曰圭田餘夫亦是百畝中撥與他半分則五十畝四分則二十五畝問各受田百畝六十歲傳與其子子養其父但只是長子受父之田次子便是餘夫别請二十五畝若無子則百畝納之官曰然問人物繁庶公家安得有許多田分授曰天地間只著得許多物事少間人物過多便自有乘除亦理勢之然也

通考仁山金氏曰上文絶長補短五十里是除山川林麓城郭而以田計也以五十里之田而分君子以有公田小人私田君子又有圭田小人又有餘夫似爲難給然以方田法計之方十里者爲方一里者百則是百井九百夫矣方五十里者爲方十里者二十五則是二千五百井二萬一千五百夫矣亦自不患於不給以此知戰國之時諸大國若能脩復井田不爲園囿宮室汙池以豢人地能行王政以聚民則田野不至於不給人衆地大不患於不可以行王政也

或曰圭田是卿大夫既沒而使其子孫奉祭祀之田也若當其身則三鼎五鼎不同不得一槩施之且其祿田足以供祭何必更與圭田既死而田祿已收與之圭田此古先聖王忠厚之道也但其子孫之受圭田者世次當必有差無永世借據之理餘夫謂八口之外百畝之田所不能給者令附于不及八口之家于其百畝之中分受二十五畝此爲滕區處分田制祿之術或又曰餘夫閒民也周禮閒民轉移執事

是卿庶人在官因取公田二十五畝之入以爲代耕之祿云耳

死徙無出鄉鄉田同井出入相友守望相助疾病相扶持則百姓親睦

死謂葬也徙謂徙其居也同井者八家也友猶伴也守望防寇盜也

方里而井井九百畝其中爲公田八家皆私百畝同養公田公事畢然後敢治私事所以别野人也

别彼列反

此詳言井田形體之制乃周之助法也公

田以爲君子之祿而私田野人之所受先公後私所以別君子野人之分也不言君子據野人而言省文耳上言野及國中二法此獨詳於治野者國中貢法當世已行但取之過於什一爾

通考朱子井田類說曰班志古者建步立畝六尺爲步步百爲畝畝百爲夫夫三爲屋屋三爲井井方一里是爲九夫八家共之一夫一婦受私田百畝公田十畝是爲八百八十畝餘二十畝以爲廬舍民受田上田夫百畝中田夫二百畝下田夫三百畝歲更耕之換易其處注何休曰司空謹別田之高下善惡分爲三品上田一歲一墾中田二歲一墾下田三歲一墾肥饒不得獨樂墝埆不得獨苦三年一換上易居其家衆男爲餘夫亦以口受田如此此士工商家受田五口乃當農夫一人有賦有稅賦則計口發賦稅則公田什一及工商衡虞之入也賦供車馬兵甲士徒之役充實府庫賜予之費稅給宗廟百神之祀天子奉養百官祿食庶事之費民年二十受田六十歸田種穀必雜五種以備災害田中不得有樹以妨五穀環廬種桑菜茹有畦瓜瓠果蓏殖於疆畔雞豚狗彘無失其時女脩蠶織五十可以衣帛七十可以食肉五家爲比五比爲閭四閭爲族五族爲黨五黨爲州五州爲鄉鄉萬二千五百戶又[illegible]三年耕則餘一年之蓄故三年有成成[illegible][illegible]也攸王者三載考績九年耕餘三年之食進業曰登故三考黜陟再登曰平餘六年食三登曰太平二十七歲餘九年食

然後至德流洽禮樂成焉

慶源輔氏曰上既言助法之善故此下遂言周之助法也方里而井井九百畝其中爲公田便是井田形體之制也

通考袁氏明善曰井田始於黃帝經界如井字後世因號爲井田孟子方里而井井九百畝又曰夏后氏五十而貢殷人七十而助周人百畝而徹貢者上進十官之名九家同井家授五十畝其半以爲萊田助者借也謂借民之力以耕公田八家同井家授七十畝共耕公田七十畝其井之中除八家所授外餘二百四十畝以爲萊田公田之外餘三十畝以爲萊田及廬舍徹者通也言其通用夏殷貢助之法也請野九一而助國中什一使自賦即周之所以通用三代之法而爲斂者也野謂近郊之外九一而助者八家同井以其中一百畝內除二十畝爲八家廬舍外公田而借民之力共耕之此即殷之助法但此殷則每家增多二十畝耳國中謂近郊之內什一使自賦者九家同井各以其什分之一上貢於官此即夏之貢法但比夏則每家增多五十畝耳其萊田則皆在別井以八等差次分授之孟子謂方里而井井九百畝其中爲公田八家皆私百畝同養公田公田事畢然後敢治私田事者事指周家郊外助法而言也夏殷以上其詳已不可知

或曰孟子方里而井云云後儒因以爲井田之制截若棊局而動云阡陌非古不可復井不知自有土以來其田之或短或長或規或方隨水薄論以賦形象此聖人必不能矩之若井者也由是推之井田之制在籍不在田也籍可以收物而新田不可以代王而收也經界者籍中之經界而非田中之經界也　以界名請有限也何以井

夫音扶
泥古之滯
張子指橫渠

名語畫一也一里之中而或有餘于九百之數或不足于九百之數通而計之夫而授之九者在民一者在官潤而同養名之爲井不亦可乎方里之云第爲之彷彿如學算之舉例胡可泥也○有能師其意不泥其法如董江都之限田丘文莊之配田皆井田也郎于兩稅之中不失作一之意亦井田也

此其大略也若夫潤澤之則在君與子矣

井地之法諸侯皆去其籍此特其大略而已潤澤謂因時制宜使合於人情宜於土俗而不失乎先王之意也○呂氏曰子張子慨然有意三代之治論治人先務未始

不以經界爲急講求法制粲然備具要之可以行於今如有用我者舉而措之耳嘗曰仁政必自經界始貧富不均教養無法雖欲言治皆苟而已世之病難行者未始不以亟奪富人之田爲辭然茲法之行悅之者衆苟處之有術期以數年不刑一人而可復所病者特上之未行耳乃言曰縱不能行之天下猶可驗之一鄉方與學者議古之法買田一方畫爲數井上不失公家之賦役退以其私正經界分宅里立斂法廣儲蓄興學校成禮俗救菑恤患厚本抑末足以推先王之遺法明當今之可行有志未就而卒○愚按喪禮經界兩章見孟子之學識其大者是以雖當禮法廢壞之後制度節文不可復考而能因略以致詳推舊而爲新不屑屑於既往之迹而能合乎先王之意眞可謂命世亞聖之才矣

或問潤澤之說雙峯饒氏曰前面說底是箇硬局子到這裏須是要會變通使合人

情宜土俗可也潤澤非文飾之謂乃是和軟底意思不全是硬局子溫潤滑澤方可行得此朱子善於形容孟子用心處新安陳氏曰喪禮有節文經界之法有制度二者皆壞故不可詳考南軒張氏曰井田王制之本而經界又井田之本也大要在分田制祿二事而已田得其分則小民安其業祿得其制則君子賴其養上下相須而各宜焉治之所由興也人皆知商鞅廢井田開阡陌考孟子之言則井田之廢久矣蓋孟子時井田之法雖廢而井田之名猶在暴君雖去其籍猶不敢易其名也至鞅始蕩然一泯其迹而掃除其阡陌併與其名亡之矣雙峯饒氏曰井田之法黃帝則當便做成了如何改得商人七十畝一夫人如何便更百畝至于溝洫塗畛亦非一朝一夕所能成朱子亦嘗疑之王制與周禮已不同蓋

子多是臆與言之井田可行於中原平壙
之地若是地勢高低如何可井恐江南是
用貢法所賜是田間路古人車制一車闊
六尺有餘兩旁又翼之以人占田太多畝
君欲富國所以鑿開阡陌爲田前此諸侯
欲富其國井田大綱已自廢了商君則索
性壞却
通言朱氏公遷曰龍子之言如此則貢法
之不善甚矣但意其初制未必然推行之
旣久而不能無弊耳衛逐用貢法周亦未
嘗廢之孟子亦言國中什一使自賦蓋斟
酌損益推舊爲新貢助兼行此王制之大
略也先王之法何爲而不可用哉

○有爲神農之言者許行自楚之滕踵門而
告文公曰遠方之人聞君行仁政願受一廛

而爲氓文公與之處其徒數十人皆衣褐綑
屨織席以爲食

神農炎帝神農氏始爲耒耜教民稼穡者
也爲其言者史遷所謂農家者流也許姓
行名也踵門足至門也仁政上章所言井
地之法也廛民所居也氓野人之稱褐毛
布賤者之服也綑扣椓之欲其堅也以爲
食賣以供食也程子曰許行所謂神農之
言乃後世稱述上古之事失其義理者耳

猶陰陽醫方稱黃帝之說也

問許行爲神農之言而有君臣並耕市不
二價之說何耶朱子曰程子之言盡矣然
以易考之二者皆神農之所爲也當時民
淳事簡容或有如許行之說者及乎世變
風移至於唐虞之際則雖神農復生亦當
隨時以立政而不容固守其舊矣況許行
之妄乃欲以是而行於戰國之時乎
慶源輔氏曰陰陽醫方所稱黃帝之說如
素問靈樞之類是也使眞有神農黃帝之
說傳於世孔孟豈得而不稱述之哉
新安陳氏曰後世小道必推古聖賢爲宗
以求取信於世故也

陳良之徒陳相與其弟辛負耒耜而自宋之
滕曰聞君行聖人之政是亦聖人也願爲聖

人氓

陳良楚之儒者耜所以起土耒其柄也

陳相見許行而大悅盡棄其學而學焉陳相
見孟子道許行之言曰滕君則誠賢君也雖
然未聞道也賢者與民並耕而食饔飧而治
今也滕有倉廩府庫則是厲民而以自養也
惡得賢

饔飧熟食也朝曰饔夕曰飧言當自炊爨
以爲食而兼治民事也厲病也許行此言

衣去聲　與平聲　爨七亂反　舍去聲

蓋欲陰壞孟子分別君子野人之法

孟子曰許子必種粟而後食乎曰然許子必織布而後衣乎曰否許子衣褐許子冠乎曰冠曰奚冠曰冠素曰自織之與曰否以粟易之曰許子奚爲不自織曰害於耕曰許子以釜甑爨以鐵耕乎曰然自爲之與曰否以粟易之

釜所以煑甑所以炊爨然火也鐵耜屬也

此語八反皆孟子問而陳相對也

以粟易械器者不爲厲陶冶陶冶亦以其械器易粟者豈爲厲農夫哉且許子何不爲陶冶舍皆取諸其宮中而用之何爲紛紛然與百工交易何許子之不憚煩曰百工之事固不可耕且爲也

此孟子言而陳相對也械器釜甑之屬也陶爲甑者冶爲釜鐵者舍止也或讀屬上

、舍謂作陶冶之處也

新安陳氏曰厲陶冶厲農夫之說乃是因行厲民自養之言而其厲字而明辯以闢之

雲峯胡氏曰樊遲欲學稼孔子斥之曰吾不如老農直謂其所學者小人之事而學大人之事以答之孟子闢許行即此意也但遲之志陋不過欲自學之許之學非欲以治國家此孟子所以深闢之也

食音嗣

然則治天下獨可耕且爲與有大人之事有小人之事且一人之身而百工之所爲備如必自爲而後用之是率天下而路也故曰或勞心或勞力勞心者治人勞力者治於人治於人者食人治人者食於人天下之通義也

此以下皆孟子言也路謂奔走道路無時

休息也治於人者見治於人也食人者出賦稅以給公上也食於人者見食於人也此四句皆古語而孟子引之也君子無小人則饑小人無君子則亂以此相易正猶農夫陶冶以粟與械器相易乃所以相濟而非所以相病也治天下者豈必耕且爲哉

新安陳氏曰百工之事不可耕且爲此亦陳相對得理明處故孟子卽[illegible]二句以闢之百工之事尚不可耕且[illegible]治天下國家乃可耕且爲歟

瀹音藥濟子禮反漯他合反

南軒張氏曰滕文亦可謂賢君矣而不克終用孟子之說寂然無聞於後世者許行之言有以奪之也聽治於人者出力以食其上而治人者享其食爲此理天實爲之萬世所共由者故曰天下之通義也如許行之說則昧天理之當然務小惠以妨大德狥私情以妨正體卒歸於不可行耳蔡虚齋曰註恐人以或勞心二句爲古語而以下爲申釋之詞故因解治于人等義而曰此四句者古語而孟子引之也

當堯之時天下猶未平洪水横流氾濫於天下草木暢茂禽獸繁殖五穀不登禽獸偪人獸蹄鳥跡之道交於中國堯獨憂之舉舜而敷治焉舜使益掌火益烈山澤而焚之禽獸

逃匿禹疏九河瀹濟漯而注諸海決汝漢排淮泗而注之江然後中國可得而食也當是時也禹八年於外三過其門而不入雖欲耕得乎

天下猶未平者洪荒之世生民之害多矣聖人迭興漸次除治至此尚未盡平也洪大也横流不由其道而散溢妄行也氾濫横流之貌暢茂長盛也繁殖衆多也五穀稻黍稷麥菽也登成熟也道路也獸蹄鳥

跡交於中國言禽獸多也敷布也益舜臣名烈熾也禽獸逃匿然後禹得施治水之功疏通也分也九河曰徒駭曰太史曰馬頰曰覆釜曰胡蘇曰簡曰潔曰鉤盤曰鬲津瀹亦疏通之意濟漯二水名決排皆去其壅塞也汝漢淮泗亦皆水名也據禹貢及今水路惟漢水入江耳汝泗則入淮而淮自入海此謂泗水皆入於江記者之誤也

新安倪氏曰蔡氏書傳云按爾雅九河一曰徒駭二曰太史三曰馬頰四曰覆釜五曰胡蘇六曰簡潔七曰鉤盤八曰鬲津其一則河之經流也先儒不知河之經流遂分簡潔爲二此與集註小異書傳經朱子晩年訂正當以爲定也通考吳氏程氏曰以簡曰潔集註與爾雅同而蔡氏則謂爾雅合簡潔爲一而其一即河之經流殊不可曉以水道攷之九河故在河間路滄州境內今存者尚五六處何得言盡堙入海南皮縣明有潔河未聞與簡河合一集註良是朱子曰決汝漢排淮泗而注之江此但取其字數足以對偶而云爾不是行文之失無害爲義理不必曲爲之說也新安陳氏曰堯獨憂之洪荒若大舉舜禹益而用之所憂在此何形於爲耕雖欲耕得乎是提掇耕字以照應前爲可耕且爲

與句
通考仁山金氏曰汝出今河南梁縣天息山至蔡州下入淮漢出今漢中利路之間兩縣嶓冢山東南流二千四百二十里至漢陽軍大別山入江淮出唐州桐栢山千七百里至海州入海泗出襲慶府泰山陪尾有泗源南至下邳入淮嘗是疏九河淪濟排淮江而注之海決汝泗而注之淮決漢而注之江

后稷教民稼穡樹藝五穀五穀熟而民人育人之有道也飽食煖衣逸居而無教則近於禽獸聖人有憂之使契爲司徒教以人倫父子有親君臣有義夫婦有別長幼有序朋友有信放勳曰勞之來之匡之直之輔之翼之使自得之又從而振德之聖人之憂民如此而暇耕乎

四書大全辯　上孟卷五　四十三

言水土平然後得以教稼穡衣食足然後得以施教化后稷官名棄爲之然言教民則亦非並耕矣樹亦種也藝殖也契亦舜臣名也司徒官名也人之有道言其皆有秉彝之性也然無教則亦放逸怠惰而失之故聖人設官而教以人倫亦因其固有

都而道之耳書曰天叙五典勑我五典五惇哉此之謂也放勳本史臣贊堯之辭孟子因以爲堯號也德猶惠也堯言勞者勞之來者來之邪者正之枉者直之輔以立之翼以行之使自得其性矣又從而提撕警覺以加惠焉不使其放逸怠惰而或失之蓋命契之辭也

通考趙氏德曰稷乃五穀之長故以稷爲長官之稱后者有爵土之號后稷名棄者其母有邰氏出野履巨人跡而孕及生子以爲不祥而棄之故以棄名說文種曰稼

四書大全辯　上孟卷五　四十四

歛曰穡
黃氏紹曰治水之役勢必偕行故禹明言予乘四載隨山刊木則暨益庶鮮食予決九川距四海濬畎澮距川則暨稷播奏庶艱食鮮食夫暨稷播艱食則爲稷當躬耕矣蓋當疏道之餘相其便宜有可播種以爲民食者稷授其方稷與禹未始相離也禹過門不入稷獨得從容暇逸乎雖謂稷亦過門不暇入可也
慶源輔氏曰集註舉書以爲證者天叙所謂固有也勑而厚之郎所謂道之也本所安徐民曰典者人道之常天所次序郎有此典也勑正也我謂君也在天子至弱友五者是也惇厚也勑正自我郎文叙之本然者而品節之然後有典則而爲五典而五者皆惇厚也惇典如言厚人倫
問振德是施惠否朱子曰是然不是財惠之惠只是施之以教化上文匡直輔翼等

事是也彼既自得之又從而教之
慶源輔氏曰勞者勞之來者來之所以安其生也邪者正之枉者直之所以正其德也輔以立之翼以行之所以助其行也自得謂自得其性也振謂提撕警省也此乃大學新民之功也
新安陳氏曰聖人有憂之又言堯所憂者大使契爲司徒以教民所憂在此何暇於並耕聖人之憂民如此而暇耕乎是再提擬耕字以照應獨可耕且爲與一句
通旨朱氏公遷曰此人倫以道言指其異於禽獸者明君子當全天命之性以自別於禽獸也憂其近於禽獸者見聖人必明脩道之教以別人於禽獸也言人之生也直則欲人因其生理而順之言無惻隱羞惡辭讓是非之心則非人則欲人因其本心而擴充之皆恐人之不能盡人道也

堯以不得舜爲己憂舜以不得禹皋陶爲己憂夫以百畝之不易爲己憂者農夫也
易治也堯舜之憂民。非事事而憂之也。急先務而已所以憂民者其大如此則不惟不暇耕而亦不必耕矣。
慶源輔氏曰舉農者之所憂以並堯舜之憂見其小大廣狹之不倫則不暇耕與不必耕可知矣
新安陳氏曰接上文三憂字而又發明出三憂字在三句中聖人之憂在不得聖賢而用之得而用之則足以釋己之憂矣此集註所謂急先務也聖人所以憂民者其大如此若農夫之憂憂之小者耳許行又欲聖人憂百畝之憂可乎

分人以財謂之惠教人以善謂之忠爲天下得人者謂之仁是故以天下與人易爲天下得人難
分人以財小惠而已教人以善雖有愛民之實然其所及亦有限而難久惟若堯之得舜舜之得禹皋陶乃所謂爲天下得人者而其恩惠廣大教化無窮矣此所以爲仁也

慶源輔氏曰以己之善而教人使人皆爲善則是有愛民之實矣然其所及亦止於吾力之所能與吾身之所及而已故有限而難久也○堯之得舜舜之得禹皋陶則能廣吾力之所能而俾其恩惠極於廣大繼吾身之所存而俾教化推於無窮矣然後可以謂之仁
月恒近解曰。分人以財。即養民中事。教人以善。即明倫中事。何得小視惠與忠。惠忠特仁之流行散見處。仁字是本源蘊蓄處。爲天下得人。即是君任相。相任羣有司。正忠惠之廣大充周無餘憾處。故謂之仁。不必分層次。將講說壞惠忠二字者非也。

孔子曰大哉堯之爲君惟天爲大惟堯則之蕩蕩乎民無能名焉君哉舜也巍巍乎有天

而不與焉堯舜之治天下豈無所用其心哉亦不用於耕耳

則法也蕩蕩廣大之貌君哉言盡君道也巍巍高大之貌不與猶言不相關言其不以位爲樂也

新安陳氏曰。亦不用於耕耳、至此三提擬耕字。以照應收結獨可耕且爲與一句。不待辯闢明白痛快。文法亦照顧得好。以上已辨倒許行之說。下文乃責陳相也。

吾聞用夏變夷者未聞變於夷者也陳良楚產也悅周公仲尼之道北學於中國北方之

學者未能或之先也彼所謂豪傑之士也子之兄弟事之數十年師死而遂倍之

此以下責陳相倍師而學許行也夏諸夏禮義之教也變夷變化蠻夷之人也變於夷反見變化於蠻夷之人也產生也陳良生於楚在中國之南故北遊而學於中國也先過也豪傑才德出衆之稱言其能自拔於流俗也倍與背同言陳良用夏變夷陳相變於夷也

慶源輔氏曰陳良楚人而北學於中國則是用夏變夷陳相素學於陳良乃爲許行所變則是變於夷也

任平聲　彈上聲　暴蒲木反　皜音杲

昔者孔子沒三年之外門人治任將歸入揖於子貢相嚮而哭皆失聲然後歸子貢反築室於場獨居三年然後歸他日子夏子張子游以有若似聖人欲以所事孔子事之彊曾子曾子曰不可江漢以濯之秋陽以暴之皜皜乎不可尚已

三年古者爲師心喪三年若喪父而無服

濯直角反

也任擔也場冢上之壇場也有若似聖人蓋其言行氣象有似之者如檀弓所記子游謂有子之言似夫子之類是也所事孔子所以事夫子之禮也江漢水多言濯之潔也秋日燥烈言暴之乾也皜皜潔白貌尚加也言夫子道德明著光輝潔白非有若所能彷彿也或曰此三語者孟子贊美曾子之辭也

彷妃兩反　佛音弗

記檀弓事師無犯無隱左右就養無方服勤至死心喪三年又云孔子之喪門人疑

敬叔孟僖子之子仲孫閱蓋嘗失位去魯而得反

所服子貢曰昔者夫子之喪顏淵若喪子而
無服喪子路亦然請喪夫子若喪父而
無服
記檀弓上有子問於曾子曰問喪於夫子
乎曰聞之矣喪欲速貧死欲速朽有子曰
是非君子之言也曾子曰參也與子游聞
之有子曰然然則夫子有為言之也曾子
以斯言告於子游子游曰甚哉有子之言
似夫子也昔者夫子居於宋見桓司馬自
為石槨三年而不成夫子曰若是其靡也
死不如速朽之愈也死之欲速朽為桓司
馬言之也南宮敬叔反必載寶而朝夫子
曰若是其貨也喪不如速貧之愈也喪之
欲速貧為敬叔言之也曾子以子游之言
告於有子有子曰然吾固曰非夫子之言
也曾子曰子何以知之有子曰夫子制於
中都為民作制四寸之棺五寸之槨以斯
知不欲速朽也昔者夫子失魯司寇將之

荊蓋先之以子夏又申之以冉有以斯知
不欲速貧也
通考楚氏德曰孔子既沒弟子思慕有若
狀似孔子相與共立為師故集註謂蓋其
言行氣象有似之者築室於場冢上祭祀
壇場孔子葬魯城北泗上去城十里冢塋
百畝南北廣十步東西十三步高一丈二
尺冢前以瓴甓為祠壇丈六尺冢塋中樹
以百數皆異種魯人世世無能名者弟子
各持其方樹來種之塋中不生荊棘及刺
人草
蘇潁濱曰太史公稱孔子既沒弟子以有
若貌類孔子師之如孔子時及問而不能
答乃斥去之夫以有若之賢而其無恥至
此極與且月宿于畢而雨不應商瞿四十
而生五子此卜說之事而鄙人所以謂孔
子聖人者也戰國雜說類此者多矣孟子
猶不能辨而況太史公乎

今也南蠻鴃舌之人非先王之道子倍子之
師而學之亦異於曾子矣
鴃博勞也惡聲之鳥南蠻之聲似之指許
行也
吾聞出於幽谷遷於喬木者未聞下喬木而
入於幽谷者
小雅伐木之詩云伐木丁丁鳥鳴嚶嚶出
自幽谷遷于喬木
新安陳氏曰譬陳相出高趨下不如禽能
舍下遷喬也

艾音乂

魯頌曰戎狄是膺荊舒是懲周公方且膺之
子是之學亦為不善變矣
魯頌閟宮之篇也膺擊也荊楚本號也舒
國名近楚者也懲艾也按今此詩為僖公
之頌而孟子以周公言之亦斷章取義也
新安陳氏曰不善變謂變於夷也
按僖公嘗從齊桓伐楚故史克以為頌而
孟子謂惟周公可以膺此故曰周公方且
膺之耳孟子意在抑許行未暇據定諸如
此類不必費考訂也
從許子之道則市賈不貳國中無偽雖使五

夫音扶蓰音師又山綺反比必二反惡平聲

鬻余六反

尺之童適市莫之或欺布帛長短同則賈相若麻縷絲絮輕重同則賈相若五穀多寡同則賈相若屨大小同則賈相若

陳相又言許子之道如此蓋神農始爲市井故許行又託於神農而有是說也五尺之童言幼小無知也許行欲使市中所鬻之物皆不論精粗美惡但以長短輕重多寡大小爲價也

慶源輔氏曰、若不以精粗美惡言之、則無出說得通、此義未有人看得出、至集註而始明、

雙峯饒氏曰長短以丈尺言輕重以權衡言多寡以斗斛言皆是比而同之與共稱相似便是齊物剖斗折衡而民不爭之說凡託神農黃帝者皆老氏之說也

曰夫物之不齊物之情也或相倍蓰或相什伯或相千萬子比而同之是亂天下也巨屨小屨同賈人豈爲之哉從許子之道相率而爲僞者也惡能治國家

倍一倍也蓰五倍也什伯千萬皆數倍也

比次也孟子言物之不齊乃其自然之理

辟許[illegible]又音闢　[illegible]說[illegible]不必饒

其有精粗、猶其有大小也。若大屨小屨同價。則人豈肯爲其大者哉。今不論精粗。使之同價、是使天下之人。皆不肯爲其精者。而競爲濫惡之物以相欺耳。

新安陳氏曰、情實也、自然之理、即所謂物之實理也、

慶源輔氏曰、物之不齊、乃物之情、而實天之理也、物各付物、止於其所、吾何容心於其間哉、若強欲齊之、私意橫生、徒爲膠擾、而物終不可齊也、故莊周之齊物、強欲以理齊之、猶爲賊夫道、况乎許子、遂欲一天下之物、而泯其一定之分、其蔽豈不甚哉、孟子態以物之不齊、物之情也、斯言足以發明天理之大、不但可以闢許行、而莊周之說、所可坐見其偏矣、

東陽許氏曰、此章孟子曰以下三大節、自許子必種粟而後食乎、至不用於耕耳、闢其假託神農之言、吾聞用夏變夷、至不善變矣、責其倍師、從許子之道以下、陳相之遁辭、故又闢其市價不貳之說、

〇墨者夷之因徐辟而求見孟子孟子曰吾固願見今吾尚病病愈我且往見夷子不來

墨者治墨翟之道者夷姓之名徐辟孟子弟子孟子稱疾疑亦託辭以觀其意之誠否

雲峯胡氏曰、許行與民並耕之說、是欲以其君下同於庶民、墨子兼愛之說、是[illegible]以

不見之見音現

其親泛同於衆人，皆非聖人之道，而自爲一端，此孟子所以深闢之也。

他日又求見孟子孟子曰吾今則可以見矣
不直則道不見我且直之吾聞夷子墨者墨
之治喪也以薄爲其道也夷子思以易天下
豈以爲非是而不貴也然而夷子葬其親厚
則是以所賤事親也

註又求見則其意已誠矣故因徐辟以質之
如此直盡言以相正也莊子曰墨子生不
歌死無服桐棺三寸而無槨是墨之治喪

四書大全辯〈上孟卷五〉　廿三

詰克乙反

以薄爲道也易天下謂移易天下之風俗
也夷子學於墨氏而不從其教其心必有
所不安者故孟子因以詰之

莊子天下篇古人喪禮貴賤有儀上下有等天子棺槨七重諸侯五重大夫三重士再重今墨子獨生不歌死不服桐棺三寸而無槨以爲法式

問夷之請見而孟子終不見之何也朱子曰孟子雖以闢邪說爲已任然不過識明其說傳之當世使聞者有以發悟於心而自得之耳固不輕接其人交口競辯以屈吾道之尊也譬如蠻夷寇賊之害聖人固欲去之然豈肯被甲執兵而親與之角哉

慶源輔氏曰夷子雖師墨氏之教至於葬親之時天理自然發動有不得如其師之

夫音扶下同匍音蒲匐蒲北反

說者故不用其制而凡事從厚也此於人情固宜有之故孟子因舉此一事以詰之而下文又舉喪葬之說以發其意此正夷子之天理一點明處也

徐子以告夷子夷子曰儒者之道古之人若
保赤子此言何謂也之則以爲愛無差等施
由親始徐子以告孟子孟子曰夫夷子信以
爲人之親其兄之子爲若親其鄰之赤子乎
彼有取爾也赤子匍匐將入井非赤子之罪
也且天之生物也使之一本而夷子二本故
也

四書大全辯〈上孟卷五〉　廿四

[illegible]

若保赤子周書康誥篇文此儒者之言也
夷子引之蓋欲援儒而入於墨以拒孟子
之非己又曰愛無差等施由親始則推墨
而附於儒以釋己所以厚葬其親之意皆
所謂遁辭也孟子言人之愛其兄子與鄰
之子本有差等書之取譬本爲小民無知
而犯法如赤子無知而入井耳且人物之
生必各本於父母而無二乃自然之理若
天使之然也故其愛由此立而推以及人

自有差等今如夷子之言則是視其父母
本無異於路人但其施之之序姑自此始
耳非二本而何哉然於先後之間猶知所
擇則又本心之明有終不得而息者此其
所以卒能受命而自覺其非也
慶源輔氏曰夷子蓋以儒者若保赤子是
愛他人子如愛我之赤子有似於墨子愛
無差等之說故謂其欲引儒家入墨教中
去
新安陳氏曰之又曰墨氏兼愛之學愛其
親與愛外人無差等之殊但施則自親始
耳施由親始一句髣髴竊取儒家立愛自
親始之意是推墨氏而依附於儒家也

慶源輔氏曰彼有取爾也一句先儒說皆
不明白今斷以為書之取譬方說得通蓋
非為愛凡人之赤子與兄弟之子一般也
言兄弟之子而不言己子者蓋兄弟之子
與己之子無異也
問愛無差等夷子既知此說便當一親疎
合貴賤方得今却曰施由親始則是又將
親疎對待而言豈非吾之愛又有差等也
哉其辭牴牾信乎其遁而窮矣朱子曰夷
之所說愛無差等此其大病其言施由親
始雖若粗有差別然亦是施此無差等之
愛耳故孟子但責其二本而不論其下句
之自相矛盾也夷之所以卒能感動而自
知其非蓋因下文極言非為人泚之心有
以切中其病耳此是緊要處當着眼目○
施由親始一句乃是夷子臨時襯出來湊
孟子却不知愛無差等一句已自不是了
他所謂施由親始便是把愛無差等之心

施之然把愛人之心推來愛親是甚道理
○人之有愛本由親立推而及物自有等
級今夷子先以愛無差等而施之則由親
始此夷子所以二本○事他人之親如己
之親則是兩箇一樣重了如一木有兩根
也○愛無差等何止二本蓋千萬本也○
問夷子學於墨矣而必推其說以求合於
儒何也曰天下之理其本有正而無邪其
始有順而無逆故天下之勢正而順者常
重而無待於外邪而逆者常輕而不得不
資諸人此理勢之必然也胡不以近世之
佛學觀之吾所以拒彼者至矣彼未嘗不
求自附於吾儒蓋不如是則尤反側而無
以自安也其理之悖說之窮於此亦可槩
見情世無孟子無能因其所明以誘之教
是以卒於漂蕩而不反也
慶源輔氏曰書曰立愛惟親記曰立愛自
親始蓋愛必始於愛親因事親以立其愛

即所謂孝弟為仁之本也然後推以及民
及物自有差等輕重此仁義所以相為用
也夷子雖陷於墨教而其天理一點之明
終有不可息滅者此蓋秉彝之心也故其
先親後疎之際猶知所擇而不至於逆施
故孟子之言得因所明而入之夷子亦得
因其明而受之也
雙峯饒氏曰夷之引若保赤子來證愛無
差等孟子謂其差認了此句意彼有取爾
也是說周昔刑有所取譬也下二句却解
周書本意只曰一本便有厚薄如木然根
幹枝葉自有大小次第二本則天下皆是
文毋無分根幹枝葉了蓋親親而仁民仁
民而愛物各有差等不同夷子不得以為
愛無差等
雲峯胡氏曰本文云使之一本而集註以
自然之理釋之蓋纔謂之使便似涉於人
為今只曰天使之則莫之為而為故人物之

蚋音芮嘬楚怪反泚七禮反睨音詣為去聲蔂力追反梩力知反

嘬音啜蛄音姑攢徂丸反

生萬有不齊無不一本而生者若使之然莫非自然是之謂天夷子二本非天矣集註後節釋掩之誠是也以爲若所當然正與此自然二字相應蓋此人事之所當然者即本於天理之自然者也。

蓋上世嘗有不葬其親者其親死則舉而委之於壑他日過之狐狸食之蠅蚋姑嘬之其顙有泚睨而不視夫泚也非爲人泚中心達於面目蓋歸反虆梩而掩之掩之誠是也則孝子仁人之掩其親亦必有道矣

因夷子厚葬其親而言此以深明一本之

四書大全辯　上孟卷五　五十七

意上世謂太古也委棄也壑山水所趨也蚋蚊屬姑語助聲或曰螻蛄也嘬攢共食之也顙額也泚泚然汗出之貌睨邪視也視正視也不能不視而又不忍正視哀痛迫切不能爲心之甚也非爲人泚言非爲他人見之而然也所謂一本者於此見之尤爲親切蓋惟至親故如此在他人則雖有不忍之心而其哀痛迫切不至若此之甚矣反覆也虆土籠也梩土轝也於是歸

[illegible]

而掩覆其親之尸此葬埋之禮所由起也此掩其親者若所當然則孝子仁人所以掩其親者必有其道而不以薄爲貴矣

慶源輔氏曰此又孟子略其遁辭而專以其良心之發有不容已處深明夫惟一本故其於親之喪哀痛迫切非他人之所可得同者而因以見先王所制葬埋之禮必誠必信勿之有悔者固皆自然之理而墨子二本薄葬之說爲枉戾妄作而不可行也

雙峯饒氏曰厚葬其親發於其心之不能自已這便是夷子求見孟子之萌芽孟子就舉上世不葬其親之說亦見得發於不容已蓋上世不葬其親這一人於心有所不安那掩之葬親之事自此始若以爲掩

四書大全辯　上孟卷五　五十八

得是則孝子仁人之掩其親亦必自有箇道理以此觀之則厚葬其親自有不容已者葬其親厚則愛無差等之說不攻自破矣集註若所當然四字說掩之誠是一句佳

朱子曰之字夷子者昔作處字不成何法

憮音武府知字

徐子以告夷子夷子憮然爲間曰命之矣

憮然茫然自失之貌爲間者有頃之間也命猶教也言孟子已教我矣蓋因其本心之明以攻其所學之蔽是以吾之言易入而彼之惑易解也

慶源輔氏曰孟子因夷之本心之明而入之得易納約自牖之義

雲峯胡氏曰夷子之學墨非也而葬其親厚此一厚字猶是夷子行得是處愛無差等施由親始夷子之所言非也然此一始字猶是夷子說得是處所以可因其本心之明而敎之也

新安陳氏曰發人性之本善於此章尤可見焉

芭山張氏曰掩之誠是。正見上古掩覲[illegible]誠自盡其心。則仁人孝子。必益從[illegible]氣甚直捷。饒氏若以爲三字欠[illegible]氏以禮者忠信之薄聖人之[illegible]故孟子舉上世葬敎未起之時人心本然之仁孝以覺之見禮非强作葬埋之禮所以必不可薄耳

四書大全辯上孟卷之六　[illegible]

滕文公章句下　如有[illegible]

通考勿軒熊氏曰七章言出處之道二章言政一章言異端凡十章

陳代曰不見諸侯宜若小然今一見之大則以王小則以霸且志曰枉尺而直尋宜若可爲也

陳代孟子弟子也小謂小節也枉屈直伸也八尺曰尋枉尺直尋猶屈己一見諸侯而可以致王霸所屈者小所伸者大也

南軒張氏曰謂屈己事小王霸爲大此自春秋以來風俗習於霸者計較功利之說而有是言

新安陳氏曰孟子平生以不見諸侯自守故以此爲問

孟子曰昔齊景公田招虞人以旌不至將殺之志士不忘在溝壑勇士不忘喪其元孔子奚取焉取非其招不往也如不待其招而往何哉喪去聲

田獵也虞人守苑囿之吏也招大夫以旌招虞人以皮冠元首也志士固窮常念死

夫音扶　上見[illegible]反

無棺槨棄溝壑而不恨勇士輕生常念戰
闘而死喪其首而不顧也此二句乃孔子
歎美虞人之言夫虞人招之不以其物尚
守死而不往況君子豈可不待其招而自
往見之邪此以上告之以不可往見之意
左傳景公將殺虞人虞人辭曰臣不見皮冠故不敢進
朱子曰不忘二字是活句須向這裏參取若果識得此意辨得此心則無入而不自得而彼之權勢威力亦皆無所施矣
南軒張氏曰虞人守官義不敢往義有重於死故也使一有畏死之心應非其招則見利忘義矣自常情觀之必重一死而以

非其招爲細事不知義之所在事無巨細苟愛一身之死而蔑天命之正則凡可以避死者無不爲而弑父與君之所由生也充虞人之心行一不義而得天下不爲之心也人人紀之所由立也是以夫子取之

曰夫枉尺而直尋者以利言也如以利則枉尋直尺而利亦可爲與夫音扶與平聲

此以下正其所稱枉尺直尋之非夫所謂枉小而所伸者大則爲之者計其利耳一有計利之心則雖枉多伸少而有利亦將爲之邪甚言其不可也

[illegible]

和靖尹氏曰有枉尺而直尋之心則亦必至於枉尋而直尺矣
朱子曰援天下以道若枉己便已枉道則是已失援天下之具矣更說甚事自家身既已壞了如何直人天下事不可顧利害凡人做事多要趨利避害不知纔有利必有害吾雖處得十分利有害隨在背後不如且在理上求之
慶源輔氏曰人有一計利之心則惟利是務始猶有枉小直大之辨浸浸不已其用併大小皆不復計不至滅天理壞人紀不止也孟子所以極其流而言之

昔者趙簡子使王良與嬖奚乘終日而不獲一禽嬖奚反命曰天下之賤工也或以告王良良曰請復之彊而復可一朝而獲十禽嬖

奚反命曰天下之良工也簡子曰我使掌與女乘謂王良良不可曰吾爲之範我馳驅終日不獲一爲之詭遇一朝而獲十詩云不失其馳舍矢如破我不貫與小人乘請辭

趙簡子晉大夫趙鞅也王良善御者也嬖奚簡子幸臣與之乘爲之御也復之再乘也彊而後可嬖奚不肯彊之而後肯也一朝自晨至食時也掌專主也範法度也詭遇不正而與禽遇也言奚不善射以法馳

驅則不獲廢法詭遇而後中也詩小雅車
攻之篇言御者不失其馳驅之法而射者
發矢皆中而力今嬖奚不能也貫習也
朱子曰詭遇是做人不當做底行險是做人不敢做底
雙峰饒氏曰射者是驅禽獸來迎而射之此禽當中來則可以正射若來得不正則
或當左或當右以射之御者自有法度射者不逆迎而射之則不中非關御者事詭
遇是詭道以遇禽獸射者不能迎而射之而御者以詭遇則得中非射者之能乃御
者之力也又曰前引虞人明不可往見之意後引王良明不可枉尺直尋之意
御者且羞與射者比比而得禽獸雖若丘陵

四書大全辯　上孟卷六　四

弗爲也如枉道而從彼何也且子過矣枉己
者未有能直人者也比必二反
比阿黨也若丘陵言多也○或曰居今之
世出處去就不必一一中節欲其一一中
節則道不得行矣楊氏曰何其不自重也
枉己其能直人乎古之人寧道之不行而
不輕其去就是以孔孟雖在春秋戰國之
時而進必以正以至終不得行而死也使
不恤其去就而可以行道孔孟當先爲之

矣孔孟豈不欲道之行哉
慶源輔氏曰欲道之行仁也必以正義也仁義並行而不悖所以爲聖賢
新安陳氏曰楊雄謂孔子見陽貨爲詘身以信道龜山謂雄非知孔子者道外無
身外無道身詘矣而可以信道吾未之信也當即此意以讀孟子此章竊謂陳代以
不見諸侯爲小節殊不知自吾子觀之守孰爲大守身爲大枉己從人失身莫大焉
不可以爲所恤者小也枉己即是枉道枉道決不能行道所關之大如此而可觀爲
小節乎戒枉尋直尺而徇利過人欲也守義而不枉道存天理也不見諸侯凡三章
此章一也此篇第七章公孫丑曰不見諸侯何義二也萬章下篇第七章萬章曰敢
問不見諸侯何義三也宜參觀之或曰且夫節孟子決辭不是婉轉商量須
體貼得出

四書大全辯　上孟卷六　五

說音稅

○景春曰公孫衍張儀豈不誠大丈夫哉一
怒而諸侯懼安居而天下熄
景春人姓名公孫衍張儀皆魏人怒則說
諸侯使相攻伐故諸侯懼也
新安陳氏曰二人皆破六國之從以爲衡者熄如火之熄滅以兵猶火故也
孟子曰是焉得爲大丈夫乎子未學禮乎丈
夫之冠也父命之女子之嫁也母命之往送
之門戒之曰往之女家必敬必戒無違夫子

以順爲正者妾婦之道也（焉於虔反冠去聲女家之女音汝）
加冠於首曰冠女家夫家也婦人內夫家
以嫁爲歸也夫子夫也女子從人以順爲
正道也蓋言二子阿諛苟容竊取權勢乃
妾婦順從之道耳非丈夫之事也
雙峰饒氏曰儀衍雖使得諸侯懼不過順
其欲耳諸侯志在土地二人從而投其所
好說之征伐以得土地不過妾婦之事爾
丈夫且不可爲況大丈夫乎
冠義曰古者冠禮筮日筮賓所以敬冠事
敬冠事所以重禮重禮所以爲國本也故
冠于阼以著代也醮于客位三加彌尊加
有成也已冠而字之成人之道也見于母

母拜之見于兄弟兄弟拜之成人而與爲
禮也筮日求天之吉筮賓擇人之賢也重
禮則人道立此國所以爲國也阼主階也
著代著其傳付之意也酌而無酬酢曰醮
以禮賓之禮禮其子所以爲成人敬也始
加緇布冠再加皮弁次加爵弁三加而服
彌尊爲成人敬也冠而後賓字之以成人
之道故敬其名也母兄弟拜之者此爲適
長子代父承祖者與祖爲正體故禮之異
于衆子也
居天下之廣居立天下之正位行天下之大
道得志與民由之不得志獨行其道富貴不
能淫貧賤不能移威武不能屈此之謂大丈
夫

廣居仁也正位禮也大道義也與民由之
推其所得於人也獨行其道守其所得於
已也淫蕩其心也移變其節也屈挫其志
也○何叔京曰戰國之時聖賢道否天下
不復見其德業之盛但見姦巧之徒得志
橫行氣焰可畏遂以爲大丈夫不知由君
子觀之是乃妾婦之道耳何足道哉（焰以念反）
朱子曰此心廓然無一毫私意直與天地
同量這便是居天下之廣居便是居仁到
得自家立身更無些子不當於理這便是
立天下之正位便是立於禮及推而見於

事更無些子不合於義此便是行天下之
大道便是由義論上面兩句則居廣居是
體立正位是用論下面二句則立正位是
體行大道是用要之能居天下之廣居自
然能立天下之正位行天下之大道○居
字就心上說立字就身上說行字就施爲
上說又曰正位就處身上說大道就處事
上說廣居是不狹隘以天下爲一家中國
爲一人何廣如此正位大道只是不偏而
雲峰胡氏曰集註於三句雖平說朱子廣
居一句極重仁者之心以天地萬物爲一
體如廣居之內何所不容其所立所行從
可知矣
趙氏曰富貴則求得欲從故易至蕩其心
貧賤則居約處困故易至變其節遇威武
又易至隕穫震懼故多挫屈其志氣
朱子曰居廣位以下皆集義養氣之功到此
地位富貴不能淫貧賤不能移威武不能

胡氏此一條可刪　伸一本作遂

氣以浩然之氣對苦憊餒能如此○觀孟
子答景春之問直是痛快三復令人浩然
浩然如灌江漢而暴秋陽也
問大丈夫之說其詳可得聞乎朱子曰廣
然大公心不徒隘則所居者真天下之廣
居矣履繩蹈矩身不苟學則所立者必天
下之正位矣秉彝循理事不苟從則所行
者皆天下之大道矣得志與民由之則出
而推此於人也不得志獨行其道則退而
樂此於已也如是則富貴豈能誘而淫其
心貧賤豈能撓而改其志威武豈能屈而
屈其節哉此其視衍儀之以睢盱側媚得
志於一時實可謂妾婦之為而所謂大丈
夫者其不在彼而在此也決矣然此數言
者皆以居廣居立正位行大道為主而此
三言者又以廣居為主也
南軒張氏曰公孫衍張儀持合從連衡之
說以動諸侯景春徒見其言足以捭闔搖

四書大全辯　上孟卷六　八

撼而遂以為大丈夫其說固為陋矣而孟
子以衍與儀比妾婦之道者蓋事君以弱
違為義不當徇其欲也衍與儀不知正救
其心術而徒探其意之所欲為以伸其說
此何以異於妾婦之道無違夫子以順為
正者乎人受天地之中以生與天地為物
本無有間惟其私意自為町畦而失其廣
居失其廣居則遷貳流蕩亦無以立於正
位而行其大道矣與民由之與其由乎此
也雖不得志此道未嘗不由於已也不能
淫不能淫此不能移不能屈不能移此屈
此也此者何也廣居正位大道是也蓋得
乎已而外物舉不足以貳之也所謂大丈
夫者蓋如此
雲峰胡氏曰當時但見姦巧之人氣焰可
畏豈知聖賢剛大浩然之氣哉
通考朱氏公遷曰中庸故君子和而不流
章末與此一節言節操遂以立身之道

言之亦曰平居自守之節餘如孟子對許
下惠之介亦是此類但君子大丈夫是就
而之功下惠之可稱者只是貴賢之美夫
必兼理之純全也
○周霄問曰古之君子仕乎孟子曰仕傳曰
孔子三月無君則皇皇如也出疆必載質公
明儀曰古之人三月無君則弔（直懸反質 與贄同下同）
周霄魏人無君謂不得仕而事君也皇皇
如有求而弗得之意出疆謂失位而去國
也質所執以見人者如士則執雉也出疆
載之者將以見所適國之君而事之也

四書大全辯　上孟卷六　九

記曰皇皇焉如有求而弗得
周禮春官大宗伯以禽作六摯以等諸侯
孤執皮帛卿執羔大夫執鴈士執雉庶人
執鶩工商執雞摯之為言至也所執以自
致也亦作贄皮帛者束帛而表以皮為之飾
皮虎豹之皮羔小羊取其羣而不失其類
鴈取其候時而行雉取其守介而死不失
其節鶩取其不飛先雞取其守時而動
三月無君則弔
周霄問也以已通太也後章放此
通考雙峰饒氏曰一年有四時之祭若失
位三月便廢此一祭故可弔弔其不得祭
非弔其不得君
曰士之失位也猶諸侯之失國家也禮曰諸

侯耕助以供粢盛夫人蠶繅以爲衣服犧牲
不成粢盛不潔衣服不備不敢以祭惟士無
田則亦不祭牲殺器皿衣服不備不敢以祭
則不敢以宴亦不足弔乎盛音成繅素刀反

禮曰諸侯爲籍百畝冕而青紘躬秉耒以
耕而庶人助以終畝收而藏之御廩以供
宗廟之粢盛使世婦蠶于公桑蠶室奉繭
以示于君遂獻于夫人夫人副褘受之繅
三盆手遂布于三宮世婦使繅以爲黼黻

文章而服以祀先王先公又曰士有田則
祭無田則薦黍稷曰粢在器曰盛牲殺牲
必特殺也皿所以覆器者

[illegible]祭義昔者天子爲籍千畝冕而朱紘躬
秉耒諸侯爲籍百畝冕而青紘躬秉耒以
事天地山川社稷先古以爲醴酪粢盛於
是乎取之敬之至也○周禮天官甸師掌
帥其屬而耕耨王籍以時入之以共齊盛
王以孟春躬耕帝籍天子三推三公五推
卿諸侯九推庶人終千畝籍之爲言借也
王一耕之而使庶人耘芋終之齊盛祭祀
所用穀也粢稷也穀以稷爲長在器曰盛
○穀梁傳桓公十四年天子親耕以供粢
盛王后親蠶以共祭服甸粟而內三宮三
宮米而藏之御廩○甸師掌田之官也三
宮三夫人也宗廟之禮君親割夫人親舂
之
周禮冬官考工記曰青與赤謂之文赤與
白謂之章白與黑謂之黼黑與青謂之黻
五采備謂之繡
記祭禮古者天子諸侯必有公桑蠶室近
川而爲之及大昕之朝君皮弁素積卜三
宮之夫人世婦之吉者使入蠶于蠶室奉
種浴於川桑于公桑風戾以食之世婦卒
蠶奉繭以示於君遂獻繭于夫人夫人曰
此所以奉爲君服與遂副褘而受之因少
牢以禮之及良日夫人繅三盆手遂布于
三宮夫人世婦之吉者使繅遂朱綠之玄
黃之以爲黼黻文章服既成君服以祭先
王先公敬之至也説大昕季春朔日之朝
也諸侯三宮半王后也風戾之使露氣燥
乃以食蠶蠶性惡濕也副褘王后之服也
三盆手者三淹也凡繅每淹大總以手振

之以出緒也
通考東陽許氏曰紘以組爲之而屬兩端
於武所以固冕於首也副者王后之首服
猶王之冕褘者王后之衣猶王之袞衣二
者皆王后之服此言諸侯夫人者禮記
注謂審二王之後與
吳氏程曰副編髮爲之所以覆首爲飾褘
與翬同刻繒爲之形而采畫之綴於衣也
趙氏德曰周禮內司服掌王后六服褘衣
其一共色玄追師掌王后首服爲副夏后
氏官名故以名冠冕之官副遺象若今之
步搖副褘皆祭服
記王制大夫士宗廟之祭有田則祭無田
則薦庶人春薦韭夏薦麥秋薦黍冬薦稻
有田者既祭又薦新祭以首時薦以仲月
雙峯饒氏曰此先王之制必如是然後能
自盡其心至今不得奉祭祀則神不容以
自安而人亦以爲弔焉古人之重祭祀也

如此
雙峰饒氏曰、三月無君則弔、恐是爲士先有位、後失位者言之。舉竟子爲士則祭以士、子爲大夫則祭以大夫、葬前有祭、一旦失位而不得祭、一年有四時之祭、若失位三月、便廢一祭、故可弔之、弔其不得祭非弔其不得君也古人重祭祀故如此不然則如何三月無君便弔

芑山張氏曰。田非必能不失。失田亦未必即廢祀。只此心皇皇不自安耳。失位不祭須想他孝不能殫、即忠不能伸處。不能以身任仕。使吾親生我之身。無補于世。所以不能宴然。若硬說失祭。則未仕以前。豈無所以致孝于祭。況禮曰士有田則祭。無田則薦。何必專患無田。

出疆必載質何也

周霄問也

爲去聲 上會 妁音酌 隙去逆 友發 笑音

曰士之仕也猶農夫之耕也農夫豈爲出疆舍其耒耜哉曰晉國亦仕國也未嘗聞仕如此其急仕如此其急也君子之難仕何也曰丈夫生而願爲之有室女子生而願爲之有家父母之心人皆有之不待父母之命媒妁之言鑽穴隙相窺踰牆相從則父母國人皆賤之古之人未嘗不欲仕也又惡不由其道不由其道而往者與鑽穴隙之類也

晉國解見首篇仕國謂君子游宦之國霄意以孟子不見諸侯爲難仕故先問古之君子仕否然後言此以風切之也男以女爲室女以男爲家妁亦媒也言爲父母者非不願其男女之有室家而亦惡其不由道蓋君子雖不潔身以亂倫而亦不狥利而忘義也

慶源輔氏曰周霄亦頗有策士之風但孟子據道之極不爲其所動直述其義理以告之而已○士之仕猶男女之願有室家者此正理也至於爲人男女而不待父母

之命媒妁之言鑽穴隙相窺踰牆相從則父母國人皆賤之而仕者不循天理之正不俟人君之招而已以狥利枉道以事君則爲聖賢之學皆賤之直與兒女子相窺相從者無異故君子之於仕未嘗潔身以亂倫而長往不顧亦未嘗狥利忘義而屈道以伸身也

雲峰胡氏曰集註末二句與論語解不仕無義處語意同而實有不同者論語是從不仕無義處說來故雖兩句而實一意孟子是從古之人未嘗不欲仕也又惡不由其道兩句說來故兩句自是兩意論語蓋謂夫子雖貴隱者之不仕而義之一字雖仕亦有不可苟者故集註謂君子雖不亂倫不仕而其間亦非不義而仕故下一非字孟子謂旣不可不仕又惡不由其道故下一不字集註字字句句精審如此學者當如此看

食上驕傳之傳如史記所詞旧備幸傳不洛陽異也

○彭更問曰後車數十乘從者數百人以傳食於諸侯不以泰乎孟子曰非其道則一簞食不可受於人如其道則舜受堯之天下不以爲泰子以爲泰乎更平聲乘從皆去聲傳直戀反簞音丹食音嗣

彭更孟子弟子也泰侈也

通考吳氏程曰直戀反舍正其音更作張戀反與傳車之傳同毛晃收入桂戀反內誤邈殊聯會

新安陳氏曰孟子歷聘從御眾多食於諸侯故更以爲更酣矣

曰否士無事而食不可也

四書大全辯　上孟卷六　廿四

言不以舜爲泰但謂今之士無功而食人之食則不可也

曰子不通功易事以羨補不足則農有餘粟女有餘布子如通之則梓匠輪輿皆得食於子於此有人焉入則孝出則悌守先王之道以待後之學者而不得食於子子何尊梓匠輪輿而輕爲仁義者哉羨延面反

通功易事謂通人之功而交易其事羨餘也有餘言無所貿易而積於無用也梓人匠人木工也輪人輿人車工也

新安陳氏曰傳先王之道非徒得行於當時守先王之道乃可以傳之來世此其繼往聖開來學有功於吾道甚大孟子蓋自謂也

通考趙氏德曰梓人爲樂器以利用匠人營宮室以安居輪人作車輪以運利輿人作車輿以利載

曰梓匠輪輿其志將以求食也君子之爲道也其志亦將以求食與曰子何以其志爲哉其有功於子可食而食之矣且子食志乎食功乎曰食志與平聲可食而食食志食功之食皆音嗣下同

四書大全辯　上孟卷六　廿五

孟子言自我而言固不求食自彼而言凡有功者則當食之

南軒張氏曰君子之志固不在食而爲國者知其有功則當食之夫王者之祿夫人爲有以賴其用而可祿耳豈必以其志之欲而祿之哉如以其志是率天下而利也

墁武安反子食之食亦音嗣

曰有人於此毀瓦畫墁其志將以求食也則子食之乎曰否曰然則子非食志也食功也

墁牆壁之飾也毀瓦畫墁言無功而有害也既曰食功則以士爲無事而食者眞尊梓匠輪輿而輕爲仁義者矣

雙峯饒氏曰當時功利之說盛不知點流
之有用見孟子所至之國時君猜見尊禮
其從者則以爲無事而食如王子墊問
士何事不素餐今皆是此意畢竟當時之
君能養之而不能用之故時人有此疑
亦當時諸侯尚知尊敬儒者如孔子之
遠者孟子之在齊皆有所養亦是先王之
澤未泯
新安陳氏曰此章當與盡心上不素餐今
章參看君子居是國君用之則安富尊榮
子弟從之則孝弟忠信雖未能爲當世開
太平亦足以繼往聖之絕學而爲後世開
太平其有功於道統者爲何如更等乃以
無事而食議之抑何其無知也食志爲人
上者不當言食功則功之大小輕重所當
論志可以觀人非所以食人專食志則志
於食者皆得食矣食功而不審其大小輕
重則僅有功於器物者得以加諸有功於

聖道者矣
說云食志。而又不食毀瓦畫墁之志。使果
食功。而安得遺守先待後之功。二節反覆
說。只要歸到予非食志也食功也上。

○萬章問曰宋小國也今將行王政齊楚惡
而伐之則如之何 惡去聲

萬章孟子弟子宋王偃嘗滅滕伐薛敗齊
楚魏之兵欲霸天下疑即此時也。
史記宋世家偃立爲君十一年自立爲王
東敗齊取五城南敗楚取地三百里西敗
魏軍乃與齊魏爲敵國盛血以韋囊懸而
射之命曰射天淫於酒婦人羣臣諫者輒
射之於是諸侯皆曰桀宋宋其復爲紂所
爲不可不誅告齊伐宋王偃四十七年齊

遺唯季反 盛音成 [illegible] 平聲 [illegible]

詳王與魏楚伐宋殺王偃遂滅宋而三分
其地
孟子曰湯居亳與葛爲鄰葛伯放而不祀湯
使人問之曰何爲不祀曰無以供犧牲也湯
使遺之牛羊葛伯食之又不以祀湯又使人
問之曰何爲不祀曰無以供粢盛也湯使亳
衆往爲之耕老弱饋食葛伯帥其民要其有
酒食黍稻者奪之不授者殺之有童子以黍
肉餉殺而奪之書曰葛伯仇餉此之謂也

葛國名伯爵也放而不祀放縱無道不祀
先祖也亳衆湯之民其民葛民也授與也
餉亦饋也書商書仲虺之誥也仇餉言與
餉者爲仇也

朱子曰書所謂葛伯仇餉若非孟子之言
人孰知其曲折如此哉
爲其殺是童子而征之四海之內皆曰非富
天下也爲匹夫匹婦復讐也 爲去聲
非富天下言湯之心非以天下爲富而欲
得之也
月恒近解曰天下之爲伯者尚多何恐天
下之民皆如童子之無辜見殺爲匹夫匹

乃衆天下而言非只指葛之父母也

湯始征自葛載十一征而無敵於天下東面而征西夷怨南面而征北狄怨曰奚為後我民之望之若大旱之望雨也歸市者弗止芸者不變誅其君弔其民如時雨降民大悅書曰徯我后后來其無罰

載亦始也十一征所征十一國也餘已見前篇

通考趙氏惪曰所征十一國按詩商頌韋顧既伐昆吾夏桀韋豕韋也顧國也昆吾氏也三國黨於桀惡湯先伐韋顧克之昆吾夏桀則同時誅也據此則曰葛曰韋曰顧曰昆吾曰夏桀又尚書云遂伐三朡凡六伐餘無可考

新安陳氏曰此湯行王政而王之事也

有攸不為臣東征綏厥士女匪厥玄黃紹我周王見休惟臣附于大邑周其君子實玄黃于匪以迎其君子其小人簞食壺漿以迎其小人救民於水火之中取其殘而已矣 食音嗣

按周書武成篇載武王之言孟子約其文如此然其辭特與今書文不類今姑依此文解之有所不為臣謂助紂為惡而不為周臣者匪與篚同玄黃幣也紹繼也猶言事也言其士女以篚盛玄黃之幣迎武王而事之也商人而曰我周王猶商書所謂我后也休美也言武王能順天休命而事之者皆見休也臣紂歸附也孟子又釋其意言商人聞周師之來各以其類相迎者以武王能救民於水火之中取其殘民者誅之而不為暴虐耳君子謂在位之人小

人謂細民也

大誓曰我武惟揚侵于之疆則取于殘殺伐用張于湯有光

太誓周書也今書文亦小異言武王威武奮揚侵彼紂之疆界取其殘賊而殺伐之功因以張大比於湯之伐桀又有光焉引此以證上文取其殘之義

新安陳氏曰此武王行王政而王之事也

不行王政云爾苟行王政四海之內皆舉首

而望之欲以爲君齊楚雖大何畏焉

宋實不能行王政後果爲齊所滅王偃走死○尹氏曰爲國者能自治而得民心則天下皆將歸往之恨其征伐之不早也尚何彊國之足畏哉苟不自治而以彊弱之勢言之是可畏而已矣

慶源輔氏曰尹氏説盡後世爲國而不自彊但以彊大爲畏者之病誠能反是道而求之於巳則知仁者之果無敵而帝王之道是誠在我而巳○問趙氏註修德無小暴慢無彊畏補之曰修德無小能修德則小可大暴慢無彊遇修德則彊必弱

○孟子謂戴不勝曰子欲子之王之善與我明告子有楚大夫於此欲其子之齊語也則使齊人傅諸使楚人傅諸曰使齊人傅之曰一齊人傅之衆楚人咻之雖日撻而求其齊也不可得矣引而置之莊嶽之間數年雖日撻而求其楚亦不可得矣與平聲咻音休

戴不勝宋臣也齊語齊人語也傅教也咻讙也齊齊語也莊嶽齊街里名也楚楚語也此先設譬以曉之也

子謂薛居州善士也使之居於王所在於王所者長幼卑尊皆薛居州也王誰與爲不善在王所者長幼卑尊皆非薛居州也王誰與爲善一薛居州獨如宋王何

居州亦宋臣言小人衆而君子獨無以成正君之功

南軒張氏曰衆君子之間置一小人猶足以蔽主而敗類一君子而遇衆小人且不能安其身如正君何格君之任有孟子而戴不勝不能知也尚何望焉

慶源輔氏曰古之大臣欲正其君者豈待取辦於一人而巳哉必也兼收並蓄旁求

廣取使忠賢之士畢集于朝在君之左右前後者無非正人端士然後可以薰陶漸染以變化其氣質成就其德性是豈獨欲趨事赴功而巳哉

雲峰胡氏曰此篇言宋事者三章正好通看前章謂宋不行王政後章不能什一去關市之征見得實不能行王政此章言小人衆而君子獨見宋之所以不能行王政也

○公孫丑問曰不見諸侯何義孟子曰古者不爲臣不見

不爲臣謂未仕於其國者也此不見諸侯之義也

段干木踰垣而辟之泄柳閉門而不內是皆已甚迫斯可以見矣 辟去聲內與納同

段干木魏文侯時人泄柳魯繆公時人文侯繆公欲見此二人而二人不肯見之蓋未爲臣也已甚過甚也迫謂求見之切也

慶源輔氏曰士固當守義而不往見國君如二君屈己求見意已誠切聖賢處此必將出令拒絕之如此則過甚而非義矣

陽貨欲見孔子而惡無禮大夫有賜於士不得受於其家則往拜其門陽貨矙孔子之亡也而饋孔子蒸豚孔子亦矙其亡也而往拜之當是時陽貨先豈得不見 欲見之見音現惡去聲矙音勘

此又引孔子之事以明可見之節也欲見孔子欲召孔子來見己也惡無禮畏人以己爲無禮也受於其家對使人拜受於家也其門大夫之門也矙窺也陽貨於魯爲大夫孔子爲士故以此物及其不在而饋之欲其來拜而見之也先謂先來加禮也

慶源輔氏曰陽貨欲見孔子而惡無禮雖小人乘姦不可殄貨既先來加禮於已則已烏得而不答之然貨之意則非誠矣故但往答其禮而不欲見其人是亦不屑之教誨也天地之施與萬物者豈有差忒哉

新安陳氏曰往答其理禮也不欲見其人義也

月恒近解曰孔子矙亡往拜究竟不曾見陽貨時儒認陽貨先二句爲實事非也此二句乃設言之詞哉曰只是拜不曾見若陽貨不矙亡實實先爲已以見孔子孔子豈得不見惟其以矙亡就故亦以矙亡拜終未之見耳

曾子曰脅肩諂笑病于夏畦子路曰未同而言觀其色赧赧然非由之所知也由是觀之則君子之所養可知已矣 脅虛業反赧奴簡反

脅肩竦體諂笑強笑皆小人側媚之態也病勞也夏畦夏月治畦之人也言爲此者其勞過於夏畦之人也未同而言與人未合而強與之言也赧赧慙而面赤之貌由子路名言非己所知甚惡之之辭也孟子言由此二言觀之則二子之所養可知必不肯不俟其禮之至而輒往見之也○此章言聖人禮義之中正過之者傷於迫切而不洪不及者淪於污賤而可恥

南軒張氏曰若不當往見而往見是苟賤以求合與驕君諂笑未同而言者亦何以異

慶源輔氏曰曾子重厚篤實其於小人側媚之態如病于夏畦之人而深疾之子路剛勇果決故以未同而言赧赧其色者爲非己所知而深惡之二子所守如此雖各因其資質然亦是學力所就也

汪氏廷直曰君子所養貴乎中而已太剛則至於絶物太柔則至于喪己干木泄柳太剛者也曾路所譏太柔者也孔子於陽貨之饋而往拜則與太剛者異矣拜之必瞯其亡則與太柔者異矣所以無可無不可而爲聖之時也孟子前言二子之所行以明其過後述曾路之所言以明其不及中舉孔子事以明聖人之用中然則孟子之不見諸侯守其分義之中而已

慶源輔氏曰孔子之事禮義之中正也差以毫釐則失之矣干木泄柳則過乎禮義

之中正矣故傷於迫切而不洪曾子子路之所言溺不及乎禮義之中正者故譏於汚賤而可恥此君子之行已所以戰戰兢兢而惟恐有過不及之失也然與其汚賤之可恥寧失於迫切而不洪段干泄柳猶爲愈者也

雙峰饒氏曰觀陽貨事則不特諸侯不可見觀曾子子路之言則不特不可往見雖平交之人亦不可強與之言蓋物不可以苟合

雲峰胡氏曰士尚志傷於迫切者量雖未洪猶不失爲志之高淪於汚賤者其志甚卑無足道矣

○戴盈之曰什一去關市之征今茲未能請輕之以待來年然後已何如去上聲

盈之亦宋大夫也什一井田之法也關市之征商賈之稅也已止也

孟子曰今有人日攘其鄰之雞者或告之曰是非君子之道曰請損之月攘一雞以待來年然後已攘如羊反

攘物自來而取之也損減也

如知其非義斯速已矣何待來年

知義理之不可而不能速改與月攘一雞何以異哉

南軒張氏曰君子之遠不義也如惡惡臭其不敢邇也如探湯其不敢須臾寧也如坐塗炭而其從義也如飢渴之於飲食蓋見之之明而決之之勇以爲不如是則不足以自拔而自新也士之持身於改過遷善之際而爲盈之之說則將終身汨沒於流俗之中人臣之謀國於革弊復古之事而爲盈之之說則終陷於因循苟且之域故自修身之於治國知仁勇之三德缺一不可也知以知之仁以行之勇以決之可不務哉

慶源輔氏曰天下事只有義利兩端纔出義便以利言也焉有兩存之理若知義理之不可而猶有吝惜之意不肯速改則亦終歸於悠悠必不能自拔而自新矣

新安陳氏曰請輕之如減日攘爲月攘不知其非義不智也知其非義而不速改不勇也不智之罪小不勇之罪大

通旨朱氏公遷曰論年饑用不足章什一
去關市之征章及此章言戴盈皆因其過
而反中道矯之
南軒張氏曰不知不勇爲民之罪一也不
容分小分大。如知其非義知字孟氏特寬
貸戴盈之言耳寬貸戴盈之未嘗實見得非
義處知之明則未有不改之速者也。

○公都子曰外人皆稱夫子好辯敢問何也
孟子曰予豈好辯哉予不得已也天下之生
久矣一治一亂 好去聲下同 治去聲

生謂生民也。一治一亂氣化盛衰人事得
失反覆相尋理之常也

四書大全辯 上孟卷六 卅六

□□氏曰氣化在天者有盛有衰盛爲
治衰爲而亂也事理在人者有得有失
得爲而治失焉而亂也治不生於治而生
於亂亂不生於亂而生於治如環無端此
理之常固無足怪所貴乎聖賢之生斯世
亦惟以理御氣庶幾反失而得反衰而盛
反亂而歸於治焉耳
雲峰胡氏曰古今一治一亂只是氣化人
事反覆相尋於無窮或氣化有盛衰而人
事之得失於是乎生或人事有得失而氣
化之盛衰於是乎轉反覆相尋皆理之常
也
新安陳氏曰學者當深察孟子所以不得
已之心下文詳之章末又申言此二句以
結之豈惟孟子凡聖賢出而任三才扶三
綱皆不得而已也一治一亂乃此章綱領
下文節節照應之

當堯之時水逆行氾濫於中國蛇龍居之民
無所定下者爲巢上者爲營窟書曰洚水警
余洚水者洪水也 洚音降又胡貢胡工二反

水逆行下流壅塞故水倒流而旁溢也下
下地上高地也營窟穴處也書虞書大禹
謨也洚水洚洞無涯之水也警戒也此一。
亂也。
慶源輔氏曰此一亂純由乎氣化也
雲峰胡氏曰自開闢至于堯之時不知幾
治亂斷自堯起有微也洚水自繫乎氣化
而曰警余未嘗不反而求諸人事也所以
此一亂卽轉而爲一治也

四書大全辯 上孟卷六 卅七

使禹治之禹掘地而注之海驅蛇龍而放之
菹水由地中行江淮河漢是也險阻旣遠鳥
獸之害人者消然後人得平土而居之 菹側魚反

掘地掘去壅塞也菹澤生草者也地中兩
涯之間也險阻謂水之氾濫也遠去也消
除也此一治也
慶源輔氏曰此一治氣化人事相參者也
夫人與鳥獸亦相爲多寡蓋同稟於氣故
也繁氣盛則正氣衰正氣多則繁氣少聖
人於其間有造化之用亦時焉而已

新安陳氏曰洪水乃治世之一亂禹反其亂而治之此禹之不得已於有爲者也

堯舜既沒聖人之道衰暴君代作壞宮室以爲汙池民無所安息棄田以爲園囿使民不得衣食邪說暴行又作園囿汙池沛澤多而禽獸至及紂之身天下又大亂 沛蒲內反 壞音怪行去聲下同

暴君謂夏太康孔甲履癸商武乙之類也宮室民居也沛草木之所生也澤水所鍾也自堯舜沒至此治亂非一及紂而又一大亂也

雙峯饒氏曰此一亂氣化人事相符者也自堯舜沒其間夏太康至商武乙等暴君不一難以類數至紂而大敗極亂而無以復加矣故直推至紂時言之想見夏桀之時亦未必有飛廉等惡人與夫虎豹犀象之害也

雙峯饒氏曰暴行即上面壞宮室棄田宅也暴行通上下而言必有邪說糊塗了個理義然後暴行始作

周公相武王誅紂伐奄三年討其君驅飛廉於海隅而戮之滅國者五十驅虎豹犀象而遠之天下大悅書曰丕顯哉文王謨丕承哉武王烈佑啓我後人咸以正無缺 相去聲 奄平聲

奄東方之國助紂爲虐者也飛廉紂幸臣也五十國皆紂黨虐民者也書周書君牙之篇丕大也顯明也謨謀也承繼也烈光也佑助也啓開也缺壞也此一治也

鄒晉昭曰奄字書作郁古國用衣險衣廉二反說文衣檢反許周公所滅奄國

慶源輔氏曰此一治又氣化人事相參者也樂皆言文王武王謀謨之大人功業之光明佑助開迪其後人者莫非正大之道渾全盡美而無一毫缺壞之失也蓋正可爲也無缺爲難無缺謂禮樂刑政四達而不悖三千三百之儀與至誠無倚之道並立而不偏凡所以正德利用厚生之具無一之不備防爲禁邪正慝之法無一之或

廢夫然後可以爲無缺至春秋時則道墜于地而無復有存者矣

趙氏曰按奄國在淮夷之北飛廉善走以材力事紂周武王伐紂并殺之

新安陳氏曰商末大亂武王周公反其亂而治之此武王周公之不得已於有爲者也

上又行亦暴君其代者作承上文一治來

世衰道微邪說暴行有作臣弑其君者有之子弑其父者有之 有讀爲又古字通用

此周室東遷之後又一亂也

慶源輔氏曰此一亂又氣化人事相符者也前乎此者雖曰世亂然但禽獸繁殖有以戕民之生而猶未至賊人之性至此以後則遂至傷壞人倫將使人盡爲禽獸之

胡氏安國字康侯建安人

歸其禍又滲矣此一亂又甚於前日是亦氣化人事之使然也

孔子懼作春秋春秋天子之事也是故孔子曰知我者其惟春秋乎罪我者其惟春秋乎

胡氏曰仲尼作春秋以寓王法厚典庸禮命德討罪其大要皆天子之事也知孔子者謂此書之作遏人欲於橫流存天理於既滅爲後世慮至深遠也罪孔子者以謂無其位而托二百四十二年南面之權使亂臣賊子禁其欲而不得肆則戚矣愚謂孔子作春秋以討亂賊則致治之法垂於萬世是亦一治也○○○○○

新安倪氏曰書皋陶謨篇云天叙有典勑我五典五惇哉天秩有禮自我五禮有庸哉同寅協恭和衷哉天命有德五服五章哉天討有罪五刑五用哉政事懋哉懋哉書言天子治天下之事孔子作春秋其大旨正以明此治天下之事而爲後世法也○惇典之惇集註避宋光宗諱而以厚字代之

通考吳氏程曰以慮後世而知聖人者君子也故幸其存天理遏人欲以訖南面而罪聖人者小人也故戚其不得肆欲

通旨朱氏公遷曰此以事功言孔子繼往聖開來學則其功賢於堯舜撥亂世而返諸正則其功著於春秋罪我舉其統謂言

者只知今之史書則後世史書亦可稱春秋矣此語大今驗

孟子節其一事言

問孔子作春秋特載之空言亂賊何緣便懼恐未足以爲一治朱子曰非說當時便一治只是存得個治法使道理光明燦爛有能舉而行之爲治不難當時史書掌於史官想人不得見孔子取而筆之而其義大明孔子亦何嘗有意用某字使人勸用某字使人知懼用某字有甚微詞奧義使人曉不得足以褒貶榮辱人來不過如今之史書直書其事善惡瞭然在目觀者知所勸懲故亂臣賊子有所懼而不敢犯耳

慶源輔氏曰此一治又純乎人事者也雖氣化不應而不使孔子得位以撥亂而反之正然討亂賊垂治法其功又大於舜禹矣

潛室陳氏曰此謂聖人以王法繩諸侯所褒所貶皆是奉行王法此聖人大用非孟子不能知胡氏發明備矣

雲峰胡氏曰集註前言禹與周公之功曰此一治也此當時之治也此言孔子春秋之功此亦一治也萬世之治也

新安陳氏曰孔子雖不能興治道於當時而能垂治法於後世蓋在當時倫紀亂矣孔子欲反其亂而治之此孔子之不得已於有言者也

通旨朱氏公遷曰思無邪王者之迹熄而詩亡及此節總論一經之旨孔子之論詩是欲人知其要孟子之論春秋是欲人知其義王者迹熄一章是明孔子作春秋之法世衰道微一節是明孔子作春秋之本意○又如孟子春秋無義戰之云亦總論一經之旨是又專主征伐而言者也

唐荆川曰或謂春秋誅亂賊者誅其弑君者也曰若是則所誅者止于弑三十六君之人耳其亦狹矣然則所謂誅亂賊者何

不楊 卽墨 如兩 旁皆 抗弄 人立 其一 止國 隔此 不此 邪性 絶非 主義 此人 心苿 危險 詖

橫爲 皆去 聖尊 皮表 反

蒸婢 宜反

也。治弑也。治諸侯之尊也。治大夫也。治陪臣也。治夷也。凡無王者皆亂賊之道也。邑山張氏曰：周濂溪云春秋正王道明大法也。孔子爲後世王者而修也。亂臣賊子誅死者于前，所以懼生者于後也。宜乎萬世無窮王祀夫子，報德報功之無盡焉。繇此言觀之，則朱子所云只如今之史書語稍未確。

聖王不作，諸侯放恣，處士橫議，楊朱、墨翟之言盈天下。天下之言不歸楊，則歸墨。楊氏爲我，是無君也；墨氏兼愛，是無父也。無父無君，是禽獸也。公明儀曰：「庖有肥肉，廄有肥馬，民有饑色，野有餓莩，此率獸而食人也。」楊墨之道不息，孔子之道不著，是邪說誣民，充塞仁義也。仁義充塞，則率獸食人，人將相食。

楊朱但知愛身而不復知有致身之義，故無君；墨子愛無差等而視其至親無異衆人，故無父。無父無君，則人道滅絶，是亦禽獸而已。公明儀之言義見首篇。充塞仁義，謂邪說徧滿，妨於仁義也。孟子引儀之言，以明楊墨道行，則人皆無父無君，以陷於禽獸，而大亂將起，是亦率獸食人而人又相食也。此又一亂也。

雲峯胡氏曰：不中則曰橫議，不正則曰邪說。

朱子曰：楊墨只是差些子，其末流遂至於無父無君。蓋楊氏見世人營營於名利，埋沒其身而不自知，故獨潔其身以自高，如荷蕢、接輿之徒是也。然使人皆如此潔身而自高，則天下事教誰理會？此便是無君也。墨氏見世間人自私自利，不能及人，故欲兼天下之人而盡愛之，然不知有一患難，在君親則當先救之，而他人則後救之。若不分先後，則是待君親猶他人也，此便是無父。此二者之所以爲禽獸也。○楊朱乃老子弟子，其學專於爲己。列子云：伯成子高拔一毛而利天下不爲。其言曰：一毛安能利天下？使人人不拔一毛，不利天下，則天下自治矣。○問：墨氏兼愛，何遽至於無父？曰：人也只孝得一個父母，那愛得許多？能養其父母無缺則已難矣。想見他人所以養父母者，粗衣糲食，必不能堪。蓋他既欲兼愛，則愛父母必疎，其孝不周至，非無父而何哉？墨子尚儉惡樂，所以説里號朝歌，墨子回車。想得是個淡泊枯槁底人，其事父母也可想見。○問：率獸食人，亦深探其弊而極言之，非真有此事？曰：不然，即他之道便能如此。楊氏自是箇退步愛身不理會事底人，墨氏兼愛又弄得沒合殺，使天下倀倀然，必至於大亂而後已，非率獸食人而何？如東晉之清談，此便是楊氏之學，即老莊之道，少間百事廢弛，遂啓夷狄亂華，其禍豈不慘於洪水猛獸之害？又如梁武帝事佛，至于社稷丘墟，亦其驗也。慶源輔氏曰：此一亂又氣化人事相符者也。墨人之道非不愛身也，然有致身事君之義，有殺身成仁之時，故不至于無君。非

□愛物也然親親而仁民仁民而愛物有
自然之序故不至於無父無君無父則人
道滅絶又將視其父與君而莫然不覺矣
是則人而反與禽獸無異也故引公明儀
之說以言楊墨道行則人皆無父無君矣
其賊賊以陷於禽獸而大亂將起是亦與
公明儀所謂率獸食人人將相食者類矣
楊墨之道不息則邪說誣民孔子之道不
著則充塞仁義也此四句只是說天理人
欲不並立而已所謂邪說徧滿妨於仁義
者是解邪說誣民充塞仁義兩句也以偏
滿字解充字以妨字解塞字但不曾辯誣
民兩字耳其實謂邪說誣罔天下之人其
勢至于充塞窒塞人心固有之仁義使不
能發也夫仁義具於人心而為邪說所誣
而充塞之使不能達於外況能擴充之以
全其量乎
西山真氏曰楊朱自一身之外截然不恤

四書大全辯 上孟卷六 三十四

故其迹似乎義墨翟於親疏之間無所不
愛故其迹似乎仁殊不知天下之理本一
而分殊故君子親親而仁民仁民而愛
物心無不溥而其施有序心無不溥則非
為我矣其施有序則非兼愛矣楊朱專於
為我則未乎理之一墨翟一於兼愛則昧
乎分之殊若是而曰仁義乃所以賊乎仁
義也
雙峯饒氏曰墨氏無父之教使充塞了仁
楊氏無君之教使充塞了義有仁義則天
下治無仁義則天下亂今仁義既充塞則
亂將起而率獸食人人又將相食矣
通旨朱氏公遷曰聖賢闢之以義孟子之
時楊墨二家最為害道其次則有兵家農
家縱橫家及貨殖之徒各專一業以蠱
天下大抵惑人心者莫如兼愛為我快君
心者莫如強兵富國而皆足以重斯世之
禍也故深闢之

吾為此懼閑先聖之道距楊墨放淫辭邪說
者不得作作於其心害於其事作於其事害
於其政聖人復起不易吾言矣（為去聲復扶又反）
閑衛也放驅而遠之也作起也事所行政
大體也孟子雖不得志於時然楊墨之害
自是滅息而君臣父子之道賴以不墜是
亦一治也程子曰楊墨之害甚於申韓佛
氏之害甚於楊墨蓋楊氏為我疑於義墨
氏兼愛疑於仁申韓則淺陋易見故孟子

四書大全辯 上孟卷六 三十五

止闢楊墨為其惑世之甚也佛氏之言近
理又非楊墨之比所以為害尤甚
西山真氏曰事者政之目政者事之綱
雙峯饒氏曰無父無君乃楊墨之見於行
事者少為充塞仁義而至於率獸食人是
害於其政了
慶源輔氏曰此一治又純乎人事也雖氣
化不應孟子亦不得志於時然因其言而
異端滅息吾道至今得以不墜此孟氏之
功所以不在禹下而亞於孔子也
雲峯胡氏曰前云此一治也周公之功與
禹同此云是亦一治也孟子之功與夫子
同
史記申不害故鄭之賤臣學本於黃老而
主刑名著書二篇號曰申子○韓非者韓
之諸公子也喜刑名法術之學而其歸本

於貢老善者書與李斯俱事荀卿斯自以
爲不知非
問墨氏兼愛疑於仁覺易見楊氏爲我何
以疑於義朱子曰楊朱看來不似義他全
是老子之學只是箇逍遙物外僅足其身
不管世務之人只是他自愛其身界限齊
整不相侵越微似義耳然終不似義又曰
楊墨只是硬恁地做佛氏最有精微動得
人處
雙峯饒氏曰前言生於其心害於其政發
於其政害於其事此言作於其心害於其
事作於其事害於其政亦各言意前言畢其
竟政是大體事是小節今既生於其心則
必害於大體既害於大體則少焉於那小
節都壞了
通考仁山金氏曰佛氏寂滅類楊而禪定
立脫之說過之慈悲普施類墨而平等無
生之說過之蓋兼無父無君之教而資率

獸食人之禍者所以其害爲尤甚
楊氏龜曰晉魏出臣道壞佛老興子道絕
又曰異端蠚結於中國而不解者以名士
大夫主之也故唐則蕭瑀王縉白居易裴
休梁肅也宋則王安石蘇軾黃庭堅張商
英也故上而君相下而閭里信之而不疑
〇救二程子闢佛老之說凡五十餘條而
其要則曰佛有髮而僧復毀形佛有妻子
舍之而僧絕其類其二則曰佛氏謂既明
此理而又執持是理故爲障此錯看了理
字也天下只有一個理既明此理夫何復
障若以理爲障則是已與理爲二又曰釋
氏有出家出世之說家本不可出却爲他
不父其父不母其母自逃去固可也至於
世則怎生出得既道出世除是不戴皇天
不履后土始得然又渴飲而飢食戴天而
履地又問華嚴第一真空絕相觀第二事
理無礙觀第三事事無礙觀譬如鏡燈之

類包含萬象無有窮盡此理如何曰只是
釋氏要周遮一言以蔽之曰萬理歸于一
理耳凡此足以見似是而非與夫大亂真
者矣因並附焉
鄱陽朱氏公遷曰禹周公孔子以事功言

昔者禹抑洪水而天下平周公兼夷狄驅猛
獸而百姓寧孔子成春秋而亂臣賊子懼
抑止也兼并之也總結上文也
西山真氏曰三聖事雖不同而其救天下
之急立生民之極則一也
詩云戎狄是膺荊舒是懲則莫敢我承無父
無君是周公所膺也

說見上篇承當也
雙峯饒氏曰孟子所以引夷狄荊舒者以
楊墨乃夷狄之教也
我亦欲正人心息邪說距詖行放淫辭以承
三聖者豈好辯哉予不得已也行好皆去聲
詖淫解見前篇辭者說之詳也承繼也三
聖禹周公孔子也蓋邪說橫流壞人心術
甚於洪水猛獸之災慘於夷狄篡弒之禍
故孟子深懼而力救之再言豈好辯哉予
不得已也所以深致意焉然非知道之君

予孰能眞知其所以不得已之故哉

朱子曰當時如縱橫刑名之徒孟子都不管他蓋他只害得箇淺底若楊墨則害了人心須著與之辯也然孟子於當時只在私下恁地說所謂楊墨之徒也未怕他到後世卻因其言而知聖人之道爲是知異端之學爲非乃是孟子有功於後世耳○問孟子欲息邪距詖而必以正人心爲先何也曰此探本之言也以聖道不明人心不正而邪說得以乘間入之也曰然則亦閑聖道以正人心而已何必爲此紛紛而涉好辯之嫌乎曰邪說旣入則人心益以不正聖道益以不明矣此又其末之不可不理者也故孟子道性善稱堯舜必使天下曉然知仁義之所在者此所以正人心而爲息邪距詖之本也擧爲我斥兼愛必使天下曉然知邪詖之不可由者此所以

息邪距詖而爲正人心之用也蓋其書廣不偏首尾相應如此然後足以擬議言而反之正此所以雖得其本而不免於多言也然豈其心之所好哉亦畏天命畏人窮不得已而然耳昔湯伐桀曰予畏上帝不敢不正武王伐紂曰予弗順天厥罪惟鈞夫豈好戰哉孟子之心亦若此而已矣豈得以好辯之小嫌而遂緘不言哉慶源輔氏曰重言豈好辯哉予不得已也甚又深致其意者欲人之察其心而知邪說之眞可畏也問邪說詖行如何分雙峯饒氏曰說旣邪辟其行必偏詖其辭愈見淫蕩詖行淫辭自邪說上來故者放蕩距絶雲峯胡氏曰洪水猛獸之災由氣化夷狄篡弑之禍由人心邪說爲人心之害則有甚於此者矣人之本心未嘗不正爲邪說所害易淪胥於不正故孟子之辯拳拳焉

正人心其僞也亦必先於正君心新安陳氏曰洪水猛獸夷狄篡弑皆災禍之害人身者淺在於一時而邪說乃災禍之壞人心者且深及無窮而爲害尤甚慘此孟子所以不得已而深辯之於之也通考雙峯饒氏曰前言天下之生久矣一治一亂爲綱領下面又言治了又亂亂了又治再三如此反覆說了則又到此以三段總結前面前以予不得已一句起頭後以予不得已一句結合旣而又繳上不得已去通考朱氏公遷曰此孟子以闢異端自任

能言距楊墨者聖人之徒也

言苟有能爲此距楊墨之說者則其所趨正矣雖未必知道是亦聖人之徒也孟子

旣答公都子之問而意有未盡故復言此蓋邪說害正人人得而攻之不必聖賢如春秋之法亂臣賊子人人得而誅之不必士師也聖人救世立法之意其切如此若以此意推之則不能攻討而又倡爲不必攻討之說者其爲邪說之徒亂賊之黨可知矣○尹氏曰學者於是非之原毫釐有差則害流於生民禍及於後世故孟子辨邪說如是之嚴而自以爲承三聖之功也

當是時，方且以好辯目之。是以常人之心而度聖賢之心也。

慶源輔氏曰：此義自朱子發之。若朱子則亦可謂以道自任者，故言此以詔天下，使天下人人存此心，則異端之說將無所容，而聖人之道不復有蔽錮之者矣，豈小補哉？○孟子意謂：自今以後，不得有知道者真能息滅楊墨之害，然後可以繼聖人之事，但能爲說以距則是亦聖人之徒矣。此可見自任之重而望人之切也。

西山真氏曰：所以勉天下學者，皆以闢異端、扶王道爲心，庶幾生人之類不淪胥於禽獸也。

朱子曰：出邪則入正，出正則入邪，二者之間，蓋不容髮。雖未知道而能言距楊墨者，已是心術向正之人，所以以聖人之徒許

之與春秋討賊之意同。○饒說道要距楊墨便是聖人之徒，如人逐賊，有人見之，若說道賊當捉當誅，這便是主人邊人；若說道賊也可恕，這便喚做賊之黨。○不討亂賊而謂人勿討者，因逆之黨也；不距楊墨而謂人勿距者，禽獸之徒也。聖賢立法之嚴至於如此，可不畏哉？

新安陳氏曰：如解攻乎異端爲攻擊，閑先聖之道爲閑習，皆是不必攻討之說。

程子曰：大抵儒者潛心正道，不容有差。其始甚微，其終則不可救。如師也過，商也不及，於聖人中道，師只是過於厚些，商只是不及些。然而厚則漸至於兼愛，不及則便至于爲我。其過不及同出於儒者，其末遂至楊墨。至如楊墨亦未至於無父無君，孟子推之便至於此，蓋其差必至于是也。

朱子曰：此段最好看，見諸聖賢遭時之變，各行其道，是這般時節，其所以正救之者是這般樣子，這見得聖賢是甚麼樣大力量，恰似天地有缺罅處，得聖賢出來補開。个過得稍久，又不免有缺，又得聖賢出來補。這見聖賢是甚力量，直有闔闢乾坤之功。

新安陳氏曰：聖賢反世之亂而治之，達而在上則見於有爲而治，功見於當時；窮而在下則不免於有言而治，法垂於後世。孔子曰予欲無言，終不能無言也。作春秋以爲後世猶未至于辯者，孔子之時異端未熾，而孔子之聖言教易孚故也。至孟子則時益降、異端益熾，而孟子亞聖又不及孔子，公孫丑、萬章之徒聞言猶未達，況於外人，則其闢楊墨烏得而不言？言烏得而不辨？蓋有大不得已焉者。既以不得已於辯者自致其力，尤以能言距楊墨望凡爲吾徒者之同致其力焉。非朱子深知孟子之心，孰能發其精微之蘊如此哉！此章於古今世道、聖賢事業關涉甚大，宜精察深思之。

東陽許氏曰：集註氣化盛衰、人事得失反覆相尋，竊謂氣化盛人事得則天下治，氣化衰人事失則天下亂，是固然矣。然孟子此章答好辯之問，而孟子之辯專爲闢楊墨而發，則易亂爲治，全賴人之事以補天運之不足，反氣化之衰而至於盛也。觀堯禹之治水，則以人事而回氣化；武王周公誅紂伐奄，孔子作春秋，則以人事而救衰失。所以孟子求於衰失之時，闢楊墨以回氣化、正人事也。此正聖賢作用參天地、贊化育之功。讀此章當如此會集註之意。言月恒近解曰：聖人之徒，激之非贊之也。外有不距則爲邪暴之徒意。

○匡章曰：陳仲子豈不誠廉士哉？居於陵，三

巨不食耳無聞目無見也井上有李螬食實者過半矣匍匐往將食之三咽然後耳有聞目有見 於音烏下於陵同 螬音曹 咽音宴

匡章陳仲子皆齊人廉有分辨不苟取也於陵地名螬蠐螬蟲也匍匐言無力不能行也咽吞也

孟子曰於齊國之士吾必以仲子爲巨擘焉雖然仲子惡能廉充仲子之操則蚓而後可者也 擘博厄反 惡平聲 蚓音引

巨擘大指也言齊人中有仲子如衆小指中有大指也充推而滿之也操所守也蚓丘蚓也言仲子未得爲廉也必若滿其所守之志則惟丘蚓之無求於世然後可以爲廉耳

慶源輔氏曰齊俗奢侈放縱當戰國時士之僞廉者必多有之此匡章所以推仲子之廉而孟子亦以爲齊人之巨擘也

夫蚓上食槁壤下飲黃泉仲子所居之室伯夷之所築與抑亦盜跖之所築與所食之粟伯夷之所樹與抑亦盜跖之所樹與是未可知也 夫音扶 與平聲

槁壤乾土也黃泉濁水也抑發語辭也言蚓無求於人而自足而仲子不免居室食粟若所從來或有非義則是未能如蚓之廉也

曰是何傷哉彼身織屨妻辟纑以易之也

辟績也纑練麻也

曰仲子齊之世家也兄戴蓋祿萬鍾以兄之祿爲不義之祿而不食也以兄之室爲不義之室而不居也辟兄離母處於於陵他日歸則有饋其兄生鵝者己頻顣曰惡用是鶃鶃者爲哉他日其母殺是鵝也與之食之其兄自外至曰是鶃鶃之肉也出而哇之

世家世卿之家兄名戴食采於蓋其入萬鍾也歸自於陵歸也己仲子也鶃鶃鵝聲也頻顣而言以其兄受饋爲不義也哇吐之也

四書大全辯 上孟卷六 四十二

以母則不食以妻則食之以兄之室則弗居
以於陵則居之是尚爲能充其類也乎若仲
子者蚓而後充其操者也
言仲子以母之食兄之室爲不義而不食
不居其操守如此至於妻所易之粟於陵
所居之室既未必伯夷之所爲則亦不義
之類耳今仲子於此則不食不居於彼則
食之居之豈爲能充滿其操守之類者乎
必其無求自足如丘蚓然乃爲能滿其志

而得爲廉耳然豈人之所可爲哉○范氏
曰天之所生地之所養惟人爲大人之所
以爲大者以其有人倫也豈有無人倫而
可以爲廉哉

記祭義有人則可參天地而爲三才無人
則天地亦不能以自立矣
朱子曰溫公謂口非之而身享之一時之
小嫌捐者之不爲一身之小節至于父子
兄弟乃人之大倫天隆之大義一日去之
則禽獸夷狄雖復謹小嫌守小範亦將安
所施哉此孟子絕仲子之本意余隱之云
仲子之兄非不友孰使之避仲子之母非
不慈孰使之離愚謂孰使不慈不友亦無
逃去之理觀舜之爲法於天下者則知之
矣○問溫公謂以其兄不以道事君不得
祿不以道取於人而[illegible]以爲不義乎
子誠非中行亦狷者有所不爲也曰仲子
齊世家則蓋室非其兄不義所得之矣設
果以不義得之而非有[illegible]亂之大倫
則母子兄弟之間豈可以是[illegible]天倫之
恩哉飾小行以妨六倫是乃斯害[illegible]倫之
尤先王所誅而不以德者也所謂[illegible]者則
亦言行之間小過乎中而已豈出於倫理
之外若是其甚哉
南軒張氏曰仲子徒欲潔身以爲清不知
爲大倫之爲惡原仲子本心亦豈不知母
子之性重於妻兄之居愈于於陵乎惟其
蔽于見所局亂其倫類至此極也衆人惑於
其迹以爲清苦高介而取之非矣世之貪
冒爲惡者多矣孟子於仲子獨闢之深者
世之爲惡者其失易見而仲子之徒其過
難知也惟其難知故可以惑世俗而禍仁
義反復闢之蓋有以也夫

慶源輔氏曰以仲子之孤介自守足以高
於一世之俗矣而孟子所以力闢之者蓋
世衰道微學者大抵因其資質之偏而固
執一説力行以取名初不顧義理之如何
如告子許行陳仲子之徒皆是也況如匡
章者既稱仲子爲廉而傾向之矣此固以
道自任者之所憂也孟子烏得不排之哉
又曰仲子之所守不必驗之他人只自其
身而推之則已有不能自滿其志者故孟
子直以爲蚓而後能充其操斥之則仲子
之行是豈人之所能爲哉聖賢之道充之
則至于與天地同功仲子之道充之則至
於與丘蚓同操是豈人理也哉
雙峰饒氏曰不要問所從來只當思量我
當食兄之祿與居兄之室否若問所從來
則室與粟豈必伯夷所築所樹如諸侯之
取人猶禦然既交以道接以禮則孔子受之

之矣
或曰匡章亦黜妻屏子者，故喜仲子孤介之行。新安陳氏曰：不然，匡章以父爲重，故黜妻子爲輕；仲子反視母兄爲輕，而於妻則反食。孟子矜匡章而非仲子，有以也。此章當參看盡心上篇仲子不義與之齊國而不受，下文云以其小者信其大者，奚可哉，斷盡其人。
通考東陽許氏曰：此章經註三廉字當辨。廉有分辨，不苟取也，此廉之正義，豈不誠廉士哉。此廉字陳仲子不中禮之廉也。仲子惡能廉，及注仲子未得爲廉，豈有無人倫而可以爲廉哉。此三廉字是存之正，然後可以爲廉耳。未能如蚓之廉，蓋其志而得爲廉耳，此廉字是仲子之廉字。

四書大全辯孟子卷之六終

四書大全辯　上孟卷六　四六

四書大全辯孟子卷

明　張自烈

張自勳

離婁章句上

通考勿軒熊氏曰：專言仁政凡八章，四章論爲學，即大學之要指，凡修身接物、齊家事親之事，與夫治國事君之道，皆在焉。
黃氏震曰：一章言爲政必因先王之道，而先王之道仁政也。二章言爲君盡君道、爲臣盡臣道，而在仁與不仁也。三章言三代之得天下失天下，而其得失在仁不仁之分也。四章言天下之本在身。五章言德教之行先巨室。六章言諸侯恥受命於大國，惟好仁則無敵於天下。七章言不仁者樂其所以亾。八章言桀紂毆民歸於仁君。九章數自棄自暴者之可哀也。孟子此篇反覆救世之說，無一不歸於仁。十章言親親長長而天下平，發明仁之足以救世，至此而徑易明白極矣。繼此言誠身之道、言誠思誠之道，皆受業子思之言也。又繼此言二老來歸，則欲諸侯之師文王；言冉求聚斂，則病當世率土地而食人肉；餘言事親善親之事，一一明白，熟誦而已。凡二十八章。

四書大全辯　下孟卷七　一

孟子曰：離婁之明，公輸子之巧，不以規矩，不能成方員；師曠之聰，不以六律，不能正五音；堯舜之道，不以仁政，不能平治天下。

師曠字子野人晉太簇千候反洗先上聲蕤儒追反射音亦故民里反

離婁古之明目者，公輸子名班，魯之巧人也。規所以爲員之器也，矩所以爲方之器也。師曠晉之樂師，知音者也。六律截竹爲筩，陰陽各六，以節五音之上下。黃鍾、大簇、姑洗、蕤賓、夷則、無射爲陽，大呂、夾鍾、仲呂、林鍾、南呂、應鍾爲陰也。五音，宮、商、角、徵、羽也。范氏曰：此言治天下不可無法度，仁政者，治天下之法度也。

前漢律歷志云：十二律，黃帝之所作也。黃帝使伶倫自大夏之西，昆侖之陰，取竹之解谷生其竅厚均者，斷兩節間而吹之，以爲黃鍾之宮，制十二筩以聽鳳之鳴，其雄鳴爲六，雌鳴亦六，比黃鍾之宮，而皆可以生之，是謂律本。律十有二，陽六爲律，陰六爲呂。律以統氣類物，一曰黃鍾，二曰大簇，三曰姑洗，四曰蕤賓，五曰夷則，六曰亡射。呂以旅陽宣氣，一曰林鍾，二曰南呂，三曰應鍾，四曰大呂，五曰夾鍾，六曰中呂，有三統之義焉。大夏西戎之國，昆侖山名，比合也。中呂，中讀曰仲。

趙氏曰：只言六律者，陽統陰也。

通考趙氏德曰：律，法也，言陽氣與陰氣爲法；呂，助也，言陰氣助陽宣氣。總言之，陰陽皆稱律，故謂之十二律。黃鍾者，陽氣雖黃泉而出也。鍾者聲也，聲有形有色，五色莫盛於黃，故陽氣鍾於黃泉，孳萌萬物，爲六氣元也。位於子，十一月。太簇者，大太也，簇湊也，言萬物隨於陽氣太簇而生也，位於

寅正月。姑，故也；洗，鮮也。萬物去故就新，改柯易葉，莫不鮮明也。位於辰，三月。蕤賓者，言陰氣幼小，故蕤委陽不用之，故曰賓。位於午，五月。夷，傷也；則，法也。言萬物始傷被刑法也。位於申，七月。射，終也。言萬物隨陽而終，當復隨陰而起，無有終巳。位戌，九月。呂，助也。謂陽氣方生，陰氣助其宜物。位丑十二月。夾者，孚甲，言萬物孚甲種類分出也。又當陰陽相夾，則位卯，二月。仲呂，言萬物盡旅而西行，又謂陽氣盛長，陰助成功也。位巳，四月。林，茂也，盛也。六月物皆茂盛積於林野，又林衆也，萬物成就種類衆盛也。位於未，南任也。謂時物皆秀有懷妊之象，八月初物皆含秀懷吐之象，陰任陽功助陽成功也。位於酉，應和也。謂歲功皆應和陽功收而聚之也。又陽氣應不用事，陰雜陽氣閉塞萬物作種也。位亥，十月。

通考程氏復心曰：人心亦有高下，聖人制

五聲以括之，又制十二律以制五聲。五聲中又各有高下，每聲又分十二等，所謂律和聲也。樂律皆自黃鍾至仲呂皆屬陽，自蕤賓至應鍾皆屬陰，此是一箇大陰陽。黃鍾爲陽，大呂爲陰，太簇爲陽，夾鍾爲陰，每一陽間一陰，又是一箇小陰陽。五音始於宮，宮數八十一，商數七十二，角數六十四，徵數五十四，羽數四十八，以數之多少爲尊卑，故曰宮商角徵羽。

吳氏澂曰：五聲最濁者爲宮，稍濁者爲商，微濁微清者爲角，稍清者爲徵，最清者爲羽。十二管長者聲濁，短者聲清，宮商角徵羽之高下無定，準必以律管長短定之，每律之宮各有商徵羽，而不相亂，則長短之度不可有分釐之差，然後其聲句調耿聲引調施之八音，皆然，而無相奪倫矣。

雙峰饒氏曰：規矩六律，當來皆是聖人做起，離婁、公輸、師曠亦不可無之，況庸匠

肅工乎，不以仁政，雖聖人也不能平治天下，況後世乎。

今有仁心仁聞而民不被其澤，不可法於後世者，不行先王之道也。

仁心，愛人之心也。仁聞者，有愛人之聲聞於人也。先王之道，仁政是也。范氏曰：齊宣王不忍一牛之死，以羊易之，可謂有仁心。梁武帝終日一食蔬素，宗廟以麪爲犧牲，斷死刑必爲之涕泣，天下知其慈仁，可謂有仁聞。然而宣王之時，齊國不治；武帝之末，江南大亂。其故何哉？有仁心仁聞而不行先王之道故也。

通鑑：梁武帝天監十六年四月，詔以宗廟用牲牢，有累冥道，宜皆以麪爲之。於是朝野諠譁，以爲宗廟去牲，乃是不復血食，帝竟不從。八座乃議以大脯代一元大武。十月，詔以宗廟猶用脯修，更議代之。於是以大餅代大脯，其餘盡用蔬果。自天監中用釋氏法，長齋斷魚肉，日止一食，惟菜羹糲飯而已。身俱布衣，木綿皁帳，後宮貴妃以下，衣不曳地。每斷重罪，終日不懌。或謀反事覺，亦泣而宥之。繇是王侯益橫。上深知其弊，而溺於慈愛，不能禁也。注：大脯，牛脯、鹿脯也。記曲禮：凡祭宗廟之禮，其牛曰一元大武，脯曰尹祭。注：元，頭；武，迹；尹，正也。糲，米之不精者。葛洛盍力制三反。

四書大全辯 下孟卷七 四

問：孟子告齊宣王曰，是心足以王矣，則仁心者固王政之本也。今曰有仁心仁聞而不行先王之道，則是所謂仁心者猶不足恃，而所謂先王之道者又在此心之外也。朱子曰：是心足以王者，言有是心而能擴充之，以行先王之道。如其篤未知所以制民之產云者，則可以王，雖非得舜先此心而直可以王也。先王之道，舜亦無是而推之以爲法耳。但其盡心知性，而無私意小智之累，故其爲法也，盡天理，合人心，雖聖人復起，有不能易者。後之人君，當因吾心而廣之，以盡夫法制之善，而充吾心之固有者，非謂心外有法，而俟於他求也。後人雖有是心，而不能無私意小智之累，苟不循是而之焉，則雖有仁心仁聞，而未免於徇利妄作之失。譬之蔑棄規矩，而欲以手制方員，其器之不至於苦窳者幾希矣。

慶源輔氏曰：齊宣王、梁武帝，不能行先王之道則同，若論其所以不能行之故則異。宣王不學無術，奪於功利，而不能行先王之道者也。武帝則惑於異端，蠱於異教，而不能行先王之道者也。宣王有仁心而不能保，武帝有仁聞而非其實。

雲峰胡氏曰：上文云堯舜之道，下文云行先王之道，道一而已。有仁心，則此道蘊於中，是爲美意；有仁政，則能行此道於外，是爲良法。

四書大全辯 下孟卷七 五

故曰：徒善不足以爲政，徒法不能以自行。

徒，猶空也。有其心，無其政，是謂徒善；有其政，無其心，是謂徒法。程子嘗言爲政須要有綱紀文章，謹權審量，法平價，皆不可

孝是正治須審
字後致要情遊

講不不味閒耳
宜悟能善聞翀

闕而又曰必有關雎麟趾之意，然後可以行周官之法度，正謂此也。

新安陳氏曰：引程子前一說以證徒善，謂不可無法；又引後一說以證徒法，謂不徒在於法。

朱子曰：所謂文章者，便是文飾那謹權審量、讀法、平價之類耳。○須是自閨門衽席之微，積累到薰蒸洋溢，天下無一不被其化，然後可以行周官之法度，不然則爲王莽矣。

通考楊氏與曰：後世莫不有志於三代之治，而卒不能至者，謂之時世之異，不可也。學之不至也。三代之前，君必學而後臣，臣必學而後任，雖匹夫匹婦之賤，靡不學也。後之世，君學而臣不學者有之矣，臣學而君不學者亦有之矣，且農有農之師，工有工之師，以一家一國至於奄有天下之大，不資於學，雖抱堯舜孔顏之質，有能不爲物之汩沒者幾希矣。又曰：法制立，可與語政；德禮修，可與語教；仁聖備，可與語化。化之不至，有教焉；教之不至，有政焉；政之不立，區區盡心力於簿書獄訟期會之間者，俗吏也。以俗吏之所爲，而欲與三代擬隆者，非所聞也。

詩云：「不愆不忘，率由舊章。」遵先王之法而過者，未之有也。

詩大雅假樂之篇。愆，過也。率，循也。章，典法也。所行不過差、不遺忘者，以其循用舊典故也。

勝擇擾敍
千數辰

慶源輔氏曰：過差謂用意過當處，遺忘謂照顧不及處。遵用舊典，則有所循，故不過差；有所據，故不遺忘。

聖人既竭目力焉，繼之以規矩準繩，以爲方員平直，不可勝用也；既竭耳力焉，繼之以六律，正五音，不可勝用也；既竭心思焉，繼之以不忍人之政，而仁覆天下矣。

準所以爲平，繩所以爲直。覆，被也。此言古之聖人既竭耳目心思之力，然猶以爲未足以徧天下及後世，故制爲法度以繼續之，則其用不窮，而仁之所被者廣矣。

通考張氏師曾曰：聖人既竭目力焉，繼之以規矩準繩，既竭耳力焉，繼之以六律，皆當句絕。

慶源輔氏曰：規矩準繩爲方員平直之法度也，六律正五音之法度也，不忍人之政，仁天下之法度也。不爲之法度，則聖人之耳目心思止於聖人之身而已，不能徧天下與後世也。故聖人制爲法度以繼續之，使天下之爲方員平直、正五音、仁天下者，皆取法焉，所謂不可勝用而仁覆天下也。本止言覆天下，今及後世者，舉大可以該遠也，能覆天下，必能及後世矣。百工之事，皆聖人作，故規矩、律音與不忍人之政，作一統說。耳目言力，心言思者，耳目之視聽以力，而心之官則思也。

雙峰饒氏曰：惟天下不能嘗有聖人，所以

明音　湖

度音　鐸卜　思量　之度　音閣

以不忍人之政繼字最有意味不
雖自聖人而始亦自聖人而止矣
東陽許氏曰兩言規矩六律與此說
法後王言立法
蔡虛齋曰竭心思非懸空思之不已如欲
仁得仁欲字俱有實事工夫在。
故曰爲高必因丘陵爲下必因川澤爲政不
因先王之道可謂智乎
丘陵本高川澤本下爲高下者因之則用
力少而成功多矣鄒氏曰自章首至此論
以仁心仁聞行先王之道
是以惟仁者宜在高位不仁而在高位是播

其惡於衆也
仁者有仁心仁聞。而能擴而充之以行先
王之道者也。播惡於衆謂貽患於下也
上無道揆也下無法守也朝不信道工不信
度君子犯義小人犯刑國之所存者幸也
此言不仁而在高位之禍也道義理也揆
度也法制度也道揆謂以義理度量事物
而制其宜法守謂以法度自守工官也度
即法也君子小人以位而言也繇上無道

辟與　闢同　喪去　聲

揆故下無法守無道揆則朝不信道而君
子犯義無法守則工不信度而小人犯刑
有此六者其國必亡其不亡者僥倖而已
朱子曰上無道揆則下無法守雖有奉法
守一官者亦將不能用而去之矣信道信
度信如憑信之信此理只要人信得及自
然依那箇行不敢踰越推其不信所以妄
作如有本分明知得條法只是冒法以爲
姦便是不信度也
或曰事之有道如物之有權衡無道揆者
不將此道理去處事也道揆有員活意法
守是一定意所謂君主圓臣執方也古者
言君無道術可以揆度天意其說似泥。
故曰城郭不完兵甲不多非國之災也田野

不辟貨財不聚非國之害也上無禮下無學
賊民興喪無日矣
上不知禮則無以教民下不知學則易與
爲亂鄒氏曰自是以惟仁者至此所以責
其君
新安陳氏曰小人學道則易使若不學則
不識道理易於犯分而爲亂矣
朱子曰惟上無教下無學所以不好之人
竝起居高位者執進退黜陟之權盡做出
不好事來則國之喪亡無日矣其要只在
於仁者宜在高位所謂一正君而國定
南軒張氏曰三綱五常人類所賴以生而
國之所以爲國也上失其禮下廢其學則

蹶居衛反 泄弋制反

沓徒合反

逆遝只在事勇上責所謂進思盡忠退思補過其以存衣仁皆發爲設爲護焉陳典緘禮反

綱常自以淪棄更將何恃以立民將何恃
以生乎然使禮廢於上而學術壞於下則
庶幾斯道未泯而猶覬其可行也上既無
禮下復無學則邪說暴行竝作而國隨喪
矣

詩曰天之方蹶無然泄泄

詩大雅板之篇蹶顛覆之意泄泄怠緩悅
從之貌言天欲顛覆周室羣臣無得泄泄
然不急救正之

泄泄猶沓沓也

沓沓即泄泄之意蓋孟子時人語如此

事君無義進退無禮言則非先王之道者猶
沓沓也

非詆毀也

故曰責難於君謂之恭陳善閉邪謂之敬吾
君不能謂之賊

范氏曰人臣以難事責於君使其君爲堯
舜之君者尊君之大也開陳善道以禁閉
君之邪心唯恐其君或陷於有過之地者
敬君之至也謂其君不能行善道而不以

告者賊害其君之甚也鄒氏曰自詩云天
之方蹶至此所以責其臣○鄒氏曰此章
言爲治者當有仁心仁聞以行先王之政

而君臣又當各任其責也

朱子曰恭與敬大槩也一般只是恭意思
較闊大敬意思較細密責難之恭是先立
箇大志以帝王之道爲必可信必可行陳
善閉邪即是做那責難底工夫○問所謂
陳善閉邪者奈何曰君有邪心所當閉也
然不知所以閉之之道而逆閉之則動有
扞格之患其言不可得而入矣故必爲之
開陳善道使之曉然知善道之所在則所
謂邪者亦不難乎閉之矣孟子與時君論
事多類此其自謂敬王豈虛語哉

雙峰饒氏曰恭有對敬言者有即是敬者
如中庸篤恭書允恭之類恭即是敬也
問人臣固當望君以堯舜若度其君不足
與爲善而不之告或謂君爲中才可以致
小康而不足以致大治或導之以功利而
不輔之以仁義此皆是賊其君否朱子曰
然人臣之道但當以極等之事望其君責
以十分只做得二三分若只責以二三分
少間做不得一分矣若論才質之優劣志
趣之高下固有不同然吾所以導之者則
不可問其才智之高下優劣但當以堯舜
之道望他豈可謂吾君不能而遂不以此
望之哉

南軒張氏曰此章之意欲人君推是心以
行仁政而其終歸欲人臣知禮義而法先
王蓋言不可以不學也人臣知學而後人
主聞大道人主聞大道而後王政可行焉
此孟子之意也

慶源輔氏曰為治者固當以仁心仁聞而行先王之政然非君臣同心各任其責則亦安能有成哉雲峰胡氏曰君當盡君之責而莫先於仁臣當盡臣之責而莫先於敬

見形甸反

〇孟子曰規矩方員之至也聖人人倫之至也

至極也人倫說見前篇規矩盡所以為方員之理猶聖人盡所以為人之道

欲為君盡君道欲為臣盡臣道二者皆法堯舜而已矣不以舜之所以事堯事君不敬其

四書大全辯〈下孟卷七〉　十三

君者也不以堯之所以治民治民賊其民者也

法堯舜以盡君臣之道猶用規矩以盡方員之極此孟子所以道性善而稱堯舜也

朱子曰規矩是方員之極聖人是人倫之極蓋規矩便盡得方員聖人便盡得人倫故物之方員者有未盡處以規矩為之便見於人倫有未盡處以聖人觀之便見惟聖人都盡無一毫之不盡故為人倫之至〇堯所以治民舜所以事君觀二典大槩可見是事事做得盡〇人之生也均有是性故均有是倫均有是倫故均有是道然惟聖人能盡其性故為人倫之至而所緣莫不盡其道焉此堯舜之為君臣所以為

盡其道而為萬世之法猶規矩之盡夫方員而天下之為方員者莫不出乎此也南軒張氏曰堯舜盡君臣之道非有所增益也無所虧焉耳後之人以堯舜為不可及是自誣其性者也不以舜所以事堯事君蓋不以厥后為可聖是誣其君不以堯所以治民治民蓋不以斯民為有恆性是誣其民也雙峰饒氏曰人倫不說父子夫婦長幼朋友而獨舉堯舜君臣做人倫樣子者其意在當時人君新安陳氏曰君臣之倫於人倫為尤大所以宗主綱維彼四倫者也孟子以堯舜盡君臣之倫責望世之為君臣者取法之正以人性皆善而皆可以為堯舜故也

孔子曰道二仁與不仁而已矣

四書大全辯〈下孟卷七〉　十四

法堯舜則盡君臣之道而仁矣不法堯舜則慢君賊民而不仁矣二端之外更無他道出乎此則入乎彼矣可不謹哉

問不仁何以亦曰道朱子曰譬如說有大路有小路何疑之有慶源輔氏曰仁與不仁只是一箇天理與人欲而已纔出天理便入人欲豈復更有他道哉此古之聖賢所以兢兢業業而不敢不謹也

暴其民甚則身弒國亡不甚則身危國削名之曰幽厲雖孝子慈孫百世不能改也

幽暗厲虐皆惡謚也苟得其實則雖有孝

子慈孫愛其祖考之甚者亦不得廢公義而改之言不仁之禍必至於此可懼之甚也

南軒張氏曰如堯舜之爲是繇仁之道者也如幽厲之爲是繇不仁之道者也人君可不審擇其所繇哉

慶源輔氏曰不仁有淺深而其禍有大小以幽厲視桀紂則幽厲雖未至於身弒國亡然亦蒙惡謚遺臭後來孝子慈孫欲改不可不仁之禍馴至如此豈不可懼之甚哉

雙峰饒氏曰改是要改其惡謚古人謚法最公後世在國之君皆得美謚公義廢矣

詩云殷鑒不遠在夏后之世此之謂也

詩大雅蕩之篇言商紂之所當鑒者近在夏桀之世而孟子引之又欲後人以幽厲爲鑒也

新安程氏曰此章欲人法堯舜之仁戒人如幽厲之不仁遏人欲擴天理也

邑山張氏曰集註出乎此則入乎彼須看一則字言纔離却仁便走入不仁一路到不仁雖悔亦無及了須說得語氣凜然引詩只要人以上不仁之禍爲鑒或云以幽厲爲鑒似將幽厲定作幽王厲王矣不必從○或曰暴其民作句甚則身弒國亡作句甚不甚以禍言不以暴民言幽厲空說

○孟子曰三代之得天下也以仁其失天下也以不仁

三代謂夏商周也禹湯文武以仁得之桀紂幽厲以不仁失之

國之所以廢興存亡者亦然

國謂諸侯之國

興存以仁廢亡以不仁

天子不仁不保四海諸侯不仁不保社稷卿大夫不仁不保宗廟士庶人不仁不保四體

言必亦亡

新安陳氏曰不保四海以下皆不免於死亡非特不保四體者爲然

惡去聲樂音洛強上聲

今惡死亡而樂不仁是猶惡醉而強酒

此承上章之意而推言之也

慶源輔氏曰上章第言道二仁與不仁與桀紂幽厲之事而已此章又因其意而推及與諸侯卿大夫士庶人不仁之禍皆必至之理也

西山真氏曰此章明白峻厲自天子至庶人皆當佩服然所謂不仁者非他縱人欲以滅天理而已人欲縱而天理滅禍至於此可不畏哉

雙峰饒氏曰社稷宗廟以祭言四海以土言四體以身言

新安陳氏曰此承上章不仁則身弒國亡而推言之即前篇惡辱而居不仁之意又

治人之治乎盤不治之治去鑿

日戒人不仁是亦遏人欲存天理也
或曰不仁而得天下未之有也秦皇以不
仁得之二世而失猶不得也

○孟子曰愛人不親反其仁治人不治反其
智禮人不答反其敬

我愛人而人不親我則反求諸己恐我之
仁未至也智敬放此

行有不得者皆反求諸己其身正而天下歸
之

不得謂不得其所欲如不親不治不答是

四書大全辯〈下孟卷七〉　十六

詳字貼皆字不止上文三自反而已

也反求諸己謂反其仁反其智反其敬也
如此則自治益詳而身無不正矣天下歸
之極言其效也

南軒張氏曰反身則天理明不能則人欲
肆

慶源輔氏曰自治詳則身無不正身無不
正則天下無不歸雖極言其效是亦必然
之理也

新安陳氏曰是亦遏人欲擴天理也

遏欲存理各章皆有之何必贅論

詩云永言配命自求多福

解見前篇○亦承上章而言

慶源輔氏曰爲治本乎自反多福本乎自
求

雙峯饒氏曰上面三句包括未盡所以下
面又說皆當反諸己三箇皆字凡有行不
得所欲者必自反諸身則我之身無不正
天下亦歸之矣皆字說得闊不特說上面
三者而已永言配命是常常思量要合理
永是無間斷之意此章總前章意前章說
大綱此章說得密

新安陳氏曰承上章得天下以仁而言因
言仁而及智與禮仁包智禮也

月恒近辭曰行有節推開說不必粘上節
引詩只重自求不重效

邑山張氏曰行有不得者謂行吾之仁智
敬尚有未盡尚未能感化人便反求所以
自盡的道理非謂不得其所欲也不必粘
不親不治不答說蓋聖賢學問先難後獲
先事後得董子亦言正誼不謀利若待不
得所欲而後反求則胸中却先有個欲在
反求畢竟無得力處集註所欲二字未免

四書大全辯〈下孟卷七〉　十七

蛇足三反字不是徒反必有盡所未盡
的工夫註恐我之仁未至一恐字當與中
庸戒慎恐懼參看

恒胡登反

○孟子曰人有恒言皆曰天下國家天下之
本在國國之本在家家之本在身

恒常也雖常言之而未必知其言之有序
也故推言之而又以家本乎身也此亦承
上章而推言之大學所謂自天子至於庶
人壹是皆以修身爲本爲是故也

慶源輔氏曰人之常言雖曰有序而但及
其外君子之論則必究其本而無有或遺

巨室如晉六卿魯三田氏

得其本則末可舉矣以是而質於大學之
言則曾子子思孟子相傳之學不可誣矣
雙峰饒氏曰國王畿之內天子所治天下
四方諸侯之國天下取則於國國取則於
家家取則於身
新安陳氏曰此章承上章身正則天下歸
之意孟子趣大學而言之曾子以大學傳
子思子思以傳孟子可見矣
○孟子曰爲政不難不得罪於巨室巨室之
所慕一國慕之一國之所慕天下慕之故沛
然德教溢乎四海
巨室世臣大家也得罪謂身不正而取怨
怒也麥丘邑人祝齊桓公曰願主君無得
罪於羣臣百姓意蓋如此慕向也心悅誠

服之謂也沛然盛大流行之貌溢充滿也
蓋巨室之心難以力服而國人素所取信
今既悅服則國人皆服而吾德教之所施
可以無遠而不至矣此亦承上章而言蓋
君子不患人心之不服而患吾身之不修
吾身既修則人心之難服者先服而無一
人之不服矣○林氏曰戰國之世諸侯失
德巨室擅權爲患甚矣然或者不修其本

暇年代反　洪本名弘在宋避諱以洪字代之

而遽欲勝之則未必能勝而適以取禍故
孟子推本而言惟務修德以服其心彼既
悅服則吾之德教無所留礙可以及乎天
下矣裴度所謂韓洪輿疾討賊承宗斂手
削地非朝廷之力能制其死命特以處置
得宜能服其心故爾政此類也
雙峰饒氏曰集註世臣大家是兩項世臣
非一代之臣大家是貴官之家
潛室陳氏曰得罪謂非理致怨所謂不得
罪者謂合正理而不致怨於人非曲法以
奉之也
劉向新序雜事篇桓公田至於麥丘見麥

丘邑人問年幾何對曰八十有三矣公曰
美哉壽乎子其以子壽祝寡人麥丘邑人
祝主君使主君甚壽金玉是賤人爲寶公
曰善哉至德不孤善言必再吾子復之曰
祝主君使主君無羞學無惡下問賢者在
傍諫者得人公曰善哉至德不孤善言必
三吾子復之曰祝主君使主君無得罪於
羣臣百姓公怫然作色曰吾聞之子得罪
於父臣得罪於君未聞君得罪於臣也麥
丘邑人拜而起曰子得罪於父可以因姑
姊妹叔父而解之父能赦之臣得罪於君
可以因便嬖左右而謝之君能赦之昔桀
得罪於湯紂得罪於武王此則君之得罪
於臣者也莫爲謝至今得罪公曰善扶而
載之自御以歸禮之於朝封之以麥丘而
斷政焉
唐書皇甫鎛傳憲宗方伐蔡悉於用度鎛
裒會嚴亟以辨濟師帝悅進兼御史大夫

鎛爲司度支判

度支收戶節詩
汝世宰相令此銀

蔡平之明年遂拜同中書門下平章事稍領度支鑄以支道進既由聚斂剋剝爲空相至鄰市道皆嗤之崔群裴度以開帝怒不聽度乃表罷政事極語鑄姦邪苛刻天下怨之將食其肉且言天下安否繫朝廷朝廷輕重在輔相今承宗斂手削地韓弘輿疾討賊非力能制之顧朝廷處置能服其心也若相鑄則四方解矣。請授以浙西觀察使其辭切至上不聽○王承宗邊鎮王士真之子拒命以常山叛朝廷厭兵布衣柏耆杖策詣淮西行營謁裴度且言願得天子一節馳入鎮可掉舌動下之度爲言乃以左拾遺往既至以大誼動承宗流下乃與獻德棣二州以二子入質上從之○韓弘滑州人憲宗方用兵淮西拜淮西諸軍行營都統使扞兩河而令李光顔烏重胤擊賊弘不親屯遣子公武領兵三千屬光顔吳元濟既平以功加兼侍中封許國

公入朝再拜司徒中書令以足疾命中人掖拜固願留京師帝從之

慶源輔氏曰此承上章家之本在身而言也。君人者。不正其身。所爲乖戾。則致人怨怒。其勢必自世臣大家始。故麥丘邑人之言。亦先及羣臣而後及百姓也。

通考程氏復心曰林氏謂不修其本亦指身言未必能勝適以取禍如魯昭公事是也吾之德教無所留礙凡君施教令於下甚易苟其德不足以服人則近而公卿大夫必疑議遠而羣黎百姓必怨誹則爲留礙四海極其遠而言之裴度之言亦非謂以係戀之私恩養其家也行大公至正之道可殺則殺可生則生殺之而彼自不怨利之而彼自不庸可也夫然後沛然德教溢乎四海

或曰慕之所在即德教所及非天下慕而後德教溢也

○孟子曰天下有道小德役大德小賢役大賢天下無道小役大弱役強斯二者天也順天者存逆天者亡

有道之世人皆修德而位必稱其德之大小天下無道人不修德則但力相役而已

天者理勢之當然也

新安陳氏曰小德小賢者居小位大德大賢者居大位位與德相稱是上之人處之各當故小德小賢見役於大德大賢有道之世惟德是親也若力之小弱見役於力之強大無道之世惟力是親耳

通考勿齋陳氏曰萬善之足全體具焉是

曰大德全體之分片善存焉是曰小德

問天下無道小役大弱役強亦是曰天何也

朱子曰到那時不得不然亦是理當如此

慶源輔氏曰天下有道則以德爲大小無道則以力爲強弱二者皆理勢之所當然也順其理勢則存逆其理勢則亡必然之理也

雙峯饒氏曰小德大德小賢大賢以理言小大強弱以勢言蓋天下有理有氣就事上說氣便是勢纔到勢之當然處便非人之所能爲即是天了又曰賢兼才德以政事言也雖曰時勢加此然有大德者便能回天便勝這勢如文王自小至大由百里而三分有二不爲紂所殺此可以見德足以勝時勢處

雲峯胡氏曰集註嘗以天爲理之自然此以天爲理勢之當然者彼則純以天理言此則兼以人事言也

齊景公曰既不能令又不受命是絕物也涕出而女於吳

引此以言小役大弱役强之事也令出令以使人也受命聽命於人也物猶人也女以女與人也吳蠻夷之國也景公羞與爲昏而畏其强故涕泣而以女與之

慶源輔氏曰既不能强於自治以昌其國而出令以使人又不能因時勢之宜屈已自下以聽人之命是與物睽絕也絕物則絕於天矣景公之言宜若可取然景公之齊即桓公霸諸侯之齊雖時世下衰苟振起作新之獨不在我乎而顧爲是巽言横

涕孟子姑取其說以證小役大弱役强之事其委靡自棄之罪未暇議也

汪氏曰當有道而順天爲有義當無道而順天爲有命絕物即是逆天齊景畏天者也畏天猶保其國

今也小國師大國而恥受命焉是猶弟子而恥受命於先師也

言小國不修德以自强其般樂怠敖皆若效大國之所爲者而獨恥受其教命不可得也

如恥之莫若師文王師文王大國五年小國七年必爲政於天下矣

此因其愧恥之心而勉以修德也文王之政布在方策舉而行之所謂師文王也五年七年以其所乘之勢不同爲差蓋天下雖無道然修德之至則道自我行而大國反爲吾役矣程子曰五年七年聖人度其時則可矣然凡此類學者皆當思其作爲如何乃有益耳

慶源輔氏曰所乘之勢指國之大小而言也

新安陳氏曰不師大國而師文王大國所乘之勢稍易小國所乘之勢稍難五七年之餘人心奮氣勢同而小可大弱可强太國反爲吾役矣

慶源輔氏曰程子之言所以啓發學者至矣惟聖人能知時故曰聖人度其時可矣學者燭理既明而經歷之久思慮之熟則自然見得

詩云商之孫子其麗不億上帝既命侯于周服侯服于周天命靡常殷士膚敏祼將于京孔子曰仁不可爲衆也夫國君好仁天下無敵

詩大雅文王之篇孟子引此詩及孔子之

鬱紆勿反 鬯丑亮反

言以言文王之事麗數也十萬曰億侯維
也商士商孫子之臣也膚大也敏達也祼
宗廟之祭以鬱鬯之酒灌地而降神也將
助也言商之孫子衆多其數不但十萬而
巳上帝既命周以天下則凡此商之孫子
皆臣服于周矣所以然者以天命不常歸
于有德故也是以商士之膚大而敏達者
皆執祼獻之禮助王祭事于周之京師也
孔子因讀此詩而言有仁者則雖有十萬

之衆不能當之故國君好仁則必無敵於
天下也不可爲衆猶所謂難爲兄難爲弟
云爾
新安倪氏曰周禮有秬鬯有鬱鬯以秬米
爲酒名秬鬯將祭則築鬱金香草煮之以
和鬯酒名鬱鬯灌乃用之取其芬香旁達
以降神鬯者以其條鬯也
西山眞氏曰以商之孫子而爲周之諸侯
以商之美士而奔走周廟之祭天命何常
之有哉成湯惟其仁也故天命歸于商紂
惟其不仁故天命轉而歸周
世說德行篇後漢陳元方子長文有英才
與季方子孝先各論父功德爭之不能決
諮於太丘太丘曰元方難其兄季方難其
弟元方名紀長文名羣季方名諶元方之
弟也孝先名忠太丘名實嘗除大丘長乃
長文孝先之祖父也
朱子曰兄賢難做他弟弟賢難做他兄仁
者無敵難做衆大抵當他

今也欲無敵於天下而不以仁是猶執熱而
不以濯也詩云誰能執熱逝不以濯
恥受命於大國是欲無敵於天下也乃師
大國而不師文王是不以仁也詩大雅桑
柔之篇逝語辭也言誰能執持熱物而不
以水自濯其手乎○此章言不能自強則
聽天所命修德行仁則天命在我

慶源輔氏曰不能自強則聽命於天而爲
強大所役使修德行仁如文王則與天爲
一而小可大弱可強昔之強大者反爲役
於我矣豈非天命之在我乎
新安陳氏曰勢之強弱亦天所命不能自
強則聽命於天而爲強大所役如齊景是
也修德行仁則道德足以勝勢力而天命
在我師文王而爲政於天下者是也
蘇紫溪曰通章重在責諸侯自強非謂景
公能順天而今之諸侯爲逆天也況齊非
弱小而靦然嫁女蠻夷亦非順天之事蓋
景公不能自強故雖以霸國之餘不能不
受吳命今之諸侯不能自強欲免人役必
不可得也
芑山張氏曰景公一段極力畫出不能自
存淸苦激動時主令悚然自危非僅引證
小役大弱役強輔慶源謂孟子姑取其說
未暇議其自棄而汪氏又妄謂齊景畏天

皆非也。四節辯說師文王何也。文王惠鮮先哀四民。正今日師齊湯武救民非與文有異。恐人以誅伐爲口實。反禍天下。故曰莫若師文王。

菑與災同樂音洛

○孟子曰不仁者可與言哉安其危而利其菑樂其所以亡者不仁而可與言則何亡國敗家之有

安其危利其菑者不知其爲危菑而反以爲安利也所以亡者謂荒暴淫虐所以致亡之道也不仁之人私欲固蔽失其本心故其顛倒錯亂至於如此所以不可告以忠言而卒至於敗亡也

西山眞氏曰自古危亂之世未嘗無忠言祖伊常諫紂矣召穆公常諫厲王矣而二君不聽者蓋其心既不仁故顛倒迷繆以危爲安以菑爲利以取亡之道爲可樂也夫人君孰不欲安存而惡危亡而其反背若此者私欲蔽障而失其本心故爾雙峯饒氏曰要在看樂其所以亡一句他只要那淫荒暴虐所以取亡底事故雖危自以爲安雖菑自以爲利孟子此章說得利害大段甚分明

浪音郎

有孺子歌曰滄浪之水清兮可以濯我纓滄浪之水濁兮可以濯我足

滄浪水名纓冠系也

新安倪氏曰漢水東爲滄浪之水見禹貢後魏酈道元云武當縣北四十里有洲曰滄浪洲水曰滄浪水是也

孔子曰小子聽之清斯濯纓濁斯濯足矣自取之也

言水之清濁有以自取之也聖人聲入心通無非至理此類可見

慶源輔氏曰夫不仁之人則雖忠言至論無自而入聖人之仁則雖常言俗語聲入心通是亦莫非自取之也新安陳氏曰此孔子所以爲耳順也

夫音扶

夫人必自侮然後人侮之家必自毀而後人毀之國必自伐而後人伐之

所謂自取之者

雙峯饒氏曰自侮是不自重適所以召人之侮

太甲曰天作孽猶可違自作孽不可活此之謂也

解見前篇○此章言心存則有以審夫得失之幾不存則無以辨於存亡之著禍福之來皆其自取

慶源輔氏曰人心存則仁人心不存則不仁得失之幾至微也存亡之實至著也安

利樂得失之幾也亡國敗家存亡之實也
禍福之來皆其自取即所謂禍福無不自
已求之者此亦承上章而言仁與不仁所
取之不同也
新安陳氏曰仁者心存則明哲得失之幾
微即能審察之審侮毁伐之幾於自取之
之初是也不仁者心不存則昏蔽存亡之
已著亦不能辨安其危利其菑樂所以亡
是也心存者存天理戒心不存者遏人欲
也
芭山張氏曰不仁而可與言二句非足上
文正挽他轉入可與言一邊猶云使不仁
者翻然創艾虛心納言便可去危即安轉
敗爲功所謂絕處逢生機括措其不悟故
卒歸敗亡耳

○孟子曰桀紂之失天下也失其民也失其

民者失其心也得天下有道得其民斯得天下矣得其民有道得其心斯得民矣得其心有道所欲與之聚之所惡勿施爾也

民之所欲皆爲致之如聚斂然民之所惡
則勿施於民鼂錯所謂人情莫不欲壽三
王生之而不傷人情莫不欲富三王厚之
而不困人情莫不欲安三王扶之而不危
人情莫不欲逸三王節其力而不盡此類
之謂也

南軒張氏曰所欲與聚非惟壽富安逸之
遂其志所舍從違無不合其公願而從爲
得也
西山眞氏曰此章之要在所欲與聚所惡
勿施二言

民之歸仁也猶水之就下獸之走壙也

壙廣野也言民之所以歸乎此以其所欲
之在乎此也
新安陳氏曰所欲與聚所惡勿施即所以
仁民也故民歸之

故爲淵敺魚者獺也爲叢敺爵者鸇也爲湯武敺民者桀與紂也

爲去聲敺與驅同獺音闥爵與雀同鸇諸延反

淵深水也獺食魚者也叢茂林也鸇食雀
者也言民之所以去此以其所欲在彼而
所畏在此也
新安陳氏曰彼謂湯武此謂桀紂如魚雀
之可全生者在淵叢而得免死於獺鸇也
古註云獺猵也鸇土鸇也釋名云獺形如
貓居水食魚者也猵獺之屬也鸇鷂之屬
也能食鳥雀

今天下之君有好仁者則諸侯皆爲之敺矣雖欲無王不可得已

南軒張氏曰非利人之爲己敺也特言其
理之必然耳蓋夫天理無利天下之心而

去

乾音干　卒倉沒反　畜勑六反

天下歸之。此三王所以王也。假是道而亦以得天下者，漢唐是也。故秦爲漢敺，隋爲唐敺。季世之君肆於民上，施施然自以爲安，而不知其爲人敺衆哉。新安陳氏曰：好仁之君出，不仁者皆爲敺民以歸之。

今之欲王者，猶七年之病求三年之艾也。苟爲不畜，終身不得。苟不志於仁，終身憂辱，以陷於死亡。

艾，草名，所以灸者，乾久益善。夫病已深而欲求乾久之艾，固難卒辦。然自今畜之，則猶或可及；不然，則病日益深，死日益迫，而艾終不可得矣。

王氏曰：艾以久爲善，不畜不足以活人之死；仁以久而熟，不積不足以拯國之危。雲峯胡氏曰：三年之艾，不能畜之平凡而日今畜之，猶可也。是故爲仁者，平日既無積久之功，今日不可無必爲之志。

詩云：「其何能淑，載胥及溺。」此之謂也。

詩大雅桑柔之篇。淑，善也。載，則也。胥，相也。言今之所爲，其何能善，則相引以陷於亂亡而已。

慶源輔氏曰：至此則雖聖人亦末如之何矣。詳味引詩之言，則令人惕然警省，有不

容自已者矣。新安陳氏曰：此章綱領在一仁字。仁民之要，在所欲與聚，所惡勿施。能如是，則可以謂之好仁，而不仁者皆將敺民以歸之，其王天下也孰禦。

○孟子曰：「自暴者，不可與有言也；自棄者，不可與有爲也。言非禮義，謂之自暴也；吾身不能居仁由義，謂之自棄也。

暴，猶害也。非，猶毁也。自害其身者，不知禮義之爲美而非毁之，雖與之言，必不見信也。自棄其身者，猶知仁義之爲美，但溺於

怠惰，自謂必不能行，與之有爲，必不能勉也。程子曰：人苟以善自治，則無不可移者，雖昏愚之至，皆可漸磨而進也。惟自暴者拒之以不信，自棄者絶之以不爲，雖聖人與居，不能化而入也。此所謂下愚之不移也。

漸子廉反

朱子曰：自暴者，所言必非詆禮義，說沒這道理，是之謂暴戾，我雖言而彼必不肯聽，是不足與言也。自棄者，意氣卑弱，志趣凡陋，知有道理，甘心自絶，以爲不能，我雖言仁義之美，彼自割斷了，不肯做，是不足與有爲也。自暴者，剛惡之所爲；自棄者，柔惡

之所爲○言非禮義以禮義爲非而拒之以不信自暴自賊害也吾身不能居仁由義自謂不能而絕之以不爲自棄自棄絕也

仁人之安宅也義人之正路也

仁宅已見前篇義者宜也乃天理之當行無人欲之邪曲故曰正路

舍上聲

曠安宅而弗居舍正路而不由哀哉

曠空也由行也○此章言道本固有而人自絕之是可哀也此聖賢之深戒學者所當猛省也

朱子曰曠其安宅則必放辟邪侈而安其所不可安之居矣舍其正路則必行險僥倖而由其所不可由之塗矣安宅正路人皆有之而自暴自棄以至於此是可哀也

南軒張氏曰仁言安宅者謂其安而可處也義言正路者謂其正而可遵也是二者性之所有也曠之舍之以自絕其天性不亦可哀矣

雙峯饒氏曰前面說自暴自棄兩等人後面說不居不由又只指自棄者言之何也蓋非毀禮義之人已不可教誨矣那不能爲底只是爲之不勇耳尚知得可居可由猶爲可教所以孟子只說此一頭自歎不息邪自棄之人有安宅而不居有正路而不由是可哀也

新安陳氏曰哀哉二字當令人發深省夫自暴者非詆天理既不可與言故絕望之自棄者猶知天理之爲美特甘於不能故以本有者開示之復哀惻以警聳之猶致望之之意焉此學者所以不可不猛省也

邇爾古字通用易去聲長上聲

○孟子曰道在爾而求諸遠事在易而求諸難人人親其親長其長而天下平

親長在人爲甚邇親之長之在人爲甚易而道初不外是也舍此而他求則遠且難而反失之但人人各親其親各長其長則天下自平矣

南軒張氏曰使人各親其親各長其長其本在人君親其親長其長以倡率之而已親親仁也長長義也仁義本之躬而達之天下豈非道之邇者乎天下所以平者實

係乎此豈非事之易者乎味此數語堯舜三王之治可得而推矣

雲峯胡氏曰此道字是天理之自然此事字是人爲之當然

或曰人人親親長長而天下平即所謂制田里教樹畜導其妻子使養其老入以事其父兄出以事其長上之事非就親長之人言乃就教親教長之治言也

○孟子曰居下位而不獲於上民不可得而治也獲於上有道不信於友弗獲於上矣信於友有道事親弗悅弗信於友矣悅親有道反身不誠不悅於親矣誠身有道不明乎善不誠其身矣

獲於上得其上之信任也誠實也反身不誠反求諸身而其所以爲善之心有不實也不明乎善不能即事窮理無以眞知善之所在也游氏曰欲誠其意先致其知不明乎善不誠其身矣學至於誠身則安往而不致其極哉。以內則順乎親。以外則信乎友。以上則可以得君。以下則可以得民矣。

朱子曰反身而誠見其本具是理而今不曾虧欠了他底○問反諸身不誠曰反諸身是反求於心不誠是不曾實有此心如事親以孝須是實有這孝之心若外面假爲孝之事裏面却無孝之心便是不誠矣○獲上信友等皆以有道言蓋有不由其道以求之者矣若謏悅苟容以求獲乎上便佞詭隨以求信乎友阿意曲從以求悅乎親實行助長以求誠其身皆是也所謂誠身於實踐其所明之善而存諸身之謂

慶源輔氏曰人孰無爲善之心然隱微之際有一毫自欺之意則其心便不實矣人孰不知善之可爲然不能即夫事以窮其理而推極吾之知或未必眞矣

新安倪氏曰引大學以證此章致知即所以明善也但誠意則以自修之始言誠身則以自修之成言誠意正心修身皆該於誠身二字中矣

慶源輔氏曰游氏之說始則大學之次序終則中庸之極功也

是故誠者天之道也思誠者人之道也

誠者理之在我者皆實而無僞天道之本然也思誠者欲此理之存我者皆實而無僞人道之當然也

問思誠莫須明善否朱子曰明善自是明善思誠自是思誠明善是格物致知思誠是毋自欺謹獨明善固所以思誠而思誠上面又更有工夫在誠者都是實理了思誠者恐有不實處便思去實他誠者天之道天無不實寒便是寒暑便是暑更不待使他恁地聖人仁便眞箇是仁義便眞箇是義更無不實處常人說仁時恐猶有不仁處說義時恐猶有不義處便須著思有以實之始得

慶源輔氏曰維天之命於穆不已至誠之理天道之本然也審思明辨自強不息思誠之事人道之當然也

通考勿齋程氏曰元亨利貞自然之理是曰天道人倫日用當然之則是曰人道

至誠而不動者未之有也不誠未有能動者也

至極也楊氏曰動便是驗處若獲乎上信乎友悅於親之類是也○此章述中庸孔子之言見思誠爲修身之本而明善又爲思誠之本乃子思所聞於曾子而孟子所

受乎子思者，亦與大學相表裏，學者宜潛心焉。

慶源輔氏曰：有感必有應，驗便是應處。極其誠則合內外，平物我，感與應皆非自外也。此其所以無有不動也。

雙峯饒氏曰：人要爲君取信，必須朋友稱譽薦進。然朋友所以稱譽，必能修身齊家方有可稱者。若是不悅於親，則何可稱之有？能悅親必出於誠心，乃可。這是推原誠身效驗如此。若說誠身工夫，則無間於事親、取友、事君、治民之際。誠到至處，自能動物，則以之事親而親悅，以之取友而友信，以之事君而君用，以之治民而民從，初無先後之分矣。

雲峯胡氏曰：此所謂思誠，即中庸所謂誠之，其工夫皆兼知行而言。思誠者修身之本，是修身以知行爲先；明善又爲思誠之本，是知行之中又當以知爲先也。

覺軒蔡氏曰：子思以誠之言人之道，而孟子易之以思誠。子思言形著動變，而孟子止於動者，以思出於心，於學者用功尤爲有力；而動者正指上文獲上、信友、悅親而言也。

大學章句曰：其第五章乃明善之要，第八章乃誠身之本。

慶源輔氏曰：明善者大學之本，誠身者中庸之要，於此可見中庸、大學之相爲表裏，曾子、子思、孟子之相爲授受者，益不可誣。

曰誠身屬在悅親，是步步遞下來的文，其實各項俱本于此，誠身所包者廣，不止親一事。明善即誠身的工夫，不是兩乎說話。思非懸空，只在君民親友實地做工夫。令彼此各得，一誠學焚，久盡天見如

豫之底豫，黎民從欲，便是盡人盡物的道理，便是天道。通章重在思誠上。

林次崖曰：誠者天之道，此天道自在人者言。天之道本無不實，理之在人者無不實，是亦天之道也。思誠者人之道，是君子誠之爲貴意。二句總是言理本實而人之當實也。

蔡虛齋曰：至誠是自思誠而至於誠者也，即中庸誠形至變化者一理也。所動即親友君民也。此思誠內亦有明善工夫，明善其本也。思誠爲修身之本，明善又爲思誠之本。註說有理。蓋思誠與修身非兩時，亦非兩段；明善與思誠亦非兩段兩時工夫。思誠即是誠之，修身必本於思誠，不思誠無以修身矣；思誠必本於明善，不明善無以思誠矣。○明善誠身俱是思誠之事，然明善其本也。所謂思誠爲修身之本者，特以不曰修身而必曰誠身者，以思誠爲修身之本，故如此立言。○此章通述孔子之言，可見孟子之學，醇乎醇者也。當時亦有著書非孔子者，然後知孟子之功。

芭山袁氏曰：陸贄有言：推誠待人，人即思附；任智御物，物終不親。又成化初儒臣謝鐸在經筵，其發明中庸誠之者人之道，謂務虛名而不用實功者，如漢武帝內多欲而外施仁義，唐太宗外行仁義而內多慚德，便是不誠。又如梁武帝酷好佛法，唐德宗信任盧杞，是不能擇善也。唐玄宗初年勵精，幾致太平，後乃窮奢極欲，溺于所愛；唐憲宗初年發憤，志平禍亂，後乃好神僊，迎佛骨，有初鮮終，是不能固執也。愚按此論與本章互相發，至稱引漢唐人主不誠之失，尤足爲後世炯鑒，因附載于此。

○孟子曰：伯夷辟紂，居北海之濱，聞文王作

爲方伯也

興曰盍歸乎來吾聞西伯善養老者太公辟紂居東海之濱聞文王作興曰盍歸乎來吾聞西伯善養老者辟去聲

作興皆起也盍何不也西伯即文王也紂命爲西方諸侯之長得專征伐故稱西伯太公姜姓呂氏名尚文王發政必先鰥寡孤獨庶人之老皆無凍餒故伯夷太公來就其養非求仕也

史記齊世家太公望呂尚者東海人其先祖嘗爲四嶽佐禹平水土甚有功虞夏之

際封於呂或封於申姓姜氏夏商之時申呂或封支庶子孫或爲庶人尚其後苗裔也本姓姜氏從其封姓故曰呂尚西伯出獵遇於渭之陽曰自吾先君太公望子久矣故號之曰太公望

慶源輔氏曰恐人見太公後來佐武王伐商遂以其來也爲有求仕之意故明辨之太公之初歸周無是意也觀孟子以太公與伯夷並言亦自可見

焉於虔反

二老者天下之大老也而歸之是天下之父歸之也天下之父歸之其子焉往

二老伯夷太公也大老言非常人之老者天下之父言齒德皆尊如衆父然既得其

心則天下之心不能外矣蕭何所謂養民致賢以圖天下者其意暗與此合但其意則有公私之辨學者又不可不察也

南軒張氏曰張良歸漢項氏以亡孔明在蜀炎綱幾振亦庶幾爲當時之老者其所繫輕重固如此

慶源輔氏曰衆父二字出老子集註借用之其義則謂衆人之父爾

雙峯饒氏曰既有齒又有德故謂之大老若常人則是年老而已

通鑑漢高帝元年二月項羽立沛公爲漢王王巴蜀都南鄭而分關中王秦降將章邯等三人以距漢路漢王怒欲攻項羽周勃灌嬰樊噲皆勸之蕭何諫曰雖王漢中之惡不猶愈於死乎能詘於一人之下而

信於萬乘之上者湯武是也臣願大王王漢中養其民以致賢人收用巴蜀還定三秦天下可圖也

慶源輔氏曰蕭何之說是欲爲此以圖天下有爲而爲所謂私也文王之爲此則初無所爲也行吾義而已所謂公也二老之歸乃其自然之應爾

諸侯有行文王之政者七年之內必爲政於天下矣

七年以小國而言也大國五年在其中矣

○孟子曰求也爲季氏宰無能改於其德而賦粟倍他日孔子曰求非我徒也小子鳴鼓

爲去聲

而攻之可也

求孔子弟子冉求季氏魯卿宰家臣賦猶取也取民之粟倍於他日也小子弟子也

鳴鼓而攻之聲其罪而責之也

由此觀之君不行仁政而富之皆棄於孔子者也況於爲之強戰爭地以戰殺人盈野爭城以戰殺人盈城此所謂率土地而食人肉罪不容於死

林氏曰富其君者奪民之財耳而夫子猶惡之況爲土地之故而殺人使其肝腦塗

地則是率土地而食人之肉其罪之大雖至於死猶不足以容之也

范氏曰天地大德曰生聖人所以守位曰仁孔子曰斷一木殺一獸不以其時非孝也草木鳥獸殺之不以時則逆天地之理猶爲不孝況於人命可不重哉

和靖尹氏曰湯武之征以正伐不正救民於塗炭也戰國之戰以亂益亂殘人民耳而求富之爲之強戰是何異於助桀而富桀也

慶源輔氏曰率猶循也由也率土地而食人肉謂以土地之故殺人而使之肝腦塗地則是由土地而食人之肉也其罪之大雖至於死猶不足以容之言罪大而刑小

如所謂死有餘辜也

附次之皆次于善戰者

臏音牝齊威王臣起衛人爲魏文侯將秦洛陽人儀衛人

服庶日與之三升也皇積日常

音三斗謂治田勤則畮加三斗也民謂士工商

故善戰者服上刑連諸侯者次之辟草萊任土地者次之

善戰如孫臏吳起之徒連結諸侯如蘇秦張儀之類辟開墾也任土地謂分土授民使任耕稼之責如李悝盡地力商鞅開阡陌之類也

前漢食貨志戰國時李悝爲魏文侯作盡地力之教以爲地方百里提封九萬頃除山澤邑居參分去一爲田六百萬畮治田勤謹則畮益三升不勤則損亦如之地方百

里之增減輒爲粟八百萬石矣又曰糴甚貴傷民甚賤傷農民傷則離散農傷則國貧故甚貴與甚賤其傷一也善爲國者使民無傷而農益勸今一夫挾五口治田百畮歲收畮一石半爲粟百五十石除十一之稅十五石餘百三十五石食人月一石半五人終歲爲粟九十石餘有四十五石石三十爲錢千三百五十除社閭嘗新春秋之祠用錢三百餘千五十衣人率用錢三百五人終歲用千五百不足四百五十不幸疾病死喪之費及上賦斂又未與此此農夫所以常困有不勸耕之心而令糴至於甚貴者也善平糴者必謹觀歲有上中下熟大熟則上糴三而舍一中熟則糴二下熟則糴一使民適足價平而止小饑則發小熟之所斂中饑則發中熟之所斂上饑則發上熟之所斂雖遇饑饉水旱糴不貴而民不散

與王子乞子泰士公中三蒂也花南行曰西東陌曰

通鑑周顯王十九年秦商鞅令民父子兄
弟同室內息者爲禁并諸小鄉聚集爲一
縣縣置令丞廢井田開阡陌平斗斛權衡
丈尺
問如李悝盡地力不過亦教民而已孟子
何以爲任土地者亦次於刑朱子曰只爲
他是欲富國不是欲爲民但強占地開墾
將去欲爲已物耳皆爲君聚斂之徒也○
阡陌便是井田一横一直如遂上有涂道
便是陌溝上有路道便是阡自阡陌之外
有地則只閑在那裏先王所以如此者乃
是要正經界恐人相侵占今商鞅却破開
了遇可做田處便做田更不要整齊道開
字非開創之開乃開闢之開蔡澤傳曰破
壞井田決裂阡陌觀此可見
南軒張氏曰自當時言之孰不以爲大功
而先王以爲大戮治世之所誅而時君之
所賞孟子之言及此蓋正誼明道以遏人

四書大全辯　下孟卷七　四二

欲之横流也
慶源輔氏曰戰國之時人君之所求與士
之所以自任者不過有此三等故孟子因
列之而言其罪以遏其流雖是救時之言
然士而以此三者得名則世德之衰可知
矣
通考朱子開阡陌辨曰阡陌者舊說以爲
田間之道蓋因田之疆畔制其廣狹辨其
横縱以通人物之往來即周禮遂上之徑
溝上之畛洫上之涂澮上之道也蓋陌之
言百也遂洫縱而徑涂亦縱則遂間百畝
洫間百夫而徑涂爲陌矣阡之爲言千也
澮横而畛道亦横則溝間千夫而畛道爲
阡矣阡陌之名由此而得至於萬夫有川
而川上之路周其外其與匠人井田之制
[illegible]亦皆四周則阡陌之名疑亦因
[illegible]之然遂廣一尺澮二尋則一丈
牛馬畛容大車涂容乘車一

眸音牟瞭音了眊音耄

畛道二軌路三軌則[illegible]二丈矣此其水
陸占地不得爲田者頗多先王非虛棄之
所以正經界止侵爭時蓄洩備水旱爲永
久之計有不得不然者商君以急刻之心
行苟且之政盡開阡陌悉除禁限聽民兼
并買賣以盡人力懇闢棄地悉爲田疇而
不使有尺寸之遺以盡地利蓋一時之害
雖除而千古聖賢傳授精微之意於此盡
矣又曰所謂開者乃破壞刬削之意而非
闢置建立之名所謂阡陌乃三代井田之
舊而非秦之所置矣
董氏彝曰天子適諸侯曰巡狩入其疆土
地闢田野治則有慶慶以地善職者服上
刑辟草萊任土地者次之孟子論人臣功
罪不泥其迹原其心蓋治地而主於利民
則守國之功可以論治地而主於利國則
殃民之罪不可逃

四書大全辯　下孟卷七　四三

○孟子曰存乎人者莫良於眸子眸子不能
掩其惡胸中正則眸子瞭焉胸中不正則眸
子眊焉
良善也眸子目瞳子也瞭明也眊者蒙蒙
目不明之貌蓋人與物接之時其神在目
故胸中正則神精而明不正則神散而昏
慶源輔氏曰心正則安裕完固故其神之
見於目者精聚而明白心不正則驚惕掩
覆故神之見於目者渙散而昏暗此其所
謂不能掩者也○自體察之可見神若不
在則目雖見物猶無見也都不能有所識
別矣

聽其言也觀其眸子人焉廋哉

廋匿也言亦心之所發故并此以觀則人之邪正不可匿矣然言猶可以僞爲眸子則有不容僞者

南軒張氏曰聽其言而又參之以眸子則無所遁矣此言與孔子人焉廋哉之言同而爲說則異夫子之言爲旋觀其人說孟子之言一見而欲識其大綱也若夫睟面盎背施於四體四體不言而喻者則望而知其爲德人有不待考察者矣學者讀此非徒可得觀人之法又當知檢身之要私心邪氣其可頃刻而有邪一萌諸中而昭然不可掩矣可不懼哉

西山眞氏曰目者精神之所發而言者心術之所形故審其言之邪正驗其目之明昧而人之賢否不可掩焉此觀人之一法也

勿軒熊氏曰孔子之觀人是觀乎其內孟子是觀乎其外二章互看君子小人之情狀不可逃矣

新安陳氏曰趙氏註目爲神候精之所在存而察之善惡不隱益以在察解存乎人之存字然以易繫辭存乎其人存乎德行之類觀之只輕輕說過不必訓爲察也

芑山張氏曰眸子雖是在外眊瞭根邪正來却與胸中相符偏說他在外面不得況叢其眸子正觀他胸中正不正隱微處豈親觀察專觀乎其內聽言觀眸子專觀乎其外耶勿軒熊氏分析內外舛謬之甚

○孟子曰恭者不侮人儉者不奪人侮奪人

之君惟恐不順焉惡得爲恭儉恭儉豈可以聲音笑貌爲哉惡平聲

惟恐不順言恐人之不順已聲音笑貌僞爲於外也

雙峯饒氏曰孟子說侮人奪人上說見得非泛言恭儉亦是爲國君言之當時國君必有名爲恭儉者但無故而加兵於他人之國便是侮人無故而取人之土便是奪人安得謂之恭儉

雲峯胡氏曰孟子嘗言賢君必恭儉禮下取於民有制蓋惟恭者必禮下而不侮人儉者必取民有制而不奪人不侮者恭之驗不奪者儉之驗否則惟恐人不順已驕侈之欲耳書曰恭儉惟德無載爾僞不侮不奪者恭儉之實事不以聲音笑貌爲者恭儉之實德有是實德則有是實事無恭儉之實德則聲音笑貌載爾僞耳天理人欲之分誠實虛僞之判也其亦擴天理而遏人欲與

○淳于髡曰男女授受不親禮與孟子曰禮也曰嫂溺則援之以手乎曰嫂溺不援是豺狼也男女授受不親禮也嫂溺援之以手者權也

淳于姓髡名齊之辯士授與也受取也古禮男女不親授受以遠別也援救之也權

稱錘也稱物輕重而往來以取中者也權而得中是乃禮也

禮記內則男不言內女不言外非祭非喪不相授器其相授則女授以篚其無篚則皆坐奠之而後取之

朱子曰事有緩急理有大小此等處皆須以權稱之

北溪陳氏曰權字乃就稱錘上取義稱錘之爲物能權輕重以取平故名曰權權變也在衡有星兩之不齊權便移來移去隨物以取平亦猶人之用權度揆度事物以取其中相似又曰知中然後能權由權然後得中中者理所當然而無過不及者也權者所以度事理而取其當然使無過不及者也

慶源輔氏曰若是經禮更何須權惟是那經禮有行不得處故須用權以取中權而得中是乃禮也若權而不得中則陷乎漢儒權變權術之域矣豈可謂之權乎

新安陳氏曰此乃禮之權而不背乎經者也

曰今天下溺矣夫子之不援何也

言今天下大亂民遭陷溺亦當從權以援之不可守先王之正道也

曰天下溺援之以道嫂溺援之以手子欲手援天下乎

言天下溺惟道可以救之非若嫂溺可手援也今子欲援天下乃欲使我枉道求合則先失其所以援之之具矣是欲使我以手援天下乎○此章言直己守道所以濟時。枉道殉人。徒爲失己。

朱子曰古人所以救世以有道也既自放倒矣天下豈一手可援哉

南軒張氏曰不授受固禮之經嫂溺則遭變矣援以手者遭變而處之之道當然也不援則失道而陷於禽獸然在今日似當少貶其道用權以救世孟子謂天下之溺當援以道若道先枉則將何以援之孟子之不少貶以求濟是乃援溺之本天下之大經也

通旨朱氏公遷曰專以處變之權言之此

於常道不可行之時然後用權以通之如湯武之放伐伊尹之放廢周公之誅管叔大舜之不告而娶是皆權之大者異乎經而不離乎經也不可常者也淳于髡欲論出處乃以嫂溺援手而爲喻是豈切當之論乎

或曰君臣之接屈膝卑拜以稱尊禮也至其迫于患也則舉足蹙其體以天下莫能非也是故忠之所在禮不足以難之也孝子之事親和顏卑體奉帶運履至其溺也則捽其髮而拯非敢驕侮以救其死也故溺則捽父祝則名君勢不得不然也此權之所設也

月恒近解曰天下溺援之以道如云天下溺于邪說援之以仁義天下溺于功利援之以王道只此援天下處默運其道非若手援之有迹可見也子欲以手援天下乎此正孟氏隱寓自任意思非瑣瑣說明汪

古註一續云父子反自相非若夷矣也夷鑿之甚

道不可濟時。集註層次分析失孟子當日答問語氣。

○公孫丑曰君子之不教子何也

不親教也

孟子曰勢不行也教者必以正以正不行繼之以怒繼之以怒則反夷矣夫子教我以正夫子未出於正也則是父子相夷也父子相夷則惡矣

夷傷也教子者本為愛其子也繼之以怒則反傷其子矣父既傷其子子之心又責其父曰夫子教我以正道而夫子之身未必自行正道則是子又傷其父也

朱子註一節旨

古者易子而教之

易子而教所以全父子之恩而亦不失其為教

朱子曰易子而教考之孔子亦然若孔子自教其子則鯉所未學必有以知之又溪問焉陳亢稱君子遠其子亦可見也

父子之間不責善責善則離離則不祥莫大焉

責善朋友之道也○王氏曰父有爭子何也。所謂爭者非責善也。當不義則爭之而已矣。父之於子也如何。曰當不義則亦戒之而已矣。

龜山楊氏曰父子之間雖不責善豈不欲其為善然必親教之其勢必至於責善

南軒張氏曰。養恩於父子之際。而以責善望之師。仁之篤。而義之行也。

新安陳氏曰父子主恩朋友責善而行責善則傷恩而易至於離矣

慶源輔氏曰王氏最得孟子之正意責善謂責之使必為善也責之使必為善則便有使之損其所能去其所劣之意故必至於相傷至其所為或背理而害義則豈可坐視而不管故在子則當爭在父則亦當戒切之也

雙峯饒氏曰。王荊公。所謂爭。則下。氣。怡。聲。和。悅。以。爭。之。所。謂。戒。亦。詭。勸。之。而。巳。

新安陳氏曰。父之於子。正身率之。以責善望師友。固也。然遇不賢之子。不得已亦當自教戒之。若懼傷恩而全不教戒。及其不肖。徒諉曰其子之賢不肖皆天也。此所謂慈而敗子矣。孟子之言經也。此所云權也。權以濟經。非反乎經也。

芑山張氏曰。鯉所師者曾子也。謂孔子不自教。固有明據。然陳亢所云遠子。臆度之安言耳。即此以明孔子易子而教。不亦誣乎

○孟子曰事孰為大事親為大守孰為大守身為大不失其身而能事其親者吾聞之矣

失其身而能事其親者吾未之聞也

守身持守其身。使不陷於不義也。一失其身則虧體辱親。雖日用三牲之養。亦不足以爲孝矣。

新安陳氏曰初言事君事長皆事也事親爲事之大守國守官皆守也守身爲守之大二者分開平說繼言不失身則能事親二貫爲一分重輕說不失其身即是守身能守身方能事親此與前章說親在於誠身同意

孰不爲事事親事之本也孰不爲守守身守之本也

事親孝則忠可移於君順可移於長身正則家齊國治而天下平

新安陳氏曰事之本守之本照應章首四句分二者平說惟其爲本所以見其爲大或曰事親爲大。不是親大而君長小。但事親乃孩提與性。事之最先者。故爲大。暗含下本字說。

養去聲下同　復扶又反

曾子養曾晳必有酒肉將徹必請所與問有餘必曰有曾晳死曾元養曾子必有酒肉將徹不請所與問有餘曰亡矣將以復進也此所謂養口體者也若曾子則可謂養志也

此承上文事親言之曾晳名點曾子父也曾元曾子子也曾子養其父每食必有酒肉食畢將徹去必請於父曰此餘者與誰或父問此物尚有餘否必曰有恐親意更欲與人也曾元不請所與雖有言無其意將以復進於親不欲其與人也此但能養父母之口體而已曾子則能承順父母之志而不忍傷之也

不忍傷付宜玩

南軒張氏曰守身所以事親也身失其道將何以事親以復言之欲人以守身爲事親之本也若曾子者可謂能盡守身事親之道者矣故舉其養志之事以爲人子之法

慶源輔氏曰養父母之口體者其事淺承順父母之心志者其思深夫子之於父異體同氣至親至密故事之者當先意承事必能聽於無聲視於無形然後爲至若必待其言而後從固已不可況於先立其意以拂其親之欲唯口體是養而不恤其心志之虧乎

雙峯饒氏曰曾子養志是承順他好底意思曾晳不私其口體之奉常有及物之心這便是好底意思曾子便能承順他叅緣曾子意思亦是如此曾元便不然矣孟子舉必有酒肉以爲養親之法凡有好底意思皆要承順而推廣之若是不好底意思則不當承順要諭之使合於道方謂之孝孟子舉曾子曾元作兩箇例頭是事親者

須是養志若養口體末也
新安陳氏曰此章前以守身爲事親之本所以論其理及後實之以事則惟舉曾子之事親而守身不及焉雖曾子之戰兢臨履得正而斃尤善守身而辭未之及集註於此一節只曰此承上文事親言之然觀曾子養志如此惟恐一毫咈其親之志欲子之不失其身尤父之志之大者一飲食間尚體承親志如此則立身行已間所謂身也者親之枝也行父母之遺體敢不敬乎其能謹守此身以承親志不言可知矣南軒謂曾子能盡守身事親之道故舉其養志之事者最爲得之云
或曰人都把必請所與等作飲食細事看。其寔看數必字。直是無一時無一念不與親相關切。就是一飯間一餕一餘。亦看做親意所存。纔能如此。此豈一時勉强做得來。分明是視于無形聽于無聲。不須推到

臨淺履薄。方見曾子能事親處。○不請所與數句。非寔述其事。只就他養口體推其無餘情如此。

事親若曾子者可也

言當如曾子之養志不可如曾元但養口體程子曰。子之身所能爲者。皆所當爲。無過分之事也。故事親若曾子。可謂至矣。而孟子止曰可也。豈以曾子之孝爲有餘哉。
程子曰。孟子云事親若曾子可也。吾以爲事君若周公可也。蓋子之事父。臣之事君。聞有自知其不足者矣。未嘗聞其以爲有餘也。周公之功固大矣。然臣子之分所當爲也。安得獨用天子之禮乎。又曰。子之事父。其孝雖過於曾子。畢竟是以父母之身做出來。豈是分外事。若曾子者。僅可以免責耳。臣之於君。猶子之於父也。假如功業大於周公。亦是以君之人民勢位做出來。而謂人臣所不能爲可乎。
慶源輔氏曰。孟子只平說去。曰事親若曾子可也。至程子方看得可也二字有深意。以此知讀書不可不熟讀玩味。
新安陳氏曰此章前言守身爲事親之本後言養志爲養親之大
或曰事親若曾子者可也。語意猶說如此纔是云爾。前註看若字大重。後註看若字大刻。

適音謫間去聲

○孟子曰人不足與適也政不足間也惟大人爲能格君心之非君仁莫不仁君義莫不

義君正莫不正一正君而國定矣

徐氏名度字孝節陽人

趙氏曰適過也間非也格正也徐氏曰格者物之所取正也書曰格其非心愚謂間字上亦當有與字言人君用人之非不足過謫行政之失不足非間惟有大人之德則能格君心之不正以歸于正而國無不治矣大人者大德之人正已而物正者也
○程子曰天下之治亂繫乎人君之仁與不仁耳心之非即害於政不待乎發之於

外也。管者孟子三見齊王而不言事。門人
疑之。孟子曰我先攻其邪心。心既正而後
天下之事。可從而理也。夫政事之失。用人
之非。知者能更之。直者能諫之。然非心存
焉。則事事而更之。後復有其事。將不勝其
更矣。人人而去之。後復用其人。將不勝其
去矣。是以輔相之職。必在乎格君心之非。
然後無所不正。而欲格君心之非者。非有
大人之德。則亦莫之能也。

朱子曰格如合格之格謂使之歸于正
蔡氏曰非心非僻之心也
新安陳氏曰仁木義用正包仁義言之仁
義所以正此集註所以不提仁義
朱子曰大人格君心之非此是精神意氣
自有感格處然亦須有節次導底道理不
但默默而已伊川解遇主于巷云至誠以
感動之盡力以扶持之明理義以致其知
杜蔽惑以誠其意正此意也
通旨米氏公遷曰大人者不失其赤子之
心大人者止禮義所在非禮之禮止大人
弗爲惟大人爲能格君心之非有大人者
正己而物正者也此大人皆以德言爲聖
人之稱格君心之非正己而物正者主爲
人臣者而言其餘則兼通上下而言
荀子大略篇孟子三見齊王而不言事門
人曰曷爲三遇齊王而不言事孟子曰我
先攻其邪心

唐介人物及才事版刊已
宋得臣不人政府獻而

朱子曰孔子不能格定哀孟子不能格齊
宣要之有此理在我而在人者不可必
南軒張氏曰後世道學不明論治者不過
及於人才政事而已孰知其本在於君心
又孰知格君之本乃在於吾身乎
慶源輔氏曰集註謂得格字義分曉所謂
大人者道全德備與足以格其邪心容
色足以消其逸志非但取辦於頰舌之間
諫爭之際而已也然無大人之德與學而
有言責者則又不可以是藉口
雙峯饒氏曰大人是伊周之徒他人當不
得
程子曰治道有從本而論者有從事而論
者從本而論是格君心之非也從事而論
不救則已若救之必須變大變則大益小
變則小益也
張南軒曰格之爲言感通至到也書曰格
于上帝蓋君心之非不可以氣力勝必也

感通至到而使之消靡焉所謂格也
高中玄曰既云君仁君義又云君正莫不
正謂何煦煦者不可謂仁孑孑者不可謂
義能愛人能惡人以大德不以小惠仁之
正也無偏無黨王道蕩蕩義之正也是謂
能德正中故德博而化光也曰大人格君
亦有本乎曰有只在自己心上做
邑山張氏曰王道本乎誠意大臣格君心
從己心上做者亦推是誠意正心而已非
子所謂正容以悟之使人之意也消非正
容遂足以悟之也其先尚有誠正工夫在

○孟子曰有不虞之譽有求全之毀
虞度也呂氏曰行不足以致譽而偶得譽
是謂不虞之譽求免於毀而反致毀是謂

求全之毁言毁譽之言未必皆實修己者
不可以是遽爲憂喜觀人者不可以是輕
爲進退
慶源輔氏曰集註既得孟子本意又續以
此二言於人己兩有所益
雙峯饒氏曰我去譽他人之譽平聲得此
譽於他人去聲譽本是美人之好處但對
毁字說則二者皆有不得其眞之意
雲峯胡氏曰毁譽己自是非與況修己而
遽以是爲憂喜必至於失己觀人而輕以
是爲進退必至於失人

○孟子曰人之易其言也無責耳矣
人之所以輕易其言者以其未遭失言之

四書大全辯　下孟卷七　卅五

責故耳蓋常人之情無所懲於前則無所
警於後非以爲君子之學必俟有責而後
不敢易其言也然此豈亦有爲而言之與
慶源輔氏曰謹言語自是君子之庸行何
待於有責而後然
或曰趙括易於談兵而敗於兵韓非易於
說難而死於說難鼂錯易於論七國而無以
制七國之反嚴尤易於策匈奴而無以策
昆陽之敗易其言者果無責焉耳矣○無
責依註解可或曰責責任也不當責任看
得事體大解此言之所以傷易也亦一說

○孟子曰人之患在好爲人師
王勉曰學問有餘人資於己不得已而應

敎許　遂　長上　舍　句不　少長　詳不　早見　矣者　其再　可逝　淤

之可也若好爲人師則自足而不復有進
矣此人之大患也
新安陳氏曰不得已者不自知其有餘無
意於爲人師而人自師之好云者自見其
有餘有意於爲人師而人未必心悅誠服
以師之
雲峯胡氏曰通上章兩人字爲泛然之衆
人而言也與大學正心修身兩章之人字
不異
通旨朱氏公遷曰爲好爲人師者言之論
語不言爲師之道孟子自是儆戒學者之
辭蓋師莫病止於記問學莫病易於自足
自足者且不足爲學況可爲人師乎

○樂正子從於子敖之齊

四書大全辯　下孟卷七　卅六

子敖王驩字
樂正子見孟子孟子曰子亦來見我乎曰先
生何爲出此言也曰子來幾日矣曰昔者曰
昔者則我出此言也不亦宜乎曰舍館未定
曰子聞之也舍館定然後求見長者乎
昔者前日也館客舍也王驩孟子所不與
言者則其人可知矣樂正子乃從之行其
失身之罪大矣又不早見長者則其罪又
有甚者焉故孟子姑以此責之

新安陳氏曰從小人爲失身一罪也不早見長者又一罪也孟子且以後一罪責之

曰克有罪

陳氏曰樂正子固不能無罪矣然其勇於受責如此非好善而篤信之其能若是乎世有强辯飾非聞諫愈甚者又樂正子之罪人也

新安陳氏曰樂正子善人也信人也所以能好善而篤信之惟好善篤信所以勇於服義自以爲罪不可尚也

餔博孤反

○孟子謂樂正子曰子之從於子敖來徒餔啜也我不意子學古之道而以餔啜也

徒但也餔食也啜飲也言其不擇所從但求食耳此乃正其罪而切責之

朱子曰王驩齊幸臣蓋欲自託於孟子以取重使滕王以爲介孟子未嘗與言而公行子又不與言絶之深矣樂正子不察輕身從之意特藉其資糧輿馬以見孟子而已故以餔啜罪之若孟子所以去齊其詳雖不可考疑驩以是積憾而遂去也

南軒張氏曰克既館於子敖則未免制於子敖故舍館定始得見其師觀此二章則知君子之處己不可以不嚴而所與不可不謹也

雙峯饒氏曰此二章只一件事樂正子方來孟子不欲便責之後却正其罪所以分作兩章樂正子初意只欲來齊見孟子依王驩來省糧食之費觀爲無要緊事亦不知一失身從之便足因失其親將來王驩或薦引之則那時去就愈難處孟子所以切責之

趙氏曰樂正子能勇於受責然後孟子正其罪而切責之所謂可與言而後與之言者也

○孟子曰不孝有三無後爲大

趙氏曰於禮有不孝者三事謂阿意曲從陷親不義一也家貧親老不爲祿仕二也不娶無子絶先祖祀三也三者之中無後爲大

慶源輔氏曰此必見於古傳記趙氏時其書尚存故引之今則不復存矣阿意曲從陷親不義者儒也家貧親老不爲祿仕者情也不娶無子絶先祖祀則因循苟且亂常咈理不仁之甚也故於三者之中最爲不孝之大者

雙峯饒氏曰此三者不是舜常不孝底事奉順孝也但阿意曲從陷親於不義則不可非其道不仕孝也家貧親老而不祿仕則不可告而後娶孝也但告則不得娶以至無子絶祀則不可趙氏以意度說自好所以朱子不破其說

舜不告而娶爲無後也君子以爲猶告也

舜告焉則不得娶而終於無後矣告者禮也不告者權也猶告言與告同也蓋權而

得中則不離於正矣。○范氏曰：天下之道有正有權。正者萬世之常，權者一時之用。常道人皆可守，權非體道者不能用也。蓋權出於不得已者也。若父非瞽瞍，子非大舜，而欲不告而娶，則天下之罪人也。

新安陳氏曰：告者禮之正也，經也；不告者禮之變也，權也。

新安陳氏曰：體道謂全體此道於身，與道爲一。

程子曰：舜不告而娶，堯得以命瞽瞍使舜娶。舜雖不告，堯告之也。以君詔之而已。

朱子曰：以事理度之，意其未及告，而受堯之命耳。其後固不容不告，而遂娶以歸也。

新安倪氏曰：人之大倫，君親爲重。湯放桀，武王伐紂，而孟子謂聞誅一夫，未聞弑君；此處君臣之變，而不失其正者也。舜不告而娶，而孟子謂君子以爲猶告；此處父子之變，而不失其正者也。然惟聖人體道之至，乃能權而得中。若未能然，而欲引以藉口，則誠得罪於天下萬世矣。故集註於前章曰：惟在下者有湯武之仁，在上者有桀紂之暴，則可；不然，是未免於簒弑之罪也。於此章曰：若父非瞽瞍，子非大舜，而欲不告而娶，則天下之罪人也。皆所以補孟子未足之意，嚴萬世之大戒，而扶植君臣父子之綱。集註之有功於世教也大矣。

乃恒近解曰：猶告是不敢告于親而告于廟，猶告于親也。

或曰：三不孝，惟陷親不義，是人子罪必不可逭處。至于祿仕、承祀，非己所能必，有修德累行，汲汲祿仕而不可得者，有遭時不淑，如顏閔之終身弗仕者，有既已娶而終無子者。有德立名顯，無子而絕先祀者，此而槩以情與不仁責之可乎？趙氏說無稽，據集註不必采也。○妻二女，按書在瞽瞍允若之後矣。不告而娶，蓋當時好事者之言，如瘵疵侍人、五羊飯牛之說，彼有害于理，故孟子辨之；此無害于理，且以明權，故不辨而爲之辭耳。

○孟子曰：仁之實，事親是也；義之實，從兄是也。

仁主於愛，而愛莫切於事親；義主於敬，而敬莫先於從兄。故仁義之道，其用至廣，而其實不越於事親從兄之間。蓋良心之發，最爲切近而精實者。有子以孝弟爲爲仁之本，其意亦猶此也。

朱子曰：實字有對名而言者，謂名實之實；有對理而言者，謂事實之實；有對華而言者，謂華實之實。今這實字正是華實之實。仁之實本只是事親，推廣之愛人利物，無非是仁；義之實本只是從兄，推廣之弟長忠君，無非是義。事親從兄便是仁義之實，推廣出去者乃是仁義之華采。○實對華而言，凡仁義之見於日用者，惟此爲根本，而實之所在，必先立乎此，而後其光華枝葉有以發見於事業之間焉。且如愛親、仁民、愛物，無非仁也，但是愛親乃是切近而真實者，乃是仁最先發處。義之實亦然。

覺軒蔡氏曰：有子以孝弟爲爲仁之本，孟子乃以事親屬之仁，從兄屬之義，若不同矣朱子乃以爲其意亦猶此何耶蓋有子言仁專言之仁也孟子言仁義偏言之仁也事親主乎愛而已義則愛之宜者也舍而言之推其事親者以從兄此孝弟所以爲爲仁之本分而言之則事親爲孝從兄而弟所以爲仁義之實也

西山眞氏曰仁義之道大矣而其切實處只在事親從兄蓋二者人之良知良能天性之眞於焉發見欲爲仁義者惟先體認踐行於此而充廣之則其道生生而不窮否則悠悠泛泛然非可據之實地矣○勿軒熊氏曰此實字之訓當如果核之實

新安陳氏曰洙泗言仁孟氏始兼言仁義言仁渾淪言之言其理一者也故總言孝弟以明親親見親親爲仁民愛物之本也言仁義分别言之言理一中之分殊者也故以事親爲仁之實從兄爲義之實也集註謂有子之意亦猶此者蓋以本立於孝

弟而仁道自此而生與仁義之實盡於事親從兄而仁義之道其華采亦皆自此而生此意有相似者耳

樂斯樂則之樂音洛

智之實知斯二者弗去是也禮之實節文斯二者是也樂之實樂斯二者樂則生矣生則惡可已也惡可已則不知足之蹈之手之舞之

斯二者指事親從兄而言。知而弗去。則見之明而守之固矣。節文謂品節文章。樂則生矣謂和順從容無所勉强事親從兄之

意油然自生。如草木之有生意也。既有生意則其暢茂條達自有不可遏者。所謂惡可已也。其又盛則至於手舞足蹈而不自知矣。○此章言事親從兄良心眞切天下之道皆原於此然必知之明而守之固然後節之密而樂之深也。

新安陳氏曰手舞足蹈天理之眞樂形見於動容之間而不自知者也

通考朱氏公遷曰此章及人之所不學而能者章言孝弟皆以天性言自良心所發而言則仁義之道在於親親敬長也又按此章言仁義之實爲道之根本而智禮樂

在其中故悉言之使人於斯二者知所勉也一章言親親敬長之心出於同然而卽所以爲仁義之道故極言之使人信之而不疑也

朱子曰此一段緊要在五箇實字上如仁是親親仁民愛物義是長長貴貴尊賢然在家時未便到仁民愛物未事君時未到貴貴未從師友時未到尊賢且須先從事親從兄上做將去這箇便是仁義之實仁民愛物貴貴尊賢便是仁義之英華若理會得這箇便知得其他分明見得而守定不移便是智之實行得恰好便是禮之實由中而出無所勉强便是樂之實大凡一段中必有緊要處這一段便是這箇實字要緊○問樂則生矣生則惡可已也曰如今恁地勉强安排如何得樂到得常常做得熟自然浹洽通快周流不息油然而生不能自已只是要到樂處實是難在着

只恁地把捉安排纔忘記又斷了這如何得樂如何得生○節者等級也文是裝裹得好如升降揖遜之類也

蔡氏曰既曰知斯二者又曰弗去者易曰貞固足以幹事貞固二字朱子云知正之所在而固守之所謂知而弗去是也體仁嘉會利物皆一意而貞固獨有二字意貞則知之真固則守之定蓋萬物之成始而成終所以爲貞也惻隱羞惡辭遜皆是一面道理而是非獨有兩面則智之爲二可知矣又推之凡屬北方者皆有二如五行水土俱旺於子五臟心肝脾肺皆一而腎獨二四方青龍朱雀白虎皆一而玄武獨二造化之妙莫不皆然此貞之所以成終而作始智之所以知之而又弗去也但孟子此章只以仁義爲本而又以事親從兄爲行仁義之本蓋事親從兄乃良心之發最爲切近而精實者也智則吾心虛靈知

覺之妙經緯乎其中者也終之以禮樂又所以節之樂之使良心之發油然生生而不能自已者也若智之知而弗去與禮之節文猶是守之也到得樂則生而不知手舞足蹈則化之矣此學問之極功也

慶源輔氏曰知既明則自然弗去如人知水火之不可蹈則自然不蹈也人既知親之當愛兄之當敬孰肯舍其親而不愛舍其兄而不敬者其有不愛不敬者蓋其智爲物昏而知之不明非智矣事親自有事親之節文從兄亦然相言之如溫凊定省徐行後長之類各有品節文理便是禮之實不知手舞足蹈此聖人之作樂所以必有舞也樂之之意至於充盛之極則不假言說心意自然形見血脈自然流盪手舞足蹈皆自然而然不待心使之然故不自知也○和順從容不待勉强事親從兄之意油然而生如草木之有生意是樂之實

○草木既有生意則日長月茂無一息之停孰能遏而止之哉事親從兄之意油然自生則亦如草木之有生意自然日日暢滿茂盛條理通達自無一息之停又焉得而遏之哉○事親從兄是良心之真切仁與義是斯道之統會若便恁地說過亦只是說話須是以人體之方可所謂必知之明而守之固然後節之密而樂之深者此正如魚之飲水冷煖自知非言語之能盡也

雙峯饒氏曰實如果實包得許多生意在其中萌芽枝葉皆由此生初焉五者只在事親從兄兩件內如兩箇果實然必焉知得這箇節文這箇樂這箇到生而惡可已皆此實內萌芽發甲到枝葉蓄茂處此章與論語本立而道生相似前面事親從兄是爲仁之本後面智禮樂是道生但有子說得偏孟子說得全○節是限節文是文

章如及階是節揖是文親親之殺尊賢之等此節文也就親親中而言則又有親疏遠近到仁民愛物上亦是節文纔到節文處功用便廣了天理之節文作靜字看節文斯二者作動字看此章說得皆活亦當活看○禮樂合精粗本末而言到樂處則道理自然生此章不言信者實則信在其中○此章有經緯仁義是經禮樂智是緯

前田黃氏曰前四箇是也字都是說用工處到樂處便不說是也字了這處最要看所以樂所以生者如何生字與實字相應實是箇生生種子這種子生在人發見處裏驗之吾身事親從兄是從源頭發見處說知弗去是就體認操存處說節文是就纖悉微密處說樂是就成熟結果處說生惡可已如碩果不食善端萌蘖更無欲時足蹈手舞只是形容枝發暢茂花蕚敷榮

五實字一樣分本心工夫說便不成文理

可玩可悅處。
張氏彭老曰孟子所謂實即有子所謂本
本立而道生與樂則生矣此兩生字最可
觀譬之果木有根本而後生枝葉有核實
而後生萌芽生則惡可已也果木之生
可已則不知其枝之繁葉之茂也人心之
理之生惡可已則不知其足之蹈手之舞足蹈
也
雲峯胡氏曰前兩實字是就人本心上說
下三實字是就工夫上說
新安陳氏曰味必字與然後字集註實歸
重於知而弗去之智智配貞貞者正而固
也果能於事親從兄知之既明守之又固
然後節之密樂之淺始可言耳密與文理
密察之密同禮之節文不厭其密樂至於
生生惡可已舞蹈之而不自知斯可以謂之
淺矣
通考涂氏滑生曰集註中訓仁曰心之德

四書大全辯（下孟卷七） 十三

愛之理訓義曰心之制事之宜也訓禮曰
天理之節文人事之儀則而智獨無訓智
者四端之一耳仁義禮既有以釋之豈於
智而獨無所訓哉蓋嘗以明足以燭理言
又以達於事理言亦以見之明守之固言
此皆所以訓乎智也
芭山張氏曰實字小註中如勿軒熊峯萌
田黃氏說皆得之譬之果木有根本幾有
枝葉有果核幾有萌芽有子之所謂本根
本也孟子之所謂實核實也實字乃其發根
根處較本字又進一層張氏彭老既知有根
本核實之說而又云孟子所謂實即有子
所謂本何也五實字俱就人本心上說矣
將下三實字就工夫說則支離矣雲峯說
不必從○樂斯二者一句總包下文樂則
生矣以下皆是真境正合著寔字非樂之
後纔以漸而至也舞蹈須切事親從兄說
如進退而愼齊出入而揖遜後長而有徐

者得親解理

行之禮相從而有趨進之儀此皆不知足
之蹈處疾病而抑搔出入而扶持提攜不知
有搴手之敬卽席而有匿衣之奉此皆不知
知手之舞處若泥看舞蹈如時詩所云樂
至于忘始爲眞樂故曰不知樂終覺不
親切耳○極樂之情列尊者飲歡百昌咸
遂大和洋溢仍是孩提愛笑中發見出來
無纖毫增益故曰樂之實樂斯二者
○孟子曰天下大悅而將歸已視天下悅而
歸已猶草芥也惟舜爲然不得乎親不可以
爲人不順乎親不可以爲子
言舜視天下之歸已如草芥而惟欲得其
親而順之也得者曲爲承順以得其心之

四書大全辯（下孟卷七） 十四

悅而已順則有以諭之於道心與之一而
未始有違尤人所難也爲人蓋泛言之爲
子則愈密矣
朱子曰人字只大綱說子字却說得重固
有人承順顏色看父母做事不問是非一
向不違其志這是得親之心然猶是淺事
惟順乎親則親之心皆順乎理必如此而
後可以爲子此所以爲尤難也
雙峯饒氏曰順親者父母所爲合乎道子
所爲亦合乎道彼此無違逆之謂非順從
之順也問如何可以諭之於道曰所謂先
意承志諭父母於道父母之意未發我便
做道理承順其志而諭之於道爲人子不
特得父母之心又能諭父母於道方謂之
孝

李氏名侗字愿中延平人　仲素名從彥豫章人　陳瓘字瑩仲號了翁

舜盡事親之道而瞽瞍厎豫瞽瞍厎豫而天下化瞽瞍厎豫而天下之爲父子者定此之謂大孝

瞽瞍舜父名厎致也豫悦樂也瞽瞍至頑、嘗欲殺舜至是而厎豫焉書所謂不格姦亦允若是也蓋舜至此而有以順乎親矣是以天下之爲子者知天下無不可事之親顧吾所以事之者未若舜耳於是莫不勉而爲孝至於其親亦厎豫焉則天下之爲父者亦莫不慈所謂化也子孝父慈、各止其所而無不安其位之意所謂定也爲法於天下可傳於後世非止一身一家之孝而已此所以爲大孝也○李氏曰舜之所以能使瞽瞍厎豫者盡事親之道共爲子職不見父母之非而已昔羅仲素語此云只爲天下無不是底父母了翁聞而善之曰唯如此而後天下之爲父子者定彼臣弑其君子弑其父者常始於見其有不

是處耳

書舜典瞽子父頑母嚚象傲克諧以孝烝烝乂不格姦言舜乃瞽瞍之子不幸遭父頑母嚚及其異母弟名象者亦驕傲而能和以孝使之進進以善自治而不至於大爲姦惡也○大禹謨祇載見瞽瞍夔夔齋慄瞽瞍亦允若言舜敬其子之職事以見瞽瞍夔夔然莊敬戰栗雖瞽瞍愚頑亦且信而順之也

新安陳氏曰化以心言定以分言

南軒張氏曰事親之道人人具於性中也人不能盡而舜能盡之亦非有所加益於其間也盡事親之道而瞽瞍厎豫惟天下之至誠有以感通故耳又曰舜爲法於天下豈特天下之爲父子者定可傳於後世萬世之爲人父子者亦莫不定矣嗟夫爲人子者苟以大舜爲不可跂及而不取法於舜是自誣其天性也欲取法於舜如之何亦曰反身而誠而已矣

雙峯饒氏曰聖人遇此人倫之變却能回變爲常返逆爲順所以可爲法於天下而傳萬世也

慶源輔氏曰孝子之心與親爲一凡親之過皆己之過舜之所以負罪引慝者此也故孝子自不見父母有不是處羅氏之語約而盡質而當萬世不可易凡父母之不是皆己之不是也己既是父母豈有不是者哉陳氏則又推其極而言之亦事理之實也

西山真氏曰舜所值者至難事之親也然積誠感動不以父母爲不是而自引以爲己之慝惟見自己之不是而已世縱有難事之親豈得有如瞽瞍者故瞽瞍厎豫而天下之爲人子者皆知無不可孝之親惟患爲子者未盡事親之道耳孰有不勉於

爲孝者哉。是故非已而不非其親者，仁人孝子之心也。怨親而不反諸已者，亂臣賊子之志也。後之或遇難事之親者，其必以舜爲法。

芑山張氏曰：不得乎親四句，總是摧舜之心。見天下方以舜爲仁人爲孝子，舜只自怨自艾。殆不見已爲仁孝。正其視天下猶草芥處。不得乎親者，言靡瞻匪父，靡依匪母，若一旦與之相失，便如窮人無歸，便不可以爲人。不順乎親者，言不能諭親于道，一心一德，與親無間，便是路人一般，便不可以爲子。四句平截，總見舜反躬自責意。不必云得親是淺，順親尤難。亦不必云爲人泥言爲子愈密也。況得親說微曲爲承順，不問父母是非，一向不違其志，此與阿意曲從陷親不義無以異，豈得爲孝。如是而爲得親，則舜亦不必以不得親爲憂矣。朱子此說不可從。○按姚承菴云：天下化天下定，舜皆不知也。自人見之，謂之底豫，謂之化，謂之定耳。此之謂大孝，不重化天下上，要于其志化處見之。此論甚確。○或曰天下之爲父子者定，只見舜能化人子之極，爲天下後世法。非後世人子皆能如舜底豫，方[illegible][illegible]疑也。定字須緊粘舜身上說。

四書大全辯孟子卷[illegible]

離婁章句下　知有[illegible]

通考：勿軒熊氏曰：內九章言聖賢道統傳授，凡講學修身齊家治國之道亦具焉。

勉齋黃氏曰：此篇多平居講貫之言，而欲其自得。一章工夫次第爲尤詳。十九章言聖由仁義。二十章言禹湯文武周公。二十一章言孔子作春秋。二十二章自謂未得爲孔子之徒，而私淑諸人。蓋歷舉列聖相傳之事，而企焉自任與承三聖意相近。特每更端而言之耳。當通爲一章而論味之也。餘皆敘孟子之言行，以雜之末章乞墦之驕，警士大夫求富貴權其苟求之述，而反歎以富貴驕人者最爲切至。凡三十三章。

孟子曰：舜生於諸馮，遷於負夏，卒於鳴條，東夷之人也。

諸馮、負夏、鳴條，皆地名，在東方夷服之地。

問：舜卒于鳴條，則湯與桀戰之地也，而竹書有南巡不反，禮記有葬於蒼梧之說，何耶？朱子曰：孟子之言，必有所據，二書駁雜，恐難盡信，然無他考驗，闕之可也。

趙氏曰：諸馮在冀州之分，負夏春秋時衛地，鳴條在安邑之西。

或曰：夷，鄙也。猶言東鄙西鄙之人也，非如夷狄之夷。東西正對中國言。

文王生於岐周，卒於畢郢，西夷之人也。

岐周，岐山下周舊邑，近畎夷。畢郢，近豐鎬

合符節內不可與舜文賓事用賢事便文不夫

今有文王墓

新安陳氏曰：畢在鎬東，非楚都之郢。

地之相去也，千有餘里；世之相後也，千有餘歲。得志行乎中國，若合符節。

得志行乎中國，謂舜爲天子，文王爲方伯，得行其道於天下也。符節以玉爲之，篆刻文字而中分之，彼此各藏其半，有故則左右相合以爲信也。若合符節，言其同也。

周禮六節，守邦國者用玉節，守都鄙者用角節，凡邦國之使節，山國用虎節，土國用

四書大全辯（下孟卷八）　二

人節，澤國用龍節，皆金也，以英蕩輔之。門關用符節，貨賄用璽節，道路用旌節，皆有期以反節。地官有掌節，主符節者。節，行者所執之信也。玉節以玉爲之，君子比德于玉，守邦國爲諸侯者，其德宜如是。角節以犀角爲之，取其銳而觸姦，守都鄙爲采邑長者，其才宜如是。凡諸侯使卿大夫聘于王朝鄰國所執之節，山多虎，故鑄虎于節；平地多人，故鑄人于節；澤多龍，故鑄龍于節。三者皆以金爲之，而鑄其象。英蕩也，篆竹也，以竹爲函，加以畫飾而盛其節也。符節者，剖竹爲符以合之也。璽節既爲符，又加璽印于其上也。旌節，析羽爲旌以彰其節也。有期，立爲限期，反節，事畢而納其節也。

朱子曰：古人所爲，恰與我相合，只此便是至善。前乎千百世之已往，後乎千百世之未來，只是此箇道理。○古人符節，多以玉

度宜釋下同

之，如牙璋以起軍旅，又有竹符，又有英蕩符。蕩小節，竹使者謂之蕩節也。漢郡虎符竹使符，銅虎以起兵，竹使郡守用之。先符節者，詔君所至，以與其人，有故則君以其右合其左，以爲信也。曲禮曰：獻粟者執右契。右者，取物之券，契徵兵取物徵召，皆以右取之也。

通考趙氏德曰：舜至文王一千二百歲。

先聖後聖，其揆一也。

揆，度也。其揆一者，言度之而其道無不同也。○范氏曰：言聖人之生，雖有先後遠近之不同，然其道則一也。

南軒張氏曰：聖人純乎天理，舜、文父子君臣之際，蓋不同矣。其揆一者，所契合者天

四書大全辯（下孟卷八）　三

之理也。舜與文王，易地則皆然。

慶源輔氏曰：孟子未嘗說著道字，然曰行乎中國，行便是道；曰其揆一，揆亦是道。

雲峯胡氏曰：舜於君臣處其常，而於父子處其變；文王於父子處其常，而於君臣處其變。其事不一也，而最可見其道之一。

新安陳氏曰：先後以時言，遠近以地言，道之同以此心此理言。

通考朱氏公遷曰：此以道統言。論語末篇之首章，孟子末篇之末章，皆是此意。但彼則主乎道統而言，故歷述其相傳之緒；此則主乎聖人而言，故舉其相去之最遠者以爲例，見其無不同也。

趙岐註：揆，度也。言聖人之度量同也。與集註度量聖人與揆，趙註是。

洧水溱尺

○子產聽鄭國之政，以其乘輿濟人於溱洧。

僑音喬乘干畢碑云池理志溱洧水在河南說文云水存鄭圖南入于洧

子產鄭大夫公孫僑也溱洧二水名也子
產見人有徒涉此水者以其所乘之車載
而渡之

孟子曰惠而不知爲政

惠謂私恩小利政則有公平正大之體綱
紀法度之施焉

問以左傳考之子産非不知爲政者孟子
姑以其乘輿濟人一事議之然夫子亦嘗
以惠人稱子産所爲終以惠勝歟朱子曰
東坡云有及人之小利無經世之大體
說得好都鄙有章等只是行惠人底規模
慶源輔氏曰惟其恩之出於私故其利之

及者小又曰體以理言本也施以事言用
也

杠音江

歲十一月徒杠成十二月輿梁成民未病涉也

杠方橋也徒杠可通徒行者梁亦橋也輿
梁可通車輿者周十一月夏九月也周十
二月夏十月也夏令曰十月成梁蓋農功
已畢可用民力又時將寒沍水有橋梁則
民不患於徒涉亦王政之一事也

夏令曰九月除道十月成梁營室之中土
功其始

通考趙氏德曰夏令夏后氏之令周所因
也

周語單襄公曰先王之教雨畢而除道水
涸而成梁草木節解而備藏隕霜而冬裘
具清風至而修城郭宮室故夏令曰九月
除道十月成梁九月雨畢十月水涸

朱子曰先王之政細大具舉而無事不合
民心順天理故其公平正大之體綱紀法
度之施雖纖悉之間亦無遺恨如此

雙峰饒氏曰民未病涉要就未字上看十
月徒杠已自成了所以民未至于病涉若
徒杠到寒時方做則民已病於涉

闢音[illegible]爲去聲

君子平其政行辟人可也焉得人人而濟之

辟辟除也如周禮闢人爲之辟之辟言能
平其政則出行之際辟除行人使之避已

亦不爲過況國中之水當涉者衆豈能悉
以乘輿濟之哉

周禮天官閽人掌王宮之中門之禁凡外
內命夫命婦出入則爲之闢闢人主晨昏
啓閉闢闢闢左右行者

朱子曰辟除之辟乃趙氏本說與上下文
意正相發明蓋與舍車濟人正相反也〇
君子能行先王之政使細大之務無不畢
舉則惠之所及亦已廣矣是其出入之際
雖辟除人使之避已亦上下之分固所宜
然何必曲意行私使人人知已出然後爲惠
哉況人民之衆亦安得人人而濟之哉

或曰爲得人人而濟之且就政體說君子
爲政有體安得預所至下文乃是日不暇
給意

故爲政者每人而悅之日亦不足矣
言每人皆欲致私恩以悅其意則人多日
少亦不足於用矣諸葛武侯嘗言治世以
大德不以小惠得孟子之意矣
蜀志諸葛亮之相蜀也有言公惜赦者答
曰治世以大德不以小惠
問孔子以子産之惠爲君子之道而子以
私恩小利言之何也朱子曰孔子之言通
乎巨細故不害其爲君子之道此承上文
乘輿濟人一事而言則私恩小利而已子
産之事可謂有不忍人之心矣然先王則
以不忍人之心行不忍人之政是以其體
正大而均平其法精密而詳盡而其利澤
之及人如天地之於萬物莫不各足其分

四書大全辯　下孟卷八　六

而莫知其功之所自苟有是心而無是政
則不過能以煦濡姑息苟取悅於目前其
耳目之所不及不免有所遺矣況天下國
家之大又安得人人而濟之昔諸葛武侯
嘗言治世以大德不以小惠而其治蜀也
官府次舍橋梁道路莫不繕理而民不告
勞是亦庶幾乎先王之政矣曰子産相鄭
能使都鄙有章上下有服田有封洫廬井
有伍則亦非不知爲政者橋梁之修尤非
難事乃獨有闕於此耶曰聞之師曰子産
之才之學於先王之政雖有所未盡然其
於橋梁之修蓋有餘力而其惠之及人亦
有大於乘輿之濟者矣意者此時偶有故
而未就又不忍乎冬涉之艱而爲是爾然
慕其小惠以悅於人人亦悅而稱之孟子
慮夫後之爲政者或又悅而效之則其流
必將有廢公道以市私恩違正理而干虛
譽者故極語而深譏之以警其微亦拔本
塞源之意也
張氏曰先王之治爲之井田爲之封
疆與天下公共使俱得其平下至于祿秩
賓旅皆得所養而微至于次舍橋梁芻秣
之事亦皆有經制此豈先王强爲之哉因
事而制法其法皆循乎天理而天下之人
無不被其澤後世欲人人而悅而日亦不
足公義私恩之相去蓋如此
慶源輔氏曰此正說子産之用心錯處夫
子産固賢但以不知聖人之學是以有時
內交要譽之私萌而不可揜孟子明辨之
所以立教也
高中玄曰乘輿濟人子産或偶爲之如道
遇餓莩餉以簞食非日攜簞食索餓莩于
道而救之也孟子恐人崇尚小惠有乖政
體因借此立論耳
或曰日亦不足日字宜活看言雖日日以
恩惠悅人其恩亦不足也不是人多日少

四書大全辯　下孟卷八　七

詩小雅云降爾遐福維日不足若必謂
人多日少豈可謂福多日少乎體認自見
○孟子告齊宣王曰君之視臣如手足則臣
視君如腹心君之視臣如犬馬則臣視君如
國人君之視臣如土芥則臣視君如寇讎
孔氏曰宣王之遇臣下恩禮衰薄至於昔
者所進今日不知其亡則其於羣臣可謂
邈然無敬矣故孟子告之以此手足腹心
相待一體恩義之至也如犬馬則輕賤之
然猶有豢養之恩焉國人猶言路人言無

怨無德也土芥則踐踏之而已矣斬艾之而已矣其賤惡之又甚矣寇讐之報不亦宜乎

慶源輔氏曰此說特爲宣王發所謂有爲之言也然臣之報君視君之所施常加厚一等。潛室陳氏曰孟子此語是說大都譬如此君忠臣孝子不當以此自處當御天下無不是底君父。

王曰禮爲舊君有服何如斯可爲服矣

儀禮曰以道去君而未絶者服齊衰三月王疑孟子之言太甚故以此禮爲問

儀禮喪服篇傳曰大夫爲舊君何以服齊衰三月也大夫去君歸其宗廟故服齊衰三月言與民同也何大夫之謂乎言其以道去君而猶未絶也注謂三諫不從待放於郊未絶者言爵祿尚有列於朝出入有詔於國凡畿內之民服齊衰三月又子夏傳云臣爲君方喪三年雙峯饒氏曰舊君其恩已絶尚且爲其君有服不應見在之君而待之如此集註所以云王疑孟子之言太甚

曰諫行言聽膏澤下於民有故而去則君使人導之出疆又先於其所往去三年不反然後收其田里此之謂三有禮焉如此則爲之服矣

導之出疆防剽掠也先於其所往稱道其賢欲其收用之也三年而後收其田祿里居前此猶望其歸也

朱子曰有故而去非大義所繫不必深爲之說臣之去國其故非一端但言者諫行言聽而令也有故而去而君又加禮焉則不得不爲之服矣慶源輔氏曰導之出疆所以盡防衛之道於在我之境先於其所往所以爲其祿仕之地於所往之國去三年不反然後收其田里所以示拳拳屬望之恩義也雙峯饒氏曰諫是開邪言是陳善○問諫行言聽如何又有故而去曰如夫子在魯國道非不行只因受女樂便去諫行言聽是平日如此亦有偶然議論不合而去

故曰有故而去自有他故不必謂與君不合也

今也爲臣諫則不行言則不聽膏澤不下於民有故而去則君搏執之又極之於其所往去之日遂收其田里此之謂寇讐寇讐何服之有

極窮也窮之於其所往之國如晉錮欒盈也○潘興嗣曰孟子告齊王之言猶孔子對定公之意也而其言有迹不若孔子之渾然也蓋聖賢之別如此楊氏曰君臣以

義合者也故孟子爲齊王深言報施之道使知爲君者不可不以禮遇其臣耳若君子之自處則豈處其薄乎孟子曰王庶幾改之予日望之君子之言蓋如此

左傳襄公二十一年欒桓子娶于范宣子生懷子范鞅以其亡也怨欒氏故與欒盈爲公族大夫而不相能桓子卒欒祁與其老州賓通懷子患之祁懼其討也愬諸宣子曰盈將爲亂范鞅爲之徵宣子使城著而遂逐之秋欒盈出奔楚冬會于商任錮欒氏也桓子欒黶懷子名盈欒氏者先是十四年欒黶逐范鞅使奔秦也欒祁桓子妻范宣子之女也范氏堯後祁姓老家臣之長也鞅爲之徵證其有此也著晉邑名使城者在外易逐也會商任禁錮欒盈使諸侯不得受也

二十二年秋盈自楚適齊晏平仲言於齊侯曰商任之會受命於晉今納欒氏將安用之冬會于沙隨復錮欒氏也晉知欒盈在齊故復錮也

新安陳氏曰論語集註釋夫子對定公之語未一說謂君使臣以禮則臣事君以忠此章與之意似然聖言含蓄不露此則英氣發露甚矣孟子亦是述記檀弓繆子思答魯穆公問禮爲舊君反服之意禮記穆公問于子思曰爲舊君反服古與子思曰古之君子進人以禮退人以禮故有舊君反服之禮也今之君子進人若將加諸膝退人若將墜諸淵毋爲戎首不亦善乎又有何反服之禮之有

問君臣之義天倫中却與父子一般然愛君之心不如愛父何也朱子曰離畔也只是庶民君子不知此固舉臣罪當誅今之王聖明曰恐之此語却何道是如文丁豈不知紂之無道却如此說蓋臣子無說君父不是底道理只得說如此此是去不得處便見得君臣之義

南軒張氏曰孟子此言非獨齊宣王所當聞爲人君者苟知此義念夫感應施報之可畏而崇高之勢不可恃反己端本之不可一日忘待臣下以禮養臣下以恩保臣下以忠信則上下交通而至治可成矣若夫爲人臣者之分君雖待我者有未至而我所以事君者不可以不自盡玩味孟子二宿出晝之心則庶幾其得之矣

西山真氏曰孔孟之言可以見聖賢氣象之分辨然孟子爲齊王言則然而所以自處則不然千里見王不遇故去而三宿出晝未嘗有悻悻之心猶幸王一悟而追己也曷嘗以寇讐視其君哉

饒氏曰孔子聞女樂便去正以道不行耳假令道非不行則當亦其受女樂之事使君之果可而仕者至于大行徐有以救正之何必終去魯哉饒雙峰識欠分曉不必從○王炤爲善孟子自有不能恝者豈待三宿出晝然後知其不寇讐王觀然王未嘗觀孟子如土芥孟子亦安得王知寇讐真西山爲寇讐句呆甚

或曰君雖不君臣不可以不臣何至如此貫道云主上遇其臣如犬馬彼將以犬馬自待劉摯云遇人以犬馬彼將以犬馬自爲斯言得之○或曰三有禮是在去之之時去而猶有禮焉故既去而猶服也

○孟子曰無罪而殺士則大夫可以去無罪而戮民則士可以徙

言君子當見幾而作禍已迫則不能去矣
南軒張氏曰。非特士大夫當知見幾而作之義。抑將使有國者覩之怵然不可以失士大夫之心也。使大夫士懷去徙之心。則國之危亡無日矣。衛北宮上爲威虐。下相攜而去之。攜手同行。又攜手同車。則非徙幾者去。貴者亦去矣。不幾衛有狄禍。可不畏哉。
慶源輔氏曰。可以者在時宜爲可也。此幾則有欲去而不能者矣。此明夷之初所以不食而行避之初。所以有是戒。而孔子去趙。所以及河而復也。然此特言其常理耳。時與位之不同。則所以處之者亦異。若執此一說以爲臣。則凡苟免自私之徒得以藉口矣。
史記世家孔子既不得用于衛將西見趙簡子至于河而聞竇鳴犢舜華之死也臨

河而嘆曰美哉洋洋乎丘之不濟此命也夫子貢趨而進曰敢問何謂也孔子曰竇鳴犢舜華晉國之賢大夫也趙簡子未得志之時須此兩人而後從政及其已得志殺之乃從政丘聞之也刳胎殺夭則麒麟不至郊竭澤涸漁則蛟龍不合陰陽覆巢毀卵則鳳凰不翔何則君子諱傷其類也夫鳥獸之于不義也尚知辟之而況乎丘哉乃還息乎陬鄉作爲陬操以哀之竇犢字鳴犢陬操琴曲名也
疏曰。于士言殺。于民言戮者。總而言之。皆然也。別而言之。則戮又輕于殺矣。按周禮司稽掌處市云。凡有罪者。撻戮而伐之。是知戮不過撻而辱之耳。而殺乃至于亡命故也。
邑山張氏曰。按後漢書桓帝世黨錮事起。守外黃令陳留張升去官歸鄉里。謂友人曰。今宦豎日亂。將害忠良。賢人君子其去

朝乎。此與穆生去楚事一轍。可謂及時見幾矣。然士君子所處之位不同。如遯之大臣。舉用黃牛之革。而終不去不徙者。此又不可以不知也。

〇孟子曰君仁莫不仁君義莫不義

張氏曰此章重出然上篇主言人臣當以正君爲急此章直戒人君義亦小異耳
慶源輔氏曰上篇言人臣當以正君爲急此章言人君當以正己爲先亦大學其機如此之說也

〇孟子曰。非禮之禮。非義之義。大人弗爲。

察理不精故有二者之蔽大人則隨事而順理。因時而處宜。豈爲是哉。

程子曰恭本是禮過恭是非禮之禮也以物與人爲義過與是非義之義也
張子曰。非禮之禮。非義之義。但非時中者皆是也。時中之宜甚大。須精義入神始得。觀其會通。行其典禮。此方是眞義禮也。行其典禮而不達會通。則有非時中者矣。
潛室陳氏曰程門以爲如婦人之仁宦寺之忠晦翁以爲凡禮義不可泥陳迹如可行於昔而不可行於今亦可行於人而不可行於己與夫辭之爲禮亦有不辭之爲禮受之爲義亦有不受之爲義行之人則爲禮行之我則非禮惟義亦然大人者義理周遍融通故不爲非禮義之禮義又曰大人則道全識周貫萬變而不膠於其迹故無此蔽學未到大人變通處則必膠於陳迹

樂音洛

雙峰饒氏曰此章緊要在大人弗爲上大人對小人而言大人者言不必信行不必果惟義所在言必信行必果硜硜然小人哉正是相對說
雲峰胡氏曰非禮之禮非義之義皆似是而非大人者隨事順理而不爲非禮之禮因時處宜而不爲非義之義蓋不惑於其似而深得夫時中之道者也
或曰論到理之至精處往往有似是而非者如辨同姓之娶豈不是禮然彰君之過可謂禮乎施惠豈不是義然子路治蒲不告于君而施惠可謂義乎諸若此者皆是見理不精故直以爲是而爲之也易曰精義入神以致用也故必有精義入神之學而後可以致用非得聖人之權者未足語此○趙岐註所云娶妻而朝暮拜之藉交以報仇中人所不爲者豈待大人而後能不爲乎蓋亦失孟子之意矣

○孟子曰中也養不中才也養不才故人樂有賢父兄也如中也棄不中才也棄不才則賢不肖之相去其間不能以寸

無過不及之謂中足以有爲之謂才養謂涵育薰陶俟其自化也賢謂中而才者也樂有賢父兄者樂其終能成巳也爲父兄者若以子弟之不賢遂遽絕之而不能教則我亦過中而不才矣其相去之間能幾何哉

慶源輔氏曰中以德言才以才言德本於性才本於氣賢則兼有才德者也
通考東陽許氏曰中以德言才以能言有德以其能成物也有能以其能成事也涵育寬以容之之意薰陶善以道之之意
南軒張氏曰父兄之於子弟教之之道莫如養之養之云者如天地涵養萬物其雨露之所濡風雷之所振和氣之薰陶寧有間斷乎哉故物以生遂焉父兄養子弟之道亦當如是也寬裕以容之義理以漸之忠信以成之開其明以祛其惑引之以其方而使之自饜大豈歲月之功哉彼雖不中不才涵養之久豈無有萌焉如其有萌養道益可施矣
慶源輔氏日集註涵育以天地之生物言薰陶以工冶之成物言此循其理而彼自成其形焉無心也蓋父子兄弟之間皆難於責善正其在我者使之自化而巳

新安陳氏曰父兄遇子弟之賢其爲教也易不幸遇子弟之不賢其爲教也難所以貴乎養之也舜命契曰敬敷五教在寬寬卽養之謂也若急迫以求之見其未化遽以爲不可教而舍之是棄之也父兄而棄子弟則我之賢爲過子弟之不肖爲不及過猶不及均之爲失中耳相去能幾何哉
或曰樂字正從養字中來譬之草木長養有欣欣向榮之意惟其養故樂從此生若急迫求之則子弟不見有融洽條暢處安能至于樂哉
芑山張氏曰俟其自化集註精切不可易深得養字意宜玩棄字須看得細凡不能委曲漸漬養之使至于成就雖或教之直是棄之耳非遽絕之也註絕之而不能教一句微嫌語氣徑直遂之一字尤失斟酌學者善看集註須將白文體貼知所去取不宜槩傅會也

○孟子曰人有不爲也而後可以有爲

程子曰有不爲知所擇也惟能有不爲是以可以有爲無所不爲者安能有所爲邪

朱子曰橫渠先生云不爲不仁則可以爲仁不爲不義則可以爲義

雙峰饒氏曰凡人既不肯爲惡則必勇於爲善上面是有守下面是有爲先有守而後有爲

或曰有不爲是介然有守。如非道義一介不取與之意。如行一不義殺一不辜。得天下有不爲之意。

如字胡叅

○孟子曰言人之不善當如後患何

此亦有爲而言

問所謂後患者謂得罪於其人耶抑恐其亦言已之不善耶朱子曰是皆有之然斯言必有爲而發今不可知其所指矣

新安陳氏曰隱惡忠厚之道亦遠害之道也大舜隱惡而揚善夫子言誰毀誰譽之下文但言如有所譽而不言毀可見矣若當官而行有效驗當言又不可顧後患而緘黙也

今人拱黙驗當官有於懸當言亦不曰緘書矣

通考程氏復心曰君子語黙惟其時與義而已義所當言是是非非不苟黙也豈訥後患哉

邑山張氏曰按陸象山語錄云今人多失其旨蓋孟子道性善故言人無有不善今若言人之不善彼將甘爲不善而以不善向汝汝將何以待之故曰當如後患何愚謂象山此說殆失之鑿不必從

○孟子曰仲尼不爲已甚者

已猶太也楊氏曰言聖人所爲本分之外不加毫末非孟子眞知孔子不能以是稱之

朱子曰所謂本分者事理之至當非苟然而已也學者宜深察之一有小差則流而入於鄉原之亂德矣

南軒張氏曰孟子於泄柳段干木謂爲已甚而舉孔子待陽貨事以爲之準此不爲已甚之證也夫子非不欲爲已甚自不至已甚也何也聖人範圍天地而不過者汎應曲當不過其則其不爲已甚者聖人固天則之所存也世徒見孔子答陽貨見南子等爲不爲已甚獨不思靈公問陳則遂行季桓子受女樂則不稅冕而行爲魯司寇七日而誅少正卯聞陳恒弑君則沐浴

而請討此謂之已甚可乎不深求聖人之權度徒竊語之近似以文其姦此賊仁義之甚者也

通考程氏復心曰本分謂須滿本然之分若事到這裏極了那過些子便是已甚

朱氏公遷曰此章以德行言聖人孟子言仲尼不爲已甚孔子自言君子依乎中庸二說互相發也

但從之耳贊一必字不得

○孟子曰大人者言不必信行不必果惟義所在

必猶期也大人言行不先期於信果但義之所在則必從之卒亦未嘗不信果也○

尹氏曰主於義則信果在其中矣主於信

果。則未必合義。王勉曰若不合於義而不信不果則妄人爾

龜山楊氏曰、夫子謂言必信行必果、硜硜然小人哉、故孟子言此以發明孔子之意

南軒張氏曰、君子不必夫言果、獨精吾義焉耳、義精則言莫非義、而無不信之言、行莫非義、而無不果之行矣、

慶源輔氏曰尹氏最得此章之指而集註又遂其意而著明之以必爲期尤更有功不然則無忌憚者或得以藉口王氏則又有不合於義而必信必果則爲妄人之說尤盡其弊

雙峰饒氏曰大人者篤實而有光輝以上底人與道爲一不著安排隨時施宜言行何嘗有心於信果耶

雲峰胡氏曰信果自是爲士者當然之事

惟至於大人則言行惟義之在雖不先期於信果而自然無不信果也

○孟子曰大人者不失其赤子之心者也

大人之心通達萬變赤子之心則純一無僞而已然大人之所以爲大人正以其不爲物誘而有以全其純一無僞之本然是以擴而充之則無所不知無所不能而極其大也。

朱子曰大人無所不知無所不能赤子無所知無所能此二句正相拘如何蓋無所不知無所不能却是不失其無所知無所能底做出赤子之心純一無僞而大人之心亦純一無僞但赤子是無知無能底大人是有知有能底純一無僞。大人事事理會得只是無許多巧僞曲折便是赤子之心。○問赤子之心莫是發而未遠乎中不可作未發時看否曰赤子之心也有未發時也有已發時今欲將赤子之心專作已發看也不得赤子之心方其未發時與老稚賢愚同但其已發時未有私欲故未遠乎中耳。○赤子之心固無巧僞但於理義未能知覺渾然赤子之心而已大人則有知覺擴充之功而無巧僞安排之鑿故曰不失赤子之心著箇不失字便是不同處○赤子無所知無所能大人者是不失其無所知無所能之心若失了此心使些子機關計些子利害便成箇小底人了大人心下沒許多事

雙峰饒氏曰、赤子如飢要食便是欲、但飢便啼、喜便笑、皆是眞情、全無巧僞、大人只

是守此純一無僞之心、而充擴之、所謂蒙以養正聖功也、

新安陳氏曰常人累於私欲而失其赤子之心大人不誘於私欲而擴充其本然之心孟子言此亦是欲人過人欲擴天理也

或曰赤子之心全是無欲與天同體人一有欲、便失了赤子之心大人只是無欲完得此心本體雖盛德大業不曾于本體上加得分毫。

羅近溪曰不是說大人方能不失赤子之心却是說赤子之心自能做得大人若說赤子之心止有大人不失則全不識心者也。且問天下誰人之心不是赤子的初心

芭山張氏曰學者宜從集註如趙註所云大人謂君國君視民當如赤子不失其民心之謂也疏云此章言人之所愛莫過赤子所謂視民如子則民懷之者也皆穿鑿之甚必不可從

○孟子曰養生者不足以當大事惟送死可以當大事

事生固當愛敬然亦人道之常耳至於送死則人道之大變孝子之事親舍是無以用其力矣故尤以爲大事而必誠必信不使少有後日之悔也

記檀弓上子思曰喪三日而殯凡附於身者必誠必信勿之有悔焉耳矣三月而葬凡附於棺者必誠必信勿之有悔焉耳矣○王德修云親聞和靖說唯送死可以當大事曰親之生也好惡取舍得以言焉及其死也好惡取舍不能言矣當是時親之

心即子之心子之心即親之心故曰惟送死可以當大事朱子曰亦說得好

雙峰饒氏曰養生今日不及明日猶可補惟送死有不到爲終身之恨他日欲爲不可得矣

新安陳氏曰生事死葬皆當以禮其不可輕忽均也孟子此言非謂養生爲輕但以常變從容急遽較之則送死比養生爲尤重大耳趙岐註云致養未足以爲大事送終如禮則爲能奉大事也按此則以爲字訓當字非擔當之當

造七到反

○孟子曰君子深造之以道欲其自得之也自得之則居之安居之安則資之深資之深則取之左右逢其原故君子欲其自得之也

造詣也深造之者進而不已之意道則其進爲之方也資猶藉也左右身之兩旁言至近而非一處也逢猶値也原本也水之來處也言君子務於深造而必以其道者欲其有所持循以俟夫默識心通自然而得之於已也自得於已則所以處之者安固而不搖處之安固則所藉者深遠而無盡所藉者深則日用之間取之至近無所往而不値其所資之本也○程子曰學不

言而自得者乃自得也有安排布置者皆非自得也然必潛心積慮優游厭飫於其間然後可以有得若急迫求之則是私已而已終不足以得之也

朱子曰資字恰似資給資助一般

新安陳氏曰有安排布置便自勉強而非自然之得

朱子曰學者須敬守此心不可急迫當栽培深厚涵泳其間然後可以自得○深造者當知非淺迫所可致若欲淺迫求之便是強探力取深造只是既下工夫又下工夫待其眞積力久則自得之矣○道是進爲之方此是趙岐之說蓋循此進進不已便是深造之猶言以這方法去深造之也

以道是工夫深造之是做工夫如博學審問愼思明辨篤行之次序即是造道之方法若人爲學依次序便是以道不依次序便是不以道能以道而爲之不已造之愈深則自然而得之既自得之而爲我有則若之安居之安則資之深資之深一句又要人看甚是自家既自得之則所以資藉之者深取之無窮用之不竭只管取只管有衮衮地出來自家資他他又資給自家如掘地在下藉上面源頭來注滿若源頭深則源源來不竭若淺則易竭矣取之左右逢其原蓋這件事也撞著這本來底道理那件事也撞著這本來底道理事事物物皆撞著這道理如資之深那源頭水只是一路來到得左右逢原四方八面都來然這箇只在自得上纔自得則下面節次自如此○問學是理而得之於身不可以强探力取也必深造之以道然後有以默識心通而自然得之蓋造道之不深者用力於皮膚之外而責效於旦暮之間不以其道者從事於虛無之中而妄意於言意之表是皆不足以致夫默識心通而自得之必也多致其力而不急其功必務其方而不躐其等則雖不期於必得而自然得之精有不可禦者矣未得之固無可居之地得而不出於自然則雖有所居而不安惟自得之則理之在我者吾皆得以居之如人有室廬之安動作起居種種便適自之眷戀而不去也○資助既深看是甚事來無不奏著這道理不待自家將道理去應他且如爲人君便有仁從那邊來爲人臣便有那敬從那邊來子之孝有那孝從那邊來父之慈有那慈從那邊來只是那道理原頭處自家靠著他左右前後都見是道道理○問程子之說如何曰必須以道方可潛心積慮優游厭飫若不以道則

四書大全辯　下孟卷八　卅一

潛心積慮優游厭飫做甚底○

雙源輔氏曰自得如子貢悟性天之不可聞曾子唯吾道一貫之語此何於言語而後見正張子所謂德性之知不萌於聞見者也豈容更有安排布置哉蓋其平日潛心積慮優游厭飫之一身在義理之中及其眞積力久理與心融物與性合然後可以有得若有一毫急迫之意便是私已與道便自間斷更如何得到自得田地

潛室陳氏曰君子深造之以道謂以法度而深造之優而游之使自得之饜而飫之使自趣之欲其自得之也自得以下皆爲學之效驗耳左右逢原意最好學至於自得則理只在左右之近觸處見本源此豈我來求道理亦只事事物物元有道理森然已具吾人自得之餘取之而逢見之耳

雙峯饒氏曰道箇道字便是致知力行之方之字是指所得而言、下面居之資之取之、皆是指所得言也、

徽庵程氏曰君子之學以自得爲貴然有自得之工夫有自得之效驗深造之以道得之工夫也居之安資之深取之左右逢其原自得之效驗也、是工夫必有是效驗有所未至必工夫有所未盡也

雲峯胡氏曰非有所造者不能造所得者造之深者不能自得然不以其道則無深造之方法未易到自得之地安深造之知道之未得之先下工夫得安至逢原是能得之後見功效大要在勿忘勿助集註謂有所持循○是勿忘○以俟夫默識心通○是勿助所謂潛心積慮○是勿忘○優游厭飫○是勿助○

新安陳氏曰自得之有二說朱子謂自然而得之所謂程子說證己說之出於程子也一說謂自得之於己如南軒云不求[illegible]得

四書大全辯　下孟卷八　卅二

則無以有諸已自得而後爲已物也以其德性之知非他人所能與故曰自得此近乎莊生所謂自得其得而非得人之得之意終有弊不如自然得之之說有從容優游之味

通考程氏復心曰此纂集程子三說合而爲一非親到自得之境者安能言此以覺人也

或曰深造是進進不已以道道字即天命人心之正原具于我者從吾性分所同有者求之也若只說進爲之方則深造以道處是何所主此語落空矣孟子謂君子深造不以其他而以其道欲其自得乎道也

芭山張氏曰程朱自然而得非懸空得之也却亦寓自得之下已意南軒之說正與程朱不相妨若謂近乎莊生自得其得之說則程朱所云自然亦必有着落處不屬之自而爲之雖耶說自得而後爲已物豈

遂無從容優游之味而妄謂南軒之說終有弊耶新安陳氏一條未確○趙岐註云造致也言君子學問之法欲深致極竟之以知道意欲使已得其原本知性自有之然也居之安若已所自有也資取也取之深則得其根也左右取之在所逢遇皆知其原本也故使君子欲其自得之也愚謂趙註訓造字資字皆謬若已所自有又不足盡居安之義皆不可從也集註得之

○博學而詳說之將以反說約也

言所以博學於文而詳說其理者非欲以誇多而鬪靡也欲其融會貫通有以反而說到至約之地耳蓋承上章之意而言學非欲其徒博而亦不可以徑約也

程子曰博與約正相對聖人教人只此兩字博是博學多識多聞多見之謂約只是使人知要也○問世間博學之人非不博却又不知箇約處者何故朱子曰他合下博得來便不是了如何會約他竟不窮究道理是却何等是不透徹只是搜求懸僻之事鉤摘奇異之說以爲博如此豈能得約今世博學之士大率類此○約自博中來通貫處便是約不是透貫了又去裏面尋討箇約某嘗不喜揚子雲言多聞則守之以約多聞了又要一箇約去守他○程子說格物云但積累多後自脫然有貫通處積累多便是博脫然有貫通處便是約

慶源輔氏曰集註所謂文謂詩書六藝之文理謂詩書六藝所載許多道理也承上

章言博學詳說則是深造之意反說約則是自得之事但上章以行言此章以知言知與行蓋互相發也

潛室陳氏曰不博則約無所施學到約後許多博處方有受用

雙峰饒氏曰誇多說博學鬪靡說詳說所以博學者非徒誇其多所以詳說者非徒鬪其靡欲人融而會之貫而通之而已道理事未有融時一箇是一箇纔融了便會爲一約是要約如思無邪毋不敬之類

新安陳氏曰輔氏謂上章以行言竊謂亦兼知與行言之耳此章孟子所謂博學與孔子所謂博學於文同所謂反說約與孔子所謂約之以禮不同蓋約禮以行言反說約以知言也

東陽許氏曰博學詳說以知言約則會其極而於行上見

通考朱氏公遷曰語由也女聞六言六蔽

博學而篤志仕而優則學及此章皆以知
言仕與學對則仕屬乎行六藝與六言相
對則六言屬乎行博學詳說承深造以道
而言則深造之者重在行也仁在其中難
未及乎行而篤志二字亦篤行之漸也此
聖賢之言所以無弊也
或曰反說約蓋謂反覆詳說以求其要約
而行之耳。

王去聲

○孟子曰以善服人者未有能服人者也以
善養人然後能服天下天下不心服而王者
未之有也

服人者欲以取勝於人養人者欲其同歸
於善蓋心之公私小異而人之向背頓殊

學者於此不可以不審也

新安陳氏曰一則不能服人人者對已而
言一則自然能服天下天下則盡乎人矣
非向背頓殊乎

朱子曰以善服人者惟恐人之進於善如
張華對武帝恐吳人更立令主則江南不
可取之類是也以善養人者惟恐人不入
於善如湯於葛遺之牛羊又使人往爲之
耕是也

南軒張氏曰先王樂與人爲善欲天下舉
在吾化育之中如春風被物物蒙其養無
不應者未嘗有意於服人而天下之心悅
誠服有不期而然者蓋以善道與人共之
耳若霸者之所爲其善者不過欲以善服
人齊桓會首止而定王世子晉文盟踐土
率諸侯以朝王是也學者深見二者霄壤
之殊則王霸之分了然矣

決須服人獨非心乎惟氏專指事言何也
雲峰此條可删

慶源輔氏曰以力服人以德服人以事言
也其不同易見以善服人以善養人以心
言也其不同則難見也孟子之言至此愈
密矣以善服人者以善爲已私也以善養
人者以善與天下公也

雲峰胡氏曰以德服人蓋對上文以力服
人而言謂王者之服人異乎霸者之服人
如子禽疑夫子得聞國政有以求之之[illegible]子
貢答以夫子之求之異乎人之求之耳

新安倪氏曰按孟子二章皆以王霸對言
前章公私之分在力字與德字以力服人
者挾力以行私而反乎公者也曰德則其
理純乎公矣此章公私之分在服字與養
字以善服人者認善以爲已私而背乎公
者也曰養則其心純乎公矣

東陽許氏曰以善養人謂有善於身而教
化撫字使民同歸於善也

○孟子曰言無實不祥不祥之實蔽賢者當
之

或曰天下之言無有實不祥者惟蔽賢爲
不祥之實或曰言而無實者不祥故蔽賢
爲不祥之實二說不同未知孰是疑有闕
文焉

南軒張氏曰蔽賢出於媢疾之私方其欲
蔽賢也私意橫起不祥之氣固已充溢於
中矣天生斯賢以爲人也蔽賢之人妨賢
病國不祥孰甚焉

新安陳氏曰前說二實字歸一意然皆無
淺意味不如闕之

亟，去吏反。徐子，徐辟。舍，上聲。放，上聲。

○徐子曰仲尼亟稱於水曰水哉水哉何取於水也

亟數也水哉水哉歎美之辭

孟子曰原泉混混不舍晝夜盈科而後進放乎四海有本者如是是之取爾

原泉有原之水也混混湧出之貌不舍晝夜言常出不竭也盈滿也科坎也言其進以漸也放至也言水有原本不已而漸進以至于海如人有實行則亦不已而漸進以至于極也

新安陳氏曰水惟其有原本所以不已而漸進以至歸宿于海有本者如是孟子自以此句承接上意有本者指原泉如是指混混至放乎四海是之取爾答徐子何取于水也之問譯孔子所以亟稱于水者此意之是取爾本文只是說水如人有實行以下因結語故聲聞過情君子恥之二句推出孟子借水以儆警徐子之意而與下一節集註如人無實行而暴得虛譽不能長久也相對言之

澮，古外反。涸，下各反。聞，去聲。

苟為無本七八月之間雨集溝澮皆盈其涸也可立而待也故聲聞過情君子恥之

集聚也澮田間水道也涸乾也如人無實行而暴得虛譽不能長久也聲聞名譽也情實也恥者恥其無實而將不繼也林氏曰徐子之為人必有躐等干譽之病故孟子以是答之○鄒氏曰孔子之稱水其旨微矣孟子獨取此者自徐子之所急者言之也孔子嘗以聞達告子張矣達者有本之謂也聞則無本之謂也然則學者其可以不務本乎

新安陳氏曰水無原本人無實行之譬也溝澮皆盈而涸可立待與上文混混盈科而進以至放乎四海者相反暴得虛譽而不能長久之譬也

新安陳氏曰集註所謂有實行無實行全從此情實之情字上發揮出來

朱子曰所謂聲聞過情這箇大段務外更就中間言之如為善無真實懇惻之意為學而勉強苟且徇人皆是不實就此反躬思量方得

慶源輔氏曰此章指意都結在後兩句上故集註只以虛名實行為言而引林氏鄒氏之說以明之蓋孟子之意專欲救徐子躐等干譽之病耳孔子之稱水固不專在此也然由是觀之雖一物具一理亦隨人所取如何爾理固無盡也又曰達者有本謂實直好義聞者無本謂色取仁而行違

汪氏曰水之可觀者其源有本其流不息有漸則以盈科為量行有至則以四海為歸

雙峯饒氏曰論孟二不舍晝夜所指不同夫子說道體孟子說有本所謂微旨川上之歎是也孟子只就徐子身上說取切其病而易曉

或曰知其過情而耻之此豈可望之恒人惟君子乃能自反耳過情之譽在君子未嘗有是事而不可不有此念須于君子念頭上說得警醒可畏耻乃君子獨知求自慊處不待聲聞不繼

芑山張氏曰君子只耻無實非恐其不繼也耻非徒耻便有反躬自責孜孜務本意絕不着念在聲聞上集註將不繼三字雖脩其源也源字說却不宜說君子耻聲聞不繼耳

○孟子曰人之所以異於禽獸者幾希庶民去之君子存之

幾希少也庶衆也人物之生同得天地之理以爲性同得天地之氣以爲形其不同者獨人於其間得形氣之正而能有以全其性爲少異耳雖曰少異然人物之所以分實在於此衆人不知此而去之則名雖爲人而實無以異於禽獸君子知此而存之是以戰兢惕厲而卒能有以全其所受之正也

朱子曰人物之所同者理也所不同者心也人心虛靈無所不明禽獸便昏了只有一兩路子明如父子相愛雌雄有別之類人之虛靈皆推得去禽獸便更推不去人若以私欲蔽了這箇虛靈便是禽獸人與禽獸只爭這些子所以謂幾希○飢食渴飲之類是人與禽獸同者有親有義之倫此乃與禽獸異者存是存所以異於禽獸之道理今人自謂能存只是存其與禽獸同者耳

西山眞氏曰人與物相去亦遠矣而孟子以爲幾希者蓋人物均有一心然人能存而物不能存所不同者惟此而已人類之中有凡民者亦有是心而不能存無異於禽獸矣惟君子能存之所以異於物也

新安陳氏曰集註知之一字示人以存之之門戰兢惕厲四字授人以存之之法

舜明於庶物察於人倫由仁義行非行仁義也

物事物也明則有以識其理也人倫說見前篇察則有以盡其理之詳也物理固非度外而人倫尤切於身故其知之有詳略之異在舜則皆生而知之也由仁義行非行仁義則仁義已根於心而所行皆從此出非以仁義爲美而後勉強行之所謂安而行之也此則聖人之事不待存之而無不存矣○尹氏曰存之者君子也存者聖

人也君子所存存天理也由仁義行存者能之

張子曰明庶物察人倫者窮理也既知明理但知順理而行而未嘗有以為仁義仁義之名但人名其行耳如天春夏秋冬何嘗有此名亦人名之耳

朱子曰明物察倫由仁義行三句以學言之則有序猶格物致知而後意誠心正也自聖人言之則生知安行了可以先後言也〇舜便由仁義行他人須窮理知其為仁為義從而行之且如仁者安仁智者利仁既未能安仁亦須是利仁利仁豈是不好底知仁之為利而行之不然則以人欲為利矣

南軒張氏曰行仁義循與為二物由仁義行則如目視耳聽手持足履身與理一而

非二也若舜可謂全其所以為人者而無虧欠矣未至于舜猶為未盡也人皆可以為堯舜其本在乎存之而已

西山真氏曰存之者猶待於用力舜則身即理理即身渾然無間而不待於用力矣

雙峯饒氏曰孟子舉舜做箇存底樣子孟子言必稱堯舜直是要人學之

雲峯胡氏曰庶民不能存無以自異於禽獸君子知此而存之所以自異於庶民存之者君子存者聖人此又聖人所以異於君子也

新安陳氏曰人所以異於禽獸而皆可為堯舜以得形氣之正而能全其性耳仁義此性中天理之大者也人倫之中仁義行焉仁於父子義於君臣是也君子存之而後存舜大聖人不待存之而自存何以見其不待存之以其知生知其行安行見之也君子必待存之故不能生知必學知焉不能安行必勉行焉孟子所謂行仁義正是存之之君子事也而知未之言所以集註補之曰衆人不知此而去之君子知此而存之不知與知意了然矣知之而後能存存之而後能行知以覺於心言存以存於心言行以行於身言由仁義行存者能之卻尹氏此言推之則行仁義豈非存之者能之歟

或曰由仁義行亦只是人倫庶物上各盡其理而已

〇孟子曰禹惡旨酒而好善言

戰國策曰儀狄作酒禹飲而甘之曰後世必有以酒亡其國者遂疏儀狄而絕旨酒

書曰禹拜昌言

慶源輔氏曰惡旨酒則物欲不行好善言則天理昭著

蔡虛齋曰國策儀狄作酒云云本章後卷謂儀狄帝女也大學行義則曰帝女與儀狄作酒而美進之禹疏儀狄必又是一人非帝女矣

湯執中立賢無方

執謂守而不失中者無過不及之名方猶類也立賢無方惟賢則立之於位不問其類也

朱子曰這執中與子莫執中不同湯只是事事恰好無過不及而已

慶源輔氏曰執中則處義精審立賢無方則用人無間

雙峯饒氏曰未應事以前未發之中如何
說得須是事到面前方始量度何處是過
何處是不及方可執而用之是就事物上
執擇善固執也是就事物上擇而執之若
先執定這中待事物來便是執一是子莫
執中了

文王視民如傷望道而未之見

民已安矣而視之猶若有傷道已至矣而
望之猶若未見聖人之愛民深而求道切
如此不自滿足終日乾乾之心也
問以而爲如亦有據乎朱子曰詩云垂帶
而厲鄭箋而亦如也此以而爲如也春秋
星隕如雨左氏曰與雨偕也此以如爲而
也則其混讀而互用之久矣○易乾卦九

三爻辭云君子終日乾乾蔡氏曰乾乾行
事不息也○不顯亦臨無射亦保是文王
望道如未見之事又曰望道而未之見此
句與上文視民如傷爲對孟子之意曰文
王保民之至而視之猶如傷體道之極而
望之猶未見其純亦不已如是

武王不泄邇不忘遠

泄狎也邇者人所易狎而不泄遠者人所
易忘而不忘德之盛仁之至也
朱子曰泄邇忘遠此邇人與事而言泄字
兼有褻狎忽畧之意
慶源輔氏曰於人所易狎而不泄則敬心
常存於人所易忘而不忘則誠心不息
雙峯饒氏曰德之盛言不泄邇仁之至言
不忘遠

公思兼三王以施四事其有不合者仰而思之夜以繼日幸而得之坐以待旦

三王禹也湯也文武也四事上四條之事
也時異勢殊故其事或有所不合思而得
之則其理初不異矣坐以待旦急於行也
○此承上章言舜因歷叙羣聖以繼之而
各舉其一事以見其憂勤惕厲之意葢天
理之所以常存而人心之所以不死也程
子曰孟子所稱各因其一事而言非謂武
王不能執中立賢湯却泄邇忘遠也人謂

各舉其盛亦非也聖人亦無不盛
朱子曰所舉四事此必周公嘗如此說○
讀此一篇使人心惕然而常存也
南軒張氏曰不合者思而未得也未得之
思之惟恐不得既得之行之惟恐不及也
凡井田封建取士建官禮樂刑政雖起於
上世而莫備於周是皆周公之思之所經
緯本諸三王而達之者也周公之心此章
發明至矣
潛室陳氏曰斟酌三王之事而損益之猶
孔子之集大成
雙峯饒氏曰施此四者之事事或有不可
行却當思其理事雖不同理却不相遠故
集註云其事或有不合又來照上面一箇
事字

雲峯胡氏曰朱子嘗曰讀此章使人心惕然而常存蓋聖人之所以爲聖人者只是憂勤惕厲須臾毫忽不敢自逸理無定在惟勤則常存心本活物惟勤則不死常人不能憂勤惕厲故人欲肆而天理亡身雖存而心已死豈不大可哀哉韓氏以爲周公坐皇汲汲不已之誠如此學者苟能深體而默識之則聖人之心與理昭昭常存不死而在吾心目之間矣誰謂常存不死四字說與集註異

雙峯饒氏曰集註恐人執孟子之言而疑聖人於道亦有得以故發明如此聖人造道之極凡有所爲無不各極其至豈容更以盛不盛言哉

蔡虛齋曰非謂四事不合也四事則周公已嘗思兼而施之矣此謂四事之外有不合者○周公思兼三王不可依小註謂是孔子集大成意如此則三王各居其一節矣

爲公備會其全體高了周公固無害畢了三王奈何要當思其時如何耳

或曰朱子以四事作上四條之事恐亦不必然蓋三王本是四個人事即四個人所事而上四條亦在其中但之所行者即時勢之宜而變通以行之也不是行其已然之事此正公善學三王處○不合不必在四事內亦不必在四事外只言周公之心如此若公在當時自有斟酌損益後人不得而窺之也

〇孟子曰王者之迹熄而詩亡詩亡然後春秋作

王者之迹熄謂平王東遷而政教號令不及於天下也詩亡謂黍離降爲國風而雅亡也春秋魯史記之名孔子因而筆削之始於魯隱公之元年實平王之四十九年也

詩王黍離註申侯與犬戎攻宗周殺幽王於戲晉文侯鄭武公迎太子宜臼于申而立之是爲平王以亂故徙居東都王城於是王室之尊與諸侯無異其詩不能復雅故貶之謂之王國之變風

新安陳氏曰平王以後詩不入於大小雅而儕爲十五國風其事遂始載於春秋而詩終乎此矣

問黍離降爲國風恐是夫子刪詩時降之朱子曰亦是他當時自如此要識此詩便如周南召南當初在豐鎬之時其詩爲二南後來在洛邑之時其詩爲黍離只是自

二南進而爲二雅自二雅退而爲王風二南之於二雅便如登山到得黍離時節便是下坡了○緊要在王者之迹熄一句上蓋王者之政存則禮樂征伐自天子出故雅之詩自作於上以教天下王迹滅熄則禮樂征伐不自天子出故雅不復作於上而詩降爲國風是以孔子作春秋定天下之邪正爲百王之大法也

潛室陳氏曰雅詩多是王者朝會燕饗樂章或是公卿大臣規諫獻納之所作東遷以後朝廷既無制作公卿又無獻納故雅詩遂亡獨有民俗歌謠其體制聲節與列國之風同故止可謂之王風非聖人能降之也

曰春秋作者非魯國原曰之春秋乃孔子所筆削而以隱公元年爲始之春秋也不然豈待詩亡後有

林次崖曰新安云平王以後詩不入于大

小雅而降為十五國風其說是也又云其事遂始載于春秋其說則非蓋春秋為魯國紀事之書自伯禽受封雅詩未亡之時已有之豈待至雅詩既亡而後有耶聖人特即魯史舊文而修之以為經故謂之作耳

晉之乘楚之檮杌魯之春秋一也

乘義未詳趙氏以為興於田賦乘馬之事或曰取記載當時行事而名之也檮杌惡獸名古者因以為凶人之號取記惡垂戒之義也春秋者記事者必表年以首事年有四時故錯舉以為所記之名也古者列國皆有史官掌記時事此三者皆其所記冊書之名也

新安陳氏曰必表年以下出晉杜預所作左傳序文錯推也雜舉春秋二時以該四時也

慶源輔氏曰古人以善為常多不記載以惡為反常故特記之如堯典之末只載朱兇共鯀而已以楚史記之名觀之則楚雖蠻夷猶有古人遺意後世之人負大罪惡於身而初不知愧恥及一有小善則沾沾自喜以為莫已若者亦可哀已

其事則齊桓晉文其文則史孔子曰其義則丘竊取之矣

春秋之時五霸迭興而桓文為盛史史官也竊取者謙辭也公羊傳作其辭則丘有罪焉爾意亦如此蓋言斷之在己所謂筆則筆削則削游夏不能贊一辭者也尹氏曰言孔子作春秋亦以史之文載當時之事也而其義則定天下之邪正為百王之大法〇此又承上章歷敘群聖因以孔子之事繼之而孔子之事莫大於春秋故特言之

公羊傳昭公十二年春秋之信史也其序則齊桓晉文其會則主會者為之也其辭則丘有罪焉爾〇史記孔子世家孔子在位聽訟文辭有可與人共者弗獨有也至于為春秋筆則筆削則削子夏之徒不能贊一辭

南軒張氏曰春秋未經聖筆則固魯之史耳自其義聖人有取焉則史外傳心之要典所以存天理遏人欲撥亂反正示王者之法於將來者也

蔡氏曰其義蒙上文王者而言蓋王者之義也孔子有德無位故自以為竊取王者之義而定二百四十二年之邪正所謂為百王不易之大法者也

慶源輔氏曰夫子之作春秋不過以史之文載當時之事而已而其竊取之義則在於定天下之邪正為百王之大法也夫春秋之善善惡惡撥亂世而反之正上明四

五經雖教而改古其中宜說通看

代之禮樂下示百王之法程聖人之用備
見此書而夫子之言則又謙抑如此學無
自居其功之意此孟子所以因而述之以
繼群聖之後也
雙峯饒氏曰其文則史元是魯史之春秋
其義則丘竊取之方是孔子之春秋以丘
大行天子賞罰故曰竊取自咎自謙之辭
汪氏曰史不一于晉楚五霸不止於桓文
孟子唯及此者晉楚爲列國之大者桓文
爲五霸之盛者也
通考趙氏德曰齊桓公姓姜名小白周僖
王元年始霸秦穆公姓嬴名任好襄王八
年始霸宋襄公姓子名茲父襄王十年始
霸晉文公姓姬名重耳襄王十七年始霸
楚莊王姓芈名旅定王元年始霸號稱五
霸自管仲始
雙峯饒氏曰此亦承上章思兼三王以施
四事而言周公所行皆王者之事來到孔

四書大全辯　下孟卷八　四十

子時正者之迹滅熄故孔子出來作春秋
新安陳氏曰好辨章述群聖事而繼以孔
子作春秋此章亦以作春秋繼群聖事不
及易詩書禮樂者孔子之事莫大於作春
秋五經夫子之教春秋夫子之政也
東陽許氏曰以三國之史同言而曰一也
蓋謂魯之春秋其所紀載非周之典禮善
惡不明不過記五霸之事與晉楚之史同
爾至於孔子之春秋則假其事以明之義而
非盡舊史之文故曰其義則丘竊取之矣
如此看方見得中間一節不閑
或曰桓文猶四時舉春秋也言桓文不
獨秦穆楚莊宋襄而已即晉悼平吳夫
差與夫大夫專盟陪臣執命歷十二公列
國之事皆在其中桓文爲盛故以桓文言
耳尊言桓文者非也
其文則史春秋魯史之舊名也孔子因而
筆削之名即其舊文即其舊所謂述而不

緦音思袒音坦免音問殺所介反

作者也
疏曰竊取之者不敢顯述也故以賞罰之
意寓之褒貶而褒貶之意則寓于一言耳
義者事之宜即予奪褒貶問皆有至當恰
好的道理易傳序曰春秋大義數十其義
雖大炳如日星乃易見也惟其微辭隱義
時措咸宜者爲難知也或抑或揚或奪或
予或進或退或微或顯而得乎義理之安
文質之中寬猛之宜是非之公乃制事之
權衡揆事之模範也觀此春秋之義可見

○孟子曰君子之澤五世而斬小人之澤五
世而斬

澤猶言流風餘韻也父子相繼爲一世三
十年亦爲一世斬絕也大約君子小人之

四書大全辯　下孟卷八　四十一

澤五世而絕也楊氏曰四世而緦服之窮
也五世袒免殺同姓也六世親屬竭矣服
窮則遺澤寖微故五世而斬
記疏云上至高祖下至已兄弟同承高祖
之後爲族兄弟爲親兄弟期一從兄弟大
功再從兄弟小功三從兄弟緦麻共四世
而緦服盡也五世則袒免而無正服減殺
同姓六世則不復袒免惟同姓而已故親
屬竭袒身去飾也袒免者肉袒而著免免
狀如冠而廣一寸冠至尊不可居肉袒之
體故爲免以代之文檀弓免焉註以布廣
一寸從項上而前交於額上又卻向後繞
於髻禮朋友在他邦無主人乃袒免若朋
友在家則弔服加麻加麻者素弁上加緦
之環絰然則袒免亦朋友之服也

不必疑是方言

新安陳氏曰此禮記大傳全文其高祖者爲三從兄弟相爲服緦麻服制至此窮也其高祖之父者爲五世已無服但不忍遽其絕之故不襲不冠爲之袒免冠以變其吉同姓之恩至此而滅殺也其高祖之親者爲六世則親盡矣窮而殺殺而猶不變吉可也引此以證五世而斬通考龔氏高禮曰袒免袒謂不、服布而常服免謂布幘帽之狀

南軒張氏曰五世大槩約度如此自今觀之孔子之澤其所浸灌萬世不斬也

勿軒熊氏曰流風以風猶之也餘韻以聲論之也父子五世經歷百五十年則君子小人之餘澤皆當絕也五世則親盡服窮其澤亦當斬絕矣蓋親也服也澤也實相因也

予未得爲孔子徒也予私淑諸人也

私猶竊也淑善也李氏以爲方言是也人謂子思之徒也自孔子卒至孟子遊梁時方百四十餘年而孟子已老然則孟子之生去孔子未百年也故孟子言予雖未得親受業於孔子之門然聖人之澤尚存猶有能傳其學者故我得聞孔子之道於人而私竊以善其身蓋推尊孔子而自謙之辭也○此又承上三章歷敘舜禹至於周孔而以是終之其辭雖謙然其所以自任之重亦有不得而辭者矣

慶源輔氏曰孟子又言私淑艾而他無所見故疑是方言

張子曰孟子蓋謂孔子猶在五世之內雖不親爲弟子其餘澤在人我得私取之以爲善

雙峯饒氏曰私淑艾者私竊其善於人以自治私淑諸人者我私取之以善其身今人或把作教者說謂以此私淑他人非矣道者天下所公共師下私字不得只弟子私竊取之以自善自治耳

新安陳氏曰私竊以善其身解諸人字不順不若云私竊其善於人文意方順

新安陳氏曰韓子謂堯以是傳之舜舜以是傳之禹至孔子傳之孟軻不待退之而後有此言孟子巳自言之矣此四章相承是也然猶分爲四章答好辨章明言以巳承三聖至七篇之末章列序群聖道統之相傳而明言由孔子至於今百有餘歲其自任之重尤彰焉孟子一身道統攸繫蓋如是夫

通旨朱氏公遷曰此見孟子以道統自任無有乎爾之云亦是此類雖爲自謙之辭實則自任之意也

或曰君子小人泛就有位無位者言此等大約五世而絕非若舜禹湯文武周公孔子其道千百世相傳無終窮也蓋言聖道之傳與天地爲終始非平常君子小人可以世澤限者之比而況孔子去今未遠在百年之近得私淑諸人則其傳道之確有可以自任者不待言矣孟子語意蓋如此

○孟子曰可以取可以無取取傷廉可以與可以無與與傷惠可以死可以無死死傷勇

先言可以者略見而自許之辭也後言可以無者深察而自疑之辭也過取固害於廉然過與亦反害其惠過死亦反害其勇蓋過猶不及之意也林氏曰公西華受五秉之粟是傷廉也冉子與之是傷惠也子路之死於衛是傷勇也

雙峯饒氏曰傷廉與傷惠傷勇是兩般意思朱子所以上下箇固字下面下兩箇反字過取固傷廉與本是惠與之過則反害其惠死本是勇死之過則反害其勇

新安陳氏曰傷廉者失之不及傷惠傷勇者失之太過

通旨東陽許氏曰傷廉是順辭易傷惠傷勇是反辭難先體認惠勇之本義然後見過之者爲傷

問可以取可以無取、程子曰、加關友之饋、是可取也、然己自可足、是不可取也、纔取便傷廉矣、曰與傷惠何害、曰是有害於惠也、可以與、然却可以不與、有與之時財或不嚮、却於合當與者無可與之、此所以傷惠、

朱子曰此段正與孔子曰再斯可矣相似凡事初看尚未定再察則已審矣便用決斷始得○問取者貪之屬不取者廉之屬猶與之爲惠不與之爲嗇死之爲勇不死之爲怯也今以過取者爲傷廉則宜以不與爲傷惠不死爲傷勇矣而反以與爲傷惠死爲傷勇何哉曰過取之傷廉過於此而後奪於彼者也過與之傷惠過死之傷勇過於此而反病乎此者也蓋奪乎彼者其失爲易見而病乎此者其失爲難知故孟子發傷廉以例二者是亦過猶不及之意耳○問可以取取之傷廉不難於擇矣若可與不可與可死不可死之間不幸擇之不精者與其吝嗇寧過與與其苟生寧就死在學者則當平日極其窮理之功庶於取舍死生之際不難於精擇也曰此意極好但孟子之意却是恐人過與而輕死也

南軒張氏曰取與死生之義有灼然易判者有在可否之間者在可否之間非義精者莫能擇也蓋其幾間不容髮一或有偏則失之矣是以君子貴存養于平時而後所幾於審處也

王氏曰六可以字疑辭三傷字決辭

新安陳氏曰此章三節作看似乎說審察之傷廉所以警中人以下之不及者傷惠傷勇所以警賢人之過之者也

芑山張氏曰。可以。可以無。正就道。義。可。否。毫釐不容差忽處看此處正須精擇。非略見自許深察自疑之辭。

○逢蒙學射於羿盡羿之道思天下惟羿爲愈己於是殺羿孟子曰是亦羿有罪焉公明儀曰宜若無罪焉曰薄乎云爾惡得無罪

羿有窮后羿也逢蒙羿之家衆也羿善射篡夏自立後爲家衆所殺愈猶勝也薄言其罪差薄耳

今傳襄公四年羿將歸自田家衆殺而亨之以食其子子不忍食死於窮

他徒何反矣弋夫尹之大並音狀

鄭人使子濯孺子侵衛衛使庾公之斯追之子濯孺子曰今日我疾作不可以執弓吾死矣夫問其僕曰追我者誰也其僕曰庾公之斯也曰吾生矣其僕曰庾公之斯衛之善射者也夫子曰吾生何謂也曰庾公之斯學射於尹公之他尹公之他學射於我夫尹公之他端人也其取友必端矣庾公之斯至曰夫子何爲不執弓曰今日我疾作不可以執弓曰小人學射於尹公之他尹公之他學射於

孺二人名乘小字　古人一乘四馬謂矢乘馬

夫子我不忍以夫子之道反害夫子雖然今日之事君事也我不敢廢抽矢扣輪去其金發乘矢而後反

之語助也僕御也尹公他亦衛人也端正也孺子以尹公正人知其取友必正故度庾公必不害已小人庾公自稱也金鏃也扣輪出鏃令不害人乃以射也乘矢四矢也孟子言使羿如子濯孺子得尹公他而教之則必無逢蒙之禍然夷羿簒弒之賊蒙乃逆儔。庾斯雖全私恩。亦廢公義。其事皆無足論者。孟子蓋特以取友而言耳。

羿音詣渠殺逢蒙焉夫射者鄉

左傳襄公十四年尹公他學射於庾公差庾公差學射於公孫丁孫文子使二子追衛獻公公孫丁御公庾公差曰射爲背師不射爲戮射爲禮乎射兩鞫而還尹公他曰子爲師我則遠矣乃反之公孫丁授公轡而射之貫臂

程子曰。孺子據孟子只取其不背師耳。若國之安危。在此一舉。則殺之可也。咎之而無害於國。權輕重可也。何用虛發四矢哉

南軒張氏曰。使蒙爲夏廷之臣。羿篡夏氏。凡爲臣子。得而誅之。蒙以義討賊。雖嘗學射。亦何罪之有。蒙以私意忌而殺之。是則爲殺其師耳。以此而觀。輕重之權衡。可得而推矣。

雲峯胡氏曰此章雖特以取友而言然使世之背其師者讀之亦當有泚

東陽許氏曰此章專爲交友發羿不能取友而殺身孺子能擇交而免禍

或曰小註引左傳公孫丁庾公差事與此不同蒙引云其意頗有足相發者故引之

○孟子曰西子蒙不潔則人皆掩鼻而過之

西子美婦人蒙猶冒也不潔汙穢之物也掩鼻惡其臭也

齊側皆反

雖有惡人齊戒沐浴則可以祀上帝

惡人醜貌者也○尹氏曰此章戒人之喪善而勉人以自新也

燥人反

南軒張氏曰齊桓一執陳轅濤塗而春秋書曰齊人蓋夷狄之也其近於蒙不潔者歟秦穆一有悔過之言則進秦誓於書以其有遷善之意也其近於惡人齋沐者歟一自汚而喪其美一自新而洗其惡勸戒彰矣

慶源輔氏曰西子之質本美而蒙以不潔則自喪其美而反致人之惡言此所以戒人喪其本有之善惡人之質本醜而能齊戒沐浴至誠自潔則可以祀上帝言此所以勉人以改過自新深玩尹氏之言令人惕然而懼翼然而作

新安陳氏曰此章似詩。六。義。中。之。比。

○孟子曰天下之言性也則故而已矣故者以利爲本

性者人物所得以生之理也故者其已然之跡若所謂天下之故者也利猶順也語其自然之勢也言事物之理雖若無形而難知然其發見之已然則必有跡而易見故天下之言性者但言其故而理自明猶所謂善言天者必有驗於人也然其所謂故者又必本其自然之勢如人之善水之下非有所矯揉造作而然者也若人之爲惡水之在山則非自然之故矣

易繫辭易無思也無爲也寂然不動感而遂通天下之故

荀子性惡篇云善言天者必有徵於人○董仲舒曰善言天者必有徵於人天道無形而難知人事有迹而易見

朱子曰性自是箇難言底物事惟惻隱羞惡之類却是已發見者乃可得而言此卽性之故也只看這箇便見得性故集註下箇跡字若四端則無不順利若殘忍之非仁無恥之非義不遜之非禮昏惑之非智卽故之不利者也○利是不假人爲而自然者如水之就下是其性本就下只是順他若激之在山是不順其性而以人爲之也惟智者能知此理不假人爲順之而已

南軒張氏曰。故者本然之理也。無是理而強爲之曰鑿。鑿則失其性。所以惡夫智也蓋以私智爲智。而非所謂智也。

慶源輔氏曰性卽理也雖無形而難知然

不能不感發而形見於外既已形見則必有跡而易見如人性之仁雖難知然見孺子入井則發見而爲怵惕惻隱之跡則仁之性自見也

潛室陳氏曰善惡皆已然之跡但順者爲本則善者其初也惡者非其初也水無有不下者水之本也若夫搏之使過顙激之使在山豈其本也哉

雙峯饒氏曰就故說性亦要就跡之順者言之如水之下便順就逆者言不得孟子說性就自然上說如惻隱羞惡等但看自然發見底便是利言性便當言故言故便當言利如水搏之激之便不是自然了

所惡於智者爲其鑿也如智者若禹之行水也則無惡於智矣禹之行水也行其所無事

也如智者亦行其所無事則智亦大矣
天下之理本皆利順小智之人務爲穿鑿所以失之禹之行水則因其自然之勢而導之未嘗以私智穿鑿而有所事是以水得其潤下之性而不爲害也
朱子曰鑿於智者非所謂以利爲本也慶源輔氏曰人物所得之理本皆順利無待於矯揉造作於其間郤緣世人不明吾性之智而以私意爲智於是每事務爲穿鑿而失其順利之理雲峯胡氏曰孟子本欲言智而必先言性者智五性之一也言智而先言性猶言水而先言水之原也鑿字與利字相反利者

天理之自然鑿者人爲之使然言性而必本諸天理之自然者所以言智而深惡夫人爲之使然者也
新安陳氏曰所惡於智者小智也無惡於智者大智也人性必善水性必下孟子素以水譬人性故仍以禹行水譬之禹之行水順其自然之勢而導之使水不失其本然趨下之性而已智者順事物自然之理以無事處事使物各付物斯爲大智而非小智矣此一節以治水申言利字之意
天之高也星辰之遠也苟求其故千歲之日至可坐而致也
天雖高星辰雖遠然求其已然之迹則其運有常雖千歲之久其日至之度可坐而

得況於事物之近若因其故而求之豈有不得其理者而何以穿鑿爲哉必言日至者造曆者以上古十一月甲子朔夜半冬至爲曆元也○程子曰此章專爲智而發愚謂事物之理莫非自然順而循之則爲大智若用小智而鑿以自私則害於性而反爲不智程子之言可謂深得此章之旨矣
新安陳氏曰此又以天度申言故字之意首一節故字言本然之理此一故字言本

然之度也天高星遠若因其本然之故而求之則雖久年日南至之時刻亦可以坐而推致以得之矣
新唐書曆志治曆之本必推上元日月如合璧五星如連珠夜半朔旦冬至自此七曜散行不復餘分普盡總會如初○五代史司天考夫天人之際遠哉微矣而使一藝之士布算積分上求數千萬歲之前必得甲子朔日夜半冬至而日月五星皆會于子謂之上元以爲曆始蓋自漢而後其說始詳見于世其源所自止於如此是果堯舜三代之法歟皆不可得而考矣然自是曆家之術雖世多不同而未始不本於此
新安陳氏曰夜半即甲子時歲月日時皆甲子爲曆元蓋以建寅月爲歲首算之則是癸亥歲十一月以建子月爲一歲之最初算之則甲子歲之氣候已始於此矣故

云歲亦可子也
通考趙氏德曰以建子爲正故以夜半爲朔其至與朔同日故云夜半朔旦冬至若建寅爲正者則以平旦爲朔
仁山金氏曰周天三百六十五度四分度之一日日行一度則三周歲三百六十五日零三時也五日一候三候一氣二十四氣爲一歲則爲日三百六十以天有五度四分度之一則日有五日三時故三候十五日爲一氣率餘七分積三十二分而增一日此自可以計千歲之日至氣本起於度故曰日至之度然日至之度亦有歲差故氣與度古今不同如堯冬至日在虛周冬至日在牽牛宋冬至日在斗灼此歲差也旣有歲差則冬至之度似不可定推然言天者以前差所差之故而推後所差之度則千歲之日至可坐而致也致謂筭得來也千歲求其故者謂推千歲以前之日至也千歲

四書大全辯（下孟卷八） 圭

之日至可坐而致之謂推已後之日至也
程子曰曆家之法大抵主于日日一事正則其他皆可推洛下閎作曆言數百年後當差一日其差理必然何承天以其差遂立歲差法其法以所差分數攤在所曆之年看一歲差著幾分其差後亦不定獨邵康夫立差法冠絕古今却於日月交感之際以陰陽虧盈求之遂不差大抵陰常虧陽常盈故只於這裏差了
朱子曰堯時昏旦星中於午月令差於未漢晉以來又差今比堯時似差及四分之一古時冬至日在牽牛今却在斗十又云古之曆書亦必有一定之法而今亡矣三代而下造曆者紛紛莫有定議愈精愈密而愈多差由不得古人一定之法也曆家要當先論太虛以見三百六十五度四分度之一一一定位然後論天行以見天變加損虛度之歲分歲分旣定然後七政乃

可齊耳○按十一經問對千歲之日至謂冬至之日也趙麥之日至謂夏至之日也至極也夏至者日之長至此極矣冬至者日之短至此極矣非至到之至乃至極之至故夏至一陰生而日漸短冬至一陽生而日漸長
通考朱氏公遷曰此言性自理言通言事物之理而人心之理在其中也非專論性也
朱子曰此章其初只是性上泛說起不是專說性但謂天下之說性者只說得故而已如荀言性惡楊言善惡混但皆說得下面一截皆不知所以謂之故者如何不能以利爲本而然也荀卿只是橫說如此到底設這道理不得只就性惡篇謂塗之人皆可以爲禹卽此自可見故字若不將已然之迹言之則下文苟求其故之言如何可推曆家自今日推算而上極於太古開

四書大全辯（下孟卷八） 圭

闢之時更無差錯只爲有此已然之迹可以推測耳天與星辰閒或躔度少有差錯久久自復其常以利爲本亦循天與星辰循常度而行苟不如此皆鑿之謂也
歐陽氏曰天下之大智無所自爲而常因天下之理小智不知循理而常任一已之私
通考東陽許氏曰性是人物所得以生之理本自難明求其發見之故則亦不難明也然故則以利順者爲本求已之故則惻隱之發見性之仁羞惡之發見性之義求人之故見父慈子孝君仁臣忠求物之故則鳶飛魚躍山峙川流皆是也是皆所謂利也如天與星辰之故亦只是利而已能如此性而利以行之則爲智之大禹之行水不是比喻言禹順水之性爲智之大以例人循性皆當以何也智者應物若行其所無事則智亦如禹之大矣智亦之亦是

亦大爲也下人又以高遠者証故之易見
卻不是功用
繫辭曰此章總要見得性本自然而人
當知順其自然也○看來曆家全憑此星
辰度數爲據觀堯典乃命羲和四段可見
也山張氏曰只看故者以利爲本一句便
明故字利字不必分析說所惡于智二節
皆是發明故字利字之意新安陳氏謂治
水中言利字天度中言故字非也按存疑
云共所謂故字即利之故非有外也此論甚
合理但呆認第二節只承利字說去第三
節只言故而不及利定竟不脫新安窠臼
須知第三節再只言故而利在其中自文
語氣渾淪後人自看得分析耳

○公行子有子之喪右師往弔入門有進而與右師言者有就右師之位而與右師言者

公行子齊大夫右師王驩也
雙峯饒氏曰行字當音杭詩云殊異乎公行是主班行之官以官爲氏
進而與右師言進右師使就巳也乃陳司敗揖巫馬期而進之進

孟子不與右師言右師不悅曰諸君子皆與驩言孟子獨不與驩言是簡驩也

簡略也
是未就位及已就位始終皆不與之言也

孟子聞之曰禮朝廷不歷位而相與言不踰階而相揖也我欲行禮子敖以我爲簡不亦

是時齊卿大夫以君命弔各有位次若周
禮凡有爵者之喪禮則職喪涖其禁令序
其事故云朝廷也歷更涉也位他人之位
也右師未就位而進與之言則右師歷已
之位矣右師已就位而就與之言則已歷
右師之位矣孟子右師之位又不同階孟
子不敢失此禮故不與右師言也
周禮春官宗伯職喪掌諸侯及卿大夫士
凡有爵者之喪禮涖其禁令序其事言諸

侯者謂畿內王子母弟稱諸侯者
朱子曰孟子鄙王驩而不與言固是然朝
禮既然則當時雖不鄙之亦不得與之言
矣鄙王驩於出弔處已見此章意則以朝
廷之禮爲重時事不同理各有當○聖賢
之言無所苟也豈爲愧衆人爲已甚而姑
以是答之哉正所以明朝廷之禮而警衆
人之失也○問陳司敗譏孔子有黨孔子
受之不辭右師以孟子簡已孟子辨之甚
力聖賢地位固不同也使孟子聞右師言
曰禮也足矣無巳而曰朝廷不歷位而相
與言不踰階而相揖則已微見圭角矣又
必盡其辭所以鋒芒發露而不及孔子之
渾然也
南軒張氏曰衆與之言以其要於君而諂
之也右師以孟子爲簡已者以孟子時所
尊敬欲假其辭色以爲榮也君子之達小
人不惡而嚴豈有他哉亦曰禮而已矣

謂級也節班行也位雖班同而位異當令尚有差階級之名則階非班行而何

○孟子曰君子所以異於人者以其存心君子以仁存心以禮存心

以仁禮存心言以是存於心而不忘也

問我本有此仁禮只要常存而不忘否朱子曰非也言君子所以異於小人者以其存心不同耳君子則以仁以禮而存之於心小人則以不仁不禮而[illegible]之於心這箇存心與存其心養其性不同只是處心與人不同耳

慶源輔氏曰以仁存心而不忘如造次顛沛必於是也以禮存心而不忘如視聽言動必以禮也

雙峯饒氏曰以是存於心添於字便可見

四書大全辯（下孟卷八）　美

孟子意是只把仁禮來存於我心此心常在仁禮上無須刻或離君子異於人以其能以仁禮存於心他人便不能我之心安頓在仁上即是居天下之廣居安頓在禮上即是立天下之正位

林次崖曰以仁禮存心是造次必于是顛沛必于是所謂君子有終身之憂是也○仁禮存心兼內外言下文仁者愛人二句是就其發于外者言蒙引曰以仁禮存心主存內非仁無爲非禮無行兼內外非是

仁者愛人有禮者敬人

此仁禮之施

慶源輔氏曰由乎內以施外也

愛人者人恒愛之敬人者人恒敬之

此仁禮之驗

新安陳氏曰我感而人應可驗我之得人不應可驗我之失驗字已含下文必不仁必無禮之意矣

林次崖曰仁者愛人四句一氣緊緊說下欲起下文三自反意且未重○朱註却于此分仁禮之施仁禮之驗覺贅○蒙引曰疑似叮嚀之說亦似不然學者細玩之自見得

有人於此其待我以橫逆則君子必自反也我必不仁也必無禮也此物奚宜至哉

橫逆謂強暴不順理也物事也

慶源輔氏曰強暴橫也不順理逆也雙峯饒氏曰集註云強暴不順理順理是順簡文理橫是橫來逆是倒來皆是不順情文理

四書大全辯（下孟卷八）　毛

新安陳氏曰橫逆者愛敬之反

其自反而仁矣自反而有禮矣其橫逆由是也君子必自反也我必不忠

忠者盡己之謂我必不忠恐所以愛敬人者有所不盡其心也

慶源輔氏曰理無窮盡人有作輟一息不存一物不體便是不盡其心新安陳氏曰忠非出於仁禮之外仁禮無一毫之不盡其心即忠也

自反而忠矣其橫逆由是也君子曰此亦妄

人遂已矣如此則與禽獸奚擇哉於禽獸又何難焉

奚擇何異也又何難焉言不足與之挍也南軒張氏曰雖非素患難然自反之功則無窮也學者未勉乎此遇橫逆之來則曰吾仁矣有禮矣且忠矣遂斷彼以爲妄人而不復勉反身之道是則自陷於妄而已矣

是故君子有終身之憂無一朝之患也乃若所憂則有之舜人也我亦人也舜爲法於天下可傳於後世我由未免爲鄉人也是則可

憂也憂之如何如舜而已矣若夫君子所患則亡矣非仁無爲也非禮無行也如有一朝之患則君子不患矣

鄉人鄉里之常人也君子存心不苟故無後憂

趙氏曰集註不苟二字不可淺看心一不存而不自覺不自強便是苟且也

新安陳氏曰存心照應前存心不苟即忠也四字收拾約而盡

朱子曰古聖人多矣獨言舜爲法於天下何也法者人倫而已也聖人因其常而處之不失未足見人道之盡惟舜極其變而不失其常是以人道之盡於此而可見焉故特舉舜而言之然其所謂法舜亦猶予天則而已○問楊氏謂孟子三自反不若顔子之不挍信乎曰自反所以自修學者事也不挍不見可挍成德事也淺深之分信如楊氏之說矣然自反之說謹嚴精切正學者所當用力若自反未至而遽以不挍爲高恐其無修省之功而陷於苟且頽靡之弊矣

新安陳氏曰前曰以仁存心以禮存心未曰非仁無爲非禮無行存謂存之於心爲與行謂行之於身表裏一矣存之於心者有素而行之於身者盡豈惟無一朝之患者本於此所以懷終身之憂而欲如舜者亦不過勉於此而已何也舜所以爲舜亦不外此仁禮也特舜則安而行之欲如舜者則在乎勉而行之耳

芭山張氏曰林次崖一駁正蒙引內外之說其確。但看自反而忠一節。不得自文上下

語意。至云非仁無爲非禮無行下。當貼一何云當自無患。然後云如有一朝之患。則君子不患矣。此却贅矣。詳見三家合辨。

○禹稷當平世三過其門而不入孔子賢之

事見前篇

問過門不入若家有父母豈可不入朱子曰固是然事亦須量箇緩急若只是泛泛底水未便傾國覆都過家見父母亦不妨若洪水之患甚急有傾國覆都君父危急之災也只得弃君父之急雖不過家見父母亦不妨也

雙峯饒氏曰禹三過其門稷是帶說

新安陳氏曰賢其用世而憂民之憂

顔子當亂世居於陋巷一簞食一瓢飲人不

蒙引云[illegible]氏[illegible]道心乎義不必用　内與納同

繁言淨

堪其憂顔子不改其樂孔子賢之

新安陳氏曰賢其避世而樂己之樂

孟子曰禹稷顔回同道

聖賢之道進則救民退則修己其心一而已矣

慶源輔氏曰道則以其所行言之也心則以其所行言之也救民者修己之驗修己者救民之本有是心則有是道有是本則有是驗

或曰本文以道言而集註曰心一而已者承上文聖賢之道言心卽道之所從出也

禹思天下有溺者由己溺之也稷思天下有

四書大全辯〈下孟卷八〉　卆一

饑者由己饑之也是以如是其急也

禹稷身任其職故以爲己責而救之急也

禹稷顔子易地則皆然

聖賢之心無所偏倚隨感而應各盡其道故使禹稷居顔子之地則亦能樂顔子之樂使顔子居禹稷之任亦能憂禹稷之憂也

新安陳氏曰禹稷有官守故曰任顔子居陋巷故曰地

慶源輔氏曰聖賢之心其本然之體無所偏無所倚此其所謂中者天下之大本也然不能不感於物故隨感而應有可喜之事感則喜心便應有可怒之事感則怒心便應如進則便須救民退則便須修己皆吾大本中自然之理無或過無或不及各盡其道此其所謂和者天下之達道也如是故使禹稷居顔子之地亦能樂顔子之樂使顔子居禹稷之任亦能憂禹稷之憂同一大本同一達道故也

今有同室之人鬭者救之雖被髮纓冠而救之可也

不暇束髮而結纓往救言急也以喩禹稷

新安陳氏曰遇沐不暇束髮冒冠於所被髮上結纓而往救

鄉鄰有鬭者被髮纓冠而往救之則惑也雖

四書大全辯〈下孟卷八〉　卆二

閉戸可也

喩顔子也○此章言聖賢心無不同事則所遭或異然處之各當其理是乃所以爲同也尹氏曰當其可之謂時前聖後聖其心一也故所遇皆盡善

程子曰君子而時中若三過其門而不入在禹稷之時爲中如居陋巷則非中矣居陋巷在顔子之時爲中如三過其門而不入則非中矣

南軒張氏曰顔子未見其施爲遠比之禹稷不已過乎殊不知禹稷之事功何所自德者本也事功末也本末一致也故程子曰有顔子之德則有禹稷之事功事功在

賢雖其時而已若墨之兼愛楊之爲我皆不得天理之時中而妄意以守一偏故如此蓋墨氏終身纓冠以求救天下之鬭楊氏則坐視同室之鬭而不顧者其賊道豈不甚哉是則人欲而已矣

慶源輔氏曰集註章首所謂聖賢之心無不同一本也事則所遭或異萬殊也然處之各當其理是乃所以爲同者所謂萬殊一本吾道一以貫之也又曰事雖萬殊心一以貫則孔子所以語默云爲達道也皆時中也

芑山張氏曰由已全在責任不容推諉上說若止論心禹稷顏子初無兩樣集註禹稷身任其職四字宜玩○孔子賢之二句須看得活須得孔子言外意禹稷非偏于救民顏子非偏于修己故孔子皆賢之易地皆然的道理卻隱隱含蓄在內但未說破耳非一則專賢其憂民一則專賢其樂

已專倚靠一邊而言也孟子深痛孔子賢之之意故發明言之非補孔子所未及信如新安一屬用世一屬避世便似孔子當日語意尚偏而不全尚未見禹稷顏子心同理同處直待孟子論定然後知其同道也新安說可删○存疑曰進而救民是聖賢之道退而修己亦聖賢之道也其心一而已矣又在先一步故總註曰聖賢心無不同事則所遭或異然處之各當理是乃所以爲同也禹稷顏回同道之旨當如此蒙愚此說與蒙引異蒙引就把心當道說于集註聖賢之心無所偏倚隨感而應各盡其道聖賢之心無不同事則所遭或異然處之各當其理是乃所以爲同意俱不合學者詳之愚謂自文只說道不另說心道字便該括得心字蒙引心字當道字說未爲非集註心字特　曰文地字言以明聖賢地雖異而心無　同處之各當理理字仍不脫道字言心卽言道非心字又在先一步也信如存疑之說則是心字在道字前一層較道字尤重則是孟子偏說道字突然漏卻個心字賴集註補所未足有道是理存此林氏不善讀朱註處

○公都子曰匡章通國皆稱不孝焉夫子與之遊又從而禮貌之敢問何也

匡章齊人通國盡一國之人也禮貌敬之也

孟子曰世俗所謂不孝者五惰其四肢不顧父母之養一不孝也博奕好飲酒不顧父母

之養二不孝也好貨財私妻子不顧父母之養三不孝也從耳目之欲以爲父母戮四不孝也好勇鬬狠以危父母五不孝也章子有一於是乎

戮羞辱也很忿戾也

新安陳氏曰五不孝之序從輕漸說至重

夫章子子父責善而不相遇也

遇合也相責以善而不相合故爲父所逐也

雙峯饒氏曰章子得罪於父與其他得罪不同章子但不合責善於父故出妻屏子以示不安之意先說子父責善是言子責父之善下說父子是泛言

責善朋友之道也父子責善賊恩之大者

賊害也朋友當相責以善父子行之則害天性之恩也

夫章子豈不欲有夫妻子母之屬哉爲得罪於父不得近出妻屏子終身不養焉其設心以爲不若是是則罪之大者是則章子已矣

言章子非不欲身有夫妻之配子有子母

之屬但爲身不得近於父故不敢受妻子之養以自責罰其心以爲不如此則其罪益大也○此章之旨於衆所惡而必察焉可以見聖賢至公至仁之心矣楊氏曰章子之行孟子非取之也特哀其志而不與之絶耳

新安陳氏曰此屬字即天屬家屬之屬本文總夫妻子母而言集註分說故以配字對屬字

慶源輔氏曰至公則無私蔽於己至仁則不忍苛責於人

新安陳氏曰不狥衆見至公也不輕與絶子仁也

朱子曰孟子之於匡章蓋憐之耳非取其孝也據章所爲因責善於父而不相遇遂爲父所逐雖是父不是已是然便至如此出妻屏子終身不養則豈得爲孝故孟子言父子責善賊恩之大者此便是責之以不孝也但其不孝之罪未至於可絶之地爾然當時人則遂以爲不孝而絶之故孟子舉世俗之不孝者五以曉之若如此五者則誠在所絶爾後世因孟子不絶之則又欲盡事章之不孝而以爲孝此皆不公不正倚於一偏必若孟子所處然後可以見聖賢至公至仁之心矣

南軒張氏曰章本心亦欲父之爲善耳乃或激於辭色致父之怒後又不敢安於妻子之養以深自咎責則章亦可哀者若章得罪而不知懼則是終以怨戾之氣行乎其間而可罪矣

雙峯饒氏曰章資質自好但無學力雖知愛父而不知愛父之道既得見孟子必教他回父之意未必止于此章子通國稱其不孝仲子通國稱其廉孟子於此二人所謂衆惡之必察焉衆好之必察焉

新安陳氏曰父子間所以不責善而惟朋友當責善者蓋朋友以義合責善而不從則交可絶父子以天合責善不相遇則賊恩而將至於離故也然責善既不可則從父之令乎曰聖賢自有成規幾諫之章内則與幾諫相表裏之言皆是也舜事瞽瞍能致底豫特患不能如舜耳若章之出妻屏子非徒自咎責於已亦將以感動於父子不安而父安焉其執拘亦可想矣章既失之初使能如舜之事親豈不能回之於後惜無以考其終何如也

或曰古人于君臣朋友之交到相離時固是不得已然猶之可也惟父子則無絶道

氏族天全孫兆翁紹與去聲

當防其端。慎其微。至如石碏李摧之事。則又當別論耳。

○曾子居武城有越寇或曰寇至盍去諸曰無寓人於我室毀傷其薪木寇退則曰修我牆屋我將反寇退曾子反左右曰待先生如此其忠且敬也寇至則先去以爲民望寇退則反殆於不可沈猶行曰是非汝所知也昔沈猶有負芻之禍從先生者七十人未有與焉

武城魯邑名盍何不也左右曾子之門人也忠敬言武城之大夫事曾子忠誠恭敬也爲民望言使民望而效之沈猶行弟子姓名也言曾子嘗舍於沈猶氏時有負芻者作亂來攻沈猶氏曾子率其弟子去之不與其難言師賓不與臣同

四書大全辯　八　下孟卷八　奕

蒙引曰武城當屬魯今之山東也越國在今杭紹等郡城界懸斷越何以能寇武城此必越既滅吳遂與魯接境而侵之也不然當是浮海而寇武城○曰無寓人于我室此語其守舍之人也寇退則曰修我牆屋亦即語其守舍之人也

子思居於衛有齊寇或曰寇至盍去諸子思曰如伋去君誰與守

子思時仕于衛

言所以不去之意如此

孟子曰曾子子思同道曾子師也父兄也子思臣也微也曾子子思易地則皆然

微猶賤也尹氏曰或遠害或死難其事不同者所處之地不同也君子之心不繫於利害惟其是而已故易地則皆能爲○孔氏曰古之聖賢言行不同事業亦異而其道未始不同也學者知此則因所遇而應之若權衡之稱物低昂屢變而不害其爲同也

是皆理之當然也

四書大全辯　八　下孟卷八　老

慶源輔氏曰子思雖無死難之事然寇至不去有死難之理

南軒張氏曰君子不避難亦不預於難惟當夫理而已於不當避而避焉固私也於不當預而預乃勇於就難是亦私而已矣夫曾子師也父兄也師之尊與父兄之義同以師道居則寇至而去之寇退而反無預其難在師之義當然也子思臣也微也委質以服君之事有難而可逃之乎與君同守而不去則爲臣之義當然也從容乎理之所當然曾子子思何殊哉故曰易地則皆然以夫理之時中一而已

瞯古莧反

○儲子曰王使人瞯夫子果有異於人乎孟

子曰何以異於人哉堯舜與人同耳

儲子齊人也瞯竊視也聖人亦人耳豈有異於人哉

新安陳氏曰孟子因有以異於人乎之問而答之曰我何以異於人哉雖堯舜亦與人同耳集註謂聖人亦人耳豈有異於人哉乃是釋堯舜與人同耳一句與孟子元文何以異於人哉所指不同矣堯舜所以與人同者非但形體之同其性本善與人不異惟聖人能盡其性常人每汩其性於是常人與聖人始懸絕耳堯舜與人同之說與人皆可以爲堯舜之說實相表裏但其意包涵而未盡使儲子再問難孟子必傾倒盡發之矣

○齊人有一妻一妾而處室者其良人出則必饜酒肉而後反其妻問所與飲食者則盡富貴也其妻告其妾曰良人出則必饜酒肉而後反問其與飲食者盡富貴也而未嘗有顯者來吾將瞯良人之所之也蚤起施從良人之所之徧國中無與立談者卒之東郭墦間之祭者乞其餘不足又顧而之他此其爲饜足之道也其妾歸告其妾曰良人者所仰望而終身也今若此與其妾訕其良人而相

[illegible]

[illegible]

[illegible]

求富貴利達有甚于此者

[illegible]

泣於中庭而良人未之知也施施從外來驕其妻妾

章首當有孟子曰字闕文也良人夫也饜飽也顯者富貴人也施邪施而行不使良人知也墦冢也顧望也訕怨詈也施施喜悅自得之貌

通考吳氏程曰因儲子有瞯夫子之語遂發瞯良人一段言小人陰爲陽揜則可瞯君子言行如一何瞯之有恐是一章非闕文也

由君子觀之則人之所以求富貴利達者其

妻妾不羞也而不相泣者幾希矣

孟子言自君子而觀今之求富貴者皆若此人耳使其妻妾見之不羞而泣者少矣言可羞之甚也○趙氏曰言今之求富貴者皆以枉曲之道昏夜乞哀以求之而以驕人於白日與斯人何以異哉

南軒張氏曰意孟子在齊適見此事以爲與世之求富貴者無異故載之驕妻妾者徒知以得爲貴而不知所以得之者可賤也妻妾知其可賤而已不知當欲所蔽故耳

勉齋黄氏曰此章形容苟賤之態殊可嘆

恧然流俗滔滔務爲卑諂無所不至搖尾乞憐自少至老無一念不在是未得則愁憂窮蹙志氣蕭然甘於不勝其小既苟得則志得意滿驕親戚傲閭里嘐然自視不勝其大而聰甚於乞墦而莫之覺也學者深明義利之辨充吾羞惡之心而養吾剛大之氣。然後知孟子此言。誠末俗之鍼砭也

四書大全辯孟子卷九

萬章章句上

通考勿軒熊氏曰前四章言舜處事親之道次二章言唐虞三代禪繼之道後三章言聖賢出處凡九章

號平聲

萬章問曰舜往于田號泣于旻天何爲其號泣也孟子曰怨慕也

舜往于田耕歷山時也仁覆閔下謂之旻天號泣于旻天呼天而泣也事見虞書大禹謨篇怨慕怨己之不得其親而思慕也

書曰帝初于歷山往于田日號泣于旻天于父母

慶源輔氏曰父慈子孝理之常也何有於怨慕唯遭事之變故深思其所以不得於親之故而自怨咎其在我者有何罪戾而致然又思慕於親無須刻忘必欲得親之歡心而後已此所謂怨慕也

新安陳氏曰怨慕二字眞得舜之心亦包盡一章之意怨非怨親怨己之不得乎親也慕則念念不忘而思其親也惟順於父母可以解憂以上言怨也人少則慕父母以下言慕也

惡去聲

萬章曰父母愛之喜而不忘父母惡之勞而不怨然則舜怨乎曰長息問於公明高曰舜往于田則吾既得聞命矣號泣于旻天于父

則吾不知也公明高曰是非爾所知也夫公明高以孝子之心爲不若是恝我竭力耕田共爲子職而已矣父母之不我愛於我何哉

長息公明高弟子公明高曾子弟子于父母亦書辭言呼父母而泣也恝無愁之貌於我何哉自責不知已有何罪耳非怨父母也楊氏曰非孟子深知舜之心不能爲此言蓋舜惟恐不順於父母未嘗自以爲孝也若自以爲孝則非孝矣

新安陳氏曰孟子推明公明高之意以爲孝子之心旣不得乎親必不若是之恝然無愁也

帝使其子九男二女百官牛羊倉廩備以事舜於畎畝之中天下之士多就之者帝將胥天下而遷之焉爲不順於父母如窮人無所歸

帝堯也史記云二女妻之以觀其內九男事之以觀其外又言一年所居成聚二年成邑三年成都是天下之士就之也胥相視也遷之移以與之也如窮人之無所歸言其怨慕迫切之甚也

史記五帝紀舜年二十以孝聞三十而帝堯問可用者四岳咸薦虞舜曰可於是堯乃以二女妻舜以觀其內使九男與處以觀其外舜居嬀汭內行彌謹堯二女不敢以貴驕事舜親戚甚有婦道堯九男皆益篤

朱子曰二女娥皇女英也蓋夫婦之間隱微之際正始之道所繫尤重故觀人者於此爲尤切

雙峰饒氏曰觀者衆人之所共見以天子二女來處畎畝之間看他如何處置二女和則是處置得是九男皆帝子亦難處若處之得其道亦自安百官只是百司如後世典籤消人之類

通考趙氏德曰九男獨丹朱以亂嗣聞其餘入庶無事故不見於堯典

廣雅云聚居也音慈喻反漢書音義云小於鄉曰聚

通考趙氏德曰聚謂村落周禮郊野法云九夫爲井四井爲邑四邑爲丘四丘爲甸四甸爲縣四縣爲鄙

雲峰胡氏曰如窮人無所歸六字譬喻最形容得舜之情不得以自達身不得以自安心不得以自釋其爲怨慕迫切之甚可知

天下之士悅之人之所欲也而不足以解憂好色人之所欲妻帝之二女而不足以解憂

少好皆去聲

富人之所欲富有天下而不足以解憂貴人之所欲貴爲天子而不足以解憂人悅之好色富貴無足以解憂者惟順於父母可以解憂

孟子推舜之心如此以解上文之意極天下之欲不足以解憂而惟順於父母可以解憂孟子眞知舜之心哉

慶源輔氏曰上文是說舜之實事此又孟子推述舜之心以解上文之意言舜之心實有如此者耳舉天下之所欲不足以解憂者所性不存焉故也惟順於父母可

以解憂者性之不可離而亦不可以不盡也

人少則慕父母知好色則慕少艾有妻子則慕妻子仕則慕君不得於君則熱中大孝終身慕父母五十而慕者予於大舜見之矣

言常人之情因物有遷惟聖人爲能不失其本心也艾美好也楚詞戰國策所謂幼艾義與此同不得失意也熱中躁急心熱也言五十者舜攝政時年五十也五十而慕則其終身慕可知矣○此章言舜不以

音

慫息拱反

得衆人之所欲爲己樂而以不順乎親之心爲己憂非聖人之盡性其孰能之

楚辭九歌大司命篇慫長劍兮擁幼艾蓀獨宜兮爲民正

戰國策趙孝成王篇魏公子牟過趙趙王迎之顧反至坐前有尺帛且令工以爲冠工見客來也因避趙王曰願聞所以爲天下王曰王能重王之國若此尺帛則國大治矣趙王不悅曰寡人豈敢輕國若此魏牟曰王不說之王有此尺帛何不令前郎中以爲冠王曰郎中不知爲冠魏牟曰爲冠而敗之奚虧於王之國而王必待工而後乃使之今爲天下之工或非也社稷爲虛器先王不血食而王不以予工乃與幼艾

慶源輔氏曰心纔有一毫物欲之累而於

其親有一毫之不順則於吾固有之性便有不盡處能盡其性則能不失其本心而爲人倫之至也

西山眞氏曰五十始慕聖人純孝之心則不以老而衰惟充極其天性之至孝而無一毫之不盡所以能如此

雙峰饒氏曰如孝便十分孝弟便十分弟忠便十分忠皆是盡性

新安陳氏曰常人變於私情所以汩其性聖人無私情之累所以盡其性孟子言此是以遏人欲擴天理也

堯典曰釐降二女不見九男孟子時尚書凡百二十篇逸書有舜典之敘云失其文孟子諸所言舜事皆堯典及逸書所載獨丹朱以亂嗣之子臣下以距堯求禪其餘入麓無事故不見于堯典猶晉獻公之子九人五人以事見于春秋其餘四子亦不復見于經

懟直類反
娶去聲

〇萬章問曰詩云娶妻如之何必告父母信斯言也宜莫如舜舜之不告而娶何也孟子曰告則不得娶男女居室人之大倫也如告則廢人之大倫以懟父母是以不告也

詩齊國風南山之篇也信誠也誠如此詩之言也懟讎怨也舜父頑母嚚常欲害舜告則不聽其娶是廢人之大倫以讎怨於父母也

東陽許氏曰懟父母言人之常情也爲廢大倫則雖子亦不免有讎怨父母之心舜

四書大全辯〈下孟卷九　六

則非懟父母者然告則必廢大倫故不告也此聖人善處變事處

萬章曰舜之不告而娶則吾既得聞命矣帝之妻舜而不告何也曰帝亦知告焉則不得娶也

以女爲人妻曰妻程子曰堯妻舜而不告者以君治之而已如今之官府治民之私者亦多

慶源輔氏曰謂以君命治之不容瞽瞍之不聽也官府治民之私或有理法當然而牽於私不肯然者則官司以法治之必使之然也

去上聲
捍音汗

廣山金氏曰集註引程子曰是補孟子未解之意

吳氏程曰帝亦至妻也作一句焉乃助語爽字

萬章曰父母使舜完廩捐階瞽瞍焚廩使浚井出從而揜之象曰謨蓋都君咸我績牛羊父母倉廩父母干戈朕琴朕弤朕二嫂使治朕棲象往入舜宮舜在牀琴象曰鬱陶思君爾忸怩舜曰惟茲臣庶汝其于予治不識舜不知象之將殺己與曰奚而不知也象憂亦憂象喜亦喜

四書大全辯〈下孟卷九　七

完治也捐去也階梯也揜蓋也按史記曰使舜上塗廩瞽瞍從下縱火焚廩舜乃以兩笠自捍而下去得不死後又使舜穿井舜穿井爲匿空旁出舜既入深瞽瞍與象共下土實井舜從匿空旁中出去耶其事也象舜異母弟也謨謀也蓋蓋井也舜所居三年成都故謂之都君咸皆也績功也舜既入井象不知舜已出欲以殺舜爲己功也干盾也戈戟也琴舜所彈五弦琴也

丁聊反

張琱弓也象欲以舜之牛羊倉廪與父母而自取此物也二嫂堯二女也棲牀也象欲使爲已妻也象往舜宫欲分取所有見舜生在牀彈琴蓋既出卽潛歸其宫也鬱陶思之甚而氣不得伸也象言已思君之甚故來見爾忸怩慙色也臣庶謂其百官也象素憎舜不至其宫故舜見其來而喜使之治其臣庶也孟子言舜非不知其將殺已但見其憂則憂見其喜則喜兄弟之情自有所不能已耳萬章所言其有無不可知然舜之心則孟子有以知之矣他亦不足辨也程子曰象憂亦憂象喜亦喜人情天理於是爲至

通考吳氏程曰捐音緣浚當音睃井句出句空音孔竅也周禮掌五兵五楯鄭云五楯干櫓之屬禮圖云今之三鋒戟也內長四寸半外長六寸以其與戈相類故云戈戟也通鑑外紀云舜彈五弦之琴歌南風之詩琱弓漆赤弓尚書彤弓是也莊子曰萬章言舜完廪浚井之說恐未必有此事論其理而已堯在上而使百官事舜於畎畝之中豈容象得以殺兄而使二

四書大全辯 下孟卷九 八

嫂治其棲乎、學孟子者以意逆志可也、南軒張氏曰象之憂疾舜而謀害之也舜亦憂者憂已何以使象至此也象之喜者彼云思君而以喜來舜固不逆其詐亦從而爲之喜也憂也亦憂喜也亦喜是其心與之爲一親之愛之不知其他此仁人之於弟天理人情之至也象憂而舜漠然不以爲憂象喜而舜疑之不以爲喜則在我之誠先不篤矣豈聖人之心也哉

慶源輔氏曰象日以殺舜爲事肆人欲以絕兄弟之情者也象憂亦憂象喜亦喜順天理以見兄弟之情者也象之人欲雖熾舜之天理常存卒之象不格姦而源源以來則舜之天理化其人欲而消之矣

西山眞氏曰象欲殺舜其迹甚明舜豈不知然見其憂則憂見其喜則喜略無一毫芥蔕於其中後世骨肉之間小有疑隙則嫌猜萬端惟恐發之不早除之不亟至此

四書大全辯 下孟卷九 九

然後知聖人之心與天同量也迂儒疑堯在上二女嬪虞無敢殺舜之理不知孟子但論舜之心使其有是處之不過如此豈必眞有是哉

雙峰饒氏曰完廪浚井事僞無則不告而娶亦焉知其非無孟子於此不辨下章咸丘蒙之問孟子却責之甚下章是說舜身上事舜爲天子不受堯與瞽瞍之朝此決然之理此章說象與瞽瞍之事容或有之是以不辨大凡看書且看大意如前章重在爲不順於父母如窮人無所歸兩句此章重在象憂亦憂象喜亦喜兩句

與平聲 校音效又音敎 畜許六反

曰然則舜僞喜者與曰否昔者有饋生魚於鄭子產子產使校人畜之池校人烹之反命曰始舍之圉圉焉少則洋洋焉攸然而逝子

烹曰得其所哉校人出曰孰謂子產智予既
烹而食之曰得其所哉得其所哉故君子可
欺以其方難罔以非其道彼以愛兄之道來
故誠信而喜之奚僞焉

校人主池沼小吏也圉圉困而未紓之貌
洋洋則稍縱矣攸然而逝者自得而遠去
也方亦道也罔蒙蔽也欺以其方謂誑之
以理之所有罔以非其道謂昧之以理之
所無象以愛兄之道來所謂欺之以其方

也舜本不知其僞故實喜之何僞之有○
此章又言舜遭人倫之變而不失天理之
常也○

新安陳氏曰不失天理之常則終可以回
人倫之變矣不格姦底豫之餘人倫豈終
變也哉
東陽許氏曰魚入水有悠然而逝之理弟
有思兄鬱陶之理故子產與舜皆信之舜
之愛弟自天性況象又以愛兄之道來感
之乎
月恒近辯曰悄嗜是舜已下皆而去。出是
先已出去。蓋小杖受大杖走不使親有殺
子之惡也。兩笠泥孔之說謬。父母之所愛
舜亦愛之。亦憂亦喜。即是愛弟。亦是順父
此見舜之由仁義行。

○萬章問曰象日以殺舜爲事立爲天子則
放之何也孟子曰封之也或曰放焉

放猶置也置之於此使不得去也萬章疑
舜何不誅之孟子言舜實封之而或者誤
以爲放也

萬章曰舜流共工于幽州放驩兜于崇山殺
三苗于三危殛鯀于羽山四罪而天下咸服
誅不仁也象至不仁封之有庳有庳之人奚
罪焉仁人固如是乎在他人則誅之在弟則

封之曰仁人之於弟也不藏怒焉不宿怨焉
親愛之而已矣親之欲其貴也愛之欲其富
也封之有庳富貴之也身爲天子弟爲匹夫
可謂親愛之乎

流徙也共工官名驩兜人名二人比周相
與爲黨三苗國名負固不服殺其君也
殛誅也鯀禹父名方命圮族治水無功皆
不仁之人也幽州崇山三危羽山有庳皆
地名也或曰今道州鼻亭即有庳之地也

未知是否萬章疑舜不當封象使彼有庳之民無罪而遭象之虐非仁人之心也藏怒謂藏匿其怒宿怨謂留蓄其怨

新安倪氏曰方命圯族見書堯典篇方命者逆上命而不行也圯敗族類言與衆不和傷人害物也

趙氏曰幽州北裔之地舜分冀北爲幽州崇山南裔之山在今澧州慈利縣三危西裔之地禹貢在雍州或以爲燉煌未詳羽山東裔之山在今海州朐山縣

漢書顏師古註云有庳在零陵今鼻亭是也

雙峰饒氏曰仁人之於弟雖有怒亦不藏之雖有怨亦不留之少間便釋然親之欲其親近於我貴之是也愛之欲其得遂所

欲富之是也

仁山金氏曰古者萬國各世其地帝舜欲封其弟無由奪人近地以處之亦覩九州閒田以封之爾

或曰怨怒二字屬弟說弟嘗怒我而不藏其怒弟嘗怨我而不宿其怨若以屬仁人則是仁人又恐懟怒其弟矣仁人天性一體本無怨怒何勞不藏宿饒雙峰說不必從

王陽明曰靈博之山有象祠焉諸夷咸神而事之予曰有庳之祠唐之人嘗毀之毀于有庳而猶盛于茲土胡然乎我知之矣君子之愛若人也推及于其屋之烏而況于聖人之弟乎哉然則祠者爲舜非爲象也古之驁桀者豈少哉而象之祠獨延于世象之不仁蓋其始焉耳烏知其終之不見化于舜也孟子曰天子使吏治其國象不得以有爲也斯蓋舜愛象之深而慮之

詳所以扶持輔導之者之周也不然周公之聖而管蔡不免焉斯可以見象之既化于舜故能任賢使能而安于其位澤加于其民既死而人懷之也諸侯之卿命于天子蓋周官之制其治做于舜之封象與

敢問或曰放者何謂也曰象不得有爲於其國天子使吏治其國而納其貢稅焉故謂之放豈得暴彼民哉雖然欲常常而見之故源源而來不及貢以政接于有庳此之謂也

孟子言象雖封爲有庳之君然不得治其國天子使吏代之治而納其所收之貢稅

於象有似於放故或者以爲放也蓋象至不仁處之如此則既不失吾親愛之心而彼亦不得虐有庳之民也源源若水之相繼也來謂來朝覲也不及貢以政接于有庳謂不待及諸侯朝貢之期而以政事接見有庳之君蓋古書之辭而孟子引以證源源而來之意見其親愛之無已如此也

○吳氏曰言聖人不以公義廢私恩亦不以私恩害公義舜之於象仁之至義之盡

也。
新安陳氏曰以此之謂也四字觀之知其
爲古書之辭
朱子曰封之有庫富貴之是不以公義廢
私恩所以爲仁之至使吏治其國納貢賦
而不得肆暴是不以私恩害公義所以爲
義之盡後世如漢文之於淮南景帝之於
梁王始則縱之太過不得謂之仁後又案
治之甚不得謂之義皆兩失之
南軒張氏曰舜之處象可謂盡矣象雖不
道而吾之弟也仁人之於弟親愛之而已
矣或曰周公之於管蔡如之何蓋管蔡挾
武庚以叛憂在廟社孽在生民周公爲國
弭亂也象之欲殺舜其事在舜之身耳固
不同也舜與周公易地則皆然蓋其存心
爲天理人情之至則一也
通考朱氏公遷曰篇首及此章皆以順處

其變者言之不得乎親而怨慕者孝之至
弟至不仁而誠信喜之者友之至此其不
失乎常者也封之有庫而富貴之常道之
中雖有權而均之不失天理之常也吾友
操公晩之言曰大舜之於象也誠信喜之
則聖人自然之天所以盡其愛之心也
封之有庫則聖人處事之法所以全其愛
之之道也舜之處象者如此而周公之處
管蔡者不同其說則先儒之論備矣
金履祥曰督象之欲殺舜在其初年之間
堯之舉舜則在其充諸之後史記反復重
出而莫之辯則固也然孟子亦不辯萬章之
失何也蓋孟子不在于辯世俗傳說之跡
而在于發明聖人處變之心使學者得聖
人之心以推天理人情之至則其事之前
後有無皆不必辯也

○咸丘蒙問曰語云盛德之士君不得而臣

朝音潮 岌魚及反 諱記 日朱 日父 咸將 殂日 考日 妣

父不得而子舜南面而立堯帥諸侯北面而
朝之瞽瞍亦北面而朝之舜見瞽瞍其容有
蹙孔子曰於斯時也天下殆哉岌岌乎不識
此語誠然乎哉孟子曰否此非君子之言齊
東野人之語也堯老而舜攝也堯典曰二十
有八載放勳乃徂落百姓如喪考妣三年四
海遏密八音孔子曰天無二日民無二王舜
既爲天子矣又帥天下諸侯以爲堯三年喪
是二天子矣

咸丘蒙孟子弟子也語者古語也蹙顰蹙
不自安也岌岌不安貌也言人倫乖亂天
下將危也齊東齊國之東鄙也孟子言堯
但老不治事而舜攝天子之事耳堯在時
舜未嘗即天子位堯何由北面而朝乎又
引書及孔子之言以明之堯典虞書篇名
今此文乃見於舜典蓋古書二篇或合爲
一耳言舜攝位二十八年而堯死也徂升
也落降也人死則魂升而魄降故古者謂

死爲徂落遏止也密靜也八音金石絲竹匏土革木樂器之音也

新安倪氏曰金鐘也石磬也絲琴瑟也竹簫管也匏笙竽也土塤也革鼓也木柷敔也

南軒張氏曰堯老而命舜攝天子之事是則堯猶爲君而舜則臣也堯崩舜率天下之臣民以爲堯三年喪是猶以堯之事行于天下也至于堯三年之喪畢舜避堯之子而天下訟獄謳歌歸之不容舍焉而後舜始踐天子位此堯舜相繼之際書傳所載莫詳焉而不獨見於孟子之書也

雙峰饒氏曰百姓是畿內百姓如平章百姓皆指畿內而言古者天子崩畿內百姓爲之斬衰期年之服諸侯之國內百姓爲之斬衰皆期年也周制百姓期年今也百姓爲之三年至于四海雖無服亦遏密八音不作樂

咸丘蒙曰舜之不臣堯則吾既得聞命矣詩云普天之下莫非王土率土之濱莫非王臣而舜既爲天子矣敢問瞽瞍之非臣如何曰是詩也非是之謂也勞於王事而不得養父母也曰此莫非王事我獨賢勞也故說詩者不以文害辭不以辭害志以意逆志是爲得之如以辭而已矣雲漢之詩曰周餘黎民靡有孑遺信斯言也是周無遺民也

種上聲

不臣堯不以堯爲臣使北面而朝也詩小雅北山之篇也普徧也率循也此詩今毛氏序云役使不均已勞於王事而不得養其父母焉其詩下文亦云大夫不均我從事獨賢乃作詩者自言天下皆王臣何爲獨使我以賢才而勞苦乎非謂天子可臣其父也文字也辭語也逆迎也雲漢大雅篇名也孑獨立之貌遺脫也言說詩之法不可以一字而害一句之義不可以一句

而害設辭之志當以己意迎取作者之志乃可得之若但以其辭而已則如雲漢所言是周之民真無遺種矣惟以意逆之則知作詩者之志在於憂旱而非真無遺民也

朱子曰逆是前去追迎之意將自家意思去前面等候詩人之志來如等人來相似今日等不來明日又等須等得來方得今人都是硬捉他來便不是逆志所謂逆者其至否遲速不敢自必而聽於彼也大抵讀書須虛心平氣優游玩味徐觀聖賢立言本意所向如何然後隨其遠近淺深輕重緩急而爲之說庶乎可以得之若便以

吾先入之說橫於胸次而驅牽聖賢之言以從己意設使義理可通已涉私穿鑿而不免於郢書燕說之誚況又義理窒礙實有所不可行乎

慶源輔氏曰以文害辭是泥一字之文而害一句之辭也以辭害義是泥一句之辭而害詩人設辭之意也意是己意志是詩人之志以我之意逆取詩人之志然後可以得之

北山張氏曰讀書須虛心平氣一段朱子最有功聖賢處學者不可不三復但等人一譬雖說逆字立解稍稍著像蓋等人却有等不來的如彼人爲別件事羈留或至愆期此倘可等得來它如意外之變或至于死亡雖今日等不來明日又等這人却終不來如何呆說須等得來方得乎以意逆志優游玩味思之思之鬼神通之有感數月或一年觸類而得之者亦有不纔頃

而得之者安在必限定日期如等人相似今日不來又等至明日乎愚謂朱子意圓而語滯讀者宜知所去取○郢人有遺相國書者夜書謂持燭者舉燭而誤書舉燭燕相受書曰舉燭高明高明者舉賢而任之朱子所云郢書燕說本此

養去聲

孝子之至莫大乎尊親尊親之至莫大乎以天下養爲天子父尊之至也以天下養養之至也詩曰永言孝思孝思維則此之謂也

言瞽瞍既爲天子之父則當享天下之養此舜之所以爲尊親養親之至也豈有使之北面而朝之理乎詩大雅下武之篇言人能長言孝思而不忘則可以爲天下法則也

慶源輔氏曰上既言讀詩之法以破萬章之惑此又言尊親養親之至以見舜無使父朝己之理夫舜既爲天子則瞽瞍實爲天子之父備享四海九州之奉而舜爲尊親養親之至矣故引下武詩以詠歎之以謂如舜者然後可謂能長言孝思而爲天下法則者矣豈有使其父北面而朝之理乎

雙峰饒氏曰尊親養親雖是二事然尊與養相須養之至乃所以尊之也

見音現　齊側皆反

書曰祗載見瞽瞍夔夔齊栗瞽瞍亦允若是爲父不得而子也

書大禹謨篇也祗敬也載事也夔夔齊栗敬謹恐懼之貌允信也若順也言舜敬事瞽瞍往而見之敬謹如此瞽瞍亦信而順之也孟子引此而言瞽瞍不能以不善及其子而反見化於其子則是所謂父不得而子者而非如咸丘蒙之說也

蔡氏曰張其子之稱孝也

南軒張氏曰古之君有受教於臣以成德者如太甲之於伊尹成王之於周公謂之君不得而臣亦可也蓋在于知盡事父之道在臣知盡事君之道而已自他人與彼世觀之則見其有不得而臣不得而子者焉故云爾也

雲峰胡氏曰如咸丘蒙之說則所謂父不得而子者以位言也殊不知古語云盛德之士本自專以德言祇載見瞽瞍夔夔齊栗此舜之盛德處瞽瞍亦允若則反見化於其子盛德之中而不得以不善及其子也

月恒近解曰引詩只重永言孝思一句蓋舜終身而慕正是孝思之永處下夔夔句正是孝思處

〇萬章曰堯以天下與舜有諸孟子曰否天子不能以天下與人

天下者天下之天下非一人之私有故也

然則舜有天下也孰與之曰天與之

諄之淳反

天與之者諄諄然命之乎

萬章問也諄諄詳語之貌

行去聲下同

曰否天不言以行與事示之而已矣

行之於身謂之行措諸天下謂之事言但因舜之行事而示以與之之意耳

曰以行與事示之者如之何曰天子能薦人於天不能使天與之天下諸侯能薦人於天不能使天子與之諸侯大夫能薦人於諸侯不能使諸侯與之大夫昔者堯薦舜於天而天受之暴之於民而民受之故曰天不言以行與事示之而已矣

暴步卜反下同　令力呈反

暴顯也言下能薦人於上不能令上必用之舜爲天人所受是因舜之行與事而示之以與之之意也

慶源輔氏曰下爲人於上公必也若有必上用之之心則私意矣孟子此言不特說得三聖授受明白而於人臣薦賢之道尤公至正之心亦盡彼竊位蔽賢者固不足責而進一善遂一能上必君之用下市已之恩者皆非也上只言天此又并民而言

者天民一理天實以民爲視聽也舜相堯二十八載固天也至於朝覲訟獄謳歌則人耳而亦曰天者以天統人以人證天天與人一也

主祭主事並平　然非事治民安則稱亦不享矣　相去聲　朝音潮

曰敢問薦之於天而天受之暴之於民而民受之如何曰使之主祭而百神享之是天受之使之主事而事治百姓安之是民受之也天與之人與之故曰天子不能以天下與人舜相堯二十有八載非人之所能爲也天也堯崩三年之喪畢舜避堯之子於南河之南天下諸侯朝覲者不之堯之子而之舜訟獄

夫音扶

後漢書中曾附曰人所歸者天所與人所歸者次所夫也

之不之堯之子而之舜謳歌者不謳歌堯之
子而謳歌舜故曰天也夫然後之中國踐天
子位焉而居堯之宮逼堯之子是篡也非天
與也

南河在冀州之南其南即豫州也訟獄謂
獄不決而訟之也

新安倪氏曰冀州爲帝都河在其南故謂
之南河
疏曰天遠而在上是爲尊者也聖人之于
天舉其所知而取舍不在我故云薦之也
民近而在下是爲卑者也聖人之于民暴
其功業而使之自附故云暴之也所謂受
之者即是與之也

四書大全辯（下孟卷九） 圭

太誓曰天視自我民視天聽自我民聽此之
謂也

自從也天無形其視聽皆從於民之視聽
民之歸舜如此則天與之可知矣

南軒張氏曰聖人之動無非天也其相授
受之際豈有我之所得爲哉故曰天子不
能以天下與人天子而以天下與人則是
私意之所爲亂之道也堯之於舜選於大
下而薦之天耳而舜之卒有天下者天實
爲之堯豈能加毫末於此哉舜之相堯歷
年如是之久其薦於天暴於民者如是其
著此乃天也堯崩舜率天下而服堯之喪

堯喪既除舜避堯之子於南河之南未致
以已爲天子而聽天所命也朝覲訟獄謳
歌者皆相率而歸有不容舍焉夫然後舜
而踐位而從容於天人之際益如此然則
舜亦豈能加毫末於此哉既此章則聖人
所謂先天而天不違後天而奉天時者殆
可得而究矣

新安陳氏曰太書作泰皋陶謨曰天聰明
自我民聰明泰誓之言蓋本於此天既無
民之形體故其視聽皆從於民民之所歸
即天之所命也

通考朱氏公遷曰此章天字以主宰言凡
自天意而言者皆以主宰言孔子重言天
厭之及天生德天未喪斯文孟子言天位
天職天祿天未欲平治天下及引詩書所
言入作學長天之威皆是此類此與命以
禍福言者相貫

四書大全辯（下孟卷九） 圭

○萬章問曰人有言至於禹而德衰不傳於
賢而傳於子有諸孟子曰否不然也天與賢
則與賢天與子則與子昔者舜薦禹於天十
有七年舜崩三年之喪畢禹避舜之子於陽
城天下之民從之若堯崩之後不從堯之子
而從舜也禹薦益於天七年禹崩三年之喪
畢益避禹之子於箕山之陰朝覲訟獄者不
之益而之啓曰吾君之子也謳歌者不謳歌
益而謳歌啓曰吾君之子也

[illegible]

與子非君乎曰非與子也與賢也

陽城箕山之陰皆嵩山下深谷中可藏處
啓禹之子也楊氏曰此語孟子必有所受
然不可考矣但云天與賢則與賢天與子
則與子可以見堯舜禹之心皆無一毫私
意也

南軒張氏曰堯舜傳之賢禹傳之子而後
世遂有至禹而德衰之論此以私意觀聖
人也禹薦益於天與堯之薦舜舜之薦禹
其心一也益避禹之子與舜之在南河禹
之在陽城其心一也天而與益則朝覲訟
獄謳歌者皆歸之益踐天子位矣禹亦豈
得而不與之哉而天則與子也禹亦豈得
而與之哉使天而與丹朱與舜之子則舜

禹固得遂其終避之意猶益得遂其終避
之志者也故曰其心一也

之相之相去聲相去之相如字

丹朱之不肖舜之子亦不肖舜之相堯禹之
相舜也歷年多施澤於民久啓賢能敬承繼
禹之道益之相禹也歷年少施澤於民未久
舜禹益相去久遠其子之賢不肖皆天也非
人之所能爲也莫之爲而爲者天也莫之致
而至者命也

堯舜之子皆不肖而舜禹之爲相久此堯
舜之子所以不有天下而舜禹有天下也
禹之子賢而益相不久此啓所以有天下
而益不有天下也然此皆非人力所爲而
自爲非人力所致而自至者蓋以理言之
謂之天自人言之謂之命其實則一而已

朱子曰天如君命如命令若命人去做職
事其俸祿有厚薄歲月有遠近無非是命
命有兩樣得之不得曰有命自是一樣天
命之謂性又自是一樣雖是兩樣卻只是
一箇命天之命人有命之以厚薄修短有
命之以清濁偏正無非是命且如舜禹益
相去久遠是命之在外者其子之賢不肖
是命之在內者聖人窮理盡性以至於命
便能贊化育堯之子不肖他便不傳與子
而傳與舜本是箇不好底意思卻被他一

轉轉得好

南軒張氏曰莫之爲而爲者天也莫之致
而至者命也孟子發明天人之際深矣雖
然人君爲不善而天命去之則是有所爲
而致也得不可言天與命歟孟子嘗論
之矣曰盡其道而死者正命也桎梏死者
非正命也蓋如堯舜禹益之事天理之全
而命之正也若夫爲不善以及於亂亡則
是自絕乎天以過其命不得謂之得其正
矣

慶源輔氏曰天則天理之本體命則天理
之命於人者

北溪陳氏曰天與命只一理就其中則微
有分別爲以做事言做事是人對此而反
之非人所爲便是天至以吉凶禍福地頭
言有因而致是人力對此而反之非力所
致便是命天以全體言命以其中妙用言
其曰以理言之謂之天是專就天之正義

言却包命在其中。其曰自人言之謂之命，命是天命，因人形之而後見，故吉凶禍福自天來到於人，然後爲命，乃是於天理中截斷命爲一邊而言其指歸一爾。若只就天一邊說吉凶禍福，未有人受來，如何見得是命。

通旨朱氏公遷曰：此章命字與莫非命也、非正命也、行法以俟命、居易以俟命、不知命之命，皆以氣言，兼言氣之長短厚薄不齊者。

司馬溫公曰：父之位傳之于子，自生民以來如是矣。堯以朱不肖，故授舜；舜以均不肖，故授禹；禹以啓賢，是以任天下，而禹授益，使天下自擇啓而歸之，是謂之禹以天下授益，啓達父之命而爲天子，是不孝也。惡有篩傳與不孝而謂之聖賢哉，此爲傳者之過明矣。

湯亦卷曰：舜受堯之天下不以爲泰，孟子既言之矣，如其不當，則顯辭于廷，何必俟君堯而後避；如其當受，而偽爲退避，則如曹操、司馬懿之術矣，而謂舜禹爲之乎？且今日方避，而明日儼然又來，是何舉措？王于益避禹之子，尤爲無稽。孟子嘗曰唐虞禪，夏后殷周繼，何其言之自相戾乎？孟子于武成取二三策，善觀孟子者從之可也。

匹夫而有天下者，德必若舜禹，而又有天子薦之者，故仲尼不有天下。

孟子因禹益之事，歷舉此下兩條以推明之。言仲尼之德雖無愧於舜禹，而無天子薦之者，故不有天下。

趙曰：史記云外丙即位二年崩。　不稱孟子之過。　相王去聲。艾音乂。　差初宜反。　墳音塋。　芟所銜反。

繼世以有天下，天之所廢，必若桀紂者也，故益、伊尹、周公不有天下。

繼世而有天下者，其先世皆有大功德於民，故必有大惡如桀紂，則天乃廢之。如啓及太甲、成王，雖不及益、伊尹、周公之賢聖，但能嗣守先業，則天亦不廢之，故益、伊尹、周公雖有舜禹之德而亦不有天下。

伊尹相湯以王於天下，湯崩，太丁未立，外丙二年，仲壬四年。太甲顛覆湯之典刑，伊尹放之於桐三年，太甲悔過，自怨自艾，於桐處仁遷義三年，以聽伊尹之訓己也，復歸于亳。

此承上文言伊尹不有天下之事。趙氏曰：太丁，湯之太子，未立而死。外丙立二年，仲壬立四年，皆太丁弟也。太甲，太丁子也。程子曰：古人謂歲爲年。湯崩時，外丙方二歲，仲壬方四歲，惟太甲差長，故立之也。二說未知孰是。顛覆，壞亂也。典刑，常法也。桐，湯墓所在。艾，治也。說文云：芟草也。蓋斬絕自

亳之意毫商所都也
或曰遷義是天啓太甲之衷此亦可見天之與子處故伊尹不有天下益之不有天下亦此類
芑山張氏曰朱子語類問外丙二年仲壬四年二說孰是曰今亦如何知得然觀外丙仲壬必是立二年四年如今人都被書序誤書序云成湯既歿大甲元年故以爲外丙仲壬不曾立殊不知書序是後人作豈可憑也愚按朱子所云今亦如何知得必是立二年四年似屬臆度非有明據或曰長子死當立長孫太甲既爲湯之長孫其叔又差長湯崩之後自當立大甲則外丙仲壬之年歲不必一也蓋湯崩時大甲尚幼未堪立故立外丙外丙死立仲壬二君共立六年斯時大甲必出幼可立故立之由是論之則趙氏之說爲是若湯崩之

四書大全辯〈下孟卷九　卅八

時外丙二歲仲壬四歲則是仲壬長外丙二歲仲壬爲兄外丙爲弟何以弟長于兄二歲此不通之論也按此說足以駁正程說與朱子所謂立二年丙年者正合然或又曰時人每以外丙仲壬之立爲太孫尚幼不知當時以庶嫡之禮論當在大孫雖使其幼豈不能負扆而朝諸侯而公然廢嫡孫立庶子雖曰商人兄死弟立者多然帝乙未嘗立微子也蓋大甲顚覆湯之典刑已爲大孫之伊尹寘廢之而立外丙仲壬及其皆不久而後爲遷桐放君之事今論者徒取邵子經世史甲子曆推其時無此二君以爲誣不知曆紀其年苟其年合則世次固所略也安知其不併叔月于任年哉若曰二歲四歲則孟子此二語爲贅詞何故及此二人者而妄揣伊尹意中未形之事以此二人之幼而乃立大甲哉乃知論者當以正訛爲主按此說亦駁程子之說亦云外丙仲壬皆立而獨以二人之立于伊尹廢大孫之時與前說所云湯崩大甲尚幼未堪立故立外丙者不同以予論之此說寔勝前說可以明程說之誤而亦足以補未說之所未足學者合而觀之可也
或曰放之必於桐必三年者以其有三年之喪也然放字亦是後人如此說要之伊尹却只借諒陰之禮聽于冢宰者而爲之非顯然放置也若顯然放其君則是霍光之廢昌邑王矣將何辭以謝嚴延年與

周公之不有天下猶益之於夏伊尹之於殷也

此復言周公所以不有天下之意

四書大全辯〈下孟卷九　卅九

朱子曰仲尼不有天下益伊周不有天下豈益伊周孔皆有有天下之願而以無天子薦之與天意未有所廢而不得乎直論其理如此耳○問舜禹避位之說或者疑之以爲舜禹之爲相攝行天子之事久矣至此而復往避之有如天下歸之而未均不順則將從天下而廢其君之子耶抑將奉其君之子而違天下之心耶是皆事之至逆而由避有以致之也至益不度天命而受位矣避之而天下不從然後不敢爲匹夫猶且耻之而謂益爲之乎是其說也奈何闕之師曰聖人未嘗有取天下之心也三年喪畢去而避之禮之常事之宜耳其避去也其心惟恐天下之不吾釋也舜禹蓋迫於天命人心而不獲已者若益則求仁而得仁耳論者毋於利害權謀之習而妄意聖賢之心蓋以曹操不肯釋兵之心而爲舜禹益謀宜其以爲不當去位而

禪音擅

避朱均、以曹丕嫈表陳遜之心而爲舜禹、
益謀、宜上幸舜禹之得之、而以益之不得
爲可恥也、

孔子曰唐虞禪夏后殷周繼其義一也、

禪授也、或禪或繼、皆天命也、聖人豈有私
意於其間哉、○尹氏曰、孔子曰、唐虞禪、夏
后殷周繼其義一也、孟子曰、天與賢則與
賢、天與子則與子、知前聖之心者、無如孔
子、繼孔子者、孟子而已矣、

遜考湯氏澄曰堯舜授禪之禪本音去聲
魏晉以來始有禪學借音平聲傳禪字宜

要平聲下同

如字不必點發作去聲其禪靜字却當點
發作平聲則文順理順
南軒張氏曰一者何也亦曰奉天命而已
矣

○萬章問曰人有言伊尹以割烹要湯有諸

要求也按史記伊尹欲行道以致君而無
由乃爲有莘氏之媵臣負鼎俎以滋味說
湯致於王道蓋戰國時有爲此說者

慶源輔氏曰戰國之時人不知有義理之
學汲汲然志於功名事業以求其富貴利
達雖枉己辱身有所不顧故設爲此等議
論上以誣聖賢下以便一己之私耳
新安陳氏曰湯妃有莘氏女也所以有隨
嫁從臣負鼎俎蓋庖人之類

莘音辛　駟音四　介音芥

孟子曰否不然伊尹耕於有莘之野而樂堯
舜之道焉非其義也非其道也祿之以天下
弗顧也繫馬千駟弗視也非其義也非其道
也一介不以與人一介不以取諸人

莘國名樂堯舜之道者誦其詩讀其書而
欣慕愛樂之也駟四匹也介與草芥之芥
同言其辭受取與無大無細一以道義而
不苟也

新安陳氏曰詩如康衢之謠舜皐之歌之
類書如二典三謨是也必如此解此句方

實、
朱子語類云堯舜之道如書精一執中此
便是堯舜相傳之道伊尹在莘野時須
一一學來不是空樂○龜山說伊尹樂堯
舜之道云日用飲食出作入息便是樂堯
舜之道這個似說得渾全却不思他下面
說豈若吾身親見之哉道個便是真堯舜
却不是泛說底道皆堯舜之道如論語文
武之道未墜于地此亦直指文武之道而
或者便說日用間皆是文武之道殊不知
聖賢之言自實
或又曰堯舜之道正已以正天下之道也
伊尹樂堯舜之道故出處無不一于正而
卒能正人正天下
龜山楊氏曰一介之與萬鍾若論利則有
多寡若論義其理一也伊尹惟能一介知
所取與故能祿之以天下弗顧繫馬千駟
弗視自後世觀之則一介不以與人爲太

各一介不以取人爲太潔然若子之取
與適於其義而已與之嗇取之後雖若不
足道矣然苟害於義又何多寡之間乎
問道義一物非其義則非其道矣一介不
妄取與則大者可知矣既曰非義又曰非
道既曰一介又曰天下千駟何也朱子曰
道義兼舉體用而言也一介千駟極其多
少而言也蓋人之氣質不同器識有異或
務大而忽小或拘小而遺大故必兼舉而
極言之然後足以見其德之全耳
雙峰饒氏曰孟子說義必說道如配義與
道皆是先義亘古窮今只一箇道義是隨
時處事之權要兩下看既揆以義又揆以
道方可處事有合一時之宜及揆以古道
則有不合處道是體義是用義以事言道
以理言以事言則得其宜以理言則得其
正然後爲盡善故兩言之
或曰樂不作孤高闊曠說須看他幡然應

聘伐夏救民何等規模作用便識得樂道
精神蘊蓄處若將此處樂字與下面任字
看作兩截則謬矣

湯使人以幣聘之囂囂然曰我何以湯之聘
幣爲哉我豈若處畎畝之中由是以樂堯舜
之道哉

囂囂無欲自得之貌

慶源輔氏曰伊尹以堯舜之道自樂故常
無欲而自得涵泳其言則舉天下之物果
何足以累其心哉

湯三使往聘之既而幡然改曰與我處畎畝
之中由是以樂堯舜之道吾豈若使是君爲
堯舜之君哉吾豈若使是民爲堯舜之民哉
吾豈若於吾身親見之哉

幡然變動之貌於吾身親見之言於我之
身親見其道之行不徒誦說向慕之而已
也

或曰囂囂然曰幡然曰兩曰字皆推伊尹
之意非實有是語

天之生此民也使先知覺後知使先覺覺後
覺也予天民之先覺者也予將以斯道覺斯

民也非予覺之而誰也

此亦伊尹之言也知謂識其事之所當然
覺謂悟其理之所以然覺後知後覺如呼
寐者而使之寤也言天使者天理當然若
使之也程子曰予天民之先覺謂我乃天
生此民中盡得民道而先覺者也既爲先
覺之民豈可不覺其未覺者及彼之覺亦
非分我所有以予之也皆彼自有此理我
但能覺之而已

朱子曰，程子云知是知此事，覺是覺此理。如事親當孝，事兄當弟，是也；其所以當孝所以當弟，理也。今人知得此事，講解得這道理，皆是知之之事；及至自悟，則又自有箇見解處。○中央兩箇覺字，皆訓喚醒，是我喚醒他。

慶源輔氏曰：知淺而覺深，知有界限，覺無偏全。程子曰譬之人睡，他人未覺，而我先覺，故從其未覺者亦使之覺，及其已覺也，元無欠少，而亦未嘗有增加，適一般耳。此說說得覺字極爲全備。既爲先覺之民，豈可不覺其未覺者。此解非予覺之而誰也一句。蓋大學之道，既明明德，則必須新民，到此地位，自然住不得，正使不得時與位，亦須著如孔孟著書立言，以覺萬世，始得，此皆是不容已者。

思天下之民匹夫匹婦有不被堯舜之澤者

若已推而內之溝中，其自任以天下之重如此，故就湯而說之以伐夏救民。

書曰：昔先正保衡作我先王，曰予弗克俾厥后爲堯舜，其心愧恥，若撻于市，一夫不獲，則曰時予之辜。孟子之言，蓋取諸此。是時夏桀無道，暴虐其民，故欲使湯伐夏以救之。徐氏曰：伊尹樂堯舜之道，堯舜揖遜，而伊尹說湯以伐夏者，時之不同，義則一也。

吾未聞枉己而正人者也，況辱己以正天下者乎？聖人之行不同也，或遠或近，或去或不去，歸潔其身而已矣。

辱己甚於枉己，正天下難於正人。若伊尹以割烹要湯，辱己甚矣，何以正天下乎？遠，謂隱遁也。近，謂仕近君也。言聖人之行，雖不必同，然其要歸在潔其身而已。伊尹豈肯以割烹要湯哉。

慶源輔氏曰：辱己，實由於枉己。不可以爲未甚而已可枉也。正天下，實自正人始。未有不能正人而能正天下者也。

慶源輔氏曰：或遠而去，或近而不去，所遭之時不同，而在潔其身則同。潔身不使其身汙辱於不義也。身爲萬事之本，使尹以割烹要湯，則汙其身甚矣，本既不正，事無可爲，而謂尹爲之乎？

吾聞其以堯舜之道要湯，未聞以割烹也。

林氏曰：以堯舜之道要湯者，非實以是要之也，道在此而湯之聘自來耳，猶子貢言夫子之求之也，異乎人之求之也。愚謂此語亦猶前章所論父不得而子之意。

新安陳氏曰：承其要湯之語而正之，謂伊尹所以要湯，在堯舜之道而非割烹也。其

寔伊尹未嘗要求於湯如夫子之求之與
父不得而子語脉相似故集註引以爲證

伊訓曰天誅造攻自牧宮朕載自亳

伊訓商書篇名孟子引以證伐夏救民之
事也今書牧宮作鳴條造載皆始也伊尹
言始攻桀無道由我始其事於亳也

南軒張氏曰桀爲不道伊尹則相湯始於
亳而往征之然則其伐夏也奉天討有罪
而已

慶源輔氏曰此伊尹所自言於此可見其
任道之意則其不肯枉道自汙以要君必
矣事苟理明義正聖賢初無所掩覆也

邑山張氏曰未聞枉己正人二句只就枉
原二字較輕重不在人字天下字較廣狹

難易即如論語脩己安人說到安百姓
人雖有衆寡安百姓却包褁在安人褁面
正人正天下亦然輔氏云正天下定自正
人始其說自確蓋正天下作用不無初終
淺深耳他能正人處便是他能正天下處
所謂得一而萬畢非正天下難于正人也
集註分別人字天下字殊泥問伊尹所覺
何事曰撻市之恥納溝之痛此是伊尹覺
處愚謂此說看覺字不泥或又曰伐夏救
民前此未有舉世皆夢夢獨伊尹一人能覺
故謂之先覺此却在天人微渺處識得透
所以撥衛天下直是聾聵者迮就解悟上
說孔孟皆是先知先覺的人皆可謂之以
斯道覺斯民與伊尹不相切矣

癰於容反疽七余反好去聲

○萬章問曰或謂孔子於衛主癰疽於齊主
侍人瘠環有諸乎孟子曰否不然也好事者

舍羊載同讒
去奄閹青

爲之也

主謂舍於其家以之爲主人也癰疽瘍醫
也侍人奄人也瘠姓環名皆時君所近狎
之人也好事謂喜造言生事之人也

新安倪氏曰周禮天官有瘍醫瘍瘡瘍也

讎如字又音酬

於衛主顏讎由彌子之妻與子路之妻兄弟
也彌子謂子路曰孔子主我衛卿可得也子
路以告孔子曰有命孔子進以禮退以義得
之不得曰有命而主癰疽與侍人瘠環是無
義無命也

顏讎由衛之賢大夫也史記作顏濁鄒彌
子衛靈公幸臣彌子瑕也徐氏曰禮主於
辭遜故進以禮義主於斷制故退以義難
進而易退者也在我者有禮義而已得之
不得則有命存焉

朱子曰三揖而進一辭而退進以禮揖讓
辭遜退以義剛決果斷○聖人以義處命
本不待以命也所以曰有命對彌子瑕
言之也

南軒張氏曰聖人非擇禮義而爲進退聖
人之進退無非禮義禮義之所在則命之

要平聲　向式亮反

所在也。此所謂義命之合一者也。新安陳氏曰：上言禮義，下只言義者，義以禮亦義所當進，義可以該禮也。通考朱氏公遷曰：此章命字與得之有命、其如命何、賜不受命之命，皆以氣言。專言氣之厚薄不齊者，賜不受命，則專自貧富而言；餘三條則通自窮通得喪而言，大同小異也。

孔子不悅於魯衛，遭宋桓司馬將要而殺之，微服而過宋。是時孔子當阨，主司城貞子，為陳侯周臣。

不悅，不樂居其國也。桓司馬，宋大夫向魋也。司城貞子，亦宋大夫之賢者也。陳侯名

周。按史記，孔子為魯司寇，齊人饋女樂以間之，孔子遂行，適衛月餘，去衛適宋，司馬魋欲殺孔子，孔子去，主司城貞子。孟子言孔子雖當阨難，然猶擇所主，況在齊衛無事之時，豈有主癰疽侍人之事乎。雙峰饒氏曰：司馬、司城，皆是宋之官。他國則無，宋是王者後，故做天子禮，有司馬、司城。新安倪氏曰：宋以武公諱改司空為司城。新安陳氏曰：以文勢觀，似是臨去宋時主於司城貞子，適陳為陳侯周臣。慶源輔氏曰：以孔子進禮退義，曰有命觀之，則必無主癰疽侍人之理；以當阨主司城貞子觀之，則必無主癰疽侍人之事。

吾聞觀近臣以其所為主，觀遠臣以其所主。若孔子主癰疽與侍人瘠環，何以為孔子。

近臣，在朝之臣。遠臣，遠方來仕者。君子小人各從其類，故觀其所為主，與其所主者，而其人可知。呂氏曰：辭受有義，得不得有命，皆理之所必然。有命有義，是有可得可受之理，故舜可受堯之天下。無命無義，是無可得可受之理，故孔子不主彌子以受衛卿。二者義命有自合之理，無從而間焉。有義有命，雖有可受之義，而無可得之命，安得而受之。

是謂義合於命，故益避啓而不受禹之天下。有命無義，雖有可得之命，而無可受之義，亦安得而受之。是謂命合於義，故中國授室，養弟子以萬鍾，而孟子辭之也。南軒張氏曰：此泛言觀人之法。豈獨為人臣者所當知。為人君者尤當明此義，則遠近交見而不蔽於耳目之私矣。新安陳氏曰：呂氏所謂無命無義，與孟子本文是無義無命也不同。進退以禮義而得之有命也，於聖賢未嘗加益，惟合於禮義而已。命之得非所計也。進退以禮義而不得亦命也，於聖賢未嘗或損，無慊於禮義矣。不得矣，傷哉。安於命而已，故曰得之不得曰有命。若有苟得之心，而欲因時君近狎之人以進，則是進退不以禮義，而不知有命矣，故曰是無義無命也。或曰：不主癰疽瘠環，所以為孔子。不禮臧倉、王驩，所以為孟子。宋璟不與內侍交言

明皇深加歎獎。杜悰不從監軍請選宮女入宮。武宗知其有宰相才。范純夫爲諫官。東降官官陳衍園亭在焉。衍每至園中。不敢高聲。謂其徒曰。范諫議一言到上前。吾輩不知死所矣。此其所以爲元祐也。王黼爲宰相。與宦官梁師成降居。啓開複戶往來。徽宗徘徊觀覽。偶見之。大不樂。此其所以爲崇觀政宣也。

食音嗣　好去聲　下同

○萬章問曰或曰百里奚自鬻於秦養牲者五羊之皮食牛以要秦穆公信乎孟子曰否不然好事者爲之也

百里奚虞之賢臣人言其自賣於秦養牲者之家得五羊之皮而爲之食牛因以干秦穆公也

屈求勿反　乘去聲

百里奚虞人也晉人以垂棘之璧與屈產之乘假道於虞以伐虢宮之奇諫百里奚不諫

虞虢皆國名垂棘之地所出之璧也屈產之乘屈地所生之良馬也乘四匹也晉欲伐虢道經於虞故以此物借道其實欲并取虞宮之奇亦虞之賢臣諫虞公令勿許虞公不用遂爲晉所滅百里奚知其不可諫故不諫而去之秦

并去聲

左傳僖公二年晉荀息請屈產之乘與垂棘之璧假道於虞以伐虢公曰是吾寶也對曰若得道於虞猶外府也乃使荀息假道於虞虞公許之自請先伐虢宮之奇諫不聽遂起師夏晉里克荀息帥虞師伐虢滅下陽五年晉侯復假道於虞以伐虢宮之奇諫曰虢虞之表也虢亡虞必從之晉不可啟寇不可翫一之謂甚其可再乎諺所謂輔車相依唇亡齒寒者其虞虢之謂也弗聽宮之奇以其族行十二月晉滅虢館於虞遂襲虞滅之執虞公

趙氏曰虞在漢河東郡大陽縣虢在漢河南郡榮陽縣

知虞公之不可諫而去之秦年已七十矣曾不知以食牛干秦穆公之爲汙也可謂智乎

相去聲

不可諫而不諫可謂不智乎知虞公之將亡而先去之不可謂不智也時舉於秦知穆公之可與有行也而相之可謂不智乎相秦而顯其君於天下可傳於後世不賢而能之乎自鬻以成其君鄉黨自好者不爲而謂賢者爲之乎

自好自愛其身之人也孟子言百里奚之智如此必知食牛以干主之爲汙其賢又如此必不肯自鬻以成其君也然此事當

飯扶晚反

孟子時已無所據，孟子直以事理反覆推之，而知其必不然耳。○范氏曰：古之聖賢未遇之時，鄙賤之事不耻為之，如百里奚為人養牛，無足怪也。惟是人君不致敬盡禮，則不可得而見，豈有先自汙辱以要其君哉？莊周曰：百里奚爵祿不入於心，故飯牛而牛肥，使穆公忘其賤而與之政，亦可謂知百里奚矣。伊尹、百里奚之事，皆聖賢出處之大節，故孟子不得不辨。尹氏曰：當時好事者之論，大率類此，蓋以其不正之心度聖賢也。

新安陳氏曰：成其君，成就其君之霸業也。莊子田子方篇：百里奚爵祿不入於心，故飯牛而肥，使秦穆公忘其賤而與之政也。有虞氏死生不入於心，故足以動人。范氏曰：虞之將亡，宮之奇諫，百里奚不諫，二人皆是也。宮之奇不忍虞之亡，諫而不聽，然後以其族行，君臣之義盡。百里奚不事虞公，年七十矣，而無所遇，知其不可諫，不諫而先去之，去就之理明。奇為忠臣，奚為智士，故曰皆是也。按秦本紀，晉虜虞君與百里奚，奚亡秦走宛，楚鄙人執之，穆公聞其賢，以五羖羊皮贖之，號五羖大夫。商鞅傳趙良曰：五羖大夫，荊之鄙人也，聞穆公賢，願見，行而無資，自鬻於秦，被褐飯牛，穆

公舉之牛口之下，加之百姓之上。史記齊傳以相矛盾，蓋得之好事者。南軒張氏曰：奚於虞在不必諫之地，又知其不可諫，諫必不聽，故引而去之，所以為智。使在當諫之地而不諫，是不忠之臣也，可謂智乎？

蔡氏曰：戰國之時，人不知道，惟知以功利為急，甚者敢誣聖賢，欲借以行其私。如伊尹割烹要湯，孔子主癰疽侍人，百里奚自鬻，雖萬章之徒亦不知其為非，而猶不免於疑問，習俗移人之心如此，孟子安得不歷數而明辨之哉。

通考東陽許氏曰：後語六反、四智、二賢，皆反覆明奚之事。第一總言去虞入秦之智，第五以事實言其賢，為下節張本，第六專以上文之賢證自鬻之言之妄，前後皆是彷彿言之，惟第五節為要。然不智則不能明去就之幾，不賢則不足以是其智之正，

故反覆言之。讀之則見其文之妙，而不知其意之精密如此。

四書大全辯孟子卷之十

萬章章句下

通考勿軒熊氏曰內六章因上篇言聖賢出處多及進退辭受之義內一章言封建井田二章言取友之道凡九章

孟子曰伯夷目不視惡色耳不聽惡聲非其君不事非其民不使治則進亂則退橫政之所出橫民之所止不忍居也思與鄉人處如以朝衣朝冠坐於塗炭也當紂之時居北海之濱以待天下之清也故聞伯夷之風者頑

夫廉懦夫有立志 治去聲下同橫去聲朝音潮

橫謂不循法度頑者無知覺廉者有分辨懦柔弱也餘並見前篇

伊尹曰何事非君何使非民治亦進亂亦進曰天之生斯民也使先知覺後知使先覺覺後覺予天民之先覺者也予將以此道覺此民也思天下之民匹夫匹婦有不與被堯舜之澤者若己推而納之溝中其自任以天下之重也 與音預

何事非君言所事即君何使非民言所使即民無不可事之君無不可使之民也餘見前篇

柳下惠不羞汙君不辭小官進不隱賢必以其道遺佚而不怨阨窮而不憫與鄉人處由由然不忍去也爾為爾我為我雖袒裼裸裎於我側爾焉能浼我哉故聞柳下惠之風者鄙夫寬薄夫敦

鄙狹陋也敦厚也餘見前篇

問夷惠勝伊尹得些朱子曰伊尹體用較全夷惠高似伊尹大如夷惠

新安陳氏曰凡言聞其風者皆適不行於當時而其流風餘韻足以聳動後世者也伊尹道行於當時有功業可見不待以風言夷惠道不行於當時無功業可見而其制行之高足使后世想聞其餘風而興起所以以風言夷則風之清惠則風之和也或曰孔子道亦不行於當時而不以風言何也曰孔子如大極元氣之運風不足以言之也司馬遷謂講業齊魯之都觀夫子遺風亦以風言特於齊魯之地觀之則所指者有界限而所觀者亦然故亦以風言耳

孔子之去齊接淅而行去魯曰遲遲吾行也去父母國之道也可以速而速可以久而久

記曰當其可之謂將稅與脫冕

可以處而處可以仕而仕孔子也淅先歷反

接猶承也淅漬米水也漬米將炊而欲去之速故以手承水取米而行不及炊也舉此一端以見其久速仕止各當其可也或曰孔子去魯不稅冕而行豈得爲遲楊氏曰孔子欲去之意久矣不欲苟去故遲遲其行也膰肉不至則得以微罪行矣故不稅冕而行非速也

林次崖曰孔子可以速而速去之速也可以久而久去之遲也可以處而處去而處也可以仕而仕不去也處仕是一去一不去久速都在去上

孟子曰伯夷聖之清者也伊尹聖之任者也柳下惠聖之和者也孔子聖之時者也

張子曰無所雜者清之極無所異者和之極勉而清非聖人之清勉而和非聖人之和所謂聖者不勉不思而至焉者也孔氏曰任者以天下爲己責也愚謂孔子仕止久速各當其可蓋兼三子之所以聖者而時出之非如三子之可以一德名也或疑伊尹出處合乎孔子而不得爲聖之時何也程子曰終是任底意思在

朱子曰夷惠氣質有偏比之夫子終有不中節處所以易中說中正伊川謂中重於正正不必中也言中則正已在其中蓋無正則做中不出來而單言正則未必能中也夷惠諸子其正與夫子同而夫子之中則非諸子所及也○清任和都是有病痛底聖人問伊尹似無病痛曰五就湯五就桀孔子必不肯恁地只爲他任得太過所謂任只就他治亦進亂亦進處看其自任以天下之重如此雖云祿之天下繫馬千駟弗顧弗受然終是任處多如柳下惠不以三公易其介固是介然終是和處多問三子之德各偏於一亦盡其一德之中否曰三子之德但各至於一偏之極既云偏

則不得謂之中矣如伯夷雖有善其辭命而至者不受也此便是偏處若善其辭命而吾受之亦何妨只觀孔子便不然問既云一偏何以謂之聖曰聖只是做到極處自然安行不待勉強故謂之聖非中之謂也○三聖是知之不至三子不惟清不能和和不能清但於清處和處亦皆過如射者皆中而不中鵠問既是如此何以爲聖人之清和曰都是天理中流出無駁雜雖是過當底是無纖毫查滓孔子集大成無所不該非特兼三子所長而已但與三子比並說時是兼其所長曰三子是資稟如此否曰然○問如伯夷之清而不念舊惡柳下惠之和而不以三公易其介此其所以爲聖之清聖之和也但其流弊則有隘與不恭之失曰這也是諸先生恐傷觸二子所以說流弊今以聖人觀二子則二子多有欠闕處才有欠闕處便有弊所以孟子

南字則字不必出別

子直說他隘與不恭不曾說其末流如此問伊川云伊尹終有任底意思在謂他有擔當作爲底意思只是些意思便非夫子氣象否曰然然此處極難看且放那裏久之看道理熟自見雖說不得若謂伊尹有這些意思在爲非聖人之至則孔孟皇皇汲汲去齊去魯之梁之魏非無意者其所以異伊尹者何也○問夫子若處伊尹之地也如他任如何曰夫子自是不同不如此著意

南軒張氏曰孔子之速也遲也皆道之所在也曰可以速而速可以久而久此公孫丑篇易一則字尤見從容不迫與時偕行之意聖之時云者非聖人之趨時聖人之動固無不時也

慶源輔氏曰伊尹惟其任底意思在故未能與天爲一而不得爲聖之時若孔子則雖視天下無不可爲之時在己無不可行

之道然却無伊尹這些意思曰如有用我者期月而已可也如有用我者吾其爲東周乎多少含蓄意思此其所以與天爲一而謂之聖之時也

東陽許氏曰此章聖字言夷惠伊尹處是以地言與大而化之之聖不同只是清任和到極處故謂之聖孔子則是大而化之之聖其行之時中則清任和時而出之亦無不到極處

孔子之謂集大成集大成也者金聲而玉振之也金聲也者始條理也玉振之也者終條理也始條理者智之事也終條理者聖之事也

洩私列反　詘渠勿反　鎛音博　鐘闋苦穴反　兒五兮反

此言孔子集三聖之事而爲一大聖之事猶作樂者集衆音之小成而爲一大成也成者樂之一終書所謂簫韶九成是也金鐘屬聲宣也如聲罪致討之聲玉磬也振收也如振河海而不洩之振始始之也終終之也條理猶言脈絡指衆音而言也智者知之所及聖者德之所就也蓋樂有八音金石絲竹匏土革木若獨奏一音則其一音自爲始終而爲一小成猶三子之所

知偏於一而其所就亦偏於一也八音之中金石爲重故特爲衆音之綱紀又金始震而玉終詘然也故並奏八音則於其未作而先擊鎛鐘以宣其聲俟其既闋而後擊特磬以收其韻宣以始之收以終之二者之間脈絡通貫無所不備則合衆小成而爲一大成猶孔子之知無不盡而德無不全也金聲玉振始終條理疑古樂經之言故兒寬云惟天子建中和之極兼總條

[illegible]

貫金聲而玉振之亦此意也
書益稷篇註簫古文作箾箾韶葢舜樂之
總名也九成者猶周禮所謂九變也
記聘義昔者君子比德於玉焉溫潤而澤
仁也縝密以栗知也廉而不劌義也垂之
如墜禮也扣之其聲清越以長其中詘然
樂也
朱子曰金聲有洪殺始震終詘玉聲則始
終如一扣之其聲詘然而止
新安陳氏曰特專也單擊磬曰特磬
新安倪氏曰前漢兒寬與武帝論封禪儀
而有是言必非其自言又不純舉孟子之
言且簡約精密故疑其爲古樂書之言也
程子曰金聲而玉振之此孟子爲學者言
終始之義也始於致知智之事也行所知
而至其極聖之事也易曰知至至之知終
終之是也○問始終條理朱子曰如今樂

四書大全辯〈下孟卷十　七

之始作先撞鐘是金聲之也樂終擊磬是
玉振之也始終如此而中間乃大合樂六
律五聲八音一齊莫不備舉孟子以此譬
孔子如伯夷聖之清伊尹聖之任柳下惠
聖之和都如樂器有一件相似是金聲底
從頭到尾只是金聲是玉聲底從頭到尾
只是玉聲○始條理是知終條理是行問
智之事聖之事工夫全在智字上三子所
以各極於一偏緣他合下少致知工夫看
得道理有偏故其終之成亦只至一偏之
極孔子合下知得至到看得道理周偏精
切無所不盡故其德之成亦兼該畢備而
無一德一行之或闕曰然○金聲或洪或
發清濁萬殊玉聲清越和平首尾如一故
樂之作也八音克諧雖若無所先後然奏
之以全節之以玉其序亦有不可紊者焉
蓋其奏之也所以極其變也其節之也所
以成其章也變者雖殊而所以成者未嘗

[illegible]

不一成者雖一而所歷之變洪纖淸濁亦
無所不具於至一之中聖人之知精粗大
小無所不同聖人之德精粗大小無所不
備其始卒相成蓋如此此金聲而玉振之
所以譬夫孔子之集大成而非三子之所
得與也然即其全而論其偏則纖而不能
洪淸而不能濁者是其金聲之不備也不
能備乎金聲而遽以玉振之雖其所以振
之者未嘗有與然其所振一全一闕則其
玉之爲聲亦有所不能同矣○奏之以金
節之以玉奏之所以極其變節之所以成
其章也
南軒張氏曰條理云者有倫緒而不紊之
謂始條理者析衆理於毫釐也終條理者
備衆理於一貫也○致知智之事行其所
知而極其至聖之事也據此一節乃是言
學者之事所以學於聖人者故因上文金
聲玉振而言言學之序如此蓋聖人則聖

四書大全辯〈卷之十　八

智合一無始卒之異學者則必知所先後
然後有以入德也故孟子於此一節特分
而言之明聖人之智學者所當先務必明
盡衆理成極其至然後力行以造夫聖人
之所以聖者始終各有條而不可亂也智
之事聖之事猶言學智聖之功夫非便以
爲智聖也
勉齊黃氏曰孔子之異於三子者知之至
而行之盡三子之不及孔子者知有所蔽
於始而行有闕於終也此孔子所以獨得
其全而三子僅得其偏也
遍考東陽許氏曰此一節以樂此孔子知
之至行之極條理即八音以金而聲之所
以始其衆樂以玉而振之所以終其衆樂
聲振始終皆是動用字惟其知之至故能
始萬物惟其行之極故能終萬事是爲聖
智兩全
問知行既是合一○此處又是以聖知分始

終爲兩截何也王陽明曰知者行之始行者知之成智中也有聖聖中也有智原是一個理不比金玉截然爲兩個也始終字亦不必泥況孔子之聖智是生知而安行也生知安行者可以先後始終分乎孔子亦不止集三子此處只就清任和而品第之也

或曰孔子聖之時何待于集曰集大成者承上三子說來然亦其大處自能包得非必合衆小而爲之也

智譬則巧也聖譬則力也由射於百步之外[illegible]至爾力也其中非爾力也

此復以射之巧力發明聖智二字之義見孔子巧力俱全而聖智兼備三子則力有

餘而巧不足是以一節雖至於聖而智不足以及乎時中也此章言三子之行各極其一偏孔子之道兼全於衆理所以偏者由其蔽於始是以缺於終所以全者由其知之至是以行之盡三子猶春夏秋冬之各一其時孔子則太和元氣之流行於四時也

張子曰夷惠智不明於至善故偏入於清和然而卒能成性故雖聖而不智孔子智既明於至善故集大成如清和特任皆有之無不曲當也故聖且智金聲而玉振也

龜山楊氏曰伯夷伊尹柳下惠於清任和處已至聖人但與他處未必皆中其至與孔子同而其中與孔子異只爲不能無偏故也若隘與不恭其所偏歟○問以智比聖智固未可以言聖然孟子以智譬巧以聖譬力力既不及於巧則是聖必由於智也明矣而尹和靖乃曰始條理者猶可以用智終條理則智不容於其間矣則是以聖智淺深而言與孟子之意似相戾惟伊川引易知至至之知終終之其意若曰夫子所以能集三子而大成者由其始焉知之之深也蓋知之至行之必至三子之智始焉知之未盡故其後行之雖各極其至終未免各失於一偏非終條理者未到以其始條理者已差之矣不知伊川之意是如此否朱子[illegible]問孟子既以智爲始聖爲終則[illegible]知之事聖者極至之名其終復白[illegible]力是智反妙於聖矣

南軒以爲論[illegible]則[illegible]始終之序語道則聖之極是智之[illegible]也此說似可以破前所疑否曰智是[illegible]歛之名聖是行得到之號有先後而無[illegible]深也聖而不智如水母之無蝦亦將何所到乎○以緩急論則智居先若把輕重論則聖爲重○問其至爾力其中非爾力還是三子只有力無智否曰不是無智知處偏故至處亦偏如孔子則箭箭中紅心三子則每人各中一邊緣他當初見得偏故至處亦偏曰如此則三子不可謂之聖曰不可謂之聖之大成畢竟那清是聖之清和是聖之和雖使聖人清和亦不過如此顏子則巧處工夫已至點點皆可中但只是力不至耳使顏子力至便與孔子一般○金玉備巧力全者孔子也若顏子之博文而約以禮竭才而不能及則金聲以備而玉有未振巧足以中而力有未至者歟故以所至論之則

此節許說出學字自體

顏子不若三子之成以所期言之則三子不若顏子之大以學之序而論之則三子皆失其所當先故行愈力而見愈偏而顏子循序以進則其所進未可量也惜不及見其成耳然就三子而論之則伊尹之學又密於夷惠矣
東陽許氏曰此一節以射比四聖人能挽彊弓射遠地此力也能中其的乃巧也必先知的之所在又知中之之法然後因力之所至而中之識知之明然後行之從容中道三子力量雖到而知有未至故不及孔子
雲峯胡氏曰此章之旨集註偏全二字盡之譬之樂則二音自爲始終者偏而八音相爲始終者全譬之射則力而不巧者偏力而又巧者全孟子始則皆謂之聖各以其所行言末則先智而後聖統以其知與行言惟知之偏故行之所至者各極其偏

四書大全辯　下孟卷十　十一

惟知之全則行不期其全而自極於全
通考朱氏公遷曰此以德行造極言聖人孔子之聖以全體言三子之聖以一節言孟子之贊孔子自其知行兼備而言故合智聖而爲聖子貢之贊孔子自其體用兼備而言故合智仁而爲聖
問孔子巧力聖智之說朱子云力有餘而巧不足何如王陽明曰三子固有力亦有巧巧力實非兩事巧亦只在用力處力而不巧亦是徒力三子譬如射一能步箭一能馬箭一能遠箭他射得到皆謂之力中處皆謂之巧但步不能馬馬不能遠各有所長便是巧力分限有不同處孔子則三者皆長然孔子之和只到得柳下惠而極清只到得伯夷而極任只到得伊尹而極何曾加得些子若謂三子力有餘而巧不足則其力反過孔子了巧力只是發明聖智之義若識得聖智本體是何物便自了

韓學源而位以[illegible]之

然
鄭東廓曰孟子大成之譬正以比三子之爲小成也小成之樂亦必金以始之玉以終之若云三子饒于聖而畧于智則將謂樂之小成饒于玉而畧于金也寧有此節奏乎樂必兼金玉射必兼巧力有三子之玉必有三子之金有三子之力必有三子之巧持此諸孔子有大小偏正之殊耳
芑山張氏曰問三子是資禀如此否朱子曰然竊疑朱子此說非是及觀伊尹之學密于夷惠二句益信朱子前說單就三子資禀言者不可爲定論也聖智巧力之說陽明東廓二家補朱所未及宜玩

○北宮錡問曰周室班爵祿也如之何 錡魚綺反
北宮姓錡名衛人班列也

四書大全辯　下孟卷十　十二

孟子曰其詳不可得聞也諸侯惡其害已也而皆去其籍然而軻也嘗聞其畧也 惡去聲去上聲
當時諸侯兼并僭竊故惡周制妨害已之所爲也
慶源輔氏兼并則其國日大僭竊則其祿日侈
天子一位公一位侯一位伯一位子男同一位凡五等也君一位卿一位大夫一位上士一位中士一位下士一位凡六等
此班爵之制也五等通于天下六等施於

備慶溥曰田以祿分

父音甫

國中

通考趙氏德曰疏父天母地而爲之子者天子也爵位盛大以無爲爲德者公也斥候於外以君人爲德者侯也足以長人者伯也其德足以養人者子也男任也任安也而其德足以安人者男也出命足以正衆者君也知進退而其道上達者卿也知足以帥人者大夫也才足以事大者士也

天子之制地方千里公侯皆方百里伯七十里子男五十里凡四等不能五十里不達於天子附於諸侯曰附庸

此以下班祿之制也不能猶不足也小國之地不足五十里者不能自達於天子因大國以姓名通謂之附庸若春秋邾儀父之類是也

四書大全辯　下孟卷十　十三

春秋隱公元年三月公及邾儀父盟于蔑通考詹氏道傳曰附庸凡四等字者方三十里名者方二十里人氏者方十五里氏不若人人不若名名不若字

趙氏德曰邾曹姓子爵顓帝之後邾附庸之國未得列于諸侯故書字以別之中國附庸列書字夷狄附庸列書名

天子之卿受地視侯大夫受地視伯元士受地視子男

視比也徐氏曰王畿之內亦制都鄙受地也元士上士也

趙氏曰食采邑於畿內祿之多少以外諸侯爲差不言中下士視附庸也

或曰畿內之臣公用皆出天子賦內故視侯視伯視子男者視其所食之祿非視其國也若封以百里七十里五十里則王臣地大廣矣

可食之食音嗣

大國地方百里君十卿祿卿祿四大夫大夫倍上士上士倍中士中士倍下士下士與庶人在官者同祿祿足以代其耕也

十十倍之也四四倍之也倍加一倍也徐

四書大全辯　下孟卷十　十四

氏曰大國君田三萬二千畝其入可食二千八百八十人卿田三千二百畝可食二百八十八人大夫田八百畝可食七十二人上士田四百畝可食三十六人中士田二百畝可食十八人下士與庶人在官者田百畝可食九人至五人庶人在官府史胥徒也愚按君以下所食之祿皆助法之公田藉農夫之力以耕而收其租士之無田與庶人在官者則但受祿於官如田之

入而已

周禮天官冢宰太宰卿一人小宰中大夫一人府六人史十有二人胥十有二人徒百有二十人。府治藏史掌書胥徒民服徭役者

通考詹氏道傳曰大國地方百里者開方法爲方十里者百爲田當九百萬畝按班固地方一里爲井井十爲通通十爲成成十爲終終十爲同開方法計之蓋地方十里爲井爲田九百畝井十爲通通計積一十里爲田九千畝通十爲成方十里積百里爲田九萬畝成十爲終十三十一里大半里積千里也爲田九十萬畝終十爲同方百里積萬里爲田九十億畝即九百萬畝是所謂提封萬井也封者井之界提者總提封內之大數也萬井之中除山林陵麓溝洫城郭宮室塗邑三分去一計三千

三百三十三井之三之一外除三百萬畝實有田六千六百六十六井井之三之二每井九百畝計六百萬畝整除公田每井百畝計六十六萬六千六百六十六畝此是助法公田內無井再除二十畝爲八百廬舍該除一十三萬三千三百三十四畝外公私通收五百八十六萬六千六百六十六畝畝之三之二私田收五百二十三萬三千三百二十三畝公田收五十三萬三千三百三十三畝畝之三之一君祿三賦田三萬二千畝大國三卿每卿各賦三千二百畝計九千六百畝大夫五人各賦八百畝計四千畝上士九人各賦田四百畝共計三千六百畝中士九人各賦二百畝共計一千八百畝下士九人各賦田一百畝共計九百畝已上通賦五萬一千九百畝尚餘四十八萬一千四百三十三畝畝之三之一以供國家制度喪祭賓客等費餘則以備凶荒不測之用所謂國無九年之蓄曰不足無六年之蓄曰急無三年之蓄曰國非其國矣

朱子曰府史胥徒以周禮考之人數極多安得許多閑祿給之嘗疑周禮一書方是起草未曾得行蘇子由古史疑府史胥徒太多當時却多兼官其實府史胥徒無許多○古者制國土地亦廣非如孟子百里之說禹會塗山執玉帛者萬國後來更相吞噬到周初只有千八百國是不及五分之一矣想後來併得來儘大周封新國若只封百里之地介在其間豈不爲大國所吞亦緣是誅紂伐奄滅國者五十得許多土地方封得許多人

次國地方七十里君十卿祿卿祿三大夫大夫倍上士上士倍中士中士倍下士下士與庶人在官者同祿祿足以代其耕也

三謂三倍之也徐氏曰次國君田二萬四千畝可食二千一百六十人卿田二千四百畝可食二百十六人

通考詹氏道傳曰次國地方七十里者以開方計之爲方十里者四十有九爲方一里者四千九百爲田四百四十一萬畝三分去一計爲井一千六百三十三井井之三之一爲田計一百四十七萬畝外實有爲井三千二百六十六井井之三之二爲田計二百九十四萬畝除公田每井百畝計三萬二千六百六十六畝畝之三之二公田內無井再除二十畝爲八家廬舍該除六萬五千三百三十三畝畝之一[illegible]

公私通實收二百八十七萬四千六百六十六畝畝之三之二私田收二百六十一萬三千三百三十三畝畝之三之一公用收二十六萬一千三百三十三畝畝之三之一君祿賦田二萬四千畝卿田三大夫祿者大夫之田人八百畝三大夫祿則計二千四百畝大夫倍上士者上士田四百畝倍之則八百畝上士倍中士者中士田人二百畝倍之則為四百畝中士倍下士者下士田人百畝倍之則二百畝下士與庶人同祿則其田百畝王制所謂諸侯之下士視農夫祿足以代其耕者也王制云次國三卿下大夫五人上士二十七人古註士之數國皆二十七人各三分之上九中九下九也次國三卿卿二千四百畝三卿計七千二百畝下大夫五大人八百畝五人計四千畝上士田人四百畝上士九人則計田三千六百畝中士九人賦田二

百畝共計一千八百畝下士九人人賦田百畝九人計九百畝已上自君田以下總賦田四萬一千五百畝尚餘二十一萬九千八百三十三畝畝之三之一

小國地方五十里君十卿祿卿祿二大夫大夫倍上士上士倍中士中士倍下士下士與庶人在官者同祿祿足以代其耕也

二卽倍也徐氏曰小國君田一萬六千畝可食千四百四十人卿田一千六百畝可食百四十四人

朱子曰君十卿祿者猶今之俸祿蓋君所自得為私用者至於貢賦賓客朝覲祭享交聘往來又別有財儲為公用如今太守既有料錢至於貢賦公用又自有錢也

趙氏曰由卿而上三等之國異由大夫而下三等之國同者蓋卿而上其祿稍厚苟不為之殺則地之所出不足以供大夫而下其祿稍薄苟為之殺則臣之所養不能自給也

通考詹氏道傳曰小國地方五十里開方計之為十里者二十有五方一里者二千五百為田二百二十五萬畝三分夫一計為井八百三十三井一井之三之一為田七千五百畝實有為一井一千六百六十二井井之三之二為田一百五十萬畝除公田每井百畝計二十六萬六千六百六十六畝畝之三之二公田內每井再除二十畝為八家廬舍該除三萬三千三百三十三畝畝之三之一公私通實收一百四十六萬六千六百六十六畝畝之三之二私田

收一百三十三萬三千三百三十三畝畝之三之一公田收一十三萬三千三百三十三畝畝之三之一君祿賦田一萬六千畝卿祿倍大夫者大夫人賦田八百畝倍之則為一千六百畝大夫倍上士者上士人賦田四百畝倍之則為八百畝上士倍中士者中士人賦田二百畝倍之則為四百畝中士倍下士者下士田人賦一百畝倍之則為二百畝也下士與庶人在官者同祿則人賦一百畝也王制云小國二卿下大夫三人上士二十七人各三分之上九中九下九也小國二卿每卿田三千六百畝二卿則賦田三千二百畝下大夫五人人賦田八百畝五人則賦田四千畝上士九人人賦田四百畝九人則計田三千六百畝中士九人人賦田二百畝九人則賦田一千八百畝下士九人人賦田百畝九人則計九百畝已上自君祿以下總賦田

二萬九千五百畝尚餘一十萬三千八百三十三畝畝之三之一也

耕者之所獲一夫百畝百畝之糞上農夫食九人上次食八人中食七人中次食六人下食五人庶人在官者其祿以是爲差食音嗣

獲得也一夫一婦佃田百畝加之以糞糞多而力勤者爲上農其所收可供九人其次用力不齊故有此五等庶人在官者其受祿不同亦有此五等也○愚按此章之說與周禮王制不同蓋不可考闕之可也

程子曰孟子之時去先王未遠載籍未經秦火然而班爵祿之制已不聞其詳今之禮書皆掇拾於煨燼之餘而多出於漢儒一時之傳會奈何欲盡信而句爲之解乎然則其事固不可一二追復矣

煨烏回反燼徐刃反傅音附

周禮地官司徒凡建邦國以土圭土其地諸公之地封疆方五百里其食者半諸侯之地封疆方四百里其食者參之一諸伯之地封疆方三百里其食者參之一諸子之地封疆方二百里其食者四之一諸男之地封疆方百里其食者四之一○記王制王者之制祿爵公侯伯子男凡五等諸侯之上大夫卿下大夫上士中士下士凡五等天子之田方千里公侯田方百里伯七十里子男五十里不能五十里者不達於天子附於諸侯曰附庸天子之三公之田視公侯天子之卿視伯天子之大夫視子男天子之元士視附庸制農田百畝百畝之分上農夫食九人其次食八人其次食七人其次食六人下農夫食五人庶人在官者其祿以是爲差也諸侯之下士視上農夫祿足以代其耕也中士倍下士上士倍中士下大夫倍上士卿四大夫祿君十卿祿次國之卿三大夫祿君十卿祿小國之卿倍大夫祿君十卿祿

通考趙氏德曰周禮大司徒云諸公之地方五百里諸侯方四百里而孟子言公侯皆方百里周禮言諸伯地方三百里子二百里男百里而孟子言伯七十里子男五十里如小司徒云上地家七人而孟子言上地農夫食九人上次食八人周禮言中地家六人而孟子言中食七人中次食六人此不與周禮同也王制言公侯伯子男凡五等而孟子以天子一位公一位侯一位伯一位子男同一位爲五等王制言諸侯之上大夫卿下大夫上士中士下士凡五等而孟子則自君一位至下士一位凡六等王制主於分田制祿而孟子主於制地分祿王制言天子之三公田視公侯天子之卿視伯大夫視子男元士視附庸而孟子則言天子之卿受地視伯元士受地視子男此不與王制同也

問孟子與周禮不同朱子曰此地難考畢竟周禮底是周禮全書經聖人手必不會差孟子時典籍已散想見沒理會是以諸儒之說紛然而卒不能得其正也

慶源輔氏曰程子之說足以救陋儒泥古之失但據其所傳而姑存之使千百世之後一遇大聖則必能因其大體而詳其節

張南軒又以孟說爲正與朱說異

曰推其既往以爲一時之制而先代聖王之法庶乎其可復見矣

新安倪氏曰周禮一書劉歆以爲河間獻王得之李氏女子劉歆以前世無傳習之者朱子謂周禮底是南軒嘗謂當以孟子爲正朱子恐非定說以問書武成分土惟三證之周禮之說恐不可信若王制則漢文帝使博士諸生剌六經中而作將以與王者之制度成於漢儒之手宜其有與他書不合者又按朱子謂嘗疑周禮一書方是起草未曾得行蔡九峯亦曰周禮首末未備周公未成之書也竊意此說爲是然則冬官之闕蓋其所未嘗筆者歟

通考朱氏公遷曰孟子以貢助徹告滕文公以班爵祿答北宮錡亦皆制度之損益不嘗者可言其畧而不可言其詳也然北宮錡但欲聞其制而已故特論其所聞如此文公則欲見諸施行故即其所聞而復以意推廣之蓋其答北宮錡者即夫子文獻不足之歎也其所以告文公君臣者即夫子告顏淵以爲邦之道也聖賢所言之意有相類者若此

或曰公侯卿大夫皆是與他分理天下皆是聖王公天下處若說到防微杜漸制馭鈐束事制曲防上去將聖王公天下之心爲秦人郡縣自私漢高猜忌功臣之意悖繆甚矣

孟子于官制只是得其梗概中間纖悉委曲已不可知如王畿之內三公九卿與大夫元士所受之地已踰千里之制則天子之祿將何所出至于大國次國小國亦然此等處皆不可曉

孟子明說諸侯去籍只聞其畧殆不足據公侯封地若止百里較之今制只當一縣又有卿大夫以下許多采地將何所取封嘗以周禮爲據朱子謂不可考非誣也

○萬章問曰敢問友孟子曰不挾長不挾貴不挾兄弟而友友也者友其德也不可以有挾也

挾者兼有而恃之之稱

慶源輔氏曰兼夫有與恃二者之意方謂之挾但有之而不恃則未謂之挾也

新安陳氏曰有挾則取友之意不誠賢者必不與之友矣三者之中挾貴尤常情所易犯下文四節皆不挾貴者但有小大之差耳

通考朱氏公遷曰此自交友而言之不可有挾者交有之誠主乎敬信者交友之本車馬不拜者交友之義不可則止所以全其交也死於我殯所以盡其交也此則友道之變也

蔑莫結反

孟獻子百乘之家也有友五人焉樂正裘牧仲其三人則予忘之矣獻子之與此五人者友也無獻子之家者也此五人者亦有獻子之家則不與之友矣乘去聲下同

孟獻子魯之賢大夫仲孫蔑也張子曰獻子忘其勢五人者忘人之勢不資其勢而利其有然後能忘人之勢若五人者有獻子之家則反爲獻子之所賤矣

慶源輔氏曰獻子忘其勢不挾貴也五人忘人之勢無獻子之家也孟子歷舉四人事首於獻子事詳之又以見上之友下固不可有所挾下爲上所友亦不可有所利一有利之之意則爲人所賤失其可貴之實而不足友矣

非惟百乘之家爲然也雖小國之君亦有之費惠公曰吾於子思則師之矣吾於顏般則友之矣王順長息則事我者也費音秘般音班

惠公費邑之君也師所尊也友所敬也事我者所使也

或曰孟子引費惠之言謂小國之君也春秋時費爲魯季氏之邑史記楚世家有鄒魯邾邳盖戰國時以邑爲國意者魯季氏之僣與

仁山金氏曰費本魯季氏之邑名不聞別有費國也而孟子稱小國之君魯子書亦有費君費子之權盖季氏專魯而自春秋之後不聞其事魯者計必自君其邑如附庸之國矣或師或友言無所挾也王順長息何是帶說盖引費惠公成語耳

非爲小國之君爲然也雖大國之君亦有之晉平公之於亥唐也入云則入坐云則坐食云則食雖疏食菜羹未嘗不飽盖不敢不飽也然終於此而已矣弗與共天位也弗與治天職也弗與食天祿也士之尊賢者也非王公之尊賢也疏食之食音嗣平公上公下諸本多無之字疑闕文也

亥唐晉賢人也平公造之唐言入公乃入言坐乃坐言食乃食也疏食糲飯也不敢不飽敬賢者之命也○范氏曰位曰天位職曰天職祿曰天祿言天所以待賢人使治天民非人君所得專者也

慶源輔氏曰平公之於亥唐則知所敬矣然不能與之共天位治天職食天祿則是不能推廣是心以體天而治民以及於國也

西山真氏曰天位所以處賢者天職所以任賢者天祿所以養賢者三者皆天所以待賢人使治天民者也而晉平公之於亥唐特虛尊之而已未嘗處之以位命之以職食之以祿也此豈王公尊賢之道哉

舜尚見帝帝館甥于貳室亦饗舜迭爲賓主是天子而友匹夫也

尚上也舜上而見於帝堯也館舍也禮妻父曰外舅謂我舅者吾謂之甥堯以女妻舜故謂之甥貳室副宮也帝舍舜於副宮而就饗其食

詘丘勿反

或曰迭爲賓主。只是禮遇之隆。堯自畧其君臣之分。權然賓主之相接。不作丣迭爲賓看。蓋以君臣之禮。更爲賓主之禮。方見堯之待舜如此其敬。與下天子友匹夫可正相應。存疑舜爲賓堯爲主堯爲賓舜爲主之說。則呆滯之甚。不必從。

用下敬上謂之貴貴用上敬下謂之尊賢貴貴尊賢其義一也

貴貴尊賢皆事之宜者然當時但知貴貴而不知尊賢故孟子曰其義一也〇此言朋友人倫之一所以輔仁故以天子友匹夫而不爲詘以匹夫友天子而不爲僭此

堯舜所以爲人倫之至而孟子言必稱之也

雲峯胡氏曰中庸五達道於君臣父子夫婦長幼不言交獨曰朋友之交集註云天子友匹夫而不爲詘匹夫友天子而不爲僭此易之所謂上下交而其志同也即中庸所謂朋友之交也朋友居人倫之一而足以輔仁則又有裨於人倫者也孟子言性善必稱堯舜既稱其盡君臣之倫又稱其盡父子兄弟之倫此則又稱其盡朋友之倫朋友人倫之一非如堯之友舜不足以爲朋友人倫之至

〇萬章問曰敢問交際何心也孟子曰恭也

際接也交際謂人以禮儀幣帛相交接也

問如此者何心也新安陳氏曰所以表見其恭也

曰卻之卻之爲不恭何哉曰尊者賜之曰其所取之者義乎不義乎而後受之以是爲不恭故弗卻也

卻不受而還之也再言之未詳萬章疑交際之間有所卻者人便以爲不恭何哉孟子言尊者之賜而心竊計其所以得此物者未知合義與否必其合義然後可受不然則卻之矣所以卻之爲不恭也

新安陳氏曰若計其物之初得合義與否而酌其辭受受其合義者則卻之者必以爲不合義也有此心非恭矣

曰請無以辭卻之以心卻之曰其取諸民之不義也而以他辭無受不可乎曰其交也以道其接也以禮斯孔子受之矣

萬章以爲彼既得之不義則其餽不可受但無以言辭間而卻之直以心度其不義而託於他辭以卻之如此可否邪交以道如餽贐聞戒周其饑餓之類接以禮謂辭

命恭敬之節孔子受之如受陽貨烝豚之類也

慶源輔氏曰他辭卻之覩貪利者固優然亦失之過由此而甚之必至於為於陵仲子而後已孔子受之者得中道也

萬章曰今有禦人於國門之外者其交也以道其餽也以禮斯可受禦與曰不可康誥曰殺越人于貨閔不畏死凡民罔不譈是不待教而誅者也殷受夏周受殷所不辭也於今為烈如之何其受之與平聲譈書作憝徒對反

禦止也止人而殺之且奪其貨也國門之外無人之處也萬章以為苟不問其物之所從來而但觀其交接之禮則設有禦人者用其禦得之貨以禮餽我則可受之乎康誥周書篇名越顛越也今書閔作暋無凡民二字譈怨也言殺人而顛越之因取其貨閔然不知畏死凡民無不怨之孟子言此乃不待教戒而當即誅者也如何而可受之乎商受至為烈十四字語意不倫

李氏以為此必有斷簡或闕文者近之而愚意其直為衍字耳然不可考姑闕之可也

通考吳氏程曰古人斷獄必有教戒之詞此言欲殺之速猶所謂不以聽也

問殷受夏周受殷所不辭也於今為烈趙氏謂三代相傳以此法不須辭問也於今為烈烈明法如之何受其餽也或者謂若義在可受則三代受人之天下而不辭今禦人者乃為暴烈不義如此如何而可受其餽乎烈如詩序所謂厲王之烈者暴虐之意云爾或又以為烈光也三代相受光烈至今也是三說者舉一而從之可也何至闕而不為之說乎朱子曰本文十四字自與上下文不相屬如趙氏之說其辭受

二字與上下文亦不相似或者二說亦覺費力不若闕之之愈也

慶源輔氏曰孟子既以開曉之如此萬章猶不能反其意之偏以昧孟子之言而復為此問此正所謂詖辭蓋陷於卻之之意而不覺也故孟子又引康誥之說以曉之

通考仁山金氏曰舊說亦自可通蓋殺人而奪其貨人所共惡於法皆不待教而誅者也此法殷受之夏周受之殷不待辭說今尚明烈則禦奪之貨如之何其可受乎

或曰殷受夏三句。言三代一法。不容他有辯說。于今為烈。言今日尤為嚴憲。文義只如此。

曰今之諸侯取之於民也猶禦也苟善其禮際矣斯君子受之敢問何說也曰子以為有

比上聲夫音扶較音角

王者作將比今之諸侯而誅之乎其教之不改而後誅之乎夫謂非其有而取之者盜也充類至義之盡也孔子之仕於魯也魯人獵較孔子亦獵較獵較猶可而況受其賜乎

比連也言今諸侯之取於民固多不義然有王者起必不連合而盡誅之必教之不改而後誅之則其與禦人之盜不待教而誅者不同矣夫禦人於國門之外與非其有而取之二者固皆不義之類然必禦人

乃爲真盜其謂非有而取爲盜者乃推其類至於義之至精至密之處而極言之耳非便以爲真盜也然則今之諸侯雖曰取非其有而豈可遽以同於禦人之盜也哉又引孔子之事以明世俗所尚猶或可從況受其賜何爲不可乎獵較未詳趙氏以爲田獵相較奪禽獸以祭孔子不違所以小同於俗也張氏以爲獵而較所獲之多少也二說未知孰是

慶源輔氏曰其教之不改而後誅之乎以此可見孟子待人之恕夫謂非其有而取之者盜也充類至義之盡也於此又可見孟子析理之精夫執其充類盡義之說而欲一槩以繩人幾何而不流於於陵仲子之爲哉

曰然則孔子之仕也非事道與曰事道也事道奚獵較也曰孔子先簿正祭器不以四方之食供簿正曰奚不去也曰爲之兆也兆足以行矣而不行而後去是以未嘗有所終三年淹也與去聲

此因孔子事而及覆辯論也事道者以行

夫音扶

道爲事也事道奚獵較也萬章問也先簿正祭器未詳徐氏曰先以簿書正其祭器使有定數而不以四方難繼之物實之夫器有常數實有常品則其本正矣彼獵較者將久而自廢矣未知是否也兆猶卜之兆蓋事之端也孔子所以不去者亦欲小試行道之端以示於人使知吾道之果可行也若其端既可行而人不能遂行之然後不得已而必去之蓋其去雖不輕而亦

未嘗不決是以未嘗終三年留於一國也

慶源輔氏曰以孔子所謂吾豈匏瓜也哉焉能繫而不食之說與夫著之空言不如載之行事之說而觀之則是乃聖人之心也又曰魯人獵較孔子亦獵較于以見聖人同物之仁簿正祭器不以四方之食供簿正于以見聖人處事之智未嘗有所終三年之淹于以見聖人制行之勇

或曰孔子亦獵較只聽魯人獵較不禁止、他非自爲之也。按存疑云魯人獵較舊俗也。孔子亦獵較依舊俗爲之而不變也。此說自正。

林次崖曰。蒙引此段說未是。不以四方之食供簿正。正是欲除革其獵較之弊。乃曰只用獵較所得者何也。如此何以曰彼獵較者不久而自廢。

孔子有見行可之仕有際可之仕有公養之仕於季桓子見行可之仕也於衛靈公際可之仕也於衛孝公公養之仕也

見行可見其道之可行也際可接遇以禮也公養國君養賢之禮也季桓子魯卿季孫斯也衛靈公衛侯元也孝公春秋史記皆無之疑出公輒也因孔子仕魯而言其仕有此三者故於魯則兆足以行矣而不行然後去而於衛之事則又受其交際問

餽而不卻之一驗也○尹氏曰不聞孟子之義則自好者爲於陵仲子而已聖賢辭受進退惟義所在愚按此章文義多不可曉不必強爲之說

問孔子仕於定公而言於季桓子何也朱子曰當時季氏執國柄定公亦自做主不起孔子相魯皆由桓子及桓子受女樂孔子便行矣問墮三都季氏何以不怨曰季氏是時自不奈那陪臣何故假孔子之力以去之桓子臨死謂康子曰使仲尼之去而魯終不治者由我故也孔子是時也失了機會不曾做得成

慶源輔氏曰見行可庶乎道之行也際可適其體之宜也公養受其養之義也

慶源輔氏曰或是穴謀或是當時人所出公爲孝公皆不可考

新安陳氏曰以此釋際可公養之仕與章首本意有照應有收拾

通考朱氏公遷曰禹稷顏子過門不入顏子居陋巷以時位之顯晦言曾子之與子思居武城居衛孟子之視蚳鼃以地位之尊卑言孔子去齊去魯以勢分之親疏言行可際可公養之仕以遇合之淺深言此見聖賢處物之義

或曰見行可一節雖專論孔子之仕。寔暗轉交際不必卻意要得他言內埋伏處。

蔡虛齋曰。此章之言萬章始終以爲可餽孟子始終以爲可受。蓋仲尼不爲已甚之學。

○孟子曰仕非爲貧也而有時乎爲貧娶妻

非爲養也而有時乎爲養爲養並去聲下同

仕本爲行道而亦有家貧親老或道與時違而但爲祿仕者如娶妻本爲繼嗣而亦有爲不能親操井臼而欲資其餽養者

新安陳氏曰下二句不過譬上二句所以下文不復言此

爲貧者辭尊居卑辭富居貧

貧富謂祿之厚薄蓋仕不爲道已非出處之正故其所居當如此

辭尊居卑辭富居貧惡乎宜乎抱關擊柝

柝夜行所擊木也蓋爲貧者雖不主於行道而亦不可以苟祿故惟抱關擊柝之吏位卑祿薄其職易稱爲所宜居也李氏曰道不行矣爲貧而仕者此其律令也若不能然則是貪位慕祿而已矣

新安陳氏曰卑官雖無行道之責薄祿亦無苟受之理

南軒張氏曰既曰爲貧則不當處尊與富是名爲爲貧而其實竊位也處尊富則當任行道之責

抱關擊柝是一事關以禦暴而尤嚴于夜故易有重門擊柝之說然特以此爲例不必定爲是官也

積子賜反

[illegible]云嘗爲季氏史季氏與委字相近而誤也

孔子嘗爲委吏矣曰會計當而已矣嘗爲乘田矣曰牛羊茁壯長而已矣委烏僞反會工外反茁阻刮反

此孔子之爲貧而仕者也委吏主委積之吏也乘田主苑囿芻牧之吏也茁肥貌言以孔子大聖而嘗爲賤官不以爲辱者所謂爲貧而仕官卑祿薄而職易稱也

朱子曰程先生說孔子爲乘田則爲乘田爲司寇則爲司寇無不可者孟子則必得賓師之位方能行道此便是他能大而不能小處惟是聖人則大小方圓無所不可也

位卑而言高罪也立乎人之本朝而道不行恥也

以出位爲罪則無行道之責以廢道爲恥則非竊祿之官此爲貧者之所以必辭尊富而寧處貧賤也○尹氏曰言爲貧者不可以居尊居尊者必欲以行道

闡位卑而言高罪也以君臣之分言之固是如此然時可以言而言亦豈得謂之出位朱子曰前世固有草茅韋布之士獻言者然皆有所因皆有次第未有無故忽然化分而言者縱言之亦不見聽徒取辱爾若是明君自無壅蔽之患有言亦見聽不

然豈可不循分而徒取失言之辱哉如史
記說商鞅范雎之事彼雖小人然言皆有
序不肯妄發賈誼固有才文章亦雄偉只
是言語急迫失進言之序看有甚事都一
齊說了宜絳灌之徒不說而文帝謙讓未
遑也易曰艮其輔言有序悔亡聖人之意
可見矣○位卑者人責不加焉言高則罪
矣故可以姑守其職此爲貧而仕之法也
若夫立人之本朝則當以行道爲任道不
行而竊其位君子之所恥也
新安陳氏曰此章始爲爲貧而仕者言終
爲位高祿厚者言居卑貧者雖其職易稱
尚必求稱其職如孔子之爲委吏乘田必
求會計之當牛羊之茁是也豈有位高祿
厚而不求行道以稱其職者今人於位卑
言高則凜然懼其爲罪而不敢犯於立朝
道不行則冥然不以爲恥而冒犯之罪自
外至或以得罪猶可言也恥自內出當恥
而不知恥不可言矣
或曰不從卑貧處盡職而出位言高則于
本分反多未盡曠瘝之異其能免乎按以
言高爲曠瘝甚有味

○萬章曰士之不託諸侯何也孟子曰不敢
也諸侯失國而後託於諸侯禮也士之託於
諸侯非禮也
託寄也謂不仕而食其祿也古者諸侯出
奔他國食其廩餼謂之寄公士無爵土不
得比諸侯不仕而食祿則非禮也
記郊特牲諸侯不臣寓公故古者寓公不
繼世寓寄也○喪大記君之喪大小斂爲

寄公國賓出
慶源輔氏曰諸侯之視諸侯雖其爵有五
等之殊然其實則皆同君也且本有爵土
不幸出奔而來適我國則其國君以廩餼
之是乃禮之所宜也故可受而謂之寄公
若士之於諸侯則有尊卑貴賤之不同又
本無爵土豈可自比於諸侯故必仕而後
當賦以祿
儀禮寄公爲所寓服齊衰三月傳曰寄公
也失地之君也何以爲所寓服齊衰
三月也言與民同也
萬章曰君餽之粟則受之乎曰受之受之何
義也曰君之於氓也固周之
周救也視其空乏則周卹之無常數君待

民之禮也
曰周之則受賜之則不受何也曰不敢也曰
敢問其不敢何也曰抱關擊柝者皆有常職
以食於上無常職而賜於上者以爲不恭也
賜謂予之祿有常數君所以待臣之禮也
新安陳氏曰未仕爲民既仕乃爲臣方爲
民可以受無常數之周救未爲臣不敢受
有常數之俸祿士之自處當然也
曰君餽之則受之不識可常繼乎曰繆公之
於子思也亟問亟餽鼎肉子思不悅於卒也

數音朔 畜許六反

使者出諸大門之外北面稽首再拜而不
曰今而受知君之犬馬畜伋蓋自是臺無
餽也悅賢不能舉又不能養也可謂悅賢乎
亟數也鼎肉熟肉也卒末也摽麾也數以
君命來餽當拜受之非養賢之禮故不悅
而於其末後復來餽時麾使者出拜而辭
之犬馬畜伋言不以人禮待己也臺賤官
主使令者蓋繆公愧悟自此不復令臺來
致餽也舉用也能養者未必能用況又不
能養乎

左傳昭公七年王臣公公臣大夫大夫臣士士臣皁皁臣輿輿臣隸隸臣僚僚臣僕僕臣臺人有十等也
新安陳氏曰士之自處固如上文所言然君待士則有養賢之禮焉繆公餽子思使一一拜受餽之適以勞之非禮也
通考朱氏公遷曰此章見聖賢交際之道於衛見子思盡人臣之道於魯見子思居賓師之道大抵子思爲人方正而嚴毅上可以見曾子之傳下可以見孟子之所傳
曰敢問國君欲養君子如何斯可謂養矣曰
以君命將之再拜稽首而受其後廩人繼粟
庖人繼肉不以君命將之子思以爲鼎肉使

贄與質同 [illegible]

巳僕僕爾亟拜也非養君子之道也
初以君命來餽則當非受其後有司各以
其職繼續所無不以君命來餽不使賢者
有亟拜之勞也僕僕煩猥貌
堯之於舜也使其子九男事之二女女焉百
官牛羊倉廩備以養舜於畎畝之中後舉而
加諸上位故曰王公之尊賢者也 女下字去聲
能養能舉悅賢之至也唯堯舜爲能盡之
而後世之所當法也

慶源輔氏曰堯之於舜則尊賢之極養賢之至周賢之周也
○萬章曰敢問不見諸侯何義也孟子曰在
國曰市井之臣在野曰草莽之臣皆謂庶人
庶人不傳質爲臣不敢見於諸侯禮也
傳通也質者士執雉庶人執鶩相見以自
通者也國內莫非君臣但未仕者與執贄
在位之臣不同故不敢見也
新安陳氏曰市井草莽之臣與詩率土莫非王臣同未仕之臣也傳質爲臣乃已仕之臣也
蔡虛齋曰以位言曰庶人以德言曰上此

爲趨去智求來背兵[illegible]與之[illegible]孽

士字與下文士以旂與以士之招招庶人
士字不同此是未仕者彼是已仕者
齊章曰庶人召之役則往役君欲見之召之
則不往見之何也曰往役義也往見不義也
往投者庶人之職不往見者士之禮
慶源輔氏曰庶人則當服君之賤事爲士則知學問崇禮義不惟士之自處當如此而人君亦以此望之也
且君之欲見之也何爲也哉曰爲其多聞也
爲其賢也曰爲其多聞也則天子不召師而
況諸侯乎爲其賢也則吾未聞欲見賢而召

之也繆公亟見於子思曰古千乘之國以友
士何如子思不悅曰古之人有言曰事之云
乎豈曰友之云乎子思之不悅也豈不曰以
位則子君也我臣也何敢與君友也以德則
子事我者也奚可以與我友千乘之君求與
之友而不可得也而況可召與。。。。。
孟子引子思之言而釋之以明不可召之
意。
朱子曰賢與多聞細分固當有別亦不必深致意

沛澤名

南軒張氏曰在我則當守庶人之分在君則當隆事師之禮
齊景公田招虞人以旌不至將殺之志士不
忘在溝壑勇士不忘喪其元孔子奚取焉取
非其招不往也喪息浪反
說見前篇
曰敢問招虞人何以曰以皮冠庶人以旃士
以旂大夫以旌
皮冠田獵之冠也事見春秋傳然則皮冠
者虞人之所有事也故以是招之庶人未

仕之臣通帛曰旃士謂已士者交龍爲旂
析羽而注於旂干之首曰旌
左傳僖公二十年十二月齊侯田于沛招虞人以弓不進公使執之辭曰昔我先君之田也旌以招大夫弓以招士皮冠以招虞人臣不見皮冠故不敢至乃舍之
新安倪氏曰通帛謂周大赤從周正色無飾
新安倪氏曰畫二龍於其上
新安倪氏曰通帛爲旃交龍爲旂析羽爲旌見周禮司常
以大夫之招招虞人虞人死不敢往以士之
招招庶人庶人豈敢往哉況乎以不賢人之

招賢人乎

欲見而召之是不賢人之招也以士之招招庶人則不敢往以不賢人之招招賢人則不可往矣

欲見賢人而不以其道猶欲其入而閉之門也夫義路也禮門也惟君子能由是路出入是門也詩云周道如底其直如矢君子所履小人所視夫音扶底詩作砥之履反

詩小雅大東之篇底與砥同礪石也言其平也矢言其直也視視以爲法也引此以證上文能由是路之義

四書大全辯 下孟卷十 罡

慶源輔氏曰以周道爲君子所履證義路爲賢者所由

萬章曰孔子君命召不俟駕而行然則孔子非與曰孔子當仕有官職而其官召之也

孔子方仕而任職君以其官名召之故不俟駕而行徐氏曰孔子孟子易地則皆然

○此章言不可諸侯之義最爲詳悉更合陳代公孫丑所問者而觀之其說乃盡

慶源輔氏曰以敬君之命而不敢慢也

問此章綱領只在義路禮門而朱子曰固是不出此二者然所謂義禮裏面又有節目如云往役義也往見不義也周之則受賜之則不受之類都是義之節目如云廩人繼之粟庖人繼之肉不以君命將之之類都是禮之節目又如齊餽金而不受於宋薛餽而受此等辭受都是箇義君子於細微曲折一一都要合義所以易中說精義入神以致用也義至於精則應事接物之間無一非義不問大事小事千變萬化吾之所以應他如利刀快劍迎刃而解件件剖作兩片去孟子平日受用便是得這箇氣力今觀其所言所行無不是這箇物事

慶源輔氏曰觀答陳代章知不枉道從人之義觀答公孫丑章又知不爲臣不見之禮觀此章又知賢者有不可召之義蓋君子之出處進退一惟禮與義而已初無適莫也

四書大全辯 下孟卷十 罡

○孟子謂萬章曰一鄉之善士斯友一鄉之善士一國之善士斯友一國之善士天下之善士斯友天下之善士

言己之善蓋於一鄉然後能盡友一鄉之善士推而至於一國天下皆然隨其高下以爲廣狹也

新安陳氏曰廣狹有異勢而善無異理雖千萬人同此心此理也惟善蓋一鄉始能友一鄉之善士不然則我所取之友必有所偏或有所遺不能盡得而友之矣一國

之善士卽一鄉之善士中其善不止蓋一鄉而足以蓋一國者也推而至於天下皆如此友也者友其善也善之所在聲應氣求自有天然不容不合者而非可以勉強合也

以友天下之善士爲未足又尚論古之人頌其詩讀其書不知其人可乎是以論其世也是尚友也

尚上同言進而上也頌誦通論其世論其當世行事之迹也言既觀其言則不可以不知其爲人之實是以又考其行也夫能

友天下之善士其所友衆矣猶以爲未足又進而取於古人是能進其取友之道而非止爲一世之士矣

南軒張氏曰自友一鄉之善士至於善論古之人每進而愈上也所見者愈大則所取愈廣矣

雙峰饒氏曰進善無窮已故其取善也亦無窮已取善無窮已則其進善也亦無窮已取善之地所以愈廣者由其善之進進而不已也取善之心果曷有窮已乎之人也推其所至殆將生乎千百世之下而可以繼往者於千百世之上立乎千百世之上而可以俟來者於千百世之下矣止矣一世之士而已哉

新安陳氏曰人性之善古今所同孟子論性必論其故論尚友必論其世皆已然之迹也論性而不論其已然之迹性之理易涉於空虛論古而不論其已然之迹古之人易涉於遼邈

齊宣王問卿孟子曰王何卿之問也王曰卿不同乎曰不同有貴戚之卿有異姓之卿王曰請問貴戚之卿曰君有大過則諫反覆之而不聽則易

大過謂足以　國者易位易君之位更立親戚之賢者　與君有親親之恩無可去之義以宗廟　不忍坐視其亡故不得已而至於

新安陳氏曰　親戚並指天屬之親

王勃然變乎

勃然變色貌

曰王勿異也王問臣臣不敢不以正對

孟子言也

王色定然後請問異姓之卿曰君有過則諫反覆之而不聽則去

君臣義合不合則去〇此章言大臣之義

賀武帝之孫昌邑哀王之子

親疎不同守經行權各有其分貴戚之卿小過非不諫也但必大過而不聽乃可易位異姓之卿大過非不諫也雖小過而不聽已可去矣然三仁貴戚不能行之於紂而霍光異姓乃能行之於昌邑此又委任權力之不同不可以執一論也

新安陳氏曰親者可以行權疎者惟當守經

前漢霍光傳昌邑王賀卽位行淫亂光憂懣獨以問所親故吏大司農田延年延年曰將軍爲國柱石審此人不可何不建白太后更選賢而立之光曰今欲如是於古嘗有不延年曰伊尹相殷廢太甲以安宗廟世稱其忠將軍若能行此亦漢之伊尹也光乃引延年給事中陰與車騎將軍張安世圖計光與羣臣俱見白太后具陳昌邑王不可以承宗廟狀皇太后乃車幸未央承明殿召昌邑王伏前聽詔光與羣臣連名奏王尚書令讀畢光令王起拜受詔乃卽持其手解脫其璽組扶王下殿送至昌邑邸

朱子曰孟子所謂易位者言其理當如是爾世或疑此言有以起篡奪之禍者則孟子豈不嘗曰有伊尹之志則可無伊尹之志則篡也若三仁之事則比干箕子固有所不及爲若微子之去亦或其勢之不便也然觀其引身而去以全先王之世則其計慮亦豈苟然者哉若其力之可爲則伊尹霍光固以異姓之卿而行之矣況有骨肉之親者乎

南軒張氏曰貴戚之卿與異姓之卿有親疎之異故不得而同論也貴戚之卿任宗社之責故得更擇其宗族之賢以易之然非謂貴戚之卿諫君反覆而不從便可以易位蓋極其理而言之有可以易位之道也

慶源輔氏曰集註守經行權尤足以補孟子之說蓋行權者[illegible]於甚不得已則不可爲守經者則日[illegible]行而[illegible]與[illegible]可[illegible]者也

西山眞氏曰愚按[illegible]易位之說非後世所得行君有大過[illegible]反覆極言[illegible]居平劉向之爲爾同姓之卿[illegible]無可去之義若其君有大惡而不可諫易位之事又不得行宗社將危豈容坐待則微子去之亦有明義存焉其惡雖未如紂然非可事之君義不當食其祿則督之叔肸可以爲法春秋宣十有七年公弟叔肸卒穀梁傳曰叔肸賢之也其賢之何也宣弑而非之也非之則胡爲不去也曰兄弟也何去而之與之財則曰我足矣織屨而食終身不食宣公之食春秋貴之因時制義初無定法也

又孟子反覆二字最宜深體前世人臣固有見君之過失姑一言以塞責者曰吾亦嘗諫之云耳諫而不從非吾責也此其用心旣欲苟全爵位又欲厭塞公言張華之所以見屈於張林而不能自免也必反覆而諫諫而不從則去此人臣之正法孟子之言胡可易哉

按綱目趙王倫之變旣廢賈后矣執張華於殿前華謂張林曰卿欲害忠臣邪林稱詔詰之曰卿爲宰相太子之廢不能死節何也華曰式乾之議臣諫草具存可覆按也林曰諫而不從何不去位華無以對遂皆斬之夷三族閻續撫張華尸慟哭曰早語君遜位而不肯今果不免命也

又按編目賈后詐稱帝不豫。召太子適入朝。既至。置於別室。遣婢陳舞以帝命賜酒三升。逼使盡飲之。使黃門侍郎作書草。稱詔。使書之文曰。陛下宜自了。不自了。吾當入了之。中宮又宜速自了。不自了。吾當手了之。太子醉迷。遂依而書之。字半不成。後補之以呈帝。帝幸式乾殿。召公卿入。以太子書示之云云。諸王公莫有言者。張華曰此國之大禍。自古嘗因廢黜正嫡。以致喪亂。願陛下詳之。裴頠以爲宜先檢簡傳書者。又請比較太子手書。

四書大全辯孟子卷之十一

告子章句上

勿軒熊氏曰首章至六章言性七章至十九章言心末章言學凡二十章

杞苡棬卸杉匾豬人反
桮反杉今桮音捲之

告子曰性猶杞柳也義猶桮棬也以人性爲仁義猶以杞柳爲桮棬

性者人生所稟之天理也杞柳柜柳桮棬屈木所爲若卮匜之屬告子言人性本無仁義必待矯揉而後成如荀子性惡之説也

朱子曰桮棬似今棬杉合子樣杞柳恐是今做合箱底柳北人以此爲箭謂之柳箭即蒲柳也

荀子性惡篇人之性惡其善者僞也

朱子曰告子只是認氣爲性見得性有不善須拘他方善

新安陳氏曰義猶桮棬也義上脫一仁字

魯齋王氏曰朱子釋性字指性之全體而言不是解告子所言之性

桮棬正韻云桮飯盂也亦酒器也卮酒器古以角作受四升古字作觗師古曰飲酒圓器也匜盥水洗手器有柄可以注水古傳奉匜沃盥又小學註匜酒器匜盛水槃之器◯矯者矯曲而使之直揉者揉直而使之曲

孟子曰子能順杞柳之性而以爲桮棬乎將

戕賊杞柳而後以爲桮棬也如將戕賊杞柳而以爲桮棬則亦將戕賊人以爲仁義與率天下之人而禍仁義者必子之言夫

言如此則天下之人皆以仁義爲害性而不肯爲是因子之言而爲仁義之禍也

朱子曰杞柳必矯揉而後爲桮棬性非矯揉而爲仁義孟子辯告子數處皆是辯倒著告子使休不曾說盡道理

南軒張氏曰人之爲仁義乃其性之本然自親親而推之至於仁不可勝用自長長而推之至於義不可勝用皆順其所素有而非外之也若違乎仁義則爲失其性矣而告子乃以人性爲仁義則是性別爲一

四書大全辯　下孟卷十一　二

物以人爲矯揉而爲仁義其失豈不甚乎

慶源輔氏曰不言戕賊人之性而言戕賊人者人之所以爲人者性也

西山真氏曰告子之說蓋謂人性本無仁義必用力而彊爲若杞柳本非桮棬必矯揉而後就也何其昧於理邪夫仁義即性也告子乃曰以人性爲仁義如此則性自性仁義自仁義也其可乎夫以杞柳爲桮棬必斬伐之屈折之乃克有成若人之爲仁義乃性之所固有孩提皆知愛親即所謂仁及長皆知敬兄即所謂義何勉彊矯揉之有使告子之言行世之人必曰仁義乃戕賊人之物將畏憚而不肯爲是率天下而害仁義其禍將不可勝計此孟子所以不可不辯也

雙峯饒氏曰性者人所稟之天理天理即是仁義順此性行之無非自然元無矯揉集註解性字是朱子指性之本體而言不是解告子所言之性禍仁義與楊墨充塞仁義相似

湍他端反　瀠音縈

林次崖曰註曰如此則天下之人皆以仁義爲害性而不肯爲是因子之言而爲仁義之禍愚竊謂如此則天下之人皆以性本來是惡不肯去爲仁義是爲仁義之禍蓋既知仁義是善如何嫌他爲害性似說不通不若愚說爲順也

○告子曰性猶湍水也決諸東方則東流決諸西方則西流人性之無分於善不善也猶水之無分於東西也

湍波流瀠回之貌也告子因前說而小變之近於楊子善惡混之說

四書大全辯　下孟卷十一　三

慶源輔氏曰告子本以氣爲性此說亦然故曰因前說但前說以性爲惡必矯揉而後可爲善而此說則以性爲本無善惡但可以爲善可以爲惡耳此其爲小變也

楊子脩身篇人之性也善惡混脩其善則爲善人脩其惡則爲惡人氣也者所適善惡之馬歟

朱子曰告子以善惡皆性之所無而生於習楊子以善惡皆性之所有而成於脩亦有小異故曰近

通考仁山金氏曰近於楊子集註謂近於楊子之說蓋告子之說又近於楊子也

孟子曰水信無分於東西無分於上下乎人性之善也猶水之就下也人無有不善水無有不下

夫音扶搏補各反

言水誠不分東西矣然豈不分上下乎性即天理未有不善者也

朱子曰觀水之流而必下則水之性可知觀性之發而必善則性之本善亦可知矣蔡虛齋曰張詞終難奪正理告子但曰決諸東方則東流決諸西方則西流即此便見水之流下矣蓋所決之方其地無不下者人無有不善水無有不下不必依朱子小註言水之流而必下可見水之性下蓋惟人則有性有情若水則是無情之物故只是就下處便是性故曰是豈水之性哉故曰禹之治水水之道也亦謂順水之性也豈得謂因水之下而後可知其性之下下哉此說似大拘○朱子觀水之流而必下四句于孟子本意又添一重蓋泥就下字面而得然孟子本文上句只云人性之善

未嘗言人性之發善也不必泥

今夫水搏而躍之可使過顙激而行之可使在山是豈水之性哉其勢則然也人之可使爲不善其性亦猶是也

搏擊也躍跳也顙額也水之過額在山皆不就下也然其本性未嘗不就下但爲搏擊所使而逆其性耳○此章言性本善故順之而無不善本無惡故反之而後爲惡非本無定體而可以無所不爲也

謝氏曰如水之下搏擊之非不可上但非水之性

新安陳氏曰反之猶云逆之與張子所謂善反之不同彼乃復之之謂

南軒張氏曰伊川先生云荀子之言性杞柳之論也楊子之言性湍水之論也蓋荀子謂人之性也以仁義爲僞而楊子則謂人之性善惡混修其善則爲善人修其惡則爲惡人故也告子不識大本故始譬性爲杞柳謂以人性爲仁義今復譬性爲湍水謂無分於善不善夫無分於善不善則性果爲何物耶論真實之理而委諸茫昧之地其所害大矣善乎孟子之言曰人無有不善水無有不下可謂深切著明矣

西山真氏曰水之性未嘗不就下雖搏擊之可暫違其本性而終不能使不復其本性人之爲不善者固有之矣所以然者往往爲物欲所誘利害所移而非其本然之

性也故雖甚愚無知之人詈之以惡逆斥之以盜賊鮮不變色者至於見赤子之入井則莫不怵惕而救之朱子章旨數言盡之矣

新安倪氏曰先師謂當看集註本性之本字雲峯謂須看集註定體二字水之定體無有不下性之定體無有不善可使過顙在山爲不善三使字皆非定體竊謂本性者本然之性定體即此性本然之定體也若有使之者則出於人力之所爲而非其性本然之定體矣貫三先生之說而一之於本字定體字皆能著眼則朱子釋孟子之深意可見矣

東陽許氏曰告子謂性本無善惡但可以爲善可以爲惡在所引者如何爾故以水無分東西爲喻孟子亦就其水以喻之謂性之必善譬猶水之必下告子所謂決之者人爲之也非其自然之性也若人欲拂

水之性甚至可使逆行況東西乎人之爲善順其本性也水之就下順其本性也或曰過顙在山非止爲喻蓋桔槔斛斗古有爲之者漢陰丈人所以目之爲機事也蔡虛齋曰其性亦猶是也人之可使爲不善如何說其性文勢蓋言其性爲人所逆亦猶水之爲搏擊所使也如此方說得乾淨

○告子曰生之謂性

生指人物之所以知覺運動者而言告子論性前後四章語雖不同然其大指不外乎此與近世佛氏所謂作用是性者略相似

朱子曰生之謂性只是就氣上說得蓋謂人也有許多知覺運動物也有許多知覺運動人物只一般却不知人所以異於物者以其得正氣故全得許多道理如物則氣昏而理亦昏了○生之謂氣生之理之謂性○問氣出於天否曰性與氣皆出於天性只是理氣則已屬於形氣性之善固人所同氣便有不齊處○物也有這性只是稟得來偏了這性便也隨氣轉了

慶源輔氏曰人物之生則有知覺能運動死則無知覺不能運動也

雙峯饒氏曰生活也其所以能知覺運動爲是箇活底物事有生之初稟得天地之生氣所以有這活底在裏面告子是見得這氣不曾見得這理蓋精神魂魄之所以能知覺運動者屬乎氣其所得於天以爲仁義禮智之性者則屬乎理告子認氣爲性故云生之謂性問知覺運動何分曰總言之都是精神分言之則知覺屬心運動屬身

問子以告子論性數章皆本乎生之謂性之一言何也朱子曰告子不知性之爲理乃即人之身而指其能知覺運動者以當之所謂生者是也始而見其但能知覺運動非教不成故有杞柳之譬既屈於孟子之言而病其說之偏於惡也又爲湍水之喻以見其但能知覺運動而非有善惡之分又以孟子未喻己之意也遂於此章極其立論之本意而索言之至於孟子折之則其說又窮而終不悟其非也其以食色爲言蓋猶生之云爾而公都子之所引又湍水之餘論也以是考之凡告子之論性不外乎生之一字明矣然則告子固指氣質而言歟曰告子所謂性固不離乎氣質然未嘗知其爲氣質而亦不知其有清濁賢否之分也

朱子曰釋家說如何是佛曰見性成佛如何是性曰作用是性蓋謂目之視耳之聽手之執捉足之運奔皆性也只說得箇形而下者且如手能執捉若執刀胡亂殺人亦可爲性乎

通考仁山金氏曰佛氏之說比告子只精神然佛氏妙處在此差亦在此蓋指視聽言動之氣爲性而不知所以視聽言動之理爲性也指人心爲性而不知道心爲性也雖其主於收攝作弄精神而顛倒錯繆終不可以入堯舜精一執中之道

孟子曰生之謂性也猶白之謂白與曰然白羽之白也猶白雪之白白雪之白猶白玉之白與曰然

白之謂白猶言凡物之白者同謂之白更無差别也白羽以下孟子再問而告子曰然則是謂凡有生者同是一性矣

新安陳氏曰白羽至輕之白與白雪不堅之白白玉堅潤之白質本不同

然則犬之性猶牛之性牛之性猶人之性與

孟子又言若果如此則犬牛與人皆有知覺皆能運動其性皆無以異矣於是告子自知其說之非而不能對也○愚按性者人之所得於天之理也生者人之所得於

天之氣也性形而上者也氣形而下者也人物之生莫不有是性亦莫不有是氣然以氣言之則知覺運動人與物若不異也以理言之則仁義禮智之稟豈物之所得而全哉此人之性所以無不善而爲萬物之靈也告子不知性之爲理而以所謂氣者當之是以杞柳湍水之喻食色無善無不善之說縱横繆戾紛紜舛錯而此章之誤乃其本根所以然者蓋徒知知覺運動

蓋然者人與物同而不知仁義禮智之粹然者人與物異也孟子以是折之其義精矣

朱子曰犬羊人之形氣既具而有知覺能運動者生也有生雖同然形氣既異則其生而有得乎天之理亦異蓋在人則得其全而無有不善在物則有所蔽而不得其全是乃所謂性也今告子曰生之謂性如白之謂白而凡白無異白焉則是指形氣之生者以爲性而謂人物之所得於天者亦無不同矣故孟子以此詰之而告子理屈詞窮不能復對也

勉齋黃氏曰告子既不知性與氣之分而直以氣爲性又不知氣或不齊性因有異而遂指凡有生者以爲同是以孟子以此

語之而進退無所據也

通考趙氏德曰羽性輕雪性消玉性堅雖俱白而性不同孫奭疏犬之性金畜也故其性守牛之性土畜也故其性順

朱子曰形而上者一理渾然無有不善形而下者則紛紜雜揉善惡有所分矣

新安陳氏曰易大傳曰形而上者謂之道形而下者謂之器上字上聲讀有形以上是無形之理性即理也有形以下便是有形之器氣有形者也

雲峯胡氏曰大學中庸首章或問皆以爲人物之生理同而氣異而此則以爲氣同而理異何也朱子嘗曰論萬物之一原則理同而氣異觀萬物之異體則氣猶相近而理絶不同氣之異者粹駁之不齊理之異者偏全之或異也皆因是而推之蓋自大本大原上說大化流行賦予萬物何嘗分人與物此理之同也但人得其氣之正

且通者物得氣之偏且塞者此氣之異也
人物既得此氣以生則人能知覺運動物
亦能知覺運動此又其氣之同也然人得
其氣之全故於理亦全物得其氣之偏故
於理亦偏○則人與物又不能不異矣理同
而氣異是○從○人○物○有○生○之○初說氣同而理
異是○從○人○物○有○生○之○後○說朱子之說精矣
朱子曰氣相近如知寒煖識飢飽好生惡
死趨利避害人與物都一般理不同如蜂
蟻之君臣只是他義上有一點明虎狼之
父子只是仁上有一點明其他更推不去
○論人與物性之異固由氣稟之不同但
究其所以然者却是因其氣稟之不同而
所賦之理固有異所以孟子分別犬之性
牛之性人之性有不同者而未嘗言犬之
氣牛之氣人之氣不同也○此章乃告子
迷繆之本根孟子開示之要切蓋知覺運
動者形氣之所爲仁義禮智者天命之所

四書大全辯　下孟卷十一　十

賦學者於此正當審其偏正全闕而求知
所以自貴於物不可以有生之同反自陷
於禽獸而不自知已性之大全也
勉齋黃氏曰夫性者人物所得乎天之理
也仁義禮智之屬是也生者人物所得乎
天之氣也有知覺而能運動者是也性者
萬物之一原有生之類各得於天固無少
旦所稟之氣則或值其清濁美惡之不
齊故理之所賦不能無開塞偏正之異此
人物之所以分也然以氣而言則所稟雖
殊而其所以爲知覺運動者無甚異所以
理而言則其本雖同而人之有是四端所
以爲至靈至貴者非庶物之可擬矣告子
之學不足以知此但見其蠢然之生卽以
爲性而又謂凡得此者無有不同則是不
惟不知性而亦不知氣不惟觀於外者亂於
人獸之別而其反於身者亦昧於天理人
欲之幾矣

[illegible]

峯饒氏曰人讀孟子論性不論氣若以
此章觀之未嘗不論氣也
蔡虛齋曰白羽之白白雪之白白玉之白
以質言與犬之性牛之性人之性不必同
而趙氏德以爲羽性輕雪性消玉性堅者
泥矣新安陳氏之說自明白白羽至輕之
白與白雪不堅之白白玉堅潤之白質本
不同犬之性猶牛之性依上文白羽之白
猶白雪之白例俱作不同說

○告子曰食色性也仁內也非外也義外也
非內也

告子以人之知覺運動者爲性故言人之
甘食悅色者卽其性故仁愛之心生於內

四書大全辯　下孟卷十一　十一

而事物之宜由乎外學者但當用力於仁
而不必求合於義也
朱子曰告子先云仁義猶栝棬其義本皆
以仁義爲外皆不出於本性既得孟子說
方畧認仁爲在內亦不以仁爲性之所在
但比義差在內耳○告子以生於愛者爲
仁故曰內以其制是非者爲義故曰外
南軒張氏曰食色固出於性然莫不存則
焉告子舉物而遺其則其說行天理不存
而人欲莫遏矣
慶源輔氏曰人之甘食者知其食之美而
甘之也悅色者知其色之美而悅之也知
卽知覺也甘與悅卽運動也
雙峯饒氏曰告子雖知以仁爲內而不知
愛是情仁是性愛未便是仁愛之理是仁
今便指愛爲仁已是不識性了如義則是

心之制事之宜事之宜者雖在彼而其所以裁制而得其宜者全自在我若非我有節義如何處得物告子認以爲外可謂全無見識矣觀告子前面數章之意則謂性中仁義都無到這裏又却有仁而無義皆是遁辭

雲峯胡氏曰告子所謂仁內義外者皆自食色說來以食色爲性言性既粗故言仁義亦粗甘食悅色是自家心裏愛那食色愛便爲仁便是仁愛之心生于內至若食色却有可愛者有不可愛者則是事物之宜由乎外也

孟子曰何以謂仁內義外也曰彼長而我長之非有長於我也猶彼白而我白之從其白於外也故謂之外也

我長之我以彼爲長也我白之我以彼爲白也

朱子曰告子不知辨別那利害處正是本然之性所以道彼長而我長之蓋謂我無長彼之心由彼長故不得不長之所以指義爲外也

曰異於白馬之白也無以異於白人之白也不識長馬之長也無以異於長人之長與且謂長者義乎長之者義乎

張氏曰上異於二字疑衍李氏曰或有闕文焉愚按白馬白人所謂彼白而我白之

也長馬長人所謂彼長而我長之也白馬白人不異而長馬長人不同是乃所謂義也義不在彼之長而在我長之之心則義之非外明矣

朱子曰白馬白人我道這是白馬這是白人言之則一若長馬長人則不同長馬則是口頭道箇老大底馬若長人則是敬之之心發於中從而敬之所以謂義內也

慶源輔氏曰人孰以長人之心長馬乎其所以然者乃吾心之義有不同耳義蓋隨事之宜而裁之也

通考仁山金氏曰按告子以彼白而我白之喩彼長而我長之孟子謂此二字不同不可引此以爲喩故曰異又因謂於白馬

之白白人之白同可謂之白若長馬之長與長人之長豈可同以爲長乎是詆其以白喩長之爲異也然後正問之曰長者義乎長之者義乎則長之之心須在內也王文憲曰只此一句分曉

朱子語類曰白馬之白也無以異于白人之白也看來孟子此語答之亦未盡謂白馬白人不異亦豈可也畢竟彼白而我白之我以爲白則亦出于吾心之分別矣

蔡虛齋曰且謂長者義乎二句只是指長人一邊更以下文然則耆炙亦有外與㢤之足知不是兼長馬長人也只是長之字重

林次崖曰且謂長者義乎二句人多作長人說謂是指上文彼長而我長之句說愚見只承上不識長馬之長二句兼長人長馬說尤似直捷明白

芑山張氏曰蔡氏指長人一邊自確林氏

耆與嗜同　炙火伏音

鹵音魯與滷同芬□□三反

輔氏此條可删

說未免科纏。不必從。○白文異於三字疑衍。張氏說是。仁山必穿鑿立說。何也。宜删。

曰吾弟則愛之秦人之弟則不愛也是以我為悅者也故謂之内長楚人之長亦長吾之長是以長為悅者也故謂之外也

言愛主於我故仁在内敬主於長故義在

外

曰耆秦人之炙無以異於耆吾炙夫物則亦有然者也然則耆炙亦有外與

言長之耆之皆出於心也林氏曰告子以

食色為性故因其所明者而通之○自篇首至此四章告子之辯屢出而屢變其說以求勝卒不聞其能自反而有所疑也此正其所謂不得於言勿求於心者所以卒於鹵莽而不得其正也

南軒張氏曰長則同而待吾之長與待楚人之長固有間矣其分之殊即所謂義也觀其義外之說固爲不知義矣不知義則其所謂仁内者亦烏知仁之所以為仁哉

慶源輔氏曰炙在外而耆之者在我長在外而長之者在我初無異也告子所明者食色故取譬於耆炙因其所明通其所蔽亦納約自牖之意也

通考仁山金氏曰孟子正當曰長楚人之長界亦猶長吾之長乎是必有差等矣且謂以長為悅則是長長則愜於吾心也則悅豈在外歟今乃以耆秦人之炙對長楚人之長是蓋因其食色之好非有秦楚之分以指其非外也其實上文長之者義乎已盡之矣

東陽許氏曰孟子就其白字長字明其白不可譬長而長馬不可同則所謂義内者可不言而喻告子猶不悟重以内外為言於是借耆炙以為喻謂美味雖在炙而耆之者乃自内出對上長楚人之長說物則指炙而言謂豈獨於人為然物亦有如此者以耆之之心比長之之心則可見義之在内無疑矣

雲峯胡氏曰夫子嘗曰義以方外夫義所以義錯其從外者而非在外也告子義外之說孟子所以深闢之

芑山張氏曰。偶舉耆炙以明義非外耳。非因告子所明而通之也。況食色為性。告子只有蔽處。不見有一隙明處。孟子直是逐段擿折。使其說不至于惑世耳。集註采林氏說。未確。而輔氏附會其說。妄以此爲孟子納牖之意。可謂悖理。

○孟季子問公都子曰何以謂義内也

孟季子疑孟仲子之弟也蓋聞孟子之言而未達故私論之

曰行吾敬故謂之内也

所敬之人雖在外然知其當敬而行吾心之敬以敬之則不在外也

鄉人長於伯兄一歲則誰敬曰敬兄酌則誰先曰先酌鄉人所敬在此所長在彼果在外非由內也

伯長也酌酌酒也此皆季子問公都子答而季子又言如此則敬長之心果不由中出也

通考慶源輔氏曰季子因公都子之言而復疑敬雖在內而長在外故以伯兄鄉人爲問而曰所敬在此所長在彼則敬長之心果不由中出也

公都子不能答以告孟子孟子曰敬叔父乎

敬弟乎彼將曰敬叔父曰弟爲尸則誰敬彼將曰敬弟子曰惡在其敬叔父也彼將曰在位故也子亦曰在位故也庸敬在兄斯須之敬在鄉人

尸祭祀所主以象神雖子弟爲之然敬之當如祖考也在位弟在尸位鄉人在賓客之位也庸常也斯須暫時也言因時制宜皆由中出也

趙氏曰因時制宜所謂義也兄叔父之當敬此理之常若弟在尸位則祭時暫當裁以視如祖考之義而敬弟鄉人在賓位則宴時暫當裁以尊賓之義而敬鄉人此等暫時之敬耳或常或暫因時而裁制其宜皆本於吾心權故曰由中出也

季子聞之曰敬叔父則敬敬弟則敬果在外非由內也公都子曰冬日則飲湯夏日則飲水然則飲食亦在外也

此亦上章耆炙之意○范氏曰二章問答大指畧同皆反覆譬喻以曉當世使明仁義之在內則知人之性善而皆可以爲堯舜矣○

雲峯胡氏曰集註以爲此亦耆炙之義者炙在外而耆之在乎心水與湯在外而斟酌其可飲不可飲在乎心然則事物之宜在乎外而所以斟酌事物之宜則在乎心也

慶源輔氏曰若以義爲外則便於性之本體偏枯了安能知人性之本善既不知人性之本善則豈能知人皆可以爲堯舜哉

潛室陳氏曰禮敬之義在外如叔父如弟如鄉人皆指外而言故告子以義爲外然敬之所施雖在外而所以行吾敬處却在內如當敬叔父時則敬叔父當敬弟時則敬弟當敬鄉人則敬鄉人所以權其事宜而爲之差別者則此理之隆殺未嘗不在吾心故公都子以此折之其辭簡而理勝所謂不迫切而意已獨至也

新安陳氏曰集註于此又提挈綱領以示人仁義性也堯舜性與人同但能盡其性

耳人惟性善故皆可以爲堯舜也
通考朱氏公遷曰此即事理之中于手行
敬而言之以仁義禮智並言之則敬屬禮
以仁義自相對而言之則愛屬仁而行吾
敬者屬乎義也又敬之發見屬乎禮敬所
當敬屬乎義

○公都子曰告子曰性無善無不善也

此亦生之謂性食色性也之意近世蘇氏胡氏之說蓋如此

新安陳氏曰只認能知覺運動甘食悅色
者即爲性而任意爲之無所謂善惡
新安陳氏曰蘇東坡論性謂自堯舜以來
至孔子不得已而曰中曰一未嘗分善惡
言也自孟子道性善而一與中支矣胡文
定公論性謂性不可以善言纔說善時便

與惡對非本然之性矣孟子道性善只是
贊歎之辭說好箇性如佛言善哉善哉五
峯論性云凡人之生粹然天地之心道義
全具無適無莫不可以善惡辨不可以是
非分

或曰性可以爲善可以爲不善是故文武興則民好善幽厲興則民好暴

此即湍水之說也

新安陳氏曰謂性可善可惡惟上所導如
湍水可東可西惟人所決也

或曰有性善有性不善是故以堯爲君而有象以瞽瞍爲父而有舜以紂爲兄之子且以爲君而有微子啓王子比干

韓子性有三品之說蓋如此按此文則微子比干皆紂之叔父而書稱微子爲商王元子疑此或有誤字

韓子原性篇性也者與生俱生也情也者
接於物而生也性之品有三而其所以爲
性者五情之品有三而其所以爲情者七
何也曰性之品有上中下三上焉者善焉
而已矣中焉者可導而上下也下焉者惡
焉而已矣
朱子曰韓子三品之說只說得氣不曾說
得性〇此章三者雖同說氣質之性然兩
或曰之說猶知分辨善惡惟無善無不善
之說最無狀他就此無善無惡之名渾無

分別雖爲善爲惡總無妨也與今世不擇
善惡顛倒是非而稱爲本性者何以異哉
陳氏曰韓子謂人之所以爲性者五曰仁
義禮智信此語似看得性字端的但分爲
三品又差了三品只說得氣稟然氣稟不
齊或相什百千萬豈但三品而已哉
通考涂氏溍生曰性猶杞柳也謂人性本
無仁義必待矯揉而後成是即荀子性惡
之說故曰如性猶湍水也告子以善惡皆
性之所無而生於習揚子以善惡混皆性
之所有而成於性故曰近生之謂性指人
物之所以知覺運動者而言有似乎佛氏
作用是性之說然釋氏之言又連周無時
崖故曰善相似孝言大體相類也節氏之
言云凡人之性不可以善惡辨不可以是
非分蘇氏論性自堯舜至孔子不得已而
命之且寄之曰中未嘗分善惡言是亦尙
子性無善無不善也故曰蓋如此

今曰性善然則彼皆非與孟子曰乃若其情則可以爲善矣乃所謂善也

乃若發語辭情者性之動也人之情本但可以爲善而不可以爲惡則性之本善可知矣

慶源輔氏曰先儒皆訓若爲順言順其本然之情則無不善恐不必如此說蓋情自善不待順之而善也且此乃若正與下文若夫字相對故斷以爲發語辭

朱子曰性不可說情却可說所以告子問性孟子却答他情蓋謂情可爲善則性無有不善所謂四端者皆情也仁是性惻隱是情也惻隱是仁發出來的端芽如一箇

穀種相似穀之生是性發爲萌芽是情也所謂性只是那仁義禮智四者而已

北溪陳氏曰在心裏未發動底爲性事物觸著便發動出來底是情這動底只是就性中發出來不是别物情之中節是從本性發來便是善其不中節是感物欲而動不從本性發來便有不善

慶源輔氏曰情只是性之動因其情之善而可以知其性之本善若程子謂天下之理原其所自無有不善喜怒哀樂未發何嘗不善發而中節亦何往而不善此則又因其性之善而知其情之無不善也

新安陳氏曰性渾然全體在中未發無形象可見動而爲情方可見耳仁義禮智之性動而爲惻隱羞惡辭遜是非之情所謂本但可爲善而不可爲惡者也因其情之善而可知其性之本善蓋遡其流而知其源也如水之初流出尚清則可知其未流之先清也必矣此乃若其情至乃所謂善也已包下文惻隱之心至我固有之也之意下文乃盡發此意耳

蔡虛齋曰情是無意發出者不可謂情去爲善也集註云本但可以爲善而不可以爲不善以爲字俱當如此認

或曰前輩據莊子云性之動謂之爲郭象注云以性自動故稱爲耳爲乃眞爲非有爲也情可以爲善爲字當如此看按此論目確

夫音扶

若夫爲不善非才之罪也

才猶材質人之能也人有是性則有是才性既善則才亦善人之爲不善乃物欲陷溺而然非其才之罪也

問才是以其能解作用底說材質是合形體說否朱子曰是兼形體說如說才料相似○問才與材字之別曰才字是就義理上說材字是就用上說如人見其濯濯也以爲未嘗有材用木旁才字便是指適用底說非天之降才爾殊便是說義理上說○情是這心裏動出有箇路脉曲折隨物恁地去才是能主張運動做事底這事有人做得有不會做得這處可見其才○性如水情如水之流情既發則有善有不善在人如何耳才則可爲善者也彼其性既善則其才亦可以爲善今乃至于爲不善是非才如此乃自家使得才如此故曰非才之罪○問性之所以無不善以其出於天也才之所以有善不善以其出於氣也要之性出于天才亦出于天何故便至如此曰性是形而上者氣是形而下者形而上者全是天理形而下者只是那查滓至

子形又是查滓至濁者也○問孟子言情
與才皆善如何曰情本自善其發也未有
染汙何嘗不善才只是資質亦無不善譬
物之未染只是白也又曰性之本體理而
已情則性之動而有爲才則性之具而能
爲者也性無形象聲臭之可形容也故以
二者言之誠知二者之本善則性之善必
矣
西山真氏曰善者性也而能爲善者才也
性以體言才以用言才本可以爲善而不
可以爲惡今乃至於爲不善者是豈才之
罪也哉陷溺使然也
雙峯饒氏曰孟子是指那好底才說如仁
之能愛其親義之能敬其兄所謂良能是
也

惡去聲　鑠式灼反　舍上聲　蓰音師

惻隱之心人皆有之羞惡之心人皆有之恭

敬之心人皆有之是非之心人皆有之惻隱
之心仁也羞惡之心義也恭敬之心禮也是
非之心智也仁義禮智非由外鑠我也我固
有之也弗思耳矣故曰求則得之舍則失之
或相倍蓰而無算者不能盡其才者也
恭者敬之發於外者也敬者恭之主於中
者也鑠以火銷金之名自外以至內也算
數也言四者之心人所固有但人自不思
而求之耳所[illegible]惡相去之遠由不思不

原缺第二十三頁

之發各有面貌之不同是以孟子析而爲
四以示學者使知渾然全體之中而粲然
有條若此
慶源輔氏曰仁義禮智性也惻隱至是非
性之動而爲情也皆謂之心心統性情者
也四者之心根於本性非如火之銷金自
外至內但人自不思不求耳
西山真氏曰物有求而弗得者在外故也
性求其在我者何不得之有思而求之則
得之而全其本善不思不求則失之而流
於惡善惡相去之遠由一倍五倍而極於
無算者皆不思不求不能擴充以盡其才
故也本然之才初無限量極天下之善無
不可爲今乃如此是有才而不能盡其才
耳曰思曰求而又曰盡皆孟子喫緊教人
處
雲峯胡氏曰前篇於四者言端欲人克擴
此不言端而直因用以著其本體欲人體

認前以辭讓爲禮之端辭讓皆以發乎外
者言此曰恭敬則兼以外與內而言故不
必言端

好去聲

詩曰天生蒸民有物有則民之秉夷好是懿
德孔子曰爲此詩者其知道乎故有物必有
則民之秉夷也故好是懿德
詩大雅蒸民之篇蒸詩作烝衆也物事也
則法也夷詩作彝常也懿美也有物必有
法如有耳目則有聰明之德有父子則有
慈孝之心是民所秉執之常性也故人之

情無不好此懿德者以此觀之則人性之善
善可見而公都子所問之三說皆不辨而
自明矣〇程子曰性即理也理則堯舜至
於塗人一也才稟於氣氣有清濁稟其清
者爲賢稟其濁者爲愚學而知之則氣無
清濁皆可至於善而復性之本湯武身之
是也孔子所言下愚不移者則自暴自棄
之人也又曰論性不論氣不備論氣不論
性不明二之則不是張子曰形而後有氣

質之性善反之則天地之性存焉故氣質
之性君子有弗性者焉愚按程子此說才
字與孟子本文小異蓋孟子專指其發於
性者言之故以爲才無不善程子兼指其
稟於氣者言之則人之才固有昏明強弱
之不同矣張子所謂氣質之性是也二說
雖殊各有所當然以事理考之程子爲密
蓋氣質所稟雖有不善而不害性之本善
性雖本善而不可以無省察矯揉之功學

者所當深玩也
新安陳氏曰於好字上見得是情集註此
情字與上文乃若其情相應
蔡氏曰惻隱等正是指性之初發動處以
明未發動之理又舉蒸民詩者當然之則
無物不體而此理之妙實根於人性之本
然性人之生各秉其有常之性所以應事
接物皆好此美德而不容已也所謂懿德
即所謂物之則也其曰好是者即指上文
秉彝而言天命之所賦者謂之則人性之
所秉者謂之彝存於心而有所得者謂之
德實一而已孔子又加一必字於有則之
上加一故字於好是之上其旨愈明矣孟
子舉此者蓋謂秉彝懿德即是常性心之
所好者德即是情之發動者不外乎性就
性初發動爲情處指出以示人方見得性
之本無不善也

朱子曰理精一故純氣粗故雜〇理如寶
珠氣如水有是理而後有是氣有是氣則
必有是理但氣稟之清者爲聖賢如珠落
在清水中稟氣之濁者爲愚暗如珠落在
濁水中
朱子曰論性不論氣則無以見其生質之
異論氣不論性則無以見義理之同孟子
之言性善者前聖所未發也而此言者又
孟子所未發也〇本然之性只是至善然
不以氣質論之則莫知其有昏明開塞剛
柔強弱故有所不備徒論氣質之性而不
自本原言之則雖知有昏明開塞剛柔強
弱之不同而不知至善之原未嘗有異故
有所不明須是兩邊都說理方明備
北溪陳氏曰只論大本而不及氣稟則所
論有欠缺未備若只論氣稟而不及大本
便只說得粗底道理全然不明千萬世而
下學者只得按他說更不可改易

室陳氏曰孟子性善從源頭上說及論才只是說善不論氣質清濁厚薄是不備也諸子紛紛之說各自把氣質分別便作天性看了其不明之失爲害滋甚孔門性相近習相遠却就氣質之性上論清濁至說上智下愚乃論得氣清之十分厚者爲上智氣濁之十分薄者爲下愚其間相近者乃是中人清濁在四六之間總起是三等氣質此說乃是與孟子之說互相發明要知孔子是說氣質之性孟子是說源頭本然之性諸子只是把氣質便作本然之性看錯了

新安陳氏曰須是論性兼論氣不判而二之方是

朱子曰論天地之性則專指理而言論氣質之性則以理與氣雜而言之天地之性則太極本然之妙萬殊之一本也氣質之性則二氣交運而生一本而萬殊也氣質

之性即此理墮在氣質之中耳。非別有一性也。○性只是理然無那氣質則此理沒安頓處但得氣之清明則不蔽固此理順發出來蔽固少者發出來天理勝蔽固多者則私欲勝便見得本原之性無有不善只被氣質有昏濁則偏了學以反之則天地之性存矣故說性須兼氣質言之方備

○氣質之說起於張程極有功於聖門有補於後學言之使人深有感如退之說性三品也是但不曾分明說是氣質之性耳孟子說性善但說得本原處卻不曾說得氣質之性所以亦費分疏使張程之說早出則諸子說性惡與善惡混等自不用爭論故張程之說立則諸子之說泯矣

○孟子[illegible]氣質之性然於告子生之謂性之[illegible]說微發其端矣但告子辭窮無復問[illegible]不得而盡其辭焉至周子出始[illegible]極陰陽五行之說以明人物之

生其性則同而氣質之所從來其變化錯揉有如此之不齊者至程子始明性之爲理而與張子皆有氣質之說○氣質之性便只是這箇天地之性卻從那裏過好底性如水氣質之性如殺些醬與鹽便是一般滋味○又曰天地之所以生物者理也其生物者氣與質也人物得是氣質以成形而其理之在是者則謂之性也

勉齋黃氏曰學者知理之無不善則當加存養之功知氣質之有善有不善則當施矯揉之力

北溪陳氏曰氣質之性是以氣稟言之天地之性是以大本言之其實天地之性亦不離乎氣質之中只是就那氣質之中分別出氣質之性不與相雜而言耳

雙峯饒氏曰人未生以前不喚做性既生以後方喚做性纔喚做性便滚在氣質中所以有善有不善此氣質之性也然性之

本然惟有善而已就氣質中指那本然者說是則天地之性也若不分做兩箇性說則性與氣鶻突無分曉若不合做一箇性說認做兩件物事去了故程子曰二之則不是問善反之則天地之性存焉不知未反以前此性亦存否曰不曾反時此性亦未嘗無且如一鄙吝人見殘疾也知憐憫一強梁人見好人也知恭遜畢竟有箇性在內不知不覺忽然發見出來但人有氣質物欲之累則此性不能常存須於善反上做工夫方存得性之本體問反之之工夫如何曰涵養體認克治克廣皆是反之之道譬如水被泥沙混了若加澄治則本然之清仍在孟子說夜氣便是要使人涵養說四端及擴充便是要體驗充廣獨有克治一邊却不曾說

新安陳氏曰論性不論氣是說孟子其論甚正而明但不曾說破氣質不周備耳論

孟子異者不足得程子補之否

不論性是說荀揚則全外終而說理不明其害大矣孟子性善之說正而未備得程子性即理也之說足以助其其正者又得張程氣質之說足以補其未備者朱子會萃提掇盡發其秘而無餘蘊其繼往開來之功大矣哉○又曰文勢加君子弗謂性也君子既善變化其氣質之性而復其天地之性矣故氣質之性君子弗以為性也

問孟子程子論才字同異朱子曰才只一般能為之謂才才之初亦無不善緣他氣質有善惡故其才亦有善惡孟子自其同者言之故以為出於性程子則自其異者言之故以為稟于氣大抵孟子多是專以性言故以為性善才亦無不善到周程張子方說到氣上要之須是兼二者言之方備○集註中以程子為密即見得孟子所說未免少有疎處今但以程子為主而推其說以陰補孟子之不足則於理無遺矣

雲峯胡氏曰程子就氣質上說則情或有不善不可無省察之功才或有不善不可無矯揉之功集註此矯揉二字與此篇首章所謂矯揉不同首章是告子之說以本然之性必待矯揉而後可以為善此則先儒之說以氣質之性必加矯揉而後可變其不善二者正相反也

通旨朱氏公遷曰孟子論性專以理言告子之徒論性專以氣言然於告子生之謂性則折之性猶杞柳則責之皆引而未發之辭也湍水之說則略加辨明發其端矣猶未盡其蘊也及公都子連引三說以質其疑然後究言之而向之所以語告子者其亦益明蓋告子不求諸心故孟子之言略公都子為信孟子故孟子之言詳也食色一章亦皆折之之語但其意則專辨義外之非故與此四章不同

四書大全辯（下孟卷十一　廿九

蔡虛齋曰。善反之則天地之性存焉。謂復其初也。雙峯之辯頗費力。

芑山張氏曰。按賈誼云少成若天性。韓嬰曰卵之性為雛。不粥不孚。則不成為雛。繭之性為絲。不湅不練。則不成為絲。此即程子復性張子善反之說。然此二說實先于伊洛。韓子三品之論。不折衷于此說。何哉

○蒙引云。畢竟性自是性。氣質自是氣質。氣質不可與性混也。程子曰性即理也。此句所以為有功于性理者。緣前面自荀子楊子韓子胡子一向俱以氣為性。而性之義不白于天下者。千有餘年。愚按蒙引此論甚確。學者須先看透于性即理也一句。纔識得論性不論氣不備二句。非將氣質與性混而為一。然則將天地之性氣質之性並言。與分兩箇性說者皆非也。

藉慈夜反　孟子異不知氣稟子同否　夫音扶麰音牟

○孟子曰富歲子弟多賴凶歲子弟多暴非

四書大全辯（下孟卷十一　卅

天之降才爾殊也其所以陷溺其心者然也

富歲豐歲也賴藉也豐年衣食饒足故有所賴藉而為善凶年衣食不足故有以陷溺其心而為暴

問程子謂語其才則有下愚之不移與孟子之意不同朱子曰孟子只見得性善便把才都做善不知有氣稟之不同程子說得較密

新安陳氏曰天之降才與書所謂上帝降衷文意略似言非天賦以有為之才如此味異也乃阻飢而陷溺其良心賊其為善之才而然耳

今夫麰麥播種而耰之其地同樹之時又同

耆與嗜同　蕢音匱

然而生至於日至之時皆熟矣雖有不同
則地有肥磽雨露之養人事之不齊也
麰大麥也耰覆種也日至之時謂當成熟
之期也磽瘠薄也
韻會徐氏曰布種後以耰摩田使土之開
處復合曰覆種
新安陳氏曰種麥三者多同雖其間有多
寡之不同者則以地有肥瘠之分雨露有
有無之異人事有勤惰之不齊故耳以譬
降才同而養其心與陷溺其心有不同也
故凡同類者舉相似也何獨至於人而疑之
聖人與我同類者

聖人亦人耳其性之善無不同也
新安陳氏曰凡同類謂凡物之同類者人
性善無不同此提掇綱領處
故龍子曰不知足而爲屨我知其不爲蕢也
屨之相似天下之足同也
蕢草器也不知人足之大小而爲之屨雖
未必適中然必似足形不至成蕢也
口之於味有同耆也易牙先得我口之所耆
者也如使口之於味也其性與人殊若犬馬
之與我不同類也則天下何耆皆從易牙之

姣古卯反

於味也至於味天下期於易牙是天下之口
相似也
易牙古之知味者言易牙所調之味則天
下皆以爲美也
新安陳氏曰易牙齊桓公臣能辨淄澠二
水味此先得我口之所耆已爲下文先得
我心之所同然者張本矣
惟耳亦然至於聲天下期於師曠是天下之
耳相似也
師曠能審音者也言師曠所和之音則天

下皆以爲美也
惟目亦然至於子都天下莫不知其姣也不
知子都之姣者無目者也
子都古之美人也姣好也
故曰口之於味也有同耆焉耳之於聲也有
同聽焉目之於色也有同美焉至於心獨無
所同然乎心之所同然者何也謂理也義也
聖人先得我心之所同然耳故理義之悅我
心猶芻豢之悅我口

然猶可也草食曰芻牛羊是也穀食曰豢
犬豕是也程子曰在物爲理處物爲義體
用之謂也孟子言人心無不悅理義者但
聖人則先知先覺乎此耳非有以異於人
也程子又曰理義之悅我心猶芻豢之悅
我口此語親切有味須實體察得理義之
悅心真猶芻豢之悅口始得
朱子曰然是然否之然人心同以爲然者
義理也
朱子曰理是此物上便有此理義是於此
物上自家處置合如此便是義楊雄言義

以宜之韓愈言行而宜之之謂義若以義
爲宜則義有在外意思須如程子言處物
爲義是則處物者在心而非外也非處物
爲義一句則後人恐未免有義外之見蓋
物之宜雖在外而所以處之使得其宜者
則在內也○理義人心之同然如人之爲
事自家處之當於義人莫不以爲然無有
道不好者又如人皆知君父之當事我能
盡忠盡孝天下莫不以爲當然此心之所
同也如今處一件事苟當於理則此心必
安人亦以爲當然如此則其心悅乎不悅
乎悅於心必矣
雲峯胡氏曰芻豢人之所同嗜也嗜之斯
悅之矣理義人之所同然也然之斯悅之
矣
安陳氏曰此章大意以人心理義之同
人性之皆善也衆人與聖人同此至
以同此理義之心本同而末莫

之同者陷溺其心故也能以理義養其心
而不至陷溺其心則心得所養於理義得
無味之味如悅芻豢有味之味其於希聖
之學自將勉勉循循而欲罷不能矣殆與
聖人同者其終何患與聖人不同哉
通古朱氏公遷曰此因論性善而以理義
之心言之
林次崖曰理義之悅我心二句須作悅自
家底方于多賴多暴意湊貼若說作人底
又隔一重了志士仁人殺身成仁舍生取
義不是理義悅心真猶芻豢悅口怎能做
爲此耄今于理義未能如芻豢悅口皆緣
物欲陷溺其心耳學者若未見得此味尚
是欲心未可與適道也
或曰先得對陷溺既久之後看人心剝後
得復聖人自降才時即全此心此正指出
聖凡同體處不可看高了聖人

長上聲 閒去聲　蘖五割反

○孟子曰牛山之木嘗美矣以其郊於大國
也斧斤伐之可以爲美乎是其日夜之所息
雨露之所潤非無萌蘖之生焉牛羊又從而
牧之是以若彼濯濯也人見其濯濯也以爲
未嘗有材焉此豈山之性也哉
牛山齊之東南山也邑外謂之郊言牛山
之木前此固嘗美矣今爲大國之郊伐之
者衆故失其美耳息生長也日夜之所息
謂氣化流行未嘗間斷故日夜之間凡物

好惡皆去聲　梏工毒反　械下戒反

皆有所生長也萌芽也蘖芽之旁出者也濯濯光潔之貌材材木也言山木雖伐猶有萌蘖而牛羊又從而害之是以至於光潔而無草木也

雙峯饒氏曰息本訓止息纔息便生故息又訓生

新安陳氏曰山以生物爲性猶曰天地以生物爲心謂爲無材豈山之本性哉此全是引起以譬喻下一節

雖存乎人者豈無仁義之心哉其所以放其良心者亦猶斧斤之於木也旦旦而伐之可

以爲美乎其日夜之所息平旦之氣其好惡與人相近也者幾希則其旦晝之所爲有梏亡之矣梏之反覆則其夜氣不足以存夜氣不足以存則其違禽獸不遠矣人見其禽獸也而以爲未嘗有才焉者是豈人之情也哉

良心者本然之善心卽所謂仁義之心也平旦之氣謂未與物接之時淸明之氣也好惡與人相近言得人心之所同然也幾希不多也梏械也反覆展轉也言人之良

見形甸反　寖音浸

心雖已放失然其日夜之間猶必有所生長故平旦未與物接其氣淸明之際良心猶必有發見者但其發見至微而旦晝所爲之不善又已隨而梏亡之如山木旣伐猶有萌蘖而牛羊又牧之也晝之所爲旣有以害其夜之所息夜之所息又不能勝其晝之所爲是以展轉相害至於夜氣之生、日以寖薄而不足以存其仁義之良心則平旦之氣亦不能淸而所好惡遂與人

遠矣

朱子曰梏如被禁械在那裏不容走作亡如將自家物失去了

朱子曰反覆非顚倒之謂蓋有互換更迭之意

新安陳氏曰物欲者伐良心之斧斤也

朱子曰平旦之氣只是夜間息得許多時節不與事物接纔醒來便有得這些淸明之氣此心自恁地虛靜少間纔與物接依舊又汨没了

程子曰夜氣之所存者良知也良能也苟擴而充之化旦晝之所梏爲夜氣之所存然後有以至于聖人也

朱子曰夜之所息底是良心平旦之氣自是氣夜氣如雨露之潤良心如萌蘖之生人之良心雖有梏亡而彼未嘗不生也

○此段首尾只爲良心設夜氣不足以存

益以夜氣至清足以存此良心平旦之氣亦清亦足以存此良心故其好惡與人相近但此心存得不多時也梏之人謂梏亡其夜氣非也謂梏亡其良心也○夜氣不足以存皆是旦晝所爲壞了所謂好惡與人相近今只要去這好惡上理會日用間於這上見得分曉有得力處夜氣方與你存夜氣上卻未有工夫只是去旦晝理會這裏有工夫日間添得一分道理夜氣便添得一分日間只管進夜間只管添這氣便盛○氣日裏也生夜間也生只是日間生底爲物欲梏亡隨手又耗散了夜間生底則聚在那裏不曾耗散所以養得那良心譬如一井水終日攪動便渾了至夜稍靜便有清水出所謂夜氣不足以存者如攪動得太甚則雖有止息時此水亦不能清矣○人心每日梏於事物斲喪戕賊所餘無幾唯夜氣靜庶可以少存耳至夜

氣之靜而猶不足以存則天理都喪去禽獸不遠矣前輩皆無明說某因將孟子反覆熟讀方看得出後看程子說夜氣之所存者良知良能也與聽見合以此知觀書須熟讀深思道理自見○氣與理本相依旦晝之所爲不害其理則夜氣之所養益厚夜之所息既有助於理則旦晝之所爲益無不當矣日間梏亡者寡則夜氣自然清明虛靜至平旦亦然至旦晝應事接物時亦莫不然○夜氣是母所息者是子蓋所息者本自微了旦晝只管梏之今日梏一分明日梏一分所謂梏之反覆而所息者泯夜氣亦不足以存若能存便是息得仁義之良心仁義之心人所固有但放而不知求則天之所以與我者始有所汨沒矣是雖如此然其日夜之所息至于平旦其氣清明不爲利欲所昏則本心好惡猶有與人相近處至其旦晝之所爲又有以

梏亡之梏之反覆則雖有這些夜氣亦不足以存養其良心反覆只是循環夜氣不足以存則雖有人之形其實與禽獸不遠故下文復云苟得其養無物不長苟失其養無物不消良心之消長只在得其養與失其養爾牛山之木嘗美矣是喻人仁義之心郊於大國斧斤伐之猶人之放其良心日夜之所息雨露之所潤非無萌櫱之生便是平旦之氣其好惡與人相近處旦晝之梏亡則又所謂牛羊又從而牧之雖芽櫱之萌亦且戕賊無餘矣○此章以仁義之良心爲主其存其亡皆以心言之下文引孔子之言以明心之不可不操則意益明矣但日夜所息以下只是好惡相近爲良心之萌櫱不復更著心字故說者謂氣有存亡而欲致養於氣誤矣胡氏曰仁義性也而集註以心言者[illegible]乎性也良心即仁義之心即所謂性也

雲峯胡氏曰此章以山木喻人心分爲兩段每段皆分六節看第一節是說牛山之木本來自美喻人仁義之良心本來未嘗無第二節以斧斤之伐喻良心之放第三節萌櫱之生喻好惡與人相近者幾希言既伐之後其發至微此心之存甚不多如萌櫱之生甚不多也第四節謂萌櫱之生本自不多而牛羊又牧之喻夜氣之所存者本自不多而旦晝所爲之不善又梏之也第五節謂向也猶有萌櫱之生今則濯濯無復存矣喻良心向也猶有與人相近者今則去禽獸不遠矣但未與良心皆有日夜之所息而惟於人曰夜氣者木之萌櫱一絕于牛羊既牧之後無復存者人之良心夜之所息者已絕於旦之所爲而夜無所爲則其氣猶足以存所謂存者謂夜氣猶足以存其本然之良心也至於梏之反覆則雖有夜氣亦不足以存矣第六

謂人但見其濯濯而不見其初也未嘗不美喻人但見其近於禽獸而不見其存乎人者未嘗無仁義之良心也材字與才字不同朱子以爲才字是就義理上說材字是就用上說

新安陳氏曰前言好惡與人近今遂去禽獸不遠則與人遠矣人見其如此而以爲未嘗有能爲之人才者此豈人性發而爲情之本然者哉此所謂才與情與前章乃若其情天之降才意同皆發於性者也

故苟得其養無物不長苟失其養無物不消

山木人心其理一也

朱子曰此段緊要在苟得其養四句存是箇保養護衛底意苟得其養無物不長苟失其養無物不消見得雖梏亡之餘有以養之則仁義之心卽存緣是此心本不是

外面取來乃是與生俱生下又說存養之要舉孔子之言操則存舍則亡見此良心其存亡只在眇忽之間纔操便在道裏纔舍便失去若能知得常操之而勿放則良心常存夜之所息益有所養夜之所養愈深則旦晝之所爲無非良心之發見矣

慶源輔氏曰此總結上二段意

新安陳氏曰斧斤伐牛羊牧山木之失養而消也放其良心所爲梏亡人心之失養而消也所以養其心者不外乎下文之操存而已此結上二段以起下文所引孔子語之意

孔子曰操則存舍則亡出入無時莫知其鄉惟心之謂與

孔子言心操之則在此捨之則失去其出入無定時亦無定處如此孟子引之以明心之神明不測得失之易而保守之難不可頃刻失其養學者當無時而不用其力使神清氣定常如平旦之時則此心常存無適而非仁義矣程子曰心豈有出入亦以操舍而言耳操之之道敬以直內而已○愚聞之師曰人理義之心未嘗無唯持守之卽在爾若於旦晝之間不至梏亡則夜氣愈清夜氣清則平旦未與物接之時

湛然虛明氣象自可見矣孟子發此夜氣之說於學者極有力宜熟玩而深省之也

北溪陳氏曰忽然出忽然入無有定時忽在此忽在彼亦無定處操之便存在此捨之便亡失了

雲峰胡氏曰得之易者謂操則有失之易者謂舍則亡保守之難者謂出入無時莫知其鄉

朱子曰心豈有出入只指外而言入只指內而言只是要人操而存之耳非是如物之散失而後收之也○心是箇活物須是操守不要放舍亡不是無只是走作逐物去了又見得心不操則舍不出則入無閑處可以安頓惟心之謂與直指而總結之○孟子大意只在操則存舍則亡兩句上心一放時便是斧斤之伐牛羊之牧一句

惡去聲

新安陳氏曰此節推廣言外意繳上上文收結一章之意

陳潛室曰此段境界乃指示喪失良心者

欲其逸放此時體段欲此養去也

收斂在此便是日夜之息雨露之潤他是要人於旦晝時不爲事物所汩人心能操則常存豈特夜半旦○問范淳夫女讀孟子曰孟子誤矣心豈有出入伊川聞之曰此女雖不識孟子却識心伊川此語是許之是不許之曰此女必天資高見此心常湛然安定無出入然衆人不能皆如此若通衆人論之心却是走作底物孟子所引夫子之言是逐衆人論耳○問不能操而存之則其出而逐物於外與其偶存於內者皆荒忽無常莫知定處然所謂人者亦非此心旣出而復自外入也亦曰逐物之心暫息則此心未嘗不在內耳學者於此苟能操而存之則此心不放而常爲主於內矣○孔子此四句只是狀人之心是箇難把捉底物事而人之不可不操出入便是上面操存舍亡入則是在這裏出則是亡失了此大約泛言人心如此非指已

放者而言亦不必要於此論心之本體也○心體固本靜然亦不能不動其用固本善然亦能流而入於不善夫其動而流于不善者固不可謂心體之本然然亦不可不謂之心也但其誘於物而然耳故先聖只說操則存存則靜而其動也無不善矣舍則亡於是乎有動而流於不善者出入無時莫知其鄕出者亡也入者存也本無一定之時亦無一定之處特係於人之操舍如何耳只此四句說得心之體用始終眞妄邪正無所不備

新安陳氏曰敬以直內本文未有此意乃程子揭要義以補孟子之意

雙峯饒氏曰此章緊要在三箇存字首說存乎人者是說此心本來存次說夜氣不足以存是說衆人不能存此心終說操則存是教人用力以存此心

雲峯胡氏曰集註論浩氣則以爲續前聖所未發學者所當潛心而玩索此論夜氣則以爲於學者極有力宜熟玩而深省益此兩氣字前此未發而孟子發之浩氣謂是氣之體段人皆得之於天地以生者夜氣則從浩氣中說夜間又清明如此非有二氣也浩氣是統說夜氣則爲人之放其良心者說聖人志氣常清明無放心故無夜氣若學者尤宜深省不但當玩索而巳

東陽許氏曰浩然章論養氣而以心爲主此章論養心而以氣爲驗曰志者氣之帥故謂以心爲主曰平旦好惡與人相近故謂以氣爲驗集義固爲養氣之方所以知夫義而集之者乃心也養心固戒其梏亡驗其所息而可致力者則氣也彼欲養而無暴以充吾仁義之氣此欲因氣之息以養吾仁義之心兩章之持志操心之意未嘗不同而氣則有在身在天之異然未始不相爲用也

王陽明曰此雖就恒人心說學者亦要知得心之本體原是如此則操存工夫始無間斷不可便謂出爲亡入爲存若論本體原是無出無入的若論出入則其思慮運用是出然主宰恒昭昭在此何出之有旣無所出何入之有程子所謂腔子亦只是天理而已雖終日應酬而不出天理卽是在腔子裏若出天理斯謂之放斯謂之亡或曰引孔子語非贊心體之妙正要人曉得此心放下不得須刻刻操存耳此心原是活潑的隨其所爲時時還他活潑本體不爲物欲所滯礙所謂操則存也謂操爲把握者非

○孟子曰無或乎王之不智也

或與惑同疑怪也王疑指齊王

雖有天下易生之物也一日暴之十日寒之未有能生者也吾見亦罕矣吾退而寒之者至矣吾如有萌焉何哉易去聲暴步卜反見音現

暴溫之也我見王之時少猶一日暴之也我退則諂諛雜進之日多是十日寒之也雖有萌蘖之生我亦安能如之何哉

西山眞氏曰人主之心養之以義理則明徹之以物欲則昏惛草木然暖之以陽則生寒之以陰則悴孟子於齊王引以當道王秉彝之心其端倪亦有時而萌動矣而進見之時少理義浸灌之益微退而蔽之以私欲者何可勝旣雖有如萌芽之發旋

復摧折雖孟子其如之何哉○勿軒熊氏曰此見孟子格心之學須就有萌上著力善端之發正須正人賢士輔翼而開廣之

今夫奕之爲數小數也不專心致志則不得也奕秋通國之善奕者也使奕秋誨二人奕其一人專心致志惟奕秋之爲聽一人雖聽之一心以爲有鴻鵠將至思援弓繳而射之雖與之俱學弗若之矣爲是其智弗若與曰非然也夫音扶繳音灼射食亦反爲是之爲去聲若與之與平聲

奕圍棊也數技也致極也奕秋善奕者名

顧世章任宦官何以致治

秋也繳以繩繫矢而射也○程子爲講官言於上曰人主一日之間接賢士大夫之時多親宦官宮妾之時少則可以涵養氣質而薰陶德性時不能用識者恨之范氏曰人君之心惟在所養君子養之以善則智小人養之以惡則愚然賢人易踈小人易親是以寡不能勝衆正不能勝邪自古國家治日常少而亂日常多蓋以此也

雙峯饒氏曰心以所主者言志以所向者言專心是心之所主專在此致志是極其

心之所向直到那田地新安陳氏曰此章前一譬謂交修者不得常用其力後一譬謂自修者不肯專用其力意孟子之於齊王既進見時少無以勝衆邪之交蔽而齊王之於孟子又聽信不專有以分其心於多岐故設兩譬以言之前言王之不智後言智不若固羣邪寒之者之罪王亦自鴻鵠其心之罪也南軒張氏曰物固有生之理然不養而害則雖易生之物亦不能以長是則物未有不待養而能生者也一日暴之十日寒之則養之也微而害之者深矣則其生理焉得而遂哉是以古之明君懼一暴十寒之爲害也則博求賢才寘諸左右朝夕與處而遠佞人所以養德也豈獨人君爲然一暴十寒之病爲士者其可一日而獨不念乎然其要則在乎專心致志而已專心致志學之大方居敬之道也

膾而也記蕭音與同掌
音潮稻作蹯煩番跌也

慶源輔氏曰後世作事無本知求治而不知正君知改過而不知養德若程子范氏之說是乃所謂正君養德之道必如是然後君德成而治有本庶幾三代可復不然雖欲言治亦苟而已

雲峯胡氏曰此章首末言智集註不及之獨紀范氏之言君子養之以善則智小人養之以惡則愚然則人主之智與不智在乎所養之正與不正耳

林次崖曰二條雖前就生物上譬後就教奕上譬然只是一意不可依新安分交修自修說見王之時少退而諂諛雜進之日多齊王方聽孟子之言而復入于諂諛雜進之倫便是一心以爲鴻鵠將至思援弓繳而射之其智何繇生哉故曰無或乎王之不智者此也

○孟子曰魚我所欲也熊掌亦我所欲也二

者不可得兼舍魚而取熊掌者也生亦我所欲也義亦我所欲也二者不可得兼舍生而取義者也

魚與熊掌皆美味而熊掌尤美也

通考趙氏德曰熊掌以喻義魚以喻生春秋宰夫胹熊蹯不熟晉靈公怒而殺之註蹯熊掌其肉難熟以其熊蹯之味又有美於魚而義又勝於生也

生亦我所欲所欲有甚於生者故不爲苟得也死亦我所惡所惡有甚於死者故患有所不辟也

釋所以舍生取義之意得得生也欲生惡死者雖衆人利害之常情而欲惡有甚於生死者乃秉彜義理之良心是以欲生而不爲苟得惡死而有所不避也

朱子曰義在於生則舍死而取生義在於死則舍生而取死○問生人心義道心乎曰欲生惡死人心也惟義所在道心也權輕重却又是義

慶源輔氏曰利害之常情私欲也秉彜之良心天理也孟子只就欲惡二者中分別出天理人欲最明切

新安陳氏曰人遇死生之大變欲全生則害義欲合義則不得生與其不義而生不若合義而死是義之可欲有甚於生之可

欲故不爲苟得以偷生不義之可惡有甚於死之可惡故甘死而不肯避死也

如使人之所欲莫甚於生則凡可以得生者何不用也使人之所惡莫甚於死者則凡可以辟患者何不爲也

設使人無秉彜之良心而但有利害之私情則凡可以偷生免死者皆將不顧禮義而爲之矣

慶源輔氏曰偷謂偷竊免謂苟免此兩字說盡私情之意象惟其不然則知秉彜之良心乃吾所固有而利害之私情乃因物而旋生出耳

喪去聲　汩音骨　咄當沒反　啐七

通考東陽許氏曰此節反言失其良心而不能取義焉

由是則生而有不用也由是則可以辟患而有不爲也

由其必有秉彝之良心是以其能舍生取義如此

慶源輔氏曰由是之是蓋指秉彝之良心而言也

是故所欲有甚於生者所惡有甚於死者非獨賢者有是心也人皆有之賢者能勿喪耳

羞惡之心人皆有之但衆人汩於利欲而忘之惟賢者能存之而不喪耳

慶源輔氏曰羞惡之心即所謂秉彝之良心也秉彝之良心是指其全體而言羞惡之心則又於全體之中指其所謂義者言之也

通考東陽許氏曰五節上三句當急讀作一串是徽第二節兩句說賢者能保此好義之良心

一簞食一豆羹得之則生弗得則死嘑爾而與之行道之人弗受蹴爾而與之乞人不屑也

食音嗣嘑呼故反蹴子六反

豆木器也嘑咄啐之貌行道之人路中凡人也蹴踐踏也乞人丐乞之人也不屑不以爲潔也言雖欲食之急而猶惡無禮有寧死而不食者是其羞惡之本心欲惡有甚於生死者人皆有之也

慶源輔氏曰路人與乞丐人至微賤者也簞食豆羹生死所繫利害之至急切者也於此而猶惡無禮寧舍之而不食則羞惡之本心所惡有甚於生死者可見人無有無是心者也言羞惡而併及夫欲者者羞惡則固爲惡矣及反之而不羞惡焉者則是所欲也

萬鍾則不辨禮義而受之萬鍾於我何加焉

爲去聲　與平聲　易去

爲宮室之美妻妾之奉所識窮乏者得我與

萬鍾於我何加言於我身無所增益也所識窮乏者得我謂所知識之窮乏者感我之惠也上言人皆有羞惡之心此言衆人所以喪之由此三者蓋理義之心雖曰固有而物欲之蔽亦人所易昏也

新安陳氏曰萬鍾對簞豆而言彼物之微也尚惡無禮非義不可食而不受此物之富者乃不辨禮義而受之吾身受用不假萬鍾之富是萬鍾於吾身其實何所加益哉

新安陳氏曰人之喪其良心固不止於減

辯爲說去聲爲之之爲說鄉字

鄉爲身死而不受今爲宮室之美爲之鄉爲身死而不受今爲妻妾之奉爲之鄉爲身死而不受今爲所識窮乏者得我而爲之是亦不可以已乎此之謂失其本心

宮室供妻妾濟知識三者始舉三者也可類推　或曰萬鍾於我何加焉他日或爲利害所昏當反思其初則不爲所動矣朱子曰此是克之之方然所以克之者須是有本領後臨時方知克去得不然臨時比並又却只是擇利處去耳

言三者身外之物。其得失比生死爲甚輕。鄉爲身死猶不肯受嘑蹴之食。今乃爲此三者而受。無禮義之萬鍾。是豈不可以止乎。本心謂羞惡之心○此章言羞惡之心人所固有。或能決死生於危迫之際而不免計豐約於宴安之時。是以君子不可頃刻而不省察於斯焉。

省悉井反

東陽許氏曰三鄉爲身北山先生作一讀言鄉爲辱身失義之故向不受呼蹴之食以救身之死今乃爲身外之物施惠於人而受失義之祿乎可謂無良心矣　朱子曰此章孟子所論宮室之美妻妾之奉窮乏得我三者或物欲之充人所易溺

四書大全辯　下孟卷十一　晃

或意之私人所不能免者自非獨理素明涵養素定而臨事有省察之功未有不以此而易彼也　慶源輔氏曰羞惡之心雖人之所固有但危迫之際私欲未肆三者之念都未萌非故天理之發其不可遏有如此者至於宴安之時私欲紛紜展轉不已以至計較豐約都忘義理之心乃其勢之使然也人能於此而省察焉則知所以存天理而遏人欲矣　新安陳氏曰此章前一截反覆發明舍生取義是說人當託孤寄命之大節時事中間食嗟不受是說一飲食之小節時事然其能決一死以全義則無分於大小也不食非禮之食蓋是指此以證人皆有羞惡之心以實上文人能舍生取義之意集註謂或能決死生於危迫之際亦併前一截舍生取義處論之古之君子當舍生取義

四書大全辯　下孟卷十一　卆

時非徒感慨殺身。實能從容就義。如張。巡。死於睢陽之類。所謂危迫乃事勢之危迫。非謂舍生就死者之蒼黃失措也。不受非禮之食而死如齊餓者不受嗟來之食之類古來真有此等人。然謂其能決死生於危迫之際而又謂其不免計豐約於宴安之時者。蓋危迫之際物欲不萌義理之心咸發有不可遏。故往往能決死生若宴安之時物欲易行。私意何極義理之心多至遮溺故或不免至于計較豐約亦勢使然也。人能於此省察之則知所以遏人欲而擴天理矣又是亦不可以已乎最與人醒人之不能爲君子多是不得已而爲之今此三者豈不可以已而乃自爲之乎此之謂不失本心尤斷制得明白失其本心與前所謂賢者能勿喪耳正相反賢者惟克去私欲故能勿喪其良心衆人惟汨於私欲故至于失其本心也

通旨朱氏公遷曰此章之兩節前五節以
死生之大節言後三節以口體之小節言
即事理之中主乎羞惡之心而言之也
東陽許氏曰然下三節亦是案前第一節
生義言之
林次崖曰所欲有甚于生以上雖有四節
不過只是一意反復說人有羞惡之心耳
故遂以一語結斷曰人皆有之賢者能勿
喪耳曰賢者能勿喪則知衆人喪之矣○
一簞食一豆羹條又是即義心之激發處
以明之與一言人皆有不忍之心明以孺子
入井之事一般此見孟子義理爛熟但說
便到透徹痛切處

○孟子曰仁人心也義人路也

種上聲

仁者心之德程子所謂心如穀種仁則其

四書大全辨　下孟卷十一　圭

生之性是也然但謂之仁則人不知其切
於己故反而名之曰人心則可見其爲此
身酬酢萬變之主而不可須臾失矣義者
行事之宜謂之人路則可以見其爲出入
往來必由之道而不可須臾舍矣

酢音昨此失字即是下文故字

朱子曰生之性便是愛之理
勉齋黃氏曰心是穀種心之德是穀種中
生之性也生之性便是理謂其具此生理
而未生也若陽氣發動生出萌芽後已是
情須認得生字不涉邪喜怒哀樂去
潛室陳氏曰人心是物穀種亦是物只是
物之有生理者爾然便指心爲仁則不可
但人心中具此生理便以穀種爲仁亦不

可但穀種中亦含此生理穀不過是穀實
結成而穀之所以爲播種而便萌櫱者蓋
以其有生之性心不過是血氣做成而心
之所以有運動惻怛處亦以具有生之性
人心之與穀種惟其有生之性故謂之仁
而仁則非指於二者之形也孟子只恐人
懸空去討仁故即人心而言程子又恐人
以人心爲仁故即穀種而言
新安陳氏曰遺書云心譬如穀種生之性
便是仁陽氣發處乃情也
朱子曰仁無形迹底物事孟子恐人理會
不得便說道只人心便是却不是把仁來
形容人心乃是把人心來指示人以仁也
心是通貫始終之物仁是心體本來之妙
汩於物欲則雖有是心而失其本然之妙
惟用功親切者爲能復之孟子之言固是
渾然然人未嘗無是心而或至於不仁具
是失其本心之妙而然耳則仁字心字亦

四書大全辨　下孟卷十一　圭

須略有分別
西山眞氏曰仁者心之德也而孟子直以
爲人心蓋有此心即有此仁心而不仁
即非人心矣孔門言仁多矣皆指其功用處
而言此則徑舉全體使人知心即仁仁即
心而不可以二視之也
雲峯胡氏曰中庸言仁者人也此人字指
人之身而言此則直指人之心而言身
則人有此身便自具此生理比之他處言
仁已甚親切此言心則又見生之理具於
人之身而心如穀種又具此生理而未生
者也視中庸又親切矣
朱子曰仁人心是就心上言義人路是就
事上言
潛室陳氏曰或問孟子謂道若大路然又
曰義人路也道爲義體義爲道用均謂之
路何耶曰道以路言謂事事物物各有當
行之路義亦言路者謂處事處物各就他

當行路上行故皆以路言然道若大路則
取其明白易知義爲人路則取其往來必
由不知道之猶路無目者也不知義之猶
路無足者也此孟子言意別處
雲峯胡氏曰路在外出入往來必由乎我
事之宜在外而所以行事而酌其宜者在
乎心於此見得仁字自包得義字故下文
求放心但言仁而不及義也
舍其路而不由放其心而不知求哀哉 舍上聲
哀哉二字最宜詳味令人惕然有深省處
雲峯胡氏曰兩其字卽是上文兩人字蓋
曰人心人路則會歸無是心亦無是路矣
人舍其爲人之路而不由放其爲人之心
而不知求則不可謂之人矣不可謂之人
則謂之何哉此孟子所以深哀之
新安陳氏曰上文先仁而後義由體而及

用此先路而後心由用而歸之體也
適旨朱氏公遷曰此微戒學者之辭言不
及義好行小慧是不能矯輕也飽食終日
無所用心是不能懲惰也言不及義則近
於自暴而不肯居仁由義無所用心則甘
於自棄而不能求其放心夫子兩言難矣
哉孟子兩言哀哉蓋深歎人之不可以不
學也而其言可以互相發明如此
人有雞犬放則知求之有放心而不知求
程子曰心至重雞犬至輕雞犬放則知求
之心放則不知求豈愛其至輕而忘其至
重哉弗思而已矣愚謂上兼言仁義而此
下專論求放心者能求放心則不違於仁
而義在其中矣
朱子曰雞犬放有未必可求者惟是心纔
求則便在未有求而不可得者知其爲放
而求之則不放矣○存得此心便是仁若
此心放了又更理會甚仁今人之心靜時
昏動時擾亂便是放了放心不獨是走作
喚做放纔昏睡去了便是放
慶源輔氏曰能求其心則心存心存則無
適而非天理之流行而應事接物之際必
能合時措之宜故曰義在其中蓋有體必
有用也
學問之道無他求其放心而已矣
學問之事固非一端然其道則在於求其
放心而已蓋能如是則志氣清明義理昭

著而可以上達不然則昏昧放逸雖曰從
事於學而終不能有所發明矣故程子曰
聖賢千言萬語。只是欲人將已放之心。約
之使反復入身來。自能尋向上去。下學而
上達也。此乃孟子開示切要之言。程子又
發明之曲盡其指。學者宜服膺而勿失也。
新安陳氏曰靜時昏昧動時放逸
朱子曰學問亦多端矣而孟子直以爲無
他蓋身如一屋子心如一家主有此家主
然後能洒掃門戶整頓事務若無主則此
屋不過一荒屋耳實何用焉且如中庸言
學問思辨四者甚切然使放心不收則何

者爲學問思辨裁收斂此心不容一物乃是用工須就心上做得主定方驗得聖賢之言有歸著自然有契○求放心也不是在外面求得箇放心來只是求時便在我欲仁斯仁至矣只是欲仁便是仁了○求放心非以一心求一心只求底便是已收之心雖放去千萬里之遠只一收便在此他本無去來也○求放心當於未放之前看如何已放之後看如何復得了又看是如何作三節看後自然習熟此心不至於放○孟子謂學問求放心又謂一有是四端知皆擴而充之說得最好人之一心在外者要收入來在內者又要推出去孟子一部書皆是此意

蔡氏曰或者但見孟子有無他而已矣之語便立爲不必讀書窮理只要存本心之說所以卒流於異學此指陸象山集註謂學問之事固非一端然其道則在於求放心而已正所以發明孟子之本意以示異學之失學者切宜玩味

通考勿齋程氏曰警覺操存反其昏妄曰求放心自能尋向上去者下學也然而上處者上達也下學而上達以求放心爲本

朱子曰所謂存所謂放只是喚醒自已學者工夫只在喚醒上放縱只爲昏昧喚醒則自不昏昧不昏昧則自不放縱矣

朱子曰所謂反復入身來不是將已縱出底依舊收拾轉來如七日來復不是已往之陽重新將來復生蓋舊底已自過去了這裏自然生出來只是知求則心便在便是反復入身來○上有學問二字不只是求放心便休看自能尋向上去下學而上達二句這是存得此心方可做去必不是塊然守得這心便了

徽庵程氏曰尋向上去者下學也能向上去者上達也

雲峯胡氏曰約之使反復入身來見此心不可爲流蕩忘反之心自能尋向上去下學而上達蓋必由下學而後上達則此心又不可爲虛空無用之心也

南軒張氏曰學問之道以求放心爲主然心豈遠人哉知其放而求之則在是矣所謂放者其幾間不容息故君子造次克念戰兢自持所以收其放而存之也存之久則天理浸明是心之體將周流而無所蔽矣以堯舜禹相授受之際猶曰人心惟危道心惟微心豈有二乎哉放之則人心之危無有極也知其放而求之則道心之微豈外是哉故貴於精一而已

雙峯饒氏曰上文說仁人心也是把心做義理之心不應下文心字又別是一意若把求放心做收攝精神不令昏放則只說從知覺上去恐與仁人心也不相接了曩嘗以此質之勉齋勉齋云此章首言仁人心是言仁乃人之心次言放其心而不知求末言學問之道無他求其放心而已矣言學問之道非止一端如講習討論玩索涵養持守踐行擴充克治皆是其所以如此者非有他也不過求吾所失之仁而已此乃學問之道也三箇心字脉絡聯貫皆是指仁而言今讀者不以仁言心非之

新安陳氏曰仁者人之本心也不仁之人失其本心放其心故也本心存則爲仁放則非仁非仁則不能居仁以立其體必不能由義以達其用矣求放心即所以求仁也學問者求仁之方求仁者學問之本此章歸宿在求放心上是歸宿在求仁上也本章有四心字皆是指仁而言文理血脉甚貫讀之可見又按放心人欲也求放心遏人欲而存天理也

通旨朱氏公遷曰牛山之末章心字與此章心字皆因論爲學功夫而以理義之心

原缺第五十七頁

指不若人則知惡之心不若人則不知惡此之謂不知類也

不知類言其不知輕重之等也

南軒張氏曰人與聖人同類以心之同耳不同者陷溺之故也心不若人而知惡之必求所以免於惡豈有須臾不遑寧處者矣

新安陳氏曰此承上章以雞犬與心分輕重而言下三章亦以類相方而加切焉

○孟子曰拱把之桐梓人苟欲生之皆知所以養之者至於身而不知所以養之者豈愛身不若桐梓哉弗思甚也

拱兩手所圍也把一手所握也桐梓兩木名

南軒張氏曰愛其身必思所以養之古之人理義以養其心以至動作起居聲音笑貌之間莫不有養之之法所以尊德性道問學以成其身也於桐梓知所養則自拱把至合抱可以馴致於身知所養則自士而爲賢爲聖亦循循可進矣弗思則待其身曾一草木之不若滔滔皆是也

新安陳氏曰苟一思之則思吾之一身三綱五常繫焉四端萬善備焉必思所以養之養之之道養心以養其內恭九容之類以養其外使吾身爲仁義禮智根心見面盎背之身非徒養其口體血氣之身而已也此章身字內包心外包動容周旋而言

舍上聲檟音賈樲音貳

○孟子曰人之於身也兼所愛兼所愛則兼所養也無尺寸之膚不愛焉則無尺寸之膚不養也所以考其善不善者豈有他哉於己取之而已矣

人於一身固當兼養然欲考其所養之善否者惟在反之於身以審其輕重而已矣

新安陳氏曰無所不愛曰兼愛無所不養曰兼養無尺寸之膚至不養也申兼愛兼養意

饒氏曰人之於身無所不愛則固當無所不養然體有貴賤大小養其貴且大者則善養其賤且小者則不善此豈待他人言之而後知哉則亦反之於身而審其輕重於心焉則自知矣

新安陳氏曰輕重即下文所謂貴賤大小是也

體有貴賤有小大無以小害大無以賤害貴養其小者爲小人養其大者爲大人

賤而小者口腹也貴而大者心志也

今有場師舍其梧檟養其樲棘則爲賤場師焉

場師治場圃者梧桐也檟梓也皆美材也樲棘小棗非美材也

養其一指而失其肩背而不知也則爲狼疾人也

狼善顧疾則不能故以爲失肩背之喻

新安陳氏曰一指肩背有小大之分故借以旁證小體大體

飲食之人則人賤之矣爲其養小以失大也

飲食之人專養口腹者也

飲食之人無有失也則口腹豈適爲尺寸之膚哉

此言若使專養口腹而能不失其大體則

口腹之養軀命所關不但爲尺寸之膚而已但養小之人無不失其大者故口腹雖所當養而終不可以小害大賤害貴也

朱子曰此章言身則心具焉飲食之人無有失也則口腹豈適爲尺寸之膚哉此數句說得倒了也自難曉意謂使飲食之人真無所失則口腹之養本無害然人屑理會口腹則必有所失無疑是以當知養其大體而口腹底他自會去討喫不到得飢了也

雙峯饒氏曰以身而言一毫一髮皆吾所當愛皆吾所當養但體有大小莫專養小體若才養目便貪色才養耳便會聽才養口便貪味必至害其大體又曰無以小害大不是教人養其大者而不養其小者若養其小者而不失其大者則小者亦不爲大者之累便是不以小害大

新安陳氏曰此章言人當以養心志爲主養口體爲輕非謂養心志者不養口體也養心志則道心爲主而人心聽命雖饑食渴飲與常人同而食所當食飲所當飲自與常人異若專養口體則人心愈危道心愈微不至於窮口腹之欲而滅天理者鮮矣孟子於此欲人不養小以失大蓋所以遏人欲而存天理

蔡虛齋曰看來賤小者耳目手足之類皆是朱子專以口爲小體者因下文孟子專言飲食之人養小失大而云耳學者要當推類以及其餘孟子只是舉其一端在人所易曉者

林次崖曰飲食之人則人賤之都是上面意上面小人賤場師狠疾之喩皆是賤之也飲食之人便是賤害貴小害大者其失

大似不消說爲其養小失大句言養小者之必有失以見小之斷不可養耳看結語養小之人無不失其大者故口腹雖所當養而終不可以小害大賤害貴句可見

巴山張氏曰賤而小者不必專指口腹言家引說是釣是人也章集註云小體耳目之類句宜玩

○公都子問曰鈞是人也或爲大人或爲小人何也孟子曰從其大體爲大人從其小體爲小人

鈞同也從隨也大體心也小體耳目之類也

三者謂耳目心

不必從趙注

新安陳氏曰心能爲身之主使耳目從心之令者大人也心不能爲身之主反聽命於耳目而從其欲者小人也

曰鈞是人也或從其大體或從其小體何也曰耳目之官不思而蔽於物物交物則引之而已矣心之官則思思則得之不思則不得也此天之所與我者先立乎其大者則其小者不能奪也此爲大人而已矣

官之爲言司也耳司聽目司視各有所職而不能思是以蔽於外物既不能思而蔽

四書大全辯（下孟卷十一）

於外物則亦一物而已又以外物交於此物其引之而去不難矣心則能思而所思爲職凡事物之來心得其職則得其理而物不能蔽失其職則不得其理而物來蔽之此三者皆天之所以與我者而心爲大若能有以立之則事無不思而耳目之欲不能奪之矣此所以爲大人也然此天之

此舊本多作此而趙注亦以此方釋之今本既多作此而註亦作此乃未詳孰是但作此字於義爲短故且從今本云○范浚心箴曰茫茫堪輿俯仰無垠人於其間眇然有身是身之微太倉稊米參爲三才曰惟心爾往古來今孰無此心心爲形役乃獸乃禽惟口耳目手足動靜投間抵隙爲厥心病一心之微衆欲攻之其所存者嗚呼幾希君子存誠克念克敬天君泰然百體從令

問蔽是遮蔽如目之視色從他去時便是爲他所遮蔽若能思則視其所當視不視

四書大全辯（下孟卷十一）

其所不當視則不爲他所蔽矣朱子曰然若不思則耳目亦是一物

朱子曰物交物上物字指外物下物字指耳目耳目謂之物者以其不能思心能思所以爲大體君子固當於思處用工能不妄想是能先立其大者然後耳目之小者不能奪此句最有力且看他下箇立字謂之立者是要卓然竪起此心使自立所謂敬以直内是也○耳目亦物也不能思而交於外物只管引將去心之官固是主於思然須是思方得若不思却倒把不是做是是底却做不是邪思雜慮便順他做去却害事

通考朱氏公遷曰大人不失其赤子之心功夫在不失字此章思則得之功效在思字得之卽不失之謂也二章皆因論大人而以理義之心言之

雲峯胡氏曰堪輿謂天地言天地至大而

人處天地間此身至小不過如太倉一粒稊米而已然人之所以可與天地參爲三才者惟在此心心之體豈不甚大

雲峯胡氏曰此言此心之大往古來今人人有之若純乎義理則是從其大體若役于形氣則是從其小體彼禽獸之心終日役役不過飲食牝牡而已人之心而爲形所役與禽獸何異嗚呼人之心其大也本可以參天地而役於小者不能異乎禽獸亦獨何哉可以反而思矣

雲峯胡氏曰此言口欲味目欲色耳欲聲四肢欲安佚本心微有間隙彼則乘之而入矣

雲峯胡氏曰此言此心之發於義理者甚微而役於形氣者甚衆以彼之衆攻我之微如國勢方弱而四面受敵其不亡者罕矣

雲峯胡氏曰前八句是說小人之從其小

體此四句是說大人之從其大體曰誠曰念曰敬念即思之謂而敬即亦誠之方也一誠足以消萬僞一敬足以敵千邪所謂先立乎其大者莫切於此天君泰然是先立乎其大者百體從令是小者弗能奪也

朱子曰范氏之箴蓋得其旨未可易之也

愚故從而釋之云先師曰荀卿以耳目爲天官心爲天君又曰心者形之君也出令而無所受令即此語以看孟子此章甚切能先立乎其大者則此心卓然能爲耳目之君而從其大體所謂天君泰然百體從令者也不能先立乎其大者則退然方聽命於耳目而從其小體所謂心爲形役者也立之如何亦曰操而存之使得其能思之職而已

○孟子曰有天爵者有人爵者仁義忠信樂善不倦此天爵也公卿大夫此人爵也

天爵者德義可尊自然之貴也

南軒張氏曰仁義又言忠信忠信只是誠此二者

雙峯饒氏曰仁義人人有之忠信樂善人所當勉須忠信樂善仁義方爲我有乃爲可貴

新安陳氏曰樂善即樂此仁義忠信不倦者樂之至也

巴山張氏曰忠信連樂善讀饒氏說非是

古之人修其天爵而人爵從之

修其天爵以爲吾分之所當然者耳人爵從之蓋不待求之而自至也

南軒張氏曰古之人修其天爵而已非有所爲而爲之人爵從之者言其理則然也

今之人修其天爵以要人爵既得人爵而棄其天爵則惑之甚者也終亦必亡而已矣

要求也修天爵以要人爵其心固已惑矣得人爵而棄天爵則其惑又甚焉終必幷其所得之人爵而亡之也

朱子曰孟子時人尚修天爵以要人爵後世皆廢天爵以要人爵○問修天爵以要人爵者雖曰修之實已棄之久矣何待於得人爵而後棄之謂之棄邪曰若是者猶五霸之假仁義愈於不假不修者耳

南軒張氏曰古之士修身於下無一毫求

其君之心。而人君求賢於上。每懷不及之意。上下皆循乎天理。是以人才衆多。而天下治。逮德之衰。在下者假名而要利。在上者徇名而忘實。而人才始壞矣。降及後世。則不復以仁義忠信取士。而乃求之於文藝之間。自孩提之童。則使之懷利心而習爲文辭。則併與其假者而不務矣。則人才何怪其難哉。

新安陳氏曰。無所爲而爲善者誠也。故堅所守而不移。有所爲而爲善者僞也。故得所求而遂已。或曰修其天爵。亦有人爵。不從之者棄其天爵。亦有人爵終不亡者何也。曰修天爵自有得人爵之理。雖天爵自有亡人爵之理。其不得者上之遺賢。其不亡者下之僥倖。豈常理哉。

林次崖曰。孟子之時。人尚修天爵以要人爵。今之科擧以文取士。士爭事文藝以待有司之求。天爵不修。在官多寡行之士矣

天下何繇治哉。

芑山張氏曰。士自科擧外。復有以口舌得官者。豈惟德行不逮古。卽文藝亦陋劣甚矣。名器濫而官方壞。亂是用長。又誰之咎與。

〇孟子曰。欲貴者人之同心也。人人有貴於己者。弗思耳

貴於己者。謂天爵也

人之所貴者。非良貴也。趙孟之所貴。趙孟能賤之

人之所貴。謂人以爵位加己而後貴也。良者本然之善也。趙孟晉卿也。能以爵祿與人而使之貴。則亦能奪之而使之賤矣。若良貴則人安得而賤之哉

新安倪氏曰。晉趙氏世呼趙孟。如智氏世呼智伯。晉爲盟主。趙氏世卿。故當時謂趙孟能賤貴人

詩云。既醉以酒。既飽以德。言飽乎仁義也。所以不願人之膏粱之味也。令聞廣譽施於身。所以不願人之文繡也

詩大雅既醉之篇。飽。充足也。願。欲也。膏。肥

肉。粱。美穀。令。善也。聞。亦譽也。文繡。衣之美者也。仁義充足而聞譽彰著。皆所謂良貴也。〇尹氏曰。言在我者重。則外物輕

程氏曰。兩不願字。卽中庸不願乎其外之意。充足乎仁義之良貴。則自無所慕乎人爵之貴矣

南軒張氏曰。人眞知其貴於己者。則見外誘之不足慕矣。惟不知在己之自有至貴。是以慕外而求於人也。良貴得之於天。人何須焉。得於天者公理。而求於人者私欲也。令聞廣譽。君子非有欲之之心。飽乎仁義。則聞譽自至。猶言爲善有令名。理之固然者也。

雲峯胡氏曰。上章一要字。是內輕而外重。此章兩不願字。是內重而外輕。

東陽許氏曰世人但知公卿大夫之爵爲貴而不知在我之身皆有貴者乃天所賦之善所謂天爵也天爵人所同有故思則得之人爵各有命分雖求之無益孟子前章尚有修天爵而人爵自至之說此章則於人爵下兩不願字是不將這箇爲念矣天爵亦是天命此則義理之命人爵乃氣數之命

蔡虛齋曰弗思不必兼言其拘于氣稟也只可說是蔽于物欲而弗思蓋孟子言性善不論氣質也○詩德字本指恩惠蓋主人之德也此作德行之德則是在我之德也斯亦斷章取義如易之黃牛之革亦取卦名而義不同○不願謂無所慕于彼也非謂有厭薄不屑就之意

○孟子曰仁之勝不仁也猶水勝火今之爲

仁者猶以一杯水救一車薪之火也不熄則謂之水不勝火此又與於不仁之甚者也

與猶助也仁之能勝不仁必然之理也但爲之不力則無以勝不仁而人遂以爲真不能勝是我之所爲有以深助於不仁者也

朱子曰仁之勝不仁也猶水勝火以理言之則正之勝邪天理之勝人欲甚易而邪之勝正人欲之勝天理若甚難以事言之則正之勝邪天理之勝人欲甚難而邪之勝正人欲之勝天理却甚易蓋纔是蹉失一兩件事便被邪來勝將去若以正勝邪則須是做得十分工夫方勝得他然猶自恐怕勝他未盡正如人身正氣稍不足邪便得以干之矣

亦終必亡而已矣

言此人之心亦且自怠於爲仁終必并與其所爲而亡之○趙氏曰言爲仁不至而不反諸己也

南軒張氏曰此爲有志於仁而未力者言也仁與不仁特係乎操舍之間而天理人慾分焉天理存則人慾消固不兩立也故以水勝火喻之然用力於仁貴乎久而勿舍若一暴十寒倏得復失則暫存之天理豈能勝無窮之人欲遂以爲仁不可以勝

不仁而不加勉焉則同於不仁之甚者其淪胥以亡也必矣學者觀此可斯須而不存是心乎天理寖明則人慾寖消及其至也人慾消盡天理純全以水勝火其不然乎

新安陳氏曰深味亦終必亡而已矣一語以爲此章恐爲戰國之諸侯言之以時暨一念一事之仁欲勝彼之殘暴甚不仁不惟不能勝遂使人謂仁不能勝不仁豈非反助其虐亦終必滅亡而已矣如此解則與天爵人爵章終亦必亡而已矣解爲終必并所得人爵而失亡之者相協也

芑山張氏曰蒙引存疑皆從新安陳氏就當時之君言愚謂依集註之說而規當時之意亦自寓于其中專指此章爲戰國諸侯而言則失之泥矣

○孟子曰五穀者種之美者也苟爲不熟不

荑稗夫仁亦在乎熟之而已矣

荑稗草之似穀者其實亦可食然不能如五穀之美也但五穀不熟則反不如荑稗之熟猶爲仁而不熟則反不如爲他道之有成是以爲仁必貴乎熟而不可徒恃其種之美又不可以仁之難熟而甘爲他道之有成也○尹氏曰日新而不已則熟

慶源輔氏曰日新日進也不已無間斷也必日進於一日而又無間斷然後純熟夫仁潛室陳氏曰他道如百工衆技百家諸子

皆是雲峯胡氏曰此章與上章相因上章言爲仁之不力無以勝不仁此章言仁之熟由於爲之力熟無所容力熟之在乎用力新安陳氏曰而已矣者熟之之說盡夫爲仁之功外此無他也苟能於孔門求仁之方循而行之日新不已由勉而利利而安心與仁一則熟之功效氣象可言矣

○孟子曰羿之教人射必志於彀學者亦必志於彀

羿善射者也志猶期也彀弓滿也滿而後發射之法也學謂學射

大匠誨人必以規矩學者亦必以規矩

大匠工師也規矩匠之法也○此章言事必有法然後可成師舍是則無以教弟子舍是則無以學曲藝且然況聖人之道乎

新安陳氏曰二節兩學者字一謂學射者一謂學匠者

南軒張氏曰學者之於道其爲有漸其進有序自灑掃應對至于禮儀之三百威儀之三千猶木之有規矩也亦循乎此而已至于形而上之妙則在其人所得何如形而上者固不外乎灑掃應對之間也舍是以求道是猶舍規矩以求巧也

慶源輔氏曰射者志于彀而眞積力久則善中矣工者守乎規矩而眞積力久則能巧矣教者與受教者舍彀而言中舍規矩而言巧皆誣也

雙峯饒氏曰聖門教人定法無如一部大學

雲峯胡氏曰此章與離婁篇首章相似彼謂治天下不可無法此謂師之教弟子之學皆不可無法

殺扶乂反

四書大全辯孟子卷 經一平書一舍藏書不准外借
告子章句下 如有污損缺少責令賠補
通考勿軒熊氏曰一章言食色輕而禮重二章孝弟三章事親四章義利之辯五章辭受六章十四章出處七章王霸君臣八章及下章皆言戰國富強之禍十章田制十一章十三章爲政十二章言信十五章處貧賤十六章言教法凡十六章
任人有問屋廬子曰禮與食孰重曰禮重
任國名屋廬子名連孟子弟子也
趙氏曰任薛同姓之國在齊楚之間
色與禮孰重
任人復問也
曰禮重曰以禮食則饑而死不以禮食則得食必以禮乎親迎則不得妻不親迎則得妻必親迎乎屋廬子不能對明日之鄒以告孟子孟子曰於答是也何有於如字迎去聲
何有不難也
朱子曰不親迎則得妻如古者國有凶荒則殺禮而多昏周禮荒政十二條中亦有此法蓋貧窮不能備親迎之禮法許如此
不揣其本而齊其末方寸之木可使高於岑

樓揣初委反岑鋤簪反
本謂下末謂上方寸之木至卑喻食色岑樓樓之高銳似山者至高喻禮若不取其下之平而升寸木於岑樓之上則寸木反高岑樓反卑矣
慶源輔氏曰物之不齊固當揣其本以齊其末不可只據其末以定其高卑
金重於羽者豈謂一鉤金與一輿羽之謂哉
鉤帶鉤也金本重而帶鉤小故輕喻禮有輕於食色者羽本輕而一輿多故重喻食色有重於禮者
慶源輔氏曰物固有重而有輕然重者少而輕者多則輕者反重而重者反輕矣

翅與啻同古字通用施智反

取食之重者與禮之輕者而比之奚翅食重
取色之重者與禮之輕者而比之奚翅色重
禮食親迎禮之輕者也饑而死以滅其性不得妻而廢人倫食色之重者也奚翅猶言何但言其相去懸絕不但有輕重之差而已

紾並[illegible]反

往應之曰紾兄之臂而奪之食則得食不紾

紾音軫　摟音婁　處上聲　分去聲　別彼列反　綜子宋反　斷丁亂反

則不得食則將紾之乎踰東家牆而摟其處子則得妻不摟則不得妻則將摟之乎

紾戾也摟牽也處子處女也此二者禮與食色皆其重者而以之相較則禮爲尤重也○此章言義理事物其輕重固有大分然於其中又各自有輕重之別聖賢於此錯綜斟酌毫髮不差固不肯枉尺而直尋亦未嘗膠柱而調瑟所以斷之一視於理之當然而已矣。

史記廉頗藺相如傳趙孝成王七年秦與趙兵相距長平時趙使廉頗將兵固壁不戰王信秦之間言使趙括代廉頗藺相如曰王以名使括若膠柱而鼓瑟耳括徒能讀其父書傳不知合變也註瑟每絃有一柱旋移變而取聲音之和今以膠定其柱不使變移而鼓之豈能聲和

朱子曰禮之大體固重於食色矣然其間事之大小緩急不同則亦或有反輕於食色者惟理明義精者爲能權之而不失耳權之不失是乃所以全禮之重而深明食色之輕也觀於寸木岑樓之喻孟子之意可見矣

南軒張氏曰食色雖出於性而其流則以害性苟無禮以止之則將何所極哉禮之重於食色固不待較而明矣惟夫汨於人欲而昧夫天性於是始有禮與食色孰重之疑矣

慶源輔氏曰集註章旨之說與聖賢處事之權度固已得其要矣苟或義理未精標準未審則於凡事幾轉變之際巧者必至於枉尺而直尋拙者必至於膠柱而調瑟終不得夫時措之宜也

新安陳氏曰飲食男女人之大欲存焉禮則天理所以防閑人欲者也禮本重食色本輕固自有大分也然亦不可拘拘於禮文之欲事事又當隨時隨事而酌其中焉聖賢固不肯枉尺直尋以踰夫禮之經亦未嘗膠柱調瑟以昧時宜之權也

東陽許氏曰敬兄禮也雖無食而將死必不可奪兄之食而違敬兄之禮婚娶禮也雖至於絕嗣必不可摟人處子而違婚娶之禮任人蓋異端之徒棄蔑禮法而譏傳之者故孟子止就其所言食色二者使之自權其輕重而自思之蓋不屑之教誨也

蔡虛齋曰任人此問只重在死字及不得妻上不曾見紾兄臂摟處子之犯大節處故孟子出此一頭與之平稱便見得禮終是重矣

○曹交問曰人皆可以爲堯舜有諸孟子曰然

曹氏曰曹交曹君之弟也人皆可以爲堯舜疑古語或孟子所嘗言也

朱子曰孟子道人皆可以爲堯舜何曾道便是堯舜更不服脩爲耶

交聞文王十尺湯九尺今交九尺四寸以長食粟而已如何則可

曹交問也食粟而已言無他材能也

曰奚有於是亦爲之而已矣有人於此力不能勝一匹雛則爲無力人矣今曰舉百鈞則爲有力人矣然則舉烏獲之任是亦爲烏獲而已矣夫人豈以不勝爲患哉弗爲耳 勝平聲

匹字本作鴫鴨也從省作匹禮記說匹爲鶩是也烏獲古之有力人也能舉移千鈞

記曲禮庶人之摯匹註匹讀爲鶩鶩野鴨曰凫家鴨曰鶩不能飛騰如庶人之終守耕稼也

趙氏曰秦武王好以力戲力士烏獲至大官

新安陳氏曰爲之一字爲此章之要所謂弗爲耳及下文所不爲也皆與爲之而已一句相應而行堯之行與歸而求之行也求也皆所以爲之也舉烏獲之任是亦爲烏獲以譬能爲堯舜之事是亦爲堯舜也

徐行後長者謂之弟疾行先長者謂之不弟夫徐行者豈人所不能哉所不爲也堯舜之道孝弟而已矣 後去聲長上聲弟音悌先去聲夫音扶

陳氏曰孝弟者人之良知良能自然之性也堯舜人倫之至亦率是性而已豈能加毫末於是哉楊氏曰堯舜之道大矣而所以爲之乃在夫行止疾徐之間非有甚高難行之事也百姓蓋日用而不知耳

慶源輔氏曰堯舜不過率是性而充其量非有所增益於性分外也

和靖尹氏曰堯舜之道止於孝弟孝弟之堯舜不能盡朱子曰堯舜之道孝弟而已道是對那不孝不弟底說孝弟便是堯舜之道不孝不弟便是桀紂

南軒張氏曰人性莫大於仁義仁莫先於愛親義莫先於從兄此孝弟之所由立也盡得孝弟則仁義亦無不盡是則堯舜之道豈不可以一言蔽之乎人誰無是心哉顧體而充之何如耳

慶源輔氏曰陳氏就孝弟上說而極於堯舜之聖楊氏是就堯舜上說而本於孝弟之近二說互相發明所謂百姓蓋日用而不知者其警發於人尤爲切至也

子服堯之服誦堯之言行堯之行是堯而已矣子服桀之服誦桀之言行桀之行是桀而已矣 行之行二行並去聲

言爲善爲惡皆在我而已詳曹交之問淺陋麤率必其進見之時禮貌衣冠言動之間多不循理故孟子告之如此兩節云

覺軒蔡氏曰孟子以人皆可爲堯舜所以誘曹氏之進也然亦豈謂不假修爲而即可爲堯舜耶繼之以孝弟又勉之以衣服言行之間固不以難而阻人亦不以易而[illegible]

分卞 辯 見形 行爲

許人、借予曹交之不足以進此也新安陳氏曰上一節告以徐行疾行此一節告以衣服言行皆是就其病之切處箴砭之

曰交得見於鄒君可以假館願留而受業於門見音現

假館而後受業、又可見其求道之不篤慶源輔氏曰此亦是富貴者之習氣都求知那居無求安之味在

曰夫道若大路然豈難知哉人病不求耳子歸而求之有餘師。夫音扶

言道不難知若歸而求之事親敬長之間

則性分之內萬理皆備隨處發見無不可師不必留此而受業也○曹交事長之禮既不至求道之心又不篤故孟子敎之以孝弟而不容其受業蓋孔子餘力學文之意亦不屑之教誨也

學問莫難於知道故欲脩身者必以致知爲先今曰道豈難知而特患於不爲何哉朱子曰道之精微固難知也然自始學言之則如是而爲孝如是而爲弟如是而爲不孝如是而爲不弟其大體向背之間豈不明而易知乎致知云者亦曰卽其已行之知而推致之耳

慶源輔氏曰道若大路然人所共由者也形既難知但患人蔽於私役於氣自暴自棄而不肯求耳誠能卽其孝親弟長之良知良能而遡其自然之性則一性之中萬理皆備日用之間隨所感處無不發見而察之而體之則師不必求於外而得道不必索於外而存矣

朱子曰曹交識致只下又有挾貴求安之意故孟子拒之然所以告之我亦極親切非終拒之也

新安陳氏曰可爲堯舜在性分不在形體交以形體之似聖人言陋矣孟子所答全之要在爲之而已中言行堯之行以身行言也未言豈難知與病不求歸求以求之言也○求之以開其爲之之端○歸行以盡其爲之之實○則所謂可爲堯舜者必貴能爲之○安有不假脩爲而可安坐以至堯舜之理耶○徐行尤易能故先只言徐行之弟而後總以孝弟言之有餘師非謂人師也如

先儒所謂學者當於此心爲嚴師之意

芭山張氏曰堯舜之道大矣所以爲之在乎孝弟之間非專在行止疾徐之間也大註楊氏非有甚高難行一句最奪但特爲堯舜屬行止疾徐說不推將堯舜孝弟膚淺併失孟子當日語意信如楊氏之說則孟子但當云堯舜之道徐行而已矣不當云堯舜之道孝弟而已矣此處學者宜詳之○歸而求之求字屬事親敬長上說求字總不落空此集註極精切處然觀此益見楊氏之說之非若但在徐行後長之間此處便不當云求之事親敬長矣蓋行止疾徐特孝弟中之一端耳使楊氏云所以爲之乃在乎事親敬長之間則語意渾全無弊愚不敢妄駁正也○孟子偶舉徐行後長而孝弟道理在其中非徐行尤易能先只言徐行之弟而後總以孝弟言之也新安陳氏之說似穿鑿不可從存疑云徐

做旨行　疾先邪

行後長一條示以堯舜之道不難爲肴徐行後長兼孝弟在內此說自確

○公孫丑問曰高子曰小弁小人之詩也孟子曰何以言之曰怨弁音盤

高子齊人也小弁小雅篇名周幽王娶申后生太子宜臼又得褒姒生伯服而黜申后廢宜臼於是宜臼之傅爲作此詩以敘其哀痛迫切之情也

南軒張氏曰家國之念深故其憂若父子之情切故其辭哀

曰固哉高叟之爲詩也有人於此越人關弓

而射之則已談笑而道之無他疏之也其兄關弓而射之則已垂涕泣而道之無他戚之也小弁之怨親親也親親仁也固矣夫高叟之爲詩也關與彎同射食亦反夫音扶

固謂執滯不通也爲猶治也越蠻夷國名道謂也親親之心仁之發也

新安陳氏曰小弁之事人倫之大變宗社傾覆繫焉如之何勿怨是其怨乃所以見親親之心蓋愛親之心仁之發見者也

曰凱風何以不怨

凱風邶風篇名衛有七子之母不能安其室七子作此以自責也

新安陳氏曰母生七子而寡不能安其室七子作詩不敢非其母引罪自責謂子不能慰母心使母不安以感動之也

曰凱風親之過小者也小弁親之過大者也親之過大而不怨是愈疏也親之過小而怨是不可磯也愈疏不孝也不可磯亦不孝也

磯水激石也不可磯言微激之而遽怒也

朱子曰親之過大則傷天地之太和戾父子之至愛若此而不怨焉則是坐視其親

之陷於大惡恝然不少動其心而父子之情益薄矣此之謂愈疏親之過小則持以一時之忿心而少有虧於父子之天性若此而遽怨焉則是水中不可容一激石一有激石則呼號而遽怒矣此之謂不可磯故二者均爲不孝也

南軒張氏曰小弁凱風其事異故其情其辭異當小弁之事而怨慕不形是漠然無親當凱風之事而怨心遽形是歸過於親皆失親親之義而賊夫仁矣故皆以不孝斷之怨一也由小弁之所存則爲天理由高子之所見則爲人欲不可不察也

孔子曰舜其至孝矣五十而慕

言舜猶怨慕小弁之怨不爲不孝也○趙氏曰生之膝下一體而分喘息呼吸氣通

於親當親而疏怨慕號天是以小弁之怨
未足爲愆也
新安陳氏曰此由子生之始而推其未生以前深味之愛親之心油然生矣
問說詩者皆以小弁之意與舜怨慕同稱謂只我罪伊何一句與舜於我何哉之意同後面君子秉心維其忍之君子不惠不舒究之分明是怨其親與舜怨慕之意似不同朱子曰作小弁者自是未到得舜地位蓋亦常人之情耳只我罪伊何上面說何辜於天亦似自以爲無罪未可與舜同日語也
雲峰胡氏曰七情中有哀而無怨怨出於哀哀之切故怨之深雖程子嘗論小弁之怨與舜不同然皆出於人情之至痛而天理之至眞者也

蔡虛齋曰小弁之詩孟子取之至引舜之怨慕爲證取其意之近不使人目爲小人之詩耳若究其實則小弁一詩怨親之時不少豈得與舜之怨慕同語觀其戍申之役輒忘其殺就之讐則其怨慕之不如舜遠矣○趙氏生之膝下一體云云下句皆指既生以後說所以申一體而分之意新安陳氏以爲此由子生之始而推其未生之前者非也○註周幽王娶申后生太子宜臼又得云云宜臼之傅爲此作詩至詩經註又曰宜臼作此以自怨按朱子于二書註一謂此詩作于太子之傅一謂出于太子自作其不同如此所難知也

○宋牼將之楚孟子遇於石丘
宋姓牼名石丘地名

搆古候反合也　見莊子天下篇　鈃音堅　栝古反

曰先生將何之
趙氏曰學士年長者故謂之先生
曰吾聞秦楚搆兵我將見楚王說而罷之楚王不悅我將見秦王說而罷之二王我將有所遇焉說音稅
時宋牼方欲見楚王恐其不悅則將見秦王也遇合也按莊子書有宋鈃者禁攻寢兵救世之戰上說下教强聒不舍疏云齊宣王時人以事考之疑即此人也

曰軻也請無問其詳願聞其指說之將何如曰我將言其不利也曰先王之志則大矣先生之號則不可
徐氏曰能於戰國擾攘之中而以罷兵息民爲說其志可謂大矣然以利爲名則不可也
蔡氏曰宋牼在當時想亦是年德之高者故孟子以先生呼之而猶不免溺於利害之私蹊不知仁義之正道世俗從可知矣
先王以利說秦楚之王秦楚之王悅於利以

罷三軍之師是三軍之士樂罷而悅於利也爲人臣者懷利以事其君爲人子者懷利以事其父爲人弟者懷利以事其兄是君臣父子兄弟終去仁義懷利以相接然而不亡者未之有也先生以仁義說秦楚之王秦楚之王悅於仁義而罷三軍之師是三軍之士樂罷而悅於仁義也爲人臣者懷仁義以事其君爲人子者懷仁義以事其父爲人弟者懷仁義以事其兄是君臣父子兄弟去利懷仁義以相接也然而不王者未之有也何必曰

利王去聲

此章言休兵息民爲事則一。然其心有義利之殊。而其效有興亡之異。學者所當深察而明辯之也。

南軒張氏曰古之謀國者以義理不以利害此天理人欲之所以分而治忽所由係也說之以利使其能從亦利心耳罷兵雖息一時之患而徇利實傷萬世之甚西山真氏曰戰國交兵之禍烈矣宋牼一言而罷之豈非生民之福而仁人之所甚願者哉顧利端一開君臣父子兄弟大抵皆見利而動其禍又有甚於交兵者是以聖賢不得不嚴其防也新安陳氏曰以利說二王而罷兵若足爲斯民幸矣然上下皆懷利以相接必將有滅亡之禍是利未得而害已甚矣以仁義說二王而罷兵上下皆懷仁義以相接則仁必愛親賢必急君雖不言利而仁義之利自在其中矣此章大意亦與首章相似利端一開利心[illegible]不暇顧其禍有甚於交兵者交兵[illegible]人身耳言利則必盡害人心孟子此章於遏人欲存天理尤嚴焉芭山張氏曰此章與孟子見梁惠王章相表裏。見孟子學問[illegible]全一。處即反覆告齊宣。其大指不越此耳。

○孟子居鄒季任爲任處守以幣交受之而不報處於平陸儲子爲相以幣交受之而不

報任平聲相去聲下同

趙氏曰季任任君之弟任君朝會於鄰國季任爲之居守其國也儲子齊相也不報者來見則當報之但以幣交則不必報也

朱子曰初不自來但以幣交未爲非禮但孟子既受之後便當來見而又不來則其誠之不至可知矣故孟子過而不見施報之宜也亦不屑之教誨也慶源輔氏曰來見則禮意重幣交則禮意輕也

他日由鄒之任見季子由平陸之齊不見儲子屋廬子喜曰連得間矣

儀卽是志非爲文

屋廬子知孟子之處此必有義理故喜得
其間隙而問之
問曰夫子之任見季子之齊不見儲子爲其
爲相與爲其之爲去聲下同與平聲
言儲子但爲齊相不若季子攝守君位故
輕之邪
曰非也書曰享多儀儀不及物曰不享惟不
役志於享
書周書洛誥之篇享奉上也儀禮也物幣

也役用也言雖享而禮意不及其幣則是
不享矣以其不用志於享故也
蔡氏曰享不在幣而在於禮幣有餘而禮
不足亦所謂不享也
爲其不成享也
孟子釋書意如此
新安陳氏曰幣物有餘而禮儀不足是有
慢上之心謂其所貪在物雖禮意不足無
妨乃是雖有享之名而不成享之禮也
屋廬子悅或問之屋廬子曰季子不得之鄒
儲子得之平陸

徐氏曰季子爲君居守不得往他國以見
孟子則以幣交而禮意已備儲子爲齊相
可以至齊之境內而不來見則雖以幣交
而禮意不及其物也
慶源輔氏曰不得之鄒而不來則是制於
禮者也得之平陸而不至則是簡於禮者
也制於禮者欲爲而不可簡於禮者可爲
而不欲君子之所爲一視其禮義之輕重
而行吾義而已
覺軒蔡氏曰此章見孟子於禮意之間是
否之際權衡輕重各稱其宜如此然皆以
幣交而皆受之豈孟子當時亦有幣交之
禮而季子儲子皆非惡人亦有可受之理
歟

蔡虛齋曰。得間謂已得間而問也。非謂孟
子所處有間隙處也。故大註云孟子處此
必有義理。○儀禮意也。對物言。集註只云
禮也。其下文便云禮意。禮有本有文。此禮
字蓋指本言。多厚也。不可因多字遂謂是
禮文。○爲其不成享也一句最當玩味。要
見是發上文未發之意。莫與上文不享一
般看。要深一步。正是解那意。
林次崖曰。惟不役志于享。是書自解曰不
享意。爲其不成享。又是孟子解書曰不享
意。蓋不役志于享。而儀不及其物。則不成
個享禮了。所以曰不享。
或曰爲其不成享。則不爲其爲制。卽指儲
子言。若書意則不役志于享。已自釋矣。何
用再釋。蒙引存疑說似泥。
○淳于髡曰先名實者爲人也後名實者自

爲也夫子在三卿之中名實未加於上下而去之仁者固如此乎先後爲皆去聲

名聲譽也實事功也言以名實爲先而爲之者是有志於救民者也以名實爲後而不爲者是欲獨善其身者也名實未加於上下言上未能正其君下未能濟其民也

孟子曰居下位不以賢事不肖者伯夷也五就湯五就桀者伊尹也不惡汙君不辭小官者柳下惠也三子者不同道其趨一也一者何也曰仁也君子亦仁而已矣何必同

仁者無私心而合天理之謂楊氏曰伊尹之就湯以三聘之勤也其就桀也湯進之也湯豈有伐桀之意哉其進伊尹以事之也欲其悔過遷善而已伊尹既就湯則以湯之心爲心矣及其終也人歸之天命之不得已而伐之耳若湯初求伊尹卽有伐桀之心而伊尹遂相之以伐桀是以取天下爲心也以取天下爲心豈聖人之心哉

分處疏存心未確

慶源輔氏曰無私心以存諸心而言合天理以行諸外而言人固有雖無私心而行事不合天理者惟仁則內外合天人備矣○論語於令尹子文陳文子章注引師說以爲當理而無私心則仁矣今又以爲仁者無私心而合天理其先後不同者蓋彼就二子之事而言故以爲當理而無私心此直指夫仁而言故曰仁者無私心而合天理

程子曰五就湯五就桀此伊尹後來事蓋已出了則當以湯之心爲心所以五就桀不得不如此

張子曰伯夷伊尹柳下惠皆稱聖人出於仁之一端莫非仁也三子者各以是成性故得稱仁

雲峰胡氏曰集註於三子之中引楊氏說獨詳於伊尹者如夷惠不屑就不屑去其迹甚易明惟伊尹有去又有就其心未易

詳故詳之

通旨朱氏公遷曰仁以事言孔子許三仁夷齊是就其處事處許之以仁孟子許三子是就其存心處許之以仁孔子是因其處事而知其心之仁孟子是因論出處而引三子之事以明仁人之心也然夷齊三子迹無可疑三仁之事則似反乎仁而實得乎仁故集註之說各不同

曰魯繆公之時公儀子爲政子柳子思爲臣魯之削也滋甚若是乎賢者之無益於國也

公儀子名休爲魯相子柳泄柳也削地見侵奪也髡譏孟子雖不去亦未必能有爲也

學拼化反選青旗華擱都樂還杞梁即杞殖

曰虞不用百里奚而亡秦穆公用之而霸不用賢則亡削何可得與與平聲

百里奚事見前篇

新安陳氏曰亡則何止乎削故曰削何可得魯之不亡尚以三賢在也否則如虞之亡求削而不可得矣

曰昔者王豹處於淇而河西善謳綿駒處於高唐而齊右善歌華周杞梁之妻善哭其夫而變國俗有諸內必形諸外為其事而無其功者髡未嘗覩之也是故無賢者也有則髡

必識之華去聲

王豹衛人善謳淇水名緜駒齊人善歌高唐齊西邑華周杞梁二人皆齊臣戰死於莒其妻哭之哀國俗化之皆善哭以此譏孟子仕齊無功未足為賢也

謳聲有曲折也歌長言也左傳襄公二十三年齊侯襲莒杞殖華還載甲夜入明日先遇莒子莒子重賂之使無死曰請有盟華周對曰貪貨棄命亦君所惡也昏而受命日未中而棄之何以事君莒子親鼓而伐之獲杞梁莒人行成齊侯歸遇杞梁之妻于郊使弔之辭曰殖之有罪何辱命焉若免于罪猶有先人之敝

膺苜頒

廬在下妾不得與郊弔齊侯弔諸其室杞華二子齊大夫請盟欲以盟要二子無致死戰也華周即華還杞梁即杞殖莒勝大國益懼故行成遇杞梁之妻杞戰死妻行迎喪也殖有罪言若有罪不足弔不得公郊弔婦人無外事故○劉向說苑齊莊公攻莒杞梁與莒戰梁遂鬪殺二十七人而死妻聞而哭城為之陁而隅為之崩

通考吳氏程曰按左傳禮記皆無華周妻哭之事髡不過帶說華周猶前篇稱禹稷過門不入耳

曰孔子為魯司寇不用從而祭燔肉不至不稅冕而行不知者以為為肉也其知者以為為無禮也乃孔子則欲以微罪行不欲為苟

去君子之所為衆人固不識也

按史記孔子為魯司寇攝行相事齊人聞而懼於是以女樂遺魯君季桓子與魯君往觀之怠於政事子路曰夫子可以行矣孔子曰魯今且郊如致膰於大夫則吾猶可以止桓子卒受齊女樂郊又不致膰俎於大夫孔子遂行孟子言以為為肉者固不足道以為為無禮則亦未為深知孔子者蓋聖人於父母之國不欲顯其君相之

失又不欲爲無故而苟去故不以女樂去
而以燔肉行其見幾明決而用意忠厚固
非衆人所能識也然則孟子之所爲豈髡
之所能識哉○尹氏曰淳于髡未嘗知仁
亦未嘗識賢也宜乎其言若是
南軒張氏曰孔子之去魯非孟子發明于
此後世固亦未知也
慶源輔氏曰觀孟子引孔子之事以荅淳
于髡則孟子之去齊亦必有所爲而不欲
言之者矣
汪氏曰爲肉爲無禮皆非知孔子蓋不能
用聖人而耽聲色君之大罪燔肉不至君
之微罪若不以微罪行而著君之罪則爲

四書大全辯　下孟卷十二　三十

不仁苟去則爲不義以微罪行仁也不爲
苟去義也君子之所爲仁義而已
新安陳氏曰髡本辯曰滑稽之徒始謂孟
子去齊而未仁孟子答以夷惠伊尹或去
或就皆仁也又謂有賢則必識之孟子答
以夫子之去魯亦豈髡所能識哉反覆言
古人事未方以君子自擬以衆人指髡髡
學識孟子未立功而去而孟子所以去齊
之故終不可自言以騶齊王之失亦見幾明
決而用意忠厚焉自謂所願則學孔子今
觀其進退語默宛然孔氏家法也
或曰通章不用二字不可忽蓋孔子之去
魯繇魯君之不用見孟子之去齊亦繇齊
王之不用非不賢之故也
郝京山曰伊尹先嘗五就夏桀不用乃相
湯伐夏非尹與湯本願也尹惟冀桀改圖
反復開導不啻再三若夫就湯何必待五
五就桀不聽而五反于湯耳非謂就桀五

丁氏名公著厚蘇州人

而就湯亦須五也○柳宗元謂事湯不如事
桀成功速夫欲速非聖人意也聖人欲天
下安則君臣安倘桀可回十往所不辭也
蔡虛齋曰乃孔子二句不可指作一意看
大註又字微罪屬孔子或以爲君相者非
也或曰如此則大註何以云不欲顯其君
相之失曰正合也蓋孔子不以微罪自居
則失在君相矣按語類曰孔子于受女樂
之後而遂行言之則顯君相之失不言則
已爲苟去故因膰肉之至而行則吾之去
國以其不致膰爲得罪于君耳汪氏註蓋
未考也
或曰欲以微罪行欲人謂我以細故去國
可以不去而必去也
芑山張氏曰小註惟新安能發明孟子大
意
○孟子曰五霸者三王之罪人也今之諸侯

四書大全辯　下孟卷十二　三十

五霸之罪人也今之大夫今之諸侯之罪人
也
趙氏曰五霸齊桓晉文秦穆宋襄楚莊也
三王夏禹商湯周文武也丁氏曰夏昆吾
商大彭豕韋周齊桓晉文謂之五霸
趙氏曰丁氏說本杜預春秋傳註
新安陳氏曰自王道衰霸圖盛人惟知五
霸之功豈敢議五霸之罪惟孟子崇王賤
霸故以三王律五霸而名其爲罪人焉五
霸宜從前一說
天子適諸侯曰巡狩諸侯朝於天子曰述職

掊裒通聚斂也

摘函泉之白懊渫激會散要以歃之以血之盟謂所聚據七也合王連從辭齊作世

上帥所類反下帥所律反

河許北殺諸載岩石令治法

春省耕而補不足秋省斂而助不給入其疆土地辟田野治養老尊賢俊傑在位則有慶慶以地入其疆土地荒蕪遺老失賢掊克在位則有讓一不朝則貶其爵再不朝則削其地三不朝則六師移之是故天子討而不伐諸侯伐而不討五霸者摟諸侯以伐諸侯者也故曰五霸者三王之罪人也朝音潮辟與闢同治平聲

慶賞也益其地以賞之也掊克聚斂也讓責也移之者誅其人而變置之也討者出

命以討其罪而使方伯連帥帥諸侯以伐之也伐者奉天子之命聲其罪而伐之也摟牽也五霸牽諸侯以伐諸侯不用天子之命也自入其疆至則有讓言巡狩之事自一不朝至六師移之言述職之事

新安陳氏曰無王如此使居三王之世豈非罪人

南軒張氏曰天子入諸侯之國首察其土田次詢其賢才蓋爲國之道莫先於農桑莫要於人才也

五霸桓公爲盛葵丘之會諸侯束牲載書而

言善語發如詩經言旋薄言之柄承言解則念目

或曰壹也

擅時戰反

汳京山削註喪

不歃血初命曰誅不孝無易樹子無以妾爲妻再命曰尊賢育才以彰有德三命曰敬老慈幼無忘賓旅四命曰士無世官官事無攝取士必得無專殺大夫五命曰無曲防無遏糴無有封而不告曰凡我同盟之人既盟之後言歸于好今之諸侯皆犯此五禁故曰今之諸侯五霸之罪人也歃所洽反糴音狄好去聲

按春秋傳僖公九年葵丘之會陳牲而不殺讀書加於牲上壹明天子之禁樹立也

已立世子不得擅易初命三事所以修身正家之要也賓賓客也旅行旅也皆當有以待之不可忽忘也士世祿而不世官恐其未必賢也官事無攝當廣求賢才以充之不可以闕人廢事也取士必得必得其人也無專殺大夫有罪則請命於天子而後殺之也無曲防不得曲爲隄防壅泉激水以專小利病鄰國也無遏糴鄰國凶荒不得閉糴也無有封而不告者不得專封

曰謂記其日也 說止也與音預

國邑而不告天子也

新安陳氏曰威信服人無事歃血歃歃也穀梁傳僖公九年九月戊辰諸侯盟於葵兵桓盟不日此何以日美之也爲見天子之禁故備之也葵丘之會陳牲而不殺讀書加於牲上一明天子之禁曰毋壅泉專水利訖糴毋易樹子毋以妾爲妻毋以婦人與國事

慶源輔氏曰一明天子之禁但一意以明天子之禁而已不孝是惡之大者故居首世子必告於天子而後立既立則豈可擅自易之不孝是不子易樹子是不父以妾爲妻則無夫婦之别

新安陳氏曰五命即[illegible]之辭才者育之亞於尊賢所以明貴德言歸於和好無搆怨也

長君之惡其罪小逢君之惡其罪大今之大夫皆逢君之惡故曰今之大夫今之諸侯之罪人也

君有過不能諫又順之者長君之惡也君之過未萌而先意導之者逢君之惡也○林氏曰邵子有言治春秋者不先治五霸之功罪則事無統理而不得聖人之心春秋之間有功者未有大於五霸有過者亦未有大於五霸故五霸者功之首罪之魁也孟子此章之義其亦若此也與然五霸得罪于三王今之諸侯得罪于五霸皆出於異世故得以逃其罪至於今之大夫宜得罪於今之諸侯則同時矣而諸侯非惟莫之罪也乃反以爲良臣而厚禮之不以爲罪而反以爲功何其謬哉

南軒張氏曰君有惡承順而長之固爲罪矣逢君惡者逆探君意而成之罪尤大也其詭秘姦諂爲甚而戕賊蠹害尤深蓋君萌不善之念其始必有未安於心未敢遽達也已迎而安之則其發也必果君以爲已意未形於事而彼能先之則其愛也必

篤故長君惡於外者其罪易見逢君惡於內者其惡難知易見者害猶淺難知者害不可言也自古姦臣之得君未有不自逆探君意以成其惡故君臣之相愛不可解卒至於俱亡而後已逢君之惡云者可爲極小人之情狀矣

慶源輔氏曰長君之惡者無能而巽懦阿諛之人也逢君之惡者有才而傾險陰邪之人也

慶源輔氏曰孟子雖取桓文之五命而又以五霸爲三王之罪人得春秋之大指矣

蔡虛齋曰自天子適諸侯至六師移之皆舉三王之法遂見五霸之逆王法也便見得五霸爲三王罪人不必依陳氏謂使居三王之世爲罪人○方伯連帥蓋只是一個人平時爲方伯征討則稱連帥也蓋古者兵民爲一凡公卿大夫士當征伐時則稱爲軍師○束牲陳牲不殺也既殺

亦有血在。不容不歃也。蓋此箇牲特地是取血用，故朱子知其爲不殺也。○印本作書加于牲上，蓋謂其書而加于不殺牲體之上也。然與束牲載書之旨不合，大抵讀字差。春秋大全亦作讀字，蓋皆差也。一本作牘字爲是矣，作讀字誤。○葵丘之會，諸侯爲一句，非諸侯束牲載書而不歃血也。謂桓公也。雖諸侯同盟，主之者桓公，則束牲載書，非桓公而何。束牲者，束縛之于壇上。既不殺，不容不束縛。○壅泉、激水，是兩事。壅者以自利于己，激者以嫁患于人。下文專小利，卽所謂壅泉也；病鄰國，卽所謂激水也。○言歸于好，不得違五命之禁也。新安解作無構怨，亦不切。且接下今之諸侯皆犯此五禁不來。葵丘五命，非桓公所自爲，一明天子之禁也。一字不當，依輔氏說。並泥志一氣一之一字，非也。一者，定也。鄒京山曰：無曲防三事，卽周禮大宗伯所

謂以凶禮哀邦國者也。弔禮以哀禍災，卽勿曲防也。荒禮以哀凶札，卽勿遏糴也。喪禮以哀死，卽封必告也。勿曲防，旱澇相通也。勿遏糴，豐歉相濟也。封必告，死葬相助也。封卽葬也。柩歸土曰封，卽窆也。禮云懸棺而封。凡諸侯告喪，則同盟皆弔，五月而葬，則同盟皆會。此獨言葬者，葬則有賵有賻，有贈有送。春秋王葬且不會，如武氏子來求賻之類。交鄰可知矣。無不告者，告則會也。舊解謂封建國邑必告天子，非也。封建大事，豈贅之末簡。無不者，甚多之辭。春秋二百四十餘年間，未聞有封國者。命與鄰災同，其爲死葬甚明也。

○魯欲使慎子爲將軍

慎子魯臣

音鐵　殃民　賣望　伏一　亡字

孟子曰：不教民而用之，謂之殃民。殃民者，不容於堯舜之世。

教民者，教之禮義，使人入事父兄，出事長上也。用之，使之戰也。

慶源輔氏曰：能如是而教其民，乃可以卽戎，使之敵愾禦侮，臨戰之際，皆如手足之捍頭目，子弟之衛父兄矣。不然，則是陷之於死地也，故謂之殃民。在堯舜之仁政，豈容之哉。

一戰勝齊，遂有南陽，然且不可。

是時魯蓋欲使慎子代齊取南陽也。故孟

子言就使慎子善戰有功如此，且猶不可。

新安陳氏曰：就使僥倖克敵，已驕敵怒，禍方深耳，況未必能，且不免敗乎。

慎子勃然不悅曰：此則滑釐所不識也。滑音骨

滑釐，慎子名。

曰：吾明告子。天子之地方千里，不千里，不足以待諸侯。諸侯之地方百里，不百里，不足以守宗廟之典籍。

待諸侯，謂待其朝覲聘問之禮。宗廟典籍，祭祀會同之常制也。

慶源輔氏曰觀此二句則知先王之制諸國大小自有意義豈私意可得而損益之哉

周公之封於魯爲方百里也地非不足而儉於百里太公之封於齊也亦爲方百里也地非不足也而儉於百里

二公有大勲勞於天下而其封國不過百里儉止而不過之意也

問王制與孟子同而周禮諸公之地封疆方五百里諸侯方四百里伯三百里子二百里男百里鄭氏以王制爲夏商制爲夏商中國方三千里周公斥而大之中國方

七千里所以不同朱子曰鄭氏只文字上說得好看然甚不曉事情且如百里之國周人欲增到五百里須并四箇百里國地方做得一國其所併四國又當別裂地以封之如此則天下諸侯東遷西移改立宗廟社稷皆爲之騷動矣且如此趲去不數大國便無地可容只許多國何以處之恐其不然竊意其初只方百里後來吞併遂漸漸大如禹會諸侯於塗山執玉帛者萬國到周時只千八百自非吞併如何不見了許多國武王時諸國地已大武王亦不柰何只得就而封之當時封許多功臣之國緣當初滅國五十得許多空地可封不然則周公太公亦自無安頓處孟子百里之說亦只是大綱如此說不是實考得見古制

今魯方百里者五子以爲有王者作則魯在所損乎在所益乎

魯地之大皆并吞小國而用之有王者作則必在所損矣

徒取諸彼以與此然且仁者不爲況於殺人以求之乎

徒空也言不殺人而取之也

慶源輔氏曰不殺人而取彼與此仁者猶且不爲以其非所當得故也況於殃民而求廣土地者乎

君子之事君也務引其君以當道志於仁而

已

當道謂事合於理志仁謂心在於仁

華陽范氏曰君子之事上也引其君於正小人之事上也引其君於邪君子引其君於仁義引其君於恭儉引其君於愛民引其君於納諫引其君於學問此君子之所以引其君者志於仁而已矣小人引其君於好利引其君於好戰引其君於用刑引其君於拒諫引其君於驕侈此小人之所以引其君者志於不仁而已矣伊尹以堯舜之道引成湯故成湯爲堯舜之君周公以文武之道引成王故成王爲文武之君此引其君於當道榮夷公以專利引周厲王故周亂趙高以刑法引秦二世故秦亡此引君於當非道也西山真氏曰道之於仁非有二也以事之

辟土地輿兄刑虎一聿非

墾口很反

理而言。則曰道。以心之德而言。則曰仁。心存於仁。則其行無不合道矣。

新安陳氏曰。恭合理必不爭。已所不當有之地。心存仁必不殺人以爭地。二句不特可斷此一事。實臣事君之法也。殃民者仁之反。欲慎子導君以仁。不殃民而爲不仁。

蔡虛齋曰。然且不可。新安以爲孰使克敵稱方深耳。非也。不可是言于理不可也。

林次崖曰。孟子意以諸侯封土。各有限制。魯初封只是百里。今已四倍于舊。有王者作。已當在所損。而向欲求益。所以爲不可也。故曰徒取諸彼以與此。然且仁者不爲。而況殺人以求之。是就帶說上面殃民不意。自吾明告子至然且仁者不爲。解然且不可意方盡。家引謂吾明告子以下三節指然且不可說。徒取諸彼節指殃民說。不是。

○孟子曰今之事君者曰我能爲君辟土地

充府庫今之所謂良臣古之所謂民賊也君不鄉道不志於仁而求富之是富桀也

辟開墾也

朱子曰。鄉道志仁。不可分爲二事。中庸曰修道以仁。孟子言不志於仁。所以釋不鄉道之實也。前章務引其君以當道志於仁而已。亦言志仁之爲當道耳。

我能爲君約與國戰必克今之所謂良臣古之所謂民賊也君不鄉道不志於仁而求爲之強戰是輔桀也

約要結也。與國和好相與之國也。

新安陳氏曰。前是爲君富國。制下奉上者此是爲君強兵戰勝攻取者。兼君之良臣實治世之民賊。不能引君鄉道志仁而導以不道不仁。助桀爲虐者也。

由今之道無變今之俗雖與之天下不能一朝居也

言必爭奪而至於危亡也

南軒張氏曰。此章大抵與前章意同。戰國之臣所以輔君者。徒以能富國強兵爲忠而其君亦因以此爲臣之忠於我也。而孟子以爲民賊。何哉。蓋君不鄉道不志於仁而但爲之富強之計。則君益以驕肆。而民益以憔悴。是上成君之惡。而下絕民之命也。當時諸侯乃以民賊爲良臣。豈不痛哉

新安陳氏曰。自當時觀之。孟子此論若迂且激。既而六國吞。暴秦亡。此論豈不深中大驗。此章與上章意實相類。其因識切慎

子而繼發歟。

芑山張氏曰。後世人臣言理財者多此類。其術又在桑孔諸人下。蓋以充府庫之智克私橐賊民。尤其此國家所以滋亂也。

○白圭曰吾欲二十而取一何如

白圭名丹。周人也。欲更稅法。二十分而取其一分。林氏曰。按史記白圭能薄飲食。忍嗜欲。與童僕同苦樂。樂觀時變。人棄我取。人取我與。以此居積致富。其爲此論。蓋欲以其術施之國家也。

詰奘乙反

勿軒熊氏曰按貨殖列傳白圭當魏文侯時李克務盡地力而白圭樂觀時變故人棄我取人取我予能薄飲食忍嗜欲與用事僮僕同苦樂趨時若猛獸鷙鳥之發曰吾治生猶孫吳用兵商鞅行法智不足以權變勇不足以斷決仁不能以取予強不能以有守雖欲學吾術皆不告也蓋世言治生者祖白圭

孟子曰子之道貉道也貉音陌

貉北方夷狄之國名也

萬室之國一人陶則可乎曰不可器不足用也

孟子設喻以詰圭而圭亦知其不可也

曰夫貉五穀不生惟黍生之無城郭宮室宗廟祭祀之禮無諸侯幣帛饔飧無百官有司故二十取一而足也夫音扶

北方地寒不生五穀黍早熟故生之饔飧以飲食饋客之禮也

今居中國去人倫無君子如之何其可也

無君臣祭祀交際之禮是去人倫無百官有司是無君子

陶以寡且不可以爲國況無君子乎

因其辭以折之

欲輕之於堯舜之道者大貉小貉也欲重之於堯舜之道者大桀小桀也

什一而稅堯舜之道也多則桀寡則貉今欲輕重之則是小貉小桀而已

慶源輔氏曰什一中正之制也故以爲堯舜之道三代聖人雖因時損益有所不同然一本於中正則無以異也惟其中正所以行之天下而安傳之萬世而無弊周衰王制盡廢兼并之俗起而貧富遂以不均白圭謹身禁欲樂觀時變知取知予以此居積致富此三代盛時所無有也其犯先王之禁大矣顧乃私憂過計創爲輕賦之

說欲以其術施之國家故孟子明辨其不可觀其始則取其事之易辨者以開其智中則歷陳其不可之實以破其說末則舉堯舜之道不可得而輕重者使之有所歸著亦可謂委曲詳盡矣

雲峰胡氏曰易曰節以制度必先言中正以通蓋堯舜之道中而已重之輕之皆非中也可行於夷狄不可通行於天下可行於一時不可通行於萬世

新安陳氏曰彼眞貉眞桀爲大者此爲小者也○通考朱氏公遷曰因其過而以中道矯之者所以救時政之敝也因其不及而以中道闡之者所以正邪說之誣也皆所以明先王之道不可不行也

或曰白圭本功利之術欲二十取一非有意愛民也謂行已之術可使賦大省如漢景以弘羊孔僅云不加賦而國用自足歟世主耳纖嗇之與苛歛不向道不志仁同故道

壑叟惡反

有中庸。白圭之輕稅。陳仲子之矯廉。皆害道者也。○此章宜與制民之產易其田疇等章參看。財亦國家所需也。雖有賢者。不能並耕而治。先儒云夷狄以無法勝中國以法勝夷狄。夷狄不可從中國之法。猶中國不可從夷狄之無法也。此學問大關繫實地。今世俗崇尚佛教。亦緣未講于此章之義耳。

或曰商賈之智。不可以治國家。故子之道貉道句最重。本論稅法。直說到華夷界限處。關繫甚大。○賦輕不可復減。其究必至復增。如漢文蠲租減稅。而武帝至算及舟車。故不若什一之法萬世無弊。此可見白圭法不可行處。

林次崖曰。上曰城郭宮室。後只曰去人倫無君子。又只曰况無君子乎者。歸重于百官有司也。蓋城郭宮室人倫。皆緣君子而立也。

○白圭曰丹之治水也愈於禹

趙氏曰當時諸侯有小水白圭爲之築堤壅而注之他國

孟子曰子過矣禹之治水水之道也

順水之性也

是故禹以四海爲壑今吾子以鄰國爲壑

壑受水處也、

水逆行謂之洚水洚水者洪水也仁人之所惡也吾子過矣惡去聲

水逆行者下流壅塞故水逆流、今乃壅水以害人則與洪水之災無異矣、

勿軒熊氏曰按白圭自言善治生有智仁强勇四術然築堤壅水不能行所無事則不智以鄰國爲壑利已害人則不仁所謂强勇亦愚悍自信而已此戰國富强之術故深抑之

新安陳氏曰禹除天下之害順水之性而但委之於鄰是禹爲天下除害而圭乃爲鄰國之害也不仁甚矣

○孟子曰君子不亮惡乎執惡平聲

亮信也與諒同惡乎執言凡事苟且無所執持也、

朱子曰攷之說文古無亮字以爲與諒通者近之然諒有二訓止訓信者友諒之類是也訓必信者貞而不諒是也

南軒張氏曰諒對貞而言則專于諒者未必貞也以已之私意爲諒非諒之正也孟子之言諒諒之正也

慶源輔氏曰此與論語人而無信章同意此以守言彼以行言也

汪氏曰執諒體常也不諒通變也

林次崖曰亮是有必爲之志正而固也有必爲之志于是方拿定要做有個執持若不亮則做也得不做也得何所執持此可以貞者事之幹來參看與人而無信節似不同蒙引言則無物行則無恒稍不切

或曰亮明也君子有通達之見然後所執者通理而無蔽若暗昧塞淺之識主以一定不移之志其一定不移者未必是而信果妄作害事多矣故曰君子惡果敢

好矣丑也與則爲另一不注爲也
善乎問宜然矣何作節當其人何

○魯欲使樂正子爲政孟子曰吾聞之喜而不寐

喜其道之得行

公孫丑曰樂正子强乎曰否有知慮乎曰否多聞識乎曰否 知去聲

此三者皆當世之所尚而樂正子之所短故丑疑而歷問之

然則奚爲喜而不寐

丑問也

曰其爲人也好善好善足乎 好去聲下同

丑問也

曰好善優於天下而况魯國乎

優有餘裕也言雖治天下尚有餘力也

趙氏曰善反於已則有盡善取於人則無窮此其所以治天下猶有餘力也

夫苟好善則四海之内皆將輕千里而來告之以善

輕易也言不以千里爲難也

夫苟不好善則人將曰訑訑予既已知之矣訑訑之聲音顔色距人於千里之外士止於千里之外則讒諂面諛之人至矣與讒諂面諛之人居國欲治可得乎 訑音移 治去聲

訑訑自足其智不嗜善言之貌君子小人迭爲消長直諒多聞之士遠則讒諂面諛之人至理勢然也○此章言爲政不在於用一已之長而貴於有以來天下之善

慶源輔氏曰世間此等人亦甚多然其所謂智者是乃所以爲愚也然原其始則起於予既已知之之意萌于中而已可不畏乎

新安陳氏曰距與拒通前漢汲黯傳智足以距諫亦用此距字

南軒張氏曰好善誠篤非舍已私者不能能舍已則中虚虚則能來天下之善於爲天下何有蓋善者天下之公也自以爲是則專已而絶天下之公理蔽孰甚焉

芭山張氏曰優字在好善内見出言其心量能併包天下即治天下有餘未説到用天下之善成天下之治上與牽牛章是心足以王矣句參看須渾淪説○只好善二字君天下相天下之道盡于此相臣嫉賢妬能則子孫黎民蒙其禍君惟其言而莫予違則必至于喪邦觀子思謂衛侯君不君臣不臣可見

或曰距人于千里之外見我不必如何距絶他人見其狀貌便自遠引去了若果是而不前也

宜與衆同

〇陳子曰古之君子何如則仕孟子曰所就三所去三

其目在下

迎之致敬以有禮言將行其言也則就之禮貌未衰言弗行也則去之

所謂見行可之仕若孔子於季桓子是也受女樂而不朝則去之矣

其次雖未行其言也迎之致敬以有禮則就之禮貌衰則去之

所謂際可之仕若孔子於衛靈公是也故與公遊於囿公仰視蜚鴈而後去之

史記孔子世家孔子反乎衛入主蘧伯玉家他日靈公問兵陳孔子曰俎豆之事則嘗聞之軍旅之事未之學也明日與孔子語見蜚鴈仰視之色不在孔子孔子遂行復如陳

〇愚考趙氏德曰春秋年表云衛靈公即位之三十八年孔子來祿之按孔子世家云孔子適衛衛靈公問孔子居魯得祿幾何對曰養之六萬衛人亦致粟六萬石頃之或譖孔子孔子遂去衛是則孔子於衛靈公有公養之仕也如衛孝公則吾亦未能信以其無以按據也以時推之則孔子於季桓子受女樂之時時靈公即位之三十七年魯定公十一年也定公十三年是衛靈公即位之三十八年問陳之時則即位之四十三年衛靈公是年卒後之學者宜精究之

其下朝不食夕不食饑餓不能出門戶君聞之曰吾大者不能行其道又不能從其言也使饑餓於我土地吾恥之周之亦可受也免死而已矣

所謂公養之仕也君之於民固有周之之義況此又有悔過之言所以可受然未至於饑餓不能出門戶則猶不受也其曰免

死而已則其所受亦有節矣

新安陳氏曰所謂大者以大節論所謂又者以其次言也

朱子曰孟子言所就三所去三其上以言之行不行爲去就此仕之正也其次以禮貌衰未衰爲去就又其次至于不得已而受其賜則豈君子之本心哉蓋當是時舉天下莫能行吾言矣則有能接我以禮貌而周我之窮困者豈不善於彼哉是以君子以爲猶可就也然孟子益進上下言之若曾子之自處則在所擇矣孟子於其受賜之節又嘗究言之曰饑餓不能出門戶則周之亦可受也明未至於如是之貪則不受免死而已矣言受之有限不求贏餘明不多受也

慶源輔氏曰言將行其言也則就之爲道而仕也迎之致敬以有禮則就之爲禮而

仕也道在我禮在彼至于則之亦可受此
君子之不得已也集註恐後之貪利苟得
者以是藉口而全不顧義遂流于欲而不
知也故言此以防警之然使上之賜下止
周其身下受其賜止以免其死則時可知
矣
雲峰胡氏曰本文初言去就各有三至其
目則上兩節言去就末一節獨不言蓋饑
餓不能出門戶是欲去而不能去者故周
之不日可就而日亦可受觀亦之辭見其
瀕死不容不受而曰免死而已則亦未嘗
過受也君子於去就辭受之際可謂嚴矣
此孟子答古之君子之問亦今之君子何
如哉
林次崖曰迎之致敬以有禮猶云恭而有
禮蓋亦有致敬而無禮者若齊饋兼金一
百而無處備子得之乎陸僅以幣交是恭
敬之無禮也○迎之致敬以有禮將以爲

行其言之地耳蒙引云是故君子之所以
樂就者然不特此却界作兩段意恐未是
○三節連禮亦無只是因其周窮之意而
受其食非就之而仕也蒙引謂位卑祿薄
抱關擊柝者似不是果然亦何至饑餓不
能出門戶其謂若孔子厄于陳蔡之間則
是
郝京山曰三仕去就之等遭遇有甚不甚
耳皆主就言不可就而後去非不欲仕也
就三去三委曲不執即時中意君子涉世
有此三者與論語賢者避世章略同而末
多免死一節見聖賢不爲苦貞即曾子云
其嗟也可去其謝也可食之意若陳仲子
輩則有饑而死耳
芭山張氏曰君子無適而非道也將行其
言而就之固爲道而仕即致敬有禮而就
之雖爲禮亦未始非爲道也輔氏爲道爲
禮分說謬甚

鬻余六反 販方萬反　見形甸反

孟子道性善性字這較急　輔氏說衍之

○孟子曰舜發於畎畝之中傅說舉於版築
之間膠鬲舉於魚鹽之中管夷吾舉於士孫
叔敖舉於海百里奚舉於市 說音悅
舜耕歷山三十登庸說築傅巖武丁舉之
膠鬲遭亂鬻販魚鹽文王舉之管仲囚於
士官桓公舉以相國孫叔敖隱處海濱楚
莊王舉之爲令尹百里奚事見前篇
新安陳氏曰舜聖人且君也故只曰發傅
說以下五賢皆臣也故曰舉
故天將降大任於是人也必先苦其心志勞

其筋骨餓其體膚空乏其身行拂亂其所爲
所以動心忍性曾益其所不能 曾與增同
降大任使之任大事也若舜以下是也空
窮也乏絶也拂戾也言使之所爲不遂多
背戾也動心忍性謂竦動其心堅忍其性
也然所謂性亦指氣稟食色而言耳程子
曰若要熟也須從這裏過
朱子曰動其仁義禮知之心忍其食色臭
味之性
慶源輔氏曰竦動其心則心活堅忍其性
則性定心活則不爲欲所役性定則不爲

氣所動。
雲峯胡氏曰：或謂孟子書曰不動心曰養性，此曰動心忍性，何也？曰彼言不動心，是處富貴而富貴不能動其心也；此言動心，是處貧賤而貧賤有以竦動其心也。譬之水，動心是浚得源頭活水滚滚出來，不動心是水之流不爲沙泥所淈、不爲波流所汩也。養性者養其本然天命之性，不使之有所動於外；忍性者忍其氣禀食色之性，不使之有所動於中。
新安陳氏曰：分配之，苦心志所以動心，動心則善念由此生；勞餓空乏所以忍性，忍性則物慾由此窒；拂亂所爲，所以增益前所不能者而能之，則德業由此進。舜大聖人，未必盡由此，而窮苦之迹實如此，履此豈無所警省？若傳說以下，所以能當大任，實由乎此也。
朱子曰：只是要事事經歷過，似一條路，須

四書大全辯〈下孟卷十二〉　四十三

每日從上面往來，行得熟了，方認得許多險阻去處。若素不曾行，忽然一旦撞行去，少間定墮坑落塹也。
慶源輔氏曰：人不經憂患困窮、頓挫摧屈，則心不平、氣不易，察理不盡，處事多率，故謂人若要熟，須從這裏過。
潛室陳氏曰：更嘗變故多，則閱義理之會熟。熟謂義理與自家相便習，如履吾室中。

人恒過，然後能改；困於心，衡於慮，而後作；徵於色，發於聲，而後喻。衡與橫同。恒，胡登反。徵，智盈反。

恒，常也，猶言大率也。橫，不順也。作，奮起也。徵，驗也。喻，曉也。此又言中人之性，常必有過，然後能改。蓋不能謹於平日，故必事勢窮蹙，以至困於心，橫於慮，然後能奮發而興起；不能燭於幾微，故必事理暴著，以至驗於人之色，發於人之聲，然後能警悟而通曉也。
新安陳氏曰：下文所謂作與喻，即其改過之事。
朱子曰：困心衡慮者，心覺有其過；徵色發聲者，其過形於外。
慶源輔氏曰：舜大聖人之事，傳說而下皆上智之事，自人恒過而下則中人之事也。纔言恒過而後能改，便見是中人之性矣。下兩句只是改過之事。雖是不能謹於平日，至于事勢窮蹙，困心衡慮，始能奮發而興起，然畢竟是其才尚足以有爲；雖是不

四書大全辯〈下孟卷十二〉　四十四

能燭於幾微，至于事理暴著，徵色發聲，始能警悟而通曉，然畢竟是其智尚足以有察。如此，故亦可以進於善。若至是而猶不之覺焉，則下愚而已。

入則無法家拂士，出則無敵國外患者，國恒亡。拂與弼同。

此言國亦然也。法家，法度之世臣也。拂士，輔弼之賢士也。
慶源輔氏曰：上既言上智中人之事矣，故此推言在國亦然。
新安陳氏曰：人主爲國，內有守法持正者規諫之，外有敵國外患以警懼之，則不敢縱肆而國可保；否則驕縱而國亡矣。

分詁上文行理

然後知生於憂患而死於安樂也樂音洛

以上文觀之則知人之生全出於憂患死亡由於安樂矣○尹氏曰言困窮拂鬱能堅人之志而熟人之仁以安樂失之者多矣○

新安陳氏曰憂患未必便生然憂患則警戒而其慮深有生全之理若章首至而後喻一截安樂未必便死然安樂則多怠肆而其志荒有死亡之理若入則無法家至國恒亡一節自困而亨上聖且然諸賢皆然中人則待有過而後能然爲國者亦莫不然也大槩此章言處困苦憂患之意多安樂即憂患之反也

雲峰胡氏曰必堅忍其志然後自至于熟堅志是入德路頭熟仁是成德地步

南軒張氏曰知生於憂患而死於安樂生言生之道死言死之道也繼體之君公侯之裔生處安樂無憂患可懼則如之何必也念安樂之可畏思天命之無常戒謹恐懼不敢忘其安樂是乃困心衡慮之方生之道也死於安樂非安樂能死之以溺於安樂而自絕焉耳其在君子則雖處安樂而生理未嘗不遂在小人則雖處憂患而死亦恐不免窮斯濫是也

勉齋黃氏曰恐懼修省常生於憂患驕奢淫泆必起于晏安當阨窮困躓之餘其操心危其慮患深其刻厲奮發以進于善有不期然者矣

新安陳氏曰張子西銘云富貴福澤將厚吾之生貧賤憂戚庸玉汝於成後二句即孟子此章之意前二句孟子所未言也人

予新安疑子丞所未言非也

能知此則處憂患者固可生處安樂者亦不死矣盡心上篇有德慧章意與此合當叅看動心是充廣道心忍性是節制人心一是擴天理一是遏人欲

或曰心虛能應故貴動動者寧極中有活潑在性靜能固故貴忍忍者變化中有藏畜在聖賢心性具有良能何待增益只是心性從困阨中磨鍊一番若見其日開發耳能即心性中作用于心性本來無所內減此便是增益所以字着聖賢身上說不指天說謂困乃心所以動性所以忍不能所以增益全要見聖賢仰契天心自爲砥礪處非一經困苦便動忍增益也虛齋次崖紫峰忍性性字泥註食色之性而虛齋又將動忍屬德增益屬材語意皆呆滯皆不得本文大指學者宜更詳之

蔡虛齋曰法家法字與法語之言法字同如漢之汲黯吳之張昭唐之魏徵宋璟其

庶幾乎世臣二字就法家二字出楊震四世五公皆正人也其法家乎乃人主所嚴憚者拂士只是輔弼左右之士比法家略次法家是世臣拂士是方仕者有親疎尊卑之辨敵國外患須做兩般看如魯有武仲之據防楚有伍子胥之在吳非敵國乃外患也○生死二字活看如國亡身危而名辱雖不死亦死道也若舜發于畎畝傳說舉于版築則皆自憂患而得生道矣大註以全字貼生字亡字貼死字尤有意○不可如新安陳氏註分貼蓋生于憂患死于安樂之意逐節都有當味入則無法家拂士一節大註云此言國亦然也則以尊爲死于安樂者非也

芑山張氏曰蒙引分疏法拂甚明但愚意法家指世臣得之矣拂士亦或有久在位者安見其皆方仕者乎蒙引硬指方仕言亦誤不可從

○孟子曰教亦多術矣予不屑之教誨也者是亦教誨之而已矣

多術言非一端屑潔也不以其人爲潔而拒絶之所謂不屑之教誨也其人若能感此退自修省則是亦我教誨之也○尹氏曰言或抑或揚或與或不與各因其才而篤之無非教也

朱子曰趙氏註屑潔也考孟子不屑就與不屑不潔之言屑字皆當作潔字解不屑之教誨謂不以其人爲潔而教誨之如坐而言不應隱几而臥之類

新安陳氏曰不屑教非忍而絶之實將激而進之是亦多術中教誨之一術也孔子於孺悲孟子於滕更皆是

郝京山曰此言君子教人之心不但有受教之益者乃爲教誨雖其人不率置之不誨而心本欲激厲使之改非遂斷然棄之也君子教人之無已如此朱註謂必學者改悔而後爲君子之教則是教亦窮矣何以稱多術○事之巧者曰術屑者煩碎迫切之意不屑教教不率而甚不教也舊解屑潔也意似而非正義或云蟿也釋似而意不合

或曰人知孟子之繼往開來於式國人爲教而不知距楊墨息邪說放淫辭之深下教也

四書大全辯孟子卷之十二終

四書大全辯論語卷

如有污損缺失令賠補

子路第十三

通考勿軒熊氏曰前十八章多言政十九章以後多言學末二章多言政凡三十章

勞如字

子路問政子曰先之勞之

蘇氏曰凡民之行以身先之則不令而行凡民之事以身勞之則雖勤不怨

朱子曰先是率他欲民親其親必先之以孝欲民長其長必先之以弟勞是爲他勤勞如循行阡陌勸課農桑之類

雙峯饒氏曰集註以先之爲先其行勞之爲勞其事是又分政之本末而言行者政之本孝弟忠信之類是也事者政之用農畝師役之類是也行與事雖是分說其實是貫裏面事

無古本作毋

請益曰無倦

吳氏曰勇者喜於有爲而不能持久故以此告之○程子曰子路問政孔子既告之矣及請益則曰無倦而已未嘗復有所告姑使之深思也

朱子曰勞苦亦人之難事故以無倦勉之

南軒張氏曰先之勞之固足以盡爲政之道矣而子路猶請益焉則告之以無倦使之敦篤乎是二者而已

然亦無限量惟其梏於形氣之私滯於聞見之小是以有所蔽而不盡人能即事即物窮究其理至於一日會通貫徹而無所遺焉則有以全其本然之體而吾之所以爲性與天之所以爲天者皆不外此而一以貫之矣伊川云盡心然後知性此不然盡字大知字零星性者吾心之實理若不知得却盡箇甚惟就知上積累將去自然盡心人能盡其心者只爲知其性此句文義與得其民者得其心也相似者字不可不仔細看○人之所以盡其心者以其知其性故也蓋盡心與存心不同存者即操存求放之事是學者初用力處盡心則窮理之至廓然貫通之謂所謂知性即窮理之事也須是窮理方能知性知性之盡則能盡其心矣○性以賦於我之分而言天以公共道理而言天便是箇大底人人便是箇小底天吾之仁義禮智即天之元亨

利貞凡吾之所有者皆自彼而來也故知吾性則自然知天矣○問如何是天者理之所出曰天便是那太虛但能盡心知性則天便不外是矣

慶源輔氏曰知性而盡心者譬如家主盡識一家所有之物然後隨取隨有隨用隨足方盡得家主之職知性而知天如家主既識得家中之物則自然知此物是從何而來也

陵陽李氏曰性與心初無間而知與盡則有序性與心無間則知性故能盡心知與盡有序則謂盡之爲先而知之爲後是失其先後之倫也

問盡心今既定作知至說則知天一條當何繫屬繫之知性之下盡心之前與知性俱爲一衮事邪抑繫之盡心之下乃知至文精熟底事邪朱子曰知其性則知天矣據此文勢只合在知性裏說○問四十而不惑五十而知天命不惑謂知事物當然之理知天命謂知事物之所以然便是知性知性之說否曰然

提考勿齋程氏曰至誠無息至明無蔽表裏精粗毫髮不遺是曰盡性體無不統用無不周充極其量毫髮無疑是曰盡心

存其心養其性所以事天也

存謂操而不舍養謂順而不害事則奉承而不違也

朱子曰先存心而後養性存得父子之心盡方養得仁之性存得君臣之心盡方養得義之性存之養之即是事心性即是天故曰所以事天也知性是知得性中物事既知得須盡知得方始是盡心存其心養其性方始是做工夫處如大學物格而後

知至物格者物理之極處無不到知性也知至者吾心之所知無不盡盡心也至於意誠則存其心養其性也聖人說知必說行○存心者氣不逐物而常守其至正也養性者事必循理而不害其本然也○心性皆天之所以與我者不能存養而梏亡之則非所以事天也夫心具性敬以存之則性得其養而無所害矣此君子之所以奉順乎天蓋能盡其心而終之之事顏冉所以請事斯語之意故敬者學之終始所謂徹上徹下之道也○問盡心存心盡莫如極至地位存莫是初存得這心否曰盡心也未說極至只是凡事便須理會教十分周足無少缺漏處方是盡存也非獨是初工夫初間固是操守存在這裏到存得熟後也只是存這存字無始終只是這裏

慶源輔氏曰心是活物須是操則存不然便放去矣性是實理須當順之而不害害

謂違悖而戕傷之、性本不可以戕傷言、但爲自家違悖了、便是戕傷之也、奉承之而不違、便只是存心養性事、○問盡心知性存心養性上、是知工夫下是行工夫然上一節知性在先盡心在後下一節存心在先養性在後何也潛室陳氏曰知性即窮理格物之學、是工夫最先者盡心即大學知至境界、存心即誠意正心之事養性在其中矣非存心外別有所謂養性工夫故養性在存心下

新安陳氏曰人能存心養性、然後能事事合理、順事乎天、而無愧於天之所以賦予我者、此西銘所以曰存心養性爲匪懈、又曰存吾順事、存心養性、即所以順事之本也

殀壽不貳脩身以事之所以立命也

殀壽命之短長也貳疑也不貳者知天之至脩身以俟死則事天以終身也立命謂全其天之所付不以人爲害之○程子曰心也性也天也一理也自理而言謂之天自稟受而言謂之性自存諸人而言謂之心張子曰由太虛有天之名由氣化有道之名合虛與氣有性之名合性與知覺有心之名愚謂盡心知性而知天所以造其理也存心養性以事天所以履其事也不知其理固不能履其事然徒造其理而不履其事則亦無以有諸已矣知天而不以殀壽貳其心智之盡也事天而能脩身以俟死仁之至也智有不盡固不知所以爲仁然智而不仁則亦將流蕩不法而不足以爲智矣

朱子曰殀壽不貳不以死生爲吾心之欣戚也不一是不疑若一日未死一日要是當百年未死百年要是當這便是立命既不以殀壽貳其心又須脩身以俟如始能立命不以殀壽動心一向亂做又不可殀壽不貳便是知性知天之力脩身以俟便

是存心養性之功立命一句更用通下章看此與西銘都相貫穿○殀壽之不齊蓋氣之所稟有不同者不以悅戚二其心而惟脩身以俟之則天之正命自我而立而氣稟之短長非所論矣

慶源輔氏曰徇私以賊理縱欲以傷生皆所謂以人爲害之也

新安陳氏曰命之短長此命字以氣言立命此命字兼理與氣言

通考朱氏公遷曰知命以知言俟命以行言立命兼知行言行法以德行言居易以事理言殀壽不貳即是知命脩身俟之即是俟命合知命俟命則是立命知命俟命則命在天立命則命在我

朱子曰由太虛有天之名由氣化有道之名此是總說合虛與氣有性之名合性與知覺有心之名此就人上說四句本只是一箇太虛漸細分說得密耳由太虛有天

之名。便是四者之總體。而不離乎四者而言。由氣化有道之名。氣化者那陰陽造化金木水火土皆是。太虛便是太極圖上面一圓圈。氣化便是陰靜陽動。合虛與氣有性之名。有這氣便有這理。隨在這裏。若無此氣。道理在甚處安頓。合性與知覺有心之名。知覺又是那二之虛處。聰明視聽作爲運用。皆是知覺。○有是物則有是理與氣故有性之名若無是物則不見理之所寓由太虛有天之名只是據理而言由氣化有道之名由氣之化各有生長消息底道理故有道之名既已成物則物各有理故曰合虛與氣有性之名

九峯蔡氏曰橫渠四語只是理氣二字而細分曰太虛有天之名即無極而太極之謂以理言也由氣化有道之名即一陰一陽之謂道之謂以氣言也合虛與氣有性之名即繼之者善成之者性之謂以人物稟受而言也。合性與知覺有心之名即人心道心之謂以心之體而言也

趙氏曰。集註並舉程張二說。正欲學者於三者同處分析得異處分明。於異處體會得同處親切耳。

新安陳氏曰天者理而已惟以理言則幾於泛以形體謂天惟以形體言則涉於迹今曰太虛則虛空之中有太極之理此由太虛所以有天之名也一陰一陽之謂道所以一陰而又一陽一陽而又一陰者氣之化也化之云者所以然之妙也此由氣化所以有道之名也合太虛之虛與氣化之氣理寓於氣而具於人此合虛與氣所以有性之名也性理也知覺所以知覺此理也偏言之知覺惟見氣之靈耳必合性與知覺言之所以有心之名也以此剖析之其庶幾乎

通考吳氏程曰天以理言虛則不離於氣之名也二氣迭運交錯變化見天理之流行氣根於理而理隨於氣此即氣以成形而理亦賦焉者也性純乎理而知覺則雜於氣此即人之神明所以具衆理應萬事者也

北山何文定曰張子所謂虛字指理而言蓋謂理形而上者未涉形氣故爲虛爾下面合虛與氣証之見得此虛字是指自然之理蓋謂有此太虛自知之理而因名之曰天然自然之理初無聲臭之可名也必其陽動陰靜消息盈虛變化生生其變不窮因可得而見故曰由氣化有道之名天以理之自然言太虛之體也道以理之運行言太虛之用也就人身看則必氣聚而成人而理固亦聚於此方始有五常之名故曰合虛與氣有性之名所謂合虛與氣謂氣聚而理方聚方可指此理爲性爾合字不過如周子二五妙合之意心統性情性者理也情者氣之所爲也故曰合性與知覺有心之名

慶源輔氏曰不知其理則冥行妄作而已不履其事則必至於妄想空虛

朱子曰盡心者私智不萌萬理洞貫斂之蘊無所不具擴之而無所不通之謂也學至於此則知性之爲德無所不該而天之爲天者不外是矣存者存此而已養者養此而已生死不異其心而脩身以俟其正則不拘乎氣稟之偏而天之正命自我立矣○大槩此章所謂盡心者物格知至以事曾子所以一唯而無疑於一貫之言者是也所謂事天者誠意正心脩身之事曾子所以臨深履薄而無日不省其身者是也所謂立命者如是以沒身焉曾子所以啓手足而知免得正斃而無求者是也以是推之一章之指略可見矣

節齋蔡氏曰孟子此章與大學中庸相表

窮其理以知天，即中庸所謂智也。履其事以事天，即中庸所謂仁也。殀壽不貳，脩身以俟死，所以立命而不渝，即中庸所謂勇也。與大學合，前屢言矣。

雲峯胡氏曰：欲造其理者，用工全在知性上，知性有工夫，盡心無工夫，盡是大段見功，知是積累用功。欲履其事者，用功全在存心上，存心有工夫，養性無大工夫，存者操之而不舍，養不過順之而不害耳。集註分理與事言，又分智與仁言，何也？蓋能知其理，已自是智，然必不以殀壽二其心，方見其爲智之盡；能踐其事，已自是仁，然必脩身以俟死，方見其爲仁之至。流蕩不法四字，讀者多以爲指異端之學言，愚見流蕩與存養字相反，不法與脩字相反，能存養則不至於流蕩矣，能脩身則所爲無不法者矣。流蕩不法，則是不能全其天之所與，而以人爲害之者也。

林次崖曰：傳習錄謂殀壽不貳，脩身以俟，是困知勉行事，大差。此地位豈困勉者可及？易傳樂天知命故不憂，即殀壽不貳，脩身以俟也，可謂困知勉行乎？陽明說道理多不顧前後，此處可見。○殀壽不貳，脩身以俟之，是知天事天之極功也，故能立命。此說得之。蒙引莊覺痛快，從前只管鬱突。此虛齋所以有功于後學也。或曰：如此，則下章總註曰此與上章蓋一時之言，所以發其末句未盡之意，如何可通？曰：上曰殀壽不貳，脩身以俟之，重在立命上；下曰莫非命也，順受其正，又是申明殀壽不貳，脩身以俟之之意。蓋人之或壽或殀，莫非命也。然盡其道而死者爲正命，殀壽不貳，脩身以俟之，乃所以順受正命耳。以是爲發末句未盡之意，有何不通？

李見羅曰：此正言心性天之物，非二物也，但人不能下存養的工夫，故其心有未盡，而猶與天爲二。雖下存養工夫，而非實立定殀壽不貳的志氣，則其意尚存二三，而卒與天爲有間。故必就頭判決，直於死生壽殀徹底一關，矢志無二，極世間凡可避懼貪求之事，舉不足爲心累，而立命之志氣卓然定矣。夫然後存者真存，養者真養，出王游衍，無不與天爲一，志日以純，功日以熟，無有毫髮己私能爲心累，而知性知天，皆爲吾分內事矣。

芭山張氏曰：工夫在存養二字，存養又須做到盡頭處，不可歇手，故後二節與緊俱下箇所以二字。○按邵子云：性者道之形體，心者性之郛郭，身者心之區宇，物者身之舟車。朱子云：邵子此說，較之橫渠心統性情尤密。學者玩邵子此言，則心性之義自明矣。

○孟子曰：莫非命也，順受其正。

人物之生，吉凶禍福，皆天所命，然惟莫之致而至者，乃爲正命，故君子脩身以俟之，所以順受乎此也。

朱子曰：莫非命也，此一句是活絡在這裏，看他如何來，然在天言之，皆是正命，在人言之，便有正有不正。此命字是指氣言，若我無以致之，則命之壽殀皆是合當如此者，如顏子之夭，伯牛之疾是也。雲峯胡氏曰：莫非命也，凡有生者之所同稟；受其正，惟修身者之所獨。新安陳氏曰：此命字，氣也；順受其正，理也。立巖牆下，非理也；盡道而死，理也；桎梏死，非理也。君子必以理御氣。

是故知命者不立乎巖牆之下

命謂正命巖牆之將覆者知正命則不處危地以取覆壓之禍

慶源輔氏曰立乎巖牆之下以致覆壓而死則乃是人所自取耳非天爲之也蓋巖牆有傾覆之勢自家却去下面立地便是自取其覆壓也是故君子戰戰兢兢如履薄冰非禮勿動

雲峯胡氏曰集註於此命字必曰正命者蓋上文有莫非命也一句故死於巖牆之下亦命也但非正命爾惟知正命者則不立乎巖牆之下

新安陳氏曰巖牆下理不當立立而壓死人所自取非正命也

盡其道而死者正命也

盡其道則所值之吉凶皆莫之致而至者矣

問人或死於干戈死於患難如比干之類亦是正命乎朱子曰固是正命又問以理論之則謂之正命以死生論之則非正命如何曰如何恁地說得盡其道而死者正命也當死而不死却是失其正命此處須當活看古人所以殺身成仁舍生取義學者須是於此處見得臨利害時便將自家所剝了直須是壁立萬仞始得如今小有利害便生計較便說道恁地死非正命如何得

新安陳氏曰盡其道即上章所謂脩身是也

桎梏死者非正命也

桎梏所以拘罪人者言犯罪而死與立巖牆之下者同皆人所取非天所爲也○此章與上章蓋一時之言所以發其末句未盡之意

謂不盡其道而有罪爲犯罪若在縲絏非其罪者不謂之犯罪

問桎梏死者雖非正命然亦以命言此乃自取如何謂之命朱子曰亦是自作而天殺之但非正命耳○文王死於羑里孔子死於桓魋却是正命

新安陳氏曰天之命於人吉凶禍福死生壽夭雖萬變而不齊人之事乎天必盡其道有正無邪則一定而不易能盡其道而值其吉且福且壽者固正命也此似有以致之然我惟知自盡其道耳初非有所覬覦於天而爲之也盡道而吉福壽自至焉其天命之正而何苟盡其道不幸而值凶禍天是我於道理本無愧不過自值乎凶禍天正非我有以致之而然是亦命之正也必不盡其道自取禍敗喪亡則自有以致之始不得爲正命耳

潛室陳氏曰凡死雖均是命但盡道而無憾者爲正比干雖殺身正也盜跖雖永年非正也知謂知此道理立謂盡此道理不惑於死生壽夭壹是天理排定是謂知命既知得了不成一向委付於命須是盡了自家身分上道理無少虧欠方是立命盡此道理了恁時死才無憾是謂正命

雲峯胡氏曰前章末句言立命是全其天之所付而不以人爲害之者也此所謂桎梏死及死於巖牆之下是不知正命未免流蕩不法而以人爲害之矣立命是已遠

聖賢之域知命是方入聖賢之階立在知後知在立先

通考程氏復心曰上章止言壽殀故集註又推言及吉凶禍福皆天所受然惟人爲莫與而天所自至者則爲正命故上章所謂君子脩身以俟之者正所謂順受乎此也

蔡虛齋曰所謂盡其道者舉其的耳豈必皆如聖人之盡道然後爲正命哉但考終命而不以桎梏死皆其類

○孟子曰求則得之舍則失之是求有益於得也求在我者也舍上聲

在我者謂仁義禮智凡性之所有者

求之有道得之有命是求無益於得也求在

外者也

有道言不可妄求有命則不可必得在外者謂富貴利達凡外物皆是○趙氏曰言爲仁由己富貴在天如不可求從吾所好

朱子曰富貴身外之物求之惟恐不得攙使得之於身心無分毫之益況不可必得乎若義理求則得之能不喪其所有可以爲聖爲賢利害甚明

南軒張氏曰言求在我者有益於得所以擴天理也言求在外者無益於得所以遏人欲也富貴利達衆人謂己有求之之道然不知其有命焉固有求而得之者矣是亦有命而非求之能有益也蓋亦有巧求而不得者多矣以此可見其無益於得也

西銘一篇全自孟子此章翻出来

新安陳氏曰此章言仁義禮智根於性乃所當求富貴利達制於命不可必求也

蔡虛齋曰二節當看得相呼應言在我者求則得舍則失而求有益於得在外者求有道得有命而求無益於得如此然則人盡亦求其在我者而乃求在外者乎

○孟子曰萬物皆備於我矣

此言理之本然也大則君臣父子小則事物細微其當然之理無一不具於性分之內也

通考陳氏復心曰萬物之生同乎一本其所以生此一物者即其所以生萬物之理故一物之中莫不有萬物之理也所謂萬物皆備者亦曰有其理而已矣

反身而誠樂莫大焉樂音洛

誠實也言反諸身而所備之理皆如惡惡臭好好色之實然則其行之不待勉強而無不利矣其爲樂孰大於是

朱子曰萬物不是萬物之迹只是萬物之理如君臣之義父子之親這道理本備於吾身誠是實有此理檢點自家身上果無欠缺事君真箇忠事親真箇孝莫不各盡其當然而無一毫之不盡則仰不愧天俯不怍人自然是快活然反之於身有些子不實則中心愧怍不能以自安如何會樂橫渠謂反身而誠則不愧於心此說極有理○反身而誠見得本具是理而今亦不曾虧欠了他底若不反身而誠只是天下

公共之理，我無與焉。○此乃躬行之至，無一理不實，有於吾身，非為一時見處發也。如仁義忠孝，應接事物之理，皆真有之，而非出於勉強僞為也。此事見得透，信得及處，到此地位，則推己及物，不待勉強，而仁在我矣。下言強恕而行者，蓋言未至於此，則當強恕以去己私之蔽，而求得夫天理之公也。

潛室陳氏曰：反諸身者，既是萬理皆實，即準身是義理流行，何處不順、適若於實理無得，即觸處滯礙，無往而非逆境，何樂之有。

雲峰胡氏曰：此一反字，只是自檢點過，不是湯武反之之反。

通考程氏復心曰：此言盡性之事也

強恕而行，求仁莫近焉。強，上聲。

強，勉強也。恕，推己以及人也。反身而誠則仁矣。其有未誠，則是猶有私意之隔，而理未純也。故當凡事勉強，推己及人，庶幾心公理得而仁不遠也。○此章言萬物之理具於吾身，體之而實，則道在我而樂有餘；行之以恕，則私不容而仁可得。

朱子曰：強恕不言忠，無忠何以言恕？蓋有心為恕，則忠固在其中矣。所謂無忠做恕不出兩字，不容去一者，正謂此也。若自己心裏元自不實，不盡，更將何物推以及人，則此見凡說恕字，必有忠字在源頭了。今人皆不忠之恕，惟務苟且於一時，不復有己可推，亦無復近仁矣。○反身而誠，則恕從這裏流出，不用勉強，未到恁田地，須是勉強。○問強恕而行，曰：此是元不曾恕在，故當凡事勉強推己及人，若反而誠，則無待於勉強矣。強恕而行，是要求至於誠。

雲峰胡氏曰：強恕求仁，即誠之之事。

朱子曰：反身而誠，自然循理，所以樂；強恕而行，且恁地把捉勉強做去，萬物皆備於我，下文反身強恕，皆蒙此句。為義強恕者，亦是他見得萬物皆備於我了，只爭著一箇反身而誠，便須要強恕上做工夫，亦只是要去箇私意而已。私意既去，則萬物自無欠缺處矣。

新安陳氏曰：樂莫大焉，必以無不慊，仰不愧，俯不怍形容，方見樂之味。集註雖不用此語，然曰如惡惡臭，好好色之實然，則是用以大學誠意章自慊之意言之，而此意已在其中矣。誠與仁一理耳，實有此理則曰

誠，純乎此理而無私則曰仁，未有誠而不仁者也，亦未有仁而不誠者也。

通考程氏復心曰：此言學者之事也。其階級分明，工夫有序，由是而進聖人之道，庶乎其可至也。

朱氏公遷曰：仁以學言，依於仁，與造次顛沛必於仁，是欲其不息之也；仁為己任，死而後已，既欲其全體之，又欲其不息之也。力行強恕，則由此而可體夫天理之公；博學篤志，切問近思，則自可不失其本心之德。所以至之者雖不同，及其至焉則一也。

林次崖曰：反之於身，而所備之理，若子之孝，則真實是孝，無一毫虛假；臣之忠，則真實是忠，無一毫虛假。此便如惡惡臭真是惡，如好好色真實是好一般。故曰如惡惡臭，如好好色之實然。蒙引謂惡惡如惡惡臭，則惡實無諸己；好善如好好色，則善實有諸己，而向之備於我者不失矣。此說

不是。依其說則如惡惡臭如好好色，乃是反身而誠之所以然處。註意不如此。○行之不待勉强而無不利。就在樂字內，這樂是樂則生矣之樂。觀其註曰和順從容，無所勉强可見。與此一般。小註說樂與大註與，當從大註。

或曰萬物皆備非泛論道理，就人人現成本體說，推聖人不與萬物耦勢並責，直將一我併包萬物而後能備萬物於一我，宜就養成完滿處言，與下文反身句相照。芭山張氏曰如時說就養成完滿處立論似新奇矣。然於萬物皆備句七字之上另添出聖人一層，與白文語氣不合。大註云此言理之本然，自確。又存疑云萬物之理本來皆具於人之一心，原無一件欠缺。其有欠缺者，人自失之耳，非其本然也。此節言理之本然，下二節言人之當然，與中庸言誠者天之道誠之者人之道札似。按次

四書大全辯　下孟卷十三　　夫

崖此說可從。

○孟子曰行之而不著焉習矣而不察焉終身由之而不知其道者衆也

著者知之明察者識之精言方行之而不能明其所當然既習矣而猶不識其所以然所以終身由之而不知其道者多也

慶源輔氏曰著則明之而已察則又加精焉○所當然是就事上說所以然是就理上說凡事皆有所當然必有理之所以然人能於方行之時明其事之所當然既習之後又識其理之所以然則能知夫道矣

勿軒熊氏曰此與上章遍言有此三等人反身而誠上也，强恕而行次也，此承上章而言下等人也。

新安陳氏曰天下事物有當然之則必有所以然之故，行而不明當然之則，習而不察所以然之故，此爲凡人言也。易曰百姓日用而不知，終身由之而不知其道於凡人無責也，學者則不當然矣。孟子斯言其亦側凡人而不無望於學者與

蔡虛齋曰輔氏謂所當然是事，所以然是理，愚以爲不然。蓋曰行曰習者，其事也，曰知其所當然，識其所以然者，理也。下句終身由之即其事也。不知其道即謂理也。下一句只是總上二句言，此其所以知道者鮮也。

○孟子曰人不可以無恥無恥之恥無恥矣

趙氏曰人能恥己之無所恥是能改行從

四書大全辯　下孟卷十三　　七

善之人終身無復有恥辱之累矣

南軒張氏曰恥者羞惡之心所推也恥吾之未能進於善則善可遷恥吾之未能遠於過則過可消苟惟漠然無所恥則爲無所忌憚而已矣故人當以無所恥爲恥也

慶源輔氏曰恥者改過遷善之機也人能以己之無恥爲恥則思去其恥而恥可無否則安於其恥而恥終不可免

○孟子曰恥之於人大矣

恥者吾所固有羞惡之心也存之則進於聖賢失之則入於禽獸故所繫爲甚大

慶源輔氏曰存之則有所不爲故可進於聖賢失之則無所不爲故至入於禽獸

之使人凜凜

為機變之巧者無所用恥焉

為機械變詐之巧者所為之事皆人所深恥而彼方且自以為得計故無所用其愧恥之心也

慶源輔氏曰陷溺其心於機械變詐之巧則是無所不為者也故人雖以為深恥而已方自以為得計其愧恥之心雖其固有亦日窒塞而不復發見矣

雲峯胡氏曰為機變之巧此巧字便與恥字相反恥則守正而有所不為巧則行險而無所不為雖其本心未嘗無恥而彼方自矜其為之之巧則無所用其恥矣周夫

子拙賦正是深貶此一巧字

不恥不若人何若人有

但無恥一事不如人則事事不如人矣或曰不恥其不如人則何能有如人之事其義亦通或問人有恥不能之心如何程子曰恥其不能而為之可也恥其不能而掩藏之不可也

新安陳氏曰前說以不恥為無恥不如後說之明顯其意蓋曰恥不如人則漸能如人不恥其不如人則何能如人之有

慶源輔氏曰程子是用後說恥不能而為

勢也此字與交勢相
之降勢不本二字關

之則終必能是以貴夫恥也恥不能而掩然之則終不能矣是不能擴充夫恥也

通考朱氏公遷曰此自其固有之心而言無恥之恥則無恥所以勸也不恥不若人則不若人所以戒也二章互相表裏

蔡虛齋曰本文四箇恥字畢竟皆同只管相因下來惟下一箇恥字作恥辱說似以事言然其實亦是無可恥也皆以心言故恥字從心○人不可以無恥無恥而恥莫恥于無恥若能以無恥為恥則終無可恥矣警覺斯人之言之痛切者也

○孟子曰古之賢王好善而忘勢古之賢士何獨不然樂其道而忘人之勢故王公不致敬盡禮則不得亟見之見且猶不得亟而況

得而臣之乎好去聲樂音洛亟去吏反

言君當屈己以下賢士不枉道而求利二者勢若相反而實則相成蓋亦各盡其道而已。

張子曰不資其力而利其有則能忘人之勢若資仰其富貴而欲有所取則不能矣

南軒張氏曰在上者忘其勢而惟恐不得天下之善在下者忘人之勢而惟義是從此為俱得其道使二者一日而相交則上下交而為泰矣故王公不致敬盡禮於賢士雖欲數見之且不得況可得而臣之蓋士非以此自高也其道固當爾也

慶源輔氏曰君好善則不知勢之在己士樂道則不知勢之在人兩盡其道則雖若

囂五高許驕二反　說音稅

相反而若相戚不然君挾其勢而驕夫士士賤於勢而徇乎君則兩失其道矣尚何足與有爲哉

雲峯胡氏曰使爲君者有以成賢士樂道之志而爲士者肯出而成其君好善之美則上下交而爲泰矣此集註所謂相成也

新安陳氏曰致敬內致敬也盡禮外盡禮也王公必致敬盡禮於賢是能好善而忘勢屈巳以下賢也賢士必待君致敬盡禮而後應之是能樂道忘人之勢不枉道而求利也

○孟子謂宋句踐曰子好遊乎吾語子遊 句音鈎好語皆去聲

宋姓句踐名遊遊說也

人知之亦囂囂人不知亦囂囂

趙氏曰囂囂自得無欲之貌

慶源輔氏曰遊說之士大病是不識義理而惟欲其言之售故往往以人之知不知爲欣戚是以孟子語以自得無欲之說

新安陳氏曰自得於巳而無所欲於人非內重而外輕者不能也

曰何如斯可以囂囂矣曰尊德樂義則可以囂囂矣 樂音洛

德謂所得之善。尊之則有以自重。而不慕乎人爵之榮。義謂所守之正。樂之則有以自安。而不徇乎外物之誘矣。

慶源輔氏曰尊如尊德性之尊樂如樂天知命之樂

新安陳氏曰能如此則自得無欲之氣象自然著見而不可掩矣

故士窮不失義達不離道 離力智反

言不以貧賤而移不以富貴而淫此尊德樂義見於行事之實也

新安陳氏曰尊德樂義內存於心無迹可見必窮有定守而不失義所謂貧賤不能移達有實用而不離道所謂富貴不能淫此乃尊德樂義著見於行事之實迹也

窮不失義故士得已焉達不離道故民不失

望焉

得已言不失已也民不失望言人素望其興道致治而今果如所望也

慶源輔氏曰窮不失義則在我者得其所守達不離道則能興道致治以慰斯民平日之所望

古之人得志澤加於民不得志脩身見於世窮則獨善其身達則兼善天下 見音現

見謂名實之顯著也。此又言士得已民不失望之實。○此章言內重而外輕則無往

而不善

新安陳氏曰內盡脩身之實而名自著見於世蓋實之不可揜者非君子願乎其外而欲以是自見也○得志兼善此民不失之實不得志獨善此士得已之實也南軒張氏曰何踐徇名而外求者孟子使求之吾身而已夫士達所不離之道即其窮所不失之義也道言體義言用互相明其窮不失義則無慕乎外故有以自得於己達不離道則凡其注措之設施無非道之所在故有以副民望德得志澤加於民其道得行也不得志修身見於世惟義之安也其曰得志不得志云者蓋澤加於民雖所性不存焉而道行固亦君子本志之所欲也雲峯胡氏曰內重是德義外輕是窮達內外輕重之分者既不失其本性之善故

窮亦善達亦善但達則能使民皆歸於善窮則此身自不失其善耳林次崖曰窮不失義節尊德樂義見於行事之實者上面尊德樂義是就其平日用功言此則推出一步就其行事言也○觀本文故字及總註內重而外輕二句可見或曰潛見二字分出處看不得出亦有潛處亦有見說到修身見於世將樂許卜務一流俱壓倒了此義自孟子闡發出來如孔子作春秋總是脩身實際泛言名實顯著似淺陋○見即見龍在田之見見龍在出天下文明講明正學以俟來者能為王者師○此正文明之實也○不得志脩身見於世○上蔡謝氏曰天下皆亂而已獨治不吾為大平○蜀士楊肩吾曰天下雖不治平而吾國未嘗不治且平者岐周是也一國雖不治平而吾家未嘗不治且平者[illegible]是也一家雖不治平而吾身吾心未嘗不[illegible]

治且平者舜與周公是也

○孟子曰待文王而後興者凡民也若夫豪傑之士雖無文王猶興夫音扶

興者感動奮發之意凡民庸常之人也豪傑有過人之才智者也蓋降衷秉彝人所同得惟上智之資無物欲之蔽為能無待於教而自能感發以有為也

南軒張氏曰興者興起于善道也文王風化之盛者必待風化之盛薰陶漸漬而後興起此衆民耳若夫豪傑之士則卓然自立無待於人雖無文王固自興起也此章

勉人使自立耳慶源輔氏曰文武興則民好善此中人以下之資也蓋無特立之操故之善則為善否則為惡矣惟豪傑之士無物欲之累以蔽其秉彝之天有過人之才以致其為善之力雖無聖人在上以教率之自能奮其特立之操以有為也孟子此言蓋欲學者不以凡民自棄而以豪傑自期耳

○孟子曰附之以韓魏之家如其自視欿然則過人遠矣欿音坎

附益也韓魏晉卿富家也欿然不自滿之意尹氏曰言有過人之識則不以富貴為事

南軒張氏曰以外物爲重輕者不得其欲則不足得則滿矣其滿與不足繫乎外物者也若益以韓魏之家而自視欿然則是不以外物爲重輕志存乎道義而已所進又可量乎其過人也遠矣

芑山張氏曰蒙引云過人處在內在前不是就指此處爲過人耑有過人之識者能之過人之識所超在德業也存疑云過人遠似當只就此上見得與稱舜禹巍巍一般但蒙引不主此說不知何如愚按蒙引推進一步說意味更深長

○孟子曰以佚道使民雖勞不怨以生道殺民雖死不怨殺者

程子曰以佚道使民謂本欲佚之也播穀

乘屋之類是也以生道殺民謂本欲生之也除害去惡之類是也蓋不得已而爲其所當爲則雖咈民之欲而民不怨其不然者反是

朱子曰設有惡罪當死吾求所以生之者而不得然後殺之以安衆而斷其餘此以生道殺之也彼亦何怨之有

慶源輔氏曰播穀乘屋之類雖不免於勞然其本意則乃欲佚之而已故雖勞而不怨除害去惡之類雖不免於殺然其本意則乃欲生之而已故雖死而不怨殺者○不得已者事也爲其所當爲者理也事雖不得已而吾但爲其理之所當爲故雖勞之殺之可謂咈民之欲矣而民自不怨不然則是私意妄作而已民之怨怒其可得而逃乎君子其亦謹其所謂勞與殺之事哉

新安陳氏曰事雖不得已而理實所當爲則雖咈民之私欲而實契民之公心故民雖勞且死而自不怨也

蔡虛齋曰舊說觀大註本欲佚之本欲生之本欲字以心言也而乃至于勞民殺之者不得已而爲其所當爲以事言也本心欲佚之不得已而使之是謂以佚道使民非厲民也民亦諒其心而不知怨矣本心欲生之不得已而殺之是謂以生道殺民雖死者亦諒其心不怨其殺之矣如此說似合大註及輔氏註且于本文道字爲切若朱子小註蓋亦一說也依大註輔氏註爲長若一依朱子小註則只是使民而非以佚道使民只是殺民而非以生道殺民矣

林次崖曰播穀乘屋之類乃民所自爲生者似難言使民亦民所樂爲者似不爲勞大註不得已而爲其所當爲咈民之欲亦說不太依愚見還是上之事去使民要其本心則欲佚之不得已而使之耳故曰以佚道使民鑿池築城之類是也不知大註何以把播穀乘屋來解其曰之類則固有以該鑿池築城等事矣

○孟子曰霸者之民驩虞如也王者之民皞皞如也皞胡老反

驩虞與歡娛同皞皞廣大自得之貌程子曰驩虞有所造爲而然豈能久也耕田鑿井帝力何有於我如天之自然乃王者之

政得民曰所以致人驩虞必有違道干譽之事若王者則如天亦不令人喜亦不令人怒

帝王道曆帝堯之時有老人擊壤於路曰吾日出而作日入而息鑿井而飲耕田而食帝方於我何哉風土記云擊壤者以木爲之長三四寸形如履臢節僮少以爲戲將戲先側一壤於地遥於三四十步以手中壤擿之中者以爲上

慶源輔氏曰霸者亟民之從規模狹窄時下雖得民之歡娛然豈能久哉事過意息則忘之矣至於王者則如天道之自然當生則生當殺則殺而民自忘其喜怒也

新安陳氏曰二如字似惻惻如蹴踖如之

如語助辭也霸者之民感上之惠而驩虞知霸功淺近易悅故也王者之民忘上之德而皞皞如王者廣大深遠而無迹故也

殺之而不怨利之而不庸民日遷善而不知爲之者

此所謂皞皞如也庸功也豐氏曰因民之所惡而去之非有心於殺之也何怨之有因民之所利而利之非有心於利之也何庸之有輔其性之自然使自得之故民日遷善而不知誰之所爲也

慶源輔氏曰因民之性輔其自然使自得夫善如堯所謂匡之直之輔之翼之使自得之是也惟其如是故民日遷於善而不知誰之使我如此也此即程子所謂耕田鑿井帝力何有於我之事

夫君子所過者化所存者神上下與天地同流豈曰小補之哉夫音扶

君子聖人之通稱也所過者化身所經歷之處即人無不化如舜之耕歷山而田者讓畔陶河濱而器不苦窳也所存者神心所存主處便神妙不測如孔子之立斯立

道斯行綏斯來動斯和莫知其所以然而然也是其德業之盛乃與天地之化同運並行舉一世而甄陶之非如霸者但小小補塞其罅漏而已此則王道之所以爲大而學者所當盡心也

慶源輔氏曰德以其得於已者而言業以其見於事者而言

程子曰所存者神在已也所過者化及物也

朱子曰經歷不必爲經行之地凡其身之所臨政之所及風聲氣俗之所被皆謂經歷程子直以所過者化爲及物蓋言所過者化則凡所經歷物無不化不必久於此

而深治之然後物從其化也其用在己者
蓋以化者無意而及物此則由於此而動
於彼其感應之速如影響可[illegible]之召有不
知其所以然者是則所謂神爾○問所經
歷處皆化如此即是民化之非大而化之
之化曰作大化之化有病只是所經歷處
纔霑著些便化雷一震而萬物俱生動霜
一降而萬物皆成實無不化者書曰俾予
從欲以治四方風動亦是此意○存是自
家主意處便神妙不測亦是人見其如此
○上下與天地同流重鑄一番過相似小
補只是逐片逐些子補綴○自王者之民
皞皞如也而下至此皆說王者功用如此
南軒張氏曰霸者之爲利小而近目前之
利民歡樂之王者之化遠而大涵養斯民
富而教之民安於其化由於其道而莫知
其所以然也
新安陳氏曰過化存神所存主者其體也

所過者化以其所存者神也若此則上下
與天地同流矣言其配化育之流行也以視
霸者之區區求以利之者不亦小乎夫以
王者功用之大其本在於過化存神而已
而此二者又存神爲之主焉○孟子辨王
霸屢矣此又言王霸之民其不同如此首
以霸與王對說中言王而不及霸末方以
小補綴上霸者之事
蔡虛齋曰首節即上霸之民氣象見得王
霸者之氣象蓋王者即如天亦不令人
喜亦不令人怒正下文殺之而不怨三句
意理便是過化存神與天地同流處○所
過者化一段不是說不怨不庸以前的事
亦不是說不怨不庸以後的事只就不怨
不庸上贊王道之大如此蓋王道只是公
公則大矣私則小矣萬古不能易此理○
存神只是存誠在中耳過化則盛而不薦
有孚顒若神道設教而天下服者也

林次崖曰過化存神都是業德是謂其平
日所存言蒙引曰德貼存神業貼過化恐
未是
芑山張氏曰先儒云王者之民雨露之草
木也霸者之民桔槔之夏畦也觀此便識
得王霸大小公私判然處或又云萬物是
天地流出來的曰小補有大缺陷在此言
亦可味
○孟子曰仁言不如仁聲之入人深也
程子曰仁言謂以仁厚之言加於民仁聲
謂仁聞謂有仁之實而爲衆所稱道者也
此尤見仁德之昭著故其感人尤深也
慶源輔氏曰仁言如書所載訓誥誓命之
類是也仁聲如邠人聞太王爲仁人伯夷
太公聞文王善養老之類是也

善政不如善教之得民也
政謂法度禁令所以制其外也教謂道德
齊禮所以格其心也
慶源輔氏曰善政亦非徒尚夫法度禁令
也固亦有德行乎其間但道之以政齊之
以刑終不若道之以德齊之以禮者得民
之心感而誠服也
善政民畏之善教民愛之善政得民財善教
得民心
得民財者百姓足而君無不足也得民心

者不遺其親不後其君也

南軒張氏曰善政立而後善教可行所謂
富而教之者也孟子論得民心必歸之善
教者蓋至此而後爲得民之至也
慶源輔氏曰百姓足而君無不足者取之
有道用之有節故民先自足而君亦無不
足也不遺其親不後其君使民之於君親
之如父母愛之如四體尊而敬之則得其
財與無不足又有不足道者矣
雲峰胡氏曰孟子之意蓋謂使民畏不如
使民愛得民財不如得民心然善政得民
財一句集註又恐後世貪君汙吏借此以
藉口訓之曰得民財者百姓足而君無不
足也意謂無善政則百姓不足君孰與足
矣然有善政以得民財孟子猶以爲不如
善教之得民心況後世無善政而取民之
財者哉

四書大全辯〈下孟卷十三　二十二

蔡虛齋曰政教皆王道所不可無者況善
政乎王者之道固使民愛亦未嘗不使民
畏固以得民心爲本亦未嘗不欲得民財
但論二者得效之淺深則彼不若此耳或
因是遂貶善政之不足爲大誤故朱子於
論語道之以政章云此其相爲終始不可
偏廢云云且仁言亦豈君子之所免哉或
曰民受之正見善教入人深處就上民畏
朝影民愛見出政不如教光景講愛之處
與見論肌浹髓皆在善教中感動出來○
唐道州刺史元結作春陵詞賊退示吏民
詩杜甫亟稱爲國楨云感彼危苦詞庶幾
知者聽此類所謂仁言也仁聲愛民之須
傳之自下者也必如堯舜湯武風動來蘇
乃謂仁聲故文王作興二老來歸是仁聲
之入人深也
芑山張氏曰王民皡皡何仁聲之有須知
聲字對實字看惟其仁政淪洽無遠不被

無物不各得其所所謂聲名洋溢中國施
及蠻貊是也擊壤之歌康衢之詩皆
皆仁政之實也大註仁之實一實字能說
出仁聲的根源宜玩

○孟子曰人之所不學而能者其良能也所
不慮而知者其良知也

良者本然之善也程子曰良知良能皆無
所由乃出於天不繫於人
西山眞氏曰善出於性故有本然之能不
待學而能本然之知不待學而知也

孩提之童無不知愛其親也及其長也無不
知敬其兄也長上聲下同

四書大全辯〈孟子卷十三　二十三

孩提二三歲之間知孩笑可提抱者也愛
親敬長所謂良知良能也
慶源輔氏曰孩提而下又所以指其良知
良能之[illegible]人者曉之是豈待學而後能慮
而後知哉
新安陳氏曰孩提知愛親敬兄與能愛親
敬兄此蓋指良知良能之先見而切近者
以曉人也

親親仁也敬長義也無他達之天下也

言親親敬長雖一人之私然達之天下無
不同者所以爲仁義也
朱子曰無他達之天下只說達之天下無
別道理

業曰李說書引潛此止

問：仁義不止於孝弟，而孟子以爲達之天下，還是推孝弟之心以友愛天下，即是仁義否。潛室陳氏曰：此章無推此及彼之意，所謂達，乃達道達德之達，言人心所同然也。親親仁之發，敬長義之發。仁義之道無他，人心之所同然耳。

新安陳氏曰：親吾親，敬吾長，雖一人之私，然推而達之天下，則人人皆親親、敬長，無不同者，此人心天理之公也。親親仁之實，敬長義之實。仁義不待外求，不過即人之本心可通乎天下之人心，而仁義不可勝用矣。正以愛親敬兄出於良知良能者，凡人之性無不同，此本然之善故也。

蔡虛齋曰：末節重在仁義字上。蓋仁義天下之公理也。親親仁也，謂是仁也；敬長義也，謂是義也。不可謂親親敬長仁義之發也。親親敬長所以爲仁義。

林次崖曰：無他達之天下，依註是明孝弟之所以爲仁義處，蓋性者人之公也。孝弟達之天下而無不同，所以爲仁義也。然依此解似淺近無味。依愚見，只直說下，謂親親乃人性之仁，敬長乃人性之義也。在人更無他道，達之天下而無不同也。蓋總欲明此善爲人心所同耳。如此似更通徹。朱子小註曰：無他達之天下，只說達之天下無別道理，亦是此說。達之天下，猶云通之天下也。

羅近溪曰：見得世上人知處大散漫，慮處大紛擾，所以指示源頭，非禁人學且慮也。良字訓易直，易者感而遂通之輕妙處，直者發而即至之迅速處。無不知三字，一頭管著自己意身心，一頭管著家國天下。

四書大全辯〈下孟卷十三〉　卅三

○孟子曰：舜之居深山之中，與木石居，與鹿豕遊，其所以異於深山之野人者幾希，及其

及其二字誤衍

[illegible]

聞一善言，見一善行，若決江河，沛然莫之能禦也。行，去聲。

○居深山，謂耕歷山時也。蓋聖人之心至虛至明，渾然之中萬理畢具。一有感觸，則其應甚速而無所不通。非孟子造道之深，不能形容至此也。

新安陳氏曰：此由其感而應之用，而推原其未感未應之體如此。○善言善行，皆是感觸我者，聞而急聽之，見而急行之，若決江河沛然莫禦，乃其應之甚速而無不通者矣。

問：舜聞善言，見善行，若決江河，沛然莫能禦，其未有所聞見時氣象如何。朱子曰：湛然而已，其理充塞具備。一有所觸，便沛然而不可禦。

南軒張氏曰：所謂善言善行者，豈有外於舜之性哉。惟舜之心純乎天理，故聞善言見善行，不待勉強而自趨，沛然若決江河之莫禦也。

新安陳氏曰：孟子又嘗曰：大舜有大焉，善與人同，舍己從人，樂取諸人以爲善，與此章實互相發。蓋舜之心萬善之感會也，聞見天下之善，因感觸吾心之善，即勇於從之，合而爲一人之善，此大舜之所以爲大歟。

蔡虛齋曰：若決江河二句，不是聞而急聽之，見而急行之，總是所聞所見都是他胸中物事，故其應之速如此，是狀其勢之順也。

芑山張氏曰：深山四語，只彷彿形容聖人

四書大全辯〈下孟卷十三〉　卅四

陳泉紫主勿軒此說求入

易簡淡泊氣象。易曰聖人以此洗心退藏於密是也。不必呆認作耕歷山時須知聖人雖玄德升聞以後，一日萬幾，許多作用總不失深山木石鹿豕意思，所以無爲而治，註謂耕歷山時也一句，太泥。○或曰此形容大舜，就源頭論也，使非聖人素具此理，則感之而不應矣。○所謂其應甚速，非止是聲入心通，適與心會而已，分明是樂取諸人以爲善，如好問察邇，執兩端用其中於民，未嘗不見諸行事也。

○孟子曰無爲其所不爲無欲其所不欲如此而已矣

李氏曰有所不爲不欲人皆有是心也至於私意一萌而不能以禮義制之則爲所

不爲欲所不欲者多矣能反是心則所謂擴充其羞惡之心者而義不可勝用矣故曰如此而已矣

華陽范氏曰君子所當爲者義也所不可爲者不義也所可欲者善也所不可欲者不善也不爲不義則所爲皆義不欲不善則所欲皆善君子之道止於如此而已矣

朱子曰人心至靈其所不當爲不當欲之事何嘗不知但初間自知了到計較利害却自以爲不妨便自冒昧爲之欲之耳今既知其所不當爲不當欲者便要這裏截斷斷然不爲不欲故曰如此而已

勿軒熊氏曰此大學誠意章事無爲其所不爲是就躬行上克治所謂志士厲行守之于爲也無欲其所不欲是就心之發念

淡說

是克治所謂哲人知幾誠之於思也

雲峯胡氏曰有所不爲不欲是本來羞惡之心無爲其所不爲無欲其所不欲是以擴充其羞惡之心爲是一身之動欲是一念之動不惟謹其動而且謹其動之幾是真能擴充其羞惡之心而義不可勝用矣

新安陳氏曰李氏之說上言禮義下獨言義者蓋以義制事則能不爲其所不當爲以禮制心則能不欲其所不當欲故兼以禮義言之然義者心之制也施之斷制義爲尤切斷然不爲其所不當爲不欲其所不當欲則在充其羞惡之心以達夫義之用而已

○孟子曰人之有德慧術知者恒存乎疢疾

知去聲疢丑刃反

德慧者德之慧術知者術之知疢疾猶災患也言人必有疢疾則能動心忍性增益其所不能也

慶源輔氏曰德之慧謂慧德也與昏正相反術之智謂智術也與愚正相反疢疾則非真是病故曰猶災患也人惟有災患疢動其仁義禮智之心堅忍其食色臭味之性故能增益其所不能而有夫德慧術知也

蜀本也不遜孫了

獨孤臣孽子其操心也危其慮患也深故達

孤臣遠臣孽子庶子皆不得於君親而常有疢疾者也達謂達於事理即所謂德慧

術知也

南軒張氏曰人平居無事消然不省唯疢疢加焉則動心忍性有所感發故慧知由此而生危故事一而不敢肆深慮緒密而不疏忽專精之極故於事能通達也處安樂者誦斯言可不思遠祿之溺人而深戒懼乎當憂患者誦斯言可不念其爲進德之地而自勉勵乎

新安陳氏曰此章與舜發畎畝章互相巳故集註及南軒之說皆因動心忍性以釋此章人苟履憂患之境處孤孽之勢當知天以是玉我於成勿自沮而深自力于以進其德益其術庶幾操心危而卒無危慮患深而卒免患而至于達乎達則德必慧術必知而疢疾不能爲吾患矣

蔡虛齋曰操心慮患有內外意德慧術知亦如此德就心說術就處事之才說同是

達意○孤臣如漢賈誼出爲長沙王傅而所學益進世故益熟故文帝曰吾久不見賈生自謂過之今不及也孽子如晉文公爲公子出亡在外久之而歸遂霸諸侯獎王宗楚王曰晉侯在外十九年險阻艱難備嘗之矣民之情僞盡知之矣信乎其操心危慮患深而後達也

或曰凡操心慮患乃將然未必然之辭若其巳然則巳及于禍不得謂之操謂之慮矣

○孟子曰有事君人者事是君則爲容悅者也

阿徇以爲容逢迎以爲悅此鄙夫之事妾婦之道也

慶源輔氏曰阿徇爲容謂長君之惡以求容其身者逢迎爲悅謂逢君之惡以求君之悅者

有安社稷臣者以安社稷爲悅者也

言大臣之計安社稷如小人之務悅其君眷眷於此而不忘也

慶源輔氏曰此即所謂天理人欲同行而異情也其眷眷不忘雖同而其情則異一則務爲容悅之私一則務安社稷以爲忠也

有天民者達可行於天下而後行之者也

民者無位之稱以其全盡天理乃天之民

故謂之天民必其道可行於天下然後行之不然則寧沒世不見知而不悔不肯小用其道以徇於人也張子曰必功覆斯民然後出如伊呂之徒

雲峰胡氏曰伊尹爲天民之先覺此則曰有天民者皆意不同蓋前所謂天民者皆稟氣於天均之爲天生之民此則以其全盡天理乃天之民也

新安陳氏曰伊耕莘呂釣渭之時可當天民之名使不遇湯武則沒世不出必矣此天民主其不輕出而言非以伊呂等後來出當大任而言也

有大人者正己而物正者也

大人德盛而上下化之所謂見龍在田天下文明者○此章言八品不同略有四等容悅佞臣不足言安社稷則忠矣然猶一國之士也天民則非一國之士矣然猶有意也無意無必唯其所在而物無不化惟聖者能之

龜山楊氏曰物正物自正也大人只是正已而已若物之正何可必乎惟能正已物自然正此乃篤恭而天下平之意

慶源輔氏曰上謂君下謂民大人德盛故君民無不化大人一出而天下文明是聖人之事也

四書大全辯〈下孟卷十三〉 三十六

雲峰胡氏曰易乾卦九二九五皆稱大人九二見龍在田天下文明在下之大人也九五飛龍在天乃位乎天德在上之大人也孟子所言四者雖人品不同然在皆下而爲臣者也故以乾九二當之

朱子曰天民專指未得位者大人則其德已著

南軒張氏曰以事是君爲容悅者慕爵祿而從君者也以安社稷爲悅則志存乎功業者也與爲容悅者固有間矣然未及乎道義者也蓋志存功業則苟可就其功業而遂其志則亦所屑爲矣古之人惟守道明義而已雖有蓋世之功業在前可爲而在我者有一毫未安則不敢徇也天民者必明見夫達而其道可行於天下而後行之蓋其所主在道而非必於行也謂之天民者言能全夫天理者也天之生民者其理無不具而人之虧欠者多矣故程子謂天民爲能踐形者也以其在下而未達故謂之民若伊尹之在莘野是也正已而物正之者正已而物自正也若規規然有意於正物則其道狹矣至正而天下之感無不通焉固有不言而信不令而從者矣秦漢而下其間號爲賢臣者不過拘於以安社稷爲悅而已語夫天民事業則鮮也

慶源輔氏曰猶有意如程子所謂伊尹雖聖人終是有任底意思在是也大人則聖人矣如周公孔子方能當之周公在上而能使天下文明者也孔子在下而能使萬世文明者也至公無私進退以道周公之無意無必也仕止久速無可不可孔子之無意無必也

新安陳氏曰志於道德者功名不足以累其心志於功名者富貴不足以累其心事君爲容悅志於富貴者也安社稷爲悅志於功名者也春秋列國名卿可以當之若

四書大全辯〈下孟卷十三〉 三十七

天民者則志於道德矣然猶未能純乎道德而無意於功名也至於大人則純乎道德之自然而功名不足以累其心矣

林次崖曰此章論人品與答浩生不害與者此就仕上說彼就學上說

或曰容悅是從來所稱身名兩全善保富貴超然利害之外者非邪媚小人也○因論臣品歸重大人寓慨然想見其人意若呆講正已物正便覺淺陋

樂音洛王與皆去聲下並同

○孟子曰君子有三樂而王天下不與存焉

南軒張氏曰君子之樂樂其天也於下文三者得其樂則視王天下之事如太虛中浮雲耳果何與於我而況其他哉

父母俱存兄弟無故一樂也

此人所深願而不可必得者今既得之其
樂可知
仰不愧於天。俯不怍於人。二樂也。
程子曰。人能克己則仰不愧俯不怍。心廣
體胖。其樂可知。有息則餒矣。
新安陳氏曰本文無克己之意此程子推原所以能不愧不怍之由而示人以其要也人所以能仰愧俯怍累於己私克去己私則內不愧於心所以仰不愧於天俯不怍於人心廣體胖之樂不期其然而然矣
得天下英才而教育之三樂也

盡得一世明睿之才。而以所樂乎己者教
而養之則斯道之傳得之者衆而天下後
世將無不被其澤矣聖人之心所願欲者
莫大於此今既得之其樂爲如哉
慶源輔氏曰此樂與朋自遠來之樂同而有大焉
新安陳氏曰朋自遠來其言平而易遂得天下英才其言高而難必孟子之門僅一樂正子亦恐未足以當此韓子曰軻之死不傳焉是孟子於此一樂亦終不能得也
君子有三樂而王天下不與存焉

林氏曰此三樂者一係於天一係於人其
可以自致者惟不愧不怍而已學者可不
勉哉
南軒張氏曰。三樂之中仰不愧俯不怍。其本歟。蓋不愧不怍。在我可得而勉者也。使吾胸中多所愧怍。則雖處父母兄弟之間。固亦不得而樂其樂也。所以教育天下之英才者。是吾之不愧不怍者也。自不能無愧怍。則雖得英才。亦何以爲教而有此樂哉。
陳紫峯曰。王天下只是說得位而已。未說到其道大行處。若說到行道。便是下章中天下而立。定四海之民。正君子之所樂者。傳道猶可樂。況親見道之大行。而使萬物得所乎。

或曰。俯不怍人人字。講至通古今合聖賢盡斯人之徒。如此方能不怍。恐學者茫無下手。惟內省不疚。無間大廷獨居。事事可與人知。念念可對人言。方是聖賢爲己慎獨之學。
蔡虛齋曰。英才以資質言。故註曰明睿之才。若兼有學力。則教育字不見分曉。○教與養不同。既教之又養之。俟其成也。
月岡近解曰。此章特從發達中尋出樂的趣。不能得志行道。而素位自得。君子亦有成己成物無復遺憾處。寄許多襟懷意思。非遺情忘世。以王天下爲不足樂也。此意宜于言外得之。
○孟子曰。廣土衆民。君子欲之。所樂不存焉。
地闢民聚澤可遠施故君子欲之然未足

以爲樂也

中天下而立定四海之民君子樂之所性不存焉

其道大行無一夫不被其澤故君子樂之然其所得於天者則不在是也

朱子曰此君子是通聖人而言

慶源輔氏曰二者皆施仁之事但有一國與天下之辨故所欲未足以爲樂至於樂則博施濟衆聖人之事也所欲極於所樂固亦非性外事但於吾性所受之全體則初無增損也。

雲峯胡氏曰前章君子三樂所樂在所性之中此章君子樂之所性在所樂之外何

四書大全辯　下孟卷十三　卌二

也曰中天下而立達而在上者之事君子之所性固不以達而在上有所加也故君子雖樂乎此而其所得乎天者不在此也

或曰集註前謂斯道傳之者衆而天下後世將無不被其澤此謂其道大行無一夫不被其澤皆曰道曰澤而此則所性不存焉何也曰斯道傳之者衆萬世之澤也其道大行一時之澤也況其道大行必中天下而立能之是道有待於位而後行不如是則不能行此若君子雖樂乎此而所性不存焉若夫盡得一世明睿之才而以所樂乎己者教而育之以己之天覺彼之天聖人之心深樂乎此而其樂卽在性分之內且孟子於三樂則曰王天下不與存於中天下而立則曰所性不存分而言之故自大有間哉

通考朱氏公遷曰君子之樂不同有天倫之樂有及人之樂行盡己之性而自慊以爲樂是皆本乎道心之正也孟子告時君以與民同樂者凡三章此又樂之出於人心者也

君子所性雖大行不加焉雖窮居不損焉分定故也分去聲、

分者所得於天之全體故不以窮達而有異

朱子曰此是說生來承受之性君子所性只是這一箇道理雖達而爲堯舜在上亦不是加添些子若窮而爲孔孟在下亦不是減少些子蓋這一箇道理合下都定了更添減不得○中天下而立定四海之民固是人所欲與其處畎畝之中孰若進而得行其道使天下皆被其澤要得出行其道者亦是人之所欲但其用其舍於我性分之內本不相關進而大行退而窮居於我性分之內無所加損

四書大全辯　下孟卷十三　卌二

君子所性仁義禮智根於心其生色也睟然見於面盎於背施於四體四體不言而喻

上言所性之分、與所欲所樂不同、此乃言其蘊也仁義禮智性之四德也根本也生發見也睟然清和潤澤之貌。盎豐厚盈溢之意施於四體謂見於動作威儀之間也喻曉也四體不言而喻言四體不待吾言

而自能曉吾意也蓋氣稟清明無物欲之
累則性之四德根本於心其積之盛則發
而著見於外者不待言而無不順也程子
曰睟面盎背皆積盛致然四體不言而喻
唯有德者能之○此章言君子固欲其道
之大行然其所得於天者則不以是而有
所加損也
新安陳氏曰順謂順其則也當玩味根字
生字其根深則其積盛其積盛則其生發
自不可遏矣
朱子曰仁義禮智根於心便見得四端著

在心上相離不得纔有些子私意便劃斷
了那根便無生意譬如本根著在土上方
會生其色也睟然便從那根上發出來且
性字從心見得有這心便有許多物在其
中○君子氣字清明無物欲之累故合下
生時這箇根便著土所以生色形見於外
衆人則合下生時便爲氣稟物欲一重隔
了這箇根未著土蓋有殘忍底心便没了
仁之根有頑鈍底心便没了義之根有忿
狠底心便没了禮之根有黑暗底心便没
了智之根都各有一重隔了而今人便只
要去其氣稟之隔教四者之根著土而已
○四體不言而喻是四體不待命令而自
如此如手容恭不待自家教他恭而手容
自然恭足容重不待自家教他重而足容
自然重
覺軒蔡氏曰先師云看文字當看大意又
有句語中何字最切要仁義禮智根於心

根字甚有意蓋根於心者培養得厚盛則
發於外者自然睟面盎背到得手足韻便
不覺其所以然
通旨朱氏公遷曰言性自理而言止言人
心之理而事物之理在其中也子貢舉夫
子所言性與天道之大凡則泛以人心之
理言之也孟子以性之全體言故謂仁義
禮智根於心子思即誠之體用言故以仁
知皆爲性之德謂之德性者本其得於天
而言也謂之性之德者自其藴諸我而言
也尊之則爲存心之事知之養之則爲知
行兼盡之事知其有性而不謂之命則爲
以理御氣之事
新安陳氏曰道之大行如堯舜固所樂也
而於性分亦何加窮居如孔孟亦非所慼
也其於性分亦何損此君子所以惟求盡
其性分之在內者而無所慕於勢分之在
外者也

蔡虛齋曰分猶性之分猶言體量相似但
說分便是有定者所性定分自合下稟受
時便定了但能享用得這個則富貴貧賤
都無干預○喻不喻亦何用言其曰不言
者只言其自然而然耳朱子小註手容恭
一段甚明白○本文不言而喻專帶四體
集註則云發而著見于外者不待言而無
不順也通帶其生色也以下亦用其意而
不泥其字也故讀書者不可以辭害意
○孟子曰伯夷辟紂居北海之濱聞文王作
興曰盍歸乎來吾聞西伯善養老者太公辟
紂居東海之濱聞文王作興曰盍歸乎來吾
聞西伯善養老者天下有善養老則仁人以

爲已歸矣爲去聲下同大他蓋反

已歸謂已之所歸餘見前篇

新安陳氏曰仁人指伯夷太公前篇以爲大老此以爲仁人達尊三齒德居其二大老以齒言仁人以德言也

五畝之宅樹墻下以桑匹婦蠶之則老者足以衣帛矣五母雞二母彘無失其時老者足以無失肉矣百畝之田匹夫耕之八口之家可以無饑矣衣去聲

此文王之政也一家養母雞五母彘二也

四書大全辯　下孟卷十三　異

餘見前篇

通考趙氏德曰孟子言五畝之宅者三梁惠王上首尾言之此首篇之首尾也至七篇又言而語加詳此一書之首尾也孟子拳拳王道不越乎此寓意深矣

所謂西伯善養老者制其田里教之樹畜導其妻子使養其老五十非帛不煖七十非肉不飽不煖不飽謂之凍餒文王之民無凍餒之老者此之謂也

田謂百畝之田里謂五畝之宅樹謂耕桑畜謂雞彘也趙氏曰善養老者教導之使可以養其老耳非家賜而人益之也

南軒張氏曰以伯夷太公之事觀之則知天下有善養老者則仁人必歸之蓋善養則其仁心之所存仁政之所行可知矣仁人見其然是以樂從之

慶源輔氏曰若無孟子此說則人將謂文王之養老只如後世尊養三老五更之禮文而已

蔡虛齋曰新安陳氏以仁人爲指伯夷太公非也謂當時仁人也或曰不指文王亦不必拘看得只是承文王事泥論箇道理如此愚謂可依國君好仁天下無敵焉例南軒說是

易欲疇去賦斂民務本

○孟子曰易其田疇薄其稅斂民可使富也

易治也疇耕治之田也

四書大全辯　下孟卷十三　畢

蒙引曰至足之上當節入以集二字節大註講多故也

食之以時用之以禮財不可勝用也勝音升

教民節儉則財用足也

民非水火不生活昏暮叩人之門戶求水火無弗與者至足矣聖人治天下使有菽粟如水火菽粟如水火而民焉有不仁者乎焉於虔反

水火民之所急宜其愛之而反不愛者多故也尹氏曰言禮義生於富足民無常產則無常心矣

華陽范氏曰先王養天下之民非人人而食之也唯不奪農時則皆得治其田疇[illegible]

儉節用則可以薄其稅斂此二者使富足
之道也又曰聖人之治天下既庶而後富
之既富而後敎之倉廩實而知禮節衣食
足而知榮辱所謂菽粟如水火則民無有
不仁堯舜三王之盛皆由此道也
新安陳氏曰禮義常心卽所謂仁也使菽
粟如水火之多則民皆能推有餘以濟不
足必不至於慳吝不仁矣有餘則易公其
有所以無不仁不足則各私其有烏得仁
夫聖人治天下政事亦多端矣然其大本
在養民而已民以食爲天使民足其食之
天不在乎他在使民務本以豐財之源儉
約以節財之流而已孟子言治鑿鑿皆實
如此
林次崖曰新安蒙引俱以爲推己之有餘
濟人之不足蓋緣上昏夜叩人之門戶求
水火無不足說來依愚見只是有恒產有
恒心意

陳紫峯曰陳新安說仁字謂推有餘補不
足不至于慳吝不仁也是本欲貼求水火
無弗與之意但孟子語意所該自廣不如
是之拘也
或曰此與養老章皆就聖人尋常經制上
說上節爲養老而言此則通論養百姓之
理而教在其中使天下皆仁卽在菽粟如
水火非有奇政也觀韓非所云饑歲之春
幼弟不饟穰歲之秋疏客必食非疏骨肉
而愛過客也多少之實異也可見

○孟子曰孔子登東山而小魯登太山而小天下故觀於海者難爲水遊於聖人之門者難爲言

此言聖人之道大也東山蓋魯城東之高
山而太山則又高矣此言所處益高則其
視下益小所見既大則其小者不足觀也
難爲水難爲言猶仁不可爲衆之意
慶源輔氏曰觀於海則天下之水皆不足
以動吾之視遊於聖人之門則天下之言
皆不足以動吾之聽亦猶仁則天下之衆
皆莫能與之敵故亦曰難爲衆也
潛室陳氏曰仁不可爲衆言仁者難爲衆
者有幾多人衆來到仁者面前皆使不得
如太山之前難爲山大海之前難爲水

術字不與明字對

觀水有術必觀其瀾日月有明容光必照焉

此言道之有本也瀾水之湍急處也明者

光之體光者明之用也觀水之瀾則知其
源之有本矣觀日月於容光之隙無不照
則知其明之有本矣
新安陳氏曰二者皆是於其用處知其本
承上文以比聖道之所以大者以其有本
也

流水之爲物也不盈科不行君子之志於道也不成章不達

言學當以漸乃能至也成章所積者厚而
文章外見也達者足於此而通於彼也○

參引駁此一說

此章言聖人之道。大而有本。學之者必以其漸。乃能至也。

朱子曰成章是做得成片段有文理可觀如孝眞箇是做得孝成忠眞箇是做得忠成子貢之辯子路之勇都是眞箇做得成了不是半上落下今日做得明日又休了

慶源輔氏曰如自有諸已之謂信至於大而化之之謂聖自志學至於從心不踰矩其間次第皆是足於此而通於彼須實體之方知其味非妄想虛空者所能測識也

新安陳氏曰盈科而後進已見前篇盈而行者溢於此而流於彼也

朱子曰此一章如詩之有比興比者但比之以他物而不說破其事如鶴鳴於九皐之類是也此之觀水有術至容光必照焉似詩之比興則引物以發其意而終說破

其事如他人有心予忖度之之上引毚兔柔木之類是也此之以登山觀海與起遊聖門難爲言以流水不盈科不盈與起爲道不成章不達似詩之興也君子之志於道不成章不達蓋人之爲學須是務實乃能有進若是裏工夫欠了分毫定是要透過那裏不得

慶源輔氏曰聖道之大固有其本矣然自學者言之則又豈能一蹴而遽至哉故又以水必盈科而後行君子之志於道必成章而後達者曉之以見學者當務實而有漸不可躐等陵節懸空妄想而卒歸於無所得

通考東陽許氏曰第一節兩言登山謂所處地位高則視下愈小觀海難爲水謂所見大則小者不足觀聖門難爲言謂旣聽聖人之言則餘人之言皆不足聽第二節言聖人之道有本故用不窮第三節學者當學聖人以漸而進不可躐等也

朱氏公遷曰此章不成章不達是進道必以其序中庸行遠自邇登高自卑及孟子身不行道不行於妻子皆是行道必以其序進道不以序則必躐等而陵節行道不以序或至倒行而逆施斯所以貴乎有序也此舉其本體而以用功之道言之

蔡虛齋曰孔子登東山節四句通是假借形容語。小註謂以登山觀水起聖門難爲言者非。○流水之爲物二句此處對下句。只是說盈此科而後進彼科。亦足于此而通于彼也。盈此科以況成章而後進彼科以況入聖。不必說幾個科。幾節成章也。○朱子下個所積者厚。又是推原成章所以處蓋成章不是工夫字。

陳紫峯曰。成章前面有許多工夫在。言必至成章之地。方可達聖人之地。非謂學者當自成章始也。所以必說成章而後達者。

蓋成章是下學工夫盡頭處。未到此。是工夫猶有欠也。或者不知孟子勉人盡力以求其至之意。謂成章是一節過一節而立爲善信美大之說。非也。

或曰大而有本本字不可忽。但不必實指聖人之本。失托物比事語意。水之瀾日月之明。皆是大處。而其本躍然言外。登山觀海。孔子大處。而本字亦躍然言外。此孟子文章錯綜變化處。註推言其理而已。蓋聖人之本。不可得而見。故借水借日月以想像之。存疑云源與明即本也。此爲水與日月言耳。

芑山張氏曰。通章自首至尾。條言東山泰山。條言水言日月。條言流水。總是托物比事。不即不離。只君子之志於道二句是實說。是正說。耳須將本文錯綜說去。而學者以漸而進。不可躐等之意。就下一節見之。或專講正意。不得託物形容語氣。與單拈水字前後串合者皆非也。

孶與孜同

○孟子曰雞鳴而起孶孶爲善者舜之徒也

孶孶勤勉之意言雖未至於聖人亦是聖人之徒也

蹠與跖同

雞鳴而起孶孶爲利者蹠之徒也

蹠盜蹠也

欲知舜與跖之分無他利與善之間也

程子曰言間者謂相去不遠所爭毫末耳善與利公私而已矣才出於善便以利言也○楊氏曰舜蹠之相去遠矣而其分乃在利善之間而已是豈可以不講然講之不熟見之不明未有不以利爲義者又學者所當深察也或問雞鳴而起若未接物如何爲善程子曰只主於敬便是爲善

問這箇利非是有心於爲利只是理不明纔差些便入那邊去朱子曰然纔差向利邊去只見利之爲美矣○間是兩者相並在這裏一條路做這邊去一條路做那邊去所以謂之間

朱子曰程子嘗言不獨財利之利凡有利心便不可如作一事須尋自家穩便處皆利心也如此則善利之間相去毫髮苟辨

之不明其不反以利爲善者鮮矣此大學之道所以雖以誠意正心爲重而必以格物致之爲先也

新安陳氏曰善與利之間察之貴乎精而爲善之力守之貴乎一察之精致知之事也守之一力行之事也察之不精則認利爲義認人欲爲天理者有矣守之不一則今日爲善明日怠焉者有矣必精以察乎善利之間而不雜一以守其爲善之力而不移則庶乎不流爲蹠之歸而人皆可爲舜者將真可以爲舜矣此章亦所以遏人欲擴天理也

慶源輔氏曰程子又教人以靜時工夫也動靜相涵敬義兩立孶孶不已則庶乎可以進於聖人之學矣

新安陳氏曰未接物時敬以直內以立其本及接物時義以方外以達其用此動靜交養內外夾持之功皆所謂爲善也必如是而後爲善之功始密矣不然則未接物時爲無所用其爲善之力乎

林次崖曰或問間與曾子所謂獨周子所謂幾何分別曰間比獨幾又後一步一念方發或善或惡人所不知故曰獨其端甚微故曰幾時既發後一善一惡二者相並在此其中間則曰間○間字要看得明白利善二者相並在這裏一邊是善一邊是利當其中乃是間二者雖已分乃是初分處故相去未遠只爭毫末如此看庶幾明白

或曰此警省危言也有謂舜不隳積而成者非是雞鳴而起爲善者舜之徒也非便爲舜也爲利者蹠之徒也非便爲蹠也猶言距楊墨者聖人之徒也然所以積爲舜極爲蹠亦自此分矣故曰舜與蹠之分非舜之徒與蹠之徒分也○間字不說開說合正是喚醒學者使他時時自省不屢

入利一邊，看彼此各半。總是一箇南北兩岐，總歸一路。間字之義自明。

○孟子曰：楊子取爲我，拔一毛而利天下，不爲也。爲我之爲去聲

楊子名朱。取者，僅足之意。取爲我者，僅足於爲我而已，不及爲人也。列子稱其言曰：伯成子高不以一毫利物，是也。

列子楊朱篇：楊子曰：伯成子高不以一毫利物，舍國而隱。大禹不以一身自利，一體偏枯。古之人損一毫利天下不與也，悉天下奉一身不取也。人人不損一毫，人人不利天下，天下治矣。禽子問楊朱曰：去子體之一毫以濟一世，汝爲之乎？楊朱曰：世固非一毛之所濟。禽子曰：假濟，爲之乎？楊子弗聽。

朱子曰：莊子數稱楊子，吾恐楊氏之學如今道流修煉之上，其保嗇神氣，雖一句話不妄與人說，只是箇逍遥物外，僅足其身，微似義耳，然不似也。

突陀沒反髮也

墨子兼愛，摩頂放踵利天下，爲之。放上聲

墨子名翟。兼愛，無所不愛也。摩頂，摩突其頂也。放，至也。

南軒張氏曰：摩其頂以至踵，一身之間，凡可以利天下者皆不惜也。

子莫執中，執中爲近之，執中無權，猶執一也。

子莫，魯之賢者也。知楊墨之失中也，故度於二者之間而執其中。近，近道也。權，稱錘也，所以稱物之輕重而取中也。執中而無權，則膠於一定之中而不知變，是亦執一而已矣。程子曰：中字最難識，須是默識心通。且試言一廳，則中央爲中；一家，則廳非中而堂爲中；一國，則堂非中而國之中爲中。推此類可見矣。又曰：中不可執也，識得則事事物物皆有自然之中，不待安排，安排著則不中矣。

程子曰：中無定體，惟達權然後能執之。

龜山楊氏曰：聖人所謂權者，猶權衡之權，量輕重而取中也。用之無銖兩之差，則物得其平矣。今夫物有本重而末輕者，執其中而不知權，則物失其平，非所以用中也。

新安陳氏曰：不可如子莫之固執耳，非謂堯舜湯之執中爲不可也。

程子曰：楊子拔一毛不爲，墨子又摩頂放踵爲之，此皆是不得中。至子莫執中，欲執此二者之中，不知怎麽執得。

朱子曰：三聖相授，允執厥中，與子莫執中，文同而意異。蓋精一之餘，無適非中，其曰允執，則非徒然執之也。子莫之執中，其爲我不敢爲楊朱之深，其兼愛不敢爲墨翟之過，而於二者之中執其一節以爲中耳。故由三聖以爲中，則其中活；由子莫以爲中，則其中死。中之活者，隨時隨事而無不中；中之死者，非學聖人之學，不能有以權

之而常適於中也權者權衡之權言其可以稱物之輕重而遊移前却以適其中蓋所以節量仁義之輕重而時措之者也程子謂子莫執中比楊墨爲近而中則不可執也當知子莫之執中與舜禹湯之執中不同則知此說矣蓋聖人義精仁熟非有意於執中而自然無過不及故有執中之名而實未嘗有所執也以其無時不中故又曰時中若學未至理未明而徒欲求夫所謂中者而執之則所謂中者果何形狀而可執也殆見愈執而愈失矣子莫是也旣不識中乃慕夫時中者而欲隨時以爲中吾恐其失之彌遠未必不流而爲小人之無忌憚也中庸但言擇善而不言擇中其曰擇乎中庸亦必繼之曰得一善豈不以善端可求而中體難識乎夫惟明善則中可得而識矣

慶源輔氏曰楊氏資質畧偏於剛毅墨氏資質畧偏於寬厚只緣不知至理所在而各流於一偏淪胥不已遂至各極其偏一則爲我一則兼愛至於子莫又自其未流觀之而知楊墨之皆失中也乃度於兼愛爲我之間而執其中其意固善而於道亦近矣然時有萬變事有萬殊物有萬類而中無定體若但膠於一定之中而執之不能如稱錘之因物輕重而前却以取平則與一子之執一者亦無異矣若子莫者是要安排箇中來執之也

問書之允執厥中與子莫執中之說二者分辨如何潛室陳氏曰允執厥中乃時中之中偏處是道理活法也子莫乃執一以爲中死法也胥壞之異

新安陳氏曰安排者以私意揣度之而不順其自然也

所惡執一者爲其賊道也舉一而廢百也

賊害也爲我害仁兼愛害義執中者害於時中皆舉一而廢百者也○此章言道之所貴者中中之所貴者權楊氏曰禹稷三過其門而不入苟不當其可則與墨子無異顏子在陋巷不改其樂苟不當其可則與楊氏無異子莫執爲我兼愛之中而無權鄉鄰有鬭而不知閉戶同室有鬭而不知救之是亦猶執一耳故孟子以爲賊道禹稷顏回易地則皆然以其有權也不然則是亦楊墨而已矣

新安陳氏曰爲我者惟知有已不知有人似義非義而有害於仁兼愛者愛無差等似仁非仁而有害於義

南軒張氏曰爲我兼愛皆道也當爲我則爲我當兼愛則兼愛是乃道也彼蹟於一偏者固賊夫道而於其間取中者是亦舉其一而廢其百耳

雲峯胡氏曰吾儒亦有所謂中所謂一但吾儒之中也隨時以取中異端之中也執中而無權吾儒之一也一以貫萬異端之一也一而廢百

新安陳氏曰舉一偏而廢百端百者言其多耳

問中一名而涵二義這箇中要與喜怒哀樂未發之中異與時中之中同曰然

朱子曰子莫見楊墨皆偏在一處要就二

者之中而執之正是安排尋討也原其意思固好只是見得不分明依舊不是且如三過其門而不入在禹稷之時則可在顏子則不可居陋巷在顏子之時則是中在禹稷之時則非中矣居陋巷則似楊氏三過其門而不入則似墨氏要之禹稷似兼愛而非兼愛顏子似爲我而非爲我

通旨朱氏公遷曰子莫執中與聖人之中不同聖人隨事卽理而有自然之中子莫則膠於一定以爲中所以然者以其無權故也若有權以稱之斯得事理自然之中

○林次崖曰看此章書當分別楊墨是如何。子莫是如何。聖賢是如何。楊子則一於爲我。不復爲人。墨子則一於爲人。不復爲我。皆偏於一。子莫則也欲爲己。也欲爲人。兩邊都護。雖不偏於一。然却死殺。聖賢則當爲我而爲我。當爲人而爲人。彼此迭用。初不偏於一也。譬之裘葛。楊子則專於穿裘。墨子則專於穿葛。子莫則裘葛並穿。聖賢則夏穿葛。冬穿裘者也。

○孟子曰饑者甘食渴者甘飲是未得飲食之正也饑渴害之也豈惟口腹有饑渴之害人心亦皆有害

口腹爲饑渴所害故於飲食不暇擇而失其正味人心爲貧賤所害故於富貴不暇擇而失其正理

朱子曰饑渴害其知味之性則飲食雖不甘亦以爲甘利欲害其仁義之性則所爲雖不可亦以爲可

人能無以饑渴之害爲心害則不及人不爲憂矣

人能不以貧賤之故而動其心則過人遠矣

慶源輔氏曰人若能不以貧賤動其心而於富貴辨其所當得而受之其不當得則不受之則過於常人遠矣過人之遠則不憂其不及人矣

新安陳氏曰富貴有當得不當得之正理知之在心如飲食有美惡之正味知之在口口腹因饑渴而失其正味人易知之人心因貧賤而失其正理人多未知也孟子因舉人之易知者以曉人之未知者夫貧賤不與饑渴期而饑渴必至自非有守之君子必不能恐饑渴遂厭貧賤而求富貴以害其心之正理矣是害口腹者饑渴也害心者亦饑渴也饑渴能害口之正味不當以害心之正理此君子所以可饑可寒可貧可賤而不可與爲不義也人能不以貧賤動其心不以饑渴之害害其心則必不厭貧賤以腹饑渴必不肯受富貴以圖甘肥亦不患不及人矣凡此皆孟子所以遏人欲而存天理也

蔡虛齋曰言心不爲貧賤所害。如口腹之於饑渴。然則過人遠矣。語意如所謂以安社稷爲悅者。不可依新安說。謂貧賤不與饑渴期而饑渴自至。須看上文是平說。以彼喻此。不成此處又合言之。決不是。只看大註亦自分曉。貧賤之故。或以爲饑渴者貧賤之故也。極可怪。故字輕。只如言事故

闡幽浚及

之故非所以然之故。○不及人不爲憂矣
言其所造之過人也。只就人能無以饑渴
之害爲心害上說。不必泥有過人之識則
不以富貴爲事僩𠒋不必謂不患德業之
不過人。以朱註已定也。蓋亦前章附之以
韓魏之家三句之意。

○孟子曰柳下惠不以三公易其介

介有分辨之意柳下惠進不隱賢必以其
道遺佚不怨阨窮不憫直道事人至於三
黜是其介也○此章言柳下惠和而不流
與孔子論夷齊不念舊惡意在相類皆聖
賢微顯闡幽之意也

四書大全辯 下孟卷十三 卆

慶源輔氏曰介有分辨意則與界限之界
同凡事各有界限甚分明不可踰越
新安陳氏曰介有剛介介特廉介之意惟
其有分辨所以能如此亦如廉本訓廉隅
惟其廉隅分辨所以清廉廉潔也
問柳下惠不以三公易其介此與聖人之
和互相發明邪乃所以爲和邪龜山楊氏
曰觀惠之和宜若不介故此特言之問何
以知其介曰只不卑小官之意便自可見
如柳下惠之才以爲大官何所不可而樂
於爲小官則其剛介可知矣
新安陳氏曰不以三公之貴移奪其所守
之介和而不流故也
汪氏曰伯夷餓于首陽伊尹祿以天下不
顧。皆能不以三公易其介獨稱柳下惠何
也以惠之和嫌於不介故也
雲峯胡氏曰人皆知夷齊之淸而不知夷
齊之淸而有量人皆知柳下惠之和而不

知惠之和而不流孔孟之言皆闡幽之意
也微顯是帶過說
新安陳氏曰微顯闡幽四字出杜預春秋
傳序本以言孔子作春秋之意於顯明者
則微之幽昧者則闡之集註以爲孔孟之
論夷齊柳下惠亦得此意蓋夷齊之淸惠
之和此其顯而易見者夷齊之不念舊惡
惠之介此其幽而難見者今則微其顯而
闡其幽聖賢之至公至明如此
蔡虛齋曰。不以三公易其介。備伊尹非其
義也非其道也。祿以萬鍾不顧繫馬千駟
弗視也。而陳氏不以三公之貴移奪其所
守之介。則是謂不爲貴勢所奪。如此則何
不云不以天子易其介。豈不尤爲介邪須
詳之。
芑山張氏曰。全要從和內想出他的介。出
惟介所以由由不自失若徒與世浮沉。何
以爲聖。

四書大全辯 下孟卷十三 卆

呂名希哲字原明河南人

○孟子曰有爲者辟若掘井掘井九軔而不
及泉猶爲棄井也 辟讀作譬軔音刃與仞同
八尺曰仞言鑿井雖深然未及泉而止猶
爲自棄其井也○呂侍講曰仁不如堯孝
不如舜學不如孔子終未入於聖人之域
終未至於天道未免爲半塗而廢自棄前
功也
新安陳氏曰集註於語夫子之牆數仞下
云七尺曰仞愚按周書爲山九仞孔安國
云八尺曰仞鄭玄云七尺曰仞集註兩存
其說歟蔡氏傳從孔說愚證之周禮匠人

爲溝洫廣四尺深四尺謂之溝廣八尺深八尺謂之洫廣二尋深二仞謂之澮蓋其爲溝洫澮是加一倍之數尋八尺也仞亦八尺也度修廣則計之以尋度高深則計之以仞是澮之廣與深各一丈六尺也以此觀之則孔說爲是鄭說恐非

慶源輔氏曰爲人而未得爲聖人言治而不及於堯舜皆爲未及夫泉也

雲峯胡氏曰嘗與論語譬如爲山一章通看學問垂成而不至於成者可爲戒矣

通旨朱氏公遷曰此勉人進學之辭爲學而未至者言之餘如學如不及逝者如斯日知其所亡深造之以道及人一已百人十已千知之成功也凡教人以不可自畫者皆此類

陳紫峯曰有爲兼爲治爲學說猶爲棄井是警人之辭

○孟子曰堯舜性之也湯武身之也五霸假之也

堯舜天性渾全不假修習湯武修身體道以復其性五霸則假借仁義之名以求濟其貪欲之私耳

程子曰身之是身踐履之也假之者身不行而假借之也

張子曰堯舜固無優劣及至湯武則有別孟子言性之反之自古無人如此言惟孟子分出逆知堯舜是生知湯武學而能之

龜山楊氏曰堯舜性之由而行者也湯武身之體之者也五霸則假之而已非已有也若管仲責包茅不入王祭不共昭王南征不反非誅伐之本意假此爲說耳

朱子曰性之是合下如此身之是做到那田地○問性善之善與堯舜性之之性如何曰性善之善字實性之之性字虛性之只是合下稟得合下便得來受用又曰反之是先失著了反之而后得身之是把來身上做起○性是自然有底身是從身上做得來底湯武固皆身之但細觀其書湯身之之功恐更精密湯有慙德如武王恐未必有此意

新安陳氏曰孟子論堯舜湯武曰堯舜性者也湯武反之也與此章爲二而互相發明反之即復其性也論五霸者不一莫切於假之一辭自以力假仁者霸與此章爲三乃是以一字斷盡五霸心事得春秋以一字爲褒貶與誅心之法者也

久假而不歸惡知其非有也惡平聲

歸還也有實有也言竊其名以終身而不自知其非真有或曰蓋嘆世人莫覺其僞者亦通舊說久假不歸即爲真有則誤矣

○尹氏曰性之者與道一也身之者履之也及其成功則一也五霸則假之而已是以功烈如彼其卑也

慶源輔氏曰其初不過以之欺人而其終遂至以之自欺

朱子曰惡知二字爲五霸設如云五霸自不知也五霸久假而不歸安知其亦非已有也

汪氏曰舊說之意謂若能久假而不歸則

固有者將自得之是爲假者謀假者之初
意全非天理而以人欲之私行之合下已
差矣加以久假則私意纒繞以終其身虛
僞益甚膠固莫解其得爲眞有之乎是皆
學術心術不正不能辨公私理欲之幾者
之論宜朱子明辨其誤也
問假之之事眞所謂幽沉仁義非獨爲害
當時又且流毒后世朱子曰此孟子所以
不道桓文而羿管晏也且如興滅繼絶誅
殘禁暴懷諸侯而尊周室百般好事他都
做只是無惻怛之誠心他本欲他事之行
又恰有這題目入得故不得不舉行此邵
子所以有功之首罪之魁之論
雲峯胡氏曰信之者自然而然身之者當
然而然假之者似然而實不然自然者所
性而有當然者能復其有似然者不自知
其非眞有
蔡虛齋曰久假便是不歸不必說不歸于

四書大全辯　下孟卷十三　畲

眞言其假之久而安也所謂居之不疑相
似
林次崖曰五霸假之言非性非身但假借
這道來自文也蒙引曰五霸性中原自有
眞仁義乃置眞者不用而外尋個假者以
自文可嘆也此說最醒人
芑山張氏曰論眞假與論性反稍別性之
身之俱要隱隱含不假的意思湯武非離
了本來性分做工夫只他從身中見出性
來身字正不離性字
○公孫丑曰伊尹曰予不狎于不順放太甲
于桐民大悅太甲賢又反之民大悅
予不狎于不順太甲篇文狎習見也不順
言太甲所爲不順義理也餘見前篇

賢者之爲人臣也其君不賢則固可放與孟
子曰有伊尹之志則可無伊尹之志則簒也
伊尹之志公天下以爲心而無一毫之私
者也
南軒張氏曰伊尹之事志存乎宗祀變而
得其正者也方是時太甲在諒陰放徙之
先王墓側使之動心忍性而深思焉是伊
尹以冢宰攝政而太甲居憂于桐耳太甲
克終允德則於練除之際奉而歸亳焉其
克終雖由其自怨艾以改過實亦尹之至
誠有以感格之無尹之志徒以君不賢而
放之是簒亂之所爲耳後世唯霍光放昌
邑王賀而立宣庶幾乎心存宗祀者然始
也建立之不審而至誠敦篤又不加焉其

四書大全辯　下孟卷十三　奎

於尹之志蓋有愧也是以嚴延年劾之以
爲擅廢立無人臣禮而識者有取焉霍光
且爾況他人本爲一身利害計者乎所謂
元惡大憝必誅而無赦者也
慶源輔氏曰公天下以爲心豈一朝夕勉
強所能爲哉非道全德備其素行有以信
於人至誠有以通於天者不能也
覺軒張氏曰孟子此兩語不惟見伊尹之
心如青天白日而百世之下姦臣亂賊亦
無所逃其罪矣味則可之辭亦見處變僅
可之意而非正法也
通考趙氏德曰孟子論伯夷之清柳下惠
之和則皆言其有隘與不恭之弊於伊尹
之任既三言之而獨不言其弊蓋所謂有
伊尹之志則可無伊尹之志則簒者即此
任之之弊也不與夷惠之弊同論而乃於此
發之也其慮天下後世遠矣
蔡虛齋曰朱子此解云言太甲所爲不順

義理也。蔡九峯解書經則别自爲說曰狎
習也。弗順者不順義理之人也。言我不可
使其狎習不順義理之人于是營宮于桐
使親近成湯之墓。朝夕哀思興起其善以
是訓之。毋使終身迷惑而不悟也。當時九
峯已見孟子註而更之如此。不爲無意。
或曰攝王之事周公之所無。而廢立之事
伊尹之所無也。惟元祀十有二月太甲始
居陰之時也。百官聽于冢宰。此處喪之常
紀。非攝也。惟太甲者立而不明。既乃背去
師保之訓。則亦戾慢自用。而不可以順導
矣。故尹于是因其諒陰營宮于桐。俾之密
邇先王之室。而作其憤悱之心。謂之放者
自内而外之言。非廢也。惟三祀十二月伊
尹以冕服奉嗣王歸于亳。是起復之例。非
再立也。始曰太甲。今曰嗣王。其事亦已明
矣。自漢羣儒以淺見臆經旨。而廢立之說
倡。及霍光將廢昌邑。問田延年古有之乎。

對曰昔者伊尹相商。廢太甲以安宗社。光
計遂決。夫以光之不學。而報之延年隨倖
無識之言。遂使後世信以尹爲果嘗廢立
者。而莫之省也。
或曰伊尹之志志字從民大悅看出。所謂
匹夫匹婦不被堯舜之澤。若已推而内之
溝中。其志如此。泛講志字者非是。

○公孫丑曰詩曰不素餐兮君子之不耕而
食何也孟子曰君子居是國也其君用之則
安富尊榮其子弟從之則孝弟忠信不素餐
兮孰大於是餐七丹反

詩魏國風伐檀之篇素空也無功而食祿
謂之素餐此與告陳相彭更之意同

南軒張氏曰伐檀之詩非必欲君子稼穡
而後食也公孫丑以君子不耕而食爲素
餐其爲詩也亦固矣其弊將至於爲許行
之徒之論矣故孟子告之以不素餐之大
者夫君子仁義修乎身居是國也其君用
之則安富尊榮如其未用子弟從之則亦
薰陶乎孝弟忠信之習而足以善俗若夫
飾小廉而妨大德徇末流而忘正義非君
子之道也
新安陳氏曰君子居人國用則有大於君
而功業建不用亦有功於人子弟而風俗
厚豈爲無功而食乎丑之見何陋也
通旨朱氏公遷曰仕不受祿與不受萬鍾
則義之中有見幾之智孟子之於齊宋薛
子思之於魯繆公則義之中見交際之禮
傳食諸侯一章則言人之有功者我當食

其人主於食人者而言也不素餐兮一章
則言見食於人者必有功於人主於食人
之食者而言也是皆孟子自道之辭所以
解門人之惑者如此皆因論辭受而見處
物之義萬章問交際一章亦兼辭受之義
與交際之禮

○王子墊問曰士何事墊丁念反

墊齊王之子也上則公卿大夫下則農工
商賈皆有所事而士居其間獨無所事故
王子問之也

孟子曰尚志

尚高尚也志者心之所之也士既未得行

公卿大夫之道又不當爲農工商賈之業則高尚其志而已

朱子曰此志字與父在觀其志之志同未見於所行方見其所存也

曰何謂尚志曰仁義而已矣殺一無罪非仁也非其有而取之非義也居惡在仁是也路惡在義是也居仁由義大人之事備矣惡平聲

非仁非義之事。雖小不爲。而所居所由無不在於仁義。此士之所以尚其志也。大人謂公卿大夫言士雖未得大人之位而其志如此則大人之事體用已全若小人之

事則固非所當爲也

慶源輔氏曰士雖未得位以行其道而其志則須高尚方可志於仁義則高尚於利欲則卑汙

通旨朱氏公遷曰匹夫不可奪志孔子說爲學者言人不可以不尚志也孟子專爲王子言爲士者但當尚志也

南軒張氏曰殺一無罪而非仁由是而體之則仁之所以能愛者可得而推矣非其有而取之爲非義由是而體之則其義之所以爲宜者可得而推矣居仁由義居則不違由則不他居仁則體立由義則用行大人之事亦不越此而已矣

新安陳氏曰此章因王子問士何所事對以士志乎仁義已備大人之事蓋志者事之本未爲者也事者志之用有爲者也志之所向素高則事之大本已立一旦得大人之位舉而措之耳何必待有事迹可見而後始謂之有所事哉若農工商賈小人之事不特非所當爲亦不屑爲且不暇爲也

通旨朱氏公遷曰仁存諸心義形諸事是仁爲體而義爲用也然指仁義而名之則以人心人路言就仁義而形容之則以安宅正路言

芑山張氏曰。大人之事備矣。不必說撩備當是全備的意思。居仁由義如云便該括大人之事了。豈待作用發見處纔覓他底裏。志內含蓄弘大。須將志事看得一體方合孟氏語意。○體用合仁義說。非體屬仁義屬用也。蒙引云大註大人之事。體用已全。體謂仁用謂義。按此說未確。或曰仁義蘊于己是體。措于民謂用。居由中都包括

盡了。此論足駁正蒙引。宜玩。

舍音捨 食音嗣

○孟子曰仲子不義與之齊國而弗受人皆信之是舍簞食豆羹之義也人莫大焉亡親戚君臣上下以其小者信其大者奚可哉

仲子陳仲子也言仲子設若非義而與之齊國必不肯受齊人皆信其賢然此但小廉耳其辟兄離母不食君祿無人道之大倫罪莫大焉豈可以小廉信其大節而遂以爲賢哉

南軒張氏曰仲子飾小廉而廢大倫其不
知義已甚矣
慶源輔氏曰觀前篇所論仲子之事其介
然自守如此則不義而與之齊國必不肯
受此徇名而強矯者或能之故孟子以爲
是特舍簞食豆羹之義而已蓋未以爲賢
也若夫安於人倫使之各盡其道則非盡
性而樂循理者不能故孟子言此以曉齊
人使之勿徒於小而必察其大耳
新安陳氏曰孟子於陳仲子其對匡章既
深非之此又申言之二章當參看
通旨朱氏公遷曰伊尹之一介不取與亦
其義之合於聖人者故孟子稱之如此若
微生之與害於直仲子之操害於廉則皆
不合於義者也是故夫子以微事斷之孟
子以大節斷之欲人以之爲戒耳皆因論
人而見處物之義
或曰仲子無讓國實事但以不居不食推

之設若與之齊國必不肯受人便以爲大
節而信其賢孟子獨以此爲小廉卽與舍
個簞食豆羹之小一般舍簞食句勿入
矯名意但對下文大倫爲小耳使大倫
不虧則與三以天下讓祿以天下弗顧何
異○簞食豆羹之不受齊國之不受皆不
可謂不義也故予之以義而特齊視之以
簞豆以義之大小論不以所讓之大小論
惟其心好名也

○桃應問曰舜爲天子皋陶爲士瞽瞍殺人
則如之何

桃應孟子弟子也其意以爲舜雖愛父而
不可以私害公皋陶雖執法而不可以刑
天子之父故設此問以觀聖賢用心之所
極非以爲眞有此事也

孟子曰執之而已矣

言皋陶之心知有法而已不知有天子之
父也

然則舜不禁與 與平聲

桃應問也

曰夫舜惡得而禁之夫有所受之也 夫音扶 惡平聲

言皋陶之法有所傳受非所敢私雖天子
之父亦不得而廢之也

然則舜如之何

桃應問也

曰舜視棄天下猶棄敝蹝也竊負而逃遵海
濱而處終身訢然樂而忘天下 蹝音徙 訢與欣同 樂音洛

蹝草履也遵循也言舜之心知有父而已
不知有天下也孟子嘗言舜視天下猶草
芥而惟順於父母可以解憂與此意互相
發○此章言爲士者但知有法而不知天

學者相當看此不容疑

子父之爲尊爲子者但知有父而不知天下之爲大蓋其所以爲心者莫非天理之極人倫之至學者察此而有得焉則不待較計論量而天下無難處之事矣

雲峯胡氏曰臯但知有天子之法天理也若臣人倫之至也舜但知有父天理也父子人倫之至也

朱子曰某嘗問李先生以此事先生曰劚嘖父子只爲無此心所以爲法律所縛都轉動不得若舜之心則法律縛他不住終身訢然樂而忘天下求仁得仁何怨之有然此亦只是言聖賢之心耳聖賢之心合下是如此權制有未暇論然到極不得已處亦須變而通之蓋法者天下公共在臯

陶亦只得執之而已若人心不許舜棄天下而去則便是天也臯陶亦安能違天法與理便即是人心底亦須是合下有如此底心方能爲是權制今人於事合下無如此底心其初便從權制去則不可〇執之而已矣非洞見臯陶之心者不能言也此一章之義見聖賢所處無所不用其極所謂止於至善者也

南軒張氏曰舜之有天下初不以天下與於己循天理之當然而已爲瞽瞍殺人而枉其法而失天下之公若致辟於瞽瞍則廢父子之倫是皆雖有天下不可一朝居者也舜寧去天下而存此義耳舜非輕天下也義所當去視天下猶敝蹝也是故在臯陶則使舜得以伸其竊負之義存舜則以此而可以終身夫何求哉循天理而已善發明舜之心者其惟孟子乎若後世以利害之見論之則謂天下方戴舜而賴其治舜乃失之得無廢成業而孤衆望乎此不知天命者也聖人所以爲治奉天命而已若汨於利害而失天理之所在雖舜亦何以治天下哉或者以爲臯旣執瞽瞍舜烏得而竊之蓋未之思也臯旣執瞽瞍於前而使舜得伸其竊負之義於後是乃天理時中全君臣父子之倫者也微孟子孰能推之

汪氏曰竊負而逃畏天故也訢然之樂樂天故也孟子之對亦後世爲人臣子之道而已以天子之父殺人且不可舍況其卑者乎以天下之大且可棄況其小者乎

或曰此章只是發聖賢心事天理人情之極至而已稍商量計較便非聖人自然而然隨事中節之妙蓋一雜商量計較之心則爲人欲非天理矣

芭山張氏曰設言以見聖賢處變之道類如此非寔有是事也大註數個心字宜玩

劉厰葉夢得輩以爲瞽瞍眞殺人臯陶眞執之舜眞竊負而逃司馬溫公又謂此非孟子之言皆未明此章大義而徒以意見求之則失之遠矣

〇孟子自范之齊望見齊王之子喟然歎曰居移氣養移體大哉居乎夫非盡人之子與

范齊邑居謂所處之位養奉養也言人之居處所繫甚大王子亦人子耳特以所居不同故所養不同而其氣體有異也

張敬夫鄒志完

孟子曰

張鄒皆云羨文也

呼去聲

王子宮室車馬衣服多與人同而王子若彼者其居使之然也況居天下之廣居者乎

廣居見前篇尹氏曰睟然見於面盎於背居天下之廣居者然也

新安陳氏曰居仁宅者之氣象必德潤身而心廣體胖與王子驕貴之氣象又不侔矣

魯君之宋呼於垤澤之門守者曰此非吾君也何其聲之似我君也此無他居相似也

垤澤宋城門名也孟子又引此事爲證

四書大全辯　下孟卷十三　吉

問孟子先言居移氣養移體後却只言居朱子曰有是居則有是養居公卿有公卿底奉養居貧賤有貧賤底奉養言居則養在其中

南軒張氏曰居天下之廣居宅乎天理者也宅之之久則其氣質變化有不期然而然者矣夫聖賢相去雖有先後而其氣象如出一人以其所居之同故也

新安陳氏曰此章重在居廣句一句勢從之居猶足移氣與賤者異廣居之居其能充吾正氣而與人異也必矣

蔡虛齋曰此無他居相似也或以爲守者之言大抵孟子言或泥注耳況呼門時守者尚未知其爲魯君也註不必泥可用前蔡君不得而見條引書及孔子之言以明之者爲證

芭山張氏曰魯君事引以證王子而居廣居之意自見于言外存疑云此無他居相似一句之下當貼一句云以此觀之則居之能移氣也可見而居廣居者信乎能變化氣質矣愚意此所謂詁體耳而氣果滯養不見孟子立言不即不離之妙矣雖此說不必從

[illegible]

○孟子曰食而弗愛豕交之也愛而不敬獸畜之也食音嗣畜許六反

交接也畜養也獸謂犬馬之屬

恭敬者幣之未將者也

將猶奉也詩曰承筐是將程子曰恭敬雖因威儀幣帛而後發見然幣之未將時已

四書大全辯　下孟卷十三　圭

有此恭敬之心非因幣帛而後有也

恭敬而無實君子不可虛拘

此言當時諸侯之待賢者特以幣帛爲恭敬而無其實也拘留也

趙氏曰實謂愛敬也

慶源輔氏曰世衰道微在上者皆不知有恭敬待賢之誠而惟恃其有幣帛之將在下者惟知有幣帛之可慕而不知察夫上之人所以待之之誠上下之情交騖於利而不知有義理焉故孟子發此論以警之

追考東陽許氏曰恭敬者之恭敬以發於心者言恭敬而無實之恭敬以幣帛言

蔡虛齋曰君子不可虛拘言君子不可徒而虛拘也虛字從無實字生非謂君子嘗

退溪辯說讀答
記禮斗書之行

去不可虛拘也。既是君子。自能去矣。

○孟子曰形色天性也惟聖人可以踐形

人之有形有色無不各有自然之理所謂天性也踐如踐言之踐盡衆人有是形而不能盡其理故無以踐其形惟聖人有是形。而又能盡其理然後可以踐其形而無歉也○程子曰。此言聖人盡得人道。而能充其形也。盡人得天地之正氣而生。與萬物不同。既爲人。須盡得人理。然後稱其名。衆人有之而不知。賢人踐之而未盡。能充其形。惟聖人也。楊氏曰。天生烝民。有物有則。物者形色也。則者性也。各盡其則。則可以踐形矣

通考程氏勿齋曰至誠盡性充其形色是曰踐形

龜山楊氏曰莫非形也自聖人言之目之所視耳之所聽以至口之所言身之所動不待著意莫不合則所謂動容周旋中禮者也未至於聖則未免有充焉若孔子告顔淵非禮勿視等語是也故惟聖人然後可以踐形

朱子曰形是耳目口鼻之類色如一擧一笑皆有至理。形色上便有天性視便有

壹師味臭可之形聖與人不此
嘗則別便習踐事人常與止

視之理聽便有聽之理○同形色天性下却云踐形而不言色何也曰有此形便有此色言形則色在其中矣○踐形猶踐言約之踐言聖人所爲便踏著箇形色之性耳性卽理之謂伊川謂充其形色說得好形是形體色如臨喪則有哀色介冑則有不可犯之色之類天之生人人之得於天其具耳目口鼻者莫不皆有此理耳便必當無有不聰目便必當無有不明口便必能盡別天下之味鼻便必能盡別天下之臭聖人與常人都一般惟衆人有氣稟之雜物欲之累雖同是耳也而不足於聽同是目也而不足於明同是口而不足以別味同是鼻而不足以別臭雖有是形而不能充踐此形惟聖人耳則十分聰目則十分明口鼻莫不皆然如此方可以踐此形

潛室陳氏曰聖人盡性幾位方債得他本來形色學未至於聖人則於性分遺理未免虧欠才於性分有虧欠卽是空具此形色不能充踐滿足也○問孟子曰形色天性也告子曰食色性也二者之分如何曰形色爲性是引氣入道理中來食色爲性是逐道理出形氣外去胥壞之分

新安陳氏曰程子之說盡自踐字推廣之衆人全不能踐者也賢人雖能踐之而未盡者也聖人則極能踐之而無不盡者也如洪範五事則貌言視聽思極於肅乂哲謀聖皆踐形之意也

通考朱子曰色在形裏面猶言容貌也又曰人生天地莫不有形莫不有色而本其有得於天者則是形是色莫不有所以然之故所當然之則焉則是所謂天性者也然衆人牿於氣稟狃於習俗不能無人欲之私是以視則不明聽則不聰貌則不恭言則不從蓋不能盡其形色本然之理則雖有是形而無以踐其形也惟聖人能盡

其性而無一毫人欲之私雜於其間是以視則極明聽則極聰盡形色本然之理無一不盡既有是形而又有以踐其形本有是物而又能修其實以副之也

蔡虛齋曰。非指形色爲天性也。形色皆天性所在也。此形色平說。故註云有形有色然色非有出于形之外也。故目之視耳之聽手足之持行。一嚬一笑一動一靜便是色也。故下文只言形。猶居移氣養移體下只言居。○踐形猶云實其形。謂不虛之也以能盡其形之理也。

芭山張氏曰。盡性所以踐形。工夫仍在天性。不徒在形色也。此理在集註。人不察耳。

○齊宣王欲短喪公孫丑曰爲朞之喪猶愈於已乎

已猶止也

新安陳氏曰丑附其說謂三年短而爲朞猶勝於止而不爲者乎

孟子曰是猶或紾其兄之臂子謂之姑徐徐云爾亦敎之孝弟而已矣紾之忍反

紾戾也敎之以孝弟之道則彼當自知兄之不可戾而喪之不可短矣孔子曰子生三年然後免於父母之懷子也有三年之愛於其父母乎所謂敎之以孝弟者如此○○○○○○○○○○蓋示之以至情之不能已者非強之也。

大功九月 小功五月 公子君之庶子也

王子有其母死者其傅爲之請數月之喪公孫丑曰若此者何如也爲去聲

陳氏曰王子所生之母死厭於嫡母而不敢終喪其傅爲請於王欲使得行數月之喪也時又適有此事丑問如此者是非何如

按儀禮公子爲其母練冠麻衣縓緣既葬除之疑當時此禮已廢或既葬而未忍卽除故請之也

儀禮喪服章記公子爲其母練冠麻衣縓緣爲其妻縓冠葛絰帶麻衣縓緣皆既葬除之縓緣者至小祥用練易其冠又以練爲中衣以縓爲領緣也

曰是欲終之而不可得也雖加一日愈於已謂夫莫之禁而弗爲者也夫音扶

言王子欲終喪而不可得其傅爲請雖止得加一日猶勝不加我前所譏乃謂夫莫之禁而自不爲者耳○此章言三年通喪天經地義不容私意有所短長示之至情則不肖者有以企而及之矣

蔡虛齋曰齊宣王欲短喪何以決知其爲父母之喪乎曰喪服自朞以下則諸侯絕

矣故知此所短者爲三年喪也而王子母
死其傅爲請數月之喪亦可次知其當時
已葬而除之禮已廢故有是請也請者亦
冀得如既葬而除云耳○或疑是自短其
父母之喪然按史記田敬仲完世家威王
卒子宣王辟疆立則父服之除宜已久矣
孟子之遊未必宣王始立之日也豈爲其
母或生母服乎因自短其服制而又推以
及國人所謂莫之禁而弗爲者○教之以
孝弟則彼當自知兄之不可戾是正意而
喪之不可短數宗乃附說也在本言外而
意寔有之故集註及之○按儀禮公子爲
其母練冠麻衣縓緣既葬除之此便是終
喪也然當時此禮已廢之說爲是故曰是
欲終之而不可得也若既葬而未忍卽除
則其情雖厚亦爲過制矣古云先王制禮
不敢過也其傅之所請殆非既葬而未忍
卽除者乎

○孟子曰君子之所以教者五

下文五者蓋因人品高下或相去遠近先
後之不同

慶源輔氏曰如時雨化品之高者成德達
財其次也答問下者也私淑艾有同時而
相去或遠不同時而其生也後不能及門
受業者也

有如時雨化之者

時雨及時之雨也草木之生播種封殖人
力已至而未能自化所少者雨露之滋耳
及此時而雨之則其化速矣教人之妙亦
猶是也若孔子之於顏曾是已

程子曰待物生以時雨潤之使之自化

朱子曰時雨化者不先不後適當其時而
已○他地位已到因而發之如孔子告顏
淵以四勿告曾子以一貫所謂時雨化之
者

新安陳氏曰惟人力已至而後時雨可化
惟顏曾力到功深而後孔子之化可施使
他弟子而遽以是告之是猶種殖之力未
至雖有時雨亦不能速化也

有成德者有達財者

財與材同此各因其所長而教之者也成
德如孔子之於冉閔達財如孔子之於由

賜

朱子曰成就其德德則天資純粹者通達
其材材是天資明敏者

雲峯胡氏曰孔門四科顏曾冉閔皆以德
行稱孟子五教集註則以夫子之於冉閔
爲成德而顏曾爲時雨之化何也蓋自顏
曾以下皆在夫子教之中而顏曾二子獨
得夫子化之之妙也

有答問者

就所問而答之若孔孟之於樊遲萬章也

南軒張氏曰成德達財答問固在其中而
又有所謂答問者此則專爲凡答其來問
者也雖鄙夫之空空所以答之者亦無非
竭兩端之敎也

私淑艾則[illegible]四書皆在其內

慶源輔氏曰樊遲之粗鄙萬章之淺率孔孟皆必俟其問而後告教之是也

有私淑艾者艾音乂

私竊也淑善也艾治也人或不能及門受業但聞君子之道於人而竊以善治其身是亦君子教誨之所及若孔孟之於陳亢夷之是也孟子亦曰予未得爲孔子徒也予私淑諸人也

朱子曰艾芟草也自艾淑艾皆有斬絶自新之意懲艾創艾亦取諸此○有答問者未及師承只是來相答問而已私淑艾者未嘗親見面授只是或聞其風而師慕之

四書大全辯　下孟卷十三　全

或私竊傳其善言善行學之以善於其身是亦君子之教誨也

此五者君子之所以教也

聖賢施教各因其材小以成小大以成大無棄人也

趙氏曰君子之教人如天地之生物各因其材而篤焉天地無棄物聖賢無棄人

蔡虛齋曰有私淑艾者亦主教者而言蓋其教澤所遺有以成就之也凡道德足以師範後學者皆有私艾之澤必并此言之然後足以盡君子之教○大註云若孔孟之于陳亢夷之是也則是陳亢未嘗及孔子之門矣而論語子禽問于子貢章大註乃先云子禽姓陳名亢子貢姓端木名賜皆孔子弟子二說不同下文云或曰亢子貢弟子未知孰是然則後說與此說爲不相戾

○公孫丑曰道則高矣美矣宜若登天然似不可及也何不使彼爲可幾及而日孳孳也

孟子曰大匠不爲拙工改廢繩墨羿不爲拙射變其彀率彀古候反率音律

彀率彎弓之限也言教人者皆有不可易之法不容自貶以徇學者之不能也

君子引而不發躍如也中道而立能者從之

引引弓也發發矢也躍如如踴躍而出也

四書大全辯　下孟卷十三　全

因上文彀率而言君子教人但授以學之之法而不告以得之之妙如射者之引弓而不發矢然其所不告者已如踴躍而見於前矣中者無過不及之謂中道而立言其非難非易能者從之言學者當自勉也

○此章言道有定體教有成法卑不可抗高不可貶語不能顯默不能藏

朱子曰引而不發謂漸啓其端而不竟其說躍如謂義理昭著如有物躍然於心目之間○躍如是道理活潑潑地發出在面前如由中躍出○引而不發躍如也[illegible]

得是引箇甚麽是怎生地不發又是甚麽
物事躍在面前須是從這心與他看教
此心精一無些子夾雜方見得他那精微
妙處○道理散在天下事物之間聖賢也
不是不說然也全說不得自是那妙處不
容說然雖不說只籍擬動那頭了時那箇
物事自跌落在面前如張弓十分滿而不
發箭雖不發箭然已知得真箇是中這物
事了
南軒張氏曰聖人之道天下之正理不可
過不可不及也自卑者視之以爲甚高而
不知其高之爲中也自臨者視之以爲甚
大而不知其大之爲當也徇彼而遷就則
非所以爲道矣能與不能則存乎其人耳
中道而立能者從之此正大之體而天地
之情也學者循繩墨彀率而勿舍焉及其
久也將自有得不然勤獲助長爲害愈甚
矣

汪氏曰君子雖不貶道以徇人亦未嘗離
人絶物而使人不可幾及也
雲峯胡氏曰道有定體故卑不可抗高不
可貶是之謂中道而立教有成法故語不
能顯默不能藏而在乎人之能者從之
新安陳氏曰道有定體謂中道而立教有
成法謂繩墨彀率卑者不可抗之使高高
者不可貶之使卑申言道有定體也雖語
有不能顯者謂引而不發雖默有不能藏
者謂躍如也熟玩味之有無窮之妙
蔡虛齋曰大匠不爲拙工二句以起下文
之君子引而不發一意也人多于上節將
大註言教人者皆有不可易之法云云先
發出了遂于下節語勢輕輕着不知此
兩節同是一個道理上是比况下是正言
也○此章總是言教有成法而其所以教
有成法者以其道有定體也卑不可抗高
不可貶者道有定體也語不能顯默不能
藏者教有成法也亦惟其卑不可抗高不
可貶故語不能顯默不能藏胡氏陳氏所
分貼俱難從
陳紫峯曰引而不發朱子小註謂漸啓其
端而不竟其說者與大註不合

○孟子曰天下有道以道殉身天下無道以
身殉道

殉如殉葬之殉以死隨物之名也身出則
道在必行道屈則身在必退以死相從而
不離也

亢子車弟郎子食宰即家大夫二子指妻與宰

記檀弓下陳子車死於衛其妻與其家大
夫謀以殉葬定而后陳子亢至以告曰夫

子疾莫養於下請以殉葬子亢曰以殉葬
非禮也雖然則彼疾當養者孰若妻與宰
得已則吾欲已不得已則吾欲以二子者
之爲之也於是弗果用
趙氏曰道不可離也雖時有治亂已有窮
達并道殉身即身殉道以死相從豈可得
而離哉

未聞以道殉乎人者也

以道從人妾婦之道

華陽范氏曰君子遭世之治則身顯而道
行得志澤加於民故以道從身遭世之亂
則身隱而道不行不得志修身見於世故
以身從道以道殉乎人者陳氏所謂枉尺
而直尋也古之聖賢以道殉身伊尹周公
是也以身殉道孔子孟子是也君子窮達

不繇乎道道可以處則處道可以出則出
猶人君用人不用其身惟用其道以道殉
人者雖得之無所用也
南軒張氏曰身與道不可離也以道殉人
則是可離矣烏有所謂道哉
新安陳氏曰妾婦以順從爲道故亦曰道
孟子見有身徒顯而道不行道不行而身
猶不知隱者故發此論言當隨時之理亂
而酌身之進退非道殉身則身殉道身與
道不可須臾離也使道不殉身身不殉道
卽是以道殉乎人矣
林次崖曰未聞以道殉乎人主意正在此
一句當時仕者皆以道殉乎人者也故發
此言

〇公都子曰滕更之在門也若在所禮而不答何也更平聲

趙氏曰滕更滕君之弟來學者也

孟子曰挾貴而問挾賢而問挾長而問挾有勳勞而問挾故而問皆所不答也滕更有二焉長上聲

趙氏曰二謂挾貴挾賢也尹氏曰有所挾
則受道之心不專所以不答也〇此言君
子雖誨人不倦又惡夫意之不誠者
慶源輔氏曰學者之心須是專一方有受
教之地有所挾則二三也
新安陳氏曰挾者兼有而恃之之稱勳勞
已嘗有功勞於師故謂已與師有舊好恃

此以來學望師待以異意而教之皆所不
當答
南軒張氏曰受道者以虛心爲本則能受
有所挾則私意先橫於中而不能入矣故
空空之鄙夫聖人亦竭兩端之教而滕更
挾二故不答也使能思所以不答之故於
所挾致力以消之是亦誨之矣

〇孟子曰於不可已而已者無所不已於所厚者薄無所不薄也

已止也不可止謂所不得不爲者也所厚
所當厚者也此言不及者之獘
朱子曰厚薄是以家對國言之又曰所厚
謂父子兄弟骨肉之恩理之所當然而人
之不能已者

其進銳者其退速

進銳者用心太過其氣易衰故退速〇三
者之弊理勢必然雖過不及之不同然卒
同歸於廢弛
覺軒蔡氏曰進銳退速其病正在意氣方
盛之時已有易衰之勢不待意氣已衰之
後始見其失也
慶源輔氏曰不及者之弊則愈見其不及
流於欲者之所爲也過者之弊則其退也
可立而待役於氣者之所爲也欲肆則無
極氣過則易衰循理而行則有漸而可繼
也

勿軒熊氏曰前二句則見之處事接物之
間後一句則本於立心講學之際
雲峯胡氏曰前二者是當用心而不用心
之弊後一者是過用其心之弊不用其心
固宜廢弛過用其心者亦同歸於廢弛過
猶不及也
蔡虛齋曰厚薄看來不可依朱子小註專
作父子兄弟對外人說各各有厚薄○於
不可已而已者大註三者之弊理勢必然
或以其進銳只是不可已與所厚者其干
三字意若不合矣蓋果如其說則只是三
者
林次崖曰周平王忘父之讐宋高宗忘父
兄之讐是不可已而已者唐明皇一日殺
三子是其所厚者薄也進銳不但進修爲
治亦然如所謂求治大速更張無漸者亦
是
芑山張氏曰接物處事皆根立心說以心
與事物不相離也非前二句屬處事接物
後一句屬立心講學勿軒說未確

四書大全辯　下孟卷十三　一　六

○孟子曰君子之於物也愛之而弗仁於民
也仁之而弗親親親而仁民仁民而愛物
物謂禽獸草木愛謂取之有時用之有節
程子曰仁推己及人如老吾老以及人之
老於民則可於物則不可統而言之則皆
仁分而言之則有序楊氏曰其分不同故
所施不能無差等所謂理一而分殊者也
尹氏曰何以有等差一本故也無僞也

通考程氏勿齋曰天地之心鬼神之會萬
於萬物最靈所爲是之謂人動植之類形
氣之偏稟於斯蔽而不能推是之謂物
新安陳氏曰當取則取當用則用但有時
有節即愛也若釋氏以不取不用爲愛則
非矣
[illegible]仁山金氏曰集註草木禽獸皆舉之
[illegible]之有時用之有節此先王愛物之政也
若釋氏雖知以不殺爲愛物然知施於動
物而不知施之植物此之謂不知類覺絕
蔑親親之倫此之謂不知本墨氏兼愛無
差等釋氏則又倒行逆施矣
慶源輔氏曰統而言之則皆自吾一性之
仁分而言之則有輕重之序然在學者言
之則於此三者之序有由之而不知者有
得於此而失於彼者又有倒行逆施者惟
無次者要當因聖賢之言反求之心涵養
於未發之前體察於已發之後毋或於異

四書大全辯　下孟卷十三　一　七

端汨於私欲然後是聖學工夫
問孟子言愛與仁有小大之分潛室陳氏
曰親親而仁民仁民而愛物所謂一理萬
殊稱物平施此仁字是用待禽獸只有愛
心不可使失所若夫牛不穿鼻馬不絡首
一以人理奉之則親民何別不幾於同人
類於牛馬乎仁者人心也有人理存焉施
於人者不可施於物乃理一分殊處
新安陳氏曰理一所以爲仁分殊所以爲
仁之義
慶源輔氏曰一本故無僞而有等差若無
等差是僞而二本也
西山真氏曰凡生於天地間者莫非天地
之子而吾之同氣者也是之謂理一然親
者吾之同體民者吾之同類而物則異類
矣是之謂分殊故仁愛之施則有差
朱氏[illegible]義曰不以待人者施之物以其有
貴賤之分也不以待親者施之他人以其

有親疎之殺也於無所不愛之中而不失
其貴賤親疎之等差此聖人之仁所以歷
萬世而無弊也
新安陳氏曰暴殄者固非愛物矣梁武之
宗廟不用犧牲亦非愛物之宜蓋愛之而
仁是以仁民者仁物也無怪其於民反不
仁也墨氏之愛無差等施由親始亦非仁
民之宜蓋仁之而親是以親親者親民也
無怪其無父而於親反不親也是皆倒行
逆施之道無次序無等差非仁矣
東陽許氏曰愛之而弗仁之愛愛惜之意
不輕用物不暴殄天物之意仁民之仁乃
愛之本義親又重於仁
通旨朱氏公遷曰愛親是愛之所由立愛
人愛物是愛之所由施皆偏言之仁也
東陽許氏曰此章四仁字皆言仁之用程
子推己及人正訓仁字推字亦要輕看以
己所有推出行去爾

○孟子曰知者無不知也當務之爲急仁者
無不愛也急親賢之爲務堯舜之知而不徧
物急先務也堯舜之仁不徧愛人急親賢也
知者固無不知然常以所當務者爲急則
事無不治而其爲知也大矣仁者固無不
愛然常急於親賢則恩無不洽而其爲仁
也博矣
問如舜舉皋陶湯舉伊尹所謂親賢者乃
治天下不易之務若當務之急是隨其時
勢之不同堯之曆象治水舜之舉相去凶
湯之伐夏救民皆所務之急者朱子曰也

是如此然當務之急如所謂勞心者治人
勞力者治於人堯舜之治天下豈無所用
其心亦不用於耕耳又如夫子言務民之
義應繫所當爲者皆是也又曰堯以不得
舜爲己憂舜以不得禹皋陶爲己憂此聖
人之所急也上好禮則民莫敢不敬上好
義則民莫敢不服上好信則民莫敢不用
情若學圃學稼則是不急
新安陳氏曰上四句言知仁之理下六句
舉堯舜之知仁以實之
通旨朱氏公遷曰博施濟衆者聖人之所
病爲天下得人者聖人之所能故曰堯舜
之仁不徧愛人急親賢也

不能三年之喪而緦小功之察放飯流歠而
問無齒決是之謂不知務飯扶晩反歠昌悅反

三年之喪服之重者也緦麻三月小功五
月服之輕者也察致詳也放飯大飯流歠
長歠不敬之大者也齒決齧斷乾肉不敬
之小者也問講求之意○此章言君子之
於道識其全體則心不狹知所先後則事
有序豐氏曰智不急於先務雖徧知人之
所知徧能人之所能徒敝精神而無益於
天下之治矣仁不急於親賢雖有仁民愛
物之心小人在位無由下達聰明日蔽於

上而惡政日加於下此孟子所謂不知務
也
曲禮曰毋放飯毋流歠又曰濡肉齒決乾
肉不齒決濡溼也宜齧斷之乾肉堅宜用
手
南軒張氏曰孟子所譏特言舍大徇小者
爲不知務耳非謂能三年之喪則緦小功
有不足察無放飯流歠則齒決有不必問
也先後具舉本末畢貫此所以爲道
新安陳氏曰上文言智之知急務仁之急
親賢爲務乃知仁之大者此取譬於喪服
飲食以譏不能其大而求其細非知務者
也不知務是併結上文當務親賢爲務二
務字
雲峯胡氏曰集註之意以爲識智之全體
則其用宜無所不知識仁之全體則其用

宜無所不愛然智之用有當務之爲急仁
之用當急親賢之爲務故不識其全體者
知之不周愛之不廣狹用其心者也不知
所先後則知之雖周而精神敝於無用愛
之欲廣而德澤壅於下流泛用其心也輔
氏以爲識其全體是言仁知所先後則爲
智非集註意
新安陳氏曰當務爲急與親賢爲務門
以皐謨能哲而惠及樊遲問仁知章之意
推之謂智之所當務者卽是急親賢之爲
務仁之所爲卽智之所知亦儘可通南軒
卽此說也但孟子朱子之意本不如此蓋
知所當務所包甚濶不可竟以親賢當知
此章乃平論智仁非論智仁相爲用也

四書大全辯孟子卷之十三終

四書大全辯孟子卷之十四

如有汙損缺失責令賠補

盡心章句下

通考勿軒熊氏曰前四章極言當務
國之禍九章論古聖賢二章言孟子出
處餘皆講學修身齊家治國之事凡三
十八章

孟子曰不仁哉梁惠王也仁者以其所愛及
其所不愛不仁者以其所不愛及其所愛
親親而仁民仁民而愛物所謂以其所愛
及其所不愛也
公孫丑曰何謂也梁惠王以土地之故糜爛

其民而戰之大敗將復之恐不能勝故驅其
所愛子弟以殉之是之謂以其所不愛及其
所愛也
梁惠王以下孟子答辭也糜爛其民使之
戰鬭糜爛其血肉也復之復戰也子弟謂
太子申也以土地之故及其民以民之故
及其子皆以其所不愛及其所愛也○此
承前篇之末三章之意言仁人之恩自內
及外不仁之禍由疏逮親

惟時戰反　召邵音

雲峰胡氏曰承所厚者薄親親仁民仁者
無不愛而言
南軒張氏曰仁者推其愛親者以愛人不
仁者以其恐於他人者恐於其親仁與不
仁之分其端甚微而其流如此
慶源輔氏曰仁人之恩自內以及外者自
本而推之也惟其自本而推之故雖無所
不愛而輕重等差益不可紊也不仁之禍
由疏逮親者徇欲而從流者也惟其徇欲
而從流故横放逆施莫之紀極也始也糜
爛其民人而殘賊其子弟終不至殺身覆
族不已也
通考朱氏公遷曰此斥其不仁之辭予之
不仁是因其所發而知其所存惠王不仁
是因其所行而知其所蘊二章皆以事言
也

○孟子曰春秋無義戰彼善於此則有之矣

四書大全辯（下孟卷十四）　二

春秋每書諸侯戰伐之事必加譏貶以著
其擅興之罪無有以爲合於義而許之者
但就中彼善於此者則有之如召陵之師
之類是也
春秋僖公四年齊侯伐楚楚屈完如盟于
師盟于召陵
南軒張氏曰春秋無義戰如齊桓公侵蔡
伐楚如晉文公城濮之戰在當時其事雖
若善至於不稟王命而擅用其師則均爲
不義而已矣
雲峰胡氏曰春秋書戰皆以著諸侯無王
之罪召陵之師猶知假尊王之義

征者上伐下也敵國不相征也

此字載之皆書必書　書片事辭是不精理

征所以正人也諸侯有罪則天子討而正
之此春秋所以無義戰也
新安陳氏曰春秋以道名分使征伐自天
子出春秋不作矣惟不自天子出而自諸
侯出春秋所以作也無義戰三字斷盡春
秋諸侯兵爭之罪
蔡虛齋曰春秋是指春秋經非指春秋時
也故註曰春秋每書諸侯戰伐之事云云
彼善于此句要見得總是無義戰意○征
與伐何别曰有不義之伐無不義之征

○孟子曰盡信書則不如無書

程子曰載事之辭容有重稱而過其實者
學者當識其義而已苟執於辭則時或有

四書大全辯（下孟卷十四）　三

害於義不如無書之愈也

吾於武成取二三策而已矣

武成周書篇名武王伐紂歸而記事之書
也策竹簡也取其二三策之言其餘不可
盡信也程子曰取其奉天伐暴之意反政
施仁之法而已
張子曰不以文害辭不以辭害意此教人
讀詩法也於武成取二三策而已此教人
讀書法也

仁人無敵於天下以至仁伐至不仁而何其

子西此諸有功經傳

血之流杵也

杵舂杵也。或作鹵。楯也。武成言武王伐紂紂之前徒倒戈攻於後以北。血流漂杵。孟子言此則其不可信者。然書本意乃謂商人自相殺。非謂武王殺之也。孟子之設是言懼後世之惑且長不仁之心耳

楯豎尹反。兵器所以蔽身者。

問血流漂杵。乃紂之前徒倒戈之所爲。孟子以爲殺之者皆商人。非周人者是也。而孟子不之信。何哉。朱子曰此亦拔本塞源之論。蓋雖殺者非我。而亦不忍言也。程子以爲孟子設爲是言。蓋得其微意。余隱之

云。魯語曰。俎豆之事。則嘗聞之矣。軍旅之事未之學也。孔子之意可見矣。客有問陶弘景註易與本草孰先。陶曰註易誤不至殺人。註本草誤則有不得其死者。世以爲知言。唐子西嘗曰弘景知本草而未知經註本草誤。其禍疾而小。註六經誤。其禍遲而大。前世儒臣引經誤國。其禍至於伏尸百萬。流血千里。武成曰血流漂杵。武王以此自多之辭。當時倒戈攻後。殺傷固多。非止一處。豈至血流漂杵乎。孟子深慮戰國之君。以此藉口。故曰盡信書則不如無書。而謂血流漂杵。未足爲多。豈示訓之至哉經訓之禍。正此類也。反以孟子爲畔經。豈不惑之甚邪。

通考朱氏公遷曰。弔民伐罪。與師之義也湯武之師是已。春秋彼善於此者。假義而已。若晉欲伐齊。則貪昧而不知義。齊欲滅燕。則暴虐而不合義。季氏欲伐公臣。則强僭而犯義。宋不度德量力。而稱兵於倍地之四鄰。是又衡行賦斂。以取敗亡者也。此不明與師之義。

蔡虛齋曰。據此言則其所不信者。不止血流漂杵之一言矣。然今通考武成。其言一一皆平實而可信。何也。且所關繫甚大。一句不可少。○兵間安得有舂杵。曰此正兵中所宜用也。古人凡行兵。兵人須各携畚鍤板杵之屬。爲營壍備也。又有鑼鍋之類。行以爲鑼。㸑以爲鍋。

林次崖曰。觀書言血流漂杵。與孟子之言異。須知孟子立言之意。蒙引說得好。謂孟子斯言非初不識書本意。蓋直反書意而言之。所以拔本塞源。而爲生民立命也。

或曰孔子所刪四代書不過百篇。而漢伏生所傳。纔二十有八篇。爲眞古文。孔安國書傳後出。多二十五篇。大抵後人輔緝其離帝典爲二。割臯謨爲益稷。蔡仲之命稱

周公殺管叔。此犖犖不然之大者矣。秦漢間有張霸作僞武成及他書數十篇。流傳孔書出而霸書始廢。然安知孔書非以霸易霸也。詳孟子所見武成非古。按其誣何止血流漂杵一語。文王以服事殷。孔子稱至德。奈何伐商動援文考。謂其克成厥勳誕膺天命。是誣文王也。孔子謂武王末受命。周公成文武之德。追王大王王季。是武王在日。古公季歷尚未王也。而武成皆稱大王王季。然則武王克商。匆匆旬日間。即追王先祖。不已急乎。按其全文。先後無次不可盡信。何但武成一篇。而孟子獨舉此者。惡其傷好生之心。與于不仁之甚者也

芑山張氏曰。孟子不以文害辭二句。雖就說詩而言。武成取二三策。雖就讀書而言。總是教人以讀法耳。知此則自詩書六經以及他書。皆可讀。皆知所去取。非一則專教人讀詩。一則專教人讀書也。小註大泥。

○孟子曰有人曰我善爲陳我善爲戰大罪也

制行伍曰陳交兵曰戰

國君好仁天下無敵焉南面而征北狄怨東面而征西夷怨曰奚爲後我

此引湯之事以明之解見前篇

武王之伐殷也革車三百兩虎賁三千人

又以武王之事明之也兩車數一車兩輪也千書序作百

王曰無畏寧爾也非敵百姓也若崩厥角稽首

書泰誓文與此小異孟子之意當云王謂商人曰無畏我也我來伐紂本爲安寧汝非敵商之百姓也於是商人稽首至地如角之崩也

征之爲言正也各欲正已也焉用戰 焉於虔反

民爲暴君所虐皆欲仁者來正已之國也

南軒張氏曰戰國之際以功力相勝善爲戰者則謂之能臣以而孟子前以爲當厲上刑今又以爲大罪葢所謂深救當時之弊使之循其本也循其本有道焉其惟好仁乎好仁則無敵於天下若不志於仁而徒欲以功力取勝則天下孰非吾敵勝與負均爲殘民而逆天也

雲峰胡氏曰觀此復引書而言則可知前章所謂盡信書不如無書者矣大抵此四章亦相承而言一章以梁王之戰爲不仁二章以春秋之戰爲無義三章言武王仁義之師必無血流漂杵之事四章言湯武仁義之師必不用我善爲戰之人

東陽許氏曰孟子之時皆尚攻戰能者爲賢臣而孟子乃以爲大罪葢國君苟能行仁政以愛其民使之飽煖安佚則下民親戴其上矣其他國之民受虐於君者必歸於此人既樂歸於我我以親上之民而征虐民之君則其民豈肯與我爲敵故引湯武之事以證之

○孟子曰梓匠輪輿能與人規矩不能使人巧

尹氏曰規矩法度可告者也巧則在其人雖大匠亦末如之何也已葢下學可以言傳上達必由心悟莊周所論斲輪之意葢如此

南軒張氏曰聖賢之教人自灑掃應對進退而上皆規矩也行著習察則存乎人聖賢亦豈能使之然哉然而固不外乎規矩舍規矩以求巧無是理也

新安陳氏曰巧即循規矩熟後自得之妙未有舍規矩而可以得巧者上達即下學

與 音余

之覺悟處。未有舍下學而徑可以上達者。但巧與上達，非教者所能致力耳。未嘗以爲出於規矩與下學之外也。○本文如詩六義之比。未嘗說破。此乃以吾道之教者與學者言之也。

莊子大道篇，桓公讀書於堂上，輪扁斲輪於堂下，釋椎鑿而上，問桓公曰，敢問公之所讀者何言邪。公曰，聖人之言也。曰，聖人在乎。公曰，已死矣。曰，然則君之所讀者，古人之糟魄已夫。桓公曰，寡人讀書，輪人安得議乎。有說則可，無說則死。輪扁曰，臣也以臣之事觀之。斲輪，徐則甘而不固，疾則苦而不入，不徐不疾，得之於手而應之於心，口不能言，有數存焉於其間。臣不能以喩臣之子，臣之子亦不能受之於臣，是以行年七十而老斲輪。古之人與其不可傳者死矣。然則君之所讀者，古人之糟魄已夫。

○孟子曰，舜之飯糗茹草也，若將終身焉。及其爲天子也，被袗衣，鼓琴，二女果，若固有之。

飯，食也。糗，乾糒也。茹，亦食也。袗，畫衣也。二女，堯二女也。果，女侍也。言聖人之心不以貧賤而有慕於外。不以富貴而有動於中。隨遇而安。無預於已。所性分定故也。

趙氏曰，畫黼黻絺繡之衣也

朱子曰，趙氏以果爲侍，廣韻從女從果者亦曰侍

南軒張氏曰，若將終身若固有之，可謂善形容舜者。蓋所欲不存，樂天而安土，窮而在下則無一毫之虧，達而在上亦無一毫之加，故無適而不得也。

慶源輔氏曰，所性謂天所予我之性，分定謂雖大行不加，雖窮居不損也。夫貧富貴賤皆外物之儻來寄也。聖人盡性，故湛然無所欣感於其間，隨遇而安，不以物動已也，無預於已，不以已隨物也。

通考朱氏公遷曰，有天下不與者，是不爲外物所役，若將終身若固有之者，是不爲外物所遷。飯蔬飲水樂在其中者，是不爲外物所累，安土敦仁。聖之至也。此皆卽其心之所安而言之。

郝京山曰，問禮大宗伯職云，大賓客則攝而載果。天子大祭祀賓客，王正裸，后亞裸。詩云，厥作裸將。酌祭獻尸曰裸，獻賓客亦曰裸。禮記，投壺云，奉觴賜灌，卽果也。舊解女侍曰果，是以裸爲祼裎之裸，誤也。

巴山張氏曰，有天下不與，樂在其中。若將終身，若固有之。總見外物不能爲損益。總

是不動心耳。朱氏分不爲物役不爲物遷不爲物累。豈知不爲物累，與不爲物役，無甚分別乎。不必從。

○孟子曰，吾今而後知殺人親之重也。殺人之父，人亦殺其父；殺人之兄，人亦殺其兄。然則非自殺之也，一間耳。

言吾今而後知者，必有所爲而感發也。一間者，我往彼來，間一人耳。其實與自害其親無異也。范氏曰，知此則愛敬人之親，人亦愛敬其親矣。

南軒張氏曰天有顯道厥類惟彰感應之理未有不以類者方其殺人之親孰知人殺吾親其機固已在此乎觀魏晉南北朝之君互相屠戮自今觀之曾數他人者實自絕滅而已矣孟子斯言欲使時君無動於忿欲寡怨息爭以保其宗廟親族是仁術也

〇孟子曰古之爲關也將以禦暴

譏察非常

今之爲關也將以爲暴

征稅出入〇范氏曰古之耕者什一後世或收太半之稅此以賦斂爲暴也文王之

四書大全辯〈下孟卷十四　十

囿與民同之齊宣王之囿爲阱國中此以囿園爲暴也後世爲暴不止於關若使孟子用於諸侯必行文王之政凡此之類皆不終日而改也

新安陳氏曰關有譏有征古者禁異服識異言以譏爲主今以征爲主而已

南軒張氏曰古以義理爲國後世徇利而已古人創法立制與天下公共凡以爲民耳以利爲國雖古法之尚存者亦皆轉而爲一己之計矣本原不正無往不失先王之意豈特爲關之暴而已哉

慶源輔氏曰關則一而古今所以爲關之意則不同譏察非常爲義也天理也征稅出入爲利也人欲也天下之事莫不然孟子舉關之一事言之范氏推言及賦斂苑囿之事且曰使孟子用於諸侯必行文王之政者尤說得孟子之事實發孟子言語句句是事實言之則必行之

或曰古者四郊四境皆設關以幾出入備非常後世因以征権商旅按周禮地官有司關之職掌國貨之節司貨賄之出入者凡所達貨賄以節傳出之凡貨不出于關者舉其貨罰其人故周禮非古也又云國凶札則無關門之征猶幾凡四方賓客敂關則爲之告有內之送令則以節傳出內之此則古之遺意也

敂音叩　出內之內音納

芑山張氏曰爲暴暴字即禦暴暴字見苛征蠹民虐猶言苛政猛于虎也

〇孟子曰身不行道不行於妻子使人不以道不能行於妻子

四書大全辯〈下孟卷十四　十一

身不行道者以行言之不行者道不行也使人不以道者以事言之不能行者令不行也

朱子曰身若不行道則妻子無所取法全無畏憚了然猶可使也若使人不以道則妻子亦不可使矣問不行於妻子百事不可行不可使亦在其中不能行於妻子却只指使人一事言之否曰然

南軒張氏曰順理之事則人易從否則雖妻子亦不能使之必從也前言不躬行則無以化之後言使之非道則不得而強之然使之以道而躬行未至彼亦未必信從均於不行而已是行道爲本也然在行道者言之使人以道亦行道之見於一事者也古人謂進德者必考之於妻子其是之

謂欺、
蔡虛齋曰、身不行道、則化亦不行于妻子、
然猶可使也、若使人不以道、則令亦不能
行于妻子矣、兩言妻子者、非專爲妻子也、
言妻子至親近、仰吾以爲天者、尚不可化
不可令、況他人乎、

○孟子曰周于利者凶年不能殺周于德者
邪世不能亂

周足也言積之厚則用有餘

慶源輔氏曰、德貴蓄積、然後有餘用而外
物不足以亂之、若夫挾一善一長而自以
爲足、而欲以遊於邪世、則鮮有不爲其所
亂者矣、故良農不患乎年之有凶、而惟患
乎蓄積之不厚、君子不患乎世之難處、而
患乎德之不周、戰兢自持、死而後已、凡皆

以周其德也、

新安陳氏曰、積利厚者豐凶皆給、積德厚
者理亂皆正、孟子不言利、而此言之、主周
於德而言、借以爲喻而引起耳、

或曰、亂非必全無德、世衰道微、賢者不能
自持、如揚雄事王莽、荀彧從曹操、非亂與、
小有德而不能周也、孔子之在春秋、孟子
之在戰國、確然不淬、斯謂之周于德耳、

○孟子曰好名之人能讓千乘之國苟非其
人簞食豆羹見於色

好名之人矯情于譽是以能讓千乘之國
然若本非能輕富貴之人則於得失之小
者反不覺其真情之發見矣蓋觀人不於
其所勉而於其所忽然後可以見其所安
之實也、

朱子曰、讓千乘之國、惟賢人能之、然好名
之人、亦有時而能之、本非真能讓國也、徒
出一時之慕名、而勉強爲之耳、這邊雖能
讓千乘之國、那邊簞食豆羹、必見於色、東
坡謂人能破千金之璧、而不能無失聲於
破釜、正此意也、苟非其人、其人指真能讓
國者、非指好名之人也、○嘗把此一段對
鄉爲身死而不受爲義看、此段是好名之
心勝、大處打得過、小處漏綻也、動於萬鍾
者是小處、遮掩得過、大處發露也、○千乘
之國、辭受之間、十目所視、十手所指之地
也、簞食豆羹、得失之際、則微矣、人亦何暇
注其耳目於斯哉、此好名之士所以飾情
於彼、以取美名、而不意其鄙吝之真情實

態、乃發露於忽易不虞之地也、

慶源輔氏曰、矯情者務勉於其大而難久、
至誠者不忽於其小而有常、是以觀人之
法、不於所勉而於所忽、人之誠與僞見矣、
所安即誠也、

新安陳氏曰、所安對所勉言、勉強者多矯
飾於大、而不免發露於小、安焉者則貫小
大皆出於真實也、

或曰、苟非其人句甚着力、非過脈語、就好
名者翻轉看、以見僞讓者之不能下暴其
真耳、

芑山張氏曰、集註不覺二字、正見讓千乘
者之發不及覺處、宜玩、

○孟子曰不信仁賢則國空虛

空虛、言若無人然、

德可
新安陳氏曰仁賢分言則仁仁人也賢有德之人也合言則仁德之賢人也

無禮義則上下亂

禮義所以辨上下。定民志。

無政事則財用不足

生之無道。取之無度。用之無節故也。○尹氏曰。三者以仁賢爲本。無仁賢則禮義政事。處之皆不以其道矣。

南軒張氏曰。信仁賢則君有所輔。民有所庇。社稷有所託。奸宄有所憚。國本植立而

堅固矣。有禮義則自身以及國。君君臣臣父父子子。而上下序。所謂治也。有政事則先後綱目。粲然具舉。百姓足而君無不足焉。此三者爲國之大要。然信仁賢其本也。信仁賢而後禮義與。禮義與而後政事修。雖三王之所以治。亦不越是矣。

新安陳氏曰禮義由賢者出爲政在人三者所以以仁賢爲本也何代不生賢在人君能信用之耳有之而不信用與無人同孟子不曰無仁賢而曰不信仁賢見仁賢信用之則有不信用則無此不信二字之深意

蔡虛齋曰。國非無人也。不信仁賢。則君無人矣。狐朝在秦。未可謂秦無人。三良在鄭。則楚知未可問。紂失仁賢則爲獨夫而已。

芑山張氏曰非仁賢而遽信之空虛尤甚

○孟子曰。不仁而得國者有之矣。不仁而得天下。未之有也。

言不仁之人。騁其私智。可以盜千乘之國。而不可以得丘民之心。鄒氏曰。自秦以來。不仁而得天下者有矣。然皆一再傳而失之。猶不得也。所謂得天下者。必如三代而後可。

南軒張氏曰不仁而得國得其土地而已豈得其民心哉然是終可保乎孟子之言所當深味不可執辭以害意也後之取天下而立國差久者其始所行亦必庶幾於仁不然雖得土地於一時亂亡亦相躡而至是其得也適以速其滅亡耳

慶源輔氏曰不仁而得天下如曹操司馬氏及五代之君皆是也鄒氏斷以得天下必如三代而後可者得孟子之旨矣雲峰胡氏曰騁私智可以盜之於一時非至仁不可得之於悠久

○孟子曰。民爲貴。社稷次之。君爲輕。

社。土神。稷。穀神。建國則立壇壝以祀之。蓋國以民爲本。社稷亦爲民而立。而君之尊。又係於二者之存亡。故其輕重如此。

周禮地官大司徒設其社稷之壝而樹之田主各以其野之所宜木遂以名其社與其野○封人掌設王之社壝爲畿封而樹之聚土曰封壝謂壇及堳埒也白虎通曰

天子社壇方五丈取五五色土封之諸
侯半之各以其所守之一色土封之皆
冒以黃土○周禮圖社壇相竝社壇在
東稷壇在西各三級壇在四隅如矩曲方
趙氏曰社所以祭五土之神稷所以祭五
穀之神稷非土無以生土非穀無以見生
生之效以其同功均利以養人故也
問民貴君輕之說得不啓後世簒奪之端
乎朱子曰以理言之則民貴以分言之則
君貴此固兼行而不悖也各於其時視其
輕重之所在而已爾若不論其是而姑借
聖賢之說則亦何詞之不可借而所以啓
後人之禍者又豈止於斯乎
新安陳氏曰此以理言非以分言也

是故得乎丘民而爲天子，得乎天子爲諸侯，得乎諸侯爲大夫。

丘民，田野之民，至微賤也。然得其心，則天下歸之。天子至尊貴也，而得其心者，不過爲諸侯耳。是民爲重也。

諸侯危社稷，則變置。

諸侯無道，將使社稷爲人所滅，則當更立賢君。是君輕於社稷也。

犧牲既成，粢盛既潔，祭祀以時，然而旱乾水溢，則變置社稷。

祭祀不失禮，而土穀之神不能爲民禦災捍患，則毀其壇壝而更置之。亦年不順成，八蜡不通之意。是社稷雖重於君而輕於民也。

記郊特牲天子大蜡八伊耆氏始爲蜡蜡
也者索也歲十二月合聚萬物而索饗之
也蜡之祭也主先嗇而祭司嗇也祭百種
以報嗇也饗農及郵表畷禽獸仁之至義
之盡也古之君子使之必報之迎貓爲其
食田鼠也迎虎爲其食田豕也迎而祭之
也祭坊與水庸事也八蜡以記四方四方
年不順成八蜡不通以謹民財順成之方
其蜡乃通先嗇田祖也郵表畷郵亭標表
田畔相連畷處造爲郵舍田畯居之以督
耕也郵音尤畷陟劣反音拙禽獸貓虎之
屬也迎迎其神而祭之也田鼠田豕皆能

害稼故食之者爲有功坊隄也以畜水障
水庸溝也以受水洩水以其有功于農而
祭之也不通言歲凶則八蜡之神不得與
諸方通祭也
雲峰胡氏曰兩變置字不同集註釋之亦
異變置諸侯者改立其人也變置社稷者
改立其祀神之壇壝而非改立其神也
南軒張氏曰人君雖待崇高之勢而忽下
民之微故肆其私欲輕失人心以危其社
稷使其知民之貴社稷次之而已不與焉
則必兢兢業業不敢自恃惟懼其失之也
則民心得而社稷可保矣是以明王畏其
民而闇主使民畏已畏其民者昌使民畏
已者亡驕亢自居民雖迫於勢而憚之然
其心日離民心日之是天命去之矣
慶源輔氏曰天生民而立之君以司牧之
是君爲民而立也世衰道微至戰國時爲
君者不知其職視民如草芥而不知恤也

故孟子發此輕重之論而并及夫社稷焉
蓋社稷亦為民立故也於是反覆明辨之
其丁寧警切之意可謂仁矣
蔡虛齋曰民為貴只是匹夫匹婦或能勝
予之意蓋古者有畏民之君是以無可畏
之民後世狃于民之不足畏而民之大可
畏者始見于天下○小註田主考周禮句
解曰田主山神也樹立木為表也
芑山張氏曰通章只民為貴一句為主下
數節互相發非各為分釋各一節各釋一
句意便散緩失立言大指

○孟子曰聖人百世之師也伯夷柳下惠是
也故聞伯夷之風者頑夫廉懦夫有立志聞
柳下惠之風者薄夫敦鄙夫寬奮乎百世之

上句百世之下聞者莫不興起也非聖人而
能若是乎而況於親炙之者乎
興起感動奮發也親炙親近而熏炙之也
餘見前篇
朱子曰孟子於二子論之詳矣雖以為聖
之清和然又嘗病其隘與不恭且以其道
不同於孔子而不願學也及其一旦發為
此論乃以百世之師歸之而孔子反不與
焉蓋孔子道大德中而無迹故學之者沒
身鑽仰而不足二子志潔行高而迹著故
慕之者一日感慨而有餘也○問孟子尊
孔子者也乃屢稱夷惠而深歎仰之何邪
曰夷惠之行高矣然偏勝而易能有迹而
易見且百世之貪懦鄙薄者衆一聞其風

朱子此論未確

陳氏此條可刪

蔡引承注氏此條

而興起焉則其為效也遠而所及者廣譬
之薑桂大黃之劑雖非中和然其去病之
功為捷而田夫販婦大寒大暑之所便也
若孔子之道則廣大而中正渾然而無迹
非深於道者不能窺其萬一如參苓芝
术之為藥平居有養性之益而緩急伐病
之功未必優於薑桂大黃非所以施於閭
巷之間危惡之候也孟子屢稱夷惠而不
及孔子其意殆以此邪
南軒張氏曰夷惠稱聖人以其聖於清
於和而得名也
潛室陳氏曰伯夷柳下惠皆入聖來故其
清為聖人之清和為聖人之和作用處與
常人萬萬不侔但[illegible]為孔子猶為小成之聖
耳
汪氏曰聖人達則澤及當時窮則風傳後
世於此不及伊尹者夷惠不為政於天下
所可言者風而已伊尹異於是故不及之

雲峰胡氏曰四時之風莫和於春莫清於
秋物無有不動者然在物猶有迹也仲尼
元氣也渾然無迹矣
或曰非聖人而能若是乎是贊嘆之詞不
是證其為聖人處○況于親炙句只借來
形容百世必興之意而甚之之辭不必求
他着落即如惠在當時有弟如跖夷在商
季有君如紂皆不能化安知其所瞿然而
顧化者能有幾人
芑山張氏曰鑽仰不足感慨有餘數句宜
玩至如以參术喻孔子以薑桂喻夷惠謂
參术徒有養性之益未必優于薑桂之伐
病則是孔子尚有缺陷處其功施尚有不
逮夷惠處有是理乎須知孔子廣大中正
與天合德方且參贊化育豈復有不優于
夷惠者特孟子不敢以孔子望天下後世
故言夷惠而不及孔子耳朱子小註稍泥
不可從

○孟子曰仁也者人也合而言之道也
仁者人之所以爲人之理也然仁理也人物也以仁之理合於人之身而言之乃所謂道者也○程子曰中庸所謂率性之謂道是也或曰外國本人也之下有義也者宜也禮也者履也智也者知也信也者實也凡二十字今按如此則理極分明然未詳其是否也
朱子曰此仁字不是別物即是這箇人底道理仁是人之道理就人身上體認出來及就人身上說合而言之便是道也○人之所以得名以其仁也言仁而不言人則不見理之所寓言人而不言仁則人不過是一塊血肉耳必合而言之方見得人道理出來○如中庸仁者人也是對義者宜也意又不同人字是以人身言人自有生意脩道以仁便說仁者人也是切已言之孟子是統而言之○仁則人性而已矣道則父子之親君臣之分見於人之身而尤若者也○只仁與人合而言之便是道猶言公而以人體之便是仁也
通考朱氏公遷曰人以天理言仁者人身之天理也子思以生理言孟子以所以爲人之理言子思欲人推之而有序孟子欲人體之而不違生理即天地生物之心所以爲人之理即器中之道物中之則也中庸脩道以仁以仁之全體言仁者人也以仁之名義言親親爲大以仁之事實言

四書大全辯〈下孟卷十四〉　二十

尤延之孟子仁也者人也下高麗本云云此說近是
新安陳氏曰若據此本則是合仁義禮智信而言之皆道也且又見得仁義禮智兼信而言五常之道尤爲明備云
蔡虛齋曰愚按外國本之說理味俱短而朱子乃謂如此則理極分明何也豈惟曰仁也者人也即繼之曰合而言之道也此所以爲孟子議論若兼義者宜也云云合而言之道也有何意味雖非孟子亦能爲此矣且既曰仁也者人也則何所不該不當復繼之以云云矣
林次崖曰此是解釋仁道二字言仁即是人之理而道則是仁與人合而言之也道猶路也因人行方有個路亦因人行方有個道不是懸空有個道路是因人然後有故但說道便粘着人無人說不得道如曰率性之謂道性仁也率之乃人也道者事物當然之理當然之理仁也事物乃人也

四書大全辯〈下孟卷十四〉　二十一

豈不是合仁與人而言若單言仁只是個性耳單言人只是個形耳合形與性乃謂之道故曰形而上者謂之道亦可見是合仁與人而言也合而言之依小註蒙引說俱不明白愚說頗見分曉學者勿草草看過
郝京山曰仁也者人也一句便是合而言之非以人釋仁也人渾是一片生意耳目口鼻即聰明睿智人能弘道道待其人而行世不知道而離氣言理又不知人而離性言形皆未爲知道也此章即形色天性前篇以才情言性亦此意
○孟子曰孔子之去魯曰遲遲吾行也去父母國之道也去齊接淅而行去他國之道也

重出

已見萬章下篇

南軒張氏曰當其可卽是道當去魯之時則遲遲其行爲道當去齊之時則接淅而行爲道孟子學孔子去齊去魯其父母國而有三宿出晝之濡滯何也孟子於齊宣王蓋有望焉故其去有遲遲不能已者夫其不能以已是則道之所存也

芭山張氏曰既重出則南軒小註爲贅可以删而蒙引復頗其說何也存疑不置解最是按郝京山云此語已具前篇重拈出贅數有深味其論似迂不必從

○孟子曰君子之戹於陳蔡之間無上下之交也

四書大全辯〈下孟卷十四　圭

君子孔子也戹與厄同君臣皆惡無所與交也

慶源輔氏曰陳蔡之厄聖人之極否也是亦氣數之窮在聖人則何與焉

蔡虛齋曰按史記孔子去衛適齊凡三次見其第三次也因靈公問陳不對而行復如陳又如蔡及葉朱子序說曰史記云於是楚昭王使人聘孔子孔子將往拜而陳蔡大夫發徒圍之故絕糧于陳蔡之間有慍見及告子貢一貫之語按是時陳蔡臣服于楚若昭王來聘孔子陳蔡大夫安敢圍之且據論語絕糧當去衛如陳之時○君子之戹於陳蔡云云可見史記發徒圍之之說未可信絕糧亦止是無上下之交而懷資不足無從得糧耳

○貉稽曰稽大不理於口貉音陌

趙氏曰貉姓稽名爲衆口所訕理賴也今按漢書無俚方言亦訓賴

前漢季布贊賢者誠重其死夫婢妾賤人感慨而自殺非能勇也其畫無俚之至耳晉灼曰揚雄方言曰俚聊也許愼曰賴也慶源輔氏曰大不賴於口者言大爲衆口所訕也

孟子曰無傷也士憎茲多口

趙氏曰爲士者益多爲衆口所訕按此則憎當從土今本皆從心蓋傳寫之誤

四書大全辯〈下孟卷十四　圭

新安陳氏曰爲士者往往見憎于此多口如語之屢憎於人

詩云憂心悄悄慍于羣小孔子也肆不殄厥慍亦不隕厥問文王也

詩邶風柏舟及大雅緜之篇也悄悄憂貌慍怒也本言衛之仁人見怒於羣小孟子以爲孔子之事可以當之肆發語辭隕墜也問聲問也本言大王事昆夷雖不能殄絕其[illegible]不自墜其聲問之美孟子以爲文王之事可以當之○尹氏曰言人顧

自處如何盡其在我者而已
南軒張氏曰肆猶言遂也承上起下之辭
新安陳氏曰文王孔子二聖人尚不免逢
人之愠怒况今能絕衆口之謗訕乎惟在
即反而盡其在我者耳
東陽許氏曰此章言文王孔子雖有聖人
之德亦不免爲衆口所謗訕而其所以處
之者如此然人雖謗之終不能損其令名
孟子意謂稽雖爲衆口所訕但當自脩其
德而已
○孟子曰賢者以其昭昭使人昭昭今以其
昏昏使人昭昭
昭昭明也昏昏闇也尹氏曰大學之道在
自昭明德而施於天下國家其有不順者

四書大全辯 下孟卷十四 卅四

寡矣
慶源輔氏曰以己昭昭使人昭昭者求之
己也以己昏昏使人昭昭者求之人也尹
氏引大學之說當矣能明明德則施於天
下國家其有不順者寡矣若不自明其德
則如面牆一物無所見一步不可移雖至
近如妻子亦且不順况他人乎
蔡虛齋曰在人君則人字兼臣民在人臣
則人字兼君民
林次崖曰此指當時之治人者言自諸侯
至于大夫凡有治人之責者皆然
芭山張氏曰兩個使字只一例看不必着
力說若云上使字精深下使字粗淺便非
本文語氣

○孟子謂高子曰山徑之蹊間句介然用之
而成路句爲間不用則茅塞之矣今茅塞子
之心矣介音戛
徑小路也蹊人行處也介然倏然之頃也
用由也路大路也爲間少頃也茅塞茅草
生而塞之也言禮義之心不可少有間斷間從閑反
也
趙氏曰高子齊人嘗學於孟子去而學他
術
慶源輔氏曰禮義之心人所固有雖易發
而亦易窒善端發處體察而力充之則可
以成德否則內爲氣習所蔽外爲物欲所
誘而遂窒之矣

四書大全辯 下孟卷十四 卅五

新安陳氏曰學問漸進則禮義日開學問
纔止則理義日窒氣習物欲皆塞理義之
心之茅也學問廢弛譬之茅又生而塞子
之心矣高子爲人如前篇論小弁後章論
禹文王樂其固陋窒塞可見
東陽許氏曰山間之小徑倏然有人行而
不斷即成大路少頃無人行則茅長而遂
塞之學問之道才有間斷私欲便生而塞
天理之路矣
通旨朱氏公遷曰此因儆戒學者而以理
義之心言之也失其本心人心有害放其
良心放心不求皆是此類盡情者不能自
強慾者不能自克此其所以爲衆人也
○高子曰禹之聲尚文王之聲叔京山合上聲

尚加尚也、豐氏曰言禹之樂過於文王之樂、

孟子曰何以言之曰以追蠡（追音堆 蠡音禮）

豐氏曰追鐘紐也、周禮所謂旋蟲是也、蠡者齧木蟲也、言禹時鐘在者鐘紐如蟲齧而欲絕、蓋用之者多、而文王之鐘不然、是以知禹之樂過於文王之樂也、

趙氏曰按周禮考工記鐘縣謂之旋、旋蟲謂之幹、蓋懸鐘之紐也、其形如環、有盤旋之義、于旋之上、為蟲形以飾之、自漢以來、鐘旋之上以銅篆作蹲熊及盤龍獸名辟邪、皆旋蟲之類也、

四書大全辯 下孟卷十四　美

曰是奚足哉城門之軌兩馬之力與（與平聲）

豐氏曰、奚足言此何足以知之也、軌車轍迹也、兩馬一車所駕也、城中之涂容九軌、車可散行、故其轍迹淺、城門惟容一車、車皆由之、故其轍迹深、蓋日久車多所致、非一車兩馬之力能使之然也、言禹在文王前千餘年、故鐘久而紐絕、文王之鐘、則未久而紐全、不可以此而議優劣也○此章文義本不可曉、舊說相承如此、而豐氏差自故今存之、亦未知其是否也、

周禮冬官下、匠人營國方九里旁三門、國中九經九緯、經涂九軌、國中城內也、經緯謂涂也、經緯之涂、皆容方九軌、軌八尺為轍廣、九軌積七十二尺、則此涂十二步也、

或曰高子繫以辭言、未辨其為何樂、遍考字書、亦並無以追為鐘紐者、追義當為捷、言禹樂尤極擊之處、皆擢殘欲絕、有如蟲齧之形也、

城門之軌二句、與追蠡句應、言禹鐘之追蠡、非一朝之故、如城門之軌、非兩馬之力也、如文王又千餘年、其追蠡亦如禹矣、異處在久上、不在車所必繇上、

○齊饑陳臻曰國人皆以夫子將復為發棠

四書大全辯 下孟卷十四　老

殆不可復（復扶又反）

先時齊國嘗饑、孟子勸王發棠邑之倉以賑貧窮、至此又饑、陳臻問言齊人望孟子復勸王發棠、而又自言恐其不可也、

華陽范氏曰孟子在賓師之位、方以仁義說齊王、幸而聽其言、故發棠邑之粟、然而不行王政、孟子言忠不合、及再饑孟子遂不復言、度其不可言也、

孟子曰是為馮婦也晉人有馮婦者善搏虎卒為善士則之野有衆逐虎虎負嵎莫之敢攖望見馮婦趨而迎之馮婦攘臂下車衆皆

悅之其爲士者笑之

手執曰搏卒爲善士後能改行爲善也之適也負依也山曲曰嵎攖觸也笑之笑其不知止也疑此時齊王已不能用孟子而孟子亦將去矣故其言如此

南軒張氏曰世固有勇於爲善事者不察夫義理之當然與否而必爲之蓋亦足以悅於流俗然發不中節有害於君子之道是者馮婦之類耳學者其無惑於衆之悅而有動哉審諸已而已矣

慶源輔氏曰齊人之所望於孟子者利也而孟子之所以自守者義也夫告君以發粟賑民是亦美事固君子所樂爲者但是

時齊王已不能用孟子而孟子亦將去矣故其義不當復有所言耳君子之所爲與時變化、、主故常惟義理如何耳豈徇其常所爲者以取人之譽哉

新安陳氏曰勸王發倉賑饑仁也知時不可言而不言知也

通考朱氏公遷曰此於智之中有制事之義若孔子去魯遲遲吾行與膰肉不至不稅冕而行則智之中有愛君之仁又按齊人歸女樂孔子行是孔子所以去之本意膰肉不至而孔子行則以明其用心之忠且厚也此皆見聖賢見幾之智

○孟子曰口之於味也目之於色也耳之於聲也鼻之於臭也四肢之於安佚也性也有命焉君子不謂性也

程子曰五者之欲性也然有分不能皆如其願則是命也不可謂我性之所有而求必得之也愚按不能皆如其願不止爲貧賤蓋雖富貴之極亦有品節限制則是亦有命也

性之所欲此即食色性也之性願即欲也命則天理之則也不可踰越其分限

朱子曰此性字指氣質而言此命字合理與氣而言五者之欲固是人性然有命分既不可謂我性之所有而必求得之又不可謂我分可以得而必極其欲如貧賤不能如願此固分也富貴之極可以無所不

爲然亦有限制裁節又當安之於理如紂之酒池肉林却是富貴之極而不知限節若以其分言之固無不可爲但道理却恁地不得今人只說得一邊不知合而言之未嘗不同也

新安陳氏曰此命字合理與氣言貧賤之安於分此以氣言也富貴之不過其則此以理言也

通考朱氏公遷曰命兼理氣言貧賤而知有分則是氣富貴而知有品節則是理此性也有命之說不徇私以滅理是命於理者我能立之不縱欲以傷命是命於氣者我能立之此脩身立命之說二章皆以理御氣皆以理制欲也又曰性是氣稟食色而言不謂性兼爲富貴貧賤者言之動心忍性專爲困窮患難者言之皆非特地論性而推其語意脉絡則所謂性者各有所指也

仁之於父子也義之於君臣也禮之於賓主也智之於賢者也聖人之於天道也命也有性焉君子不謂命也

程子曰仁義禮智天道在人則賦於命者所稟有厚薄淸濁然而性善可學而盡故不謂之命也張子曰晏嬰智矣而不知仲尼是非命邪愚按所稟者厚而淸則其仁之於父子也至義之於君臣也盡禮之於賓主也恭智之於賢否也哲聖人之於天道也無不脗合而純亦不已焉薄而濁則反是是皆所謂命也或曰者當作否人衍字更詳之○愚聞之師曰此二條者皆性之所有而命於天者也然世之人以前五者爲性雖有不得而必欲求之以後五者爲命一有不至則不復致力故孟子各就其重處言之以伸此而抑彼也張子所謂養則付命於天道則責成於已其言約而盡矣

朱子曰橫渠有云晏嬰智矣而不知仲尼是非命邪此命字恐作兩般看若作所稟之命則是嬰稟得智之淺者若作命分之命則是嬰偶蔽於此遂不知夫子此當作兩般看

朱子曰命也有性焉此命字專指氣而言此性字專指理而言如舜遇瞽瞍固是所遇氣數然舜惟盡事親之道期於底豫此所謂盡性大凡淸濁厚薄之稟皆命也一以所稟言之一以所性言之所造之有淺有深所感之有應有不應但其命雖如此又有性焉故當盡性○或說以五者之命皆爲所值之不同如舜之於瞽瞍則仁或不得於父子文王之於紂則義或不得於君臣孔子之於陽貨則禮或不得於賓主子貢不能聞一知十則智或不得於賢者孔子不得堯舜之位則聖人或不得於天道此皆命也然君子當勉其在已者而不歸之命其義亦通

雲峯胡氏曰此命字專指氣而言然氣亦有二淸濁美惡氣質之不齊也高下厚薄脩短氣數之有異也

朱子曰口之於味五者此固性之所欲然在人則有所賦之分在理則有不易之則皆命也是以不謂之性而付命於天仁之於父子五者在我則有厚薄之稟在彼則有遇不遇之殊是皆命也然有性焉君子不謂之命而責成於已須如此看意思方圓無欠缺處○口之於味等固是性然亦便是合下賦予之命仁之於父子等固是命然亦是各得其所受之理便是性孟子恐人只見得一邊故就其所主而言舜禹相授受只說人心惟危道心惟微論來只有一箇心人心如口之於味等若以爲性所當然一向惟意所欲却不知蓋有命存[illegible]安於定分不敢少過始得道心如

仁之於父子等若以爲命已前定任其如何更不盡心却不知蓋有性存焉須著盡此心以求合乎理始得上云性也是氣稟之性有命焉是斷制人心欲其不敢過也下云命也蓋其所受氣稟亦有厚薄之不齊有性焉是充廣道心欲其無不及也此段只要遏人欲長天理前一節人以爲性我所有須要必得後一節以爲命則在天多委之而不脩所以孟子到人說性處却曰有命人說命處却曰有性○且如嗜芻豢而厭藜藿是性如此然芻豢分無可得只得且喫藜藿如父子有親有相愛底亦有不相愛底有相愛深底有相愛淺底此便是命然在我有薄處便當勉強以致其厚在彼有薄處吾當致厚感他得他亦厚如瞽瞍之頑舜便能使烝烝乂不格姦○問仁義禮智天道此天之所以命於人所謂本然之性者也今曰命有厚薄則是

本然之性有兩般也若曰伊川以厚薄言人氣質稟受於陰陽五行者如此孟子不應言命若以氣質厚薄言命則是天之降才爲有殊矣曰孟子言降才且如此說若命則誠有兩般以稟受有厚薄也又不可謂稟受爲非命也大抵天命流行物各有得不謂之命不可也命如人有貧富貴賤豈不是有厚薄知之於賢者則有小大聖人之於天道亦有盡不盡處曰如堯舜性之則是盡天道湯武身之則是於天道未能盡也此固是命然不可不求之於性潛室陳氏曰世人以上五者爲性則見血氣而不見道理以下五者爲命則見氣數而不見道理於是人心愈危道心愈微孟子於常人說性處却以命言則人之於嗜慾雖所同有却有品節限制不可必得而人心安矣於常人說命處却以性言則人之於義理其氣稟雖有清濁不齊須是盡

力自做工夫不可專委之天而道心顯矣或曰明說性也命也是亦性命矣何以又曰不謂性不謂命盡性也有命也有性則知性命之說相須共貫析離不開若單言性單言命則是性命二處騃騃乎異端矣子輿兩不謂直發明子思天命謂性一句。

芭山張氏曰時儒妄將性命看作兩樣事張子養則付命于天道則責成于己作謂以明程朱之說之確皆泥註之病耳愚意同一性命同見于一章之內而說者必分析意見異同紛紛前一節言性命如彼後一節言性命如此何其瑣碎支離不成文理之甚也學者但看中庸所云天命之謂性便知命即寓性內看孟子所云形色天性也惟聖人然後可以踐形便知性即寓形色內而口之于味一節道理暢然矣看孟子所云知其性則知天矣脩身以俟之

所以立命也便知天命精微之理實有着落處而仁之於父子一節道理暢然矣按朱子盡心章註云性者心所具之理天者理之所從出立命謂全其天之所付不以人爲害之形色天性章註云人之有形有色無不各有自然之理所謂天性也夫孟子之所謂性命前後無異詞無異義明矣豈盡心章之性專主理命專主天之所付理之所從出形色章之性專主自然之理而口之於味一章所謂性命獨前後節異詞與義乎安見盡心形色章之言性言命專主理而口之於味一章之言性言命獨兼理欲氣數乎天地間自有氣質之性與氣數之命然此一章之中兼性命二字分別言之恐非孟子立言本旨或曰時講書破朱註欲牽合性命爲一何不就本章白文思之愚不暇深辯但正言詰之曰本章自文曾自下註脚否曾指定性命或理或

欲或氣質氣數如諸說紛紛不一兼引存疑辯正大小註。往往有合道者。至此章獨無所發明。何也。願學者更詳之。

○浩生不害問曰樂正子何人也孟子曰善人也信人也

趙氏曰浩生姓不害名齊人也

何謂善何謂信

不害問也

曰可欲之謂善

天下之理其善者必可欲其惡者必可惡其爲人也可欲而不可惡則可謂善人矣

朱子曰可欲是資稟好別人以爲可欲是說道人可愛也只是渾全一箇好人其爲人處心造事行已接物一皆可欲而不可惡則可謂之善人矣○有可欲之善然後有諸已而充實將去若無可欲者則充實箇甚物譬如先討得真實藥材然後修製以爲圓爲散若是藥材不真雖百般羅碾畢竟不是○問可欲之謂善若作人去欲他恐於有諸已之謂信不相協蓋有諸已是說樂正子身上事可欲却做人說恐未安曰此便是他有可欲處人便欲他豈不是渠身上事與下句非不相協

慶源輔氏曰先儒多以可欲爲已之欲如青所謂敝脩其可願之意獨集註不然可欲是別人以爲可欲蓋若以爲已之欲則說得太寬且人之欲有善惡之不同故也

有諸已之謂信

凡所謂善皆實有之如惡惡臭如好好色是則可謂信人矣○張子曰志仁無惡之謂善誠善於身之謂信

慶源輔氏曰善固多端故集註言凡所謂善以該之如惡惡臭如好好色則表裏誠實無一毫勉強假托之意也

朱子曰善人者或其天資之美或其知及之而勉慕焉未必其真以爲然而果能不失也必其用力之久真實有此善於已而無一毫虛僞意然後可以謂之信人矣

充實之謂美

力行其善至於充滿而積實則美在其中而無待於外矣

朱子曰無待於外都是裏面流出來○既信之則其行必力其守必固如是而不已焉則其所有之善充足飽滿於其身雖其隱微曲折之間亦皆清和純懿而無不善之雜是則所謂美人也○有諸已之謂信是都知得了實是如此後是就心上說是心裏都理會得充實之謂美是就行上說事事都行得盡充滿積實美在其中而無待於外

慶源輔氏曰有諸已則已是知至意誠之事然又須見於履踐方得故云力行其善至於充滿其量畜積成實然後美在其中而無所待於外矣

引集說

引易坤卦文言

充實而有光輝之謂大

和順積中而英華發外美在其中而暢於四支發於事業則德業至盛而不可加矣

朱子曰美能充於內而已未必其能發見於外也又如是而不已焉則其善之充於內者彌滿布濩洋溢四出而不可禦其在躬也則睟面盎背而施於四體其在事也則德盛仁熟而天下文明是則所謂大人者也

慶源輔氏曰大則形見於外矣故集註以德業至盛不可加言之

大而化之之謂聖

大而能化、使其太者泯然無復可見之迹、則不思不勉、從容中道、而非人力之所能爲矣、張子曰、大可爲也、化不可爲也、在熟之而已矣、

程子曰大而化之只是理與己一其未化者如人操尺度量物用之尚不免有差至於化則己便是尺尺度便是己

朱子曰大而不化則其大者未能渾乎方體形迹之間必其德之盛者日益盛仁之熟者日益熟則向之所謂大者方且春融凍解混然無迹而與天地合德日月合明四時合序鬼神合吉凶矣是則所謂聖人者也

慶源輔氏曰大則猶可以目見而指言至於化則無迹不可以形見不可以言傳無待於思惟無假於勉强從容自然與道爲一而非人之智力所能及矣

通考雙峯饒氏曰生知安行是性之之聖大而化之是反之之聖

朱氏公遷曰聖以全體至極言亦曰專言之者凡言資質德性與衆人異者此說性之之聖也自學力推之以至其極者此說反之之聖也孔子以性之之聖而加反之之功斯所以爲聖之至與

化爲之聖辨

之尺之朱

聖而不可知之之謂神

程子曰、聖不可知、謂聖之至妙、人所不能測、非聖人之上、又有一等神人也、

朱子曰至於聖則造道入德之功至矣盡矣不可以有加矣是其盛德至善之極無聲臭之妙必有非耳目所能盡心思所能測者是則所謂神者而非聖人之上復

有神人也夫自可欲而至於大則思勉之所及也至於聖且神焉則非思勉之所及矣然非勉思之而不已焉則亦未有至焉者也○問可欲之謂善至聖而不可知之謂神曰善渾全底好人無可惡之惡有可喜可欲之善有諸己之謂性眞箇有此善若不有諸己則若存若亡不可謂之信自此而下雖一節深入一節却易理會充實謂積累光輝謂發見於外化則化其大之迹聖而不可知處便是神也所以明道言仲尼無迹顏子微有迹孟子其迹著或問顏子之微有迹處曰如願無伐善無施勞皆是○此六位皆他人指而名之之辭南軒張氏曰本領在可欲之善信者信此者也美者美此者也大則充此而有光輝者也化則爲聖而其不可知則神也至於聖且神其體亦不外此而已又曰可欲之善聖神之事備焉人生而靜皆具此體至於

化而聖然後爲全盡純於此者也

樂正子二之中四之下也

蓋在善信之間觀其從於子敖則其有諸已者或未實也張子曰顔淵樂正子皆知好仁矣樂正子志仁無惡而不致於學所以但爲善人信人而已顔子好學不倦合仁與智具體聖人獨未至聖人之止耳○程子曰士之所難者在有諸已而已能有諸已則居之安資之深而美且大可以馴

致矣徒知可欲之善而若存若亡而已則能不受變於俗者鮮矣尹氏曰自可欲之善至於聖而不可知之神上下一理擴充而至於神則不可得而名矣

問樂正子以善名矣而以餔啜從子敖先館舍後長者何也朱子曰言在二者之中則其餘於善而不足於信矣

慶源輔氏曰意者樂正子雖能明善而亦工夫未到於善未誠使其誠有諸已則於從子敖之事當如惡惡臭而自不齒邇也

新安陳氏曰樂正子資質純粹畧似顔子故横渠引此立論

慶源輔氏曰張子并顔子言之見學之不可已如此○程子又發明學者只要有諸已有諸已則止不得自然趨將去故美且大可以馴致不然徒知其善而若存若亡則爲流俗所變而終亦必亡之矣

新安陳氏曰此條重在有諸已之信

慶源輔氏曰尹氏上下一理之說尤得其要惟其不可得而名故謂之神也

雲峯胡氏曰須看尹氏上下一理四字善者人心之天理始而爲人之所可欲者此理也終而人之所不可知者亦此理也善非粗淺神非高虛惟在乎實有此善而力行以充之爾。

新安陳氏曰自善信至聖神高下固懸絶矣然雖聖神之極致亦不外乎自善信而充之生知安行之聖人固不必由科級而進學知利行以下之希聖未有不由科級而進者可欲之善眞能有諸已勉勉循循充而擴之以至於極雖此性之之聖有生熟之不同豈有不能如身之之聖者

蔡虛齋曰可欲之謂善三句此循是成已事體之所以立也充實而有光輝之謂大以後則兼以其充積之盛自然及物者言之體立而用有以行之也○上下一理謂自可欲之善充至于聖神之境至善之域也地有不同理無二致所謂夫道一而已矣人性皆善也

或曰正蒙云可欲之謂善志仁則無惡也誠善于心之謂信充内形外之謂美塞乎天地之謂大大能成性之謂聖天地同流陰陽不測之謂神此訓優于晦菴而晦菴不入集註不得横渠之意也

○孟子曰逃墨必歸於楊逃楊必歸於儒歸斯受之而已矣

墨氏務外而不情楊氏太簡而近實故其

圀偽攣反

式示招與翹曉通猜鞭抖也諷作胥未似

反正之漸大畧如此歸斯受之者憫其陷溺之久而取其悔悟之新也

朱子曰楊墨皆是邪說無大輕重但墨氏之說尤出於矯僞不近人情而難行故孟子之言如此非以楊氏爲可取也南軒張氏曰兼愛者棄本而外馳爲我者狹隘而私勝墨之比楊猶奢之比儉自爲者固非猶愈於兼愛之反也泛者猶難反耳

今之與楊墨辯者如追放豚既入其苙又從而招之

放豚放逸之豕豚也苙闌也招罥也羈其足也言彼既來歸而又追究其既往之失也○此章見聖賢之於異端距之甚嚴而於其來歸待之甚恕距之嚴故人知彼說之爲邪待之恕故人知此道之可反仁之至義之盡也

雲峯胡氏曰於異端距之甚嚴者至正不可以容邪義之盡也來歸待之甚恕者至大可以容小仁之至也於此可見聖賢至正至大之心矣

蔡虛齋曰此爲當時待異端者不得其術而發

○孟子曰有布縷之征粟米之征力役之征君子用其一緩其二用其二而民有殍用其三而父子離

征賦之法歲有常數然布縷取之於夏粟米取之於秋力役取之於冬當各以時若并取之則民力有所不堪矣今兩稅三限之法亦此意也尹氏曰言民爲邦本取之無度則其國危矣

新安陳氏曰用其二一時并用二端也用其三一時并取其三也

慶源輔氏曰此孟子言之以警夫取民無度者

問布縷粟米力役之征周禮皆取之而孟子言用其一而緩其二朱子乃有夏秋之辨夫夏秋之說始出於唐不知何所據而云耆室陳氏曰縷非麻其征但不作一時併征之耳月令孟夏蠶畢而獻繭稅孟秋農乃登穀始收穀布縷征之夏粟米征之秋乃古法若唐分兩稅始於德宗楊炎非此布縷粟米之征乃是取大曆十四年應于賦歛之數併而爲兩稅名同實異失孟子之意矣

林次崖曰兩稅夏秋二稅也三限蒙引無的說按楊炎兩稅法夏輸無過六月秋輸無過十一月

國朝稅法夏稅不得過七月秋稅不得過至二月皆不得爲三限宋法夏至十月秋至明年二月夏稅至十月是歷夏秋冬三時秋稅至明年二月是歷秋冬春三時或是三限限三時也蓋不必布縷取之夏粟

米取之秋力役取之冬者同其不并取以紓民力則同也。

○孟子曰諸侯之寶三土地人民政事寶珠玉者殃必及身

尹氏曰言寶得其寶者安寶失其寶者危

新安陳氏曰諸侯寶人民而善政事以治之則有人有土而常爲吾寶矣

○盆成括仕於齊孟子曰死矣盆成括盆成括見殺門人問曰夫子何以知其將見殺曰其爲人也小有才未聞君子之大道也則足以殺其軀而已矣

盆成姓括名也恃才妄作所以取禍徐氏曰君子道其常而已括有死之道焉設使幸而獲免孟子之言猶信也

南軒張氏曰不聞道則爲才所役道者理義之存乎人心者也於此有聞則才有所不敢恃矣人之有才本不足以爲人害惟無所本而徒矜其才於是才始足以病己言[illegible]又之道又不若魯鈍無才之愈也小有才而未聞道者身且不能保爲國者乃信而用之亡國敗家其何日之有慶源輔氏曰才出於氣而有限才本自小道原於性而無方道本自大况曰小有才則又才之小者也不顧義理而惟才是逞則行險僥倖無所不至不至於顛覆不已也孟子之書與進其理之當然耳不以是

攻治曰求治以順以爲生業也

廋與曰同設科猶言設教數條曰科

爲奇中也學者不達而以是爲奇則必以料事爲明而發駸然入於逆詐億不信矣

○孟子之滕館於上宮有業屨於牖上館人求之弗得

館舍也上宮別宮名業屨織之有次業而未成者蓋館人所作置之牖上而失之也

或問之曰若是乎從者之廋也曰子以是爲竊屨來與曰殆非也夫子之設科也往者不追來者不拒苟以是心至斯受之而已矣

或問之者問於孟子也廋匿也言子之從

者乃匿人之物如此乎孟子答之而或人自悟其失因言此從者固不爲竊屨而來但夫子設置科條以待學者苟以向道之心而來則受之耳雖夫子亦不能保其往也門人取其言有合於聖賢之指故記之

慶源輔氏曰先儒多讀夫子作夫子而以爲孟子自說朱子獨以爲夫子而作問者自悟其失而言者蓋不獨以殆非也下無曰字而知其然若以爲孟子之言則不惟露筋骨且非所以待學者將使學者不自重矣惟以爲問者之言則可取愚嘗謂近世好議論者往往以學者之失而議先生長者是其識量又不逮於當時猜屨者矣

苟以是心至斯受之者與人爲善之公也至於孺悲欲見則辭以疾滕更在門則不見答是又義之所當然也然教亦固在其中矣

林次崖曰。予以是爲竊屨來言其來滕也。蒙引謂只是下文來者不拒之來。恐未是。豈有來學竊屨之理。全不成說話

○孟子曰人皆有所不忍達之於其所忍仁也人皆有所不爲達之於其所爲義也

惻隱羞惡之心人皆有之故莫不有所不忍不爲此仁義之端也然以氣質之偏物欲之蔽則於他事或有不能者但推所能達之於所不能則無非仁義矣

慶源輔氏曰不忍者惻隱之事也不爲者羞惡之事也是皆本於性發於情而統於心人之所固有者也但爲氣稟所拘物欲所蔽則心失其正而不能統夫性與情故有所當發而不發亦有所不當發而反發遂至於其所不忍者或有時而忍於其所不爲者或有時而爲而性亦從而梏亡之矣今教之以推所不忍以達於所忍推所不爲以達於所爲如是則心得其職情得其正而性之所以爲仁義者得矣

西山眞氏曰有所不忍不爲者此心之正也能即是心而推之雖所忍者亦不忍即仁也雖所爲者亦不爲即義也

通考勿齋程氏曰推廣善端滿其所受是之謂充理無不通行無不得是之謂達理無不通以心言行無不得以事言賜也達下學而上達君子上達慮患也深故達皆理無不通也家邦必達欲達則不達達不謂達達道達德不成章不達達之天下皆行無不得也推之以政不達人皆有所不忍達之於其所忍人皆有所不爲達之於其所爲則兼心與理言之

人能充無欲害人之心而仁不可勝用也人能充無穿窬之心而義不可勝用也勝平聲

充滿也穿穴窬踰牆皆爲盜之事也能推所不忍以達於所忍則能滿其無欲害人之心而無不仁矣能推其所不爲以達於所爲則能滿其無穿窬之心而無不義矣

南軒張氏曰人皆有所不忍皆有所不爲此其秉彝之不可泯滅者也然有所不忍矣而於他則忍之有所不爲矣而於他則爲之此豈有異心哉爲私欲所蔽而生道息故也若以其所不忍而達之於其所忍豈非仁乎以所不爲而達之於其所爲豈非義乎自無欲害人之心而充之則其愛無所不被仁有不可勝用矣自無穿窬之心而充之則其宜無所不得義有不可勝用矣蓋其理本具於性貴於充之而已

慶源輔氏曰此一節因前說而發人以充滿其本心之體也無欲害人之心即是所不忍無穿窬之心即是所不爲是心也其體甚大其用有常人能推所不忍以達於其所忍然後能充滿其無欲害人之心體推所不爲以達於其所爲然後能充滿其

無穿窬之心量能充滿其心量則其用有
常而仁義不可勝用矣
新安陳氏曰達如導水自映瀉達之川自
川達之海充如水達海而充滿於其中也
惟達而後能充如擴而充之之意
通考朱子曰此心之量足以包括天地兼
利萬物只是人自不能充滿其量所以推
不去或能推之於一家而不能推之於一
國或能推之於一國而不足以及天下皆
是未足以充其本然之量

人能充無受爾汝之實無所往而不為義也

此申說上文充無穿窬之心之意也蓋爾
汝人所輕賤之稱人雖或有所貪昧隱忍
而甘受之者然其中心必有慚忿而不肯

四書大全辯　下孟卷十四　哭

受之之實人能即此而推之使其充滿無
所虧缺則無適而非義矣

問充無受爾汝之實朱子曰惡不仁者其
為仁矣不使不仁者加乎其身惡不仁而
不能使不仁者不加乎其身便是不能充
無受爾汝之實○看來實字對名字說不
欲人以爾汝之稱加諸我是惡爾汝之心
也然反之於身而去其有可爾汝之行是
能充其無受爾汝之實也若我身有未是
處則雖惡人以爾汝相稱亦自有所愧矣
新安陳氏曰朱子此條乃用趙註之說與
集註不同蓋謂惡爾汝之名是惡人之輕
己也反身而去其可輕之行是能充其無
受爾汝之實也人能充滿其無受爾汝之
實行則所為無往非義矣意義較明白
慶源輔氏曰此一節事雖微而理愈密矣

人不受爾汝之稱皆是羞惡之實心存養
之不加體察之不至則不受之心雖有得
於此而或遂失於彼亦不能充滿其實心
之量而義有所蔽而不行矣惟能推所不受
而達之於所受而無所滲漏然後能充滿
其無受爾汝實心之量無所適而不為義
也

士未可以言而言是以言餂之也可以言而
不言是以不言餂之也是皆穿窬之類也

餂探取之也今人以舌取物曰餂即此意
也便佞隱默皆有意探取於人是亦穿窬
之類然其事隱微人所忽易故特舉以見

四書大全辯　下孟卷十四　兕

側明必推無穿窬之心達於此而悉去之
然後為能充其無穿窬之心也

朱子曰餂是鉤致之意如本不必說自家
却強說幾句要去動人要去撩人是以言
餂之也如今當與他說却不說須故為隱
默要使他來問我是以不言餂之也下直
心而私意如此便是穿窬之類裏面是如
此外面却不如此外面恁地裏面却不恁
地○問此章先言仁義後專言義何也曰
仁只是一路只是箇不忍之心苟能充此
心便了義却頭項多又問人能充無穿窬
之心是就至粗處說未可以言而言與可
以言而不言是說人至細處否曰然能充
無受爾汝之實處工夫却甚大了到這田
地時工夫大段周密了所以說無所往而
不為義也使行已有一毫未盡便不能無

受爾汝之實矣達者推之也是展開去充
者填滿也須填塞教滿
南軒張氏曰以言取之者其猶以語爲餂
者乎以不言取之者其猶以默爲餂容者乎
以是爲穿窬之類者以若有取之之心故
耳此章始言仁義而末獨言義何也蓋仁
義體用相須者也人之不仁以非義害之
也不爲非義而後仁可得而存故反復再
三推而言之使人知所用力也
慶源輔氏曰此一節事之微而理之密又
有甚於前者故以士言之矣不爲穿窬無
受爾汝在士則有所不必道然一語一默
之微發於計較安排而有意揀取於人則
是亦穿窬之類故集註亦以爲其事隱微
人所忽易故特舉以見例必推無穿窬之
心而達之於此類至纖至悉處亦不容有
不盡方始能充其無穿窬之心也其義亦
精矣

四書大全辯（下孟卷十四　哭

雲峯胡氏曰孟子首篇曰善推其所爲欲
齊王即其不忍之心而推之也末篇曰達
曰充欲人皆即其有所不忍不爲之心而
達之充之也擴此心之用無少雜過則謂
之達滿此心之量無少欠缺則謂之充集
註論此達與充二字而推之一字凡五及
之蓋達者推之始充者推之終也不推不能
達不達不能充集註可謂能發孟子終始
教人之本旨矣先儒云孟子平生工夫受
用處只是善推其所爲一句爾非朱子孰
能發之哉
新安陳氏曰此章後二節單言義無受爾
汝之實正其行也戒以言不言餂之正其
言也正其言行以充其羞惡之心乃於稱
謂語默日用之常事以求義之精焉語曰
色厲內荏其猶穿窬與表記曰君子不以
色親人情陳而貌親在小人則穿窬之盜
也與皆可以擴充此義所當參玩

至理所在即是指遠
祫音劫衿決綏然之也領

通考朱氏公遷曰此因其良心主乎學力
而言仁人心也章末專言仁人皆有所不
忍章末專言義蓋仁體統人不違仁則義
在其中義頭緒多不爲非義而後仁可得
而存體用本相須而用功則有不同也
林次崖曰達之於其所忍所爲無一不違
也自一而達之萬事事不忍不爲也故曰
充無欲害人穿窬之心則仁義不可勝用
第二節只是申第一節意○無受爾汝之
實亦不爲之心也私欲一萌不受于此而
受于彼若所謂萬鍾不辨禮義而受之者
有之矣故必即此而推之使其充滿無所
虧欠則無適而非義矣此節自辭受上說
下節○就語默上說都是申說上文充無
穿窬之心之意朱子小註及蒙引皆以行
已盡善不致取輕于人爲充無受爾汝之
實看恐不是大註自明白輔氏說得是也
或曰孟子欲人盡仁義只達不忍不爲便

四書大全辯（下孟卷十四　罡

都說盡了指出害人穿窬只示人知所達
處非有兩意至無受爾汝二節又只細推
上充無穿窬之意謂一節深一節者非也
○孟子曰言近而指遠者善言也守約而施
博者善道也君子之言也不下帶而道存焉
古人視不下於帶則帶之上乃目前常見
至近之處也舉目前之近事而至理存焉
所以爲言近而指遠也
記曲禮下天子視不上於祫不下於帶尾
視上於面則傲下於帶則憂傾則奸
朱子曰孰言近指遠守約施博四方八面
皆看得見此理本是遠近博約如一而行

闕子曰治天下有本身之謂也

之則自近約始道理只是一但隨許多頭面去又不可不去逐頭面理會也

慶源輔氏曰言近而指遠故測之而益深窮之而愈遠是君子教人之事

君子之守脩其身而天下平

此所謂守約而施博也

南軒張氏曰所謂指遠者固存乎近所謂施博者固存乎約也不下帶而道存言近而指遠也蓋其所言只其身中事在目前者耳而至理初不外是也脩身而天下平守約而施博也脩身則本立由是而家齊國治天下平背其所推耳

慶源輔氏曰守約施博故推之而無不準動之而無不化是君子治天下之事

人病舍其田而芸人之田所求於人者重而所以自任者輕舍音捨

此言不守約而務博施之病

朱子曰不知道者務爲高遠之言則固荒廓而無餘味然欲其近則又鄙淺而無深遠之趣也不知約之可守則汎濫而不切矣然欲其約則又局促而無廣博之功也然則所謂善言善道者非有道之君子其孰能知之乎

南軒張氏曰舍其田而芸人之田者不治其身而治人之譬也不務在己者而責諸人其自任亦輕矣蓋不知一身爲天下之本故也

芑山張氏曰齊通章語意不必分教人人說輔氏謂言近指遠一節爲教人之君子之守一節爲治天下之事大泥

事治

汙烏故反　假不必添　此說未甚

○孟子曰堯舜性者也湯武反之也

性者得全於天無所汙壞不假脩爲聖之至也反之者脩爲以復其性而至於聖人也程子曰性之反之古未有此語蓋自孟子發之呂氏曰無意而安行性也有意利行而至於無意復性者也堯舜不失其性湯武善反其性及其成功則一也

朱子曰呂氏說性也性下合添之者二字

程子曰堯與舜更無優劣及至湯武便別孟子言性之反之自古無人如此說只是孟子分別出來便知得堯舜是生而知之

湯武是學而能之文王之德則似堯舜禹之德則似湯武要之皆是聖人

朱子曰湯武反之其反之雖同然細看來武王終是疎畧成湯却孜孜向進如其伐桀所以稱桀之罪只平說過又放桀之後惟有慙德武王數紂至於極其過惡如此可見矣

通旨朱氏公遷曰此以德性言聖人身之兼用功而言反之舉成功而言惟其能身之所以能反之也又曰此性字以天理自然而言非指性而言也乃所以性其性也但性之性者是性其性誠明之性是性其誠指其人而言曰性者自其率性而言曰性之

動容周旋中禮者盛德之至也哭死而哀非爲生者也經德不回非以干祿也言語必信

此便是備爲以後其付之事

非以正行也。中爲行並去聲

細微曲折，無不中禮，乃其盛德之至，自然而中，而非有意於中也。經常也，回曲也。三者亦皆自然而然，非有意而爲之也，皆聖人之事，性之之德也。

問信言語以正行，莫無害不？朱子曰：言語在所當信，若有意以此而正行，便是有爲而然也。慶源輔氏曰：若有意於中，則必有勉強持守之意，力懈意弛，則必有所不中者矣。又曰：三者特舉聖人之庸行人所易曉者，以例其餘，聖人之動無不時也，豈有意而爲之者哉？故集註斷以爲聖人之事、性之之德也。

君子行法以俟命而已矣

法者天理之當然者也，君子行之而吉凶禍福，有所不計，蓋雖未至於自然，而已非有所爲而爲矣。此反之之事，董子所謂正其義不謀其利，明其道不計其功，正此意也。○程子曰：動容周旋中禮者，盛德之至也；行法以俟命者，朝聞道夕死可矣之意也。呂氏曰：法由此立，命由此出，聖人也。行法以俟命，君子也。聖人性之，君子所以復其性也。

新安陳氏曰：惟聞道，故生順死安，雖夕死亦可。惟行法，故禍福皆一聽天命，其意相類。新安陳氏曰：以法與命該上，聖人說聖人從容中道，身即爲度，法與命由我立，與天爲徒；命由我出，與天地合德，與鬼神合吉凶，如書云自作元命，唐李泌云君相造命是也。朱子曰：聖人是人與法爲一，已與天爲一；學者是人未與法爲一，已未與天爲一，故須行法以俟命也。○行法以俟命，三代以降惟董子嘗言之。而諸葛忠武侯言於其君有曰：臣鞠躬盡力，死而後已，至於成敗利鈍，非臣之明所能逆覩也。程子語其門人有曰：今容貌必端，言語必正，非欲獨善

其身以求知於人，但天理當然亦曰循之而已矣。此三言者，所指雖殊，要皆行法俟命之意。慶源輔氏曰：法者，凡古聖賢之所制皆是也，蓋莫非天理之當然。如爲君而仁，爲臣而敬，子孝父慈，皆是也。君子行之而吉凶禍福，一聽天所命，我皆在所不計，所謂俟命也。雖未能如聖人之安行自然，已非有爲而爲之矣。蔡虛齋曰：不可以下三句爲屬動容周旋中禮看。觀集註三者亦皆自然而然，亦皆二字，便見得是對上文一句爲詞。言動容周旋中禮，固是自然而然，此三者亦皆自然而然。輔氏之說錯認。○非爲生者數句要說得仔細，蓋下文行法俟命，亦是非有爲而爲者，恐說得無性之反之之別，故上有數節要說出自然而然，而非有意爲之之意，須與下節意少異。

讀音假藐音邈

芒山張氏曰。極數紂惡安知非傳記之妄乃遂以此譏武王誅暴。與成湯反之之功不同。可謂之定論否。讀朱子小註者更詳之。

○孟子曰說大人則藐之勿視其巍巍然

趙氏曰大人當時尊貴者也藐輕之也巍巍富貴高顯之貌藐焉而不畏之則志意舒展言語得盡也

和靖尹氏曰藐者止是不以其貴勢威嚴爲事而懾非謂便視他作無物也

朱子曰說大人則藐之蓋主於說而言如曰見大人則藐之則失之矣蓋大人固當畏而所謂藐者乃是藐其堂高數仞之類耳這爲世人把大人許多崇高富貴當事

有言不敢出口故孟子云爾○今人不是畏大人只是畏其巍巍然者若能勿視其巍巍然而不失其畏大人之心乃是眞能畏大人者○問孔子畏大人而孟子藐之何也曰孟子藐大人不視其巍巍然者而已故雖不肯枉尺直尋而齊人敬王莫如孟子也特以當世之士以道驕人內無所守故特發此以立其志使其意氣舒展無所懾攫而得以盡其所言爾若君子以禮存心固將無所不用其敬豈於大人而反藐之哉

慶源輔氏曰若不藐視之則是爲其巍巍者所動矣志氣一有所懾怯則必不能展盡底蘊剛强者有懷或不敢盡柔弱者則必至於變其所欲言而反徇之

堂高數仞榱題數尺我得志弗爲也食前方丈侍妾數百人我得志弗爲也般樂飲酒驅騁田獵後車千乘我得志弗爲也在彼者皆我所不爲也在我者皆古之制也吾何畏彼哉榱楚危反般音盤樂音洛乘去聲

此事孟氏以巳長方人短也楊氏說後陋

榱桷也題頭也食前方丈饌食列於前者方一丈也此皆其所謂巍巍然者我雖得志有所不爲而所守者皆古聖賢之法則彼之巍巍者何足道哉○楊氏曰孟子此章以巳之長方人之短猶有此等氣象在

孔子則無此矣

寡欲二字宜旋

南軒張氏曰藐讀如耶左氏曰以是藐諸孤藐小之也小之者小其所挾也視其巍巍然則動於中動於中則慕在彼之勢而餒在我之義矣使在我不知古制之守則爲其巍巍然所動矣故程子曰内重則見外之輕得深則見誘之小後之爲士者惟不知古制之是守故未得志則有所慕既得志則行其所慕逐欲不已以窮天下之士必寡欲而後能守古制守古制而後知自重知自重而後不爲勢所屈使其身用而道行則生民受其福矣

慶源輔氏曰孟子有泰山巖巖然之氣象便是指此等處言也若聖人則大而化之泯然不見其大之迹故不至如此然非聖人覺此而不爲也德盛仁熟大而化之則自然不至有此等氣象矣

芭山張氏曰。集註藐輕之也。輕字不貼。南軒藐小之也，說得近理。

○孟子曰：養心莫善於寡欲。其爲人也寡欲，雖有不存焉者，寡矣；其爲人也多欲，雖有存焉者，寡矣。

欲，如口鼻耳目四支之欲，雖人之所不能無，然多而不節，未有不失其本心者，學者所當深戒也。程子曰：所欲不必沈溺，只有所向便是欲。

周子曰：養心不止於寡而存耳，蓋寡之又寡，以至於無，則誠立明通。

蔡氏曰：誠立而實體安固，明通而實用流行。

程子曰：欲寡則心自誠。荀子言養心莫善於誠，既誠矣，又何養？此已不識誠，又不知所以養。

朱子曰：孟子只是言天理人欲相爲消長分數。其爲人也寡欲，則人欲分數少，故雖有不存焉者寡矣；不存焉者寡，則天理分數多也。其爲人也多欲，則人欲分數多，故雖有存焉者寡矣；存焉者寡，則天理分數少也。蓋多字對寡字說，若眼前事事貪要時，這心便一齊走出了，未便說到邪辟不好底物事，只是眼前底事纔多欲，本心便都分雜了，只減少便漸存得此心。周子之言曰：語其所至，則固然矣，然未有不由寡欲而能至於無者。語其所至，而不由其序，則無自而進；由其序，而不要其至，則或恐其安於小成也。周子之說於此爲有相發之功焉。○伊川教人直是都不去他用其心，只是要得寡欲存這心，最是難。湯武聖人，孟子猶說湯武反之也。反，復也。反復得這本心，如不邇聲色，不殖貨利，只爲要存此心。觀旅獒之書，只受一犬而反復切諫，以此見欲之可畏，無小大皆不可忽。

南軒張氏曰：寡欲爲養心之要。然人固有天資寡欲者，有天資多欲者，其爲人寡欲則不存者寡，多欲則存焉者寡，以是知養心莫善於寡欲也。存者，謂其心之不外馳也。雖然，天資寡欲之人，不存固寡，然不知存其存，則亦莫之能充也。若學者以寡欲爲要，則當存養擴充，由寡欲以至於無欲，則其清明高遠者爲無窮矣。

勉齋黃氏曰：孟子嘗言求放心矣，又言存其心矣，操之則存，舍之則亡，心之存亡決於操舍，而又曰莫善於寡欲，何也？操存固學者之先務，然人惟一心，而攻之者衆，聲

色臭味交乎外，榮辱利害動於內，隨感而應，無有窮已，則清明純一之體又安能保其常存而不放哉？此孟子發明操存之說，而又以爲莫善於寡欲也。雖然，寡欲固善矣，然非真知夫天理人欲之分，則何以施其克治之功哉？故格物致知又所以爲寡欲之要，此又學者之所當察也。

慶源輔氏曰：程子又極其微而言之，學者須是於欲有所向處便加克治，若待其張王，則用力難矣。

雲峯胡氏曰：孟子一書三養字者切要語，曰養氣，曰養性，曰養心，合而觀之，氣生於理，善養氣者在養性；理具於心，善養性者在養心；心汩於欲，善養心者在寡欲。寡之又寡，以至於無，則心存而性存，氣不必言矣。

通考朱氏公遷曰：此章與饑者甘食章，皆因論理欲而以理義之心言之，一章言理

欲相爲勝負，其要在寡欲二字。一章言天理者人欲之害，其要在無以爲害四字。

董氏彝曰：養心則養性在其中，養氣則養心性之助，此内外交相培養之道也。寡欲者養心之道，而存心者又所以養性也。然心者性之郛郭，性者心之實理，心既養矣，則性安有不得其養者哉？此所以養心則養性在其中。

卿山東合上章一

○曾皙嗜羊棗，而曾子不忍食羊棗。

羊棗實小黑而圓，又謂之羊矢棗。曾子以父嗜之，父没之後，食必思親，故不忍食也。

炙之涉反

公孫丑問曰：「膾炙與羊棗孰美？」孟子曰：「膾炙哉！」公孫丑曰：「然則曾子何爲食膾炙而不食

羊棗？」曰：「膾炙所同也，羊棗所獨也。諱名不諱姓，姓所同也，名所獨也。」

肉聶而切之爲膾。炙，炙肉也。

聶之涉反，詳見論語鄉黨篇膾不厭細章下。

勿軒熊氏曰：須看不忍字重，母没而杯棬不能飲，不忍故也。

新安陳氏曰：不諱姓喻食膾炙，諱名喻不食羊棗。

通旨朱氏公遷曰：此章據其事實而追論之。先君子指洵先生曰：曾子之孝見於論孟者凡三章，養曾皙見其順親，啟手足見其重遺體，養志是生能致其養，不食羊棗見没能盡其思。

○萬章問曰：「孔子在陳曰：『盍歸乎來！吾黨之士狂簡，進取不忘其初。』孔子在陳，何思魯之狂士？」

盍，何不也。狂簡，謂志大而畧於事。進取，謂期望高遠。不忘其初，謂不能改其舊也。此語與論語小異。

慶源輔氏曰：志大謂狂，畧於事謂簡。如曾點異乎三子者之撰，則志大而畧於事可知；直欲躐乎聖人之樂處，則期望高遠可知；終不肯做下學工夫，後至於臨人之喪而歌，不能改其舊可知。狂簡二字又該括得下兩句，進取即是志大，不忘其初即是畧於事也。

其次所狂者

孟子曰：「孔子不得中道而與之，必也狂獧乎！狂者進取，獧者有不爲也。孔子豈不欲中道哉？不可必得，故思其次也。」獧音絹

不得中道至有所不爲，據論語亦孔子之言，然則孔子字下當有曰字。論語道作行，獧作狷。有所不爲者，知恥自好，不爲不善之人也。孔子豈不欲中道以下，孟子言也。

「敢問何如斯可謂狂矣？」

萬章問

曰如琴張曾晳牧皮者孔子之所謂狂矣

琴張名牢字子張子桑戶死琴張臨其喪而歌事見莊子雖未必盡然要必有近似者曾晳見前篇季武子死曾晳倚其門而歌事見檀弓又言志異乎三子者之撰事見論語牧皮未詳

莊子太宗師篇子桑戶孟子反子琴張相與爲友子桑戶死未葬孔子聞之使子貢往行事焉或編曲或鼓琴相和而歌曰嗟來桑戶乎而已反其眞而我猶爲人猗子

四書大全辯（下孟卷十四）

貢趨而進曰敢問臨喪而歌禮乎二人相視而笑曰是惡知禮意 記檀弓下季武子寢疾及其喪也曾點倚門而歌

何以謂之狂也

萬章問

曰其志嘐嘐然曰古之人古之人夷考其行而不掩焉者也嘐火交反行去聲

嘐嘐志大言大也重言古之人見其動輒稱之不一稱而已也夷平也掩覆也言平考其行則不能覆其言也程子曰曾晳言志而夫子與之蓋與聖人之志同便是堯舜氣象也特行有不掩焉耳此所謂狂也

新安陳氏曰志大言大動欲慕古狂故也平考其行行不掩言簡故也 慶源輔氏曰曾晳之志固不止於如此然其不屑於事爲其志直欲徑探乎聖人之樂處則與所謂嘐嘐然曰古之人古之人之意亦不相遠而其行有不能掩其言者則又自有不可誣也故集註取程子之說以釋之夫子與之者是與其志大言大也便是堯舜氣象者是亦所謂古之人古之人之類也

狂者又不可得欲得不屑不潔之士而與之是獧也是又其次也

四書大全辯（下孟卷十四）

此因上文所引遂解所以思得獧者之意

狂有志者也獧有守者也有志者能進於道有守者不失其身屑潔也

朱子曰狂者知之過獧者行之過 南軒張氏曰中庸云知者過之其狂者歟賢者過之其獧者歟鄉原卽所謂小人之中庸也 慶源輔氏曰狂者是合下氣質高明便自有所見獧者是合下氣質貞固便自有所守者狂者則於知上所得分數多獧者則於行上所得分數多聖門學者必皆中與和合德知與行並進然后爲貴所謂中道者是也此等人旣不可得故不得已而與夫狂獧也 芒山張氏曰朱子輔氏狂獧分知行議似

泥南軒賢智分貼尤辨理

孔子曰過我門而不入我室我不憾焉者其惟鄉原乎鄉原德之賊也曰何如斯可謂之鄉原矣慤克角反

鄉原非有識者原與愿同荀子原慤字皆讀作愿謂謹愿之人也故鄉里所謂愿人謂之鄉原孔子以其似德而非德故以爲德之賊過門不入而不恨之以其不見親就爲幸深惡而痛絶之也萬章又引孔子之言而問也

荀子榮辱篇孝悌愿慤以敦比其事業○富國篇其臣主百吏汙者皆化而脩悍者先化而原躁者先化而慤是明主之功也○正論篇上端誠則下原慤矣上公正則下易直矣

慶源輔氏曰先儒皆以原爲善不悖無所據又既謂之善人則不應遂以爲德之賊故集註引荀子爲證以原爲愿且曰鄉人無知其所謂愿人謂之鄉原原字固淺狹又鄉人以爲原則亦非眞愿者也

曰何以是嘐嘐也言不顧行行不顧言則曰古之人古之人行何爲踽踽凉凉生斯世也爲斯世也善斯可矣閹然媚於世也者是鄉原也行去聲踽其禹反閹音奄

踽踽獨行不進之貌凉凉薄也不見親厚於人也鄉原譏狂者曰何用如此嘐嘐然行不掩其言而徒每事必稱古人邪又譏獧者曰何必如此踽踽凉凉無所親厚哉人既生於此世則但當爲此世之人使當世之人皆以爲善則可矣此鄉原之志也閹如奄人之奄閉藏之意也媚求悅於人也孟子言此深自閉藏以求親媚於世此鄉原之行也

周禮春官守祧奄八人遠廟曰祧奄如今之宦者祧他彫反

朱子曰鄉原務爲謹愿不欲忤俗以取容專務徇俗欲使人無所非刺既不肯做狂又不肯做獧一心只要得人說好更不理會自已所見所得與夫理之是非彼狂者嘐嘐然以古人爲志雖行之未至而所知亦甚遠矣獧者便只是有志力行不爲不善二者皆能不顧流俗汙世之是非雖是不得中道却都自是爲已不爲他人鄉原是反非笑之鄉原者爲他做得好使人皆稱之而不知其有無窮之禍如五代馮道者此眞鄉原也

慶源輔氏曰閹然媚於世此是鄉原之隱情匿志孟子說破其情狀

頹徒回反

萬章曰一鄉皆稱原人焉無所往而不爲原人孔子以爲德之賊何哉

原亦謹厚之稱而孔子以爲德之賊故萬章疑之

曰非之無舉也刺之無刺也同乎流俗合乎汙世居之似忠信行之似廉潔衆皆悅之自以爲是而不可與入堯舜之道故曰德之賊也

呂侍講曰言此等之人欲非之則無可舉

欲刺之則無可刺也流俗者風俗頹靡如水之下流衆莫不然也汙濁也非忠信而似忠信非廉潔而似廉潔

朱子曰狂者所見過於高遠而行不掩獧者能力行而見有所不逮二者皆可收拾入來至於鄉原則孟子敢斷然以爲德之賊者蓋其居之似忠信行之似廉潔衆皆悅之使其回頭來却未可知只被他自以爲是既把來做是了便休是以終身爲原人而孟子以爲德之賊也

南軒張氏曰此數句極鄉原之情狀非之無舉刺之無刺言其善自周飾流俗能同汙世能合言其無所執守也以忠信廉潔曰似則非真矣衆皆悅之則與乎鄉人之善者好之矣自以爲是所以卒爲鄉原而不可反也堯舜之道大中至正天理之存乎人心者也此所謂善也若鄉原所謂善斯可矣則出於一己之私竊善之似而已異端之於正道如白黑與本不足以賊德惟道之不明世俗之見易以惑溺故以爲德之賊也

慶源輔氏曰鄉原既欲人以爲謹愿故同乎流俗而不敢自異合乎汙世而不能自拔故衆皆悅之自以爲是則又迷而不知反故不可與入堯舜大中至正真實之道也

孔子曰惡似而非者惡莠恐其亂苗也惡佞恐其亂義也惡利口恐其亂信也惡鄭聲恐其亂樂也惡紫恐其亂朱也惡鄉原恐其亂

德也惡去聲莠音有

孟子又引孔子之言以明之莠似苗之草也佞才智之稱其言似義而非義也利口多言而不實者也鄭聲淫樂也樂正樂也紫閒色朱正色也鄉原不在不獧人皆以爲善有似乎中道而實非也故恐其亂德

慶源輔氏曰佞者有口才能辯說故以爲才智之稱惟其能言則其說多似義而實不然故以爲害義巧言之人徒尚口而初無誠實故以爲害信鄉原既譏狂者故不狂又譏獧者故不獧衆皆悅之故人皆以爲善而不可與入堯舜之道故有似乎中

道而實非此聖人所以恐其亂德而深惡
之據論語所載亦與此不同雖有詳畧然
其惡似而非之意則一也

君子反經而已矣經正則庶民興庶民興斯無邪慝矣

反復也經常也萬世不易之常道也興興起於善也邪慝如鄉原之屬是也世衰道微大經不正故人人得爲異說以濟其私而邪慝竝起不可勝正君子於此亦復其常道而已常道既復則民興於善而是非

四書大全辯 下孟卷十四 奕

明白無所回互雖有邪慝不足以惑之矣

○尹氏曰君子取夫狂狷者蓋以狂者志大而可與進道狷者有所不爲而可與有爲也所惡於鄉原而欲痛絕之者爲其似是而非惑人之深也絕之之術無他焉亦曰反經而已矣

經只是日用常行道理

新安陳氏曰邪慝不止是鄉原如楊墨皆是以此章言則指鄉原故云鄉原之屬

通考吳氏程曰回互委曲掩覆也是非以下八字皆所以貼正字且見不容邪慝之意

邪未以所[illegible]猶其本以勝之也

問反經之說朱子曰經便是大經君臣父子夫婦兄弟朋友且先復此大經天下事未有出此五者其間却煞有曲折如大學亦先指此五者爲言使大綱既正則其他節目皆可舉○若不先此大綱則其他細工夫如何做○問經正還只是躬行不及政事曰這箇不通分做兩件說如堯舜雖是端拱無爲只政事便就這裏做出那曾恁地便了○孟子論鄉原亂德之害而卒以君子反經爲說此所謂上策莫如自治者況異端邪說日新月盛其出無窮蓋有不可勝正者惟吾學既明則彼自滅熄耳此學者所當勉而不可以外求者也○經正則庶民興蓋風化之行在上之人舉而措之而已庶民興則人人知反其本而見善明見善明則邪慝不能惑也既人之不惑則其道自然銷鑠而至於無也歐陽永叔云使王政明而禮義充雖有佛無所施於吾民矣亦此意也

四書大全辯 下孟卷十四 奎

慶源輔氏曰集註反經之說實辯異端息邪說之大權也

雲峯胡氏曰此章言經正而下章則以聖人相傳之統繼之不無意也

鄭京山曰凡禍生于亂亂生于似惡似非空惡之所以弭亂也惡莠則芟之惡佞則遠之惡利口則防之惡鄭聲則去之惡鄉原則正之惡莠以下孟子語

林次崖曰反經者是自家躬行以率之于上又修明教化禮樂以導之蒙引所謂端化原修治法于以一天下之道德同天下之風俗者是也

○孟子曰由堯舜至於湯五百有餘歲若禹皐陶則見而知之若湯則聞而知之

趙氏曰、五百歲而聖人出、天道之常、然亦有遲速、不能正五百年、故言有餘也、尹氏曰知謂知其道也。

通考仁山金氏曰邵子經世書自巳會之未以運經世之一之未歲在甲辰而帝堯即位二聖相授至經世之二之亥一百四十歲而交午會以運經世之二之子一歲在甲子禹攝之八年下至經世之三之卯歲在巳卯凡四百五十二年而成湯有天下下至以運經世之四之亥歲在癸亥凡六百六十九年文王爲西伯以運經世之五至以運經世之六之未庚戌之歲凡五百八十七年而孔子生又七十一年庚申獲麟三年壬戌之歲孔子卒至以運經世之七之寅乙酉之歲孟軻至梁上去孔子卒凡一

百四十三年

慶源輔氏曰天道固有常矣然亦不能截然整齊須有先後遲速

雲峯胡氏曰論孟末皆言堯舜以來相傳之意但論語以行言故歷述其政事之實孟子以知言故歷敘其見聞之眞堯之執中中之用也湯言降衷中之體也自心上說由執中之蘊而六經言心始此湯自性上推原降衷之初而六經言性始此此可見堯舜湯明道處至若見而知之言禹皐而不言稷契何也或曰舉禹皐或例[illegible]餘然考之書稷契不曰謨而禹皐獨曰謨蓋可見也況洪範九疇禹發之天敘天秩五典五禮皐發之其明道之功固不小也

由湯至於文王五百有餘歲若伊尹萊朱則見而知之若文王則聞而知之

趙氏曰萊朱湯賢臣或曰即仲虺也爲湯左相

雲峰胡氏曰舜言精一而後協於克一伊尹能發之堯言執中而後建中于民仲虺能發之曰勇曰智曰仁曰禮曰義中庸三達德孟子四端已散見于仲虺誥中矣皆只是知萊朱即仲虺也〇論語之末言武不言文此言文不言武文王謨以明道言也武王烈以行道言也易之作也其於中古乎文王明道之功大矣

新安陳氏曰萊朱與伊尹並稱而經傳不他見仲虺作誥弘大精微仁義禮智信皆開端言之而德日新一言文首唱之湯盤銘伊尹咸有一德皆因而述之伊尹相湯虺爲左相同時他誰與之班者萊朱即仲虺也必矣

由文王至於孔子五百有餘歲若太公望散宜生則見而知之若孔子則聞而知之散素亶反

散氏宜生名文王賢臣也子貢曰文武之道未墜於地在人賢者識其大者不賢者識其小者莫不有文武之道焉夫子焉不學此所謂聞而知之也

或曰尚父鷹揚之士也散宜生於經傳不多見亦以爲見文王之道而知之者何也

雲峯胡氏曰敬勝怠、義勝欲之類、非太公孰發之、書曰茲迪彝教、則彝倫之敎、散宜生蓋有助焉、

由孔子而來至於今百有餘歲去聖人之世若此其未遠也近聖人之居若此其甚也然而無有乎爾則亦無有乎爾

林氏曰孟子言孔子至今時未遠鄒魯相去又近然而已無有見而知之者矣則五百餘歲之後又豈復有聞而知之者乎愚按此言雖若不敢自謂已得其傳而憂後世遂失其傳然乃所以自見其有不得辭者而又以見夫天理民彝不可泯滅百世之下必將有神會而心得之者耳故於篇終歷序羣聖之統而終之以此所以明其傳之有在而又以俟後聖於無窮也其旨深哉○有宋元豐八年河南程顥伯淳卒潞公文彥博題其墓曰明道先生而其弟頤正叔序之曰周公沒聖人之道不行孟軻死聖人之學不傳道不行百世無善治學不傳千載無真儒無善治士猶得以明夫善治之道以淑諸人以傳諸後無真儒

新安陳氏曰孟子沒至明道去大約年數如此　斯名指明道二字稱傳名稱其實也

則天下貿貿焉莫知所之人欲肆而天理滅矣先生生乎千四百年之後得不傳之學於遺經以興起斯文爲已任辯異端闢邪說使聖人之道煥然復明於世蓋自孟子之後一人而已然學者於道不知所向則孰知斯人之爲功不知所至則孰知斯名之稱情也哉

通考趙氏德曰孟子之生雖不可知然哀公十六年孔子卒又十年而悼公立凡四十年元公二十一年穆公三十三年共公二十二年康公九年景公二十九年共二百六十四年而魯平公繼立由孔子而來至於今百有餘歲則孟子必生於穆公之末共公之初以魯平公之將見孟子而臧倉沮之梁惠王見之而稱曰叟其年先後於穆共之間槩可見矣　朱子曰由堯舜至孔子率五百餘歲而聖人一出所以異世同心歷聖同道道統繩繩相續不絕者實賴同時之見而知之者知之於先而異世之聞而知之者得以知之於後耳自孔子至今方百餘歲去孔子之時若此其未遠也孟子鄒人近孔子所居之魯又若此其甚也若使今此已無有見而知之者則如前所云五百歲之後豈復有聞而知之者乎○禹皋之貨本皆名世之士伊尹太公又湯文之師非必見其君而後知之湯文孔子又生知之聖亦非必聞前聖之道而後得之也此其日見而知之聞而知之者蓋以同時言之則斯道

紫山引許氏說可從

之統，臣嘗以君爲主，以與世言之則斯道之使後世嘗以前聖爲師，學者不以辭害意可也。至於章末二句則孟子之致意深矣。觀其所謂然而無有乎爾，則雖若託於不居，而其自任之實可見；觀其所謂則亦無有乎爾，則雖若歎其將絕，而所以啟夫萬世無窮之傳者又未嘗不在於斯也。學者誠能深考其言而自任之，則在古人雖遠，而其志意之所存者蓋無以異乎日相與言而授受於一堂之上也。

雲峯胡氏曰：論先後則不使見之者而難有聞之者，是則見而知之者爲先；論難易則見而知之者聚精會神於一時之頃，而聞而知之者心融神會於異世之遠，是則聞而知之者爲難也。

通考東陽許氏曰：爾，如是也。指見知聞知者而言。然而無有乎爾，正謂在孟子時去聖人之世雖未遠，而當時見知者今亡矣。

須將此一節於一串之下乃見意

新安陳氏曰：此申言然而無有乎爾之意。孟子隱然謂道統之傳在已，但其辭婉，其意深，非詳玩味之不能見耳。

新安陳氏曰：申言則亦無有乎爾之意，以望後世聖賢之能傳道統者，此已爲程子接孟子之絕學者張本矣。

雲峯胡氏曰：集註神會心得四字有深意。蓋爲聞而知之者言也。孟子所謂見而知、聞而知者，知其道也。知其道者，知其心也。時有先後之異，心無先後之間。萬古一理，千聖一心。世遠而心之神明相接，迹異而心之天理相孚。默而成之，不言而信，此其爲神會而心得之者歟。

通考朱氏公遷曰：聖賢或正言以敘道統之所傳，或因言而見道統之所在，或直以爲任，或謙不敢當，語不無少異也。其在孔門則克己復禮之功、吾道一貫之旨，乃其

正言者；昔喟然之嘆、三省之學、如愚之氣象，皆因言而可見者也。又竊論之，孔子之道有自來矣，然子思則兼堯舜文王言，子貢則專以文武言，孟子又專以文王言，孔子亦自言文王既沒，文不在茲乎。蓋道一而已。前而堯舜之道亦文王之道也，下而武王之道亦文王之道也。近舉文王而堯舜之道在其中，上舉文王而武王之道在其中，不必疑其言之異也。

雲峯胡氏曰：論語之末堯而後終之以武王，孟子之末終之以孔孟。道不行，百世無善治；武王以後事。學不傳，千載無真儒；孔孟以後事。無善治而下又言道之不明，其害有甚於道之不行者也。

雲峯胡氏曰：朱子贊濂溪先生之言曰：道喪千載，聖遠言湮，不有先覺，孰開我人。今言明道而不言濂溪者，二程夫子受學於濂溪先生，見而知之者也。且孟子所述列

聖之相傳者，非徒爲其行道而言，實爲其聞知見知有以明斯道而言也。伊川墓述專言學不傳則道不明之害，而又深言夫明道之功，正與孟子之意脗合，故集註述之。

慶源輔氏曰：集註係以程子之說者，見程子果得其傳於遺經，而孟子之說至是而遂驗也。

雲峯胡氏曰：所向者，人道之始事；所至者，造物之極功。學者不知所向，則非有志於斯道者，不足以知明道；不知所至，則非深造乎斯道者，亦不能真知明道也。趨向之正，造詣之深，庶乎可知明道之所以爲明道矣。真知明道，則真知堯舜以至於孔孟者矣。善乎勉齋黃氏之言曰：由孔子而後，曾子、子思繼其微，至孟子而始著；由孟子而後，周、程、張子繼其絕，至朱子而始著。朱子出而自周以來聖賢相傳之道，一旦豁

然如大明中天，昭晰呈露。然則集註所謂百世而下，必有神會而心得之者，朱子分當自見其有不得辭者矣。

新安陳氏曰：朱子繫以伊川此說者，見得孟子之意，望百世之下將有神會心得其道者，而千四百年後果有如程子者出焉。見孟子之言至是而果驗，孟子不傳之絕學至是而果有傳也。觀韓子所謂堯以是傳之舜，至軻之死不得其傳焉之言，見道統之傳至孟子而絕；察朱子所列明道墓表之意，見道統之傳既絕而復續也。孟子、朱子之意章章明矣。

通考吳氏程曰：或疑伊川以明道上承孟子，不及濂溪，此蓋明道門人推尊稱美之辭，見於伊川敘述，而朱子深然其說。要之程子之學雖有所受，而得之遺經者爲多，故伊川自謂其得不傳之學於遺經，而朱子序大學中庸亦直謂程子接孟氏之傳，續

千載之緒，良有見矣。○愚按明道嘗云：吾學雖有所受，天理二字，却是自家貼體出來，則其得之經者爲多，亦可槩見耳。

蔡虛齋曰：但云由堯舜至于湯，由湯至于文王，由文王至于孔子，便見道在天地間決無久絕而不續之理。此孟子所以深致意也。

或曰：聖聖相傳，只此一知，特就當世與世分個見聞。見知非盡面承，聞知不是耳受於聲之聞。見有絕續，聞見之知無生滅。孟子說兩個無有，正超然有得于見聞之外。或曰如林氏之說，則見決然不復有見知聞知之人，非孟子意也。謂之無有乎爾者，是反說之辭，猶言豈無有也。意以孔門弟子速肖者七十一人，豈無有見而知之者，則今日豈無有聞而知之者。觀于此言，則孟子隱然聞知自任也。及觀于未得爲孔子徒也，予私淑諸人也之言，其以聞而知之自任之意，豈不益可見。林氏可謂不知孟子之意，而集註何爲取之，以誤來學，惜哉。

芭山張氏曰：細看明道，得不傳之學于遺經，便見傳道者不必皆見知。天理性所固有，謂得之于經，則經即知之所不容磨滅處，但在自家體貼耳。歐陽術云：後世無師，學者當師經。愚意聞知道理不外是，然必須自家體貼出來，又非徒沾沾求之于經而已。○道理有必不容分析者，如知行體用，明道行道之說，譬諸一人之身與心，萬卉之根本與枝葉，皆相比而不相離者也。語孟未皆言堯舜以來相傳之意，論語雖就政事之實，指其所行者如此，而知寓其中，豈有不知而能行之無惑者乎。孟子雖敘見聞之真，指其所知者如此，而行寓其中，豈有不究見諸行，而懸空謂之爲知者乎。況由不明故不行，合文王生平觀之，事

殷治岐代密伐崇，皆行道實際，專謂之明道可乎？合武王生平觀之，執競作求，永世克孝，皆明道精神，專謂之行道可乎？謨何以偏屬明，烈何以偏屬行？不尤影響支離而不可爲訓乎？雲峯此等語，所謂不必分析而強分析之者也，可刪。

四書大全辯孟子卷之十四終

合叅四書蒙引存疑定解（孟子）七卷

明　吴當輯

日本國立公文書館藏明崇禎間刻本

楊維斗
查伊璜
两先生鑒定

四書合參定解

邇來講義不啻汗牛求其爲道脉正的者則自大全而外獨歸蒙引存疑第其書錯記冗複難以卒殫是集删繁抉要合成一家而復參以名儒精義既發聖賢真傳亦闢從來穢習本家不惜厚幣較刻精工用[illegible]
[illegible]

金閶池白水識

歟
夫士有一人而肩千百
世之任者。達者信之。衆
人疑焉。非疑之也。其見

査序一

小者也。韓子謂坐井觀
天。曰天小者。非天小也。
亦不足怪矣。信之者。知
其眞厎辨天下之大事。

振天下之積弊。反天下
之正經。而非以虛辭借
也。所以豪傑之士。特立
獨行。任之堅而守之固。

査序二

一家非之而不惑。天下
非之而不惑。至於舉世
非之而尤不惑。非其厎
爲不惑也。能爲信道篤

而自知明而已矣○信道篤而自知明○則講道習藝○惠日之不足○豈暇計人之疑信哉○余也折困

查序三

有季竊謂天之生我○亦必有以任我也○要其爲任之道不一○或任其行○或任其言○禹任之以抑

洪水○周公任之以兼夷狄○孔子任之以作春秋○孟子任之以距楊墨○任雖不一○均之肩千百世

查序四

之任者也○余今而始知天之不以行任我○而任我以言○斷可知矣○以故年來力任選政○耑昌重

經術○祛邪說○正人心○勵
人材爲已任○不顧天下
之或信或疑者○亦惟不
敢負天之任○少盡其在

我之責焉耳○方今運遘
中興○而經術大明○邪說漸
息○人心詭僻者○稍稍就
正○人材寖漓者○稍稍還

醇○庶幾聖賢大道○揭日
月而行之○具良心者○諒
亦不忍昧余之任矣○即
千百世之下○亦必有以

推余之功矣○間欲網羅
舊聞○次第纂述四書講
義○與古今名說相翼而
行○以爲後學一定之宗○

會因時事不果○余友吳元任○蚤季聞衞○勵志濳修○於晉江一派○實有嫡血相承○乃簡其冗複○拔其精要○復以已意○參所未逮○命曰定解○書成以示余○余披閱數四○絕歎以爲先得我心所同然○

查序七

眞可爲萬世一定之解也○余遂輒筆○不煩復閏○故凡所合參者○一仍其舊○竊謂蔡林二氏○當註疏多門○之日不惜苦心○編摩集註○可謂闢除草萊○厥功甚偉○元任亦以數年櫛沐苦心○振興絕

查序八

業○不使二氏之書○淪于靡蕪○苟非信道篤而自知明○其孰與于此○揆績論功○當亦與余重經術○祛邪○說正人心○勵人材之任○不相上下矣余因喜而爲之說○

旹

崇禎甲申歲孟秋月日

古杭查繼佐伊璜題

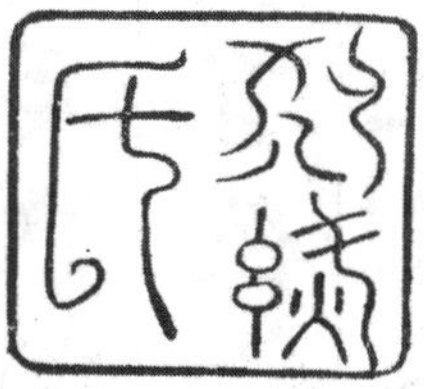

四書定解叙

夫定天下之事功。必先端天下之人品。端天下之人品。必先正天下之學術。學術之邪正。則世道之升降。

士習之汙隆視此已。故出於正者。雖抱道窮居。著文自娱。猶見推於後世。苟不獲其正。雖功彌天壤。澤濟生民。為世所不可少之人。

而終不可以服士君子之心。孔子所以小管仲之器。豈其才不足哉。學弗正焉耳。夫不學固無術。然不正亦無學。學術之正者。要明

乎道而已。唐虞三代道在心性。春秋已後道在六經。學何不一之有。慨自呂秦焚經廢學。儒術滋棼。自時厥後。若楊雄之太玄。河汾

之中說昌黎之原道雖均有功於斯文而未盡協乎學之正。迨宋興真儒輩出。周程張邵。從世遠言湮之餘。紹繹聖真。光啟來哲。而六經之道漸明。即游謝諸公。皆衍其流。不獨龜山為得其傳也。當時諸賢道雖不行於上。而存心窮理。著書立言。聖賢大道。燦然彰

明於世。猶桑間濮上之黃鐘大呂。膎胰醢醬之太羹玄酒也。一傳而豫章。再傳而延平。三傳而朱子出焉。雖前乎朱子者。有胡康侯父子。並乎朱子者有張南軒。呂伯恭。陳止齋。及陸象山兄弟。皆互有得失。而惟朱子為集其大成。惜當時猶未有能力為表章者。迨

我
太祖高皇帝。開天明道。埽中原之羶穢。肇文明之景運。所定取士之典。首以經術為重。自五經四書性理鑑綱

正史諸書而外。不列于學宫。不用以課士。而四書始表章朱子之章句為準。雖論語有包周王何之解。孟子有趙陸張丁之義。一切

報罷。蓋即古人罷黜百家獨尊孔孟之旨。所謂正天下學術者。孰有踰于斯也。故自洪永以迄隆萬。士風醇厚。文體渾雅。而事功節

義之士。後先相望。豈非正學之明效大驗歟。嗣是人文向盛。士習亦寖漓。人各置喙。家各爭鳴。始而厭薄平常。稍趨纖靡。纖靡不已。

漸鶩新奇。新奇不已。漸趨詭僻。始猶附諸子以立幟。繼且尊二氏以操戈。背棄孔孟。非毀程朱。惟南華西竺之語。是宗是競。以名教

為桎梏。以紀綱為贅疣。以放言恣論為神奇。以蕩棄行簡。埽滅是非廉恥為廣大。取佛經之本心本性者。竄入于儒宗。取聖言之渉

空渉無者。强同于禪寂。嗟乎。聖經果如是解乎。當也不佞。潛居深念。垢俗憫時。乃欲綱羅舊聞。次第纂述四書講義。以為學術之正。

統。因嘆書有講義。莫備于

我

明。顧為說屢變。各自名家。不可槩一。如姚江即無專著。然建皷為招。與考亭。左而

二溪尊奉師說。彌益浸淫。此一變也。嗣後株守藩籬。漸淪市井。如達說析衆之屬。此又一變也。厭庸喜異。跳而越焉。初溷以諸子雜家。宂入于禪玄詭說。如理觧蠡編之屬。甚至删正說書。蠱眯一世。而悖極矣。此又變中之變者也。入者主之。出者奴之。入者附之。出

者汙之。幾何不胥聖賢大道。而爲魑魅魍魎之習。學術之謂何。嗚乎。其亦幸而生于千百世之后。不見誅于千百世以上之聖賢也。其亦不幸而不生于千百世之前。不見正于千百世以上之聖賢也。居今之世。而欲變今之習。障百川而東之。廻狂瀾于既倒。總之

不離蒙引者近是。其人履繩蹈準。其說用中守正。精可入性命。粗亦可遵規矩。誠考亭之嫡嗣。我

高文二帝表章聖學之功臣也。

國朝因鏤以銅板。旌先生為理學名臣。其后次崖林公。復批其窾窽而作存疑。則亦專以考亭章句為主。與蒙引相為發明。蓋自大全

而下。斯二書實為入道之津梁矣。先輩以經術起家達〻潛心于此。唐荊川嘗曰。吾生平無他嗜。惟蒙引足以娛神。即風雨晦明。亦以是書為枕籍。未嘗委頓。瞿昆湖每謂門人曰。汝輩看書若不將蒙引存疑講解。只依傍時說。畢竟因仍耳食。終身無出人頭地藉

紫溪亦嘗語人曰吾作文字無他過人惟于書旨頗有體認然所以體認書旨與庸吻稍别者其根源在蒙引存疑二書然則二書

所關于學術寧淺鮮耶第其全本浩繁難以研究余數年來苦心編摩汰其贅冗簡其精要復叅其所未逮命曰定解不過欲破異

為同尊經翼傳而已庶幾天下之學術繇此而正人品繇此而端而事功亦繇此以定余雖不敏或亦庶幾蔡林二先生之功臣云

爾

金谿後學吳當元任題

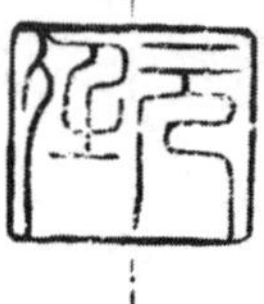

定解題辭

昔人十年磨。空圓生面

壁。靜悟入神。猶恨不得

聖賢面目。今人家各異

說人各異。宗肆為詭說。

則縱其闊博。淳龐把篇。

大全蒙引。法出作為綵。

編成結風。靈或霞鬯龐。

古之以陰陽詭秘救

術數之學。傳入壹燈之

吻。再悟乎童習四子書。

向其蒞安。未得其解矣。

凡此出縣鄉坡上筆者。

所撰倫。誥遊時。涂雜蔓

本領。余亦此不勝其道之

屬為。日積月累。異門於池

以序。以樓吳彥元任。足其逸興遄飛。與兩晉風流。揮麈高譚。一本經術。遂使覽睹者。歎若平生。

題詞三

及門之枕中之秘。因出四書完解一帙以示。余展讀之。大約以紫陽為宗。參引各雜為理要。芟其

重複。訂其雜譌。復衍裒衆說。而參補其未逮。條貫繩約。如出一口。不得其明心見性。等於禪定。

題詞四

江河日下之極。舍元任其誰屬。哉。余嘉其有斯道足補。存與定。等敢為之辭以弁其端

皆

崇禎甲申歲。孟春月日。

古吳楊廷樞維斗題

楊廷樞印　維斗氏

附餘

是集蓋從蒙引存疑全本中。摭其精要。不可移易。而與朱註合者。逐段依次列之。或舊為一段而今析之。或舊為各段而今併之。或原文甚長。而節取其數句。或雜録全文。而錯綜其首尾。或於數段

中零碎剪裁。而奏成一段。俱本二書成說。不敢增創一字。至於二家或相矛盾者。則只存其一說。若二書皆合者。則兩存之以資叅攷。故各仍其名于首。間或蒙引有大意相同。而遺辭各異者。則僭為歸併。有意非一律。而文可相貫

者則僭為穿連或全錄蒙引而以存疑一二句參貫或全錄存疑而以蒙引一二語補湊總之欲成一家言以便觀覽故標其欵曰蒙存合云

其或二書旨意有未及者或旨意及而辭稍晦者則妄以己意補之故標其欵

曰參云要皆採摭名公宿儒精義與紫陽合者而酌以膚見非敢逞胸臆以干僭妄之罪也

大凡講解例有章旨殊不知聖賢立言信口直指言言是道非後儒有意著書者比也俗學每以己意穿鑿曰此章是其意重在其字影外鏤影像中起像添出多少蛇足余久厭之是集故一切芟除學者但於講中會意可也

是集有旁批或評其本意或續其餘意或補其未盡之意學者冝細心領會而其圈點則是於書旨緊要關節不可忽畧者表出以啓人作意詳審之思云爾

惜墨如金原非濫套也

嗣出書目　附

五經定解　大學定衡　快書六帖

二十一史要義　六家叢書

後場用世業　舉業正門

合參四書蒙引存疑定解卷之十四 上孟

楊維斗
查伊璜 先生鑒定

潭陽 劉弘祖遠公 參閱
昭武 吳當元任 手輯
唐亮工欽代 較正

梁惠王上

孟子見梁惠王

孟子生平守不見諸侯之義，而劈頭便見梁王，此正學孔子之從權處，若曰為其卑禮厚幣，則齊宣之見將奚辭

存疑 見梁惠王或謂答其禮或謂欲行道答禮之說固淡行道亦不消說要孟子本意是欲行道而惠王卑禮厚幣則有可見之義耳

參 孟子何以見惠王蓋懷匡時之慮者不得不借王公之權孟子非見魏之君也見其所為行吾仁義者而已〇何六子云古史謂孟子先事齊宣王後乃見梁惠王而今乃首記見梁蓋為七篇之旨在於仁義記者所以尊作書之意也

王曰叟不遠千里而來亦將有以利吾國乎

緊要在吾字下節數吾字正從此叟映

參 梁王之非不止在利又在利吾國三字他只曉得有我便不知有大夫士庶了

孟子對曰王何必曰利亦有仁義而已矣

蒙引 不必說亦有仁義可以益王之國只是對利字言不要對吾國字但說到未有仁而遺其親處自然有以利其國矣此句且莫鑿破他

參 惠王說利字是虛字孟子直當實字抑之其旨嚴矣

王曰何以利吾國大夫曰何以利吾家士庶人曰何以利吾身上下交征利而國危矣萬乘之國弑其君者必千乘之家千乘之國弑其君者必百乘之家萬取千焉千取百焉不為不多矣苟為後義而先利不奪不饜

存疑 自王曰何以利吾國至而國危矣是自利上推到有害處萬乘之國至不奪不饜皆說國危之事萬取千焉至不奪不饜又只是申萬乘之國三句

蒙引 萬乘之國四句分明言上下交征利畢竟上人受虧也看兩箇必字天子畿內千里只得萬乘公卿諒非只一二人若每人各取其一則萬乘盡矣取字只是君十卿祿之意言以公卿而所取萬乘者得千焉以大夫而所取千乘者得百焉是君取其十臣取其一〇萬取千焉千取百焉上下之間各安其分之所當得所謂義也後義而先利則稱欲以求寧有底極耶必盡取乃已然亦有未已如漢武隋煬又欲兼四夷跨三代故予嘗謂充其求利之心必見害而後已

參此節反覆言利之害下節的確指仁義之利一奪一予最有機鋒○首末兼言仁義此節單以義言以利對也不必瑣瑣補仁字

未有仁而遺其親者也未有義而後其君者也

蒙引上只曰亦有仁義而已矣此又加以未有遺其親後其君者直要説仁義自有其利愈見得何必曰利

存疑孟子見惠王欲求利就仁義中覓箇利來易他乃仁義之利不利之利也（此節與上節相激下節相呼）

參未有二字是反上文而決言仁義之利勿以利義分對不遺

不後一念真切懇至可想直是念念不忘意二二者也字正應大夫士庶句見舉國去利懷仁義以相接

王亦曰仁義而已矣何必曰利

參此節結上文與前大指不同前只含蓄説末則明指利害言（此亦只是論道理不必承泥利害之説而言若仁義無利遂不當言乎）○玩而已矣與何必之詞見孟子語意是斬釘截鉄斷斷然只説仁義更不向利上去○何六子曰子與氏對梁惠言利對齊宣言貨色勇樂如神醫治病百草盡是參苓畢竟呆拈仁義便執着古方矣

孟子見梁惠王王立於沼上顧鴻鴈麋鹿曰賢者亦樂此乎

孟子對曰賢者而後樂此不賢者雖有此不樂也

參饒雙峯云王意謂賢者亦樂此自家有慚孟子説惟是賢者樂此出王意外或曰王意賢者未必樂此是疑詞不是慚詞此正其一念可進於賢處故孟子迎機而導之以公樂也既不拂其欲又不縱其欲看他一操一縱處大有妙用

詩云經始靈臺經之營之庶民攻之不日成之經始勿亟庶民子來王在靈囿麀鹿攸伏麀鹿濯濯白鳥鶴鶴王在靈沼於牣魚躍文王以民力為臺為沼而民歡樂之謂其臺曰靈臺謂其沼曰靈沼樂其有麋鹿魚鼈古之人與民偕樂故能樂也

蒙引不日成之成之急也又追言曰方其經始之時王尚戒以勿亟而庶民歡忻踴躍亦自爾其亟也所以不日成之臺既成矣臺下有囿也於是遂言王在靈囿云云囿中有沼也於是又言王在靈沼云云於牣魚躍乃民樂之詞非可謂文王自歎美也歡樂之指庶民子來不是包謂其臺以下（不日畢竟漢註作不與期日解與下勿亟相應為是若云不終日恐無此理）

存疑文王以民力為臺以下是孟子解詩之意庶民攻之不日成之庶民子來是民歡樂之靈臺靈沼是謂其臺曰靈臺謂其沼曰靈沼王在靈囿以下是樂其有麋鹿魚鼈詩之所言皆民樂君之辭故孟子釋之如此○與民偕樂推好樂之心以行仁

政使民亦有其樂也

【蒙引】是言平日有恩惠及人治岐之政是也不必兼言勿亟之命又須於經始之日蓋經始勿亟是與下句庶民子來相叫應以見其詩民樂之意耳〇全在民樂其樂上故註用此句以發揮其意不然亦何以能樂

【参】此節中明賢者樂此句文王以下只就上詩詞衍其意至與民偕樂方是孟子議論〇故能樂也不要說到民情稱頌勸靡〇偕〇樂〇故〇能〇樂〇上然後見文王能享其樂蓋即此偕樂之一念見胸中之天地自舒目前之境界自恬

湯誓曰時日害喪予及女偕亡民欲與之偕亡雖有臺池鳥獸豈能獨樂哉

【参】日指桀言日君象也桀以日自比謂其不忘也民曰是日曷喪惟恐其不速亡也女指日言不言桀而言日不敢斥言耳民欲與偕亡二句書詞原無此意孟子即其言而以己意釋之雖〇不〇必〇說〇到〇覆〇亡〇上〇去有臺池鳥獸豈能獨樂即有此不樂之謂〇此節是申明不賢〇故〇能〇豈〇能〇語〇雖〇平〇開〇意〇實〇合〇照〇者雖有此不樂意却不可與上叙叙平對只遞說

〇梁惠王曰寡人之於國也盡心焉耳矣河內凶則移其民於河東移其粟於河內河東凶亦然察鄰國之政無如寡人之用心者鄰國之民不加少寡人之民不加多何也

【蒙引】移其民於河東移河內之民於河東也移其粟於河內移河東之粟於河內也設若河內河東俱凶又將何以處之甚矣為國在行王政也何也二字是推在歲凶上去蓋惠王自負其盡心恤民而訝其民宜加多而不加多者以為我雖盡心如此然民終不加多意者天殃下民而奪之歲人力終莫如之何耳況一則曰河內凶二則曰河東凶再不曾省及己之政有未盡善處而一惟歲凶是圖矣要其實則民之饑未必皆歲所為由惠王不能行仁政而暴虐其民耳雖費力於移民移粟亦何救

孟子對曰王好戰請以戰喻填然鼓之兵刃既接棄甲曳兵而走或百步而後止或五十步而後止以五十步笑百步則何如曰不可直不百步耳是亦走也曰王如知此則無望民之多於鄰國也

【蒙引】鼓字非虛指戰士言也兵刃既接不連上句是起下文

【存疑】此章主意在行王道棄甲曳兵而走不能行王道之喻也或百步而後止猶鄰國不恤其民也或五十步而後止猶惠王能行小惠也察鄰國之政無如寡人之用心以五十步笑百步也〇戰以勝敵為上走之遠近弗計也猶治以王道為上小惠之能行與否弗計也王如知百步走也直不百步是亦走也不

可以近而笑遠則隣國不恤其民百步之走也王能行小惠五十步之走也不可以此笑彼望民之加多於隣國也

不違農時穀不可勝食也數罟不入洿池魚鼈不可勝食也斧斤以時入山林材木不可勝用也穀與魚鼈不可勝食材木不可勝用是使民養生喪死無憾也養生喪死無憾王道之始也

【蒙引】洿地勢自然者池人所鑿者數罟不入洿池必用四寸之目也高者為山平而多草木者為林斧斤有大小之別厲禁厲與禁也非謂嚴禁厲有藩界也禁設禁令也不可勝食勝用且說他多尚未到人食用上無憾處兼豐凶皆給言

（養生喪死無憾方是食用）

【叅】重農時一段穀不可勝食則在此在彼皆可以養何借于移下二段皆所以佐穀食者故並言之此雖未盡制盡教而賑恤人情如此興王的道理已托始于茲矣故曰王道之始

（三段俱要見得是王道之始處）

五畝之宅樹之以桑五十者可以衣帛矣雞豚狗彘之畜無失其時七十者可以食肉矣百畝之田勿奪其時數口之家可以無饑矣謹庠序之教申之以孝悌之義頒白者不負戴於道路矣七十者衣帛食肉黎民不饑不寒然而不王者未之有也

【蒙引】不違農時猶未有百畝之制至此方一夫受田百畝雖有田百畝而奪其農時亦無益矣故又須勿奪其時〇庠序指鄉學非謂國學也俊秀及凡鄉之民皆教之所教之中又以孝弟為重夫人倫有五而詩書禮樂亦皆教也或只見註云既富而又教以孝弟即謂謹庠序之教虛說所以教者只是孝弟而已若只是孝弟亦不用申字了註特所以重者省文而云之耳

【存疑】七十者衣帛食肉黎民不饑不寒內含教民意故曰然而不王者未之有也

【叅】此節專重養上教特養中事勿平看上文五十七十衣帛食肉下文頒白不負戴則此節都是養老之政考庠序之制虞人養老于下庠周人養老于虞庠夏后氏養國老于東序養庶老于西序則庠序都為養老而設非庠為養而序為射也射者先行鄉飲禮次為子鵠終辭養禮則射亦是養老講申字須發此意即此是王恩大洽王化大行故曰然而不王者未之有也不要說到民歸右不要說到坐明堂等語

狗彘食人食而不知檢塗有餓莩而不知發人死則曰非我也歲也是何異於刺人而殺之曰非我也兵也王無罪歲斯天下之民至焉

【存疑】上曰王如知此則無望民之加多於隣國都未明白說出及面陳王道了然後說出那意思狗彘食人食二句皆是不行

王道也人死則曰非我也歲也是就寡人之民不加多何也及
一則曰河內凶一則曰河東凶內看出斯天下之民至為應寡
人之民不加多何也
叅 而不知處有多少𡒊蔽隔斷處所謂堂下百里而不聞門外
萬里而不見人死全不察其所從來那裏見得盡心○此章大
旨總是啟惠王行王道以得民也
○梁惠王曰寡人願安承教　孟子對曰殺人以梃與刃有以異
乎曰無以異也　以刃與政有以異乎曰無以異也
蒙 引孟子以今日切務惟在除去虐政虐政既除然後王政可

四書定解　二五　梁惠上　九　十一

施然以惠王狃于故習猶未知其所為之病民一至此極也故
以梃刃二端先發其意
存疑 先以梃刃殺人次及於政發其本心之明也下文所言正
是虐政殺人事
曰庖有肥肉廄有肥馬民有饑色野有餓莩此率獸而食人也
獸相食且人惡之為民父母行政不免於率獸而食人惡在其為
民父母也　仲尼曰始作俑者其無後乎為其象人而用之也如
之何其使斯民饑而死也
蒙 引提出為民父母字所以動其惻隱之心也人君知其有作

民父母之責則如保赤子之念自有不容已者矣夫父母之於
子寧忍有虐殺之者乎不必說到殺人殉葬之漸處只謂天地
間難得者人今俑者象人以殉葬猶未至於真殺人也然以其
用于死地孔子猶惡之况使民饑而死為真虐殺其民者耶甚
言其不仁也
叅 不言政之失但舉一庖廄一饑民而其失政害民可知
○梁惠王曰晉國天下莫強焉叟之所知也及寡人之身東敗於
齊長子死焉西喪地於秦七百里南辱於楚寡人恥之願比死者
一洒之如之何則可

四書定解　二五　梁惠上　十　十四

叅 惠王之志宛若剛勇而有為者然其敗於三國徒以爭城爭
地不失之貪則失之謬猶不知所以自反乃歷叙其喪敗而欲
為死者一洒之此正如匹夫勢出無聊不勝其忿而求一快者
所為耳豈有人君之度而知所謂大勇之理哉玩如何則可口
氣真有智窮力竭不能自振意
孟子對曰地方百里而可以王　王如施仁政於民省刑罰薄稅
斂深耕易耨壯者以暇日修其孝弟忠信入以事其父兄出以事
其長上可使制梃以撻秦楚之堅甲利兵矣
蒙 引方字總足之意不與地字相連下四條皆是推明此句之

蒙註中能行仁政二句不可說太早仁政是統言省刑薄歛是
仁政裏面事仁政不止此此特其大者耳惠王當時病痛之切
者最是嚴刑重歛故告之以此省刑罰只是刑當其罪薄稅歛
只是惟正之供

【存疑】民所以深耕易耨修孝弟忠信皆本于省刑薄歛嚴刑則
民無所措手足重歛則民不聊生欲深耕易耨修孝弟忠信何
可得也修是講明其理下二句方見諸行可使二字重在民心
樂死上說非是說能勝秦楚也

【叅】孟子言仁政必井田學校而後全今但言省刑罰薄稅歛而

已而民已深耕易耨孝弟忠信若教養兼得者蓋出民於湯火
而衽席之因以遂生復性得効為冣速也○壯者字要看國家
用兵全賴壯丁若不省刑薄歛則不得耕耨無暇修孝弟忠信
壯者散而之四方者幾千人矣吾民原不為吾用也是歛不在
三國而在吾民也故提起壯者二字直為下用兵張本○以暇
曰三字不可落空正是法外有身賦外有家故其景象如此王
孝弟忠信原非壯者自修亦仁政有以教之所致耳
于修其孝弟忠信則田疇之子弟陡而見聖賢之性矣此非深
耕易耨而後為暇日亦非暇日而後修孝弟忠信總是描得化
毋贅丁使字
日舒長君明民靜一段光景耳制梃句只是形容民平日一點

尊君親上樂于效死之心不可認真在戰鬬上看
彼奪其民時使不得耕耨以養其父母父母凍餓兄弟妻子離散
彼陷溺其民王往而征之夫誰與王敵　故曰仁者無敵王請
勿疑

【蒙引】彼奪其民時云云何暇治禮義哉貼此一句則與上文相
應而意亦方足○奪其民時不必謂是重刑罰厚稅歛然既奪
民時必非能省刑薄歛者

【存疑】彼奪其民時一條即陷溺其民也故承之曰彼陷溺云云
彼區區報怨雪耻俱不足言矣

【蒙引】夫誰與王敵非敵不過也自不與我為敵也使彼皆人人
致力以敵我我亦安能取勝秦楚之堅甲利兵又豈吾梃所得
此二節正看可使梃之意
而撻也哉○以百里可王之言疑於迂濶故引仁者無敵之言
以實之蓋以仁者無敵之言觀之則百里可王之言信矣故又
勉使勿疑也是請勿疑百里可王之言

【叅】二彼字不獨是外之之詞見得彼此原無定位此而不能施
仁政是亦彼矣奪民時與暇日反陷溺便與孝弟忠信反

○孟子見梁襄王　出語人曰望之不似人君就之而不見所畏
為卒然問曰天下惡乎定吾對曰定于一　孰能一之　對曰不

嗜殺人者能一之
蒙引　天下惡乎定言天下當何所定謂定於誰也孟子答之以
爲今天下之勢分崩離析如何可定必合于一然後定也今既
未有能一之者柰何可擬定于何所乎
存疑　孰能一之言列國勢均力敵莫能相尚誰能芟除羣雄収
其土地合天下于一也不嗜殺人者能一之意思於王知夫苗
以下見得
叅　此見亦不輕蓋惠王不用或有望于嗣君將以覩其志之所
向亦以冀吾道小試之端也出語人亦不是顯襄王之短見不

汲績出寸誰陽特以言張湯事囑李自忌亦此
嗜殺說話畢竟是定天下長策老臣雖去在梁之廷者所當晋
意也
孰能與之　對曰天下莫不與也王知夫苗乎七八月之閒旱則
苗槁矣天油然作雲沛然下雨則苗浡然興之矣其如是孰能禦
之今夫天下之人牧未有不嗜殺人者也如有不嗜殺人者則天
下之民皆引領而望之矣誠如是也民歸之由水之就下沛然誰
能禦之
存疑　孰能與之王意分土分民各有封疆天下無可一之民也
不知民心無常惟德是與故孟子曰天下莫不與也王知夫苗

以下正明莫不與意
蒙引　此節重在七八月之間旱（戰国之時七八月間之時也）及人牧未有不嗜殺人者二句
因襄王問孰能與之故以其時勢開曉之如此以苗之浡興於
旱之雲雨喻民之樂歸於嗜殺人中之不嗜殺人者引領而
望是聞風而向欲歸之之急也誠然如是民遂歸之其勢有若
水之就下沛然其莫可禦矣誰復得而制之設使其心不吾向
則未必能遽吾歸而莫禦也
存疑　生者民之所欲也（歸字正與與字相應）不嗜殺人民之所欲以為生者故引領
而望既望之則歸之矣

○齊宣王問曰齊桓晉文之事可得聞乎
蒙引　所問在此所志在此也
孟子對曰仲尼之徒無道桓文之事者是以後世無傳焉臣未之
聞也無以則王乎
蒙引　因當時無道其事者故後世無得而傳焉惟其無傳故臣
亦未之聞也三句意相承必欲言之而不止必欲孟子言也王
謂王天下之道道字重對上文桓文之事說
叅　事即經營伯業之事以註訓已若據石渠解訓作用蓋言不
用桓文伯者之事當論王天下之道似有理然王字亦有辨王

與伯對即先王王字作入聲讀者非
曰德何如則可以王矣曰保民而王莫之能禦也
叅德何如只是言人君之德當何如乃可王蓋恐王德淵微難
到也保民即是德勿云德足以保民保民累斷而王之能禦一
氣讀蓋保民便得民心得民心便得天下其王便不可禦亦自
明白易到也保民處且虛虛以保愛說慢露心字到下文引愛
牛事方提出是心足以王來二句是一章之綱下文一難一解
許多說話無非照顧此二語
曰若寡人者可以保民乎哉曰可曰何由知吾可也曰臣聞之胡

齕曰王坐於堂上有牽牛而過堂下者王見之曰牛何之對曰將
以釁鐘王曰舍之吾不忍其觳觫若無罪而就死地對曰然則廢
釁鐘與曰何可廢也以羊易之不識有諸
蒙引本意言卿試度吾能王否也乃不敢質言而繼之曰若寡
人者豈亦可以保民耶言恐不能保民而王也釁本釁郄今曰
釁鐘則是因鐘之釁而釁之使不復釁也作活字看無罪指人於卷字有
着言然則牛豈有罪乎蓋宣王平日惟知人之無罪者使之就死
地為可哀以為至所不忍者一旦見牛之觳觫乃亦覺有似乎
此故不忍而以羊易之曰何可廢也以羊易之必欲生此牛也

存疑按釁鐘非牛不可以羊易牛使不得只是齊王一時良心
發動不可遏姑以此替之初不及計慮至此看來以羊易牛實全要得他不及計較處
無許多意思齊王雖云不能保民然心非木石見民疾苦必有
惻怛之心非但見牛而已孟子不言民而言牛者姑就見牛一
事反覆開導之所謂因其所明通其所蔽也
曰有之曰是心足以王矣百姓皆以王為愛也臣固知王之不忍
也
蒙引所謂是心者即指此不忍之心也愛字正對不忍字愛則
非不忍不忍則非愛孟子着此兩句所以提掇箇不忍字惟其

實有不忍之心故足以王也下文只把愛與不忍字反覆辯論
叅是心足王只許他這點全牛之心可通于治而致王便了且
不可說擴充意出此句已說煞即從是心中生出個愛字又生
出箇不忍字正要他自猜自疑尋覓自家一箇真心出來臣固
知王之不忍句最妙是撥動他靈機的轉語
王曰然誠有百姓者齊國雖褊小吾何愛一牛即不忍其觳觫若
無罪而就死地故以羊易之也　曰王無異於百姓之以王為愛
也以小易大彼惡知之王若隱其無罪而就死地則牛羊何擇焉
王笑曰是誠何心哉我非愛其財而易之以羊也宜乎百姓之謂

我愛也

〔蒙引〕然字不是通承只然那百姓一句齊國雖褊小吾何愛一牛亦不消如此說孟子已曰臣固知王之不忍也了又何消解剥蓋孟子此三句話直是欲王察識其本心而擴充之今齊王略不見有察識之意只管答得冷淡來所以又說法以開之難之曰王無異於百姓之以王為愛也云云王又只恁順承將去都無合殺乃為之解曰無傷也云云總起得他此心之所以合于王者一間〇我非愛其財而易之以羊也是反辭不直辭（是自猜自疑之詞）言我若非吝財何故以羊之小易牛之大所謂是誠何心我所以宜乎百姓之謂我愛也蓋被孟子難得切迫自迷其向日處心之所以始自伏將去

〔參〕此兩節王心悵觖亦在不忍上非全不知察識但孟子要辨駁其不忍之所由發以為足王機杼之原耳

曰無傷也是乃仁術也見牛未見羊也君子之於禽獸也見其生不忍見其死聞其聲不忍食其肉是以君子遠庖廚也

〔參〕無傷言認得自心真何必人言合是字指以羊易牛仁字就發用上說於難處之際而有善處之方謂之術仁術非專在而全上看須就而全說來而歸重不忍之心上蓋以羊易牛則鐘（勿以牛得全鐘得釁平說只重全牛不重釁鐘）固得釁牛亦得全而一念惻隱之心獨全於事勢難全之際所以為行王政之巧法也〇未見羊未字有意味蓋言其體則無限量言其用則無終窮擴充得去有甚盡時何六子曰見牛未見羊此一句取妙心隨日轉神因象移見是明處生仁未見則暗處舍仁非是未見處便無仁心也要看得活孟子恐王以未見的為可殺故又說箇遠庖廚於禽獸三字有味於禽獸只好如此若民不忍其死安得又覓一物以代之見生不忍見死聞（見其生四句是）聲不忍食肉君子於此有術焉只是不經庖廚使此養而不發待有遇而發時決不使發而不遂也（仁字遠庖廚總全其不忍之心使不至于頑廢乃所謂術也）（勿入戒殺語）

王說曰詩云他人有心予忖度之夫子之謂也夫我乃行之反而求之不得吾心夫子言之於我心有戚戚焉此心之所以合於王者何也

〔蒙〕存合夫子言之專主人主一條戚戚心動而有所慘傷也乃知此心不從外得者蓋前日之不忍者此心也今日之戚戚者亦此心也正被孟子見牛未見羊一句打動了使得他前日見牛觳觫之光景宛然在目依舊是前日之心復萌若是從外得的物一過就無了今日有感觸得前日之心復萌可見此心是吾自有的不從外得也

存疑王字平聲此因不知上面是心足以王道理而問也不曰是心足以王而曰合於王者王天下即王者之所為故以王天下為王者

曰有復於王者曰吾力足以舉百鈞而不足以舉一羽明足以察毫之末而不見輿薪則王許之乎曰否今恩足以及禽獸而功不至於百姓者獨何與然則一羽之不舉為不用力焉輿薪之不見為不用明焉百姓之不見保為不用恩焉故王之不王不為也非不能也

蒙引獨何與正徼到舉百鈞而不能舉一羽察秋毫而不能見輿薪上是何王之不許乎人者而乃躬自蹈之耶用恩與推恩（此供是用推則還是推寔到念念滿足處）何別單言親親亦為用恩仁民亦用恩也推恩則有次第（說二仁民愛）

存疑功不加于百姓便是不能保民而王了故謂之不王

叅孟子既要王擴充何不就以老老幼幼說明與他只緣齊王認保民而王甚難故先分疏其難易緩急使之了然而後告以用力處〇今恩足以一句詞同意異前承有復于王來是說易其所難而反難其所易後承善推所為來是說先其所後而反後其所先前獨何與是說他不用後獨何與是說他不度

曰不為者與不能者之形何以異曰挾泰山以超北海語人曰我不能是誠不能也為長者折枝語人曰我不能是不為也非不能也故王之不王非挾泰山以超北海之類也王之不王是折枝之類也

存疑挾泰山八句泛論不能不為形狀王之不王四句指言王之不為此與上節總是辨詰其不能擴充上節言恩之不推而責其不為此節言恩之易推而不推正以明其不為（不為不能重不為邊須有插推全要浮鼓舞的語氣）

老吾老以及人之老幼吾幼以及人之幼天下可運於掌詩云刑于寡妻至于兄弟以御于家邦言舉斯心加諸彼而已故推恩足以保四海不推恩無以保妻子古之人所以大過人者無他焉善推其所為而已矣今恩足以及禽獸而功不至於百姓者獨何與

蒙引老幼吾老幼以及人之老幼是推恩天下可運於掌是保四海然又必曰推恩足以保四海者故字承舉斯心說來

存疑推恩意思在老吾老二句天下可運於掌言保天下如運掌之易此其效也引詩只是明此意以舉斯心加諸彼來焰着老幼吾老幼以及人之老幼舉斯心加諸彼也故推恩足以保四海二句是結其意古之人二句是引古人以証之（引古人只重善字若推字則已在上數句）以上吞此心之所以合于王意思已盡了又把他功不至於百姓處重詰之直究到他那病痛根源處

權然後知輕重度然後知長短物皆然心爲甚王請度之
叅 度字舊以度其輕重長短言、不知前言恩及禽獸而功不加（王請度之正從而獨何與）
百姓已自說輕重長短失其序了此但欲使之度其所以重且
長者何故所以輕且短者何故（發脉）而下節正承此看〇心爲甚者、
謂心之當度甚於物非謂心之難度甚於物也
柳 王興甲兵危士臣構怨於諸侯然後快於心與
存疑 此三事正殃民者、正是愛民輕短病痛根源處上註所謂
有其故者此也
叅 興甲兵三句只是一事重危士臣一句此句內見戕民所以

功虧百姓危士臣正可與觳觫之牛照看於牛不忍其觳觫於
百姓則忍驅之鋒鏑之下而反以爲快是豈可以不度（快字用洋如正是釣大欲之餌）
王曰否吾何快於是將以求吾所大欲也
蒙引 將以求吾所大欲因孟子攻擊切中自知輕重長短之失
乃發出真心來說言此三事皆出於不得已而非以爲快也此
見恩之所以不至於百姓爲興兵也所以興兵而求大欲也齊
王不能擴充以合於王、病根只在一句
叅 吾何快於是一語、却是不忍之良心萌芽復生將以求吾大
欲畢竟爲此點欲心扯住了所以不能推恩

曰王之所大欲可得聞與王笑而不言曰爲肥甘不足於口與輕
煖不足於體與抑爲采色不足視於目與聲音不足聽於耳與便
嬖不足使令於前與王之諸臣皆足以供之而王豈爲是哉曰否
吾不爲是也曰然則王之所大欲可知已欲辟土地朝秦楚莅中
國而撫四夷也以若所爲求若所欲猶緣木而求魚也
叅 笑有欲心徵于色的意思笑而不言以所欲之大而難以語
人也肥甘五者亦人之所欲但王之欲不在是而孟子亦姑以
此引起以明其決非爲是而因發其所欲也不安于故疆之小、
欲辟土地而廣之不安于列侯之藩欲朝秦楚而役之莅中國、

欲使皆爲吾臣妾而撫四夷欲使皆被吾聲教只如此照本文
看緣字還活看如因緣之義求魚于木必無可得之理求大欲
於興兵結怨之爲事必不濟功必無成何以異此
王曰若是其甚與曰殆有甚焉緣木求魚雖不得魚無後災以若
所爲求若所欲盡心力而爲之後必有災曰可得聞與曰鄒人與
楚人戰則王以爲孰勝曰楚人勝曰然則小國固不可以敵大寡固
不可以敵衆弱固不可以敵強海內之地方千里者九齊集有其
一以一服八何以異於鄒敵楚哉蓋亦反其本矣
蒙存合 王意以爲大欲可以智力而求亦可以智力而得故訏

其甚殆有甚下後災正是然則字承鄒不可以敵楚來蓋即弱小而寡在鄒故楚以其強大而衆者勝之因説出理勢之大較皆然小大以國言寡衆以民言弱強以力言九以海内地分數言一分便有小寡弱意九分便有大衆強意鄒既不得志于楚則齊之一亦不能得志于天下之九必不能勝便是敗衂了所謂後災者如此

蒙引蓋亦反其本矣與前註反其本而推之又不同反本只是發政施仁使天下即發政施仁有以使之也故曰發政施仁所以王天下之本然則盡心力于興兵搆怨以求王天下抑末矣

本字當如此炤看

参或以本字即作愛牛之心反字即是察識擴充四字（亦當）

今王發政施仁使天下仕者皆欲立於王之朝耕者皆欲耕於王之野商賈皆欲藏於王之市行旅皆欲出於王之塗天下之欲疾其君者皆欲赴愬於王其如是孰能禦之

存疑發政施仁不平發政正是施仁處此即是以其不忍之心而用恩推恩使功加于百姓者蓋舉本國士農以下皆使之得所所謂近者悦也使天下字貫下五句是澤被而風聞使之所謂遠者來也到此則大小衆寡強弱非所論而大欲不難得矣

總以發政施仁括盡上推恩老老幼幼等事以士農工商之論括盡上保四海闢土地等事至此則大欲不求自至何論桓文之事

王曰吾惛不能進於是矣願夫子輔吾志明以教我我雖不敏請嘗試之　曰無恒産而有恒心者惟士為能若民則無恒産因無恒心苟無恒心放辟邪侈無不為已及陷於罪然後從而刑之是罔民也焉有仁人在位罔民而可為也

蒙引王曰吾惛云云　孟子以為惟保民而已故曰無恒産云云左右是前面意更端而詳言之耳放始遠於道辟則浸淫矣邪

則成其惡矣侈則益肆矣

存疑無恒産以下四條是反覆而言以起五畝之宅一條

参上只大概説反其不忍之心為本無實下手處故王曰吾惛不能進於是矣是字指發政施仁言明以告我者如何發政如何施仁一一條陳也　無恒産節雖有士與民兩様只重民上下言無恒産之弊至于罔民可見士既不可多得而民又至于易犯刑此恒産所以不可不制也罔民二字又打動他不忍之心

是故明君制民之産必使仰足以事父母俯足以畜妻子樂歲終

身飽凶年免於死亡然後驅而之善故民之從之也輕　今也制民之產仰不足以事父母俯不足以畜妻子樂歲終苦凶年不免於死亡此惟救死而恐不贍奚暇治禮義哉　王欲行之則盍反其本矣　五畝之宅樹之以桑五十者可以衣帛矣鷄豚狗彘之畜無失其時八口之家可以無饑矣謹庠序之教申之以孝弟之義頒白者不負戴於道路矣老者衣帛食肉黎不饑不寒然而不王者未之有也

〔蒙引〕明君制民之產、今也制民之產都虛說則盍反其本矣又與前反本不同註使民有恒產者又發政施仁之本是指發政施仁與是者以為之本也如孝弟為仁之本只是仁中事王欲行之謂發政仁也則其本又在制民恒產爲而恒產之制也何如五畝之宅云云（此節與告梁王不同此是以五畝百畝桑）乃繼以庠序之教孝弟之義分明是先使民有恒產然後得有恒心然後驅而之善也不是教養平說故註繞以為制民之產老者衣帛食肉是少者知所以養之故得安于衣帛食肉而自無負戴之勞亦可知矣（須要曉得此斷）此保民之實事也所謂及人之老幼而運天下于掌者也然而不王者未之有則所謂保民而王莫之能禦者豈不信哉

梁惠王下

莊暴見孟子曰暴見於王王語暴以好樂暴未有以對也曰好樂何如孟子曰王之好樂甚則齊國其庶幾乎

〔蒙存〕合見孟子如字特地來見也暴見於王他日見於王音現有因得見也王語暴以好樂謂已好樂也未有以對不得所以對也曰好樂何如疑有病于治也（正恐王徙欲處多）曰字非暴曰也乃述王言如此庶幾言可王也不只謂能治其國

〔參〕甚字重看末節同樂即甚也王即庶幾也

他日見於王曰王嘗語莊子以好樂有諸王變乎色曰寡人非能好先王之樂也直好世俗之樂耳　曰王之好樂甚則齊其庶幾乎今之樂由古之樂也

〔存疑〕孟子承齊王之言曰王何以所好之不古為歉哉顧王之所好何如耳王之好樂甚則齊其庶幾乎今之樂猶古之樂也而何古今之異哉

〔蒙引〕言但好樂之甚則齊其庶幾不必計樂之今古也今之樂猶古之樂言世俗之樂何傷今樂也是這鐘鼓管籥古樂也是這鐘鼓管籥今樂可以為樂古樂亦可以為樂今之樂何異于古之樂哉

〔參〕庶幾只是想像其精神盎溢大和充周不至壞入治字與庶

幾無疾病正相應齊其庶幾是從王想像國中庶幾無疾病又
從國中之人想像吾王
曰可得聞與曰獨樂樂與人樂樂孰樂曰不若與人曰與少樂樂
與衆樂樂孰樂曰不若與衆
[存疑]可得聞與言好樂何如齊其欲庶幾聞之也不兼今樂猶
古樂不重在此
[棠引]與人與衆所謂甚也就不若字炤見得即所謂與百姓同
樂者也獨樂不若與人之為甚與少樂不若與衆之為甚此是
開導出齊王之善心處不消吾為之開說

四書尖能　上孟　梁惠下　廿七　十四卷

[参]與人與衆不必多講直須于引誘處逗漏機關
臣請為王言樂
[存疑]不若與人不若與衆是好甚的道理齊王已知之其本心
是過語不是轉語
已明可與言矣故承之曰臣請為王言樂蓋好樂甚不過是與
民同樂與民同樂則民歡樂之而可王所謂齊其庶幾不過如
此是因其所明而開導之也下三節就是此意
今王鼓樂於此百姓聞王鍾鼓之聲管籥之音舉疾首蹙頞而相
告曰吾王之好鼓樂夫何使我至於此極也父子不相見兄弟妻
子離散今王田獵於此百姓聞王車馬之音見羽旄之美舉疾首

蹙頞而相告曰吾王之好田獵夫何使我至於此極也父子不相
見兄弟妻子離散此無他不與民同樂也　今王鼓樂於此百姓
聞王鍾鼓之聲管籥之音舉欣欣然有喜色而相告曰吾王庶幾
無疾病與何以能鼓樂也今王田獵於此百姓聞王車馬之音見
羽旄之美舉欣欣然有喜色而相告曰吾王庶幾無疾病與何以能
田獵也此無他與民同樂也　今王與百姓同樂則王矣
[棠引]鍾鼓之聲管籥之音猶郊社之禮禘嘗之義至文耳下車
馬之音可見不必拘聲成文者謂之音疾首蹙頞益饑者弗食
勞者弗息之情狀然對欣欣有喜色看亦是臨時然也上帶聞

四書定詳　上孟　梁惠下　廿八　十四卷

字益其心元有憂樂之異故聞王之樂而憂樂之容亦隨之夫
何使我至於此極言其但恣己之樂而不念民之瘼也
[存疑]言鼓樂而兼田獵者田獵亦君之樂事齊王必嘗事此故
帶言之
[棠引]吾王庶幾無疾病與何以能鼓樂也夫子聖者與何其多
二句只一直說下不必貼出不然二字
能也中間都着不然二字貼說
[参]末節只用上文收拾更不起爐作竈方得結體夫欣欣喜色
相告之日即國勢隱隱欲昌之日民稱王無疾病之日即王享
有尊榮之日君民一體太和在宇宙矣()連說五箇今王提呼

繼妙指點古樂有何可憑有何可見只就今日試看作何光景作何局致不與民同則如彼與民同則如此原無兩樣樂分什麽古今只爭好之甚與不甚耳今王與百姓同樂則王矣正旨節註腳所謂王之好樂甚齊其庶幾者蓋如此

○齊宣王問曰文王之囿方七十里有諸孟子對曰於傳有之曰若是其大乎曰民猶以為小也曰寡人之囿方四十里民猶以為大何也曰文王之囿方七十里芻蕘者往焉雉兎者往焉與民同之民以為小不亦宜乎

存疑　若是其大乎便有自解之意民以為小也此句亦不爲便有下文意思了若云囿之所出有限民之所取無窮七十里之囿不足以供民之所求宜民以為小似切但似民只見利不見義了若謂與民同之民愛上而忘其大又似七十里囿之為大愚見意思全在芻蕘雉兎與民同之上與民同之則君之囿即民之囿一國之民共七十里之囿安見其大祇見其小矣蓋一國之民盡往七十里之囿七十里之地寧有許多是非囿小也往者之多見其囿小也

臣始至於境問國之大禁然後敢入臣聞郊關之內有囿方四十里殺其麋鹿者如殺人之罪則是方四十里為阱於國中民以為大不亦宜乎

蒙引　聞字從問禁上來殺其麋鹿其罪本不至與殺人者等也但齊王有殺其麋鹿者輒以殺人之罪加之民利其麋鹿也而乃因以殺身是以囿為阱麋鹿為餌也

存疑　方四十里為阱於國中阱之大也阱大則害亦大民豈不嫌其大

叅　為阱於國中一句最重正與與民同之句對看

○齊宣王問曰交鄰國有道乎孟子對曰有惟仁者為能以大事小是故湯事葛文王事昆夷惟智者為能以小事大故太王事獯鬻句踐事吳

蒙引　說仁者為能以大事小必曰湯事葛文王事昆夷說智者為能以小事大必曰太王事獯鬻句踐事吳見得大事小小事大古之人皆直行之者今當法而行之也如言有故事然

以大事小者樂天者也以小事大者畏天者也樂天者保天下畏天者保其國

蒙存　合他卻無心較大小強弱處這度量大天下之人何所不容真猶天地之無不覆幬無不持載故足以保天下保天下明說做效蓋包含徧覆無不周徧則天下皆翕然歸心矣天下安

滸不為其所保畏天則可以殄人之慍阻免人之侵凌而無隙
之可乘矣故足以保其國
【叅】齊宣問交隣孟子便說要安天下天下皆在所保所安何用
隣哉此便是孟夫子思天下之民舉安大志向大頭腦觀齊宣
區區交隣之間真不啻奴婢之見夫人〇句踐不可比擬太王
而夫差於越亦非獯鬻比講中須斟酌

詩云畏天之威于時保之

【叅】引詩单言畏妙極要知樂天裏面也全是一副戰兢惕厲心
腸自其坦然與物無競則曰樂自其惺然無敢戲豫仍是畏子

由古史云未能畏天而求樂天之功難矣于時時字着眼出王
游衍無往非天威之降鑒曰明曰旦何時非畏懼之小心
（保恃天命說不恃保國說）

王曰大哉言矣寡人有疾寡人好勇　對曰王請無好小勇夫撫
劒疾視曰彼惡敢當我哉此匹夫之勇敵一人者也王請大之
詩云王赫斯怒爰整其旅以遏徂莒以篤周祜以對于天下此文
王之勇也文王一怒而安天下之民　書曰天降下民作之君作
之師惟曰其助上帝寵之四方有罪無罪惟我在天下曷敢有越
厥志一人衡行於天下武王恥之此武王之勇也而武王亦一怒
而安天下之民

【叅】引侵阮徂共密來侵阮已至于共矣密人不是來侵周乃侵
阮也但文王是方伯而密人乃敢擅興師以侵阮是無文王矣
故曰密人不恭敢拒大邦以篤以對承上平說小國未服地方
不寧亦國家全福之累也此文王之勇也且只說勇文王一怒
而安天下之民方是大勇言文王之勇如此使其不足以安天
下未見其為大也然文王總一怒而遂足以安天下之民則其
（古方伯連師之職得專征伐以救王懲故紐）
（侯國而有安天下之功故曰安天下）
勇不亦大乎怒上見勇安天下上見大
【叅】引有罪無罪惟我在言已得誅賞之也天下曷敢有越厥志
言已不能容之也此便是一人衡行於天下武王恥之言天下

設有一人作亂而暴民者武王恥之必除之以安民也文王武
王一怒而安天下之民處只從上文看出不須說出外來
【叅】二節安天下之旨就在詩書所稱內得來夫赫然整旅遏密
此文王之勇也而曰以對于天下則是文王一怒而安天下之
民憤衡行而聲其罪此武王之勇也而曰天下曷敢有越厥志
則是武王一怒而安天下之民上宜抬以對句下宜抬衡行句

今王亦一怒而安天下之民民惟恐王之不好勇也

【存疑】今王亦一怒而安天下之民終上文王請大之說
【叅】引承上文文武一怒安天下而云乃設詞民惟恐王之不好

勇言要他如此也
叅所謂王請大之者如此須把交隣總繳與不能事大恤小相
應方有情
〇齊宣王見孟子於雪宮王曰賢者亦有此樂乎孟子對曰有人
不得則非其上矣
存疑孟子答之意謂君既以是待賢而不為過則賢者宜受之
而不為泰雪宮之樂賢者固宜有也雖然君能以是與民共之
則皆有此樂若人不得此樂則非其君上矣尚當推以及民也
不得而非其上者非也為民上而不與民同樂者亦非也

蒙引不得而非其上二句用上句以陪助下句非是平說（重在責君上）
存疑上下皆非如此可見民固不可非其上君亦不可忘其民
惟同其憂樂斯可矣
樂民之樂者民亦樂其樂憂民之憂者民亦憂其憂樂以天下憂
以天下然而不王者未之有也
蒙引樂民之樂固見樂以天下至于民亦樂其樂此非樂民之
樂不足以致之愈見樂以天下也此天下字正與不以天下儉
其親之天下同
存疑樂以天下只就樂民之樂上見得民亦樂其樂賜故也只

歸重上曰樂以天下憂以天下言憂樂皆不以己也樂以天下
憂以天下則天下之民歸之矣故曰然而不王者未之有也
叅上說同樂此兼言憂蓋去民憂乃所以遂民樂也
昔者齊景公問於晏子曰吾欲觀於轉附朝儛遵海而南放于琅
邪吾何修而可以比於先王觀也
叅昔者齊景公至末是舉齊之故典告之其要歸只是欲宣王
效景公之悅晏子而行在己之言不要說與民同樂齊已有行
之者恐景公晏子任不起山海邑總是觀已該得全齊之勝欲
覽之以觀民風也曰先王觀蓋本先王省方觀民之意說來

叅吾何修而可比於先王觀此修字與觀字要看如天子適諸
侯諸侯朝天子便是觀巡所守述所職便是修省耕省歛便是
觀補不足助不給便是修若當時之流連荒亡便只是觀而不（修字正與下行字相應）
知所修矣景公說而出舍于郊興發補不足便是修而可以比
于先王觀矣
晏子對曰善哉問也天子適諸侯曰巡狩巡狩者巡所守也諸侯
朝於天子曰述職述職者述所職也無非事者春省耕而補不足
秋省歛而助不給夏諺曰吾王不遊吾何以休吾王不豫吾何以
助一遊一豫為諸侯度

檠引天子適諸侯曰巡狩又必解曰巡狩者巡所守也諸侯朝于天子曰述職又必解曰述職者述所職也正以見其無非事者非訓解之辭言一為巡諸侯所守而行一為述所職于天子而行這便有事了故曰無非事者非字當無字說省耕省斂天子諸侯皆然在巡狩述職之外

存疑夏諺曰只帶省耕省斂說曰吾王是天子省畿內耕斂也孟子引以為証則不拘於諸侯耳遊與豫分看則遊是巡遊豫是逸樂合看則巡遊即所以為樂二句疊言咏歌之体也

叅語意重省耕省斂上巡狩述職是先王遊觀之最大者故統言之耳若云先王遊觀除是巡狩述職各有大事方行未有無事而空行者其餘非春省耕則秋省斂如夏諺所歌未有若今之流連荒亡者也故景公說之而行正舉省耕省斂之典也與巡狩述職絕不干矣

今也不然師行而糧食饑者弗食勞者弗息睊睊胥讒民乃作慝方命虐民飲食若流流連荒亡為諸侯憂

存疑方命虐民二句只是上文意而飲食若流又就糧食所費之奢說亦只是虐民裏事讒是謗慝是怨還作兩意說然亦不可平因其有是言而見其有怨也觀乃字可見

叅此節之行非巡非述非省非補只是無事縱樂而已君行則師從師從則糧食弗食弗息兼從行者與應辦者言

從流下而忘反謂之流從流上而忘反謂之連從獸無厭謂之荒樂酒無厭謂之亡　先王無流連之樂荒亡之行　惟君所行也

存疑言先王之法今時之弊這二者惟在君之所行不干別人事若行先王之法是亦先王矣若不行先王之法則為今時矣一古一今皆不在人而在乎君可見當自勉也

叅四謂之字只解釋字義非指人主實有是事也　惟君所行

存疑兼今時之弊言未然看晏子已明說破先王無流連荒亡了豈又令君自擇所行乎蓋景公欲比于先王之觀晏子恐其托之空言而不能見之行事故曰先王無流連之樂荒亡之行臣所陳先王之道可為後世法程至明惟君力行之耳非請擇之說也

景公說大戒於國出舍於郊於是始興發補不足召太師曰為我作君臣相說之樂蓋徵招角招是也其詩曰畜君何尤畜君者好君也

檠引自責以省民蓋以示不敢安居深宮之意且以省民為便省民者省民之耕斂也但不知其時為春為秋耳興舉也以上

文觀之君臣相說之情為何如哉全在景公悅以下晏子對時
尚未必果能與否未敢便悅亦須是大戒出舍之後方見相得
之情耳相字不必交互說〇每一音之樂皆具宮商角徵羽此
徵招角招又是簡大徵角當孟子時此樂蓋猶在也故舉以實
之言今所傳之徵招角招是其樂也當時韶在齊景公蓋用之
而被以新詩故其樂亦謂之韶若說盡是舜樂則畜君何尤之
詩又說不來畜君者好君也既出于好君夫何尤哉
存疑此孟子引齊王與民同樂也
參君臣相說皆為民事此正今樂猶古樂處

（一）齊宣王問曰人皆謂我毀明堂毀之已乎
參天子巡狩隨方之大山各設明堂以朝諸侯此則泰山明堂
在齊境內者宣王此問分明知周家朝諸侯之處必有歆羨之
意存焉故人重看毀字其實當重看已字
孟子對曰夫明堂者王者之堂也王欲行王政則勿毀之矣
參明堂王者之堂非謂齊王不知只要起行王政意亦就平時
明堂乃王者之堂排思祭〇民〇廣〇朝〇廷〇所〇未〇及〇處〇作〇文〇
發政施仁說不是便教他居明堂出政令
只〇重〇政〇令〇言〇不可苦纏制度
王曰王政可得聞與對曰昔者文王之治岐也耕者九一仕者世
祿關市譏而不征澤梁無禁罪人不孥老而無妻曰鰥老而無夫

曰寡老而無子曰獨幼而無父曰孤此四者天下之窮民而無告
者文王發政施仁必先斯四者詩云哿以富人哀此煢獨
存疑九一待農也世祿待士也譏而不征待商旅也無禁內利
于民也不孥惡惡短也
參發政施仁通管到孤獨處必先斯四者不是先及此而後及
其他只是尤加意耳
王曰善哉言乎曰王如善之則何為不行王曰寡人有疾寡人好
貨對曰昔者公劉好貨詩云乃積乃倉乃裹餱糧于橐于囊思輯
用光弓矢斯張干戈戚揚爰方啓行故居者有積倉行者有裹糧

也然後可以爰方啓行王如好貨與百姓同之於王何有 王曰寡
人有疾寡人好色對曰昔者太王好色愛厥妃詩云古公亶父來
朝走馬率西水滸至于岐下爰及姜女聿來胥宇當是時也內無
怨女外無曠夫王如好色與百姓同之於王何有
好貨〇好〇色〇原〇非〇好〇話〇須〇要〇
存疑公劉好貨太王好色本詩無此意孟子特就其中看出箇
鋒〇旋〇滑〇法〇
意思來引導其君耳公劉詩只用居者有積倉二句點出民富
足意而公劉好貨能與民同之意就在其中故承之曰王如好
貨云云太王詩只就內無怨女二句而太王好色能與民同之
意就在其中故承之曰王如好色云云

蒙引　兩個與百姓同之便是王政於王何有便是王者然則明堂何必毀哉因是周家明堂故把周家三箇先王來說

存疑　全章三節分上是因齊王欲毀明堂而示之以行王政下是兩因其有疾而勉之

〇孟子謂齊宣王曰王之臣有託其妻子於其友而之楚遊者比其反也則凍餒其妻子則如之何王曰棄之　曰士師不能治士則如之何王曰已之　曰四境之内不治則如之何王顧左右而言他

蒙存　合受人妻子之託而凍餒之則友為當絶矣士師不能治

士則士師為當罷矣四境之内不治猶友之凍餒妻子士師不能治士矣齊王于此若勇于自責則必曰寡人之罪也不恥下問則必曰寡人願安承教也今目顧左右之人而口言他事四境不治之言置之不答則其不治之責固無得而諉也秖以見其畏于不君而不辭耳何足與有為哉

參　四境之内不治亦只冷語諷他不着宣王身上

〇孟子見齊宣王曰所謂故國者非謂有喬木之謂也有世臣之謂也王無親臣矣昔者所進今日不知其亡也

蒙引　夫國有故國亦有親造之國今人槩指喬木之類以為故國之證殊不是故國在人不在物也〇蓋自其先世有大勳伐于國家而又代有聞人世有位禄與國同休戚者也故國之為（如伊陟象賢後相太戊召虎是似式闢四方是也）故國有在于世臣者如此有國者其可勿知所重耶王無親臣（親臣如虞廷之股肱）責其輕視臣下也此進字不是泛泛進用蓋其所親幸而將倚以為腹心者（如周室之承弼是也）故以不知其亡為無親臣也若百僚庶官之中今日進而日亡去亦何怪得王之不及知

存疑　不知其亡見其無親臣也只說其無親臣則世臣可知矣則安在其為故國

王曰吾何以識其不才而舍之

存疑　王曰云云　不但自解其不知其亡之失實欲得真才而用之以免向日之弊也言從今以始吾何以豫識其人之不才而舍之所用者皆真才不致後日之輕視乎

參　吾何以識便有獨任的意不知察及國人矣

曰國君進賢如不得已將使卑踰尊疏踰戚可不慎與

參　進賢賢字對上不才看進字對上舍字看如不得已正所以識其不才也不得已非真不得已重如字看謂此賢必是要用又不敢遽用直是反覆審之又審恰似逼我用他欲已而不得一般故曰如不得已尊卑以勢位言疏戚以委任言將使者

未然之事今日進賢而加之上位所謂尊也尊非其人又將一
非踰尊踰戚也恐所用未必賢于尊戚耳方于上進賢及下
簡卑的替他而尊者反卑是卑踰尊今日進賢而委之股心所
左右皆曰賢相應
謂戚也戚非其人又將取一箇踈的替他而戚者反踈是踈踰
戚此其名分失當統躰甚褻皆緣始之不慎所使所以進賢之
初當如不得已

左右皆曰賢未可也諸大夫皆曰賢未可也國人皆曰賢然後察之見賢焉然後用之左右皆曰不可勿聽諸大夫皆曰不可勿聽國人皆曰不可然後察之見不可焉然後去之

蒙引左右皆曰不可云云者誠恐其失賢者正欲得真賢也總歸於進賢而不得已蓋不果進則在退列矣進退相形非固增一個退人說也見賢焉然後用之則後日自不至于卑踰尊踈踰戚矣見不賢焉然後去之則今日既無倖進之失後日亦無踰等之患矣

叅未可與勿聽有別左右近習每多私譽但不輕信是矣至于妬賢嫉能中傷善類讒害忠良古今炯戒故於所賢者但曰未可曰不可曰可殺則斷然勿聽一毫猶豫不得正是父母好生惡殺念頭

左右皆曰可殺勿聽諸大夫皆曰可殺勿聽國人皆曰可殺然後察之見可殺焉然後殺之故曰國人殺之也

存疑因用人帶說刑殺蓋用舍刑殺人君之大事也

叅殺人與用人勿分二事放流屛殛驅不賢正以用賢也蓋人有不賢者舍之有甚不賢者殺之惟有真賢者方可尊之親之也殺亦用舍中事

如此然後可以為民父母

叅上面踰尊踰戚且只就進賢關係淺淺處說直到然後為民父母句方是進賢如不得已的本意若賢否混淆于偏聽用舍一任其顛倒便衆叛親離求為匹夫而不可得如紂則昔者所進今日不知其亡利害關頭尚敢苟且胡亂去做蓋必可以為民父母方能固結人心培植國脉在一時托為心膂在世世倚為楨幹所以成其為故國耳

○齊宣王問曰湯放桀武王伐紂有諸孟子對曰於傳有之　曰臣弑其君可乎　曰賊仁者謂之賊賊義者謂之殘殘賊之人謂之一夫聞誅一夫紂矣未聞弑君也

蒙引宣王素以朝秦楚蒞中國為心實有藏東周而自帝之意此一問亦可以窺其志矣仁就心上說義就事上說賊仁者其心忍賊義者其事爭

○孟子見齊宣王曰為巨室則必使工師求大木工師得大木則王喜以為能勝其任也匠人斲而小之則王怒以為不勝其任矣夫人幼而學之壯而欲行之王曰姑舍女所學而從我則何如

[蒙引]勝其任謂大木勝巨室之任也不謂工師勝任幼而學之此孟子之所謂學也故曰所學者大亦緣大木字帶出

[存疑]夫人幼而學之壯而欲行之其所學之大猶巨室之大木足以為國也王乃曰姑舍汝所學而從我置之不用是何為國不如為室哉○

[叅]幼學壯行不是窮養達施意須知學定于幼乃業定于初志故俟其壯也正欲以此學行之若商君三變其說季子復出而揣摩都不是幼時學來止俯仰從時耳

今有璞玉於此雖萬鎰必使玉人彫琢之至於治國家則曰姑舍女所學而從我則何以異於教玉人彫琢玉哉

[蒙引]教玉人即上使玉人也教玉人彫琢是愛玉○異于教玉人彫琢便是不愛國○何以二字乃猜疑詰難之辭

○[叅]而斷意自相承見王不任賢不愛國之甚也而必使然係珍重而姑舍從我何等輕忽○提醒精神都在則何如以異二句上

○齊人伐燕勝之　宣王問曰或謂寡人勿取或謂寡人取之以萬乘之國伐萬乘之國五旬而舉之人力不至於此不取必有天殃取之何如　孟子對曰取之而燕民悅則取之古之人有行之者武王是也取之而燕民不悅則勿取古之人有行之者文王是也　以萬乘之國伐萬乘之國簞食壺漿以迎王師豈有他哉避水火也如水益深如火益熱亦運而已矣

[存疑]以萬乘之國伐萬乘之國五旬而舉之亦是燕國自亂非齊真能勝之也齊王言人力不至于此意者其天乎不取是違天也必有天殃今欲取之何如可乎○齊王本有利燕之心特託天以自文耳○孟子也不教他取也不教他勿取○特教他決諸人心之從違○又有水深火熱之言○想當時燕人不歸心于齊而宣王所為亦有未得人心處

[蒙引]二如字即註若字若更為暴虐之若字若作如似之如則上文避水火未有如字於此方用如字何也○此處教齊王如何樣行仁政○只是反燕政以慰民望耳或說是要反旋倪止重器而別立君非也○此是取之以後事○末條分明是說齊未得燕民之悅而未便有可取之理其曰如水益深如火益熱蓋已窺見其將有殺父兄係累子弟毀宗廟遷重器之意矣

[存疑]上是教以觀天命于人心○下是言其失人心○二節分明是

知燕人不與救之取决于此雖不明言其不可而不可之意實在言表

〇齊人伐燕取之諸侯將謀救燕宣王曰諸侯多謀伐寡人者何以待之孟子對曰臣聞七十里為政於天下者湯是也未聞以千里畏人者也

叅齊人伐燕取之諸侯將謀救燕此是記事書法春秋凡書取者未有不為暴凡書救者未有不為義此二句便見是非公案多謀是圖之者衆亦見公舉將謀是衆議已决事尚未行何以待之欲正兵於未發也

書曰湯一征自葛始天下信之東面而征西夷怨南面而征北狄怨曰奚為後我民望之若大旱之望雲霓也歸市者不止耕者不變誅其君而弔其民若時雨降民大悅書曰徯我后后來其蘇

蒙引書之言至奚為後我止自民望之下孟子申言也謂當湯未至時則民望之若大旱之望雲霓及湯既至則歸市者不止耕者不變誅其君而弔其民若時雨降民大悅矣故又提書曰見得以上是孟子之言也

存疑民望之至民大悅是孟子解書意徯我后二句又是引書語以証之

叅天下信之信字極妙信不在臨時實是平素發政施仁此心昭然百姓都信得過天下畏齊之強動天下之兵是平素信齊不過〇不曰救民而曰弔弔如弔喪之意言既喪亡之餘而安慰撫弔之也

今燕虐其民王往而征之民以為將拯己於水火之中也簞食壺漿以迎王師若殺其父兄係累其子弟毁其宗廟遷其重器如之何其可也天下固畏齊之彊也今又倍地而不行仁政是動天下之兵也

存疑此要見得與湯所行相反方是今燕虐其民王往而征之

與湯之征葛無以異也民以為將拯己于水火之中簞食壺漿以迎王師與商民之東征西怨南征北怨曰奚為後我民之望之若大旱之望雲霓無以異也若殺其父兄係累其子弟毁其宗廟遷其重器則與誅其君弔其民若時雨降者異矣故曰如之何其可也

蒙引民將以為拯己以為字與信之望之不同若殺其父兄若字不可認作設詞乃指其已然事也如之何其可猶言這箇使不得也非謂無以慰燕民也畏字不可直訓作忌字但畏之之中有忌之之意正與千里畏人畏字相應意謂天下固畏齊之

強也齊何至于反畏天下耶

叅倍地不行仁政是一章之旨倍地則強者愈強畏者愈畏不行仁政（謂取燕之後又不行仁政也）即指殺父兄四句事蓋畏強已有秉我之心倍地則益起人之忌不行仁政又令人得執之以為詞是言兵者在天下而動之者在我也故曰是動天下之兵也

王速出令反其旄倪止其重器謀於燕衆置君而後去之則猶可及止也

蒙引當時諸侯謀伐齊者以齊之殺燕父兄係累其子弟等為辭故敎以反其旄倪云云蓋只論曲直未暇論弱強與勝負也

則猶可及止也當時齊王惟恐無以止之非惟燕終不為已有而故物亦恐不能保也

存疑全章何以待之分上是齊王求待敵之策下是孟子發啓敵之故因示以止敵之道

○鄒與魯鬨穆公問曰吾有司死者三十三人而民莫之死也誅之則不可勝誅不誅則疾視其長上之死而不救如之何則可也

存疑不誅則疾視長上只要正今日疾視不救之罪不是懲戒後日之意如何則可言誅之不可勝誅不可當何如處之而後可

孟子對曰凶年饑歲君之民老弱轉乎溝壑壯者散而之四方者幾千人矣而君之倉廩實府庫充有司莫以告是上慢而殘下也曾子曰戒之戒之出乎爾者反乎爾者也夫民今而後得反之也君無尤焉

存疑有司莫以告不告君發倉廩府庫以賑其民也上慢而殘下上慢事而殘害下民也君之倉廩實府庫充君之慢也有司莫以告有司之慢也

叅此節與首節照看即見出爾反爾之意凶年凡兵凶疾疫之類皆是饑歲只是歲不熟上慢殘下雖兼君與有司側重有司

上蓋君與民隔其所藉以上達其情者全在有司耳今君既擁府庫倉廩以自封民瘼全不關心而有司復坐視而不告則上之慢有司致之也而下之殘有司成之也民之深怨積怒已非一日今特借戰鬭之事以快其忿此則出爾反爾之常理故曰民今而後得反之也末句尤字正與戒字相照言只當自戒于先不當尤民于後

君行仁政斯民親其上死其長矣

叅行仁政自平日利用厚生以至饑年散財發粟皆是親以心言死以身言長上皆是有司親之死之皆在危難之時平時非

無親上死長之心但此句是應上疾視長上句意有所指也
〇滕文公問曰滕小國也間於齊楚事齊乎事楚乎　孟子對曰
是謀非吾所能及也無已則有一焉鑿斯池也築斯城也與民守
之效死而民弗去則是可為也
叅滕本楚之屬國而近於齊日為兩大所侵凌並事之則力不
能支不事之又難以自存欲擇一而強者事之是謀指事齊事
楚之謀有一即下文守之一策鑿池築城一說是浚其所未深
增其所未高一說城池是先人所建非臨時鑿築特死守之耳
故曰世守也後說較是與民守之君率其民以共守亦有生聚

存恤愛利之意非空言試險也但此句猶未着力效死句方是
遇變着力去守效死是君致死以守國也而民弗去或君平日
之恩而樂為之死守不去也
〇滕文公問曰齊人將築薛吾甚恐如之何則可　孟子對曰昔
者太王居邠狄人侵之去之岐山之下居焉非擇而取之不得已
也　苟為善後世子孫必有王者矣君子創業垂統為可繼也若
夫成功則天也君如彼何哉彊為善而已矣
蒙引遷都如何見是為善蓋被人侵迫不與之較智力以斃其
民乃遠避而去之以自圖存其善孰加于此〇避狄遷都以存

其宗社保其人民不忍殘民以與敵爭而積功累仁以有待于
後此是太王之為善處孟子令文公強為善蓋亦欲其如此方
續得上文太王遷岐云云　君子創業垂統亦就遷國圖存說為
可繼也謂為其所可繼者而已必有王者本天命人心說來創
創業即是垂統
業垂統一串下不可平對
叅體味孟子當時口氣只是勸他為善為善只是保民而已遷
始終重為善二字
國之說亦是惜之之詞見得即失地而善卒不可不為也不觀
太王之事乎後人竟說孟子勸他遷國大失當時宛轉口角矣
承太王說下
〇苟為善五句是概言其理君如彼何二句方着到滕君身上

說為可繼也以善則可繼不善則一運而隳自斬其脉尚為有
可繼強者志堅神勁便是一段死守精神而已矣無他之辭也
〇滕文公問曰滕小國也竭力以事大國則不得免焉如之何則
可　孟子對曰昔者太王居邠狄人侵之事之以皮幣不得免焉事
之以犬馬不得免焉事之以珠玉不得免焉乃屬其耆老而告之
曰狄人之所欲者吾土地也吾聞之也君子不以其所以養人者
害人二三子何患乎無君我欲去之去邠踰梁山邑于岐山之下
居焉邠人曰仁人也不可失也從之者如歸市
蒙存合皮幣犬馬珠玉從輕至重見太王之竭力事狄也吾聞

之也至我將去之説者多欠發明蓋不以其所以養人者害人是示卯人不與狄爭地之意也不爭地而以與狄人便疑于無君矣然非所患也我將率爾去此而別遷以立國便有君矣仁人以平昔有德于民言非但一時仁言感民而已此二句乃卯人相告勉以急于從遷之辭曰非身之所能為見非欲去則去者也

（便是君不忍棄民處甫轄謂泛言當別有君）

（意便是委民于狄人豈仁人之愛烏有父母遊亂而忍遺其子女乎勿從）

參事之六句正太王緩狄之策預定遷國于胸中而以空國委之要從事狄處想出攻守之機權總抹倒南渡議和諸臣不然韋馬獻王便是宋朝歲幣獻納聲口那得為成周開造之主

或曰世守也非人之所能為也效死勿去　君請擇於斯二者

蒙引既告以太王之事乃又曰世守云云度其不能遷都也故又曰君請擇於斯二者蓋能遷國甚好但恐不能如願則當守義而已矣彼僥倖苟免之計誠非吾所能及也

參直是教他死守強為善爲耳舊説自料能為太王則遷國不然守死社稷而已是騎墻之説勿從

魯平公將出嬖人臧倉者請曰他日君出則必命有司所之今乘輿已駕矣有司未知所之敢請公曰將見孟子曰何哉君所為輕身以先於匹夫者以為賢乎禮義由賢者出而孟子之後喪踰前喪君無見焉公曰諾

參平公此出是慕孟子也慕其禮義而欲有所為也臧倉巧言先從禮義二字説起臧倉所認禮義只是品節人事裁制人情使豐儉厚薄一致非隨時因分中正之禮義也

樂正子入見曰君奚為不見孟軻也曰或告寡人曰孟子之後喪踰前喪是以不往見也曰何哉君所謂踰者前以士後以大夫前以三鼎而後以五鼎與曰否謂棺椁衣衾之美也曰非所謂踰也貧富不同也

蒙引樂正子只用説前以三鼎後以五鼎而乃先之曰前以士後以大夫直是要露出士大夫字以隱折之此非問詞乃因問而解也三鼎豕魚腊也五鼎羊豕魚腊膚祭不必喪後方有自初喪未葬之前皆有祭美字應前踰字蓋以棺椁衣衾人人皆可以自盡時時皆得以自致固不拘其為士為大夫而孟子之後喪實美于前喪耳非以前為士後為大夫之有制者議之也

樂正子見孟子曰克告於君君為來見也嬖人有臧倉者沮君君是以不果來也曰行或使之止或尼之行止非人所能也吾之不遇魯侯天也臧氏之子焉能使予不遇哉

（遇如漆行言所惟若魚水方共明是遇合意）

蒙引遇字重看若但以駕乘一見為孟子之遇則孟子平日所

遇亦多矣如齊宣梁惠相見不旣頻耶

存疑 行止意就上說來即當道之行不行看天以氣數之厄言。

合叅四書蒙引存疑定解卷之十四終

合叅四書蒙引存疑定解卷之十五 上孟

公孫丑上

公孫丑問曰夫子當路於齊管仲晏子之功可復許乎孟子曰子誠齊人也知管仲晏子而已矣

蒙引 許猶期也謂自期也觀公孫丑此問尚未必孟子之能為管晏而不知孟子之不屑為管晏也知管仲晏子而已矣言管晏之外更有抱格心致主之學掀天揭地之功皆所不知也

或問乎曾西曰吾子與子路孰賢曾西蹵然曰吾先子之所畏也曰然則吾子與管仲孰賢曾西艴然不悅曰爾何曾比予於管仲

管仲得君如彼其專也行乎國政如彼其久也功烈如彼其卑也爾何曾比予於是

蒙引 或人初擬（孰賢之問只是論人品非問功業也）曾西於子路因其不敢當乃始以管仲擬之此人見識優於公孫丑若丑必不以子路為優於管仲第猶未知曾西耳然猶先也指功業之著見者言謂古之聖賢間有功烈不至於大就者則以不得君之專任或在位之不久耳今管仲云云此其所以不足多是字承得君專行政久而功烈卑言謂爾何乃比我於此等之得君專行政久而功烈卑者耶

叅 人說孟子所引言子路一段輕只重在斥管仲然重子路意

思冣妙治千衆之賦者正可以佐王業吾先子之所畏雖不是
畏其功業然其升堂之學術析獄之事功真可令人心折使其
當管仲之時結纓之義斷不以檻車脫也宿諾之凜斷不以盟
會誇也
曰管仲曾西之所不為也而子為我願之乎　曰管仲以其君霸
晏子以其君顯管仲晏子猶不足為與　曰以齊王由反手也
存疑以君伯如九合一匡之功致其君為諸侯雄長是也以君
顯如德政遊觀之陳致其君名聞當時是也二以字重猶不足
為是認管晏之功盛大而有足為意以齊王以字就上二以字

說來王字對上霸顯字說
曰若是則弟子之惑滋甚且以文王之德百年而後崩猶未洽於
天下武王周公繼之然後大行今言王若易然則文王不足法與
蒙引以管晏為不足弟子既已惑矣今又言以齊王猶反手則
惑轉甚也德蓋指治岐之政下文德行速亦指仁政也且與未
洽及大行意相符不只就文王一身上說不可謂在位百年也
在位無百年只言其壽之長以見其在位之久
玩註意亦當合說而大行二字當總結武周之後不宜有
參武周繼之總看周公相武王誅紂伐奄即大行之事勿說制
而當大行也
禮作樂則又隔成王一世矣

曰文王何可當也由湯至於武丁賢聖之君六七作天下歸殷久
矣久則難變也武丁朝諸侯有天下猶運之掌也紂之去武丁未
久也其故家遺俗流風善政猶有存者又有微子微仲王子比干
箕子膠鬲皆賢人也相與輔相之故久而後失之也尺地莫非其
有也一民莫非其臣也然而文王猶方百里起是以難也
蒙引故家舊臣家也遺俗舊民俗也此在下者流風以修身齊
家之化言善政以綱紀法度言此在上者曰故曰遺曰流曰善
皆自先王身上來賢人作五個人看久而後失言失之于武王
時不在文王手頭失也

存疑朝諸侯有天下當作兩件看說武丁只是要引起紂來不
重在武丁上其字就單指武丁說言武丁中興之盛如此其家
其俗其風其政可知矣
蒙引是以難也只帶然而文王由方百里起不兼承上文上自
有故久而後失之一句在了
參既言天下歸殷久矣又言紂去武丁未久是言其盛久而衰
未久上言久則難變下又言久而後失亦是言其盛久故未易
衰衰未久故久而後失　通節總皆反覆發明文王何可當也
只要形容文王之難不能拘拘以
時勢分
一句見文王為不易乘耳

齊人有言曰雖有智慧不如乘勢雖有鎡基不如待時今時則易然也

【蒙引】智慧乘勢以作事言鎡基待時以種田言說智慧乘勢然後以鎡基待時譬之猶云人無有不善水無有不下以下句明上句也

【叅】上面是破丑之惑此下方實解齊王反手之意待時乘勢蓋為有智慧有鎡基者言也若無智慧無鎡基雖有時勢何益故孔子節提出一德字便與伯者作用不同

夏后殷周之盛地未有過千里者也而齊有其地矣鷄狗犬相聞而達乎四境而齊有其民矣地不改辟矣民不改聚矣行仁政而王莫之能禦也

【蒙引】此言其勢之易ゝ是甚事謂齊王易也或者只以地闢民聚為勢易而以行仁政而王為勢易之外句誤矣夏后殷周之盛晉天下皆王土率土皆王臣之日也盛字重看言其盛時王畿猶不過于千里則齊之千里之地所以為廣也行仁政而王二句言以此勢之行仁而王易也與下條饑者二句相對

【叅】而不改微讀謂不改而已辟已聚矣行仁政二句輕帶過語氣了而不了與下且字相連可見兩節是一串說話也

且王者之不作未有疏於此時者也民之憔悴於虐政未有甚於此時者也饑者易為食渴者易為飲

【存疑】此節言齊有其時而德行之易與文王之德而難于昔者不同易為飲食根仁政講謂憔悴之民易於施德不待深仁厚澤猶饑渴之民易於飲食不待井美也

【叅】易飲易食屬與飲食的身上須作實語不作譬喻

孔子曰德之流行速於置郵而傳命

【蒙引】孔子此言不在時勢易上蓋時勢易內自有仁政感人意在了此又引孔子之言明德行亦本自速也

【叅】德即仁政要根心說置郵傳命雖速然尤假人而運待行而至若德政之流行則始于一心通于四海感之以神應之以神不疾而速不行而至比置郵之傳命更速也況復乘此時勢乎（此句須言外見之）

當今之時萬乘之國行仁政民之悅之猶解倒懸也故事半古之人功必倍之惟此時為然

【叅】當今之時乃易飲易食之時萬乘之國乃地辟民聚之國此（行仁政處方帶德行速意然亦不是時勢易方德行速也）時此國而行仁政則德之流行當何如吾見民之悅之猶解倒懸也此全在當今之時見感恩之易事半古人（古人即指文王）不必深仁厚澤功必倍之可以及乎王齊惟此時ゝ字緊照疏於時甚於此時

與本節當今之時上發脈又與今時則易然也兩下相叫應見
文王不可以例論也
○公孫丑問曰夫子加齊之卿相得行道焉雖由此霸王不異矣
如此則動心否乎孟子曰否我四十不動心
【蒙引】此字指得位行道謂居卿相之位而期王霸之業任大責
重如此能不動心否蓋丑見孟子謂以齊王猶反手而未能攄
信也故有此問
【參】孟子如何說不動心太虛空明纖雲不足為碍五嶽廣大微
塵不足為多一切事業都是性靈做出其實所過即化于性靈

上不添些子如纖雲過太虛微塵散五嶽本自寂若又何動心
曰若是則夫子過孟賁遠矣曰是不難告子先我不動心
【蒙引】過孟賁遠矣謂其勇於擔當也孟賁以力孟子以心丑非
全不曉而以孟子之不動心為孟賁類也故借若全以為一類
亦不過為過之遠
【存疑】不動心甚難曰不難者姑借此以抑告子耳抑告子者欲
見已之不動心異於告子也
【參】先我先字是徑捷之解非先于四十之謂也
曰不動心有道乎曰有

【參】有道是大概問答曰有亦且只虛說各隨其意見之所到而
有道以主之則皆能不惑不懼而不動心也
北宮黝之養勇也不膚撓不目逃思以一毫挫於人若撻之於市
朝不受於褐寬博亦不受於萬乘之君視刺萬乘之君若刺褐夫
無嚴諸侯惡聲至必反之
【存疑】不膚撓不目逃只是不怕痛不怕死耳二句與無懼相似
一毫挫於人至小也撻於市朝至大也視至小若至大見其不
肯受辱於人也思以一毫挫於人意思嘗到亦不受於萬乘之
君止視刺萬乘之君至無嚴諸侯又是一意惡聲至必反通嘗

上面寬博萬乘諸侯自思以一毫挫於人以下皆見其必勝人處
孟施舍之所養勇也曰視不勝猶勝也量敵而後進慮勝而後會
是畏三軍者也舍豈能為必勝哉能無懼而已矣
【蒙引】進或進而攻之或進而敵之不專進戰也會則專指戰言
○言我雖戰不勝自視猶勝也何也彼量敵而後進慮勝而後
會便已是無勇而畏三軍者也則雖勝而未免於懼猶不勝矣
舍豈能為必勝哉但能不懼耳
【參】黝舍二節不是實叙當時行事總是極其形容話頭看一思
字視字正模寫他意在必勝光景即舍之言亦是想像他無懼

為主而代為之語耳要之黝舍不重只借黝舍引到曾子上去
孟施舍似曾子比宮黝似子夏夫二子之勇未知其孰賢然而孟
施舍守約也
叅舍黝本非曾子子夏等倫只以二個已字二個人字說他氣
象相似耳舍所必於己其氣象似曾子之反求諸己黝取必於
人其氣象似子夏之篤信聖人然二子之勇皆出于血氣之勇
故曰未知孰勝但務敵人者出于力守己者由于心故舍比于
黝為得其要守約不是守這約謂所守者約也
昔子曾子謂子襄曰子好勇乎吾嘗聞大勇於夫子矣自反而不

縮雖褐寬博吾不惴焉自反而縮雖千萬人吾往矣
蒙引雖褐寬博吾不惴焉非怕褐寬博也怕理也雖千萬人吾（乃千萬人自怯耳）
往者非輕視千萬人也恃吾理之勝不見千萬人之為衆也大
勇只末二句上見之或以吾惴為能往吾往為能勇總為大勇
未是
叅大勇在反身循理上看出然即集義無不慊于心無所餒也
如泥縮與不縮字面則夫不慊於心而餒者豈得為勇乎原來
曾子之言只是形容以理用氣的模樣重二吾字言彼雖褐寬
博而吾之為吾者不得不惴彼雖千萬人而吾之為吾者本無

可畏二雖字可味
孟施舍之守氣又不如曾子之守約也
存疑以舍視黝則舍為守約以曾子視舍則曾子為守約守氣
守約不是以氣字對約字言舍所守雖約猶是氣耳其守約又
不如曾子也
叅曾子千萬人可往勇誠大矣而惟自理之必縮處守之何等（不得分說縮不縮兩邊）
甚約若分承上惴與往兩邊說自是說不去也若只混言守理
云云亦不徹
曰敢問夫子之不動心與告子之不動心可得聞與告子曰不得

於言勿求於心不得於心勿求於氣不得於心勿求於氣可不得
於言勿求於心不可夫志氣之帥也氣體之充也夫志至焉氣次
焉故曰持其志無暴其氣
蒙存合孟子歷言黝舍曾子不動心之道而已與告子可以類
見丑猶未知故問夫子四十不動心告子先夫子不動心其所
謂有道者何在孟子即以告子不動心之道告之則亦可即然
反觀也下言不可者固不可可者亦是僅可撼之皆不可也言
以理達為得不得於言如言性不違性之理言事不違事之理
然皆由中心義理不明正當反求於心審思明辨使理明而達

之於言可也然必費心思揣度心便動了故告子寧舍置其言
不反求其理於心所以制其心使之不動也心以理安為浔不
浔于心如應事接物理道差失自家心裡不快正當奮然用力
改過謝愆以補其失而後心始安也然用氣力亦費心思心便
動了故告子只嘗制住此心任他差失再不求助于氣以動其
心勿求於心恐直動其心勿求于氣恐氣反動其心此告子所
以不動心之速也不浔于心勿求于氣可蓋心本也氣末也不
以末擾動其本是猶知本之為重故曰可然此亦就勿求于心
較之猶為彼善於此若急于本正意便是持志工夫不浔于言

勿求於心不可蓋言外也心內也外之有失都緣裏頭不明乃
於外不通曉於內又不求通則昏昧蔽塞終無開明之日故斷
夫志气之帥也六句非專為告子不浔于心而發
之曰不可夫志氣之帥六句承勿求於氣可來言亦未為可也
實為不求于氣而發也時解重志輕氣則與告子無異矣
蓋告子以心為急氣為緩故孟子言心固為急氣亦不可緩曰
帥曰充曰至曰次曰持曰無暴雖並言之然意重氣一邊夫志
氣之帥上皆言心而此曰志志即心之所向也心有向往氣為
之後如大將指揮士卒聽命一般故曰帥氣體之充也體是身
體人滿身遍體都是氣之運用故曰充其所運用皆是聽命于
如次舍之次
志對帥而言則為卒徒志至氣次承上二句次即次也謂氣與

志緊緊相連非有等級相遠也持其志謂心有所之當敬謹操
持不可妄有向往而氣以為志之用者又當循理而行無以妄
動害之是謂無暴其氣正所以為持志之助也時講持志是存
心殊欠體認存心是寂然不動涵養本原工夫持志是心有所
之閑邪存誠工夫總是一個心工夫亦總是一個敬但用工時
候不同耳暴害也無暴即直養無害勿正勿忘勿助意
既曰志至焉氣次焉又曰持其志無暴其氣者何也曰志壹則動
氣氣壹則動志也今夫蹶者趨者是氣也而反動其心
蒙引氣次焉即次之謂也丑則認次字為淺字義矣志壹二句

兼善惡不可專就惡邊說二句重在氣邊
存疑凡人起念要做這事便去做志向于善則氣亦從而善志
向于惡則氣亦從而惡是志壹則動氣矣氣壹動志人多要主
不好者言蓋以蹶者趨者之反動其心為證未然也孟子舉其
易見者云耳
蒙引蹶是忽然喫一跌趨走雖着意亦非預擬之者人之趨走
則氣喘而心懷為之怕怕不寧靜矣顛蹶趨走出于無心此氣
之不出于志者也而反動其心此氣壹則動志也
參此專為無暴其氣者立解為勿求于氣者發藥若告子不得

於心勿求於氣便是兀坐枯守而手足持行全不料理自然有
蹶趍之事非暴氣而何
敢問夫子惡乎長曰我知言我善養吾浩然之氣
叅 二我字正與告子相形相反說見得告子於言而弗求恐言
之足以動心也而不知理昧即疑一念之疑即動也其不動者
亦冥然罔覺而已我則知言此其所長一也告子於氣而弗求
恐氣之足以動心也而不知氣歉即懼一念之懼即動也其不
動者亦悍然不顧而已我則善養吾浩然之氣此其所長又一
也知言謂極究其理而識其是非得失之所以長也則吾之心

無疑于理而天下之事無疑于心心何所動也善養吾浩然之
眛○根○不○動○心○就○明○滅○合
氣謂無所暴戾而後其盛大流行之本體也則吾之氣常足以
輔乎理而天下之事不足以懼其心心又何所動也善養下文
直養無害正是此且只將培植順成及無暴意說為有含蓄
敢問何謂浩然之氣曰難言也
叅 難言也謂學者須工夫到頭方此氣充滿方能識得若稍不
到頭而欲浩然便是義襲便是助長非浩然本體其孰能知得
難言二字謂須實體也非漫然無工夫者可識也
其為氣也至大至剛以直養而無害則塞乎天地之間

存疑 至大是極盛大他那力量雖旋乾轉坤事也做得到是
極剛勁他要這等做雖刀鋸在前鼎鑊在後也止他不得以直
養而無害此意本自反而縮來下文是集義所生非義襲而取
有事勿正勿忘勿助意思都在其中了塞於天地之間只是至
塞、天、地、之、間、只、復、浮、此、原、初○剛、大、本、体、耳○
大至剛凡天地間無一事不做無一處不到上而天下而地中
而人物皆其運用所及無不塞于天地
蒙引 此正言浩然之氣是這般樣子直養無害輕說下塞於天
地之間即是至大至剛但必直養無害方全得此氣之體段耳
以處不可說效配義與道方是效 亦不必太分

其為氣也配義與道無是餒也
蒙引 其為氣也配義與道正言氣之功用無是餒也特反言以
明之耳非並舉之辭無是謂無此氣也餒字對充字氣是人之
所以充滿于身者也若無此氣則無以充其體而餒矣餒則道
義無所配而不免于疑懼矣安能不動心註云則亦不免于疑
懼而不足以有為矣貼在餒字下
叅 道義即剛大之實分名不分體非氣之外另有二物配字仍 ○重氣能
○綱○道○義○上○蓋○道○義○是○個○死○的○氣○是○個○活○的○
以氣為主是說氣與道義是一非二配則不容分也非止合而
○蒙○引○分○体○用○未○是○
有助之意余甥何六子云至配道義而行方見塞乎天地之實

添處此語最合

是集義所生者非義襲而取之也行有不慊於心則餒矣我故曰告子未嘗知義以其外之也

存疑曰行有不慊于心則餒見集義所生者行慊于心也義襲而取是行尚有不慊于心也故餒此句承上二句而發其意言是集義所生者非義襲而取之也何行有不慊于心則餒矣行有不慊于心則餒故氣必集義而後生非義襲而可取也

蒙引以其外之也不可謂指不得於言勿求於心說註只是因此以証之耳朱註云言氣雖可配道義而其養之之始云云此始字正對上條養成此氣之成字蓋氣之始養也則氣實資理以生而氣之養成也則理又資氣以行下一雖字者氣雖為道義所資其初則又是資道義以生單言義則道在其中

集義非不動心非得于心也乃心所以不動所以得于心耳若舍事求心心寬安在故曰行有不得于心行即事也下文又曰必有事焉

叅直是無私曲集義是事事皆直仰不愧俯不怍俱是浩然之氣今只將自心默認則無私曲處自然有此氣象故曰是集義所生非事事合義了又另有一種浩然之氣也亦須知集字之義如鳥止于木謂心集在義上千江之水集于一源萬川之用集于一照念念只在當念事事只在一事源頭既清無處不活無境不靈若說積事為事積念為念便是貨殖學問襲如襲衣之襲以見外意若作掩襲之襲是襲義非義襲矣告子之病在不知心之慊處即義之所安不慊即是不安于義故直外義告子外義總由強制而不求外字對心字看然此二句不重斥告子之非乃以見已之學力所以異于告子處

必有事焉而勿正心勿忘勿助長也無若宋人然宋人有閔其苗之不長而揠之者芒芒然歸謂其人曰今日病矣予助苗長矣其子趨而往視之苗則槁矣天下之不助苗長者寡矣以為無益而舍之者不耘苗者也助長者揠苗者也非徒無益而又害之

蒙引養氣工夫以一言該之曰集義以二言該之曰直養而無害以四言該之曰必有事焉而勿正心勿忘勿助長其實一而已有事固是集義勿正勿忘勿助長要皆不出一集字之外也此數句總是說要集義到底是集義所生裏面也有不正也有不忘也有不助長才得他生有事勿正不是兩意若有預期之心則非集義矣忘與助長皆生于正之不得

存疑做事便是助長必有事者必把集義當事實落去下工夫也然為其事而遂計其功者人之通患故戒以勿正勿正是一邊集義一邊預期其氣之充也此乃欲之心最害事蓋既有是心則心便在於功效而意不誠其功亦不專一固難望其氣之充

待久之其氣之不充必急心乘之而忘其所有事又或作為以
助其長决不出此二端
〔蒙引〕只說勿助長可矣必以宋人揠苗為言者道其害也引宋
人亦是譏告子揠枝也非枝令出上乃向上略枝之使其高也
下文而又害之正與這箇則穩矣相應
〔叅〕蒙引謂宋人一段亦是譏告子之意告子不得于心勿求于
氣乃是以為無益而舍之者彼原未嘗養氣何從助長但其勿
求處便是欲速之意欲速則折了自然生機強做不動心模樣
虛張一段發揚之氣不免蹈正助之弊耳害字正與直養無害

害字相應害非止餒餒不過弱而不充此是無益于氣助則粗
狠狂暴必至摧耗真氣戕賊道義亦只就當下見之不必說到
事為上〇何六子云心勿忘註謂勿忘其所有事須細玩勿忘
雖屬事而其所以勿忘者心也是時時提醒此心吾能無湫隘
否能無卑屈否能自慊否能無餒否能與天地合體否能配道
義否常自提撕常自涵養綿綿不息存存匪懈如鷄抱卵如龍
養珠乃謂之心勿忘此說最當若但謂勿忘所有事一意迭見
幾為贅語〇自至大至剛至此四節不必以體用養成養始節
度枚分此上三節是至大節註腳配道義正謂塞天地集義正

謂直養有事節謂直養無害須知養氣功用已盡于直養二句
下不必逐段立言矣
何謂知言曰詖辭知其所蔽淫辭知其所陷邪辭知其所離遁辭
知其窮生於其心害於其政發於其政害於其事聖人復起必從
吾言矣
〔存疑〕詖辭只說得一邊不說得全緣他心中有所蔽故如此如
楊氏只說義不說仁緣他為為我所蔽墨氏只說仁不說義緣
為兼愛所蔽陷是蔽之深既陷溺之深必務辯博以濟其說故
其辭淫迴遮浩瀚而無畔岸也其辭既淫則一發為邪僻之論

不可復律之以理緣他陷溺既深於是一向背却正路離去愈
遠不可復回故其辭如此畔去正理他不成個物事更說不去
是其理已屈心中於是乎窮矣窮則必變其說以求通也
〔蒙引〕蔽陷離窮之失既生于心不但發于言者有詖淫邪遁之
病而已必且亂于政而所設施之間大綱皆不是了大綱既不
是則本根壞而枝葉隨於是衆目俱差了政事亦不必十分分
先後故註云又知其害于政事之决然不得似生心害政之先
後矣或生于心而害于政或生于心而害于事本無先後害則
一時俱害此亦立言一時之不同耳聖人復起只帶生於其心

四句不連四知說必從吾言所以明其為理之必然非固自矜
其言之必信也
[] 叅細看書理非但知得當下辭旨且知其所由來併其所究竟
知然乃謂之知言不可專以上四句為知言而下為推言其流
弊也知言則然心常如明鏡之應能盡制天下之言而心愈以
不動矣○集義則知言養氣都在裏面了所以說到知言處只
數句
宰我子貢善為說辭冉牛閔子顏淵善言德行孔子兼之曰我於
辭命則不能也然則夫子既聖矣乎

蒙存合宰我至孔子也此一段見己之所以知言養氣而不動
心者皆從願學孔子來善為說詞以其理而數之於言善言德
行以其理而體之於身辭命有解辭是文辭命是命令看來總
是言語分亦得不分亦得孟子知天下之言則於自家辭命言
語何患不能養氣自集義生豈非德行故丑擬其聖玩註二自
謂字是因孟子勇于自任而擬之也
曰惡是何言也昔者子貢問於孔子曰夫子聖矣乎孔子曰聖則
吾不能我學不厭而教不倦也子貢曰學不厭智也教不倦仁也
仁且智夫子既聖矣夫聖則孔子不居是何言也

存疑智者無不知也學而不厭是求然理于己欲其無不知也
仁者己欲立而立人己欲達而達人教而不倦是推然理于人
己欲達而達人也這智就是自明者故曰智之所以自明這仁
就是及物者故曰仁之所以及物曰自明曰及物是就解智仁
見學而不厭教人不倦所以為智仁意
[] 蒙引子貢云云是明孔子雖既聖而猶不自聖以見己之尤不
敢當也仁且智夫子既聖矣孔子實既聖而猶不敢當爾遜以
我為既聖惡是何言
昔者竊聞之子夏子游子張皆有聖人之一體冉牛閔子顏淵則

具體而微敢問所安
[] 叅一體具體若以聖道圓融無迹而三子不免各就其所見而
守之以為宗如子夏之誠篤子游之重本子張之廣大俱不至
絕塵而奔無門戶可見故謂聖人之一體耳若具體而微則已
無一不肖所爭者神情渺忽之間矣須知亦是公孫丑見地一
體須說他好故曰敢問所安
曰姑舍是
[] 存疑姑舍是姑且也姑且置之言不欲以是自居也顏子地位
儘高孟子非有所不足也特其取法欲高顏子猶未是聖人耳

曰伯夷伊尹何如曰不同道非其君不事非其民不使治則進亂則退伯夷也何事非君何使非民治亦進亂亦進伊尹也可以仕則仕可以止則止可以久則久可以速則速孔子也皆古聖人也吾未能有行焉乃所願則學孔子也

【蒙引】非其君以下正是說所以不同道處伯夷無治則進之實事此只是伴說蓋亂則退而治則進必然矣仕止以出處言久速以去就言久久于其國速去之速也伯夷是偏于止且速者伊尹是偏于仕且久者

【參】願學孔子所包甚廣不可將本章知言養氣等盡行插入

伯夷伊尹於孔子若是班乎曰否自有生民以來未有孔子也

【參】伯夷伊尹於孔子至末極明孔子之尤盛以見願學之意若是班承皆古聖人而問其同自生民以來未有孔子言不惟夷尹不得而同自古聖人皆不能及也兼道德事功看或行造其極不能兼全乎衆理或德會其全事功僅止于一時未有如夫子道德功業之尤盛也舊說專以事功言恐論道傷了堯舜然堯舜德同夫子又非萬世事功便是一邊不如夫子一說專以時中言謂未有如孔子仕止久速之時也尤太拘泥

曰然則有同與曰有得百里之地而君之皆能以朝諸侯有天下行一不義殺一不辜而得天下皆不爲也是則同

【蒙存】合然則有同與承未有孔子來言孔子雖聖之尤盛夷尹亦是聖人亦有同否孟子曰有言有同也得百里二句言德之盛可以取天下是根本之同行一不義三句言心之正不苟於取天下是節目之同是則同一句總承上蓋聖人所以爲聖根本全在德上而義利取予又立心最大關節故凡聖人此處皆同孟子亦指此而斷夷尹孔子之必同耳但不必以事實講

【參】得百里云云意不必以德盛心正並言亦不必分根本節目之說總是言其能有爲而實不苟于爲上二句論力量下二句論心術相承說是（却是而皆意）一事然行不義殺不辜却是推原其心如此

蒙引以假使二字作轉語最妙

曰敢問其所以異曰宰我子貢有若智足以知聖人汙不至阿其所好

【存疑】汙對智字說智足以知聖人分明是高明了然後使其汙下而不高明諒亦不至阿私所好夫雖汙下尚不至阿私所好而空譽之況智足以知聖人豈肯阿私所好而空譽之乎則其言之可信也明矣

宰我曰以予觀於夫子賢於堯舜遠矣

蒙引堯舜以道治天下夫子則推明堯舜之治天下者以教天下治在一時者一時之功道在萬世者萬世之功故曰夫子賢於堯舜遠矣

【】叅堯舜未易言也然而門人親炙孔子比之所傳聞先代者似若有間故不覺稱頌至于如此若硬將堯舜事功貶抑漫以刪述掩之亦非知言者

堯舜與孔子易地皆然原無軒輊其曰賢于堯舜遠者特門人推尊之詞耳誠不可呆講

子貢曰見其禮而知其政聞其樂而知其德由百世之後等百世之王莫之能違也自生民以來未有孔子也

【】蒙引此是子貢由百世之後等百世之王的訣子言今日見其

所遺之禮而可以知其當日之政今日聞其所遺之樂而可以知其當日之德在當日者既與其人俱往矣而禮樂之遺于後者尚未與之俱往固可即此而推之

從禮樂見百王之德政百王都及不得孔子

【】存疑夫子之禮樂觀其答顏淵為邦之問斟酌四代之禮樂以立萬世常行之道作春秋以寓王法則政之所設施德之所成就固可見矣帝不獨盛於古帝王埶等百世之王以禮樂去等之也莫之能違未有夫子俱就德政上說夫子有綏來動和之政時中大成之德也

有若曰豈惟民哉麒麟之於走獸鳳凰之於飛鳥泰山之於丘垤河海之於行潦類也聖人之於民亦類也出於其類拔乎其萃自生民以來未有盛於孔子也

【】存疑豈惟民哉一句喚起下文這裡含個類字故承之曰麒麟云云聖人之於民亦類也又承上類也句而言以終豈惟民哉一句之意

【】蒙引有若本意只是就民類言其曰麒麟云云特用以此況耳故下即承之曰聖人之於民亦類也以終前數言之意而下又繼之曰出于其類拔乎其萃只承聖人之於民亦類也說不復粘着山海矣

○孟子曰以力假仁者霸霸必有大國以德行仁者王王不待大湯以七十里文王以百里

【】存疑以力假仁者其力足以有為假仁之名以舉事事益濟矣有力若不假仁一時亦被他做去只是不光明俊偉亦竟無成耳王字作平聲為是蓋以德行仁內就有可以王底意了湯以七十里文王以百里是證不待大意不可因其下面無而王字謂當讀去聲

【】叅以德行仁句分說德仁不得倒說行仁以德不得即倒說王者以德行仁亦不得所謂以不忍人之心行不忍人之政此從

來伯者未有之國也故曰王

以力服人者非心服也力不贍也以德服人者中心悅而誠服也如七十子之服孔子也詩云自西自東自南自北無思不服此之謂也

【蒙引】以力服人者謂以力得人之服非謂用蠻力去服那人也〇自古帝王得人孰非心悅誠服乎獨以孔子為譬者蓋孔子布衣耳初無勢力位號又當時亦極流離困苦而七十子咸心服之而無所強此尤可見其心悅誠服處

〇孟子曰仁則榮不仁則辱今惡辱而居不仁是猶惡濕而居下

也

【蒙引】仁不仁是就人君行事上言之今惡辱而居不仁觀一今字則明當時之君矣

【存疑】是猶惡濕而居下只是不能免意

【參】仁有浸昌浸明的道理便是榮不仁有日淪日下的道理便是辱非落一層今惡辱二句言辱必不免

如惡之莫如貴德而尊士賢者在位能者在職國家閒暇及是時明其政刑雖大國必畏之矣

【蒙引】貴德能尚德也德字兼下文賢能德是人之所具士則指其人指有德之人也賢者能者皆是士

【存疑】賢者未嘗無才而德其所長能者未嘗無德而才其所長曰賢曰能自其所長而言

【蒙引】明是振飭鼎新使刑清而政舉也何以必及國家閒暇乃明其政刑戰國之時七雄虎視無日而不干戈之逞無歲而不城野之爭國家多事常時危急存亡之秋彼般樂怠敖者方其未閒暇時亦不得以般樂怠敖也〇豫收賢能以實吾國一旦國家可以有為則遂及時而使賢者能者各效其力以明其政刑則吾仁矣如是則雖大國必畏之矣仁則榮理固然也

詩云迨天之未陰雨徹彼桑土綢繆牖戶今此下民或敢侮予孔子曰為此詩者其知道乎能治其國家誰敢侮之

【蒙引】以迨天之未陰雨比及時以徹彼桑土綢繆牖戶比明其政刑以今此下民或敢侮予比雖大國必畏之知道是通套字只是說他知道理下文能治其國家誰敢侮之道斯在矣知道云者知此而已

【參】能治其國家雖是上節任賢能明政刑意孰敢侮之雖是上節大國必畏意然此是孔子之言不得入孟子話（孔子贊詩只在保治上危惮賢能政刑意到末方見）

今國家閒暇及是時般樂怠敖是自求禍也　禍福無不自己求

之者　詩云永言配命自求多福太甲曰天作孽猶可違自作孽
不可活此之謂也
蒙存合今國家閒有不能豫收賢能以待用及政荒而不之問
刑苛而不之恤意般樂謂樂而忘返有般旋之意所謂縱欲也
怠惰也敖慢也所謂偷安也此便是不仁了曰自求禍便是辱
也○禍福指上榮辱意而由於仁不仁所自來故曰自已求之
末引詩即福自已求之謂引書即禍自已求之謂末見出乎仁
則入乎不仁失乎福則必得乎禍榮辱之機間不容髮有國家
者須亟圖強仁之功始得

○孟子曰尊賢使能俊傑在位則天下之士皆悅而願立於其朝矣
參士是民之望者得民亦必先得士以為民望故王政五事待
士為首在位即尊使之位悅字願字俱以心言末即立其朝也
下四句意同
市廛而不征法而不廛則天下之商皆悅而願藏於其市矣
存疑市字微讀廛本是死字今卻作活字用蓋取其稅也言商
人在市逐末者多則廛之而不征其貨逐末者少則但治以市
官之法而不廛之想戰國時廛與貨並征逐末雖少亦或不免
也

參市廛是正法而不廛是法外之仁法非止治爭也器敝不市
禽獸不時殺不市林木不時伐不市
關譏而不征則天下之旅皆悅而願出於其路矣　耕者助而不
稅則天下之農皆悅而願耕於其野矣
存疑譏而不征就道路之關看勿與廛而不征相混旅與商不
同居市曰商出塗曰旅助而不稅即耕者九一之法詳在方里
而井一節
廛無夫里之布則天下之民皆悅而願為之氓矣
蒙存合廛無夫里之布廛字與廛而不征廛字異彼為城市交

易之宅受稅者商賈居之此為城市人家之宅不受稅者百姓
居之周制宅不種桑麻者罰里布民無常業者罰夫家之征此
所設以警遊惰者市居之民雖不種麻則勿使出一里二十五
家之布市居之民雖不交易必有末業則勿使出一夫百畝之
稅一家力役之征是謂廛無夫里之布夫字內貼一家字布字
內貼一稅字征字據註解里布在先作文通依大文以夫字為
先天下之民民字不兼士農多是商旅一邊人蓋當時貨與廛
并取故孟子先講上一條又廛與夫里并取故孟子後講此一
條曰商悅曰民悅皆自市居之人言之所謂願受一廛而為氓

是也
叅按周禮地官載師職云凡宅不毛者有里布閭師職云凡無（據此爲帷）
職者出夫布布泉也即今謂之錢是也周禮明有夫布里布而
集註以夫家之征當之豈晦翁未之考耶
信能行此五者則隣國之民仰之若父母矣率其子弟攻其父母
自生民以來未有能濟者也如此則無敵於天下無敵於天下者
天吏也然而不王者未之有也
叅信能二字重看對上假仁字說（正所謂以德行仁也）見不可聲音笑貌爲也民字
包四民仰之若父母即顒立顒藏等意無敵於天下不是謂戰

則無敵謂人心皆向我無與我角者天吏是存天心行天道以
贊造化所不及兼廢興存亡之權而用兵伐暴特天吏一事也
王字有萬物咸若景象
○孟子曰人皆有不忍人之心
叅不忍人之心所謂無害人之心也照下文怵惕惻隱併主心
之發見時說
先王有不忍人之心斯有不忍人之政矣以不忍人之心行不忍
人之政治天下可運之掌上
蒙引人皆有不忍人之心此句如云人皆有之先王有不忍人（不重贊美先王）

之心此係如云賢者能勿喪耳非爲先王詳也故下即接之云
所以謂人皆有不忍人之心者不然是隔先王一段了
所以謂人皆有不忍人之心者今人乍見孺子將入於井皆有怵
惕惻隱之心非所以內交於孺子之父母也非所以要譽於鄉黨
朋友也非惡其聲而然也
蒙引怵惕惻隱四字不忍人之心之自也
由是觀之無惻隱之心非人也無羞惡之心非人也無辭讓之心
非人也無是非之心非人也
存疑即乍見孺子入井而怵惕惻隱之心生非有造作而然見

此心是人所固有也蓋非人所固有則乍見之間不能發動如
是之速矣故遂承之曰由是觀之云云人通躰是惻隱之心故
當羞惡而羞惡當辭讓而辭讓當是非而是非若無惻隱之心
則本心斲喪三者皆無從出矣
叅惻隱羞惡辭讓是非皆不忍之別名不是有四個心不忍是（惻隱四者指善端發露之初只囫圇還他箇是者）
心之生生處有生方纔有惻隱羞惡辭讓是非隨感而見此四（分別恥己悟人芽頭則已着手聲色見聞矣）
句都是反說以見其必有非人也下要打滑轉
惻隱之心仁之端也羞惡之心義之端也辭讓之心禮之端也是
非之心智之端也

蒙引前只言不忍之心後兼言四端分明仁統四德前是專言之仁後是徧言之仁必於此露出仁義禮智者見惻隱羞惡辭讓是非之所自出也有諸中而後見諸外未有〻其外而不本于內者

存疑言情而歸之性也大全陳潛室曰端倪也物之緒也譬之繭絲外有一條緒便知得內有一團絲若其無絲在內則緒何由而見於外

叅謂之端便見其可充而又不可不充意思但曰性之發而為情云云猶未緊切

人之有是四端也猶其有四體也有是四端而自謂不能者自賊者也謂其君不能者賊其君者也

蒙引謂之猶其有是四體蓋以見其必有也此二句是起下文自賊〻君之意謂其君不能者不勉之以不忍人之心行不忍人之政也自賊是責君賊君是責臣說此一節正見其當擴充

叅猶有四體不是說必有必有意上已說明只當理會下不能二字蓋四體人身所運用處四端人心所運用處（四体是一個氣脉相貫四端是一個精脉相貫然形神合一之妙非徒以粗比精也）人未有氣脉不貫者故身終日運用而不窮四體于是乎顯其能人未有精脉不貫者故雖終日運用而不窮四端于是乎顯其能此蓋良能不待學而預自謂不能謂其君不能真自賊〻其君者矣此喻極切

凡有四端於我者知皆擴而充之矣若火之始然泉之始達苟能充之足以保四海苟不充之不足以事父母

蒙引擴者有所不忍而達之於其所忍有所不為達之於其所為也知皆擴而充之重在知皆擴上是方知去推擴欲使其充滿也苟能充之承上面知擴說來蓋既知去推擴使其充滿用功久之遂能充滿也知與擴是用功之始能與充是用功之成

存疑火始然泉始達皆有莫遏之勢故若火始然泉始達言善

端之發勃〻充長日新月盛其勢莫可遏也彷彿生則惡可已意

叅擴充只時〻此乍見之心若火二句正指其四端之象以示（端是始發處始然便是火之端始達便是泉之端）人要擴充者如此非俟知充後有此景象也故下即曰苟能充之云云分始充再充者大謬

孟子曰矢人豈不仁於函人哉矢人惟恐不傷人函人惟恐傷人巫匠亦然故術不可不慎也

蒙存合承上人皆有不忍人之心來言惻隱之心人皆有之但為術之不慎而失其心也矢人惟恐不傷人必傷人而後其術

始精便是不仁函人惟恐傷人必不傷人而後其術始精便是
仁其實矢人之心豈不仁於函人哉術使然也巫利人之生匠
利人之死二個不字即惟恐意見其用心之異亦為術所使非
匠人之不仁于巫人也須知此術字不只是藝術而已此即之
意非為矢函巫匠設也
【叅】充函之心不唯可禦天下之矢即充舜之覆庇天下只此念
充矢之心不惟滑壞天下之函凡戰國時君糜爛生民皆此念
故曰不可不慎
孔子曰里仁為美擇不處仁焉得智夫仁天之尊爵也人之安宅

也莫之禦而不仁是不智也
【存疑】孔子之言一耳緣孟子所引之意異也論語處仁指仁里
言此處指仁道言
【蒙引】里之仁夫仁猶以為美而欲擇而處之仁比里仁如何乃
擇而不處仁則反擇里者之不如矣故曰焉得智天之尊爵就
人分上指出天說以賦予之際言也
【叅】引孔子之言見得擇術莫先于處仁擇字重根上文慎字來（正見不可不慎）
合下文智字意（意）夫在天之尊至末即是釋孔子擇不處仁焉得
智之意仁為天地立心為生民立命包涵徧覆與天地體舉天

下無一物不庇其宇下王公得之乃益尊榮匹夫得之莫不景
慕善下而不可加至柔而不可抗故曰天之尊爵恬然無慮汲
然無營天君常泰與物無競險巇不生戈矛不起故曰人之安
宅不智不是昧于尊卑安危之等乃言其不知天不知人昧于
擇術也
不仁不智無禮無義人役也人役而耻為役由弓人而耻為弓矢
人而耻為矢也
【存疑】不仁不智無礼無義則德不足以服人彼有德有力者皆
足以服我而我當為之役矣〇弓矢人如何耻為弓矢攻于小

藝以供民用而不能大有為以服役ノ故自羞耻不能自強以
服役〻但為人役而耻之亦猶是也猶弓人二句只是不能免
意
【叅】仁義禮智一下齊付言仁則義禮智在內說不仁不智無礼
無義歷數其無人心耳人役如云不免為厮人賤行耳總是道
德不足尊重而居人下也是激而進之之詞
如耻之莫如為仁　仁者如射射者正己而後發發而不中不怨
勝己者反求諸己而已矣
【蒙引】其初所以致此耻者由於不仁故耻之則莫若反其所為

而為仁。

【存疑】既曰如耻之莫如為仁，又曰仁者如射，是示以為仁由己之意，使自勉也。為仁便是仁者，承上文莫如為仁來。射者云云，皆就射上說，為仁由己之意則在言外。

【叅】莫如二字乃一章大綱，所為擇術者在此。仁者如射云云，正申明上文為仁二字。見仁為己之尊爵安宅，為仁者行有不得，皆反求諸己，使復其本心之安，何至為人役。

○孟子曰：子路人告之以有過則喜。禹聞善言則拜。大舜有大焉，善與人同，舍己從人，樂取於人以為善。

【蒙引】善字以天下之公善而言，不可認作舜之善。○善與人同，內無嫌于己，外無德于人，無物我之痕迹在胸中也。

【存疑】子路人告之以有過則喜，是見得己未善而善在人。禹聞善言則拜，是見得善在人而己未善，都是把善做人所私有的物，不謂人己之所同也。善與人同，是把善與人做公同的物，不做在己的也，不做在人的，此所以大於禹與子路也。

【叅】首二節直說喜拜無味，須得所以喜拜之心，乃見聖賢好善之誠處。而則字是一聞即喜，一聞即拜，不容一毫想像擬議。○大舜有大焉，不是與由禹比較，言至于舜，又另自有一種廓落處，大自在，舜與別人無干，正與後莫大乎與人為善相照看。若謂大于禹與子路，則語意微異矣。善與人同，只是個聖凡皆平等。如今才說作聖，便覺與人異，若看得聖人與愚夫愚婦稍有不同，即非聖人之學。舍己從人，只發明一個同字，見其無分于人己。樂取句有實用工夫，蓋上句從字尚寬，而此則實言其取（如此挑別方是樂）（取于人以為善，不徒曰樂取人之善而已）而為之于己也。其取而為之於己者，從舍己之心來，故曰樂。若但云從之而已，則耳聽亦是從了，何處見他有大觀？下文專領取人來說，其義自明。○舍己取人，亦是旁人看聖人見其如此，自耕稼陶漁以至為帝，無非取諸人者。

【叅】此節只是說他自少至老，無一時不取善，只在上節內抽出言之，不可把窮達立眼目。

【蒙引】許助同是引之之意。與人為善，是孟子就舜取諸人為善上看出此意，故君子莫大乎與人為善，則因而張大其事也。

取諸人以為善，是與人為善者也。故君子莫大乎與人為善。

【存疑】末句雖贊舜之大，然君子泛說，舜尚在言外，不可以莫大與有大處乃因前面之大而另推出一層之大也，不必又纏由禹了。

【叅】取處即是與人為善，非別有助也。莫大即是打轉大舜有大

二大字一樣蒙引存疑自確
○孟子曰伯夷非其君不事非其友不友不立於惡人之朝不與惡人言立於惡人之朝與惡人言如以朝衣朝冠坐於塗炭推惡惡之心思與鄉人立其冠不正望望然去之若將浼焉是故諸侯雖有善其辭命而至者不受也不受也者是亦不屑就已
蒙引 此條是節節說深去或說不立于朝只是不事非君也如孟子不事于齊梁然豈不亦暫立其朝耶又如人臣為君聘于隣國豈不亦暫立其朝耶與人言亦未便與為友今人所與言亦多矣豈個個便是友耶不立於惡人之朝不但非其君不事足亦不立其朝不與惡人言不但非其友不友亦不與之言

塗炭水火之分也鄉人又未至于惡人推惡惡之心至此者極（通是虛景○通是言）言之也（心非○言○事）推孟子推之思伯夷自思也此無實事孟子本其心而形容之如此是故二字承上文此却是實事自推惡惡之心至此相連○
存疑 又不但惡人之朝不立惡人不與之言鄉人之冠不正亦少失禮耳要未必惡也亦若將浼焉又不但鄉人少失禮不與立至于諸侯之善其辭命而至初無少失禮矣亦所不受也
柳下惠不羞汙君不卑小官進不隱賢必以其道遺佚而不怨阨窮而不憫故曰爾為爾我為我雖袒裼裸裎於我側爾焉能浼我哉故由由然與之偕而不自失焉援而止之而止援而止之而止者是亦不屑去已
存疑 爾為爾至浼我哉是惠自言其不去之意
蒙引 欲去之際援而止之則亦止也泛說不屑去言不以去為高而必於去也
參 柳下惠既不羞汙君則汙君所授之小官又何卑進不隱賢必以其道正在不羞不卑處見之然必以其道即是不隱其賢乃一正一反語此二句亦不可講煞了謂必欲行直道則恭甚

矣只須云君自汙也吾道自清也官自卑也吾身自賢也有不會人而只自行意遺佚阨窮又承必以其道來爾我兩不相涉正見惠之必以其道處由由然數語雖槩自處衆言然當時之所不羞不卑不怨不憫正是此意○此條亦是節節推說去
孟子曰伯夷隘柳下惠不恭隘與不恭君子不由也
存疑 孟子既述夷惠之行遂從而斷之謂伯夷視當世無一人可與其弊則狹隘柳下惠視當世之人皆不足與較其弊則不恭惟其隘與不恭故君子不由其道也不由其道是不由其清和蒙引謂可由其清不可由其隘可由其和不可由其不恭恐

未是蓋清便有隘之弊和便有不恭之弊非清和之外又有隘
不恭也
〔叅〕此即孟子願學孔子之意不必回護而人亦不必痛罵而人
只爲願學孔氏之神而已

公孫丑下

孟子曰天時不如地利地利不如人和
〔蒙引〕舉用兵所恃者而第其輕重示人當知所重也
〔存疑〕用兵也要天時也要地利也要人和也三者不可缺一緊
要則在人和孟子見當時用兵者只重在天時地利上於其所

重反輕忽爲故特第其輕重以示人欲人知所重不在彼而在
此也
三里之城七里之郭環而攻之而不勝夫環而攻之必有得天時
者矣然而不勝者是天時不如地利也
〔蒙引〕此條中天時不如地利就攻上說
〔存疑〕三里七里是不足於地利者也
城非不高也池非不深也兵革非不堅利也米粟非不多也委而
去之是地利不如人和也
〔蒙引〕此條中地利不如人和就守上說兵革米粟皆出於地利

故亦爲地利
〔存疑〕委而去之言人心不和委而去之雖有地無與共守也
故曰域民不以封疆之界固國不以山谿之險威天下不以兵革
之利得道者多助失道者寡助寡助之至親戚畔之多助之至天
下順之
〔蒙引〕此段極言有國者當務于得人和也或說是謂得人和之
本在於得道此於理亦無害但未必其本意蓋孟子但謂要得
人和便含有得道意不又再推一層看故曰二字可知而其意（人和便是得道）
又歸在下文以終所言之意也得道言爲國得其道多助寡助

俱就本國人說順之只是人心悅服若作民歸說便涉下文此（人心悅服是天下人心比多助更一層）
下二節只是一意相承域民三句直到必勝矣處方可繳出
以天下之所順攻親戚之所畔故君子有不戰戰必勝矣
〔蒙引〕此節言人和之可戰以所順攻所畔是以人和而戰也有
不戰〻必勝與上攻之不勝委而去之反對看見得人和之必（只是無與爲敵意）
勝非若天時地利之不足恃也
〔存疑〕天下所順指我而言非謂率天下所順之人也
○孟子將朝王王使人來曰寡人如就見者也有寒疾不可以風
朝將視朝不識可使寡人得見乎對曰不幸而有疾不能造朝

蒙引如往也、上朝字謂未旦也、不識可使寡人得見乎分明是召○彼自往朝則非應召猶可也、今既有召命而往、則是賓師應召矣、所以执而不往、

明日出弔於東郭氏公孫丑曰昔者辭以病今日弔或者不可乎曰昔者疾今日愈如之何不弔

存疑辭疾出弔、欲齊王知其非疾、求其不赴之故、而悟已之不當召也、孟子於景丑則力辨、於公孫丑乃不與言者、欲因景丑以悟齊王、丑為門人、久之當自悟也、

王使人問疾醫來孟仲子對曰昔者有王命有采薪之憂不能造

朝今病小愈趨造於朝我不識能至否乎使數人要於路曰請必無歸而造於朝

蒙引權辭以對、孟仲子之見、亦景丑氏之見也、甚矣知已之難也、

不得已而之景丑氏宿焉景子曰内則父子外則君臣人之大倫也父子主恩君臣主敬丑見王之敬子也未見所以敬王也曰惡是何言也齊人無以仁義與王言者豈以仁義為不美也其心曰是何足與言仁義也云爾則不敬莫大乎是我非堯舜之道不敢以陳於王前故齊人莫如我敬王也

存疑五者皆人之大倫、獨舉父子君臣者、君臣一倫正是所論之事、以父子一倫與並言也、

蒙引言謂我為不敬王、此言是何言也、正以已非不敬王也、遂言已之敬王處堯舜之道、承上文仁義言、露出堯舜字、見其以堯舜望其君、所以為敬君也、不敬莫大乎是、所謂吾君不能謂之賊也、齊人莫如我敬王、所謂責難於君謂之恭、陳善閉邪謂之敬也、

叅孟子此處直以王之前即堯舜之前、而效禹臯陳謨之意、此果何如其敬○

景子曰否非此之謂也禮曰父召無諾君命召不俟駕固將朝也聞王命而遂不果宜與夫禮若不相似然

叅此以人臣之常禮律孟子、而不知賓師不與臣同也○

曰豈謂是與曾子曰晉楚之富不可及也彼以其富我以吾仁彼以其爵我以吾義吾何慊乎哉夫豈不義而曾子言之是或一道也天下有達尊三爵一齒一德一朝廷莫如爵鄉黨莫如齒輔世長民莫如德惡得有其一以慢其二哉

存疑是字指景子所言說、以孟子之不赴召為不敬、景子之所言也、豈謂是者、言我之意、豈說道如子之所言、蓋子之以我不

當不赴王之召我之意則以王不當召我也曾子曰以下正是
説不當召已之意○仁則安土樂天無求自足而塵視金玉故
與富對義則謹進退明去就不以三公易其介以名節自高故
與貴對其辭雨平意則重在仁義既曰夫豈不義而曾子言之
是或一道也則天下有達尊三是推曾子所言之意益輔世長
民莫如德德便是仁義此所以不慊于彼也
蒙引朝廷莫如爵故爵為一達尊鄉黨莫如齒故齒為一達尊
轉世長民莫如德故德為一達尊三句申言爵齒德為天下之
○達尊也夫子隨在致隆之説不是正意是議論辭若説隨所在

而致隆則所謂慢其二者孟子於王又豈有鄉黨之分哉三句
是各自為説非以相值之時言不當作齒在所重爵與德在所
後若説輔世對御世長民言長治也君長之長非長育之長○
惡得有其一以慢其二哉只是以一二較多寡而為屈伸不復
拘于朝廷鄉黨與輔世長民矣○
故將大有為之君必有所不召之臣欲有謀焉則就之其尊德樂
道不如是不足與有為也
蒙引惡得有其一以慢其二明其不可召也夫不可召而王召（此節正明所以不可召之故）
○之則王疑于不足與有為矣○故繼之曰故將大有為云云○

存疑將大有為須看一將字必有所不召之臣言有所不可召
之臣也不可説不召臣不召之意就在其中○但要主人君言欲
有謀焉則就之帶上文看正是不召也必如是其尊德樂道乃
可有為
蒙引德就賢者身上説○道就賢者所抱説○如仁義忠信樂善不
倦其德也平治天下之具其道也尊德樂道不如是謂不如是
其尊德樂道非尊德樂道而又不如是也如是指有謀則就説
不足與有為便非將大有為之君矣
故湯之於伊尹學焉而後臣之故不勞而王桓公之於管仲學焉

而後臣之故不勞而霸　今天下地醜德齊莫能相尚無他好臣
其所教而不好臣其所受教　湯之於伊尹桓公之於管仲則不
敢召管仲且猶不可召而況不為管仲者乎
叅並舉伊尹管仲而末獨言管仲者全要説不為管仲句管仲
且猶不可召重在桓公不召管仲上不為管仲便包得志伊尹
之志學曾子之學堯舜仁義之道足以格君心輔世長民之德
無慊于晉楚意末見我不可召如此而子乃律之以人臣應召
之礼不唯不以不召之臣待我而且不以有為之君待王是誠
齊人之見也已○何六子曰覌此可知齊之諸臣皆承順奔走

之臣而已

○陳臻問曰前日於齊王餽兼金一百而不受於宋餽七十鎰而受於薛餽五十鎰而受前日之不受是則今日之受非也今日之受是則前日之不受非也夫子必居一於此矣　孟子曰皆是也

蒙引前日之不受云云重在非字上居一於此謂不免于一不是也○主於義言故曰皆是不必說皆是義也惟其皆適于義故得為皆是陳臻之問只有是字無義字

當在宋也予將有遠行行者必以贐辭曰餽贐予何為不受　當在薛也予有戒心辭曰聞戒故為兵餽之予何為不受

存疑予將有遠行予有戒心即末節所謂有處也自我言曰餽贐曰聞戒則彼所致辭也故為兵餽之是孟子叙事之辭此二節見受宋薛之為是也

若於齊則未有處也無處而餽之是貨之也焉有君子而可以貨取乎

蒙引上二節二個辭曰字重看正典未有處相應孟子於齊未有處也而齊王乃餽之則無辭矣○貨謂以物餌之也送餌以去則為貨取矣二貨字皆是活字

○孟子之平陸謂其大夫曰子之持戟之士一日而三失伍則去

存疑詞語是而詰之其意則說他先絕已而後已絕之也

叅須玩慮字非徒空慮其不留于吾國也便有慮及君要何如以安賢人之心又慮及賢人之道要何如以自達于君豈止舉欲承王命也只承王命不消言個慮

○孟子去齊尹士語人曰不識王之不可以為湯武則是不明也識其不可然且至則是干澤也千里而見王不遇故去三宿而後出晝是何濡滯也士則茲不悅

存疑尹士之譏雖三意並言卻重則濡滯上意以今日既然要去當時何為而來當時既來得不是今日又何為去之不速茲

不悅茲字重看言孟子平日所為我皆悅服獨於此處不悅耳之

高子以告　曰夫尹士惡知予哉千里而見王是予所欲也不遇故去豈予所欲哉予不得已也

叅心下欲去而義不容不去故曰予不得已也去既出于不得已則其去亦不能以據舍矣此所以三宿而後出晝也此下二節望王一見三宿出晝時而其心猶千里見王之心一見出晝浩然有歸志時而其心猶千里見王之心正反尹氏濡滯之譏也千里見王三節還依此解為當存疑謂千里節明其非干澤

蒙引謂有三節望王俱欠妥

夫出晝而王不予追也予然後浩然有歸志予雖然豈舍王哉王由足用為善王如用予則豈徒齊民安天下之民舉安王庶幾改之予日望之

叅孟子主意在安天下上王由足用為善實思所以用齊王耳故三宿出晝尹士謂其濡滯孟子則猶以為速尹士謂濡滯在三宿而後出晝孟子則謂既出晝後此心猶不舍王王如改諸句是述予心猶以為速之意王足用為善是述豈舍王哉之意俱是孟子心上不言之意不足對高子的語

予豈若是小丈夫然哉諫於其君而不受則怒悻悻然見於其面

去則窮日之力而後宿哉　尹士聞之曰士誠小人也

存疑予豈若是小丈夫合上二條只是一意反覆言之以辨其濡滯之譏也怒與去雖一直說下微有平對意觀二則字可見

蒙引此節不是直斥尹士只言已不為小丈夫之為與夫子疾固一般小人應小丈夫講尹士聞孟子之言便知君子用心與我不同故自知其為小人

孟子去齊充虞路問曰夫子若有不豫色然前日虞聞諸夫子曰君子不怨天不尤人

叅曰路中問必出晝之後也引前言君子不怨不尤見夫子宜

叅先提孟子為卿出弔下文乃曰王使蓋大夫輔行觀王使二字獨屬王驩則知孟子為卿王非正禮使之也朝暮見兼往返言曰反齊滕之路不言往者謂自往而返也存疑以朝暮見為往返齊滕之路為反未必然行事是出弔所當行之事如禮文器數揖讓交際之類

公孫丑曰齊卿之位不為小矣齊滕之路不為近矣反之而未嘗與言行事何也曰夫既或治之予何言哉

蒙存合位不為小見非隔于勢而不得言路不為近見非迫于時而不及言乃往反不與一言行事故丑以為疑夫既或治之

二句只是托詞非本意也本意是不肯與小人言有司解或字不指王驩副使亦卿也

孟子自齊葬於魯反於齊止於嬴充虞請曰前日不知虞之不肖使虞敦匠事嚴虞不敢請今願竊有請也木若以美然

蒙引木若以美充虞是疑其過厚非疑其過制

曰古者棺椁無度中古棺七寸椁稱之自天子達於庶人非直為觀美也然後盡於人心　不得不可以為悅無財不可以為悅得之為有財古之人皆用之吾何為獨不然

存疑孟子言古之棺椁亦非古制以釋過制之疑只是反覆言

其盡心以明當厚之意中古數句不重尺寸制度重木之盡美
講蒙引言俗有但為觀美之事者此却非也直字帶下讀然後
盡於人心得盡其心則悅矣然此意尚輕下文於人心獨無恔
乎乃是此意此段尚重在得之為有財
參不得不可以為悅謂不得盡其心
且比化者無使土親膚於人心獨無恔乎
存疑此條不是別一意即上文然後盡于人心也蓋得之為有
財而遂用之者正為無使土親膚也說者泥註且字遂為更端
之語非矣且是發語詞其實一意相承○一則曰然後盡于人

心又一則曰為悅三則曰為悅又終之曰於人心獨無恔乎孟
子於此只要自盡其心而已
吾聞之也君子不以天下儉其親
蒙引此物二字泛說不可指定棺椁曰吾聞之則此一語古語
也安得知古語是為棺椁說耶或兼生事葬祭耳
○沈同以其私問曰燕可伐與孟子曰可子噲不得與人燕子之
不得受燕於子噲有仕於此而子悅之不告於王而私與之吾子
之祿爵夫士也亦無王命而私受之於子則可乎何以異於是
齊人伐燕或問曰勸齊燕有諸曰未也沈同問燕可伐與吾應之

曰可彼然而伐之也彼如曰孰可以伐之則將應之曰為天吏則
可以伐之今有殺人者或問之曰人可殺與則將應之曰可彼如
曰孰可以殺之則將應之曰為士師則可以殺之今以燕伐燕何
為勸之哉
蒙引言子噲子之以國私相授受何以異於以爵祿而私相
授受者所以著其罪也著其罪所以明燕之可伐也有仕於此
謂有出仕于此者語意與有人於此不同
存疑燕之可伐重子噲二句有仕於此下即爵祿私相授受例
子噲私相授受所以見燕可伐齊不可伐燕重為天吏一句今

有殺人以下即殺人非士師不可例伐國非天吏不可所以見
齊不可伐燕
參齊之伐燕未為不可但其所以處之者非耳觀其城門不閉
簞食來迎則民心可知使能誅其君吊其民更擇賢主而立之
與伐莒遏密之師何異此一役也齊可以霸孟子於此即未始
有心以勸之亦何必有心于沮之據事論事即未盡透底說盡
固自無妨何為勸之耶舊說皆云齊非伐燕之人則此外秦楚
三晉亦是無一可者將起湯武于九原而後問子之罪哉
○燕人畔王曰吾甚慙於孟子

存疑蒙引謂是湣王依愚見只是宣王蓋宣王曾以伐燕為問孟子勸其卜諸人心宣王不用而致燕人之畔所以慚于孟子若是湣王何慚之有不曰宣王而曰王亦偶然置詞之不同耳

陳賈曰王無患焉王自以為與周公孰仁且智王曰惡是何言也曰周公使管叔監殷管叔以殷畔知而使之是不仁也不知而使之是不智也仁智周公未之盡也而况於王乎賈請見而解之

蒙引陳賈意只要坐不智于周公故下文又云周公知其將畔而使之與賈斷曉不是知其將畔而使之亦斷得孟子不以為知其將畔而使之解之解王之慚也

見孟子問曰周公何人也曰古聖人也曰使管叔監殷管叔以殷畔也有諸曰然曰周公知其將畔而使之與曰不知也然則聖人且有過與曰周公弟也管叔兄也周公之過不亦宜乎

蒙引周公之過天理人情所不免之過也必求無過須逆探其兄之惡而棄之矣然則孰與有過之為愈乎蓋有過之過小無過之過大此等過真是聖人之不幸而已何可求免也

參陳賈云然則聖人且有過言外有何况常人之意孟子云周公之過不亦宜乎言外有他處之過如何概說得空

且古之君子過則改之今之君子過則順之古之君子其過也如日月之食民皆見之及其更也民皆仰之今之君子豈徒順之又從而為之辭

蒙引古之君子云云又是一節意此與下文三句相反對見得不是為之辭所謂磊磊落落如青天白日者若為之辭則前無民皆見之後無民皆仰之豈徒順之承上文帶過下意耳重在為之辭一句

存疑過既萌只依他做去更不更改便是順

○孟子致為臣而歸

存疑孟子先處賓師之位後亦常為卿雖不受祿畢竟是臣位前為君之臣今致還於君不為之臣也

王就見孟子曰前日願見而不可得得侍同朝甚喜今又棄寡人而歸不識可以繼此而得見乎對曰不敢請耳固所願也

蒙引得侍謙言得侍賢者同朝謂羣臣也本是孟子千里而見王今曰得侍本是齊王自喜今日同朝甚喜見得同朝皆喜則王之喜又當何如

存疑不敢請必後見之期然見王固我所願也

他日王謂時子曰我欲中國而授孟子室養弟子以萬鍾使諸大夫國人皆有所矜式子盍為我言之

蒙引他日二字見孟子亦有遲遲其去之意

叅王謂時子之言未為不可然不能行道於在齊之日乃欲繼見于去齊之日○不能追悔其前日之非○乃欲為勉強於他日之留○不能尊之于朝廷之上○乃欲居之于當國之中○不能曰其君用之○乃但曰子弟從之○不能原其初不受祿之心○乃欲誘之以萬鍾之利○故孟子以為不可○

時子因陳子而以告孟子陳子以時子之言告孟子　孟子曰然夫時子惡知其不可也如使予欲富辭十萬而受萬是為欲富乎

蒙引因依托也此方是托陳子以告孟子下句方是陳子以時子之言告孟子不然下一句是衍了○然字只因陳子之言而曰是如此耶然時子惡知我之不可以復留耶

存疑然是然齊王留己之意言齊王欲留我為國人矜式是也然時子惡知予之不可留哉夫我之至齊本非欲富也如使予欲富則我前日為卿嘗辭十萬之祿今乃受此萬鍾之饋是我雖欲富亦不為此也而況不欲富乎此言不可留之意孟子欲去之意難顯言故特假如欲富來說

季孫曰異哉子叔疑使己為政不用則亦已矣又使其子弟為卿人亦孰不欲富貴而獨於富貴之中有私龍斷焉

叅此節承上言使我不可留而復留焉是不得於十萬之祿而求得于萬鍾之饋有如季孫之所譏者矣孟子自擬與子叔疑龍斷三項孟子之言是辭此而受彼叔疑是失此而求彼龍斷是得此而兼彼跡似不同其心之為利一也○要知孟子引季孫本意以明道既不行不可復受其祿○然外面只將為政不用照辭十萬○使子弟為卿照受萬鍾○本意都未嘗顯言也○觀末節只釋壟斷可見獨字與孰不字相應以人所皆欲者而獨有專欲便私○私便是龍斷○

古之為市者以其所有易其所無者有司者治之耳有賤丈夫焉必求龍斷而登之以左右望而罔市利人皆以為賤故從而征之征商自此賤丈夫始矣

蒙引有司者治之治以法而不征其貨征商自賤丈夫始亦惡其逐利而征以抑之不重征貨登龍而左右望只是借言罔利形狀其實龍上一望所見幾何瞻視所及安能皆市須會意看

存疑此節雖只釋龍斷二字然透出個賤丈夫來正有意在辭十萬而受萬則亦一龍斷之賤丈夫而為人之所賤矣

○孟子去齊宿於晝　有欲為王留行者坐而言不應隱几而臥

蒙引孟子因是遲於出晝故致有欲為王留行但不承王命而

特以已意來這是無禮了是故孟子絕之
存疑坐而言是叙事之詞孟子絕之ゝ意不重在此
客不悅曰弟子齊宿而後敢言夫子卧而不聽請勿復敢見矣曰坐我明語子昔者魯繆公無人乎子思之側則不能安子思泄柳申詳無人乎繆公之側則不能安其身
存疑無人子思之側這人是君命之所使以伺候賢者之人無是人則繆公誠意不達于子思而子思去矣無人繆公之側這人是教其君待賢者之人無是人則不能維持調護繆公以待賢則泄柳申詳去矣上例言客非齊王所使以達誠意者下例言客不能教王以留賢總是責他自為留行之失

[安子思之人固欲繆公之意即安泄柳申詳之人亦是曲体繆公之心]
叅有人乎子思之側達其尊賢之心也有人乎繆公之側堅其尊賢之志也二段俱重君上
子為長者慮而不及子思子絕長者乎長者絕子乎
蒙引上文泄柳申詳無人乎繆公之側只見其類同故引之其實孟子非止泄柳申詳之匹亦非只望齊王待以泄柳申詳之禮者故于此只言不及子思○繆公是自使人於子思之側令齊王不使子來而子自欲為王留我則不以子思待我矣非薄我乎亦宜乎我之絕子也

之否乎曰不待三　然則子之失伍也亦多矣凶年饑歲子之民老羸轉於溝壑壯者散而之四方者幾千人矣曰此非距心之所得為也
蒙存合失伍不在伍也子之失伍是借其失伍之言而責其失職也彷彿以安社稷為悅意亦多矣與三失伍相照言其失伍又不止于三也下面民之轉且散者幾千人正見是失伍之多
曰今有受人之牛羊而為之牧之者則必為之求牧與芻矣求牧與芻而不得則反諸其人乎抑亦立而視其死與曰此則距心之罪也

存疑孟子意謂子力既不得為便當致其事而去不當坐視民之輾轉流離也故距心不得辭其罪而曰此則距心之罪也
他日見於王曰王之為都者臣知五人焉知其罪者惟孔距心為王誦之王曰此則寡人之罪也
蒙存合邑有先君之廟曰都為王誦之是記者之辭非孟子為王誦也謂已責距心之言與距心諉罪於王及自任其罪之言則王亦知民之失所誠我之罪果非距心所得為矣故曰此則寡人之罪也三節三個此字俱指溝壑數語看
○孟子謂蚳鼃曰子之辭靈丘而請士師似也為其可以言也今

既數月矣未可以言與　蚳鼃諫於王而不用致為臣而去齊人曰所以為蚳鼃則善矣所以自為則吾不知也　公都子以告

【存疑】為其可以言乃解似也之意今既數月矣未可以言與是激之使言以孟子之言觀之當時刑罰不中可言處必多

【蒙引】孟子只是激之諫及至不用而去乃鼃自行其志如何見得孟子為蚳鼃盖有言責者必言不得其言必去此自古士大夫去就之律令也孟子使鼃言鼃既言時便自如此擬斷了用則留不用則去豈復有餘法哉況今既數月矣未可以言與其意便是謂為不得言便當去耳亦未見得鼃之去非孟子之為之也

曰吾聞之也有官守者不得其職則去有言責者不得其言則去我無官守我無言責也則吾進退豈不綽綽然有餘裕哉

【叅】不得其職謂不得自專非不稱職也不得其言謂言不見用非不盡言也孟子在齊不受祿故無官守言責之寄進退綽綽承齊人之譏只重退一邊然進意亦重言其進由我固非強之使來則其退由我亦不能迫之使去豈不綽綽然自如哉

○孟子為卿於齊出弔於滕王使蓋大夫王驩為輔行王驩朝暮見反齊滕之路未嘗與之言行事也

俯仰自遠無不豫也今日何為而有不豫之色耶如此說為渾融常說多云與前日之言相悖非弟子對師語

曰彼一時此一時也　五百年必有王者興其間必有名世者由周而來七百有餘歲矣以其數則過矣以其時考之則可矣

【存疑】彼一時尋常無事之時此一時吾道行止之時也二句有抑揚非兩平意下二節正是說此一時也之意○說五百年二句是為下節數與時張本

【蒙引】由周而來三句是一段事以其時考之則可矣又是一段意其歸則同○言王者不興則不得一有所為以立吾名世事業能無不豫乎

【存疑】以其數則過之五百年之期也以其時則可亂極思治之時也當此時而不得有所為則無可為之時矣此所以不豫也過是幸其過不是恨其過

夫天未欲平治天下也如欲平治天下當今之世舍我其誰也吾何為不豫哉

【存疑】上二條言其所以不豫末條是言其無不豫蓋自慰也○夫天未欲平治天下是以不得有為歸之天如欲平治天下當今之世舍我其誰言在己有可為之具自任之意也吾何為不

豫須兼此二意蓋天意既不欲有為則當安之耳在我有可為
之具亦足以自樂矣
○孟子去齊居休公孫丑問曰仕而不受祿古之道乎
存疑　仕而不受祿此問指孟子不是泛說
曰非也於崇吾得見王退而有去志不欲變故不受也　繼而有
師命不可以請久於齊非我志也
蒙引　退而有去志只是一個言論不合但須含蓄志不欲留齊
而復受其祿是爲祿也故不受或以為受祿則為其所羈難以
求去似非確論

參　通章俱重不受祿之意○何六子曰孟子不欲久留齊者知
齊王之不足有為也而又不恐速去齊者覩齊王之猶足有為
也而念迴環無限悲惋此章比前章更覺淒絕

參四書蒙引存疑定解卷之十六

滕文公上

滕文公為世子將之楚過宋而見孟子
蒙引　世子太子天子諸侯之子通稱後世乃分
存疑　過宋先過宋也有事於交鄰之行而先為見賢之舉使見
世子可與言了
孟子道性善言必稱堯舜
蒙引　道性善與稱堯舜二句互相發蓋知人性之本善則知堯
舜之可為則性之本善益可見

存疑　每言堯舜盡性之事以寔之必是說堯舜與人同是一性
見人皆可以為堯舜也
世子自楚反復見孟子孟子曰世子疑吾言乎夫道一而已矣
蒙引　戰國時性學不明而聖人盡性之學亦久湮了世子不能（一非數目指其無夾襍無異同之实）
無疑故自楚反復見孟子孟子以天下有二道便有二說夫道
一而已矣道既一吾不容有二說也（本而言○也即性○善之善也）
存疑　道字是指性說但不可直說作性只當說作道蓋道是治
絡統子隨處皆說得所以說道為虛位
參　世子復見還是自信不過疑吾性雖善如何便做得堯舜孟

子便將道一二字當面喝破極有意是把吾人之性與聖人之
性相比較而見其無二致故曰一若渾說個一非旨
成覸謂齊景公曰彼丈夫也我丈夫也吾何畏彼哉顏淵曰舜何
人也予何人也有爲者亦若是公明儀曰文王我師也周公豈欺
我哉
蒙存合　丈夫何人欺我都要以性入說吾何畏彼哉以道一也
有為者亦若是亦以道一也周公以文王為我師亦以道一也
彼其不一聖賢又有一箇道則聖賢不可幾及成覸等又何以
謂聖賢不足畏有為亦若是周公不為欺我哉是成覸顏淵公

明儀所以如此云云者正以古今聖愚本同一性耳然則世子
復何疑惟篤信力行以師聖賢而已矣此節是明上文道一之
旨註云欲世子篤信力行以師聖賢不當復求他說者言外意
也
今滕絕長補短將五十里也猶可以爲善國書曰若藥不瞑眩厥
疾不瘳
蒙引　承上文言聖賢既可學而至但恐世子自安於卑近不能
自克則終不足以望聖賢矣
存疑　猶可以為善國猶堪做好國言足以為治也不敢許以大

有為
叅告　以堯舜可為亦要他擔當勇為意瞑眩之說正教他勇猛
從性上做工夫下章曰是在世子曰子力行之此皆瞑眩之意
○滕定公薨世子謂然友曰昔者孟子嘗與我言於宋於心終不
忘今也不幸至於大故吾欲使子問於孟子然後行事　然友之
鄒問於孟子孟子曰不亦善乎親喪固所自盡也曾子曰生事之
以禮死葬之以禮祭之以禮可謂孝矣諸侯之禮吾未之學也雖
然吾嘗聞之矣三年之喪齊衰之服飦粥之食自天子達於庶人
三代共之

蒙存合　言於宋即性善堯舜道一之說也今問居喪之禮亦是
求所以不拂乎人性不違乎聖道者耳當喪禮久壞之後而有
志於古喪禮故孟子善之親喪固所自盡雖就人子自然之情
說須跟問意來觀註於此不能自已句蓋正言文公不能自已
而必欲問之以自盡其心也然盡其心只在盡其禮故下示以
三年喪之禮盡禮正所以盡心也引曾子之言只起喪禮當盡
意諸侯之禮是分之殊處三年之喪是禮之一處齊疏之服飦
粥之食皆是三年喪中事這三年喪禮貴賤所同歷三代而不
變所聞之大略如此世子欲自盡其心亦惟盡此禮而已貴賤

古今不對看。

然友反命定為三年之喪父兄百官皆不欲曰吾宗國魯先君莫之行吾先君亦莫之行也至於子之身而反之不可且志曰喪祭從先祖曰吾有所受之也　謂然友曰吾他日未嘗學問好馳馬試劍今也父兄百官不我足也恐其不能盡於大事子為我問孟子然友復之鄒問孟子孟子曰然不可以他求者也孔子曰君薨聽於冢宰歠粥面深墨即位而哭百官有司莫敢不哀先之也上有好者下必有甚焉者矣君子之德風也小人之德草也草上之風必偃是在世子　然友反命世子曰然是誠在我五月居廬未

有命戒百官族人可謂曰知及至葬四方來觀之顏色之戚哭泣之哀弔者大悅

蒙存合定為三年之喪只是世子自定尚未布之臣下觀下文居廬事可見然君行此禮則臣下皆當從之喪便要三年服便要齊疏食便要飦粥群然以為不便故父兄百官皆不欲也吾宗國以下正言不欲之意○魯先君莫行三年喪必是伯禽以後之君滕先君亦莫行三年喪亦必非始封之君但喪禮廢壞沿襲已久父兄百官不究根源誤認為創制之法故引志從先祖之言又為之解曰有所受若斷以三年喪非古先之法而不知先君所行皆非始初立法本意○曰吾有所受之也曰字為解志者言吾字指先祖言意以志之所謂喪禮從先祖者蓋曰先祖喪祭之禮有所傳受故也○再謂然友蓋欲從父兄百官之欲又違孟子之教欲行孟子之教又拂父兄百官之心此其機亦甚危疑故再問孟子然但知自責未嘗尤人其賢亦可知矣恐其不能盡於大事與上自盡相應言孟子謂我自盡我恐其不能自盡也○孟子曰然指父兄百官不我足言謂此禮舉於久廢之後而人皆不欲誠是也不可他求謂只當然自盡莫管父兄百官不欲他當自化引孔子言正明感應之意君薨至

先之也是叙居喪感人之事有好至必偃是推其感人之理皆孔子言也是在世子一句是語畢叮囑要他斷然自盡不可諉之他人○世子曰然指不可他求言是誠在我承是在世子來而直任之也五月居廬得於即位而哭之言未有命戒得于聽于冢宰之言顏色之戚哭泣之哀得於歠粥面深墨之言百官族人以世子為知禮則從世子行三年喪可知矣四方來觀則近者可知弔者大悅皆四方之人則父兄百官之悅尤可知於此可以驗人性之善

○滕文公問為國　孟子曰民事不可緩也詩云晝爾于茅宵爾

索綯亟其乘屋其始播百穀

蒙引民事不可緩言君當以民事爲急也亟其乘屋其始播百穀民自以農事爲急也惟民所急在此故君當以爲急○于茅索綯乃冬月事謂索是絞也

參民事不可緩當切戰國時事如廢井田開阡陌若夫潤澤之則在君與子是也○何六子曰民事含下分田制祿説講不可緩要説朝計夕議經畫區處以應下正經界意引詩言外便有况人君豈可緩于農事意

民之爲道也有恒產者有恒心無恒產者無恒心苟無恒心放辟

邪侈無不爲已及陷乎罪然後從而刑之是罔民也焉有仁人在位罔民而可爲也

存疑此節正明農事所以不可緩處大意言民之陷罪由于無恒心無恒心由於無恒產可見恒產不可不制不制恒產便至罔民矣此民事所以不可緩也

是故賢君必恭儉禮下取於民有制

參是故二字承上仁人不可罔民説來賢君即仁人也恭而禮下帶説只重在儉而取民有制這正是急民事處○大全趙氏曰禮下所以開世祿及學校之事也取民以制所以開制民恒產及貢助徹之法也

陽虎曰爲富不仁矣爲仁不富矣

蒙引罔民者但知自利而不知利民故曰爲富不仁矣以上下文相屬之意觀君必恭儉正與罔民者反也取民有制便是仁○不制民恒產而罔民則是厲民自養矣非爲富不仁乎

夏后氏五十而貢殷人七十而助周人百畝而徹其實皆什一也徹者徹也助者藉也

蒙存合夏后氏節言三代制產之法正見其不緩民事夏每人授田五十畝而以貢法取民殷每人授田七十畝而以助法取

民周每人授田百畝而以徹法取民五十七十百畝是制民恒產而貢而助而徹是取之之法貢助徹且輕講如通力合作計畝均分借力助耕等意俱留在徹也藉也講蓋井田之法自古已然夏人一夫五十畝一井授十八家殷人一夫七十畝一井授十二家周人一夫百畝一井授八家其寔皆什一也寔對名看貢助徹其名雖殊其寔總是什一貢法每人貢五畝于五十畝之中是十分中取其一分助法除公田廬舍外每人助耕七畝于七十畝之外是十分外取其一分周人鄉遂用貢之什一都鄙用助之什一故曰其實皆什一徹者徹也謂通也均也通

非通用貢助之謂只是通力合作有通徹之義計畝均分有均徹之義助者藉也亦是此法但商人原名為助使以助取義周人更名為徹便以徹取義故曰雖周亦助也

龍子曰治地莫善於助莫不善於貢貢者校數歲之中以為常樂歲粒米狼戾多取之而不為虐則寡取之凶年糞其田而不足則必取盈焉為民父母使民盻盻然將終歲勤動不得以養其父母又稱貸而益之使老稚轉乎溝壑惡在其為民父母也

參龍子節俱作龍子之言以首一句為主下文極言貢賦之弊正見助法之善所以善行較數歲之中以為常亦是大禹舊法但當時必有察豐歉行補助之政（斡旋得好）後来不善用法只拘定此數必於取盈故其弊如此非禹立法之弊也多取之不為虐是設辭非謂樂歲當加多於常數之外也則寡取之只是未嘗加多非謂於常數之内而反少之也將終歲勤動至轉乎溝壑正是民盻盻之意○盻盻然將終歲勤動不得以養其父母是所有者已不得為奉養之資又稱貸而益之是所無者又不免有稱貸之苦都從取盈上来所以使老稚轉乎溝壑也或因二使字遂將父母老稚作兩件平看者非

夫世祿滕固行之矣

參引不重世祿上蓋舉世祿之既行以見助法之當行也

詩云雨我公田遂及我私惟助為有公田由此觀之雖周亦助也

存疑曰惟助為公田見貢法無公田意曰雖周亦助見助本商制今觀周人之詩則雖成周盛時法制具詳而卒無改於商之助可見助之盡善而不可易也而滕可以不行乎

設為庠序學校以教之庠者養也校者教也序者射也夏曰校殷曰序周曰庠學則三代共之皆所以明人倫也人倫明於上小民親於下

參設為庠序句啓文公立教也下則原其教之所以立化之所以成以見當行之意兼舉庠序學校四字皆所以明人倫三句申教之二字庠序校是鄉學學是國學庠之立名取養老之義亦民以孝也校之立名取教民之義使民知向方也序以習射為義觀民德也此非為一事說特舉一事之義以立名耳鄉學因時異名國學則三代不變總之鄉學國學皆以明人倫也明（如在明明德明字）字重蓋人倫本明無教則昏故鄉國皆有學以教之使不昧其良心而煥然復明也明於上繇有躬行意實重設教以明之上小民親于下言皆由于倫理之内各自相親如父子親長幼序之類非親上之親也然亦自該得了

有王者起必來取法是爲王者師也　詩云周雖舊邦其命維新
文王之謂也子力行之亦以新子之國
【存疑】兩節意相承蓋行王政則不特可以師天下亦足以新其
國而君天下矣此揔是勉其仁政當行之意仁政即上文助法
明倫教養事也
【糸】民事不可緩是一章大旨引詩是証民事不可緩之説下節
是説民事所以不可緩處民之陷罪由於無恒心無恒心由於
無恒産此民事所以不可緩而民之恒産不可不制也故承之
曰賢君　云云自夏后氏雖周亦助都是説此事設爲庠序一節

又是説既富而教之事不在民事内蓋必教養兼具然後爲治
法也然終歸重在民事上故自使畢戰問井地後只説井田不
復言學校
使畢戰問井地孟子曰子之君將行仁政選擇而使子子必勉之
夫仁政必自經界始經界不正井地不均穀祿不平是故暴君汙
吏必慢其經界經界既正分田制祿可坐而定也
【存疑】孟子合下就説民事不可緩王意還重在養上故文公獨
使畢戰問井地蓋必先養而後教也
【蒙引】此仁政專指分田制祿經界不正則田無定分而在下

之豪強者得以兼并故井地不均而野人有失其所者矣賦無
定法而在上之貪暴者得以多取者也慢其經界然後田無定
分而豪強始得以兼并賦無定法而貪暴始得以多取也
夫滕壤地褊小將爲君子焉將爲野人焉無君子莫治野人無野
人莫養君子
【糸】無君子莫治野人見制祿不可無無野人莫養君子見分田
不可無詞若兩平意重分田上蓋當時君子之祿養或過而野
人之恒産多不足故並言之言祿固所當制而田尤所當分誠
于分田之中而制祿則井地均穀祿平矣

請野九一而助國中什一使自賦
【蒙引】都鄙之地平原曠野可畫爲萬夫之井故爲公田而行助
法鄉遂之地包山陵林麓在内雖用井里齊整分畫只截長補
短計之約田百畝則授一夫使自貢其什分之一于上也
【糸】分別野及中國不止泛論田祿正教之正經界處
卿以下必有圭田圭田五十畝　餘夫二十五畝
【存疑】卿以下包大夫士在内圭田五十畝卿以下皆同蓋祿必
視其職之大小而尊祖敬宗之心則一也
【糸】愛君子以及君子之先是圭田又所以濟制祿之所不及故

為學君子愛野人以及野人之事是餘夫之田又所以濟分田之所不及也故為學野人

蒙引此亦非井田法外之制但是分田制祿常制之外耳圭田餘夫之田都是井田之中未有所偏者五十畝百畝而百分之也二十五畝百畝而四分之也上文請字直貫至此雖兼言助法貢法只是一個周之徹法合常制餘制總是個仁政以答他井地之問

死徙無出鄉鄉田同井出入相友守望相助疾病相扶持則百姓親睦

存疑此節言井田民俗之善以見助法當行不是言井田之效鄉田鄉字即根無出鄉鄉字言無出鄉者以鄉之田同井故也出入一句以處常言守望二句以處變言也百姓親睦總承上三句

方里而井井九百畝其中為公田八家皆私百畝同養公田公事畢然後敢治私事所以別野人也

存疑此言井田形本之制所以終惟助為有公田請野九一而助之意也看來孟子還重在助法上貢法亦帶說耳

蒙引別野人以見其不得同於君子而在所後也○方里二句

是井田形体之大綱中公外私以定其區先公後私以別其分

是井田形体之細目

此其大畧也若夫潤澤之則在君與子矣

蒙引此字指夫仁政至別野人也○潤柔而不硬也澤滑而不澁也

存疑潤澤有和軟意在内猶云不拂人情而已（總是活變不拘執之意非加美也）

○有為神農之言者許行自楚之滕踵門而告文公曰遠方之人聞君行仁政願受一廛而為氓文公與之處其徒數十人皆衣褐綑屨織席以為食

叅有為神農之言者者一為字所稱便非神農之言是許行造言而托之神農者下文並耕數句是也（只一為字便是斷案）蓋許行本野人之流又生蠻夷之地見孟子分別君子野人遂為此說以壞其法寔非感化而歸滕也仁政指分田制祿言受廛為氓承仁政來欲分一夫之田宅便有躬耕種粟之意觀其徒衣褐不服尊貴之服綑屨織席以為食都要自食其力這等行爭這便是為並耕饔飧張本

陳良之徒陳相與其弟辛負耒耜而自宋之滕曰聞君行聖人之政是亦聖人也願為聖人氓

陳相見許行而大悅盡棄其學而

學爲陳相見孟子道許行之言曰滕君則誠賢君也雖然未聞道也賢者與民並耕而食饔飧而治今也滕有倉廩府庫則是厲民而以自養也惡得賢

【蒙引】許行自楚來既捆屨織席以爲食陳相自宋來又負耒耜則是未相見之前已有默相見之机矣○聞君三句蓋非面對滕君說上文踵門而告方是對面之辭○陳相見許行而大悅盡棄其學而學爲則惟見許行之道爲是而孟子之道爲非矣

未聞道蓋謂神農之道也

【參】陳相道許行之言正所謂神農之言者聞道神農之道也賢

者猶指神農饔飧而治言當自爲饔飧而兼治民事也厲民自養陰壞無野人莫養君子之說言當自食以治野人不當受野人之養受其養便是厲民此言雖刺滕君其意實攻孟子

孟子曰許子必種粟而後食乎曰然許子必織布而後衣乎曰否許子衣褐許子冠乎曰冠曰奚冠曰冠素曰自織之與曰否以粟易之曰許子奚爲不自織曰害於耕曰許子以釜甑爨以鐵耕乎曰然自爲之與曰否以粟易之

【蒙存】合首一問先發許子之必耕○下歷問皆詰以耕之不可兼一以衣問彼逃之衣褐謂不取於布也然褐亦須織且一身豈能盡褐即此便可折他孟子始置之又以冠問得其粟易之說至以害于耕爲則其詞已窮即此便折倒了孟子猶且置之又以釜甑問又得其粟易之說而言其不相屬後以許子不憚煩折之直至彼無所辭自謂百工之事不可耕且爲然後以治天下不可耕且爲破之則彼之言始屈而吾之說伸矣

以粟易械器者不爲厲陶冶陶冶亦以其械器易粟者豈爲厲農夫哉且許子何不爲陶冶舍皆取諸其宮中而用之何爲紛紛然與百工交易何許子之不憚煩曰百工之事固不可耕且爲也

【存疑】以粟易械器四句兩個厲字應上厲民自養講言粟與械

器相易皆不爲厲則人君以治易野人之養亦豈爲厲民哉且許子何不爲陶冶數句又要發他耕不可兼工之語以見彼此不得不相易其不爲厲益明矣

然則治天下獨可耕且爲與有大人之事有小人之事且一人之身而百工之所爲備如必自爲而後用之是率天下而路也故曰或勞心或勞力勞心者治人勞力者治於人治於人者食人治人者食於人天下之通義也

【參】然則治天下一句緊承不可耕且爲來言百工之事耕固不能兼而况治天下之事其勞逸煩簡視百工何如獨可以耕而

兼為之哉下文正言治與耕不能相兼而引古人相滌之言以証之也

存疑 有大人之事二句是承治天下獨可耕且為說治天下大人之事也耕小人之事也但止說治與耕是兩事不是上文治耕不可相兼意

蒙引 且一人之身云云此即因陳相所謂百工不可耕且為之說而敷暢言之所謂因其所明通其所蔽也是率天下而路也下就當貼云況治天下不可兼為乎然後接說故曰或勞心或勞力云云

存疑 勞心者治人二句重在治人上治於人者二句重在食人上天下之通義這便見得食人者不為厲食於人者不為厲民許行厲民自養之說之為妄也

當堯之時天下猶未平洪水橫流氾濫於天下草木暢茂禽獸繁殖五穀不登禽獸偪人獸蹄鳥跡之道交於中國堯獨憂之舉舜而敷治焉舜使益掌火益烈山澤而焚之禽獸逃匿禹疏九河瀹濟漯而注諸海決汝漢排淮泗而注之江然後中國可得而食也當是時也禹八年於外三過其門而不入雖欲耕得乎

蒙引 此以下言自古聖君賢臣歷〻可數那有一箇是與民並耕而食饔飧而治者耶上言治人者食於人以見其不暇耕自此以下皆是反覆証明此意蓋堯之時數治者舜也烈山澤者益也三過門不入者禹也皆治人者也雖欲耕得乎食於人也又教民稼穡者稷也教民人倫者契也亦治人者也而暇耕乎亦食於人也雖欲耕得乎只承禹八年於外說而暇耕乎亦只承勞來數句說以於舜益后稷諸公有欠辭為然古人之文多取意足而已其於辭有不備〻然者而寔足以互見而相發也抑亦多是與其切而重者以該其餘如三過不入則於不暇耕之意尤切聖人之命官教民丁寧煩悉如此則於憂民之意尤切其他則可以意會矣

存疑 堯舜數聖人皆不耕也獨於禹曰雖欲耕得乎於教民之後曰而暇耕乎文勢所到就見其意以互見也若炤應上文則文勢不相接續矣

蒙存合 堯獨憂之承上文只憂洪水不必包無養無教意舉舜敷治只是治水養與教皆治水以後漸次舉行之事堯只舉一舜所謂人君命二相也益禹皆是舜使則稷契亦當以舜使貫下所謂一相舉賢才也可得而食看可得二字未就是穀熟民育禹八年二句極言當時治水之急難以並耕雖欲耕得乎只

承禹不兼益

后稷教民稼穡樹藝五穀五穀熟而人民育人之有道也飽食煖衣逸居而無教則近於禽獸聖人有憂之使契為司徒教以人倫父子有親君臣有義夫婦有別長幼有序朋友有信放勳曰勞之來之匡之直之輔之翼之使自得之又從而振德之聖人之憂民如此而暇耕乎

蒙存合后稷教民稼穡承中國可得而食來亦要提舜使意言洪水既平可以為粒食之地然後舜乃使稷教民稼穡教以耕耘收穫之節也教民樹藝五穀教以分別五穀而樹藝之也故

五穀熟則人民育聖人有憂堯舜請使契為司徒堯命舜舜使契也然使契雖在舜而命契之詞則係於放勳蓋堯為天子舜特攝政故耳人倫即人之有道父子有親五句正是人倫曰有親曰有義曰有序有別有信正與有道相應且勿云父子教之有親也勞謂民之用力於人倫者則慰而勞之也來謂民之趨向於人倫者則引而來之也匡謂立心之背乎人倫者為邪則匡而正之也直謂行事之反乎人倫者為枉則矯而直之也輔翼二句承上二句言此勞來匡直皆所以輔之使立翼之使行使自得其秉彝之性也振德一句承上四句言此勞來匡直而輔翼固所以惠之也然尤慮其既得復失又必提撕警覺而加惠焉所謂振德也聖人之憂民應轉聖人有憂之而暇耕乎只承命契不兼稷一說應轉堯獨憂之總承上二節看來上節已結雖欲耕得乎一句則此句只當繳本節為順蒙引曰上節只承禹此節只承契似於益稷有欠

堯以不得舜為已憂舜以不得禹臯陶為已憂夫以百畝之不易為已憂者農夫也

存疑上言堯舜之憂民急於為治而不暇耕此言堯舜之憂民所憂之大而不必耕要之得人意上面堯獨憂之舉舜而敷治

使契為司徒衷便都有了但上文方重在急於為治不暇耕上且未及此意至此則專露其意見聖人憂民所憂者大其澤自有以及天下不惟不暇耕而亦不必耕也

分人以財謂之惠教人以善謂之忠為天下得人者謂之仁是故以天下與人易為天下得人難

參惠忠分教養看得人亦為教民養民故以二者引起為天下得人即就堯舜說不必泛說觀註可見恩惠廣大便不止謂惠教化無窮便不止謂忠故曰仁以天下與人易非惟以天下與之也謂既得人而以天下與之非難惟未得人而為天下求之

為難使不難於得而易於與則所謂匪人其害豈不大哉為天下得人難謂得其人則可以仁天下不得其人則不可以仁天下擇不精恐邪正難辨信不篤恐忠讒相間故曰難

孔子曰大哉堯之為君惟天為大惟堯則之蕩蕩乎民無能名焉君哉舜也巍巍乎有天下而不與焉堯舜之治天下豈無所用其心哉亦不用於耕耳

存疑 引孔子稱堯舜之言總是說堯舜功業之大蕩蕩巍巍如此必有所用心然亦斷不至于耕看於字謂其心不至用於耕也

吾聞用夏變夷者未聞變於夷者也陳良楚產也悅周公仲尼之道北學於中國北方之學者未能或之先也彼所謂豪傑之士也子之兄弟事之數十年師死而遂倍之

蒙引 言陳良非可倍者而倍之為爭方也

叅 彼所謂豪傑之士一說彼指陳良謂彼陳良者所謂豪傑之士也一說謂彼指楚謂陳良者彼楚國所謂豪傑之士也後說似有抑陳良之意還前說為長

昔者孔子沒三年之外門人治任將歸入揖於子貢相嚮而哭皆失聲然後歸子貢反築室於場獨居三年然後歸他日子夏子張子游以有若似聖人欲以所事孔子事之彊曾子曾子曰不可江漢以濯之秋陽以暴之皜皜乎不可尚已

存疑 孔門弟子不倍師有四相嚮而哭皆失聲不倍師也獨居三年然後歸不倍師也欲以所事孔子事之亦不倍師也曾子曰不可亦不倍師也下文獨曰亦異於曾子者泛然尾一人不倍師尤得其道者言也蒙引作三段說則子張子夏輩是倍師矣要知三子不是倍師其欲以所事孔子事有若者特以致其思慕之心如後世丁蘭刻木之類耳

蒙引 蓋其言行氣象有似之者此乃朱子截斷之辭當時子夏

子游子張直以有若之道德亦似聖人故欲以所事孔子者事之非可謂子夏等止以有若之言行氣象有似聖人也

存疑 江漢水多而濯之潔無一點污也秋日燥烈而暴之乾無些湿氣也在聖人則是一疵不存萬理明盡人欲淨盡天理流行皜皜承江漢以濯秋陽以暴上說凡物濯不潔暴不乾則不潔白濯之潔暴之乾則潔白矣

叅 俱是借來形容之詞不必太分配亦不可作譬喻

今也南蠻鴃舌之人非先王之道子倍子之師而學之亦異於曾子矣　吾聞出於幽谷遷於喬木者未聞下喬木而入於幽谷者

魯頌曰戎狄是膺荊舒是懲周公方且膺之子是之學亦為不
善變矣
叅非先王之道一說作是非之非一說作非毀之非俱通出於
幽谷遷於喬木是用夏變夷意暗指陳良下喬木入幽谷是變
于夷意明指陳相戎狄二句直指其變于夷故曰不善變
從許子之道則市賈不貳國中無偽雖使五尺之童適市莫之或
欺布帛長短同則賈相若麻縷絲絮輕重同則賈相若五穀多寡
同則賈相若屨大小同則賈相若
蒙存合從許子之道則市價不貳是陳相被孟子攻擊又托言
許行所以可並見已所學之是從許子之道相率為偽是孟子
因陳相假托又極言許行所以不可並見陳相所學之非為偽
與無偽相應看則價相若等句只論長短輕重多寡大小都不
論美惡精粗如長者多者重者寡者俱一樣價短者少者輕者
小者俱一樣價不是長與短同價
曰夫物之不齊物之情也或相倍蓰或相什伯或相千萬子比而
同之是亂天下也巨屨小屨同價人豈為之哉從許子之道相率
而為偽者也惡能治國家
存疑物有精粗美惡之不同今欲使皆同一價則精粗美惡皆

失其平是天下並滋亂也
蒙引巨屨小屨與上文屨大小不同說言當精粗美惡說言巨
屨與小屨同價則人豈肯為其大者哉物若不論美惡美者與
惡者同價則人又豈肯為其美者哉都一向並簡陋易就上去
了何能治國家
存疑惡能治國家只相率為偽上就見得
〇墨者夷之因徐辟而求見孟子孟子曰吾固願見今吾尚病病
愈我且往見夷子不來　他日又求見孟子孟子曰吾今則可以
見矣不直則道不見我且直之吾聞夷子墨者墨之治喪也以薄
為其道也夷子思以易天下豈以為非是而不貴也然而夷子葬
其親厚則是以所賤事親也
叅夷子學於墨而求見孟子便有歸儒之机了孟子固欲即見
之而猶恐其悔悟之心未必寔然故且托疾以觀其意之誠否
夷子不來是孟子之言謂夷子不必自來也直正也欲見吾道
之是必先正彼說之非故曰不直則道不見
蒙引言其道宗於薄而自用則又獨出于厚何也此便是因其
所明而通之
存疑夷子既思以薄易天下定是以薄為是而貴之也以薄為

是而貴之則必以厚爲非而賤之矣夷子葬其親厚乃不用其所貴而用其所賤者何耶

徐子以告夷子夷子曰儒者之道古之人若保赤子此言何謂也之則以爲愛無差等施由親始徐子以告孟子孟子曰夫夷子信以爲人之親其兄之子爲若親其鄰之赤子乎彼有取爾也赤子匍匐將入井非赤子之罪也且天之生物也使之一本而夷子二本故也

蒙引墨者以薄親爲道而夷子獨從厚此正其一點天理之不容泯滅處孟子所以直用以入其教此正是歸斯受之意夷子

是甚次第聰明蓋曉得孟子之意欲以兩路擒獲他若伸吾之厚者是則與其道之薄者戾矣若伸其道之薄者是則我之獨厚之無謂矣左右皆坑谷也乃爲執中之説騎墻之勢曰吾之兼愛與儒者之保赤子何異但謂之如保赤子則所施當自親者始我之獨厚亦未爲倍也蓋兩救之辭

存疑此言何謂也便已有愛無差等意了下文愛無差等之句不重只是帶過下句説耳○孟子又解書之意以闢之謂夷子看康誥之語真寔以爲人之愛其兄之子若愛其隣之赤子都無分別乎彼書之言有所取也書之言以爲小民之犯法出于無知非故犯之罪猶赤子匍匐將入井出於無知非赤子之罪也故保民當如保赤子其犯法則哀矜而勿喜非爲愛其兄之子真若愛其隣之赤子也謂儒者之道亦兼愛不必謬乎

蒙引彼有取見下文爾也二字語助詞赤子匍匐將入井非赤子之罪明小民之無知而犯法要亦非小民之罪乃上之失其道致然也故保民當如保赤子耳豈真以爲民與吾子全無差等哉

存疑這本是本乎天者親上本乎地者親下之本物之所從出處便是本也人只有一个父母更無兩个故曰一本愛無差等

待其親如路人待路人如其親是親其親也一本也路人亦其親也又一本也非二本如何

蓋上世嘗有不葬其親者其親死則舉而委之於壑他日過之狐狸食之蠅蚋姑嘬之其顙有泚睨而不視夫泚也非爲人泚中心達於面目蓋歸反虆梩而掩之掩之誠是也則孝子仁人之掩其親亦必有道矣

叅蓋上世一節深言哀痛至情之不容已以明上文一本之意以發其厚葬之本心故夷子憮然受命都由此感激出來非爲泚一説謂非爲他人看見我面目而發此泚也乃我中心痛切

自然發此泚於面目耳一說謂非為他人看見我親暴露而發此泚也乃若自家痛親中心自達於面目耳此兩說意不甚異總是言其非有所為而然猶非所以内交三句一般註中非為他人之他人對已之中心言在他人之他人對己之至親言不可混作一樣歸反虆梩而掩之根非為人泚來蓋泚者不忍之心誠發於中掩之者不忍之事遠盡於外有是心即有是事皆是一本至情仁人孝子只在人子說亦必有道必以厚為道不以薄為貴矣

徐子以告夷子夷子憮然為間曰命之矣

存疑憮然有覺今是昨非之意命之矣總括上意蓋孟子憫夷子陷溺之久故以薄道責之而彼知兼愛之為非取夷子悔悟之新故以一本發之而彼始知厚葬之為是此所以勇於受教也

滕文公下

陳代曰不見諸侯宜若小然今一見之大則以王小則以霸且志曰枉尺而直尋宜若可為也

蒙引不見諸侯云云此只是枉尺直尋道理又引志云云者明其從來有此說話而諷其為之也

存疑兩以字猶以齊王之以末句非志言乃陳代語謂一見可為也

孟子曰昔齊景公田招虞人以旌不至將殺之志士不忘在溝壑勇士不忘喪其元孔子奚取焉取非其招不往也如不待其招而往何哉

蒙引不至將殺之言虞人已拚一死也故繼之曰志士云云〇不忘是活句是挨了能不顧利害不是說定要死於溝壑而喪其元虞人奚擇焉此二句是孔子諷誦以歎美虞人之言固非確然以為勇士也不必泥不至將殺之句

存疑虞人非其招尚不肯往如不待其招而往尤遠愧於虞人矣故曰何哉言如何其可也

且夫枉尺而直尋者以利言也如以利則枉尋直尺而利亦可為與

蒙引本文兩利字俱就出處上說其曰枉尺直尋俱只是借他字意蓋枉尺直尋已是不可枉尋直尺尤不可也然以求利之心推之夫既枉尺直尋則其茍得之心必至于枉尋直尺而後已然而甚不可也故極其末流而闢拒之

昔者趙簡子使王良與嬖奚乘終日而不獲一禽嬖奚反命曰天

下之賤工也或以告王良良曰請復之彊而後可一朝而獲十禽嬖奚反命曰天下之良工也簡子曰我使掌與女乘謂王良良不可曰吾為之範我馳驅終日不獲一為之詭遇一朝而獲十詩云不失其馳舍矢如破我不貫與小人乘請辭

蒙引與嬖奚乘御在王良射在嬖奚謂王良簡子語之也吾為之範我馳驅言吾為之律以我馳驅之正法

存疑凡田獵是前面驅禽来我馳車迎而射之馳車者自有正法禽獸之来不皆正或左或右在射者顧盻左右迎而射之耳奚不善射但是禽獸當頭者方能射其或左或右者皆不能射

故終日不獲一詭遇是因他不能左右迎射舍馳驅正法驅車左右以迎之所以一朝而獲十

蒙引詩云兩句要相連重在下句

存疑與小人乘必詭遇也非君子之所為也故曰我不貫與小人乘王良不貫與小人乘乃與詭遇獲禽者激于天下賤工之言為此以示其能也

御者且羞與射者比比而得禽獸雖若丘陵弗為也如枉道而從彼何也且子過矣枉已者未有能直人者也

蒙引與射者比舍馳驅之法而阿比之也故君子羞之此亦是不肯枉尺而直尋者比而得禽獸雖若丘陵弗為也正是推他那羞與射者比之心如此

存疑且子過矣指枉尺直尋之言枉已未有能直人言自見諸侯未有能成王伯之理此又以利害斷之見枉尺不可以直尋

○景春曰公孫衍張儀豈不誠大丈夫哉一怒而諸侯懼安居而天下熄

叅一怒非自已怒能懼諸侯是説諸侯以興兵而他國諸侯莫不畏懼安居非自已安居能熄天下是説諸侯以罷兵而戰爭不興天下安熄此其喜怒係天下安危故景春以為大丈夫

孟子曰是焉得為大丈夫乎子未學禮乎丈夫之冠也父命之女子之嫁也母命之往送之門戒之曰往之女家必敬必戒無違夫子以順為正者妾婦之道也

叅饒雙峯曰儀雖使得諸侯懼不過順其欲耳諸侯志在土地二人從而揣其所好説之征伐以得土地不過妾婦之事爾丈夫且不可為況大丈夫乎

蒙引引禮意全在女子之嫁云云扶帶丈夫之冠一句末二句是孟子之言註盖言二子云云貼在此二句外

存疑其游説諸侯使相攻擊全是因時君之所欲而導之便如

妾婦之順從其夫也

叅以順為正二句俱是禮言孟子謂景春學禮意重此句大夫之冠二句亦非全無所謂因講大丈夫故以此句起下文

居天下之廣居立天下之正位行天下之大道得志與民由之不得志獨行其道富貴不能淫貧賤不能移威武不能屈此之謂大丈夫

存疑居廣居存心也立正位持身也行大道處事也居如居室位如坐立之位道如人行之路即此味之骵用可見矣

蒙引三个天下不開蓋皆是第一等的直到至極處

叅朱子曰此心廓然無一毫私意直與天地同量這便是居天下之廣居便是居仁到得自家立身更無些子不當於理這便是立天下之正位便是立於禮及推而見於事更無些子不合於義此便是行天下之大道便是由義要之能居廣居便能立正位行大道○居立行都有心身兩意在內不必分屬心身事得志五句一直說下非有淺深蓋具於我者隨所遇而皆得至自外者隨所加而無損此正有大涵養大操守不借勢於王侯而自有以関世道之盛衰係生民之休戚所謂大丈夫者如此彼儀衍者與此正相反是烏得為大丈夫哉

○周霄問曰古之君子仕乎孟子曰仕傳曰孔子三月無君則皇皇如也出疆必載質公明儀曰古之人三月無君則弔　三月無君則弔不以急乎

存疑古之君子三月不仕在己則皇皇在人則來弔這搃是證人仕字如此可見其仕矣

曰士之失位也猶諸侯之失國家也禮曰諸侯耕助以供粢盛夫人蠶繅以為衣服犧牲不成粢盛不潔衣服不備不敢以祭惟士無田則亦不祭牲殺器皿衣服不備不敢以祭則不敢以宴亦不足弔乎

叅此節重士上諸侯是伴說耕助二句出祭義惟士二句出王制孟子解意一本諸侯失國則無藉田而言一本士失位則不得公田所入而言繅繹繭為絲也士是先有位者歲有四時之祭失位三月便廢一祭不祭則報本追遠之禮廢而不得以遂其孝親之心故不敢以宴

蒙引此有焦然抱恨之意心之不安如此亦不足弔乎蓋失位非所重而失祭為足重故弔其失位者所以弔其失祭也此可見三月無君則弔之非急矣

出疆必載質何也　曰士之仕也猶農夫之耕也農夫豈為出疆

舍其耒耜哉　曰晉國亦仕國也未嘗聞仕如此其急仕如此其急也君子之難仕何也曰丈夫生而願為之有室女子生而願為之有家父母之心人皆有之不待父母之命媒妁之言鑽穴隙相窺踰牆相從則父母國人皆賤之古之人未嘗不欲仕也又惡不由其道不由其道而往者與鑽穴隙之類也

〔叅〕如此其急兼指則弔載質言君子瞻指孟子難仕指不往見諸侯言此註所謂諷切者也丈夫四句特引起不待五句意合不以正故内外皆賤之古之人孟子自寓欲惡重惡邊事君之義得仕而明孝親之心得仕而盡豈不欲仕與父母願男女有

室家一般但不由其道則忠孝之心難盡而立身之節則虧不免為親之所賤君之所輕矣故惡之此有非其道則廢祭與未委質亦所不恤意與鑽穴隙之類甚言其可賤也君子雖急于仕而又難于仕如此

○彭更問曰後車數十乘從者數百人以傳食於諸侯不以泰乎孟子曰非其道則一簞食不可受於人如其道則舜受堯之天下不以為泰子以為泰乎

〔叅〕後車三句暗指孟子舜受堯一句一説謂舜受堯天下之養似不必然蓋孟子只舉一簞食之至小與受天下之至大以例

傳食之非泰耳子以為泰與下文否字相叫應孟子曰子以舜為泰乎彭更曰不以舜為泰也一説謂子以我為泰乎則否字便應不轉

曰否士無事而食不可也　曰子不通工易事以羨補不足則農有餘粟女有餘布子如通之則梓匠輪輿皆得食於子於此有人焉入則孝出則悌守先王之道以待後之學者而不得食於子子何尊梓匠輪輿而輕為仁義者哉

〔蒙引〕子不通工四句言必不容於不通工易事也一通工則有功者得食之矣然有功於器用者子尚食之有功於吾道者子

反薄之奈何

〔存疑〕先王之道廣矣大矣獨言孝弟者孝弟人道之本也觀有子曰孝弟為仁之本孟子曰堯舜之道孝弟而已矣可見

曰梓匠輪輿其志將以求食也君子之為道也其志亦將以求食與曰子何以其志為哉其有功於子可食而食之矣且子食志乎食功乎曰食志　曰有人於此毀瓦畫墁其志將以求食也則子食之乎曰否曰然則子非食志也食功也

〔存疑〕玩註凡字還兼工抑揚説食志食功又就更平日所食問之更曰食志則功非所論蓋因孟子説有功當食而逊之於食

志也
蒙存合毀瓦是破壞其瓦畫墁則汚壞其飾也如以物縱橫其文於上亦是此雖無功有害其志却在求食而更不能強以為可食便是食功了既曰食功則有功于吾道者所當食矣無功有害只是志欲求食非謂為此求食也要之是設言之詞
○萬章問曰宋小國也今將行王政齊楚惡而伐之則如之何
存疑宋王偃欲霸天下是小不可以敵大弱不可以敵強自速其亡者也萬章以為行王政其識見可知矣使能行王政便如湯武矣又何強大之畏哉故曰苟行王政云云

孟子曰湯居亳與葛為鄰葛伯放而不祀湯使人問之曰何為不祀曰無以供犧牲也湯使遺之牛羊葛伯食之又不以祀湯又使人問之曰何為不祀曰無以供粢盛也湯使亳衆往為之耕老弱饋食葛伯率其民要其有酒食黍稻者奪之不授者殺之有童子以黍肉餉殺而奪之書曰葛伯仇餉此之謂也　為其殺是童子而征之四海之内皆曰非富天下也為匹夫匹婦復讎也
叅老弱饋食是亳之老弱率其民是葛之民此之謂是童子以黍肉餉葛伯率而奪之之謂也匹夫匹婦一說作童子父母為其父母復子之仇也一說只作童子為童子一个人溪仇也下

說較是
湯始征自葛載十一征而無敵於天下東面而征西夷怨南面而征北狄怨曰奚為後我民之望之若大旱之望雨也歸市不止芸者不變誅其君弔其民如時雨降民大悅書曰徯我后后來其無罰
存疑十一征〻葛亦在內東面至望雨是湯師未至之前歸市至雨降大悅是湯師既征之後徯我后是証前既後來無罰是証後既湯之行王政前在時雨句引書正朝民望民悅句
有攸不為臣東征綏厥士女匪厥玄黃紹我周王見休惟臣附於

大邑周其君子實玄黃于匪以迎其君子其小人簞食壺漿以迎其小人救民於水火之中取其殘而已矣　太誓曰我武惟揚侵于之疆則取于殘殺伐用張于湯有光
蒙存合有攸不為臣至大邑周是引書言武王能救乎民故得乎民其君至取其殘是釋書言武王能得乎民由其救乎民紹繼也謂始事商而繼事周也君子指將帥言小人指士卒言其君子四句應轉匪厥二句救民水火應轉東征二句取殘以君言救民以民言武之行王政全在取其殘句引泰誓正明取其殘之意于湯有光勿云勝過成湯只是伐紂之功比伐桀同一

烈光也
不行王政云爾苟行王政四海之內皆舉首而望之欲以為君齊
楚雖大何畏焉
叅 苟行王政有以實心而行實事意如湯予民於大旱之後武
王救民於水火之中是也曰欲以為君則亦有徯后之仰玄黃
之迎矣如是則齊楚雖大必不能率載我之民以攻我也又何
畏焉
〇孟子謂戴不勝曰子欲子之王之善與我明告子有楚大夫於
此欲其子之齊語也則使齊人傅諸使楚人傅諸曰使齊人傅之

曰一齊人傅之衆楚人咻之雖日撻而求其齊也不可得矣引而
置之莊嶽之閒數年雖日撻而求其楚亦不可得矣　子謂薛居
州善士也使之居於王所在於王所者長幼卑尊皆薛居州也王
誰與為不善在王所者長幼卑尊皆非薛居州也王誰與為善一
薛居州獨如宋王何
蒙存合 戴不勝是執宋政者薛居州必不勝所薦觀謂字使字
可見孟子此章非責其薦居州之無益欲其多薦如居州者以
成正居之功〇一齊人傅之一段喻下文皆非薛居州意引而
置之莊嶽一段喻下文皆薛居州意莊嶽以專言數年以久言

長幼以齒言卑尊以位言誰與為善誰與為不善言王所皆善
人王雖欲為不善誰與之共為也王所皆不善人王雖欲為善
誰與之共為也故曰一薛居州獨如宋王何言獨一居州其他
皆小人也
〇公孫丑問曰不見諸侯何義孟子曰古者不為臣不見　段干
木踰垣而辟之泄柳閉門而不納是皆已甚迫斯可以見矣　陽
貨欲見孔子而惡無禮大夫有賜於士不得受於其家則往拜其
門陽貨瞰孔子之亡也而饋孔子蒸豚孔子亦瞰其亡也而往拜
之當是時陽貨先豈得不見

蒙引 曰古者不為臣不見然亦唯可以進斯可以見矣如孔子
之於陽貨亦何嘗絕之而不見但自有其節不至淪於卑賤必
俟其禮之至而後往見之也此數節相承之意
存疑 大夫有賜於士三句是陽貨見得禮之所言如此
蒙引 一說當時來意不誠故孔子亦瞰其亡而不之見若誠先
來加禮孔子豈容不見哉此說未妥蓋當時若不瞰孔子之亡
則孔子自拜受於其家矣貨亦何緣得見之况饋孔子蒸豚便
是先來加禮了
存疑 此處不重瞰亡意只重在往見上〇說孔子只是個比例

不可便作正意看蓋陽貨一大夫也先來加禮夫子猶往見之
則諸侯加禮雖不為臣豈有不見者哉
曾子曰脅肩諂笑病於夏畦子路曰未同而言觀其色赧赧然非
由之所知也由是觀之則君子之所養可知已矣
存疑 君子指二子言所養可知謂觀於此言則其以仁以義不
慊於晉楚之富不忮不求不恥於狐貉之立皆可見矣豈可不
待其求之迫切禮之先加而自往見之哉
○戴盈之曰什一去關市之征今茲未能請輕之以待來年然後
已何如　孟子曰今有人日攘其鄰之雞者或告之曰是非君子

之道曰請損之月攘一雞以待來年然後已　如知其非義斯速
已矣何待來年
參 什一只講好一邊須補今時厚斂意去關市之征只講不好
一邊須補先王不征意不可以什一作興利去關征作除害摠
是除弊法以行良法意輕之者畧減今日厚斂之數然猶在什
一之外畧減今日征商之數猶未盡行不征之法然後已則盡
去厚斂而行什一盡去關市之征而不征也末節存疑就正意
講蒙引就攘雞講以上文未有結煞然既另為一節便不帶攘
雞註云知義理之不可而不速改與月攘何異分明就弊政講

已止也即上文然後已已字
○公都子曰外人皆稱夫子好辯敢問何也孟子曰予豈好辯哉
予不得已也天下之生久矣一治一亂
存疑 辯是辯說好辯好字不輕故孟子後來不釋不是辯只是
釋非好辯問何也是問好辯何故孟子言凡人有言得已而不
已可以謂之好辯若予豈好辯哉予不得已也○一治一亂雖
是兩平說意則重在不能常治上正見其不已處
參 一治一亂是起語乃下數節之張本不可把那此一亂也此
一治也來應這一治一亂蓋下文通是明不可已也之意非是

明這一治一亂也
當堯之時水逆行氾濫於中國蛇龍居之民無所定下者為巢上
者為營窟書曰洚水警余洚水者洪水也
存疑 洪水氾濫便蛇龍居之蓋水蛇龍之所都也二者相因故
說禹之一治亦只此二項
蒙引 下地卑濕故架木為巢以居上地高燥故可穴居○洪水
之災非堯所致堯猶曰洚水警予後世乃以天旱為乾封不亦
大可笑乎
存疑 洚水者洪水也不只是解字蓋洪水之害人皆知之而洚

水之名則人未必知也故言書之所謂洚水者正是那洪水也
即水逆行氾濫於中國者也
使禹治之禹掘地而注之海驅蛇龍而放之菹水由地中行江淮河漢是也險阻既遠鳥獸之害人者消然後人得平土而居之
蒙引使禹指堯而該舜在其中
存疑水由地中行承上謂禹掘地而注之海驅蛇龍而放之菹然後水由地中行不復氾濫即今江淮河漢是其處也險阻既遠水不復為災也鳥獸之害人者消蛇龍遠遁也下者為巢上者為營窟人不得平土而居也人得平土而居則不復為巢窟

矣
堯舜既沒聖人之道衰暴君代作壞宮室以為汙池民無所安息棄田以為園囿使民不得衣食邪說暴行又作園囿汙池沛澤多而禽獸至及紂之身天下又大亂
蒙存合暴君代作非一君也壞宮室至禽獸俱是暴君代作實事宮室與田皆民所有者汙池園囿皆君所以為樂者壞民之宮室為君汙池棄民之田為君園囿故民無所安息衣食邪說暴行又作或謂暴行即壞宮室數句邪說所以為暴行也然邪說二字似不甚通或謂另是一意故着一又字然下文園囿汙池沛澤多似只是上意大全存疑俱主前說蒙引一說云壞宮室等句主君言邪說句通乎上下不止上文存疑解曰上如紂之為君下如飛廉之為臣
周公相武王誅紂伐奄三年討其君驅飛廉於海隅而戮之滅國者五十驅虎豹犀象而遠之天下大悅書曰丕顯哉文王謨丕承哉武王烈佑啓我後人咸以正無缺
蒙引誅紂二字是總冒紂則誅矣伐奄至三年之久乃得其君而誅之
存疑誅紂以下五事通頂相武王說伐奄二字連下讀紂為大

亂之首奄飛廉十五國皆紂所嬖之人以害民者虎豹犀象皆紂所畜之物以害民者
蒙引引書以明一治之功如此其盛也只是說上文戡亂之功不可以天下大悅是治功大慰於當時書曰云云是治法垂裕於後世作兩意看
存疑咸字貫下二意咸以正無一事不正大也咸無缺無一事不周密也○書言文武謨烈之善如此周公之功正所以相成王以成其咸正無缺之烈矣引書正應首句相武王字面只是帶說不重

世衰道微邪說暴行有作臣弒其君者有之子弒其父者有之

叅輔氏曰前乎此者雖云世亂然但禽獸繁殖有以戕民之生而猶未至賊人之性至此以後乃遂至傷壞人倫將使人盡為禽獸之歸其禍又慘矣此一亂又甚於往日是亦氣化人事之使然也

孔子懼作春秋春秋天子之事也是故孔子曰知我者其惟春秋乎罪我者其惟春秋乎

蒙引孔子懼懼簒弒之禍無已時乃為世道懼也天子之事就惇典庸禮命德討罪講

叅說孔子作春秋便是一治了又說春秋天子之事三句其意為何正以表孔子不得已之意也言孔子懼作春秋然其作春秋也豈孔子之得已哉春秋為天子之事而天下後世又未必皆知我之人夫子乃身任天子之事而不避其嫌明知罪我之故而不辭其咎其亦大有不得已於此者矣

聖王不作諸侯放恣處士橫議楊朱墨翟之言盈天下天下之言不歸楊則歸墨楊氏為我是無君也墨氏兼愛是無父也無父無君是禽獸也公明儀曰庖有肥肉廐有肥馬民有饑色野有餓莩此率獸而食人也楊墨之道不息孔子之道不著是邪說誣民充

塞仁義也仁義充塞則率獸食人人將相食

蒙存合處士是無位而有重名者故倡其學術可以鼓惑天下皆楊墨言橫議不循理之議指為我兼愛言邪說即橫議之不循正理者自其倡議於已以煽惑人心曰橫議自其偏任已見而離叛正理曰邪說無君無父非楊墨便有弒逆君父之心亦非究其末流之弊但就為我惟知有已自一身而外雖君亦不致重即是無君就兼愛言無所不愛盡天下皆然雖父亦不加厚即是無父弒逆是形迹上無君父人皆知之或有不忍為者有不敢為者兼愛為我是心術裡無君父人不覺溺於其中故曰甚於簒弒之罪禽獸指楊墨言之率獸二句方是極言其弊

吾為此懼閑先聖之道距楊墨放淫辭邪說者不得作作於其心害於其事作於其事害於其政聖人復起不易吾言矣

叅吾為此懼懼楊墨之道不息而有率獸食人人將相食之禍也先聖指孔子說閑先聖之道正與孔子之道不著相應距楊墨放淫辭這就是閑先聖之道此二句一串意不可以言行平分邪說者不得作言其效也存疑加一求字非是○作於其心亦不是自叙其功正表其所以不得已處謂楊墨之邪說其害之必然如此則我安得不閑聖道而距之放之以除其必然之

害哉
昔者禹抑洪水而天下平周公兼夷狄驅猛獸而百姓寧孔子成
春秋而亂臣賊子懼
存疑上既歷叙三聖之事以已繼之至此又是揔舉上文之意而申結之也周公戩飛廉滅五十國之中必有夷狄舉重以見輕也
蒙引亂臣賊子懼是自有春秋之後底亂臣賊子懼也豈非致治之法垂于後世耶蓋是誅其既死者以警其將来者傳曰誅死者於前所以懼生者於

詩云戎狄是膺荆舒是懲則莫我敢承無父無君是周公所膺也
蒙引此條只是要起下段以楊墨正是無父無君是在所膺者也不連上意
存疑引詩無父無君是周公之所膺是將說已身上来故承之曰我亦欲云云
我亦欲正人心息邪說距詖行放淫辭以承三聖者豈好辯哉予不得已也
蒙存合我亦欲正人心亦字對三聖看言彼既各任撥亂之責我亦欲任撥亂之責以承之也正人心是揔冒息邪說所以正人心也距詖行二句皆息邪說之目承三聖揔承上正人心非正楊墨也謂天下心術都被楊墨壞了故欲以聖道挽回人心使各　其仁義之良是正也然楊墨壞人心術皆邪說之為害邪與正原不兩立邪說不息人心何緣得正故欲正人心必息邪說邪說見於行則為詖行見於辭則為淫辭距之放之皆所以息邪說也
能言距楊墨者聖人之徒也
蒙引此節亦是足上節之意以申明已之不得已處見以言距楊墨者吾於人且深望之況身任衛道之責者而可以自諉哉

然則予之好辯其不得已也益見矣
存疑能言距楊墨謂能立言距楊墨也
○匡章曰陳仲子豈不誠廉士哉居於陵三月不食耳無聞目無見也井上有李螬食實者過半矣匍匐往將食之三咽然後耳有聞目有見
存疑居於陵亦見其所居之窮然此句尚輕未可便以居食平看
參井上有李從来說者認是井上遺棄之李不把下實字分別看蓋李是植李以樹言而實則李所生之實也過半就言李之

實所存者少也若只認一遺棄之李則仲子見聞廢矣安知非上達有遺李而匍匐往食之乎此雖一字之微而義有室礙處不可糊塗過

孟子曰於齊國之士吾必以仲子為巨擘焉雖然仲子惡能廉充仲子之操則蚓而後可者也

叅以齊國之中必以仲子為巨擘不是許仲子惡能廉非謂其不廣謂仲子之廉亦惡能自盡也盡其操必如之之詞微有抑之之意言其持為齊士中之巨擘安得為廉士也仲惡能如蚓哉

夫蚓上食槁壤下飲黃泉仲子所居之室伯夷之所築與抑亦盜跖之所築與所食之粟伯夷之所樹與抑亦盜跖之所樹與是未可知也

蒙引此承上必蚓而後可說明其未能如蚓之廉也註中仲子不免居室食粟一句貼在上食槁壤二句內無與下文仲子所居之室句言未知其果合義與否若合義便是伯夷所築不義便是盜跖所築不要泥伯夷盜跖字

存疑是未可知重在盜跖一邊

叅仲子不能廉不在不居不食而在不能無居不能無食則必

問其所築所樹

曰是何傷哉彼身織屨妻辟纑以易之也

存疑是何傷哉言居食之出於伯夷與否亦何傷哉彼身自織屨與妻辟纑以易之則皆取足於己而自食其力即所從來之或夷或跖奚論也

曰仲子齊之世家也兄戴蓋祿萬鍾以兄之祿為不義之祿而不食也以兄之室為不義之室而不居也辟兄離母處於於陵他日歸則有饋其兄生鵝者已頻顣曰惡用是鶃鶃者為哉他日其母殺是鵝也與之食之其兄自外至曰是鶃鶃之肉也出而哇之

蒙引孟子此數語非為仲子叙世家也固有意在所以明其兄之祿為可食兄之室為可居也而仲子乃以兄之祿為不義之祿而不食以兄之室為不義之室而不居故曰是尚為能充其類也乎明其乖方也辟兄離母不知有母兄故只此便是不義了曰是鶃鶃之肉也是其兄譏之之言

以母則不食以妻則食之以兄之室則弗居以於陵則居之是尚為能充其類也乎若仲子者蚓而後充其操者也

蒙引此四句是揔括上文而斷之見其不能充也類是何類仲子所操之類也仲子所操之類謂何以母之食兄之室為不義

而不食不居是也妻之食於陵之室安知其為義於毋之食兄之室哉既不能義於毋之食兄之室則是亦不義之類耳故曰是尚為能充其類也乎若仲子者蚓而後充其操者也即上文充仲子之操則蚓而後可之意言據仲子之志則将求為蚓而寔不能為蚓也

四書定解十六卷終

合叅四書蒙引存疑定解卷之十七 下孟

楊維斗 查伊璜 兩先生鑒定
潭陽 劉弘祖遠公 叅閱
昭武 吳當元任 手輯
唐亮工欽代 較正

離婁上

孟子曰離婁之明公輸子之巧不以規矩不能成方員師曠之聰不以六律不能正五音堯舜之道不以仁政不能平治天下

蒙引 離婁至明者也公輸子至巧者也使不以規矩而徒恃其明與巧亦不能成方員師曠至聰者也使不以六律而徒恃其聰亦不能正五音堯舜至有道者也使不以仁政而徒恃其有道亦不能平治天下道字對上面聰巧明指其蘊蓄運用於一心者也當主仁心說

存疑 凡事皆有箇法度規矩六律仁政便是制器審音為治之法度人所必由決無空手而能獨成之理雖堯舜離婁公輸師曠之聰明巧聖亦有所不能此見法度為治不可無也

令有仁心仁聞而民不被其澤不可法於後世者不行先王之道也

存疑 此即當時不行仁政不能為治以証不以仁政不能平治

天下之意

蒙引似只用言仁心却兼言仁聞者有其實必有其名故或兼言仁聞或只言仁心一理也法於後世者澤既被於當時其良法美意又足以垂訓於來世也

叅此道字指仁政言與堯舜之道之字異

故曰徒善不足以為政徒法不能以自行

存疑故曰或從古語引之重在上句是取上文而結其意

蒙引施之無具而善不及民故不足為政於天下推之無本而政為虚文故不能自行於天下

叅徒善徒法非並稱也總是要完全此善耳為政政字與仁政字不同彼就政言此就治言

詩云不愆不忘率由舊章遵先王之法而過者未之有也

蒙引前人舊章損益非一手沿歷非一時佑啓我後人咸以正無缺以正故後之人得以不愆無缺故後之人得以不忘

叅此節是上下文過脉處承上言不行先王仁政即不能平治天下故能遵先王仁政未有不平治天下也下文乃言先王仁政所以當遵不遵者所以為不智

聖人既竭目力焉繼之以規矩準繩以為方員平直不可勝用也既竭耳力焉繼之以六律正五音不可勝用也既竭心思焉繼之以不忍人之政而仁覆天下矣

蒙引以上皆言為政者當行先王之道此承言先王正為仁心不足以徧天下及後世故制為仁政以繼續之下即承之而言此為政者所以當因之也○聖人既竭目力耳力不可與離婁相干此皆以制器立法之聖人言離婁公輸之規矩師曠之六律皆出自聖人非離婁公輸師曠能制規矩六律也然重在心思仁政

存疑竭目力是方員平直之理目中見無不盡也竭耳力是五

音之理耳中聽無不盡也竭心思是治天下之理心中思慮無不盡也繼字是接續意許多道理在聖人耳目心思之中若無箇法度來推行他都積住無由發出去及物惟創箇法度去推行他許多道理都由這出去及物便如繼續一般○以為方員平直五音連上文讀為是

叅聖人既竭心思不是徒竭即能繼之以不忍人之政所謂先王有不忍人之心斯有不忍人之政也既竭目力既竭耳力亦然○其繼續處當兼天下後世說不止繼一己之耳目心思

故曰為高必因丘陵為下必因川澤為政不因先王之道可謂智

乎
存疑上條言聖人法度既為後世之為治者而立則法度既立
正為治者所皆因也
參因字即上文遵字因先王之道與遵先王之法相叫應言遵
先王之道則無過智者柰何不知先王之道乎便見君子當任
其責故用是以二字過下文
是以惟仁者宜在高位不仁而在高位是播其惡於衆也
蒙引宜字内含被澤法後意播其惡於衆正見是不宜在高位
播知傳播之播從高位字說來
參是以字承上六節來仁者在高位則澤被當時可法後世故

曰宜不仁對仁者反看大意重在不仁一邊
上無道揆也下無法守也朝不信道工不信度君子犯義小人犯
刑國之所存者幸也
蒙引上無道揆上之一身無道揆也朝不信道則舉朝綱皆不
正矣寖說得廣由是凡有位之人皆違道而行無不犯義矣下
無法守在下之人因上無道揆而不知所遵守也工不信度則
凡各衙門事体俱無定準矣漸說下来由是至于細民皆冒法
而為亦莫不犯刑矣○犯刑不必謂有大刑之當此之時已不
信度矣安浮一一刑之但不依法度行便是犯法了○六者只

重在上無道揆正是不仁在高位至於下無法守云云則播惡
於衆而喪亾無日矣六句只足要起國之所存者幸也言上下
都糊做無復紀綱矣其何能國
故曰城郭不完兵甲不多非國之災也田野不辟貨財不聚非國
之害也上無禮下無學賊民興喪無日矣
蒙引此條重上無禮蓋由上無禮故下無學即是不仁而在高
位之禍也上不知禮則無以教民故下無學下不知學則易於
為亂故賊民興賊民猶云奸民不要說賊民者興
詩曰天之方蹶無然泄泄　泄泄猶沓沓也　事君無義進退無

禮言則非先王之道者猶沓沓也
存疑在詩謂之泄泄在時語謂之沓沓其實一也
蒙存合責難陳善事君之義也事君無義言不責難陳善進退
無禮謂其去就之間不以礼但知爵禄之為重雖不當進而亦
進雖當退而亦不退如此者豈望其能正君哉詆毀先王之道
謂不可行自家不由之亦不望其君之由也務要以下文来
反証也
參把時人之言以証詩詞欲人先曉其義○至此却說泄泄正意○
非明沓沓之義也○謂即沓沓之語固可以見泄泄之義矣◎所謂

泄泄猶沓沓者何如事君無義云云此正泄泄之猶沓沓者也
故曰責難於君謂之恭陳善閉邪謂之敬吾君不能謂之賊
存疑 責難於君謂以極等之事望其君不當閒其才智之高下志趣之優劣也閑邪全靠陳善君心方向於邪吾開陳善道使君悦於是舍彼所欲而從我則邪心泯是而息矣
蒙引 責難且大槩寬説箇規模至陳善方説出仁政云云處于遺辭無碍
叅 此總申上三節意重在末句見泄泄之不可也責難陳善皆指仁政自事言則為難事自道言則為善道吾君不能正與此相反○本文只是恭敬註何緣添個大字至字蓋責難乃謂之恭則知奔走承順特恭之小耳此則恭之大者也陳善閉邪乃謂之敬則知徒事容悦者特敬之小耳此則敬之大者也

（）孟子曰規矩方員之至也聖人人倫之至也
蒙引 規矩盡所以為方員之理而凡欲為方員者必於是取則焉取則意下節方露出
存疑 人倫兼父子兄弟等言聖人人倫之至是起下文意下獨言君臣者此章承上章主君臣言也
叅 聖人人倫之至原與肫肫其仁一樣看彼言肫肫此言至彼言天下大經此言人倫故皆可法也
欲為君盡君道欲為臣盡臣道二者皆法堯舜而已矣不以舜之所以事堯事君不敬其君者也不以堯之所以治民治民賊其民者也
蒙存 合欲字連着盡字讀是二句不是四句欲為君而盡君道者必法堯欲為臣而盡臣道者必法舜不可於欲為君臣一處讀
叅 此勿以正反兩平看上二句言當法堯舜下甚言堯舜之不可不法也二盡字不可輕看本上二至字說來法亦不是拘拘沿其成迹以人心為主而變化不窮皆堯舜之妙用也

孔子曰道二仁與不仁而已矣
叅 孔子語意須活説要重仁一邊蓋天下之道只是一個仁出乎仁便是不仁更無別路可走欲人致謹莫入於不仁也
暴其民甚則身弑國亡不甚則身危國削名之曰幽厲雖孝子慈孫百世不能改也
存疑 上仁與不仁並言暴其民甚以下文專就不仁言者上是舉理欲之防以曉人下是着泯欲之戒以警人
蒙引 身弑國亡身危國削及惡諡不可改皆不仁之禍也必至

於此此字專指惡謚〇厲王宣王之父幽王宣王之子百世言
歷時之久也名之曰幽厲云云者言不但身弑國亡身危國削
而已其亡後又有如此之穢名萬古不滅也不可謂幽厲只是
不甚則身危國削者
發暴其民即不仁也三字一頓甚字帶下說甚不甚總是深著
其禍如時說不仁有淺深斯禍有大小非旨
詩云殷鑒不遠在夏后之世此之謂也
發引詩言鑒之不遠不遠言殷紂之鑒近在夏桀即今之鑒近
曰此之謂也只宜泛言人當以不仁之禍為鑒若曰以幽厲為鑒似把上之幽厲実作幽王厉王看未融
在幽厲之謂也上段兼居臣下段專言君見為臣者亦不得辭

其責
〇孟子曰三代之得天下也以仁其失天下也以不仁　國之所
以廢興存亡者亦然　天子不仁不保四海諸侯不仁不保社稷
卿大夫不仁不保宗廟士庶人不仁不保四體　今惡死亡而樂
不仁是猶惡醉而強酒
蒙引地平天成六府三事允治萬世永賴此禹之仁也故曆數
在躬終陟元后矣不邇聲色不殖貨利彰信兆民此湯之仁也
故天鑒厥德用集大命撫綏四方矣發政施仁懷保小民者文
王也救民水火則取于殘者武王也故得志行乎中國一戎衣

而有天下矣三代之得失主有天下者言也然非惟天下之得
失係于仁不仁國之所以廢興存亡者亦然興盛也不止于存
廢衰也未至于亡亦非惟諸侯之國為然自天子至于庶人皆
然也
存疑廢興存亡雖止言國大夫士庶人都該了蓋仁不仁天子
以下專就不仁說者言不仁之必死亡以致戒亦猶道二仁與
不仁以後只言不仁也
發不保四海以下皆不免於死亡非特不保四體為然〇惡死
亡而樂不仁死亡必不可免猶惡醉強酒醉必不可免此與是

猶惡溼居下猶弓人而恥為弓同意皆欲動人羞惡之心引之
以進于仁也言外便有如惡之莫如為仁莫如貴德尊士意
〇孟子曰愛人不親反其仁治人不治反其智禮人不答反其敬
發仁是愛之真切智是治之精明敬是禮之誠寔三反字內俱
有自治工夫不但反其未能而遂已也
行有不得者皆反求諸己其身正而天下歸之
存疑修身尚有許多事天下尚有許多人非容易可及反求內
便有自治工夫其身正根自治益詳來天下歸不特我親我治
我答已蓋曰親曰答猶是吾愛禮所及者皆聞風而來矣

叅此節雖是推開說其實舍是三者之外更無自反處也不得者是三者之中而無時無處不反求諸己故加一皆字

詩云永言配命自求多福

蒙引蓋能自反而天下歸之此便是永言配命而自求多福也此章只宜重講反求引詩只宜輕輕點過引詩以詠贊之耳

叅引詩取自求二字言多福由於自求以証天下歸由於反求之意

○孟子曰人有恒言皆曰天下國家天下之本在國國之本在家家之本在身

蒙引天下之本二句是恒言中自有之次序但常人只知其言而不知其序孟子乃推而言之以見其道之有序如是天下之本在國故言天下而即繼以國國之本在家故言國又必繼以家也然則天下國家云者豈偶然而已哉而家之本又在身此又常言之所未及也重在末句家之本在身下要入身正則家齊然不但家以之齊國亦以之而治天下亦以之而平方得孟子之意

存疑序在恒言之中本在恒言之外過末句當云天下國皆有本然家獨無本乎

叅只宜敷陳天下大勢如此不可攙入事功混入先治其國諸意內去

○孟子曰為政不難不得罪於巨室巨室之所慕一國慕之一國之所慕天下慕之故沛然德教溢乎四海

蒙引當時諸侯皆以德教不能廣被為患而不知其本之不修故也故孟子云欲德教之徧及於天下自不難也其本在正其身以不得罪於世臣大家則舉國慕之天下亦慕之而德教自然無遠弗屆矣為政果何難哉

存疑不得罪于巨室與上為政不難相應巨室以下則盡不得

罪于巨室之意以見為政不難也全重不得罪于巨室句修身意就在不得罪內不必另講

叅天下即巨室也在國中為巨室在天下則侯甸男衛皆公族公姓虞夏商周之微即巨室之别名耳○德教溢乎四海只就天下慕講不是天下慕了而後德教溢乎四海也但慕字自天下之服我而言德字自我之施於天下而言觀註自見德教二字不平謂教令之行皆德也

○孟子曰天下有道小德役大德小賢役大賢天下無道小役大弱役強斯二者天也順天者存逆天者亡

叅天下有道則以德為大小無道則以力為強弱二者皆理勢之所當然也順其理勢則存逆其理勢則亡必然之理也

蒙引先提出德字對力言也繼又言賢者見所以為小賢大賢者正以德之大小得名也重在無道上為當時言也

存疑大註有道只曰位而不及役無道只曰役而不及位互見也○有道之世論德而不論力大德大賢則居上位而小德小賢為之役無道之世論力而不論德大德大賢未必居上位但以力相椎長相役使耳○在理當如此在勢不得不如此是皆天也

四書定解　下孟　離婁上

齊景公曰既不能令又不受命是絕物也涕出而女於吳

叅不可以景公為順天令之諸侯為逆天蓋通章之意重在責諸侯之自強況齊非弱小之邦而嫁女蠻夷豈順天之事乎大抵謂景公不能自強固不免於人役下言令之諸侯亦不能自強欲其免於人役不可得也

今也小國師大國而恥受命焉是猶弟子而恥受命於先師也

蒙引先師不是已亡之稱是猶弟子而恥受命於先師要說胡可得哉意言必不免於為人役否則必有危亡之禍

如恥之莫若師文王師文王大國五年小國七年必為政於天下矣

蒙引師文王而為政於天下則向之小役大者今轉而小德役大德矣蓋德至力亦隨之也

詩云商之孫子其麗不億上帝既命侯于周服侯服于周天命靡常殷士膚敏祼將于京孔子曰仁不可為衆也夫國君好仁天下無敵

存疑既言師文王必為政於天下又引詩是言文王為政於天下之事以見其可師也

蒙引侯語助也膚言才行之不凡商之孫子六句言商之孫子

四書定解　下孟　離婁上　廿七

皆為周之臣也殷士二句言商孫子之臣亦皆為周之臣而助祭於周京也註是以二字蓋承天命靡常言不必言商孫子臣周故殷士亦臣周也

存疑仁不可為衆是釋詩之言乃承其麗不億句說夫國君二句又因文王而泛言其理也通作孔子之言

今也欲無敵於天下而不以仁是猶執熱而不以濯也詩云誰能執熱逝不以濯

蒙引欲無敵而不以仁見當今不能修德決無敵之理猶執熱而不以濯熱決不可得而執也濯在執熱之先不是執熱而後

以濯以止意例之自見

○孟子曰不仁者可與言哉安其危而利其菑樂其所以亡者不仁而可與言則何亡國敗家之有

蒙存合　安其危三句正是說不可與言處吾国以為危彼国以為安吾国以為菑彼国以為利吾国以為必亡彼国以為不亡其不可與言如此所以至於敗亡也使不仁而可與言則必惕然改圖去危而即安去菑而趋利去亡而圖存矣

有孺子歌曰滄浪之水清兮可以濯我纓滄浪之水濯兮可以濯我足　孔子曰小子聽之清斯濯纓濁斯濯足矣自取之也

存疑　由不仁不可與言觀之可見敗亡皆其自取也故引孺子之歌孔子之言而以夫人必自侮三句終焉又引太甲以明之

蒙引　自取之也外便含有如恥之莫如為仁反求諸己而已矣之意死亡固是自取大則以王亦由自致也

叅　二斯字最重斯字自可以字生來自取意又自斯字生來然上二句不可就露自取意出

夫人必自侮然後人侮之家必自毀而後人毀之國必自伐而後人伐之　太甲曰天作孽猶可違自作孽不可活此之謂也

蒙存合　夫人必自侮以下是孟子因孔子自取之說指言不仁之禍皆其自取也自侮是不仁之身自毀是不仁之家自伐是不仁之國自者言自己有取侮取毀取伐之道也引太甲重自作孽一句以証自取之意

○孟子曰桀紂之失天下也失其民也失其民者失其心也得天下有道得其民斯得天下矣得其民有道得其心斯得民矣得其心有道所欲與之聚之所惡勿施爾也

蒙引　桀紂之失天下也失其民也失衆則失國矣失其民者失其心也心不悅服則離叛而去矣失其民謂民不歸之而叛去也失其心所為不合民心而民心離也○得其民斯得天下矣

有人此有土也得其心斯得民矣其心既悅服於我則自歸於我矣

存疑　人之欲惡皆心也上之人苟有以順之則民得遂其心而皆屬望我矣○先自失天下推至於失其心則得天下一邊可見矣

民之歸仁也猶水之就下獸之走壙也

講欲惡二句要体貼得至誠惻怛真實為民意思出

蒙存合　所欲與聚所惡勿施仁也如是則得其心得其民矣此便是民之歸仁也此句内已有以其所欲之在乎此之意下二句特以喻之耳下者水之壑壙者獸之所猶仁者民之依也

故為淵敺魚者獺也為叢敺爵者鸇也為湯武敺民者桀與紂也

蒙存合故字承上文説言我行仁而爲民所歸彼之不仁皆是為我敺民來歸者也二條只是一項事過此節當云夫民之所欲在此而其所惡實在彼則安得不去彼而歸此哉故為淵敺魚云云

今天下之君有好仁者則諸侯皆為之敺矣雖欲無王不可得已

蒙存合以上皆泛論此承上兩條方説入時事好仁者謂所欲與聚所惡勿施也謂民之所欲在仁而不仁者適為之敺如此然則當今民遭暴無所控告之時民視其君真猶魚之於獺爵

之於鸇畏之而無處可逃當時之君果有好仁者作能為民命彼必舍其所畏而從我以逃生有若魚之投淵爵之投叢者然是諸侯皆為敺也

今之欲王者猶七年之病求三年之艾也苟為不畜終身不得苟不志於仁終身憂辱以陷於死亡

蒙引言今諸侯所失于前者則既多矣猶七年之病云云此是孟子為時君謀言當急於改圖也不然無及矣

存疑時至戰國王者之不作已久民之憔悴於虐政已深當此而欲行仁致王真猶七年之病而求三年之艾以治之時已後矣事勢已不及矣然及今畜艾猶或可及及今而志仁則猶可為也

詩云其何能淑載胥及溺此之謂也

蒙引其何能善正指不志於仁者言憂辱死亡即載胥及溺也

〇孟子曰自暴者不可與有言也自棄者不可與有為也言非禮義謂之自暴也吾身不能居仁由義謂之自棄也

蒙引自棄亦可説不可有言自暴亦可説不可有為各自其切者言亦互見也與言且不可況有為乎不可與有為不可與言可知矣

仁人之安宅也義人之正路也　曠安宅而弗居舍正路而不由哀哉

存疑仁人之安宅宜人居之也義人之正路宜人由之也自暴自棄便是曠安宅而弗居舍正路而不由

蔡此一句要看固有二字仁本固有是吾自有之宅也義本固有是吾自有之路也故暴此謂自暴棄此謂自棄曠安宅二句總承暴棄二等人不必拘上註自棄兼仁義自暴專言禮義哀哉二字見得自有而自絶之所以甚可哀也有令人儆省意

〇孟子曰道在邇而求諸遠事在易而求諸難人人親其親長其

長而天下平
蒙引孟子所責不在天下之人乃在思以道術易天下者也平天下大化也而取道于親親長長之間何其近且易乎此可見性之外無餘道率性之外無餘事不必求諸遠且難孟子論治揔不出箇性求之人心之固有者而已矣
存疑曰親其親長其長而天下平見道只在于親親長長之外無餘道而道之在邇在易也使親親長長而天下未能平則親長之外尚有道親親長長未足以盡道而道不為近易矣
參此章原為立教治世者說非自為學而過為也即楊墨申韓

以其說治天下之徒人人親親長長而天下平即所謂制田里教樹畜道其妻子使養其老入以事其父兄出以事其長上之事非就親長之人言乃就教親教長之治言
〇孟子曰居下位而不獲於上民不可得而治矣獲於上有道不信於友弗獲於上矣信於友有道事親弗悅弗信於友矣悅親有道反身不誠不悅於親矣誠身有道不明乎善不誠乎身矣　是故誠者天之道也思誠者人之道也　至誠而不動者未之有也不誠未有能動者也
參治民獲上悅親信友雖見相因遞說下來其實揔是欲誠其身而所以求明乎善者亦不過啓其誠身之端而已通章只重誠身上天道不指在天言是言理之在我者皆天所賦予也思誠不是空思這理就有工夫只是明善以誠身而已中庸曰誠之工夫在明善而後誠身所謂人道也至誠依中庸說是至極無以復加之意觀此言至誠便與至誠能化不異可見思誠便到得至誠地位一說由思誠以至于誠也似與中庸至字兩樣動物只繳上悅親信友獲上治民為切一說推開說亦可
存疑天之道自在人者言天之道本無不實理之在人者無不實是亦天之道也思誠者人之道是君子誠之為貴意揔是言

理本實而人之當實也
〇孟子曰伯夷辟紂居北海之濱聞文王作興曰盍歸乎來吾聞西伯善養老者太公辟紂居東海之濱聞文王作興曰盍歸乎來吾聞西伯善養老者　二老者天下之大老也而歸之是天下之父歸之也天下之父歸之其子焉往　諸侯有行文王之政者七年之內必為政於天下矣
蒙引作興皆起也并合兩字解之猶曰殆蓋發語辭不可就把二字連讀〇其始也皆自分長往不返甘于窮約矣至是乃興曰云云蓋德皆尊不但可解衆父所謂天下之大老者亦是以

其盛德皆尊之故人但見朱子用在下句謂與上文義不同其執泥矣○以二老有以係天下之望而為天下向背之所憑也此是言文王之所以為政於天下處○文王之民無凍餒之老者是文王之政也正所謂制其田里教之樹畜使養其老者也諸侯能舉而行之天下之老豈無自海濱而至者而四方之民亦且襁負其子而至矣

存疑此章是說文王善養老以致大老之歸以諷當時蓋行文王之政必得大老如伯夷太公者先歸而天下無不歸矣天下皆歸則天命在我政自我行令自我出豈不為政於天下

○孟子曰求也為季氏宰無能改於其德而賦粟倍他日孔子曰求非我徒也小子鳴鼓而攻之可也　由此觀之君不行仁政而富之皆棄於孔子者也況於為之强戰爭地以戰殺人盈野爭城以戰殺人盈城此所謂率土地而食人肉罪不容於死　故善戰者服上刑連諸侯者次之辟草萊任土地者次之

存疑此章重在率土地而食人肉故以善戰為上刑連結諸侯使相攻伐亦同歸於戰但不身親戰伐之事故較之善戰為次辟草萊任土地是專主於富國上則虧壞先王之良法美意下則啖民之膏血如秦之商鞅論其罪更大然比之目下使肝腦塗地者未免有間故亦次於上刑三項皆當時諸侯所尚故特斥之

○孟子曰存乎人者莫良於眸子眸子不能掩其惡胸中正則眸子瞭焉胸中不正則眸子眊焉

蒙存合耳目口鼻手足動靜皆是存乎人者但莫良於眸子耳莫良於眸子言最好觀人是眸子也眸子不能掩其惡正是其良處胸中正二句正是不能掩其惡也下遂承言眸子不能掩其惡如此觀人者若聽其言又觀其眸子則人之邪正不可匿矣

聽其言也觀其眸子人焉廋哉

蒙引言亦心之所發眸子亦心之所形人皆知聽言之可以觀人而不知眸子尤足以觀人

○孟子曰恭者不侮人儉者不奪人侮奪人之君惟恐不順焉惡得為恭儉恭儉豈可以聲音笑貌為哉

存疑此舉恭儉之所為以明時君之不然也言當時之君有以恭儉自名者然我觀是恭者便不侮人是儉者便不奪人今之侮奪人之君惟恐人不順其侮奪惡得為恭儉哉然則所謂恭儉者特聲音笑貌偽為于外耳恭儉豈可以聲音笑貌為哉

○淳于髡曰男女授受不親禮與孟子曰禮也曰嫂溺則援之以手乎曰嫂溺不援是豺狼也男女授受不親禮也嫂溺援之以手者權也　曰今天下溺矣夫子之不援何也　曰天下溺援之以道嫂溺援之以手子欲手援天下乎

蒙存合通章重一權字援嫂時避嫌為輕救溺為重故權輕重則當援嫂出處時守道為重成功為輕故權輕重則當守道孟子所論遇变而不失其常權在道之内髡所論欲舍常道而濟事功權在道之外○髡欲諷孟子從權以援天下故設此難先所問是禮之常後所問是禮之變意在問變先以常引起知孟

子必以不親為禮援溺為權然後得權之說而以援天下諷之不知道援手援自是不同則權有當用有不當用安可廢道以從權也故手援天下一語便折倒他髡亦再辨不得

○公孫丑曰君子之不教子何也　孟子曰勢不行也教者必以正以正不行繼之以怒繼之以怒則反夷矣夫子教我以正夫子未出於正也則是父子相夷也父子相夷則惡矣　古者易子而教之也父子之間不責善責善則離離則不祥莫大焉

叅勢不行勢字對理對情看父之於子理非不當教然勢有不能通其理情非不欲教然勢有不能遂其情着一勢字便是情理之窮處故易子而教所以盡其情理而善處勢者也易子活看只是以子從教于人非必與人相易其子也全父子之恩亦不失為教而意俱重父子責善根易子而教來只重父責子意末節只申上節意上節言相夷則惡故必易子而教末節言不易子而教便離則不祥應轉上意離即相夷也不祥即惡也離對合看父子相責則不相合故曰離祥對異看父子不相合則非常理所宜有故曰不祥○責善字重看分明是要他如此不如此便乖忤故離若諍父則下氣怡聲以勸之耳戒子則譬曉訓諭以警之耳安能傷恩

○孟子曰事孰為大事親為大守孰為大守身為大不失其身而能事其親者吾聞之矣失其身而能事其親者吾未之聞也

蒙存合事自其所奉承而不違者言守自其有所執持而不失者言不失其身正是守身而能事親非謂謹守之人而後能奉三牲之養也只是不虧父母遺体不遺父母羞辱就是善事親也虧体是身體髮膚有所毀傷辱親是身為不善貽父母羞辱一說虧體即是辱親亦通

孰不為事事親事之本也孰不為守守身守之本也

叅惟其為本所以見其為大

曾子養曾晳必有酒肉將徹必請所與問有餘必曰有曾晳死曾元養曾子必有酒肉將徹不請所與問有餘曰亡矣將以復進也此所謂養口體者也若曾子則可謂養志也　事親若曾子者可也

存疑既明事親守身之大又除守身不道而舉曾子之養親以示事親之則也過文當云事親為事之大如此事親之道何如觀之曾子可見矣不必復拢守身來說

蒙引必請所與見在盤餚之餘也必曰有又將餘在竈廚未出者

存疑養志凡繼志述事皆是舉飲食以示例耳

參上言人當守身以事親矣然曾子平日正守身人也故舉曾子之善事親者言之曾元一段是借客相形不可與上平看事親若曾子可也不可作極至說亦不可作僅可說只是平平評斷上意言曾子可謂能事親也勉人意在言外若字輕看程子意不必入正講曾子首末須補守身意方與上文不失其身而能事親相應

○孟子曰人不足與適也政不足閒也惟大人為能格君心之非君仁莫不仁君義莫不義君正莫不正一正君而國定矣

蒙存合適過也閒非也謂用人中間有一二不是可指摘處行政中間有一二罅隙可議處故曰適閒不足適不足閒非任他不是都不理他謂用人之非行政之失根原皆由君心之非去君心之非以歸于正則用人行政自然無可適閒若不格其心之非而徒適閒其用人行政之非則人愈適而非愈多政愈閒而失愈甚將有不勝其適閒矣故人不必適政不必閒惟當格君心之非

存疑格不是着力字是我本身無所不正致使其君化之亦去其不正而從正為不待事事而更之人人而去之而徒以口舌

（格君原不廢諫諍但以至誠為本○変易其心耳等○用潜字亦非是）

匡乃辟也

參不仁不義不正總是非心正字包仁義總言之曰正分言之曰仁義朱註只言正該仁義在內莫不仁莫不義莫不正蒙引存疑淺說俱作用人行政說一正君而國定句是足上意正君即足上君仁君義君正意國定即足上莫不仁莫不義莫不正意一字重看與首二句相叫應言能一正君而國自定何必適其用人閒其行政也一說莫不仁俱就君心講國定方講用人行政亦通

○孟子曰有不虞之譽有求全之毀

存疑行修而致譽理之常也其間亦有行未修而偶致譽者可見譽未必皆實也行虧而致毀理之常也其間亦有平日謹身修行求全於毀而反致毀者可見毀未必皆實也孟子說此兩句是欲人於毀譽上斟酌不可一槩信之也

叅有是間有而世不盡然也

○孟子曰人之易其言也無責耳矣

蒙引此言人之輕易其言以其無責故也故必有責而後不敢易其言責是言語一失被人徵色發聲而罪責之也此為常人而論若君子之謹言則豈有責而後能哉

○孟子曰人之患在好為人師

叅此只戒人自滿不重論為師之道

○樂正子從於子敖之齊　樂正子見孟子孟子曰子亦來見我乎曰先生何為出此言也曰子來幾日矣曰昔者曰昔者則我出此言也不亦宜乎曰舍館未定曰子聞之也舍館定然後求見長者乎　曰克有罪

存疑曰昔者謂其來未久也曰昔者則我出此言也不亦宜乎謂其來已久也

蒙引要看集註姑以此責之語意蓋只是責其見遲而實則非

責其見遲也下章之言但未發耳○勇於受責固可取然猶未悟其從於子敖之罪也所以有待于下章之言

○孟子謂樂正子曰子之從於子敖來徒餔啜也我不意子學古之道而以餔啜也

叅二章孟子雖責其從王驩然亦不言其不可從處作者須要說得渾餔啜之說孟子特設意以責之耳不必認真

○孟子曰不孝有三無後為大

叅饒雙峯曰此三者不是尋常不孝的事奉順孝也但阿意曲從陷親於不義則不可非其道不仕孝也但家貧親老而不為祿仕則不可告而後娶孝也但告則不得娶以至無子絕祀則不可

舜之不告而娶為無後也君子以為猶告也

存疑告而後娶孝也為無後而不告以續宗祀孝之大也此是用權處以繼嗣與稟命較量則稟命輕而繼嗣重稱量之知其所量者在此不拘於稟命之末節以全宗祀之大事是謂舍輕而取重其重者可以蓋其輕此不告所以為猶告

○孟子曰仁之實事親是也義之實從兄是也

存疑實是切實對浮泛說人皆當愛也其愛吾親之心與人定

是不同人皆當敬也其敬吾兄之心與他人定是不同不比其
他之泛泛而已
智之實知斯二者弗去是也禮之實節文斯二者是也樂之實樂
斯二者樂則生矣生則惡可已也惡可已則不知足之蹈之手之
舞之
存疑大而君臣父子小而事物細微知之而固守是智行之有
品節文章是禮然求其為智禮之切實處則將奚居父兄天性
之至親孝弟人道之大本其他道理能知而弗去能節文固是
好然亦泛泛者耳求其切近而精定者則莫有過於孝弟也○

樂之定樂字不是音樂之樂此處只以孝弟與他事論華定原
不曾比到音樂上言樂別樣事為樂之華樂斯二者方為樂之
定不可云聲容為樂之華樂斯二者為樂之定
蒙引樂者謂其事親從兄無所勉強而安之也由是事親從兄
之意油然自生惡可已即生生不可已也至于足蹈手舞樂之
至矣見得不是樂之便住蓋孝弟之趣無窮故樂而生生而不
可已不可已而足蹈手舞天性罔極之愛其樂處豈有涯哉
參仁義禮樂所包甚廣專指事親從兄故謂之定猶論語本立
而道生之本耳不知手舞足蹈非不知其舞蹈謂不知其舞蹈

之為孝弟也此便是心迹兩忘形神俱化地位與成於樂一般
○孟子曰天下大悅而將歸己視天下悅而歸己猶草芥也惟舜
為然不得乎親不可以為人不順乎親不可以為子
蒙存合父子之親是性分上最為真切不可解於其心者天下
是外物都與己性分不相干故雖天下大悅而歸己這等快心
大事舜視之輕猶草芥全不動心只要得親順親以盡吾性分
而已得親只是怡色柔聲先意承志使其心歡悅順親則諭親
於道自不相違此非平素感動使親心合理者不能比得親尤
難故得親曰為人淺言之也順親曰為子則益密矣蓋父子不

相得甚是忤逆無以自立於天地之間便不成箇人然或委曲
悅親未能諭之於道雖不似忤逆而子道尚未全盡亦不可為
子存疑云順親必諭於道而後可若親未歸于道安能心與之
一是阿意也蒙引云不遠解順字諭於道是順前工夫不可為
人便與禽獸無異不可為子便與路人無異此皆性分中所斷
之大者舜之心惟知以此為憂一切外物都動他不得所以草
芥天下
舜盡事親之道而瞽瞍底豫瞽瞍底豫而天下化瞽瞍底豫而天
下之為父子者定此之謂大孝

蒙存合舜盡事親之道兼得親順親講然重在順上蓋舜欲親心之悅何難正以瞽瞍至頑使之心與道合為難瞽瞍底豫順講亦重順一邊蓋一句最不合令為舜之精誠感動潛消頑性漸漸歸　理中所謂烝烝乂不格姦也天下化天下之父子者定俱根底豫來故兩以瞽瞍底豫並提

離婁下

孟子曰舜生於諸馮遷於負夏卒於鳴條東夷之人也文王生於岐周卒於畢郢西夷之人也

蒙引諸馮在冀州之分負夏春秋時衛地鳴條在安邑之西今

按冀正北方也衛東北方也安邑已近西鳴條又安邑之西如何云在東方夷服之地蓋堯舜時天下無許多大故以為夷服然謂之夷服在諸侯九服之內非四夷之夷必曰東夷西夷之人者非以夷字誣累二聖也重在東西二字夷字則見得一在東之極一在西之極若不在中國之內則其相去豈特千餘里哉

地之相去也千有餘里世之相後也千有餘歲得志行乎中國若合符節

蒙引世之相後不必添一先字亦不必專指文王云相後則有

在其先者矣○或謂中國二字對東夷西夷說非也集註只訓作天下言得志行乎中國皆指道之用言且其同處皆不期同而自同無意於同而自無一之不同

存疑不是得志行乎中國同其行乎中國者同也古今異時彼此殊勢舜文所行之事安得盡同然隨事各當其理這便是同

叅同處不可將寔事來証

先聖後聖其揆一也

蒙存合先聖後聖又是因舜文槩說古今聖人度不是料度乃比度也度之而其道無不同是解出所取揆字之義如此其寔

與一揆一轍一致者一意

叅揆一是以道度聖人之皆一不是以舜文而度他聖人也蓋以時揆聖人先後不同以勢揆聖人遠近不同惟以道揆聖人必無先後遠近之不同皆若舜文之合符節也

○子產聽鄭國之政以其乘輿濟人於溱洧

蒙引聽鄭國之政言舉鄭國之政皆在所聽決也不直曰子產以其乘輿濟人於溱洧而必曰聽鄭國之政者此書法也正見其居為政之位而不知為政之道當為不為而乃為其所不必為者所以為可譏也

孟子曰惠而不知為政

存疑惠而不知為政是一章大旨、下皆明此意、惠字與孔子惠人惠字不同、此惠字就是議他、視註曰私曰小可見、勿作美其惠而議其不知為政、政字説得廣、徒杠輿梁特政中一事也、

歲十一月徒杠成十二月輿梁成民未病涉也

蒙引二橋一時動工、徒杠工少一月而成、輿梁工多兩月而成

君子平其政行辟人可也焉得人人而濟之

蒙引曰行辟人、正因子產出行濟人而反言之、以見不必舍車濟人、意焉得句、則直指乘輿濟人言、

存疑君子平其政、雖行辟人可也、可見王政之當舉、而小惠不必行矣、夫使小惠之行、而可以盡人而濟也、已非為政之体、況國中之水當涉者衆、焉得人人以乘輿濟之、

故為政者每人而悦之日亦不足矣

蒙引此節推開、説不必指子產、每人而悦、便是私惠、日亦不足、應上焉得人人而濟意、

○孟子告齊宣王曰君之視臣如手足則臣視君如腹心君之視臣如犬馬則臣視君如國人君之視臣如土芥則臣視君如寇讎

蒙存合手足腹心、氣本相因、用亦相須、未有腹心不欲護手足、手足不欲衛腹心也、故以喻君臣情誼之最厚者、犬馬國人、是君臣相維以迹、而不相体以心者、以其有豢養常典、故無怨、以其無愛敬實心、故無德、土芥寇讎、則君臣相為殘賊矣、土是賤踏、芥是斬刈、斬刈尤甚於賤踏也、寇是窮害、讎是積恨、讎尤深於寇也、

蒙天下無不是底君父、孟子此言○亦大概説其報應如此○

王曰禮為舊君有服何如斯可為服矣

蒙舊君其恩已絶、尚且為其君有服、不應見在之君、而待之如此、集註所以云王疑孟子之言太甚、

曰諫行言聽膏澤下於民有故而去則君使人導之出疆又先於其所往去三年不反然後收其田里此之謂三有禮焉如此則為之服矣

蒙存合諫是君有過而諫、言是因事建言、膏澤句承上文言諫、得用而道行也、膏油也、澤水也、皆能潤物者、故借為恩惠及民字義、有故而去、儀禮云三諫不從、待放于郊、則其故似只是言諫不用、然觀下文諫不行言不聽、又曰有故、則其故又似在言諫之外、導之出疆、從其志而虞其害也、田所賦之祿、人也、里所居之第宅也、末句通結諫行言聽以下、不只帶三有禮、

今也為臣諫則不行言則不聽膏澤不下於民有故而去則君搏執之又極之於其所往去之日遂收其田里此之謂寇讎寇讎何服之有

叅 諫不行言不聽便可去了又何待有故蓋亦一時未遽去遇有故而遂去也搏執之極於所往去之日遂收田里此皆與三有禮相反便是土芥視臣故為臣之寇讎寇讎則情義盡絶何服之有

○孟子曰無罪而殺士則大夫可以去無罪而戮民則士可以徙

叅 可以者在時宜為可也失此幾則有欲去而不能者矣此孔子往趙所以及河而後也張南軒曰非特士大夫當知見幾而作之義抑將使有國者聞之悚然不可以失士大夫之心也

○孟子曰君仁莫不仁君義莫不義

叅 此一句重出與上章一意君仁君義指心言莫不仁莫不義

存疑 就用人行政言但上章重人臣正君此章重人君正心為小異耳

○孟子曰非禮之禮非義之義大人弗為

存疑 非禮之礼非義之義與非禮非義者不同非礼非義是為人全不在道理上更不說禮義非禮之禮非義之義是為人在道理上講論禮義必欲行之但体認差不是礼義却以為禮義耳大人勿為明理而已隨事順理因時處宜皆明理之故也

○孟子曰中也養不中才也養不才故人樂有賢父兄也如中也棄不中才也棄不才則賢不肖之相去其間不能以寸

叅 中以德言才以才言賢則兼有才德者也養之云者寛裕以容之義理以漸之忠信以成之開其明以袪其惑引之以其方而使之自喻夫豈歲月之功哉○樂時未即成中與才但已開明曉悟故幸其終能成也棄字非全不教他只與養字相反謂急迫以求其成旦夕以責其效見其難教而遽絶之是也賢不肖不能以寸不是抑揚太過之論只為不能俯就以成人之中委曲以成人之才亦未為全中全才者故曰相去不能以寸此即過猶不及意

○孟子曰人有不為也而後可以有為

蒙引 易之恒曰利貞利有攸往人於未當有為時能退歛不為（近乘不可小大意）則一旦當有為時便能奮發有為矣（亦不切）人有不為者時義之不當為也其後之有為者時義之當為也惟有見於時義之不當為而不為則於其所當為者必奮然為之不可回矣若曰不為不仁而後來方可為仁耶且理欲不兩立既不為不仁便是為仁

也

衆不為者非空虛無為但不苟為耳不苟為者正是欲有為的（不苟為是介然有守如非其義非其道一介不以取諸人）人可以有為就在不為中說出不可分兩箇時節（知行一不義殺一不辜得天下有不為之意）

○孟子曰言人之不善當如後患何

蒙引後患不但恐人亦言己不善凡中傷之隱毒橫逆之顯禍皆是此必有為之言若居己責者當不在此例

○孟子曰仲尼不為已甚者

衆當時推尊夫子者皆謂有過高之行孟子說仲尼為所當為而已為人所能為而已未嘗為已甚之事蓋天命之謂性不受

天地之中以生人人各足自中之外別無箇理一毫加增不得堯舜相傳允執厥中仲尼率乎此也

○孟子曰大人者言不必信行不必果惟義所在

蒙引大人非輕信果也信果於義也於言之合義者無不信行之合義者無不果彼則必於信果不必於義者也

存疑天下之事無常形而理無定在事有前日當如彼今日又當如此者各有時宜所謂義也必信必果是膠固不知变惟義所在是當如彼則如彼當如此則如此與時轉移不泥拘其故也

衆此章可與無遺莫章衆看

○孟子曰大人者不失其赤子之心者也

蒙存合大人者原來是不失其赤子之心者也非謂只不失赤子之心便是大人如此則赤子亦可謂之大人乎言大人之于赤子其地位相去固有間矣然大人之所以為大人者乃正以其不失夫赤子之心者也蓋赤子者純乎良知良能之天而他未有所知所能者也若大人則自良知而充之以至于無所不知自良能而充之以至於無所不能方喚做大人蓋大人之心通達萬变赤子之心則純一無偽然通達萬变實自純一無偽（不失赤子之心只是不失其本初耳充之之謂最合）

中來若夫子赤子之心亦無由以至於大人矣

○孟子曰養生者不足以當大事惟送死可以當大事

衆生事死葬皆當以理其不可輕忽均也孟子非謂養生為輕但以常变從容急遽較之則送死比養生為尤重大耳為字訓當字非担當之當

○孟子曰君子深造之以道欲其自得之也自得之則居之安居之安則資之深資之深則取之左右逢其原故君子欲其自得之也

蒙引深造字固重以道字尤重觀註有所持循字面可見深造

之以道猶云以道而深造之也凡深造須是以道強探力取不得

存疑深造是既下工夫又下工夫進進不已直欲到那至善地位道是進為之方不過學問思辨篤行而已兼知行說

蒙引居之安資之深取之左右逢其原乃自得之後一時俱到非有節次也亦非可謂自得之功效也蓋自得便是功效更無自得之效所以必言此節次者蓋自得之者此理為已有也所以貴於已有者以其於應事接物之際得受用也故始言居之安猶全是說內面次言資之深則漸說外去又次言左右逢其

原則正說受用其所自得者也末一句要繳深造之以道故君子欲其自得之也夫既欲其自得之也則豈可不深造之以道哉

○孟子曰博學而詳說之將以反說約也

蒙引約字是死字須把博字詳字對約字看蓋博與詳求之於萬者也約則要之于一者也所以然者萬理悉統于一心之內而實散布於事物之間文者載乎事物之理而約寔不外焉者也惟學之博而說之詳久之則知萬理一源而一以貫乎萬矣蓋非一無以貫乎萬然非萬將亦不見乎一之所貫

參反猶還也天下道理博都從約裏生出來故學者窮理終須從博反入約去如人從家裏出外終必從外而反於家也反說約謂說而反于約也博學而詳說其理直欲融會貫通反而說到理所從出之地而得其至約之原是謂反約

○孟子曰以善服人者未有能服人者也以善養人然後能服天下天下不心服而王者未之有也

參以善養人謂有善於身而教化撫字使人同歸于善也

蒙引以善服人者有挾其善之意只此一點心便自服不得人了以善養人便是恥獨為君子存心天下其誰不服豈有不得

天下心服而可王天下者哉

存疑以善服人亦服得人但未出于中心之誠然故曰未有能服人者也以善養人所以能服天下者緣他一心如天地之于萬物無不生無不養物之被其生養者亦皆感其恩戴其德無不丕應也

參以善養人四句當從王者伯者服當時諸侯處想像比切朱子小註及張南軒語極為穩切不可入教養百姓上講與井田學校孝弟忠信勞來匡直等無干閒話

○孟子曰言無實不祥不祥之實蔽賢者當之

存疑依前說兩實字皆同後說則兩寔字不同

蒙引蓋蔽賢便是言也蔽賢之言害及天下國家以至無窮所以特以不祥歸之

○徐子曰仲尼亟稱於水曰水哉水哉何取於水也　孟子曰原泉混混不舍晝夜盈科而後進放乎四海有本者如是是之取爾

叅水哉水哉只是稱水亟字另在外不可就以重言為亟稱

存疑源泉是一頭下文是三項說混混不舍晝夜是不已盈科而後進是漸進放乎四海是以至于極

蒙引源泉固是有本者然且放輕讀慢露此意來至有本者如

是方好着寔說

苟為無本七八月之間雨集溝澮皆盈其涸也可立而待也故聲聞過情君子恥之

蒙存合苟為無本即承有本者說去七八月之間雨集溝澮皆盈則與盈科而後進者異矣其涸也可立而待則與放乎四海者異矣行之無寔不猶無源之水乎暴得虛譽猶七八月之溝澮皆盈也虛譽終不能久猶其涸之可立待也故君子恥之曰君子恥之則非仲尼之所恥矣

叅過情之譽在君子未嘗有此事而不可不有此念夫子曰我

非生而知之者若聖與仁則吾豈敢之類是也

○孟子曰人之所以異於禽獸者幾希庶民去之君子存之

蒙引人之所以異於禽獸者幾希言其小異也欲究其所以小異處必先言其無異然後就中別其異乃見其小異也同得天地之理以為性同得天地之氣以為形此其無異者也雖同得天地之理氣而人乃獨得其形氣之正而有以全其性是無異中之小異也如此解庶得幾希者之來歷分明但雖得其來歷分明而孟子所謂幾希之本旨則不盡然者故隨延之曰雖曰小異然人物之所以分實在于此則知孟子所謂幾希者其指

甚重而非輕之曰幾希也○朱子曰存是存所以異于禽獸之道理今人自謂能存只是存其與禽獸同者耳

舜明於庶物察於人倫由仁義行非行仁義也

蒙引此是明其能全夫所謂幾希也其所明所盡也

叅存之者猶待於用力舜則身即理〻即身渾然無際所由直是所謂幾希者而已當分知行不可分先後蓋聖人生知安行無先知後行之理○仁義之理根於心而行於庶物人倫之間非行仁義明其不待於存之也

存疑聖人之心一理渾然沖漠無朕之中萬象森然已備是仁

義已根於心也待感物而動則擴其中之所有者而發之於外都是由那本來底行也這行字不着力行仁義是仁義未得於已總用功去行他欲使其得於已故行字着力

參明察非聖人有意詳畧蓋理有緩急知之自如此也無物至賾安能一一仔細但識其理而已

○孟子曰禹惡旨酒而好善言

存疑惡旨酒以其足以害治也好善言以其足以為治也

湯執中立賢無方

蒙引朱子曰這執中與子莫執中不同謂只是事事恰好無過

不及而已

存疑立賢無方只在用伊尹上見得自古未有起自匹夫遂作相者

文王視民如傷望道而未之見

參視民如傷便是民已無傷望道如未見便是道已有見只為愛民深求道切而其心不自滿足故視之如有傷望之如未見也觀註兩箇已字猶字只是形容文王一箇無窮之心非真有傷未見也

武王不泄邇不忘遠

存疑以人言若侍御僕從之在左右邇也賢人之在側陋親賢之藩屏於外遠也以事言如日用之間起居食息隨身而在邇也民生休戚國家利害或在千里之外耳目所不及見或在數十年之後事机之未露遠也

周公思兼三王以施四事其有不合者仰而思之夜以繼日幸而得之坐以待旦

參以上四條以人言是三代之王故曰三王以事言則四聖之事故曰四事兼三王施四事一直說不可對講言思兼三王之四事而施之也思兼不可謂集大成不合蒙引存疑俱說四事

之外看謂四事無不合之可言也看註語意似乃是四事不合大全饒氏亦看註兩箇事字一般似亦有理蓋四事為古今所同者心之同也至於舉行時豈無時勢有礙處故又須思其理而後可行其事也仰者以臣仰慕乎君以今仰追乎古皆曰仰思是謂思其理也得謂得其因勢隨時之理也蓋古之事未必一一可行但即今之時與勢其理所當為者不過如此是亦一得也思其理以心言故曰夜以繼日言日與夜皆思也急于行以事言故曰坐以待旦夜則無事可行也總皆切切于思又切切于行其思與行即是思兼以施四事故憂勤惕厲通承一節

不專重下䧘○此章與前章及後二章合四章通看即由堯舜至於湯一章書也由堯舜章不言武王周公因此章互見耳禹列之見知而周公不與太公散宜生並稱見知皆參差互見看來禹之功合併之皆堯舜之治而於道統自當稱見知此章特舉一二事以概其心法周公之功則擴武王所未及故稱兼三王施四事與四聖並稱惡旨酒好善言等皆就聖人行事指一二言之故稱孔子亦止言其義則丘竊取之專言作春秋與由堯舜章叙道統不專一事者不同語意詳略先後非有偏重

○孟子曰王者之迹熄而詩亡詩亡然後春秋作

蒙引政教號令以其見於行事故謂之迹熄者止而不能復行也○二雅之詩先王政教號令有寓焉詩亡謂雅詩亡黍離降為國風天下無復有雅也不然邶鄘諸詩春秋時多何以謂之亡

存疑詩有風雅風者民俗歌謠之詩雅者朝會燕享之樂受釐陳戒之辭也王者迹熄則朝會燕享不行無復受釐陳戒之事矣爲得有雅詩其閒大夫君子雖有作若黍離之類然其氣象萎薾亦與列國之詩無異不復得入雅矣

蒙存合雅詩既亡則上陵下僭誅溪放而亂賊横人欲肆而天理滅聖人於是即魯史舊文而修春秋以定天下之邪正立百王之大法此春秋所以作也是王者之迹雖熄而王者之法猶賴以存使春秋不作則王法掃地盡矣新安曰其事迹始載于春秋非也春秋自伯禽受封雅詩未亡之時已有之豈待至雅詩既亡而後有聖人特即魯史舊文而修之以為經故謂之作耳

晉之乘楚之檮杌魯之春秋一也

蒙引晉之乘三句平講一也總承上意重春秋蓋以晉楚之史例魯見其均為記事之書孔子特因舊文而修之耳晉之乘或曰

記載時事之名為是但趙註在前說者多從之楚之檮杌取二凶人之號以名史義在記惡垂戒而已春秋每年四時各有記事特錯舉二時以為書名作此句題不可便填寫春秋講意方與其文則史其義則丘竊取相合

其事則齊桓晉文其文則史孔子曰其義則丘竊取之矣

存疑春秋始終之事皆五伯迭興主之獨稱桓文舉其最盛者言也二其字皆指春秋文即記事之文義即其文之義義者事之宜春秋之當褒當貶當予當奪以至抑揚進退皆有至當恰好者在即是事理之宜而為春秋之義也聖人舉魯史之舊文

而裁取之其間褒貶予奪抑揚進退舉允立例時措從宜皆出
聖人胸中之經濟所謂立法創制斷自聖心也
參單舉桓文猶四時專舉春秋也言桓文不獨秦穆楚莊宋襄
在内即晉悼晉平吳夫差與夫大夫專盟陪臣執政歷數二公
之事皆在其中若專講桓文可謂詞害意矣
蒙引此段文意歸在末句其事則齊桓晉文也其文則史也竊
取其義則是假事以明義而非盡舊史之文矣取裁定也〇上
一節是原春秋之書所由作下二節是推春秋之義所由定書
所由作由迹熄而詩亡義所由定因魯史而筆削

〇孟子曰君子之澤五世而斬小人之澤五世而斬　予未得為
孔子徒也予私淑諸人也
蒙引澤本水之餘潤也以德業之遺於後者言蓋物皆有迹惟
風與韻無迹此言迹已逝而風韻猶在也〇孔子之澤雖萬世
不斬以五世言者主在去聖人之世未遠上說見已於孔子猶
在五世之内也
存疑言把孔子之道私竊以善其身於在人處註嫌其句倒且
長難讀故轉用之
參此君子小人泛論有位無位者言此等大約五世而絕非若

舜禹湯文武周公孔子其道千百世相傳無終窮也蓋言聖道
之傳與天地為終始非平常君子小人可以世澤限者比也而
況孔子去今未遠又在百年之近得私淑諸人則其傳道之確
有可以自任者不待言矣語意如此蒙引極確
〇孟子曰可以取可以無取取傷廉可以與可以無與與傷惠可
以死可以無死死傷勇
蒙引不苟取之謂廉方其物之未受也初見若可以取矣再思
之則可以無取焉既可以無取則孰弗取可也而乃竟取之是
為苟取害於廉矣以物與人為惠方其將有與也初見若可以

與矣及再思之則可以無與焉既如是則孰弗與可也而乃竟
與之是為與所不當與非惠之正也則亦反傷其惠能死為勇
方其當利害之衝初見若可以死矣及再思之則可以無死焉
既如是則孰勿死可也而乃竟死焉是為死所不當死非勇之
正也則亦反傷其勇辭雖平寬重在下兩段上
存疑傷廉不及也傷惠傷勇過也此為賢者過之者發
〇逢蒙學射於羿盡羿之道思天下惟羿為愈已於是殺羿孟子
曰是亦羿有罪焉公明儀曰宜若無罪焉曰薄乎云爾惡得無罪
參羿遷於窮石故為有窮之君張南軒曰羿篡夏自立使蒙以

羲討雖學射何罪之有惟以私忌殺之故為殺其師耳孟子不罪蒙而罪羿蒙之罪不待言也是亦羿有罪一句是此章斷案含不知人意故下文以孺子之事明之公明儀四句舊說謂與孟子問答之言一說宜若無罪是孟子引公明儀之言薄乎云爾是孟子推公明儀宜若之意蓋以公明儀古人不得與孟子相問答也還從此說為長

鄭人使子濯孺子侵衛衛使庾公之斯追之子濯孺子曰今日我疾作不可以執弓吾死矣夫問其僕曰追我者誰也其僕曰庾公之斯也曰吾生矣其僕曰庾公之斯衛之善射者也夫子曰吾生

何謂也曰庾公之斯學射於尹公之他尹公之他學射於我夫尹公之他端人也其取友必端矣庾公之斯至曰夫子何為不執弓曰今日我疾作不可以執弓曰小人學射於尹公之他尹公之他學射於夫子我不忍以夫子之道反害夫子雖然今日之事君事也我不敢廢抽矢扣輪去其金發乘矢而後反

〔叅〕按此節語意則羿之罪不在知人之不明而在于立已之不正大意重在夫尹公之他端人也三句〇程子曰孺子事孟子只取其不背師耳若國之安危在此一舉則殺之可也舍之而無害於國權輕重可也何用虛發四矢哉

〇孟子曰西子蒙不潔則人皆掩鼻而過之　雖有惡人齋戒沐浴則可以事上帝

〔叅〕上節言人性本善而或染于氣習之惡則為喪善故以西子潔喻之有慨惜之意下節言人雖染于氣習之惡而能反其本然之善則為自新故以惡人齋戒喻之有激發之意二節並言見善而自喪則歸于惡：而自新則進于善只在一念轉移之間與舜跖之分同意

〔蒙引〕此是設言非實事也其辭以貌言其意以行言

〇孟子曰天下之言性也則故而已矣故者以利為本

〔蒙引〕故其已然之迹利謂迹之自然也故者以利為本此是自明其所謂故者之本言以其自然者為主也

〔存疑〕利對害逆說蓋言性固必驗之故言故又必本之順若其故之逆亦不足以言性矣

〔叅〕故與利不並重故字虛輕看利字實重看謂以故言性者當以利為本也故猶故事故紙之故謂見於行事已往之舊迹也所性之理雖無形而難知而發見之故則有迹而可見故言性者但言其故則知其為性之發而性之理可知也然故之迹有善有惡善者順其自然謂之利惡者逆其自然則非利矣言故

而不以利則故有惡者遂以性為惡故有善惡相雜者遂以性
為善惡混安可以故論性也故論性以故者除却逆惡不言惟
其率性自然而為利者言之則觀故之善而性之善可知也如
言水之性于其流之就下者乃為水之性若過顙在山則豈水
之性哉故曰天下之言性則故而已矣故者以利為本近日欲
把性字為吾性中固有之故此說不合註且以下面治水天道
二節照看凢從朱註有理予看羅一峰心考篇云交於物而形
迹昭為則謂之故猶易所謂感而遂通天下之故是也此說最
合

所謂於智者為其鑿也如智者若禹之行水也則無惡於智矣禹
之行水也行其所無事也如智者亦行其所無事則智亦大矣
蒙引所惡於智者與下文兩箇如智者皆指當時之所謂智者
言畢竟是小智也○所惡於智者為其不知順利之理而鑿之
也如智者若禹之行水也則無惡于智矣何則禹之行水也順
其順利之理而行其所無事也行其所無事者謂順其自然之
故也
存疑為其鑿是承故者以利為本說來言務穿鑿而不順利也
曰所惡于智者為其鑿又曰如智者若禹之行水則無惡于智

見得禹之行水不鑿也下曰禹之行水也行其所無事正是言
其不鑿○禹之行水也行其所無事至則智亦大矣畢解如智
者若禹之行水兩句如智者亦行其所無事則智亦大智大則
無惡矣
天之高也星辰之遠也苟求其故千歲之日至可坐而致也
蒙引求其故求天與星辰之故也千歲之日至只是既往者以
天與星辰數之已然者求之循次而上遂可得千歲之日至蓋
先就今日逆推到源頭處然後從源頭歷歷推其未來者始不
差初閒是泝流而尋源後來却是自源而推流曰至者長至之

初到推致而得也
存疑此是舉至難以明至易也言天之高星辰之遠其日至之
度至難得也苟即其故求之無有不得而況事物之近者哉總
是一言第二節意
蒙引不可以言性一節遂為智者之事蓋首節是論理之自然
下二節方言人能順其自然之理乃為智也若謂言性以故利
為本亦是智則下文是就處事上說智而此章智分言行矣○
此章見得理本自然而人當知順其自然也次節似言利然利
即故之利末節似言故然故即其利者也不可依新安之說拨

分故與利
○公行子有子之喪右師往弔入門有進而與右師言者有就右
師之位而與右師言者　孟子不與右師言右師不悅曰諸君子
皆與驩言孟子獨不與驩言是簡驩也　孟子聞之曰禮朝廷不
歷位而相與言不踰階而相揖也我欲行禮子敖以我為簡不亦
異乎
蒙引不與右師言是未就位及已就位始終皆不與之言也故
右師銜之○明白說出分明是挾其寵幸而怒孟子之不見親
順是只以衆人待孟子

存疑位是本身站立位次階是朝官敘列班行階有許多人位
只已一人故有同階而異位者兼言揖者與言者必與揖此兩
句亦禮之成文也
蒙引異怪也不可謂異於禮
○孟子曰君子所以異於人者以其存心也君子以仁存心以禮
存心
蒙引以其存心謂心中常有所存主也
存疑言君子所以異於人者以其存心也其所存心者仁礼也
存心二句是總腦下文三自反正是說仁禮存心處觀後註存
心不苟一句可見
參所謂存心者心常在內而不忘失也這工夫即終食不違造
次顛沛必于是之意下文二自反終身憂正是存心之密處仁
禮指心言勿指理言觀下文忠字即仁禮之存心也自愛心而
言曰仁自敬心而言曰礼以愛為心而一念無所私是以仁存
心以敬為心而一念無所慢是以禮存心不可云以仁禮之理
存于心也
仁者愛人有禮者敬人　愛人者人恒愛之敬人者人恒敬之
蒙引此仁禮之施一句似太丁寧所謂仁禮正指用上說以仁

禮存心者言其常存愛人敬人之心非謂以仁禮存心而施於
人則愛敬也愛人者二句亦言其理之常耳至于人之待以橫
逆拂於常理乃亦常理自反云
存疑仁者四句一氣讀說下是欲起三自反意且未重卻于
此分仁礼之施仁禮之驗似贅
參恒常也對變看不對暫看我愛敬人人亦愛敬我此常理也
故觀人之愛敬可以驗吾之仁礼不然必其仁禮未至也仁禮
至而人不愛敬則變耳
有人於此其待我以橫逆則君子必自反也我必不仁也必無禮

也此物奚宜至哉　其自反而仁矣自反而有禮矣其橫逆由是
也君子必自反也我必不忠　自反而忠矣其橫逆由是也君子
曰此亦妄人也已矣如此則與禽獸奚擇哉於禽獸又何難焉
蒙引待我以橫逆不我愛我敬也則君子必自反也我必不仁
必無禮而不愛敬人不然此物奚宜至哉
存疑難患也因他橫逆心中為所苦此是被他難也既是妄人
我無不是處故不必為他難言不為之橫於胸次也前面我必
不仁我必不忠這還是為他難
叅曰何難亦非棄之也猶不已其愛敬之施蓋吾盡吾是安可

以彼之非而遂廢吾之愛敬也所以為存心之容
是故君子有終身之憂無一朝之患也乃若所憂則有之舜人也
我亦人也舜為法於天下可傳於後世我由未免為鄉人也是則
可憂也憂之如何如舜而已矣若夫君子所患則亡矣非仁無為
也非禮無行也如有一朝之患則君子不患矣
存疑君子有終身之憂二句是隱括上五節之意仁者愛人至
我必不忠是有終身之憂自反而忠至又何難焉是無一朝之
患
蒙引終身二字要得分明以仁禮存諸心則無一息之或忘矣
終身即仁礼二字

或待我以橫逆既自反其仁禮矣猶未也又自反其忠可見此
心常存念念不忘時時照管惟恐有一毫不自盡處非終身之
憂而何○憂由內出患自外至一朝卒然之意言其近小也正
對終身而言終身之憂在我者也故君子必自盡一朝之患不
在我者也故君子不患為蓋雖有卒至之變而不以為患只是
心無愧也為法于天下是天下之人皆愛之敬之也可傳于後
世是後世之人皆愛之敬之也
存疑舜之仁禮上能化其頑嚚之親下能化其傲弟故可法當
時而傳後世我之仁礼未能解人之橫逆是未免為鄉人也憂

之如何如舜而已矣總在三自反之內蓋其所以自反而仁禮
自反而忠只是欲求到舜地位也憂之必至如舜而後已此其
所以為終身之憂
叅君子三自反不得已而以禽獸目人則亦已矣而又憂其不
如舜者何也舜能化傲象格有苗是不使妄人終為禽獸也則
憂必如舜比上三自反又進一層
〇禹稷當平世三過其門而不入孔子賢之　顏子當亂世居於
陋巷一簞食一瓢飲人不堪其憂顏子不改其樂孔子賢之
叅下箇平世亂世字此有意在蓋平世正宜安於無事而乃過

門不入亂世正宜急於有為而乃不改其樂宜若於有嘗也而
孔子却皆賢之
蒙引兩箇出處行實不同而孔子皆以為賢孟子便從此生議
論了孟子之言皆所以發孔子之意
孟子曰禹稷顔回同道　禹思天下有溺者由已溺之也稷思天
下有饑者由已饑之也是以如是其急也　禹稷顔子易地則皆
然
蒙存合謂禹稷顔回一則進而救民一則退而修已其事不同
矣然其實禹稷顔回同道何也道者事理之當然也禹既身任

治水之職則天下有溺者實禹之責而思天下之溺猶已溺之
稷既身任教稼穡之職則天下有飢者實稷之責而思天下之
饑由已饑之是以過門不入如是其急也若顔子不任其職則
自無此責矣故得從容獨樂于陋巷之中也此條要補此意可
見禹稷之救民是其道當救民顔子之修已是其道當修已使
禹稷顔子易地而處則皆能為之可見禹稷弗偏於救民顔子
非偏于修已其救民其修已所處之地當然也非禹稷顔回同
道而何此孔子所以於禹稷賢之於顔子亦賢之正以隨所處
而各盡其道也意已盡于此下文只是譬喻

今有同室之人鬭者救之雖被髮纓冠而救之可也　鄉鄰有鬭
者被髮纓冠而往救之則惑也雖閉戶可也
參同室曰可也見同室之鬭無不救之理而禹稷視天下猶同
室矣鄉鄰曰惑見鄉鄰之鬭無可救之理而顔子視天下猶鄉
鄰矣只看時如何心便如何故曰同道
○公都子曰匡章通國皆稱不孝焉夫子與之遊又從而禮貌之
敢問何也　孟子曰世俗所謂不孝者五惰其四支不顧父母之
養一不孝也博奕好飲酒不顧父母之養二不孝也好貨財私妻
子不顧父母之養三不孝也從耳目之欲以為父母戮四不孝也

好勇鬭狠以危父母五不孝也章子有一於是乎　夫章子子父
責善而不相遇也　責善朋友之道也父子責善賊恩之大者
夫章子豈不欲有夫妻子母之屬哉為得罪於父不得近出妻屏
子終身不養焉其設心以為不若是是則罪之大者是則章子已
矣
蒙引言五不孝之目皆章子所無然則章子所不得於其父者
其不遇之實何居蓋章子者子父責善而不相遇也○如何說
惟朋友可責善父子便不可責善蓋朋友以義合責善不納便
可以去若父子責善一不合便至離開交所以聖人謹之

存疑責善而不相遇則非世俗之所謂不孝然以朋友之道用於父子之間而致有賊恩之大變則亦不得為孝矣此兩節相承之意

叅罪之大要明白章子以為吾既得罪於父已有罪矣而反受妻子之養罪豈不益大所以出而屏之是則句捴承說言始也徒以責善之故而不得於親終也遂以得罪于父之故而深自貶損非寔有五不孝之寔於其身也蓋其行若可絕而其志有可哀者是則章子已矣

○曾子居武城有越寇或曰寇至盍去諸曰無寓人於我室毀傷

其薪木寇退則曰修我牆屋我將反寇退曾子反左右曰待先生如此其忠且敬也寇至則先去以為民望寇退則反殆於不可沈猶行曰是非汝所知也昔沈猶有負芻之禍從先生者七十人未有與焉　子思居於衛有齊寇或曰寇至盍去諸子思曰如伋去君誰與守　孟子曰曾子子思同道曾子師也父兄也子思臣也微也曾子子思易地則皆然

蒙存合曾子節言待先生執有師意子思節言君誰與守䟽有臣意子思未嘗死難註云死難者有為君死之心也同道是孟子即其事而斷之下六句正詳其所以為同師對臣看父兄對微看微卑也父兄只當一尊字蓋以師視子弟則為尊以臣視君則為卑非謂子思官職卑也既曰父兄無死子弟之理故寇至而去寇退而反師之道當然也若委質為臣無遇難而逃之理故與君同守而不去臣之道當然也事迹不同當然之理則一故曰同道

○儲子曰王使人瞷夫子果有以異於人乎孟子曰何以異於人哉堯舜與人同耳

蒙引使人瞷夫子是令人窺其燕居獨處之時動靜語默之間果與常人不類乎若其容貌則王必已見之矣

存疑果有以異於人乎不與瞷夫子相接了乃儲子自以其意問也至荅何以異於人哉又不止在動靜語默上說矣

叅不異於人勿云形性之同但云我之所為非有甚高異常之事耳以堯舜為言見大聖人亦無甚異於人王以我為異乎此即人皆可以為堯舜之意所以進儲子而引齊王也

○齊人有一妻一妾而處室者其良人出則必饜酒肉而後反其妻問所與飲食者則盡富貴也其妻告其妾曰良人出則必饜酒肉而後反問其與飲食者盡富貴也而未嘗有顯者來吾將瞷良人之所之也蚤起施從良人之所之徧國中無與立談者卒之東

郭墦間之祭者乞其餘不足又顧而之他此其為饜足之道也其妻歸告其妾曰良人者所仰望而終身也今若此與其妾訕其良人而相泣於中庭而良人未之知也施施從外來驕其妻妾　由君子觀之則人之所以求富貴利達者其妻妾不羞也而不相泣者幾希矣

參〔〕驕妻妾者徒知以得為貴而不知所以得之者可賤也妻妾知其可賤而已不知為欲所蔽故耳○由常人觀之必以為今之求仕者可以榮其妻妾未必如齊人之可羞也由求仕者自觀亦必以為我之得仕足以為妻妾之奉不自知其可羞如齊

人也若由守義之君子明於出處潔於去就者觀之則今人之所以求富貴利達而得此頤彼者一如乞墦之行也幸而不為妻子之見故得以驕人於白日耳使或見之其不為所羞而泣者少矣

合參四書蒙引存疑定解卷之十八

萬章上

萬章問曰舜往于田號泣于旻天何為其號泣也孟子曰怨慕也

怨由慕生正是一體承上說來已之盡情

蒙〔〕存合怨慕二字相因以已有罪不能得乎親自怨則一心只是思慕乎親思慕乎親者必欲得之也蓋怨在已則所慕在親矣方未得乎親之時則怨慕二字俱當用及既得乎親只當用慕字故孟子始則曰怨慕終只曰慕

參〔〕怨者戚戚然若有所歉慕者皇皇然若有所求蓋舜之不得乎親其心必反到人所不知而已所獨知之處若但說怨已之

故下公明高以為是非爾所知

不得乎親而思慕終疑於怨天尤人矣

萬章曰父母愛之喜而不忘父母惡之勞而不怨然則舜怨乎曰長息問於公明高曰舜往于田則吾既得聞命矣號泣于旻天于父母則吾不知也公明高曰是非爾所知也夫公明高以孝子之心為不若是恝我竭力耕田供為子職而已矣父母之不我愛於我何哉

存〔〕疑言在公明高以孝子之心不得乎親不能若是恝然不介懷以為我竭力耕田只惟供為子職而已矣今父母之不我愛必是子職有未盡不然此物奚宜至哉此其怨慕之意也

参何六子曰人之于人一個忍字壞了人之于父母一個懟字壞了

蒙引於我何哉者負罪引慝日夕惟思惟其所以得罪於親之故而不可得皇皇無措而不容釋者也最得大舜怨慕之情狀

蓋惟求所以不得乎親之故而不可得方知其所以圖得其親者無所不至矣

帝使其子九男二女百官牛羊倉廩備以事舜於畎畝之中天下之士多就之者帝將胥天下而遷之爲爲不順於父母如窮人無所歸

蒙引帝使其子九男二女百官牛羊倉廩備以事舜於畎畝之中一也天下之士多就之者二也帝將胥天下而遷之爲三也下文所謂富貴即帝將胥天下而遷之人悅即天下之士多就之妻帝之二女便是二女事之至于百官九男倉廩則又在所略蓋聖賢說話正不必拘拘於湊合然大意則是如此備字項百官牛羊倉廩三項兗老而舜攝攸分明是與舜共天下遷之則盡轉而付之註相視也胥正訓相視字是足他意

参說者皆以此節爲承上文言舜怨慕之實看來不是蓋此上只就其往于田說此又說到九男二女等處可見不是一意了

謂舜之怨慕豈惟號泣于往田之際哉帝使云云蓋至此等可樂之地宜若可以自適矣而亦未嘗不怨慕也窮人正與上相對蓋窮人則無妻子之可養無人之可依無富貴之可樂者也

下文數个憂字正是如窮人無所歸（摠是）○何六子曰玩爲不順于父母之意乃孟子從底豫後追論舜之心事如此此所謂終身慕不可認真而以詞害意也

天下之士悅之人之所欲也而不足以解憂好色人之所欲妻帝之二女而不足以解憂富人之所欲富有天下而不足以解憂貴人之所欲貴為天子而不足以解憂人悅之好色富貴無足以解

憂者惟順於父母可以解憂

存疑重末句順於父母即所謂諭親于道而未始有違者也此二節總是言雖極天下之欲靡所不遂時尚猶怨慕見得不特往田之時怨慕也此真個有一日不順於父母則有一日不解憂者故末節遂以大孝終身慕父母歸之

人少則慕父母知好色則慕少艾有妻子則慕妻子仕則慕君不得於君則熱中大孝終身慕父母五十而慕者予於大舜見之矣

蒙引五十而慕非怨慕也蓋瞽瞍未底豫之前舜之慕乃所謂父母惡之勞而不怨也既底豫之後舜之慕乃所謂父母愛之

喜而不忘也

叅一則曰為不順於父母如窮人無所歸再則曰惟順於父母可以解憂蓋順則慕不順則怨慕其順又怨其不順兩念合為一念一窮字六憂字這裡面怨慕兩意俱有須知怨也只要伸其慕故但見其慕而不見其怨所以三節併說一怨字下文單只說數個慕字也

○萬章問曰詩云娶妻如之何必告父母信斯言也宜莫如舜舜之不告而娶何也孟子曰告則不得娶男女居室人之大倫也如告則廢人之大倫以懟父母是以不告也

叅章引詩意言經以載道至聖如舜正盡道之人故曰宜莫如舜不得娶不聽其娶也人之大倫就上承宗祀下繼後世說見不可廢之意余謂大倫即就上男女居室看蓋夫婦乃五倫中之一倫也似壞經廢了大倫又徒取父母仇疾一場是以不告則既免於廢倫又不見懟于父母蓋不得已而行權也

萬章曰舜之不告而娶則吾既得聞命矣帝之妻舜而不告何也曰帝亦知告焉則不得妻也

叅帝亦知告焉則不得妻一句舊說帝妻舜而不告只是不告瞽瞍或謂天子妻人無告而不得之理還是帝妻舜而聽舜之不告者亦知舜之告焉而不得妻也此意甚好但又添一聽字不如舊說為順蓋告于瞽瞍瞽瞍有不樂之心舜欲從君之命又恐違親之心便妻不成故但以君治命亦不告而妻也

萬章曰父母使舜完廩捐階瞽瞍焚廩使浚井出從而揜之象曰謨蓋都君咸我績牛羊父母倉廩父母干戈朕琴朕弤朕二嫂使治朕棲象往入舜宮舜在牀琴象曰鬱陶思君爾忸怩舜曰惟茲臣庶汝其于予治不識舜不知象之將殺已與曰奚而不知也象憂亦憂象喜亦喜

叅忸怩是記者之言蓋象有愧心便有慚色舜亦不知之耳臣

庶汝治皆舜喜弟之来以富貴與共之意非托以國家人民之責也觀下章封有庳意便見存疑作看視說亦無着落象憂二句略推開說不専只此一事見聖人待弟至情憂喜渾然無間雖知其將殺已亦忘之也就此章（渾說尤妥）鬱陶句是象喜臣庶汝治是舜喜大全以象疾舜為象憂舜憂其何以使象至此為亦憂未是

蒙引象憂亦憂是伴象喜亦喜說重在下句言舜雖知象之將殺已然見其来而喜則又有不自覺者

叅何六子曰此處見舜之察於人倫由仁義行非行仁義也

曰然則舜偽喜者與曰否昔者有饋生魚於鄭子産子産使校人畜之池校人烹之反命曰始舍之圉圉焉少則洋洋焉攸然而逝子産曰得其所哉得其所哉校人出曰孰謂子産智予既烹而食之曰得其所哉得其所哉故君子可欺以其方難罔以非其道彼以愛兄之道來故誠信而喜之奚偽焉

存疑偽喜謂既知殺己而猶喜之以為偽意此以常人之心度聖人也聖人心純天理孝友一念惻怛真誠何計其他故孟子直曰誠喜君子可欺二句承上起下只是泛言不可指子産亦不可指舜

蒙引可欺以其方泛說而子産事在其中言子産令校人放魚校人俟之云云此自理之所有者子産安得不信許氏謂魚之水有攸然而逝之理此句恐未盡觀校人出曰云云則不專指攸然而逝一句明矣不要將信字帶誠字信與喜相連謂真實信之喜之也

○萬章問曰象日以殺舜為事立為天子則放之何也孟子曰封之也或曰放焉

蒙引或為天子則放之萬章疑其當誅以放為過孟子言舜不但放之而且封之或者不知以為放也

萬章曰舜流共工于幽州放驩兜于崇山殺三苗于三危殛鯀于羽山四罪而天下咸服誅不仁也象至不仁封之有庳有庳之人奚罪焉仁人固如是乎在他人則誅之在弟則封之曰仁人之於弟也不藏怒焉不宿怨焉親愛之而已矣親之欲其貴也愛之欲其富也封之有庳富貴之也身為天子弟為匹夫可謂親愛之乎

蒙引幽州北裔崇山南裔三危西裔羽山東裔所謂投諸四裔也流放殺殛隨罪之輕重而異法書曰竄三苗此曰殺竄之死地即殺之也殛書解拘囚觀今此解曰誅拘囚不赦亦誅之也四罪謂罪此四人而誅之也天下咸服服其用刑之當罪也仁

人固如是乎帶下二句讀言他人之不仁則誅弟之不仁則封安得為仁人然曰他人曰弟自當有辨故孟子即以為仁人

存疑仁人之於弟也此句便見處弟與處他人不同以下正言舜所以為仁處怒是忿怒怨是怨恨藏宿二字都從後日為天子不復追念前日殺己事而來但在舜直是無怨無怒非有怒有怨而不藏不宿也親是親密而不疏意愛是憐愛而不爭意曰而已矣者見只知有親愛此外可怒可怨都不知了親愛屬富貴不是互言

敢問或曰放者何謂也曰象不得有為於其國天子使吏治其國

而納其貢稅焉故謂之放豈得暴彼民哉雖然欲常常而見之故源源而來不及貢以政接於有庳此之謂也

叅‖故謂之放解或曰放意豈得暴彼民應有庳奚罪意言象雖不仁不得以暴有庳之民則舜不誅象未為不仁也雖然又轉一意言使吏治國不但使象不得暴民又欲使象無治國之責得以源源來見也此来見與朝貢之期不同〇不及貢二句存疑〇不字直貫下朝貢即有政事謂不及朝貢以政事之時而後接有庳之君凡遇暇時皆可見也〇蒙引不及貢斷句謂朝貢見諸侯則什政事接有庳則不及朝貢之期即以政事見之也二說存疑較勝一說不及貢謂不拘時而見耒是此之謂指常常而見源源而來之謂

〇咸丘蒙問曰語云盛德之士君不得而臣父不得而子舜南面而立堯帥諸侯北面而朝之瞽瞍亦北面而朝之舜見瞽瞍其容有蹙孔子曰於斯時也天下殆哉岌岌乎不識此語誠然乎哉孟子曰否此非君子之言齊東野人之語也堯老而舜攝也堯典曰二十有八載放勳乃徂落百姓如喪考妣三年四海遏密八音孔子曰天無二日民無二王舜既為天子矣又帥天下諸侯以為堯三年喪是二天子矣

蒙‖引語云與末句此語之語正同自盛德至岌岌乎皆咸丘蒙所引語也盛德之士三句又是齊東野人所舉者欲為下文責舜張本也為吾君者吾不得以為吾臣為吾父者吾不得以為吾子舜南面而立堯帥諸侯北面而朝之則是君而臣矣瞽瞍亦北面而朝之則是父而子矣此語本意云盛德之士其為臣也君亦不得以不善及之其為子也父亦不得以不善及之正本文所謂祗書云云者也但齊人錯認做別說耳獨言舜見瞽瞍其容有蹙意以父子天性尤有所不能安也故畧堯註言人倫乖亂則父子君臣皆人倫也豈以其臣堯為可乎齊東野人之語只是斥其非君子之言耳不必以為寔然堯老而舜攝言堯在特舜未嘗即天子位也又引堯典及孔子之言以証之明其無是事也百姓指畿內而言古者天子崩畿內百姓服斬衰期年今也百姓為之三年四海之民雖無服亦遏密八音而不作樂此數句是攙堯典事寔言之而以孔子民無二王之語斷之然都就無臣堯說惟此事有証佐在而其無臣父之理亦可并見矣咸丘蒙尤未諭故又有下文之疑

存疑‖蒙引曰言堯未死舜既為天子即是無堯為君了今又帥天下諸侯為堯三年喪是又以天子待堯豈不是二天子此說

不是使堯在時果以位禪舜舜為天子而已退居於無用之地及堯死便不以天子之禮待之耶且舜既為天子堯既死以天子待之何以見是二天子所謂是二天子者特以放勳徂落天下為服三年喪則堯分明是個天子在那裡死而天下為之服三年喪也若舜既為天子了堯死而又帥天下諸侯為堯服三年喪也豈不是二個天子蓋堯坐定是一個了舜又是一個豈有是理則堯在時舜未嘗為天子也堯何由北面朝之

咸丘蒙曰舜之不臣堯則吾既得聞命矣詩云普天之下莫非王土率土之濱莫非王臣而舜既為天子矣敢問瞽瞍之非臣如何

曰是詩也非是之謂也勞於王事而不得養父母也曰此莫非王事我獨賢勞也故說詩者不以文害辭不以辭害志以意逆志是為得之如以辭而已矣雲漢之詩曰周餘黎民靡有孑遺信斯言也是周無遺民也

蒙引咸丘蒙又有瞽瞍非臣之問蓋猶未喻上文之意而又引詩以為天子可臣其父也是詩也至賢勞也是明其說詩之非而因原其志之有所在故說詩以下是示以說詩之法而因言其詞之不可泥大意如此相連看

存疑普天之下莫非王土率土之濱莫非王臣辭也此莫非王事我獨賢勞志也若泥莫非王臣之辭則天子真可臣父而失不得奉養父母之志矣周餘黎民靡有孑遺辭也憂旱志也若泥靡遺之辭則民真个都無遺而失詩人憂旱之志矣

孝子之至莫大乎尊親尊親之至莫大乎以天下養為天子父尊之至也以天下養養之至也詩云永言孝思孝思維則此之謂也

蒙引言舜既為天子則瞽瞍為天子之父矣瞽瞍既為天子之父則當享天下之養矣此是據理而斷其無臣父之事也尊親養親字面正與使父北面而朝者相反若北面而朝則卑其親甚矣而非所以為尊也棄其親甚矣而非所以為養也便不足

謂之永言孝思而何以為天下之則哉不可先繳北面而後引詩

書曰祗載見瞽瞍夔夔齊栗瞽瞍亦允若是為父不得而子也

蒙引瞽瞍亦允若便是見化于子不能化其子反為子所化此所謂父不得而子之說也獨解此句不言君臣者蓋可說瞽瞍不能以不善及其子難說堯不能以不善及其臣聖賢說話就其通者言之耳

○萬章曰堯以天下與舜有諸孟子曰否天子不能以天下與人

叅天子不能以天下與人一句是此章大旨覌不能二字便見

天子主張不得則必有為之主者天也天不可見只于民心見之故章內或專言天便包民心或專言人便是驗天意或天人平言總是見天人一理

然則舜有天下也孰與之曰天與之　天與之者諄諄然命之乎曰否天不言以行與事示之而已矣　曰以行與事示之者如之何曰天子能薦人於天不能使天與之天下諸侯能薦人於天子不能使天子與之諸侯大夫能薦人於諸侯不能使諸侯與之大夫昔者堯薦舜於天而天受之暴之於民而民受之故曰天不言以行與事示之而已矣

蒙存合天與之空講行與事一般但自其出乎身謂行自其加乎民謂事如下文主祭主事俱是事皆自舜身上做出來使是天行示之者謂不言而示之以意也舜之行事無不如願便是天示以與舜之意天子能薦人六句重上二句下四句倒言之耳能薦而不能必便見天下之與非天子所能為也堯薦舜於天暴舜于民俱藏行事講但不可入寔下文主祭主事正言其寔也天受民受亦不可涉神享民安意

曰敢問薦之於天而天受之暴之於民而民受之如何曰使之主祭而百神享之是天受之使之主事而事治百姓安之是民受之也天與之人與之故曰天子不能以天下與人　舜相堯二十有八載非人之所能為也天也堯崩三年之喪畢舜避堯之子於南河之南天下諸侯朝覲者不之堯之子而之舜訟獄者不之堯之子而之舜謳歌者不謳歌堯之子而謳歌舜故曰天也夫然後之中國踐天子位焉而居堯之宮逼堯之子是篡也非天與也

存疑使之主祭而百神享之即書類于上帝禋于六宗望于山川徧于群神之事使之主事而事治百姓安之即慎徽五典五典克從納于百揆百揆時叙賓于四門四門穆穆之類也使之主祭一節是言舜之得天也相堯二十有八載三句又是言其所

以得天處堯崩以下又即舜為人心所歸以見其得天也

蒙引承上文云不特主祭而百神享主事而百姓安足以見其為天之所與自其攝政之久與其迫於朝覲訟獄謳歌之歸者觀之亦足以見其為天之所與也○舜相堯二十有八載所以為天者即下章所謂歷年多施澤於民久而為民心之所歸戴而不忍釋者故曰天也此章天字凡十有六惟此一天字以氣數言其餘天字以理言

存疑必待三年之喪畢然後避堯之子者葢君薨百官總己以聽於冢宰則三年之喪未畢舜尚攝天子之事也必待三年之

喪畢然後堯之子宜立故從而避之耳避之南河之南所以示天下之有嗣君也然朝覲者久被其賓接之禮訟獄者久被其欽恤之仁謳歌者久被其好生之德不歸堯之子而歸舜這人心所在即天意所在故曰天也此正應第二節天與之惟天之與舜避之而不可得然後之中國踐天子位荅人心實以承天意也

蒙引朝覲者人臣見君之通稱覲特見也訟獄訟爭獄也長聲為歌短聲為謳非至舜面前謳歌只是朝野閭詠歌舜之德耳

太誓曰天視自我民視天聽自我民聽此之謂也

蒙引謂太誓此言即吾所謂舜為人所歸即為天所與之意也

○萬章問曰人有言至於禹而德衰不傳於賢而傳於子有諸孟子曰否不然也天與賢則與賢天與子則與子昔者舜薦禹於天十有七年舜崩三年之喪畢禹避舜之子於陽城天下之民從之若堯崩之後不從堯之子而從舜也禹薦益於天七年禹崩三年之喪畢益避禹之子於箕山之陰朝覲訟獄者不之益而之啓曰吾君之子也謳歌者不謳歌益而謳歌啓曰吾君之子也

存疑天與賢則與賢天與子則與子見三聖之與賢與子皆出於天非堯舜傳賢而禹獨傳子也○昔者舜薦禹於天至若吾君之子也是說禹與堯舜皆欲與賢但堯舜與賢而民從之禹與賢而民不從以見禹未嘗欲與子也不言堯薦舜於天者已見在前耳

參命禹攝位便是薦禹舉益為相便是薦益之啓謳歌啓前華陶朴菴義云萬國攸同無改於塗山之會兩造質成尚慕大法罪之風美盛德之形容無異夏舜之嘆嗚國家之盛治庶幾乎河洛之思託之吾君之子只重有子象賢上不重正統意亦勿說上世有功德而不忍負其子恐碍堯舜也

丹朱之不肖舜之子亦不肖舜之相堯禹之相舜也歷年多施澤

於民久啓賢能敬承繼禹之道益之相禹也歷年少施澤於民未久舜禹益相去久遠其子之賢不肖皆天也非人之所能為也莫之為而為者天也莫之致而至者命也

存疑丹朱一條是說民從舜禹而不從益之故而推其出于天以明天與賢則與賢天與子則與子之意也言堯舜之子皆不肖而舜禹之為相久此民所以不從堯舜之子而從舜禹也禹之子賢而益相不久此民所以不從益而從禹之子也

蒙引啓賢能敬承繼禹之道對丹朱之不肖舜之子亦不肖即所謂其子之賢不肖也益之相禹也歷年少施澤於民未久對

禹之相舜也歷年多施澤於民久即所謂舜禹益相去久遠也
相去久遠葉歷年少二意只是禹益在相位之日相去久遠之
不同今乃言舜者即上章舜相堯二十有八載而帶言於此其
事体一也舊說作世之相后不是這皆天也正與天與賢與子
之二天字相應

存疑 致與為亦有分辨為在先致在後如為善便致福為惡便
致禍為之即所以致之也○

蒙引 為之者天也受之者人也以為屬天以至屬人以主宰而
言謂之天以當聽受而言謂之命

匹夫而有天下者德必若舜禹而又有天子薦之者故仲尼不有
天下 繼世而有天下天之所廢必若桀紂者也故益伊尹周公
不有天下

叅 匹夫節是為益設以引起下節耳仲尼無薦而不有天下益
正是有薦者則匹夫而有天下者宜莫如益矣然又必遇繼世
如桀紂然後能有天下不然則亦不有天下繼世節又自有主
客伊尹周公為賓而益為主也以益之不有天下出於天正見
禹之與子為出于天也

伊尹相湯以王於天下湯崩太丁未立外丙二年仲壬四年太甲
顛覆湯之典刑伊尹放之於桐三年太甲悔過自怨自艾於桐處
仁遷義三年以聽伊尹之訓己也復歸于亳

存疑 此節承上文言伊尹之不有天下者以太甲之賢也伊尹
相湯句要見咸有一德而有大功宜有天下意二年四年斷從
程子說

蒙引 註雖云未知孰是然必以趙說居程子之先者蓋太丁未
立不言死則外丙仲壬不言死亦可矣然太丁未立而死既有
子亦不應別立外丙仲壬蓋是時既有世嫡之義則父死子繼
嫡孫當立也趙氏本生于程子之前然程子之說出於趙氏之

後蓋以折衷之也惟太甲差長之說或未盡

叅 太丁未立而死以世嫡之礼論當在太孫雖使其幼豈不能
負扆而朝諸侯而公然廢嫡孫立庶子雖曰商人兄死弟立者
多然帝乙未嘗立微子也蓋太甲顛覆典刑已在為太孫之日
尹寔廢之而立外丙仲壬及其皆不久而後為遷桐放君之事
故曰伊尹聖之任者也今論者徒取邵子經世史甲子歷推其
無此二君以為証不知曆紀其年尚其年合則世次固所畧也
安知其不併叔號于侄年哉若曰二歲四歲則孟子此二語為
贅詞何故及此二人者而妄揣伊尹意中未形之事以此二人

之幼而乃立太甲哉作文當以正註為主
周公之不有天下猶益之於夏伊尹之於殷也
存疑 太甲能改過猶啓賢能敬承繼禹之道也故伊尹不有天下○成王之賢亦如啓太甲此周公所以不有天下也
參 須補出然則益之相禹猶伊尹周公之相湯武也湯武既不能遠天以與賢禹獨能遠天以與益哉
孔子曰唐虞禪夏后殷周繼其義一也
蒙引 義一有二說皆天命也只以天命為義一說皆奉天命也又以奉天命為義義者事之宜也自有事實在註雖有皆天命

也之句然其下更有聖人豈有私意于其間哉一句無私意於其間便是奉天命矣一也謂均于聽命也
○萬章問曰人有言伊尹以割烹要湯有諸
參 戰國之時人不知有義理之學汲汲然志於功名事業以求其富貴利達雖枉己辱身有所不顧故設為此等議論上以誣聖賢下以便一己之私溺
孟子曰否不然伊尹耕於有莘之野而樂堯舜之道焉非其義也非其道也祿之以天下弗顧也繫馬千駟弗視也非其義也非其道也一介不以與人一介不以取諸人

存疑 伊尹耕於有莘二句以所樂言非其義八句以所守言樂所守不平看亦不可以所守為樂道之寔蓋樂字包得廣是神交意會心與道一之意
蒙引 先言非其義而後言非其道四句不平謂事之不合時宜便不成個道理便非堯舜之道祿以天下等句自富貴之極大者言一介等句自取予之極小者言自極大至極小便見無一而非道義也祿猶言官之爵之也繫馬馬必用繫也一介猶言一根草惟一介不苟故能輕視千駟惟不輕取人故能不輕與人伊尹格天事業全在一介不取上故曰人有不為而後可以

有為
湯使人以幣聘之囂囂然曰我何以湯之聘幣為哉我豈若處畎畝之中由是以樂堯舜之道哉　湯三使往聘之既而幡然改曰與我處畎畝之中由是以樂堯舜之道吾豈若使是君為堯舜之君哉吾豈若使是民為堯舜之民哉吾豈若於吾身親見之哉
參 囂囂數語是重始進恐湯未必果可有為倘一聘即出後若不合進退難處不若不出之為愈也故其心寔不敢受幣或謂托言以觀湯意誠否未是蓋聖人未遇時但知若將終身原無安排等待之心後来事業亦時到則應之耳舜居深山尹耕莘

野便是此意。若其心欲出。姑遲耗以堅其求。便非聖人之心。
蒙存合三箇吾豈若與上節我豈若相叶意上以樂道對幣聘一是分內一是分外下以應聘對樂道一是兼善一是獨善當囂然之時但知樂道則以內外較重輕故畎畝豈若應聘之為大堯舜其君欲君為放勳重華之君堯舜其民欲民為協和風動之民親見一句承上二句兩箇使字有力若曰君民堯舜吾得而使之必見其成此便是任的意思
叅全因要湯二字故于樂堯舜之道形容其囂囂自得之意。如此持守。如此看破。則要君之誣不待辨而自明。

天之生此民也使先知覺後知使先覺覺後覺也予天民之先覺者也予將以斯道覺斯民也非予覺之而誰也
存疑知字淺。覺字深。予天民之先覺。則天意有在。已有不得而辭者矣。
蒙引道即堯舜之道。而向日之所樂者。己之所先覺者此道也。所以覺民之未覺者亦此道也。
叅先後二字活看。只是生人之初。聖人知覺無蔽。凡人知覺有蔽。及聖人既覺之而後蔽去。始有知覺。對聖人言則為後耳
思天下之民匹夫匹婦有不被堯舜之澤者若己推而內之溝中其自任以天下之重如此故就湯而說之以伐夏救民
蒙存合當堯舜往矣必欲天下被堯舜之澤者蓋堯舜之民無一不被其澤尹之自任欲俾厥后為堯舜則天下亦被其澤即是被堯舜之澤矣天下之民不被其澤由己不能以道濟之故若己推而納之溝中其自任以天下之重如此言其志在天下而不在一身之富貴也如此二字只指本節天下字正與天下之民相應
叅思以心言根上文伊尹之言而指其心也天下字匹夫匹婦字堯舜字皆形容任重之意

蒙引尹之于湯凡五就伐夏救民是以末一就言伐夏救民此正是使天下之民匹夫匹婦皆被堯舜之澤便是所謂正天下者也
吾未聞枉己而正人者也況辱己以正天下者乎聖人之行不同也或遠或近或去或不去歸潔其身而已矣
蒙存合辱己指割烹言正天下指伐夏救民言一枉己且不能正人況割烹辱己而能伐夏以正天下乎其必無此事明矣聖人泛講遠近以出處言去不去以去就言歸要歸也歸潔其身雖四平講意重近不去邊蓋人知遠者去者之為潔不知可近

而近可就而就亦潔也故曰歸潔其身而已矣潔與辱對看言聖人皆要潔身伊尹安肯辱己其必無此事又明矣

叅此泛論其理以斷伊尹也如云使尹不能正天下則已能正天下必不辱己伊尹非聖人則已如其聖人必能潔己也

吾聞其以堯舜之道要湯未聞以割烹也

蒙引承上文云然則伊尹果何以致湯之知也蓋以堯舜之道要湯耳即上所謂耕於有莘之野而樂堯舜之道致湯三使往聘之也詩曰豈弟君子干祿豈弟伊尹以堯舜之道要湯不亦為干祿豈弟也乎

伊訓曰天誅造攻自牧宮朕載自亳

蒙引此証伐夏救民之事究其所以則從自任之重來方於上文有關屬蓋伊尹之抱負如此勳業如此割烹要湯必無是事也

○萬章問曰或謂孔子於衛主癰疽於齊主侍人瘠環有諸乎孟子曰否不然也好事者為之也

存疑言孔子主於君所近狎謂藉以自通之意造言生事之人正借聖人以便己私

於衛主顔讎由彌子之妻與子路之妻兄弟也彌子謂子路曰孔子主我衛卿可得也子路以告孔子曰有命孔子進以禮退以義得之不得曰有命而主癰疽與侍人瘠環是無義無命也

叅得之不得曰有命頂上進退說進之而得有命非我所能必吾何為不以禮而輕於進退之而不得有命非我所能免吾何為不以義而難于退禮義是盡其在己者得失是安其在天者惟知安其在天故益守其在己聖人義命相忘此言特曉子路以儆彌子耳主癰疽與侍人瘠環則當退不退是無義也不當得而求得是無命也此重退邊講故只言義不是言義以該禮

孔子不悅於魯衛遭宋桓司馬將要而殺之微服而過宋是時孔

子當阨主司城貞子為陳侯周臣

蒙引不悅於魯衛乃女樂與飛鴈事也此見遭宋之故微服而過宋則去宋而至陳也貞子魯為宋大夫而今仕于陳曰司城者仍其舊爵稱之耳

存疑貞子時為陳侯周臣臣云者見其非癰疽侍人之倫也

叅此節重當阨一句言當阨猶擇所主况齊衛無事之時有主癰疽之事哉

吾聞觀近臣以其所為主觀遠臣以其所主若孔子主癰疽與侍人瘠環何以為孔子

蒙存合此亦即上二節而申明之于衛主顏讎由于陳主貞子便見得君子小人各從其類矣觀近臣二句兼賢否講所為主主人也所主主于人也為君子主其人必君子也為小人主其人必小人也故觀近臣之賢否以其所為主主於君子家其人必君子也主於小人家其人必小人也故觀遠臣之賢否以其所主孔子與癰疽君子小人迥別若是孔子必不主癰瘠若主癰瘠便不是孔子

○萬章問曰或曰百里奚自鬻於秦養牲者五羊之皮食牛以要秦穆公信乎孟子曰否不然好事者為之也　百里奚虞人也晉人以垂棘之璧與屈產之乘假道於虞以伐虢宮之奇諫百里奚不諫

蒙引五羊之皮賣身而得者也身為之食牛為養牲者食牛也以要秦穆公謂以五羊之皮去使用以入秦穆公也

叅百里奚事秦事寔無所考孟子即以去虞一事斷之重百里奚不諫一句下文反覆推明都從這句推去晉人假伐虢之道即藏屏虞之術虞公貪璧馬之利遂忘輔車之勢宮之奇諫之是也乃虞公不用故百里奚不諫孟子叙此亦以明奚入秦之由見其無干祿之心耳

知虞公之不可諫而去之秦年已七十矣曾不知以食牛干秦穆公之為汙也可謂智乎不可諫而不諫可謂不智乎知虞公之將亡而先去之不可謂不智也時舉於秦知穆公之可與有行也而相之可謂不智乎相秦而顯其君於天下可傳於後世不賢而能之乎自鬻以成其君鄉黨自好者不為而謂賢者為之乎

蒙存合智凡四段當以首一段為主下三段皆以推明此意言百里奚知虞公之不可諫而去之秦此時年已七十矣非少年未更事者彼曾不知食牛以干主之為汙此便是不智了然即其所行而觀之知虞公為人不可諫而不諫此其智也知虞公之將亡而去之此其智也知虞公可與有行而相之此其智也百里奚將有三者之智豈有食牛干主之不智也乎三个智一是不失言之智一是能見幾之智一是能擇君之智賢凡兩段重在下段相秦而顯其君於天下聲名可傳於後世此其才德兼備決是賢矣既是賢者又豈肯自鬻以成其君哉

萬章下

孟子曰伯夷目不視惡色耳不聽惡聲非其君不仕非其民不使治則進亂則退橫政之所出橫民之所止不忍居也思與鄉人處如以朝衣朝冠坐於塗炭也當紂之時居北海之濱以待天下之

清也故聞伯夷之風者頑夫廉懦夫有立志
蒙存合聲色説得廣不止女色聲樂伯夷無治則進實事以亂則退推之也橫政所出以朝廷言橫民所止以鄉俗言猶未亂也然亦不居鄉里常人猶非橫也然亦不與處當紂之時二句總承上文紂之時聲色皆惡君民皆非政俗皆橫濁亂之世也故伯夷隱居以待其清此清字非聖之清之字此以世言彼以行言廉有分别定見也立志是能特立定守也頑是昏昧而溺於利與廉相反懦是柔靡而屈於欲與立志相反伯夷之行廉而有立者也故能化頑夫為廉懦夫為立志

伊尹曰何事非君何使非民治亦進亂不進曰天之生斯民也使先知覺後知使先覺覺後覺予天民之先覺者也予將以此道覺此民也思天下之民匹夫匹婦有不與被堯舜之澤者若已推而內之溝中其自任以天下之重也
蒙引何事非君二句述其言也治亦進二句承其言而狀其行也曰天之生斯民以下皆是言其自任以天下之重此其所以治亦進亂亦進也但本文其自任以天下之重一句只帶思天下之民以下與萬章上同蓋就其將以此道覺此民之言而見其思天下之民云云也

柳下惠不羞污君不辭小官進不隱賢必以其道遺佚而不怨阨窮而不憫與鄉人處由由然不忍去也爾為爾我為我雖袒裼裸裎於我側爾焉能浼我哉故聞柳下惠之風者鄙夫寬薄夫敦
存疑此節言非但其事君也不然不憫而已與鄉人處亦由由然不忍去也然所以不忍去者何也觀其言曰爾為爾云云推其自言不能浼我所以由由然不忍去也
孔子之去齊接淅而行去魯曰遲遲吾行也去父母國之道也可以速而速可以久而久可以處而處可以仕而仕孔子也
蒙引漬米已將炊亦不待其炊且去其漬之米而取米以行可

速如之遲遲其行此言在未行之時説正待徼飯而後行非必在路上遲遲也蓋因子路趣行曰夫子可以行矣故夫子言此以曉之去父母國之疑也蓋孟子解辭
孟子曰伯夷聖之清者也伊尹聖之任者也柳下惠聖之和者也孔子聖之時者也
存疑聖是成德之號造其極而無勉強之謂聖三子之清任和各造其極而無勉強故皆得為聖孔子兼三子之行而時出各極其至而無勉強故其時為聖之時
孔子之謂集大成集大成也者金聲而玉振之也金聲也者始條

理也玉振之也者終條理也始條理者智之事也終條理者聖之
事也
叅清任和是孟子名之三子不自知其一于清任和也若自知
之則已覺其行之偏而必求其全矣集大成亦是孟子擬之非
孔子見三子之偏而必求其全也若曰孔子取而集之則三子
不生于前孔子將何所成乎必不然矣金聲而玉振之非舉始
終一音即為大成言其閒衆音條理無不合也曰始條理者謂
金聲以後條理皆自此引起曰終條理者謂玉振以前條理皆
從此收拾何樂不備何音不齊故謂之集大成始終字指金玉

言條理字指衆音言若一音自為始終則只是一音條理便是
小成不得謂之集矣
存疑八音各有條理欲並奏八音必先擊鎛鍾引起他然後衆
音隨之而起是以一鍾而引起衆音故曰始條理衆音既作臨
了擊一聲特磬衆音由是而俱止是以一磬而收歛衆音故曰
終條理先明諸心知所往然後力行以求至是知所以引起這
行猶作樂擊鍾以引起衆音也故以始條理為智之事聖以地
言造其極之名也力行所知而造其極這便是結果成就地位
猶作樂臨了擊磬以收歛衆音也故以終條理為聖之事

蒙引小成之始終只在其一音之內大成之始終則通八音而
言始於金而終于石也如三子之所知行只在其一清一任一
和之內孔子之所知所行則兼乎三子之清任和也
智譬則巧也聖譬則力也由射於百步之外也其至爾力也其中
非爾力也
叅既曰始條理者智之事終條理者聖之事也又曰智譬則巧
聖譬則力分明是進一步說話上是分說此是合說謂智聖之
合一處譬之巧力一事而並運方是集大成若仍如前二句則
智譬則始聖譬則終而已矣〇何六子曰上節舉樂之始終以

明孔子會聖之全由於智此節又即射之力始于巧者以明智
聖二字所以為始終之義故未註云此復以射之巧力發明聖
智二字之義時說以上節為喻孔子智聖兼備此節為喻孔子
聖由于智不思上既以始終條理言智聖則聖由于智之義已
在上文矣下節方以巧力明之則上文始終二字將何着落乎
〇北宮錡問曰周室班爵祿也如之何　孟子曰其詳不可得聞
也諸侯惡其害己也而皆去其籍然而軻也嘗聞其略也
叅戰國之時諸侯放恣周制廢墜爵祿多失其舊故錡為此問
慨然有傷今思古之意諸侯惡其害己是推其詳不可得聞之

由。籍謂該載爵祿策籍也。

天子一位公一位侯一位伯一位子男同一位凡五等也君一位卿一位大夫一位上士一位中士一位下士一位凡六等

參　班爵皆為仕者而設。故曰列爵惟五。本不可以天子入在內。故須天子一句另設蓋不過言此為班爵者之起例耳下文制地亦然。〇天子一節對天子之制五節看一是班爵之畧。一是班祿之畧。折言之則天子一位提起以下皆諸侯下君一位提起以下皆臣也。天子之制提起而百里七十里五十里歷數之。輕帶附庸在末已上對天子一位一段看是班祿通于天下者。

天子卿一節提起。而大國次國小國歷數之。輕帶耕者一節在末。已上對君一位一段看是班祿施于國中者。

存疑　位猶言級也。五等專自為君者言天子至子男皆是為君者。六等合君臣而言天子至子男皆有君卿大夫上中下士也。施於國中兼王朝與侯國言。

天子之制地方千里公侯皆方百里伯七十里子男五十里凡四等不能五十里不達於天子附於諸侯曰附庸

蒙存　合地方二字不連讀方正也言四面方正皆千里也看下句皆方百里便見其或地不足五十里則祿食之入有限覲君之費不給故朝覲會同不能自達于天子則附大國以姓名通是四等外猶有附庸也庸字或訓城謂以城附大國為屬國或訓功以功附大國而奏于王或訓常謂以附大國為常今多主功說

天子之卿受地視侯大夫受地視伯元士受地視子男

存疑　卿以下所受之地皆在王畿千里之內此班祿自王朝之臣言采邑之多少以外諸侯為差者蓋入則為王朝之卿士出則為列國之諸侯故其祿亦相同也。不言公者與侯皆百里也。不言中下士者視附庸也。

大國地方百里君十卿祿卿祿四大夫大夫倍上士上士倍中士中士倍下士下士與庶人在官者同祿祿足以代其耕也　次國地方七十里君十卿祿卿祿三大夫大夫倍上士上士倍中士中士倍下士下士與庶人在官者同祿祿足以代其耕也　小國地方五十里君十卿祿卿祿二大夫大夫倍上士上士倍中士中士倍下士下士與庶人在官者同祿祿足以代其耕也

參　三節雖各有君十卿祿句然却重臣講不重君祿。但以君祿為準耳蓋君祿已見上文故也。十卿祿與天子千里卿祿視侯百里一般所謂萬取千千取百是也。卿以上三國異者得舉則

少殺之恐地不足供也大夫以下三國同者祿薄則不殺之恐
不能自給也殺之是義所以節國之用不殺是仁所以養臣之
廉
耕者之所獲一夫百畝百畝之糞上農夫食九人上次食八人中
食七人中次食六人下食五人庶人在官者其祿以是為差
蒙引上中下農田皆百畝而有上中下之差等者全在百畝之
糞上糞多就是力勤蓋糞即人力所為者
存疑此明上文祿足以代耕意農有五等受祿以是為差亦有
五等農之五等以力之勤惰而分祿之五等以事之繁簡而分

參此節是以農夫所食五等例庶人在官之等不重耕講重發
明代耕意○封建公侯卿大夫原以四海之大兆民之衆與之
共理方是聖人之心今作此題者盡講入防微杜漸制馭鈐束
事制曲防上去將先王公天下之心為秦人郡縣自私漢高猜
忌功臣之心殊為不倫矣作文只宜平叙班爵祿之制耳天子
權輕重自是周之末世事與周初定爵祿之意不相涉講中勿
立議論勿偏重天子為主方得体
○萬章問曰敢問友孟子曰不挾長不挾貴不挾兄弟而友友也
者友其德也不可以有挾也

蒙引挾兄弟所謂席兄弟之勢為美官者
孟獻子百乘之家也有友五人焉樂正裘牧仲其三人則予忘之
矣獻子之與此五人者友也無獻子之家者也此五人者亦有獻
子之家則不與之友矣
存疑無獻子之家視獻之家如無有也有獻子之家把獻子之
家來當事而慕羨之也無獻子之家以下是說出獻子所以與
友之意所謂友其德也
蒙引不必以獻子之忘勢與五人忘人之勢相對當主獻子不
挾貴說蓋獻子所重五人者在於忘人之勢此正所謂友其德

也則獻子之不挾其貴彰彰矣
非惟百乘之家為然也雖小國之君亦有之費惠公曰吾於子思
則師之矣吾於顏般則友之矣王順長息則事我者也
參重師友二句末句帶講蒙引云此舉成語以明不挾不以所
師所事皆為友據此只重顏般一句然師亦友之尊者但事我
則非友耳此見惠公友德而不挾貴之意
非惟小國之君為然也雖大國之君亦有之晉平公之於亥唐也
入云則云坐云則坐食云則食雖蔬食菜羹未嘗不飽蓋不敢不
飽也然終於此而已矣弗與共天位也弗與治天職也弗與食天

禄也士之尊賢者也非王公之尊賢○也

蒙存合晉平公節重敬賢者之命上自入云則入至不敢不飽皆敬其命也入云則入有未云不敢入既云不敢不入二意並食亦然疏食菜羹未嘗不飽見其不以富貴輕貧賤之食不敢不飽是孟子推其未嘗不飽之心此見平公友德而不挾大國之貴然終於此以下輕看只是據理而斷其未盡耳不可以能盡待賢之禮未盡用賢之道乎看

舜尚見帝帝館甥于貳室亦饗舜迭為賓主是天子而友匹夫也

叅舜尚見帝以匹夫上見天子也館甥饗舜皆堯待舜之禮貳

室謂副宮非正宮也享舜享於舜也迭為賓主只是禮遇之隆忘其形迹略君臣之分而歡然賓主之相接也不必說堯為主而舜為賓舜為主而堯為賓此見堯之友德而不挾天子之貴

此意從上五人者無有獻子之家○想出

講中亦須補舜亦不以匹夫自屈意此於友道尤為吃緊處

蒙引天子友匹夫是為何友其德也要見此意堯之與舜固能與共天位治天職食天祿然本意只在無所挾上不可以為正是言王公之尊賢處上文所以着箇非王公之尊賢者蓋不如此說之則平公之于亥唐其尊賢為極矣又孰知其為有所未至者耶○

用下敬上謂之貴貴用上敬下謂之尊賢貴貴尊賢其義一也

蒙存合不必謂用上之禮以敬下只謂以上敬下也用訓以處多如此以上俱是說用上敬下未兼言用下敬上者主意在其義一也揭尊賢之義於貴貴欲人知尊賢之重也

○萬章問曰敢問交際何心也孟子曰恭也　曰卻之卻之為不恭何哉曰尊者賜之曰其所取之者義乎不義乎而後受之以是為不恭故弗卻也

叅恭就心講應上何心看言交際之心恭敬之心也恭指餽物者言不恭指拒物者言曰其所取之者義乎曰其取諸民之不

義也兩箇曰字俱受賜者心中自度之言尊者賜之泛講不必指當時諸侯其所取之者義乎不義乎是計度尊者取此物以賜我不知合義與否也而後受之承義一邊下補卻意承不義一邊言義則受不義則卻也因其不義而卻之是鄙其物而輕其人便是不恭所以不卻也

曰請無以辭卻之以心卻之曰其取諸民之不義也而以他辭無受不可乎曰其交也以道其接也以禮斯孔子受之矣

蒙引曰請無以辭卻之以心卻之見得上文所謂卻之者是直以其不義而卻之非婉轉其辭而卻之也曰其取諸民之不義

也而以他辭無受這就是以心却之不可作兩層看
叅不可乎意以為可也交際總是一時一事但非無處而餽之
有名則曰交以道非儀不反物而失之苟簡則曰接以禮斯孔
子受之蓋舉其禮義之中正而取予最不苟者言之以見其不
必却也

萬章曰今有禦人於國門之外者其交也以道其餽也以禮斯可
受禦與曰不可康誥曰殺越人于貨閔不畏死凡民罔不譈是不
待教而誅者也殷受夏周受殷所不辭也於今為烈如之何其受
之

蒙引殺人而顛越之既殺了則將其屍丢擲而棄置之閔然頑
然也

叅殷受夏至為烈趙氏謂三代相傳以此法不相辭問也於今
為烈烈明法如之何受其餽也或者謂若義在可受則三代受
人之天下而不辭今禦人者乃為暴烈不義如此如何而可受
其餽乎

曰今之諸侯取之於民也猶禦也苟善其禮際矣斯君子受之敢
問何說也曰子以為有王者作將比今之諸侯而誅之乎其教之
不改而後誅之乎夫謂非其有而取之者盜也充類至義之盡也

孔子之仕於魯也魯人獵較孔子亦獵較獵較猶可而況受其賜
乎

存疑子以為有王者作三句是就法度上辨其非真盜夫謂非
其有二句是以義理上辨其非真盜義理也自禦人之類而推
之至於義理之至精至密盡頭去處也蓋禦人是真盜是大不
義以其類推之天下之事但有以逆取之與禦人相似者其迹
雖不盡同要皆不義與禦人同一類然此特其粗者耳若以取
非其有而同於禦人之盜是謂天下之物凡非義之所當得皆
非吾之所當取苟不顧而冒為之於義便有害較之禦人之盜

悪之大小雖不同其害義一也推至于此道理已極精微更無
去處了故曰義之盡

蒙引孔子亦獵較只是用獵較所得之物以祭非自往田獵相
較也獵較從趙氏註較謂角逐而相奪也獵較猶可即孔子仕
魯其無害於義者猶且從俗況諸侯寔非猶禦其賜亦無害於
義何為不受之乎受其賜應轉斯君子受之不可作孔子說

曰然則孔子之事也非事道與曰事道也事道奚獵較也曰孔子
先簿正祭器不以四方之食供簿正曰奚不去也曰為之兆也兆
足以行矣而不行而後去是以未嘗有所終三年淹也

存疑魯人獵較舊俗也孔子亦獵較依舊俗為之而不變也萬章之意以事道若便當以道变易其俗今孔子亦獵較是不以道易天下也孟子謂孔子之不變其俗先正其本也先簿正祭器則祭器有常數不以四方之食供簿正則祭物有常品器有常數実有常品則不消遠取物以供祭彼獵較者將久而自廢矣此聖人陰移默奪之功其不變俗之中自有變之者在若急于目前除奸革弊此淺陋者之所為何足以知聖人之作用哉

○萬章有奚不去之疑意以君子所至便當以道易天下扶衰救弊撥亂反之正今不能救習俗之弊姑從之而陰為之圖是

道不可行於義不當留也孟子言孔子所以不去者欲小試行道之端以示於人使人知吾道之果可行耳蓋聖人欲試行道之端以示人於獵較一事且姑置之而陰為之圖先簿正祭器正是陰為之圖更有試行道之端在此聖人作用之妙處不然人方未知吾道之果可行吾輙擧其小者整頓之人心未孚而已駭小弊未能革而身已不見用矣而謂聖人為之乎為之兆在先簿正祭器外凡其所行使鬻雞豚者不飾賈男女行者別于途三月而魯大治皆其小試行道之端者也

孔子有見行可之仕有際可之仕有公養之仕於季桓子見行可之仕也於衛靈公際可之仕也於衛孝公公養之仕也

蒙引歷言孔子仕有不同或為道而仕或為禮而仕或為祿而仕正見其仕皆不苟也下是擧其事以寔之註中故於魯以下照應上文乃餘意耳

○孟子曰仕非為貧也而有時乎為貧娶妻非為養也而有時乎為養

存疑下二句比上二句言仕本非為貧不得已亦有為貧時候與娶妻本非為養不得已亦有為養時候一般非為貧重行道上

為貧者辭尊居卑辭富居貧　辭尊居卑辭富居貧惡乎宜乎抱關擊柝

存疑富貧與尊卑不平祿隨位而祿又該得位故下節註只曰亦不可苟祿大凡居難稱之職而職有不盡便是苟祿惟若抱關擊柝之吏則其職任輕而不難為易與祿相稱而不至苟祿蓋擧此以見例也

孔子嘗為委吏矣曰會計當而已矣嘗為乘田矣曰牛羊茁壯長而已矣

蒙存合此節以仕為貧而仕者之準的也曰嘗為蓋以當其道

不行而為貧以仕之時委吏乘田正抱關擊柝之類兩曰字是
孟子度之之辭會計當是錢穀出入積算明白茁壯長言茁然
肥壯而又生息滋蕃也而已矣言其職止於此而易稱也
位卑而言高罪也立乎人之本朝而道不行恥也
恭為貧而仕者原為道不行而無行道之責故不宜言高也言
高者必其立人之朝則可立人之朝必其能行乎道則可道不
能行矣而徒為竊祿真可恥也此二句文平而意串○此章為
亂世之君子而言度天下必不能用我立人之朝而道不行只
得為貧而祿仕而祿仕却十八卷職不必位卑言高只抱關擊

柝乘田委吏盡職無罪而已章意全在末節著精神惟其位卑
言高為罪所以卑者只盡卑者之職惟其立朝而道不行為恥
所以辭尊居卑
○萬章曰士之不託諸侯何也孟子曰不敢也諸侯失國而後託
於諸侯禮也士之託於諸侯非禮也
存疑諸侯有爵有土者不幸失國出奔託寓也國所在以寓公
之禮行之歲有常廩寄託于人非定居也仕便有定居有常職
非寄託無定居無常職便是無事而食故士不敢
萬章曰君餽之粟則受之乎曰受之受之何義也曰君之於氓也

固周之
蒙引受之何義言托之既不可餽之又不可受是受必有義其
義何在也君之於民也固周之正指義之所在蓋君有周民之
義士之未仕即民也君餽之粟亦周之耳故其義可受
曰周之則受賜之則不受何也曰不敢也曰敢問其不敢何也曰
抱關擊柝者皆有常職以食於上無常職而賜於上者以為不恭
也
恭周恤人之急也餽以物與人與周同意是惠出特與多寡隨
時故無常數賜謂賞賚之賜或隨職分為隆殺或因等級為多

寡故有常數必有常職者而後可無常職而受之便犯非其分
故以為不恭不恭只是越禮即應轉上文非禮意
蒙引無常職而賜于上則為士而托於諸侯矣故士以托諸侯
為不敢者正緣無常職而賜于上為不恭也
曰君餽之則受之不識可常繼乎曰繆公之於子思也亟問亟餽
鼎肉子思不悅於卒也摽使者出諸大門之外北面稽首再拜而
不受曰今而後知君之犬馬畜伋蓋自是臺無餽也悅賢不能舉
又不能養也可謂悅賢乎
蒙引註鼎肉熟肉也鼎非訓熟蓋肉經鼎則熟矣○雖知再拜

之勞而不復、然不知繼粟繼肉而遂絕不餽均之爲失養賢之道矣。悅賢字虛悅賢所重在於舉。不徒在于養若不能舉能養猶可也。今繆公之于子思。非惟不能舉。亦且不能養也。安在其爲悅賢乎。不能養兼亟餽無餽兩項說。

曰敢問國君欲養君子如何斯可謂養矣曰以君命將之再拜稽首而受其後廩人繼粟庖人繼肉不以君命將之子思以爲鼎肉使己僕僕爾亟拜也非養君子之道也

存疑‖始不以君命則失於簡。故肉粟之餽以君命將之。是盡養賢之道於始。後常以君命則失於煩。故庖廩人之繼不將以君命。是盡養賢之道於終。子思三句是推其不悅之意。見繆公之不能養。

堯之於舜也使其子九男事之二女女焉百官牛羊倉廩備以養舜於畎畝之中後舉而加諸上位故曰王公之尊賢者也

叅‖曰九男二女百官則非廩人庖人可比、牛羊倉廩備則繼粟繼肉又不足言。而加諸上相之位、則又不特小小舉用而已。此養此舉。惟王公有之。而二者兼備爲則悅賢爲極矣。故曰王公之尊賢也。

○萬章曰敢問不見諸侯何義也孟子曰在國曰市井之臣在野曰草莽之臣皆謂庶人庶人不傳質爲臣不敢見於諸侯禮也

蒙‖引庶人即士也、以位而言曰庶人、故往役義也、以德而言曰士、故往見不義也、

存疑‖上曰庶人不往見諸侯、乃守己之禮、下當曰往見非禮爲是、乃曰往見不義者何也、不守禮而往見便是不義、不義緣無禮而生也。下文俱是明往見不義之意。

萬章曰庶人召之往則往役君欲見之召之則不往見之何也曰往役義也往見不義也

叅‖此義字與禮字非二樣。不守此禮而往見便是不義也。然亦不拘拘以禮字貫說要得宜字意。蓋往役者得庶人之宜故爲義。往見者失士之宜故爲不義。惟義可役而不可見故庶人但往役而不往見也。

且君之欲見之也何爲也哉曰爲其多聞也爲其賢也曰爲其多聞也則天子不召師而況諸侯乎爲其賢也則吾未聞欲見賢而召之也　繆公亟見於子思曰古千乘之國以友士何如子思不悅曰古之人有言曰事之云乎豈曰友之云乎子思之不悅也豈不曰以位則子君也我臣也何敢與君友也以德則子事我者也奚可以與我友千乘之君求與之友而不可得也而況可召與

叅且君二句及二曰字俱孟子自設問荅或以爲萬章問荅亦通但章恐不曉得多聞與賢意曉得便知士自重之道了自知識言謂之多聞就多聞中作用出來便謂之賢多聞則可以發聰明而倫碩問宜受學而師之曰賢則可以養德性而變氣質當屈已以就見之矣曰而况諸侯乎曰吾未聞皆決言士不可召意夫君既不可召士則士之不可往見也明矣古千乘之國以友士繆公雖據古而言而自寓之意則謂能友子思也

蒙引不可以事之云乎二句通爲古人之言是謂古人只就簡事之並書說簡友之所以闕其一友字也豈不曰以下是孟子

推子思之意以位以德非兩平意只重德上千乘之君以下又是孟子就此上斷之

齊景公田招虞人以旌不至將殺之志士不忘在溝壑勇士不忘喪其元孔子奚取焉取非其招不往也　曰敢問招虞人何以曰以皮冠庶人以旃士以旂大夫以旌　以大夫之招招虞人虞人死不敢往以士之招招庶人庶人豈敢往哉况乎以不賢人之招招賢人乎

存疑引繆公之事言賢者不可召引景公之事言賢者不可赴召所以明往見不義之意也

蒙引引虞人一節重在招不往者招召也虞人雖死不赴非招之招故孔子贊美之○

存疑招虞人以皮冠以其所有事者招之也旃質素無文猶庶人之未有文采龍能變化猶士者之能變化也旌有文采仕至大夫則變化而成文矣以皮冠是荅其問矣又說下三句者因上文招虞人以旌故並言之以起下文也

蒙引以大夫之招招虞人虞人死不敢往即謂齊景公招虞人以旌不至也以此推之則以士之招招庶人庶人必不敢往矣此與上文一意皆是不敢往者况乎以不賢人之招招賢人乎

則必不可往者

叅以不賢人招賢人即士與庶人之名庶人論其分耳召之役則往役賢者未嘗非庶人也豈必不賢者此特爲招之者論耳招之不以上則不以賢者待士矣

欲見賢人而不以其道猶欲其入而閉之門也夫義路也禮門也惟君子能由是路出入是門也詩云周道如底其直如矢君子所履小人所視

蒙引近則就而見之遠則以幣聘之此則欲見賢人而以其道者也舍此而召之則非其道矣

存疑欲見賢便有簡道致他來見譬猶欲人入而閉門與他入也不以其道則有以沮其來是猶欲人之入而閉之門也

參義以正大無邪曲言故曰路禮以品節不可踰言故曰門亦不可作兩件物事只是吾人的本心但就制事上說謂之義就檢身上說謂之禮引詩不依詩意解只就道理上說履便是能行道理也此雖以証能由是路之義而出入禮門亦可類見了若往諸侯之召便是由非義之路出入非禮之門上有愧于子思之高下有玷于虞人之守矣君子豈為之哉

萬章曰孔子君命召不俟駕而行然則孔子非與曰孔子當仕有

官職而以其官召之也

存疑萬章此問非疑孔子應召之非蓋因孔子而疑不可往召之說也曰當仕有官職則非不傳質為臣者矣曰以其官召則非為其多聞與賢矣此於禮義又當往又安得與士無官守之職者並論哉

○孟子謂萬章曰一鄉之善士斯友一鄉之善士一國之善士斯友一國之善士天下之善士斯友天下之善士

參人之友善為進善之資而取善之地則在我故曰一鄉之善士斯友一鄉之善士但上一鄉之善士是我之善蓋于一鄉下所友一鄉之善士不必善蓋一鄉蓋一鄉中有善蓋一鄉者吾能友之不待言矣其凡各有所長者皆是善士吾皆取其長以益進其善也必如此看方合註能盡友一鄉之善士意若必善蓋一鄉者而與之友則一鄉中安得有許多善蓋一鄉者而所取友亦有限矣一國天下意倣此

以友天下之善士為未足又尚論古之人頌其詩讀其書不知其人可乎是以論其世也是尚友也

蒙引又尚論古之人兼誦其詩讀其書論其世說誦其詩讀其書觀其言也論其世考其行也尚論古之人如何古之人言見

於詩者則誦而味之古之人言載于書者則讀而求之然後觀其言而不知其為人之實可乎是以又論其當世行事之迹如何庶知其為人之實而不徒狥其言也○末句只承以友天下之善士為未足意不必云身一鄉之善士至天下之善士字生來但上文是已為一鄉之善士然後能盡友一鄉之善上此是言既止友一世之善士則亦不止為一世之善士矣却不必謂善蓋古人恐古人未易蓋也

參未足二字要從自己身分上想像或拘于時而不能以徵其志或限于見而不能以盡其才則天下猶有所未足也是以又

尚論古之人云云。
○齊宣王問卿孟子曰王何卿之問也王曰卿不同乎曰不同有
貴戚之卿有異姓之卿王曰請問貴戚之卿曰君有大過則諫反
覆之而不聽則易位　王勃然變乎色　曰王勿異也王問臣臣
不敢不以正對　王色定然後請問異姓之卿曰君有過則諫反
覆之而不聽則去
蒙引孟子當時為卿於齊齊王此問蓋亦有為而發孟子後言
異姓之卿云云亦實理也而亦于王有規焉
蒙存合貴戚之卿以宗廟較君君為輕宗廟為重故君可易宗

廟不可亡然必大過而後可異姓之卿以臣視君君為尊臣為
卑故臣可去君不可易即諫不行亦當自決矣大過如淫虐凶
暴顛倒錯亂之類有過即一行一動之失皆是二卿俱重反覆
二字方見至誠懇惻有不得已之意若一言以塞責則易位為
篡而去為避難矣

四書定解十八卷終

合叅四書蒙引存疑定解卷之十九

告子上

告子曰性猶杞柳也義猶桮棬也以人性為仁義猶以杞柳為桮
棬　孟子曰子能順杞柳之性而以為桮棬乎將戕賊杞柳而後
以為桮棬也如將戕賊杞柳而以為桮棬則亦將戕賊人以為仁
義與率天下之人而禍仁義者必子之言夫
蒙存合杞柳是箇光材桮棬是箇器具杞柳未能就成桮棬須
待做成桮棬告子以仁性不能就成仁義須待做方成仁義此
是把性做惡其善乃是人為之耳不知杞柳未是桮棬為桮棬

須待戕賊性就是仁義為仁義只盡性便是不待戕賊其事變
然不同子能順杞柳之性云云正以辨其不同處言杞柳之為
桮棬必有待於戕賊人之為仁義亦有待於戕賊與二者既不
同則謂以人性為仁義猶以杞柳為桮棬之言非矣是性在人
本善固非若杞柳之未成器具則以性為惡而方之杞柳者不
亦謬哉
叅孟子謂出一為字便是戕賊意了。遂以戕賊言之。戕賊即矯
揉之謂也子能二句不是詰辭猶言子豈能如此必將如此也
如將二句方是執其辭而詰難之禍仁義承上如必戕賊人性

以為仁義則人雖肯為仁義棄仁義不為就是仁義之禍不重
害性意如重害性便是禍性非禍仁義○不言戕賊人之性而
言戕賊人者人之所以為人者性也

○告子曰性猶湍水也決諸東方則東流決諸西方則西流人性
之無分於善不善也猶水之無分於東西也

存疑　前以人性本惡修之而後善此以人性本無善惡可以為
善可以為惡是因前說而少變之

蒙引　謂湍水無分于東西在所決如何耳人性無分於善不善
在所習如何耳○強辭終難奪正理但曰決諸東方則東流決

諸西方則西流即此便見水之就下矣蓋所決之方其地無不
下者

孟子曰水信無分於東西無分於上下乎人性之善也猶水之就
下也人無有不善水無有不下

存疑　言水決諸東方則東流決諸西方則西流而無分於東西
信也猶無分于上下乎蓋其決諸東而東流決諸西而西流也
必流從下去不流從上來是固分于上下也人性之善也猶水
之就下也是就水說上性來人無有不善正是破其無分於善
不善意

蒙引　下二句人皆以為又是一重意非也所謂人性之善也猶
水之就下也正以其人無有不善水無有不下耳孟子所答去
了湍字

參看　上二句重在善字下二句重在無有不三字蓋告子說
性無分於善不善孟子則說原只是善無有不善正破其說以
見性有定体也

今夫水搏而躍之可使過顙激而行之可使在山是豈水之性哉
其勢則然也人之可使為不善其性亦猶是也

蒙引　此節以天下猶有惡一邊人須着說破方不碍人無有不

善本旨其性亦猶是與是豈水之性相叫言水過顙在山是搏
激之勢使然非性也人為不善亦猶水為搏激所使豈其性哉

○告子曰生之謂性

存疑　此告子為孟子所攻而說出其本旨也言我之所謂性者
是以人之生者言也生對死說即活也生不是人物之知覺運
動乃人物所以知覺運動也生便有知覺能運動死則不能矣
告子以生為性故見人初生時只是這知覺運動未必就善須
後來修為方善故有杞柳之說又見得人初生時知覺運動都
一般都未見得善惡但後來習善則善習惡則惡故有湍水之

說又見得人生則能甘食悅色死則不能故有食色之說

蒙引知覺屬心運動屬身註中人物字亦兼言耳原不當說到物上

孟子曰生之謂性也猶白之謂白與曰然白羽之白也猶白雪之白白雪之白猶白玉之白與曰然 然則犬之性猶牛之性牛之性猶人之性與

蒙引告子謂生之謂性是混人物在其中而不及者夫人物之不同處孟子一聞其說便覺人物自是不同如此說不得胸中便有犬之性猶牛之性牛之性猶人之性一段說話了故先難之曰云云是依他立說之本旨爲辭故告子曰然

參白羽至輕之白白雪不堅之白白玉堅潤之白質本不同

存疑告子曰生之謂性孟子遂承之曰汝謂生之謂性無乃猶物之白者謂之白與蓋白之謂白與生之謂性其事相類故孟子引以取譬而告子然之也曰白之謂白便有白羽之白猶白雪之白白雪之白猶白玉之白意思在其內矣故告子於孟子之言不能易辭只得然之到此時告子想亦略悟了但既這等說有難轉移孟子因告子曰然之語又承之曰依子之說則犬之性猶牛之性牛之性猶人之性矣豈其然與何也生之謂性

猶白之謂白夫白之謂白者既羽雪與玉同一白而無異辭則生之謂性若犬牛與人亦同一性而無異稟矣蓋亦其事相類也告子于此若曰然則是犬牛與人皆同一性無是理也若曰不然則是犬牛與人其性不同生之不可爲性已之言謬矣告子雖強辨亦安敢同人性于犬牛然其執迷不返而不悟已之謬所以終無一言之應甘于自棄而卒頑蠢之歸也

○告子曰食色性也仁內也非外也義外也非內也

存疑知食之可甘知色之可悅是知覺甘之悅之是運動告子前以人之知覺運動爲性故此復以甘食悅色爲性甘之悅之此仁愛之心而生于內故曰仁內食可甘色可悅此事物之宜而在乎外故曰義外

孟子曰何以謂仁內義外也曰彼長而我長之非有長於我也猶彼白而我白之從其白於外也故謂之外也

參何以謂仁內義外只問義外一邊言仁義皆內也以仁爲內何謂以義爲外乎故告子只答義外我長只是稱其長非敬之也非有長於我便是從其長於外從其白於外便是非有加于我互文也告子此言但知長與白在外謂可以明義外不知白有白馬白人長有長馬長人不同又但知長之謂長謂可以明

義外不知有長者長之不同故孟子即以其說攻之
曰異於白馬之白也無以異於白人之白也不識長馬之長也無
以異於長人之長與且謂長者義乎長之者義乎
蒙存合孟子因告子長之白之之言遂就他起議論今就逐象
分个人馬來說彼白馬之白也固無以異於白人之白矣不識
長馬之長也都無以異于長人之長與抑有異也言汝以白比
長終是比不得白無不同長則有不同即其不同處便是心之
制乃所謂義也義不在內乎更有一說且汝所謂彼長而我長
之以為義在外不知汝是以長者為義乎以長之者為義乎如

以長者為義則義可為在外若以長之者為義則義非外矣一
定長處非義長之處是義也告子雖強辨亦安得而以長者為
義乎據本文當有兩節意
叅長者就彼言是人之有年者長之者就我言是敬其人之有
年者俱指人說看下文長楚人二句可見存疑兼人馬說未是
曰吾弟則愛之秦人之弟則不愛也是以我為悅者也故謂之內
長楚人之長亦長吾之長是以長為悅者也故謂之外也
蒙存合此是再申義外之說必帶仁內說是欲因以闢義之在
外耳以我為悅言由我而施愛殊不得我之愛也所主在我故

有所擇可見仁在內以長為悅言因長而施敬殊不得人之長
也所主不在我惟長是視耳可見義在外不知雖因于長長之
則不出于長而出于吾心也告子揔在長上認而遺長之一節
曰耆秦人之炙無以異於耆吾炙夫物則亦有然者也然則耆炙
亦有外與
叅耆炙節因他以甘食論性知嗜炙之出於心則必知敬長之
出於心故即所明以通之物指炙言亦有然亦字對長楚人二
句看言長楚人之長無以異于長吾長夫人固有然矣嗜秦人
之炙無以異于嗜吾炙夫物亦有然者然則一句斷言以長為

悅之非亦有外亦字對炙看言炙固在外矣嗜之亦在外與長
固在外矣敬之亦在外與即炙之嗜在我非以炙為悅見長之
敬在我非以長為悅知其非以長為悅則知義之非外矣
孟季子問公都子曰何以謂義內也　曰行吾敬故謂之內也
蒙引告子之徒皆以為義外孟子之說專以為義內孟季子所
見亦以為義外故私問於公都子曰人皆曰義外孟子獨以義
內以予觀之亦若在外然者不知孟子何以謂義內也公都子
以義主于敬故以敬之一節明之曰有人於此在所當敬也行
吾心之敬以敬之是敬由心出故吾夫子謂之義內也公都子

此答是正理如此○蓋當時彼長而我長之之說公都子與季子皆能問之故公都子亦只就敬長一端以發孟子之意鄉人長於伯兄一歲則誰敬曰敬兄酌則誰先曰先酌鄉人所敬在此所長在彼果在外非由內也

叅敬以親疏為隆殺敬兄只為兄親而鄉人疏也○勿云鄉人長於兄不多酌以賓主為先後先酌鄉人只為鄉人賓而伯兄主也勿云鄉人年長于兄所敬在此指伯兄所長在彼指鄉人果在外非由內言吾心不得自主○惟視在外者以為轉移○故以義果非內也○不知其所以轉移者皆由心出倘非裁之於心何不

先酌伯兄而敬鄉人乎使答以在此在彼皆因心制宜○則義之非外明矣○惜公都子見未及此故不能答

公都子不能答以告孟子孟子曰敬叔父乎敬弟乎彼將曰敬叔父曰弟為尸則誰敬彼將曰敬弟子曰惡在其敬叔父也彼將曰在位故也子亦曰在位故也庸敬在兄斯須之敬在鄉人

叅存合孟子辨他所敬在此二句大旨在庸敬二句故以敬叔父敬弟辨詰之彼將曰在位位是尸位弟為尸在祖考之位則叔父與我皆子孫也所以敬弟不敬叔父者敬祖考故也非以卑踰尊也子亦曰在位〻是賓位鄉人在賓客之位則伯兄與我皆主人也所以先酌鄉人不酌伯兄者敬賓客故也非以疏踰戚也此見敬叔父是常事○敬弟時以其暫在尸位○敬兄是常事敬鄉人特以其暫在賓位○故庸敬一句以敬叔父例之○明所敬在此意○斯須一句以敬弟例之○明所長在彼意○或彼或此或暫或常○因時制宜○皆由中出○義豈在外哉○

季子聞之曰敬叔父則敬敬弟則敬果在外非由內也公都子曰冬日則飲湯夏日則飲水然則飲食亦在外也

叅引當敬叔父時則敬叔父當敬弟時則敬弟言敬由外而生也此即上文所敬在此所長在彼之說

存疑孟季子聞之又曰庸敬在兄斯須之敬在鄉人猶當敬叔父則敬叔父當敬弟則敬弟也依此則敬長之心還是從外物轉移義果在外非由內矣公都子辨之曰當敬叔父則敬叔父當敬弟則敬弟猶冬日當飲湯則飲湯夏日當飲水則飲水也然則飲食亦在外與飲食不在外則長〻不在外也明矣

○公都子曰告子曰性無善無不善也　或曰性可以為善可以為不善是故文武興則民好善幽厲興則民好暴　或曰有性善有性不善是故以堯為君而有象以瞽瞍為父而有舜以紂為兄之子且以為君而有微子啓王子比干

蒙引性無有善謂全不可以善惡名也性可以為善可以為不善謂性無善惡習而後有善惡也有性善有性不善謂有等從來是善有等從來是惡三說俱以明不可專謂性善以碍孟子之說也

今曰性善然則彼皆非與　孟子曰乃若其情則可以為善矣乃所謂善也

蒙引性蘊於中而難知情發于外而可見乃若人之情本但可以為善而不可以為惡情者性之動也情善則性善可知矣所以謂性善也蓋性既是善則無善無不善之說非矣性本但可

以為善則所謂可以為善可以為不善之說非矣今性既皆善則所謂有性善有性不善之說非矣

若夫為不善非才之罪也

叅性者心之理其所存主者也情則性之發動才則性之運用發動者既善則存主者自善可知若曰才不善便是性不能運用了故又說个非才之罪為他剖析使不為性善之累也性情才要認得分明如仁是性也見孺子入井而惻隱情也其能惻隱欲去救之處便是才

惻隱之心人皆有之羞惡之心人皆有之恭敬之心人皆有之是非之心人皆有之惻隱之心仁也羞惡之心義也恭敬之心禮也是非之心智也仁義禮智非由外鑠我也我固有之也弗思耳矣故曰求則得之舍則失之或相倍蓰而無算者不能盡其才者也

蒙引惻隱之心情也仁是性也此四句要說出因用以著其本体意非由外鑠我是因上面情發于外似若有外求者故如此言之謂性雖因外而見寔非由外而得者也

存疑弗思耳矣思字帶个求字求則得之求字帶个思字省文也集註得此義故曰人自不思而求之

蒙引思以心言求以用力言思在前有求則有思矣思求便是

用其才處不能盡其才者不思不求而擴充其善端也但不可謂不能盡其思求之才

存疑惻隱之心人皆有之四句是解乃若其情則可以為善惻隱之心仁也至我固有之也是解乃所謂善弗思耳矣至不能盡其才是解若夫為不善非才之罪

詩曰天生蒸民有物有則民之秉夷好是懿德孔子曰為此詩者其知道乎故有物必有則民之秉夷也故好是懿德

蒙引有物有則就蒸民上說秉彝指則而言懿德亦指則而言

則也彝也懿德也自物而言用則字明非塊然一物也自民而

言用彝字謂民之有常性也自人所好言用懿德字以其美而
好之也
存疑　懿德即是秉彝若以秉彝為性善則好懿德又是情去好
那性善夫豈不支離原來是好字上見情懿德字上見善
蒙引　故好是懿德一句最重此正是其情之可以為善處緣此
就見得人性之善也即上文之意
〇孟子曰富歲子弟多賴凶歲子弟多暴非天之降才爾殊也其
所以陷溺其心者然也
蒙引　多字有斟酌富歲人家子弟未必盡能為善凶歲子弟未

必盡至為惡〇有所賴藉自不肯置其身於惡地此二句重在
下一句〇於子弟而一曰多賴一曰多暴殊也然一則曰富歲
子弟一則曰凶歲子弟則非天之降才爾殊則是所以陷溺其
心者然矣
叅　賴字對陷溺看不對暴字看暴字對善看不對賴看講多暴
且勿入無賴意到陷溺中講之曰降才不曰降性何也天命謂
性感物情動才即性之能動者言才便該得性情且善暴俱屬
作為于才尤切然既曰降才又不曰陷溺其才而曰心者何也
蓋所降自有生之初言故曰才以其為性之能也所溺自有覺
之後故曰心以其為性之統也故下文詳推心之同然以明降
才之同
今夫麰麥播種而耰之其地同樹之時又同浡然而生至於日至
之時皆熟矣雖有不同則地有肥磽雨露之養人事之不齊也
叅　細玩此節文氣似只重皆熟一句不同亦只就熟說謂麰麥
所種之地同所樹之時又同所以其熟都無先後遲速而皆同
也然地同矣時同矣其熟乃或有先後遲速而不能盡同者則
下三者所致也是豈所種之地所樹之時有不同者哉播種二
句是比降才之同皆熟句又是比為善之同常說把三同平看

把不同作多寡殊覺無謂斷從愚說為是
蒙引　舉麰麥一物而見凡同類者之舉相似也
故凡同類者舉相似也何獨至於人而疑之聖人與我同類者
蒙引　故字承上推開泛言同類與相似不同同類以形言相似
以性言疑是其性不相似而有為善為暴之殊也聖人與我同
類雖就形体言須（似太早）黎補性善之同意
故龍子曰不知足而為屨我知其不為蕢也屨之相似天下之足
同也
存疑　龍子之言只是引起下文乎義無取觀總結只云口耳目

可見儇之相似一句是孟子解龍子之意

口之於味有同耆也易牙先得我口之所耆者也如使口之於味也其性與人殊若犬馬之與我不同類也則天下何耆皆易牙之於味也至於味天下期於易牙是天下之口相似也

蒙引 於字重看言易牙所調之味期與約同意言必以易牙所調者為美也

惟耳亦然至於聲天下期於師曠是天下之耳相似也 惟目亦然至於子都天下莫不知其姣也不知子都之姣者無目者也

蒙引 師曠晉平公時人嘗歌南風而知楚師之不競聞鍾聲而

識天地之氣孟子都即鄭大夫公孫閼也有寵於莊公不知子都二句是反言以明其同意言人必皆知子都之美也

故曰口之於味也有同耆焉耳之於聲也有同聽焉目之於色也有同美焉至於心獨無所同然乎心之所同然者何也謂理也義也聖人先得我心之所同然耳故理義之悅我心猶芻豢之悅我口

存疑 謂人之一身口耳目皆有所同然至一心為一身之主衆體之綱獨無所同然乎心之所同然者理義是也理義是人心所同有底故同然之理義即懿德人心同然乎理義即好是懿德須作悅自家底

蒙引 故曰以下乃總收上文以起下也然字與耆字美字相對理也義也與味聲色字相對

參 聖人先得句正與前聖人與我同類者相應此句不重聖人只重我與聖人同意言窮理精義之極者必期於聖人然聖人之理義即吾同然之理義聖人特先吾而窮之精之耳豈有異于吾也故理義二句是收束同然之意悅我心是見悅于我心也其寔是我心之悅理義

○孟子曰牛山之木嘗美矣以其郊於大國也斧斤伐之可以為

美乎是其日夜之所息雨露之所潤非無萌櫱之生焉牛羊又從而牧之是以若彼濯濯也人見其濯濯也以為未嘗有材焉此豈山之性也哉

參 可以為美與嘗美相應一是斧斤既伐之後一是斧斤未伐之先若彼濯濯與萌櫱相應一是牛羊未牧之前一是牛羊既牧之後郊於大國國大則伐之者衆郊近則伐之者易日夜所息謂是日之夜與下節夜氣一例勿云日也生息夜也生息註中皆字謂凡物皆生非謂日夜皆生也但看早起花多開草多青又夜間多露則夜之息可知矣牛羊一句是害山木盡處蓋

向之伐猶傷其枝幹今之牧盡絶其根萌也濯濯是萌櫱盡無
則不但失其美矣山以生物為性濯濯全無生理豈山之性哉
牛羊之為害已耳須知此節書是孟子專要于既伐之後致養
須重牛羊邊不可與斧斤平看
雖存乎人者豈無仁義之心哉其所以放其良心者亦猶斧斤之
於木也旦旦而伐之可以為美乎其日夜之所息平旦之氣其好
惡與人相近也者幾希則其旦晝之所為有梏亡之矣梏之反覆
則其夜氣不足以存夜氣不足以存則其違禽獸不遠矣人見其
禽獸也而以為未嘗有才焉者是豈人之情也哉

蒙引承上文言山之必有材此在山者然也雖然在人者亦豈
無仁義之心哉
存疑雖字與下文放字相叫應言雖在人皆有良心然人自放
之耳蒙引把雖字添个然字截屬上文恐未是
叅雖字意承前條首句來蒙引固不宜添然字存疑謂與下文
放字相叫應然末一哉字殊不類喝起之語只宜與豈無字相
叫應作兩句讀為是
蒙引所以放其良心者指物欲言耳目口鼻之欲皆伐良心之
斧斤也旦晝所為之不善亦只是這个旦旦指日間言與旦晝

旦字同與旦氣旦字異即旦晝也亦猶至美乎通為一句甚有
條首四句也
存疑日夜所息日夜也生但夜來生的多故接説平旦之氣下
文只説夜氣○良心定於付予之初如何生得物欲外誘而心
為之役物欲既退此心寧靜而義理復萌便似復生也
蒙引晝之所為既有以害其夜之所息分明是害矣夜之所息
又不能勝其晝之所為豈亦夜氣之害旦氣乎益夜之所息又
不能勝其晝之所為正以足上句意梏之反覆專指旦晝言
其梏而又梏日復日也

蒙存合初間則日夜有所息及梏之反覆則惟有夜之所息矣
夜氣所存即夜之所息者曰夜氣不足以存則知日夜之所息
者夜氣猶足以存也夜氣如何存良心氣載乎理理寓于氣人
一身之氣其精英皆聚于心而理就在氣中此心擾于物欲則
其氣昏亂而理因之汨沒是氣不足以存良心也然亦梏之反
覆方至此蓋斲喪至甚則雖夜來事物退聽心亦擾亂而不能
靜氣亦昏濁而不能清義理亦汨沒無以自存則旦氣過不能
清而所謂幾希者亦滅矣
存疑才者性之能人之能為善皆才也好惡近禽獸則不能為

善似乎無才故以為未嘗有才不知人之情本善其惡者情
也近禽獸則其情惡而不善矣是豈人之情哉人之情本善人
之才則能為善因人之不為善疑乎無才故即人之情本善者
以明之人之情本善則人之為不善由旦晝之梏亡非未嘗有
才也明矣
參朱子曰日夜之所息底是良心平旦之氣自是夜氣夜氣如
雨露之潤良心如萌蘖之生人之良心雖梏亡而彼未嘗不生
也○夜氣不足以存皆是旦晝所為壞了所謂好惡與人相近
今只要去這好惡上理會日用間于這上見得分明有得力處

夜氣方與你存夜氣上都未有工夫只是去旦晝理會這裡有
工夫日間添得一分道理夜氣便添得一分日間只管進夜間
只管添這氣便盛○平旦之氣只是夜間息得許多時節不與
事物接纔醒來便有這些清明之氣此心自恁地虛靜少間纔
與物接依舊又汨沒了
故苟得其養無物不長苟失其養無物不消
蒙引山木人心詞雖平說意則重在人心上
孔子曰操則存舍則亡出入無時莫知其鄉惟心之謂與
蒙引此節文勢上虛下實正如求則得之云云求在我者也○

操便如何為存舍便如何為亡蓋人心為此身酬酢萬變主宰
舍則逸于外而不能主乎一身矣
存疑下二句只就操則存舍則亡上見謂存入也亡出也忽然
而出又或忽然而入惟所操舍耳在心之出入豈有定時哉出
則在外入則在內亦惟所操舍耳在心之出入豈有定時哉
參孔子此四句只是狀人之心是箇難把捉底物而人不可不
操出入便是上面操存舍亡入則是在這裡出則是亡失了此
大約泛言人心如此非指已放者言
○孟子曰無或乎王之不智也　雖有天下易生之物也一日暴

之十日寒之未有能生者也吾見亦罕矣吾退而寒之者至矣吾
如有萌焉何哉
蒙引無惑乎王之不智言其不智有由也
參暴是陽氣主生寒是陰氣主殺一暴十寒殺氣多生氣少故
雖易生之物亦未有能生也況物之難生者乎王之有萌就孟
子進見時言如善哉之稱輸志之顧感感之心皆因孟子啓發
而動所謂有萌也孟子退而王驩陳賈輩以在左右諂諛雜進
則良心之萌旋即沮喪雖孟子亦如之何哉
今夫弈之為數小數也不專心致志則不得也弈秋通國之善弈

酋也使奕秋誨二人奕其一人專心致志惟奕秋之為聽一人雖聽之一心以為有鴻鵠將至思援弓繳而射之雖與之俱學弗若之矣為是其智弗若與曰非然也

【蒙引】謂無怪乎王之不智也蓋君子踈而小人親也使其能專心致志于君子則君子日親養之以善為智矣今也不然故小人養之以惡則愚無怪乎其不智也二節一貫意弗若非然是承一心以為有鴻鵠將至者說來末乃見王之所以不智處王若專心致志于孟子豈容其一見不在側乎

【存疑】二條雖前就生物上譬後就教奕上譬然只是一意不可

依新安謂前是交修者不得常用其力後是自修者不肯專用其力見王之時少退而諂諛雜進之日多齊王方聽孟子之言而後入于諂諛雜進之論便是一心以為有鴻鵠將至思援弓繳而射之者其智何由生哉故曰無惑乎王之不智也

○孟子曰魚我所欲也熊掌亦我所欲也二者不可得兼舍魚而取熊掌者也生亦我所欲也義亦我所欲也二者不可得兼舍生而取義者也

【參】魚與熊掌特引起下意上不可得兼勢有所限也下不可得兼勢遣其窮也舍生取義所包者廣小而如不受嗟蹴之食大而如赴君父之難皆是此節是泛論取舍處且勿說決擇其輕重及所以然意下節方釋之蓋下節不為苟得患有不辟正舍生取義之事而欲惡有甚於生死則所以舍生取義之意也註熊掌猶美是下節甚字意到過處發出乃是

生亦我所欲所欲有甚於生者故不為苟得也死亦我所惡所惡有甚於死者故患有所不辟也

【蒙存合】言所以舍魚而取熊掌者固以熊掌之味猶美于魚也人之所以舍生取義者豈無為哉由本然之良心其所欲奪于所甚欲其所惡奪於所甚惡也所欲有甚於生者義便是所惡

有甚於死者不義便是舍義而死豈不求生故欲生而不為舍義以苟得生也不義而生雖生猶死故惡死而不為犯不義以避患也上言舍生即為死言所欲便見所惡故兩釋之

如使人之所欲莫甚於生則凡可以得生者何不用也使人之所惡莫甚於死者則凡可以辟患者何不為也　由是則生而有不用也由是則可以辟患而有不為也　是故所欲有甚於生者所惡有甚於死者非獨賢者有是心也人皆有之賢者能勿喪耳

【蒙引】以上雖有四節亦不過只是一意反覆說人有羞惡之心耳故遂以一語結斷曰人皆有之賢者能勿喪耳但曰賢者能

勿喪耳便見衆人喪之
叅如使三節須連看此乃文章抑揚處兩如使字與下兩由是字相叫應意歸重下節玩註蓋生我所欲節釋所以舍生取義者由有秉彛義理之良心此則言由其必有秉彛之良心故所以能舍生取義總是反覆即舍生取義之意也何不用言一意為偷生計豈肯為義而舍生也取義為言一意為辟患計豈肯為不義而就死也二節註必有秉彛之良心謂必有欲義惡不義之本心正指所欲所惡之心有甚於生死者是故節方總上文而正言之以斷其人皆有是心也

一簞食一豆羹得之則生弗得則死嘑爾而與之行道之人弗受蹴爾而與之乞人不屑也

存疑　一簞食節又是即義心之激發處以明之與人皆有不忍人之心明以孺子入井之事一般

蒙引　蹴爾尤重於嘑爾故乞人亦不受

萬鍾則不辨禮義而受之萬鍾於我何加焉為宮室之美妻妾之奉所識窮乏者得我與

蒙存合　此節上下相換意註自明奉萬鍾言者蓋為富時仕者說曰萬鍾見非簞食豆羹小小也不辨礼義而受有貪昧隱忍意見不能若行人乞人不受不屑也於我何加言其柔輕而非有關係增益於吾身見非得生失死於我身有加益而為至重也既於我何加乃卻為此三者受之與以為詰之詞而寔推其所以喪之之由

鄉為身死而不受今為宮室之美為之鄉為身死而不受今為妻妾之奉為之鄉為身死而不受今為所識窮乏者得我而為之是亦不可以已乎此之謂失其本心

存疑　簞食豆羹生死所繫是於我有益者而猶惡無禮萬鍾之得失非若簞食豆羹之關于生死是為我身外物無益者乃不

辨禮義而受之所以可哀也○為宮室之美三句是說喪其良心由此三者既曰於我何加焉卻乃為此三者可混無謂○三鄉為身死而不受是舉上二條來秤稱言關於生死者猶不肯失其本心無關於生死者乃喪其本心此大不可也○言生死所繫是不可已者三者無關于生死是可已者不可已者既已之可已者獨不可已乎

○孟子曰仁人心也義人路也

存疑　夫心之切於己人皆知之仁切於己人未知也名仁曰人心欲人知仁即心也然仁與心尚是二物名仁為人心不幾於

無別與仁雖人心所具之理實心之所以爲心也以心所具之理言則仁自仁心自心固有分矣以心之所以爲心而言則心即仁仁即心而實未嘗有所分也

舍其路而弗由放其心而不知求哀哉　人有雞犬放則知求之有放心而不知求

【存疑】此二條只是嘆人失其本心

【參】上節於不求中間加一知字正爲下節不知求張本而下節有放心而不知求又以起末節求放心也雞犬放借來說定其至輕而忘其至重只由不思便見一思之則知學者之所當求莫要於心矣此就是起末節意

學問之道無他求其放心而已矣

【存疑】言學問之道只是要求放心也求放心即求仁蓋仁人心也能求放心則仁存而義亦在我故曰而已矣言自此之外無他事也

【蒙引】學問指知行說道猶要也言學問之事其至要者無他在求其放心而已矣蓋謂學問之事中只是求放心便是要非謂求放心而后可學問亦非謂以學問去求放心也

【參】朱子曰不是學問之道只曰求放心一事乃是學問之道皆所以求放心求放心即是求仁故學問之事非一端而其道只在此朱子曰上有學問二字不止是求放心便休自有歸著向上去下學而上達二句遂是存得此心方可做去○林說學問止於求放心則無論其說墮于空寂即安得謂之學謂之問所以朱註云學問之道云云

○孟子曰今有無名之指屈而不信非疾痛害事也如有能信之者則不遠秦楚之路爲指之不若人也　指不若之則知惡之心不若人則不知惡此之謂不知類也

【參】此示人以事心之重意無名之指是設言與下章桐梓之類

一般猶有把握而不信作通患看大誤既曰通患又何不若人之有獨以無名之指說者爲五指中此爲不切於用也曰非疾痛之患而有害於事見非不信亦可耳心不若人如昏昧放逸皆是人指聖賢輩不染於物欲者而言所重在指所輕在心故斷之曰此之謂不知類也蓋寓哀痛之意

○孟子曰拱把之桐梓人苟欲生之皆知所以養之者至於身而不知所以養之者豈愛身不若桐梓哉弗思甚也

【蒙引】拱把之桐梓微小之意以明身之爲重也人苟欲生之只是養令生活未及其長進之意

存疑二者字俱指養法說不可以下一者字為過詁語

蒙引上章對指言之故曰心此章對桐梓言之故曰身而其實以心為主也所以養之者治其心而已

參思是自思此身所係人重非曰身與桐梓輕重之辨也誠思之則知身不可失必思無愧天地必思要做聖賢所以養之者當無所不至矣

○孟子曰人之於身也兼所愛兼所愛則兼所養也無尺寸之膚不愛焉則無尺寸之膚不養也所以考其善不善者豈有他哉於己取之而已矣

蒙存合人之於身身字兼心志口腹講故曰兼愛兼養看一兼字便見口腹亦所當養但不可專養乎此以害心志也善是得養不善是失養已即身也要考所養善否只就自身上審其輕重不必他求而已矣者即意轉豈有他意此一句是一章大旨以下數節是推明此意

體有貴賤有小大無以小害大無以賤害貴養其小者為小人養其大者為大人

存疑休有貴賤一條正是上面于己取之意養其小是以小害大賤害貴也養其大是不以小害大賤害貴也

今有場師舍其梧檟養其樲棘則為賤場師焉　養其一指而失其肩背而不知也則為狼疾人也

蒙引此二條正是養其小者為小人意但未可說出且要以起之至下文飲食之人方說出正如不揣其本二節起取色之重者一條

飲食之人則人賤之矣為其養小以失大也　飲食之人無有失也則口腹豈適為尺寸之膚哉

存疑飲食之人則人賤之都是上面小人賤場師狼疾人之輸皆是賤之也說為其養小失大者言養小者之斷必有失以見

小之斷不可養耳

蒙引則人賤之矣正與賤場師狼疾人相應這便是為小人了為其養小以失大正與養其樲棘養其一指相應即養其小者也所謂養其小者為小人不於此為益信耶○末節是反言正見是有失正見只尺寸之膚而已然則人何樂為此尺寸之膚而至於害大以致人之賤之哉

參此與上二節反覆叫應上言養小者必害大此言不害大雖養小亦可是假設之言主意還重養小者必有失

○公都子問曰鈞是人也或為大人或為小人何也孟子曰從其

大體為大人從其小體為小人

存疑 從其大體是耳目之欲皆聽命于心當視則視而不妄視當聽則聽而不妄聽也從其小體是心反聽命於耳目淫聲美色惟其所欲而心不為之宰制也

曰鈞是人也或從其大體或從其小體何也曰耳目之官不思而蔽於物物交物則引之而已矣心之官則思思則得之不思則不得也此天之所與我者先立乎其大者則其小者不能奪也此為大人而已矣

存疑 耳目之官至不思則不得是解大小體耳目之官不思云云所以為小体也心之官則思云云所以為大體也

蒙引 蔽于物物字指外物言物交物上物字即蔽於物之物下物字指耳目言引之而去謂聲來引耳耳與聲去色來引目目與色去只緣他但知視聽全不能思其當理與否故聲色是以引之而已矣者言如此而已也故曰小體謂所職者小也心之官則思言以思為職也這思字且勿說工夫只說心体自然之用思則得二句亦只講職之得失非講用工與否譬如衙門有官在便事事皆行役官在事事皆廢註曰凡事物之來說得廣不專指聲色曰物不能蔽說心講非蔽耳目也此見心能思不為物蔽與耳目不思而蔽於物不同故曰大然謂所職者大也

存疑 先立乎其大一句正是答或從其大體或從其小體意先立乎其大者則心得其職事至能思耳目之欲皆聽其主宰而不能奪此所以從乎大體也不能先立乎其大者則心失其職事不能思耳目能奪之淫聲美色惟其所欲心不能主而反從乎小体矣

蒙引 立其大便是用功立還在思之前故註曰有以立之此事無不思非謂立字即當思字

○孟子曰有天爵者有人爵者仁義忠信樂善不倦此天爵也公卿大夫此人爵也

蒙引 仁義兼舉体用道理已盡了忠信則仁義之發於心而見於事者無一之不實樂善不倦則仁義之實者又無一息之間斷

存疑 樂是樂斯二者之樂樂則生生則惡可已是不倦也必到樂善不倦地位方有尊貴處謂之天爵者非人所得而貴賤者也

古之人修其天爵而人爵從之　今之人修其天爵以要人爵既得人爵而棄其天爵則惑之甚者也終亦必亡而已矣

存疑修天爵以要人爵則得之於前者原非其正得人爵而棄
天爵則保之於後者又無其具所以必亡
○孟子曰欲貴者人之同心也人人有貴於己者弗思耳
蒙引貴之一字（此貴字去聲說講）以所崇重而得名也如祿爵固在所崇重仁義
猶在所崇重也○只可說是蔽於物欲而弗思不必兼言其拘
於氣稟蓋孟子言性善不論氣質也
存疑此因時人叹求在人之貴而不知有在己之貴故特喚醒
之下二條又是說人所欲之貴不足貴在己之貴有可貴乃示
人求諸己而不求諸人也

人之所貴者非良貴也趙孟之所貴趙孟能賤之　詩云既醉以
酒既飽以德言飽乎仁義也所以不願人之膏粱之味也令聞廣
譽施於身所以不願人之文繡也
蒙引趙氏為晉卿故稱為趙孟趙孟最有權於晉故能貴人賤
人此二句正明非良貴意良貴則貴不由人人亦不得而賤之
矣○德主恩意言此作德行之德斷章取義也飽乎仁義則吾
心自有膏粱之味故不願人之膏粱之味不願謂無所慕于彼
也非謂有厭薄不願他之意
存疑令聞廣譽從飽仁義來聞譽一樣令字廣字有別耳膏粱

文繡皆人之所貴者此節是說那在己之良貴如此二不願字
正見是貴處
○孟子曰仁之勝不仁也猶水勝火今之為仁者猶以一杯水救
一車薪之火也不熄則謂之水不勝火此又與於不仁之甚者也
亦終必亡而已矣
參考朱子語類與南軒之說俱作一人而以理欲相勝立論於
本文甚妥貼可從且於警學者甚有力看蒙存二書欲作為當
時諸侯行仁不力者發把仁不仁作二人看似于理未妥諸侯
為仁而曰勝不仁便是以善服人有悖於以善養人之說必不

然矣○不仁之甚不仁字以人言不仁之人本是不肯為仁的
而又開不勝之名將謂仁竟無益不仁亦無害遂益堅其不仁
之習而不可反是我杯水之仁有以深助之也深字正解甚字
意然不獨助人不仁而此人之心抑亦并其杯水之仁盡亡之
而已矣蓋天下之理不進則退今其始也既為之不力而不能
勝其終也必因不勝而為之益怠勢必至于盡亡也夫為仁不
力不惟害人抑且害己其弊乃至此有志為仁者可以不力乎
哉
○孟子曰五穀者種之美者也苟為不熟不如荑稗夫仁亦在乎

熟之而已矣

存疑　五穀可以養人是種之美者也苟為不熟則為無用之物反不如荑稗之熟為可用仁之在人亦猶是也

蒙引　但曰五穀者種之美者也苟為不熟不如荑稗便見美種之不及熟為可恨而非有慕於荑稗也

○孟子曰羿之教人射必志於彀學者亦必志於彀　大匠誨人必以規矩學者亦必以規矩

叅　此二節俱重法講教與學不兩平觀亦字可見言教必有法學者當從之也正講俱就藝言末補聖學正意學只是知行如

堯舜精一孔顏博約皆法也上節曰必志下節曰必以蓋欲以心之所期言故曰志規矩以器之所示言故曰以

告子下

任人有問屋廬子曰禮與食孰重曰禮重　色與禮孰重　曰禮重曰以禮食則饑而死不以禮食則得食必以禮乎親迎則不得妻不親迎則得妻必親迎乎

存疑　任人意在下段此兩問是要引出个禮重來然後從而折之

蒙引　不以禮食謂其嗟也可去其謝也可食之類未至如紾兄之臂之甚也不親迎謂其家貧不能舉大禮之類未至踰東家墻而摟其處子之甚也○任人曰食色以禮固然矣然有以禮食則飢而死不以禮食則得食者當此之際尚必以禮乎有以禮親迎則不得妻不親迎則得妻者當此之際亦必以礼乎任人是指食色之重而礼之輕者言也○如朝不食夕不食飢餓不能出門戶當此時一簞食一豆羹得之則生弗得則死必俟其再三禮請然後就則不得食而死矣若稍俯從權變往就而食之亦可以濟如古者國有荒凶則殺礼而已婚必拘於親迎之禮家貧而不能備則妻不可得矣若從殺禮則妻可得此所

謂禮輕而食色重也○任人是以處變言使聖賢處此亦有為之者但只是不揣其本耳故須有孟子後一段說話

屋廬子不能對明日之鄒以告孟子孟子曰於答是也何有　不揣其本而齊其末方寸之木可使高於岑樓　金重於羽者豈謂一鉤金與一輿羽之謂哉　取食之重者與禮之輕者而比之奚翅食重取色之重者與禮之輕者而比之奚翅色重

蒙存　合寸木喻食色岑樓喻禮本喻大分末喻偏較金喻禮羽喻食色以大分言鈎金喻禮之輕與羽喻食色之重以偏較言礼與食色不論大分但較其一偏則食色反重于禮猶寸木岑

樓不平其下但齊其上則寸木反高於岑樓殊不知禮之重於
食色謂其大分也豈謂以礼之至輕與食色之至重而較之也
謂哉信如任人所云取食色之至重與禮之至輕者而較之則
奚翅食重色重已哉蓋所謂輕重者謂事勢皆不可已特緩急
少差分數皆不可無特多寡少差此輕重之別也如以飢而死
與禮食比以廢大倫與親迎比則禮將至於必不可無豈但差
有輕重已哉故曰奚翅食重奚翅色重上節可使字此節取比
字皆是偏見上節豈謂字此節奚翅字俱是公論
往應之曰紾兄之臂而奪之食則得食不紾則不得食則將紾之

乎踰東家牆而摟其處子則得妻不摟則不得妻則將摟之乎
存疑　已之生固可重兄之臂猶不可紾夫妻大倫固不可廢摟
處子大惡猶不可犯彼此論量礼於食色不猶重乎
蒙引　任人只重在死字及不得妻字上不曾思見紾兄臂與摟
處子之犯大節處故孟子出此一頭與之平稱就見得權終是
重矣
○曹交問曰人皆可以為堯舜有諸孟子曰然
蒙引　人皆可以為堯舜是古語有諸問其有此理否非問其有
此言也曰然是然其有可為之理非然其有是言也

交聞文王十尺湯九尺今交九尺四寸以長　食粟而已如何則
可
蒙引　文王十尺湯九尺今交九尺四寸以長亦在湯文之間宜
可為堯舜矣乃止是能食粟而不能為聖人如之何則可蓋不
察所謂為者乃在修為之間而不在形体也若以形体言安得
謂皆可以為堯舜耶○據交所論則不皆可以為堯舜矣○食
粟而已如何則可是因以不勝為患也曹交此意便是自歸於
稟質之弗強而不自責其學力之未加也
曰奚有於是亦為之而已矣有人於此力不能勝一匹雛則為無

力人矣今曰舉百鈞則為有力人矣然則舉烏獲之任是亦為烏
獲而已矣夫人豈以不勝為患哉弗為耳
存疑　是字指形体言所以為堯舜者不在於形体而在於作為
也有人於此以下則申其意為無力人在乎不能勝一匹雛為
有力人在乎舉百鈞以況為堯舜在乎作為然則舉烏獲之任
是亦烏獲而已矣今能為堯舜之所為是亦堯舜意故又曰夫
人豈以不勝為患哉弗為耳以終其意不勝為患々不能勝為
堯舜之事也這勝字接上文不能勝一匹雛舉百鈞說來無力
有力烏獲三為字輕與上下亦為弗為二為字不同

徐行後長者謂之弟疾行先長者謂之不弟夫徐行者豈人所不
能哉所不爲也堯舜之道孝弟而已矣
【蒙引】承上文豈以不勝爲患哉弗爲耳爲之何如徐行後長者
云　云孝弟之道似若大而難盡也然徐行就是弟疾行就是不
弟弟不弟只在一行止疾徐之間耳所不爲也下須補云言弟
則孝可知矣方接得下文孝弟字來
【存疑】孝弟之理通於上下舉其近徐行後　此孝弟也極其遠
堯之親睦九族平章百姓舜之瞽瞍底豫而天下化此孝弟也
【蒙引】堯舜之道孝弟而已矣直要說得爲堯舜之容易處能盡

孝弟是亦堯舜也此意已見於言外下文云云是也
【參】徐行後長豈足盡堯舜之道提是喚醒亦爲之而已弗爲耳
所不爲也三句平常道理且不能盡安能便至堯舜安能積小
以至高大此語意當與未能事人未知生及孳孳爲利孳孳爲
善欲知舜與跖之分參看自見
子服堯之服誦堯之言行堯之行是堯而已矣子服桀之服誦桀
之言行桀之行是桀而已矣
【蒙引】上節言爲堯舜之易此言爲之在我但上言徐行此又敷
叙與言則自曹交所病而發〇此正所謂奚有于是亦爲之而

已矣者言能爲堯舜之事則爲堯舜矣不能行其事則雖有濟
文之体貌何足道哉
【存疑】舉堯所以該舜也不異於堯則亦不異於舜矣言桀所以
反堯也是桀而已矣則又何堯之可望哉
【參】服堯服言堯言行堯行乃是着實爲處若作入手便易則不
足以盡爲字矣言桀一段亦非淺之也乃敲鋼極深耳
曰交得見於鄒君可以假館願留而受業於門
【蒙引】時孟子居鄒曹交以事過鄒願留者曹交自願留于鄒也
見於鄒君而曰得假館而曰可以受業而曰願留其辭皆近偽

全無有决然之意不但假館而後受業爲求道之不篤也朱子
亦謂有挾貴求安之意
曰夫道若大路然豈難知哉人病不求耳子歸而求之有餘師
【蒙引】道須放開說不止上文孝弟此理賢智愚所共曉者故曰
豈難知哉此正指衆人所可與知者耳若夫精微之蘊則亦有
未易知者
〇公孫丑問曰高子曰小弁小人之詩也孟子曰何以言之曰怨
【蒙引】小弁小人之詩非君子之詩也孟子曰何以言之曰怨誹
無温柔和厚之意

存疑 這怨又是怨親不可看做怨已之不得乎親

曰固哉高叟之為詩也有人於此越人關弓而射之則已談笑而道之無他疏之也其兄關弓而射之則已垂涕泣而道之無他戚之也小弁之怨親親也親親仁也固矣夫高叟之為詩也

蒙存合 有人越人曰已曰兄作四个人看財之之字指有人於此之人談笑道之者開陳利害是非而隨其聽否也涕泣道之者其言哀痛迫切而必欲着改也疏之之字指越人戚之之字指其兄所謂親親也小弁之怨所謂垂涕泣而道者故曰親親親親是愛心之發故曰仁一說親即是仁亦通豈有仁人而謂

之小人乎

蒙引 高子以為小人之詩正以其處父子之間而薄之也孟子以為仁人之詩者又正以其處父子之間而取之也

曰凱風何以不怨

蒙引 凱風何以不怨丑意謂凱風之過其母猶小弁之過其父小弁既所宜怨則凱風何以不怨凱風不怨為是則小弁之怨為非矣

曰凱風親之過小者也小弁親之過大者也親之過大而不怨是愈疏也親之過小而怨是不可磯也愈疏不孝也不可磯亦不孝

也

蒙引 七子之母過在身家宜臼之父過繫宗社七子之母所失者不自制其一己情慾之私宜臼之父所失者三綱淪九法斁而四海覆矣此其過之小大所見

存疑 親之過大而不怨是把父子之至情一向抛却了漠然不以介懷其薄亦甚矣故曰愈疏○水激石謂水所見激之石實石激水而致怒也水激石當云激水石○水石叁水淺急流處下石水行不去遂激起而叫號矣非石怒乃水怒也是此石乃激水之石不可磯謂水不可容磯也

蒙引 愈疏不孝也小弁之所以怨也不可磯亦不孝也凱風之所以不怨也是怨與不怨各有攸當安得執凱風之不怨以訊小弁之怨哉

孔子曰舜其至孝矣五十而慕

蒙引 五十而慕註解怨慕亦是借辭其實五十登庸之後舜已無怨矣但舜之怨是怨已不得乎親小弁之怨是怨親不容乎已用情已自不同況戍申之役志至忘父挑則平王于舜豈不大相懸絕哉孟子引之特以明怨之未為小人非以小弁擬舜也

○宋牼將之楚孟子遇於石丘　曰先生將何之　曰吾聞秦楚搆兵我將見楚王說而罷之楚王不悅我將見秦王說而罷之二王我將有所遇焉　曰軻也請無問其詳願聞其指說之將何如　曰我將言其不利也曰先生之志則大矣先生之號則不可

存疑　蒙引曰言其不利似未甚遠於理孟子力排之者欲因是而開二王以仁義之道故即一利字而究論之如此

先生以利說秦楚之王秦楚之王悅於利以罷三軍之師是三軍之士樂罷而悅於利也為人臣者懷利以事其君為人子者懷利以事其父為人弟者懷利以事其兄是君臣父子兄弟終去仁義

懷利以相接然而不亡者未之有也　先生以仁義說秦楚之王秦楚之王悅於仁義而罷三軍之師是三軍之士樂罷而悅於仁義也為人臣者懷仁義以事其君為人子者懷仁義以事其父為人弟者懷仁義以事其兄是君臣父子兄弟去利懷仁義以相接也然而不王者未之有也何必曰利

存疑　不利之說只是說个用兵不利且都不及道理是如何計利之風一倡上下爭趍于利其害有不可勝言者惟只論个道理更不及利害此便是以仁義說秦楚之王也仁義之教一興上下爭趍于仁義自有不利之利矣○以仁義說秦楚之王是就搆兵上說其非仁義謂殃民非仁過制非義不是搆兵外另說他去做仁義○是懷个仁義之心去事君不是把仁義去事君蓋其所以事君者只是見得道理當如此初不為一己富貴之圖也見得自己分所當為便是懷仁義若有所為而為便是懷利

蒙引　如此則君有正臣父有孝子兄有賢弟四境之內同一尊君親上之誠舉國之人同一愛親敬兄之願人心既振國勢自張矣

○孟子居鄒季任為任處守以幣交受之而不報處於平陸儲子

為相以幣交受之而不報　他日由鄒之任見季子由平陸之齊不見儲子屋廬子喜曰連得間矣　問曰夫子之任見季子之齊不見儲子為其為相與

蒙引　居意常處意暫蓋鄒是父母之國平陸其所寓也處對出而言君出而為君守位者不出故曰處守不報者不往答拜也

存疑　得間謂有可問之隙非謂孟子有可議之隙也二句平間意重儲子為其為相屋廬子亦設為問難非寔有為相之疑

曰非也書曰享多儀儀不及物曰不享惟不役志于享　為其不成享也

蒙引享指天子孟子引之則謂享賢者多享也享多儀謂享上
主在多儀曰不享謂非享也惟不役志於享言物雖備而誠不
至但以物為享也為以不誠享也是發上文未發之意要深一
步莫與不享一般看言既不役志于享則所謂享者特其名耳
寔則不成享也○自儀不及物者觀之自以為享矣殊不知享
主多儀必先有礼意然後用物以將之方成享也今也不役志
于享而儀不及物此特其𢑥文耳則不成享矣此分明是說儲
子得之平陸而但以幣交也
存疑惟不役志于享是書有解曰不享意為其不成享又是孟

子解書曰不享意蓋不役志于享而儀不及物則不成个享礼
了所以曰不享
屋廬子悦或問之屋廬子曰季子不得之鄒儲子得之平陸
參或問之是問其處季子未成享之故非問其見不見之故季子
不得之鄒二句是屋廬子解其成享不成享之故季子二句要
抑揚重在儲子一邊
○淳于髡曰先名實者為人也後名實者自為也夫子在三卿之
中名實未加于上下而去之仁者固如此乎
存疑髡以天下之通出處而已出便是出處便是處方是仁若
既出了不能成事又去之既不成自為又不成為人兩無所成
便不得為仁
參為人則仁及于人自為則仁及于己髡譏孟子重為人上蓋
在三卿之中便是為人名實未加于上下而去之便不成為人
之仁如此字即是指名实未加句以此為未仁也不必以後名
實自為入說
孟子曰居下位不以賢事不肖者伯夷也五就湯五就桀者伊尹
也不惡汙君不辭小官者柳下惠也三子者不同道其趨一也一
者何也曰仁也君子亦仁而已矣何必同

蒙引下位不指有官者謂士庶也伯夷居下位不以賢事不肖
若伊尹則賢亦事不肖亦事然猶有去就也不羞汙君不辭小
官則又不屑於去矣三子制行不同如此○此條是反髡所問
意蓋髡意不為人則自為孟子舉此三者言伯夷不屑於就者
也下惠不屑於去者也伊尹則有去亦有就者也去者是仁不
去者亦是仁安得拘以為人與自為顧其所存所處何如耳
參在下位三段敘三聖人事與別處不同緣他自為為人來講
夷不事不肖之君是自為一邊人柳事不肖之君尹事賢君亦
事不肖俱是為人一邊人此見三子不同道總是自為為人兩

湯而已蒙引以夷爲去惠爲就尹有去有就似未是蓋尹湯桀皆就則去字說不得一說夷重於處尹重於出惠托出以處亦未是道以身之所由言趨以心之所向言如各人各行一條路其心同期於到家而已三子或去或就均之心公而理得故曰仁故曰趨一君子亦仁二句不專指三子只泛言孟子自寓意在言外

曰魯繆公之時公儀子爲政子柳子思爲臣魯之削也滋甚若是乎賢者之無益於國也

蒙引爲政是相臣柄國政者爲臣是群臣布列庶位者若是乎賢者二句不專指公儀子等只泛言之猶寓譏孟子意

曰虞不用百里奚而亡秦穆公用之而伯不用賢則亡削何可得與

叅亡則何止乎削故曰削何可得譬之不亡尚以三賢在也否則如虞之亡求削而不可得矣

曰昔者王豹處於淇而河西善謳緜駒處於高唐而齊右善歌華周杞梁之妻善哭其夫而變國俗有諸內必形諸外爲其事而無其功者髡未嘗覩之也是故無賢者也有則髡必識之

蒙引有諸內必形諸外不專指王豹等人爲其事一句泛言君子事都已之所爲故者功之所及物是故無賢二句亦泛言寓孟子非賢意

曰孔子爲魯司寇不用從而祭燔肉不至不稅冕而行不知者以爲爲肉也其知者以爲爲無禮也乃孔子則欲以微罪行不欲爲苟去君子之所爲衆人固不識也

蒙引燔肉之炙燂者不脫冕而行言急也蓋冕非行旅服也○微罪屬孔子蓋孔子不以微罪自居則失在君相但自以微罪行此便不欲以顯君相之失矣蓋過則歸己善則歸君之意非謂以君相之微罪而行也○二句不可作一意上句其失在己

也下句其失在人也欲以微罪行使人得其可以無去而必去也不欲爲苟去在己亦有辭於去非全無可去之故也

叅微罪或謂君相或謂孔子俱不是蓋微與顯對以女樂去則君相之罪顯不以女樂去則君相之罪微所謂不顯其君相之失是也

蒙引末二句當依君子亦仁而已矣例註云蓋聖人於父母之國至固非衆人所能識也都附在前二句上而起下二句意

存疑此條是破那髡必識之一句衆人從上文不知者而概人說來明是以衆人斥髡也註然則孟子之所爲二句亦須說在

本文之外

○孟子曰五霸者三王之罪人也今之諸侯五霸之罪人也今之大夫今之諸侯之罪人也

泰首節律五霸諸侯大夫之罪下二節是詳言得罪之實得罪只宜虛虛暖暖謂犯法也五伯犯三王之法故得罪三王今諸侯犯五伯之法故得罪五伯今大夫逢其君以犯法之惡故得罪于今諸侯

天子適諸侯曰巡狩諸侯朝於天子曰述職春省耕而補不足秋省斂而助不給入其疆土地辟田野治養老尊賢俊傑在位則有慶慶以地入其疆土地荒蕪遺老失賢掊克在位則有讓一不朝

則貶其爵再不朝則削其地三不朝則六師移之是故天子討而不伐諸侯伐而不討五霸者摟諸侯以伐諸侯者也故曰五霸者三王之罪人也

蒙引大註自入其疆云云此乃朱子解註分析意思非謂孟子因上文巡狩述職二項分言其事以實之也蓋自天子適諸侯至此總是舉先王之法以律當時諸侯耳○辟謂增墾也田野指熟地言土地辟無閒曠之地也田野治無荒蕪之地也

存疑養老如王制養國老庶老無陳餒之老也尊賢重有德也俊傑在位者取用人才而不取掊克之徒也專指布列無位以修百職者不與尊賢相混

蒙引土地荒蕪則無田野不治在其中遺老棄老者而使失其養也失賢者賢不見用所謂考槃在澗白駒空谷或居東海之濱或居北海之濱也掊克在位高聚斂之臣也○不言所讓其何事豈以上文有慶以地在而意自可推耶○貶其爵公貶為侯侯降為伯也

存疑誅其人而變置賢君不滅其國也

蒙引方伯連帥只是一人平時為方伯征討則稱連帥

存疑上言賞罰征討下只言討伐者舉一以該其餘也

蒙引天子適諸侯至助不給之一節省耕省斂天子諸侯之所同也入其疆以下言天子巡狩之事一不朝以下言諸侯述職之事以上文觀之則賞罰征討之柄皆自天子出固無有摟諸諸以伐諸侯之事也故繼之曰是故云云○是故二字通承天子適諸侯以下蓋諸侯朝天子及省耕省斂等皆出自天子之制也○討者端拱穆清之上但出令以討罪人也伐者奉一王之命舉三軍之師往取罪人以獲於王也若摟諸侯以伐諸侯則何所出令何所承命但以形勢驅率鄰國而為之辭以誅其私而已○五伯之伐諸侯而必摟諸侯以伐之此正假仁處以

其不奉天子之命所須合諸侯之議併諸侯之力而以為出于公也天子則命方伯連帥伐其罪五伯則摟諸侯以攻伐寔違其法而循竊其法雖竊其法而壞其法也○違王法不止摟諸侯以伐諸侯一事但即此一節明其無王而上文所舉先王之法皆在所違中矣○五伯之違王法便見為三王罪人不必依新安謂使居三王之世方為罪人

參當時諸侯皆為天子奉其職慶封之權出自天子五霸則摟諸侯以攻伐非王命也不然霸者五命未嘗無尊賢育才敬老慈幼也

五霸桓公為盛葵丘之會諸侯束牲載書而不歃血初命曰誅不孝無易樹子無以妾為妻再命曰尊賢育才以彰有德三命曰敬老慈幼無忘賓旅四命曰士無世官官事無攝取士必得無專殺大夫五命曰無曲防無遏糴無有封而不告曰凡我同盟之人既盟之後言歸于好今之諸侯皆犯此五禁故曰今之諸侯五霸之罪人也

蒙存合葵丘之會諸侯為句是會桓公主盟必歃血以讀盟書所以要質鬼神也桓公威信服人無事歃血只束牲于壇即盡書加于牲上而不啓讀下五命即載書之詞初命修身正家之要也再命用人畜治之事也三命能通柔遠之道也四命天命天討之意也五命恤鄰之仁尊王之義也此五命非桓公啓自為揔是明天子之禁耳○世子國本也既立則已上告于天子下載於國人非大故不得擅易妻所以配夫而奉宗廟溺于寵愛而以妾為妻則卑其身以輕其先人矣賢者德之成才者德之用尊之使在位育之使在職皆所以彰有德也賓謂四方來仕者旅謂道經于國者忘忽忘也士無世官恐非才也官事無攝恐廢事也取士必得防濫舉也無專殺大夫遵天討也泉者其源水者其流壅激字無專主如利在于有水則壅之不出激之使來而不恤鄰國之旱乾利在于無水則壅之不入激之使去而不恤鄰國之為壑是也凡我一句是既盟後丁寧之辭所以申固其盟主言字是語辭歸于好非但言和好言同心以君五命之禁而歸于和好此本是桓公首伯之禁亦使該得五伯了五伯明天子之禁所以遵王而犯五禁者必不能逃五伯之責故曰今之諸侯五伯之罪人也要之五伯寔挾天子以令諸侯非真有奉王之心故至歸于三王之罪人

長君之惡其罪小逢君之惡其罪大今之大夫皆逢君之惡故曰今之大夫今之諸侯之罪人也

存疑君有過不能諫又順之則其過從此長矣故曰長君之惡
君之過未萌探其意如是而先導之是己之意思與君相逢故
曰逢君之惡長君之惡柔媚之臣也是阿狥為容逢君之惡奸
邪之臣也是逢迎為悅
蒙引長君之惡者未必皆逢君之惡逢君之惡者未必不能長
君之惡長君之惡其罪小猶之齊桓公正而不譎對下句言耳
叅長君二句不平看抑揚重下句當時諸侯皆喜臣之逢己罪
知其為罪人孟子特以理以法律之蓋本諸侯五大夫之病處
豈是使他賊其君以至于敗亡哉諸侯覺悟其非必無所逃罪

矣故曰今之大夫今之諸侯之罪人也此孟子傷王道之不明
而律五霸及今之諸侯大夫之罪以警當時也蓋天下有道則
王道行無道則王降而伯伯降而為今之世王降而伯猶可言
也伯降而今不可言也孟子雖以次律其罪而警切當時之意
則其旨嚴矣
○魯欲使慎子為將軍　孟子曰不教民而用之謂之殃民殃民
者不容於堯舜之世　一戰勝齊遂有南陽然且不可
叅魯欲使慎子二句是起事題詞曰欲者將舉而未行之辭曰
欲使慎子便見慎子欲為魯使之意所謂君不向道不志於仁

而求為之強戰是也故末節獨以事君之道責之
蒙引論語教民兼務農講武此只言教之禮義云云蓋講武之
法戰國之君自不缺也者字作人說明其為堯舜罪人所以斥
之也然且不可言于理不可也陳新安以為就使克敵禍方深
耳非也此下當是一句云況未必勝乎○上條言其徒殃吾民
而不足以勝敵此條又言縱欲勝敵而於理亦不可也
慎子勃然不悅曰此則滑釐所不識也　曰吾明告子天子之地
方千里不千里不足以待諸侯諸侯之地方百里不百里不足以
守宗廟之典籍

存疑慎子謂不識是當時俗見蓋當時用兵正欲得地却以為
不可此其所以不識也天子之地方千里所以方千里者何也
蓋不千里不足以待諸侯諸侯之地方百里所以方百里者何
也蓋不百里不足以守宗廟之典籍此節只重諸侯一邊以起
下文
周公之封於魯為方百里也地非不足而儉於百里太公之封於
齊也亦為方百里也地非不足而儉於百里
蒙引方止也謂止是百里而已儉者王制所限不可過也○因
魯伐齊故本二國始封之制言之然只重魯邊或欲兩平說見

魯地不可益齊地不可損恐與下段今魯之一字不相接
今魯方百里者五子以為有王者作則魯在所損乎在所益乎
徒取諸彼以與此然且仁者不為況於殺人以求之乎
存疑孟子意以諸侯封土各有限制魯初封只是百里今已四
倍於舊有王者作已當在所損而尚欲求益所以為不可也自
吾明告子至仁者不為解然且不可意方盡況於殺人以求之
乎是就帶說上面殃民意
蒙引取彼與此自慎子言謂取齊與魯也然且仁者不為以其
非道所當得也

君子之事君也務引其君以當道志於仁而已
蒙君子事君節重務字看引字直貫下而已矣言專務以當道
志仁引君外並無他事也道以事言當道謂直向正道而行仁
以心言志仁謂念慮惟在于仁○蒙引以道與仁分應上文謂事
合於道則遠制以爭地在所不為心存于仁則與兵以殃民在
所不忍看來道與仁只一個理非有二也道即仁之發仁即道
之總○自其不為爭地殃民之事則曰道自其不萌爭地殃民之
心則曰仁○分貼似未是一說引君當道即是志仁而已故上文
單言仁者亦未是看下章君不向道二句自是兩平○此章蒙

引以殃民與然且不可對看天子之地三節明不可意徒取諸
彼一節明殃民意當道頂上不可忠仁頂上殃民存疑亦以天
子四節分貼上二節俱未是蓋戰而殃民本為不可伐南陽雖
不殃民理亦不可天子之地三節正言理之不可即不殃民仁
者不為況必殃民者乎上下語意貫串不可分開仁與道亦不
必分貼
○孟子曰今之事君者曰我能為君辟土地充府庫今之所謂良
臣古之所謂民賊也君不鄉道不志於仁而求富之是富桀也
我能為君約與國戰必克今之所謂良臣古之所謂民賊也君不

鄉道不志於仁而求為之強戰是輔桀也
蒙存合今之事君者曰句下兩節各我能為君字是自屬之辭
辟土地若解作開擴境土便屬強兵一邊了只是開墾土地如
李悝盡地力之類便是此與充府庫是一串事蓋盡地力則李
于財而府庫充矣約與國戰必克亦一串事蓋協與國之力則
可以決勝也或說充府庫又是聚斂約與國是要戰戰必克又
是能勝各開說亦通富國強兵故為以臣盡民財殘民命故為
民賊各君不鄉道以下正見其為民賊也君不向道不志于仁
與桀無異便不當富之輔之矣乃為之富之輔之是富桀輔桀

也則君日貧而民財日盡君日驕而民命日戕所謂戕賊者如
此
由令之道無變令之俗雖與之天下不能一朝居也
叅由令之道一句指君言令之道令之俗即富強是也自其行
富強之事曰道自其習富強之風曰俗曰由曰無變一直說言
由其道相習不變也存疑作互文謂由令之俗無変令之道似
未是雖與之天下雖字重看言此道決不可以得天下縱與之
亦不能一朝居也便見有必不得天下之意
○白圭曰吾欲二十而取一何如　孟子曰子之道貉道也　萬

室之國一人陶則可乎曰不可器不足用也　曰夫貉五穀不生
惟黍生之無城郭宮室宗廟祭祀之禮無諸侯幣帛饔飧無百官
有司故二十取一而足也　今居中國去人倫無君子如之何其
可也　陶以寡且不可以為國況無君子乎
蒙存合白圭是儉嗇以致富者其欲二十取一蓋欲儉薄以足
用不多取民不知此但可施之家而不可行之國也○曰貉道
見中國不可以貉之治治之意○舉陶言亦即其所易明者通
之也夫貉二節連看正言貉道但可行于貉而不可行於中國
也惟黍生之已無可以多取他無所費又不必多取歸重不必

多取上其人不居城郭宮室便無土木之費不修宗廟祭祀之
禮便無事神之費無諸侯之國不交幣帛不設饔飧便無交際
聘問之費無百官有司以分治治民便無祿養之費故二十取
一而足今居中國見非居五穀不生之地也如欲行二十取一
之法則必去而人倫而宗廟祭祀諸侯交際廢了必無而君子
而百官有司廢了是居中國而入于夷狄故曰如之何其可也
存疑上曰城郭宮室後只曰去人倫無君子又只曰況無君子
乎歸重於百官有司也蓋城郭宮室人倫皆由君子而立也○
立意注前一問者此最是
孟子辨二十取一之非主意只是言其不足用所以不足用者

正以不可無君子耳萬室之國只一人陶器不足用亦猶為國
無君子不足為治也故曰陶以寡且不可以為國況無君子乎
為國不可無君子則二十取一必不足其法不可行矣
欲輕之於堯舜之道者大貉小貉也欲重之於堯舜之道者小桀
小桀也
蒙存欲字謂道如是而私意欲輕之也孟子論治政必曰二代
而此獨舉堯舜者見得三代以來亦皆取法堯舜只為中正之
制決不可變非私意所得而輕重者也真貉為大貉用其道為
小貉〻桀重貉邊見桀道固不可為而貉道亦豈可為然則

民之制亦法堯舜而已矣

○白圭曰丹之治水也愈於禹 孟子曰子過矣禹之治水水之道也

蒙引白圭所以自負其過禹者蓋其隄防一築而國遂不被其害無四乘之勞無八年之久也然其妄甚矣○不必謂子之言過矣只謂子過矣以其失言也

存疑水之道就頂上治字說言禹之治水只依水之道而治之也○

是故禹以四海為壑今吾子以鄰國為壑

蒙引壑謂下地受水處也海是地勢最下者禹之治水排決疏瀹皆注之于海是以海為受水之壑白圭壅泉激水使其水歸於鄰國是以鄰國為受水之壑以海為壑順水也以鄰國為壑逆水也

水逆行謂之洚水洚水者洪水也仁人之所惡也吾子過矣

存疑水逆行且大概言之不是承鄰國為壑說來洪水也都指禹時洪水說不然洚水洪水何別又何用重言之

蒙引水逆行云 仁人之所惡也今吾子以鄰國為壑與洪水之災無異正仁人所惡也而乃誇以為愈于禹吾子過矣吾子過不必說於禹罪人只謂其言之過

○孟子曰君子不亮惡乎執

存疑亮是有必為之志正而固也有必為之志於是方拿定要做有個執持若不亮則做也得不做也得何所執持此與人而無信似不同

○魯欲使樂正子為政孟子曰吾聞之喜而不寐 公孫丑曰樂正子強乎曰否有智慮乎曰否多聞識乎曰否 然則奚為喜而不寐 曰其為人也好善 好善足乎 曰好善優於天下而況魯國乎

參曰為政是一國之政皆聽其設施故喜而不寐此只是喜樂正子之道行非喜樂正子之道行即已之道行也公孫丑見當時之所尚以為政者只是強足以任事智足以圖謀多聞識足以達變故以三者為問而孟子皆曰否言非其所長也丑謂以當世之所尚而無一可者即為政於魯未必其道之大行故問曰然則奚為喜而不寐

存疑好善不要涉善言善行了乃是好人之有善如人之有技若己有之是也○

蒙引好善足乎言豈便足以治國耶

存疑優於天下意輕乃設言以形治魯之務耳[illegible]
夫苟好善則四海之內皆將輕千里而來告之以善　夫苟不好
善則人將曰訑訑予既已知之矣訑訑之聲音顏色距人於千里
之外士止於千里之外則讒諂面諛之人至矣與讒諂面諛之人
居國欲治可得乎
蒙引若對下文國欲治可得乎則此條只是說國非申優於天
下一句意乃是申那一條意連而況魯國乎○夫苟好善云云
吾見衆善咸集衆務畢舉國其有不治乎○訑訑本不好善之
人訑訑也予既已知之者人不樂就之而云也言其人訑訑然

吾已知其為人矣就之何為
存疑此言不好善之不可以治國○正是與正子之好善可以治
魯國也○
○陳子曰古之君子何如則仕孟子曰所就三所去三
蒙引所就而仕者有三所去而不仕者亦有三
參所去三因所就三來故下三節言去皆有就而後有去也○
迎之節以道為去就者也其次節以禮為去就者也其下節以
養為去就者也
迎之致敬以有禮言將行其言也則就之禮貌未衰言弗行也則
去之　其次雖未行其言也迎之致敬以有禮則就之禮貌衰則
去之
○蒙存合迎之致敬節重行其言上句以行其言與致敬有禮平
重就只承行其言一邊去只承言弗行一邊迎是接遇非出迎
也致敬是心有禮是文有致敬而不有禮如齊餽兼金之類有
有禮而不致敬如儲子幣交之類言將行其言兩個言字一樣
俱是賢者之言此節只重行道亦必先言致敬有禮者先接見
而後言議六記事之法○其次節與行道之意只是敬禮故曰
際可禮貌衰不必至甚但稍異相見之初便是衰

其下朝不食夕不食饑餓不能出門戶君聞之曰吾大者不能行
其道又不能從其言也使饑餓於我土地吾恥之周之亦可受也
免死而已矣
蒙引朝不食夕不食何故有此困窮蓋為其君不我以耳從其
言是因事納誨如有所諫諍之類與上文言字不同彼即是行
其道也○此段言就者不如是則不就而去在其中矣然亦暫
時之就終須去耳
存疑免死而已矣是解上句意蓋言周之如何使可受蓋當此
饑餓垂死之際不得已為免死之計而不暇顧其他耳所以可

受也註云所受有節又是就中推出的餘意

○孟子曰舜發於畎畝之中傅說舉於版築之間膠鬲舉於魚鹽之中管夷吾舉於士孫叔敖舉於海百里奚舉於市

叅舜是聖帝另說傅說膠鬲王佐而賢者也管夷吾孫叔敖百里奚伯佐而賢者也膠鬲為文王所舉說者少稽考而百里奚舉于市市字亦相襲不明蓋文王舉鬲是舉于殷紂用之文王沒武王伐紂嘗令鬲於甲子之期服其主蓋始終為紂之臣也○蔡虛齋乃疑鬲復隱而文王舉用其誤認作文王之臣者也○奚初亡秦走宛楚鄙人執之秦穆公以五羊皮贖之必于宛之市也故云

故天將降大任於是人也必先苦其心志勞其筋骨餓其體膚空乏其身行拂亂其所為所以動心忍性曾益其所不能

蒙引此條總是言雖上智之人於天下之事一一經涉過方得若身處順境則無由經涉天下許多事務曲折而所就亦小矣

叅此因數聖賢由困而亨而推其為天意之玉汝於成也大任即君相之任是人即上六人不可泛說

存疑苦困悴也橫逆之事來磨折則心為困悴人受餓則體膚消削而不曰餓體膚空乏其身通承上三句說身包心志筋骨體膚曰苦曰勞曰餓便是空窮乏絕○為是作為有經營運用意行是據見成底行去以所為者見之行也行出底事與其所營為者相拂如俗言頭做頭不着尾做尾不着○空乏其身是身体受困行拂亂其所為是做事受困動心者懲艾深而真性見忍性者經嘗慣而警惕增益不能者操心危慮患深故達也俱本空乏拂亂來

蒙引動心忍性成其德也增益其所不能成其才也

人恒過然後能改困於心衡於慮而後作徵於色發於聲而後喻

蒙引人恒過即註不能謹於平日不能燭於幾微也○困心衡慮而後作者其改過得之己徵色發聲而後喻者其改過得之人○

存疑不能謹於平日以致困心衡慮到作後凡事皆能謹於平日不至困心衡慮矣不能燭於幾微以致徵色發聲到喻後凡事皆燭於幾微不至徵色發聲矣

入則無法家拂士出則無敵國外患者國恒亡

家存合法家法字與法語法字一樣法度之家即世臣大家拂士是左右輔弼之士比法家次些法家是世為任者拂士是方為仕者敵國外患兩項蒙引謂武仲據防伍員在吳乃外患非

敵國也入有法家拂士則常聞逆耳之言出有敵國外患則常懷憂懼之心所謂困也故其國不亡若無此等則君臣日以驕諂上下溺於宴安未有不亡者恒字見其必有意

然後知生於憂患而死於安樂也

蒙存合總上四節而泛推其理若為感悟之辭以警惕人也生死字活看逐節皆有如國亡身危而名辱雖不死亦死道也若前二節則自憂患而得生道矣觀該加全字亡字可見成敗皆該了

〇孟子曰教亦多術矣予不屑之教誨也者是亦教誨之而已矣

紊故意不屑教而使之自悟是術故復曰教亦多術

四書定解十九卷終

合糸四書蒙引存疑定解卷之二十

盡心上

孟子曰盡其心者知其性也知其性則知天矣

蒙引此心本來無一理之不具無一物之不該須是盡識得許多道理無些子窒礙方是盡心〇心體之所以為大者以其悉有衆理而足以應萬事也若不能盡窮得許多道理則心滯為有蔽而無以充其所以為大者矣

存疑盡心知性俱以成功者言盡心即大學心之全體大用無不明知性即衆物之表裏精粗無不到〇盡心知性有先後知

性知天無先後

蒙引知其性則知天矣語意猶云不知其性則已既知其性則知天矣非知性之外又知天也或以性為理之所當然天為理之所以然未是（天命之謂性天即性性即理以天為理之所以然果未是）蓋未至知天亦未足為知性未有知性而遺天者才說着理便究到所以然處

存疑吾心之理皆出於天方其窮理之時必然究到所從來處然未到豁然貫通時未免強探力索之勞夢想億度之間未可以言知天也惟窮之又窮工夫積累至于一旦豁然貫通爲則心胸了悟天人洞然一貫上天之載無聲無臭者可得之于不

言之表矣故究理之極即有達本之妙非知性之外又有知天之功也

參心也性也天也一理也心會乎性性出乎天心也者理之所全見者也性也者理之所各足者也天也者又理之所從出者也貫通之機則存乎性性有未知則心為有外不可以言盡心而天人異用亦不可以言知天矣故論其定名則三者不相假借論其定理一以貫之而無遺而知性為盡之矣〇朱子曰盡字大知字零星性者吾心之實理若不知得卻盡箇甚惟就知上積累將去自然盡心人之所以盡其心者以其知其性故也

者字不可不仔細看〇知天乃知吾性之所自出猶云知吾性之仁則知由天之元耳非知天地之天

存其心養其性所以事天也

參存合存心兼動靜靜亦定動亦定只是心不放使常為吾身之主也養性亦兼動靜蓋應事接物順其性而不害是動養也事物未感守其理而不失是靜養也存心是存其所盡之心養性是養其所知之性

存疑事天與知天不同窮理之極然後可言知天存養之始就可言事天矣

蒙引盡心也性也皆天之所以與我者天之與我以心所以為吾一身之主使有以酬酢萬變而不可須臾離者也吾而放之則遠天矣故存心所以事天天之與我以性正使吾之一動一靜皆躰是以行不至于冥行而妄作者也吾而戕之則遠天矣故養性所以事天〇不存便是棄天不養便是逆天

參心也性也皆天之所以與我者心者天之君也一念不存一念褻乎天矣性者天之命也一息不養一息棄乎天矣存心雖不必外心以求天而見天於心養性則不必求天于性外而事天于性即天之仁人孝子矣非所以事天乎〇存心養性與盡心知性功夫一齊並做（亦隨存隨知隨養既無先後亦無等待）列在於後者知於行為先耳其實心盡可一時之不存性豈可一時之不養盡心知性功夫亦一齊用不能盡若待已盡之心而後存之已知之性而後養之則心未能盡性未能知而心可以不存性可以不養耶存心養性亦無先後能存心則性自養在心謂之存在性謂之養耳

殀壽不貳修身以俟之所以立命也

蒙引殀壽最是大事而人之所以難能然者今既於此判斷得過則何理之不窮何行之不修之字承殀壽言二句要相連不可以知行二意分界修身只謂存心養性

叅殀壽不貳是舉其最重大者言之殀壽不貳則小小窮通得
失舉無足論矣且所重尤在修身以俟若非修身而但從殀貳
起見則暴虎馮河死而無悔者獨非殀壽不貳耶○修身以俟
死是一息尚存此志不容少懈而心無一息之不存性無一息
之不養也所以立命〻〻謂天命上文二天字即是命〻以理言
立者直立不墜之意立命不是立理謂知天之主宰天之純則
天理全盡無少欠缺而所命於我者皆不失其付畀之重故曰
立命若天以是理命我〻不能全之便把這命都廢墜了其何
能立○

○孟子曰莫非命也順受其正
蒙引莫非命非該正命與非正命意是指吉凶禍福小則為吉
凶大則為禍福雖曰吉凶禍福其意則承殀壽言○順受其正
處未宜說出修身以俟死恐犯了盡其道而死者一句
是故知命者不立乎巖牆之下　盡其道而死者正命也　桎
梏死者非正命也
蒙存合是故知命承順受其正來命即正命也巖墻必能壓人
立其下以自取死便非莫致而至之命故知正命者必不立巖
墻之下以取覆壓之禍所以為順受其正也立巖墻不是實

特借人易曉者以例行險僥倖之類○盡道而死不但舍生取
義殺身成仁之類凡壽命考終朝聞夕死存順沒寧皆是如冉
之疾顏之短皆莫致而至者故曰正命○桎手械梏足械皆拘
囚罪人刑具也人之違法獲罪受刑故死雖其凶禍亦自有數
然禍由自致如立巖墻一般非所謂莫致而至者故曰非正命
非正命而死獨言桎梏亦舉人之易曉者耳蓋凡伐性喪生凶
叅致死者皆桎梏之類○
○孟子曰求則得之舍則失之是求有益於得也求在我者也
求之有道得之有命是求無益於得也求在外者也

叅大旨重在一求字求則得求有道二句俱虛講求在我求在
外句正指言有益無益之實是求有益一句足上求則得二句
言得與不得係人求與不求可見求便有得是謂有益〻即得
也非得之而後有益也求在我指仁義禮智言註云凡性所有
只是凡四者皆性所有非推廣四者之外也蓋人之所性四者
已盡天下之理此皆我所自有要求便在這裡故求在我為有
益于得是求無益一句足上求有道二句此二句雖兩平寔一
意言有道不可妄求即求之又有命不可必得可見得不係於
求求而無所得何益之有蒙引云求有道非謂以道求之也求

便不是道以道只是不求求即妄矣上節以舍失對求得此節只言求與得蓋在我者雖說舍失也求在外指富貴利達言註云凡外物只是凡此皆外物也亦不必推廣說人之富貴利達其窮通得喪之机係於天而用舍予奪之權係於人由不得自已故求在外為無益於得○曰在我雖求無益亦所當求况又有益於得乎曰在外雖求之有益亦不當求况又無益于得乎故孟子深明內外之幾使人知有益而自勵又知無益而自止則於修身順命之學其庶矣

○孟子曰萬物皆備於我矣

蒙引萬物之理本來皆具於人之心原無一件欠缺其有欠缺者人失之耳非其本然也本然對當然說此言理之本然下二節言人之當然與中庸誠者天之道誠之者人之道相似

參萬物指理言我指人身言人有此身便有此理萬微俱備一無欠缺是謂萬物皆備於我不曰理而曰物理皆在物物莫非理

反身而誠樂莫大焉

存疑反之於身而所備之理若子之孝則真實是孝無一毫虛假臣之忠則真實是忠無一毫虛假便如惡惡臭真實是惡如好好色真實是好一般

蒙引慊於己心之謂樂如反身不誠則有不自安者矣如何樂

存疑樂是樂則生矣之樂行之不待勉強而無不利就在樂字內

參反身身字即上句我字誠即上句所備之理皆實也理備於我原無不實今反于我實理原在則不待勉強推心即順理而行自無不利所謂樂也樂就心講

強恕而行求仁莫近焉

存疑有天理而無人欲仁也反身而誠則欲盡禮純此便是仁

其有未誠則是為私意所隔而理未純便不得為仁強恕而行乃是磨礱私欲底方法如為子未能孝為臣未能忠是私意之隔也由是以己之心度人之心如我為父欲子之我孝也以此度父之心則自心不過不敢以不孝事之而孝可得矣如我為君欲臣之我忠也以此度君之心則自心不過不敢以不忠事之而忠可得矣

參強恕強字對上樂字看樂是自然強是勉然未能為誠者之自然則必勉然以行之下手工夫只在恕上恕是推己及人即於萬物皆備之理求之

○孟子曰行之而不著焉習矣而不察焉終身由之而不知其道者衆也
蒙引 下句只是揔承上二句言此其所以知道者鮮也
叅 道有當然便有所以然知當然必知到所以然乃爲知道如不知所以然即知所當然亦皮膚也故與曰不知道衆字重看
或謂此只虛虛慨嘆爲百姓日用而不知者發愚意不然民可使由不可使知豈必責之以著察哉不著不察凡賢智之過愚不肖之不及皆是即人莫不飲食鮮能知味之意
○孟子曰人不可以無恥無恥之恥無恥矣

蒙引 人不可以無恥何也夫無恥最可恥也或不知恥則恥終不可雪矣惟能以無恥爲恥則終身無復有恥矣夫終身無恥由於一恥之力如此然則人豈可以無恥乎四恥字畢竟皆同惟下一恥字作恥辱說似以事言然其實亦是無可恥也皆以心言
○孟子曰恥之於人大矣　爲機變之巧者無所用恥焉　不恥不若人何若人有
蒙存 合恥者羞惡之心良心也恥之於人大只是一個良心存之則進於聖賢二句正講大字下文無恥不若人非人則禽獸

矣可見恥之所係甚大巧是變詐揔名變詐是巧之實也机是借字以狀巧變者之術械是縶縶手足刑具巧變之人多用機心暗設械縶使人籠絡於陷阱之中而不覺所謂机變之巧也
此乃君子所深恥彼方且自謂得計無一毫羞愧之心無恥甚矣曰無所用恥見恥亦他所本有特不用之耳不恥不若人承無所用恥來蒙引曰但無恥一事不如人則凡事皆不顧禮義之非而無所不爲矣何若人有
○孟子曰古之賢王好善而忘勢古之賢士何獨不然樂其道而忘人之勢故王公不致敬盡禮則不得亟見之見且猶不得亟而況得而臣之乎

蒙引 賢王曰古賢士亦曰古孟子蓋有感於當時而云也○何獨不然與下文言亦有所好而且亦有所忘也○賢人好人之善而忘己之勢賢士樂己之道而忘人之勢○致敬以心言盡禮以禮貌儀物言有內外之別○孟子主意在大註云云
叅 此章說者多重賢士邊或亦有重賢王邊玩註還是兼重但文勢稍抑揚說言賢王本能重乎賢士而賢士亦能自重如此尤不容不重之也
○孟子謂宋句踐曰子好遊乎吾語子遊　人知之亦囂囂人不

知亦囂囂　曰何如斯可以囂囂矣曰尊德樂義則可以囂囂矣
【參】德謂所得之善如孝弟忠信凡有得於己者是也義謂所守之正如進退取予之不苟處是也尊者恭敬奉持之不違樂者忻慕愛樂之無厭俱就心上說正平日用功處尊德則良貴可崇而人爵不足為榮樂義則至理為悅而外物無所加於己知也得不知也得可以無時而不囂囂矣此二句遊說之道已盡下文又就士上說去非但為遊說之徒言也

故士窮不失義達不離道

【蒙引】窮主於守故曰義達主於行故曰道

【存疑】窮不失義必守德義於己也達不離道必推德義於人也

【參】按窮達雖從知不知生來然須寬說曰義曰道終是德義

窮不失義故士得己焉達不離道故民不失望焉

【參】士得己民不失望就在窮不失義達不離道二句內充拓蓋之總是無往不善意德義者士之所以為己亦民之所以望于士者也窮不失義則可尊可樂之在己者不失其守故曰士得己達不離道則所尊所樂之推行者果慰民望故民不失望

古之人得志澤加於民不得志修身見於世窮則獨善其身達則兼善天下

【存疑】既言士得己民不失望又即古人之事以實之故曰上得己民不失望之實〇不得志修身見于世是窮則獨善其身也得志澤加于民是達則兼善天下也下二句即上二句意

【蒙引】說個獨善兼善者正是要透出士得己民不失望意來不得志所謂窮也而修身見于世則能獨善其身矣士何有失己者乎得志所謂達也而澤加于民則能兼善天下矣民何有失望者乎

【參】通章俱要觀囂囂二字尊德樂義何窮何達無所不可方可以囂囂窮不能獨善達不能兼善為窮為達無之而可則不可

以囂囂矣原與行義以達其道不同

〇孟子曰待文王而後興者凡民也若夫豪傑之士雖無文王猶興

【參】凡民不與豪傑並言言凡民正要形容豪傑出耳曰待文王而後興見得無文王便終於此而不知所興了無文王猶興便見得若遇文王直速肖耳此豈凡民所及揔見士不可以凡民自待而當以豪傑自期也

〇孟子曰附之以韓魏之家如其自視欿然則過人遠矣

【參】附益也寄也富貴原是外物故謂之附自視欿然不得已之

富貴也此則一毫紛華勢利動他不得意見之高迥出風塵之
表即出便可達天德可作聖賢其過人不亦遠乎

○孟子曰以佚道使民雖勞不怨以生道殺民雖死不怨殺者

蒙存合　此兩舉人君所以服民心皆以不得已之心服之也蓋
君之於民本欲佚之不得已而使其所當死是以佚道使之非
厲也故其民雖勞亦諒其心而不怨君之於民本欲生之不得
已而殺其所當殺是以生道殺之非忍也故其民雖死亦諒其
心而不怨殺者此蒙引後舊說存疑以為然今從之欲佚欲生
以心言勞之殺之以當為之事言然就所勞所殺之人言要看
不得已三字

○孟子曰霸者之民驩虞如也王者之民皞皞如也

存疑　驩虞感上之恩也霸者有心于民感故其民感之皞皞忘
上之恩也王者無心于民感故其民忘之

參　此不是王霸並言言王民非霸民可擬也講皞皞只就氣象
上形容其似不可著一實事恐犯下節正講

殺之而不怨利之而不庸民日遷善而不知為之者

存疑　殺之刑也利之養也民日遷善教也不怨不庸不知為皞
皞也

蒙引　民日遷善又日進于善之意所謂黎民敏德也

夫君子所過者化所存者神上下與天地同流豈曰小補之哉

蒙引　身所經歷不必真個身親經歷但風聲教化之所被便是
必曰身者對心之所存言也政教所經過則人無不化不必居
其地而訓化之也過是殺利教經過遠罪蒙利遷善即是化

存疑　所存者神要不出過化之外政教所及民即感化是過化
聖人施政教心中存主要民化而民就化便是存神化是物存
而化神則化之速也○過化是運用處用也存神是主宰處體
也過化存神通是業德是就其平日所存言蒙引分過化存神
未是

參　德業二字蒙引以德屬神業屬化存疑謂神化皆是業德即
業之精蘊也存疑為是同流不是相參言同其運也天運行於
上而物不知其為資始此神化也地運行於下而物不知其為
資生此神化也王者運行於中而民不知刑政教之為功亦此
神化也此謂君子神化上下與天地同其運行故曰同流小補
謂物之有罅漏而補塞之也伯者於民寒然後為之衣飢然後
為之食小小補之而已王道之神化豈若伯之小補乎哉

○孟子曰仁言不如仁聲之入人深也

蒙存合仁聲重實字看使非實有是仁何以有其聲譽仁言只
是說得仁厚未有實事入人如雨之入土驟則入淺徐則入深
言與聲皆曰仁皆可以入人然仁言出於己未必皆實仁聲播
於人已有所試未必皆能驟感於一旦有所試者素孚於平日
故仁言不如仁聲之入人深
善政不如善教之得民也　善政民畏之善教民愛之善政得民
財善教得民心
存疑此章論治道得效之淺深只是使人君知所重意不是說
仁言善政可廢也

參善政民畏節舊說作兩項看兩明政不如教之意蒙引亦以（善政尚如太公之治齊不可看低）
民畏民愛與得民心得民財是兩意民畏不足以該得財得民
心亦不止愛君謂有恒心也存疑亦謂民愛是教之初感得民
心是教之既成俱未是要把此節兩個得民應上得民一樣看
蓋善政以法一民民畏之而不敢犯善教以理感民民愛之而
不忍忘畏則守法奉貢所得者民之財愛則親上死長所得者
民之心得民財不如得民心故曰善政不如善教之得民也要
之善政者未必有教善而政不善故有畏而不愛者未有愛而
不畏有得財而不得心者未有得心而不得財此政教治效淺

深之大致也然詳論政教而不詳仁言仁聲者仁言即政令之
頒仁聲即教化之寔知政不如教則言不如聲亦在其中
○孟子曰人之所不學而能者其良能也所不慮而知者其良知
也
參知能出於天故曰本然之善此睛指下節意到下節方是良
知良能之寔
孩提之童無不知愛其親也及其長也無不知敬其兄也
蒙引長字對孩提言謂稍長也○上謂良知良能知愛其親知
敬其兄只有知字何偏也曰達愛敬二字說則有良能

存疑孩提之童無知能者也無知能者而有知能可見是良知
良能
參說愛敬不可太深乃童子事耳
親親仁也敬長義也無他達之天下也
蒙引亦節重在仁義字上親親仁也謂是仁也敬長義也謂是
義也不可謂仁義之發親親敬長所以為仁義者以其達之天
下也蓋仁義天下之公理也此親親敬長之所以為仁義
存疑仁義性也親親仁也敬長義也言孝弟是人性也無他達
之天下是明孝弟所以為仁義處蓋性者人之公也孝弟達之

天下而無不同所以為仁義也達之天下

參通章只宜重講良知良能四字良知良能即是愛敬愛敬即（此記良是）是仁義非有二也不可重仁義上講

（）孟子曰舜之居深山之中與木石居與鹿豕遊其所以異於深山之野人者幾希及其聞一善言見一善行若決江河沛然莫之能禦也

蒙引蓋舜雖與木石居與鹿豕遊終是與深山之野人自有不（語意甚急最肯）同處故着幾希二字此句大意是說他無異於衆人下文以及其二字轉過方說異人處決江河謂江河之決也非人決之（）不是聞而急聽之見而急行之機是所聞所見都是他胸中物事故其應之速如此是狀其勢之順也

參與木石居二句正狀深山處景象但緣帝舜允塞之性循渾然天成如深山無知之野人一般何嘗用知自私爾不必分心迹作兩截看（）江河之決則衆水合為一源而勢不可禦聖人之心一有感觸則萬善會於一心而不知其孰為人孰為我此正舜之善與人同也朱註其應甚速不必說見諸行事應字對感字說彼感而我應如此其速而見諸行事意亦在其中矣看無所不通字方知只是據一時感應如孔子耳順聲入心通也

（）孟子曰無為其所不為無欲其所不欲如此而已矣

參為與欲雖分內外俱以心言不為不欲只是個心自其應事之幾方動於念曰欲自其念慮之動已屬于事曰為無為無欲俱是應事時就身上用功

蒙引無為無欲字內四德俱有本文只曰如此而已矣未必專為義發李氏以其切于所謂羞惡之心義不可勝用者故特用其字而亦未純用其意也

存疑人之為人如此可以已矣無復餘事矣

（）孟子曰人之有德慧術知者恒存乎疢疾

存疑在心之理謂之德慧聰也德慧者其德之聰有以灼事幾於未然處事之方謂之術智巧也術知者其術之巧有以善事理之當然

參恒存乎疢疾言人之術智常在疢疾中來也疢疾謂災患之事下節乃舉其人以實之或謂恒存乎疢疾之人未是

獨孤臣孽子其操心也危其慮患也深故達

存疑操心危者戰兢恐懼常恐其身之陷於禍患也慮患深者思患豫防使禍患無自而生也操心未有事慮患則有事操心危則兢業而不敢肆慮患深則精審而不敢忽故于事能達若

安處順境者操心是恐懼意慮患是存省意
蒙引操心慮患有內外意操心危則專一心多惕然與人情世故不甚相入而能有德慧術智者鮮矣

○孟子曰有事君人者事是君則為容悅者也

蒙引有事君人者下一句便言事君人之為人下做此○容與悅在君而其為容與悅者則在臣為容者長君之惡為悅者逢君之惡俱是賊其君者也故不復較其罪之大小言其事是君則專為容悅而已恬不以責難陳善引君當道為事也

存疑專為取容悅也要看為字是專務之意

有安社稷臣者以安社稷為悅者也

蒙引為悅正承上句為容悅字事君者其發謀造慮千方百計只要其君悅安社稷者其發謀造慮千方百計只要社稷安不必說安社稷去為悅亦不必說自家心中以此為悅

存疑蓋大臣之所務者猶小人之所務事君人專務為容悅社稷臣則把安社稷當容悅言其以安社稷一事來做小人容悅一事也

有天民者達可行於天下而後行之者也

蒙引達可行於天下而後行之者其所抱負者故而不肯小用

其道也

叅天民只就下句見之以其在下而未達故謂之民以其全天所賦而不小用其道故又謂之天民達字與窮對可行行之俱指道言

有大人者正己而物正者也

叅大人就是聖人正己無工夫只是德之極盛物兼君民物正亦不費力上不煩諷議君感其德而自正下不勞經畫民感其德而自正不必安社稷而無乎不安不必達可行而無乎不行此過化存神德業至盛臣道於斯極矣

○孟子曰君子有三樂而王天下不與存焉　父母俱存兄弟無故一樂也

叅君子三樂王天下不與存一說王天下只是勢位不是行道君子性分之樂有三不在王天下之勢一說王天下即下章中天下定四海其道大行但所性不存故指出性分中三樂而王天下之樂不在此二說今多依前說父母二句只是天倫無虧至願以遂便是人間第一件可樂蒙引謂俱存可以致吾孝無故可以致吾友樂謂樂斯二者之樂似深一層故存疑以為未是無故亦多端或夭死或患難或相遠或不睦皆故也

仰不愧於天俯不怍於人二樂也
叅天之所賦者無不全則於天無愧人之所同者無不盡則於人無怍既無愧怍則此心便自慊矣云何不樂
得天下英才而教育之三樂也
叅英才以資質言謂才之英敏也育養也教育二字直講如教人克己而從容涵養以俟其化是教而育之也註所樂乎已即是二樂時文兼天倫講未是斯則道傳於人澤及於天下後世君子所願孰大於是此是第三件可樂
君子有三樂而王天下不與存焉

蒙引孟子是一樂為重於二樂二樂為重於三樂蓋一樂為親二樂為己三樂為人皆極人間之至難者
叅末復曰君子有三樂而王天下不與存焉蓋申言之以見此衆是樂彼果不足樂而何世之知樂彼而不知樂此也要知王天下是舉勢分之最榮者言之而其他有國有家之富貴又可知已
〇孟子曰廣土衆民君子欲之所樂不存焉
蒙引廣字衆字重看此以國言君子欲之者其道可行君子之志也所樂不存者其施有限而道未大行也欲字狹而淺樂字廣而深
中天下而立定四海之民君子樂之所性不存焉
叅中天下而立便是宅中以控制六合意不止是廣土了曰定四海之民便是施政以奠安億兆意不止是衆民了然二句須連看而其道大行澤無不被已在此内了故君子樂之然此只（更直捷）是遇不是性蓋道遇則行不遇則不行便窮達有異了不是合下生來其得於天者本如是故曰所性不在是如此方說得妥貼透徹差說所樂是有待於外或說是勢分之樂或說是身外之樂而所性不在是失本旨矣

君子所性雖大行不加焉雖窮居不損焉分定故也
存疑大行不加言不因大行而性以之增添窮居不損言不因窮居而性以之減少所以然者蓋自稟賦之初吾人各得之分固已一定也〇分者分也其所分者即其分也分有多寡之數皆定於初分之始性雖不可以多寡言然天以理全賦于人而人全受之于已便是其合得之分也自其繼善成性之時固已定矣
叅君子所性只着大行一邊兼窮居者係是帶言大行猶是不大行亦猶是大行只是所樂註曰其道大行矣也今通承所

欲所樂亦通分定分者分也人性是天所分予故曰天命謂性
定合下分來道理件件具備件件切要賦受一定不可那移如
分田百畝分數一定是謂分定所以窮達外來加損不得
君子所性仁義禮智根於心其生色也睟然見於面盎於背施於
四體四體不言而喻
蒙引生色二字通貫下三句皆仁義禮智之流行呈露也○蓋有
諸中必形諸外○故兼言之○皆為性之所蘊也○
存疑根字最重草木有根方能生枝幹仁義禮智根於心方能
生色氣稟不為之拘物欲不為之蔽則是根栽培深厚不致戕

傷而暢茂條達其生自不可遏矣四体如何待言而喻如手容
未能恭必待檢束起來然後恭足容未能重必待檢束起來然
後重此似言而後喻也今手容不待檢束而自恭足容不待檢
束而自重便似不待言而自喻總是自然不待勉強意曰不言
而喻譬喻之辭也○到此地位大行不加窮居不損意方見得
叅仁義禮智根於心根字正對下生字看有根便生無根便不
生了見於面皆施於四體總在生色之內不可把施於四体來
與生色對看○常說把此章仍如上章以勢分性分相形說非
孟子立言本旨玩朱子總註不是把上兩節當前章王天下作

勢分看蓋謂道之大行雖是君子所樂但吾性分則不以是而
有加損便見得人當合窮達而存所性之蘊意若把道之大行
謂勢分人只當盡性分便誤矣又要知前節所欲只是起所樂
而二節所樂又只是起所性玩總註只言道之大行自得此意
矣
○孟子曰伯夷辟紂居北海之濱聞文王作興曰盍歸乎來吾聞
西北善養老者太公辟紂居東海之濱聞文王作興曰盍歸乎來
吾聞西北善養老者天下有善養老則仁人以為己歸矣
蒙引天下有善養老不指文王亦不必指當時只是承文王事

而泛論個道理如此○
存疑能善養老如文王則天下自有仁人如伯夷太公者而亦
盍歸乎來矣
五畝之宅樹牆下以桑匹婦蠶之則老者足以衣帛矣五母雞二
母彘無失其時老者足以無失肉矣百畝之田匹夫耕之八口之
家可以無饑矣
叅觀本文則字足以可以字是泛論個養老的事在此尚未著
文王說註云此文王之政也亦是先埋伏下此句為下文張本
耳非便謂此節為實指文王之政

所謂西伯善養老者，制其田里，教之樹畜，導其妻子使養其老。五十非帛不煖，七十非肉不飽。不煖不飽，謂之凍餒。文王之民無凍餒之老者，此之謂也。

參　所謂，非孟子謂，乃指伯夷、太公上文之所謂也。

存疑　導其妻子，就在匹婦蠶之、匹夫耕之、不失其時內。○所謂西伯善養老者，豈必家賜而人益之哉？不過制其田里，教之樹畜，導其妻子使養其老而已。文王之民無凍餒之老者，不過制其田里，教之樹畜，導其妻子使養其老之謂也。

○孟子曰：易其田疇，薄其稅斂，民可使富也。　食之以時，用之以禮，財不可勝用也。

蒙引　易田疇者，不違農時，使民得盡力於農畝也，與薄稅斂俱指在上人說。○教民食以時，用以禮也。以時，如魚不盈尺，市不得食，數罟不入汙池，以至果熟未熟者，教以勿採之類。以禮，如雞豚狗彘之畜以養老者，非祭祀賓客之需，不妄烹宰。

民非水火不生活，昏暮叩人之門戶求水火，無弗與者，至足矣。聖人治天下，使有菽粟如水火。菽粟如水火，而民焉有不仁者乎？

參　民非水火五句，只發一多字意，過下民非菽粟不生，其用之所急，猶水火，而每不如水火之足者，惟無以使之也。聖人治天下，使有菽粟如水火，使字正指上一節意。仁字，說者太泥，謂是推有餘而補不足意，固非；謂民俗相親相愛，亦淺。玩尹氏註有禮義字、恒心字，所該自廣。看來上有聖人字，此仁字便是必世後仁之仁，當如教化浹洽說，猶言養民既裕，而民心自淑，而孝悌忠信之俗成矣，又為有放辟邪侈并為不仁而自棄於聖王之世者乎？此句未及教而教意已含，意此可見養民之政為民上者所當先也。

○孟子曰：孔子登東山而小魯，登泰山而小天下，故觀於海者難為水，遊於聖人之門者難為言。

蒙引　或以孔子一齊而謂大註聖人正指孔子，不知若說孔子登東山便何害？

存疑　登山亦託言耳，未必是真登。舊作譬喻說，亦不是，分明是說孔子登東山便小魯，登泰山便小天下，道大意在言外。

蒙引　自人之所造而言，則登東山小魯，是善蓋一國者，賢人地位也；登太山而小天下，則善蓋天下矣，聖人地位也。

存疑　就聖道上看，便是處賢人之地，下視一才一德之士小；處聖人之地，下視賢人君子小。

蒙引　四句通是假借形容。朱子小註謂以登山觀水起聖門者非。

存疑　上二句就本身所處上言其大，下二句就他人所見上言其大。

參　聖人之所造，即魯之東山、天下之太山也，而人之視之，即觀水于海、聽言於聖門也。故字承上非兩平意，惟其視下益小，則人皆見其大，而小者不足觀矣。水乃江河之巨流，言亦聖人之格論，不可朴看了。

觀水有術，必觀其瀾；日月有明，容光必照焉。

存疑　觀水觀其源也，然源不可得而見，故觀其瀾，觀瀾便是術。

蒙引　日月惟其有明，故于容光之隙無不照也，此句分明露出箇本，上句只含蓄說。○瀾處正是大其源，即是本；必照處正是大其明，即是本。○則知其源之有本，謂知其源之為有本也。蓋本是通用字，曰源者專就水言，曰明者專就日月言，非謂源與明之外又有所謂本也。

參　術字不與明字對，日月句亦含箇術字，即聖道有其洋溢于天下處，是大，必有淵然者以植其源，是本；其光輝於天下處，是大，必有瑩然者以含其精，是本。以觀水觀日月而觀孔子，則知孔子之道之大者有本矣。

流水之為物也，不盈科不行；君子之志於道也，不成章不達。

存疑　不盈科不行，蓋坎不一，必滿一坎然後進一坎，其放其四海亦是在此行字內了。

參　成章與斐然成章不同，彼謂成章只是成箇大段，此謂成章工夫都在前面，謂漸漸用功，至於充積深厚而文章著見，故到此地位便達於聖人之道。達非自大至化之達，乃隨所在而自此達彼之意。如學一件成就可觀了，却又進一步又成就可觀了，却又進一步，如水之盈科後進一般，乃能融會貫通，進於聖道之大。何也？聖道雖大，其實有一箇本在那裏，惟其大而有本，

故須慢慢尋求，乃充滿去，到得盡頭，非可以躐等一蹴便得也。

○以登東山、登泰山、觀于海三件，如詩之比興，以興起游聖人之門難為言；又說觀水有術、日月有明、流水之為物，全用托物比事，以起君子志於道不成章不達。行文須於賓主綴合處著精神。○大而有本，註言其理而已，題只言其大，而本處雖然言外，以聖人之本不可得而言也，故借水借日月以想像之，若實指聖人之本，則失借物借比托之旨矣。

○孟子曰：雞鳴而起，孳孳為善者，舜之徒也；雞鳴而起，孳孳為利者，蹠之徒也。

參 一說孳孳之爲自雞鳴早起至旦暮所爲皆是然以此別舜跖便較著懸絕不消著一閒字只是念慮欲爲便謂孳孳但雞鳴已有此心則旦晝所爲亦可知矣徒云者猶言此一路人也非必即是舜跖其究則舜跖矣故曰舜與蹠之分非舜之徒與跖之徒之分也

欲知舜與蹠之分無他利與善之閒也

存疑 人心發動從天理便是善從人欲便是利舜是爲善之極當其發動之初二者相並在這裏一邊是善一邊是利二者雖已分乃是初分處其間相去只有毫末惟自其善而充之至無一之不善則爲舜矣自其利而充之至無一之不利則爲蹠矣故舜與蹠之相去善惡雖甚懸絕原其所以分只在利善之閒無甚差遠其始也只毫厘之差其終也乃千里之謬可見人當於其閒審之毋使至差謬之遠也

○孟子曰楊子取爲我拔一毛而利天下不爲也　墨子兼愛摩頂放踵利天下爲之

蒙引 拔毛摩頂俱是假借辭拔一毛而利天下不爲惣是言凡可以利天下者皆不爲也摩頂放踵利天下爲之惣是言苟可以利天下者皆無不爲也

子莫執中執中爲近之執中無權猶執一也

存疑 度於二者之閒而執其中其爲我不至如楊子之固其兼愛不至如墨子之泛蓋不楊不墨而中立以爲道者也

蒙引 二子一則爲我一則兼愛是執一者執中無權則失爲我兼愛之宜與二子何異故曰猶執一言猶楊墨之各執其一也楊墨之害道人多知之而子莫之執中乃甚惑人故孟子槩以爲猶執一而深闢之

參 執中爲近非真取其近道是抑揚其詞以起無權意

所惡執一者爲其賊道也舉一而廢百也

參 此節言執一之可惡以執一之害道也賊道且虛講舉一廢百正是賊道賊害也爲我害仁非取其義正以似義非義故爲仁之害真義不害仁兼愛害義非取其仁正以似仁非仁故爲義之害真仁則不害義執中害時中亦以似中非中故也舉一廢百百對一言多寡之極數耳仁義時中之道千變萬化其端不窮故曰百三子各執其一而道之百端舉皆廢壞所以爲賊道

○孟子曰饑者甘食渴者甘飲是未得飲食之正也饑渴害之也豈惟口腹有饑渴之害人心亦皆有害

蒙引甘字不好是不暇擇不甘以為甘也正味只淺說如魚餒
肉敗不得其當而食便是不暇擇而失其正味
存疑人困於貧賤則於富貴不暇擇雖不以其道得之亦苟且
受之亦猶人困於飢渴欲食雖不甘亦以為甘也
參此以口腹之害側言人心之害非謂飢渴害人心也
人能無以饑渴之害為心害則不及人不為憂矣
蒙存合人能不以貧賤之故動其心便是無以饑渴之害為心
害也言心不為貧賤所害如口腹之於饑渴然如以安社稷為
悅者不可依新安謂貧賤不與饑渴期而飢渴自至

蒙引言其所造之過人也只就無以饑渴之害上說不必謂不
患德業之不過人
參饑渴二字是借言只把貧賤二字体貼饑渴二字便分曉
○孟子曰柳下惠不以三公易其介
參此微顯闡幽之意蓋人皆知柳下惠之和而不知其和而介
處故特表之此是設詞非有是事介訓有分辨之意只是個有
守而不苟不以三公易其介非謂惠之介不屑乎三公也只是
借個三公來狀其持守堅介就把三公換他不得猶云一日養
不以三公換之意與祿以天下弗顧語意不同

○孟子曰有為者辟若掘井掘井九軔而不及泉猶為棄井也
參有為舊兼德學事功講今看胡云峯專主為學說方合本旨
○孟子曰堯舜性之也湯武身之也五霸假之也
參堯舜湯武安勉不重只對五伯看三之字指道性是渾成的
物身便能作為故取以立言性身本是死字此却做活字用言
堯舜性乎此道蓋道出於性賦性合下便有此道也湯武身乎
此道蓋道出于身行之而後得也五伯非性非身但假借這道
來自文也
久假而不歸惡知其非有也

參胡雲峯曰性之者自然而然身之者當然而然假之者似然
而實不然自然者所性而有當然者能復其有似然者不自知
其非真有
存疑假之非真有也久假不歸便自以為真有不自知其非真
有也此句是嘆詞
○公孫丑曰伊尹曰予不狎于不順放太甲於桐民大悅太甲賢
又反之民大悅　賢者之為人臣也其君不賢則固可放與　孟
子曰有伊尹之志則可無伊尹之志則簒也
蒙存合上二節是丑疑尹之迹下一節是孟子諒尹之心重志

字看予是伊尹自謂不順指太甲予不狎于不順謂予不欲習
見于不順義理之嗣君也書經解云予不欲其君習見于不順
義理之人故放之于桐使見祖墓而興思與此解不同上民大
悅悅其不得攜惡于衆下民九悅悅其淂下膏澤於民皆重伊
尹講賢者之為人臣泛言不專指伊尹有伊尹之志二句承賢
者為人臣言亦推開說伊尹之志只是一個無私味則可二字
亦是處變僅可之意非人臣正法
參伊尹之志志字原泛民大悅看出所謂匹夫匹婦不被尭舜
之澤若已推而納之溝中其志如此泛講志字者非是

○公孫丑曰詩曰不素餐兮君子之不耕而食何也孟子曰君子
居是國也其君用之則安富尊榮其子弟從之則孝弟忠信不素
餐兮孰大於是
蒙引君子之不耕而食為孟子發言其不仕而食祿也其君用
之不是用之為臣言雖不在臣位君但用其言則亦有其效矣
參從不必及門只是從其教誨之寔安國家無虞也富財用充
足也尊者履帝位而崇高之意榮者民愛戴而光顯之意榮字
此解還是如存疑友辱字不是大國必畏之意或多就聲名顯
著上說俱欠妥孝以親親弟以長長忠以實其心信以實其事

然亦根於心揔之皆常道也有功於上下便當享君祿享民奉
不素餐兮孰大於是又安淂謂君子不耕而食也
○王子墊問曰士何事　孟子曰尚志　曰何謂尚志曰仁義而
已矣殺一無罪非仁也非其有而取之非義也居惡在仁是也路
惡在義是也居仁由義大人之事備矣
蒙引王子明是以士為無事故問曰士何事而孟子以尚志為
荅若將殺一無罪數句做今日寔事則是士有事矣○若論士
未得位日豈無居仁由義乎但此章之意對所問而云然耳
存疑居仁由義決然做後來出仕時說不然窮居時為得有無

罪可殺或曰殺人之事甚大乃謂雖小不為何也曰居民上操
生殺之柄誤殺一人亦小事也
參兩非字及惡在是也字不是孟子斷語俱就為士的心裏說
言士他日得位且莫說多有所誅茍只殺一無罪便非仁矣且
莫說大有所貪求只非其有而取之便非義矣士斷不為也然
則士他日之居將安在乎仁是也士他日之路將安在乎義是
也末二句不可輕看正是孟子斷他那志之高尚處
蒙引大人事備言居仁中已備大人育天下之事由義中已備
大人正天下之事可見士惟尚志便備了大人之事安可謂士

無所事也

○孟子曰仲子不義與之齊國而弗受人皆信之是舍簞食豆羹之義也人莫大焉亡親戚君臣上下以其小者信其大者奚可哉

存疑　不義與之齊國而弗受即伊尹祿以天下弗顧繫馬千駟弗視亦非小事乃謂舍簞食豆羹之義者蓋對親戚君臣上下言則為小節也

蒙引　是舍簞食豆羹之義截下去看大註一然字

叅　人莫大大字以大罪言信其大大字以大節言親戚君臣上下大倫也故人之罪莫大於亡親戚君臣上下仲子避兄離母

是亡親戚不食君祿是亡君臣乃以所全之小廉即信其大節奚可哉信其大信字與人皆信信字相應看註中兩賢字正與本文大字相應便以不受為大節為賢也不必說到人倫上

○桃應問曰舜為天子皐陶為士瞽瞍殺人則如之何　孟子曰執之而已矣　然則舜不禁與　曰夫舜惡得而禁之夫有所受之也　然則舜如之何　曰舜視棄天下猶棄敝蹝也竊負而逃遵海濱而處終身訢然樂而忘天下

存疑　此章各就人所處說未及權變處是就天理極至處說都未粘著人情上蓋瞽瞍雖天子父然人不可妄殺皐陶職在守法亦不可因天子之父而廢法在皐陶只得執之而天下之大非所顧也舜雖愛父然天下之公不可廢使以天子之勢奪皐陶法而全父固不可然坐視其父之執尤不可但得竊負而逃在皐陶既得伸守法之心而已亦得伸為子之道是舜之所處當如是也

叅　天下只有情與法兩件狥情則必至於廢法執法則必至於廢情聖賢於此等處有一個處置使不至因情以廢法亦不至因法以廢情法之所在則雖天子之父亦不得以殺人天子之臣亦得以執天子之父情之所在則雖天子之尊亦可以為竊負之舉天下之大亦可以訢然忘之終其身使必至兩全而無害此處事之準也此是孟子設為此問答是盡一個處事樣子與人看亦稽實待虛之義耳莫作真實看如蒙引所云則不得孟子之意亦不得聖賢之心矣○執之是執法非執瞽瞍有所受受之于天非受之於堯也

（不過發聖賢心事天理人情之極至而已一作商量計較便非聖人自然而然隨事中節之條此解中肯）

○孟子自范之齊望見齊王之子喟然嘆曰居移氣養移體大哉居乎夫非盡人之子與

蒙存合參　嘆之意全在况居天下之廣居上因望見齊王之子而觸起非徒只羨其器宇異於凡人而已上言居養下獨言養

有是居則有是養也

蒙引　孟子望見齊王之子其氣象有與人不類者喟然嘆曰居能移氣養能移體大哉居乎彼王子者獨非皆人子耶

叅　居就位處之尊崇言養就祿奉之豐厚言氣乃氣象之氣体乃體態之體

王子宮室車馬衣服多與人同而王子若彼者其居使之然也況居天下之廣居者乎

蒙存合　與人同只是據其御用所資之同而言非謂制度華美之同也然曰多與人同亦見有不盡同處但不重此若彼以氣

體之異而言居字該養字言其居儲君之位而養係之使然也

叅　居廣居之能移人即睟面盎背四体不言而喻氣象況字以勢分性分相形講章內幾個居字都與廣居居字相照看

魯君之宋呼於垤澤之門守者曰此非吾君也何其聲之似我君也此無他居相似也

蒙引　引魯君事為證證所居也然居廣居意亦自見於言外

存疑　此無他居相似是孟子之言此下當云以此觀之則居之能移氣也可見而居廣居者信乎能變化氣矣

○孟子曰食而弗愛豕交之也愛而不敬獸畜之也　恭敬者幣之未將者也　恭敬而無實君子不可以虛拘

蒙存合　以幣之未將來看則恭敬是就幣帛上說蓋用幣帛以致恭敬也以此下方說上國君待賢去言國君行幣帛以恭賢者不是因這幣帛上而後有這恭敬原來幣帛未奉之時已先有此恭敬矣幣帛特以表其恭敬耳恭敬者幣之未將則恭敬有實矣若時人大槩是以幣帛為恭敬如是則恭敬無實了夫恭敬而無實則亦豕交獸畜矣君子豈為之虛留耶虛字從無實字生言君子不可得而虛拘非謂君子當去不可虛拘

叅　拘留也屬君不當做自留說

○孟子曰形色天性也惟聖人然後可以踐形

蒙引　非指形色為天性言形色有個天性也以貌言視聽思說之為盡○形各有性非空形也若未能充其性則於形之分有虧非踐形矣踐形猶云實其形謂不虛之也以能盡其形之理也

存疑　踐形含個盡性在內曰聖人然後可以踐形是知人一個形其天未至於聖人亦云負此形矣

叅　形色天性言形色中都是天理視便有視之理聽便有聽之理非塊然血肉之軀也如言有物必有則洪範五事之意惟字

重看踐形只是盡性非兩項事言唯聖人然後能盡性與踐形
也踐躬行實踐也目便是目耳便是耳無此須虛浮都有依據
故謂之踐
○齊宣王欲短喪公孫丑曰為朞之喪猶愈於已乎　孟子曰是
猶或紾其兄之臂子謂之姑徐徐云爾亦教之孝弟而已矣
蒙引欲短三年之喪而為期也故公孫丑曰三年短而為期猶
勝於絕不為服者乎紾兄之臂以譬短喪姑徐徐以譬為期教
之以孝弟以三年之喪決不可短者也○教之以孝弟則彼當
自知兄之不可戾是正意而喪之不可短數字乃附說也自紾

兄者言只是弟然弟者必孝孝者必弟故并言之非以弟字屬
兄之不可戾孝字屬喪之不可短
存疑短喪之意在言外孟子曰以下是就正意解
王子有其母死者其傅為之請數月之喪公孫丑曰若此者何如
也　曰是欲終之而不可得也雖加一日愈於已謂夫莫之禁而
弗為者也
蒙存合若此者何如要看註是非二字丑意朞喪為非則請數
月者尤非請數月為是則為期者亦是故援此以自解是欲終
之一句見得傅為王子請之是謂夫莫之禁一句見得丑為朞

王言之非蓋不得為而為則數月為多心欲盡而勢不自得故
也得為而不為則期年為少勢莫阻而心不自盡故也
○孟子曰君子之所以教者五
蒙五教俱重君子教之一邊不重受教上君子教人之心本是
一般但學者人品有高下其時其地亦有遠近先後故教不一
有如時雨化之者
存疑時者不先不後適當其可之謂天資高學力到一點便化
如以四勿告顏淵遂請事斯語以一貫告曾子遂應之曰唯
有成德者有達財者

蒙引成德自其天資之純厚而成就之達材自其天資之明敏
而成就之蓋人材所稟合下便有仁智而類
存疑人生合下便有長於德者有長於材者德是心術近正底
人仁義禮智得之有生之初者未喪雖未喪亦不能保其全也
成是涵育薰陶使之去其偏而入於全去其疵類而入於純美
也材是有技能底人通於治國治民之理而能有為者也達是
開導誘掖未就理者使之就理就理而未至其極者使至於極
也
有答問者　有私淑艾者　此五者君子之所以教也

蒙引荅問謂荅其問也荅問亦是門人但於材德未必有大
其問而荅之便是教澤之所及私淑艾亦主教者而言蓋其教澤所遺有以成就之也凡道足以師範後學者皆有私艾之澤必併此言之然後足以盡君子之教

存疑善治其身不是以善道治其身乃善其身治其身也淑有進修意所以長善也艾有懲創意所以救失也

○公孫丑曰道則高矣美矣宜若登天然似不可及也何不使彼為可幾及而日孳孳也　孟子曰大匠不為拙工改廢繩墨羿不為拙射變其彀率

蒙高美二字不平看言道之高者美也觀登天字不可及字俱是高意美即在高之中何不使彼至孳孳也一句讀彼字指道言或指學者未是丑意是暗指孟子說欲其貶教非欲其貶道玩下節註可見近有主貶道說者誤矣

存疑看製甚樣物便有甚樣繩墨所以不可貶若空空個繩與墨有何巧妙

蒙引此一句是起君子引而不發云云

君子引而不發躍如也中道而立能者從之

蒙不發何以能躍如蓋道固不囿於法而實不離乎法

人事之外更有所謂上達天理之功也中道而立即指躍如
亦即是道也能者善學者也善守其法而不泥於法由乎法之中而妙運於法之外此所謂能者也則庶乎可以從而得之矣中道而立處說得字演說○曰中道而立便見道之高美非若登天之難曰能者從之便見不必貶教然後道可幾及

○孟子曰天下有道以道殉身天下無道以身殉道　未聞以道殉乎人者也

蒙存合身出而道隨之故曰以道殉身道屈而身隨之故曰以身殉道士君子之處世只有此兩端而已未聞以道殉乎人者

也蓋當時以道殉身者固無也以身殉道亦安有哉但見其皆以道殉人而已故孟子發此主意正在此一句

○公都子曰滕更之在門也若在所禮而不荅何也　孟子曰挾貴而問挾賢而問挾長而問挾有勳勞而問挾故而問皆所不荅也滕更有二焉

存疑荅是荅其問非荅禮也上曰若在所禮下乃曰不荅者有問而不荅便是不在所禮矣

蒙存合挾貴是恃其有爵挾賢是恃其有能挾長是恃其有齒挾勳勞是恃其有功挾故是恃其有舊皆先有一個輕忽之心

故皆所不答、滕更只有二挾、孟子並言五者、亦槩論不輕施教之端、欲受教者知所警耳、然使其人退悔而修身、亦不屑之教誨也、

○孟子曰於不可已而已者無所不已於所厚者薄無所不薄也其進銳者其退速

蒙引、已以處事言、薄以待人言、進以修為言、不可以下句貫上二項、進退字說不去、

參、不可已是事有關於綱常倫理之大者、此而已之、則小者可知、故無所不已、所厚是人有關於恩義骨肉之至者、此而薄之、

則疎者可知、故無所不薄、進銳退速、非到退時方見其弊、銳時便是弊了、蓋不量心力、急於求進、意氣太盛、勢必易衰、不待退時而後知也、

○孟子曰君子之於物也愛之而弗仁於民也仁之而弗親親親而仁民仁民而愛物

存疑、下二句正是申明上意、謂仁之而弗親者、非故疎乎民也、蓋以民視親、而厚薄分焉、君子於親則親之、民則不過仁之而已、使於民而亦親之、則是以待親者待民矣、將何以待吾親乎、此所以仁之而弗親也、愛之而弗仁者、非故忍於物也、蓋以物視民、而貴賤分焉、君子於民則仁之、物則不過愛之而已、使於物而亦仁之、則是以待民者待物矣、將何以待吾民乎、此所以愛之而弗仁也、

○孟子曰知者無不知也當務之為急仁者無不愛也急親賢之為務堯舜之知而不徧物急先務也堯舜之仁不徧愛人急親賢也

存疑、智者雖無不知、然天下之事多矣、如欲物物而知之、則智不能徧天下之事、廢弛者多矣、故惟當務之為急、急於當務、則大者既立、其小者亦將以次而舉、事無不治、其為智也大矣、仁

者雖無不愛、然天下之人多矣、如欲人人而愛之、則愛不能徧天下之人、有遺者多矣、故急親賢之為務、急于親賢、則賢人各供其職、修政立事、四海皆被其澤、恩無不洽、其為仁也博矣、

蒙存合、堯之聖神、舜之濬哲、是何等知、而惟急先務、堯之如天、舜之好生、是何等仁、而惟急親賢、此堯舜無徧物徧愛之名、而天下卒無遺知無遺愛者、蓋知務其大且博者也、堯舜急先務、如曆象水土、惇庸命討是已、急親賢、如堯不得舜、舜不得禹皋陶是已、

不能三年之喪而緦小功之察放飯流歠而問無齒決是之謂不

知務

叅上言智之急先務仁之急親賢為務乃智仁之大者此取譬於喪服飲食以識不能其大而求其細非知務者也不知務是拼結上文當務親賢為務二務字

存疑章旨是論人君之圖治當務其要意上節言仁智有要而徹之堯舜下節舉失要者以示戒也

盡心下

孟子曰不仁哉梁惠王也仁者以其所愛及其所不愛不仁者以其所不愛及其所愛　公孫丑曰何謂也梁惠王以土地之故糜

爛其民而戰之大敗將復之恐不能勝故驅其所愛子弟以殉之是之謂以其所不愛及其所愛也

蒙引以民較土地民其所愛土地所不愛也以子弟較民子弟其所愛民其所不愛也惠王只要爭地民命都不愛惜敗了又復决戰王用太子狗於軍中被人虜去殺了這兩件都是以所不愛及其所愛

存疑恐王本意不是驅子弟於死地但兵敗被殺似驅之耳

○孟子曰春秋無義戰彼善於此則有之矣

蒙引春秋是經非指春秋時也彼善於此則有之矣此句總是

無義戰意

存疑彼善於此不就戰者說亦是春秋品第彼此之優劣也○彼善於此者以其假尊王之義以討無王之罪也如召陵之師責包茅之不貢則於出師為有名城濮之戰遏荆楚之憑陵則於攘夷為有功然一則書遂以譏其專一則書及以誅其意何嘗以為盡善哉

征者上伐下也敵國不相征也

蒙引征者上伐下也征伐自天子出也諸侯有罪則天子命方伯以討之無有諸侯伐諸侯者若春秋之戰皆敵國相征無有

出於上者所以無義戰也此條正解春秋無義戰之意

○孟子曰盡信書則不如無書　吾於武成取二三策而已矣　仁人無敵於天下以至仁伐至不仁而何其血之流杵也

蒙引書字不必指書經凡載事之辭皆書也

叅孟子主意在下文此特起語耳不可謂是教人讀書之法

蒙引吾於武成取二二策而已矣安可盡信耶且武成有云血流漂杵夫仁人無敵於天下云云其不可信明矣孟子此言非初不識書本意蓋直反書意而言之所以拔本塞源而為生民立命也○漂浮流也○據此言則其所不信者不止血流漂杵

之一言矣然今通考武成則其言一一皆平実而可信何也且
所關係甚大一句不可少
存疑　仁人無敵於天下是泛論個正理如此正見流杵之不可
盡信處蓋血之流杵則是仁人有敵於天下矣不然何以至此
○孟子曰有人曰我善為陳我善為戰大罪也
蒙引　我善為陳為戰是事君者為君殘戮之言孟子嘗曰民賊
又曰服上刑皆大罪之意陳是行列隊伍之設戰是兵刃鋒鏑
之交陳以備戰戰以用陳故並言戰亦該得陳
國君好仁天下無敵焉　南面而征北狄怨東面而征西夷怨曰

奚為後我　武王之伐殷也革車三百兩虎賁三千人　王曰無
畏寧爾也非敵百姓也若崩厥角稽首
參　君國二句泛言以起下文好仁主弔民伐罪言曰無敵就見
得無待於戰陳意但連湯武看且只當引起話下文引湯皆是
好仁無敵者正以証此二句也湯事本多此只舉征伐而人望
其來於不待戰陳為切耳北狄夷狄以遠該近也
蒙存合　武王二節連看總見不以力取勝之意革車以載輜重
虎賁以執射御三百三千言其不盛兵威也王曰是入殷之時
為商人言若崩句叙事之辭崩角垂下之貌言商人扣頭低地

如獸角之下觸然
征之為言正也各欲正己也焉用戰
參　此節正解好仁之君所以無敵全在各欲正己一句民為暴
君所虐各欲仁者正己之國故義兵一至莫不歸之何用戰乎
不用戰就是無敵無敵則善陳善戰皆無所用彼以是自負不
仁甚矣故曰大罪
蒙引　國君節言仁者無敵要戰何用湯武二節引無敵之事以
証之末節明所以無敵之意總見不用善戰
○孟子曰梓匠輪輿能與人規矩不能使人巧

存疑　巧亦不出規矩之外其運規以為圓持矩以為方機發于
手而妙于方圓之間者巧也規矩可傳在人之自悟耳
蒙引　正意在言外蓋勉勵學者求解悟于條教之內也
○孟子曰舜之飯糗茹草也若將終身焉及其為天子也被袗衣
鼓琴二女果若固有之
蒙引　草蔬菜也被袗衣鼓琴作三項看及其二字亦不輕見其
由貧賤而富貴之意○方其未富貴之時絕無望富貴之心及
其既富貴之時又若素富貴之人所以然者聖人之心純是一
團天理雖極貧賤胸中自有樂地不戚戚於貧賤而慕他日之

富貴辨援富貴關中自有樂地不因得此方以為樂處而心未
之動也
叅自其他日之富貴觀之則舜之貧賤雖本非其終身者也而
乃若將終身自其前日之貧賤觀之則舜之富貴本非其固有
者也而乃若固有之兩若字是狀其心如此
○孟子曰吾今而後知殺人親之重也殺人之父人亦殺其父殺
人之兄人亦殺其兄然則非自殺之也一間耳
蒙引親謂父兄也○蓋有施無良于人而貽災于親者猶但知
歸怨于人而曰非我也不知殺者非我而所以致其殺者則我

也但不出己乎耳此章教人慎其所施也
○孟子曰古之為關也將以禦暴　今之為關也將以為暴
叅此章大意還重今一邊蓋即古以歎今非以古今平較也古
者關譏而不征今則主于征而非先王設關之意矣曰將以者
各言其用意如此此章亦見得當時用先王之法而失其意者
不止一關矣
○孟子曰身不行道不行於妻子使人不以道不能行於妻子
蒙引身不行道則化亦不行於妻子然猶可使也若使人不以
道則令亦不能行于妻子矣而言妻子者非專為妻子也言妻

子至親近作者以為天者尚不可化不可令況他人乎
○孟子曰周于利者凶年不能殺周于德者邪世不能亂
叅此以周于利例言周于德如富潤屋例德潤身一般勿平講
周于德存疑云定見定力蒙引云識到守到擔是一意亂如紫
亂朱鄭亂雅之亂謂其道欲以相勝其術欲以爭雄最易惑人
心志而奪其所守者於此而能不亂非德之充積有餘其孰能
之
○孟子曰好名之人能讓千乘之國苟非其人簞食豆羹見於色
蒙引既曰好名之人便是非其人矣

存疑能讓千乘之國者矯情以干譽也簞食豆羹見於色者矯
飾不及覺真情之敗露也
叅上兩句乃假設之詞若詭把讓國認指定是好名之人則苟
非二字說不下矣
○孟子曰不信仁賢則國空虛　無禮義則上下亂　無政事則
財用不足
蒙存合三節平看一善人一善教一善政然註以仁賢為本作
文當首節另講下二節對講蓋仁賢者明禮義而優于政事者
也不信而國空虛非真無人也有而不見信用與無一般故曰

空虛蒙引云賢是有德之稱兼才者仁則德之首也無禮義是名分綱紀不立故上下不辨民志不定使是亂存疑云禮必有義義即所以為禮之理也政是綱事是目無政事即生之無道三句蓋財源不開財流不節故不足

〇孟子曰不仁而得國者有之矣不仁而得天下未之有也

蒙引合不仁得國是上以威力脅其下以智術愚其民故亦有幸而得國者若天下之廣萬民之衆以力脅之則難制以術愚之則易窮安有得天下之理哉有之矣疑詞其實未必得未之有則決其必無也

〇孟子曰民為貴社稷次之君為輕

蒙引當時諸侯皆以南面之貴自驕而視民如草芥故孟子抑彼伸此而為言〇民為貴只是匹夫匹婦或能勝予之意蓋古者有畏民之君是以無可畏之民後世狃於民之不足畏而民之大可畏者始見於天下

存疑為君者知為君民社稷之輕重如此則必兢兢業業不敢自恃由是民心得而社稷可保矣

是故得乎丘民而為天子得乎天子為諸侯得乎諸侯為大夫

發此言民為貴蓋天子極等尊貴然必得民心而後能為一[illegible]大無貴於天子若得天子不過為諸侯得諸侯不過為大夫皆不能如得民之為天子也以下二句形上一句益見民為貴不可平讀意

諸侯危社稷則變置

發此節言君為輕變更也置立也諸侯王社稷者若暴虐無道不能為社稷作主則更立賢君以主之是社稷不可更而君可更見君輕于社稷也則輕于民益信矣

犧牲既成粢盛既潔祭祀以時然而旱乾水溢則變置社稷

發此節言社稷次之犧牲粢盛皆所以祭社稷者以時是春祈秋報社稷為民而立人無失禮于社稷則當為民禦災捍患乃旱乾水溢災患相仍是社稷不能為民作主則毀其壇壝而更立之是民不可更而社稷可更見社稷雖重于君尤輕于民也

存疑註曰是君輕于社稷愚謂此二句社稷次之君為輕意都見了末又是言社稷之輕於民益以見民為貴也

〇孟子曰聖人百世之師也伯夷柳下惠是也故聞伯夷之風者頑夫廉懦夫有立志聞柳下惠之風者薄夫敦鄙夫寬奮乎百世之上百世之下聞者莫不興起也非聖人而能若是乎而況於親炙之者乎

蒙引師字只在聞風而興起以夷惠原非有意於為人師其高風垂於後世人從而師之耳蓋其所造已到極處故曰聖人而況于親炙之者乎見聖人之所以感發乎人心者大不凡也不必兼一世言註分明云親近而薰炙之

存疑自聞伯夷之風至末皆是說聖人百世之師處〇末句乃贊美之詞不過極言其能為百世師耳不可以後世當時平看

叅奮乎百世之上指夷惠百世之下莫不興起指頑夫廉等句聞者即上兩个聞字此所謂聞亦非淺淺聞之是尚論古人而有志者故能興起如此感動以志意言奮發以作為言

〇孟子曰仁也者人也合而言之道也

蒙引仁也者人也全重在人上未有合意至下句方合之以見道之所以為道處合言則仁與人字並重矣〇仁以所具而言道以所循而言仁不在人之外而道又不在仁與人之外大意謂人外無仁而道亦不外是矣

存疑看合字與言字若人身上則如何分得又如何合得所以合之者以其言之也故曰合而言之道也緣世之論道者皆分而言之也

叅此章是釋道字之義仁也者人也與形色天性也一然見得合一不可離故合言之便是道或以仁道二字並重非是

〇孟子曰孔子之去魯曰遲遲吾行也去父母國之道也去齊接淅而行去他國之道也

蒙引去父母國之道去他國之道二句是孟子釋之之辭

〇孟子曰君子之戹於陳蔡之間無上下之交也

叅戹於陳蔡是絕粮時事無上下之交只是君臣不知待賢之禮史記謂陳蔡發兵圍之蒙引以為不足信不可入講

〇貉稽曰稽大不理於口　孟子曰無傷也士憎茲多口　詩云憂心悄悄慍於群小孔子也肆不殄厥慍亦不隕厥問文王也

蒙引不賴於口言壞於衆口也為人所壞則不足賴若賴得他則不為所壞矣

存疑言無賴衆口何是不能止其訕也

蒙引言為士者益多為衆口所訕則稽之不理於口未為害也然出一士字亦可見稽之未為士也士指文王孔子之流舉文王孔子所以見其無傷也孟子之言只是無傷意盡其在我之意在言外〇憂心悄悄不必說出衛之仁人肆不殄厥慍不必說出太王

叅兩引詩是實士憎茲多口之言引詩重下句後詩重上句如

叔孫之毀晏子之沮是慍于群小崇侯之譖羑里之囚是不殄
厥慍以孔子文王之聖如此信乎士增茲多口矣
〇孟子曰賢者以其昭昭使人昭昭今以其昏昏使人昭昭
存疑 此指當時之治人者自諸侯至于大夫凡有治人之責者
皆然
參 上使字躬行以率人下使字政令以強人同一使人昭昭也
而本原處則不同此傷今之意不可平看〇昭昭是明明德也
以其字有推己及人之意
〇孟子謂高子曰山徑之蹊間介然用之而成路為間不用則茅

塞之矣今茅塞子之心矣
蒙 引為間不用則茅塞之矣是承上句意說言此個山蹊但介
然用之而成路雖成路矣然後不用則又為茅所塞矣以況方
寸之間善端之萌但以禮義充養之則即開豁而光亨若理義
之念有間亦隨蕪穢而不治矣或曰只是對說不用貫意蓋只
是一個山蹊也用之則為大路舍之則塞大不然也
存疑 言今子工夫間斷物欲之茅已塞子之心矣
參 山徑至塞之矣只就山路上說正意補在塞之矣下茅塞從
借上面來說如以飢渴之害為心害語意一般

〇高子曰禹之聲尚文王之聲 孟子曰何以言之曰以追蠡
蒙 存合此見聖樂不可以器論優劣也聲泛指樂言追蠡指鐘
言即鐘以見凡樂皆然也何以言之言何所據而言禹之聲尚
文王之聲也曰以追蠡見禹之聲非尚文王之聲何其追之獨
蠡而文王不然是高子蓋徒執用之多寡上看而不以時之久
近上看失之矣
曰是奚足哉城門之軌兩馬之力與
參 是奚足哉言此何足以知禹之樂之優劣也觀轍迹以日久
車多而深不在兩馬之力則知鐘紐以時久用多而蠡在不專

用之故矣信乎追蠡不足以知樂也重禹鐘上文王帶說孟子
喻意重日久而車多帶在日久字內
〇齊饑陳臻曰國人皆以夫子將復為發棠殆不可復 孟子曰
是為馮婦也晉人有馮婦者善搏虎卒為善士則之野有衆逐虎
虎負嵎莫之敢攖望見馮婦趨而迎之馮婦攘臂下車衆皆悅之
其為士者笑之
參 殆不可復是陳子度之以己意非但謂不可復以發棠蓋亦
據孟子之所遇而以時勢言也善士下當補自守意迎之下當
補自審意衆悅士笑不對看言副衆人之望豈不悅之而為善

於終可止不止則為士者笑之矣見得我不知止而復勸王發棠非不可以慰齊衆之望彼為士者安得不為馮婦我乎而群然咲之矣然則子所謂殆不可復者我之自裁固如此

○孟子曰口之於味也目之於色也耳之於聲也鼻之於臭也四肢之於安佚也性也有命焉君子不謂性也

蒙引口之於味性也此分明是氣質之性舜所謂人心者也可見孟子雖不言氣質之性亦未嘗不知有氣質之性所以千句萬句只云性善者揔是仰此抑彼耳

叅口之於味五者皆氣稟所有雖上智不能無所謂性也然實

賤則願不能遂富貴則欲不可縱是有命存焉這命裡就有理在君子不謂性只是以理制欲不求必得如貧賤則不濫富貴則不淫之類性也性字與忍性性字一般有命命字與得之不得曰有命命字一般不謂性則謂命故能受命而忍性○此性字指氣質而言此命字合理與氣而言

仁之於父子也義之於君臣也禮之於賓主也智之於賢者也聖人之於天道也命也有性焉君子不謂命也

蒙引當云仁之於父子也有至與不至義之於君臣也有盡與不盡禮之於賓主也有恭與不恭智之於賢否也有哲與不哲若夫仁之於父子也至義之於君臣也盡禮之於賓主也恭智之於賢否也哲則所謂聖也而其聖也又未必其皆能與天道為一亦有純與不純之異焉○靜雖兼至與不至意則主於不至者故曰有性焉君子不謂命也

叅仁之於父子四句各指其理之属於人聖人句以上句例之當作天道之聖人天道蒙引謂仁義禮智之全體存疑謂仁義禮智之所自出然觀論語性與天道註曰天理自然之本體則全體中便有自出意有至有不至等句所謂命也命之所稟有厚薄清濁不同故於仁義禮智之天道有至有不至等句○一

（仁本無不至及其之於父子則有至有不至矣義本無不盡及其之於君臣則有盡有不盡矣仁義天也之於父子之於君臣則落在人道中矣有理氣之分則有至不至盡不盡之分矣）

說命兼所值言以註有晏嬰之說然以愚按正說觀之只是所稟兼所值純與不純一說謂仁至義盡禮恭智哲是聖人聖人未必皆純一說有至等是純有不至等是不純看來前說為長仁不至義不盡禮不恭智不哲何足為聖人純不純如堯舜湯武之性反之孔子之偏全自是不同有性即天命謂性之理蓋命之所稟雖不同而本然之理則厚而清者非有餘薄而濁者非不足所謂性也君子不謂命則謂性矣謂性則必以其諸已者自盡不謂命則不以稟諸天者自諉厚清者不敢恃其氣質之美薄濁者必欲變其氣質之惡故能善反其所稟之命而

復其本然之性

○浩生不害問曰樂正子何人也孟子曰善人也信人也　何謂善何謂信

蒙引樂正子之爲人以爲善人則有餘以爲信人則不足故既曰善人也而又曰信人也

存疑何謂善以下通不就樂正子說

曰可欲之謂善

蒙引可欲是別人以爲可蓋其立身行已都在義理上都善故人以爲可欲也下善何以可欲可欲之善有得之天資者亦有得之於學者不必以善爲質美信方自學力來

有諸己之謂信

存疑以實之謂信信其立身制行之善皆實有諸己而非虛僞這便是以實便是信信是誠意地位註以惡惡臭好好色解之惡惡臭好好色只是個實反身而誠亦實也故註解皆同蒙引兩處解都未是

參實有是善便是信信不在善外

充實之謂美

蒙引自可欲之善有諸己之信而遂充之以至於充實但充實二字平說不可謂充之而至於實也

存疑充實是這信到充滿積實處一二件實亦可謂信十數件實亦可謂信但不可謂充實充實是立身制行無一事不實性分內事無一欠缺易之有孚盈缶是也美即善也然必善到充實方謂之美

參蒙引謂充實二字平講不可謂充之至于實也愚意由信而美不能無推極工夫但充字只當作滿字說不必作擴字說充滿便積實亦不似兩平余甥六子云充實謂件件都實最確

充實而有光輝之謂大

蒙引美指在內者大指在外者美人非無外內有餘而外猶未足也大人非無內發於外者本於內即其外可知其內矣大字全就光輝上說

存疑學必至光輝發越處方是此是工夫到後自然之符驗

參看大文光輝連充實用而字帶過正言由內而外表裏俱盛德業無以復加是謂大人德是充實業是光輝

大而化之之謂聖

存疑大而未化是暢於四肢尚有矜持發於事業尚有造作者在便有個形迹可見化是消融變化不見了形迹到工夫熟後

從心所欲無矜持無造作施於四體不言而喻發於事業不見而章都無形迹可見如金之融化於火氷之融化於日也○凡思而得勉而中皆有形迹是勉之非化也不思不勉則無形迹方是化

發化根大字來非大之外另有化也只是德業之盛者盡泯其迹則善信充積至此是造極地位是謂聖人

聖而不可知之之謂神

蒙引化字與不可知不同化自我而言謂不勉不思也不可知以人而言莫測其所以然也○化即化其大之迹不可知正指

其化之至妙也本只是一人既曰聖又曰神者以聖字不足以盡之故更着神字

叅神化之妙無淺深自在已泯然無可見之迹故曰化自在人莫測其所以然故曰神言神以贊其化非有二也○孔氏曰心之精神是謂聖此之所謂神化即心之精神所出入周流者也不然何以謂之不可知

樂正子二之中四之下也

蒙引孟子不止曰善人也亦不止曰信人也而乃兼之曰善人也信人也這便見得樂正子餘於善不足於信在二之中矣謂二者之間也

存疑四之下是神聖大美之下不可云美大聖神之下然則為樂正子者豈可止於善信之間耶

○孟子曰逃墨必歸於楊逃楊必歸於儒歸斯受之而已矣

蒙存合吾儒仁義理一而分殊是謂正道楊墨執一為我而兼愛則為異端茲欲反而歸正墨必逃楊而後至非楊之賢於墨也叛止雖同所由之路則異故度其逃歸之勢楊比墨為稍近耳逃是悔其所學之非欲逃而他往也但楊氏太簡近實荀厭簡而逃即稍寬一步其勢易就于中故歸儒墨氏務外不情荀

厭煩而逃即稍斂一步其勢必就于實故歸楊言必歸楊而後能歸儒非與其終於楊也此與齊一變章文法畧相似而意不同彼謂變而至道有難易齊魯自有美惡此謂逃而歸儒有難易楊墨則無高下然畢竟近實者易以挽回益見聖人寧儉寧猶之意歸斯受只是儒受異端不可兼楊之受墨受之有狀而教意要看註憫取二字言不辨其往事之失即以今之來歸而受之也

叅逃非逃避之逃乃出此入彼之義歸字是擬說楊墨歸儒

今之與楊墨辯者如追放豚既入其苙又從而招之

蒙存合與楊墨辨正與歸斯受之相反言今之儒者楊墨既來歸而乃與爭辨爭辨者追咎其既往之失一於嚴而不能恕也追咎其既往之失則不之受矣既入其苙言其來歸也又從而招之言儒者猶追其往日之失不能豁然受而陶化之以歸於大中之域也

存疑如追放豚不是斷句處如字揔上當一氣說下

○孟子曰有布縷之征粟米之征力役之征君子用其一緩其二用其二而民有殍用其三而父子離

蒙存合布縷之征五畝之宅所出也粟米之征百畝之田所出

也力役之征丁口所出也揔舉征賦之常數一歲止有此三者布縷取之於夏則粟米力役在所緩粟米取之於秋則布縷力役在所緩力役取之於冬則布縷粟米在所緩

叅用一緩二是每時取其一非時者則緩之緩者非不取也待時至而後取也有殍有字活字是間或有之未必盡然之詞若民盡殍則尤甚於父子離

○孟子曰諸侯之寶三土地人民政事寶珠玉者殃必及身

存疑土地所以立國人民所以守土政事所以治民故皆為諸侯之寶

蒙引諸侯之土地得之天子傳之先君是土地至重在所寶也何以守位曰人后非民罔使是人民至重在所寶也所以守其土地而理其人民者政事也政事又不在所寶乎○夫寶珠玉者殃必及身則知寶土地人民政事者身安而國家可寶矣

○盆成括仕於齊孟子曰死矣盆成括盆成括見殺門人問曰夫子何以知其將見殺曰其為人也小有才未聞君子之大道也則足以殺其軀而已矣

蒙引小有才猶云畧有才也小有才而不聞大道則不善用其才適足以媒禍而已

存疑小有才而不聞道猶足以殺其軀者有大才而不聞道殺其軀也必矣商辛智伯是也

○孟子之滕館於上宮有業屨於牖上館人求之弗得　或問之曰若是乎從者之廋也曰子以是為竊屨來與曰殆非也夫子之設科也往者不追來者不拒苟以是心至斯受之而已矣

蒙存合館人即上宮主人或人非館人也子以為竊屨來存疑以為來滕蒙引以為來學今依存疑說設科即設教也教人者因其材故別為科條以教之往是前日不善來是今日向善故註只云雖夫子不能保其往自該得來不拒意受之便是不拒

其人此言於窮餓事尚未釋然但以為狷者纔有此事亦非夫
子所能保也然其言近道故錄之

○孟子曰人皆有所不忍達之於其所忍仁也人皆有所不為達之於其所為義也

蒙 有所不忍不為乃隨感而發之真心如見入井而怵惕不受嘑蹴之類人所皆有之心也但為氣拘物蔽則於他事或有忍之為之者多矣誠能推此不忍真心達之於所忍者而亦不忍便是仁推此不為真心達之於所為者而亦不為便是義仁義以全體言不忍不為以仁義之端言即其一端達之而後由偏以會其全故曰仁義

人能充無欲害人之心而仁不可勝用也人能充無穿踰之心而義不可勝用也

蒙 引上節說仁義之端處達將去下節是上節意不可作兩樣看蓋惟達而後能充達有工夫充承達說來且指出所不忍所不為者言○承上文只是一意但露出害人穿窬字面以示人知所達耳蓋害人者人所不忍也能推此不忍之心以達於所忍則能滿其無欲害人之心而無不仁矣穿窬者人所不為也能推此不為之心以達於所 則能滿其無穿窬之心而無不為也能推此不為之心以達於所為則能滿其無穿窬之心而無不義矣仁義不可勝用要徹到上文仁也義也上仁不可勝用也故曰仁也義不可勝用也故曰義也過下當云仁義不可勝用如此則皆在所當充矣然義之類甚廣而充之道無窮尤君子之所宜推類以盡之者也○

人能充無受爾汝之寔無所往而不為義也

蒙 引爾當對我汝當為爾輩如今人稱你們○貪昧隱忍而甘受之者非其寔也中心慚忿而不肯受者乃其實也

參 尒汝輕賤之稱人之貪昧隱忍而甘受之者亦穿窬之類也

然其中必有慚忿不肯受之實是謂無受爾汝之寔〻真心也是不為之心即無欲穿窬之心能即此充之凡非道非義之事有中心所不安者皆不肯受則無往而不為義矣無往非義即不可勝用意一說謂自無欲穿窬之心充之至于爾汝不受似不甚順

士未可以言而言是以言餂之也可以言而不言是以不言餂之也是皆穿踰之類也

以語默餂人為穿窬之類是充類至義之盡也未可以言是故意言也故意言是有意存乎其間可以言而不言是

故意不言也故意不言是亦有意存乎其間是皆穿窬之類而
在所當充者也
存疑語默須細事但有意窺探人則心術便不光明所以為穿
窬之類
○孟子曰言近而指遠者善言也守約而施博者善道也君子之
言也不下帶而道存焉
叅重在近字與約字不當以遠近博約並提即下文不守約之
蔽可見當云言之遠而旨則淺這不是善言惟所言者近而旨
趣所寓則遠乃為善言也道之博而守則踈這不是善道惟所

守者約而功用所施則博乃為善道也不下帶只是就其近的
意思道在天地間無窮無盡隨處充滿就眼前至近無一非道
夫婦便是察天地之道親長便是平天下之道風浴童冠便是
萬物得所之道洒掃應對便是精義入神之道君子言的只目
前近事而旨意涵蓄大道理皆在其中是不下帶而道存也時
說云不下帶心也心為至近言心而道在其中此非註意不可
從
君子之守修其身而天下平
蒙引君子之所守只修其身而已吾身既修則推無不準動無

不化天下由此平矣夫一修其身天下自平其守一何約而其
施一何博哉
叅修身是守約工夫須切守字意為妙天下平謂天下各守其
身也
人病舍其田而芸人之田所求於人者重而所以自任者輕
叅芸人之田只是責人芸田以下句所求于人例看可見所求
二句就正意上講責天下人各修其身而不自修其身也一說
頂上芸田說與此之謂不知務一般蒙引以為不是
○孟子曰堯舜性者也湯武反之也

叅性者與性之不同性之之字指道言性者謂本性就是聖人
得全於天謂得於天者全也得之全無一些汙壞故不假修為
生成是個聖人所謂性者也反之與身之亦不同身之之字指
道言反之之字指性言謂復其所得於天之性也曰反則前此
汙壞可知矣身字便是反之工夫
動容周旋中禮者盛德之至也哭死而哀非為生者也經德不回
非以干祿也言語必信非以正行也
蒙引以下只是性之之德不指堯舜言行法俟命亦然○非為
生者非以干祿非以正行要說得仔細盖行法俟命亦是非有

為而為者要說出自然而然而非有意為之之意須與下節意
少異
叅‖動容周旋中禮謂一動容之間雖周旋曲折之事○無不中禮
也此有即小以該大之意○曰盛德之至蓋容貌乃德之符聖人
一身渾是天理○故行出来都是禮也○
存疑‖聖人之心無有不誠○一見死者誠心激發○自然哀傷不欲
生者我感故哀○若為生者而哀○便是有意非自然矣○
蒙引‖經德猶曰庸德如子臣弟友之道之類是也○能盡其道便
是不回○一循乎直道正理而無所回曲是常德無虧自有得祿

之理○然聖人是稟性自然不回非欲以求聞于人而干利祿也○
若是行干祿則出於有意○便須勉強非自然矣○
存疑‖言語都是善者故曰正行正行就在言語必信內言語必
信則言之必行○所行者莫非道義之所○在而行無不正矣○然聖
人之必信是自然○如此既言之必行之乃聖人至誠之意○不是
有意於正行而為此若有意於正行而為此○便須勉強不出於
自然矣○
君子行法以俟命而已矣
蒙存合‖行法允依天理之當然而行皆是○而上文四事亦該了○

俟命謂吉凶禍福付之不計○而初無趍避就避于其間也○而已
矣者見得法而如此○吾行吾法而已而非有所為也○
○孟子曰說大人則藐之勿視其巍巍然
蒙引‖大人以位言藐之藐其巍巍者也緊要在志意舒轉言語
得盡上○
堂高數仞榱題數尺我得志弗為也食前方丈侍妾數百人我得
志弗為也般樂飲酒驅騁田獵後車千乘我得志弗為也在彼者
皆我所不為也在我者皆古之制也吾何畏彼哉
叅‖堂高二句是大人宮室之美食前二句是大人供御之盛般

樂二句是大人宴遊之侈皆所謂巍巍也我得志皆所不為是
藐之之意在我皆古之制即居仁由義入孝出弟居廣居等句
皆是吾何畏彼與仁義無歉於富爵同意使在我無古之制安
能無畏其巍巍也
○孟子曰養心莫善於寡欲其為人也寡欲雖有不存焉者寡矣
其為人也多欲雖有存焉者寡矣
蒙引‖當以心對欲心者天理之府而為之害把天理逐外者欲
也
叅‖孟子說個寡欲只為這個欲皆性之所有而人所不能無者

言能絶得故着個寡字寡之云者非絶去之謂亦非減省幾分之謂爲于外欲有感内欲方萌之時點檢此心以理制之務合於當然之則不至縱肆過度是謂寡欲欲以理寡則心常主於理而不馳於欲常見其在内不見其在外雖有不存焉者寡矣如欲之所動不能制之以理縱其情而不知節則心日役于欲常見其在外不見其在内雖有存焉者寡矣存便是得養不存便是失養心之存不存只係於欲之寡不寡故曰養心莫善於寡欲兩個寡矣與鮮矣仁一般言寡則絶無可知須知寡欲即是養心工夫非寡欲之外又有所謂養心也

○曾晳嗜羊棗而曾子不忍食羊棗　公孫丑問曰膾炙與羊棗孰美孟子曰膾炙哉公孫丑曰然則曾子何爲食膾炙而不食羊棗曰膾炙所同也羊棗所獨也諱名不諱姓姓所同也名所獨也

蒙引不忍食者以吾父平日嗜此羊棗今雖有羊棗吾父不能食矣猶所謂母沒而桮棬不能飲焉○意以曾晳亦未必不嗜膾炙而曾子獨食膾炙而不食羊棗舍其不美者而食其美者何歟曰膾炙人所同嗜者也羊棗皆所獨嗜者也人所同嗜者自可食之至於父所獨嗜者則有感於心而不忍食也此尤諱名不諱姓蓋姓人所同也故不諱名已所獨也故諱之耳然則曾子食膾炙而不食羊棗豈以其味不如膾炙而棄之哉正以其爲父所獨嗜也

存疑做親名說方是若他人之名皆從有何避忌而諱之

參存疑謂親之姓名本是一蓋親名何獨言諱親姓即已姓也只從說爲當

○萬章問曰孔子在陳曰盍歸乎來吾黨之士狂簡進取不忘其初孔子在陳何思魯之狂士

存疑狂志大也簡略於事也由其志大故進取由其略於事故不忘其初

蒙引狂簡是目之之辭進取不忘其初是說狂簡之所以爲狂簡者如此○吾黨之士狂簡進取矣猶未忘其初孔子在陳何獨思魯之狂士也萬章意以爲孔子何不思其上者而取於狂士耶

孟子曰孔子不得中道而與之必也狂獧乎狂者進取獧者有所不爲也孔子豈不欲中道哉不可必得故思其次也

蒙引孔子嘗曰不得中道而與之云云由此觀之孔子豈不欲中道哉不可必得故思其次也其次專指狂者孔子之言本兼狂獧孟子引來特要應何思魯之狂士一句

敢問何如斯可謂狂矣　曰如琴張曾皙牧皮者孔子之所謂狂矣

叅何如斯可謂之狂是問狂之人孟子歷指數人以告之講琴張曾皙註中事實不必用且牧皮又無實事只虛講為是

何以謂之狂也　曰其志嘐嘐然曰古之人古之人夷考其行而不掩焉者也

蒙引本文只是其志集註嘐嘐志大言大也兼志與言夫人之志常於言見之也須於其志二字纖讀謂以言夫狂者之志常嘐嘐然曰古之人古之人動輙慕古也至夷考其行則又不能

如其言此所以謂之狂也是以志字對行字言孟子此言揔不出孔子所謂進取不忘其初者萬章不察故復問而孟子又只仍孔子意說個明白與他

存疑夷字從古之人古之人生來緣他說得高了故平平考之蓋姑未責以其高且從其日用平常所行而考之也

狂者又不可得欲得不屑不潔之士而與之是獧也是又其次也

蒙引此又承上文言狂者固孔子之所思然狂者又不可得欲得不屑不潔之士而與之是獧也比之狂者　其次也

存疑既荅萬章何如斯可謂狂之問又言獧者是因上[illegible]

孔子思獧之言而解其意

孔子曰過我門而不入我室我不憾焉者其惟鄉原乎鄉原德之賊也曰何如斯可謂之鄉原矣

蒙引萬章因問孔子之所以取狂者如此所以取夫獧者又如此然孔子又嘗曰云云不識何如斯可謂之鄉原蓋狂獧之外又有此一等人也○狂者知之過而行不及獧者行之過而知不及鄉原有似乎中道而寔非也故曰德之賊德即中道也

叅鄉原德之賊是孔子自解所以不入不憾之意雖中似德非德且未可說出尚在下文

曰何以是嘐嘐也言不顧行行不顧言則曰古之人古之人行何為踽踽涼涼生斯世也為斯世也善斯可矣閹然媚於世也者是鄉原也

叅何以是嘐嘐至善斯可是鄉原之志閹然一句是鄉原之行是鄉原也揔承上一說只承閹然句亦通蓋閹然亦根譏狂譏狷形狀出來何以是嘐嘐至古之人是譏狂之言行何為踽踽至善斯可是譏狷之言一說生斯世二句頂上古之人看又是譏狂善斯可一句頂上踽涼看又是譏狷似瑣碎譏狂譏狷無鄉原寔有是言乃孟子因論狂狷設為此言以狀其無狂狷之

志節耳踽踽涼涼總是獨立無親之意一說踽踽是獨立涼涼是無所親厚亦通閹然是韜晦藏匿之意不為狂之嘐嘐則無高遠之見必弃于卑汙不為狷之踽踽則無孤介之操必一於委隨但見閹然藏匿心机收斂圭角只要媚世取悅使個個都說我是好人此鄉愿之行也此一句說盡鄉原為人下文同流數句總是此句

存疑 生斯世也為斯世也言不可與人異也此便是同流合汙處

蒙引 可以二字正與上面何以何為相叫應言何必如彼只宜

如此耳

萬章曰一鄉皆稱原人焉無所往而不為原人孔子以為德之賊何哉 曰非之無舉也刺之無刺也同乎流俗合乎汙世居之似忠信行之似廉潔衆皆悅之自以為是而不可與入堯舜之道故曰德之賊也

蒙引 無所往而不為原人謂人皆慕而效之也

叅 此句是只就原人說謂一鄉皆稱原人則其論公矣必其無所往而人不稱之為原人可見是真原人適正是有德者又如何以為德之賊

蒙引 非輕刺重非是槩舉不是乃大槩說刺是攻擊乃細舉不是而譏責之流俗狹汙世廢忠信以立心言故曰居廉潔以制言故曰行

存疑 此六句總是他那閹然媚於世處衆皆悅之總承上六句說

蒙引 中行之士孔子所欲與同歸於堯舜大中至正之道者也狂者自其所見而裁之亦可與入堯舜之道獧者自其所守而裁之亦可與入堯舜之道鄉原不狂不獧似中行而實非中行者也自以為是矣故終不可與入堯舜之道

孔子曰惡似而非者惡莠恐其亂苗也惡佞恐其亂義也惡利口恐其亂信也惡鄭聲恐其亂樂也惡紫恐其亂朱也惡鄉原恐其亂德也

蒙存 合莠似苗使人視之莫能辨誰為苗故亂苗佞人思巧而才辨本是不義的事却安排裝點說出却是一團道理个個義使人聽之以為真義故亂義利口之人無許多心事只憑目前口尖舌利以虛為寔使人聽之以為真信故亂信鄉原非忠信廉潔而似忠信廉潔使人莫辨真忠信廉潔故亂德

蒙引 此孔子平日泛論之言原是六事平說孟子引之都已盡

末句
君子反經而已矣經正則庶民興庶民興斯無邪慝矣
蒙存合 君子兼有德有位言經常道也即君臣父子日用人倫
之常道也反復也歸也經常正道彼似是邪說誘引叛去必欲
挽而回之復還于正所謂反也反經不是空言要有定見有定
守不惑于邪而力持其正先之以躬行身帥以端表正之原使
天下曉然知常道之為是不為邪說所引而去是謂反經經正
以下庶民興無邪慝俱不費力蓋經是民之秉彝本人所固有
者特無以正之則無所觀感而良心晦蝕不知所興茲反經而

經正則有以發其固有之良而導之於共由之路民皆感動奮
發以歸于正所謂興也註善字即是常道經與邪慝原不兩立
民既興起于此則必不惑于彼雖有邪慝不得行於天下將不
攻而自息斯無邪慝矣邪慝推開說不專指鄉原觀註屬字可
見
○孟子曰由堯舜至於湯五百有餘歲若禹皐陶則見而知之若
湯則聞而知之 由湯至於文王五百有餘歲若伊尹萊朱則見
而知之若文王則聞而知之 由文王至於孔子五百有餘歲若
太公望散宜生則見而知之若孔子則聞而知之 由孔子而來

至於今百有餘歲去聖人之世若此其未遠也近聖人之居若此
其甚也然而無有乎爾則亦無有乎爾
參說 個五百有餘歲正是要起那見知意謂堯舜至湯五百有
餘歲其時遠如此盖難乎其道之傳矣而湯乃得統於堯舜是
豈無所自哉若禹皐陶則見而知之若湯則聞而知之向使無
禹皐見知於前則湯亦何由聞知於五百餘歲之後耶得統意
尚略在聞知後些惟其聞而知其道所以能遠而得其道也不
可做一意看
蒙引 精一執中之旨堯傳舜而舜以傳禹天叙天秩天命夫國

之大道皆皐陶發之且民協於中罔或干予正皐陶之有功于
斯道大矣其見知堯舜也為何如○伊尹與湯咸有一德其見
知莫切于此矣懋昭大德建中于民以義制事以禮制心之義
皆寔虺發其見知於湯也為何如○見於丹書者曰敬勝怠者
吉怠勝敬者滅云云 此太公望之與文王合德者也見於周書
君奭者曰惟文王尚克修和我有夏亦惟有若虢叔有若閎夭
有若散宜生有若太顛有若南宮适又曰無能往來茲迪彝教
文王蔑德降于國人則散宜生之見知文王豈不信哉然要之
亦不必取徵於書傳彼既見知聞知則大道之全自其渾然之

体與其燦然之用，何所不至，豈可以簡册有爲而發之遺言綜論爲之證哉。見大意者默而識之可也。○如孔子之時，賢者識其大，不賢者識其小，亦緣當時周召呂畢之徒一脉相傳而来，孔子乃得聞之，不然文王之道其絶也久矣。○註引子貢云云，愚以爲湯文之聞知，槩是如此，豈有得於之簡編者。

【存疑】孔子世猶未遠，則教澤尚存，而幸逢乎其滑居又甚近，則宫墻在望，而幸生乎其地，正猶禹皐之遇堯舜，尹朱之遇湯，太公宜生之遇文王，然固宜乎見知之有人也。

【蒙引】爾如是也，意若云然而無有其然者，則亦無有其然者，是承數個見知聞知而云，以其見知聞知字已疊出於上文，故約其旨而省其文也。

【參】時說因孟子然而無有乎爾二句，遂以爲非有見知者續之於前，則聞知者亦無以得之於后，此說非是。觀孟子之言，前只云其是見知，其是聞，分是論道統一脉相承，從来兩項人接續不斷。○至末節嘆今世已無見知，○其脉已斷了，○則後世已該無聞知也。○語意雖是如此，○朱子解之亦只是如此，○非謂聞知者必等待於見知以啓之也。○此正論聖人道統之傳，○則湯豈有舍堯舜而先聞於禹皐陶，○文王豈有舍湯而先聞於伊尹，○孔子豈有舍文王而先聞於太公望散宜生耶？○而孔子又豈必待太公望散宜生以啓其傳耶？○觀此則可見矣。○看此章書揔是孟子以道統自任之意。○

四書定解二十卷終

孟子節文七卷

明 劉三吾等刪節

明洪武間刻本

孟子節文題辭

孟子七篇聖賢扶持名教之書。但其生于戰國之世。其時諸侯方務合從連衡。以功利爲尚。不復知有仁義。唯魏惠王首以禮聘至其國。彼其介于齊秦楚三大國之間。事多齟齬。故一見孟子。即問何以利便其國。非財利之利也。孟子恐利源一開。非但有害仁義。且將有弑奪之禍。仁義。正論也。所答非所問矣。是以所如不合。終莫能聽納其說。及其欲爲死者雪恥。非兵連禍結不可也。乃謂能行仁政。可使制梃以撻秦楚之堅甲利兵。則益迂且遠矣。臺池鳥獸之樂。引文王靈臺之事。善矣。湯誓時日害喪之喻。豈不太甚哉。雪宫之樂。謂賢者有此樂宜矣。謂人不得即有非議其上之心。又豈不太甚哉。其他或將朝而聞命中止。或相待如草芥。而見報施以仇讎。或以諫大過不聽而易位。或以諸侯危社稷。則變置其君。或所就二。所去三。而不輕其去就于時君。固其崇高節抗浮雲之素志。抑斯類也。在當時列國諸侯可也。若夫天下一君。四海一國。人人同一尊君親上之心。學者或不得其扶持名教之本意。于所不當言不當施者。槩以言焉。槩以施焉。則學非所學。而用非所用矣。今翰林儒臣三吾等。既請旨。與徵來天下耆儒。同校蔡氏書傳。蒙賜其名曰書傳會選。又孟子一書中間詞氣之間。抑揚大過者。八十五條。其餘一百七十餘條。悉頒之中外校官。俾讀是書者知所本旨。自今八十五條之內。課試不以命題。科舉不以取士。壹以聖賢中正之學爲本則高不至于抗卑不至于諂矣抑孟子一書其有關於名教之大如孔子賢於堯舜後人因其推尊堯舜而益知尊孔子之道諸侯之禮吾未之學而知其所學者周天子盛時之禮非列國諸侯所僭之禮皆所謂擴前聖所未發者其關世教詎小補哉

洪武二十七年十月癸酉翰林學士奉議大夫臣劉三吾等謹上

孟子卷之一

梁惠王章句 凡六章

梁惠王曰寡人之於國也盡心焉耳矣河內凶則移其民於河東移其粟於河內河東凶亦然察鄰國之政無如寡人之用心者鄰國之民不加少寡人之民不加多何也孟子對曰王好戰請以戰喻塡然鼓之兵刃既接棄甲曳兵而走或百步而後止或五十步而後止以五十步笑百步則何如曰不可直不百步耳是亦走也曰王如知此則無望民之多於鄰國也不違農時穀不可勝食也數罟不入洿池魚鼈不可勝食也斧斤以時入山林材木不可勝用也穀與魚鼈不可勝食材木不可勝用是使民養生喪死無憾也養生喪死無憾王道之始也五畝之宅樹之以桑五十者可

以衣帛矣。雞豚狗彘之畜。無失其時。七十
者可以食肉矣。百畝之田勿奪其時。數口
之家可以無飢矣。謹庠序之教。申之以孝
悌之義。頒白者不負戴於道路矣。七十者
衣帛食肉。黎民不飢不寒。然而不王者未
之有也。狗彘食人食而不知檢。塗有餓莩。
而不知發。人死則曰非我也。歲也。是何異
於刺人而殺之。曰非我也。兵也。王無罪歲。

斯天下之民至焉。○齊宣王問曰。交鄰國
有道乎。孟子對曰。有。惟仁者爲能以大事
小。是故湯事葛。文王事昆夷。惟智者爲能
以小事大。故大王事獯鬻。句踐事吳。以大
事小者。樂天者也。以小事大者。畏天者也。
樂天者保天下。畏天者保其國。詩云。畏天
之威。于時保之。王曰。大哉言矣。寡人有疾。
寡人好勇。對曰。王請無好小勇。夫撫劍疾

視曰。彼惡敢當我哉。此匹夫之勇。敵一人
者也。王請大之。詩云。王赫斯怒。爰整其旅。
以遏徂莒。以篤周祜。以對于天下。此文王
之勇也。文王一怒而安天下之民。書曰。天
降下民。作之君。作之師。惟曰其助上帝。寵
之四方。有罪無罪惟我在。天下曷敢有越
厥志。一人衡行於天下。武王恥之。此武王
之勇也。而武王亦一怒而安天下之民。今

王亦一怒而安天下之民。民惟恐王之不
好勇也。○孟子見齊宣王曰。爲巨室。則必
使工師求大木。工師得大木。則王喜。以爲
能勝其任也。匠人斲而小之。則王怒。以爲
不勝其任矣。夫人幼而學之。壯而欲行之。
王曰。姑舍女所學而從我。則何如。今有璞
玉於此。雖萬鎰。必使玉人彫琢之。至於治
國家。則曰。姑舍女所學而從我。則何以異

於敎玉人彫琢玉哉○滕文公問曰滕小國也間於齊楚事齊乎事楚乎孟子對曰是謀非吾所能及也無已則有一焉鑿斯池也築斯城也與民守之效死而民弗去則是可爲也○滕文公問曰齊人將築薛吾甚恐如之何則可孟子對曰昔者大王居邠狄人侵之去之岐山之下居焉非擇而取之不得巳也苟爲善後世子孫必有

王者矣君子創業垂統爲可繼也若夫成功則天也君如彼何哉彊爲善而巳矣○滕文公問曰滕小國也竭力以事大國則不得免焉如之何則可孟子對曰昔者太王居邠狄人侵之事之以皮幣不得免焉事之以犬馬不得免焉事之以珠玉不得免焉乃屬其耆老而告之曰狄人之所欲者吾土地也吾聞之也君子不以其所以

養人者害人二三子何患乎無君我將去之去邠踰梁山邑于岐山之下居焉邠人曰仁人也不可失也從之者如歸市或曰世守也非身之所能爲也效死勿去君請擇於斯二者

孟子卷之二

公孫丑章句 凡十三章

孟子曰尊賢使能俊傑在位則天下之士皆悦而願立於其朝矣市廛而不征法而不廛則天下之商皆悦而願藏於其市矣關譏而不征則天下之旅皆悦而願出於其路矣耕者助而不稅則天下之農皆悦而願耕於其野矣廛無夫里之布則天下

之民皆悦而願爲之氓矣信能行此五者則鄰國之民仰之若父母矣率其子弟攻其父母自生民以來未有能濟者也如此則無敵於天下無敵於天下者天吏也然而不王者未之有也○孟子曰人皆有不忍人之心先王有不忍人之心斯有不忍人之政矣以不忍人之心行不忍人之政治天下可運之掌上所以謂人皆有不忍

人之心者今人乍見孺子將入於井皆有怵惕惻隱之心非所以內交於孺子之父母也非所以要譽於鄉黨朋友也非惡其聲而然也由是觀之無惻隱之心非人也無羞惡之心非人也無辭讓之心非人也無是非之心非人也惻隱之心仁之端也羞惡之心義之端也辭讓之心禮之端也是非之心智之端也人之有是四端也猶

其有四體也有是四端而自謂不能者自賊者也謂其君不能者賊其君者也凡有四端於我者知皆擴而充之矣若火之始然泉之始達苟能充之足以保四海苟不充之不足以事父母○孟子曰矢人豈不仁於函人哉矢人惟恐不傷人函人惟恐傷人巫匠亦然故術不可不慎也孔子曰里仁爲美擇不處仁焉得智夫仁天之尊

爵也。人之安宅也。莫之禦而不仁。是不智也。不仁不智。無禮無義。人役也。人役而恥爲役。由弓人而恥爲弓。矢人而恥爲矢也。如恥之。莫如爲仁。仁者如射。射者正己而後發。發而不中。不怨勝己者。反求諸己而已矣。○孟子曰。子路人告之以有過則喜。禹聞善言則拜。大舜有大焉。善與人同。舍己從人。樂取於人以爲善。自耕稼陶漁以

至爲帝。無非取於人者。取諸人以爲善。是與人爲善者也。故君子莫大乎與人爲善。○孟子曰。天時不如地利。地利不如人和。三里之城。七里之郭。環而攻之而不勝。夫環而攻之。必有得天時者矣。然而不勝者。是天時不如地利也。城非不高也。池非不深也。兵革非不堅利也。米粟非不多也。委而去之。是地利不如人和也。故曰域民不

以封疆之界。固國不以山谿之險。威天下不以兵革之利。得道者多助。失道者寡助。寡助之至。親戚畔之。多助之至。天下順之。以天下之所順。攻親戚之所畔。故君子有不戰。戰必勝矣。○陳臻問曰。前日於齊。王餽兼金一百而不受。於宋餽七十鎰而受。於薛餽五十鎰而受。前日之不受是。則今日之受非也。今日之受是。則前日之不受

非也。夫子必居一於此矣。孟子曰。皆是也。當在宋也。予將有遠行。行者必以贐。辭曰餽贐。予何爲不受。當在薛也。予有戒心。辭曰聞戒。故爲兵餽之。予何爲不受。若於齊。則未有處也。無處而餽之。是貨之也。焉有君子而可以貨取乎。○孟子之平陸。謂其大夫曰。子之持戟之士。一日而三失伍。則去之否乎。曰。不待三。然則子之失伍也亦

多矣。凶年饑歲。子之民老羸轉於溝壑。壯者散而之四方者幾千人矣。曰此非距心之所得為也。曰今有受人之牛羊而為之牧之者。則必為之求牧與芻矣。求牧與芻而不得。則反諸其人乎。抑亦立而視其死與。曰此則距心之罪也。他日見於王。曰王之為都者。臣知五人焉。知其罪者。惟孔距心。為王誦之。王曰此則寡人之罪也。○孟子自齊葬於魯。反於齊。止於嬴。充虞請曰。前日不知虞之不肖。使虞敦匠事。嚴。虞不敢請。今願竊有請也。木若以美然。曰古者棺椁無度。中古棺七寸。椁稱之。自天子達於庶人。非直為觀美也。然後盡於人心。不得不可以為悅。無財不可以為悅。得之為有財。古之人皆用之。吾何為獨不然。且比化者無使土親膚。於人心獨無恔乎。吾聞

之也。君子不以天下儉其親。○沈同以其私問曰。燕可伐與。孟子曰可。子噲不得與人燕。子之不得受燕於子噲。有仕於此。而子悅之。不告於王而私與之吾子之祿爵。夫士也亦無王命而私受之於子。則可乎。何以異於是。○齊人伐燕。或問曰。勸齊伐燕有諸。曰未也。沈同問燕可伐與。吾應之曰可。彼然而伐之也。彼如曰孰可以伐之。則將應之曰。為天吏則可以伐之。今有殺人者。或問之曰。人可殺與。則將應之曰可。彼如曰孰可以殺之。則將應之曰。為士師則可以殺之。今以燕伐燕。何為勸之哉。○燕人畔。王曰吾甚慚於孟子。陳賈曰王無患焉。王自以為與周公孰仁且智。王曰惡。是何言也。曰周公使管叔監殷。管叔以殷畔。知而使之。是不仁也。不知而使之。是不

智也。仁智周公未之盡也。而況於王乎。賈請見而解之。見孟子。問曰周公何人也。曰古聖人也。曰使管叔監殷。管叔以殷畔也。有諸。曰然。曰周公知其將畔而使之與。曰不知也。然則聖人且有過與。曰周公弟也。管叔兄也。周公之過。不亦宜乎。且古之君子過則改之。今之君子過則順之。古之君子其過也。如日月之食。民皆見之。及其更也。民皆仰之。今之君子豈徒順之。又從爲之辭。○孟子致爲臣而歸。王就見孟子曰。前日願見而不可得。得侍同朝甚喜。今又棄寡人而歸。不識可以繼此而得見乎。對曰不敢請耳。固所願也。他日王謂時子曰。我欲中國而授孟子室。養弟子以萬鍾。使諸大夫國人皆有所矜式。子盍爲我言之。時子因陳子而以告孟子。陳子以時子之

言告孟子。孟子曰然。夫時子惡知其不可也。如使予欲富。辭十萬而受萬。是爲欲富乎。季孫曰異哉子叔疑。使己爲政。不用則亦已矣。又使其子弟爲卿。人亦孰不欲富貴。而獨於富貴之中。有私龍斷焉。古之爲市者。以其所有易其所無者。有司者治之耳。有賤丈夫焉。必求龍斷而登之。以左右望而罔市利。人皆以爲賤。故從而征之。征商自此賤丈夫始矣。○孟子去齊。居休。公孫丑問曰。仕而不受祿。古之道乎。曰非也。於崇吾得見王。退而有去志。不欲變。故不受也。繼而有師命。不可以請。久於齊。非我志也。

孟子卷之三

滕文公章句 凡八章

滕文公爲世子。將之楚。過宋而見孟子。孟子道性善。言必稱堯舜。世子自楚反。復見孟子。孟子曰。世子疑吾言乎。夫道一而已矣。成覸謂齊景公曰。彼丈夫也。我丈夫也。吾何畏彼哉。顏淵曰。舜何人也。予何人也。有爲者亦若是。公明儀曰。文王我師也。周公豈欺我哉。今滕絶長補短。將五十里也。猶可以爲善國。書曰。若藥不瞑眩。厥疾不瘳。○滕定公薨。世子謂然友曰。昔者孟子嘗與我言於宋。於心終不忘。今也不幸至於大故。吾欲使子問於孟子。然後行事。然友之鄒問於孟子。孟子曰。不亦善乎。親喪固所自盡也。曾子曰。生事之以禮。死葬之以禮。祭之以禮。可謂孝矣。諸侯之禮。吾未之學也。雖然。吾嘗聞之矣。三年之喪。齊疏之服。飦粥之食。自天子達於庶人。三代共之。然友反命。定爲三年之喪。父兄百官皆不欲。曰。吾宗國魯先君莫之行。吾先君亦莫之行也。至於子之身而反之。不可。且志曰。喪祭從先祖。曰。吾有所受之也。謂然友曰。吾他日未嘗學問。好馳馬試劒。今也父兄百官不我足也。恐其不能盡於大事。子爲我問孟子。然友復之鄒問孟子。孟子曰。然。不可以他求者也。孔子曰。君薨。聽於冢宰。歠粥。面深墨。卽位而哭。百官有司莫敢不哀。先之也。上有好者。下必有甚焉者矣。君子之德。風也。小人之德。草也。草尚之風必偃。是在世子。然友反命。世子曰。然。是誠在我。五月居廬。未有命戒。百官族人可謂曰知。及至葬。四方來觀之。顏色之戚。哭泣之哀。弔者大悅。○有爲神農之言者許行。自楚之滕。踵門而告文公曰。遠方之人。聞君行仁政。願受一廛而爲氓。文公與之處。其徒數十人。皆衣褐。捆屨織席以爲食。陳良之徒陳相與其弟辛。負耒耜而自宋之滕。曰。聞君行聖人之政。是亦聖人也。願爲聖人氓。陳相見許行而大悅。盡棄其學而學焉。陳相見孟子。道許行之言曰。滕君則誠賢君也。雖然。未聞道也。賢者與民並耕而食。饔飧而治。今也滕有倉廩府庫。則是厲民而以自養也。惡得賢。孟子曰。許子必種粟而後食乎。曰。然。許子必織布而後衣乎。曰。否。許子衣褐。許子冠乎。曰。冠。曰。奚冠。曰。冠素。曰。自織之與。曰。否。以粟易之。曰。許子奚爲不自織。曰。害於耕。曰。許子以釜甑爨。以鐵耕乎。曰。然。自爲之與。曰。否。以粟易

之。以粟易械器者。不爲厲陶冶。陶冶亦以其械器易粟者。豈爲厲農夫哉。且許子何不爲陶冶。舍皆取諸其宮中而用之。何爲紛紛然與百工交易。何許子之不憚煩。曰。百工之事。固不可耕且爲也。然則治天下獨可耕且爲與。有大人之事。有小人之事。且一人之身。而百工之所爲備。如必自爲而後用之。是率天下而路也。故曰。或勞心或勞力。勞心者治人。勞力者治於人。治於人者食人。治人者食於人。天下之通義也。當堯之時。天下猶未平。洪水橫流。氾濫於天下。草木暢茂。禽獸繁殖。五穀不登。禽獸偪人。獸蹄鳥跡之道交於中國。堯獨憂之。舉舜而敷治焉。舜使益掌火。益烈山澤而焚之。禽獸逃匿。禹疏九河。瀹濟漯而注諸海。決汝漢。排淮泗而注之江。然後中國可

得而食也當是時也禹八年於外三過其門而不入雖欲耕得乎后稷教民稼穡樹藝五穀五穀熟而民人育人之有道也飽食煖衣逸居而無教則近於禽獸聖人有憂之使契爲司徒教以人倫父子有親君臣有義夫婦有別長幼有序朋友有信放勳曰勞之來之匡之直之輔之翼之使自得之又從而振德之聖人之憂民如此而

暇耕乎堯以不得舜爲已憂舜以不得禹皐陶爲已憂夫以百畝之不易爲已憂者農夫也分人以財謂之惠教人以善謂之忠爲天下得人者謂之仁是故以天下與人易爲天下得人難孔子曰大哉堯之爲君惟天爲大惟堯則之蕩蕩乎民無能名焉君哉舜也巍巍乎有天下而不與焉堯舜之治天下豈無所用其心哉亦不用於

耕耳吾聞用夏變夷者未聞變於夷者也陳良楚產也悅周公仲尼之道北學於中國北方之學者未能或之先也彼所謂豪傑之士也子之兄弟事之數十年師死而遂倍之昔者孔子沒三年之外門人治任將歸入揖於子貢相嚮而哭皆失聲然後歸子貢反築室於場獨居三年然後歸他日子夏子張子游以有若似聖人欲以所

事孔子事之彊曾子曾子曰不可江漢以濯之秋陽以暴之皜皜乎不可尚已今也南蠻鴃舌之人非先王之道子倍子之師而學之亦異於曾子矣吾聞出於幽谷遷于喬木者未聞下喬木而入於幽谷者魯頌曰戎狄是膺荊舒是懲周公方且膺之子是之學亦爲不善變矣從許子之道則市賈不貳國中無僞雖使五尺之童適市

莫之或欺。布帛長短同則賈相若。麻縷絲絮輕重同則賈相若。五穀多寡同則賈相若。屨大小同則賈相若。曰。夫物之不齊。物之情也。或相倍蓰。或相什伯。或相千萬。子比而同之。是亂天下也。巨屨小屨同賈。人豈爲之哉。從許子之道。相率而爲僞者也。惡能治國家。○墨者夷之。因徐辟而求見孟子。孟子曰。吾固願見。今吾尚病。病愈我

且往見。夷子不來。他日又求見孟子。孟子曰。吾今則可以見矣。不直則道不見。我且直之。吾聞夷子墨者。墨之治喪也。以薄爲其道也。夷子思以易天下。豈以爲非是而不貴也。然而夷子葬其親厚。則是以所賤事親也。徐子以告夷子。夷子曰。儒者之道。古之人若保赤子。此言何謂也。之則以爲愛無差等。施由親始。徐子以告孟子。孟子

曰。夫夷子。信以爲人之親其兄之子。爲若親其鄰之赤子乎。彼有取爾也。赤子匍匐將入井。非赤子之罪也。且天之生物也。使之一本。而夷子二本故也。蓋上世嘗有不葬其親者。其親死。則擧而委之於壑。他日過之。狐狸食之。蠅蚋姑嘬之。其顙有泚。睨而不視。夫泚也。非爲人泚。中心達於面目。蓋歸反虆梩而掩之。掩之誠是也。則孝子

仁人之掩其親。亦必有道矣。徐子以告夷子。夷子憮然爲閒曰。命之矣。○陳代曰。不見諸侯。宜若小然。今一見之。大則以王。小則以霸。且志曰。枉尺而直尋。宜若可爲也。孟子曰。昔齊景公田。招虞人以旌。不至。將殺之。志士不忘在溝壑。勇士不忘喪其元。孔子奚取焉。取非其招不往也。如不待其招而往。何哉。且夫枉尺而直尋者。以利言

也。如以利，則枉尋直尺而利，亦可爲與。昔者趙簡子使王良與嬖奚乘，終日而不獲一禽。嬖奚反命曰：天下之賤工也。或以告王良。良曰：請復之。彊而後可。一日而獲十禽。嬖奚反命曰：天下之良工也。簡子曰：我使掌與女乘。謂王良。良不可，曰：吾爲之範我馳驅，終日不獲一；爲之詭遇，一朝而獲十。詩云：不失其馳，舍矢如破。我不貫與小人乘，請辭。御者且羞與射者比。比而得禽獸，雖若丘陵，弗爲也。如枉道而從彼，何也。且子過矣。枉己者未有能直人者也。○景春曰：公孫衍、張儀豈不誠大丈夫哉。一怒而諸侯懼，安居而天下熄。孟子曰：是焉得爲大丈夫乎。子未學禮乎。丈夫之冠也，父命之；女子之嫁也，母命之。往送之門，戒之曰：往之女家，必敬必戒，無違夫子。以順爲正者，妾婦之道也。居天下之廣居，立天下之正位，行天下之大道。得志與民由之，不得志獨行其道。富貴不能淫，貧賤不能移，威武不能屈。此之謂大丈夫。○周霄問曰：古之君子仕乎。孟子曰：仕。傳曰：孔子三月無君則皇皇如也，出疆必載質。公明儀曰：古之人三月無君則弔。三月無君則弔，不以急乎。曰：士之失位也，猶諸侯之失國家也。禮曰：諸侯耕助，以供粢盛。夫人蠶繅，以爲衣服。犧牲不成，粢盛不潔，衣服不備，不敢以祭。惟士無田，則亦不祭。牲殺器皿衣服不備，不敢以祭，則不敢以宴。亦不足弔乎。出疆必載質，何也。曰：士之仕也，猶農夫之耕也。農夫豈爲出疆舍其耒耜哉。曰：晋國亦仕國也，未嘗聞仕如此其急。仕如此其急也，君子之難仕，何也。曰：丈夫生而願爲之有室。女子生而願爲之有家。父母之心。人皆有之。不待父母之命。媒妁之言。鑽穴隙相窺。踰墻相從。則父母國人皆賤之。古之人未嘗不欲仕也。又惡不由其道。不由其道而往者。與鑽穴隙之類也。○公都子曰。外人皆稱夫子好辯。敢問何也。孟子曰。予豈好辯哉。予不得已也。天下之生久矣。一治一亂。當堯之時。水逆行。氾濫於中

國。蛇龍居之。民無所定。下者爲巢。上者爲營窟。書曰。洚水警余。洚水者。洪水也。使禹治之。禹掘地而注之海。驅蛇龍而放之菹。水由地中行。江淮河漢是也。險阻既遠。鳥獸之害人者消。然後人得平土而居之。堯舜既沒。聖人之道衰。暴君代作。壞宮室以爲汙池。民無所安息。棄田以爲園囿。使民不得衣食。邪說暴行又作。園囿汙池沛澤

多而禽獸至。及紂之身。天下又大亂。周公相武王誅紂。伐奄。三年討其君。驅飛廉於海隅而戮之。滅國者五十。驅虎豹犀象而遠之。天下大悅。書曰。丕顯哉。文王謨。丕承哉。武王烈。佑啓我後人。咸以正無缺。世衰道微。邪說暴行有作。臣弒其君者有之。子弒其父者有之。孔子懼。作春秋。春秋。天子之事也。是故孔子曰。知我者其惟春秋乎。

罪我者其惟春秋乎。聖王不作。諸侯放恣。處士橫議。楊朱墨翟之言盈天下。天下之言不歸楊。則歸墨。楊氏爲我。是無君也。墨氏兼愛。是無父也。無父無君。是禽獸也。公明儀曰。庖有肥肉。廄有肥馬。民有飢色。野有餓莩。此率禽獸而食人也。楊墨之道不息。孔子之道不著。是邪說誣民。充塞仁義也。仁義充塞。則率獸食人。人將相食。吾爲

此懼。閑先聖之道。距楊墨。放淫辭。邪說者不得作。作於其心。害於其事。作於其事。害於其政。聖人復起。不易吾言矣。昔者禹抑洪水。而天下平。周公兼夷狄。驅猛獸。而百姓寧。孔子成春秋。而亂臣賊子懼。詩云。戎狄是膺。荊舒是懲。則莫我敢承。無父無君是周公所膺也。我亦欲正人心。息邪說。距詖行。放淫辭。以承三聖者。豈好辯哉。予不得已也。能言距楊墨者。聖人之徒也。

孟子卷第四

離婁章句 凡四十章

孟子曰。愛人不親。反其仁。治人不治。反其智。禮人不答。反其敬。行有不得者。皆反求諸己。其身正。而天下歸之。詩云。永言配命。自求多福。○孟子曰。自暴者。不可與有言也。自棄者。不可與有為也。言非禮義。謂之自暴也。吾身不能居仁由義。謂之自棄也。仁。人之安宅也。義。人之正路也。曠安宅而弗居。舍正路而不由。哀哉。○孟子曰。道在爾而求諸遠。事在易而求之難。人人親其親。長其長。而天下平。○孟子曰。居下位而不獲於上。民不可得而治也。獲於上有道。不信於友。弗獲於上矣。信於友有道。事親弗悅。弗信於友矣。悅親有道。反身不誠。不悅於親矣。誠身有道。不明乎善。不誠其身矣。是故誠者天之道也。思誠者人之道也。至誠而不動者未之有也。不誠未有能動者也。○孟子曰。存乎人者莫良於眸子。眸子不能掩其惡。胷中正。則眸子瞭焉。胷中不正。則眸焉眊焉。聽其言也。觀其眸子。人焉廋哉。○淳于髡曰。男女授受不親禮與。孟子曰。禮也。曰。嫂溺則援之以手乎。曰。嫂溺不援。是豺狼也。男女授受不親。禮也。嫂溺援之以手者。權也。曰。今天下溺矣。夫子之不援何也。曰。天下溺援之以道。嫂溺援之以手。子欲手援天下乎。○公孫丑曰。君子之不教子何也。孟子曰。勢不行也。教者必以正。以正不行。繼之以怒。繼之以怒。則反夷矣。夫子教我以正。夫子未出於正也。則是父子相夷也。父子相夷則惡矣。古者易子而教之。父子之間不責善。責善則離。

離則不祥莫大焉。○孟子曰。事孰為大。事親為大。守孰為大。守身為大。不失其身而能事其親者。吾聞之矣。失其身而能事其親者。吾未之聞也。孰不為事。事親。事之本也。孰不為守。守身。守之本也。曾子養曾皙必有酒肉。將徹。必請所與。問有餘。必曰有。曾皙死。曾元養曾子。必有酒肉。將徹。不請所與。問有餘。曰亡矣。將以復進也。此所謂養口體者也。若曾子則可謂養志也。事親若曾子者可也。○孟子曰。有不虞之譽。有求全之毀。○孟子曰。人之易其言也。無責耳矣。○孟子曰。人之患在好為人師。○樂正子從於子敖之齊。樂正子見孟子。孟子曰。子亦來見我乎。曰。先生何為出此言也。曰。子來幾日矣。曰。昔者。曰。昔者則我出此言也。不亦宜乎。曰。舍館未定。曰。子聞之也。

舍館定然後求見長者乎曰克有罪○孟子謂樂正子曰子之從於子敖來徒餔啜也我不意子學古之道而以餔啜也○孟子曰不孝有三無後爲大舜不告而娶爲無後也君子以爲猶告也○孟子曰仁之實事親是也義之實從兄是也智之實知斯二者弗去是也禮之實節文斯二者是也樂之實樂斯二者樂則生矣生則惡可已

也惡可已則不知足之蹈之手之舞之○孟子曰天下大悅而將歸己視天下悅而歸己猶草芥也惟舜爲然不得乎親不可以爲人不順乎親不可以爲子舜盡事親之道而瞽瞍厎豫瞽瞍厎豫而天下化瞽瞍厎豫而天下之爲父子者定此之謂大孝○孟子曰舜生於諸馮遷於負夏卒於鳴條東夷之人也文王生於岐周卒於畢郢西夷之人也地之相去也千有餘里世之相後也千有餘歲得志行乎中國若合符節先聖後聖其揆一也○子產聽鄭國之政以其乘輿濟人於溱洧孟子曰惠而不知爲政歲十一月徒杠成十二月輿梁成民未病涉也君子平其政行辟人可也焉得人人而濟之故爲政者每人而悅之日亦不足矣○孟子曰非禮之禮非義之

義大人弗爲○孟子曰中也養不中才也養不才故人樂有賢父兄也如中也棄不中才也棄不才則賢不肖之相去其間不能以寸○孟子曰人有不爲也而後可以有爲○孟子曰仲尼不爲已甚者○孟子曰大人者言不必信行不必果惟義所在○孟子曰大人者不失其赤子之心也○孟子曰養生者不足以當大事惟送死可

以當大事。○孟子曰。君子深造之以道。欲其自得之也。自得之則居之安。居之安則資之深。資之深則取之左右逢其原。故君子欲其自得之也。○孟子曰。博學而詳說之。將以反說約也。○孟子曰。以善服人者未有能服人者也。以善養人。然後能服天下。天下不心服而王者未之有也。○徐子曰。仲尼亟稱於水曰。水哉水哉。何取於水也。孟子曰。原泉混混。不舍晝夜。盈科而後進。放乎四海。有本者如是。是之取爾。苟爲無本。七八月之閒雨集。溝澮皆盈。其涸也可立而待也。故聲聞過情。君子恥之。○孟子曰。人之所以異於禽獸者幾希。庶民去之。君子存之。舜明於庶物。察於人倫。由仁義行。非行仁義也。○孟子曰。禹惡旨酒而好善言。湯執中。立賢無方。文王視民如傷。

望道而未之見。武王不泄邇。不忘遠。周公思兼三王。以施四事。其有不合者。仰而思之。夜以繼日。幸而得之。坐以待旦。○孟子曰。王者之迹熄而詩亡。詩亡然後春秋作。晉之乘。楚之檮杌。魯之春秋。一也。其事則齊桓晉文。其文則史。孔子曰。其義則丘竊取之矣。○孟子曰。可以取。可以無取。取傷廉。可以與。可以無與。與傷惠。可以死。可以無死。死傷勇。○孟子曰。西子蒙不潔。則人皆掩鼻而過之。雖有惡人。齊戒沐浴。則可以祀上帝。○孟子曰。天下之言性也。則故而已矣。故者以利爲本。所惡於智者。爲其鑿也。如智者若禹之行水也。則無惡於智矣。禹之行水也。行其所無事也。如智者亦行其所無事。則智亦大矣。天之高也。星辰之遠也。苟求其故。千歲之日至。可坐而致也○公行子有子之喪右師往弔入門有進而與右師言者有就右師之位而與右師言者孟子不與右師言右師不悅曰諸君子皆與驩言孟子獨不與驩言是簡驩也孟子聞之曰禮朝廷不歷位而相與言不踰階而相揖也我欲行禮子敖以我爲簡不亦異乎○孟子曰君子所以異於人者以其存心也君子以仁存心以禮存心仁者愛人有禮者敬人愛人者人恒愛之敬人者人恒敬之有人於此其待我以横逆則君子必自反也我必不仁也必無禮也此物奚宜至哉其自反而仁矣自反而有禮矣其横逆由是也君子必自反也我必不忠自反而忠矣其横逆由是也君子曰此亦妄人也已矣如此則與禽獸奚擇哉於禽獸又何難焉是故君子有終身之

憂無一朝之患也乃若所憂則有之舜人也我亦人也舜爲法於天下可傳於後世我由未免爲鄉人也是則可憂也憂之如何如舜而已矣若夫君子所患則亡矣非仁無爲也非禮無行也如有一朝之患則君子不患矣○禹稷當平世三過其門而不入孔子賢之顔子當亂世居於陋巷一簞食一瓢飲人不堪其憂顔子不改其樂孔子賢之孟子曰禹稷顔回同道禹思天下有溺者由己溺之稷思天下有飢者由己飢之也是以如是其急也禹稷顔子易地則皆然今有同室之人鬬者救之雖被髮纓冠而救之可也鄉鄰有鬬者被髮纓冠而往救之則惑也雖閉户可也○公都子曰匡章通國皆稱不孝焉夫子與之遊又從而禮貌之敢問何也孟子曰世俗所

謂不孝者五。惰其四支。不顧父母之養。一不孝也。博弈好飲酒。不顧父母之養。二不孝也。好貨財。私妻子。不顧父母之養。三不孝也。從耳目之欲。以爲父母戮。四不孝也。好勇鬬很。以危父母。五不孝也。章子有一於是乎。夫章子。子父責善而不相遇也。責善。朋友之道也。父子責善。賊恩之大者。夫章子豈不欲有夫妻子母之屬哉。爲得罪於父。不得近。出妻屏子。終身不養焉。其設心以爲不若是。是則罪之大者。是則章子已矣。○曾子居武城。有越寇。或曰。寇至。盍去諸。曰。無寓人於我室。毀傷其薪木。寇退。則曰。修我牆屋。我將反。寇退。曾子反。左右曰。待先生如此其忠且敬也。寇至則先去以爲民望。寇退則反。殆於不可。沈猶行曰。是非汝所知也。昔沈猶有負芻之禍。從先生者七十人。未有與焉。子思居於衛。有齊寇。或曰。寇至。盍去諸。子思曰。如伋去。君誰與守。孟子曰。曾子子思同道。曾子。師也。父兄也。子思。臣也。微也。曾子子思易地則皆然。

孟子卷之五

萬章章句 凡七章

萬章問曰舜往于田號泣于旻天何爲其號泣也孟子曰怨慕也萬章曰父母愛之喜而不忘父母惡之勞而不怨然則舜怨乎曰長息問於公明高曰舜往于田則吾既得聞命矣號泣于旻天于父母則吾不知也公明高曰是非爾所知也夫公明高以孝子之心爲不若是恝我竭力耕田共爲子職而已矣父母之不我愛於我何哉帝使其子九男二女百官牛羊倉廩備以事舜於畎畝之中天下之士多就之者帝將胥天下而遷之焉爲不順於父母如窮人無所歸天下之士悅之人之所欲也而不足以解憂好色人之所欲妻帝之二女而不足以解憂富人之所欲富有天下而不足以解憂貴人之所欲貴爲天子而不足以解憂人悅之好色富貴無足以解憂者惟順於父母可以解憂人少則慕父母知好色則慕少艾有妻子則慕妻子仕則慕君不得於君則熱中大孝終身慕父母五十而慕者予於大舜見之矣○咸丘蒙問曰語云盛德之士君不得而臣父不得而子舜南面而立堯帥諸侯北面而朝之瞽瞍亦北面而朝之舜見瞽瞍其容有蹙孔子曰於斯時也天下殆哉岌岌乎不識此語誠然乎哉孟子曰否此非君子之言齊東野人之語也堯老而舜攝也堯典曰二十有八載放勳乃徂落百姓如喪考妣三年四海遏密八音孔子曰天無二日民無二王舜既爲天子矣又帥天下諸侯以爲堯三年喪是二天子矣咸丘蒙曰舜之不臣堯則吾

既得聞命矣詩云普天之下莫非王土率土之濱莫非王臣而舜既爲天子矣敢問瞽瞍之非臣如何曰是詩也非是之謂也勞於王事而不得養父母也曰此莫非王事我獨賢勞也故說詩者不以文害辭不以辭害志以意逆志是爲得之如以辭而已矣雲漢之詩曰周餘黎民靡有孑遺信斯言也是周無遺民也孝子之至莫大乎

尊親尊親之至莫大乎以天下養爲天子父尊之至也以天下養養之至也詩曰永言孝思孝思維則此之謂也書曰祗載見瞽瞍夔夔齊栗瞽瞍亦允若是為父不得而子也○萬章問曰人有言伊尹以割烹要湯有諸孟子曰否不然伊尹耕於有莘之野而樂堯舜之道焉非其義也非其道也祿之以天下弗顧也繫馬千駟弗視也

非其義也非其道也一介不以與人一介不以取諸人湯使人以幣聘之囂囂然曰我何以湯之聘幣爲哉我豈若處畎畝之中由是以樂堯舜之道哉湯三使往聘之既而幡然改曰與我處畎畝之中由是以樂堯舜之道吾豈若使是君爲堯舜之君哉吾豈若使是民爲堯舜之民哉吾豈若於吾身親見之哉天之生此民也使先知

覺後知使先覺覺後覺也予天民之先覺者也予將以斯道覺斯民也非予覺之而誰也思天下之民匹夫匹婦有不被堯舜之澤者若已推而內之溝中其自任以天下之重如此故就湯而說之以伐夏救民吾未聞枉己而正人者也況辱己以正天下者乎聖人之行不同也或遠或近或去或不去歸潔其身而已矣吾聞其以堯舜

之道要湯未聞以割烹也。伊訓曰。天誅造攻自牧宮。朕載自亳。○萬章問曰。或謂孔子於衛主癰疽。於齊主侍人瘠環。有諸乎。孟子曰。否。不然也。好事者為之也。於衛主顔讎由。彌子之妻與子路之妻。兄弟也。彌子謂子路曰。孔子主我。衛卿可得也。子路以告。孔子曰。有命。孔子進以禮。退以義。得之不得曰有命。而主癰疽與侍人瘠環。是

無義無命也。孔子不悅於魯衛。遭宋桓司馬將要而殺之。微服而過宋。是時孔子有阨。主司城貞子。為陳侯周臣。吾聞觀近臣以其所為主。觀遠臣以其所主。若孔子主癰疽與侍人瘠環。何以為孔子。○萬章問曰。或曰百里奚自鬻於秦養牲者五羊之皮食牛。以要秦穆公。信乎。孟子曰。否。不然。好事者為之也。百里奚虞人也。晉人以垂棘

之璧與屈産之乘假道於虞以伐虢。宮之奇諫。百里奚不諫。知虞公之不可諫而去之秦。年已七十矣。曾不知以食牛干秦穆公之為汚也。可謂智乎。不可諫而不諫。可謂不智乎。知虞公之將亡而先去之。不可謂不智也。時舉於秦。知穆公之可與有行也而相之。可謂不智乎。相秦而顯其君於天下。可傳於後世。不賢而能之乎。自鬻以

成其君。鄉黨自好者不為。而謂賢者為之乎。○北宮錡問曰。周室班爵祿也。如之何。孟子曰。其詳不可得聞也。諸侯惡其害己也。而皆去其籍。然而軻也。嘗聞其略也。天子一位。公一位。侯一位。伯一位。子男同一位。凡五等也。君一位。卿一位。大夫一位。上士一位。中士一位。下士一位。凡六等。天子之制。地方千里。公侯皆方百里。伯七十里

子男五十里。凡四等。不能五十里。不達於天子。附於諸侯曰附庸。天子之卿受地視侯。大夫受地視伯。元士受地視子男。大國地方百里。君十卿祿。卿祿四大夫。大夫倍上士。上士倍中士。中士倍下士。下士與庶人在官者同祿。祿足以代其耕也。次國地方七十里。君十卿祿。卿祿三大夫。大夫倍上士。上士倍中士。中士倍下士。下士與庶人

在官者同祿。祿足以代其耕也。小國地方五十里。君十卿祿。卿祿二大夫。大夫倍上士。上士倍中士。中士倍下士。下士與庶人在官者同祿。祿足以代其耕也。耕者之所獲。一夫百畝。百畝之糞。上農夫食九人。上次食八人。中食七人。中次食六人。下食五人。庶人在官者。其祿以是爲差。○孟子曰。仕非爲貧也。而有時乎爲貧。娶妻非爲養也。而有時乎爲養。爲貧者。辭尊居卑。辭富居貧。辭尊居卑。辭富居貧。惡乎宜乎。抱關擊柝。孔子嘗爲委吏矣。曰。會計當而已矣。嘗爲乘田矣。曰。牛羊茁壯長而已矣。位卑而言高。罪也。立乎人之本朝。而道不行。恥也。○孟子謂萬章曰。一鄉之善士。斯友一鄉之善士。一國之善士。斯友一國之善士。天下之善士。斯友天下之善士。以友天下

之善士爲未足。又尚論古之人。頌其詩。讀其書。不知其人可乎。是以論其世也。是尚友也。

孟子卷之六

告子章句 凡三十一章

告子曰性猶杞柳也義猶桮棬也以人性爲仁義猶以杞柳爲桮棬孟子曰子能順杞柳之性而以爲桮棬乎將戕賊杞柳而後以爲桮棬也如將戕賊杞柳而以爲桮棬則亦將戕賊人以爲仁義與率天下之人而禍仁義者必子之言夫○告子曰性猶湍水也決諸東方則東流決諸西方則西流人性之無分於善不善也猶水之無分於東西也孟子曰水信無分於東西無分於上下乎人性之善也猶水之就下也人無有不善水無有不下今夫水搏而躍之可使過顙激而行之可使在山是豈水之性哉其勢則然也人之可使爲不善其性亦猶是也○告子曰生之謂性孟子曰

生之謂性也猶白之謂白與曰然白羽之白也猶白雪之白白雪之白猶白玉之白與曰然然則犬之性猶牛之性牛之性猶人之性與○告子曰食色性也仁內也非外也義外也非內也孟子曰何以謂仁內義外也曰彼長而我長之非有長於我也猶彼白而我白之從其白於外也故謂之外也曰異於白馬之白也無以異於白人之白也不識長馬之長也無以異於長人之長與且謂長者義乎長之者義乎曰吾弟則愛之秦人之弟則不愛也是以我爲悅者也故謂之內長楚人之長亦長吾之長是以長爲悅者也故謂之外也曰耆秦人之炙無以異於耆吾炙夫物則亦有然者也然則耆炙亦有外與○孟季子問公都子曰何以謂義內也曰行吾敬故謂之

內也鄉人長於伯兄一歲則誰敬曰敬兄酌則誰先曰先酌鄉人所敬在此所長在彼果在外非由內也公都子不能答以告孟子孟子曰敬叔父乎敬弟乎彼將曰敬叔父曰弟爲尸則誰敬彼將曰敬弟子曰惡在其敬叔父也彼將曰在位故也子亦曰在位故也庸敬在兄斯須之敬在鄉人季子聞之曰敬叔父則敬敬弟則敬果在

外非由內也公都子曰冬日則飲湯夏日則飲湯然則飲食亦在外也○公都子曰告子曰性無善無不善也或曰性可以爲善可以爲不善是故文武興則民好善幽厲興則民好暴或曰有性善有性不善是故以堯爲君而有象以瞽瞍爲父而有舜以紂爲兄之子且以爲君而有微子啓王子比干今曰性善然則彼皆非與孟子曰乃

若其情則可以爲善矣乃所謂善也若夫爲不善非才之罪也惻隱之心人皆有之羞惡之心人皆有之恭敬之心人皆有之是非之心人皆有之惻隱之心仁也羞惡之心義也恭敬之心禮也是非之心智也仁義禮智非由外鑠我也我固有之也弗思耳矣故曰求則得之舍則失之或相倍蓰而無筭者不能盡其才者也詩曰天生

蒸民有物有則民之秉夷好是懿德孔子曰爲此詩者其知道乎故有物必有則民之秉夷也故好是懿德○孟子曰富歲子弟多賴凶歲子弟多暴非天之降才爾殊也其所以陷溺其心者然也今夫麰麥播種而耰之其地同樹之時又同浡然而生至於日至之時皆熟矣雖有不同則地有肥磽雨露之養人事之不齊也故凡同類

者。舉相似也。何獨至於人而疑之。聖人與我同類者。故龍子曰。不知足而爲屨。我知其不爲蕢也。屨之相似。天下之足同也。口之於味。有同耆也。易牙先得我口之所耆者也。如使口之於味也。其性與人殊。若犬馬之與我不同類也。則天下何耆皆從易牙之於味也。至於味。天下期於易牙。是天下之口相似也。惟耳亦然。至於聲。天下期於師曠。是天下之耳相似也。惟目亦然。至於子都。天下莫不知其姣也。不知子都之姣者。無目者也。故曰口之於味也。有同耆焉。耳之於聲也。有同聽焉。目之於色也。有同美焉。至於心。獨無所同然乎。心之所同然者。何也。謂理也。義也。聖人先得我心之所同然耳。故理義之悅我心。猶芻豢之悅我口。○孟子曰。牛山之木嘗美矣。以其郊

於大國也。斧斤伐之。可以爲美乎。是其日夜之所息。雨露之所潤。非無萌櫱之生焉。牛羊又從而牧之。是以若彼濯濯也。人見其濯濯也。以爲未嘗有材焉。此豈山之性也哉。雖存乎人者。豈無仁義之心哉。其所以放其良心者。亦猶斧斤之於木也。旦旦而伐之。可以爲美乎。其日夜之所息。平旦之氣。其好惡與人相近也者幾希。則其旦晝之所爲。有梏亡之矣。梏之反覆。則其夜氣不足以存。夜氣不足以存。則其違禽獸不遠矣。人見其禽獸也。而以爲未嘗有才焉者。是豈人之情也哉。故苟得其養。無物不長。苟失其養。無物不消。孔子曰。操則存。舍則亡。出入無時。莫知其鄉。惟心之謂與。

○孟子曰。魚。我所欲也。熊掌亦我所欲也。二者不可得兼。舍魚而取熊掌者也。生亦

我所欲也。義亦我所欲也。二者不可得兼。舍生而取義者也。生亦我所欲。所欲有甚於生者。故不爲苟得也。死亦我所惡。所惡有甚於死者。故患有所不辟也。如使人之欲莫甚於生。則凡可以得生者何不用也。使人之所惡莫甚於死者。則凡可以辟患者何不爲也。由是則生而有不用也。由是則可以辟患而有不爲也。是故所欲有甚於生者。所惡有甚於死者。非獨賢者有是心也。人皆有之。賢者能勿喪耳。一簞食。一豆羹。得之則生。弗得則死。嘑爾而與之。行道之人弗受。蹴爾而與之。乞人不屑也。萬鍾則不辨禮義而受之。萬鍾於我何加焉。爲宮室之美。妻妾之奉。所識窮乏者得我與。鄉爲身死而不受。今爲宮室之美爲之。鄉爲身死而不受。今爲所識窮乏之者得我

而爲之。是亦不可以已乎。此之謂失其本心。○孟子曰。仁。人心也。義。人路也。舍其路而弗由。放其心而不知求。哀哉。人有雞犬放則知求之。有放心而不知求。學問之道無他。求其放心而已矣。○孟子曰。今有無名之指屈而不信。非疾痛害事也。如有能信之者。則不遠齊楚之路。爲指之不若人也。指不若人。則知惡之。心不若人。則不知惡。此之謂不知類也。○孟子曰。拱把之桐梓。人苟欲生之。皆知所以養之者。至於身而不知所以養之者。豈愛身不若桐梓哉。弗思甚也。○孟子曰。人之於身也兼所愛。兼所愛則兼所養也。無尺寸之膚不愛焉。則無尺寸之膚不養也。所以考其善不善者。豈有他哉。於己取之而已矣。體有貴賤。有小大。無以小害大。無以賤害貴。養其小者爲小

人養其大者爲大人今有場師舍其梧檟
養其樲棘則爲賤場師焉養其一指而失
其肩背而不知也則爲狼疾人也飲食之
人則人賤之矣爲其養小以失大也飲食
之人無有失也則口腹豈適爲尺寸之膚
哉○公都子問曰鈞是人也或爲大人或
爲小人何也孟子曰從其大體爲大人從
其小體爲小人曰鈞是人也或從其大體

或從其小體何也曰耳目之官不思而蔽
於物物交物則引之而已矣心之官則思
思則得之不思則不得也此天之所與我
者先立乎其大者則其小者弗能奪也此
爲大人而已矣○孟子曰有天爵者有人
爵者仁義忠信樂善不倦此天爵也公卿
大夫此人爵也古之人脩其天爵而人爵
從之今之人脩其天爵以要人爵既得人

爵而棄其天爵則惑之甚者也終亦必亡
而已矣○孟子曰欲貴者人之同心也人
人有貴於己者弗思耳人之所貴者非良
貴也趙孟之所貴趙孟能賤之詩云既醉
以酒既飽以德言飽乎仁義也所以不願
人之膏粱之味也令聞廣譽施於身所以
不願人之文繡也○孟子曰仁之勝不仁
也猶水勝火今之爲仁者猶以一杯水救

一車薪之火也不熄則謂之水不勝火此
又與於不仁之甚者也亦終必亡而已矣
○孟子曰五穀者種之美者也苟爲不熟
不如荑稗夫仁亦在乎熟之而已矣○孟
子曰羿之教人射必志於彀學者亦必志
於彀大匠誨人以規矩學者亦必以規矩
○任人有問屋廬子曰禮與食孰重曰禮
重色與禮孰重曰禮重曰以禮食則飢而

死不以禮食則得食必以禮乎親迎則不得妻不親迎則得妻必親迎乎屋廬子不能對明日之鄒以告孟子孟子曰於荅是也何有不揣其本而齊其末方寸之木可使高於岑樓金重於羽者豈謂一鉤金與一輿羽之謂哉取食之重者與禮之輕者而比之奚翅食重取色之重者與禮之輕者而比之奚翅色重往應之曰紾兄之臂

而奪之食則得食不紾則不得食則將紾之乎踰東家牆而摟其處子則得妻不摟則不得妻則將摟之乎○曹交問曰人皆可以爲堯舜有諸孟子曰然交聞文王十尺湯九尺今交九尺四寸以長食粟而已如何則可曰奚有於是亦爲之而已矣有人於此力不能勝一匹雛則爲無力人矣今曰舉百鈞則爲有力人矣然則舉烏獲

之任是亦爲烏獲而已矣夫人豈以不勝爲患哉弗爲耳徐行後長者謂之弟疾行先長者謂之不弟夫徐行者豈人所不能哉所不爲也堯舜之道孝弟而已矣子服堯之服誦堯之言行堯之行是堯而已矣子服桀之服誦桀之言行桀之行是桀而已矣曰交得見於鄒君可以假館願留而受業於門曰夫道若大路然豈難知哉人

病不求耳子歸而求之有餘師○公孫丑問曰高子曰小弁小人之詩也孟子曰何以言之曰怨曰固哉高叟之爲詩也有人於此越人關弓而射之則已談笑而道之無他疏之也其兄關弓而射之則已垂涕泣而道之無他戚之也小弁之怨親親也親親仁也固矣夫高叟之爲詩也曰凱風何以不怨曰凱風親之過小者也小弁親

之過大者也親之過大而不怨是愈疏也
親之過小而怨是不可磯也愈疏不孝也
不可磯亦不孝也孔子曰舜其至孝矣五
十而慕○孟子居鄒季任爲任處守以幣
交受之而不報處於平陸儲子爲相以幣
交受之而不報他日由鄒之任見季子由
平陸之齊不見儲子屋廬子喜曰連得間
矣問曰夫子之任見季子之齊不見儲子

爲其爲相與曰非也書曰享多儀儀不及
物曰不享惟不役志于享爲其不成享也
屋廬子悅或問之屋廬子曰季子不得之
鄒儲子得之平陸○淳于髡曰先名實者
爲人也後名實者自爲也夫子在三卿之
中名實未加於上下而去之仁者固如此
乎孟子曰居下位不以賢事不肖者伯夷
也五就湯五就桀者伊尹也不惡汙君不

辭小官者柳下惠也三子者不同道其趨
一也一者何也曰仁也君子亦仁而已矣
何必同曰魯繆公之時公儀子爲政子柳
子思爲臣魯之削也滋甚若是乎賢者之
無益於國也曰虞不用百里奚而亡秦穆
公用之而霸不用賢則亡削何可得與曰
昔者王豹處於淇而河西善謳緜駒處於
高唐而齊右善歌華周杞梁之妻善哭其

夫而變國俗有諸內必形諸外爲其事而
無其功者髡未嘗覩之也是故無賢者也
有則髡必識之曰孔子爲魯司寇不用從
而祭燔肉不至不稅冕而行不知者以爲
爲肉也其知者以爲爲無禮也乃孔子則欲
以微罪行不欲爲苟去君子之所爲衆人
固不識也○孟子曰五霸者三王之罪人
也今之諸侯五霸之罪人也今之大夫今

之諸侯之罪人也天子適諸侯曰巡狩諸侯朝於天子曰述職春省耕而補不足秋省斂而助不給入其疆土地辟田野治養老尊賢俊傑在位則有慶慶以地入其疆土地荒蕪遺老失賢掊克在位則有讓一不朝則貶其爵再不朝則削其地三不朝則六師移之是故天子討而不伐諸侯伐而不討五霸者摟諸侯以伐諸侯者也故

曰五霸者三王之罪人也五霸桓公爲盛葵丘之會諸侯束牲載書而不歃血初命曰誅不孝無易樹子無以妾爲妻再命曰尊賢育才以彰有德三命曰敬老慈幼無忘賓旅四命曰士無世官官事無攝取士必得無專殺大夫五命曰無曲防無遏糴無有封而不告曰凡我同盟之人既盟之後言歸于好今之諸侯皆犯此五禁故曰

今之諸侯五霸之罪人也長君之惡其罪小逢君之惡其罪大今之大夫皆逢君之惡故曰今之大夫今之諸侯之罪人也○白圭曰吾欲二十而取一何如孟子曰子之道貉道也萬室之國一人陶則可乎曰不可器不足用也曰夫貉五穀不生惟黍生之無城郭宮室宗廟祭祀之禮無諸侯幣帛饔飧無百官有司故二十取一而

足也今居中國去人倫無君子如之何其可也陶以寡且不可以爲國況無君子乎欲輕之於堯舜之道者大貉小貉也欲重之於堯舜之道者大桀小桀也○白圭曰丹之治水也愈於禹孟子曰子過矣禹之治水水之道也是故禹以四海爲壑今吾子以鄰國爲壑水逆行謂之洚水洚水者洪水也仁人之所惡也吾子過矣○孟子

曰君子不亮惡乎執○魯欲使樂正子爲政孟子曰吾聞之喜而不寐公孫丑曰樂正子強乎曰否有知慮乎曰否多聞識乎曰否然則奚爲喜而不寐曰其爲人也好善好善足乎曰好善優於天下而況魯國乎夫苟好善則四海之內皆將輕千里而來告之以善夫苟不好善則人將曰訑訑予旣已知之矣訑訑之聲音顏色距人於千里之外士止於千里之外則讒諂面諛之人至矣與讒諂面諛之人居國欲治可得乎○孟子曰舜發於畎畝之中傅說舉於版築之間膠鬲舉於魚鹽之中管夷吾舉於士孫叔敖舉於海百里奚舉於市故天將降大任於是人也必先苦其心志勞其筋骨餓其體膚空乏其身行拂亂其所爲所以動心忍性曾益其所不能人恒過

然後能改困於心衡於慮而後作徵於色發於聲而後喻入則無法家拂士出則無敵國外患者國恒亡然後知生於憂患而死於安樂也○孟子曰教亦多術矣予不屑之教誨也者是亦教誨之而已矣

孟子卷第七

盡心章句 凡六十七章

孟子曰。盡其心者。知其性也。知其性。則知天矣。存其心。養其性。所以事天也。殀壽不貳。脩身以俟之。所以立命也。○孟子曰。莫非命也。順受其正。是故知命者不立乎巖牆之下。盡其道而死者。正命也。桎梏死者。非正命也。○孟子曰。求則得之。舍則失之。

是求有益於得也。求在我者也。求之有道。得之有命。是求無益於得也。求在外者也。○孟子曰。萬物皆備於我矣。反身而誠。樂莫大焉。強恕而行。求仁莫近焉。○孟子曰。行之而不著焉。習矣而不察焉。終身由之而不知其道者。衆也。○孟子曰。人不可以無恥。無恥之恥。無恥矣。○孟子曰。恥之於人大矣。爲機變之巧者。無所用恥焉。不恥

不若人。何若人有。○孟子謂宋句踐曰。子好遊乎。吾語子遊。人知之。亦囂囂。人不知亦囂囂。曰。何如斯可以囂囂矣。曰。尊德樂義。則可以囂囂矣。故士窮不失義。達不離道。窮不失義。故士得己焉。達不離道。故民不失望焉。古之人。得志。澤加於民。不得志。脩身見於世。窮則獨善其身。達則兼善天下。○孟子曰。待文王而後興者。凡民也。若

夫豪傑之士。雖無文王猶興。○孟子曰。附之以韓魏之家。如其自視欿然。則過人遠矣。○孟子曰。以佚道使民。雖勞不怨。以生道殺民。雖死不怨殺者。○孟子曰。霸者之民。驩虞如也。王者之民。皞皞如也。殺之而不怨。利之而不庸。民日遷善而不知爲之者。夫君子所過者化。所存者神。上下與天地同流。豈曰小補之哉。○孟子曰。仁言不

如仁聲之入人深也。善政不如善教之得民也。善政民畏之。善教民愛之。善政得民財。善教得民心。○孟子曰。人之所不學而能者。其良能也。所不慮而知者。其良知也。孩提之童。無不知愛其親者。及其長也。無不知敬其兄也。親親。仁也。敬長。義也。無他。達之天下也。○孟子曰。舜之居深山之中。與木石居。與鹿豕遊。其所以異於深山之

野人者幾希。及其聞一善言。見一善行。若决江河。沛然莫之能禦也。○孟子曰。無爲其所不爲。無欲其所不欲。如此而已矣。○孟子曰。人之有德慧術知者。恒存乎疢疾。獨孤臣孼子。其操心也危。其慮患也深。故達。○孟子曰。有事君人者。事是君則爲容悅者也。有安社稷臣者。以安社稷爲悅者也。有天民者。達可行於天下而後行之者

也。有大人者。正己而物正者也。○孟子曰。君子有三樂。而王天下不與存焉。父母俱存。兄弟無故。一樂也。仰不愧於天。俯不怍於人。二樂也。得天下英才而教育之。三樂也。君子有三樂。而王天下不與存焉。○孟子曰。廣土衆民。君子欲之。所樂不存焉。中天下而立。定四海之民。君子樂之。所性不存焉。君子所性。雖大行不加焉。雖窮居不

損焉。分定故也。君子所性。仁義禮智根於心。其生色也睟然。見於面。盎於背。施於四體。四體不言而喻。○孟子曰。伯夷辟紂居北海之濱。聞文王作興。曰。盍歸乎來。吾聞西伯善養老者。太公辟紂居東海之濱。聞文王作興。曰。盍歸乎來。吾聞西伯善養老者。天下有善養老者。則仁人以爲己歸矣。五畝之宅。樹牆下以桑。匹婦蠶之。則老者足

以衣帛矣五母雞二母彘無失其時老者足以無失肉矣百畝之田匹夫耕之八口之家足以無飢矣所謂西伯善養老者制其田里教之樹畜導其妻子使養其老五十非帛不煖七十非肉不飽不煖不飽謂之凍餒文王之民無凍餒之老者此之謂也○孟子曰易其田疇薄其稅斂民可使富也食之以時用之以禮財不可勝用也

民非水火不生活昏暮叩人之門户求水火無弗與者至足矣聖人治天下使有菽粟如水火菽粟如水火而民焉有不仁者乎○孟子曰孔子登東山而小魯登太山而小天下故觀於海者難爲水遊於聖人之門者難爲言觀水有術必觀其瀾日月有明容光必照焉流水之爲物也不盈科不行君子之志於道也不成章不達○孟子

曰鷄鳴而起孳孳爲善者舜之徒也鷄鳴而起孳孳爲利者蹠之徒也欲知舜與蹠之分無他利與善之間也○孟子曰楊子取爲我拔一毛而利天下不爲也墨子兼愛摩頂放踵利天下爲之子莫執中執中爲近之執中無權猶執一也所惡執一者爲其賊道也舉一而廢百也○孟子曰飢者甘食渴者甘飲是未得飲食之正也飢

渴害之也豈惟口腹有飢渴之害人心亦皆有害人能無以飢渴之害爲心害則不及人不爲憂矣○孟子曰柳下惠不以三公易其介○孟子曰有爲者辟若掘井掘井九軔而不及泉猶爲棄井也○孟子曰堯舜性之也湯武身之也五霸假之也久假而不歸惡知其非有也○公孫丑曰詩曰不素餐兮君子之不耕而食何也孟子

曰君子居是國也其君用之則安富尊榮其子弟從之則孝弟忠信不素餐兮孰大於是○王子墊問曰士何事孟子曰尚志曰何謂尚志曰仁義而已矣殺一無罪非仁也非其有而取之非義也居惡在仁是也路惡在義是也居仁由義大人之事備矣○孟子曰仲子不義與之齊國而弗受人皆信之是舍簞食豆羹之義也人莫大焉

亡親戚君臣上下以其小者信其大者奚可哉○孟子自范之齊望見齊王之子喟然歎曰居移氣養移體大哉居乎夫非盡人之子與孟子曰王子宮室車馬衣服多與人同而王子若彼者其居使之然也况居天下之廣居者乎魯君之宋呼於垤澤之門守者曰此非吾君也何其聲之似我君也此無他居相似也○孟子曰食而弗愛豕

交之也愛而不敬獸畜之也恭敬者幣之未將者也恭敬而無實君子不可虛拘○孟子曰形色天性也惟聖人然後可以踐形○齊宣王欲短喪公孫丑曰為朞之喪猶愈於已乎孟子曰是猶或紾其兄之臂子謂之姑徐徐云爾亦教之孝悌而已矣王子有其母死者其傅為之請數月之喪公孫丑曰若此者何如也曰是欲終之而

不可得也雖加一日愈於已謂夫莫之禁而弗為者也○孟子曰君子之所以教者五有如時雨化之者有成德者有達財者有答問者有私淑艾者此五者君子之所以教也○公孫丑曰道則高矣美矣宜若登天然似不可及也何不使彼為可幾及而日孳孳也孟子曰大匠不為拙工改廢繩墨羿不為拙射變其彀率君子引而不

發躍如也。中道而立。能者從之。○孟子曰。天下有道。以道殉身。天下無道。以身殉道。未聞以道殉乎人者也。○孟子曰。於不可已而已者。無所不已。於所厚者薄。無所不薄也。其進銳者其退速。○孟子曰。君子之於物也。愛之而弗仁。於民也。仁之而弗親。親親而仁民。仁民而愛物。○孟子曰。知者無不知也。當務之為急。仁者無不愛也。急親賢之為務。堯舜之知而不徧物。急先務也。堯舜之仁不徧愛人。急親賢也。不能三年之喪。而緦小功之察。放飯流歠。而問無齒決。是之謂不知務。○孟子曰。春秋無義戰。彼善於此。則有之矣。征者上伐下也。敵國不相征也。○孟子曰。盡信書。則不如無書。吾於武成。取二三策而已矣。仁人無敵於天下。以至仁伐至不仁。而何其血之流

杵也。○孟子曰。梓匠輪輿能與人規矩。不能使人巧。○孟子曰。舜之飯糗茹草也。若將終身焉。及其為天子也。被袗衣。鼓琴。二女果若固有之。○孟子曰。身不行道。不行於妻子。使人不以道。不能行於妻子。○孟子曰。周于利者凶年不能殺。周于德者邪世不能亂。○孟子曰。聖人百世之師也。伯夷柳下惠是也。故聞伯夷之風者。頑夫廉。懦夫有立志。聞柳下惠之風者。薄夫敦。鄙夫寬。奮乎百世之上。百世之下。聞者莫不興起也。非聖人而能若是乎。而況於親炙之者乎。○孟子曰。仁也者人也。合而言之道也。○孟子曰。孔子之去魯。曰遲遲吾行也。去父母國之道也。去齊。接淅而行。去他國之道也。○孟子曰。君子之戹於陳蔡之閒。無上下之交也。○貉稽曰。稽大不理於

口。孟子曰。無傷也。士憎玆多口。詩云憂心悄悄。愠于羣小。孔子也。肆不殄厥愠。亦不隕厥問。文王也。○孟子謂高子曰。山徑之蹊間。介然用之而成路。爲間不用則茅塞之矣。今茅塞子之心矣。○高子曰。禹之聲尚文王之聲。孟子曰。何以言之。曰。以追蠡。曰。是奚足哉。城門之軌。兩馬之力與。○齊饑。陳臻曰。國人皆以夫子將復爲發棠。殆不可復。孟子曰。是爲馮婦也。晉人有馮婦者。善搏虎。卒爲善士。則之野。有衆逐虎。虎負嵎。莫之敢攖。望見馮婦。趨而迎之。馮婦攘臂下車。衆皆悅之。其爲士者笑之。○孟子曰。口之於味也。目之於色也。耳之於聲也。鼻之於臭也。四肢之於安佚也。性也。有命焉。君子不謂性也。仁之於父子也。義之於君臣也。禮之於賓主也。智之於賢者也。

聖人之於天道也。命也。有性焉。君子不謂命也。○浩生不害問曰。樂正子何人也。孟子曰。善人也。信人也。何謂善。何謂信。曰。可欲之謂善。有諸己之謂信。充實之謂美。充實而有光輝之謂大。大而化之之謂聖。聖而不可知之之謂神。樂正子。二之中。四之下也。○孟子曰。逃墨必歸於楊。逃楊必歸於儒。歸斯受之而已矣。今之與楊墨辯者。如追放豚。旣入其苙。又從而招之。○盆成括仕於齊。孟子曰。死矣盆成括。盆成括見殺。門人問曰。夫子何以知其將見殺。曰。其爲人也小有才。未聞君子之大道也。則足以殺其軀而已矣。○孟子曰。人皆有所不忍。達之於其所忍。仁也。人皆有所不爲。達之於其所爲。義也。人能充無欲害人之心。而仁不可勝用也。人能充無穿踰之心。而義不可勝用也。人能充無受爾汝之實。無所往而不爲義也。士未可以言而言。是以言餂之也。可以言而不言。是以不言餂之也。是皆穿踰之類也。○孟子曰。言近而指遠者善言也。守約而施博者善道也。君子之言也。不下帶而道存焉。君子之守。脩其身而天下平。人病舍其田而芸人之田。所求於人者重。而所以自任者輕。○孟子曰。堯舜性者也。湯武反之也。動容周旋中禮者。盛德之至也。哭死而哀。非爲生者也。經德不回。非以干祿也。言語必信。非以正行也。君子行法以俟命而已矣。○孟子曰。養心莫善於寡欲。其爲人也寡欲。雖有不存焉者寡矣。其爲人也多欲。雖有存焉者寡矣。○曾皙嗜羊棗。而曾子不忍食羊棗。公孫丑問曰。膾炙與羊棗孰美。孟子曰。膾炙

哉。公孫丑曰。然則曾子何爲食膾炙而不食羊棗。曰。膾炙所同也。羊棗所獨也。諱名不諱姓。姓所同也。名所獨也。○萬章問曰。孔子在陳曰。盍歸乎來。吾黨之士狂簡進取。不忘其初。孔子在陳。何思魯之狂士。孟子曰。孔子不得中道而與之。必也狂獧乎。狂者進取。獧者有所不爲也。孔子豈不欲中道哉。不可必得。故思其次也。敢問何如斯可謂狂矣。曰。如琴張曾皙牧皮者。孔子之所謂狂矣。何以謂之狂也。曰。其志嘐嘐然。曰古之人。古之人。夷考其行而不掩焉者也。狂者又不可得。欲得不屑不潔之士而與之。是獧也。是又其次也。孔子曰。過我門而不入我室。我不憾焉者。其惟鄉原乎。鄉原。德之賊也。曰。何如斯可謂之鄉原矣。曰。何以是嘐嘐也。言不顧行。行不顧言。則

曰古之人古之人行何爲踽踽凉凉生斯世也爲斯世也善斯可矣閹然媚於世者也是鄉原也萬章曰一鄉皆稱原人焉無所往而不爲原人孔子以爲德之賊何哉曰非之無舉也刺之無刺也同乎流俗合乎汙世居之似忠信行之似廉潔衆皆悅之自以爲是而不可與入堯舜之道故曰德之賊也孔子曰惡似而非者惡莠恐其亂苗也惡佞恐其亂義也惡利口恐其亂信也惡鄭聲恐其亂樂也惡紫恐其亂朱也惡鄉原恐其亂德也君子反經而已矣經正則庶民興庶民興斯無邪慝矣○孟子曰由堯舜至於湯五百有餘歲若禹皐陶則見而知之若湯則聞而知之由湯至於文王五百有餘歲若伊尹萊朱則見而知之若文王則聞而知之由文王至於孔子五百有餘歲若太公望散宜生則見而知之若孔子則聞而知之由孔子而來至於今百有餘歲去聖人之世若此其未遠也近聖人之居若此其甚也然而無有乎爾則亦無有乎爾